암기시간은 반으로, 기억시간은 두 배로!

해커스 HSK 6급 단어장 200% 활용법

교재 무료 MP3

① 단어를 중국어와 한국어로 듣기 MP3
② 단어를 중국어로만 듣기 MP3
③ 단어와 예문을 중국어로만 듣기 MP3
④ 단어와 예문을 중국어로만 듣기 (단어별분할) MP3
⑤ 단어와 예문을 중국어와 한국어로 듣기 MP3
⑥ 단어와 예문을 중국어와 한국어로 듣기 (단어별분할) MP3
⑦ 고난도 어휘를 중국어와 한국어로 듣기 MP3
⑧ 고난도 어휘를 중국어로만 듣기 MP3
⑨ HSK 6급 미니 실전모의고사 MP3
⑩ 한 템포 쉬어갑시다 MP3

이용방법

해커스중국어(china.Hackers.com) 접속 후 로그인 ▶
[교재/MP3 → 교재 MP3/자료] 클릭 ▶
본 교재 MP3 이용하기

<해커스 ONE>
앱 다운받기▶

6급 미니 실전모의고사
품사별로 헤쳐모여
급문제 체크체크 해석
필수 단어 2500 인덱스

이용방법

해커스중국어(china.Hackers.com) 접속 후 로그인 ▶
[교재/MP3 → 교재 MP3/자료] 클릭 ▶
본 교재 학습자료 이용하기

HSK 필수어휘 테스트
HSK 기출 사자성어

이용방법

해커스중국어(china.Hackers.com) 접속 후 로그인 ▶
상단메뉴 [무료 자료 → 데일리 학습자료]
클릭하여 이용하기

본 교재 인강 10,000원 할인쿠폰

쿠폰번호

333775999FAAC8QM

이용방법

해커스중국어(china.Hackers.com) 접속 후 로그인 ▶
메인 우측의 [쿠폰등록]에서 쿠폰 등록 후 강의 결제 시 사용 가능

* 본 쿠폰은 1회에 한해 등록 가능합니다.
* 쿠폰 등록 후 사용기간 : 7일
* 이 외 쿠폰 관련 문의는 해커스중국어 고객센터(T.02-537-5000)로 연락바랍니다.

▲ 쿠폰 바로 등록하기

KB093055

중국어도 역시 1위 해커스중국어
약 900여 개의 체계적인 무료 학습자료

레벨 \ 분야	공통 >	회화 >	HSK >	HSKK/TSC
공통	철저한 성적분석 **무료 레벨테스트** 	빠르게 궁금증 해결 **1:1 학습 케어**	HSK 전 급수 **프리미엄 모의고사** 	TSC 급수별 **발음 완성 트레이너**
초급	초보자가 꼭 알아야 할 **초보 중국어 단어** 	기초 무료 강의 제공 **초보 중국어 회화** 	HSK 4급 쓰기+어휘 완벽 대비 **쓰기 핵심 문장 연습** 	TSC 급수별 **만능 표현** **& 필수 암기 학습자료**
중급	매일 들어보는 **사자성어 & 한자상식** 	입이 트이는 자동발사 **중국어 팟캐스트** 	기본에서 실전까지 마무리 **HSK 무료 강의** 	HSKK/TSC 실전 정복! **고사장 소음 버전 MP3**
고급	실생활 고급 중국어 완성! **중국어 무료 강의** 	상황별 다양한 표현 학습 **여행/비즈니스 중국어**	HSK 고득점을 위한 **무료 쉐도잉 프로그램** 	고급 레벨을 위한 **TSC 무료 학습자료**

[중국어인강 1위] 주간동아 선정 2019 한국 브랜드 만족지수 교육(중국어인강) 부문 1위
[900개] 해커스중국어 사이트 제공 총 무료 콘텐츠 수(~2021.02.19)

중국어 인강 1위 해커스중국어 **china.Hackers.com** ▼ 검색

무료 학습자료
확인하기 ▶

해커스 중국어 HSK 6급 단어장

큰글씨 확대판 1권 DAY 01-10

해커스

수험생들이 묻습니다. "6급 단어, 도대체 어떻게 외우죠?"

해커스가
HSK 6급 단어장으로 답합니다.

HSK 6급은 최고 수준의 중국어 시험인 만큼, 새로 추가된 단어만 2,500개에 달합니다. 때문에 이렇게나 많은 단어를 암기해야 하는 수험생들은 막막한 마음으로 묻습니다. "2,500개를 도대체 어떻게 외우죠?" 해커스 HSK연구소는 이러한 부담을 느끼실 수험생들의 마음에 십분 공감하여, 어떻게 하면 조금이라도 더 쉽고 재미있게, 한 단어라도 더 제대로 암기할 수 있을지 치열하게 고민하였습니다. 그리고, 그 고민의 해답을 <해커스 HSK 6급 단어장>에 고스란히 담아냈습니다.

단어 암기를 쉽고 재미있게!
HSK 6급 필수어휘 2500개를 시험에 자주 나오는 30개의 주제별로 나누고 그 안에서 세부 주제별로 다시 묶어, 어렵고 방대한 양의 6급 어휘를 쉽고 효율적으로 암기할 수 있습니다. 또한, Day별 첫 페이지마다 핵심 빈출 단어를 활용한 스토리 카툰을 제공하고, 본문 곳곳에 연상 암기에 도움이 되는 그림들을 등장시켜 신나고 재미있는 암기 학습을 할 수 있게 하였습니다.

외운 단어를 까먹지 않게 해주는 다양한 복습 장치!
암기한 단어들을 까먹지 않을 수 있도록 다양한 복습 장치들을 교재 곳곳에 심어놓았습니다. 앞에 배웠던 단어들을 예문에 반복 활용하고, 연습문제 코너를 마련하여 단어를 반복적으로 복습할 수 있습니다. 또한, 망각 방지를 위한 학습 플랜을 통해, 더욱 체계적이고 효과적으로 단어를 암기할 수 있습니다.

단어 암기와 HSK 대비를 동시에!
갈수록 어려워지는 HSK 6급 시험에 더욱 탄탄하게 대비할 수 있도록, 6급 시험에 나오는 급수 외 고난도 어휘를 수록하였고, 시험에 나오는 문장들을 철저히 분석하여 예문에 완벽 반영하였습니다. 뿐만 아니라 활용도 100%의 시험 꿀팁 코너 '시험에 이렇게 나온다'와 6급 시험에 출제되는 다양한 분야의 지식들을 재미있게 풀어낸 '알아 두면 시험이 쉬워지는 배경 지식'을 제공하여, 부담 없이 HSK도 대비할 수 있도록 하였습니다.

여러분의 기나긴 HSK 공부 여정의 마지막까지,
<해커스 HSK 6급 단어장>이 함께 하겠습니다.

목차

해커스 HSK 6급 단어장

책의 특징 6 │ 책의 구성 8 │ 해커스가 제시하는 HSK 6급 단어 학습법 12 │

망각 방지 학습 플랜 14

책의 특징

(1) ## HSK 6급 추가 필수어휘 2500개 30일 정복

중국국가한반에서 공식 지정한 HSK 6급 추가 필수어휘 2500개를 30일 동안 학습할 수 있도록 구성하였습니다. 망각을 방지하는 학습 플랜(p.14~15)에 따라 꾸준히 학습해 나가면, 30일 후에는 부쩍 향상된 단어 실력을 확인할 수 있을 것입니다.

(2) ## HSK 6급 최신 기출 예문 수록

HSK 6급 최신 출제 경향을 그대로 반영한 예문을 수록하여 학습하는 과정에서 실전 감각을 자연스럽게 향상시킬 수 있습니다. 뿐만 아니라, 중국어 문장의 중심이 되는 술어를 밑줄로 표시해 두어 문장의 구조와 의미를 보다 쉽고 정확하게 파악할 수 있습니다.

(3) ## HSK 6급 시험 꿀팁 수록

HSK 단어들의 최신 출제 경향을 상세히 설명한 시험 꿀팁을 '시험에 이렇게 나온다!' 코너에 수록하여, 짝꿍 표현, 유의어, 이합동사, 영역별 출제 포인트까지도 학습할 수 있도록 하였습니다. 뿐만 아니라, '알아 두면 시험이 쉬워지는 배경 지식'을 수록하여, 중국 문화, 중국 역사, 신조어, 일반 상식 등 점점 어려워지고 있는 HSK 6급 출제 주제에 완벽 대비할 수 있도록 하였습니다.

(4) ## 주제별 Day 구성과 스토리 카툰으로 연상 학습 가능

HSK 6급 단어 2500개를 HSK의 빈출 주제 30개로 나누어 재미있는 스토리 카툰과 함께 수록하였습니다. 이러한 주제별 구성에 따른 연상 학습으로 단어를 자연스럽게 암기할 수 있을 뿐만 아니라 문장 내 쓰임까지 동시에 파악할 수 있어 어휘 실력을 극대화할 수 있습니다.

5. 빈출순 · 세부 주제별 어휘 학습 가능

HSK 6급 시험에서 특별히 자주 출제되는 어휘들에는 출제 빈도를 별표로 표시하여, 출제 빈도가 높은 단어부터 우선적으로 학습할 수 있도록 하였습니다. 또한 각 Day 내에서도 세부 주제가 비슷하여 같이 외우면 좋을 필수어휘들을 나란히 모아 놓아, 한 번에 묶어서 학습할 수 있습니다.

6. HSK 6급 미니 실전모의고사 & MP3 제공

HSK 단어 학습은 단어를 외우는 것뿐만 아니라, 외운 단어를 실제 문제에 적용하여 풀어 보는 연습이 필요합니다. 실제 시험 유형과 동일한 문제로 외운 단어를 연습할 수 있도록 교재 마지막에 미니 실전모의고사를 수록하여, 단어 암기와 실전 감각을 동시에 다질 수 있도록 하였습니다. 뿐만 아니라, 추가 1회분 PDF를 해커스중국어 사이트(china.Hackers.com)에서 다운로드 받아 풀어 보실 수 있습니다.

7. 망각 방지를 위한 학습 플랜과 반복 암기 장치 제공

그대로 따라가기만 하면 망각할 틈 없이 단어를 확실하게 암기할 수 있는 망각 방지 학습 플랜(p.14~15)을 수록하였습니다. 또한, 앞에서 학습했던 어휘를 자연스럽게 복습할 수 있도록, 어휘를 여러 예문에 반복 활용하였으며, '연습문제 체크체크'를 통해 그날 학습했던 어휘에 대한 최종 점검을 할 수 있습니다.

8. 다양한 버전의 무료 MP3와 본 교재 동영상 강의 제공

중국어 전문 성우의 발음을 직접 들으면서 단어를 반복해서 암기할 수 있도록 다양한 버전의 MP3를 해커스중국어 사이트(china.Hackers.com)에서 무료로 다운로드할 수 있습니다. 또한, 교재 학습 시 해커스 HSK 6급 단어장 동영상강의를 이용하시면 보다 효과적으로 학습할 수 있습니다.

책의 구성

단어 학습

① 주제별 출제 경향 및 스토리 카툰   ② MP3 QR코드

② 연상 암기 그림 아래

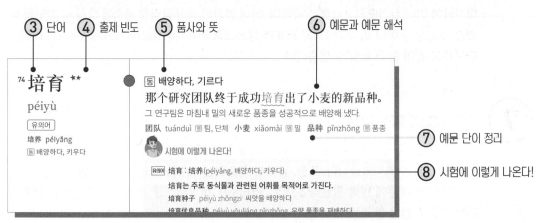

③ 단어 ④ 출제 빈도 ⑤ 품사와 뜻   ⑥ 예문과 예문 해석

培育 74 ★★
péiyù

유의어
培养 péiyǎng
동 배양하다, 키우다

동 배양하다, 기르다
那个研究团队终于成功培育出了小麦的新品种。
그 연구팀은 마침내 밀의 새로운 품종을 성공적으로 배양해 냈다.
团队 tuánduì 명 팀, 단체 小麦 xiǎomài 명 밀 品种 pǐnzhǒng 명 품종

⑦ 예문 단어 정리

시험에 이렇게 나온다!

⑧ 시험에 이렇게 나온다!

유의어 培育 : 培养(péiyǎng, 배양하다, 키우다)
培育는 주로 동식물과 관련된 어휘를 목적어로 가진다.
培育种子 péiyù zhǒngzi 씨앗을 배양하다
培育优良品种 péiyù yōuliáng pǐnzhǒng 우량 품종을 재배하다

⑨ 연상 암기 그림

迁徙 31 ★★
qiānxǐ

동 이주하다, 옮겨 가다
鸟类因受到人工灯光的干扰, 迁徙时常常迷失方向。
조류는 인공 불빛의 방해를 받아서, 이주할 때 자주 방향을 잃는다.
人工 réngōng 명 인공의, 인위적인 干扰 gānrǎo 동 방해하다
迷失 míshī 동 (길이나 방향을) 잃다

알아 두면 시험이 쉬워지는 배경 지식

⑩ 알아 두면 시험이 쉬워지는 배경 지식

일반상식 候鸟(철새)는 계절에 따라 繁殖地와 월동지를 정기적으로 迁徙하면서 살아가는 새이다. 候鸟의 이동은 계절의 변화에 따라 단거리를 이동하는 경우, 또는 봄 · 가을의 2회에 걸쳐 북극권에서 남극권까지 장거리를 이동하는 경우가 있다. 候鸟들이 자신들의 이동 경로를 어떻게 찾아가는지는 여전히 명확히 밝혀진 바

1 | **주제별 출제 경향 및 스토리 카툰**

단어를 학습하기 전에 각 주제의 출제 경향을 확인하고 그날 배울 단어들을 이용한 재미있는 스토리를 카툰 형식으로 볼 수 있습니다.

2 | **MP3 QR코드**

QR코드를 통해 그날 학습할 DAY의 MP3로 바로 이동하여, 다양한 종류의 MP3를 편리하게 골라 들을 수 있습니다.

3 | **단어**

HSK 6급 추가 필수어휘 2500개를 주제별로 구성하였습니다. 빈도가 높은 순으로 배치하고, 같이 외우면 좋을 필수 어휘들을 나란히 모아 놓아 학습 효과를 극대화하였습니다. 뿐만 아니라 함께 알아두어야 할 유의어, 반의어도 수록하였습니다.

4 | **출제 빈도**

각 단어의 출제 빈도가 별표로 표시되어 있습니다. ★★★은 최빈출 어휘, ★★은 빈출 어휘로 반드시 암기해야 하는 중요 단어를 나타냅니다.

5 | **품사와 뜻**

단어의 품사와 뜻을 HSK 6급에서 가장 자주 사용되는 품사와 뜻 위주로 정리하였습니다.

품사 표시
동 동사 | 명 명사 | 형 형용사 | 부 부사 | 조동 조동사 | 개 개사 | 수 수사 |
양 양사 | 대 대사 | 고유 고유명사 | 감 감탄사 | 접 접속사 | 조 조사 | 의 의성어 | 성 성어

6 | **예문과 예문 해석**

HSK 6급 시험에 나올 법한 엄선한 예문과 정확한 해석이 실려있습니다. 뿐만 아니라, 모든 예문의 술어를 밑줄로 표시해 두었습니다.

7 | **예문 단어 정리**

예문에 사용된 단어들을 참고할 수 있도록 하단에 병음, 품사, 뜻을 추가로 정리하였습니다.

8 | **시험에 이렇게 나온다!**

단어가 HSK 시험에서 어떻게 출제되는지를 보여주는 섹션입니다. 시험에 자주 출제되는 짝꿍 표현, 유의어, 이합동사, 영역별 출제 포인트를 수록하였습니다.

9 | **연상 암기 그림**

단어가 연상되는 그림을 수록하여 단어를 쉽고 재미있게 기억할 수 있도록 하였습니다.

10 | **알아 두면 시험이 쉬워지는 배경 지식**

점점 어려워지고 있는 HSK 6급 시험 주제에 완벽 대비할 수 있도록, 중국 문화, 중국 역사, 신조어, 과학 상식, 일반 상식에 관한 정보들을 수록하였습니다

책의 구성

추가 구성

1 망각 방지 학습 플랜

망각 방지 학습 플랜

30일 학습 플랜

단어 암기는 반복 학습이 중요합니다. 각 Day의 단어를 학습한 후, '품사별로 해쳐 모여 PDF'를 통해 암기했던 단어를 2회독, 3회독으로 반복하여 학습합니다.

교재 p.14~15에 수록되어 있는 망각 방지 학습 플랜을 그대로 따라가기만 하면 망각할 틈도 없이 저절로 단어가 암기됩니다.

2 연습문제 체크체크!

연습문제 체크체크!

제시된 각 단어의 병음을 써보고, 뜻을 오른쪽 보기에서 찾아 줄을 그어 보세요.

01 垫 ....
02 现成 ....
03 刺 ....
04 维持 ....
05 点缀 ....

ⓐ 이미 마련되어 있는, 기성의
ⓑ 유지하다, 지지하다
ⓒ (뾰족한 물건으로) 찌르다, 뚫다; 가시
ⓓ 꾸미다, 장식하다
ⓔ 괴다, 깔다; 매트, 방석

각 Day 마지막에 연습문제를 수록하여, 그날 학습한 단어를 곧바로 반복 체크해볼 수 있도록 하였습니다.

* 연습문제 체크체크 해석 PDF는 해커스중국어(china.Hackers.com)에서 무료로 다운로드하실 수 있습니다.

3 HSK 6급 시험에 나오는 고난도 어휘

HSK 6급 시험에 나오는 고난도 어휘

☑ 잘 외워지지 않는 단어는 □에 체크해 두고 다음에 반복 암기합니다.

□ 斗笠	dǒulì	ⓝ 삿갓
□ 兽皮	shòupí	짐승 가죽
□ 织物	zhīwù	ⓝ 직물
□ 衣兜	yīdōu	ⓝ 주머니, 호주머니
□ 拖鞋	tuōxié	ⓝ 슬리퍼
□ 素雅	sùyǎ	(옷차림 등이) 수수하다, 점잖다
□ 雅致	yǎzhì	(의복·기물·건물 따위가) 품위 있다, 고상하다
□ 褴褛	lánlǚ	남루하다

HSK 6급 추가 필수어휘 이외에 실제 HSK 6급 시험에 출제되는 고난도 급수 외 어휘를 정리한 어휘리스트를 수록하였으며, 이를 통해 HSK 6급 시험을 더욱 탄탄히 대비할 수 있습니다.

* HSK 6급 시험에 나오는 고난도 어휘 MP3는 해커스중국어(china.Hackers.com)에서 무료로 다운로드하실 수 있습니다.

4 한 템포 쉬어 갑시다

한 템포 쉬어 갑시다

春晓
chūn xiǎo

- 孟浩然 -
Mèng Hàorán

春 眠 不 觉 晓,
chūn mián bù jué xiǎo

处 处 闻 啼 鸟。
chù chù wén tí niǎo

10개 Day 학습을 끝낸 후, 중국의 아름다운 옛시 한 수를 감상하며 학습의 긴장을 잠시라도 풀 수 있도록 '한 템포 쉬어 갑시다' 코너를 수록하였습니다.

* 한 템포 쉬어 갑시다 MP3는 해커스중국어(china.Hackers.com)에서 무료로 다운로드하실 수 있습니다.

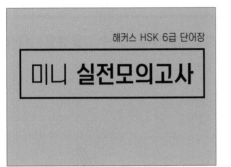

5 HSK 6급 미니 실전모의고사 & 추가 1회분 PDF

교재 마지막에 6급 미니 실전모의고사와 정답 및 해석·해설을 수록하여, 외운 단어를 실제 문제에서 확인함과 동시에 실전 감각을 키울 수 있도록 하였습니다. 뿐만 아니라, 추가로 <HSK 6급 미니 실전모의고사 PDF> 1회분을 더 해커스중국어(china.Hackers.com)에서 무료로 다운로드 받아 풀어 보실 수 있습니다.

6 인덱스

HSK 6급 추가 필수단어 2500개를 병음순으로 정리하여 각 단어가 책의 어느 페이지에 있는지 쉽게 찾아볼 수 있게 하였고, 빈출 단어를 빨간색으로 표시하여 중요 단어만을 골라서 확인할 수 있도록 하였습니다.

* 교재에 수록된 인덱스 페이지는 해커스중국어(china.Hackers.com)에서 무료로 다운로드하실 수 있습니다.

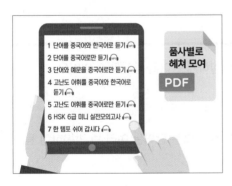

7 다양한 버전의 MP3 및 품사별로 헤쳐 모여 PDF

교재에 수록된 모든 단어와 예문에 대한 다양한 버전의 MP3를 통해 듣기 실력까지 극대화할 수 있습니다. 또한, 주제별 학습 단어를 품사별로 다시 한번 복습할 수 있는 각 Day별 '품사별로 헤쳐 모여 PDF'를 통해 단어를 확실히 외울 수 있습니다.

* 모든 MP3 및 품사별로 헤쳐 모여 PDF는 해커스중국어(china.Hackers.com)에서 무료로 다운로드하실 수 있습니다.

8 HSK 단어 시험지 생성기

출제 범위와 문제 유형을 선택하면 원하는 방식에 맞게 단어 시험지가 생성되는 프로그램을 이용하여, 그룹 스터디를 하거나 혼자 공부할 때, 간편하게 단어 시험지를 만들어 외운 단어를 확인할 수 있습니다.

* HSK 단어 시험지 생성기 프로그램은 해커스중국어(china.Hackers.com)에서 무료로 이용하실 수 있습니다.

해커스가 제시하는 HSK 6급 단어 학습법

⭐ 단어를 집중적으로 암기한다!

1 단어를 쓰며 암기하기

단어를 종이에 직접 쓰면서 발음, 품사, 뜻을 중얼중얼 반복하면, 쉽고 빠르게 외울 수 있을 뿐만 아니라 오래 기억할 수 있습니다.

[예시] Day 01의 04번 단어 **饮食**(p.18)

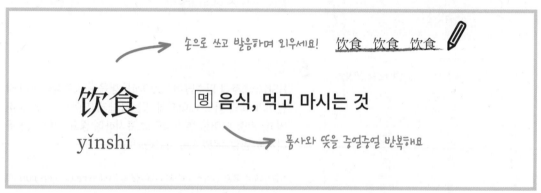

2 MP3를 듣고 따라 읽으며 암기하기

중국어 전문 성우가 읽어주는 발음을 듣고 따라 읽으면 좀더 확실하게 단어를 암기할 수 있어요.

단어를 중국어와 한국어로 듣기 MP3

중국어와 한국어를 번갈아 들으면서 단어를 외웁니다. 잘 외워지지 않는 단어는 여러 번 반복하여 듣고 확실하게 암기합니다.

단어를 중국어로만 듣기 MP3

단어를 중국어로만 듣고 따라 읽으며 뜻을 정확하게 알고 있는지 스스로 점검합니다. 뜻이 잘 떠오르지 않는 단어는 교재에서 다시 찾아보고 복습하여, 모르는 단어는 확실하게 암기할 수 있도록 합니다.

* 단어 학습에 필요한 모든 MP3는 해커스중국어(china.Hackers.com)에서 무료로 다운로드하실 수 있습니다.

단어를 예문과 함께 확실하게 학습한다!

1 예문을 읽으며 단어의 쓰임 이해하기

예문을 읽을 때 문장의 구조를 파악하면서 단어의 쓰임을 이해하면 단어를 재미있고, 확실하게 암기할 수 있습니다. 제시된 예문을 [① 술어 찾기→② 주어와 목적어 찾기→③ 부사어·관형어·보어 괄호로 묶기] 순서대로 파악한 후, 단어가 어떻게 쓰였는지 확인합니다.

[예시] Day 01의 04번 단어 **饮食(음식)**의 예문(p.18)

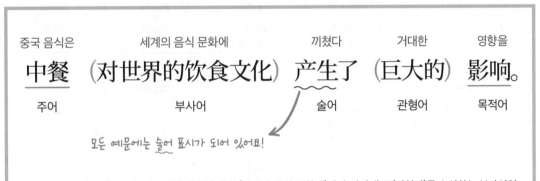

학습 단어 饮食(음식)이 포함된 对世界的饮食文化(세계의 음식 문화에)가 술어 产生了(끼쳤다)를 수식하는 부사어임을 알 수 있어요. 전체 문장을 해석하면 '중국 음식은 세계의 음식 문화에 거대한 영향을 끼쳤다.'가 된답니다.

2 MP3를 듣고 따라 읽으며 단어와 예문을 한 번에 익히기

중국어 전문 성우가 읽어주는 단어와 예문을 듣고 따라 읽으면 단어를 확실히 암기할 수 있을 뿐만 아니라 듣기 실력까지 향상시킬 수 있어요.

단어와 예문을 중국어로만 듣기 MP3

단어와 예문을 듣고 따라 읽으며 뜻을 떠올립니다. 잘 모르는 단어와 예문은 교재에서 다시 찾아보고, 반복하여 들으면서 직청직해될 수 있게 연습합니다.

* 단어와 예문 학습에 필요한 모든 MP3는 해커스중국어(china.Hackers.com)에서 무료로 다운로드하실 수 있습니다.

망각 방지 학습 플랜

30일 학습 플랜

단어 암기는 반복 학습이 중요합니다. 각 Day의 단어를 학습한 후, '품사별로 헤쳐 모여 PDF'를 통해 암기했던 단어를 2회독, 3회독으로 반복하여 학습합니다.

	메인 학습
	반복 학습

	1일	2일	3일	4일	5일
1주	□ _월 _일 **Day01**	□ _월 _일 **Day02** [2회독] **Day01** 품사별로 헤쳐 모여 PDF	□ _월 _일 **Day03** Day02 품사별로 헤쳐 모여 PDF	□ _월 _일 **Day04** Day03 품사별로 헤쳐 모여 PDF	□ _월 _일 **Day05** Day04 품사별로 헤쳐 모여 PDF
2주	□ _월 _일 **Day06** Day05 품사별로 헤쳐 모여 PDF	□ _월 _일 **Day07** Day06 품사별로 헤쳐 모여 PDF	□ _월 _일 **Day08** Day07 품사별로 헤쳐 모여 PDF	□ _월 _일 **Day09** Day08 품사별로 헤쳐 모여 PDF	□ _월 _일 **Day10** Day09 품사별로 헤쳐 모여 PDF
3주	□ _월 _일 **Day11** Day10 품사별로 헤쳐 모여 PDF	□ _월 _일 **Day12** Day11 품사별로 헤쳐 모여 PDF	□ _월 _일 **Day13** Day12 품사별로 헤쳐 모여 PDF	□ _월 _일 **Day14** Day13 품사별로 헤쳐 모여 PDF	□ _월 _일 **Day15** Day14 품사별로 헤쳐 모여 PDF
4주	□ _월 _일 **Day16** Day15 품사별로 헤쳐 모여 PDF [3회독] **Day01, 02** 품사별로 헤쳐 모여 PDF	□ _월 _일 **Day17** Day16 품사별로 헤쳐 모여 PDF **Day03, 04** 품사별로 헤쳐 모여 PDF	□ _월 _일 **Day18** Day17 품사별로 헤쳐 모여 PDF **Day05, 06** 품사별로 헤쳐 모여 PDF	□ _월 _일 **Day19** Day18 품사별로 헤쳐 모여 PDF **Day07, 08** 품사별로 헤쳐 모여 PDF	□ _월 _일 **Day20** Day19 품사별로 헤쳐 모여 PDF **Day09, 10** 품사별로 헤쳐 모여 PDF
5주	□ _월 _일 **Day21** Day20 품사별로 헤쳐 모여 PDF **Day11, 12** 품사별로 헤쳐 모여 PDF	□ _월 _일 **Day22** Day21 품사별로 헤쳐 모여 PDF **Day13, 14** 품사별로 헤쳐 모여 PDF	□ _월 _일 **Day23** Day22 품사별로 헤쳐 모여 PDF **Day15, 16** 품사별로 헤쳐 모여 PDF	□ _월 _일 **Day24** Day23 품사별로 헤쳐 모여 PDF **Day17, 18** 품사별로 헤쳐 모여 PDF	□ _월 _일 **Day25** Day24 품사별로 헤쳐 모여 PDF **Day19, 20** 품사별로 헤쳐 모여 PDF
6주	□ _월 _일 **Day26** Day25 품사별로 헤쳐 모여 PDF **Day21, 22** 품사별로 헤쳐 모여 PDF	□ _월 _일 **Day27** Day26 품사별로 헤쳐 모여 PDF **Day23, 24** 품사별로 헤쳐 모여 PDF	□ _월 _일 **Day28** Day27 품사별로 헤쳐 모여 PDF **Day25, 26** 품사별로 헤쳐 모여 PDF	□ _월 _일 **Day29** Day28 품사별로 헤쳐 모여 PDF **Day27** 품사별로 헤쳐 모여 PDF	□ _월 _일 **Day30** 미니 실전모의고사 **Day28~30** 품사별로 헤쳐 모여 PDF

30일 학습 플랜 이용 TIP

* 공부할 날짜를 쓰고, 매일 당일 학습 분량을 공부한 후에 □에 체크합니다.
* 60일 동안 천천히 꼼꼼하게 단어를 외우고 싶으시면 하루 분량을 2일에 나누어 학습하세요.
* [메인 학습]은 교재 p.12-13에 있는 <해커스가 제시하는 HSK 6급 단어 학습법>을 활용하신다면 더욱 효과적인 학습이 가능합니다.

시험 전 막판

5일 학습 플랜

Day별 '품사별로 헤쳐 모여 PDF'에 정리된 단어 리스트를 한 번 더 반복 학습하여 마지막으로 시험에 대비하세요!

1일	2일	3일	4일	5일	시험일
□ _월_일	□ _월_일	□ _월_일	□ _월_일	□ _월_일	□ _월_일
Day01-10 품사별로 헤쳐 모여 PDF	**Day11-20** 품사별로 헤쳐 모여 PDF	**Day21-30** 품사별로 헤쳐 모여 PDF	**Day01-15** 품사별로 헤쳐 모여 PDF	**Day16-30** 품사별로 헤쳐 모여 PDF	실력 발휘하기!

DAY

01

집이 최고야!

의식주 · 가정

주제를 알면 HSK가 보인다!

 HSK 6급에서는 의복, 음식, 주거, 가정, 육아 등 다양한 가정생활 관련 문제가 자주 출제
돼요. 따라서 '음식', '맛', '통', '담다'와 같은 의식주·가정 관련 단어들을 집중적으로 학습
하면 이러한 문제를 쉽게 풀 수 있어요.

🎧 단어, 예문 MP3

맛있는 엄마표 음식?!

울 엄마 饮食 风味 하나는 끝내준다니까!!

와, 정신 없이 먹다 보니 痕迹도 없이 다 먹었네.

흠…

??

여기 냄비 罐에다 盛해둔 구름이 수제 간식 어디 갔냐?

…

구름이..

⁰⁴ **饮食** yǐnshí 명 음식

⁰² **风味** fēngwèi 명 맛, 멋, 풍미

¹³ **痕迹** hénjì 명 흔적, 자취

⁰³ **罐** guàn 명 통, 단지, 항아리

⁰⁵ **盛** chéng 동 (용기 등에 물건을) 담다, 넣다

01 外表 ★★★
wàibiǎo

반의어

内心 nèixīn 몝 내심, 속마음

몝 겉모습, 외모

不要只凭穿着打扮去判断一个人，内心比外表更重要。 → 술어

차림새에만 근거해서 한 사람을 판단해서는 안 되며, 속마음이 겉모습보다 더 중요하다.

凭 píng 깨 ~에 근거하여 툉 맡기다　穿着打扮 chuānzhuó dǎban 차림새

02 风味 ★★★
fēngwèi

몝 맛, 멋, 풍미

冬季的草莓不仅风味最佳，而且价格也十分便宜。

겨울의 딸기는 맛이 가장 좋을 뿐만 아니라, 가격 또한 매우 저렴하다.

草莓 cǎoméi 몝 딸기　佳 jiā 톙 좋다, 훌륭하다

 시험에 이렇게 나온다!

짝꿍표현 风味를 활용한 짝꿍 표현을 알아 둔다.

风味小吃 fēngwèi xiǎochī 향토 음식

03 罐 ★★★
guàn

몝 통, 단지, 항아리

罐装食品之所以能长期存放，是因为它经过了密封处理。

통조림 식품을 장기간 보관할 수 있는 까닭은, 그것이 밀봉 처리를 거쳤기 때문이다.

罐装食品 guànzhuāng shípǐn 통조림 식품　存放 cúnfàng 툉 보관하다
密封 mìfēng 툉 밀봉하다　处理 chǔlǐ 툉 처리하다, 해결하다

 시험에 이렇게 나온다!

짝꿍표현 罐을 활용한 다양한 짝꿍 표현들을 알아 둔다.

罐装食品 guànzhuāng shípǐn 통조림 식품

罐头 guàntou 통조림, 깡통

瓦罐 wǎguàn 질항아리

陶罐 táoguàn 오지항아리

罐藏 guàncáng 깡통에 저장하다

🏯 알아 두면 시험이 쉬워지는 배경 지식

신조어 罐头笑声(통조림 웃음소리, canned laughter)은 TV 프로그램에서 녹음되어 나오는 기계적인 웃음소리를 기리키는 용어이다. 녹음된 웃음소리가 항상 똑같이 들리는 것이 마치 통조림에서 늘 똑같은 맛이 나는 것과 비슷하다고 하여 이와 같은 이름이 붙여졌다. 최근에는 TV 효과음뿐만 아니라 인터넷 상에서의 기계적인 웃음소리를 가리키는 말로도 사용되고 있다.

罐头笑声 guàntou xiàoshēng 통조림 웃음소리 늑 (TV 프로그램의 효과음으로 넣는) 녹음된 웃음소리, 기계적인 웃음소리

04 饮食 ★★★
yǐnshí

[명] 음식, 먹고 마시는 것

中餐对世界的饮食文化产生了巨大的影响。

술어

중국 음식은 세계의 음식 문화에 거대한 영향을 끼쳤다.

产生 chǎnshēng [동] (영향을) 끼치다, 생기다　巨大 jùdà [형] 거대하다

🏯 알아 두면 시험이 쉬워지는 배경 지식

> 일반상식　低脂饮食(저지방 음식)은 甘油三酯과 胆固醇의 비율이 비교적 적은 음식이다. 대표적인 低脂饮食로는 잎이 많은 채소·과일·콩류·고구마·버섯·마늘·통곡물 등이 있다. 低脂饮食은 지방이 적기 때문에 고지혈증 환자, 담낭이나 췌장 질환이 있는 환자처럼 지방 섭취를 어느 정도 제한해야 하는 사람들에게 특히 효과적이며, 최근에는 低脂饮食을 활용한 저지방 다이어트 방법이 등장하여 주목을 끌고 있다.
>
> 低脂饮食 dīzhī yǐnshí 저지방 음식
> 甘油三酯 gānyóusānzhǐ 중성 지방
> 胆固醇 dǎngùchún 콜레스테롤

05 盛 ★★★
chéng / shèng

[동] [chéng] (용기 등에 물건을) 담다, 넣다
[형] [shèng] 풍성하다, 번성하다

大家高高地举起了盛满酒的酒杯。

사람들은 술이 가득 담긴 술잔을 높이 들어 올렸다.

已是四月, 街道两旁的樱花开得正盛。

벌써 4월인데, 길 양쪽의 벚꽃이 때마침 풍성하게 피었다.

举 jǔ [동] (위로) 들어 올리다, 들다　樱花 yīnghuā [명] 벚꽃
正 zhèng [부] 마침 [형] 바르다

06 刺 ★★★
cì

[동] (뾰족한 물건으로) 찌르다, 뚫다　[명] 가시, 바늘

从学生食堂打包来的饺子放久了, 散发出了刺鼻的味道。

학생 식당에서 포장해 온 교자를 오래 놔두었더니, 코를 찌르는 냄새를 내뿜었다.

鱼刺卡在食道时, 要赶快到医院诊治。

생선가시가 식도에 걸렸을 때, 서둘러 병원에 가 진료를 받아야 한다.

打包 dǎbāo [동] 포장하다, 싸다　散发 sànfā [동] 내뿜다, 발산하다
卡 qiǎ [동] (중간에) 걸리다, 끼이다　赶快 gǎnkuài [부] 서둘러, 재빨리
诊治 zhěnzhì [동] 진료 받다, 진료하다

07 混合 ***
hùnhé

동 함께 섞다, 혼합하다

把食材和调味料放入碗里，再混合均匀。
〔술어〕

식재료와 조미료를 그릇 안에 넣고 나서, 고르게 섞는다.

食材 shícái 몡 식재료, 식자재 **调味料** tiáowèiliào 몡 조미료
均匀 jūnyún 휑 고르다, 균일하다

08 饥饿 ***
jī'è

형 굶주리다, 배고프다

小张自从找到工作以后，不再遭受饥饿之苦了。

샤오장은 직업을 구한 후부터, 굶주리는 고통을 더 이상 겪지 않았다.

自从 zìcóng 게 ~부터, ~에서 **遭受** zāoshòu 동 (불행 또는 손해를) 겪다

🏯 알아 두면 시험이 쉬워지는 배경 지식

> 〔일반상식〕 隐性饥饿(잠재적 기아)는 비타민·무기질 등의 영양소가 결핍된 체내 영양소 불균형 상태를 지칭하는 말이다. 빈곤 국가의 영·유아 및 어린이들은 쌀·옥수수·밀가루와 같은 탄수화물 위주의 구호품으로 식사를 한다. 이런 식사는 생존에 필요한 칼로리를 제공해 주지만, 비타민·미네랄 등 신체 기능에 필요한 영양소들은 충분히 제공해 주지 못한다. 빈곤층의 많은 아이들은 식단의 불균형 때문에 신체 및 뇌 발달에 손상을 입는 영양 불균형 현상을 겪고 있다. 2016년을 기준으로 隐性饥饿를 겪고 있는 전 세계 인구는 약 20억 명에 달한다.
>
> **隐性饥饿** yǐnxìng jī'è 잠재적 기아
>
> 〔일반상식〕 饥饿营销(헝거 마케팅)는 한정된 물량만 판매해 소비자의 구매 욕구를 더욱 자극시키는 마케팅 기법으로, '희소 마케팅' 또는 '한정판 마케팅'이라고도 불린다. 饥饿营销는 없으면 없을수록 더욱 갖고 싶어하는 소비자들의 구매 심리를 겨냥한 것으로, 의도적으로 제한된 물량을 공급해서 잠재 고객을 '배고픔(Hungry)' 상태로 만드는 마케팅 전술이다. 饥饿营销를 가장 잘 활용하고 있는 대표적인 기업으로는 중국의 小米가 있다.
>
> **饥饿营销** jī'è yíngxiāo 헝거 마케팅
>
> **小米** Xiǎomǐ 샤오미

09 可口 ***
kěkǒu

형 맛있다, 입에 맞다

来到城市之后，我品尝到了各种美味可口的食物。

도시에 온 이후, 나는 각종 맛있는 음식을 맛보았다.

品尝 pǐncháng 동 맛보다, 시식하다 **食物** shíwù 몡 음식, 음식물

 시험에 이렇게 나온다!

> 〔짝꿍표현〕 可口를 활용한 다양한 짝꿍 표현들을 알아 둔다.
>
> **美味可口** měiwèi kěkǒu 음식이 맛있다
> **味道可口** wèidao kěkǒu 맛이 입에 맞다

---

10 垫 *** diàn

동 괴다, 깔다 　명 매트, 방석

→ 술어

为了使桌面与地面平行，爸爸在桌子下面<u>垫</u>了一块木板。

탁상과 지면이 평행이 되도록 하기 위해, 아빠는 탁자 아래에 목판을 괴셨다.

这家家具商店开展了买单人床就赠送床<u>垫</u>的活动。

이 가구 상점은 싱글 침대를 사면 매트리스를 증정하는 행사를 벌였다.

桌面 zhuōmiàn 명 탁상　**平行** píngxíng 통 평행하다
开展 kāizhǎn 통 벌이다, 전개되다　**单人床** dānrénchuáng 싱글 침대
赠送 zèngsòng 통 증정하다, 선사하다
床垫 chuángdiàn 명 매트리스[침대의 매트]

 시험에 이렇게 나온다!

짝꿍
표현 **垫**을 활용한 다양한 짝꿍 표현들을 알아 둔다.

铺垫 pūdiàn 깔다, 펴다
床垫 chuángdiàn (침대의) 매트리스

11 维持 *** wéichí

유의어
保持 bǎochí
통 (원래의 상태를) 유지하다

동 유지하다, 지지하다

那位音乐家从小就靠街头表演来<u>维持</u>生计。

저 음악가는 어려서부터 거리 공연에 기대어 생계를 유지해 왔다.

靠 kào 통 기대다　**街头** jiētóu 명 거리, 길거리　**生计** shēngjì 명 생계

 시험에 이렇게 나온다!

유의어 **维持 : 保持**(bǎochí, 유지하다)

维持은 노력이나 수단을 통해 원래의 상태를 계속 이어간다는 의미이다.

维持生活 wéichí shēnghuó 생활을 유지하다
维持现状 wéichí xiànzhuàng 현상을 유지하다

保持은 원래의 좋은 상태를 훼손하지 않고 지켜 나간다는 의미이다.

保持水土 bǎochí shuǐtǔ 수분과 토양을 유지하다
保持传统 bǎochí chuántǒng 전통을 유지하다

12 故乡 *** gùxiāng

명 고향

望着窗外的月亮，小明想起了<u>故乡</u>的亲人。

창밖의 달을 바라보며, 샤오밍은 고향의 가족을 떠올렸다.

望 wàng 통 (먼 곳을) 바라보다　**亲人** qīnrén 명 가족[직계 친속 또는 배우자]

13 痕迹 ★★★
hénjì

명 흔적, 자취

弟弟已经在宿舍生活一年了, 但家里依然有他留
下的痕迹。

남동생은 기숙사에서 이미 1년 동안 생활했는데, 그러나 집안에는 여전히
그가 남긴 흔적이 있다.

宿舍 sùshè 명 기숙사 　依然 yīrán 부 여전히

14 婴儿 ★★★
yīng'ér

명 영아, 갓난아기

婴儿有自己的表达方式, 疼痛时和饥饿时的哭法
不一样。

영아는 자신의 표현 방식을 가지고 있어서, 아플 때와 배고플 때의 우는 방
법이 다르다.

表达 biǎodá 동 (생각, 감정을) 표현하다, 나타내다 　方式 fāngshì 명 방식
疼痛 téngtòng 형 아프다 　饥饿 jī'è 형 배고프다, 굶주리다

15 粉色 ★★
fěnsè

명 분홍색, 핑크색

有调查显示, 喜欢穿粉色服装的人较富有同情心。

어떤 조사에서 나타내기를, 분홍색 의류를 입는 것을 좋아하는 사람은 동정
심이 비교적 많다고 한다.

显示 xiǎnshì 동 나타내다, 드러내다 　服装 fúzhuāng 명 의류, 패션
富有 fùyǒu 동 많이 가지다 　同情心 tóngqíngxīn 동정심

16 衣裳
yīshang

명 의상, 의복

刚才突然下起了雨, 她的新衣裳一下子湿透了。

방금 갑자기 비가 내리기 시작해서, 그녀의 새 의상은 한순간에 완전히 축
축해졌다.

湿 shī 형 축축하다 　透 tòu 형 완전하다, 대단하다, 충분하다

17 旗袍
qípáo

명 치파오[중국 여성들이 입는 긴 원피스 형태의 전통 의복]

姥姥把她小时候穿的旗袍挂在一个大大的衣柜里。

외할머니는 그녀가 어렸을 때 입었던 치파오를 아주 큰 옷장 안에 걸어 두
었다.

姥姥 lǎolao 명 외할머니 　衣柜 yīguì 명 옷장

18 羽绒服
yǔróngfú

명 오리털 재킷, 다운 재킷(down jacket)

酷寒的冬天快要来了, 把羽绒服从衣柜里拿出来吧。

몹시 추운 겨울이 곧 오니, 오리털 재킷을 옷장에서 꺼내자.

酷寒 kùhán 형 몹시 춥다 　衣柜 yīguì 명 옷장

19 兜
dōu

🅜 주머니, 호주머니　🅓 (자루·주머니 형태로 물건을) 싸다

孩子们出门时，我把零花钱偷偷地塞进了他们的
衣兜里。

→ 술어

아이들이 외출할 때, 나는 용돈을 그들의 옷 주머니 안에 몰래 쑤셔 넣었다.

奶奶用手巾兜了几个栗子。

할머니께서는 손수건으로 밤 몇 개를 싸 주셨다.

零花钱 línghuāqián 🅜 용돈　偷偷 tōutōu 🅟 몰래　塞 sāi 🅓 쑤셔 넣다
手巾 shǒujīn 🅜 손수건　栗子 lìzi 🅜 밤

20 纽扣儿
niǔkòur

🅜 단추

古罗马时期，人们把纽扣儿用来做装饰品。

고대 로마 시기에, 사람들은 단추를 장식품으로 삼았다.

古罗马 Gǔ Luómǎ 🅖 고대 로마　时期 shíqī 🅜 (특정한) 시기
装饰品 zhuāngshìpǐn 🅜 장식품

21 首饰
shǒushì

🅜 장신구, 머리 장식품

首饰的出现可以追溯到石器时代。

장신구의 출현은 석기 시대까지 거슬러 올라갈 수 있다.

追溯 zhuīsù 🅓 거슬러 올라가다　石器 shíqì 🅜 석기
时代 shídài 🅜 시대, 시절

22 编织
biānzhī

🅓 뜨다, 짜다, 엮다

弟弟十分聪明，很快就学会了编织和刺绣的方法。

남동생은 매우 똑똑해서, 뜨개질과 자수 방법을 빠르게 배웠다.

刺绣 cìxiù 🅜 자수　🅓 자수하다, 수를 놓다

23 熨
yùn

🅓 다리다, 다림질하다

杰克帮我把衣服上的褶皱给熨平了。

잭은 나를 도와 옷에 있는 주름을 평평하게 다려 주었다.

褶皱 zhězhòu 🅜 주름　平 píng 🅗 평평하다

24 现成
xiànchéng

🅗 이미 마련되어 있는, 기성의

她照着现成的样品给妈妈做了一件华丽的旗袍。

그녀는 이미 마련되어 있는 샘플에 따라 엄마에게 화려한 치파오 한 벌을
만들어 주었다.

样品 yàngpǐn 🅜 샘플, 견본　华丽 huálì 🅗 화려하다, 아름답다
旗袍 qípáo 🅜 치파오[중국 여성들이 입는 긴 원피스 형태의 전통 의복]

25 辫子
biànzi

○ 명 땋은 머리, 변발, 약점

술어
妹妹头上的两条可爱的辫子是保姆给她梳的。

여동생 머리 위의 두 갈래의 귀여운 땋은 머리는 보모가 그녀에게 땋아 준 것이다.

他说话总是小心翼翼的，生怕被别人抓住小辫子。

그는 말을 하는 것이 항상 매우 조심스러우며, 혹시나 다른 사람에게 작은 약점을 잡힐까 두려워한다.

保姆 bǎomǔ 명 보모, 가정부　梳 shū 동 (머리를) 땋다, 빗질하다
小心翼翼 xiǎoxīnyìyì 성 매우 조심스럽다　生怕 shēngpà 동 두려워하다

26 胡须
húxū

○ 명 수염

老爷已经九十岁了，他的双颊上长满了白胡须。

외할아버지께서는 이미 90세이시고, 그의 양 뺨에는 흰 수염이 가득 자랐다.

颊 jiá 명 뺨, 볼

27 化妆 **
huàzhuāng

○ 동 화장하다

很多消费者认为纯天然化妆品比一般化妆品更安全。

많은 소비자들은 천연 화장품이 일반 화장품보다 더 안전하다고 생각한다.

消费者 xiāofèizhě 소비자　纯天然 chúntiānrán 천연의
化妆品 huàzhuāngpǐn 화장품

시험에 이렇게 나온다!

짝꿍
표현　化妆을 활용한 짝꿍 표현을 알아 둔다.

化妆品 huàzhuāngpǐn 화장품

28 炊烟
chuīyān

○ 명 밥 짓는 연기

炊烟从奶奶家的烟囱里袅袅升起。

밥 짓는 연기가 할머니 집의 굴뚝에서 모락모락 피어 오른다.

烟囱 yāncōng 명 굴뚝
袅袅 niǎoniǎo 형 (연기, 안개 등이) 모락모락 피어오르는 모양
升 shēng 동 오르다, (등급 따위를) 올리다, 인상하다

29 炉灶
lúzào

○ 명 부뚜막

我奶奶每次做完饭，都会把炉灶周围擦得干干净净。

나의 할머니께서는 매번 밥을 다 하시고, 항상 부뚜막 주위를 깨끗하게 닦으신다.

周围 zhōuwéi 명 주위

30 荤
hūn

명 고기[닭·오리·생선·육류 등의 음식]

小秋是素食主义者，不吃荤菜，只吃素菜。

└─ 술어

샤오치우는 채식주의자여서, 고기 요리는 먹지 않고, 채식 요리만 먹는다.

素食主义者 sùshízhǔyìzhě 채식주의자　素菜 sùcài **명** 채식 요리

 시험에 이렇게 나온다!

짝꿍표현 荤을 활용한 다양한 짝꿍 표현들을 알아 둔다.

荤菜 hūncài 고기 요리

荤素 hūnsù 고기 요리와 채식 요리

31 素食
sùshí

명 채식　**동** 채식하다

随着饮食的多样化，素食料理的种类也逐渐增多。

음식의 다양화에 따라, 채식 요리의 종류도 점차 많아지고 있다.

素食有助于减轻肠胃的负担。

채식하는 것은 위장의 부담을 줄이는 것에 도움이 된다.

饮食 yǐnshí **명** 음식　料理 liàolǐ **명** 요리　种类 zhǒnglèi **명** 종류

逐渐 zhújiàn **부** 점차, 점점　肠胃 chángwèi **명** 위장

负担 fùdān **명** 부담　**동** 부담하다

 시험에 이렇게 나온다!

짝꿍표현 素食을 활용한 짝꿍 표현을 알아 둔다.

素食主义者 sùshízhǔyìzhě 채식주의자

32 佳肴
jiāyáo

명 훌륭한 요리, 맛있는 요리

看着一大桌美味佳肴，我们都感叹不已。

한 상 가득한 맛있고 훌륭한 요리를 보며, 우리는 모두 감탄을 금치 못했다.

感叹 gǎntàn **동** 감탄하다　不已 bùyǐ **동** ~해 금치 못하다, ~해 마지 않다

33 涮火锅
shuàn huǒguō

훠궈를 먹다

很多人认为用来涮火锅的汤营养丰富，但事实并非如此。

많은 사람들이 훠궈를 먹을 때 사용하는 탕은 영양이 풍부하다고 생각하지만, 사실은 결코 그렇지 않다.

营养 yíngyǎng **명** 영양　事实 shìshí **명** 사실

并非 bìngfēi **동** 결코 ~가 아니다

잠깐 火锅(훠궈)는 고기·생선·야채 등을 국물에 데쳐 양념에 찍어 먹는 중국식 샤브샤브예요.

해커스 HSK 6급 단어장

34 调料
tiáoliào

명 양념, 조미료

→ 술어

只要把酱油和一些调料混合均匀，就能做出美味的酱料。

간장과 몇몇 양념들을 고르게 혼합해 주기만 하면, 맛있는 양념장을 만들어낼 수 있다.

酱油 jiàngyóu 명 간장　混合 hùnhé 통 혼합하다, 함께 섞다
均匀 jūnyún 형 고르다, 균등하다　酱料 jiàngliào 양념장

🏯 알아 두면 시험이 쉬워지는 배경 지식

> 中国文化 黄酒(황주)는 약 3천 년 전부터 만들어진 중국의 전통주로, 酿造酒의 한 종류이다. 黄酒는 차조·찰수수·쌀 등으로 만들어 색이 노랗고 도수가 낮으며, 향이 진하고 氨基酸이 풍부한 물질이 함유되어 있어서, 고기나 생선 요리를 할 때 잡내를 제거하기 위한 调料로도 활용되고 있다.
>
> 黄酒 huángjiǔ 황주
> 酿造酒 niàngzàojiǔ 발효주
> 氨基酸 ānjīsuān 아미노산

35 馅儿
xiànr

명 소[만두 등에 넣는 각종 재료]

汤圆里的馅儿是由黑芝麻、白砂糖、糯米粉混合而成的。

탕위안 안의 소는 검은깨, 설탕, 찹쌀가루를 혼합하여 만든 것이다.

汤圆 tāngyuán 명 탕위안[찹쌀가루 등으로 둥글게 만든 음식]
黑芝麻 hēizhīma 명 검은깨　白砂糖 báishātáng 명 설탕
糯米 nuòmǐ 명 찹쌀　粉 fěn 명 가루　混合 hùnhé 통 혼합하다, 함께 섞다

36 粥
zhōu

명 죽

每当我肠胃不舒服时，爸爸总是用大米给我熬粥。

내 위장이 아플 때마다, 아버지께서는 항상 쌀을 사용하여 내게 죽을 끓여 주셨다.

肠胃 chángwèi 명 위장　熬 áo 통 (오래) 끓이다, (고통을) 참다

37 搭配 **
dāpèi

동 배합하다, 조합하다

中国人非常讲究饮食的营养搭配。

중국인들은 음식의 영양 배합을 매우 중시한다.

讲究 jiǎngjiu 통 중시하다　饮食 yǐnshí 명 음식　营养 yíngyǎng 명 영양

³⁸ 品尝 **
pǐncháng

동 맛보다, 자세히 식별하다

有很多外国人为了品尝中国的美食而特地来中国旅游。 → 술어

많은 외국인들이 중국의 음식을 맛보기 위해 일부러 중국에 와 여행을 한다.

特地 tèdì 图 일부러, 특별히

³⁹ 烹饪 **
pēngrèn

동 요리하다, 조리하다

即使是一样的食材，烹饪方式不同，风味也有所不同。

같은 식재료일지라도, 요리하는 방식이 다르면, 맛 역시 다소 다르다.

食材 shícái 식재료 **方式** fāngshì 圀 방식 **风味** fēngwèi 圀 맛, 색채

⁴⁰ 煎 **
jiān

동 (적은 기름에) 부치다, 지지다, (약이나 차를) 달이다

当小明在洗澡时，小李在厨房煎鸡蛋、煮咖啡。

샤오밍이 샤워를 하고 있을 때, 샤오리는 주방에서 달걀을 부치고, 커피를 끓였다.

煮 zhǔ 圄 끓이다, 삶다

🏯 **알아 두면 시험이 쉬워지는 배경 지식**

> 중국문화 煎饼(전병)은 현대 중국인들이 아침 식사나 간식으로 많이 먹는 인기 메뉴이다. 일반적으로 煎饼은 묽은 밀가루 반죽과 계란을 얇게 펴 바르고, 그 위에 춘장소스·파·양파·소시지·고추 등의 재료를 올린 후 크레페처럼 접어 먹는다. 煎饼은 山东省의 泰安市에서 시작되었다고 알려져 있는데, 전하는 말에 의하면 诸葛亮이 처음 만들었다고 한다. 어느 날 刘备 측 군사들이 적에게 포위되어 밥을 해 먹을 수 없는 상황이 되자, 诸葛亮이 취사병에게 물과 밀가루로 반죽을 만들어 铜罗 위에 올리도록 한 다음 나무 막대기로 묽은 반죽을 얇고 편평하게 펴서 굽도록 했는데, 이것이 바로 煎饼의 시초였다고 한다.
>
> **煎饼** jiānbing 전병
> **山东省** Shāndōng Shěng 산둥성
> **泰安市** Tài'ān Shì 타이안 시
> **诸葛亮** Zhūgě Liàng 제갈량, 제갈공명
> **刘备** Liú Bèi 유비
> **铜罗** tóngluó (구리로 된) 징

41 熬
áo

동 (음식 등을) 달이다, 오래 끓이다, (고통을) 참다

有些中药需要熬整整一天。　→ 술어

어떤 한약들은 하루 종일 달이는 것이 필요하다.

我们再熬一年就可以搬进新家了。

우리는 한 해만 더 참으면 새 집으로 옮겨 들어갈 수 있게 된다.

中药 zhōngyào 명 한약, 중국 의약

 시험에 이렇게 나온다!

짝꿍
표현　熬를 활용한 다양한 짝꿍 표현들을 알아 둔다.

熬煮 áo zhǔ 푹 끓이다

煎熬 jiān'áo (육체적, 정신적으로) 고통을 당하다, 괴로움을 당하다

42 削
xiāo

동 깎다, 벗기다

小赵为了招待客人，到厨房冲了茶、削了水果。

샤오자오는 손님을 대접하기 위해, 주방에 가서 차를 타고, 과일을 깎았다.

招待 zhāodài 동 대접하다　冲茶 chōng chá 차를 타다

43 喂
wèi

동 (음식이나 약을) 먹이다, 기르다

她给婴儿喂奶时，总会轻声地给婴儿唱歌。

그녀는 갓난아이에게 젖을 먹일 때, 항상 작은 소리로 갓난아이에게 노래해 준다.

婴儿 yīng'ér 명 갓난아이, 젖먹이

 시험에 이렇게 나온다!

짝꿍
표현　喂를 활용한 다양한 짝꿍 표현들을 알아 둔다.

喂奶 wèi nǎi 젖을 먹이다

喂养 wèiyǎng 기르다, 양육하다, 사육하다

44 朴素 ★★
pǔsù

반의어

华丽 huálì 형 화려하다
奢侈 shēchǐ 형 사치스럽다

형 소박하다, 화려하지 않다

淮扬菜朴素而典雅，是中国的传统四大菜系之一。

화이양 요리는 소박하지만 우아하며, 중국의 전통 4대 요리 체계 중 하나이다.

淮扬 Huáiyáng 고유 화이양[화이강과 창강의 하류 지역]

典雅 diǎnyǎ 형 우아하다　传统 chuántǒng 명 전통 형 전통적이다

菜系 càixì 명 (각 지방의) 요리 체계

45 丰盛
fēngshèng

유의어

丰富 fēngfù
형 풍부하다, 많다
동 풍부하게 하다

형 (음식 등이) 풍성하다, 성대하다

술어
伯父和伯母给全家人做了一顿丰盛的午餐。

큰아버지와 큰어머니께서는 온 가족을 위해 풍성한 점심 한 끼를 만들어 주셨다.

伯父 bófù 명 큰아버지　伯母 bómǔ 명 큰어머니

 시험에 이렇게 나온다!

유의어 丰盛 : 丰富(fēngfù, 풍부하다)

丰盛은 주로 음식의 양이 넉넉하고 많은 것을 의미한다.
丰盛的晚餐 fēngshèng de wǎncān 풍성한 저녁 식사
丰盛的宴席 fēngshèng de yànxí 풍성한 연회

丰富는 주로 물질·재산·지식·경험 등의 종류가 많거나 수량이 많은 것을 의미한다.
资料丰富 zīliào fēngfù 자료가 풍부하다
丰富业余生活 fēngfù yèyú shēnghuó 여가 생활을 풍부하게 하다

46 腥
xīng

형 비린내가 나다

绿茶叶有助于消除海鲜的腥味。

녹찻잎은 해산물의 비린내를 제거하는 데 도움이 된다.

消除 xiāochú 동 제거하다, 없애다　海鲜 hǎixiān 명 해산물

47 油腻
yóunì

반의어

清淡 qīngdàn
형 (음식이) 담백하다,
(냄새·색깔 등이) 연하다

형 기름지다, 느끼하다

油腻食物主要有油炸类、肉类、糕点等几大类。

기름진 음식으로는 주로 튀김류, 육류, 다과 등 몇 가지 큰 종류가 있다.

食物 shíwù 명 음식　油炸类 yóuzhá lèi 튀김류　糕点 gāodiǎn 명 다과

48 窝 ★★
wō

명 보금자리, 둥지

那对夫妇在岸边盖了一座属于他们的温馨小窝。

그 부부는 강가에 그들 소유의 아늑한 작은 보금자리를 지었다.

夫妇 fūfù 명 부부　岸边 ànbiān 강가, 호숫가　盖 gài 동 (집을) 짓다, 덮다
属于 shǔyú 동 소유하다, ~에 속하다
温馨 wēnxīn 형 아늑하다, 온화하고 향기롭다

 시험에 이렇게 나온다!

짝꿍
표현
窝를 활용한 다양한 짝꿍 표현들을 알아 둔다.
草窝 cǎowō 풀숲, 움막
蜂窝 fēngwō 벌집, 벌집처럼 구멍이 숭숭 난 모양

49 枕头 ★★
zhěntou

[명] 베개

睡觉时枕头太高，会引起脖颈酸痛。 ← 술어

잠을 잘 때 베개가 너무 높으면, 목덜미가 쑤시고 아픈 것을 초래할 수 있다.

脖颈 bógěng 목덜미

50 床单
chuángdān

[명] 침대보, 침대 시트

买床单时要注意图案是否过于复杂，颜色是否过于强烈。

침대보를 살 때에는 무늬가 지나치게 복잡하지 않은지, 색깔은 지나치게 강렬하지 않은지 주의해야 한다.

图案 tú'àn [명] 무늬, 도안 　过于 guòyú [부] 지나치게, 과도하게
强烈 qiángliè [형] 강렬하다

51 点缀
diǎnzhuì

[동] 꾸미다, 장식하다

客厅的窗户上点缀着五颜六色的窗花。

거실의 창문은 다양한 빛깔의 창문 장식용 종이로 꾸며져 있다.

窗花 chuānghuā [명] 창문 장식용 종이[창문 장식에 주로 사용하는 '剪纸(전지)'의 일종]

52 水龙头
shuǐlóngtóu

[명] 수도꼭지

在日常生活中，要记得随手关好水龙头。

일상생활 중에서, 수도꼭지를 그때그때 잘 잠그는 것을 기억해야 한다.

日常 rìcháng [형] 일상의, 일상적인 　随手 suíshǒu [부] 그때그때, ~하는 김에

53 沐浴
mùyù

[동] 목욕하다, (햇빛·비·이슬 등을) 받다

人们在殷商时期的甲骨文中找到了关于沐浴的记载。

사람들은 은상 시기의 갑골문에서 목욕에 관한 기록을 찾아냈다.

院子里的那株幼苗在阳光的沐浴下伸枝展叶。

정원 안의 저 새싹은 햇빛을 받으며 가지와 잎을 뻗는다.

殷商 Yīn Shāng [고유] 은상[중국 고대 왕조의 하나] 　时期 shíqī [명] 시기
甲骨文 jiǎgǔwén [명] 갑골문 　记载 jìzǎi [명] 기록, 문장
院子 yuànzi [명] 정원 　株 zhū [양] 그루 　幼苗 yòumiáo [명] 새싹
伸枝展叶 shēn zhī zhǎn yè 가지와 잎을 뻗다

54 终身 ★★
zhōngshēn

ⓜ 평생, 일생

父母为我们牺牲了大半辈子，这让我们终身难忘。 ←술어

부모님께서는 우리를 위해 반평생을 희생하셨는데, 이는 우리로 하여금 평생 잊을 수 없게 한다.

牺牲 xīshēng ⓥ 희생하다 辈子 bèizi ⓜ 평생
难忘 nánwàng ⓗ 잊을 수 없다

55 伴侣
bànlǚ

ⓜ 배우자, 반려자, 동료

在茫茫人海中能找到一个终身伴侣，是件很幸运的事。

많고 많은 사람 중에서 평생의 배우자를 찾아낼 수 있다는 것은, 매우 운이 좋은 일이다.

茫茫人海 mángmáng rénhǎi 많고 많은 사람
终身 zhōngshēn ⓜ 평생, 일생 幸运 xìngyùn ⓗ 운이 좋다

56 夫妇
fūfù

ⓜ 부부

他们老夫妇退休后回到农村，美满幸福地过了十几年。

그들 노부부는 은퇴 후에 농촌으로 돌아가, 아름답고 원만하며 행복하게 십몇 년을 보냈다.

退休 tuìxiū ⓥ 은퇴하다, 퇴직하다 农村 nóngcūn ⓜ 농촌
美满 měimǎn ⓗ 아름답고 원만하다

57 配偶
pèi'ǒu

ⓜ 배우자, 배필

选择配偶时要从多方面考虑。

배우자를 선택할 때에는 다방면으로 고려해야 한다.

方面 fāngmiàn ⓜ 방면

58 保姆
bǎomǔ

ⓜ 보모, 가정부

我还记得小时候有一位保姆在家照顾过我。

나는 어릴 때 한 보모가 집에서 나를 돌봐 주었던 것을 아직도 기억하고 있다.

照顾 zhàogù ⓥ 돌보다, 살피다

🏛 **알아 두면 시험이 쉬워지는 배경 지식**

신조어 蜜月保姆(허니문 보모)는 중국에서 최근에 등장한 새로운 직업이다. 蜜月保姆는 일반적으로 15일에서 1개월 정도 단위로 고용되어 집안일에 서툰 신혼부부를 위해 밥짓기·세탁·설거지·청소 등의 기본적인 가사 업무를 전문적으로 가르쳐 주는 保姆를 지칭한다.

蜜月保姆 mìyuè bǎomǔ 허니문 보모

해커스 HSK 6급 단어장

59 伯母
bómǔ

[명] 큰어머니, 백모

我的伯母是个很明智的人，所以我常常征求她的意见。

나의 큰어머니는 매우 현명한 사람이라, 나는 자주 그녀의 의견을 구한다.

明智 míngzhì [형] 현명하다, 총명하다　征求 zhēngqiú [동] 구하다

60 家属
jiāshǔ

[명] 가솔, 가속, 딸린 식구

医生向病人家属说明了手术过程。

의사는 환자의 가솔들에게 수술 과정을 설명했다.

手术 shǒushù [명] 수술

61 嫂子
sǎozi

[명] 형수, 올케[형이나 오빠의 부인]

长兄和嫂子结婚十年了，他们依然相亲相爱。

큰 형과 형수는 결혼한 지 10년이 되었는데, 그들은 여전히 서로 아끼며 사랑한다.

依然 yīrán [부] 여전히　相亲相爱 xiāngqīnxiāng'ài 서로 아끼며 사랑하다

62 双胞胎
shuāngbāotāi

[명] 쌍둥이

这对双胞胎虽然外表很像，性格和爱好却迥然不同。

이 쌍둥이는 외모는 비슷하지만, 성격과 취미는 오히려 현저히 다르다.

外表 wàibiǎo [명] 외모　迥然不同 jiǒngránbùtóng [성] 현저히 다르다

63 娃娃
wáwa

[명] 인형, (갓난) 아기, 어린애

那对夫妇给女儿买的娃娃很可爱。

그 부부가 딸에게 사 준 인형은 매우 귀엽다.

夫妇 fūfù [명] 부부

64 媳妇
xífù

[명] 며느리, 아내

婆婆和媳妇之间需要互相尊重和信任。

시어머니와 며느리 간에는 서로 존중하고 신뢰하는 것이 필요하다.

婆婆 pópo [명] 시어머니　信任 xìnrèn [동] 신뢰하다, 믿다 [명] 신임

65 岳母
yuèmǔ

[명] 장모

为了纪念结婚三十周年，岳父岳母去环游世界了。

결혼 30주년을 기념하기 위해, 장인, 장모님은 세계를 일주하러 떠나셨다.

岳父 yuèfù [명] 장인　环游世界 huányóu shìjiè 세계를 일주하다

★★★ = 최반출 어휘　★★ = 빈출 어휘

66 侄子
zhízi

● 명 조카

侄子本来玩得好好的，突然呜呜地哭了起来。
조카는 원래 잘 놀고 있었는데, 갑자기 엉엉 울기 시작했다.

呜 wū 의성 엉엉[우는 소리]

술어 →

67 祖父
zǔfù

● 명 할아버지, 조부

祖父虽已去世多年，但他的笑容依然历历在目。
할아버지께서 세상을 떠나신 지 비록 이미 여러 해 되었지만, 그러나 그의 웃는 얼굴이 여전히 눈에 선하다.

去世 qùshì 동 세상을 뜨다, 사망하다   笑容 xiàoróng 명 웃는 얼굴
依然 yīrán 부 여전히   历历在目 lìlìzàimù 성 눈에 선하다

68 伺候
cìhou

● 동 모시다, 시중들다, 돌보다

他孝心可嘉，总是真心实意地伺候卧病在床的母亲。
그는 효심이 갸륵하여, 병상에 누워 계신 어머니를 항상 성심성의껏 모신다.

孝心 xiàoxīn 명 효심   可嘉 kějiā 형 갸륵하다, 기특하다
真心实意 zhēnxīnshíyì 성 성심성의   卧病 wòbìng 동 병으로 눕다

69 颠倒
diāndǎo

● 동 (상하·전후의 위치가 원래와 달리) 뒤바뀌다, 착란하다

婴儿常常把睡眠时间搞颠倒，白天睡，晚上闹。
영아는 종종 수면시간을 뒤바꾸어 버려서, 낮에 자고, 밤에 시끄럽게 한다.

婴儿 yīng'ér 명 영아, 갓난아기   睡眠 shuìmián 명 수면
搞 gǎo 동 하다, 종사하다

70 抚养
fǔyǎng

● 동 (아이를) 부양하다, 정성들여 기르다

父母有抚养未成年子女的义务。
부모는 미성년 자녀를 부양할 의무가 있다.

义务 yìwù 명 의무

71 干涉
gānshè

● 동 간섭하다

当孩子试图独立解决问题时，父母不能过于干涉
他们。
아이가 독자적으로 문제를 해결하려고 시도할 때, 부모는 지나치게 그들에게 간섭해서는 안 된다.

试图 shìtú 동 시도하다, 시험하다   独立 dúlì 동 독자적으로 하다, 독립하다
过于 guòyú 부 지나치게, 너무

72 唠叨
láodao

동 (끊임없이) 잔소리하다, 되풀이하여 말하다

祖父总是<u>唠唠叨叨</u>，但我知道那就是对我的爱。 ^{술어}

할아버지께서는 항상 끊임없이 잔소리하시는데, 그러나 나는 그것이 바로 나에 대한 사랑임을 안다.

祖父 zǔfù 명 할아버지, 조부

73 生育
shēngyù

동 출산하다, 아이를 낳다

盲目减肥会导致营养不均衡，从而会影响<u>生育</u>能力。

무작정 살을 빼는 것은 영양 불균형을 초래할 수 있고, 그리하여 출산 능력에 영향을 줄 수 있다.

盲目 mángmù 형 무작정, 맹목적인 导致 dǎozhì 동 초래하다, 야기하다
营养 yíngyǎng 명 영양 均衡 jūnhéng 형 균형이 맞다
从而 cóng'ér 접 그리하여, 따라서

74 变故
biàngù

명 변고, 재난

虽然遭遇了家庭的<u>变故</u>，但他仍然没有失去希望。

집안의 변고를 맞닥뜨렸음에도 불구하고, 그러나 그는 여전히 희망을 잃지 않았다.

遭遇 zāoyù 동 (적 또는 불행한 일을) 만나다, 부닥치다 失去 shīqù 동 잃다

75 富裕 ★★
fùyù

형 부유하다

增加对教育的投入，可以使一个国家更加<u>富裕</u>。

교육에 대한 투자를 늘리는 것은, 한 나라를 더욱더 부유하게 할 수 있다.

投入 tóurù 동 투자하다 명 자금

반의어

贫困 pínkùn
형 빈곤하다, 곤궁하다
穷困 qióngkùn
형 가난하다, 빈곤하다

76 美满
měimǎn

형 아름답고 원만하다

他们一家人返回故乡后，开始了幸福<u>美满</u>的生活。

그들 가족은 고향으로 돌아간 후, 행복하고 아름답고 원만한 생활을 시작했다.

返回 fǎnhuí 동 돌아가다 故乡 gùxiāng 명 고향

77 勤俭
qínjiǎn

형 근검하다, 부지런하고 알뜰하다

古人曾经把<u>勤俭</u>节约看作一种美德。

옛사람들은 일찍이 근검절약을 일종의 미덕이라고 여겼다.

曾经 céngjīng 부 일찍이, 이전에 美德 měidé 명 미덕

반의어

奢侈 shēchǐ 형 사치스럽다

해커스 HSK 6급 단어장

78 新郎
xīnláng

명 신랑

祝<u>新郎</u>新娘白头偕老，百年好合！ 술어

신랑 신부가 백년해로하고, 평생토록 화목하길 기원합니다!

新娘 xīnniáng 명 신부　**白头偕老** báitóuxiélǎo 정 백년해로하다
百年好合 bǎiniánhǎohé 평생토록 화목하다

79 新娘
xīnniáng

명 신부

婚礼上，<u>新娘</u>和新郎彼此<u>跪拜行礼</u>。

결혼식에서, 신부와 신랑은 서로에게 무릎을 꿇고 엎드려 절하며 예를 표했다.

婚礼 hūnlǐ 명 결혼식　**新郎** xīnláng 명 신랑　**彼此** bǐcǐ 대 서로
跪拜 guìbài 동 무릎을 꿇고 엎드려 절하다
行礼 xínglǐ 동 (인사 등의) 예를 표하다

80 请柬
qǐngjiǎn

명 청첩장, 초대장

举行婚礼之前，新郎新娘一般向周围的亲朋好友<u>分发</u><u>请柬</u>。

결혼식을 거행하기 전에, 신랑 신부는 보통 주변의 친지와 친구들에게 청첩장을 나누어 준다.

婚礼 hūnlǐ 명 결혼식, 혼례　**新郎** xīnláng 명 신랑
新娘 xīnniáng 명 신부　**亲朋好友** qīnpéng hǎoyǒu 친지와 친구

81 请帖
qǐngtiě

명 청첩장, 초대장

如今，越来越多的年轻人<u>倾向</u>于<u>亲手</u><u>设计</u>自己的结婚<u>请帖</u>。

오늘날, 점점 더 많은 젊은이들이 자신의 결혼 청첩장을 직접 디자인하는 추세이다.

如今 rújīn 명 오늘날, 지금　**倾向** qīngxiàng 동 ~하는 추세이다 명 경향
亲手 qīnshǒu 부 직접, 손수　**设计** shèjì 동 디자인하다 명 설계, 디자인

82 镶嵌
xiāngqiàn

동 박아 넣다, 끼워 넣다, 상감하다

我向她<u>求婚</u>的那天，给她<u>送</u>了一<u>枚</u><u>镶嵌</u>着红<u>宝石</u>的<u>戒指</u>。

내가 그녀에게 청혼한 그 날, 그녀에게 빨간 보석이 박혀 있는 반지를 선물했다.

求婚 qiúhūn 동 청혼하다, 프러포즈하다
枚 méi 양 작은 조각으로 된 사물을 세는 단위　**宝石** bǎoshí 명 보석
戒指 jièzhi 명 반지

제시된 각 단어의 병음을 써 보고, 뜻을 오른쪽 보기에서 찾아 줄을 그어 보세요.

01 垫 -----------------   ⓐ 이미 마련되어 있는, 기성의

02 现成 -----------------   ⓑ 유지하다, 지지하다

03 刺 -----------------   ⓒ (뾰족한 물건으로) 찌르다, 뚫다; 가시, 바늘

04 维持 -----------------   ⓓ 꾸미다, 장식하다

05 点缀 -----------------   ⓔ 괴다, 깔다; 매트, 방석

박스 안 단어의 병음을 써 보고, 문장을 읽고 빈칸에 들어갈 단어를 찾아 적어 보세요.

  ⓐ 化妆   ⓑ 风味   ⓒ 品尝   ⓓ 窝   ⓔ 罐

-----------------   -----------------   -----------------   -----------------   -----------------

06 我在那里--------------到了各种当地的美食。

07 很多人认为纯天然--------------品既环保又安全。

08 进行真空处理的--------------装食品可以保存很长时间。

09 你可以在这家百年老店吃到上海传统--------------小吃。

10 那对夫妇在岸边发现了一个破旧的草--------------。

정답: 01. diàn/ⓔ   02. xiànchéng/ⓐ   03. cì/ⓒ   04. wéichí/ⓑ   05. diǎnzhuì/ⓓ
06. ⓒ/pǐncháng   07. ⓐ/huàzhuāng   08. ⓔ/guàn   09. ⓑ/fēngwèi   10. ⓓ/wō

* 06~10번 문제 해석은 해커스중국어(china.Hackers.com)에서 다운로드 받으세요.

HSK 6급 시험에 나오는 고난도 어휘

☑ 잘 외워지지 않는 단어는 ☐에 체크해 두고 다음에 반복 암기합니다.

☐ 斗笠	dǒulì	명	삿갓
☐ 兽皮	shòupí		짐승 가죽
☐ 织物	zhīwù	명	직물
☐ 衣兜	yīdōu	명	주머니, 호주머니
☐ 拖鞋	tuōxié	명	슬리퍼
☐ 素雅	sùyǎ	형	(옷차림 등이) 수수하다, 점잖다
☐ 雅致	yǎzhì	형	(의복·기물·건물 따위가) 품위 있다, 고상하다
☐ 褴褛	lánlǚ	형	남루하다
☐ 柔软	róuruǎn	형	유연하다, 부드럽다
☐ 除臭剂	chúchòujì		탈취제
☐ 淀粉	diànfěn	명	전분, 녹말
☐ 防腐剂	fángfǔjì	명	방부제
☐ 番茄酱	fānqiéjiàng	명	토마토 케첩
☐ 橄榄油	gǎnlǎnyóu	명	올리브유
☐ 酵母菌	jiàomǔjūn	명	효모, 이스트
☐ 莴苣	wōjù	명	상추, 양상추
☐ 西蓝花	xīlánhuā	명	브로콜리
☐ 爆米花	bàomǐhuā	명	팝콘
☐ 陈酿	chénniàng	명	(오래 묵힌) 진하고 향긋한 술
☐ 软木塞	ruǎnmùsāi	명	코르크 마개

☐ 快餐	kuàicān	명	패스트푸드
☐ 灌装	guànzhuāng	동	(용기에) 채우고 밀봉하다
☐ 摄入	shèrù		섭취하다
☐ 吮吸	shǔnxī	동	(입으로) 빨다, 빨아먹다
☐ 添加	tiānjiā	동	첨가하다, 보태다
☐ 盐腌	yányān	동 명	소금에 절이다 염장[소금에 절여서 저장하는 것]
☐ 腌制	yānzhì	동 명	소금에 절이다 소금절이[식품을 소금에 절이는 일 또는 소금에 절인 식품]
☐ 贮藏	zhùcáng	동	저장하다, 보관하다
☐ 贮存	zhùcún	동	(돈을) 저축하다, (물자를) 저장하다
☐ 器皿	qìmǐn	명	(그릇·식기 등) 생활 용기의 총칭
☐ 污渍	wūzì	명	기름때
☐ 厨余垃圾	chúyú lājī		음식물 쓰레기
☐ 松脆	sōngcuì	형	바삭바삭하고 부드럽다
☐ 饱腹感	bǎofùgǎn		포만감
☐ 隐居	yǐnjū	동	(세상을 피하여) 숨어서 살다, 은거하다
☐ 贫寒	pínhán	형	(생활이) 가난하다, 빈궁하다, 빈곤하다
☐ 铺垫	pūdiàn	동 명	(물건을) 깔다, 펴다 (침대 위에 까는) 침구
☐ 表亲	biǎoqīn	명	이종사촌, 고종사촌
☐ 堂亲	tángqīn		친사촌
☐ 裸婚	luǒhūn		간소한 결혼[주택·자가용 등의 재산 없이 하는 결혼, 또는 결혼식을 생략하고 혼인 신고만 하는 결혼]

DAY 02

가자! 해외로!

일상 · 취미 · 여가

주제를 알면 HSK가 보인다!

HSK 6급에서는 유용한 생활 정보나 취미·여가를 즐기는 방식 등과 관련된 문제가 자주 출제돼요. 따라서 '관광하다', '회수하다', '주변', '보관하다'와 같은 일상·취미·여가 관련 단어들을 집중적으로 학습하면 이러한 문제를 쉽게 풀 수 있어요.

🎧 단어, 예문 MP3

최고의 짐 보관소

---

62 观光 guānguāng 동 관광하다, 참관하다

15 周边 zhōubiān 명 주변, 주위

10 回收 huíshōu 동 회수하다, 되찾다

04 保管 bǎoguǎn 동 보관하다

01 蜡烛 ★★★
làzhú

명 양초, 초

点蜡烛是去除室内异味的方法之一。
> 술어

양초를 켜는 것은 실내의 이상한 냄새를 제거하는 방법 중 하나이다.

去除 qùchú 통 제거하다, 없애다   异味 yìwèi 명 이상한 냄새, 독특한 냄새

02 欲望 ★★★
yùwàng

명 욕망

电视上播出的那则广告，激发了消费者的购买欲望。

텔레비전에 방영된 그 광고는, 소비자들의 구매 욕망을 불러일으켰다.

播出 bōchū 통 방영하다, 상영하다   则 zé 양 편, 토막 접 그러나
激发 jīfā 통 (감정을) 불러일으키다   消费者 xiāofèizhě 소비자

03 智力 ★★★
zhìlì

명 지능, 지력

幼儿园为了开发孩子的智力，每天都安排不同的
游戏。

유치원은 아이들의 지능을 개발하기 위해, 매일 다른 게임을 마련한다.

幼儿园 yòu'éryuán 명 유치원   开发 kāifā 통 개발하다, 개척하다

 시험에 이렇게 나온다!

짝꿍
표현
智力를 활용한 다양한 짝꿍 표현들을 알아 둔다.

智力水平 zhìlì shuǐpíng 지능 수준
智力商数 zhìlì shāngshù 지능 지수, IQ
智力测试 zhìlì cèshì 지능 테스트
智力开发 zhìlì kāifā 지능 개발
提高智力 tígāo zhìlì 지능을 향상시키다

04 保管 ★★★
bǎoguǎn

동 보관하다

机场广播提醒旅客，要保管好随身携带的贵重物品。

공항 방송에서 여행객들에게, 몸에 지녀 휴대하고 있는 귀중품을 잘 보관하
라고 주의를 주었다.

随身 suíshēn 형 몸에 지니다   携带 xiédài 통 휴대하다
贵重物品 guìzhòng wùpǐn 명 귀중품

05 转移 ***
zhuǎnyí

[동] 돌리다, 옮기다

我们可以利用孩子爱吃糖果的特性，转移他们的注意力。

 술어

우리는 아이가 사탕을 즐겨 먹는다는 특성을 이용해서, 그들의 주의력을 돌릴 수 있다.

利用 lìyòng [동] 이용하다　糖果 tángguǒ [명] 사탕　特性 tèxìng [명] 특성

시험에 이렇게 나온다!

짝꿍표현	转移를 활용한 다양한 짝꿍 표현들을 알아 둔다.
	转移目标 zhuǎnyí mùbiāo 목표를 바꾸다
	转移目光 zhuǎnyí mùguāng 시선을 옮기다
	转移话题 zhuǎnyí huàtí 화제를 돌리다
	转移资产 zhuǎnyí zīchǎn 자산을 이전하다
	迅速转移 xùnsù zhuǎnyí 신속한 이동

06 串 ***
chuàn

[양] 줄, 송이

我在雪地上留下的一串脚印被昨夜下的雪覆盖了。

내가 눈 덮인 땅에 남긴 한 줄의 발자국들은 어젯밤에 내린 눈에 의해 뒤덮여 버렸다.

脚印 jiǎoyìn [명] 발자국　夜 yè [명] 밤　覆盖 fùgài [동] 뒤덮다, 점유하다, 덮다

07 以免 ***
yǐmiǎn

[접] ~하지 않도록, ~않기 위해서

晚上不要一个人去爬山，以免发生意外。

의외의 사고가 발생하지 않도록, 밤에 혼자서 등산하러 가지 마세요.

意外 yìwài [명] 의외의 사고, 뜻밖의 사고 [형] 의외의, 뜻밖의

08 瞬间 ***
shùnjiān

[명] 순간, 눈 깜짝하는 사이

此次摄影比赛要求参赛者用镜头拍出生活中有趣的瞬间。

이번 촬영 대회는 참가자들에게 렌즈로 삶의 즐거운 순간을 담아낼 것을 요구했다.

摄影 shèyǐng [동] 촬영하다
镜头 jìngtóu [명] (사진기·촬영기·영사기 등의) 렌즈, 장면, 신(scene)

09 操作 ***
cāozuò

[동] 조작하다, 다루다

对于摄影新手来说，黑白摄影操作起来难度很大。

촬영 초보자에게 있어, 흑백 촬영은 조작하기에 난이도가 높다.

摄影 shèyǐng [동] 촬영하다　新手 xīnshǒu [명] 초보자, 초심자
难度 nándù [명] 난이도

10 回收 ★★★
huíshōu

 [동] 회수하다, 되찾다

他用回收的废弃木材做出了令人惊叹的工艺品。 → 술어

그는 회수된 폐기 목재들로 사람들을 놀라고 감탄하게 할 만한 공예품을 만들어 냈다.

废弃 fèiqì [동] 폐기하다　惊叹 jīngtàn [동] 놀라고 감탄하다

시험에 이렇게 나온다!

[듣기독해] 回收(회수하다)는 듣기나 독해 영역에서 쓰레기나 폐품을 다시 회수하여 활용하는 것과 관련된 지문에서 자주 출제된다. 回收와 함께 자주 출제되는 표현들을 알아 둔다.

可回收垃圾 kěhuíshōulājī 재활용 쓰레기

废纸 fèizhǐ 폐지　　　　　　　废物 fèiwù 폐품

废弃 fèiqì 폐기하다　　　　　塑料 sùliào 플라스틱

11 嘈杂 ★★★
cáozá

[반의어]

寂静 jìjìng [형] 조용하다

[형] 시끌벅적하다, 떠들썩하다

嘈杂的环境会影响你的阅读质量。

시끌벅적한 환경은 당신의 독서 질에 영향을 줄 수 있다.

阅读 yuèdú [동] 독서하다, 읽다　质量 zhìliàng [명] 질

12 番 ★★★
fān

[양] 차례, 번, 회[시간이나 힘을 비교적 많이 소모하거나, 과정이 완결되는 행위를 셀 때 쓰임]

父亲的一番话，使得我从此迷上了中国象棋。

아버지의 한차례의 말씀은, 나로 하여금 그때부터 중국 장기에 빠져들게 만들었다.

从此 cóngcǐ [부] 그때부터, 이로부터, 지금부터　象棋 xiàngqí [명] 장기

 시험에 이렇게 나온다!

[독해] 독해 1부분에서는 番/倍(배, 배수)와 같이 수량의 증가를 나타내는 양사 앞에 수량의 감소를 나타내는 减少(감소하다), 降低(낮아지다), 下降(떨어지다) 등의 동사가 사용되어 틀리는 문장이 자주 출제된다. 따라서 문장에 番, 倍와 같은 표현이 있으면 문맥상 어울리는지 먼저 체크한다. 참고로 番은 배수를 표현할 때 사용할 수 있는데, 이 경우 주로 동사 翻(배로 늘어나다) 뒤에 결합하여 쓰인다. 이때, '翻一番'이라고 하면 '배가 늘어났다'라는 뜻이고, '翻两番'이라고 하면 '4배가 늘어났다'라는 뜻이다.

这个月的游客比上个月减少了两番。(X)
이달의 여행객은 지난달보다 4배 감소했다.

这个月的游客比上个月翻了两番。(O)
이달의 여행객은 지난달보다 4배 늘어났다.

[짝꿍표현] 番을 활용한 다양한 짝꿍 표현들을 알아 둔다.

干一番事业 gàn yì fān shìyè 한번의 대업을 이루다

考虑一番 kǎolǜ yì fān 한차례 고려하다

13 坑 ** kēng

명 구덩이, 구멍　동 (사람을) 함정에 빠뜨리다

→ 술어

他像往常一样骑着自行车回家，一不小心掉到了大坑里。

그는 평소와 같이 자전거를 타고 집으로 돌아갔는데, 조심하지 않아서 큰 구덩이에 빠져버렸다.

一些不法分子进行的诈骗活动坑了好多人。

몇몇 불법 행위자들이 벌인 사기 행각은 많은 사람들을 함정에 빠뜨렸다.

往常 wǎngcháng 명 평소, 평상시　不法分子 bùfǎfènzǐ 불법 행위자
诈骗 zhàpiàn 동 사기치다, 속여서 빼앗다

🏯 알아 두면 시험이 쉬워지는 배경 지식

> 중국
> 역사
> 兵马俑坑(병마용갱)은 秦始皇陵의 부장품인 兵马俑이 매장되어 있는 坑道이다. 兵马俑은 흙으로 만든 모형으로, 군인·전차·말·곡예사 등 다양한 사람과 사물들의 형태를 띄고 있다. 兵马俑坑은 1974년에 시안(西安) 외곽에서 우물을 파던 농부에 의해 처음 발견된 이후, 현재까지 총 4곳의 坑道가 발굴되었다.
>
> 兵马俑坑 Bīngmǎyǒng Kēng 병마용갱　　兵马俑 Bīngmǎyǒng 병마용
> 秦始皇陵 Qínshǐhuáng Líng 진시황릉　　坑道 kēngdào 갱도

14 往常 ** wǎngcháng

명 평소, 평상시

小明和往常一样，驱车到了郊外的岳母家。

샤오밍은 평소와 같이, 차를 몰고 교외에 있는 장모님 댁으로 갔다.

驱车 qūchē 동 (차를) 몰다, 운전하다　岳母 yuèmǔ 명 장모

15 周边 ** zhōubiān

명 주변, 주위

那家餐厅位于路口旁，周边环境非常嘈杂。

그 식당은 길목 옆에 위치해 있어, 주변 환경이 매우 시끌벅적하다.

路口 lùkǒu 명 길목, 갈림길　嘈杂 cáozá 형 시끌벅적하다

16 福气 fúqi

명 복, 행운

如果能够平平安安地度过一天，那也是一种福气。

만약 편안하게 하루를 보낼 수 있다면, 그것 또한 일종의 복이다.

平安 píng'ān 형 편안하다　度过 dùguò 동 (시간을) 보내다

17 跟前 gēnqián

명 곁, (어떤 시기에) 가까운 때

她慢慢地走到马的跟前，轻轻地抚摸了它。

그녀는 천천히 말 곁으로 다가가, 가볍게 말을 쓰다듬었다.

抚摸 fǔmō 동 (손으로 가볍게) 쓰다듬다, 어루만지다

18 拐杖
guǎizhàng

명 지팡이, 단장(短杖)

在那张老照片里，一位爷爷正拄着拐杖仰望天空。 →술어

그 오래된 사진 속에, 할아버지 한 분이 지팡이를 짚고 하늘을 올려다 보고 계신다.

拄 zhǔ 통 (지팡이로) 짚다　仰望 yǎngwàng 통 (머리를 들어) 올려보다

19 玩意儿
wányìr

명 물건, 장난감

他发现有人在公园卖古董玩意儿，便走上去凑了凑热闹。

그는 어떤 사람이 공원에서 골동품 물건을 팔고 있는 것을 발견하고는, 곧장 걸어가서 끼어들며 구경했다.

古董 gǔdǒng 명 골동품　凑 còu 통 끼어들다, 접근하다

20 打包
dǎbāo

통 포장하다, (음식점에서) 먹고 남은 음식을 싸다

大家把吃剩的东西打包带走了。

모든 사람이 먹고 남은 음식을 포장하여 가져갔다.

剩 shèng 통 남다

시험에 이렇게 나온다!

이합동사 打包는 打(묶다)+包(보따리)가 합쳐진 이합동사이다. 이합동사는 기본적으로 목적어를 취할 수 없지만, 打包는 예외적으로 목적어를 취할 수 있다.

你要打包吗? 포장이 필요하신가요? (목적어 없음)

打包自己的行李 자신의 짐을 싸다 (목적어 있음)

21 等候
děnghòu

유의어
等待 děngdài 통 기다리다

통 (주로 구체적인 대상을) 기다리다

为了参加商场的优惠活动，一大早就有一群人排队等候。

백화점의 할인 행사에 참여하기 위해서, 이른 아침부터 한 무리 사람들이 줄을 서서 기다리고 있다.

优惠 yōuhuì 형 할인의, 혜택의　排队 páiduì 통 줄을 서다

시험에 이렇게 나온다!

유의어 等候 : 等待(děngdài, 기다리다)

等候는 구체적인 사람이나 구체적인 행동을 기다리는 행위를 나타낸다.

等候客人 děnghòu kèrén 손님을 기다리다

等候命令 děnghòu mìnglìng 명령을 기다리다

等待는 '바라다, 기대하다'라는 뜻을 내포하며, 무언가를 얻기를 바라는 것을 나타낸다.

等待新年 děngdài xīnnián 신년을 기다리다

等待消息 děngdài xiāoxi 소식을 기다리다

01
02 DAY
03
04
05
06
07
08
09
10

해커스 HSK 6급 단어장

22 赠送
zèngsòng

동 증정하다, 주다

社区搞了一场捐书就赠送礼品的活动。
<small>술어</small>

지역사회에서는 책을 기부하면 기념품을 증정하는 행사를 했다.

社区 shèqū 명 지역사회 搞 gǎo 동 하다, 처리하다 捐 juān 동 기부하다

23 支出
zhīchū

동 지출하다 명 지출

电价上调后，我们家要多支出100余元电费。

전기세가 오른 후, 우리 집은 약 100여 위안의 전기세를 더 지출해야 한다.

在家做饭可以在很大程度上减少消费支出。

집에서 밥을 하면 소비 지출을 큰 수준으로 줄일 수 있다.

上调 shàngtiáo 동 (가격, 이율 등을) 올리다 余 yú 주 ~여, ~남짓
程度 chéngdù 명 수준, 정도 消费 xiāofèi 동 소비하다

 시험에 이렇게 나온다!

반의어

收入 shōurù
동 받다, 받아들이다
명 수입, 소득

짝꿍
표현 支出를 활용한 다양한 짝꿍 표현들을 알아 둔다.

节省支出 jiéshěng zhīchū 지출을 아끼다
减少支出 jiǎnshǎo zhīchū 지출을 줄이다

24 家常
jiācháng

명 가정의 일상, 일상생활

身在他乡，我有时特别怀念妈妈做的家常菜。

몸이 타향에 있어서, 나는 때때로 엄마가 해 주시던 일상적인 집밥이 무척이나 그립다.

他乡 tāxiāng 명 타향 怀念 huáiniàn 동 그리워하다, 회상하다

25 容貌
róngmào

명 용모, 생김새

长辈们常说，一个人的生活习惯和性格会反映在容貌上。

어른들은 흔히 한 사람의 생활 습관과 성격은 용모에 반영될 수 있다고 말씀하신다.

长辈 zhǎngbèi 명 어른, 손윗사람 反映 fǎnyìng 동 반영하다, 되비치다

26 啥
shá

대 무엇, 어떤

我们这里啥都有，请尽情挑选！

저희 여기는 무엇이든 다 있으니, 마음껏 골라보세요!

尽情 jìnqíng 부 마음껏, 마음대로 挑选 tiāoxuǎn 동 고르다

27 往事
wǎngshì

[명] 옛일, 지난 일

尽管在杭州的生活已成往事，但我会牢牢记住那段平凡而幸福的时光。

비록 항저우에서의 생활은 이미 옛일이 되었지만, 나는 평범하고도 행복했던 그 시절을 단단히 기억할 것이다.

→ 술어

牢牢 láoláo [부] 단단히, 확실히   平凡 píngfán [형] 평범하다, 보통이다
时光 shíguāng [명] 시절, 시기, 때

28 闲话
xiánhuà

[명] 잡담, 험담   [동] 잡담하다, 한담하다

邻居大婶们吃完午饭后，常常聚在一起说闲话。

이웃집 아주머니들은 점심을 먹고 나서, 종종 함께 모여 잡담을 하신다.

两个老朋友在路上偶然遇见，闲话了一阵子才离开了。

두 옛 친구는 길에서 우연히 만나, 한 차례 잡담하고서야 헤어졌다.

大婶 dàshěn [명] 아주머니   聚 jù [동] 모이다
偶然 ǒurán [부] 우연히   阵子 zhènzi [양] 차례[잠시 지속되는 동작을 세는 단위]

29 辨认 ★★
biànrèn

[동] 식별하다, 판별하다

在荒郊野外迷路时，我们可以借助指南针辨认方向。

황량한 교외나 야외에서 길을 잃었을 때, 우리는 나침반의 도움을 받아 방향을 식별할 수 있다.

荒郊 huāngjiāo [명] 황량한 교외   野外 yěwài [명] 야외
借助 jièzhù [동] 도움을 받다, 힘을 빌리다   指南针 zhǐnánzhēn [명] 나침반

30 带领 ★★
dàilǐng

[동] 이끌다, 인솔하다

讲解员带领我们近距离观赏了深秋的枫叶。

해설사는 늦가을의 단풍잎을 가까운 거리에서 감상할 수 있도록 우리를 이끌었다.

讲解员 jiǎngjiěyuán [명] 해설자   观赏 guānshǎng [동] 감상하다
深秋 shēnqiū [명] 늦가을, 만추   枫叶 fēngyè [명] 단풍잎

31 反思 ★★
fǎnsī

[동] (지난 일을) 되돌아보다, 반성하다, 돌이켜 사색하다

坚持写日记的好处在于，可以更好地反思自己。

꾸준히 일기를 쓰는 것의 장점은, 자신을 더 잘 되돌아보고 반성할 수 있다는 것에 있다.

在于 zàiyú [동] ~에 있다

★★★ = 최빈출 어휘   ★★ = 빈출 어휘

32 监督 ★★
jiāndū

ⓜ 감독　ⓢ 감독하다

> 술어

这次的晚会由资深工作人员来做舞台监督。
이번 연회는 베테랑 업무자가 무대 감독을 한다.

如果缺少有效的指导和监督，孩子容易养成不良习惯。
만약 효과적인 지도와 감독이 부족하다면, 아이들은 쉽게 좋지 않은 습관을 기른다.

资深 zīshēn ⓗ 베테랑의, 경력이 오래된, 자격이 풍부한
工作人员 gōngzuò rényuán 업무자　**舞台** wǔtái ⓜ 무대
指导 zhǐdǎo ⓢ 지도하다　**不良** bùliáng ⓗ 좋지 않다, 불량하다

33 清除 ★★
qīngchú

ⓢ 깨끗이 없애다

污渍一旦凝固，就很难清除干净。
기름때가 일단 굳어지면, 깨끗이 없애기 힘들다.

污渍 wūzì ⓜ 기름때　**凝固** nínggù ⓢ 굳어지다, 응고하다

34 清理 ★★
qīnglǐ

ⓢ 깨끗이 정리하다

时间久了，桌子上的油污很难清理干净。
시간이 오래 지나면, 책상 위의 기름때는 깨끗이 정리하기 힘들다.

油污 yóuwū ⓜ 기름때

35 清洁 ★★
qīngjié

ⓗ 청결하다, 깨끗하다

柠檬不仅可以用于烹饪，还可以用于清洁卫生。
레몬은 요리에 사용될 수 있을 뿐만 아니라, 청결과 위생에도 사용될 수 있다.

柠檬 níngméng ⓜ 레몬　**烹饪** pēngrèn ⓢ 요리하다, 조리하다
卫生 wèishēng ⓜ 위생 ⓗ 위생적이다

36 作息 ★★
zuòxī

ⓢ 일하고 휴식하다

平时要调整好自己的作息时间，不要打乱生活节奏。
평소에 자신의 일하고 휴식하는 시간을 잘 조절해야지, 생활 리듬을 흐트러뜨리면 안 된다.

调整 tiáozhěng ⓢ 조절하다, 조정하다
打乱 dǎluàn ⓢ 흐트러뜨리다, 혼란시키다　**节奏** jiézòu ⓜ 리듬, 박자

37 惊动
jīngdòng

동 놀라게 하다, 시끄럽게 하다

半夜三更响起的火警铃声<u>惊动</u>了公寓居民。 → 술어

한밤중 울린 화재 경보음은 아파트 주민들을 놀라게 했다.

半夜三更 bànyèsāngēng 성 한밤중, 깊은 밤
火警铃声 huǒjǐnglíngshēng 화재 경보음　**公寓** gōngyù 명 아파트
居民 jūmín 명 주민, 거주민

38 流浪
liúlàng

동 떠돌다, 유랑하다

我在公园散步时，发现了一只可怜的<u>流浪</u>狗。

내가 공원에서 산책할 때, 가련한 떠돌이 개 한 마리를 발견했다.

可怜 kělián 형 가련하다

39 目睹
mùdǔ

동 직접 보다, 목도하다

我亲眼<u>目睹</u>了小区的火灾现场，幸亏所有人都<u>获</u>
<u>救</u>了。

나는 동네의 화재 현장을 직접 봤는데, 다행히 모든 사람들이 다 구조되었다.

亲眼 qīnyǎn 부 직접　**火灾** huǒzāi 명 화재
现场 xiànchǎng 명 (사건이나 사고의) 현장　**幸亏** xìngkuī 부 다행히
获救 huòjiù 동 구조되다

40 起哄
qǐhòng

동 소란을 피우다, 떠들어대다, 놀리다

在公共汽车上<u>起哄</u>的那个人被司机给撵出去了。

버스에서 소란을 피우던 그 사람은 기사님에 의해 쫓겨났다.

撵 niǎn 동 쫓아내다, 축출하다

 시험에 이렇게 나온다!

> **이합동사** 起哄은 起(일으키다)+哄(소란, 놀림)이 합쳐진 이합동사로, 목적어를 취할 수 없다.
>
> 起哄他 그를 놀리다 (X)
> 围着他起哄 그를 둘러싸고 놀리다 (O)

01
DAY 02
03
04
05
06
07
08
09
10

해커스 HSK 6급 단어장

41 沾光
zhānguāng

[동] 덕을 보다

和像她这样会砍价的人一起逛街，我也能沾一点光。

述어 ←

그녀처럼 이렇게 값을 흥정할 줄 아는 사람과 함께 쇼핑을 하면, 나도 덕을 조금 볼 수 있다.

砍价 kǎnjià [동] 값을 흥정하다

 시험에 이렇게 나온다!

이합동사	沾光은 沾(얻다, 입다)+光(덕)이 합쳐진 이합동사로, 목적어를 취할 수 없다.

沾光朋友 친구를 덕을 보다 (X)

沾朋友的光 친구의 덕을 보다 (O)

42 嘱咐
zhǔfù

[동] 당부하다, 분부하다

爸爸一再嘱咐，用微波炉加热食物时不要使用塑料容器。

아빠는, 전자레인지를 사용하여 음식을 데울 때 플라스틱 용기를 사용하지 말라고 거듭 당부하셨다.

一再 yízài [부] 거듭, 반복해서   微波炉 wēibōlú [명] 전자레인지
加热 jiārè [동] 데우다, 가열하다   食物 shíwù [명] 음식, 음식물
塑料 sùliào [명] 플라스틱   容器 róngqì [명] 용기

43 欢乐 ★★
huānlè

[형] 즐겁다, 유쾌하다

这只活泼可爱的宠物狗给我们带来了很多欢乐。

이 활발하고 귀여운 애완견은 우리에게 많은 즐거움을 가져다 주었다.

宠物狗 chǒngwùgǒu [명] 애완견

반의어

悲哀 bēi'āi [형] 슬프다

🏯 알아 두면 시험이 쉬워지는 배경 지식

중국문화	<欢乐颂(환락송)>은 2016년 4월부터 5월까지 중국에서 방영된 TV 드라마이다. 이 드라마는 阿耐라는 작가가 쓴 인터넷 소설을 유명한 시나리오 작가인 袁子弹이 각색한 작품으로, 가정환경과 성격이 모두 다른 5명의 여성들이 상하이의 欢乐颂이라는 아파트의 이웃 주민으로 만나며 벌어지는 일들을 다룬다. 이 작품은 청년들이 각박한 현실을 극복해 나가는 성장 스토리라는 점에서 큰 호평을 받았고, 누적 조회수는 약 200억 뷰에 이르렀다.

欢乐颂 huānlèsòng 환락송, 환희의 송가
阿耐 Ā Nài 아나이[중국의 인터넷 소설 작가]
袁子弹 Yuán Zǐtán 위엔즈탄[중국의 유명 시나리오 작가]

⁴⁴ 忙碌 **★★**

mánglù

반의어

安闲 ānxián
형 편안하고 한가롭다

空闲 kòngxián
형 한가하다, 비어있다

형 (정신 없이) 바쁘다, 눈코 뜰 새 없다

即使过着忙碌的生活，我们也能从日常中的小确
幸得到安慰。 → 술어

비록 바쁜 생활을 보내더라도, 우리는 일상 속의 소소지만 확실한 행복으로부터 위안을 얻을 수 있다.

小确幸 xiǎoquèxìng 소소지만 확실한 행복, 소확행
安慰 ānwèi 동 위안하다 형 마음이 편하다

⁴⁵ 反常

fǎncháng

형 이상하다, 정상이 아니다

这几天她的举动有点儿反常，不知道出了什么事。

요 며칠 그녀의 행동이 조금 이상한데, 무슨 일이 일어났는지 모르겠다.

举动 jǔdòng 명 행동, 동작, 행위

⁴⁶ 过瘾

guòyǐn

형 끝내주다, 짜릿하다

她优美动听的歌声吸引了观众，大家都直呼听得
太过瘾。

그녀의 아름답고 감동적인 노랫소리는 관중들을 매료시켰고, 모든 사람들이 정말 끝내주게 들었다고 줄곧 소리쳤다.

优美 yōuměi 형 아름답다 动听 dòngtīng 형 감동적이다
直 zhí 부 줄곧, 끊임없이

⁴⁷ 寂静

jìjìng

유의어

平静 píngjìng 형 평온하다

형 조용하다, 고요하다

夏日的公园里一片寂静，只听得见微弱的蝉叫声。

여름날의 공원은 온통 조용해서, 희미한 매미 울음소리만 들릴 뿐이었다.

微弱 wēiruò 형 희미하다, 미약하다 蝉 chán 명 매미

 시험에 이렇게 나온다!

유의어 寂静 : 平静(píngjìng, 평온하다)

寂静은 주변 환경이 적막함을 나타낸다.
夜深了，到处一片寂静。
밤이 깊어지자, 사방이 온통 조용해졌다.

平静은 사람의 심리상태가 편안함을 나타낸다.
她的表情平静放松，脸上带着一丝微笑。
그녀의 표정은 평온하고 푸근하며, 얼굴에 약간의 미소를 띠고 있다.

48 狼狈
lángbèi

[형] 매우 난처하다, 궁지에 빠지다

突然下起的大雨弄得她狼狈不堪。 （술어）

갑자기 내리기 시작한 큰 비는 그녀를 심히 매우 난처하게 했다.

不堪 bùkān [형] 심하다[부정적인 단어 뒤에 쓰여 정도가 심함을 나타냄]

49 动静 ★★
dòngjìng

[명] 인기척, 움직임, 동태

弟弟的房间很长时间没有动静了。

남동생의 방에 오랫동안 인기척이 없었다.

很长时间 hěn cháng shíjiān 오랫동안

50 高峰 ★★
gāofēng

[명] 높은 봉우리, 최고위층, 절정

许多登山爱好者将征服高峰作为目标。

많은 등산 애호가들은 높은 봉우리를 정복하는 것을 목표로 삼고 있다.

登山 dēngshān [동] 등산하다　**征服** zhēngfú [동] 정복하다
作为 zuòwéi [동] ~으로 삼다, ~으로 여기다　**目标** mùbiāo [명] 목표

51 事项 ★★
shìxiàng

[명] 사항

泡温泉之前，我们首先应该了解相关注意事项。

온천에 들어가기 전, 우리는 먼저 관련 주의 사항부터 알아야 한다.

泡 pào [동] (액체에) 들어가다, 담그다　**温泉** wēnquán [명] 온천
相关 xiāngguān [동] 관련되다, 연관되다

52 缘故 ★★
yuángù

[명] 까닭, 연고

由于打雷天气的缘故，我们的野营计划被取消了。

천둥이 지는 날씨인 까닭에, 우리의 캠핑 계획은 취소되었다.

打雷 dǎléi [동] 천둥이 치다　**野营** yěyíng [동] 캠핑하다
取消 qǔxiāo [동] 취소하다

53 筐
kuāng

[명] 광주리, 바구니

我利用休息日去爷爷的果园摘了几筐可口诱人的橘子。

나는 쉬는 날을 이용하여 할아버지의 과수원에 가서 맛있고 탐스러운 귤을 몇 광주리 땄다.

利用 lìyòng [동] 이용하다　**摘** zhāi [동] 따다, 떼다　**可口** kěkǒu [형] 맛있다
诱人 yòurén [형] 탐스럽다, 매력적이다　**橘子** júzi [명] 귤

54 帐篷
zhàngpeng

명 텐트, 장막

冬天去野营必须得带专门防寒的帐篷，不然容易
着凉。 → 술어

겨울에 캠핑을 가려면 반드시 전문 방한 텐트를 가져가야 하는데, 그렇지 않
으면 감기에 걸리기 쉽다.

野营 yěyíng 동 캠핑하다 **防寒** fánghán 동 방한하다, 추위를 막다
不然 bùrán 접 그렇지 않으면 **着凉** zháoliáng 동 감기 걸리다, 바람을 맞다

55 打猎
dǎliè

동 사냥하다, 수렵하다

我的祖父生平最大的爱好就是到郊外去打猎。

나의 할아버지 평생의 가장 큰 취미는 바로 교외로 사냥하러 가는 것이었다.

祖父 zǔfù 명 할아버지, 조부 **生平** shēngpíng 명 평생, 일생
郊外 jiāowài 명 교외, 시외

 시험에 이렇게 나온다!

이합동사 打猎는 打(하다, 잡다)+猎(사냥)가 합쳐진 이합동사로, 목적어를 취할 수 없다.
  打猎一头野猪 멧돼지 한 마리를 사냥하다 (X)
  打猎打了一头野猪 사냥해서 멧돼지 한 마리를 잡았다 (O)

56 嚷
rǎng

동 고함치다, 큰 소리로 부르다

安全人员对游向深海的人大声嚷道：“那里危险，
不能去！”

안전 요원은 깊은 바다로 헤엄치는 사람을 향해 큰 소리로 고함쳤다. "그곳
은 위험해요, 가면 안 됩니다!"

人员 rényuán 명 요원, 인원

57 摇滚 ★★
yáogǔn

명 록, 로큰롤

他喜欢收藏已绝版的国内外摇滚乐唱片。

그는 이미 절판된 국내외 록 음반을 수집하는 것을 좋아한다.

收藏 shōucáng 동 수집하다, 소장하다 **绝版** juébǎn 동 절판되다
摇滚乐 yáogǔnyuè 록, 로큰롤 **唱片** chàngpiàn 명 음반, 레코드

 시험에 이렇게 나온다!

짝꿍표현 摇滚을 활용한 짝꿍 표현을 알아 둔다. 참고로, 摇滚 뒤에는 음악을 의미하는
乐(yuè)가 자주 함께 사용된다.
  摇滚乐 yáogǔnyuè 록, 로큰롤

58 古董
gǔdǒng

명 골동품

父亲的书房里陈设着收藏多年的珍贵古董。

아버지의 서재에는 오랫동안 수집한 진귀한 골동품들이 진열되어 있다.

陈设 chénshè 동 진열하다, 장식하다 명 진열품, 장식품
收藏 shōucáng 동 수집하다, 소장하다 珍贵 zhēnguì 형 진귀하다

59 奔波
bēnbō

동 분주히 뛰어다니다, 분주하다

这位收藏家奔波于古玩市场，为的就是收藏瓷器古董。

이 수집가는 골동품 시장에서 분주히 뛰어다니는데, 바로 자기 골동품을 수집하기 위해서이다.

古玩 gǔwán 명 골동품 收藏 shōucáng 동 수집하다, 소장하다
瓷器 cíqì 명 자기, 도자기 古董 gǔdǒng 명 골동품

60 渔民
yúmín

명 어민

我们团队将在当地渔民的家住宿，体验他们的生活。

우리 팀은 현지 어민의 집에 숙박하며, 그들의 생활을 체험할 것이다.

团队 tuánduì 명 팀 住宿 zhùsù 동 숙박하다 体验 tǐyàn 동 체험하다

61 咋
zǎ

대 어떻게, 어째서

听说你去环球旅行了，觉得旅行咋样？

듣자 하니 네가 세계 일주 여행을 했다던데, 여행 어땠어?

环球旅行 huánqiúlǚxíng 세계 일주

62 观光 ★★
guānguāng

동 관광하다, 참관하다

导游将带领我们到乌镇各处观光。

가이드는 우리를 인솔하여 우전으로 가서 곳곳을 관광할 것이다.

带领 dàilǐng 동 인솔하다 乌镇 Wū Zhèn 고유 우전[중국 저장성에 위치한 지역]

63 动身
dòngshēn

동 출발하다, 떠나다

我们今天的旅游行程安排得比较紧，赶快动身吧。

우리 오늘 여행 일정이 비교적 빡빡하게 짜여져 있으니, 얼른 출발하자.

行程 xíngchéng 명 일정, 여정 赶快 gǎnkuài 부 얼른, 재빨리

 시험에 이렇게 나온다!

이합동사 动身은 动(움직이다)+身(몸)이 합쳐진 이합동사로, 목적어를 취할 수 없다.
动身中国 중국을 출발하다 (X)
动身去中国 출발하여 중국으로 가다 (O)

⁶⁴ **夹杂**
jiāzá

● 동 (다른 물건을) 뒤섞다, 혼합하다

술어

导游的口音中夹杂着北方方言，听起来很特别。

가이드의 억양에는 북방 방언이 뒤섞여 있어, 듣기에 특이하다.

口音 kǒuyīn 명 억양, 발음　方言 fāngyán 명 방언

⁶⁵ **调剂** ★★
tiáojì

● 동 조절하다, 조정하다, 조제하다

锻炼身体是调剂单调生活、转换心情的好方法。

신체를 단련하는 것은 단조로운 생활을 조절하고, 기분을 전환하는 좋은 방법이다.

单调 dāndiào 형 단조롭다　转换 zhuǎnhuàn 동 전환하다, 바꾸다

⁶⁶ **增添** ★★
zēngtiān

반의어

削减 xuējiǎn
동 삭감하다, 줄이다

● 동 더하다, 늘리다, 첨가하다

学一门乐器可以给平淡的生活增添一点乐趣。

악기를 하나 배우는 것은 평범한 생활에 약간의 재미를 더할 수 있다.

乐器 yuèqì 명 악기　平淡 píngdàn 형 평범하다, 무난하다
乐趣 lèqù 명 재미, 즐거움, 기쁨

⁶⁷ **不得已** ★★
bùdéyǐ

유의어

不得不 bùdébù
부 어쩔 수 없이

● 형 부득이하다, 어쩔 수 없이

我们在不得已的情况下修改了原定的旅游计划。

우리는 부득이한 상황에서 원래 정해져 있던 여행 계획을 수정했다.

修改 xiūgǎi 동 수정하다, 고치다　原定 yuándìng 동 원래 정하다

 시험에 이렇게 나온다!

유의어 不得已 : 不得不(bùdébù, 어쩔 수 없이)

不得已는 품사가 형용사이다.

因为不得已的原因，我今天不能去参加晚会。
부득이한 사정 때문에, 나는 오늘 저녁 파티에 참가하러 갈 수 없다.

不得不는 품사가 부사이다.

由于下大雨，运动会不得不延期举行。
큰 비가 내리기 때문에, 운동회는 어쩔 수 없이 연기되어 열린다.

⁶⁸ **繁忙** ★★
fánmáng

반의어

悠闲 yōuxián
형 한가롭다, 여유롭다

清闲 qīngxián
형 한가하다, 한적하다

● 형 (일이 많아서) 바쁘다, 여유가 없다

旅游可以让我们从繁忙的生活中脱身，放松身心。

여핵은 우리가 바쁜 생활에서 벗어나, 몸과 마음을 편안하게 할 수 있도록 해 준다.

脱身 tuōshēn 동 벗어나다, 빠져나오다
放松 fàngsōng 동 편안하다, 이완하다

⁶⁹ 枯燥 ★★
kūzào

[형] 무미건조하다, 지루하다

她辞职后觉得生活枯燥乏味，所以报名参加了烹
饪培训班。

그녀는 일을 그만둔 뒤 생활이 무미건조하고 재미가 없다고 느껴서, 요리 학원에 참가 신청했다.

辞职 cízhí [동] (일 또는 직장을) 그만두다, 사직하다
乏味 fáwèi [형] 재미가 없다, 지루하다   **烹饪** pēngrèn [동] 요리하다, 조리하다
培训班 péixùnbān [명] 학원, 양성반, 훈련반

 시험에 이렇게 나온다!

> [짝꿍표현] 枯燥를 활용한 다양한 짝꿍 표현들을 알아 둔다.
> **生活枯燥** shēnghuó kūzào 생활이 무미건조하다
> **枯燥无味** kūzào wúwèi 무미건조하다

⁷⁰ 平凡 ★★
píngfán

[반의어]

伟大 wěidà [형] 위대하다
非凡 fēifán [형] 비범하다

[형] 평범하다, 보통이다

这位摄影师善于用相机记录平凡人的平凡生活。

이 사진사는 카메라로 평범한 사람들의 평범한 삶을 기록하는 데 능숙하다.

摄影师 shèyǐngshī [명] 사진사   **善于** shànyú [동] ~에 능숙하다, ~을 잘하다
记录 jìlù [동] 기록하다 [명] 기록

⁷¹ 筹备
chóubèi

[동] 준비하다, 사전에 기획하고 준비하다

我们街舞社团正在筹备年度舞蹈盛典。

우리 비보잉 댄스 동아리는 연간 댄스 축제를 준비 중이다.

街舞 jiēwǔ [명] 비보잉 댄스, 길거리 댄스   **社团** shètuán [명] 동아리, 사회단체
年度 niándù [명] 연간, 연도   **舞蹈** wǔdǎo [명] 댄스, 무용, 춤
盛典 shèngdiǎn [명] 축제

⁷² 凑合
còuhe

[동] 아쉬운 대로 ~하다, 모이다

这副乒乓球拍还能凑合着用一年。

이 탁구 라켓은 아쉬운 대로 일 년은 쓸 수 있다.

副 fù [양] 쌍으로 된 물건을 셀 때 쓰임   **乒乓球拍** pīngpāngqiúpāi 탁구 라켓

73 上瘾
shàngyǐn

[동] 중독되다, 인이 박이다

玩手机游戏要适当控制游戏时间，否则会容易上瘾。

술어 ←

핸드폰 게임을 할 때는 게임 시간을 적당히 조절해야 하는데, 그렇지 않으면 쉽게 중독될 수 있다.

适当 shìdàng [형] 적당하다, 적절하다 控制 kòngzhì [동] 조절하다, 통제하다

시험에 이렇게 나온다!

[이합 동사] 上瘾은 上(빠지다)+瘾(중독)이 합쳐진 이합동사로, 목적어를 취할 수 없다.
上瘾手机游戏 휴대폰 게임을 중독되다 (X)
玩手机游戏上瘾 휴대폰 게임을 하다가 중독되다 (O)

74 玩弄
wánnòng

[동] 가지고 놀다, 희롱하다

博物馆管理员提醒小朋友们不要玩弄展厅里的艺术品。

박물관 관리원은 아이들에게 전시장의 예술품을 가지고 놀면 안 된다는 점을 상기시켰다.

博物馆 bówùguǎn [명] 박물관 展厅 zhǎntīng [명] 전시장

75 诱惑
yòuhuò

[동] 유혹하다, 매료시키다

某些游客禁不住诱惑，不听导游的劝说，进入了禁止区域。

어떤 관광객들은 유혹을 참지 못하고, 가이드의 권유를 듣지 않고, 금지 구역에 들어갔다.

某 mǒu [대] 어떤, 어느, 아무
禁不住 jīnbuzhù [동] 참지 못하다, 견디지 못하다
劝说 quànshuō [동] 권유하다, 권고하다 区域 qūyù [명] 구역, 지역

76 着迷
zháomí

[동] 빠지다, 몰두하다

这对双胞胎从小就对中国的传统乐器着了迷。

이 쌍둥이는 어릴 때부터 중국의 전통 악기에 빠졌다.

双胞胎 shuāngbāotāi [명] 쌍둥이
传统 chuántǒng [명] 전통 [형] 전통적이다 乐器 yuèqì [명] 악기

시험에 이렇게 나온다!

[이합 동사] 着迷는 着(반다)이 迷(미혹)가 합쳐진 이합동사로, 목적어를 취할 수 없다.
着迷古典音乐 고전 음악을 빠지다 (X)
对古典音乐着迷 고전 음악에 빠지다 (O)

★★★ = 최빈출 어휘 ★★ = 빈출 어휘

77 折腾
zhēteng

[동] 반복하다, 뒤척거리다, 고생시키다

折腾了一下午，他终于拼装完了高达模型。
↑술어

오후 내내 반복한 끝에, 그는 마침내 건담 모형을 조립해 냈다.

拼装 pīnzhuāng [동] 조립하다, 조합하다　高达 Gāodá [고유] 건담
模型 móxíng [명] 모형, 모본

78 滞留
zhìliú

[동] ~에 머물다, 체류하다

由于没能买到回国的机票，伯母只好在宾馆滞留
了一夜。

귀국하는 비행기표를 구입하지 못하여, 큰어머니께서는 어쩔 수 없이 호텔
에서 하룻밤 머무르셨다.

伯母 bómǔ [명] 큰어머니, 백모

79 疲倦
píjuàn

[형] 피곤하다, 늘어지다

他昨天读书读到深夜，所以感到有些疲倦。

그는 어제 늦은 밤까지 책을 읽어서, 약간 피곤함을 느꼈다.

深夜 shēnyè [명] 늦은 밤, 심야

80 照样
zhàoyàng

[부] 변함없이, 여전히　[동] 어떤 모양대로 하다, 그대로 하다

即使周围环境很嘈杂，她照样能专心致志地看书。

설령 주변 환경이 시끌벅적하더라도, 그녀는 변함없이 전심전력으로 몰두
하여 책을 읽을 수 있다.

你看前面的雕像，可以照样画给我吗？

앞의 조각상을 보고, 그대로 그려서 제게 주실 수 있나요?

嘈杂 cáozá [형] 시끌벅적하다, 떠들썩하다
专心致志 zhuānxīnzhìzhì [성] 전심전력으로 몰두하다
雕像 diāoxiàng [명] 조각상

 시험에 이렇게 나온다!

[이합동사] 照样은 照(따르다)+样(모양)이 합쳐진 이합동사로, 목적어를 취할 수 없다.
照样样子画 모양을 모양을 그대로 따라 그리다 (X)
照样画 모양을 그대로 따라 그리다 (O)

81 不料 **
búliào

[접] 뜻밖에, 의외로

大家本来对这次旅游充满了期待，不料却失望而
归了。

모두가 원래 이번 여행에 대해서 기대가 가득했지만, 뜻밖에 되레 실망하
고 돌아갔다.

充满 chōngmǎn [동] 가득하다, 충만하다　期待 qīdài [동] 기대하다

연습문제 **체크체크!**

제시된 각 단어의 병음을 써 보고, 뜻을 오른쪽 보기에서 찾아 줄을 그어 보세요.

01 蜡烛 ----------------------

ⓐ 부득이하다, 어쩔 수 없이

02 上瘾 ----------------------

ⓑ 양초, 초

03 辨认 ----------------------

ⓒ 중독되다, 인이 박이다

04 以免 ----------------------

ⓓ 식별하다, 판별하다

05 不得已 ----------------------

ⓔ ~하지 않도록, ~않기 위해서

박스 안 단어의 병음을 써 보고, 문장을 읽고 빈칸에 들어갈 단어를 찾아 적어 보세요.

ⓐ 转移   ⓑ 番   ⓒ 枯燥   ⓓ 智力   ⓔ 支出

----------------   ----------------   ----------------   ----------------   ----------------

06 他发现这种方法可以大大减少日常生活----------------。

07 爷爷并不觉得退休后的生活----------------乏味。

08 小林并没有回答我的问题，而是巧妙地----------------了话题。

09 是否要参加这次象棋比赛，我需要再考虑一----------------。

10 专家称，这类游戏有利于儿童的----------------开发。

정답: 01. làzhú/ⓑ 02. shàngyǐn/ⓒ 03. biànrèn/ⓓ 04. yǐmiǎn/ⓔ 05. bùdéyǐ/ⓐ
06. ⓔ/zhīchū 07. ⓒ/kūzào 08. ⓐ/zhuǎnyí 09. ⓑ/fān 10. ⓓ/zhìlì

* 06~10번 문제 해석은 해커스중국어(china.Hackers.com)에서 다운로드 받으세요.

HSK 6급 시험에 나오는 고난도 어휘

☑ 잘 외워지지 않는 단어는 ☐에 체크해 두고 다음에 반복 암기합니다.

☐ 报刊亭	bàokāntíng	(간행물을 판매하는) 가판대
☐ 橱窗	chúchuāng	명 쇼윈도, 유리 진열장
☐ 付费	fùfèi	동 비용을 지불하다
☐ 光顾	guānggù	동 고객이 찾아 주시다, 왕림하다
☐ 防盗	fángdào	동 도난을 방지하다
☐ 抹布	mābù	명 행주, 걸레
☐ 清洁剂	qīngjiéjì	명 세제
☐ 保洁	bǎojié	동 청결을 유지하다
☐ 年轮	niánlún	명 (식물의) 나이테, 연륜
☐ 打盹儿	dǎdǔnr	동 (꾸벅꾸벅) 졸다
☐ 打哈欠	dǎ hāqian	하품하다
☐ 点击	diǎnjī	동 클릭하다, 누르다
☐ 泼洒	pōsǎ	동 (액체를) 쏟다, 뿌리다
☐ 消暑	xiāoshǔ	동 더위를 쫓다, 피서하다
☐ 断断续续	duànduànxùxù	형 끊어졌다 이어졌다 하다
☐ 繁琐	fánsuǒ	형 번거롭다, 자질구레하다
☐ 哄然	hōngrán	형 떠들썩하다, 시끌시끌하다
☐ 喧嚣	xuānxiāo	형 시끄럽다, 소란스럽다 동 소란을 피우다, 떠들어대다
☐ 平淡	píngdàn	형 평범하다, 무난하다
☐ 寻常	xúncháng	형 평범하다, 보통이다, 일반적이다

☐ 细腻	xìnì	형 부드럽고 매끄럽다, (묘사·표현·연출 등이) 섬세하다
☐ 逊色	xùnsè	형 뒤처지다 명 손색
☐ 流言蜚语	liúyánfēiyǔ	성 유언비어
☐ 一见钟情	yíjiànzhōngqíng	성 (남녀가) 첫눈에 반하다
☐ 甩干	shuǎigān	탈수하다
☐ 芳香	fāngxiāng	명 향기, 방향 형 (꽃이나 풀 등의) 냄새가 좋다, 향기롭다
☐ 温馨	wēnxīn	형 온화하고 향기롭다, 따스하다
☐ 酒店试睡员	jiǔdiàn shìshuìyuán	호텔 투숙 체험사
☐ 鸡尾酒	jīwěijiǔ	명 칵테일
☐ 露天	lùtiān	명 옥외, 노천 형 옥외의, 지붕이 없는
☐ 契机	qìjī	명 계기, 전환점
☐ 望远镜	wàngyuǎnjìng	명 망원경
☐ 闲暇	xiánxiá	명 짬, 틈, 여가
☐ 零碎时间	língsuì shíjiān	자투리 시간
☐ 新宠	xīnchǒng	명 최근에 새로 나타나 인기를 얻은 사물이나 사람
☐ 烟灰缸	yānhuīgāng	명 재떨이
☐ 痴迷	chīmí	동 깊이 빠지다, 심취하다
☐ 明媚	míngmèi	형 (경치가) 선명하고 아름답다
☐ 悠闲	yōuxián	형 한가롭다, 여유롭다
☐ 琴棋书画	qínqíshūhuà	성 각종 문예 활동, 금·바둑·글·그림

해커스 HSK 6급 단어장

DAY 03

사이좋게 지내요

인간관계 · 사교

주제를 알면 HSK가 보인다!

HSK 6급에서는 사람을 대하는 방식, 예절, 그리고 인간관계를 다룬 문제가 자주 출제돼요. 따라서 '충돌하다', '자신', '이해하여 주다', '인정하다'와 같은 인간관계·사교 관련 단어들을 집중적으로 학습하면 이러한 문제를 쉽게 풀 수 있어요.

🎧 단어, 예문 MP3

있는 그대로의 나를 인정해 줄래?

동생아, 짧은 인생 속에서 우리가 서로와 **冲突**하지 않고 살아가려면…

상대방 **本身**을 받아들이고, **谅解**하는 자세로 서로를 **看待**해야 해…

그러니 있는 내 모습 그대로를 이제 그만 **认可**해 주겠니?

그래서 도대체 언제까지 안 씻을 거냐고!

꼬질 꼬질

⁰⁸ **冲突** chōngtū 동 충돌하다   ⁰⁵ **本身** běnshēn 명 자신, 그 자체   ¹³ **谅解** liàngjiě 동 이해하여 주다

⁰⁴ **看待** kàndài 동 ~에 대하여 보다   ⁰² **认可** rènkě 동 인정하다, 승인하다

01 回报 ★★★
huíbào

동 보답하다, 보복하다, 보고하다

当你真心对待别人时，别人也会真诚地回报你。 ← 술어

당신이 진심으로 다른 이를 대할 때, 다른 이도 당신에게 진실하게 보답할 것이다.

对待 duìdài 동 대하다, 상대적이다

02 认可 ★★★
rènkě

동 인정하다, 승인하다

只有你先认可自己，别人才会认可你。

당신이 먼저 스스로를 인정해야만, 다른 사람도 당신을 인정할 수 있다.

只有 zhǐyǒu 접 (오직) ~해야만

03 拜访 ★★★
bàifǎng

동 방문하다, 찾아뵙다

"三顾茅庐"这个成语源于刘备亲自拜访诸葛亮的故事。

'삼고초려'라는 이 성어는 유비가 직접 제갈량을 방문한 이야기에서 기원한다.

三顾茅庐 sāngùmáolú 성 삼고초려　成语 chéngyǔ 명 성어
刘备 Liú Bèi 고유 유비[중국 삼국 시대 촉나라의 초대 황제]
亲自 qīnzì 부 직접, 친히, 손수
诸葛亮 Zhūgě Liàng 고유 제갈량[중국 삼국 시대 촉나라의 명재상]

04 看待 ★★★
kàndài

동 ~에 대하여 보다, 대우하다

你如何看待小张这样的行为?

너는 샤오장의 이런 행위에 대해 어떻게 보고 있니?

如何 rúhé 대 어떻다, 어떠하다　行为 xíngwéi 명 행위, 행동

 시험에 이렇게 나온다!

> 듣기 看待는 듣기 제2부분에서 예술가 인터뷰가 나올 경우 자주 출제되는데, 특정 주제에 대한 인터뷰 대상의 의견을 묻는 질문에서 주로 언급된다. 看待와 함께 예술가 인터뷰에서 자주 출제되는 표현들을 알아 둔다.
>
> A 怎么/怎样/如何看待 B? A zěnme/zěnyàng/rúhé kàndài B?
> A는 B에 대하여 어떻게 보는가?

05 本身 ★★★
běnshēn

대 자신, 그 자체

你不能只从别人身上找问题而忽略自己本身的问题。

당신은 다른 사람에게서만 문제를 찾느라 자기 자신의 문제를 등한시해서는 안 된다.

忽略 hūlüè 동 등한시하다, 소홀히 하다

06 人家 ***
rénjia

[대] 남, 사람들

你不要把人家对你的好当做理所当然的事。

남이 당신에게 잘 해주는 것을 당연한 일로 여기지 마세요.

理所当然 lǐsuǒdāngrán [성] 당연히 그렇다, 도리로 보아 당연히 이러하다

07 眼神 ***
yǎnshén

[명] 눈빛

通过眼神交流，你可以看出对方的心理状态。

눈빛 교류를 통해, 당신은 상대방의 심리 상태를 알아차릴 수 있습니다.

对方 duìfāng [명] 상대방   心理 xīnlǐ [명] 심리   状态 zhuàngtài [명] 상태

 시험에 이렇게 나온다!

[짝꿍표현] 眼神을 활용한 짝꿍 표현을 알아 둔다.

眼神交流 yǎnshén jiāoliú 눈빛 교류, 아이 컨택

08 冲突 ***
chōngtū

[동] 충돌하다, 모순되다

他们俩的观点一直是一致的，从未冲突过。

저 두 사람의 관점은 줄곧 일치해서, 지금껏 충돌한 적이 없다.

观点 guāndiǎn [명] 관점   一致 yízhì [형] 일치하다 [부] 일제히, 함께
从未 cóngwèi 지금까지 ~하지 않았다

 시험에 이렇게 나온다!

[짝꿍표현] 冲突를 활용한 다양한 짝꿍 표현들을 알아 둔다.

发生冲突 fāshēng chōngtū 충돌이 발생하다
产生冲突 chǎnshēng chōngtū 충돌이 생기다
解决冲突 jiějué chōngtū 충돌을 해결하다

09 应酬 **
yìngchou

[명] 모임, 연회

为了员工家庭的和睦，我们单位减少了不必要的应酬。

직원들 가정의 화목을 위해, 우리 직장은 불필요한 모임을 줄였다.

员工 yuángōng [명] 직원   和睦 hémù [형] 화목하다, 사이가 좋다
单位 dānwèi [명] 직장, 회사   必要 bìyào [형] 필요하다

10 威信
wēixìn

[명] 위신, 위엄과 신망

作为一个领导人，该如何在公共场合树立威信？

지도자로서, 공공장소에서 어떻게 위신을 세워야 할까?

领导人 lǐngdǎorén 지도자, 리더   如何 rúhé [대] 어떻다, 어떠하다
公共场合 gōnggòng chǎnghé 공공장소   树立 shùlì [동] 세우다, 수립하다

11 辩解 ★★
biànjiě

동 해명하다, 변명하다

你不要一味地指责他，先给他辩解的机会。 →술어

무턱대고 그를 질책하지 말고, 우선 그에게 해명할 기회를 줘.

一味 yíwèi 뮌 무턱대고 **指责** zhǐzé 동 질책하다, 지적하다, 비난하다

12 和解 ★★
héjiě

동 화해하다

在大家的调解下，他俩才得以和解。

모두의 중재 아래, 그 둘은 비로소 화해할 수 있었다.

调解 tiáojiě 동 중재하다, 조정하다, 화해시키다 **得以** déyǐ 조동 ~할 수 있다

13 谅解 ★★
liàngjiě

동 양해하다, 이해하여 주다

敬请谅解施工给您带来的不便。

공사가 당신께 가져온 불편에 대해 양해해 주시기를 정중하게 부탁드립니다.

敬请 jìngqǐng 동 정중하게 부탁하다 **施工** shīgōng 동 공사하다, 시공하다

14 体谅 ★★
tǐliàng

동 (남의 입장에서) 이해하다, 양해하다

亲人之间互相体谅，是家庭幸福的首要因素。

가족 간에 서로 이해하는 것은, 가정 행복의 가장 중요한 요소이다.

亲人 qīnrén 명 가족 **首要** shǒuyào 형 가장 중요한 **因素** yīnsù 명 요소

잠깐 体谅은 타인의 입장을 이해해 준다는 의미로 쓰이고, 13번 谅解(양해하다)는 주로 타인에게 양해를 구할 때 쓰여요.

15 款待 ★★
kuǎndài

동 정성껏 대접하다, 환대하다

妈妈用美味可口的饭菜款待了远方来的客人。

엄마는 맛있는 음식들로 멀리서 온 손님을 정성껏 대접하셨다.

美味可口 měiwèi kěkǒu 맛있다, 맛깔스럽다

16 亏待
kuīdài

동 박대하다, 푸대접하다

老王从来没有亏待过自己身边的朋友。

라오왕은 여태껏 자기 주변의 친구를 박대한 적이 없다.

从来 cónglái 뮌 여태껏, 지금까지

17 倾听 ★★
qīngtīng

동 경청하다

这对夫妇需要养成互相倾听的习惯。

이 부부는 서로 경청하는 습관을 기르는 것이 필요하다.

夫妇 fūfù 명 부부

★★★ = 최빈출 어휘 　★★ = 빈출 어휘

¹⁸ 报答
bàodá

동 (실제 행동으로) 보답하다, 감사를 표하다

感谢你帮助了我，我该如何报答你呢？ — 술어

절 도와주신 것에 감사드려요, 제가 어떻게 당신께 보답해 드려야 할까요?

如何 rúhé 때 어떻다, 어떠하다

¹⁹ 报复
bàofù

동 보복하다

即使被报复，将军也不会放弃自己的目标。

설령 보복을 당하더라도, 장군은 자신의 목표를 포기하지 않을 것이다.

将军 jiāngjūn 명 장군, 장성   目标 mùbiāo 명 목표

 시험에 이렇게 나온다!

> 짝꿍 표현 报复를 활용한 다양한 짝꿍 표현들을 알아 둔다.
>
> 报复心理 bàofù xīnlǐ 보복 심리
> 报复行为 bàofù xíngwéi 보복 행위

²⁰ 承诺
chéngnuò

동 (어떤 일을 하자는 것을) 약속하다, 승낙하다

他向我承诺，以后永远都不会对我撒谎。

그는 나에게, 앞으로 영원히 내게 거짓말하지 않겠다고 약속했다.

撒谎 sāhuǎng 동 거짓말을 하다, 허튼소리를 하다

 시험에 이렇게 나온다!

> 짝꿍 표현 承诺를 활용한 다양한 짝꿍 표현들을 알아 둔다.
>
> 实现承诺 shíxiàn chéngnuò 약속을 실현하다
> 兑现承诺 duìxiàn chéngnuò 약속을 지키다

²¹ 崇敬
chóngjìng

동 존경하고 숭배하다

那位医生是我心里最崇敬的人。

그 의사는 내 마음속에서 가장 존경하고 숭배하는 사람이다.

心里 xīnli 명 마음속

²² 关怀
guānhuái

동 (주로 아랫사람에게) 관심을 가지고 보살피다

当年老师无微不至地关怀我，如今我终于可以报答他了。

그때 선생님께서는 매우 세심하게 내게 관심을 가지고 보살펴 주셨는데, 오늘날 나는 마침내 그에게 보답할 수 있게 되었다.

无微不至 wúwēibúzhì 성 (배려와 보살핌이) 매우 세심하다
如今 rújīn 명 오늘날, 지금
报答 bàodá 동 (실제 행동으로) 보답하다, 감사를 표하다

23 关照
guānzhào

동 보살피다, 돌보다

他是新入职的员工，请大家多多关照。 → 술어

그는 새로 입사한 직원이니, 여러분께서 많이 보살펴 주세요.

入职 rù zhí 입사하다　员工 yuángōng 명 직원, 종업원

24 过奖
guòjiǎng

동 과찬하다, 지나치게 칭찬하다

您过奖了，我只是把自己的想法说出来而已。

과찬이십니다, 저는 다만 제 생각을 말한 것뿐인걸요.

而已 éryǐ 조 다만 ~뿐이다

25 联络
liánluò

동 연락하다

请大家给我秘书留一下联系方式，以便以后联络。

앞으로 연락하기 편하도록, 여러분께서는 제 비서에게 연락처를 좀 남겨 주세요.

秘书 mìshū 명 비서　联系方式 liánxì fāngshì 연락처
以便 yǐbiàn 접 ~하기에 편리하도록, ~하기 위하여

26 理睬
lǐcǎi

동 상대하다, 거들떠보다

不知为何，小明这几天就是不理睬我。

왠지 모르게, 샤오밍은 요 며칠 나를 상대해주지 않는다.

为何 wèihé 부 왜, 무슨 까닭으로

27 磨合
móhé

동 적응하다, 길들다

两个人相处时，必然要经历互相磨合的过程。

두 사람이 함께 지낼 때, 필연적으로 서로 적응하는 과정을 거쳐야 한다.

相处 xiāngchǔ 동 함께 지내다, 함께 살다　必然 bìrán 형 필연적이다

28 让步
ràngbù

동 양보하다

那对双胞胎关系十分融洽，从小就懂得互相让步。

그 쌍둥이들은 사이가 정말 좋아서, 어릴 적부터 서로 양보하는 법을 알았다.

双胞胎 shuāngbāotāi 명 쌍둥이　融洽 róngqià 형 사이가 좋다, 조화롭다

 시험에 이렇게 나온다!

이합동사 让步는 让(비켜주다, 내주다)+步(걸음)가 합쳐진 이합동사로, 목적어를 취할 수 없다.

让步他人 타인을 양보하다 (X)
为他人让步 타인을 위해 양보하다 (O)

29 容忍
róngrěn

[동] 용인하다, 참고 견디다

只有知道自己缺点的人，才能容忍他人的缺点。 → 술어

자신의 결점을 아는 사람만이, 타인의 결점을 용인할 수 있다.

缺点 quēdiǎn [명] 결점, 단점

30 探望
tànwàng

[동] 보다, 방문하다

暑假期间，妈妈特地带我去故乡探望了姥姥。

여름 방학 기간에, 엄마는 모처럼 나를 데리고 고향에 가서 외할머니를 뵈었다.

期间 qījiān [명] 기간, 시간   特地 tèdì [부] 모처럼, 특별히
故乡 gùxiāng [명] 고향   姥姥 lǎolao [명] 외할머니, 외조모

31 讨好
tǎohǎo

[동] 환심을 사다, 잘 보이다

你不可能让所有人都喜欢你，所以没必要盲目讨好别人。

모두가 너를 좋아하게 만들 수는 없으니, 맹목적으로 다른 사람에게 환심을 살 필요가 없다.

盲目 mángmù [형] 맹목적인, 무작정, 눈먼

🏯 알아 두면 시험이 쉬워지는 배경 지식

> [일반상식] 讨好型人格(피플 플리저 인격)는 남들에게 잘 보이기 위해 본인이 원하지 않는 일을 하는 사람, 혹은 나보다는 남을 기쁘게 해주려고 노력하는 사람을 지칭하는 심리학 용어이다. 讨好型人格를 가진 이들은 다른 사람의 비위를 맞추거나 분위기를 깨트리지 않으려고 노력하지만, 대부분은 자신의 행동에 대해 후회하는 경향을 보인다. 특히 讨好型人格를 가진 어린아이는 자신이 또래 친구들보다 좋은 점수를 받거나 선생님에게 칭찬을 받으면 오히려 친구들에게 미안한 감정을 가지는 경우가 있다. 하지만 자신보다 남을 기쁘게 하는 행위는 결국 본인의 자존감과 자기 확신감을 낮춰버리기 때문에, 부모들은 이러한 성향을 지닌 아이들이 지나치게 타인의 평가를 신경 쓰지 않도록 교육할 필요가 있다.
>
> 讨好型人格 tǎohǎoxíng réngé 피플 플리저(people pleaser) 인격

32 调和
tiáohé

[동] 중재하다, 알맞게 배합하다

双方之间的关系已经到了难以调和的地步。

쌍방 간의 관계는 이미 중재하기 어려운 지경에 이르렀다.

双方 shuāngfāng [명] 쌍방   地步 dìbù [명] 지경, 경지

 시험에 이렇게 나온다!

> [짝꿍표현] 调和를 활용한 다양한 짝꿍 표현들을 알아 둔다.
>
> 从中调和 cóngzhōng tiáohé 중간에서 중재하다
> 调和关系 tiáohé guānxi 관계를 중재하다

³³ 调解
tiáojiě

반의어

挑拨 tiǎobō
동 이간질하다, 충동질하다

동 중재하다, 조정하다

小黄善于调解同事之间的冲突。
→ 술어

샤오황은 동료 사이의 충돌을 중재하는 데 능숙하다.

善于 shànyú 동 ~에 능숙하다　冲突 chōngtū 동 충돌하다

잠깐 调解는 문제를 해결하는 것에 초점이 맞춰진 어휘이고, 32번 调和(중재하다)는 관계가 다시 좋아지는 것에 초점이 맞춰진 어휘예요.

³⁴ 慰问
wèiwèn

동 (말이나 선물로) 위문하다, 위로하고 안부를 묻다

这所大学每年都会组织一批学生去慰问独居老人。

이 대학교에서는 해마다 한 무리의 학생들을 조직하여 독거노인들을 위문하러 간다.

组织 zǔzhī 동 조직하다　独居 dújū 동 독거하다, 혼자 살다

³⁵ 响应
xiǎngyìng

동 호응하다, 응답하다

所有人都积极响应了老马的建议。

모두가 라오마의 제안에 적극적으로 호응했다.

积极 jījí 형 적극적이다, 긍정적이다

³⁶ 信赖
xìnlài

동 신뢰하다, 믿고 의지하다

老张是个讲诚信的人，值得大伙儿信赖。

라오장은 신용을 지키는 것을 중시하는 사람이니, 모두가 신뢰할 만해.

诚信 chéngxìn 형 신용을 지키다　大伙儿 dàhuǒr 때 모두

³⁷ 亲密 **
qīnmì

반의어

疏远 shūyuǎn
형 소원하다, 멀다 동 멀리하다

형 친밀하다, 사이가 좋다

随着时间的流逝，我们从陌生人变成了最亲密的人。

시간의 흐름에 따라, 우리는 낯선 사람에서 가장 친밀한 사람이 되었다.

流逝 liúshì 동 (유수처럼) 흘러가다, 지나가다

³⁸ 融洽 **
róngqià

형 사이가 좋다, 조화롭다

我哥哥和嫂子的关系显得格外融洽。

우리 형과 형수님의 관계는 유난히 사이가 좋아 보인다.

嫂子 sǎozi 명 형수, 올케　格外 géwài 부 유난히, 특히

 시험에 이렇게 나온다!

짝꿍표현 融洽를 활용한 다양한 짝꿍 표현들을 알아 둔다.

关系融洽 guānxi róngqià 관계가 좋다
融洽无间 róngqià wújiàn 사이가 좋아 격이 없다

★★★ = 최빈출 어휘　★★ = 빈출 어휘

39 和睦
hémù

형 화목하다

这位村长为邻里之间的和睦相处做出了巨大贡献。

└→ 술어

이 촌장님은 이웃 간에 서로 화목하게 지내기 위해 큰 공헌을 하셨다.

邻里 línlǐ 몡 이웃   和睦相处 hémù xiāngchǔ 화목하게 지내다
巨大 jùdà 혱 아주 크다, 거대하다   贡献 gòngxiàn 동 공헌하다

 시험에 이렇게 나온다!

짝꿍
표현   和睦를 활용한 다양한 짝꿍 표현들을 알아 둔다.

家庭和睦 jiātíng hémù 가정이 화목하다

和睦相处 hémù xiāngchǔ 화목하게 지내다

40 恭敬
gōngjìng

형 공손하다, 정중하다

父亲从小教导我要恭敬地对待长辈。

아버지께서는 어릴 때부터 나에게 웃어른을 공손하게 대해야 한다고 가르치셨다.

教导 jiàodǎo 동 가르치다   长辈 zhǎngbèi 몡 웃어른, 연장자

41 投机
tóujī

형 마음이 맞다, 의기투합하다   동 투기하다

我和那位编剧虽然第一次见面，但聊得很投机。

나와 그 극작가는 비록 처음 만났지만, 이야기하는데 마음이 잘 맞았다.

出乎意料的是，他是个做投机生意的人。

뜻밖인 것은, 그가 투기 장사를 하는 사람이라는 것이다.

编剧 biānjù 몡 극작가, 시나리오 작가   出乎意料 chūhūyìliào 셍 뜻밖이다

 시험에 이렇게 나온다!

이합
동사   동사 投机는 投(뛰어들다, 투입하다)+机(기회)가 합쳐진 이합동사로, 목적어를 취할 수 없다.

投机不少钱 많은 돈을 투기하다 (X)

靠投机赚不少钱 투기하는 것에 기대어 많은 돈을 벌다 (O)

 알아 두면 시험이 쉬워지는 배경 지식

중국
문화   중국에는 '酒逢知己千杯少, 话不投机半句多'라는 말이 있다. 이 말은 술은 지기(知己)를 만나 마시면 천 잔으로도 모자라고, 말이 통하지 않으면 반 마디도 많다는 뜻이다. 이는 술은 자신과 마음이 맞는 사람과 마셔야 하고, 말이 통하지 않는 사람과는 서로 견해 차이가 커서 대화를 이어갈 수 없다는 의미로 사용된다.

酒逢知己千杯少, 话不投机半句多
Jiǔ féng zhījǐ qiān bēi shǎo, huà bù tóujī bàn jù duō
술은 지기(知己)를 만나 마시면 천 잔으로도 모자라고, 말이 통하지 않으면 반 마디도 많다

⁴² **不敢当**
bùgǎndāng

● (상대방의 칭찬이나 초대에 대해) 몸 둘 바를 모르겠습니다

王总如此称赞我，我实在<u>不敢当</u>。→ 술어

왕 사장님께서 이렇게나 저를 칭찬하시니, 저는 정말 몸 둘 바를 모르겠습니다.

如此 rúcǐ 때 이러하다, 이와 같다   **称赞** chēngzàn 동 칭찬하다

⁴³ **本人** ★★
běnrén

● 명 (1인칭의) 본인, (사건의) 본인

别太在乎别人的看法，而是要弄清你<u>本人</u>的想法。

다른 사람의 의견을 너무 신경 쓰지 말고, 네 본인의 생각을 분명하게 해야 한다.

在乎 zàihu 동 신경 쓰다   **弄清** nòngqīng 동 분명하게 하다

⁴⁴ **大伙儿**
dàhuǒr

● 때 모두들, 여러 사람

<u>大伙儿</u>都知道小明是什么样的人。

모두들 샤오밍이 어떠한 사람인지 다 알고 있다.

什么样 shénmeyàng 때 어떠한

⁴⁵ **家伙**
jiāhuo

● 명 녀석, 놈

那个<u>家伙</u>用实际行动为同事们树立了榜样。

그 녀석은 실제 행동으로 동료들에게 귀감을 세웠어.

行动 xíngdòng 명 행동 동 행동하다   **树立** shùlì 동 세우다, 수립하다
榜样 bǎngyàng 명 귀감, 모범, 본보기

⁴⁶ **出身** ★★
chūshēn

● 명 출신, 신분   동 ~ 출신이다

真正的朋友是不会在乎你的<u>出身</u>和外表的。

진정한 친구는 너의 출신과 겉모습을 신경 쓰지 않을 것이다.

小张<u>出身</u>于渔民家庭，他本身也很擅长钓鱼。

샤오장은 어민 가정 출신으로, 그 자신 또한 낚시에 매우 뛰어나다.

在乎 zàihu 동 신경 쓰다   **外表** wàibiǎo 명 겉모습, 외모
渔民 yúmín 명 어민   **家庭** jiātíng 명 가정
本身 běnshēn 때 그 자신, 그 자체, 본인
擅长 shàncháng 동 (어떤 방면에) 뛰어나다   **钓鱼** diàoyú 동 낚시하다

 시험에 이렇게 나온다!

[짝꿍표현] **出身**을 활용한 짝꿍 표현을 알아 둔다.

出身于 chūshēn yú ~ 출신이다

47 夫人
fūrén

[명] 부인[기혼 여성에 대한 호칭]

居里夫人每天在简陋的实验室里做实验。 술어

퀴리 부인은 매일 누추한 실험실에서 실험을 했다.

居里夫人 Jūlǐ Fūrén 퀴리 부인[마리 퀴리, 프랑스의 물리학자이자 화학자]
简陋 jiǎnlòu [형] (가옥이나 설비 등이) 누추하다, 초라하다
实验室 shíyànshì 실험실 实验 shíyàn [명] 실험 [동] 실험하다

48 摆脱 ★★
bǎituō

반의어

陷入 xiànrù
[동] (불리한 지경에) 빠지다, 떨어지다

[동] (속박·규제·생활상의 어려움 등에서) 벗어나다, 빠져나오다

他终于摆脱了人际关系所带来的束缚。

그는 마침내 인간관계가 가져온 속박에서 벗어났다.

束缚 shùfù [동] 속박하다, 구속하다

🙂 시험에 이렇게 나온다!

[짝꿍표현] 摆脱를 활용한 다양한 짝꿍 표현들을 알아 둔다.
摆脱束缚 bǎituō shùfù 속박에서 벗어나다
摆脱愚昧 bǎituō yúmèi 무지에서 벗어나다
摆脱债务 bǎituō zhàiwù 채무에서 벗어나다
摆脱困境 bǎituō kùnjìng 곤경에서 벗어나다
摆脱麻烦 bǎituō máfan 성가신 일에서 벗어나다
摆脱……状态 bǎituō …… zhuàngtài ~한 상태에서 벗어나다

49 借助 ★★
jièzhù

[동] (다른 사람 또는 사물의) 힘을 빌리다, 도움을 받다

小明善于借助别人的智慧来取长补短。

샤오밍은 다른 사람의 지혜를 빌려서 장점을 취하고 단점을 보완하는 것에 능숙하다.

善于 shànyú [동] ~에 능숙하다, ~을 잘하다 智慧 zhìhuì [명] 지혜
取长补短 qǔchángbǔduǎn [성] 장점을 취하고 단점을 보완하다

50 占据 ★★
zhànjù

[동] 차지하다, 점거하다

小李已在我心中占据了极为重要的位置。

샤오리는 이미 내 마음속에서 지극히 중요한 위치를 차지했다.

位置 wèizhi [명] 위치

 시험에 이렇게 나온다!

[짝꿍표현] 占据를 활용한 다양한 짝꿍 표현들을 알아 둔다.
占据……的地位 zhànjù …… de dìwèi ~한 지위를 차지하다
占据……的位置 zhànjù …… de wèizhi ~한 위치를 차지하다
占据市场 zhànjù shìchǎng 시장을 점유하다

⁵¹ **拜托**
bàituō

동 부탁하다, (삼가) 부탁드립니다

我最近实在忙不过来，只能拜托父母照看孩子。 ← 술어

난 최근에 정말 쉴 새 없이 바빠서, 부모님께 아이를 돌봐줄 것을 부탁드릴 수밖에 없었다.

照看 zhàokàn 동 돌보아 주다, 보살피다

⁵² **保密**
bǎomì

[반의어]

失密 shīmì 동 비밀을 폭로하다
泄密 xièmì 동 비밀을 누설하다

동 비밀을 지키다, 기밀로 하다

我告诉你一个秘密，你可以替我保密吗?

내가 너에게 비밀을 하나 알려 줄 건데, 날 위해 비밀을 지켜줄 수 있어?

秘密 mìmì 명 비밀   替 tì 개 ~을 위하여, ~때문에

 시험에 이렇게 나온다!

이합동사 保密는 保(지키다)+密(비밀)가 합쳐진 이합동사로, 목적어를 취할 수 없다.

保密会议内容 회의 내용을 비밀을 지키다 (X)
对会议内容保密 회의 내용에 대해 비밀을 지키다 (O)

⁵³ **保守**
bǎoshǒu

[반의어]

进步 jìnbù
형 진보적이다 동 진보하다
先进 xiānjìn
형 선진적이다, 진보적이다

형 보수적이다 동 지키다, 고수하다

他是一个很保守的人，不会轻易敞开心扉。

그는 매우 보수적인 사람이라, 쉽사리 마음을 열지 않을 거야.

我相信你会替我保守这个秘密的。

난 네가 나를 위해 이 비밀을 지켜줄 거라 믿어.

轻易 qīngyì 부 쉽사리, 함부로   敞开 chǎngkāi 동 (활짝) 열다
心扉 xīnfēi 명 마음   替 tì 개 ~을 위하여, ~때문에   秘密 mìmì 명 비밀

⁵⁴ **叮嘱**
dīngzhǔ

동 신신당부하다, 거듭 부탁하다

父母再三叮嘱我到奶奶家后要好好听话。

부모님께서는 나에게 할머니 댁에 도착한 뒤 말을 잘 들으라고 재차 신신당부하셨다.

再三 zàisān 부 재차, 다시

잠깐 叮嘱는 Day02의 42번 嘱咐(당부하다)에 '거듭, 여러 번'의 의미가 더해진 단어예요.

⁵⁵ **反问**
fǎnwèn

동 반문하다

若有人故意不理睬你，你可能要反问一下自己到底为什么。

만약 어떤 사람이 고의로 당신을 상대해주지 않는다면, 당신은 스스로 도대체 왜 그러한지를 반문해봐야 할 수도 있다.

理睬 lǐcǎi 동 상대하다, 거들떠보다

56 过问
guòwèn

[동] 따져 묻다, 참견하다

我不愿意过问你的过去，只想谈谈我们的未来。

전 당신의 과거를 따져 묻고 싶지 않아요, 그저 우리의 미래만을 이야기하고 싶어요.

未来 wèilái [명] 미래 [형] 앞으로의, 미래의

---

57 服气
fúqì

[동] (진심으로) 받아들이다, 복종하다

我越想越不服气，结果又和媳妇吵了一架。

나는 생각할수록 받아들일 수가 없어서, 결국 아내와 또 말다툼을 했다.

媳妇 xífù [명] 아내, 며느리   吵架 chǎojià [동] 말다툼하다

---

58 告辞
gàocí

[동] 이별을 고하다, 하직하다

到别人家做客时，拜访时间不宜过长，应及时告辞。

다른 사람 집에 손님으로 갈 때, 방문 시간이 지나치게 긴 것은 좋지 않으며, 제때에 이별을 고해야 한다.

做客 zuòkè [동] 손님이 되다, 친지를 방문하다
拜访 bàifǎng [동] 방문하다, 찾아뵙다
不宜 bùyí [동] ~하는 것은 좋지 않다, ~하기에 적절하지 않다

 시험에 이렇게 나온다!

> [이합동사] 告辞는 告(고하다)+辞(이별)가 합쳐진 이합동사로, 목적어를 취할 수 없다.
>
> 告辞亲朋好友 친지와 친구들을 이별을 고하다 (X)
> 向亲朋好友告辞 친지와 친구들에게 이별을 고하다 (O)

---

59 追悼
zhuīdào

[동] (죽은 자를) 추모하다, 추도하다

在追悼会上，我们以沉重的心情追悼了去世的老师。

추모회에서, 우리는 세상을 떠나신 선생님을 몹시 무거운 마음으로 추모했다.

追悼会 zhuīdàohuì 추모회
沉重 chénzhòng [형] (무게·기분·부담 등이) 몹시 무겁다, (정도가) 심하다
去世 qùshì [동] 세상을 뜨다

---

60 隔阂
géhé

[명] (생각·감정의) 틈, 간격

通过倾听，我们可以消除彼此间的误会和隔阂。

경청을 통해, 우리는 서로 간의 오해와 틈을 없앨 수 있다.

倾听 qīngtīng [동] 경청하다   消除 xiāochú [동] 없애다, 해소하다
彼此 bǐcǐ [대] 서로, 피차, 상호

61 眼色
yǎnsè

유의어

眼神 yǎnshén 명 눈빛

명 눈치, 눈짓

与其老看别人的眼色行事，还不如坚持做自己的事。 _{술어}

자꾸 다른 사람의 눈치를 보며 일을 하느니, 차라리 자신의 일을 꾸준히 하는 것이 낫다.

与其 yǔqí 젭 ~하느니 不如 bùrú 동 ~하는 것이 낫다, ~보다 못하다

 시험에 이렇게 나온다!

유의어 眼色：眼神(yǎnshén, 눈빛)

眼色는 사람을 향해서 보내는 시선, 또는 기회를 엿보고 행동하는 능력을 의미한다.

他向我使了个眼色，示意我赶快出去。
그는 나를 향해 눈짓을 하며, 나에게 빨리 나가자는 의사를 표시했다.

眼神은 눈에 나타나는 기색을 의미한다.

他用意味深长的眼神看了我许久。
그는 의미심장한 눈빛으로 나를 한참 쳐다보았다.

62 阴谋
yīnmóu

명 음모

她瞬间识破了那个家伙的阴谋。

그녀는 순식간에 그 녀석의 음모를 간파했다.

瞬间 shùnjiān 명 순식간, 눈 깜짝하는 사이 识破 shípò 동 간파하다
家伙 jiāhuo 명 녀석, 놈

63 孤立 ★★
gūlì

동 고립하다, 고립시키다   형 고립되다

当我被别人孤立时，是她主动接近了我。

내가 다른 사람들로부터 고립당했을 때, 그녀는 주동적으로 나에게 다가왔다.

你是如何摆脱孤立无援的境地的?

당신은 고립무원의 상황에서 어떻게 빠져나온 건가요?

接近 jiējìn 동 다가오다, 접근하다 如何 rúhé 때 어떻다
摆脱 bǎituō 동 (속박·규제·생활상의 어려움 등에서) 빠져나오다, 벗어나다
孤立无援 gūlìwúyuán 셍 고립무원, 고립되어 외부의 원조를 받지 못하다
境地 jìngdì 명 상황, 경지

 시험에 이렇게 나온다!

짝꿍 표현 孤立를 활용한 다양한 짝꿍 표현들을 알아 둔다.

孤立无援 gūlìwúyuán 고립무원, 고립되어 외부의 원조를 받지 못하다
孤立的境地 gūlì de jìngdì 고립된 상황

64 寒暄 ★★
hánxuān

동 (상투적인) 인사말을 나누다

两个人似乎疏远了很多,简单地寒暄了几句就分开
了。

술어 ←

두 사람은 마치 많이 소원해진 듯, 간단히 몇 마디 인사말을 나누고는 바로 헤어졌다.

似乎 sìhū 튀 마치 ~인 것 같다
疏远 shūyuǎn 형 (관계나 감정적으로) 소원하다, 멀다 동 멀리하다

65 撒谎 ★★
sāhuǎng

동 거짓말을 하다, 허튼소리를 하다

有时候,我们为了维护人际关系而不自觉地撒谎。

가끔, 우리는 인간관계를 유지하기 위해 자기도 모르게 거짓말을 한다.

维护 wéihù 동 유지하다, 지키다   自觉 zìjué 동 자각하다, 스스로 느끼다

 시험에 이렇게 나온다!

이합
동사   撒谎은 撒(흩뿌리다, 엎지르다)+谎(거짓말)이 합쳐진 이합동사로, 목적어를 취
할 수 없다.

撒谎数学老师 수학 선생님을 거짓말하다 (X)
对数学老师撒谎 수학 선생님에게 거짓말하다 (O)

66 束缚 ★★
shùfù

반의어

解放 jiěfàng
동 해방하다, 속박에서 벗어나다

동 속박하다, 구속하다

有些年轻人勇于展现自己,而不会被人际关系所
束缚。

어떤 젊은이들은 용감하게 자신을 드러내고, 인간관계에 속박당하지 않는다.

勇于 yǒngyú 동 용감하게 ~하다   展现 zhǎnxiàn 동 드러내다

67 败坏
bàihuài

반의어

维护 wéihù
동 지키다, 보호하다

동 (명예·풍속 등을) 손상시키다, 망치다   형 부패하다

那个毫无根据的谣言败坏了他的名誉。

조금도 근거 없는 그 헛소문은 그의 명성을 손상시켰다.

在败坏的社会风气中,我们需要的是良心和道德。

부패한 사회 풍조 속에서, 우리에게 필요한 것은 양심과 도덕이다.

毫无 háowú 조금도 ~없다   谣言 yáoyán 명 헛소문
名誉 míngyù 명 명성   风气 fēngqì 명 풍조, 기풍
良心 liángxīn 명 양심, 선량한 마음

 시험에 이렇게 나온다!

짝꿍
표현   败坏를 활용한 짝꿍 표현을 알아 둔다.

气急败坏 qìjíbàihuài 안절부절못하다, 몹시 허둥거리다

68 背叛
bèipàn

[반의어]
忠诚 zhōngchéng
형 충성하다, 충실하다

동 배신하다, 배반하다

小李曾经背叛过我，我却原谅了他。 → 술어

샤오리는 이전에 나를 배신한 적이 있었지만, 나는 오히려 그를 용서해주었다.

曾经 céngjīng 부 이전에, 일찍이

69 打架
dǎjià

동 다투다, (때리며) 싸우다

在这次打架事件中，他们俩都有过错。

이번 다툼 건에서는, 그들 둘에게 모두 잘못이 있다.

事件 shìjiàn 명 건, 사건 　过错 guòcuò 명 잘못, 과실

 시험에 이렇게 나온다!

이합동사 打架는 打(때리다)+架(싸움)가 합쳐진 이합동사로, 목적어를 취할 수 없다.
打架哥哥 형을 다투다 (X)
跟哥哥打架 형과 다투다 (O)

70 得罪
dézuì

동 미움을 사다, 기분을 상하게 하다

她精通为人处世之道，从来不会得罪人。

그녀는 사람들과 어울리며 처세하는 법에 능통해서, 지금껏 사람들에게 미움을 사는 법이 없었다.

精通 jīngtōng 동 능통하다, 정통하다
为人 wéirén 동 (사람들과) 어울리다 명 인간성, 인품
处世 chǔshì 동 처세하다

71 丢人
diūrén

동 체면을 잃다, 체면을 구기다

有困难时寻求身边朋友的帮助，并不是一件丢人的事。

어려움이 있을 때 곁에 있는 친구의 도움을 구하는 것은, 결코 체면을 잃는 일이 아니다.

寻求 xúnqiú 동 구하다, 찾다

 시험에 이렇게 나온다!

이합동사 丢人은 丢(잃다)+人(명예)이 합쳐진 이합동사로, 목적어를 취할 수 없다.
丢人学生 학생을 체면 구기다 (X)
在学生面前丢人 학생 앞에서 체면을 구기다 (O)

72 断绝
duànjué

반의어

恢复 huīfù
동 회복하다, 회복되다

동 끊다, 단절하다

那次打架事件后，双方差点儿断绝了关系。 ←술어

그 다툼 건 이후로, 양측은 하마터면 관계를 끊을 뻔 했다.

打架 dǎjià 동 다투다, (때리며) 싸우다　事件 shìjiàn 명 건, 사건
双方 shuāngfāng 명 양측, 쌍방

 시험에 이렇게 나온다!

짝꿍 표현 断绝를 활용한 다양한 짝꿍 표현들을 알아 둔다.
断绝关系 duànjué guānxi 관계를 끊다
断绝联系 duànjué liánxì 연락을 끊다
断绝来往 duànjué láiwǎng 왕래를 끊다

73 干预
gānyù

동 간섭하다, 관여하다

越是亲密的关系，越不能随便干预彼此的生活。

친밀한 관계일수록, 서로의 생활에 더욱 함부로 간섭해서는 안 된다.

亲密 qīnmì 형 친밀하다, 관계가 좋다　彼此 bǐcǐ 대 서로, 피차

잠깐 干预는 다른 사람의 일에 참여하거나 관심을 보인다는 것을 의미하고, Day01의 71번 干涉 (간섭하다)는 다른 사람의 일에 부당하게 참견한다는 것을 의미해요.

74 骚扰
sāorǎo

동 훼방 놓다, 소란을 피우다

自从理解了老杨的内心之苦，我不再干涉或骚扰他的生活。

라오양의 마음속 고통을 이해한 후로부터, 난 더는 그의 생활에 간섭하거나 훼방을 놓지 않는다.

自从 zìcóng 개 ~부터, ~에서　干涉 gānshè 동 간섭하다

🏛 알아 두면 시험이 쉬워지는 배경 지식

신조어 奖骚扰(상 소동)는 아무런 의의와 가치도 가지지 못하는 기업의 수상 활동을 의미하는 말이다. 중국에서는 연말이 되면 다양한 수상 활동을 통해 각 기업이 이룬 성과를 표창하는데, 그러다 보니 연말만 되면 기업 간의 수상 경쟁이 벌어지게 되었다. 그 결과 각종 협회나 사회단체들은 공신력이 떨어지는 상들을 남발하기 시작했고, 일부 상은 기업이 돈만 내면 수여하기도 했다. 이는 마치 상을 받기 위해 소동을 일으키는 것처럼 보여서, 奖骚扰라는 말로 이러한 현상을 지칭하게 되었다.

奖骚扰 jiǎngsāorǎo 상 소동

75 冷落
lěngluò

동 냉대하다

这位作家虽然有时被冷落，但他对此一点都不在乎。

이 작가는 비록 가끔씩 냉대를 당하지만, 그는 그것에 대해 조금도 개의치 않는다.

在乎 zàihu 동 개의하다, 신경 쓰다

⁷⁶ 冒犯
màofàn

동 (상대에게) 무례를 범하다, 기분을 상하게 하다

← 술어

我弟弟不懂事，昨晚失言冒犯了您，请您谅解。
제 남동생이 철이 들지 않아서, 어젯밤 실언으로 당신에게 무례를 범했네요, 부디 양해해 주세요.

懂事 dǒngshì 톙 철들다　失言 shīyán 통 실언하다
谅解 liàngjiě 통 양해하다, 이해하여 주다

⁷⁷ 欺负
qīfu

동 괴롭히다, 얕보다

无论如何也不要欺负比你弱的人。
어떠한 일이 있어도 너보다 약한 사람을 괴롭히지 마.

如何 rúhé 대 어떻다, 어떠하다　弱 ruò 톙 약하다, 허약하다

🏯 알아 두면 시험이 쉬워지는 배경 지식

[중국문화] 중국에는 '好汉不欺负受伤的老虎'라는 말이 있다. 이 말은 사내대장부는 상처 입은 호랑이를 잡지 않는다는 뜻으로, 진정한 강자는 다른 사람의 위기를 틈타 약자를 괴롭히지 않는다는 것을 비유한다.

好汉不欺负受伤的老虎
Hǎohàn bù qīfu shòushāng de lǎohǔ
사내대장부는 상처 입은 호랑이를 잡지 않는다

⁷⁸ 歧视
qíshì

반의어
尊重 zūnzhòng
동 존경하다, 존중하다

동 차별 대우하다, 경시하다

小陈一向待人温和，从来不歧视任何人。
샤오천은 줄곧 사람을 대하는 것이 온화하고, 여태껏 어떤 사람도 차별 대우한 적이 없다.

一向 yíxiàng 분 줄곧, 내내　待人 dàirén 사람을 대하다
温和 wēnhé 톙 (성질, 태도 등이) 온화하다, (기후가) 따뜻하다

⁷⁹ 疏远
shūyuǎn

반의어
密切 mìqiè
톙 (관계가) 가깝다, 긴밀하다
동 (관계를) 기깝게 하다

동 멀리하다　톙 (관계나 감정적으로) 소원하다, 멀다

不知道为什么，他突然疏远我了。
왠지 모르게, 그는 갑자기 나를 멀리 했다.

以前我和隔壁的年轻人关系很亲密，但后来渐渐疏远了。
예전에 나와 이웃집 젊은이는 관계가 친밀했는데, 그러나 나중에는 천천히 소원해졌나.

隔壁 gébì 명 이웃집, 이웃　亲密 qīnmì 톙 친밀하다, 사이가 좋나

80 挑拨
tiǎobō

반의어

调解 tiáojiě
동 중재하다, 조정하다

동 이간질하다, 충동질하다

最好不要理睬那些爱挑拨离间的人。 술어

이간질하여 불화를 일으키는 것을 좋아하는 그런 사람들은 상대하지 않는 것이 가장 좋다.

理睬 lǐcǎi 동 상대하다, 거들떠보다
挑拨离间 tiǎobōlíjiàn 성 이간질하여 불화를 일으키게 하다

81 挑衅
tiǎoxìn

동 도발하다, 도전하다

他总是以微笑面对挑衅他的人。

그는 그를 도발하는 사람들을 항상 미소로 대면한다.

微笑 wēixiào 명 미소　面对 miànduì 동 대면하다, (어떤 사물에) 직면하다

82 污蔑
wūmiè

동 모독하다, 중상하다

你再生气也不能污蔑对方。

네가 아무리 화가 나더라도 상대방을 모독해서는 안 된다.

对方 duìfāng 명 상대방

83 陷害
xiànhài

동 모함하다, 남을 해치다

我深信小刘不会为了达到自己的目的而陷害他人的。

나는 샤오리우가 자신의 목적을 달성하기 위해 타인을 모함할 리 없다는 것을 굳게 믿고 있어.

深信 shēnxìn 동 굳게 믿다　达到 dádào 동 달성하다, 도달하다, 이르다

84 谢绝
xièjué

동 (완곡하게) 거절하다, 사절하다

小林一再谢绝我们的邀请，肯定是有原因的。

샤오린이 거듭 우리의 초청을 거절하는 데에는, 분명 원인이 있을 것이다.

一再 yízài 부 거듭, 반복해서

85 异常 **
yìcháng

부 대단히, 특히　형 이상하다, 심상치 않다

俩人因为一件小事大吵了起来，现场气氛变得异常尴尬。

두 사람이 사소한 일 하나로 크게 말다툼을 하게 되자, 현장 분위기가 대단히 어색하게 변했다.

警察发现那个男子神情恍惚，行为有些异常。

경찰은 그 남자가 기색이 흐리멍덩하고, 행동이 약간 이상한 것을 발견했다.

吵 chǎo 동 말다툼하다　现场 xiànchǎng 명 현장　气氛 qìfēn 명 분위기
尴尬 gāngà 형 어색하다, 난처하다　神情 shénqíng 명 기색, 표정
恍惚 huǎnghū 형 흐리멍덩하다, 얼떨떨하다　行为 xíngwéi 명 행동, 행위

연습문제 **체크체크!**

제시된 각 단어의 병음을 써 보고, 뜻을 오른쪽 보기에서 찾아 줄을 그어 보세요.

01 人家 ························

02 拜访 ························

03 隔阂 ························

04 摆脱 ························

05 认可 ························

ⓐ 인정하다, 승인하다

ⓑ (속박·규제·생활상의 어려움 등에서) 벗어나다, 빠져나오다

ⓒ 남, 사람들

ⓓ (생각·감정의) 틈, 간격

ⓔ 방문하다, 찾아뵙다

박스 안 단어의 병음을 써 보고, 문장을 읽고 빈칸에 들어갈 단어를 찾아 적어 보세요.

ⓐ 冲突　　　ⓑ 眼神　　　ⓒ 占据　　　ⓓ 融洽　　　ⓔ 冒犯

············　　　　············　　　　············　　　　············　　　　············

06 有些人通过 ··········· 交流就可以看出对方的心理状态。

07 经过多年的相处，我和小美的关系越来越 ··········· 了。

08 他俩互相体谅对方，从未发生过 ··········· 。

09 很抱歉，弟弟刚才无意中 ··········· 了您。

10 家人在我的心目中 ··········· 着极为重要的位置。

정답: 01. rénjiā/ⓒ　02. bàifǎng/ⓔ　03. géhé/ⓓ　04. bǎituō/ⓑ　05. rènkě/ⓐ
06. ⓑ/yǎnshén　07. ⓓ/róngqià　08. ⓐ/chōngtū　09. ⓔ/màofàn　10. ⓒ/zhànjù

* 06~10번 문제 해석은 해커스중국어(china.Hackers.com)에서 다운로드 받으세요.

HSK 6급 시험에 나오는 고난도 어휘

☑ 잘 외워지지 않는 단어는 □에 체크해 두고 다음에 반복 암기합니다.

□ 明信片	míngxìnpiàn	명	(우편) 엽서
□ 礼仪	lǐyí	명	예의
□ 敬称	jìngchēng	명 동	경칭[공경하는 뜻으로 부르는 칭호] 경칭하다
□ 呈献	chéngxiàn	동	바치다, 증정하다
□ 馈赠	kuìzèng	동	(선물이나 예물을) 주다, 증정하다
□ 分享	fēnxiǎng	동	(기쁨·즐거움 등을) 함께 나누다
□ 感恩	gǎn'ēn	동	은혜에 감사하다
□ 共存	gòngcún	동	공존하다
□ 结缘	jiéyuán	동	인연을 맺다
□ 亲近	qīnjìn	형 동	가깝다, 친근하다 친해지다
□ 头像	tóuxiàng	명	프로필 사진, (사진이나 조각의) 두상
□ 微博	Wēibó	고유	웨이보[중국판 트위터]
□ 微信	Wēixìn	고유	위챗
□ 微信朋友圈	Wēixìn Péngyouquān	고유	위챗 모멘트
□ 社交活动	shèjiāo huódòng		사교 활동
□ 肢体语言	zhītǐ yǔyán		보디랭귀지
□ 谦称	qiānchēng	동 명	겸손하게 부르다 겸손한 말, 겸칭
□ 闲扯	xiánchě	동	잡담하다, 노닥거리다
□ 盛情难却	shèngqíngnánquè	성	남의 극진한 정을 거절하기 어렵다
□ 尬聊	gàliáo		껄끄러운 잡담[할 말이 없을 때 하는 의미없는 잡담]

☐ 生面孔	shēng miànkǒng	생소한 얼굴
☐ 侵害	qīnhài	[동] 침해하다, 손해를 끼치다
☐ 靠近	kàojìn	[동] 가까이 다가가다, 가깝다
☐ 识破	shípò	[동] (다른 사람의 속마음 등을) 간파하다
☐ 送别	sòngbié	[동] 배웅하다, 송별하다
☐ 破裂	pòliè	[동] (온전한 물건이) 갈라지다, (관계나 감정 등이) 틀어지다
☐ 微妙	wēimiào	[형] 미묘하다
☐ 人以群分	rényǐqúnfēn	[성] 끼리끼리 모이다
☐ 三五成群	sānwǔchéngqún	[성] 삼삼오오 무리를 이루다
☐ 物以类聚	wùyǐlèijù	[성] 유유상종하다[주로 나쁜 사람들이 의기투합하여 한데 어울리는 것을 가리킴]
☐ 谎言	huǎngyán	[명] 거짓말
☐ 酒令	jiǔlìng	[명] 벌주놀이
☐ 敬酒	jìngjiǔ	[동] 술을 권하다
☐ 抵触	dǐchù	[동] 저촉하다
☐ 诟病	gòubìng	[동] 탓하다, 꾸짖다
☐ 口角	kǒujué / kǒujiǎo	[동] [kǒujué] 입씨름하다, 말다툼하다 [명] [kǒujiǎo] 입가, 입 주변
☐ 介入	jièrù	[동] 개입하다, 끼어들다, 관여하다
☐ 强行	qiángxíng	[동] 강행하다
☐ 劝阻	quànzǔ	[동] (어떤 일이나 활동을) 하지 말라고 충고하다, 관두게 하다
☐ 同辈压力	tóngbèi yālì	또래압력[동료 집단으로부터 받는 사회적 압력]

암기시간은 반으로, 기억시간은 두 배로!

해커스 HSK 6급 단어장 200% 활용법

교재 무료 MP3

① 단어를 중국어와 한국어로 듣기 MP3
② 단어를 중국어로만 듣기 MP3
③ 단어와 예문을 중국어로만 듣기 MP3
④ 단어와 예문을 중국어로만 듣기 (단어별분할) MP3
⑤ 단어와 예문을 중국어와 한국어로 듣기 MP3
⑥ 단어와 예문을 중국어와 한국어로 듣기 (단어별분할) MP3
⑦ 고난도 어휘를 중국어와 한국어로 듣기 MP3
⑧ 고난도 어휘를 중국어로만 듣기 MP3
⑨ HSK 6급 미니 실전모의고사 MP3
⑩ 한 템포 쉬어갑시다 MP3

이용방법

해커스중국어(china.Hackers.com) 접속 후 로그인 ▶
[교재/MP3 → 교재 MP3/자료] 클릭 ▶
본 교재 MP3 이용하기

<해커스 ONE>
앱 다운받기 ▶

HSK 6급 미니 실전모의고사
Day별 품사별로 헤쳐모여
연습문제 체크체크 해석
필수 단어 2500 인덱스

이용방법

해커스중국어(china.Hackers.com) 접속 후 로그인 ▶
[교재/MP3 → 교재 MP3/자료] 클릭 ▶
본 교재 학습자료 이용하기

HSK 필수어휘 테스트
HSK 기출 사자성어

이용방법

해커스중국어(china.Hackers.com) 접속 후 로그인 ▶
상단메뉴 [무료 자료 → 데일리 학습자료]
클릭하여 이용하기

본 교재 인강 10,000원 할인쿠폰

쿠폰번호

333775999FAAC8QM

이용방법

해커스중국어(china.Hackers.com) 접속 후 로그인 ▶
메인 우측의 [쿠폰등록]에서 쿠폰 등록 후 강의 결제 시 사용 가능

* 본 쿠폰은 1회에 한해 등록 가능합니다.
* 쿠폰 등록 후 사용기간 : 7일
* 이 외 쿠폰 관련 문의는 해커스중국어 고객센터(T.02-537-5000)로 연락바랍니다.

▲ 쿠폰 바로 등록하기

01 品德 ★★★
pǐndé

명 품성, 인품과 덕성

→ 술어

"不同流俗"这个成语常常用来形容品德高尚的人。

'불통유속'이라는 이 성어는 품성이 고상한 사람을 묘사할 때 종종 사용한다.

不同流俗 bùtóngliúsú 성 불통유속, 세속에 물들지 않고 인품이 고상함
成语 chéngyǔ 명 성어　形容 xíngróng 동 묘사하다
高尚 gāoshàng 형 고상하다

02 品质 ★★★
pǐnzhì

유의어

品行 pǐnxíng 명 품행

명 자질, 인품, 품질

为人正直是他身上最难能可贵的品质。

사람 됨됨이가 정직한 것은 그의 가장 귀한 자질이다.

为人 wéirén 명 사람 됨됨이　正直 zhèngzhí 형 정직하다
难能可贵 nánnéngkěguì 성 귀하다, 매우 장하다

 시험에 이렇게 나온다!

유의어 品质 : 品行(pǐnxíng, 품행)

品质은 행동·태도에서 나타나는 사람의 본질을 의미하며, 물건의 품질을 나타내기도 한다.
道德品质 dàodé pǐnzhì 도덕적 인품
品质优良 pǐnzhì yōuliáng 품질이 우수하다

品行은 사람의 품성과 행실을 나타낸다.
品行端正 pǐnxíng duānzhèng 품행이 단정하다
品行不端 pǐnxíng bùduān 품행이 단정하지 못하다

03 气质 ★★★
qìzhì

명 기질, 성격

这个剧团的团长是个具有领袖气质的领导。

이 극단의 단장은 지도자적 기질을 갖춘 리더이다.

剧团 jùtuán 명 극단　领袖 lǐngxiù 명 지도자, 영수
领导 lǐngdǎo 명 리더, 지도자

 시험에 이렇게 나온다!

짝꿍
표현　气质을 활용한 다양한 짝꿍 표현들을 알아 둔다.
领袖气质 lǐngxiù qìzhì 지도자적 기질 늑 카리스마
气质高雅 qìzhì gāoyǎ 성격이 고상하다
培养气质 péiyǎng qìzhì 기질을 기르다

★★★ = 최빈출 어휘　★★ = 빈출 어휘

04 意志 ***
yìzhì

명 의지

他虽然看起来很软弱，但意志很坚定。
— 술어

그는 비록 약해 보이지만, 의지가 매우 확고하다.

软弱 ruǎnruò 형 약하다　坚定 jiāndìng 형 확고하다

 시험에 이렇게 나온다!

짝꿍표현 意志을 활용한 다양한 짝꿍 표현들을 알아 둔다.

锻炼意志 duànliàn yìzhì 의지를 단련하다
磨砺意志 mólì yìzhì 의지를 갈고 닦다
磨炼意志 móliàn yìzhì 의지를 연마하다
意志坚定 yìzhì jiāndìng 의지가 확고하다
意志薄弱 yìzhì bóruò 의지가 박약하다

05 机智 ***
jīzhì

형 슬기롭다, 기지가 넘치다

那个秘书把棘手的事情处理得十分机智。

그 비서는 골치 아픈 일을 매우 슬기롭게 처리했다.

秘书 mìshū 명 비서　棘手 jíshǒu 형 골치 아프다, 곤란하다
处理 chǔlǐ 동 처리하다, 해결하다

06 坚定 ***
jiāndìng

유의어
坚决 jiānjué 형 단호하다

형 결연하다, 확고하다, 굳다　동 굳히다

有没有坚定的意志，是决定成败的重要因素之一。

결연한 의지의 유무는, 성패를 결정하는 중요한 요소 중 하나이다.

参加谈判之前，他们坚定了自己的立场。

회담에 참가하기 전에, 그들은 스스로의 입장을 굳혔다.

意志 yìzhì 명 의지, 의기　因素 yīnsù 명 요소, 원인
谈判 tánpàn 명 회담　立场 lìchǎng 명 입장, 성격

 시험에 이렇게 나온다!

유의어 坚定 : 坚决(jiānjué, 단호하다)

坚定은 입장이나 의지 등이 완강하게 변하지 않음을 나타낸다. 또한 동사로도 사용할 수 있다.

立场坚定 lìchǎng jiāndìng 입장이 확고하다
坚定决心 jiāndìng juéxīn 결심을 굳히다

坚决는 태도나 행동에 주저함이 없음을 나타낸다.

态度坚决 tàidu jiānjué 태도가 단호하다
坚决反对 jiānjué fǎnduì 단호하게 반대하다

07 敏锐 ***
mǐnruì

형 (감각이) 날카롭다, 빠르다

作为古董鉴定专家，他有着十分敏锐的观察力。 ← 술어

골동품 감정 전문가로서, 그는 매우 날카로운 관찰력을 가지고 있다.

古董 gǔdǒng 몡 골동품 鉴定 jiàndìng 몡 평가, 감정
专家 zhuānjiā 몡 전문가 观察力 guānchálì 관찰력

08 纯洁 ***
chúnjié

형 순수하고 맑다

毫无疑问，艾莉丝是个心地纯洁的人。

전혀 의심할 여지 없이, 앨리스는 마음이 순수하고 맑은 사람이다.

毫无 háowú 전혀 ~이 없다 疑问 yíwèn 몡 의심, 의혹
心地 xīndì 몡 마음, 심지

09 自主 ***
zìzhǔ

동 자주적으로 하다, 스스로 처리하다

花木兰在《木兰辞》中被描述为独立自主的女性。

화목란은 <목란사>에서 독립적이고 자주적인 여성으로 묘사된다.

花木兰 Huā Mùlán 고유 화목란[중국 고대의 여성 영웅이자 효녀]
木兰辞 Mùlán Cí 고유 목란사 描述 miáoshù 동 묘사하다
独立 dúlì 동 독립하다, 독자적으로 하다

 시험에 이렇게 나온다!

짝꿍표현 自主를 활용한 다양한 짝꿍 표현들을 알아 둔다.

自主权 zìzhǔquán 자주권
自主意识 zìzhǔ yìshí 자주적 의식
自主精神 zìzhǔ jīngshén 자주 정신

10 宽容 ***
kuānróng

동 너그럽게 받아들이다, 관용하다

小敏的祖父一直嘱咐小敏待人要宽容。

샤오민의 할아버지께서는 샤오민에게 사람을 대할 때 너그럽게 받아들여야 한다고 줄곧 당부하셨다.

祖父 zǔfù 몡 할아버지, 조부 嘱咐 zhǔfù 동 당부하다, 분부하다

11 温和 ***
wēnhé

형 (성질·태도 등이) 온화하다, (기후가) 따뜻하다

我伯母总是用温和的语气教育她的子女。

나의 큰어머니께서는 항상 온화한 어투로 그녀의 자녀들을 교육하신다.

伯母 bómǔ 몡 큰어머니 语气 yǔqì 몡 어투, 말투

반의어

暴烈 bàoliè 형 흉포하다, 거칠다
粗暴 cūbào 형 거칠다, 난폭하다

12 自发 ***
zìfā

형 자발적인, 스스로 발생한

几个热爱摇滚乐的人自发地组织了一个乐队。

술어

로큰롤을 사랑하는 몇몇 사람들이 자발적으로 밴드를 하나 결성했다.

热爱 rè'ài 동 사랑하다, 열렬히 좋아하다 摇滚乐 yáogǔnyuè 명 로큰롤
组织 zǔzhī 동 결성하다, 조직하다 명 조직 乐队 yuèduì 명 밴드, 악대

13 忠实 ***
zhōngshí

형 충실하다, 참되다

因为人生只有一次，你得忠实于你自己的内心。

인생은 한 번밖에 없기 때문에, 너는 네 자신의 마음에 충실해야 한다.

人生 rénshēng 명 인생

 시험에 이렇게 나온다!

짝꿍
표현 忠实을 활용한 짝꿍 표현을 알아 둔다.

忠实于…… zhōngshí yú …… ~에 충실하다

14 人格 **
réngé

명 인격

她之所以受人喜爱，是因为她具有热情好客的人格魅力。

그녀가 사람들의 사랑을 받는 것은, 그녀가 친절하고 호의적인 인격적 매력을 지녔기 때문이다.

好客 hàokè 형 호의적이다, 손님 접대를 좋아하다 魅力 mèilì 명 매력

15 作风 **
zuòfēng

명 (사람의) 태도, (문장이나 예술 작품의) 풍격

我们要继承先辈们勤俭节约的优良作风。

우리는 선조들의 근검절약이라는 훌륭한 태도를 계승해야 한다.

继承 jìchéng 동 계승하다 先辈 xiānbèi 명 선조, 선배
勤俭 qínjiǎn 형 근검하다 优良 yōuliáng 형 훌륭하다

16 风度
fēngdù

명 품격, 매너

蒋先生谈吐文雅、风度翩翩，在人群中显得格外显眼。

장 선생님은 말투가 고상하고, 품격이 대범하여, 사람들 속에서 특별히 눈에 띄어 보인다.

谈吐 tántǔ 명 말투 文雅 wényǎ 형 고상하다, 점잖다
翩翩 piānpiān 형 대범하다, 시원스럽다 显得 xiǎnde 동 ~처럼 보이다
格外 géwài 부 특별히, 유달리 显眼 xiǎnyǎn 형 눈에 띄다

17 立场
lìchǎng

명 입장

站在对方的<u>立场</u>思考问题，有助于体谅对方的处境。 ↱ 술어

상대방의 입장에 서서 문제를 생각하는 것은, 상대방의 처지를 이해하는 데 도움이 된다.

体谅 tǐliàng **동** (남의 입장에서) 이해하다 **处境** chǔjìng **명** 처지

---

18 神态
shéntài

명 기색과 자태, 표정과 태도

将军淡定地坐在那里，没有露出紧张的<u>神态</u>。

장군은 냉정하게 그곳에 앉아, 긴장된 기색과 자태를 보이지 않았다.

将军 jiāngjūn **명** 장군, 장성 **淡定** dàndìng **형** 냉정하다
露 lù **동** 보이다, 드러내다

---

19 良心
liángxīn

명 양심

我父母再三强调我们要凭着自己的<u>良心</u>做事。

나의 부모님께서는 우리에게 스스로의 양심에 의지하여 일을 해야 한다고 거듭 강조하셨다.

再三 zàisān **부** 거듭, 재차 **强调** qiángdiào **동** 강조하다

---

20 高尚 **★★**
gāoshàng

형 고상하다

中国传统文化中，松、竹、梅象征<u>高尚</u>的人格。

중국 전통문화 속에서, 소나무, 대나무, 매화는 고상한 인격을 상징한다.

松 sōng **명** 소나무 **梅** méi **명** 매화 **人格** réngé **명** 인격

---

21 慈祥
cíxiáng

형 (노인의 성격·태도·표정이) 자애롭다, 자상하다

爷爷的脸上流露出了<u>慈祥</u>的笑容。

할아버지의 얼굴에는 자애롭게 웃는 표정이 드러났다.

流露 liúlù **동** (생각·감정을 무심코) 드러내다 **笑容** xiàoróng **명** 웃는 표정

---

22 亲热
qīnrè

반의어

冷淡 lěngdàn
형 냉담하다, 차갑다
동 냉대하다

형 다정하다, 친근하다 **동** 사랑을 표하다, 친근하게 대하다

第一次去朋友家做客，没想到他的父母对我挺<u>亲热</u>的。

처음 친구 집에 손님으로 갔을 때, 그의 부모님께서 나에게 매우 다정하실 거라고는 생각지도 못했다.

奶奶将我拥入怀中，好好<u>亲热</u>了一番。

할머니께서는 나를 품에 안고, 마음껏 사랑을 표해 주셨다.

拥 yōng 안다 **怀** huái **명** 품, 가슴

> **잠깐** 亲热는 사람과 사람 사이의 감정·태도가 따뜻함을 강조하고, Day03의 37번 亲密(친밀하다)는 사람과 사람 사이의 관계가 가까움을 강조해요.

01 02 03 DAY 04 05 06 07 08 09 10

해커스 HSK 6급 단어장

²³ 勇于 ★★
yǒngyú

동 용감하게 ~하다, 과감하게 ~하다

술어

大家要有为梦想勇于挑战的精神。

여러분들은 꿈을 위해 용감하게 도전하는 정신을 가져야 합니다.

梦想 mèngxiǎng 몡 꿈　精神 jīngshén 몡 정신

²⁴ 英勇
yīngyǒng

형 매우 용감하다

他是个英勇的战士，绝不屈服于敌人。

그는 매우 용감한 전사이기에, 절대로 적에게 굴복하지 않는다.

战士 zhànshì 몡 전사, 병사　屈服 qūfú 동 굴복하다　敌人 dírén 몡 적

²⁵ 机灵 ★★
jīling

형 영리하다, 약삭빠르다

皇帝的侄子十分机灵，善于随机应变。

황제의 조카는 매우 영리해서, 임기응변에 능하다.

皇帝 huángdì 몡 황제　侄子 zhízi 몡 조카
善于 shànyú 동 ~에 능하다　随机应变 suíjīyìngbiàn 셍 임기응변하다

²⁶ 伶俐
línglì

형 (머리가) 영리하다, (말주변이) 뛰어나다

我小弟弟虽然聪明伶俐，可是平时有点淘气。

내 어린 남동생은 비록 똑똑하고 영리하지만, 평소에 약간 장난이 심하다.

淘气 táoqì 형 장난이 심하다, 말을 듣지 않다

 시험에 이렇게 나온다!

짝꿍
표현　伶俐를 활용한 다양한 짝꿍 표현들을 알아 둔다.

聪明伶俐 cōngming línglì 똑똑하고 영리하다
口齿伶俐 kǒuchǐ línglì 말주변이 뛰어나다

²⁷ 英明
yīngmíng

형 영명하다, 뛰어나게 슬기롭고 총명하다

自古以来，所罗门一直被认为是英明的国王。

예로부터, 솔로몬은 줄곧 영명한 국왕으로 여거저 았디.

所罗门 Suǒluómén 고유 솔로몬　国王 guówáng 몡 국왕

28 开朗 **
kāilǎng

● 형 (성격이) 명랑하다

那活泼开朗、机智勇敢的男孩儿，后来成了伟大的总统。

그 활발하고 명랑하며, 슬기롭고 용감한 남자아이는, 훗날 위대한 대통령이 되었다.

机智 jīzhì 형 슬기롭다　总统 zǒngtǒng 명 대통령

29 慷慨 **
kāngkǎi

반의어

小气 xiǎoqi 형 인색하다

● 형 대범하다, 후하게 대하다

他为人慷慨大方，一点也不小气。

그는 사람 됨됨이가 대범하고 호탕하여, 조금도 인색하지 않다.

为人 wéirén 명 사람 됨됨이 통 (사람들과) 잘 어울리다
大方 dàfang 형 호탕하다, 대범하다　小气 xiǎoqi 형 인색하다, 쩨쩨하다

30 风趣
fēngqù

반의어

枯燥 kūzào
형 무미건조하다, 단조롭다

● 형 유머러스하다, 재미있다　명 유머, 재미

老刘这个人幽默风趣，大家都很愿意和他交流。

라오리우는 익살맞고 유머러스해서, 모두가 그와 교류하고 싶어한다.

这位喜剧演员说话说得颇有风趣，所以拥有很多粉丝。

이 코미디언은 말하는 것이 꽤 유머가 있어서, 많은 팬을 보유하고 있다.

喜剧演员 xǐjù yǎnyuán 코미디언　颇 pō 뷔 꽤, 상당히
拥有 yōngyǒu 통 보유하다, 가지다　粉丝 fěnsī 명 팬(fans)

31 爽快
shuǎngkuai

● 형 시원시원하다, 호쾌하다

这家伙性格爽快，很少看别人的眼色行事。

이 녀석은 성격이 시원시원하고, 남의 눈치를 보며 일을 하는 경우가 드물다.

家伙 jiāhuo 명 녀석, 놈　眼色 yǎnsè 명 눈치, 눈짓

32 外向
wàixiàng

반의어

内向 nèixiàng
형 (성격이) 내향적이다

● 형 (성격이) 외향적이다

一些调查结果显示，爱穿红色衣服的人往往性格外向。

몇몇 조사 결과가 나타내기를, 빨간색 옷을 입기를 좋아하는 사람들은 대체로 성격이 외향적이라고 한다.

显示 xiǎnshì 통 나타내다, 드러내다

33 廉洁
liánjié

● 형 청렴하다

国家公务员要公正廉洁，要为老百姓服务。

국가 공무원은 공정하고 청렴해야 하며, 국민들을 위해 봉사해야 한다.

公务员 gōngwùyuán 명 공무원　公正 gōngzhèng 형 공정하다

34 朴实
pǔshí

[반의어]
华丽 huálì 형 화려하다

[형] 꾸밈이 없다, 소박하다

这位记者写的报道语言非常朴实，内容十分客观。 ──→ 술어

이 기자가 쓴 보도는 말에 정말 꾸밈이 없고, 내용이 매우 객관적이다.

报道 bàodào 명 보도 동 보도하다 客观 kèguān 형 객관적인

 시험에 이렇게 나온다!

[짝꿍표현] 朴实을 활용한 짝꿍 표현을 알아 둔다.

朴实无华 pǔshí wúhuá 소박하고 꾸밈이 없다

잠깐 朴实은 주로 사람의 성격이나 예술 풍격이 성실하고 과장되지 않다는 의미로 쓰이고, Day01의 44번 朴素(소박하다)는 주로 사람의 옷차림이나 장식, 또는 생활 양식 등이 소박하고 수수하다는 의미로 쓰여요.

35 贤惠
xiánhuì

[형] 품성이 곱다, 어질고 총명하다

我希望我的人生伴侣是个聪明伶俐、善良贤惠的人。

나는 내 인생의 반려자가 총명하고 영리하며, 선량하고 품성이 고운 사람이기를 바란다.

伴侣 bànlǚ 명 반려자, 동료 伶俐 línglì 형 (머리가) 영리하다

36 礼节
lǐjié

[명] 예절

他们家孩子虽然有些调皮，但懂得基本的礼节。

그 집 아이는 비록 약간 장난스럽지만, 기본적인 예절은 안다.

调皮 tiáopí 형 장난스럽다, 짓궂다 基本 jīběn 형 기본적인

37 面子
miànzi

[명] 체면, 면목

她在工作上讲究原则，不怕伤面子。

그녀는 업무에 있어 원칙을 중요시하고, 체면을 잃는 것을 두려워하지 않는다.

讲究 jiǎngjiu 동 중요시하다 伤面子 shāng miànzi 체면을 잃다

38 绅士
shēnshì

[명] 신사, 유력 인사

史密斯先生彬彬有礼，大有绅士风度。

스미스 선생님은 점잖고 예의 바르며, 신사의 품격을 많이 가지고 있다.

彬彬有礼 bīnbīnyǒulǐ 성 점잖고 예의 바르다 风度 fēngdù 명 품격

39 魄力
pòlì

[명] 박력, 패기, 기백

王组长工作时很有魄力，同事们都愿意和她工作。

왕 팀장님은 일하실 때 매우 박력이 있으셔서, 동료들은 모두 그녀와 일하고 싶어한다.

愿意 yuànyì 동 ~하고 싶다, 희망하다

40 豪迈
háomài

[형] 호기스럽다, 늠름하다

军人们在街道上行进，气概无比豪迈。 ← 술어

군인들이 길에서 행진을 하고 있는데, 기개가 비할 바 없이 호기스럽다.

气概 qìgài [명] 기개   **无比** wúbǐ [형] 비할 바 없다, 아주 뛰어나다

41 威风
wēifēng

[형] 위엄이 있다   [명] 위풍, 위엄

这对双胞胎都穿着军服，显得格外威风。

이 쌍둥이는 모두 군복을 입고 있어서, 유달리 위엄이 있어 보인다.

那个猎人威风凛凛地走进了老虎出没的森林。

그 사냥꾼은 위풍당당하게 호랑이가 출몰하는 숲으로 걸어 들어갔다.

双胞胎 shuāngbāotāi [명] 쌍둥이   **显得** xiǎnde [동] ~처럼 보이다
格外 géwài [부] 유달리   **猎人** lièrén [명] 사냥꾼
威风凛凛 wēifēnglǐnlǐn [성] 위풍당당하다   **出没** chūmò [동] 출몰하다

🏯 **알아 두면 시험이 쉬워지는 배경 지식**

> [중국 문화] 중국에는 '扯着老虎尾巴抖威风'이라는 말이 있다. 이 말은 호랑이의 꼬리를 잡고 위엄을 부린다는 뜻으로, 권세나 세력을 믿고 제멋대로 날뛰는 것을 비유한다. 참고로, 扯(chě, 잡다) 대신 拽(zhuài, 잡아당기다)를 사용하기도 하는데, 이때도 의미는 같다.
>
> **扯着老虎尾巴抖威风** Chězhe lǎohǔ wěiba dǒu wēifēng
> 호랑이 꼬리를 잡고 위엄을 부린다, 권세를 믿고 제멋대로 날뛰다

42 毅力
yìlì

[명] 굳센 의지, 끈기

那些探险队员靠坚强的毅力登上了喜马拉雅顶峰。

그 탐험대원들은 굳센 의지에 기대어 히말라야 정상에 올랐다.

探险队员 tànxiǎn duìyuán 탐험대원   **靠** kào [동] 기대나
坚强 jiānqiáng [형] 굳세다   **喜马拉雅** Xǐmǎlāyǎ [고유] 히말라야
顶峰 dǐngfēng [명] (산의) 정상

43 果断 ★★
guǒduàn

[반의어]

犹豫 yóuyù
[형] 주저하다, 머뭇거리다

[형] 과단성이 있다, 결단력이 있다

与其听太多人的意见，不如你自己坚定果断地做
出决定。

너무 많은 사람의 의견을 들을 바에야, 너 스스로 결연하고 과단성 있게 결정을 내리는 편이 나아.

与其 yǔqí [접] ~할 바에   **不如** bùrú [동] ~하는 편이 낫다, ~보다 못하다
坚定 jiāndìng [형] 결연하다, 확고하다 [동] 굳히다

⁴⁴ 坚韧 ★★
jiānrèn

[형] (의지·정신력 등이) 강인하다

他用坚韧的意志战胜了一次又一次的失败。

그는 강인한 의지로 계속되는 실패를 이겨냈다.

意志 yìzhì [명] 의지 战胜 zhànshèng [동] 이기다, 승리하다

⁴⁵ 正气
zhèngqì

[명] 공명정대한 성격, 바른 기풍, 정기

这位干部为官廉洁、一身正气，深受下属的爱戴。

이 간부는 관리로서 청렴하고, 일신이 공명정대하여, 부하 직원들의 지지를 듬뿍 받는다.

干部 gànbù [명] 간부 廉洁 liánjié [형] 청렴하다
下属 xiàshǔ [명] 부하, 하급 직원 爱戴 àidài [동] 지지하다, 추대하다

 시험에 이렇게 나온다!

짝꿍표현 正气를 활용한 다양한 짝꿍 표현들을 알아 둔다.
一身正气 yìshēnzhèngqì 일신이 공명정대하다
浩然正气 hàoránzhèngqì 정대하고 강직한 정기

⁴⁶ 公正 ★★
gōngzhèng

[형] 공정하다, 공명정대하다

法官必须要用客观公正的态度审理案子。

법관은 반드시 객관적이고 공정한 태도로 사건을 심리해야 한다.

法官 fǎguān [명] 법관 客观 kèguān [형] 객관적이다
审理 shěnlǐ [동] 심리하다, 심사하여 처리하다 案子 ànzi [명] 사건

⁴⁷ 公道
gōngdao

[형] 공정하다, 공평하다, 합리적이다

那家餐厅的老板做生意十分公道，深受顾客的信任。

그 레스토랑의 사장님은 장사하시는 것이 매우 공정해서, 고객들의 신임을 듬뿍 받는다.

老板 lǎobǎn [명] 사장, 주인 信任 xìnrèn [명] 신임 [동] 신임하다, 믿다

🏯 알아 두면 시험이 쉬워지는 배경 지식

중국문화 公道杯(공도배, 공평한 잔)는 고대 중국인이 술을 마실 때 사용했던 도자기 제품이다. 컵 중앙에는 용의 머리가 장식되어 있는데, 장식 내부에는 컵 바닥의 작은 구멍과 통하는 빈 관이 존재한다. 만약 잔에 부은 술이 일정한 높이에 도달하게 되면, 장식 내부의 빈 관을 통해 술이 바닥으로 새게 된다. 그래서 公道杯에 술을 따르면 얕지도 넘치지도 않는 가장 공평한 수준을 지킬 수 있었다. 이러한 公道杯에는 욕심이 선을 넘으면 물이 새서 아무것도 남지 않는 것처럼, 지나친 탐욕은 버려야 한다는 교훈이 담겨 있다.

公道杯 gōngdaobēi 공도배, 공평한 잔

48 缓和
huǎnhé

동 (국면·분위기 등을) 완화시키다, 누그러뜨리다

面试官的一句玩笑话缓和了紧张的气氛。 → 술어

면접관의 농담 한마디는 긴장된 분위기를 완화시켰다.

面试官 miànshìguān 면접관 **气氛** qìfēn 명 분위기

49 乐意
lèyì

동 기꺼이 ~하다, 언제든지 곧 ~하다 형 유쾌하다, 만족하다

西蒙为人诚实，无论是什么事，他都乐意去干。

시몬은 사람 됨됨이가 성실해서, 어떤 일이든 관계없이, 그는 항상 기꺼이 임한다.

他听了会有些不乐意的，最好还是别说这种话了。

그가 들으면 다소 유쾌하지 않아 할 것이니, 역시 이런 말은 하지 않는 것이 가장 좋겠어.

为人 wéirén 명 사람 됨됨이

50 力求
lìqiú

동 몹시 애쓰다, 힘껏 추구하다

我写文章时力求简洁，以便读者容易理解内容。

나는 글을 쓸 때, 독자들이 내용을 쉽게 이해하도록, 간결하게 쓰려고 몹시 애쓴다.

简洁 jiǎnjié 형 간결하다 **以便** yǐbiàn 접 ~하도록, ~하기 쉽게

51 争气
zhēngqì

동 명예를 세우다, 잘 하려고 애쓰다, 분발하다

为了给自己争气，我每天废寝忘食地学习，从未偷懒过。

스스로에게 명예를 세우기 위해, 나는 매일 먹고 자는 것을 잊은 채 공부했고, 한 번도 게으름 피운 적이 없다.

废寝忘食 fèiqǐnwàngshí 성 먹고 자는 것을 잊다, 전심전력하다

从未 cóngwèi 지금까지 ~하지 않았다 **偷懒** tōulǎn 동 게으름 피우다

 시험에 이렇게 나온다!

**이합
동사** 争气는 争(다투다)+气(기세)가 합쳐진 이합동사로, 목적어를 취할 수 없다.

争气自己和家人 자신과 가족을 명예를 세우다 (X)

为自己和家人争气 자신과 가족을 위해 명예를 세우다 (O)

⁵² 确信
quèxìn

[동] 확신하다

只要你保持谦逊的态度，我对你的成功是<u>确信</u>无疑的。 → 술어

네가 겸손한 태도만 유지한다면, 나는 너의 성공에 대해서는 의심할 바 없이 확신한다.

保持 bǎochí [동] 유지하다, 지키다　谦逊 qiānxùn [형] 겸손하다
无疑 wúyí [동] 의심할 바 없다

⁵³ 算数
suànshù

[동] 한 말에 책임지다, 숫자를 세다

要想得到别人的信任，你先要成为说话<u>算数</u>的人。

다른 사람의 신임을 얻고 싶다면, 너는 우선 말을 했으면 한 말에 책임지는 사람이 되어야 한다.

信任 xìnrèn [명] 신임 [동] 신임하다, 믿다

 시험에 이렇게 나온다!

이합동사	算数는 算(셈하다)+数(숫자)가 합쳐진 이합동사로, 목적어를 취할 수 없다.
	算数说话 말하는 것을 한 말에 책임지다 (X)
	说话算数 말을 했으면 한 말에 책임지다 (O)

⁵⁴ 沉着 ★★
chénzhuó

반의어

慌张 huāngzhāng
[형] 당황하다, 허둥대다

[형] 침착하다, 차분하다

情况越紧要，我们越要以<u>沉着</u>的态度去应对。

상황이 긴급하고 중요할수록, 우리는 더욱 침착한 태도로 대처해야 합니다.

紧要 jǐnyào [형] 긴급하고 중요하다　应对 yìngduì [동] 대처하다, 대응하다

⁵⁵ 从容 ★★
cóngróng

[형] 침착하다, 서두르지 않다

那对老夫妇无论遇到什么事情，都会<u>从容</u>地去面对。

그 노부부는 어떤 일을 만나더라도, 항상 침착하게 대응한다.

夫妇 fūfù [명] 부부　面对 miànduì [동] 대응하다, 직면하다

⁵⁶ 理智 ★★
lǐzhì

[형] 이성적이다, 이지적이다　[명] 이성과 지혜, 이지

面对这场意外，孟德尔表现得很<u>理智</u>。

이 뜻밖의 사고에 직면하여, 멘델은 이성적으로 행동했다.

人们遇到意想不到的情况时，会容易失去<u>理智</u>。

사람들은 예상치 못한 상황을 만났을 때, 이성과 지혜를 잃어버리기 쉽다.

面对 miànduì [동] 직면하다　意外 yìwài [명] 뜻밖의 사고, 의외의 사고
意想 yìxiǎng [동] 예상하다　失去 shīqù [동] 잃어버리다, 잃다

57 安详
ānxiáng

형 차분하다, 침착하다

→ 술어

有个老人坐在院子里安详地晒着太阳。

한 노인이 정원에 앉아 차분하게 햇볕을 쬐고 있다.

晒 shài 동 햇볕을 쬐다, 햇볕에 말리다

58 深沉
shēnchén

형 (생각이) 신중하다, 내색하지 않다

张教授很深沉，平时不爱说话。

장 교수님께서는 매우 신중하셔서, 평소에는 말을 잘 하지 않으신다.

教授 jiàoshòu 명 교수 동 가르치다

59 慎重
shènzhòng

형 신중하다, 조심하다

你们一定要慎重地选择第一份工作。

너희들은 반드시 첫 직장을 신중하게 골라야 해.

份 fèn 양 추상적인 것을 셀 때 쓰임

60 镇定
zhèndìng

형 (긴급한 상황에서도) 차분하다, 침착하다   동 진정시키다

那位警察以沉着镇定的态度进行了调查。

그 경찰은 침착하고 차분한 태도로 조사를 진행했다.

深呼吸有助于镇定紧张的情绪。

깊게 호흡하는 것은 긴장된 마음을 진정시키는 데 도움이 된다.

沉着 chénzhuó 형 침착하다, 차분하다   呼吸 hūxī 동 호흡하다
情绪 qíngxù 명 마음, 기분

 시험에 이렇게 나온다!

짝꿍
표현   镇定을 활용한 짝꿍 표현을 알아 둔다.

镇定剂 zhèndìngjì 진정제, 안정제

61 镇静
zhènjìng

반의어

兴奋 xīngfèn 형 흥분하다
慌张 huāngzhāng
형 당황하다, 허둥대다

형 (마음·기분이) 침착하다, 냉정하다
동 (마음·기분을) 진정시키다

那个嫌疑人虽然看起来很镇静，但心里肯定会有些不安。

그 용의자가 비록 침착해 보여도, 마음속으로는 분명히 약간 불안할 것이다.

病人吃药后很快就镇静下来了。

환자는 약을 먹은 후 금새 진정되었다.

嫌疑人 xiányírén 명 용의자, 혐의자   不安 bù'ān 형 불안하다

★★★ = 최빈출 어휘   ★★ = 빈출 어휘

62 和气 **
héqi

형 부드럽다, 온화하다, 화목하다 명 화목한 감정

她一向对人和气，尽量避免和别人发生冲突。

그녀는 사람들에게 항상 부드럽고, 되도록 다른 사람과 충돌이 발생하는 것을 피하려고 한다.

你们别为这种微不足道的小事伤了和气。

너희는 이런 보잘것없는 작은 일 때문에 화목한 감정을 상하게 하지 마라.

一向 yíxiàng 튀 항상 **尽量** jǐnliàng 튀 되도록 **避免** bìmiǎn 동 피하다
冲突 chōngtū 동 충돌하다 **微不足道** wēibùzúdào 성 보잘것없다

🏯 **알아 두면 시험이 쉬워지는 배경 지식**

> 중국문화 중국에는 '和气生财'라는 말이 있다. 이 말은 다른 사람을 부드럽게 대하면 재운을 불러올 수 있다는 뜻으로, 우리말의 '웃으면 복이 온다'와 비슷한 의미이다. '和气生财'는 원래 중국 상인들 사이에서 손님을 웃는 얼굴로 친절하게 대해야 한다는 의미로 사용되었으나, 현재는 일반 사람들도 널리 사용하고 있다. '和气生财'를 활용한 대표적인 표현인 '和气生财, 家和万事兴'도 함께 알아 두자.
>
> **和气生财** héqi shēngcái 웃는 얼굴이 부를 부른다, 웃으면 복이 온다
>
> **家和万事兴** jiā hé wànshì xīng
> 집안이 화목하면 만사가 이루어진다, 가화만사성

63 和蔼 **
hé'ǎi

유의어

和气 héqi
형 부드럽다 명 화목한 감정

형 상냥하다, 사근사근하다

王伟性情温和，对待别人时总是和蔼可亲的。

왕웨이는 성정이 온화해서, 다른 사람들을 대할 때 항상 상냥하고 친절해.

性情 xìngqíng 명 성정, 성품 **温和** wēnhé 형 (성질, 태도 등이) 온화하다
对待 duìdài 동 대하다, 대처하다 **可亲** kěqīn 형 친절하다, 상냥하다

 시험에 이렇게 나온다!

> 유의어 **和蔼：和气**(héqi, 부드럽다, 화목한 감정)
>
> 和蔼는 주로 사람의 태도가 싹싹하고 부드러워 다가가기 쉬움을 나타내며, 중첩할 수 없다.
>
> **和蔼可亲** hé'ǎi kěqīn 상냥하고 친절하다
> **和蔼的笑容** hé'ǎi de xiàoróng 상냥한 미소
>
> 和气는 주로 사람의 태도가 온화하거나, 사람들의 관계가 화목함을 나타내며, '和和气气'의 형태로 중첩할 수 있다. 또한 명사로도 사용된다.
>
> **说话和气** shuōhuà héqi 말투가 부드럽다
> **伤和气** shāng héqi 화목한 감정을 해치다

64 仁慈
réncí

형 인자하다

这位夫人对人宽容仁慈，没有人看过她生气的样子。

이 부인은 사람들에게 너그럽고 인자하여, 아무도 그녀가 화난 모습을 본 적이 없다.

夫人 fūrén 명 부인[기혼 여성에 대한 호칭] **宽容** kuānróng 동 너그럽다

⁶⁵ **斯文**
sīwen

형 우아하다, 고상하다, 점잖다

大哥的媳妇是个十分斯文的人，总是保持着微笑。 → 술어

큰형의 아내는 매우 우아한 사람으로, 항상 미소를 유지한다.

媳妇 xífù 명 아내, 마누라 微笑 wēixiào 명 미소 동 미소를 짓다

⁶⁶ **诚挚**
chéngzhì

형 진지하다, 성실하고 진실하다

采访是在诚挚友好的气氛中进行的。

인터뷰는 진지하고 우호적인 분위기 속에서 진행되었다.

采访 cǎifǎng 동 인터뷰하다 气氛 qìfēn 명 분위기

⁶⁷ **崇高**
chónggāo

유의어

高尚 gāoshàng 형 고상하다

형 숭고하다, 고상하다

政府宣扬了那个青年舍己为人的崇高精神。

정부는 그 청년의 남을 위해 자신을 버리는 숭고한 정신을 널리 알렸다.

政府 zhèngfǔ 명 정부 宣扬 xuānyáng 동 널리 알리다, 선양하다
舍己为人 shějǐwèirén 성 남을 위해 자신을 버리다

 시험에 이렇게 나온다!

유의어 崇高：高尚(gāoshàng, 고상하다)

崇高는 정신이나 의지 등이 존엄하고 존경할 만한 것을 의미한다.
崇高的理想 chónggāo de lǐxiǎng 숭고한 이상
崇高的精神 chónggāo de jīngshén 숭고한 정신

高尚은 몸가짐이나 품행이 매우 도덕적이거나, 학문이나 예술 등이 저속
하지 않음을 의미한다.
道德高尚 dàodé gāoshàng 도덕적으로 고상하다
高尚的活动 gāoshàng de huódòng 고상한 활동

⁶⁸ **端正**
duānzhèng

형 단정하다, 똑바르다 동 바로잡다, 바르게 하다

他品德高尚，品行端正，所以周围人都很喜欢他。

그는 품성이 고상하고, 품행이 단정하여, 주변 사람들이 모두 그를 좋아한다.

你要先端正你的学习态度，然后再学习。

너는 먼저 네 공부 태도를 바로잡고, 그 다음에 공부해야 한다.

品德 pǐndé 명 품성, 인품과 덕성 高尚 gāoshàng 형 고상하다
品行 pǐnxíng 명 품행

 시험에 이렇게 나온다!

짝꿍
표현 端正을 활용한 다양한 짝꿍 표현들을 알아 둔다.

品行端正 pǐnxíng duānzhèng 품행이 단정하다
五官端正 wǔguān duānzhèng 이목구비가 단정하다

★★★ = 최빈출 어휘 ★★ = 빈출 어휘

69 正经
zhèngjing

[형] 진지하다, 엄숙하다

→ 술어
在大家的心目中，他一向严肃正经。

모두의 기억 속에, 그는 항상 엄숙하고 진지하다.

心目 xīnmù [명] 기억, 속마음 一向 yíxiàng [부] 항상, 줄곧
严肃 yánsù [형] 엄숙하다

70 郑重
zhèngzhòng

[형] 정중하다, 점잖고 엄숙하다

我再次郑重地感谢大家对我的支持与帮助。

여러분의 저에 대한 지지와 도움에 다시금 정중히 감사드립니다.

支持 zhīchí [동] 지지하다

71 庄重
zhuāngzhòng

[형] (언행이) 위엄이 있다, 무게가 있다

他不管在什么样的场合，一言一行都很庄重。

그는 어떤 자리에 있든지, 모든 말과 행동이 위엄이 있다.

场合 chǎnghé [명] 자리, 장소, 상황
一言一行 yìyányìxíng [성] 모든 말과 행동

72 恳切
kěnqiè

[형] 간절하다, 진지하다

对于这本小说，我恳切地希望大家给予指正。

이 소설에 대해, 저는 여러분께서 잘못을 지적하여 바로잡아 주시길 간절히 희망합니다.

给予 jǐyǔ [동] 주다, 부여하다 指正 zhǐzhèng [동] (잘못을) 지적하여 바로잡다

73 谦逊
qiānxùn

[형] 겸손하다

面对不懂的问题，他总是谦逊地请教别人。

모르는 문제에 직면하면, 그는 항상 겸손하게 다른 사람에게 가르침을 청한다.

面对 miànduì [동] 직면하다, 마주 보다 请教 qǐngjiào [동] 가르침을 청하다

74 确切
quèqiè

[형] 확실하다, 정확하다, 적절하다

经过一个月的努力，我们终于得到了对方确切的答复。

한 달의 노력을 거쳐, 우리는 마침내 상대방의 확실한 회답을 얻었다.

答复 dáfù [동] (요구나 문제에 대해) 회답하나, 납변하다

75 坦白
tǎnbái

형 솔직하다, 담백하다 동 솔직하게 말하다

几杯酒下了肚，他坦白地说出了事情的真相。 → 술어

몇 잔의 술을 뱃속으로 부어 넣고 나서, 그는 솔직하게 일의 진상을 털어 놓았다.

你做错了事就应该坦白，不要一整天坐立不安。

너는 잘못을 했으면 솔직하게 말해야 해, 온종일 안절부절못하지 말고.

真相 zhēnxiàng 명 진상, 실상 坐立不安 zuòlìbù'ān 성 안절부절못하다

76 体面
tǐmiàn

형 떳떳하다, 당당하다 명 체면, 체통

那天她说的一番话，使他懂得了如何体面地生活。

그날 그녀가 말한 한마디는, 그로 하여금 어떻게 떳떳하게 사는지를 알게 해 주었다.

王老师为了维护学生的体面，从不当众批评犯错的学生。

왕 선생님께서는 학생의 체면을 지켜주기 위해서, 잘못을 저지른 학생을 여태껏 공개적으로 혼내지 않으셨다.

如何 rúhé 대 어떻다, 어떠하다 维护 wéihù 동 지키다, 옹호하다
当众 dāngzhòng 부 공개적으로, 대중 앞에서

77 文雅
wényǎ

형 (말이나 행동 등이) 품위가 있다, 우아하다

她容貌端正，一举一动都显得十分文雅。

그녀는 용모가 단정하고, 일거수일투족이 모두 엄청 품위가 있어 보인다.

容貌 róngmào 명 용모, 생김새 端正 duānzhèng 형 단정하다 동 바로잡다
一举一动 yìjǔyídòng 성 일거수일투족 显得 xiǎnde 동 ~처럼 보이다

78 振奋
zhènfèn

형 (정신이) 고무적이다, 활기차다 동 진작시키다, 활기차게 하다

这个令人振奋的喜讯，让我忍不住落泪了。

사람을 고무시키는 이 희소식은, 나로 하여금 눈물을 흘리는 것을 참지 못하게 했다.

她在乒乓球赛中获得冠军的消息，振奋了每个观众的心。

그녀가 탁구 대회에서 챔피언이 되었다는 소식은, 모든 관중의 마음을 진작시켰다.

喜讯 xǐxùn 명 희소식 忍不住 rěnbuzhù 동 참지 못하다, 견딜 수 없다
落泪 luò lèi 눈물을 흘리다 冠军 guànjūn 명 챔피언, 우승

79 忠诚
zhōngchéng

형 충성스럽다, 충실하다

我们公司现在需要的是机智、勇敢、忠诚的人才。 → 술어

우리 회사에서 지금 필요한 것은 슬기롭고, 용감하고, 충성스러운 인재다.

机智 jīzhì 형 슬기롭다 　人才 réncái 명 인재

80 衷心
zhōngxīn

형 진심의, 충심의

我们衷心祝愿本次志愿活动取得圆满成功。

우리는 이번 자원봉사 활동이 원만한 성공을 거두기를 진심으로 축원합니다.

祝愿 zhùyuàn 동 축원하다 　志愿 zhìyuàn 동 자원하다 명 포부
取得 qǔdé 동 거두다, 얻다 　圆满 yuánmǎn 형 원만하다, 완벽하다

81 周密
zhōumì

형 주도면밀하다, 꼼꼼하다

为了以防万一，一定要事先制定好周密的计划。

만일에 대비하기 위해서, 반드시 미리 주도면밀한 계획을 잘 세워야 한다.

万一 wànyī 명 만일[가능성이 매우 희박한 의외의 변화] 접 만약
事先 shìxiān 명 미리, 사전에 　制定 zhìdìng 동 세우다, 제정하다

82 足以 **
zúyǐ

동 충분히 ~할 수 있다, ~하기에 족하다

这件事足以说明他是个乐于助人的孩子。

이 일은 그가 기꺼이 남을 돕는 아이라는 것을 충분히 설명할 수 있다.

乐于 lèyú 동 기꺼이 ~하다, 즐겁게 ~하다

연습문제 **체크체크!**

제시된 각 단어의 병음을 써 보고, 뜻을 오른쪽 보기에서 찾아 줄을 그어 보세요.

01 敏锐 ....   ⓐ 침착하다, 차분하다

02 沉着 ....   ⓑ 슬기롭다, 기지가 넘치다

03 慷慨 ....   ⓒ 겸손하다

04 机智 ....   ⓓ (감각이) 날카롭다, 빠르다

05 谦逊 ....   ⓔ 대범하다, 후하게 대하다

박스 안 단어의 병음을 써 보고, 문장을 읽고 빈칸에 들어갈 단어를 찾아 적어 보세요.

     ⓐ 和蔼   ⓑ 理智   ⓒ 意志   ⓓ 朴实   ⓔ 自主

     ....

06 父母要从小培养孩子的独立意识和 .... 精神。

07 机智的秘书十分 .... 地应对了突发事件。

08 邻居家的王爷爷平易近人、 .... 可亲。

09 在艰苦的环境下,他始终 .... 坚定,毫不动摇。

10 这部文学作品虽然语言 .... 无华,但内容十分感人。

정답: 01. mǐnruì/ⓓ 02. chénzhuó/ⓐ 03. kāngkǎi/ⓔ 04. jīzhì/ⓑ 05. qiānxùn/ⓒ
06. ⓔ/zìzhǔ 07. ⓑ/lǐzhì 08. ⓐ/hé'ǎi 09. ⓒ/yìzhì 10. ⓓ/pǔshí

* 06~10번 문제 해석은 해커스중국어(china.Hackers.com)에서 다운로드 받으세요.

해커스 HSK 6급 단어장

HSK 6급 시험에 나오는 고난도 어휘

☑ 잘 외워지지 않는 단어는 ☐에 체크해 두고 다음에 반복 암기합니다.

☐ 诚意	chéngyì	명	성의, 진심
☐ 韧性	rènxìng	명	끈기, 근성
☐ 憧憬	chōngjǐng	동	동경하다, 지향하다
☐ 进取	jìnqǔ	동	진취하다, 앞으로 나아가려고 노력하다
☐ 偏好	piānhào / piānhǎo	동	[piānhào] 특히 좋아하다, 열중하다
		부	[piānhǎo] 공교롭게, 마침
☐ 诚信	chéngxìn	형	성실하다, 신용을 지키다
☐ 豁达	huòdá	형	명랑하다, 활달하다
☐ 随和	suíhe	형	유순하다, 상냥하다
☐ 孜孜不倦	zīzībújuàn	성	피곤한 줄 모르고 열심히 하다
☐ 热情奔放	rèqíng bēnfàng		열정이 넘치다
☐ 嗜	shì		특히 좋아하다, 애호하다
☐ 聪慧	cōnghuì	형	슬기롭다, 총명하다, 지혜롭다
☐ 聪颖	cōngyǐng	형	총명하다, 똑똑하다
☐ 干净利落	gānjìnglìluo		(말과 행동·일처리가) 능숙하고 민첩하다, 빠르고 깔끔하다
☐ 大智若愚	dàzhìruòyú	성	큰 지혜를 가지고 있으면서 드러내지 않아 겉으로는 어리석어 보인다, 큰 지혜를 가지고 있는 사람은 자신의 재능을 뽐내지 않는다
☐ 高雅	gāoyǎ	형	고상하고 우아하다
☐ 菩萨心肠	púsàxīncháng	성	마음이 선량하고 인자하다, 보살의 마음씨
☐ 打抱不平	dǎbàobùpíng	성	부당하게 취급받는 약자의 편을 들다
☐ 气度	qìdù	명	기백과 도량, 기개
☐ 心胸	xīnxiōng	명	포부, 도량

☐ 胸襟	xiōngjīn	몡 포부, 도량
☐ 包容	bāoróng	동 포용하다, 수용하다
☐ 甘心	gānxīn	동 원하다, 희망하다, 마음에 들어하다
☐ 竭尽	jiéjìn	동 다하다, 모두 소모하다
☐ 敬畏	jìngwèi	동 경외하다[존경하면서 두려워하는 것을 가리킴]
☐ 遵从	zūncóng	동 따르다, 복종하다
☐ 宁静	níngjìng	형 (환경·마음 따위가) 편안하다, 조용하다
☐ 洒脱	sǎtuō	형 (행동이나 언행이) 소탈하다, 대범하다, 시원스럽다
☐ 威风凛凛	wēifēnglǐnlǐn	성 위풍당당하다
☐ 淡定	dàndìng	형 침착하다, 냉정하다
☐ 寡言	guǎyán	형 말수가 적다, 과묵하다
☐ 肃然	sùrán	형 숙연하다
☐ 清正	qīngzhèng	형 청렴하고 공정하다
☐ 无私	wúsī	형 사심이 없다, 사사로움이 없다
☐ 殷勤	yīnqín	형 정성스럽다, 따스하고 빈틈없다
☐ 专一	zhuānyī	형 한결같다, 변함없다
☐ 战战兢兢	zhànzhànjīngjīng	형 전전긍긍하다
☐ 深谋远虑	shēnmóuyuǎnlǜ	성 주도면밀하게 계획하고 원대하게 고려하다
☐ 拭目以待	shìmùyǐdài	성 간절히 기대하다, 학수고대하다
☐ 留有余地	liúyǒuyúdì	성 여지를 남기다

DAY 05

강한 부정은 긍정

부정적 성격 · 태도

주제를 알면 HSK가 보인다!

HSK 6급에서는 좌절·실패의 원인이 되는 성격이나 개선되어야 할 태도와 관련된 문제가 자주 출제돼요. 따라서 '과도하다', '비웃다'와 같은 부정적 성격·태도 관련 단어들을 집중적으로 학습하면 이러한 문제를 쉽게 풀 수 있어요.

🎧 단어, 예문 MP3

이제 그만 날 내버려둬!

너… 왜 이렇게 나에게 过度하게 依赖하고 집착하는 거야?

사람들이 우리 보면 모두 嘲笑하는 거 몰라?

그래! 내 人性은 이 정도밖에 안 돼! 그러니까 제발 날 혼자 있게 해 줘!

아… 너란 강아지…

---

06 **过度** guòdù 형 과도하다

04 **嘲笑** cháoxiào 동 비웃다

02 **依赖** yīlài 동 의지하다, 기대다

01 **人性** rénxìng 명 인성, 인간의 본성

긍정의 힘

긍정적 성격 · 태도

주제를 알면 HSK가 보인다!

HSK 6급에서는 인물의 긍정적 성격이나 바람직한 태도와 관련된 문제가 자주 출제돼요.
따라서 '인품', '온화하다', '슬기롭다', '의지', '굳히다'와 같은 긍정적 성격 · 태도 관련 단어
들을 집중적으로 학습하면 이러한 문제를 쉽게 풀 수 있어요.

🎧 단어, 예문 MP3

그녀를 사로잡은 그의 성격?!

내가 사랑하는 그는
品质이 温和하고…

모든 일에 机智한
완벽한 사람이지…

意志을 坚定했어!
저 사람과 결혼하고 말 거야!

오빠방~

이번엔
저 배우인건가…

02 **品质** pǐnzhì 명 인품, 자질　　11 **温和** wēnhé 형 (성질, 태도 등이) 온화하다

05 **机智** jīzhì 형 슬기롭다　　04 **意志** yìzhì 명 의지　　06 **坚定** jiāndìng 동 굳히다

중국어도 역시 1위 해커스중국어
약 900여 개의 체계적인 무료 학습자료

분야 / 레벨	공통	회화	HSK	HSKK/TSC
공통	철저한 성적분석 **무료 레벨테스트** 	빠르게 궁금증 해결 **1:1 학습 케어** 	HSK 전 급수 **프리미엄 모의고사** 	TSC 급수별 **발음 완성 트레이너**
초급	초보자가 꼭 알아야 할 **초보 중국어 단어** 	기초 무료 강의 제공 **초보 중국어 회화** 	HSK 4급 쓰기+어휘 완벽 대비 **쓰기 핵심 문장 연습** 	TSC 급수별 **만능 표현** **& 필수 암기 학습자료**
중급	매일 들어보는 **사자성어 & 한자상식** 	입이 트이는 자동발사 **중국어 팟캐스트** 	기본에서 실전까지 마무리 **HSK 무료 강의** 	HSKK/TSC 실전 정복! **고사장 소음 버전 MP3**
고급	실생활 고급 중국어 완성! **중국어 무료 강의** 	상황별 다양한 표현 학습 **여행/비즈니스 중국어** 	HSK 고득점을 위한 **무료 쉐도잉 프로그램** 	고급 레벨을 위한 **TSC 무료 학습자료**

[중국어인강 1위] 주간동아 선정 2019 한국 브랜드 만족지수 교육(중국어인강) 부문 1위
[900개] 해커스중국어 사이트 제공 총 무료 콘텐츠 수(~2021.02.19)

중국어 인강 **1위 해커스중국어**   china.Hackers.com ▾   검색

무료 학습자료
확인하기 ▶

01 人性 ***
rénxìng

[명] 인간의 본성, 인성

孟子说人性本善, 荀子说人性本恶, 您的想法如何? → 술어

맹자는 인간의 본성이 본래 선하다고 말했고, 순자는 인간의 본성이 본래 악하다고 말했는데, 당신의 생각은 어떤가요?

孟子 Mèngzǐ [고유] 맹자[고대 중국의 사상가]
荀子 Xúnzǐ [고유] 순자[고대 중국의 사상가] 如何 rúhé [대] 어떻다, 어떠하다

 시험에 이렇게 나온다!

[짝꿍표현] 人性을 활용한 짝꿍 표현을 알아 둔다.
人性化 rénxìnghuà 인성화하다

🏯 알아 두면 시험이 쉬워지는 배경 지식

[중국역사] 고대 중국에서는 人性(인간의 본성)에 대해 많은 논쟁이 있었고, 이에 따라 性善论·性恶论·无恶无善论·有善有恶论과 같은 이론들이 생겨났다. 참고로, 性善论을 주장한 대표적인 학자는 맹자이며, 性恶论을 주장한 대표적인 학자는 순자이다.

性善论 xìngshànlùn 성선설[인간의 본성은 선하다는 주장]
性恶论 xìng'èlùn 성악설[인간의 본성은 악하다는 주장]
无恶无善论 wú'èwúshànlùn
성무선악설[인간의 본성은 선하지도 악하지도 않다는 주장]
有善有恶论 yǒushànyǒu'èlùn
성선악혼설[인간의 본성은 선하기도 하며 악하기도 하다는 주장]

02 依赖 ***
yīlài

[동] 의지하다, 기대다

过度依赖父母只会让孩子缺乏自主能力。

과도하게 부모에게 의지하는 것은 아이로 하여금 자주적인 능력이 부족해지도록 할 뿐이다.

过度 guòdù [형] 과도하다, 지나치다 缺乏 quēfá [동] 부족하다, 모자라다
自主 zìzhǔ [동] 자주적으로 하다, 스스로 처리하다

03 计较 ***
jìjiào

[동] 따지다, 계산하여 비교하다, 논쟁하다

她心胸宽广, 从不计较小事。

그녀는 마음이 넓어서, 여태껏 사소한 일을 따진 적이 없다.

心胸 xīnxiōng [명] 마음, 아량 宽广 kuānguǎng [형] 넓다, 크다

 시험에 이렇게 나온다!

[짝꿍표현] 计较를 활용한 다양한 짝꿍 표현들을 알아 둔다.
计较得失 jìjiào déshī 득실을 따지다
斤斤计较 jīnjīnjìjiào (중요하지 않은 일을) 지나치게 따지다

04 嘲笑 ★★★
cháoxiào

[동] 비웃다

他被众人嘲笑后，才反思了自己过去的所作所为。

└─ 술어

그는 많은 사람들에게 비웃음을 당한 후에야, 비로소 자신의 과거 행동을 되돌아봤다.

众人 zhòngrén [명] 많은 사람 反思 fǎnsī [동] 되돌아보다, 반성하다
所作所为 suǒzuòsuǒwéi [성] (사람이 하는 모든) 행동

시험에 이렇게 나온다!

[쓰기] 嘲笑(비웃다)는 쓰기 영역의 성공 일화 지문에서 자주 출제되는데, 주인공이 처음에는 주위 사람들에게 嘲笑 당하지만, 이를 극복하고 결국 성공하게 된다는 흐름에서 주로 언급된다. 참고로, 지문 내용을 요약할 때 嘲笑를 활용하여 被+A+嘲笑(A로부터 비웃음을 당하다), A+嘲笑+B(A가 B를 비웃다)라는 표현을 사용하면 쉽게 작문할 수 있다.

被周围的人嘲笑 bèi zhōuwéi de rén cháoxiào
주위 사람들에게 비웃음을 당하다

被同事嘲笑 bèi tóngshì cháoxiào 동료들에게 비웃음을 당하다

村民嘲笑他 cūnmín cháoxiào tā 마을 주민들이 그를 비웃다

05 忽略 ★★★
hūlüè

[유의어]

忽视 hūshì
[동] 무시하다, 경시하다

[동] 소홀히 하다, 간과하다

过分追求结果而忽略过程是人们常犯的错误。

결과를 지나치게 추구하고 과정을 소홀히 하는 것은 사람들이 자주 범하는 실수이다.

过分 guòfèn [형] 지나치다, 과분하다 追求 zhuīqiú [동] 추구하다
犯 fàn [동] (법·규칙 등을) 범하다, 어기다 错误 cuòwù [명] 실수, 잘못

시험에 이렇게 나온다!

[유의어] 忽略 : 忽视(hūshì, 무시하다, 경시하다)

忽略는 주의를 기울이지 않아서 무의식 중에 소홀히 여김을 나타낸다.

忽略不计 hūlüè bújì 따지지 않고 그냥 넘어가다
忽略本质 hūlüè běnzhì 본질을 간과하다

忽视은 중요하게 생각하지 않고, 고의적으로 업신여김을 나타낸다.

忽视个性 hūshì gèxìng 개성을 무시하다
忽视安全 hūshì ānquán 안전을 경시하다

06 过度 ★★★
guòdù

[형] 과도하다, 지나치다

做事过度认真和细心会容易患上强迫症。

일을 할 때 과도하게 성실하고 세심하면 강박증에 걸리기 쉽다.

患 huàn [동] (병에) 걸리다 强迫症 qiǎngpòzhèng [명] 강박증

07 冲动 ***
chōngdòng

반의어

冷静 lěngjìng
형 냉정하다, 침착하다

형 충동적이다　명 충동

→ 술어

做事要谨慎，不要太冲动。
일 할 때에는 신중해야 하며, 너무 충동적이어서는 안 된다.

那部小说激发了作者的创作冲动。
그 소설은 작가의 창작 충동을 불러일으켰다.

谨慎 jǐnshèn 형 신중하다, 조심스럽다　激发 jīfā 동 (감정을) 불러일으키다

🏯 알아 두면 시험이 쉬워지는 배경 지식

일반
상식 冲动消费(충동 소비)는 사전에 계획하지 않았거나 구매할 생각이 없었던 물건을 충동적으로 구매하는 행위를 지칭한다. 冲动消费에는 갑자기 그냥 사고 싶어서 구매하는 纯冲动型, 상점에 갔는데 마침 할인 행사를 해서, 또는 점원의 권유에 의해서 계획에 없던 상품을 구매하는 刺激冲动型, 구매 품목을 정하지 않고 상점에 방문하여 할인 쿠폰을 이용하거나 행사 상품을 사는 计划冲动型 등의 여러 유형이 있다.

冲动消费 chōngdòng xiāofèi 충동 소비
纯冲动型 chún chōngdòngxíng 순수 충동형
刺激冲动型 cìjī chōngdòngxíng 자극 충동형
计划冲动型 jìhuà chōngdòngxíng 계획 충동형

08 虚荣
xūróng

명 허영　형 허영심이 많다

爱慕虚荣的人往往喜欢在别人面前炫耀自己。
허영을 좋아하는 사람은 종종 남들 앞에서 자기를 과시하는 것을 좋아한다.

他是我见过的人当中最虚荣的人。
그는 내가 만나 본 사람 중 허영심이 가장 많은 사람이다.

爱慕 àimù 동 좋아하다, 사모하다　炫耀 xuànyào 동 과시하다, 자랑하다

09 固执 **
gùzhí

형 (성격이나 태도가) 고집스럽다, 완고하다

妻子在这件事上很固执，既不听我的意见，又不讲道理。
아내는 이 일에 있어서 매우 고집스러워서, 나의 의견을 듣지도 않으며, 이치를 따지지도 않는다.

道理 dàolǐ 명 이치, 도리

10 倔强
juéjiàng

형 고집이 세다, 완고하다

妹妹从小脾气倔强，就算输了比赛也绝对不肯认输。
여동생은 어릴 때부터 고집이 세서, 설령 시합에 졌어도 절대 패배를 인정하려고 하지 않는다.

就算 jiùsuàn 접 설령 ~하더라도　绝对 juéduì 부 절대, 결코
肯 kěn 조동 ~하려 하다, ~하길 원하다　认输 rènshū 동 패배를 인정하다

11 顽固
wángù

형 완고하다, 고집스럽다, 보수적이다

老板在此事上顽固到底，不惜与合伙人对立。
→ 술어

사장은 이 일에 있어 끝까지 완고하여, 파트너와 대립하는 것을 마다하지 않았다.

不惜 bùxī 동 마다하지 않다, 아끼지 않다

合伙人 héhuǒrén 명 파트너, 협동자

잠깐 顽固는 주로 부정적인 것을 고집할 때에만 쓰이지만, 09번 固执(고집스럽다)은 좋은 것을 고집할 때도 쓸 수 있어요.

12 懒惰 **
lǎnduò

형 게으르다, 나태하다

父母应引导孩子正确使用手机，不然会使孩子变得懒惰。

부모는 아이들이 휴대폰을 올바르게 사용하도록 이끌어야 하는데, 그렇지 않으면 아이를 게으르게 만들 수 있다.

引导 yǐndǎo 동 이끌다, 인도하다 不然 bùrán 접 그렇지 않으면

13 卑鄙
bēibǐ

형 (언행·인품이) 비열하다

在背后说人闲话是很卑鄙的行为。

뒤에서 남을 험담하는 것은 비열한 행위이다.

背后 bèihòu 명 뒤, 배후 闲话 xiánhuà 명 험담, 잡담

行为 xíngwéi 명 행위, 행동

반의어

高尚 gāoshàng
형 고상하다, 훌륭하다

14 残忍
cánrěn

형 잔인하다, 악랄하다

那个犯人虽然犯下残忍的罪行，但是毫无反省之意。

그 범인은 잔인한 범죄 행위를 저질렀지만, 조금도 반성의 기미가 없다.

犯人 fànrén 명 범인 罪行 zuìxíng 명 범죄 행위

毫无 háowú 조금도 ~이 없다, 전혀 ~이 없다 反省 fǎnxǐng 동 반성하다

15 冷酷
lěngkù

형 (사람을 대하는 것이) 냉혹하다

亚历山大大帝有多面性格，包括在战争中表现出的冷酷的一面。

알렉산더 대왕은 전쟁에서 보여 준 냉혹한 면을 포함하여, 여러 면의 성격을 가지고 있다.

亚历山大大帝 Yàlìshāndà Dàdì 고유 알렉산더 대왕[고대 마케도니아의 국왕]

包括 bāokuò 동 포함하다, 포괄하다 战争 zhànzhēng 명 전쟁

表现 biǎoxiàn 동 보이다, 나타나다 명 활약, 태도, 표현

16 狠心
hěnxīn

[동] 모질게 마음먹다 [형] 독하다, 모질다

小李狠下心离开家乡，决定去大城市打拼一下。
_{술어}

샤오리는 모질게 마음먹고 고향을 떠나, 대도시에 가서 분투해 보기로 결정했다.

受尽折磨后，他变成了一个狠心的人。

갖은 고초를 지긋지긋하게 겪은 후, 그는 독한 사람으로 변했다.

家乡 jiāxiāng [명] 고향 打拼 dǎpīn [동] 분투하다, 최선을 다하다
受尽 shòujìn [동] 지긋지긋하게 겪다 折磨 zhémó [동] 고초를 주다, 괴롭히다

 시험에 이렇게 나온다!

[이합동사] 狠心은 狠(모질게 다잡다)+心(마음)이 합쳐진 이합동사로, 狠과 心 사이에 방향보어가 오기도 한다.

狠下心来离开 모질게 마음먹고 떠나다

17 野蛮
yěmán

[반의어]

文明 wénmíng
[형] 교양이 있다 [명] 문명

[형] 야만적이다, 미개하다

这种对稀有动物的野蛮行为是无法被容忍的。

희귀 동물을 향한 이러한 야만적인 행위는 용납될 수 없는 것이다.

稀有 xīyǒu [형] 희귀하다, 희소하다 行为 xíngwéi [명] 행위, 행동
容忍 róngrěn [동] 용납하다, 참고 견디다

18 粗鲁
cūlǔ

[형] (성격이나 행동이) 거칠다, 사납다

那个运动员为自己的粗鲁行为做出了公开道歉。

그 운동선수는 자신의 거친 행동에 대해 공개적인 사과를 했다.

行为 xíngwéi [명] 행동, 행위 公开 gōngkāi [형] 공개적인 [동] 공개하다

19 凶恶
xiōng'è

[반의어]

善良 shànliáng
[형] 선량하다, 착하다

[형] (성격·행위·용모 등이) 흉악하다

我从未见过他如此凶恶的样子。

나는 지금까지 그의 이와 같은 흉악한 모습을 본 적이 없다.

从未 cóngwèi 지금까지 ~하지 않았다 如此 rúcǐ [대] 이와 같다, 이러하다

20 沉闷
chénmèn

[반의어]

活跃 huóyuè
[형] (행동·분위기가) 활발하다
[동] 활발하게 하다, 활기차게 하다

[형] (성격이) 명랑하지 않다, (분위기·날씨 등이) 음울하다

性格沉闷的人与开朗的人相反，容易陷入自己的世界。

성격이 명랑하지 않은 사람은 명랑한 사람과는 반대로, 자신만의 세계에 빠지기 쉽다.

开朗 kāilǎng [형] (성격이) 명랑하다 陷入 xiànrù [동] (불리한 지경에) 빠지다

21 古怪
gǔguài

형 괴상하다, 괴이하다

他是个性格倔强、脾气古怪的人，很少与别人来往。 ↗ 술어

그는 성격이 완고하고, 성정이 괴상한 사람으로, 다른 사람과 거의 왕래하지 않는다.

倔强 juéjiàng 형 완고하다, 고집이 세다　来往 láiwǎng 동 왕래하다, 오가다

22 急躁
jízào

형 (성격이) 조급하다, 급하다

我们要切记，越急躁就越容易把事情搞砸。

우리가 꼭 기억해야 할 것은, 조급할수록 더 쉽게 일을 그르친다는 것이다.

切记 qièjì 동 꼭 기억하다　搞砸 gǎozá 그르치다, 망치다

23 吝啬
lìnsè

형 인색하다, 쩨쩨하다

我的父亲在援助灾区难民的事情上从不吝啬。

우리 아버지는 지금까지 재해 지역의 난민을 돕는 일에 인색하셨던 적이 없다.

반의어
大方 dàfang 형 대범하다

援助 yuánzhù 동 돕다, 원조하다　灾区 zāiqū 명 재해 지역
难民 nànmín 명 난민

24 狭隘
xiá'ài

형 너그럽지 못하다, 편협하다

他不仅心胸狭隘，而且冷酷无情。

그는 마음이 너그럽지 못할 뿐만 아니라, 냉혹하고 무자비하다.

心胸 xīnxiōng 명 마음, 아량　冷酷 lěngkù 형 냉혹하다
无情 wúqíng 형 무자비하다, 무정하다

25 任性
rènxìng

형 제멋대로 하다, 마음 내키는 대로 하다

那个学生很任性，经常为难班主任。

그 학생은 제멋대로여서, 자주 담임 선생님을 곤란하게 한다.

为难 wéinán 동 곤란하게 하다, 난처하게 만들다

 시험에 이렇게 나온다!

짝꿍
표현
任性을 활용한 짝꿍 표현을 알아 둔다.

任性的孩子 rènxìng de háizi 제멋대로인 아이

26 贪婪
tānlán

형 탐욕스럽다

这个贪婪的商人为了积攒更多的财富而不择手段。

이 탐욕스러운 상인은 더 많은 부를 축적하기 위해 수단과 방법을 가리지 않는다.

积攒 jīzǎn 동 축적하다, 모으다　财富 cáifù 명 부(富), 재산, 자산
不择手段 bùzéshǒuduàn 성 수단과 방법을 가리지 않다

27 无耻
wúchǐ

[형] 염치 없다, 수치를 모르다

挑拨离间还不够，还要伤害大家，他真是卑鄙无耻。 ← 술어

이간질하는 것도 모자라서, 모두를 해치려 하니, 그는 정말이지 악랄하고 염치가 없다.

挑拨离间 tiǎobōlíjiàn [성] 이간질하다
伤害 shānghài [동] 해치다, 손상시키다　卑鄙 bēibǐ [형] 악랄하다, 비열하다

28 自卑
zìbēi

[반의어]

自满 zìmǎn [형] 자만하다

[형] 열등감을 가지다, 스스로 낮추다

她一直在回避眼神交流，觉得这样能掩饰内心的自卑。

그녀는 줄곧 눈빛 교환을 피하고 있는데, 이렇게 하면 내면의 열등감을 숨길 수 있을 거라고 생각한다.

回避 huíbì [동] 피하다, 회피하다　眼神 yǎnshén [명] 눈빛, 눈길
掩饰 yǎnshì [동] (결점·실수 따위를) 숨기다, 감추다　内心 nèixīn [명] 내면

🏯 **알아 두면 시험이 쉬워지는 배경 지식**

[중국문화] 중국에는 '行远自迩, 登高自卑'라는 말이 있다. 이 말은 먼 길을 가려면 가까운 데서 시작하고, 높은 곳에 오르려면 낮은 곳에서 시작한다는 뜻으로, 우리말의 '천 리 길도 한 걸음부터'와 동일한 의미이다. 이 외에도 '천 리 길도 한 걸음부터' 라는 의미를 가진 다른 표현을 함께 알아 둔다.

行远自迩, 登高自卑 Xíng yuǎn zì ěr, dēng gāo zì bēi
먼 길을 가려면 가까운 데서 시작하고, 높은 곳에 오르려면 낮은 곳에서 시작해야 한다, 천 리 길도 한 걸음부터

千里之行, 始于足下 Qiān lǐ zhī xíng, shǐ yú zú xià
천 리 길도 한 걸음부터 시작된다

29 顾虑 ★★
gùlǜ

[명] 우려, 염려　[동] 걱정하다, 근심하다

卖家该如何打消消费者的顾虑?

판매자는 어떻게 소비자의 우려를 불식시켜야 할까요?

我们并没有把这件事放在心上，也没有顾虑太多。

우리는 이 일을 결코 마음에 두지 않았고, 너무 많이 걱정하지도 않았다.

如何 rúhé [대] 어떻다, 어떠하다　打消 dǎxiāo [동] 불식시키다, 없애다

👩 **시험에 이렇게 나온다!**

[짝꿍표현] 顾虑를 활용한 다양한 짝꿍 표현들을 알아 둔다.
打消顾虑 dǎxiāo gùlǜ 우려를 불식시키다
消除顾虑 xiāochú gùlǜ 우려를 없애다

30 偏见 **
piānjiàn

명 편견

我们应该接纳一个悔过自新的人，而不可以心存偏见。

우리는 잘못을 뉘우치고 갱생한 사람을 받아들여야지, 마음속에 편견을 담아 두어서는 안 된다.

接纳 jiēnà 통 받아들이다
悔过自新 huǐguòzìxīn 성 잘못을 뉘우치고 갱생하다, 개과천선하다
心存 xīncún 통 마음속에 담아 두다

31 娇气
jiāoqì

명 나약함, 여린 태도   형 나약하다, 여리다

现在有些孩子的娇气都是被父母惯出来的。

현재 일부 아이들의 나약함은 부모에 의해 습관이 된 것이다.

他们家孩子娇气得不得了，真是服了他们了。

그들 집 아이들은 매우 심하게 나약해서, 정말이지 그들에게 두 손 두 발 다 들었다.

惯 guàn 통 습관이 되다   不得了 bùdéliǎo (정도가) 매우 심하다

32 心眼儿
xīnyǎnr

명 도량, 아량, 총기

我们平时需要反省一下自己是否属于心眼儿小的人。

우리는 자신이 도량이 좁은 사람에 속하지는 않는지 평소에 반성해 보는 것이 필요하다.

反省 fǎnxǐng 통 반성하다   属于 shǔyú 통 ~에 속하다

 시험에 이렇게 나온다!

짝꿍 표현 心眼儿을 활용한 다양한 짝꿍 표현들을 알아 둔다.
心眼儿小 xīnyǎnr xiǎo 도량이 좁다
死心眼儿 sǐ xīnyǎnr 아량이 없다, 융통성이 없다
长心眼儿 zhǎng xīnyǎnr 총기가 생기다

33 回避 **
huíbì

동 회피하다, 피하다

为了避免尴尬，她刻意回避了面试官提出的敏感话题。

난처함을 모면하기 위해, 그녀는 면접관이 낸 민감한 화제를 일부러 회피했다.

避免 bìmiǎn 통 모면하다, 피하다   尴尬 gāngà 형 (입장이) 난처하다
刻意 kèyì 부 일부러, 힘써   面试官 miànshìguān 면접관
敏感 mǐngǎn 형 민감하다, 예민하다   话题 huàtí 명 화제, 논제

34 警惕 ** jǐngtì

[동] 경각심을 가지다, 경계하다

自从小区内遭贼之后，居民们都提高了警惕。

→ 술어

단지 내에 도둑이 든 이후부터, 주민들은 모두 경각심을 높였다.

小区 xiǎoqū [명] 단지 **贼** zéi [명] 도둑 **居民** jūmín [명] 주민

35 挑剔 ** tiāoti

[동] 까다롭게 굴다, 지나치게 트집잡다

交友时应考察对方的品质和性格，但也不能过于挑剔。

친구를 사귈 때 상대방의 품성과 성격을 살펴야 하지만, 너무 까다롭게 굴어서도 안 된다.

考察 kǎochá [동] 살피다, 고찰하다 **对方** duìfāng [명] 상대방, 상대편
品质 pǐnzhì [명] 품성, 품질 **过于** guòyú [부] 너무, 지나치게

36 炫耀 ** xuànyào

[동] 자랑하다, 뽐내다

这家伙只爱炫耀自己的地位和财产。

이 녀석은 자신의 지위와 재산을 곧장 자랑하려고만 한다.

家伙 jiāhuo [명] 녀석, 놈 **地位** dìwèi [명] 지위 **财产** cáichǎn [명] 재산

37 巴结 bājie

[동] (권력에) 아부하다, 빌붙다

这个员工为了巴结上司，常常谎话连篇。

이 직원은 상사에게 아부하기 위해, 항상 거짓말을 늘어놓는다.

员工 yuángōng [명] 직원 **上司** shàngsi [명] 상사
谎话 huǎnghuà [명] 거짓말 **连篇** liánpiān [동] 늘어놓다

38 吹牛 chuīniú

[동] 허풍을 떨다, 큰소리치다

有时候我们需要反省一下自己是否为了撑面子而吹牛。

가끔 우리는 스스로가 체면을 차리기 위해 허풍을 떨지는 않았는지 반성해보는 것이 필요하다.

反省 fǎnxǐng [동] 반성하다 **撑** chēng [동] 차리다 **面子** miànzi [명] 체면

🏯 **알아 두면 시험이 쉬워지는 배경 지식**

> [중국 문화] 吹牛(허풍을 떨다)는 吹(불다)와 '소가죽'이라는 의미의 牛(皮)가 합쳐진 단어이다. 이 말은 직역하면 '소가죽을 불다'이지만, 실제로는 '허풍을 떨다, 큰소리치다'라는 의미로 쓰인다. 吹牛가 이와 같은 의미로 사용되는 이유에는 다양한 설들이 있다. 예를 들어 옛날에는 양을 잡을 때 양가죽에 구멍을 내고 입으로 바람을 불어넣어 가죽을 분리했는데, 소가죽은 너무 두껍기 때문에 만약 소가죽을 분다는 사람이 있다면 분명 허풍을 떠는 것이라는 데에서 유래했다는 설, 또는 황하(黄河) 상류 사람들은 소가죽이나 양가죽에 공기를 불어넣어 가죽 뗏목을 만들었는데, 소가죽은 다루기가 몹시 힘들어서 이것을 할 수 있다고 하는 사람은 허풍을 떠는 것이라는 데에서 유래했다는 설이 있다.

01
02
03
04
DAY 05
06
07
08
09
10

해커스 HSK 6급 단어장

39 神气
shénqì

[형] 우쭐대다, 으스대다

他的事业终于有了起色，他便开始在大家面前神气起来了。

그의 사업이 마침내 활기를 띠게 되자, 그는 바로 사람들 앞에서 우쭐대기 시작했다.

事业 shìyè [명] 사업 **起色** qǐsè [명] 활기 **便** biàn [부] 바로, 곧

40 吹捧
chuīpěng

[동] (지나치게) 치켜세우다

那位球星被吹捧过头，从而失去了客观审视自己的态度。

그 축구 스타는 너무 치켜세워져서, 객관적으로 자신을 바라보는 태도를 잃어버렸다.

过头 guòtóu [형] 너무하다, 과분하다 **从而** cóng'ér [접] 그리하여, 따라서
失去 shīqù [동] 잃어버리다, 잃다 **客观** kèguān [형] 객관적이다
审视 shěnshì [동] 바라보다, 자세히 보다

41 鄙视
bǐshì

[동] 무시하다, 경멸하다

一个人再优秀也不能鄙视他人。

어떤 사람이 아무리 뛰어나더라도 타인을 무시하면 안 된다.

优秀 yōuxiù [형] 뛰어나다, 우수하다

[반의어]

崇敬 chóngjìng
[동] 숭배하고 존경하다

42 怠慢
dàimàn

[동] 대접이 소홀하다, 쌀쌀맞게 대하다

这次招待贵宾时千万不要怠慢。

이번에 귀빈을 대접할 때 절대로 대접이 소홀해서는 안 됩니다.

招待 zhāodài [동] 대접하다 **贵宾** guìbīn [명] 귀빈, 귀한 손님

43 藐视
miǎoshì

[동] 얕보다, 깔보다

这个售货员经常以貌取人，藐视那些穿着朴素的顾客。

이 판매원은 자주 외모로 사람을 평가하여, 옷차림이 소박한 고객들을 얕본다.

以貌取人 yǐmàoqǔrén [성] 외모로 사람을 평가하다 **朴素** pǔsù [형] 소박하다

44 蔑视
mièshì

[동] 업신여기다, 깔보다

他从不蔑视比自己学历低的人。

그는 여태껏 자기보다 학력이 낮은 사람을 업신여긴 적이 없다.

学历 xuélì [명] 학력

45 疏忽
shūhu

[동] 소홀히 하다, 등한시하다

医生的疏忽导致了患者病情的加重。
의사의 소홀함은 환자 병세의 악화를 야기했다.

患者 huànzhě [명] 환자, 병자   病情 bìngqíng [명] 병세
加重 jiāzhòng [동] 악화되다, 가중하다

46 含糊
hánhu

[유의어]

模糊 móhu
[형] 희미하다, 모호하다

[형] 소홀하다, 애매하다

别看她看上去糊里糊涂的, 在工作上却毫不含糊。
그녀가 어리버리하게 보이지만, 업무에서만큼은 조금도 소홀하지 않아.

别看 biékàn [접] ~지만   糊里糊涂 húlihútu [형] 어리버리하다, 흐리멍덩하다
毫不 háobù 조금도 ~하지 않다

 시험에 이렇게 나온다!

[유의어] 含糊 : 模糊(móhu, 희미하다, 모호하다)

含糊는 말 또는 나타내고자 하는 바가 분명하지 않아서 그 뜻을 이해하지 못함을 나타낸다.

你说得很含糊, 我根本不明白你的意思。
네가 너무 애매하게 말해서, 나는 무슨 뜻인지 아예 모르겠어.

模糊는 시각과 청각이 분명하지 않거나, 감각·인상·기억·인식 등이 명확하지 않음을 나타낸다.

照片上的字写得太模糊, 看不清楚。
사진상의 글자가 너무 희미하게 적혀 있어서, 잘 보이지 않는다.

47 大意
dàyi

[형] 부주의하다, 소홀하다

麦克由于疏忽大意, 把重要的研究报告给丢失了。
마이크는 소홀하고 부주의하여, 중요한 연구 보고서를 잃어버렸다.

疏忽 shūhu [동] 소홀히 하다, 등한시하다   报告 bàogào [명] 보고서
丢失 diūshī [동] 잃어버리다, 분실하다

 시험에 이렇게 나온다!

[짝꿍 표현] 大意를 활용한 다양한 짝꿍 표현들을 알아 둔다.

粗心大意 cūxīn dàyi 경솔하고 세심하지 못하다, 꼼꼼하지 못하고 부주의하다
疏忽大意 shūhu dàyi 소홀하고 부주의하다, 방심하다

48 贬低
biǎndī

[동] (고의로) 가치를 깎아내리다, 얕잡아 보다

父母要避免在孩子面前说一些贬低他人的话。
부모는 아이 앞에서 다른 사람을 깎아내리는 말을 하는 것을 피해야 한다.

避免 bìmiǎn [동] 피하다

49 不顾
búgù

[동] 아랑곳하지 않다, 고려하지 않다

一个男子不顾警卫的阻拦，擅自闯入了花坛。 → 술어

한 남자는 경비원의 저지에도 아랑곳하지 않고, 화단에 무단으로 뛰어들었다.

警卫 jǐngwèi [명] 경비원 [동] 경비하다 **阻拦** zǔlán [동] 저지하다, 막다
擅自 shànzì [부] 무단으로, 자기 멋대로 **闯入** chuǎngrù 뛰어들다
花坛 huātán [명] 화단

50 敌视
díshì

[동] 적대시하다

这件事没能消除双方的误解，反而使他们更敌视对方了。

이 일은 쌍방의 오해를 해소하지 못했고, 오히려 그들로 하여금 상대방을 더욱 적대시하게 했다.

消除 xiāochú [동] 해소하다, 없애다 **双方** shuāngfāng [명] 쌍방, 양측
误解 wùjiě [명] 오해 **反而** fǎn'ér [부] 오히려, 반대로
对方 duìfāng [명] 상대방

51 对立
duìlì

[동] 대립하다, 맞서다

大多数事物有对立的两面，不能只看一面就做出判断。

대부분의 사물은 대립하는 양면이 있어서, 한쪽 면만 보고 판단할 수 없다.

事物 shìwù [명] 사물

52 诽谤
fěibàng

[동] (없는 것을 꾸며 대어) 비방하다, 중상모략하다

背后诽谤他人是一种破坏他人名誉的行为。

뒤에서 타인을 비방하는 것은 일종의 타인의 명예를 훼손하는 행위이다.

背后 bèihòu [명] 뒤, 배후 **破坏** pòhuài [동] 훼손하다, 파괴하다
名誉 míngyù [명] 명예, 명성 [형] 명예의 **行为** xíngwéi [명] 행위, 행동

53 讥笑
jīxiào

[동] 비웃다, 조롱하다

当别人犯错时，不要讥笑他，而是要积极地给予帮助。

다른 사람이 실수를 범했을 때, 그를 비웃어서는 안 되며, 적극적으로 도움을 주어야 한다.

犯 fàn [동] (법·규칙 등을) 범하다, 어기다 **给予** jǐyǔ [동] 주다, 부여하다

잠깐 讥笑는 04번 嘲笑(비웃다)에 풍자성까지 더해진 단어예요.

54 堕落
duòluò

[동] (사상·행동이) 타락하다, 부패하다

放荡不羁的生活方式只会让人渐渐<u>堕落</u>。 ← 술어

방탕한 생활 방식은 사람을 점점 타락하게 할 뿐이다.

放荡不羁 fàngdàngbùjī [성] (걷잡을 수 없이) 방탕하다

方式 fāngshì [명] 방식, 방법 渐渐 jiànjiàn [부] 점점, 점차

55 附和
fùhè

[동] (자신의 주관 없이 남의 말이나 행동을) 따르다, 따라 하다

我们跟小王一样，不愿意<u>附和</u>领导。

우리는 샤오왕과 똑같이, 대표를 따르기를 원치 않는다.

领导 lǐngdǎo [명] 대표, 리더 [동] 이끌다, 지도하다

 시험에 이렇게 나온다!

> 짝꿍표현 附和를 활용한 짝꿍 표현을 알아 둔다.
>
> 随声附和 suíshēngfùhè 주관 없이 다른 사람의 말에 맞장구치다, 부화뇌동하다

56 鼓动
gǔdòng

[동] 부추기다, 선동하다

她力排众议，<u>鼓动</u>不明真相的人们闹事。

그녀는 힘으로 다수의 의견을 묵살했고, 진상을 잘 모르는 사람들이 소동을 일으키도록 부추겼다.

力排众议 lìpáizhòngyì [성] 힘으로 다수의 의견을 묵살하다

真相 zhēnxiàng [명] 진상, 실상 闹事 nàoshì [동] 소동을 일으키다

57 愣
lèng

[동] 넋 놓다, 멍해지다

大家被眼前惨不忍睹的场面吓得完全<u>愣</u>住了。

모두들 눈 앞의 극도로 처참한 장면에 놀라서 완전히 넋을 놓았다.

惨不忍睹 cǎnbùrěndǔ [성] 극도로 처참하다

场面 chǎngmiàn [명] 장면, 신(scene) 吓 xià [동] 놀라다, 놀라게 하다

 시험에 이렇게 나온다!

> 짝꿍표현 愣을 활용한 다양한 짝꿍 표현들을 알아 둔다.
>
> 发愣 fālèng 넋을 놓다, 멍해지다
>
> 呆愣 dāilèng 얼이 빠지다, 어리둥절하다

58 欺骗
qīpiàn

[동] 기만하다, 사기치다

他们这种<u>欺骗</u>和愚弄消费者的行为总有一天会被曝光。

그들의 이런 소비자를 기만하고 우롱하는 행위는 언젠가 폭로될 것이다.

愚弄 yúnòng [동] 우롱하다 曝光 bàoguāng [동] 폭로하다, 노출하다

59 惹祸
rěhuò

[동] 화를 일으키다, 분란을 야기하다

没人为受委屈的同事挺身而出，因为大家不想惹祸上身。 →술어

아무도 억울함을 당한 동료를 위해 용감히 나서지 않았는데, 왜냐하면 다들 화를 자초하고 싶지 않았기 때문이다.

委屈 wěiqu [동] 억울하게 하다 [형] 억울하다
挺身而出 tǐngshēn'érchū [성] 용감히 나서다
惹祸上身 rěhuò shàngshēn 화를 자초하다, 스스로에게 화를 일으키다

 시험에 이렇게 나온다!

이합동사 | 惹祸는 惹(야기하다)+祸(화)가 합쳐진 이합동사로, 목적어를 취할 수 없다.
惹祸他 그를 화를 일으키다 (X)
给他惹祸 그에게 화를 일으키다 (O)

60 唾弃
tuòqì

[동] 싫어하다, 미워하다

人们必然会唾弃这种不文明的驾驶行为。

사람들은 필연적으로 이런 교양 없는 운전 행위를 싫어할 것이다.

必然 bìrán [형] 필연적이다　文明 wénmíng [형] 교양이 있다 [명] 문명
驾驶 jiàshǐ [동] 운전하다　行为 xíngwéi [명] 행위, 행동

61 侮辱
wǔrǔ

[동] 모욕하다, 능욕하다

男的觉得记者当众侮辱了他，顿时发了脾气。

남자는 기자가 사람들 앞에서 그를 모욕했다고 느껴서, 순간 화를 냈다.

当众 dāngzhòng [부] 사람들 앞에서　顿时 dùnshí [부] 순간, 갑자기

[반의어]
尊重 zūnzhòng
[동] 존중하다, 존경하다

62 泄气
xièqì

[동] 낙담하다, 기가 죽다

这些年轻人遇到挫折也没有泄气，反而更加坚定了意志。

이 젊은이들은 좌절을 겪어도 낙담하지 않고, 오히려 의지를 더욱 굳혔다.

挫折 cuòzhé [동] 좌절하다, 실패하다　反而 fǎn'ér [부] 오히려, 반대로
坚定 jiāndìng [동] 굳히다　意志 yìzhì [명] 의지

 시험에 이렇게 나온다!

이합동사 | 泄气는 泄(새다, 빠지다)+气(기)가 합쳐진 이합동사로, 목적어를 취할 수 없다.
泄气我 나를 기가 죽다 (X)
泄我的气 내 기가 죽다 (O)

63 压制
yāzhì

동 억누르다, 억제하다

教师应该尊重学生, 不应该压制学生有不同的想法。

> 술어

교사는 학생을 존중해야지, 학생이 다른 생각을 가지는 것을 억눌러서는 안 된다.

尊重 zūnzhòng 동 존중하다

64 责怪
zéguài

[유의어]

责备 zébèi 동 꾸짖다, 책망하다

동 원망하다, 나무라다, 책망하다

当你受到委屈时, 与其责怪别人, 不如集中精力解决问题。

당신이 억울함을 당했을 때, 남을 원망하기보다는, 정신을 집중하여 문제를 해결하는 편이 낫다.

委屈 wěiqu 형 억울하다, 분하다   与其 yǔqí 접 ~하기보다는
不如 bùrú 동 ~편이 낫다, ~보다 못하다   集中 jízhōng 동 집중하다, 모으다
精力 jīnglì 명 정신, 힘

 시험에 이렇게 나온다!

> [유의어] 责怪 : 责备(zébèi, 꾸짖다, 책망하다)
>
> 责怪의 대상은 대부분 타인이다.
> 别责怪他了, 他又不是故意的。 그를 원망하지 마, 그 또한 고의는 아니었어.
>
> 责备의 대상은 타인이 될 수도, 자기 자신이 될 수도 있다.
> 我责备自己不够谨慎小心。
> 나는 내 자신이 충분히 신중하고 조심하지 않은 것을 책망했다.

65 薄弱 ★★
bóruò

형 박약하다, 취약하다

他是个意志薄弱的人, 做事往往半途而废。

그는 의지가 박약한 사람이어서, 일을 할 때 종종 중도에 그만둔다.

意志 yìzhì 명 의지, 의기   半途而废 bàntú'érfèi 성 일을 중도에 그만두다

66 暧昧
àimèi

형 (의도나 태도 등이) 애매하다, 불확실하다

他说话总是很暧昧, 实在是让人难以捉摸。

그가 말하는 것이 늘 애매해서, 성말 사람을 종잡을 수 없게 한다.

捉摸 zhuōmō 동 종잡다, 헤아리다, 예상하다

67 被动
bèidòng

[반의어]
主动 zhǔdòng
[형] 주동적이다, 주도적이다

[형] 수동적이다, 피동적이다, 소극적이다
一些专家对求职者被动、挑剔的态度表示忧虑。 → 술어
일부 전문가들은 구직자들의 수동적이고, 까다로운 태도에 대해 우려를 표했다.
专家 zhuānjiā [명] 전문가　**求职者 qiúzhízhě** [명] 구직자
挑剔 tiāoti [동] 까다롭게 굴다　**忧虑 yōulǜ** [동] 우려하다

68 笨拙
bènzhuō

[형] 서투르다, 멍청하다, 우둔하다
领导不应该处事笨拙、头脑简单。
리더는 일 처리가 서투르거나, 생각이 단순해서는 안 된다.
领导 lǐngdǎo [명] 리더, 대표　**处事 chǔshì** [동] 일을 처리하다

69 愚蠢
yúchǔn

[반의어]
聪明 cōngming
[형] 총명하다, 똑똑하다

[형] 어리석다, 우둔하다, 미련하다
请不要回避你犯下的愚蠢的错误，正视问题的核心。
당신이 저지른 어리석은 잘못을 회피하지 마시고, 문제의 핵심을 직시하세요.
回避 huíbì [동] 회피하다, 피하다　**犯 fàn** [동] 저지르다
正视 zhèngshì [동] 직시하다　**核心 héxīn** [명] 핵심

70 愚昧
yúmèi

[형] 어리석다, 우매하다
沉迷于迷信是愚昧的行为。
미신에 깊이 빠지는 것은 어리석은 행동이다.
沉迷 chénmí [동] 깊이 빠지다, 심취하다　**迷信 míxìn** [동] 미신을 믿다
行为 xíngwéi [명] 행동, 행위

71 草率
cǎoshuài

[형] 신부르다, 경솔하다
他后悔自己当初不应该草率地做出决定。
그는 자신이 당시에 섣부르게 결정을 하지 말았어야 했다고 후회했다.
当初 dāngchū [명] 당시, 당초

72 馋
chán

[형] (어떤 음식을 보고) 먹고 싶어하다, 탐내다
[동] ~에 눈독을 들이다
看到妈妈做的红烧肉，我馋得直流口水。
엄마가 만든 홍샤오로우를 보고, 나는 군침을 흘릴 정도로 먹고 싶었다.

几只老鼠馋上了仓库里的粮食。
쥐 몇 마리가 창고 안의 식량에 눈독을 들였다.
红烧肉 hóngshāoròu [명] 홍샤오로우[중국의 요리 종류 중 하나]
直流口水 zhíliúkǒushuǐ 군침을 흘리다　**老鼠 lǎoshǔ** [명] 쥐
仓库 cāngkù [명] 창고, 곳간　**粮食 liángshi** [명] 식량, 양식

73 迟疑
chíyí

[형] 망설이다, 머뭇거리다

我迟疑了一下，便委婉地拒绝了他的请求。

나는 잠시 망설였다가, 곧 그의 요구를 완곡하게 거절했다.

便 biàn [부] 곧, 바로　委婉 wěiwǎn [형] 완곡하다, 부드럽다
请求 qǐngqiú [명] 요구

74 吞吞吐吐
tūntūntǔtǔ

[형] (말을) 우물쭈물하다, 얼버무리다

在警察追究疑点时，他说得吞吞吐吐的，恐怕免不了被怀疑。

경찰이 의문점을 추궁할 때, 그는 우물쭈물하게 말했기에, 아마 의심을 받는 것을 피할 수 없을 것이다.

追究 zhuījiū [동] (원인·연유를) 추궁하다, 따지다　疑点 yídiǎn [명] 의문점
免不了 miǎnbuliǎo [동] 피할 수 없다

75 胆怯
dǎnqiè

[형] 위축되다, 겁내다

小李在竞争对手面前有些胆怯，用颤抖的声音回答了问题。

샤오리는 경쟁 상대 앞에서 약간 위축되어, 부들부들 떨리는 목소리로 질문에 대답했다.

对手 duìshǒu [명] (시합) 상대, 적수
颤抖 chàndǒu [동] 부들부들 떨다, 와들와들 떨다

76 拘束
jūshù

[형] 어색하다, 거북하다　[동] 구속하다, 속박하다

她性格爽朗，见到陌生人也一点都不拘束。

그녀는 성격이 시원시원하며, 낯선 사람을 만나도 조금도 어색해하지 않는다.

学校不应该提出这些不合理的规定来拘束学生的行为。

학교는 이런 불합리한 규정들을 내세워 학생들의 행동을 구속해서는 안 된다.

爽朗 shuǎnglǎng [형] 시원시원하다　陌生人 mòshēngrén 낯선 사람
合理 hélǐ [형] 합리적이다　行为 xíngwéi [명] 행동, 행위

77 啰唆
luōsuo

[형] 수다스럽다, 말이 많다

他啰啰唆唆说了一些，可我还是没明白他想表达的意思。

그는 수다스럽게 좀 말했지만, 나는 여전히 그가 표현하려는 의미를 이해하지 못했다.

表达 biǎodá [동] (생각, 감정을) 표현하다, 나타내다

78 无赖
wúlài

[형] 행패 부리다, 막되다 [명] 무뢰한

请不要在公共场所耍无赖，这会打扰别人。

└─ 술어

공공장소에서 행패 부리지 마세요, 이것은 다른 사람을 불편하게 만들 수 있습니다.

清朝时期，有个街头无赖竟然成为了朝廷官员。

청나라 왕조 시기, 거리의 한 무뢰한은 놀랍게도 조정의 관료가 되었다.

场所 chǎngsuǒ [명] 장소 **耍** shuǎ [동] (수단을) 부리다, 놀리다, 장난하다
清朝 Qīngcháo [고유] 청나라 왕조 **时期** shíqī [명] (특정한) 시기
街头 jiētóu [명] 거리, 길거리 **朝廷** cháotíng [명] 조정
官员 guānyuán [명] 관료, 관리

79 幼稚
yòuzhì

반의어

成熟 chéngshú
[형] 성숙하다, 완전하다

[형] 유치하다

那个孩子时而在父母面前做出难以理解的幼稚举动。

그 아이는 때때로 부모 앞에서 이해하기 힘든 유치한 행동을 한다.

时而 shí'ér [부] 때때로, 이따금 **举动** jǔdòng [명] 행동, 동작, 행위

80 虚伪
xūwěi

반의어

诚恳 chéngkěn [형] 성실하다
真诚 zhēnchéng [형] 진실하다

[형] 거짓되다, 허위의

有些人一陷入尴尬的处境就采取虚伪的态度。

어떤 사람들은 난처한 처지에 빠지면 거짓된 태도를 취한다.

陷入 xiànrù [동] (불리한 지경에) 빠지다, 떨어지다
尴尬 gāngà [형] (입장이) 난처하다 **处境** chǔjìng [명] (처해 있는) 처지, 환경
采取 cǎiqǔ [동] 취하다, 채택하다

81 自满
zìmǎn

반의어

自卑 zìbēi
[형] 열등감을 가지다, 스스로 낮추다

[형] 자만하다

如果对眼前小小的成就骄傲自满，就很难有更大的进步。

만약 눈 앞의 작은 성과에 대해 교만하고 자만한다면, 더 큰 진보가 있기는 어렵다.

成就 chéngjiù [명] 성과, 성취 [동] 이루다 **进步** jìnbù [동] 진보하다

 시험에 이렇게 나온다!

짝꿍 표현 自满을 활용한 짝꿍 표현을 알아 둔다.

骄傲自满 jiāo'ào zìmǎn 교만하고 자만하다

연습문제 **체크체크!**

제시된 각 단어의 병음을 써 보고, 뜻을 오른쪽 보기에서 찾아 줄을 그어 보세요.

01 炫耀 ....

02 挑剔 ....

03 依赖 ....

04 忽略 ....

05 吹牛 ....

ⓐ 소홀히 하다, 간과하다

ⓑ 의지하다, 기대다

ⓒ 자랑하다, 뽐내다

ⓓ 까다롭게 굴다, 지나치게 트집잡다

ⓔ 허풍을 떨다, 큰소리치다

박스 안 단어의 병음을 써 보고, 문장을 읽고 빈칸에 들어갈 단어를 찾아 적어 보세요.

ⓐ 计较	ⓑ 嘲笑	ⓒ 冲动	ⓓ 大意	ⓔ 顾虑
....	....	....	....	....

06 即使被周围人 .... ,他坚信自己的选择是正确的。

07 小如心胸宽广,从不为一点小事斤斤 .... 。

08 购物前先列好清单,就可以有效避免 .... 消费。

09 售货员诚恳的服务态度使顾客打消了 .... 。

10 粗心 .... 的麦克不小心删除了重要的研究数据。

정답: 01. xuànyào/ⓒ 02. tiāotī/ⓓ 03. yīlài/ⓑ 04. hūlüè/ⓐ 05. chuīniú/ⓔ
06. ⓑ/cháoxiào 07. ⓐ/jìjiào 08. ⓒ/chōngdòng 09. ⓔ/gùlǜ 10. ⓓ/dàyi

* 06~10번 문제 해석은 해커스중국어(china.Hackers.com)에서 다운로드 받으세요.

☑ 잘 외워지지 않는 단어는 ☐에 체크해 두고 다음에 반복 암기합니다.

☐ 警觉	jǐngjué	명 경각심 동 예민하게 느끼다, 재빨리 알아차리다
☐ 昏庸	hūnyōng	형 우매하다, 멍청하고 어리석다
☐ 不甘	bùgān	동 바라지 않다, 원하지 않다
☐ 谄媚	chǎnmèi	동 아첨하다
☐ 奉承	fèngcheng	동 아첨하다, 알랑거리다
☐ 逢迎	féngyíng	동 아첨하다, 아부하다, 비위를 맞추다
☐ 归咎	guījiù	동 잘못을 ~에게 돌리다, ~의 탓으로 돌리다
☐ 拘泥	jūnì	동 고집하다, 고수하다 형 어색하다, 부자연스럽다
☐ 刚愎自用	gāngbìzìyòng	성 자기 주장을 고집 피우다, 고집불통이다
☐ 苛求	kēqiú	동 엄격하게 요구하다
☐ 漠视	mòshì	동 냉담하게 대하다
☐ 听任	tīngrèn	동 원하는 대로 하게 하다, 좋을 대로 하게 하다
☐ 漠然置之	mòránzhìzhī	성 (사람이나 일에 대해) 무관심하다, 냉담하다
☐ 退缩	tuìsuō	동 뒷걸음질치다, 위축되다
☐ 渲染	xuànrǎn	동 과장하다, 선염하다[동양화에서 화면에 물을 칠하여 마르기 전에 붓을 대어 몽롱하고 침중한 묘미를 나타내는 기법]
☐ 傲慢	àomàn	형 오만하다
☐ 傲慢不逊	àomàn búxùn	오만불손하다, 거만하고 공손하지 못하다
☐ 浮夸	fúkuā	형 과장하다, 허풍을 치다
☐ 狂妄自大	kuángwàngzìdà	성 안하무인이다, 건방지다, 거만하다
☐ 夸海口	kuā hǎikǒu	허풍을 떨다, 호언장담하다

☐ 自嘲	zìcháo	동 자조하다, 스스로 자기를 조소하다
☐ 走神儿	zǒushénr	동 주의력이 분산되다, 정신이 집중되지 않다
☐ 怠惰	dàiduò	형 나태하다, 게으르다
☐ 懒散	lǎnsǎn	형 (정신·행동 등이) 나태하고 산만하다
☐ 懒洋洋	lǎnyángyáng	형 생기가 없는 모양, 축 늘어진 모양
☐ 萎靡不振	wěimǐbúzhèn	성 활기가 없다, 의기소침하다
☐ 庸碌	yōnglù	형 평범하고 포부가 없다
☐ 踌躇不前	chóuchúbùqián	성 주저하며 앞으로 나아가지 못하다
☐ 焦虑	jiāolǜ	형 애태우다, 속을 태우다, 마음 졸이다
☐ 毛躁	máozao	형 (성미가) 급하다, 조급하다
☐ 轻薄	qīngbó	형 경박하다, 경솔하다
☐ 柔弱	róuruò	형 유약하다, 연약하다
☐ 松懈	sōngxiè	형 산만하다
☐ 将信将疑	jiāngxìnjiāngyí	성 반신반의하다
☐ 疑神疑鬼	yíshényíguǐ	성 지나치게 의심하다, 이것저것 함부로 의심하다
☐ 打草惊蛇	dǎcǎojīngshé	성 (비밀 행동을 할 때) 계획이나 책략 따위를 누설하여 상대방으로 하여금 경계하게 하다
☐ 委曲求全	wěiqūqiúquán	성 아쉬운 대로 타협하여 보전하다
☐ 大发雷霆	dàfāléitíng	노발대발하다, 크게 호통치다
☐ 后悔不迭	hòuhuǐ bùdié	후회막급이다
☐ 软磨硬泡	ruǎnmóyìngpào	(목적 달성을 위해서) 갖은 수단으로 사람을 귀찮게 하다

DAY 06

마음껏 즐겨요

감정 · 심리

주제를 알면 HSK가 보인다!

HSK 6급에서는 감정을 관리하는 방법, 사람의 심리적 특성 등과 관련된 문제가 자주 출제돼요. 따라서 '두렵다', '부담', '전달하다', '없애다', '심리 상태'와 같은 감정·심리 관련 단어들을 집중적으로 학습하면 이러한 문제를 쉽게 풀 수 있어요.

🎧 단어, 예문 MP3

긴장하지 말고 용감하게!

---

¹⁴ **恐惧** kǒngjù 혱 두렵다, 무섭다   ⁰³ **负担** fùdān 몡 부담, 책임   ⁰⁶ **传达** chuándá 동 전달하다

⁰² **消除** xiāochú 동 없애다   ⁰⁴ **心态** xīntài 몡 심리 상태

01 渴望 ***
kěwàng

동 갈망하다, 간절히 바라다

我心里很渴望拥有幸福美满的人生。 ^{→술어}

나는 마음속에서 행복하고 원만한 인생을 가지기를 갈망한다.

拥有 yōngyǒu 동 가지다, 보유하다　美满 měimǎn 형 원만하다
人生 rénshēng 명 인생

02 消除 ***
xiāochú

유의어

清除 qīngchú
동 깨끗이 없애다, 치우다

동 해소하다, 없애다

喝杯茉莉花茶有助于消除焦虑情绪。

재스민차 한 잔을 마시는 것은 마음 졸이는 기분을 해소하는 데 도움이 된다.

茉莉花 mòlìhuā 명 재스민　焦虑 jiāolǜ 형 마음을 졸이다, 애태우다
情绪 qíngxù 명 기분, 정서, 감정

시험에 이렇게 나온다!

유의어 消除：清除(qīngchú, 깨끗이 없애다)

消除는 불리하거나 좋지 않은 대상을 존재하지 않게 만든다는 뜻이다.

消除误会 xiāochú wùhuì 오해를 해소하다
消除紧张情绪 xiāochú jǐnzhāng qíngxù 긴장된 기분을 없애다

清除는 어떤 대상을 깨끗이 청소해서 없앤다는 뜻이다.

清除垃圾 qīngchú lājī 쓰레기를 깨끗이 없애다
清除街道上的积雪 qīngchú jiēdào shang de jīxuě
거리 위에 쌓인 눈을 깨끗이 치우다

03 负担 ***
fùdān

명 부담, 책임　동 부담하다, 책임지다

这家公司的新政策大大减轻了员工的精神负担。

이 회사의 새로운 정책은 직원들의 정신적 부담을 크게 줄였다.

按照劳动法，所有员工的工作服费用由公司负担。

노동법에 따라, 모든 직원의 작업복 비용은 회사에서 부담한다.

政策 zhèngcè 명 정책　员工 yuángōng 명 직원, 종업원
精神 jīngshén 명 정신　劳动法 láodòngfǎ 명 노동법
费用 fèiyòng 명 비용

04 心态 ***
xīntài

명 심리 상태

保持积极乐观的心态，能使人摆脱忧郁的情绪。

적극적이고 낙관적인 심리 상태를 유지하는 것은, 사람으로 하여금 우울한 정서에서 벗어날 수 있게 해 준다.

保持 bǎochí 동 유지하다, 지키다　积极 jījí 형 적극적이다
乐观 lèguān 형 낙관적이다　摆脱 bǎituō 동 (어려움에서) 벗어나다
忧郁 yōuyù 형 우울하다, 침울하다　情绪 qíngxù 명 정서, 기분, 감정

05 心灵 ★★★
xīnlíng

[명] 영혼, 마음

时间如同一位医术高明的医生，可以治疗心灵的创伤。

시간은 마치 의술이 뛰어난 의사와 같아서, 영혼의 상처를 치료할 수 있다.

如同 rútóng [동] 마치 ~와 같다   医术 yīshù [명] 의술
高明 gāomíng [형] (견해 · 기예 등이) 뛰어나다, 빼어나다
治疗 zhìliáo [동] 치료하다   创伤 chuāngshāng [명] 상처, 외상

 시험에 이렇게 나온다!

[듣기] 心灵(영혼, 마음)은 듣기 제2부분에서 예술가 인터뷰가 나올 경우 자주 출제되는데, 예술 작업 과정에서 자신의 心灵이 어땠는지를 묘사하거나, 작품을 통해 대중들의 心灵에 어떻게 다가가는지를 설명하는 흐름에서 주로 언급된다. 心灵과 함께 예술가 인터뷰에서 자주 출제되는 표현들을 알아 둔다.

震撼心灵 zhènhàn xīnlíng 영혼을 뒤흔들다
用整个心灵 yòng zhěnggè xīnlíng 온 마음을 다하다
抚慰心灵 fǔwèi xīnlíng 마음을 위로하다, 영혼을 어루만지다
净化心灵 jìnghuà xīnlíng 마음을 정화하다
心灵之间的沟通 xīnlíng zhī jiān de gōutōng 영혼 간의 교류

06 传达 ★★★
chuándá

[동] 전달하다, 표현하다

意大利人常常用各种肢体语言传达情感和态度。

이탈리아 사람들은 흔히 각종 신체 언어로 느낌과 태도를 전달한다.

意大利 Yìdàlì [고유] 이탈리아   肢体语言 zhītǐ yǔyán 신체 언어, 보디랭귀지
情感 qínggǎn [명] 느낌, 감정

🏯 알아 두면 시험이 쉬워지는 배경 지식

[신조어] 表情符号(이모티콘)는 인터넷 · 휴대 전화 등이 발전함에 따라, 글이나 문자 속에서 감정과 태도를 상대방에게 传达하기 위해 사용되기 시작했다. 颜文字는 일종의 表情符号로, 주로 문자 · 숫자 · 글자 등의 기호를 조합하여 사람의 표정을 나타내는 것을 일컫는다. 颜文字 외에 表情包도 있는데, 表情包는 颜文字와 달리 그림 · 캐릭터를 사용해서 감정을 나타내는 것을 주로 일컫는다.

表情符号 biǎoqíngfúhào 이모티콘
颜文字 yánwén zì 이모티콘[문자 · 숫자 · 글자 등 기호를 조합한 것]
表情包 biǎoqíng bāo 이모티콘[그림 · 캐릭터 등을 사용한 것]

07 寄托 ★★★
jìtuō

[동] 맡기다, 의탁하다

我将一切美好愿望寄托在孔明灯上，把它放飞到天上了。

난 모든 아름다운 소원들을 풍등에 맡기고, 그것을 하늘로 날려 보냈다.

美好 měihǎo [형] 아름답다, 행복하다   愿望 yuànwàng [명] 소원, 소망, 염원
孔明灯 kǒngmíngdēng [명] 풍등, 공명등

08 震撼 ***
zhènhàn

동 뒤흔들다, 진동시키다

→ 술어

那位钢琴家用震撼心灵的旋律表达了对情人的思念。

그 피아니스트는 영혼을 뒤흔드는 선율로 연인에 대한 그리움을 표현했다.

心灵 xīnlíng 명 영혼, 마음, 정신   旋律 xuánlǜ 명 선율, 멜로디
情人 qíngrén 명 연인   思念 sīniàn 동 그리워하다

09 打击 ***
dǎjī

동 타격을 주다, 치다, 때리다

如果父母过度干预孩子的人生规划，可能会打击孩子的积极性。

만약 부모가 아이의 인생 계획에 과도하게 관여한다면, 아이의 적극성에 타격을 줄 수 있다.

过度 guòdù 형 과도하다, 지나치다   干预 gānyù 동 관여하다, 간섭하다
规划 guīhuà 명 계획, 기획   积极性 jījíxìng 명 적극성

10 绝望 ***
juéwàng

동 절망하다

小王一向乐观，在令人绝望的处境中也不会放弃。

샤오왕은 줄곧 낙관적이라, 사람을 절망하게 만드는 상황에서도 포기하지 않는다.

一向 yíxiàng 부 줄곧, 내내   处境 chǔjìng 명 (처해 있는) 상황, 처지

시험에 이렇게 나온다!

이합동사 绝望은 绝(끊다, 단절하다)+望(희망)이 합쳐진 이합동사로, 목적어를 취할 수 없다.
绝望失败 실패를 절망하다 (X)
因失败而绝望 실패한 까닭에 절망하다 (O)

11 嫌 ***
xián

동 싫어하다, 혐오하다

很多人嫌榴莲难闻，但其实榴莲具有很高的营养价值。

많은 사람들이 두리안 냄새가 고약하다고 싫어하지만, 사실 두리안은 매우 높은 영양가를 가지고 있다.

榴莲 liúlián 명 두리안   难闻 nánwén 형 냄새가 고약하다

12 惊讶 ***
jīngyà

형 의아스럽다, 놀랍다

大家不禁对小张反常的举动感到惊讶。

모두들 샤오장의 비정상적인 행동에 의아함을 느끼는 것을 금치 못했다.

不禁 bùjīn 부 금치 못하고, 자기도 모르게   反常 fǎncháng 형 비정상적이다
举动 jǔdòng 명 행동, 동작, 행위

★★★ = 최빈출 어휘   ★★ = 빈출 어휘

해커스 HSK 6급 단어장

13 尴尬 ***
gāngà

[형] (입장이) 곤란하다, 난처하다

只要带上这本旅游指南, 就可以避免一些尴尬的情况。

이 여행 지침서만 챙기면, 몇몇 곤란한 상황들을 피할 수 있을 것입니다.

指南 zhǐnán [명] 지침서, 안내　避免 bìmiǎn [동] 피하다, 모면하다

14 恐惧 ***
kǒngjù

[형] 두렵다, 무섭다

苏珊娜克服了内心的恐惧, 拿着话筒勇敢地走上了舞台。

수잔나는 마음속 두려움을 극복하고, 마이크를 들고 용감히 무대에 올랐다.

话筒 huàtǒng [명] 마이크, 메가폰　舞台 wǔtái [명] 무대

🏯 알아 두면 시험이 쉬워지는 배경 지식

[일반상식] 飞行恐惧症(비행공포증)은 어떤 사람이 비행기를 탔을 때 비행기가 추락할 것이라고 지레짐작하고, 그 상황에 대해 恐惧를 느끼는 심리 현상을 가리킨다. 飞行恐惧症을 겪는 이유는 다양하다. 가령 과거에 비행기 사고와 관련된 뉴스를 들은 적이 있거나, 본인 또는 지인이 탄 항공편이 어떤 문제에 휘말린 경험이 있을 경우, 또는 幽闭恐惧症이나 恐高症을 가지고 있는 경우라면 飞行恐惧症을 겪을 수 있다. 飞行恐惧症은 몇 가지 노력을 통해 극복이 가능한데, 만일 증상이 가벼운 사람이라면 비행기 탑승 전후로 과식을 하지 않고, 카페인 성분이 든 콜라·알코올·커피 등을 피하는 것이 도움이 된다. 또한 깊은 심호흡과 명상을 하는 것도 심리적 안정을 유지하는 데 도움이 된다. 하지만 비행기에 탑승하는 것조차 시도하지 못할 정도로 증세가 심각할 경우, 인지행동치료나 상담치료를 통해 飞行恐惧症을 치료할 수 있다.

飞行恐惧症 fēixíng kǒngjùzhèng 비행공포증

幽闭恐惧症 yōubì kǒngjùzhèng 폐소공포증

恐高症 kǒnggāozhèng 고소공포증

15 畏惧 **
wèijù

[동] 두려워하다, 무서워하다

这位年轻求职者毫不畏惧, 大胆地走进了面试现场。

이 젊은 구직자는 조금도 두려워하지 않고, 대담하게 면접장으로 걸어 들어갔다.

求职者 qiúzhízhě [명] 구직자　毫不 háobù 조금도 ~하지 않다
大胆 dàdǎn [형] 대담하다　面试现场 miànshì xiànchǎng 면접장

 시험에 이렇게 나온다!

[짝꿍표현] 畏惧를 활용한 다양한 짝꿍 표현들을 알아 둔다.

无所畏惧 wúsuǒ wèijù 무서워하는 것이 없다

心生畏惧 xīn shēng wèijù 마음에 두려움이 생기다

16 盛情
shèngqíng

명 극진한 정, 두터운 정

陈先生夫妇的<u>盛情</u>款待，令我们十分感激。 → 술어

천 선생님 부부의 극진한 환대는, 우리를 매우 감격하게 했다.

夫妇 fūfù 명 부부　**款待** kuǎndài 통 극진히 환대하다, 정성껏 대접하다
感激 gǎnjī 통 감격하다

 시험에 이렇게 나온다!

짝꿍
표현
盛情을 활용한 짝꿍 표현을 알아 둔다.

盛情款待 shèngqíng kuǎndài 극진히 환대하다, 후하게 대접하다

17 滋味
zīwèi

명 맛, 기분, 심정

生活的<u>滋味</u>需要自己用心去慢慢体会。

삶의 맛은 스스로 심혈을 기울여 천천히 체득해 나갈 필요가 있다.

用心 yòngxīn 형 심혈을 기울이다　**体会** tǐhuì 통 체득하다, 이해하다

18 感慨 ★★
gǎnkǎi

동 감개하다, 감격하다

每当回想起那件令人难忘的往事，我总是<u>感慨</u>万千。

그 잊기 어려운 옛일을 회상할 때마다, 나는 항상 감개무량하다.

回想 huíxiǎng 통 회상하다　**往事** wǎngshì 명 옛일, 지난 일
感慨万千 gǎnkǎiwànqiān 성 감개무량하다

 시험에 이렇게 나온다!

짝꿍
표현
感慨를 활용한 짝꿍 표현을 알아 둔다.

感慨万千 gǎnkǎiwànqiān 감개무량하다

19 钦佩
qīnpèi

동 탄복하다, 경복(敬服)하다

世人十分<u>钦佩</u>他宁死不屈的精神。

세상 사람들은 그의 죽을지언정 굽히지 않는 정신에 매우 탄복했다.

宁死不屈 nìngsǐbùqū 성 죽을지언정 굽히지 않다　**精神** jīngshén 명 정신

20 荣幸 ★★
róngxìng

형 매우 영광스럽다

李经理是个值得信赖的人，能与他合作是件<u>荣幸</u>的事。

리 사장은 신뢰할 만한 사람으로, 그와 협력할 수 있다는 것은 매우 영광스러운 일이다.

信赖 xìnlài 통 신뢰하다, 믿고 의지하다　**合作** hézuò 통 협력하다

21 踏实 **
tāshi

[형] (마음이) 편안하다, (태도 등이) 착실하다, 성실하다

望着天空发呆时，我会觉得心里很踏实。 → 술어

하늘을 바라보며 멍하니 있을 때, 나는 마음속이 편안하다는 것을 느낄 수 있다.

天空 tiānkōng [명] 하늘, 공중 发呆 fādāi [동] 멍하다, 넋을 놓다

22 喜悦 **
xǐyuè

[반의어]

悲伤 bēishāng
[형] 슬프다, 서럽다
忧愁 yōuchóu
[형] 우울하다, 고민스럽다

[형] 기쁘다, 즐겁다, 유쾌하다

我抬着一筐满满的果实，怀着无比喜悦的心情回到了家。

난 한 광주리 가득한 열매를 들고서, 더 비할 바 없는 기쁜 마음을 품고 집에 돌아왔다.

抬 tái [동] 들다 筐 kuāng [명] 광주리, 바구니 果实 guǒshí [명] 열매, 과실
怀 huái [동] 품다 无比 wúbǐ [형] 더 비할 바가 없다, 아주 뛰어나다

23 快活
kuàihuo

[형] 즐겁다, 쾌활하다

周围人都聊得十分快活，唯独她情绪消沉。

주위 사람들 모두 매우 즐겁게 얘기하는데, 유독 그녀만 기분이 가라앉았다.

唯独 wéidú [부] 유독, 오직, 홀로 情绪 qíngxù [명] 기분, 마음
消沉 xiāochén [형] (기분이) 가라앉다

24 舒畅
shūchàng

[형] 상쾌하다, 시원하다

在树林里呼吸清新的空气，能让人全身轻松，心情舒畅。

숲에서 맑고 상쾌한 공기로 호흡하는 것은, 사람으로 하여금 온몸이 가볍고, 기분이 상쾌해지도록 만들 수 있다.

呼吸 hūxī [동] 호흡하다 清新 qīngxīn [형] 상쾌하다, 신선하다

25 欣慰
xīnwèi

[형] 기쁘고 편안하다, 즐겁고 안심되다

那部电视剧的结局很温馨，观众们都感到十分欣慰。

그 드라마의 결말은 따스해서, 시청자들 모두 매우 기쁘고 편안하다고 느꼈다.

结局 jiéjú [명] 결말 温馨 wēnxīn [형] 따스하다, 아늑하다

26 安宁
ānníng

[형] (마음이) 평온하다, 안정되다

桃花源里的人过着安宁的生活，脸上洋溢着幸福的笑容。

무릉도원의 사람들은 평온한 삶을 살고 있으며, 얼굴에 행복한 웃음이 넘쳐흐르고 있다.

桃花源 táohuāyuán [명] 무릉도원　洋溢 yángyì [동] (정서 등이) 넘쳐흐르다
笑容 xiàoróng [명] 웃음, 웃는 얼굴

27 真挚
zhēnzhì

[형] 진실하다, 참되다

听众们都被他精彩的演讲和真挚的情感深深打动了。

청중들은 모두 그의 훌륭한 연설과 진실한 감정에 매우 깊이 감동 받았다.

演讲 yǎnjiǎng [동] 연설하다, 강연하다　打动 dǎdòng [동] 감동시키다, 울리다

28 口气 ★★
kǒuqì

[명] 말투, 어조

他一看见我就开心起来了，连说话的口气也变得很温和。

그는 나를 보자마자 기뻐하면서, 말하는 말투까지도 부드럽게 변했다.

温和 wēnhé [형] (성질, 태도 등이) 부드럽다, 온화하다

29 留恋 ★★
liúliàn

[동] 그리워하다, 미련을 가지다

从这位作家的作品中可以看出，他很留恋自己的故乡。

이 작가의 작품에서, 그가 자신의 고향을 그리워한다는 것을 알아차릴 수 있다.

作品 zuòpǐn [명] 작품　故乡 gùxiāng [명] 고향

30 思念
sīniàn

[동] 그리워하다, 보고 싶어 하다

有的兵马俑凝视着远方，似乎是在思念家乡。

어떤 병마용은 먼 곳을 응시하고 있는데, 마치 고향을 그리워하고 있는 것 같다.

兵马俑 Bīngmǎyǒng [고유] 병마용[진시황 무덤 속 병사와 말 형상의 토우]
凝视 níngshì [동] 응시하다, 뚫어지게 바라보다

31 施加 ★★
shījiā

[동] (압력이나 영향 등을) 주다, 가하다

给自己施加适当的压力，能给生活带来更多动力。

스스로에게 적당한 압력을 주는 것은, 생활에 더 많은 원동력을 가져다 줄 수 있다.

适当 shìdàng [형] 적당하다, 적절하다　动力 dònglì [명] 원동력

32 震惊 ★★
zhènjīng

[동] 놀라게 하다, 놀라다

1974年，秦始皇兵马俑的出土震惊了世人。　↗ 술어

1974년, 진시황 병마용의 출토는 세상 사람들을 놀라게 했다.

秦始皇 Qínshǐhuáng [고유] 진시황[중국을 최초로 통일시킨 진나라의 황제]
兵马俑 Bīngmǎyǒng [고유] 병마용[진시황 무덤 속 병사와 말 형상의 토우]
出土 chūtǔ [동] 출토하다, 발굴하다　世人 shìrén [명] 세상 사람

33 惊奇 ★★
jīngqí

[형] 놀라며 의아해하다, 경이롭게 생각하다

老板惊奇地发现，默默无闻的小刘原来还有这么多潜力。

사장은, 무명이었던 샤오리우가 알고 보니 이렇게 많은 잠재력을 가지고 있었다는 것을 놀라 의아해하며 발견했다.

默默无闻 mòmòwúwén [성] 무명이다, 이름이 세상에 알려지지 않다
潜力 qiánlì [명] 잠재력, 저력

34 支配 ★★
zhīpèi

[동] 지배하다, 통제하다, 안배하다

人要懂得控制自己的欲望，而不应该被欲望所支配。

사람은 자신의 욕망을 통제할 줄 알아야지, 욕망에게 지배당해선 안 된다.

控制 kòngzhì [동] 통제하다, 조절하다　欲望 yùwàng [명] 욕망

35 巴不得
bābudé

[동] 몹시 바라다, 간절히 원하다

从员工们的眼神中就能看出，他们都巴不得早点下班。

직원들의 눈빛에서, 그들 모두 일찍 퇴근하기를 몹시 바란다는 것을 알아차릴 수 있다.

员工 yuángōng [명] 직원, 종업원　眼神 yǎnshén [명] 눈빛, 눈매

36 恨不得
hènbude

[동] 간절히 바라다, 간절히 ~하고 싶다, ~하지 못해 한스럽다

他对老乡特别亲热，恨不得跟他们打成一片。

그는 같은 지방 사람에게 특히 다정한데, 그들과 허물없이 하나가 되기를 간절히 바란다.

老乡 lǎoxiāng [명] 같은 지방 사람, 동향인　亲热 qīnrè [형] 다정하다, 친근하다
打成一片 dǎchéngyípiàn [성] 허물없이 하나가 되다, 융합되다

37 惦记
diànjì

[동] 늘 생각하다, 항상 마음에 두다, 걱정하다

无论相隔千里万里，异国他乡的游子总是惦记着
家乡。 → 술어

천리만리 떨어져 있어도, 이국 타향의 나그네는 늘 고향을 생각하고 있다.

异国他乡 yìguótāxiāng 이국 타향　**游子** yóuzi [명] 나그네, 방랑자

38 将就
jiāngjiu

[동] 아쉬운 대로 지내다, 그런대로 ~할 만하다

大家先将就着住这儿吧，我马上帮你们找宿舍。

모두들 일단 아쉬운 대로 이곳에서 지내세요, 제가 금방 여러분을 도와 숙소를 찾아 드리겠습니다.

宿舍 sùshè [명] 숙소, 기숙사

39 克制
kèzhì

[동] (감정을) 억제하다, 자제하다

他善于调整心态，能很好地克制冲动的情绪。

그는 마음가짐을 조절하는 것에 능숙하여, 충동적인 감정을 잘 억제할 수 있다.

调整 tiáozhěng [동] 조절하다, 조정하다　**心态** xīntài [명] 마음가짐, 심리 상태
冲动 chōngdòng [형] 충동적이다 [명] 충동　**情绪** qíngxù [명] 감정, 기분

40 压抑
yāyì

유의어
压制 yāzhì
[동] 억누르다, 억제하다

[동] 억누르다, 억압하다

他压抑不住内心的情绪，大声地哭了出来。

그는 마음속의 감정을 억누르지 못하고, 큰 소리로 울었다.

情绪 qíngxù [명] 감정, 기분

 시험에 이렇게 나온다!

유의어 压抑 : 压制(yāzhì, 억누르다, 억제하다)
压抑는 감정이나 마음이 분출되지 못하는 것을 나타낸다.
压抑感 yāyìgǎn 억압감, 답답한 느낌
压抑不满的情绪 yāyì bùmǎn de qíngxù 불만족스러운 감정을 억누르다

压制은 직권 또는 여론을 이용하여 행동이나 욕망 등을 제한하는 것을 나타낸다.
压制不同意见 yāzhì bùtóng yìjiàn 다른 의견을 억누르다
压制积极性 yāzhì jījíxìng 적극성을 억누르다

41 纳闷儿
nàmènr

[동] 답답하다, 궁금하다

我一时猜不出他的心思，心里有些纳闷儿。

나는 순간 그의 생각을 짐작해 낼 수 없어서, 마음속이 좀 답답했다.

一时 yìshí [명] 순간, 잠시, 갑자기　**心思** xīnsi [명] 생각, 마음

42 心疼
xīnténg

[동] 안타까워하다, 아까워하다, 몹시 아끼다

第一次看到儿子偷偷地哭泣，父亲心疼得说不出话来。　⌐→ 술어

아들이 남몰래 흐느껴 우는 것을 처음 보고는, 아빠는 안타까움에 말이 나오지 않았다.

偷偷 tōutōu [부] 남몰래, 슬그머니　哭泣 kūqì [동] (작은 소리로) 흐느껴 울다

43 要命
yàomìng

[동] 죽을 지경이다, 목숨을 빼앗다

她虽然有过几次舞台表演经历，但每次上台前仍会紧张得要命。

그녀는 비록 몇 번의 무대 공연 경험이 있지만, 매번 무대에 오르기 전에는 여전히 죽을 정도로 긴장을 한다.

舞台 wǔtái [명] 무대

 시험에 이렇게 나온다!

[짝꿍표현] 要命을 활용한 다양한 짝꿍 표현들을 알아 둔다. 참고로 要命은 要(위협하다)+命(생명)이 합쳐진 이합동사로, 목적어를 취할 수 없다.

⋯⋯得要命 ⋯⋯ de yàomìng ~해 죽을 지경이다, 아주 ~하다
要A的命 yào A de mìng A의 목숨을 빼앗다

44 生疏
shēngshū

[반의어]
熟练 shúliàn
[형] 능숙하다, 숙련되어 있다

[형] 생소하다, 낯설다

我们对这些知识都比较生疏，您能详细地讲解一下吗？

우리는 이 지식에 대해 모두 비교적 생소한데, 당신께서 상세하게 좀 설명해 주실 수 있나요?

详细 xiángxì [형] 상세하다, 자세하다　讲解 jiǎngjiě [동] 설명하다, 해설하다

45 性感
xìnggǎn

[형] 섹시하다, 성적인 매력이 있다

头脑聪明的人在某种程度上显得性感。

머리가 똑똑한 사람은 어느 정도 섹시해 보인다.

某 mǒu [대] 어느, 아무　程度 chéngdù [명] 정도, 수준
显得 xiǎnde [동] ~처럼 보이다

46 啦
la

[조] '了(le)'와 '啊(a)'의 합음사로 두 개의 의미를 모두 갖고 있음

记住啦，在工作中遇到令你难堪的事，你要及时告诉我！

기억해, 일하는 중에 너를 난처하게 하는 일을 맞닥뜨리면, 넌 즉시 내게 알려 줘야 해!

难堪 nánkān [형] 난처하다, 난감하다

47 嗨
hāi

⎡감⎤ 어이, 이봐[다른 사람을 부르거나 주의를 환기시킬 때 쓰임]

嗨，朋友，为我们真挚的友谊干杯吧！ → 술어

어이, 친구, 우리의 참된 우정을 위해 건배하자!

真挚 zhēnzhì ⑱ 참되다, 진실하다, 성실하다

48 嘿
hēi

⎡감⎤ 하, 허[놀라움을 나타냄], 헤헤[웃음 소리를 나타냄]

嘿，你听过最近闹得沸沸扬扬的新闻了吗?

하, 너 최근에 몹시 떠들썩하게 시끄러웠던 뉴스 들었니?

孙子很喜欢外公，一见到外公就嘿嘿地笑。

손자는 외할아버지를 좋아해서, 외할아버지만 보면 헤헤 하고 웃는다.

沸沸扬扬 fèifèi yángyáng ⑱ 떠들썩하다, 요란하다
外公 wàigōng ⑲ 외할아버지, 외조부

49 哦
ò

⎡감⎤ 어, 어머, 어허[사실이나 상황을 깨달았을 때 쓰임]

侦探了解真相之后恍然大悟，说:"哦，原来如此！"

탐정은 진상을 알게 된 후 문득 모든 것을 깨달으며, 말했다. "어! 알고보니 그렇군!"

侦探 zhēntàn ⑲ 탐정, 스파이 **真相** zhēnxiàng ⑲ 진상, 실상
恍然大悟 huǎngrándàwù ⑳ 문득 모든 것을 깨치다
如此 rúcǐ ⑭ 이러하다, 이와 같다

50 呵 ★★
hē

⎡의⎤ 허허, 하하 ⎡동⎤ 입김을 불다, (큰 소리로) 꾸짖다

这位被采访的老人和蔼可亲，一直笑呵呵的。

인터뷰를 받는 이 노인분은 상냥하고 친절하여, 줄곧 허허 웃으셨다.

我的孩子常常对着车窗呵一口气，用手指在那上面画画儿。

나의 아이는 종종 차 창문에 대고 입김을 불고, 손가락으로 그 위에 그림을 그린다.

采访 cǎifǎng ⑱ 인터뷰하다 **和蔼可亲** hé'ǎikěqīn ⑳ 상냥하고 친절하다
笑呵呵 xiàohēhē ⑱ [허허 웃는 모양] **口气** kǒuqì ⑲ 입김, 어조
手指 shǒuzhǐ ⑲ 손가락

51 哼
hēng

⎡의⎤ 흥, 힝 ⎡동⎤ 흥얼거리다, 콧소리를 내다

哼，我并没有哭，只是眼睛里进沙子了。

흥, 난 결코 울지 않았어, 단지 눈에 모래가 들어갔을 뿐이야.

新来的清洁工总是一边打扫卫生，一边哼着歌。

새로 온 환경미화원은 언제나 위생을 위해 청소하면서, 노래를 흥얼거린다.

沙子 shāzi ⑲ 모래 **清洁工** qīngjiégōng 환경미화원

52 哄
hōng / hǒng

의 [hōng] 왁자지껄, 와글와글, 와   동 [hǒng] 달래다, 어르다

突然，教室里传来了闹哄哄的笑声。 ← 술어

갑자기, 교실 안에서 떠들썩하고 왁자지껄한 웃음소리가 퍼져 나왔다.

最近，很多年轻父母把智能手机作为哄孩子的神器。

최근, 많은 젊은 부모들이 스마트폰을 아이를 달래는 신의 물건으로 삼는다.

传来 chuánlái 동 퍼지다, 전해 오다   智能手机 zhìnéng shǒujī 스마트폰
神器 shénqì 명 신의 물건, 신물

🏯 알아 두면 시험이 쉬워지는 배경 지식

[신조어] 哄娃神器(아이를 달래는 신의 물건)는 울거나 투정을 부리는 아이를 금방 멈추게 하는 데 효과가 뛰어난 물건을 일컫는 말이다. 최근 많은 사람들이 스마트폰을 바로 이 哄娃神器로 삼곤 하는데, 지나친 스마트폰 사용은 아이로부터 다른 사람과 교류하고 소통할 수 있는 기회를 앗아감으로써 언어 능력과 소통 능력의 발달을 저해할 수 있을 뿐만 아니라, 대뇌 발육의 불균형을 초래하거나 수면 장애를 일으킬 수도 있다. 그러므로 哄娃神器라고 생각했던 스마트폰이 사실 伤娃利器가 될 수도 있다는 점에 주의해야 한다.

哄娃神器 hǒng wá shénqì 아이를 달래는 신의 물건
伤娃利器 shāng wá lìqì 아이를 해치는 무기

53 哇
wā

의 앙앙, 왝왝, 엉엉[우는 소리를 나타냄]

婴儿突然哇的一声哭了起来。

갓난아기는 갑자기 앙 하고 울음을 터뜨렸다.

婴儿 yīng'ér 명 갓난아기

54 恩怨
ēnyuàn

명 원한, 은혜와 원한[대부분 원한의 측면을 가리킴]

母亲的眼泪瞬间化解了兄弟间多年的恩怨。

어머니의 눈물이 형제간의 오랜 원한을 순식간에 풀어 버렸다.

瞬间 shùnjiān 명 순식간, 눈 깜짝하는 사이   化解 huàjiě 동 풀다, 해소하다

55 发呆 **
fādāi

동 멍해지다, 넋을 잃다

看完电影，母亲发了好一会儿呆，默默地流下了眼泪。

영화를 다 보고, 어머니는 한참을 멍해지셔서는, 아무런 말 없이 눈물을 흘리셨다.

好一会儿 hǎo yíhuìr 한참, 오래   默默 mòmò 부 아무런 말 없이, 묵묵히

 시험에 이렇게 나온다!

[이합동사] 发呆는 发(드러내다)+呆(멍하다)가 합쳐진 이합동사로, 发와 呆 사이에 一会儿이 오기도 한다.

发一会儿呆 잠시 멍해지다

56 嫉妒 **
jídù

[동] 질투하다, 시기하다

周瑜十分佩服诸葛亮，但又异常嫉妒他的才干。

주유는 제갈량에게 대단히 탄복하면서도, 그의 재능을 몹시 질투했다.

周瑜 Zhōu Yú [고유] 주유[중국 삼국 시대 오나라의 군사가]
佩服 pèifú [동] 탄복하다, 감탄하다
诸葛亮 Zhūgě Liàng [고유] 제갈량[중국 삼국 시대 촉한의 정치가]
异常 yìcháng [부] 몹시, 무척　才干 cáigàn [명] 재능, 재주

57 为难 **
wéinán

[동] 곤란하게 하다, 난처하게 만들다
[형] 곤란하다, 난처하다, 난감하다

即便生活想尽办法为难你，你也要想办法熬过去。

설령 삶이 온갖 방법을 다 생각해 당신을 곤란하게 만들지라도, 당신 또한 방법을 생각하여 견뎌내야 한다.

那些毫无根据的道听途说让我感到为难。

그런 조금의 근거도 없는 뜬소문은 나로 하여금 곤란함을 느끼게 했다.

即便 jíbiàn [접] 설령 ~하더라도　想尽 xiǎngjìn [동] (온갖 방법을) 다 생각하다
熬 áo [동] (고통을) 견디다, 참다　毫无 háowú 조금도 ~없다
道听途说 dàotīngtúshuō [성] 뜬소문

58 反感 **
fǎngǎn

[형] 불만스럽다　[명] 반감, 불만

如果别人总是对你很反感，那你就要好好反省一下自己。

만약 다른 사람들이 늘 당신에게 불만스럽다면, 당신은 스스로를 잘 반성해 보아야 한다.

赞美和批评要适度，以免引起对方的反感。

찬양과 비판은, 상대방의 반감을 불러일으키지 않도록 적당해야 한다.

反省 fǎnxǐng [동] 반성하다　赞美 zànměi [동] 찬양하다, 찬미하다
适度 shìdù [형] (정도가) 적당하다　以免 yǐmiǎn [접] ~하지 않도록

59 难堪
nánkān

[형] 난처하다, 난감하다

我们要懂得尊重他人，尽量避免让人尴尬难堪。

우리는 타인을 존중할 줄 알아야 하고, 가능한 한 사람들을 곤란하고 난처하게 만드는 것은 피해야 한다.

尽量 jǐnliàng [부] 가능한 한, 되도록　尴尬 gāngà [형] (입장이) 곤란하디

60 悔恨
huǐhèn

[동] 뼈저리게 뉘우치다, 후회하다

我为自己当初的所作所为悔恨不已。

나는 스스로의 처음 모든 행위에 대해 몹시 뼈저리게 뉘우쳤다.

所作所为 suǒzuòsuǒwéi [성] (사람이 하는) 모든 행위

61 埋怨
mányuàn

반의어

感激 gǎnjī
동 감격하다, 고마움을 느끼다

동 원망하다, 불평하다

菲菲虽然在艰苦的环境中长大，但从未埋怨过父母。

페이페이는 비록 고달픈 환경에서 자랐지만, 여태껏 부모를 원망해 본 적이 없다.

艰苦 jiānkǔ 형 고달프다, 고생스럽다　从未 cóngwèi 여태껏 ~하지 않다

62 叹气
tànqì

동 한숨 쉬다, 탄식하다

小李望着皎洁的月亮，深深地叹了一口气。

샤오리는 휘영청 밝은 달을 응시하며, 한숨을 한 번 깊게 쉬었다.

皎洁 jiǎojié 형 휘영청 밝다

 시험에 이렇게 나온다!

이합동사 叹气는 叹(쉬다, 탄식하다)+气(한숨)가 합쳐진 이합동사로, 횟수를 나타내는 수량사를 쓰고 싶다면 叹과 气 사이에 넣어야 한다.

叹气一口 한 숨을 한숨 쉬다 (X)
叹一口气 한숨을 한 번 쉬다 (O)

63 惋惜
wǎnxī

동 애석해하다, 안타까워하다

网友们纷纷为黄医生的牺牲而深感惋惜。

누리꾼들은 계속해서 황 의사의 희생에 애석함을 깊이 느낀다.

纷纷 fēnfēn 부 계속해서, 잇달아　牺牲 xīshēng 동 희생하다, 대가를 치르다

64 掩饰
yǎnshì

동 (결점·실수 따위를) 감추다, 덮어 숨기다

老李不是无所畏惧的人，只是很好地掩饰了内心的恐惧而已。

라오리는 아무것도 두려워하지 않는 사람이 아니라, 다만 마음속의 두려움을 잘 감춘 것일 뿐이다.

无所畏惧 wúsuǒwèijù 형 아무것도 두려워하지 않다
恐惧 kǒngjù 형 두렵다, 무섭다　而已 éryǐ 조 다만 ~뿐이다

65 厌恶
yànwù

반의어

喜爱 xǐ'ài
동 호감을 느끼다, 좋아하다
疼爱 téng'ài
동 매우 사랑하다, 매우 귀여워하다

동 싫어하다, 혐오하다

你所厌恶的生活，也许正是别人所渴望的。

당신이 싫어하는 그 생활은, 어쩌면 다른 이가 갈망하던 바로 그것일 수 있다.

正 zhèng 부 바로 형 곧다　渴望 kěwàng 동 갈망하다, 간절히 바라다

66 折磨
zhémó

[동] (육체적·정신적으로) 괴롭히다, 고통스럽게 하다

经常被负面情绪折磨的人，不妨去看看心理医生。

늘 부정적인 감정에 괴롭힘을 당하는 사람은, 심리 치료사에게 진찰받아 보는 것도 괜찮다.

负面 fùmiàn [명] 부정적인 면 **情绪** qíngxù [명] 감정, 기분
不妨 bùfáng [부] (~하는 것도) 괜찮다, 무방하다

67 孤独 ★★
gūdú

[형] 고독하다, 외롭다

在这段孤独的旅程中，小刘丝毫不觉得孤独。

이 고독한 여정 속에서, 샤오리우는 조금도 외로움을 느끼지 않았다.

旅程 lǚchéng [명] 여정 **丝毫** sīháo [명] 조금, 추호

🏯 **알아 두면 시험이 쉬워지는 배경 지식**

> [일반상식] <百年孤独(백 년 동안의 고독)>는 诺贝尔文学奖 수상 작가인 马尔克斯의 장편소설이다. 이 소설은 콜롬비아의 마콘도라는 허구의 시골 마을과 이 마을을 세운 부엔디아 가문의 흥망성쇠를 그리고 있는데, 20세기 중요한 걸작 중 하나로 평가 받고 있다. 그런데 百年孤独는 소설 제목이기도 하지만, 중국의 술 이름 중 하나이기도 하다. 百年孤独酒라는 술은 쌀·수수·밀 등 곡식으로 빚은 중국의 白酒로, 장기간 저장해두면 향이 짙고 맛있어져, 애주가들의 사랑을 받는 술이다.
>
> **百年孤独** Bǎi nián gūdú 백 년 동안의 고독
> **诺贝尔文学奖** Nuòbèi'ěr Wénxuéjiǎng 노벨문학상
> **马尔克斯** Mǎ'ěrkèsī 마르케스[콜롬비아의 작가]
> **白酒** báijiǔ 백주, 배갈

68 沮丧 ★★
jǔsàng

[형] 낙담하다, 풀이 죽다

几个应聘者一脸沮丧地走了出来，唯有他显得沉着镇静。

몇 명의 지원자들은 낙담한 표정으로 걸어 나왔는데, 유독 그만 침착하고 차분해 보였다.

应聘者 yìngpìnzhě 지원자, 응시자 **唯有** wéiyǒu [부] 유독, 단지
显得 xiǎnde [동] ~처럼 보이다 **沉着** chénzhuó [형] 침착하다, 차분하다
镇静 zhènjìng [형] 차분하다, 평온하다

69 茫然 ★★
mángrán

[형] 막연하다, 망연하다

拿到试卷后，有的人感到一片茫然，有的人却显得很自信。

시험지를 받고 나서, 어떤 사람은 온통 막연함을 느꼈고, 어떤 사람은 오히려 자신이 있어 보였다.

试卷 shìjuàn [명] 시험지 **显得** xiǎnde [동] ~처럼 보이다

★★★ = 최빈출 어휘   ★★ = 빈출 어휘

70 羞耻
xiūchǐ

[형] 부끄럽다, 수치스럽다

→ 술어

只有知道羞耻的人才能有高尚的人格。
부끄러움을 아는 사람만이 고상한 인격을 가질 수 있다.

高尚 gāoshàng [형] 고상하다 **人格** réngé [명] 인격, 품격

71 悲哀
bēi'āi

[형] 슬프다, 비통해하다

受到温暖人心的安慰之后，我不再感到悲哀了。
마음 따뜻한 위로를 받은 후, 나는 더는 슬픔을 느끼지 않았다.

温暖 wēnnuǎn [동] 따뜻하게 하다 **安慰** ānwèi [동] 위로하다

72 悲惨
bēicǎn

[형] 비참하다

在这场悲惨的灾难中，灾民并没有沮丧，而是奋起抗灾。
이 비참한 재난 속에서, 이재민들은 결코 낙담하지 않고, 오히려 기운을 내어 힘차게 일어서서 재해에 맞섰다.

灾难 zāinàn [명] 재난, 재해 **灾民** zāimín [명] 이재민
沮丧 jǔsàng [형] 낙담하다, 풀이 죽다
奋起 fènqǐ [동] 기운을 내어 힘차게 일어서다 **抗灾** kàngzāi [동] 재해에 맞서다

73 凄凉
qīliáng

[형] 처량하다, 애처롭다

在凄凉而孤独的岁月中，老李始终没放弃对生活的希望。
그 처량하고 고독한 세월 속에서도, 라오리는 늘 삶에 대한 희망을 포기하지 않았다.

孤独 gūdú [형] 고독하다 **岁月** suìyuè [명] 세월 **始终** shǐzhōng [부] 늘, 언제나

74 苦涩
kǔsè

[형] (마음이) 괴롭다, 쓰다, (맛이) 씁쓸하고 떫다

我长大后才明白了母亲微笑背后的苦涩与心酸。
난 어른이 된 후에야 비로소 어머니의 미소 뒷면의 괴로움과 슬픔을 이해했다.

微笑 wēixiào [명] 미소 **背后** bèihòu [명] 뒷면, 뒤쪽, 배후
心酸 xīnsuān [형] 슬프다, 마음이 쓰리다

75 忧郁
yōuyù

[형] 우울하다, 침울하다

人不必过于追求完美，否则很容易变得忧郁沮丧。
사람은 지나치게 완벽을 추구할 필요는 없는데, 그렇지 않으면 쉽게 우울해지고 낙담하게 된다.

过于 guòyú [부] 지나치게, 너무 **追求** zhuīqiú [동] 추구하다
完美 wánměi [형] 완벽하다 **沮丧** jǔsàng [형] 낙담하다, 풀이 죽다

76 冤枉
yuānwang

[형] 억울하다　[동] 억울한 누명을 씌우다

我实在是太冤枉了，事实上是老王不择手段地陷 _{술어}
害了我。

난 정말이지 너무 억울해, 사실상 라오왕이 수단과 방법을 가리지 않고 나를 모함한 거야.

找到证据之前，我们不能随便冤枉任何人。

증거를 찾기 전에는, 우리는 누구에게도 함부로 억울한 누명을 씌워서는 안 됩니다.

不择手段 bùzéshǒuduàn [성] 수단과 방법을 가리지 않다
陷害 xiànhài [동] 모함하다, 남을 해치다　**证据** zhèngjù [명] 증거

77 愤怒
fènnù

[형] 분노하다

面对不公平的事，小刘总是掩饰不了愤怒的情绪。

불공평한 일에 부닥치면, 샤오리우는 늘 분노하는 감정을 감추지 못한다.

掩饰 yǎnshì [동] (결점·실수 따위를) 감추다　**情绪** qíngxù [명] 감정, 기분

 시험에 이렇게 나온다!

[쓰기] 쓰기 영역 지문에서 **愤怒**라는 어휘가 나오면, 요약할 때 **生气**로 쉽게 바꿔 쓸 수 있다.

78 恼火
nǎohuǒ

[형] 화내다, 노하다

找出问题的根源之前，你先不要恼火。

문제의 근원을 찾아내기 전에, 당신은 먼저 화내지 마세요.

根源 gēnyuán [명] 근원, 근본 원인

79 可恶
kěwù

[형] 가증스럽다, 얄밉다

最可恶的是那些在背后破坏团结的人。

가장 가증스러운 것은 배후에서 단결을 깨뜨리는 그런 사람들이다.

背后 bèihòu [명] 배후, 뒤쪽, 뒷면　**破坏** pòhuài [동] 깨뜨리다, 파괴하다
团结 tuánjié [동] 단결하다, 뭉치다

80 焦急
jiāojí

반의어

冷静 lěngjìng
[형] 냉정하다, 침착하다

[형] 초조하다, 조급해하다

考生都焦急地等待着笔试成绩的公布。

수험생들 모두 필기시험 성적 발표를 초조하게 기다리고 있다.

等待 děngdài [동] 기다리다　**笔试** bǐshì [명] 필기시험
公布 gōngbù [동] 발표하다, 공포하다

81 侥幸
jiǎoxìng

형 요행하다, 뜻밖에 운이 좋다

술어 ←

我们都要踏踏实实地做好自己的事，而不能有侥幸心理。

우리 모두 착실하게 자기의 일을 해야지, 요행을 바라는 심리가 있어서는 안 된다.

踏实 tāshi 형 (태도 등이) 착실하다, 성실하다   心理 xīnlǐ 명 심리

🏯 **알아 두면 시험이 쉬워지는 배경 지식**

> 일반상식 **侥幸心理**(요행을 바라는 심리)는 우연한 기회나 운을 통해 전혀 예상하지 못했던 이익이나 성공을 기대하는 심리이다. 심리학 연구에 따르면, **侥幸心理**는 일종의 본능과 같아서 사람들의 **潜意识** 속에 늘 존재한다. 따라서 일반적인 상황이라면 **侥幸心理**는 **潜意识**로만 남아 있어 사람의 행동을 지배하지 않는다. 하지만 만약 **侥幸心理**에 의존하기 시작한다면, **自控能力**를 잃고 **赌博行为**, **炒股行为** 등에 쉽게 빠질 수 있으므로 주의가 필요하다.
>
> **侥幸心理** jiǎoxìng xīnlǐ 요행을 바라는 심리, 요행 심리
> **潜意识** qiányìshí 잠재의식
> **自控能力** zìkòng nénglì 자기 통제력
> **赌博行为** dǔbó xíngwéi 사행 행위
> **炒股行为** chǎogǔ xíngwéi 주식 투기 행위

82 空虚
kōngxū

형 공허하다, 텅 비다

他始终想摆脱空虚的精神状态。

그는 언제나 공허한 정신 상태에서 벗어나고 싶어한다.

반의어

充实 chōngshí
형 충실하다, 풍부하다
통 충실하게 하다

始终 shǐzhōng 부 언제나, 한결같이
摆脱 bǎituō 통 (좋지 못한 상황에서) 벗어나다, 빠져나오다
精神 jīngshén 명 정신   状态 zhuàngtài 명 상태

83 恐怖
kǒngbù

형 아주 무섭다, 공포를 느끼다

大家异口同声地说，这部电影很恐怖。

모두들 이구동성으로, 이 영화가 아주 무섭다고 말한다.

异口同声 yìkǒutóngshēng 성 이구동성이다

84 勉强
miǎnqiǎng

형 마지못해 ~하다, 간신히 ~하다   동 강요하다

有时你要学会拒绝，不用勉强答应你不想做的事。

가끔 당신은 거절하는 법을 배워야 하며, 당신이 하고 싶지 않은 일을 마지못해 들어줄 필요는 없다.

这件事连你都感到为难的话，就不要勉强别人去做。

이 일이 당신조차도 난처하게 느껴진다면, 다른 사람에게 하라고 강요해서는 안 된다.

答应 dāying 통 들어주다, 동의하다   为难 wéinán 형 난처하다, 곤란하다

연습문제 **체크체크!**

제시된 각 단어의 병음을 써 보고, 뜻을 오른쪽 보기에서 찾아 줄을 그어 보세요.

01 寄托 ....

02 惊讶 ....

03 尴尬 ....

04 踏实 ....

05 震撼 ....

ⓐ 맡기다, 의탁하다

ⓑ (입장이) 곤란하다, 난처하다

ⓒ 의아스럽다, 놀랍다

ⓓ 뒤흔들다, 진동시키다

ⓔ (마음이) 편안하다, (태도 등이) 착실하다, 성실하다

박스 안 단어의 병음을 써 보고, 문장을 읽고 빈칸에 들어갈 단어를 찾아 적어 보세요.

    ⓐ 感慨   ⓑ 消除   ⓒ 勉强   ⓓ 畏惧   ⓔ 盛情

   ....

06 他严肃的神情使我们心生..............。

07 我不好拒绝，只能..............答应朋友的请求。

08 每次想起那段过去的经历，心中不由得..............万千。

09 ....彼此之间的误会后，我们俩重归于好了。

10 这对夫妇对我们的..............款待表示了感谢。

정답: 01. jìtuō/ⓐ 02. jīngyà/ⓒ 03. gāngà/ⓑ 04. tāshi/ⓔ 05. zhènhàn/ⓓ
06. ⓓ/wèijù 07. ⓒ/miǎnqiǎng 08. ⓐ/gǎnkǎi 09. ⓑ/xiāochú 10. ⓔ/shèngqíng

* 06~10번 문제 해석은 해커스중국어(china.Hackers.com)에서 다운로드 받으세요.

HSK 6급 시험에 나오는 고난도 어휘

☑ 잘 외워지지 않는 단어는 ☐에 체크해 두고 다음에 반복 암기합니다.

☐ 悲欢	bēihuān	몡	슬픔과 기쁨
☐ 愉悦	yúyuè	혱	기쁘다, 즐겁다, 유쾌하다
☐ 饶有兴味	ráoyǒu xìngwèi		흥미를 느끼다
☐ 敬畏感	jìngwèigǎn		경외감
☐ 认同感	rèntónggǎn		동질감
☐ 悲悯	bēimǐn	동	가엾게 여기다
☐ 缺憾	quēhàn	몡	유감스러운 점, 불완전한 점
☐ 担忧	dānyōu	동	걱정하다, 근심하다
☐ 愁眉苦脸	chóuméikǔliǎn	성	걱정과 고뇌에 쌓인 표정, 우거지상
☐ 毛骨悚然	máogǔsǒngrán	성	모골이 송연하다, 몹시 두려워하다
☐ 头昏目眩	tóuhūnmùxuàn	성	머리가 아찔하고 눈앞이 캄캄하다
☐ 望而生畏	wàng'érshēngwèi	성	보기만 해도 두려움이 생기다
☐ 扼腕叹息	èwàntànxī		손목을 쥐고 탄식하다
☐ 双重压力	shuāngchóng yālì		이중의 스트레스
☐ 伤感	shānggǎn	혱	슬프다, 상심하다
☐ 哀愁	āichóu	혱	슬프다, 우수에 젖다
☐ 忐忑	tǎntè	혱	마음이 불안하다
☐ 郁闷	yùmèn	혱	답답하고 괴롭다
☐ 闷闷不乐	mènmènbúlè	성	마음이 답답하고 울적하다
☐ 饱受煎熬	bǎoshòu jiān'áo		시달림을 당할 대로 당하다

☐ 打动	dǎdòng	동 감동시키다, (마음을) 울리다
☐ 惊叹	jīngtàn	동 경탄하다
☐ 洋溢	yángyì	동 (감정·기분 등이) 충만하다
☐ 浓郁	nóngyù	형 (감정·기분 등이) 강렬하다, (향기 등이) 짙다
☐ 高枕无忧	gāozhěnwúyōu	성 아무런 근심 걱정이 없다, 평안하고 무사하다
☐ 怜悯之心	liánmǐn zhī xīn	연민하는 마음
☐ 心弦	xīnxián	명 심금
☐ 乡愁	xiāngchóu	명 향수[고향을 그리워하는 마음]
☐ 直觉	zhíjué	명 직감
☐ 潜意识	qiányìshí	명 잠재의식
☐ 伪心理学	wěixīnlǐxué	유사 심리학
☐ 沉浸	chénjìn	동 (분위기나 생각 따위에) 심취하다, (물 속에) 잠기다
☐ 高昂	gāo'áng	동 높이 들다, 높이 올리다 형 (목소리·정서 등이) 높다, (가격이) 비싸다
☐ 抒发	shūfā	동 나타내다, 토로하다
☐ 发泄	fāxiè	동 (감정·불만 등을) 발산하다, 털어놓다
☐ 厌烦	yànfán	동 싫증나다, 혐오하다
☐ 疑虑	yílǜ	동 의심하여 염려하다
☐ 失落	shīluò	형 (정신적으로) 공허하다 동 (물건을) 잃어버리다, 분실하다
☐ 苦闷	kǔmèn	형 번거롭고 답답하다, 고민하다
☐ 惊慌	jīnghuāng	형 허둥지둥하다, 당황하다

DAY 07

의견을 존중해요

의견 · 생각

주제를 알면 HSK가 보인다!

HSK 6급에서는 자신이나 제3자의 의견 또는 생각을 설명하는 내용의 문제가 자주 출제
돼요. 따라서 '옳고 그름', '논쟁하다', '깊이 생각하다', '사유'와 같은 의견·생각 관련 단어
들을 집중적으로 학습하면 이러한 문제를 쉽게 풀 수 있어요.

🎧 단어, 예문 MP3

끝나지 않은 세기의 논쟁거리

드디어 **是非**를
가릴 때가 왔군…

누가 할 소리!
몇 년을 **争议**했건만…
오늘이야말로 결판을 내자!

아무리 **思索**해 봐도…
오빠의 생각은 도무지
받아들일 수 없어.

나야말로 너의 **思维**
방식을 이해할 수 없어!

首要한 건
바삭함이라고,
찍먹!

말랑말랑이
최고거든?
부먹!

VS

---

02 **是非** shìfēi 몡 옳고 그름, 시비   06 **争议** zhēngyì 동 논쟁하다   08 **思索** sīsuǒ 동 깊이 생각하다

07 **思维** sīwéi 몡 사유   12 **首要** shǒuyào 혱 제일 중요한

01 策略 ★★★
cèlüè

명 전략, 책략

他发表的新的经营策略遭到了几个董事会成员的
反对。

그가 발표한 새로운 경영 전략은 몇몇 이사회 구성원들의 반대에 부딪혔다.

发表 fābiǎo 图 발표하다　经营 jīngyíng 图 경영하다, 운영하다
遭 zāo 图 부딪히다, 만나다　董事会 dǒngshìhuì 명 이사회
成员 chéngyuán 명 구성원, 성원

02 是非 ★★★
shìfēi

명 옳고 그름, 시비

他能很好地判断是非，很少被别人的意见所左右。

그는 옳고 그름을 잘 판단할 수 있어, 남의 의견에 좌지우지 되는 일이 드
물다.

所 suǒ 图 (~에 의해) ~되다

03 眼光 ★★★
yǎnguāng

명 관점, 시선, 안목

教授介绍了如何在信息碎片化时代用客观的眼光
分析信息。

교수는 정보 파편화 시대에 어떻게 객관적인 관점으로 정보를 분석하는지
를 소개했다.

如何 rúhé 때 어떻다, 어떠하다　碎片化 suìpiànhuà 图 파편화하다
时代 shídài 명 시대, 시절　客观 kèguān 형 객관적이다
分析 fēnxī 图 분석하다

 시험에 이렇게 나온다!

짝꿍표현　眼光을 활용한 다양한 짝꿍 표현들을 알아 둔다.

有眼光 yǒu yǎnguāng 안목이 있다, 눈썰미가 있다
眼光高 yǎnguāng gāo 안목이 높다 ≒ 콧대가 높다

04 分辨 ★★★
fēnbiàn

동 분별하다, 구분하다

网络上虚假新闻泛滥，让人难以分辨信息的真假。

인터넷 상에 허위 뉴스가 난무하고 있어, 사람들이 정보의 진위를 분별하는
것을 어렵게 만든다.

网络 wǎngluò 명 인터넷, 네트워크　虚假 xūjiǎ 형 허위적이다
泛滥 fànlàn 图 (못된 것이) 난무하다, 유행하다
真假 zhēnjiǎ 명 진위, 진짜와 가짜

05 譬如 ★★★

pìrú

동 예를 들다

专家提示，有些姿势，譬如趴着看书，会严重损害视力。

전문가들은, 어떤 자세, 예를 들어 엎드려서 책을 읽는 것은, 시력을 심각하게 손상시킬 수 있다고 지적했다.

专家 zhuānjiā 명 전문가 **提示** tíshì 동 지적하다, 일러주다
姿势 zīshì 명 자세, 포즈 **趴** pā 동 엎드리다
损害 sǔnhài 동 손상시키다, 해치다 **视力** shìlì 명 시력

---

06 争议 ★★★

zhēngyì

유의어

争论 zhēnglùn 동 논쟁하다

동 논쟁하다, 쟁의하다

那位学者在采访中的发言引起了很大的争议。

그 학자의 인터뷰에서의 발언은 큰 논쟁을 불러일으켰다.

采访 cǎifǎng 동 인터뷰하다, 취재하다

 시험에 이렇게 나온다!

유의어 争议 : 争论(zhēnglùn, 논쟁하다)

争议는 목적어를 가질 수 없고, 주로 동사 有와 호응해서 쓰인다.
有争议 yǒu zhēngyì 논쟁이 있다
产生争议 chǎnshēng zhēngyì 논쟁을 야기하다

争论은 목적어를 가질 수 있다.
争论一件事 zhēnglùn yí jiàn shì 한 가지 일을 논쟁하다
激烈争论 jīliè zhēnglùn 열띤 논쟁, 극렬한 논쟁

---

07 思维 ★★★

sīwéi

명 사유

总裁在发言中强调，人家应该勇于打破惯性思维。

CEO는 연설에서, 모두 관습적 사유를 용감하게 타파해야 한다고 강조했다.

总裁 zǒngcái 명 CEO, (그룹의) 총재 **发言** fāyán 동 연설하다, 발언하다
强调 qiángdiào 동 강조하다 **勇于** yǒngyú 동 용감하다
惯性 guànxìng 명 관습성, 관성

 시험에 이렇게 나온다!

짝꿍
표현 **思维**를 활용한 다양한 짝꿍 표현들을 알아 둔다.

思维模式 sīwéi móshì 사유 방식
思维能力 sīwéi nénglì 사유력 ≒ 사고력
思维灵活 sīwéi línghuó 사유가 융통성이 있다
思维敏捷 sīwéi mǐnjié 사유가 민첩하다

⁰⁸ **思索** ★★★
sīsuǒ

[동] 깊이 생각하다, 사색하다

有些人在思索时，会无意识地用手拍脑门。

어떤 사람들은 깊이 생각할 때, 무의식적으로 손으로 이마를 두드리곤 한다.

无意识 wúyìshí [부] 무의식적으로　**拍** pāi [동] 두드리다, 치다
脑门 nǎomén [명] 이마

 시험에 이렇게 나온다!

[짝꿍표현] 思索를 활용한 짝꿍 표현을 알아 둔다.

日夜思索 rìyè sīsuǒ 밤낮으로 사색에 잠기다

⁰⁹ **推测** ★★★
tuīcè

[동] 추측하다, 헤아리다

据生物学家推测，眼泪会将体内多余的化学物质清除掉。

생물학자들의 추측에 따르면, 눈물은 체내에 불필요한 화학 물질들을 깨끗이 제거할 수 있다고 한다.

生物 shēngwù [명] 생물, 생물학　**多余** duōyú [형] 불필요한, 나머지의
化学 huàxué [명] 화학　**物质** wùzhì [명] 물질
清除 qīngchú [동] 깨끗이 제거하다

¹⁰ **注重** ★★★
zhùzhòng

[동] 신경을 쓰다, 중시하다

画廊的负责人希望政府能够注重画廊行业的发展。

화랑의 관계자는 정부가 화랑 업계의 발전에 신경을 쓸 수 있기를 바란다.

画廊 huàláng [명] 화랑, 갤러리　**政府** zhèngfǔ [명] 정부
行业 hángyè [명] 업계, 업무 분야

¹¹ **掩盖** ★★★
yǎngài

[동] 감추다, 덮어 가리다

无论如何都掩盖不了她话语中的惋惜之情。

어떻게 해도 그녀의 말 속의 안타까움을 감출 수 없었다.

无论如何 wúlùn rúhé [성] 어떻게 해도, 어떠하든 간에
惋惜 wǎnxī [동] 안타까워하다, 애석해하다

¹² **首要** ★★★
shǒuyào

[형] 제일 중요한

您认为优秀的儿童文学作家需要具备的首要品德是什么?

당신은 훌륭한 아동문학 작가가 갖추어야 할 제일 중요한 덕목이 무엇이라고 생각하시나요?

文学 wénxué [명] 문학　**具备** jùbèi [동] 갖추다, 구비하다
品德 pǐndé [명] 덕목, 품성

13 评论 ** pínglùn

유의어

评价 píngjià
동 평가하다 명 평가

명 논평, 평론   동 평론하다, 논의하다

报纸上刊登的评论得到了大家的好评。
술어

신문에 실린 논평은 모두의 호평을 얻었다.

我当时并没有在场，所以不能随便评论这件事。
난 당시 현장에 없었기 때문에, 함부로 이 일을 평론할 수 없다.

刊登 kāndēng 동 싣다, 게재하다   在场 zàichǎng 동 현장에 있다

 시험에 이렇게 나온다!

유의어 评论 : 评价(píngjià, 평가하다, 평가)

评论은 비평하고 논의한다는 의미를 나타내며, '很高/很好' 등으로 수식할 수 없다.

发表评论 fābiǎo pínglùn 평론을 발표하다
评论文章 pínglùn wénzhāng 문장을 평론하다

评价는 가치의 높고 낮음을 평가한다는 의미를 나타내며, '很高/很好' 등으로 수식할 수 있다.

评价很高 píngjià hěn gāo 평가가 높다
评价好坏 píngjià hǎohuài 좋고 나쁨을 평가하다

14 见解 jiànjiě

명 견해, 소견

他不愧是出色的评论家，对艺术作品有非常独到的见解。

그는 뛰어난 평론가답게, 예술 작품에 대해 매우 독창적인 견해를 가지고 있다.

不愧 búkuì 부 ~답다, ~에 부끄럽지 않다   出色 chūsè 형 뛰어나다, 출중하다
评论家 pínglùnjiā 평론가   作品 zuòpǐn 명 작품
独到 dúdào 형 독창적이다

15 言论 yánlùn

명 언사, 의견

我们每一个人要齐心协力打击不雅言论在网络上的传播。

우리 모두가 한 마음 한 뜻으로 함께 노력하여 점잖지 못한 언사가 인터넷에서 전파되는 것을 척결해야 한다.

齐心协力 qíxīnxiélì 성 한 마음 한 뜻으로 함께 노력하다
打击 dǎjī 동 척결하다, 공격하다   不雅 bù yǎ 점잖지 않다, 우아하지 않다
传播 chuánbō 동 전파하다, 퍼지다

16 舆论
yúlùn

명 여론

真相终于水落石出，他遭到了舆论的攻击。
→ 술어

진상은 마침내 완전히 밝혀졌고, 그는 여론의 공격을 받았다.

真相 zhēnxiàng 명 진상, 실상
水落石出 shuǐluòshíchū 젱 진상이 완전히 밝혀지다
遭 zāo 동 받다, 만나다, 당하다 **攻击** gōngjī 동 공격하다

17 分歧
fēnqí

반의어

一致 yízhì
형 (언행 또는 의견 등이) 일치하다
부 함께, 일제히

명 (사상·의견·기록 등의) 차이, 불일치
형 (사상·의견·기록 등이) 불일치하다, 어긋나다

两位领导在问题的处理方式上存在较大的分歧。

두 지도자는 문제의 처리 방식에 있어 비교적 큰 차이가 존재한다.

关于疾病发生的根源，医学专家们产生了意见分歧。

질병 발생의 근원을 놓고, 의학 전문가들 사이에 의견이 불일치하는 것이 생겨났다.

领导 lǐngdǎo 명 지도자, 리더 **处理** chǔlǐ 동 처리하다, 해결하다
方式 fāngshì 명 방식 **存在** cúnzài 동 존재하다 **疾病** jíbìng 명 질병
根源 gēnyuán 명 근원 **专家** zhuānjiā 명 전문가
产生 chǎnshēng 동 생기다, 나타나다

 시험에 이렇게 나온다!

짝꿍표현 分歧를 활용한 다양한 짝꿍 표현들을 알아 둔다.
产生分歧 chǎnshēng fēnqí 차이가 발생하다
意见分歧 yìjiàn fēnqí 의견이 불일치하다

18 贬义
biǎnyì

반의어

褒义 bāoyì
명 (문구 또는 글에 담긴) 칭찬이나
찬양 등의 긍정적인 의미

명 (문구 또는 글에 담긴) 부정적이거나 혐오적인 의미

在网上评论时，尽量不要使用含有贬义的词语。

인터넷에서 논평할 때, 가급적 부정적인 의미를 담은 단어를 사용하지 말아야 한다.

评论 pínglùn 동 논평하다, 평론하다 **尽量** jǐnliàng 부 가급적, 되도록
含有 hányǒu 동 담다, 함유하다

시험에 이렇게 나온다!

짝꿍표현 贬义를 활용한 짝꿍 표현을 알아 둔다.
贬义词 biǎnyìcí 부정적 의미를 가진 단어

19 分量
fènliàng

명 무게, 분량

一般而言，人们说话的分量取决于自己的地位。

일반적으로 말하자면, 사람들의 말의 무게는 자신의 지위에 달려 있다.

取决 qǔjué 동 ~에 달려 있다 **地位** dìwèi 명 지위, 위치

20 提议
tíyì

명 제의 동 제의하다

→ 술어

米兰达的<u>提议</u>没有被<u>采纳</u>，这让她感到有些<u>失落</u>。

미란다의 제의는 받아들여지지 않았는데, 이는 그녀로 하여금 약간의 낙심을 느끼게 했다.

他们<u>提议</u><u>建立</u>一个<u>基金会</u>，<u>资助贫困地区</u>的儿童。

그들은 재단을 하나 세워서, 빈곤 지역의 아동들을 돕는 것을 제의했다.

采纳 cǎinà 동 받아들이다, 수락하다　**失落** shīluò 동 잃어버리다
建立 jiànlì 동 세우다, 형성하다　**基金会** jījīnhuì 재단, 기금회
资助 zīzhù 동 (경제적으로) 돕다　**贫困** pínkùn 형 빈곤하다, 곤궁하다
地区 dìqū 명 지역

21 意图
yìtú

명 의도 동 ~하려고 하다, ~할 계획이다

我一眼看穿了他的<u>意图</u>，但并没有<u>揭露</u>出来。

나는 한눈에 그의 의도를 간파했지만, 결코 폭로하지 않았다.

中国最近<u>出台</u>了各项<u>法规</u>，<u>意图</u>通过法律手段来
保护<u>野生</u>动植物<u>资源</u>。

중국은 최근 여러 법규를 공포하여, 법률 수단을 통해 야생 동식물 자원을 보호하려고 한다.

看穿 kànchuān 동 간파하다　**揭露** jiēlù 동 폭로하다, 까발리다
出台 chūtái 동 (정책 등을) 공포하다, (배우가) 등장하다
法规 fǎguī 명 법규　**野生** yěshēng 형 야생의　**资源** zīyuán 명 자원

22 意向
yìxiàng

유의어

意图 yìtú 명 의도

명 의사, 의향

人事负责人<u>强调</u>，填<u>入职申请书</u>时，<u>务必</u>认真填
写<u>求职</u>意向。

인사 담당자는, 입사 지원서를 작성할 때, 필히 성실하게 입사 지원 의사를 기입할 것을 강조했다.

人事 rénshì 명 인사　**强调** qiángdiào 동 강조하다
入职申请书 rùzhí shēnqǐngshū 입사 지원서　**务必** wùbì 부 필히, 반드시
求职 qiúzhí 동 입사 지원하다, 직장을 구하다

 시험에 이렇게 나온다!

유의어 **意向 : 意图**(yìtú, 의도)

意向은 주로 서면어에서 사용된다.

意向书 yìxiàngshū 의향서[어떤 임무를 완성하거나 또는 어떤 목적을 이루기 위하여 방법·조치·순서 등을 적은 서류]

投资意向 tóuzī yìxiàng 투자 의향

意图는 구어에서 사용할 수 있다.

你的意图 nǐ de yìtú 너의 의도

意图很明显 yìtú hěn míngxiǎn 의도가 분명하다

23 宗旨
zōngzhǐ

명 목적, 취지

教育专家声称, 幼儿教育的宗旨在于让孩子健康
地成长。

교육 전문가들은, 유아 교육의 목적은 아이들을 건강하게 성장시키는 데 있
다고 밝혔다.

专家 zhuānjiā 명 전문가 声称 shēngchēng 동 밝히다, 공언하다
幼儿 yòu'ér 명 유아 成长 chéngzhǎng 동 성장하다, 자라다

24 示意 **
shìyì

동 의사를 표하다, 뜻을 표시하다

驾驶员把头伸出车窗外, 向前面的路人示意避让。

운전사는 머리를 차창 밖으로 내밀어, 앞의 행인에게 피하라는 의사를 표
했다.

驾驶员 jiàshǐyuán 명 운전사, 조종사 伸 shēn 동 (신체 일부를) 내밀다
避让 bìràng 동 피하다, 물러서다

 시험에 이렇게 나온다!

> 이합동사
> 示意는 示(나타내다)+意(뜻)가 합쳐진 이합동사이다. 이합동사는 기본적으로
> 목적어를 취할 수 없지만, 示意는 예외적으로 목적어를 취할 수 있다.
>
> 点头向他示意 고개를 끄덕여 그에게 의사를 표하다 (목적어 없음)
> 示意他出示证件 그에게 증명서를 꺼내 보이라는 의사를 표하다 (목적어 있음)

25 演绎 **
yǎnyì

반의어

归纳 guīnà 동 귀납하다

동 (뜻이나 감정·느낌 등을) 드러내다, 상세하게 서술하다

在辩论总决赛中, 正方和反方精彩地演绎了各自
的观点。

토론 결승전에서, 찬성 측과 반대 측이 훌륭하게 각자의 관점을 드러냈다.

辩论 biànlùn 동 토론하다, 논쟁하다 总决赛 zǒngjuésài 결승전
正方 zhèngfāng 명 찬성 측 反方 fǎnfāng 명 반대 측
各自 gèzì 대 각자, 제각기 观点 guāndiǎn 명 관점

🏯 알아 두면 시험이 쉬워지는 배경 지식

> 일반
> 상식
> 演绎推理(연역적 추론) 또는 演绎法(연역법)는 주로 보편적 사실로부터 개별
> 적 사실을 이끌어내는 추론 방식이다. 대표적인 예로는 '사람은 모두 죽는다 →
> 소크라테스는 사람이다 → 고로 소크라테스는 죽는다'와 같은 三段论이 있다.
> 이와 대비되는 개념으로는 归纳推理(또는 归纳法)가 있는데, 이는 개별적인 사
> 실들을 통해 일반적인 원리를 끌어내는 추론 방식이다.
>
> 演绎推理 yǎnyì tuīlǐ 연역적 추론
> 演绎法 yǎnyìfǎ 연역법
> 三段论 sānduànlùn 삼단논법
> 归纳推理 guīnà tuīlǐ 귀납적 추론
> 归纳法 guīnàfǎ 귀납법

26 表态
biǎotài

동 입장을 밝히다, (성격·태도를) 표명하다

→ 술어

多数议员并没有对棘手的问题<u>表态</u>，只是保持沉默。

여러 의원들은 난감한 문제에 대해 결코 입장을 밝히지 않고, 침묵만 유지할 뿐이었다.

议员 yìyuán 몡 의원 棘手 jíshǒu 톙 난감하다, 곤란하다
保持 bǎochí 동 유지하다, 지키다 沉默 chénmò 동 침묵하다

 시험에 이렇게 나온다!

이합
동사 表态는 表(밝히다)+态(태도)가 합쳐진 이합동사로, 목적어를 취할 수 없다.

表态此事 이 일을 입장을 밝히다 (X)
对此事表态 이 일에 대해 입장을 밝히다 (O)

27 倡议
chàngyì

동 제의하다, 제안하다 명 제의, 제안

我校学生社团<u>倡议</u>大家为和病魔作战的同学<u>献上</u>
<u>爱心</u>。

우리 학교 학생 동아리들은 병마와 싸우는 학우를 위해 도움을 주자고 모두에게 제의했다.

国际社会纷纷对中国"一带一路"的<u>倡议</u>表示关注。

국제 사회는 잇달아 중국의 '일대일로' 제의에 관심을 표했다.

学生社团 xuéshēng shètuán 학생 동아리 病魔 bìngmó 몡 병마
作战 zuòzhàn 동 싸우다, 전투하다 献爱心 xiàn àixīn 도움을 주다
纷纷 fēnfēn 튀 잇달아, 계속해서
一带一路 Yídàiyílù 고유 일대일로[육상·해상 신(新) 실크로드 경제 벨트]
关注 guānzhù 동 관심을 가지다

🏯 **알아 두면 시험이 쉬워지는 배경 지식**

중국
문화 一带一路(일대일로)는 중국이 주도하는 대규모 프로젝트로, 2013년 중국 시진핑 주석의 倡议로 시작되었다. 이 말은 丝绸之路经济带와 21世纪海上丝绸之路의 약칭으로, 직역하면 '하나의 띠, 하나의 길'이라는 뜻이다. 一带一路는 중국과 주변 국가들을 육상·해상으로 잇는 거대한 신(新) 실크로드 경제 벨트를 구축하여 중국과 다른 국가들 간의 경제 협력 관계를 강화하고, 더 나아가 정치·무역·문화 방면에서 교류를 실현하려는 대규모 프로젝트이다.

一带一路 Yídàiyílù 일대일로[육상·해상 신(新) 실크로드 경제 벨트]

丝绸之路经济带 Sīchóuzhīlù jīngjì dài 실크로드 경제 벨트

21世纪海上丝绸之路 èrshíyī shìjì hǎishang Sīchóuzhīlù
21세기 해상 실크로드

28 陈述
chénshù

동 진술하다

各国代表围绕最近发生的热点问题陈述了各自的
观点。　　　　　　　　　　　　　　↗ 술어

각 국가의 대표들은 최근에 일어난 핫이슈를 둘러싸고 각자의 관점을 진술했다.

代表 dàibiǎo 명 대표 동 대표하다　**围绕** wéirào 동 둘러싸다
热点问题 rèdiǎn wèntí 핫이슈, 주 관심사　**各自** gèzì 데 각자
观点 guāndiǎn 명 관점

29 断定
duàndìng

동 단정하다, 결론을 내리다

他只听故事的开头就断定这部小说是喜剧。

그는 이야기의 서두만 듣고 이 소설이 희극이라고 단정지었다.

开头 kāitóu 명 서두, 처음　**结局** jiéjú 명 결말, 결국, 마지막
喜剧 xǐjù 명 희극

30 企图
qǐtú

동 의도하다, 기도하다　명 의도

嫌疑人企图破坏犯罪现场, 毁灭所有证据。

용의자는 범죄 현장을 훼손하여, 모든 증거를 없애는 것을 의도했다.

他识破了竞争对手的企图, 采取了有效的防备措施。

그는 경쟁 상대의 의도를 간파하여, 효과적인 방비 대책을 취했다.

嫌疑人 xiányírén 용의자　**破坏** pòhuài 동 훼손하다, 파괴하다
犯罪 fànzuì 동 범죄를 저지르다　**现场** xiànchǎng 명 (사건이나 사고의) 현장
毁灭 huǐmiè 없애다, 파괴시키다　**证据** zhèngjù 명 증거
识破 shípò 동 간파하다, 꿰뚫어 보다　**对手** duìshǒu 명 상대, 적수
采取 cǎiqǔ 동 (방침·수단을) 취하다, 채택하다　**防备** fángbèi 동 방비하다
措施 cuòshī 명 대책

31 反驳 **
fǎnbó

동 반박하다

无论对方用多么尖锐的语言攻击他, 他就是不
反驳对方。

상대방이 어떤 날카로운 말로 그를 공격하더라도, 그는 상대방에게 반박하지 않았다.

对方 duìfāng 명 상대방, 상대편　**尖锐** jiānruì 형 날카롭다, 예리하다
攻击 gōngjī 동 공격하다, 진공하다, 비난하다

해커스 HSK 6급 단어장

32 排斥 **
páichì

동 배척하다

让威廉感到意外的是，所有人不但没有排斥他，反而支持他。

윌리엄으로 하여금 뜻밖이라고 느끼게 한 것은, 모든 사람이 그를 배척하지 않았을 뿐만 아니라, 오히려 그를 지지한다는 것이다.

意外 yìwài 형 뜻밖이다, 의외이다　反而 fǎn'ér 부 오히려, 도리어, 반대로

33 批判 **
pīpàn

동 비판하다, 지적하다

违背人类尊严的部分陋习受到了人们的批判。

인류의 존엄성을 위배하는 일부 낡은 풍습은 사람들의 비판을 받았다.

违背 wéibèi 동 위배하다, 위반하다　尊严 zūnyán 명 존엄성
陋习 lòuxí 명 낡은 풍습, 악습

34 指责 **
zhǐzé

반의어

称赞 chēngzàn 동 칭찬하다

동 지적하다, 질책하다

他认为，无缘无故地批评或指责他人会影响人际关系。

그는, 아무런 이유도 없이 남을 꾸짖거나 지적하면 인간관계에 영향을 줄 수 있다고 생각한다.

无缘无故 wúyuánwúgù 성 아무런 이유도 없다

35 抗议
kàngyì

동 항의하다

观众们对比赛结果感到不满，向裁判提出了抗议。

관중들은 경기 결과에 불만을 느꼈고, 심판에게 항의를 제기했다.

不满 bùmǎn 형 불만스럽다, 불만족하다　裁判 cáipàn 명 심판

36 谴责
qiǎnzé

동 비난하다, 질책하다

人们谴责有些媒体报道的新闻内容虚假、夸张。

사람들은 어떤 매체들이 보도한 뉴스 내용이 허위 과장된 것이라고 비난했다.

媒体 méitǐ 명 매체, 언론　报道 bàodào 동 보도하다 명 보도
虚假 xūjiǎ 형 허위의, 거짓되다　夸张 kuāzhāng 형 과장하다

37 牢骚
láosāo

[동] 넋두리하다, 불평을 늘어놓다 [명] 불평, 불만

술어 ←

小杰最近<u>情绪低落</u>，时不时地在<u>朋友圈</u>里<u>牢骚</u>几句。

샤오지에는 최근 기분이 가라앉아서, 시도 때도 없이 위챗 모멘트에 몇 마디 넋두리를 했다.

她在公司<u>受</u>了点<u>委屈</u>，回家后<u>便满腹</u>牢骚。

그녀는 회사에서 억울한 일을 당하여, 집에 돌아오자마자 불평이 가득했다.

情绪 qíngxù [명] 기분, 정서   **低落** dīluò [형] (기분 등이) 가라앉다, 저조하다
时不时 shíbùshí [부] 시도 때도 없이
朋友圈 Péngyouquān [고유] 위챗 모멘트[위챗(微信)에 글과 사진을 올리는 곳]
委屈 wěiqu [형] 억울하다, 분하다   **便** biàn [부] 즉시, 곧
满腹 mǎnfù [동] (배나 마음 속에) 가득하다

 시험에 이렇게 나온다!

> **짝꿍표현** 牢骚를 활용한 짝꿍 표현을 알아 둔다. 참고로, 牢骚는 동사 发(표출하다, 드러 내다)와 함께 자주 쓰인다.
>
> **发牢骚** fā láosāo 불만을 표출하다

38 流露
liúlù

[동] (생각·감정을) 무심코 드러내다, 무의식 중에 나타내다

他从<u>言语</u>中<u>流露</u>出了对她的<u>钦佩</u>。

그는 말 속에서 그녀에 대한 존경을 무심코 드러내 보였다.

钦佩 qīnpèi [동] 존경하다, 탄복하다

39 反馈 ★★
fǎnkuì

[동] 피드백하다, (정보·반응이) 되돌아오다

<u>领导</u>及时把对<u>报告书</u>的意见<u>反馈</u>给了<u>员工</u>。

리더는 보고서에 대한 의견을 제때에 직원에게 피드백했다.

领导 lǐngdǎo [명] 리더, 대표   **报告书** bàogàoshū [명] 보고서
员工 yuángōng [명] 직원, 종업원

40 交代 ★★
jiāodài

[동] 설명하다, 인계하다

<u>建筑工地</u>的负责人<u>一再交代工人</u>们<u>施工</u>时要注意安全。

건축 현장 책임자는 노동자들에게 시공 시 안전에 주의해야 한다고 거듭 설명했다.

建筑 jiànzhù [동] 건축하다, 건설하다 [명] 건축물
工地 gōngdì [명] (건축·개발 등의 임무를 진행하는) 현장
一再 yízài [부] 거듭, 반복해서   **工人** gōngrén [명] (육체) 노동자
施工 shīgōng [동] 시공하다, 공사하다

41 更正
gēngzhèng

동 정정하다, 잘못을 고치다

有个匿名读者要求更正报道中不符合事实的内容。

한 익명의 독자는 보도 중 사실에 부합하지 않는 내용을 정정할 것을 요구했다.

匿名 nìmíng 동 익명하다, 이름을 숨기다 **报道** bàodào 명 보도
事实 shìshí 명 사실

42 精简
jīngjiǎn

동 간소화하다, 간결히 하다

财务部部长提议，他们不仅要精简人员，还要减少财务支出。

재무부 부서장은, 그들이 인원을 간소화해야 할 뿐만 아니라, 재무 지출도 줄여야 한다고 제의했다.

财务部 cáiwùbù 재무부 **提议** tíyì 동 제의하다 명 제의
人员 rényuán 명 인원, 요원 **财务** cáiwù 명 재무 **支出** zhīchū 명 지출

43 不堪
bùkān

동 ~할 수 없다, 감당할 수 없다
형 (부정적인 의미로) 몹시 심하다

专家警告，无节制地使用塑料产品将会造成不堪设想的后果。

전문가는, 플라스틱 제품을 무절제하게 사용한다면 상상할 수 없는 결과가 야기될 것이라고 경고했다.

我拖着疲惫不堪的身躯回到了家。

나는 몹시 지친 몸을 이끌고 집에 돌아왔다.

专家 zhuānjiā 명 전문가 **警告** jǐnggào 동 경고하다
无节制 wújiézhì 무절제하다 **塑料** sùliào 명 플라스틱
产品 chǎnpǐn 명 제품, 상품 **造成** zàochéng 동 야기하다, 조성하다
设想 shèxiǎng 동 상상하다, 가상하다
后果 hòuguǒ 명 (주로 안 좋은) 결과, 뒷일 **拖** tuō 동 이끌다, 잡아당기다
疲惫 píbèi 형 지치다, 피곤하다 **身躯** shēnqū 명 (사람의) 몸, 신체

 시험에 이렇게 나온다!

짝꿍 표현 不堪을 활용한 다양한 짝꿍 표현들을 알아 둔다.
不堪压力 bùkān yālì 스트레스를 감당할 수 없다
不堪一击 bùkān yìjī 일격도 감당할 수 없다
痛苦不堪 tòngkǔ bùkān 고통이 몹시 심하다

44 抹杀
mǒshā

[동] 없애다, 말살하다

研究发现，边听音乐边工作可能抹杀人的创造性
思维。

연구에서, 음악을 들으면서 일하면 사람의 창조적 사유를 없앨 수 있음을
발견했다.

创造性思维 chuàngzàoxìng sīwéi 창조적 사유

45 恰当 ★★
qiàdàng

[형] 적절하다, 알맞다

在协商前，我们有必要再次确认协商策略是否恰当。

협상하기 전에, 우리는 협상 전략이 적절한지 아닌지 재차 확인해 볼 필요
가 있다.

协商 xiéshāng [동] 협상하다, 협의하다   **必要** bìyào [형] 필요하다
确认 quèrèn [동] 확인하다   **策略** cèlüè [명] 전략, 책략, 전술

46 初步
chūbù

[형] 초보적인, 시작 단계의

导演向影片制作组提出了对电影的初步构想。

감독은 영화 제작팀에게 영화에 대한 초보적인 구상을 제의했다.

导演 dǎoyǎn [명] 감독, 연출자 [동] 감독하다   **制作组** zhìzuòzǔ 제작팀
构想 gòuxiǎng [명] 구상, 의견 [동] 구상하다

47 尖锐
jiānruì

[형] 첨예하다, 날카롭다

他们之间存在立场差异，发生了十分尖锐激烈的
争论。

그들 사이에 입장 차이가 있어, 매우 첨예하고 격렬한 논쟁이 일어났다.

存在 cúnzài [동] 있다, 존재하다 [명] 존재   **立场** lìchǎng [명] 입장, 관점
差异 chāyì [명] 차이   **激烈** jīliè [형] 격렬하다, 치열하다
争论 zhēnglùn [동] 논쟁하다

48 固然
gùrán

[접] 물론 ~하지만, 물론 ~이거니와

做决定时，参考他人意见固然重要，但也要有主见。

결정을 내릴 때, 다른 사람들의 의견을 참고하는 것도 물론 중요하지만, 그러
나 주관이 있어야 한다.

参考 cānkǎo [동] 참고하다, 참조하다   **主见** zhǔjiàn [명] 주관, 주견

 시험에 이렇게 나온다!

짝꿍
표현   固然을 활용한 짝꿍 표현을 알아 둔다.

固然 A, 但 B gùrán A, dàn B 물론 A하지만, 그러나 B하다

★★★ = 최빈출 어휘   ★★ = 빈출 어휘

⁴⁹ 推论
tuīlùn

명 추론　동 추론하다

这一推论的正确性需要通过实践的检验。 → 술어

이 추론의 정확성은 실천의 검증을 통과하는 것이 필요하다.

请问，这个结果是通过怎样的思维方式推论出来的?

여쭤보겠습니다, 이 결과는 어떤 사유 방식을 통해 추론해 내신 건가요?

实践 shíjiàn 동 실천하다, 이행하다　**检验** jiǎnyàn 동 검증하다, 검사하다
思维 sīwéi 명 사유 동 사유하다, 숙고하다　**方式** fāngshì 명 방식, 방법

⁵⁰ 预料
yùliào

명 예상, 예측　동 예상하다, 예측하다

他的所作所为都出乎我的预料。

그의 모든 행동은 나의 예상을 뛰어넘었다.

小丽的发言正如我所预料的那样。

샤오리의 발언은 딱 내가 예상한 그대로였다.

所作所为 suǒzuòsuǒwéi 성 모든 행동
出乎 chūhū 동 뛰어넘다, ~에서 발생하다　**发言** fāyán 명 발언 동 발언하다
正如 zhèng rú 딱 ~와 같다, 바로 ~와 같다

⁵¹ 推理 ★★
tuīlǐ

동 추리하다

教授称赞小浩的论文在逻辑推理方面丝毫没有矛盾。

교수는 샤오하오의 논문이 논리적 추리 방면에서 조금의 모순도 없었다고 칭찬했다.

称赞 chēngzàn 동 칭찬하다　**论文** lùnwén 명 논문
逻辑 luójí 명 논리적, 논리　**丝毫** sīháo 명 조금, 추호
矛盾 máodùn 명 모순, 갈등 형 모순적이다

⁵² 打量
dǎliang

동 (사람의 복장이나 외모를) 훑어보다, 관찰하다

我以为她心里有小九九，对她上下打量了一番。

나는 그녀의 마음속에 꿍꿍이가 있다고 생각해서, 그녀를 위아래로 한 번 훑어보았다.

小九九 xiǎojiǔjiǔ 명 꿍꿍이, 속셈　**番** fān 양 번, 차례, 회

53 意料
yìliào

[동] 예상하다, 예측하다

这起出人意料的事件，引起了社会舆论的关注。 _{술어}

이 예상치 못한 사건은, 사회 여론의 관심을 불러일으켰다.

出人意料 chūrényìliào [성] 예상치 못하다　事件 shìjiàn [명] 사건
舆论 yúlùn [명] 여론　关注 guānzhù [동] 관심을 가지다

 시험에 이렇게 나온다!

> [짝꿍 표현] 意料를 활용한 다양한 짝꿍 표현들을 알아 둔다.
>
> 意料之中 yìliào zhī zhōng 예상했던 대로이다
> 意料之外 yìliào zhī wài 예상 밖이다

54 沉思 ★★
chénsī

[동] 깊이 생각하다, 심사숙고하다

凯伦沮丧地看着自己熬夜完成的稿子，陷入了沉思。

켈런은 자신이 밤을 새워 완성한 원고를 침울하게 바라보면서, 깊은 생각에 빠졌다.

沮丧 jǔsàng [형] 침울하다, 낙담하다　熬夜 áoyè [동] 밤새다
稿子 gǎozi [명] 원고, 초고　陷入 xiànrù [동] (불리한 지경에) 빠지다

 시험에 이렇게 나온다!

> [짝꿍 표현] 沉思를 활용한 짝꿍 표현을 알아 둔다.
>
> 陷入沉思 xiànrù chénsī 깊은 생각에 빠지다

55 权衡
quánhéng

[동] 따지다, 비교하다

在做出重要决定之前，我们要深思熟虑、权衡利弊。

중요한 결정을 내리기 전에, 우리는 심사숙고하고, 이로움과 해로움을 따져야 한다.

深思熟虑 shēnsīshúlǜ [성] 심사숙고하다　利弊 lìbì [명] 이로움과 해로움

56 斟酌
zhēnzhuó

[동] 심사숙고하다, 헤아리다

白居易将写作素材细细斟酌后，写出了那首有名的诗。

백거이는 창작 소재를 세세히 심사숙고한 후, 그 유명한 시를 써냈다.

白居易 Bái Jūyì [고유] 백거이[중국 당나라 때의 저명한 시인]
写作 xiězuò [동] 상삭하다, 글을 짓다　素材 sùcái [명] 소재　诗 shī [명] 시

 시험에 이렇게 나온다!

> [짝꿍 표현] 斟酌를 활용한 다양한 짝꿍 표현들을 알아 둔다.
>
> 细细斟酌 xìxì zhēnzhuó 꼼꼼히 심사숙고하다
> 仔细斟酌 zǐxì zhēnzhuó 자세히 헤아리다

57 着想
zhuóxiǎng

동 (어떤 사람·어떤 일을) 생각하다, 고려하다

村民指责村长只为自己的利益着想，撇开自己应
承担的责任。

술어

마을 사람들은 촌장이 단지 자신의 이익만을 생각하고, 자신이 마땅히 담당해야 할 책임을 내팽개친다고 비난했다.

村民 cūnmín 명 마을 사람, 촌사람　指责 zhǐzé 동 비난하다, 지적하다
村长 cūnzhǎng 명 촌장　利益 lìyì 명 이익, 이득
撇开 piēkāi 동 내팽개치다　承担 chéngdān 동 담당하다, 맡다

58 发觉
fājué

동 발견하다, 깨닫다

那个化学博士发觉，当地居民严重缺乏对饮用水
的认识。

그 화학 박사는, 현지 거주민들이 식수에 대한 인식이 심각하게 부족하다는 것을 발견했다.

化学 huàxué 명 화학　当地 dāngdì 명 현지, 현장
居民 jūmín 명 거주민, 주민　缺乏 quēfá 동 부족하다, 모자라다
饮用水 yǐnyòngshuǐ 명 식수

59 觉悟
juéwù

동 깨닫다, 자각하다　명 의식, 각오

经过班主任的谆谆教导，小杨终于觉悟到了自己
的错误。

담임 선생님의 진지한 가르침을 통하여, 샤오양은 드디어 자신의 잘못을 깨달았다.

企业领导层对如何提高员工思想觉悟的问题进行
了探讨。

기업 지도부는 직원들의 의식을 어떻게 높일 것인지에 대한 문제로 연구 토론을 진행했다.

谆谆 zhūnzhūn 형 (지도하는 모습이) 진지하다, 간절하다
教导 jiàodǎo 동 가르치다, 지도하다　企业 qǐyè 명 기업
领导层 lǐngdǎocéng 지도부　如何 rúhé 때 어떻다, 어떠하다
员工 yuángōng 명 직원, 종업원　思想 sīxiǎng 명 의식, 사상　동 숙고하다
探讨 tàntǎo 동 연구 토론하다

60 觉醒
juéxǐng

동 깨어나다, 깨닫다

最近一项研究结果显示，人们的食品安全意识日
益觉醒。

최근 한 연구 결과에서는, 사람들의 식품 안전 의식이 나날이 깨어나고 있다고 밝혔다.

项 xiàng 명 조항, 조목　显示 xiǎnshì 동 밝히다, 드러내다
意识 yìshí 명 의식　日益 rìyì 부 나날이, 날로

61 领会
lǐnghuì

[동] 깨닫다, 이해하다

经过老师的讲解，同学们领会到了那则寓言的深
刻寓意。

→ 술어

선생님의 설명을 통해서, 학생들은 그 우화의 깊은 의미를 깨달았다.

讲解 jiǎngjiě [동] 설명하다, 해설하다　则 zé [양] 편, 토막　寓言 yùyán [명] 우화
深刻 shēnkè [형] (인상이) 깊다　寓意 yùyì [명] (비유하거나 풍자하는) 의미

62 凝聚 ★★
níngjù

[동] 모으다, 응집하다

探险队长坚信，只要凝聚团队力量，就没有过不
了的难关。

탐험대장은, 팀의 힘을 모으면, 넘지 못할 난관이 없다고 굳게 믿었다.

探险 tànxiǎn [동] 탐험하다　队长 duìzhǎng [명] 대장, 주장
坚信 jiānxìn [동] 굳게 믿다　难关 nánguān [명] 난관

63 疑惑 ★★
yíhuò

[명] 의심, 의혹　[동] 의심을 품다, 의심하다

至于人类能否在火星生存，一些科学家仍然心存
疑惑。

인류가 화성에서 살아남을 수 있을지에 대해서, 일부 과학자는 여전히 마음
속에 의심을 품고 있다.

大家不禁疑惑，看电视时怎么没发现那些穿帮镜头。

텔레비전을 볼 때 어째서 그런 옥에 티를 발견하지 못했는지, 모두들 의심하
는 것을 금치 못했다.

至于 zhìyú [개] ~에 대해서　生存 shēngcún [동] 살아남다, 생존하다
不禁 bùjīn [부] 금치 못하고　穿帮镜头 chuān bāng jìngtóu 옥에 티

64 误解 ★★
wùjiě

[동] 오해하다　[명] 오해

你误解了我说的话，其实我的本意不是这样的。

당신은 제가 한 말을 오해했어요, 사실 제 본래의 의도는 그런 게 아니에요.

许多父母认为应该一味地夸奖孩子，但这是一种
误解。

많은 부모들이 아이를 덮어놓고 칭찬해야 한다고 생각하지만, 그러나 이것
은 일종의 오해이다.

一味 yíwèi [부] 덮어놓고, 그저　夸奖 kuājiǎng [동] 칭찬하다

 시험에 이렇게 나온다!

짝꿍
표현　误解를 활용한 다양한 짝꿍 표현들을 알아 둔다.

消除误解 xiāochú wùjiě 오해를 풀다
造成误解 zàochéng wùjiě 오해를 불러일으키다, 오해가 생기다

65 混淆
hùnxiáo

동 헷갈리다, 뒤섞이다

连你自己都混淆的概念，怎么能给别人解释清楚? → 술어

당신 스스로도 헷갈리는 개념을, 어떻게 다른 사람에게 명확하게 설명해 줄 수 있겠는가?

概念 gàiniàn 명 개념

66 歪曲
wāiqū

동 (사실이나 내용을 고의로) 왜곡하다, 곡해하다

主持人为了不歪曲说话人的原意，提问前总会认真倾听。

사회자는 화자의 원래 의도를 왜곡하지 않기 위해, 질문을 하기 전에 항상 열심히 경청한다.

主持人 zhǔchírén 명 사회자　原意 yuányì 명 원래 의도, 본심
提问 tíwèn 동 질문하다　倾听 qīngtīng 동 경청하다, 귀를 기울여 듣다

67 妄想
wàngxiǎng

동 허황된 생각을 하다, 망상하다　명 망상, 공상

古代有些皇帝妄想长生不老，但都未能如愿以偿。

고대 몇몇 황제들은 불로장생의 허황된 생각을 했지만, 모두 뜻을 이루지 못했다.

师父说，不经过努力就想取得好成果，只不过是妄想而已。

스승은, 열심히 하지 않으면서 좋은 성과를 얻고 싶어하는 것은, 단지 망상에 불과할 뿐이라고 말했다.

古代 gǔdài 명 고대　皇帝 huángdì 명 황제
长生不老 chángshēngbùlǎo 성 불로장생하다
如愿以偿 rúyuànyǐcháng 성 뜻을 이루다, 바라던 대로 되다
成果 chéngguǒ 명 성과　而已 éryǐ 조 단지 ~뿐이다

68 解放 **
jiěfàng

반의어

束缚 shùfù
동 속박하다, 구속하다

동 해방하다, 해방되다

文艺复兴运动在科学技术等多个领域解放了人们的思想。

르네상스 운동은 과학 기술 등 다양한 영역에서 사람들의 사상을 해방시켰다.

文艺复兴 Wényìfùxīng 고유 르네상스　领域 lǐngyù 명 영역, 분야
思想 sīxiǎng 명 사상, 생각

⁶⁹ 开明 ★★
kāimíng

반의어

顽固 wángù
형 완고하다, 고집스럽다

형 깨어 있다, 진보적이다

술어

唐太宗被历史学家评价为中国历代皇帝中较开明的君主。

당태종은 역사학자들로부터 중국 역대 황제들 중 비교적 깨어 있는 군주로 평가받는다.

唐太宗 Táng Tàizōng 고유 당태종[중국 당나라 제2대 황제]
评价 píngjià 통 평가하다 历代 lìdài 명 역대 皇帝 huángdì 명 황제
君主 jūnzhǔ 명 군주

⁷⁰ 无知
wúzhī

형 무지하다, 아는 것이 없다

父亲经常强调，不能拿无知当犯错的借口。

아버지께서는, 무지한 것을 잘못을 저지른 핑계로 삼아서는 안 된다고 자주 강조하셨다.

强调 qiángdiào 통 강조하다 犯 fàn 통 저지르다, (법·규칙 등을) 어기다
借口 jièkǒu 명 핑계, 구실 통 핑계를 대다, 구실로 삼다

⁷¹ 荒唐
huāngtáng

형 터무니없다, (행위가) 방종하다

莱特兄弟发明飞机之前，人们觉得飞上天是件荒唐的事。

라이트 형제가 비행기를 발명하기 전에, 사람들은 하늘을 나는 것이 터무니없는 일이라고 생각했다.

莱特兄弟 Láitè Xiōngdì 고유 라이트 형제 发明 fāmíng 통 발명하다

 시험에 이렇게 나온다!

짝꿍표현 荒唐을 활용한 짝꿍 표현을 알아 둔다.

荒唐怪诞 huāngtáng guàidàn 황당하고 터무니없다

⁷² 诧异 ★★
chàyì

형 의아해하다, 이상해하다

技术发布会临时被取消，场内诧异的声音瞬间扩散开来。

기술 발표회가 임시로 취소되면서, 장내에 의아해하는 목소리가 순식간에 퍼져 나갔다.

发布会 fābùhuì 발표회, 회견 临时 línshí 형 임시로 형 임시의, 잠시의
取消 qǔxiāo 통 취소하다 瞬间 shùnjiān 명 순식간, 순간
扩散 kuòsàn 통 퍼지다, 확산하다

73 情理
qínglǐ

[명] 이치, 도리

他的话根本**不合**情理，难以说服别人。

그의 말은 도무지 이치에 맞지 않아서, 다른 사람들을 설득하기 어렵다.

根本 gēnběn [부] 도무지, 전혀　说服 shuōfú [동] 설득하다, 납득시키다

74 不像话
búxiànghuà

[형] (언행이) 말이 안 된다, 이치에 맞지 않다

他觉得他们的行为太不像话了，就奏请皇帝把他们抓起来治罪。

그는 그들의 행동이 말도 안 된다고 생각하여, 황제에게 그들을 잡아 죄를 다스릴 것을 주청했다.

行为 xíngwéi [명] 행동, 행위　奏请 zòuqǐng [동] 주청하다
皇帝 huángdì [명] 황제　抓 zhuā [동] 잡다, 붙잡다
治罪 zhìzuì [동] 죄를 다스리다

75 信仰 ★★
xìnyǎng

[명] 신조, 신앙　[동] 믿다, 신앙하다

他相信，只要有坚定不移的信仰，再大的困难都能克服。

그는, 확고한 신조만 있다면, 아무리 큰 어려움이라도 다 극복할 수 있다고 믿는다.

经历了多次磨难之后，小丽开始信仰宗教了。

여러 차례의 시련을 겪은 후에, 샤오리는 종교를 믿기 시작했다.

坚定不移 jiāndìngbùyí [성] 확고하다　克服 kèfú [동] 극복하다, 이겨내다
磨难 mónàn [명] 시련, 역경　宗教 zōngjiào [명] 종교

76 暗示 ★★
ànshì

[동] 암시하다

小李觉得自我暗示可以消除内心的恐惧。

샤오리는 자기 암시가 내면의 두려움을 없앨 수 있다고 생각한다.

消除 xiāochú [동] 없애다, 제거하다　内心 nèixīn [명] 내면, 속마음
恐惧 kǒngjù [형] 두렵다, 공포스러워하다

77 发誓
fāshì

[동] 맹세하다

丈夫发誓，要在结婚纪念日给妻子买一款世界上独一无二的首饰。

남편은, 결혼기념일에 아내에게 세상에 하나밖에 없는 액세서리를 사 주겠노라고 맹세했다.

纪念日 jìniànrì [명] 기념일　款 kuǎn [양] 양식이나 스타일을 세는 단위
独一无二 dúyīwú'èr [성] 하나밖에 없다, 유일무이하다
首饰 shǒushi [명] 액세서리, 장신구

78 预言
yùyán

동 예언하다 명 예언

↗ 술어
有人曾<u>预言</u>过，蜜蜂的灭绝会给人类带来大灾难。

누군가는 이미, 꿀벌의 멸종이 인류에게 대재앙을 가져올 것이라고 예언한 바 있다.

关于世界末日即将来临的说法，有人说这是荒唐的<u>预言</u>。

세계 종말이 곧 다가온다는 의견과 관련하여, 어떤 사람은 이는 황당한 예언이라고 말했다.

蜜蜂 mìfēng 명 꿀벌 **灭绝** mièjué 동 멸종하다, 소멸하다
人类 rénlèi 명 인류 **灾难** zāinàn 명 재앙, 재난
即将 jíjiāng 부 곧, 머지않아 **来临** láilín 동 다가오다, 도래하다
说法 shuōfa 명 의견, 논조 **荒唐** huāngtáng 형 황당하다, 터무니없다

79 残留
cánliú

동 (부분적으로) 잔류하다, 남아 있다

专家详细解释了各国农药<u>残留</u>限量标准有所不同的原因。

전문가는 각국의 농약 잔류 제한량 기준에 다른 점이 있는 이유를 상세히 설명했다.

专家 zhuānjiā 명 전문가 **农药** nóngyào 명 농약
限量 xiànliàng 명 제한량, 한도

80 回顾
huígù

동 돌이켜보다, 회고하다

他觉得没必要<u>回顾</u>过去的成就，只需充实于现在的生活。

그는 과거의 성취를 돌이켜 볼 필요가 없으며, 현재의 삶에 충실하기만 하면 된다고 생각한다.

成就 chéngjiù 명 성취, 성과
充实 chōngshí 형 (내용·인원·재력 등이) 충실하다 동 충족시키다

81 酝酿 ★★
yùnniàng

동 미리 준비하다, 술을 빚다

我还有一些想法在脑中慢慢<u>酝酿</u>着，请再给我一点时间。

제가 아직 몇 가지 생각을 머리 속에서 천천히 미리 준비하고 있으니, 저에게 시간을 조금만 더 주세유

想法 xiǎngfǎ 명 생각, 의견, 견해

잠깐 **酝酿**은 직역하면 '술을 빚다'라는 의미이지만, 대부분 '미리 준비하다'라는 비유적인 의미로 자주 쓰여요.

82 别扭
bièniu

[형] 어색하다, 껄끄럽다

→ 술어

第一次和陌生人交谈时，难免会有些别扭。

낯선 사람과 처음 이야기를 나눌 때, 약간의 어색함은 피하기 어렵다.

陌生人 mòshēngrén [명] 낯선 사람　交谈 jiāotán [동] 이야기를 나누다
难免 nánmiǎn [형] 피하기 어렵다

 시험에 이렇게 나온다!

> 짝꿍
> 표현　别扭를 활용한 짝꿍 표현을 알아 둔다. 참고로, 别扭는 동사 闹(의견이 틀리다,
> 사이가 벌어지다)와 함께 자주 쓰인다.
>
> 闹别扭 nào bièniu
> (의견이 맞지 않아서) 사이가 틀어지다, 서로 의견이 맞지 않다

83 而已 **
éryǐ

[조] 다만 ~뿐이다

弟弟说那部影片一点都不恐怖，是人们夸大其词
而已。

남동생은 그 영화가 하나도 무섭지 않고, 다만 사람들이 허풍을 친 것뿐이
라고 말했다.

恐怖 kǒngbù [형] 무섭다, 두렵다　夸大其词 kuādàqící [성] 허풍을 치다

84 嘛
ma

[조] 서술문 뒤에 쓰여 당연함을 나타냄

有话就直说嘛，干吗这么吞吞吐吐呢?

할 말 있으면 바로 하지, 뭐하러 이렇게 우물쭈물하니?

直 zhí [부] 바로, 직접 [형] 곧다　干吗 gànmá [대] 뭐하러, 무엇 때문에
吞吞吐吐 tūntūntǔtǔ [형] (말을) 우물쭈물하다, 얼버무리다

연습문제 **체크체크!**

제시된 각 단어의 병음을 써 보고, 뜻을 오른쪽 보기에서 찾아 줄을 그어 보세요.

01 注重 ---------------------- ⓐ 감추다, 덮어 가리다

02 诧异 ---------------------- ⓑ 제일 중요한

03 首要 ---------------------- ⓒ 신경을 쓰다, 중시하다

04 掩盖 ---------------------- ⓓ 물론 ~하지만, 물론 ~이거니와

05 固然 ---------------------- ⓔ 의아해하다, 이상해하다

박스 안 단어의 병음을 써 보고, 문장을 읽고 빈칸에 들어갈 단어를 찾아 적어 보세요.

ⓐ 譬如   ⓑ 争议   ⓒ 沉思   ⓓ 别扭   ⓔ 而已

---------------   ---------------   ---------------   ---------------   ---------------

06 我只不过是开玩笑 ----------------, 你何必这么认真呢？

07 张老师看着发黄的老照片, 陷入了 ----------------。

08 他认为, 这一科学理论将会引起很大的 ----------------。

09 据说他们两个人因为性格不合, 经常闹 ----------------。

10 专家提示, 有些不良姿势会严重损害视力, ----------------躺着看书。

정답: 01. zhùzhòng/ⓒ 02. chàyì/ⓔ 03. shǒuyào/ⓑ 04. yǎngài/ⓐ 05. gùrán/ⓓ
06. ⓔ/éryǐ 07. ⓒ/chénsī 08. ⓑ/zhēngyì 09. ⓓ/bièniu 10. ⓐ/pìrú

* 06~10번 문제 해석은 해커스중국어(china.Hackers.com)에서 다운로드 받으세요.

HSK 6급 시험에 나오는 고난도 어휘

☑ 잘 외워지지 않는 단어는 ☐에 체크해 두고 다음에 반복 암기합니다.

☐ 绝招	juézhāo	몡	뛰어난 재능
☐ 妙招	miàozhāo	몡	묘책, 묘안
☐ 利弊	lìbì	몡	이로움과 해로움, 득실
☐ 岔开	chàkāi	동	(화제를 딴 데로) 돌리다
☐ 达意	dáyì	동	(말이나 글로) 생각을 나타내다, 의사를 전달하다
☐ 切忌	qièjì	동	최대한 금기하다
☐ 坦言	tǎnyán	동 명	솔직하게 말하다 / 솔직한 말
☐ 折服	zhéfú	동	(말로써) 설득시키다, 굴복시키다
☐ 质疑	zhìyí	동	질의하다, 의문을 제기하다
☐ 忠告	zhōnggào	동 명	충고하다 / 충고
☐ 偏激	piānjī	형	(생각·주장 등이) 과격하다, 극단적이다
☐ 不偏不倚	bùpiānbùyǐ	성	중립을 유지하다, 공정하다
☐ 冷嘲热讽	lěngcháorèfěng	성	비웃다, 신랄하게 조소하며 풍자하다
☐ 头头是道	tóutóushìdào	성	말하는 것이 조리가 있다
☐ 相提并论	xiāngtíbìnglùn	성	(성질이 서로 다른 사물이나 사람을) 같이 이야기하다, 한데 섞어 논하다
☐ 众说纷纭	zhòngshuōfēnyún	성	여러 사람들의 의론이 분분하다
☐ 无话可说	wú huà kěshuō		할 이야기가 없다, 할 말이 없다
☐ 念头	niàntou	몡	생각
☐ 揣摩	chuǎimó	동	반복해서 세심히 따져 보다, 깊이 헤아리다
☐ 估测	gūcè	동	추측하다, 예측하다

□ 预计	yùjì	동 예상하다, 전망하다
□ 顿悟	dùnwù	동 갑자기 깨닫다
□ 唤醒	huànxǐng	동 일깨우다, 각성시키다
□ 浮现	fúxiàn	동 (지난 일이) 떠오르다
□ 贯穿	guànchuān	동 관통하다, 꿰뚫다
□ 衡量	héngliáng	동 비교하다, 따지다, 고려하다
□ 攀比	pānbǐ	동 (자신의 구체적인 상황을 고려하지 않고) 맹목적으로 높은 표준에 비교하다
□ 萌生	méngshēng	동 처음으로 생겨나다, 싹트다
□ 求情	qiúqíng	동 동의를 구하다, 용서를 바라다, 인정에 호소하다
□ 梳理	shūlǐ	동 (생각을) 정리하다, (수염이나 머리카락 등을) 빗으로 정리하다
□ 信奉	xìnfèng	동 신봉하다, 믿다
□ 衍生	yǎnshēng	동 파생하다
□ 蕴含	yùnhán	동 포함하다, 내포하다
□ 精巧	jīngqiǎo	형 (기술이나 기물의 구조 등이) 정교하다, 정밀하다
□ 绝妙	juémiào	형 절묘하다
□ 流畅	liúchàng	형 (말을 하거나 글을 읽는 데) 막힘이 없다, 유창하다
□ 深邃	shēnsuì	형 심오하다, 깊다
□ 百般	bǎibān	부 백방으로, 온갖 방법으로 / 수 각양각색의
□ 胡思乱想	húsīluànxiǎng	성 (근거 없이) 허튼 생각을 하다, 터무니없는 생각을 하다
□ 异想天开	yìxiǎngtiānkāi	성 기상천외하다

DAY 08
나는야 행동파
행동 · 동작

주제를 알면 HSK가 보인다!

HSK 6급에서는 인물의 행동이나 동작을 구체적으로 묘사하는 내용의 문제가 자주 출제돼요. 따라서 '응시하다', '갑자기 달려들다', '꺾다', '꺼내다', '없애다'와 같은 행동·동작 관련 단어들을 집중적으로 학습하면 이러한 문제를 쉽게 풀 수 있어요.

🎧 단어, 예문 MP3

'그것'을 무찌르기 위한 그들의 도전

01 盯 dīng [동] 응시하다, 주시하다

11 折 zhé [동] 꺾다, 끊다

14 扑 pū [동] 갑자기 달려들다, 돌진하여 덮치다

09 掏 tāo [동] (손이나 도구로) 꺼내다

03 除 chú [동] 없애다, 제거하다

01 盯 ***
dīng

🔴 동 주시하다, 응시하다

这个年仅十八岁的足球运动员，已经被众多球探<u>盯</u>上了。 → 술어

나이가 불과 열여덟 살인 이 축구 선수는, 이미 수많은 스카우터들로부터 주시를 받았다.

球探 qiútàn 몡 (구기 종목의) 스카우터

02 拨 ***
bō

🔴 동 전화를 걸다

您好，您所<u>拨</u>打的电话正在<u>通话</u>中，请稍后再<u>拨</u>。

안녕하세요, 당신이 거신 전화는 지금 통화 중이오니, 잠시 후에 다시 전화를 걸어 주세요.

稍 shāo 뷔 잠시, 약간

03 除 ***
chú

🔴 동 없애다, 제거하다

祖父<u>除</u>掉了院子里的杂草，并为我建了一个小型游乐场。

할아버지께서는 정원 안의 잡초를 없애 버리시고, 날 위해 작은 놀이터를 만들어 주셨다.

祖父 zǔfù 몡 할아버지, 조부　杂草 zácǎo 몡 잡초
游乐场 yóulèchǎng 놀이터, 유원지

04 端 ***
duān

🔴 동 가지런하게 들다, 받쳐 들다　형 똑바르다, 단정하다

孩子高兴地把他妈妈<u>端</u>出的卡通造型食物一扫而光了。

아이는 기쁘게 그의 엄마가 가지런하게 내온 만화 캐릭터 형상의 음식을 싹 쓸어먹었다.

这个皇帝虽然政绩傲人，却因品行不<u>端</u>而被世人唾骂至今。

이 황제는 비록 업적이 자랑할 만하지만, 품행이 똑바르지 못했기에 오늘날까지 세상 사람들이 욕한다.

卡通造型 kǎtōng zàoxíng 만화 캐릭터 형상　食物 shíwù 몡 음식, 음식물
一扫而光 yìsǎo'érguāng 솅 싹 쓸어 버리다　皇帝 huángdì 몡 황제
政绩 zhèngjì 몡 업적　傲人 àorén 동 자랑할 만하다
品行 pǐnxíng 몡 품행　世人 shìrén 몡 세상 사람　唾骂 tuòmà 동 욕하다
至今 zhìjīn 뷔 오늘날까지, 지금까지

05 捞 *** láo

동 끌어올리다, 건지다

那个渔民驾船带我们去捞鱼，结果捞了半天都没有收获。

술어 ←

그 어민은 배를 몰아 우리를 데리고 가서 물고기를 끌어올렸는데, 결국 한참을 끌어올렸는데도 소득이 없었다.

渔民 yúmín 명 어민　**收获** shōuhuò 명 소득, 성과 동 얻다, 수확하다

 시험에 이렇게 나온다!

짝꿍 표현 捞를 활용한 짝꿍 표현을 알아 둔다.

捞了个便宜 láole ge piányi 헐값에 잇속을 챙기다[주로 부정적인 의미로 쓰임]

06 捧 *** pěng

동 (두 손으로) 받쳐 들다, 받들다

父亲用双手捧着从旧货市场淘来的古董，简直爱不释手。

아버지는 중고 물품 시장에서 찾아온 골동품을 두 손으로 받쳐 들고는, 그야말로 너무 좋아하여 차마 손에서 떼지 못하신다.

淘 táo 동 (고물 시장에 가서 살 물건을) 찾다, 소비하다
古董 gǔdǒng 명 골동품　**简直** jiǎnzhí 부 그야말로, 정말로
爱不释手 àibúshìshǒu 성 너무나 좋아하여 차마 손에서 떼어 놓지 못하다

07 泼 *** pō

동 (물 등의 액체를) 뿌리다, 붓다

在泼水节期间，傣族人民用相互泼水的方式来表示祝福。

발수절 기간에, 다이족 사람들은 서로에게 물을 뿌리는 방식으로 축복을 표한다.

泼水节 Pōshuǐ Jié 고유 발수절[다이족과 덕양족의 최대 전통 명절]
期间 qījiān 명 기간, 시간
傣族 Dǎizú 고유 다이족[중국 윈난성에 거주하는 소수 민족]
方式 fāngshì 명 방식, 방법　**祝福** zhùfú 동 축복하다, 복을 기원하다

🏛 알아 두면 시험이 쉬워지는 배경 지식

중국 문화 泼墨(발묵)는 먹에 물을 많이 섞은 후, 넓은 붓으로 윤곽선 없이 먹물이 번지어 퍼지도록 하는 중국화의 한 기법이다. <唐朝名画录>에 따르면, 당나라 시기에 王墨라는 사람이 泼墨로 유명했다고 전해진다. 그가 그림을 그릴 때는 항상 술에 취해 있었는데, 흰 종이에 먹을 뿌리고 손으로 문지르면서 그려내는 바위·구름·물 등이 신이 기교를 부린 듯 아름다웠다고 한다. 泼墨는 작가의 심정과 생각을 한 순간에 쏟아 내는 듯한 자유로운 표현 기법으로, 먹물이 번지는 효과를 이용하여 우연의 미를 얻을 수 있어서 많은 문인화가들이 사용했다.

泼墨 pōmò 발묵

唐朝名画录 Tángcháo Mínghuàlù 당조명화록

王墨 Wáng Mò 왕묵

⁰⁸ 铺 ★★★
pū

● 동 (물건을) 깔다, 펴다

这位书法家铺开宣纸，拿起毛笔端端正正地写了一首诗。

술어 ←

이 서예가는 화선지를 깔아 펼치더니, 붓을 잡고 반듯하게 시 한 수를 썼다.

书法家 shūfǎjiā 명 서예가
宣纸 xuānzhǐ 명 화선지[붓글씨를 쓰거나 동양화를 그릴 때 쓰는 고급 종이]
端正 duānzhèng 형 반듯하다, 단정하다 **诗** shī 명 시

🏯 알아 두면 시험이 쉬워지는 배경 지식

> 중국문화 중국에는 '铺天盖地'라는 말이 있다. 이 말은 하늘과 땅을 다 뒤덮는다는 뜻으로, 기세가 매우 세차거나 맹렬한 상황을 묘사할 때 사용한다. 이와 비슷한 의미를 가진 다른 표현들도 함께 알아 둔다.
>
> **铺天盖地** pūtiān gàidì 하늘과 땅을 다 뒤덮다, 기세가 매우 세차다
> **排山倒海** páishān dǎohǎi 산을 밀고 바다를 뒤집다, 위력이 대단하다
> **遮天蔽日** zhētiān bìrì 하늘을 덮고 태양을 가리다, 기세가 성대하다

⁰⁹ 掏 ★★★
tāo

● 동 (손이나 도구로) 꺼내다, 끄집어내다

他从兜里掏出一枚硬币，小心翼翼地递到了店员的手中。

그는 주머니 안에서 동전 한 개를 꺼내더니, 매우 조심스럽게 점원의 손에 넘겨주었다.

兜 dōu 명 주머니 **小心翼翼** xiǎoxīnyìyì 성 매우 조심스럽다
递 dì 동 넘겨주다, 전해주다

¹⁰ 扎 ★★★
zhā

● 동 (뾰족한 물건으로) 찌르다, 파고 들다

医生在患者的手上扎了一针，患者立刻就苏醒过来了。

의사가 환자의 손에 침을 한 대 찔러 넣자, 환자는 즉시 의식을 회복했다.

患者 huànzhě 명 환자, 병자 **针** zhēn 명 침, 바늘 **立刻** lìkè 부 즉시, 곧
苏醒 sūxǐng 동 의식을 회복하다, 되살아나다, 소생하다

11 折 ★★★
zhé

[동] 꺾다, 끊다

这是该地区最古老的银杏树，请大家不要折断树枝。 ⌐ 술어

이것은 이 지역에서 가장 오래된 은행나무이니, 여러분은 나뭇가지를 꺾어 부러뜨리지 말아 주세요.

地区 dìqū **[명]** 지역　**银杏树** yínxìngshù **[명]** 은행나무
断 duàn **[동]** 부러뜨리다, 자르다　**枝** zhī **[명]** 가지

🏯 **알아 두면 시험이 쉬워지는 배경 지식**

> **중국문화** **折子戏**(절자희)는 중국 토막극의 한 종류로, 여러 막으로 구성된 중국 전통극에서 가장 다채롭거나 관객들이 좋아하는 한 막만을 선정하여 독립적으로 연출하는 것이다. 현재 **折子戏**는 중국 희극 예술에서 중요한 연출 형식 중 하나로 자리 잡았다.
>
> **折子戏** zhézixì 절자희
>
> **중국문화** 중국에는 '**折柳**'라는 말이 있다. 이 말은 버드나무 가지를 꺾는다는 뜻으로, 길을 떠나는 사람을 배웅한다는 의미로 사용된다. 옛 중국인들은 손님을 배웅할 때 버드나무 가지를 꺾어 주는 풍습이 있었는데, 이 풍습에는 아무데나 심어도 잘 자라는 버드나무처럼 떠나는 사람이 새로운 곳에 잘 정착하기를 바란다는 의미, 그리고 柳(liú, 버드나무)의 발음과 비슷한 留(liú, 머무르다)처럼 떠나지 말고 머물러 달라는 만류의 의미가 함께 담겨 있었다. 그래서 **折柳**는 떠나는 사람에 대한 배웅과 재회에 대한 염원을 담은 말로 지금까지 사용되고 있다.
>
> **折柳** zhéliǔ 버드나무 가지를 꺾다, 길을 떠나는 사람을 배웅하다

12 乘 ★★★
chéng

[동] (교통 수단·가축 등에) 타다, 오르다

西双版纳傣族自治州建有国际机场，游客可乘飞机前往。

시솽반나 다이족 자치주에는 국제공항이 건설되어 있어서, 여행객들이 비행기를 타고 갈 수 있다.

西双版纳 Xīshuāngbǎnnà **[고유]** 시솽반나[윈난성 남부에 있는 소수 민족 자치주]
傣族 Dǎizú **[고유]** 다이족[중국 윈난성에 거주하는 소수 민족]
自治州 zìzhìzhōu **[명]** 자치주　**前往** qiánwǎng **[동]** ~로 가다, ~로 향해 가다

 시험에 이렇게 나온다!

> **짝꿍표현** **乘**을 활용한 다양한 짝꿍 표현들을 알아 둔다.
>
> **乘客** chéngkè 승객
> **乘胜** chéngshèng 승세를 타다

13 跨 ***
kuà

● 图 뛰어넘다, 초월하다

在边境地区，两国仅相隔一条一步就能跨过的小河。

→ 술어

국경 지역에서, 두 나라는 단지 한 걸음이면 뛰어넘을 수 있는 작은 강 하나로 서로 간격을 두고 있다.

边境 biānjìng 명 국경, 국경 지대   地区 dìqū 명 지역
相隔 xiānggé 동 서로 간격을 두다

 시험에 이렇게 나온다!

짝꿍
표현   跨를 활용한 다양한 짝꿍 표현들을 알아 둔다.

跨栏 kuàlán 허들 뛰어 넘기, 장애물 달리기
跨上马 kuà shàng mǎ 말 위에 걸터 앉다, (다리를 벌려) 말에 오르다
跨时空 kuà shíkōng 시공을 뛰어넘다
跨界 kuàjiè 크로스오버[활동이나 스타일이 두 가지 이상의 분야에 걸친 것]
跨国公司 kuàguó gōngsī 국가를 초월한 기업 ≒ 다국적 기업

14 扑 ***
pū

● 图 갑자기 달려들다, 돌진하여 덮치다

无数只蚂蚁无所畏惧地扑向火焰，用分泌出的蚁酸来扑灭了火。

무수히 많은 개미들이 두려움 없이 화염 속으로 갑자기 달려들더니, 분비되어 나오는 개미산으로 불을 꺼뜨렸다.

无数 wúshù 형 무수하다, 셀 수 없다   蚂蚁 mǎyǐ 명 개미
畏惧 wèijù 동 두려워하다, 무서워하다   火焰 huǒyàn 명 화염, 불꽃
分泌 fēnmì 동 분비되어 나오다, 분비하다   蚁酸 yǐsuān 명 개미산
扑灭 pūmiè 동 (불을) 끄다, 진화하다

15 跌 ***
diē

반의어

涨 zhǎng 동 올라가다

● 图 떨어지다, 넘어지다, 내리다

如果没有翅膀，即使被举上高空，你也会跌落下来。

만약 날개가 없다면, 비록 높은 하늘로 들어올려진다 하더라도, 당신은 떨어지게 될 것입니다.

翅膀 chìbǎng 명 날개

16 随意 ***
suíyì

● 형 마음대로, 생각대로

通过随意摆放物品的方式，可以看出一个人的个性。

물건을 마음대로 놓는 방식을 통해, 한 사람의 개성을 알아낼 수 있다.

摆 bǎi 동 놓다, 배치하다   方式 fāngshì 명 방식   个性 gèxìng 명 개성

17 举动 **
jǔdòng

명 행동, 동작

根据"蝴蝶效应"理论，一个微小的举动能带来出 → 술어
乎意料的巨大连锁反应。

'나비효과' 이론에 따르면, 조그마한 행동 하나가 예상을 뛰어넘는 거대한 연쇄 반응을 가져올 수 있다.

蝴蝶效应 húdié xiàoyìng 나비효과 　理论 lǐlùn 명 이론
出乎意料 chūhūyìliào 젱 예상을 뛰어넘다 　巨大 jùdà 형 거대하다
连锁 liánsuǒ 형 연쇄적이다 　反应 fǎnyìng 동 반응하다

18 搭 **
dā

동 널다, 걸치다

晾衣服时，很多上海人通常把搭好衣服的杆子架
在窗外。

옷을 말릴 때, 많은 상하이 사람들은 일반적으로 옷을 잘 널은 장대를 창밖에 세워 둔다.

晾 liàng 동 (물건을 그늘이나 바람에) 말리다, 널다
通常 tōngcháng 부 일반적으로, 보통 　杆子 gānzi 명 장대
架 jià 동 세우다, 걸다

19 晾 **
liàng

동 (물건을 그늘이나 바람에) 말리다, 널다

洗干净的羽绒服需要尽快放在阴凉处晾干。

깨끗이 빤 오리털 재킷은 되도록 빨리 그늘지고 서늘한 곳에 두고 말려야 한다.

羽绒服 yǔróngfú 명 오리털 재킷, 다운 재킷(down jacket)
尽快 jǐnkuài 부 되도록 빨리 　阴凉处 yīnliángchù 그늘지고 서늘한 곳

 시험에 이렇게 나온다!

짝꿍
표현 晾을 활용한 짝꿍 표현을 알아 둔다.

晾衣绳 liàngyīshéng 빨랫줄[옷을 말리는 밧줄]

20 搁
gē

동 두다, 놓다

睡觉时最好不要把手机搁在枕头边，以免受手机
辐射的影响。

잠을 잘 때는 휴대폰 전자파의 영향을 받지 않도록, 가능하면 휴대폰을 베개 곁에 두지 마세요.

枕头 zhěntou 명 베개 　以免 yǐmiǎn 접 ~하지 않도록, ~않기 위해서
手机辐射 shǒujī fúshè 휴대폰 전자파

21 挪
nuó

⟦동⟧ 옮기다, 움직이다

和媳妇商量后，托尼把床挪到窗前阳光能照射到
的地方了。 →술어

부인과 상의한 후, 토니는 침대를 창문 앞 햇빛이 잘 비치는 곳으로 옮겼다.

媳妇 xífù ⟦명⟧ 부인, 며느리, 마누라　照射 zhàoshè ⟦동⟧ 비치다, 비추다

22 牵 ★★
qiān

⟦동⟧ 끌다, 끌어 잡아당기다

这幅画中的男人牵着一匹白马，漫步在幽静的庭
院中。

이 그림 속의 남자는 백마 한 필을 끌며, 고요한 정원을 한가롭게 거닌다.

漫步 mànbù ⟦동⟧ 한가롭게 거닐다　幽静 yōujìng ⟦형⟧ 고요하다, 아늑하다

23 拽
zhuài

⟦동⟧ 잡아당기다, 세차게 끌다

记得第一次乘飞机时，我吓得拽着妈妈的衣角大
哭起来。

처음으로 비행기를 탔을 때, 내가 무서워서 엄마의 옷자락을 잡아당기며 크
게 울음을 터뜨렸던 것을 기억한다.

乘 chéng ⟦동⟧ 타다, 오르다　吓 xià ⟦동⟧ 무서워하다, 놀라다, 놀라게 하다

24 溅 ★★
jiàn

⟦동⟧ (액체가) 튀다

有一辆货车经过水坑时，溅了我一身水。

한 화물차가 물웅덩이를 지날 때, 내 온몸에 물을 튀겼다.

水坑 shuǐkēng ⟦명⟧ 물웅덩이

🏯 **알아 두면 시험이 쉬워지는 배경 지식**

> ⟦중국문화⟧ 중국에는 '飞珠溅玉'라는 말이 있다. 이 말은 구슬이 날고 옥이 튄다는 뜻으로,
> 물방울이 흩날리는 것이 마치 구슬과 옥 같다는 의미를 담고 있어서 주로 폭포나
> 강, 호수 등의 자연 경관을 묘사할 때 사용된다. 이 외에도 자연 경관을 묘사하는
> 다양한 표현들을 함께 알아 둔다.
>
> **飞珠溅玉** fēizhū jiànyù　구슬이 날고 옥이 튄다, 물방울이 흩날리는 것이 마치
> 구슬과 같다
>
> **连绵起伏** liánmián qǐfú　(산이) 끊임없이 굽이치다
>
> **奔泻湍急** bēnxiè tuānjí　물살이 급하고 세차게 흘러내리다

25 淋 **
lín

동 (물이나 액체에) 젖다, 끼얹다, 붓다

虽然经历了几百年的日晒雨淋，石寨土楼却依旧
保存完好。　　　　　술어

비록 몇백 년 동안 햇볕에 그을리고 비에 젖는 것을 겪었지만, 스자이 토루는
여전히 완벽하게 보존되어 있다.

日晒雨淋 rìshàiyǔlín 성 햇볕에 그을리고 비에 젖다
石寨土楼 Shízhài Tǔlóu 고유 스자이 토루[중국 스자이촌에 있는 흙집]
依旧 yījiù 부 여전히　保存 bǎocún 동 보존하다

26 拧 **
nǐng

동 틀다, 비틀다

冬天把水龙头稍微拧开一点，就可以防止水龙头
被冻住。

겨울철 수도꼭지를 살짝 틀어 놓으면, 수도꼭지가 얼어붙는 것을 방지할 수
있다.

水龙头 shuǐlóngtóu 명 수도꼭지　防止 fángzhǐ 동 방지하다
冻 dòng 동 얼다, 굳다

27 缠绕
chánrào

동 둘둘 감다, 휘감다

小梅把那条粉色手链缠绕在手腕上，仔细端详了
好久。

샤오메이는 그 분홍색 팔찌를 손목에 둘둘 감고는, 한참 동안 꼼꼼하고 자
세히 살펴보았다.

粉色 fěnsè 명 분홍색, 핑크색　手链 shǒuliàn 명 팔찌
手腕 shǒuwàn 명 손목　仔细 zǐxì 형 꼼꼼하다, 자세하다
端详 duānxiang 동 자세히 살펴보다

28 捆绑
kǔnbǎng

동 (밧줄로) 묶다, 결박하다

那个卑鄙的强盗被警察捆绑双手后带走了。

그 비열한 강도는 경찰에 의해 두 손이 묶인 후 끌려갔다.

卑鄙 bēibǐ 형 (언행·인품이) 비열하다　强盗 qiángdào 명 강도

 시험에 이렇게 나온다!

짝꿍
표현　捆绑을 활용한 다양한 짝꿍 표현들을 알아 둔다.

捆绑式销售 kǔnbǎngshì xiāoshòu
줄로 묶은 형태의 판매 ≒ 패키지 판매, 묶음 판매

捆绑处理 kǔnbǎng chǔlǐ 묶어서 처리하다 ≒ 일괄 처리하다

29 拣
jiǎn

⑧ 뽑다, 선택하다

在紧急情况下，领导必须拣要紧的说，且要言简
意赅。 → 술어

긴급한 상황에서, 지도자는 반드시 중요한 것만 뽑아서 말해야 하며, 말은 간략하나 뜻은 모두 포함되어 있어야 한다.

紧急 jǐnjí ⑱ 긴급하다, 절박하다　领导 lǐngdǎo ⑲ 지도자, 대표, 리더
要紧 yàojǐn ⑱ 중요하다, 엄중하다
言简意赅 yánjiǎnyìgāi ⑳ 말은 간략하나 뜻은 모두 포함되어 있다

30 搀
chān

⑧ 부축하다, 돕다

看到老人在地上哆嗦，警察立即把他搀到警车后
座上。

노인이 땅바닥에서 벌벌 떨고 있는 것을 보고, 경찰은 즉시 그를 경찰차 뒷자석까지 부축했다.

哆嗦 duōsuo ⑧ 벌벌 떨다　立即 lìjí ⑮ 즉시, 즉각

31 捎
shāo

⑧ 가는 김에 지니고 가다, 인편에 보내다

小李拜托杰克给远在美国的伯母捎一封信。

샤오리는 잭에게 멀리 미국에 계신 큰어머니께 편지 한 통을 지니고 가서 전해 달라고 부탁했다.

拜托 bàituō ⑧ 부탁하다, (삼가) 부탁드립니다　伯母 bómǔ ⑲ 큰어머니

32 遗失
yíshī

⑧ 잃어버리다, 분실하다

在那间简陋的老教室里，小刘拾到了遗失已久的
学生证。

그 누추한 옛 교실 안에서, 샤오리우는 잃어버린 지 이미 오래된 학생증을 주웠다.

简陋 jiǎnlòu ⑱ 누추하다, 초라하다　拾 shí ⑧ 줍다, 집다

33 窜
cuàn

⑧ (도적·적군·짐승 등이) 달아나다, 내빼다

这只猫行动敏捷，一眨眼的工夫就能窜到屋顶。

이 고양이는 행동이 민첩해서, 눈 깜짝할 사이에 지붕으로 달아날 수 있다.

敏捷 mǐnjié ⑱ (생각·동작 등이) 민첩하다, 빠르다
眨 zhǎ ⑧ (눈을) 끔찍이다, 깜박거리다　屋顶 wūdǐng ⑲ 지붕, 옥상

34 溜
liū

동 몰래 달아나다

公主实在不想听父母唠叨，偷偷地溜出宫了。 ← 술어

공주는 부모님이 잔소리하시는 것을 정말 듣고 싶지 않아서, 남몰래 궁에서 달아났다.

公主 gōngzhǔ 뗑 공주
唠叨 láodao 동 (끊임없이) 잔소리하다, 되풀이하여 말하다
偷偷 tōutōu 閔 남몰래, 슬그머니

35 徘徊
páihuái

유의어
犹豫 yóuyù
휑 주저하다, 망설이다

동 배회하다, 망설이다

嫂子一直在公司门口徘徊，看上去异常焦急。

형수님이 계속 회사 입구에서 배회하시는데, 몹시 초조해 보이신다.

嫂子 sǎozi 뗑 형수　　**异常** yìcháng 閔 몹시, 대단히, 특히
焦急 jiāojí 휑 초조하다, 조급해하다

 시험에 이렇게 나온다!

유의어 徘徊：犹豫(yóuyù, 주저하다, 망설이다)

徘徊는 동사로, '한 곳에서 왔다갔다하다', '사물이 어떤 범위 내에서 이리저리 움직이다'라는 뜻을 가지고 있으면서, '망설이다'라는 의미로도 사용된다. 그리고 중첩할 수 없다.

不停地徘徊 bù tíng de páihuái 쉬지 않고 배회하다
徘徊在……之间 páihuái zài …… zhījiān ~ 사이에서 망설이다

犹豫는 형용사로, '생각이나 방법을 결정하지 못하다'라는 의미로만 사용된다. 그리고 犹犹豫豫 형태로 중첩할 수 있다.

犹豫不决 yóuyùbùjué 주저하며 결단을 내리지 못하다
毫不犹豫 háobù yóuyù 조금도 주저하지 않다

36 盘旋
pánxuán

동 맴돌다, 선회하다, 빙빙 돌다

在西藏，人们经常能看到老鹰在高空盘旋。

티베트에서, 사람들은 솔개가 높은 하늘을 맴도는 것을 자주 볼 수 있다.

西藏 Xīzàng 고유 티베트[중국의 지명]　　**老鹰** lǎoyīng 뗑 솔개

37 停顿
tíngdùn

동 멈추다, 머물다

为吸引听众的注意力，他在讲重点内容时会停顿一下。

청중의 주의력을 끌어당기기 위해, 그는 중점적인 내용을 이야기할 때 잠시 멈춘다.

吸引 xīyǐn 동 끌어당기다

38 砸
zá

🔴 图 (무거운 것으로) 깨뜨리다, 눌러 으스러뜨리다
　　　　　　　　　　　　　　　　　　술어→
警察用铁锤把锁砸开后，闯进了盗贼的老窝。
경찰은 쇠망치로 자물쇠를 깨뜨린 뒤, 도둑의 소굴로 뛰어들었다.

铁锤 tiěchuí 图 쇠망치, 해머　锁 suǒ 图 자물쇠
闯 chuǎng 图 (맹렬하게) 뛰어들다, 돌진하다　盗贼 dàozéi 图 도둑, 적
老窝 lǎowō 图 소굴, 보금자리, 둥지

🧑 시험에 이렇게 나온다!

[짝꿍표현] 砸를 활용한 짝꿍 표현을 알아 둔다.
搞砸 gǎozá 망치다, 망가뜨리다

39 劈
pī

🔴 图 (도끼 등으로) 쪼개다, 패다
我先把这些木头劈成木块，然后挪到炉灶旁边。
내가 먼저 이 나무들을 토막으로 쪼개고, 그 다음에 부뚜막 옆으로 옮겨 놓
을게요.

木头 mùtou 图 나무, 목재　挪 nuó 图 옮기다, 움직이다
炉灶 lúzào 图 부뚜막

40 揍
zòu

🔴 图 (사람을) 때리다, 치다, 깨다
经常揍孩子并不能教会他们正确地判断事物的
对错。
자주 아이를 때리는 것으로는 결코 그들에게 사물의 옳고 그름을 정확하게
판단하는 것을 가르칠 수 없다.

判断 pànduàn 图 판단하다

41 宰
zǎi

🔴 图 (동물이나 가축을) 잡다, 도살하다, 죽이다
很多农村地区仍然保留着过年时宰猪的习俗。
많은 농촌 지역에서는 설을 쇨 때 돼지를 잡는 풍습을 여전히 보존하고 있다.

农村 nóngcūn 图 농촌　地区 dìqū 图 지역
保留 bǎoliú 图 보존하다, 보류하다, 남겨두다　猪 zhū 图 돼지
习俗 xísú 图 풍습, 풍속

42 目光 ★★
mùguāng

명 시선, 눈길, 안목

每当两个人的目光碰到一块儿时，他俩都尴尬地扭开了头。 _{술어}

매번 두 사람의 시선이 함께 마주칠 때마다, 그 둘은 항상 어색하게 고개를 돌렸다.

目光短浅、自以为是的人是做不成大事的。

안목이 좁고, 독선적인 사람은 큰 일을 해낼 수 없다.

碰 pèng 동 (우연히) 마주치다　尴尬 gāngà 형 (표정, 태도가) 어색하다
扭 niǔ 동 (고개를) 돌리다　目光短浅 mùguāngduǎnqiǎn 성 안목이 좁다
自以为是 zìyǐwéishì 성 독선적이다, 스스로 옳다고 여기다

 시험에 이렇게 나온다!

> **짝꿍표현** 目光을 활용한 다양한 짝꿍 표현들을 알아 둔다.
>
> 吸引目光 xīyǐn mùguāng 시선을 끌어당기다
> 目光碰到一块儿 mùguāng pèngdao yíkuàir 시선이 함께 마주치다

43 瞪 ★★
dèng

동 (눈을) 크게 뜨다, 부라리다

我看到他的举动后，惊讶地瞪大了眼睛。

나는 그의 행동을 본 이후, 놀라서 눈을 크게 떴다.

举动 jǔdòng 명 행동, 동작, 행위　惊讶 jīngyà 형 놀랍다, 의아스럽다

44 眨 ★★
zhǎ

동 (눈을) 깜짝이다, 깜박거리다

青春一眨眼就会过去，所以我们要懂得珍惜时间。

청춘은 눈 깜짝할 새에 지나가기 때문에, 우리는 시간을 소중히 여길 줄 알아야 한다.

青春 qīngchūn 명 청춘, 아름다운 시절　珍惜 zhēnxī 동 소중히 하다

45 注视 ★★
zhùshì

동 (면밀하게) 주시하다, 주의 깊게 살피다

当你抬头看星星时，其实星星也在注视着你。

당신이 고개를 들어 별을 바라볼 때, 사실 별 또한 당신을 주시하고 있다.

抬 tái 동 (위를 향해) 들다

46 眯
mī

동 실눈을 뜨다

爷爷眯着眼睛，看着孙女寄给他的信。

할아버지는 실눈을 뜨고, 손녀가 그에게 보낸 편지를 보고 있다.

孙女 sūnnǚ 명 손녀

47 凝视
níngshì

🔵 [동] 응시하다

我凝视着渐渐远去的祖父，试图努力记住他弯曲
的背影。 → 술어

나는 점점 멀어져 가는 할아버지를 응시하며, 그의 구부러진 뒷모습을 열심
히 기억해 두려고 시도했다.

祖父 zǔfù [명] 할아버지, 조부　**试图** shìtú [동] 시도하다, 시험하다
弯曲 wānqū [형] 굽다, 구불구불하다　背影 bèiyǐng [명] 뒷모습

48 憋
biē

🔴 [동] 참다, 억제하다　[형] 답답하다

那个潜水员憋了一口气，直接潜入到水下一百米
处了。

그 다이빙 선수는 숨을 한 번 참고는, 곧장 물 속 백 미터까지 잠수해 들어
갔다.

他感到心里憋得慌，想出门透透气。

그는 마음이 너무 답답하다고 느껴서, 밖으로 나가서 바람을 좀 쐬고 싶
어 한다.

潜水员 qiánshuǐyuán [명] 다이빙 선수　**潜入** qiánrù [동] 잠수하다
憋得慌 biē de huāng 너무 답답하다　透气 tòuqì [동] (바람을) 쐬다

 시험에 이렇게 나온다!

**짝꿍
표현** 憋를 활용한 짝꿍 표현을 알아 둔다.
憋气 biēqì 숨이 막히다, 답답하다

49 咀嚼 ★★
jǔjué

🔵 [동] (음식물을) 씹다, 음미하다, 되새기다

吞咽食物前多咀嚼几次，有助于控制食量，减轻
体重。

음식물을 삼키기 전에 몇 번 더 씹는 것은, 식사량을 통제하고 체중을 줄이
는 데 도움이 된다.

吞咽 tūnyàn [동] 삼키다　食物 shíwù [명] 음식물
控制 kòngzhì [동] 통제하다

50 叼
diāo

🔴 [동] (물체의 일부분을) 입에 물다

令人惊讶的是，被放生的那只水獭叼着一条鱼回
来了。

놀랍고 의아한 것은, 방생된 그 수달이 물고기 한 마리를 입에 문 채 돌아
왔다는 것이다.

惊讶 jīngyà [형] 놀랍고 의아하다　**放生** fàngshēng [동] 방생하다
水獭 shuǐtǎ [명] 수달

51 舔
tiǎn

[동] 핥다

老公做的菜太美味了，我恨不得把盘子都舔得干
干净净。

→ 술어

남편이 만든 음식이 너무 맛있어서, 나는 그릇까지도 깨끗이 핥아먹고 싶
어 견딜 수가 없었다.

恨不得 hènbude [동] ~하고 싶어 견딜 수가 없다, ~하지 못해 한스럽다

52 哭泣 **
kūqì

[동] (작은 소리로) 흐느껴 울다, 훌쩍이다

哭泣时流眼泪，能排出因情感压力造成的过多
激素。

흐느껴 울 때 눈물을 흘리면, 감정적 스트레스로 생기는 과다한 호르몬을
배출해 낼 수 있다.

排 pái [동] 배출하다 造成 zàochéng [동] 생기다 激素 jīsù [명] 호르몬

53 撇
piě

[동] 입을 삐죽거리다, (어떤 물건이나 일 등을) 내던지다

小梅嘴一撇，狠狠地瞪了我一眼，然后走开了。

샤오메이는 입을 삐죽거리며, 한 번 눈을 매섭게 부릅뜨고 나를 노려본 후
에 떠났다.

弟弟把作业撇到一边去，聚精会神地看动画片。

남동생은 숙제를 한쪽으로 내던져 두고서, 애니메이션을 열중해서 본다.

狠 hěn [형] 매섭다, 사납다 瞪 dèng [동] (눈을) 부릅뜨고 노려보다, 크게 뜨다
聚精会神 jùjīnghuìshén [성] 열중하다 动画片 dònghuàpiān [명] 애니메이션

54 吼
hǒu

[동] 소리지르다, 고함치다, 울부짖다

进球后，这个球星张开双臂，对着镜头大吼了一声。

골을 넣은 후, 이 축구스타는 양팔을 벌리고, 카메라 렌즈를 향해 크게 한
번 소리질렀다.

臂 bì [명] 팔, 동물의 앞다리 镜头 jìngtóu [명] (사진기 등의) 렌즈

 시험에 이렇게 나온다!

짝꿍
표현 吼를 활용한 짝꿍 표현을 알아 둔다.

大吼一声 dà hǒu yì shēng 크게 한 번 소리지르다

55 呼唤
hūhuàn

[동] 부르다, 외치다

安娜用温和的目光注视着女儿，轻轻地呼唤了她
的名字。

안나는 온화한 눈빛으로 딸을 바라보며, 살며시 그녀의 이름을 불렀다.

目光 mùguāng [명] 눈빛 注视 zhùshì [동] 바라보다, 주시하다

56 把手
bǎshou

🔵 명 손잡이, 핸들

这个门把手怎么拧都拧不开，结果被拽下来了。

이 문손잡이는 어떻게 비틀어도 열리지를 않더니, 결국 떨어져 버렸다.

拧 nǐng 통 비틀다, 틀다   拽 zhuài 통 떨어지다, 잡아당기다

🏯 **알아 두면 시험이 쉬워지는 배경 지식**

[중국문화] 중국에는 '一把手'라는 말이 있다. 이 말은 원래 첫 번째 손잡이라는 뜻이지만, 보통 1인자 또는 직장의 최고 책임자를 지칭하는 말로 사용된다. **一把手**라는 말의 유래는 **印信**의 **印纽**와 밀접한 관련이 있다. 중국의 역사 기록에 따르면, **印**은 대략 주(**周**)나라 시기에 출현했다. 옛 통치자들에게 있어 **印章**을 찍는 것은 자신이 가진 권력을 드러내고 확인시켜주는 것이었다. 그리하여 진한(**秦汉**)시기 이후부터 직책의 등급을 구분하고 권력의 크기를 명확하게 하기 위하여 **印章**의 모양·소재·크기 등을 세세하게 규정한 **官印制度**가 제정되었다. 그런데 **印章**의 크기가 클수록 도장을 찍기 힘들어지자, **印章**을 편하게 잡기 위하여 **印把手**가 만들어졌다. 이후 '**印把手**'는 가장 권력이 세고 중요한 책임자를 상징하는 말이 되었고, 이 말이 점차 변화되어 '**一把手**'가 된 것이다.

一把手 yìbǎshǒu 1인자, 최고 책임자

印信 yìnxìn 인신[도장이나 관인을 통틀어 이르는 말]

印纽 yìnniǔ 도장 손잡이(에 있는 장식)

印章 yìnzhāng 인장, 도장

官印制度 guānyìn zhìdù 관인제도[관인(官印)은 옛날 관청에서 사용하던 네모난 도장을 말함]

印把手 yìnbǎshou 도장 손잡이

57 搓 ★★
cuō

🔵 동 (두 손으로 반복하여) 비벼 꼬다, 비비다, 문지르다

搓绳子是中国民间的一项传统手工技艺。

새끼를 비벼 꼬는 것은 중국 민간의 한 가지 전통적인 수공 기예이다.

绳子 shéngzi 명 새끼, 밧줄, 노끈   民间 mínjiān 명 민간, 비공식적

项 xiàng 양 가지, 조항, 조목   传统 chuántǒng 명 전통적이다

手工 shǒugōng 명 수공[손 기술로 하는 공예]   技艺 jìyì 명 기예

58 捏 ★★
niē

🔵 동 (손가락으로) 집다

既然儿子把葡萄都给捏碎了，我们干脆酿一瓶葡萄酒吧。

기왕에 아들이 포도를 다 집어 으깨 버렸으니, 우리 차라리 포도주나 한 병 담급시다.

碎 suì 동 으깨다   干脆 gāncuì 부 차라리   酿 niàng 동 담그다, 빚다

59 揉 ** róu

동 (손으로) 비비다, 문지르다

→ 술어

不要让婴儿直接用手揉搓眼睛, 以防被细菌感染。

세균에 감염되는 것을 방지하기 위해, 갓난아이가 직접 손으로 눈을 비비고 문지르지 못하게 하세요.

婴儿 yīng'ér 몡 갓난아이 搓 cuō 동 (두 손으로 반복하여) 문지르다
细菌 xìjūn 몡 세균 感染 gǎnrǎn 동 감염되다, 전염되다

60 拾 ** shí

동 줍다, 집다

侄女在路上拾到一个布娃娃, 高兴得手舞足蹈。

조카딸은 길에서 헝겊 인형 하나를 줍고는, 기뻐서 어쩔 줄 몰라 했다.

侄女 zhínǚ 몡 조카딸 布娃娃 bùwáwa 헝겊 인형
手舞足蹈 shǒuwǔzúdǎo 젱 기뻐서 어쩔 줄 몰라 하다

61 扒 bā

동 기대다, 붙잡다

有一位老人扒在车窗, 看着窗外飞速闪过的风景。

한 노인이 차창에 기댄 채, 빠르게 스쳐 지나가는 창밖의 풍경을 보고 있다.

闪过 shǎn guò 스쳐 지나가다 风景 fēngjǐng 몡 풍경, 경치

62 掰 bāi

동 (손으로 물건을) 떼어 내다, 나누다, 쪼개다

小陈把牛肉干一点一点掰开, 放进嘴里慢慢咀嚼。

샤오천은 쇠고기 육포를 조금씩 조금씩 떼어 내어, 입안에 넣고 천천히 씹었다.

咀嚼 jǔjué 동 (음식물을) 씹다, 음미하다, 되새기다

63 抚摸 fǔmō

동 쓰다듬다, 어루만지다

春风像母亲的手一般轻轻地抚摸着我的脸。

봄바람이 마치 어머니의 손과 같이 살랑살랑 내 얼굴을 쓰다듬는다.

一般 yìbān 혱 같다, 어슷비슷하다

64 掐 qiā

동 (손가락으로) 꺾거나 끊다

就算你把花枝掐断, 也不能阻挡春天的到来。

설령 당신이 꽃가지를 꺾어 버린다 해도, 봄이 오는 것을 막을 수는 없습니다.

枝 zhī 몡 가지 断 duàn 동 부러뜨리다, 자르다
阻挡 zǔdǎng 동 막다, 저지하다

65 挎
kuà

[동] (팔에) 걸다, (어깨나 허리에) 메다, 차다

为了款待我们，他一大早就挎着篮子去集市买菜了。 → 술어

우리를 정성껏 대접하기 위해, 그는 아침 일찍 바구니를 팔에 걸고 시장에 찬거리를 사러 갔다.

款待 kuǎndài [동] 정성껏 대접하다, 후하게 접대하다, 환대하다

66 搂
lǒu

[동] (두 팔로) 껴안다

小李回到故乡的那天，奶奶用双手紧紧地搂住了他。

샤오리가 고향에 돌아간 그 날, 할머니는 두 손으로 그를 꼭 껴안아 주셨다.

故乡 gùxiāng [명] 고향

67 扛
káng

[동] (어깨에) 메다

那个猎人肩上扛着一头鹿回来了，说是打猎打来的。

그 사냥꾼은 어깨에 사슴 한 마리를 멘 채 돌아왔는데, 사냥해서 잡아온 것이라고 한다.

猎人 lièrén [명] 사냥꾼 鹿 lù [명] 사슴 打猎 dǎliè [동] 사냥하다, 수렵하다

68 耸
sǒng

[동] (어깨를) 으쓱거리다

她耸了耸肩表示无所谓，神态颇为轻松。

그녀는 어깨를 으쓱거리며 상관없다는 태도를 보이는데, 표정과 태도가 자못 홀가분했다.

无所谓 wúsuǒwèi [동] 상관없다, 개의치 않다 神态 shéntài [명] 표정과 태도 颇 pō [부] 자못, 상당히, 꽤

69 蹬
dēng

[동] (발에 힘을 주어) 밟다, 누르다, 디디다

这种新型自行车每蹬一下脚踏板就能产生电能。

이 신형 자전거는 페달을 한 번 밟을 때마다 전기 에너지가 생겨날 수 있다.

脚踏板 jiǎotàbǎn [명] 페달 产生 chǎnshēng [동] 생기다, 나타나다

70 践踏
jiàntà

[동] 밟다

小草对你微笑，所以请勿践踏草坪。

작은 풀들이 당신을 향해 미소를 짓고 있으니, 잔디밭을 밟지 말아 주세요.

勿 wù [부] ~하지 마라 草坪 cǎopíng [명] 잔디밭

71 跪
guì

동 무릎을 꿇다, 꿇어앉다

在这个电影的结尾，男主角跪在海边，向女主角求婚了。 → 술어

이 영화의 결말에서, 남주인공은 해변에서 무릎을 꿇고, 여주인공에게 청혼했다.

结尾 jiéwěi 명 결말　主角 zhǔjué 명 주인공　求婚 qiúhūn 동 청혼하다

72 磕
kē

동 (단단한 곳에) 부딪치다

小陈不小心摔了一跤，膝盖重重地磕在地上了。

샤오천은 조심하지 않아 넘어지면서, 무릎이 땅바닥에 세게 부딪쳤다.

摔跤 shuāijiāo 동 넘어지다　膝盖 xīgài 명 무릎

73 蹦
bèng

동 껑충 뛰다, 뛰어오르다

一群年轻人穿上弹跳鞋，在广场中央蹦蹦跳跳，玩得很开心。

한 무리의 젊은이들이 점핑 슈즈를 신고, 광장 중앙에서 껑충껑충 뛰면서, 즐겁게 놀고 있다.

弹跳鞋 tántiàoxié 점핑 슈즈　中央 zhōngyāng 명 중앙

74 俯视
fǔshì

동 내려다보다, 굽어보다

在山顶上俯视山下，绵延弯曲的河流令人惊叹不已。

산 정상에서 산 아래를 내려다보니, 길게 이어진 구불구불한 강은 사람으로 하여금 경탄해 마지 않게 한다.

山顶 shāndǐng 명 산 정상　绵延 miányán 동 길게 이어지다
弯曲 wānqū 형 구불구불하다, 꼬불꼬불하다　河流 héliú 명 강, 하천
惊叹 jīngtàn 동 경탄하다, 놀라고 감탄하다　不已 bùyǐ 동 ~해 마지 않다

75 鞠躬
jūgōng

동 허리를 굽혀 절하다

他恭恭敬敬地向导师鞠了一躬，表达了自己对她的崇敬。

그는 공손하게 지도 교수님께 허리를 굽혀 절을 함으로써, 그녀에 대한 자신의 존경을 표현했다.

恭敬 gōngjìng 형 공손하다　崇敬 chóngjìng 동 존경하고 사모하다

 시험에 이렇게 나온다!

이합
동사 鞠躬은 鞠(굽히다)+躬(몸, 절)이 합쳐진 이합동사로, 목적어를 취할 수 없다.

鞠躬老师 선생님을 허리를 굽혀 절하다 (X)
向老师鞠躬 선생님께 허리를 굽혀 절하다 (O)

76 趴
pā

동 엎드리다

午饭后趴在桌上睡觉，很容易导致消化不良。

점심 식사 후 책상 위에 엎드려 자는 것은 쉽게 소화 불량을 초래한다.

导致 dǎozhì 동 초래하다, 야기하다　**消化不良** xiāohuà bùliáng 소화 불량

77 颤抖
chàndǒu

동 덜덜 떨다, 부들부들 떨다

每当看这部经典电影的时候，我都会激动得浑身颤抖。

이 고전 영화를 볼 때마다, 나는 항상 온몸이 덜덜 떨릴 정도로 감동한다.

经典 jīngdiǎn 명 고전, 경전 형 권위 있는　**浑身** húnshēn 명 온몸, 전신

78 哆嗦
duōsuo

동 벌벌 떨다

早晨一出门，莉莉就被猛烈的寒风冻得直哆嗦。

이른 아침 집을 나서자마자, 리리는 거센 찬바람에 추워서 곧장 벌벌 떨었다.

猛烈 měngliè 형 거세다, 세차다, 맹렬하다　**冻** dòng 동 춥다, 얼다

79 摇摆
yáobǎi

동 흔들거리다, 동요하다

柳枝在秋风中不停地摇摆，像是在向游客挥手告别。

버드나무의 가지가 가을바람에 쉴 새 없이 흔들거리는데, 마치 여행자를 향해 손을 흔들며 작별 인사를 하는 것 같다.

柳枝 liǔ zhī 버드나무의 가지　**挥** huī 동 흔들다, 휘두르다
告别 gàobié 동 작별 인사를 하다, 이별을 고하다

80 挣扎
zhēngzhá

동 발버둥치다, 몸부림치다

这只小飞虫被困在蜘蛛网里，无论怎么挣扎都动弹不了。

이 날파리는 거미줄 안에 갇혔는데, 어떻게 발버둥쳐도 움직일 수 없었다.

困 kùn 동 가두어 놓다, 곤경에 처하다　**蜘蛛网** zhīzhūwǎng 명 거미줄

81 拄
zhǔ

동 (지팡이로) 짚다, 몸을 지탱하다

手术后，爱德华不用再拄着拐杖走路了。

수술 후, 에드워드는 더 이상 지팡이를 짚고 걸어 다닐 필요가 없어졌다.

手术 shǒushù 명 수술　**拐杖** guǎizhàng 명 지팡이, 단장(短杖)

82 翘
qiào

[동] (한쪽 끝을 위로) 들다, 젖히다

小狗翘起尾巴说明它心情很好、身体健康。

강아지가 꼬리를 드는 것은 강아지가 기분이 좋다는 것, 몸이 건강하다는 것을 설명한다.

尾巴 wěiba [명] 꼬리

83 迟钝 **
chídùn

[반의어]

敏感 mǐngǎn
[형] 민감하다, 예민하다

敏锐 mǐnruì
[형] (감각이) 빠르다, 예민하다

[형] (생각·감각·행동·반응 등이) 둔하다, 느리다

不吃早餐的习惯很容易引起行动缓慢、反应迟钝等症状。

아침 식사를 거르는 습관은 행동이 느리고, 반응이 둔해지는 등의 증상을 쉽게 초래한다.

行动 xíngdòng [명] 행동 缓慢 huǎnmàn [형] 느리다
反应 fǎnyìng [명] 반응 症状 zhèngzhuàng [명] 증상, 증후

84 迟缓
chíhuǎn

[형] 느리다, 굼뜨다

缺少与父母交流，会造成孩子的语言发育迟缓。

부모와 교류가 부족한 것은, 아이의 언어 발달이 느려지는 것을 초래할 수 있다.

造成 zàochéng [동] 초래하다, 야기하다 发育 fāyù [동] 발달하다, 발육하다

연습문제 **체크체크!**

제시된 각 단어의 병음을 써 보고, 뜻을 오른쪽 보기에서 찾아 줄을 그어 보세요.

01 乘 ....

02 随意 ....

03 掏 ....

04 迟钝 ....

05 跌 ....

ⓐ (생각·감각·행동·반응 등이) 둔하다,
   느리다

ⓑ (손이나 도구로) 꺼내다, 끄집어내다

ⓒ 떨어지다, 넘어지다, 내리다

ⓓ 마음대로, 생각대로

ⓔ (교통 수단·가축 등에) 타다, 오르다

박스 안 단어의 병음을 써 보고, 문장을 읽고 빈칸에 들어갈 단어를 찾아 적어 보세요.

ⓐ 砸   ⓑ 目光   ⓒ 遗失   ⓓ 跨   ⓔ 捆绑

....

06 街头艺人精彩的表演吸引了路人的..................。

07 那条小河并不宽，一脚就能..................过。

08 小刘把重要的项目搞..................了，站在那里不知所措。

09 为了增加销售量，商家决定把那两件产品..................销售。

10 我在图书馆..................了学生证，幸好同学捡到了它。

정답: 01. chéng/ⓔ 02. suíyì/ⓓ 03. tāo/ⓑ 04. chídùn/ⓐ 05. diē/ⓒ
06. ⓑ/mùguāng 07. ⓓ/kuà 08. ⓐ/zá 09. ⓔ/kǔnbǎng 10. ⓒ/yíshī

* 06~10번 문제 해석은 해커스중국어(china.Hackers.com)에서 다운로드 받으세요.

HSK 6급 시험에 나오는 고난도 어휘

☑ 잘 외워지지 않는 단어는 ☐에 체크해 두고 다음에 반복 암기합니다.

☐ 端详	duānxiang / duānxiáng	동 [duānxiang] 자세히 보다 명 [duānxiáng] 일의 경위, 상세한 사정 형 [duānxiáng] 진중하고 조용하다
☐ 呵斥	hēchì	동 큰 소리로 꾸짖다
☐ 唤	huàn	동 (큰 소리로) 부르다, 외치다
☐ 造谣	zàoyáo	동 (어떤 목적을 이루기 위해) 헛소문을 내다, 유언비어를 퍼뜨리다
☐ 皱眉	zhòuméi	동 눈살을 찌푸리다
☐ 品茗	pǐnmíng	동 차를 음미하다
☐ 沏茶	qīchá	동 차를 우리다
☐ 吟诗	yínshī	동 시를 읊다
☐ 戳	chuō	동 (길고 가는 물체로) 찌르다, 찔러서 구멍을 뚫다
☐ 递交	dìjiāo	동 직접 건네주다
☐ 挠	náo	동 (손가락으로) 긁다, 긁적거리다
☐ 撒	sǎ / sā	동 [sǎ] (과립 모양의 물건을) 살포하다, 엎지르다 [sā] 방출하다, 뿌리다
☐ 挑选	tiāoxuǎn	동 고르다, 선택하다
☐ 促销	cùxiāo	동 판촉하다
☐ 赶赴	gǎnfù	동 (어떤 곳으로) 급히 가다, 서둘러 가다
☐ 溜走	liūzǒu	동 몰래 달아나다
☐ 驰骋	chíchěng	동 (말을 타고) 빨리 달리다
☐ 涉水	shèshuǐ	동 (걸어서) 물을 건너다
☐ 轻盈	qīngyíng	형 (자태나 동작 등이) 나긋나긋하다, 유연하다, (소리나 리듬 등이) 경쾌하다, 가볍다
☐ 纵身一跃	zòngshēnyíyuè	몸을 훌쩍 날리다

□ 焚烧	fénshāo	통 불태우다, 소각하다
□ 晃荡	huàngdang	통 (좌우로) 흔들리다, 할 일 없이 돌아다니다
□ 捆扎	kǔnzā	통 단단히 묶다, 동여매다
□ 拦截	lánjié	통 (길을) 가로막다, 차단하다
□ 遮蔽	zhēbì	통 막다, 가리다
□ 落地	luòdì	통 (물체가) 착지하다, (아이가) 태어나다
□ 腾空	téngkōng	통 하늘로 오르다
□ 漂流	piāoliú	통 표류하다, 떠돌다
□ 驱除	qūchú	통 쫓아내다, 없애다
□ 效仿	xiàofǎng	통 흉내내다, 모방하다, 본받다
□ 驯养	xùnyǎng	통 (야생 동물을) 기르며 길들이다
□ 掩蔽	yǎnbì	통 엄폐하다, 덮어서 감추다 명 엄폐물[야간전투에서 적의 포탄을 막기 위하여 이용하는 지상물의 총칭]
□ 拆下	chāixià	분해하다, 떼어 내다
□ 拆卸	chāixiè	통 (기계 등을) 분해하다, 해체하다
□ 装置	zhuāngzhì	통 설치하다, 장치하다 명 장치
□ 捶打	chuídǎ	통 (주먹이나 기물로 물체를) 두드리다
□ 雕琢	diāozhuó	통 (옥석을) 조각하다, (문구를) 지나치게 수식하다
□ 揉搓	róucuo	통 (손으로) 주무르다, 문지르다
□ 陶冶	táoyě	통 질그릇을 굽거나 쇠붙이를 불리다, 연마하다, 양성하다
□ 冶金	yějīn	통 야금하다, 금속을 제련하다

건강 지킴이
신체 · 건강 · 의학

주제를 알면 HSK가 보인다!
HSK 6급에서는 신체 정보, 건강 관리, 최신 의료 서비스나 의학 연구 결과 등과 관련된 문제가 자주 출제돼요. 따라서 '질병', '온몸', '부위', '면역하다', '감염되다'와 같은 신체·건강·의학 관련 단어들을 집중적으로 학습하면 이러한 문제를 쉽게 풀 수 있어요.

🎧 단어, 예문 MP3

그가 아픈 이유

동생아, 나 아무래도 疾病에 걸린 것 같아.

갑자기 浑身이 뻐근하고 안 아픈 部位가 없어.

免疫력 약해져서 바이러스에 感染된 거 같아. 아무래도 푹 쉬어야겠어.

됐고, 얼른 쓰레기 버리고 와.

---

²² **疾病** jíbìng 몡 질병, 질환   ⁰³ **浑身** húnshēn 몡 온몸, 전신   ⁰¹ **部位** bùwèi 몡 부위

²⁵ **免疫** miǎnyì 동 면역하다   ²⁴ **感染** gǎnrǎn 동 감염되다

01 部位 ***
bùwèi

명 부위[주로 인체에 사용함]

大脑中叫"扣带前回"的部位主要控制人的认知与
情绪。

→ 술어

대뇌의 '대상회'라고 불리는 부위는 주로 사람의 인지와 정서를 조절한다.

扣带前回 kòudàiqiánhuí 대상회[뇌량 주변을 둘러싸고 있는 피질 부위]
控制 kòngzhì 통 조절하다, 통제하다 **认知** rènzhī 통 인지하다
情绪 qíngxù 명 정서, 감정

02 器官 ***
qìguān

명 (생물체의) 기관

当人进入梦乡时，身体内的各种器官仍然继续
"工作"。

사람이 꿈나라로 들어갈 때, 몸 속의 각종 기관은 여전히 '업무'를 계속한다.

梦乡 mèngxiāng 명 꿈나라

03 浑身 ***
húnshēn

명 전신, 온몸

我浑身不舒服，还有点发烧，可能是感冒了。

나는 전신이 아프고, 또 열도 좀 나는데, 아마 감기에 걸린 것 같아.

发烧 fāshāo 통 열이 나다

04 斑 ***
bān

명 반점, 얼룩

最近她的脸上突然长了几个斑。

최근 그녀의 얼굴에 갑자기 반점이 몇 개 생겼다.

斑马因其身上有黑白条纹而得名。

얼룩말은 몸에 흑백 줄무늬가 있어서 이런 이름을 얻게 되었다.

斑马 bānmǎ 명 얼룩말 **条纹** tiáowén 명 줄무늬
得名 démíng 이름을 얻다, 명성을 얻다

 시험에 이렇게 나온다!

짝꿍
표현
斑을 활용한 짝꿍 표현을 알아 둔다.

斑马 bānmǎ 얼룩말

05 臂 ***
bì

명 팔

他因手臂骨折不能参加比赛，真是令人惋惜。

그가 팔의 골절로 인해 경기에 참가할 수 없어서, 정말 안타깝다.

骨折 gǔzhé 통 골절되다 **惋惜** wǎnxī 통 안타까워하다, 아쉬워하다

06 肺 ***
fèi

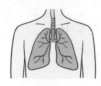

⊙ 명 폐, 허파

대량 연구已经证明, 吸烟与肺部疾病有密切的关系。

↗ 술어

大量研究已经证明, 吸烟与**肺**部疾病有密切的关系。

많은 연구는 이미 흡연이 폐질환과 밀접한 관계가 있다는 것을 증명했다.

肺部 fèibù 명 폐부　**疾病** jíbìng 명 질환, 질병
密切 mìqiè 형 밀접하다, 긴밀하다

07 神经 ***
shénjīng

⊙ 명 신경

大量酒精能<u>杀死</u>脑*神经*细胞, 长期饮酒会<u>导致</u>智
力<u>衰退</u>。

많은 알코올은 뇌의 신경 세포를 죽일 수 있어서, 장기간 음주하는 것은 지능 감퇴를 야기할 수 있다.

酒精 jiǔjīng 명 알코올　**杀死** shāsǐ 동 죽이다　**细胞** xìbāo 명 세포
智力 zhìlì 명 지능, 지력　**衰退** shuāituì 동 감퇴하다, 쇠퇴하다

 시험에 이렇게 나온다!

> 짝꿍 표현　**神经**을 활용한 다양한 짝꿍 표현들을 알아 둔다.
>
> **神经系统** shénjīng xìtǒng 신경 계통
> **神经反射** shénjīng fǎnshè 신경 반사
> **神经细胞** shénjīng xìbāo 신경 세포
> **神经中枢** shénjīng zhōngshū 신경 중추

08 视力 ***
shìlì

⊙ 명 시력

儿童常使用手机, 可能对*视力*和大脑发育<u>造成</u>不
利影响。

어린이들이 항상 휴대폰을 사용하는 것은, 시력과 대뇌 성장에 불리한 영향을 야기할 수 있다.

发育 fāyù 동 성장하다　**造成** zàochéng 동 야기하다, 조성하다

 시험에 이렇게 나온다!

> 듣기 독해　듣기나 독해에서는 사람이나 동물의 신체적 특징과 관련된 지문이 출제되기도 한다. 이때, **视力**와 관련된 짝꿍 표현들을 함께 알아 둔다.
>
> **视力发达** shìlì fādá 시력이 발달하다
> **视力退化** shìlì tuìhuà 시력이 퇴화하다
> **视力下降** shìlì xiàjiàng 시력이 떨어지다
> **检查视力** jiǎnchá shìlì 시력을 검사하다

09 新陈代谢 ***
xīnchéndàixiè

명 신진대사, 물질대사

笑有助于加速血液循环, 促进新陈代谢, 让人更有活力。

웃음은 혈액 순환을 가속시키고, 신진대사를 촉진시키는 데 도움이 되어서, 사람들에게 더욱 활기가 생기도록 한다.

加速 jiāsù 통 가속시키다, 가속하다　**血液循环** xuèyè xúnhuán 혈액 순환
促进 cùjìn 통 촉진시키다　**活力** huólì 명 활기, 활력

10 细胞 ***
xìbāo

명 세포

除了病毒之外, 所有生物均由细胞所组成。

병균 이외에, 모든 생물은 전부 세포로 구성된다.

病毒 bìngdú 명 병균, 바이러스　**生物** shēngwù 명 생물, 생물학
均 jūn 부 전부, 모두

 시험에 이렇게 나온다!

> 짝꿍 표현 细胞를 활용한 다양한 짝꿍 표현들을 알아 둔다.
>
> **白细胞** báixìbāo 백혈구
> **细胞分裂** xìbāo fēnliè 세포 분열
> **生殖细胞** shēngzhí xìbāo 생식 세포

11 发育 ***
fāyù

동 발육하다, 자라다

有些专家认为, 学习第二语言会影响儿童的智力发育。

어떤 전문가들은, 제2외국어를 학습하는 것은 아동의 지능 발육에 영향을 줄 수 있다고 여긴다.

专家 zhuānjiā 명 전문가　**智力** zhìlì 명 지능, 지력

12 分泌 ***
fēnmì

동 분비하다

人体分泌出的肾上腺素为身体提供能量, 使身体反应加快。

인체가 분비해 내는 아드레날린은 신체에 에너지를 제공하여, 신체 반응을 빨리 하게 한다.

肾上腺素 shènshàngxiànsù 아드레날린
能量 néngliàng 명 에너지, 능력, 역량　**反应** fǎnyìng 명 반응
加快 jiākuài 동 빠르게 하다, 속도를 올리다

13 扁 ***
biǎn

[형] 납작하다, 평평하다

那个姑娘眼睛圆圆的，鼻子<u>扁扁的</u>，嘴角常常挂着微笑。
→ 술어

그 아가씨는 눈이 동글동글하고, 코가 납작하며, 입가에는 항상 미소가 걸려 있다.

姑娘 gūniang [명] 아가씨, 처녀 圆 yuán [형] 둥글다 嘴角 zuǐjiǎo [명] 입가
微笑 wēixiào [명] 미소 [동] 미소를 짓다

14 天生 ***
tiānshēng

[형] 타고난, 선천적인

他克服了天生身体条件的缺陷，终于<u>实现了儿时</u>的梦想。

그는 타고난 신체 조건의 결점을 극복하여, 마침내 어린 시절의 꿈을 이루었다.

克服 kèfú [동] 극복하다, 이겨내다 缺陷 quēxiàn [명] 결점, 결함
实现 shíxiàn [동] 이루다, 실현하다, 달성하다 儿时 érshí [명] 어린 시절
梦想 mèngxiǎng [명] 꿈, 몽상

15 脂肪 ***
zhīfáng

[명] 지방

健身教练<u>说</u>我的体脂肪比例超标，需要做适当的运动。

헬스 트레이너는 나의 체지방 비율이 기준을 초과하여, 적당한 운동이 필요하다고 말했다.

健身教练 jiànshēn jiàoliàn 헬스 트레이너 体脂肪 tǐzhīfáng 체지방
比例 bǐlì [명] 비율, 비례 超标 chāobiāo [동] 기준을 초과하다
适当 shìdàng [형] 적당하다, 알맞다

16 钙 ***
gài

[명] 칼슘

钙是人体中重要的微量元素，<u>钙的缺失不利于儿</u>童的成长。

칼슘은 인체에서 중요한 미량 영양소로, 칼슘의 부족은 아이의 성장에 불리하다.

微量元素 wēiliàng yuánsù 미량 영양소
缺失 quēshī [동] 부족하다, 모자라다 成长 chéngzhǎng [동] 성장하다

 시험에 이렇게 나온다!

[짝꿍표현] 钙를 활용한 다양한 짝꿍 표현들을 알아 둔다.

钙长石 gàichángshí 회장석[흰색 또는 누런색을 띠는 규산염 광물]
碳酸钙 tànsuāngài 탄산칼슘
氧化钙 yǎnghuàgài 산화칼슘

17 维生素 ★★★
wéishēngsù

명 비타민

→ 술어

能增强人体免疫力的维生素C，多存在于新鲜蔬菜和水果中。

인체 면역력을 강화시킬 수 있는 비타민 C는, 신선한 채소와 과일에 많이 있다.

增强 zēngqiáng 통 강화하다　**免疫力** miǎnyìlì 면역력
存在 cúnzài 통 있다, 존재하다 명 존재　**蔬菜** shūcài 명 채소

18 抵抗 ★★★
dǐkàng

통 저항하다, 대항하다

充足的营养和适当的锻炼可以增强人体对疾病的抵抗力。

충분한 영양과 적절한 단련은 질병에 대한 인체의 저항력을 강화할 수 있다.

充足 chōngzú 형 충분하다, 충족하다　**营养** yíngyǎng 명 영양
适当 shìdàng 형 적절하다, 알맞다　**增强** zēngqiáng 통 강화하다
疾病 jíbìng 명 질병, 질환　**抵抗力** dǐkànglì 저항력

19 疲惫 ★★★
píbèi

형 (몸이나 마음이) 피곤하다, 고단하다

科学研究发现，人在疲惫时可能会出现思路中断的现象。

과학 연구로, 사람들이 피곤할 때는 사고가 중단되는 현상이 나타날 수 있다는 것을 발견했다.

思路 sīlù 명 사고, 생각의 갈피　**中断** zhōngduàn 통 중단되다, 중단하다
现象 xiànxiàng 명 현상

 시험에 이렇게 나온다!

짝꿍
표현　疲惫를 활용한 다양한 짝꿍 표현들을 알아 둔다.

苦闷疲惫 kǔmèn píbèi 답답하고 피곤하다
全身疲惫 quánshēn píbèi 전신이 피곤하다
疲惫不堪 píbèi bùkān 견딜 수 없을 만큼 피곤하다

20 功效 ★★★
gōngxiào

명 효과, 효능

南瓜具有防癌功效，且能增强肝细胞、肾细胞的再生能力。

호박은 암을 예방하는 효과를 가지고 있으며, 간 세포 및 신장 세포의 재생 능력을 강화시킬 수 있다.

南瓜 nánguā 명 호박　**具有** jùyǒu 통 가지다, 구비하다
防癌 fáng'ái 암을 예방하다　**增强** zēngqiáng 통 강화하다, 증강하다
肝 gān 명 간　**细胞** xìbāo 명 세포　**肾** shèn 명 신장

해커스 HSK 6급 단어장

21 患者 ***
huànzhě

명 환자

有些手机软件有提醒患者按时吃药的功能。

→ 술어

어떤 휴대폰 애플리케이션에는 환자에게 제 시간에 약을 먹으라고 알려주는 기능이 있다.

软件 ruǎnjiàn 명 애플리케이션   功能 gōngnéng 명 기능, 작용

22 疾病 ***
jíbìng

명 질병, 질환

疫苗用于预防疾病, 它的发现可谓是人类史上的里程碑。

백신은 질병을 예방하는 데 쓰이며, 그것의 발견은 인류 역사상의 기념비적인 사건이라고 말할 만하다.

疫苗 yìmiáo 명 백신   预防 yùfáng 동 예방하다
可谓 kěwèi 동 (~라고) 말할 만하다, 말할 수 있다   人类 rénlèi 명 인류
里程碑 lǐchéngbēi 명 기념비적 사건, 이정표

23 症状 ***
zhèngzhuàng

명 증상, 증세

脊椎病的典型症状主要有肩膀痛、头痛、腰痛等。

척추 질환의 전형적인 증상으로는 주로 어깨 통증, 머리 통증, 허리 통증 등이 있다.

脊椎病 jǐzhuībìng 척추 질환   典型 diǎnxíng 명 전형적인
肩膀 jiānbǎng 명 어깨   腰 yāo 명 허리

 시험에 이렇게 나온다!

짝꿍 표현   症状을 활용한 짝꿍 표현을 알아 둔다.

消除症状 xiāochú zhèngzhuàng 증상을 해소하다

24 感染 ***
gǎnrǎn

동 감염되다, 감화시키다

在发明抗生素之前, 很多人因被细菌感染而失去了生命。

항생제를 발명하기 전에는, 많은 사람들이 세균에 감염되어 목숨을 잃었다.

发明 fāmíng 동 발명하다 명 발명   抗生素 kàngshēngsù 명 항생제
细菌 xìjūn 명 세균   失去 shīqù 동 잃다, 잃어버리다

²⁵ 免疫 ★★★
miǎnyì

🔴 图 면역하다

实验结果表明，补锌能提高人体免疫力，加速康复进程。

실험 결과에서, 아연을 보충하는 것은 인체 면역력을 높여주고, 건강 회복의 진행 과정을 빠르게 할 수 있다는 것이 밝혀졌다.

补锌 bǔ xīn 아연을 보충하다   免疫力 miǎnyìlì 면역력
加速 jiāsù 图 빠르게 하다, 가속하다   康复 kāngfù 图 건강을 회복하다
进程 jìnchéng 图 진행 과정, 경과

🏯 **알아 두면 시험이 쉬워지는 배경 지식**

> 일반상식 **免疫系统**(면역계)은 병원체나 종양 세포 등을 인지하고 죽임으로써 질병으로부터 인체를 보호하는 작용을 한다. **免疫系统**은 **免疫器官**(골수·비장·림프선·편도체·소장·임파선 등), **免疫细胞**(림프구·혈소판 등), **免疫活性物质**(항체·백혈구·인터페론 등)로 구성되어 있다. **免疫系统**은 **固有免疫**와 **适应免疫**로 나뉘며, **适应免疫**는 다시 **体液免疫**와 **细胞免疫**로 구분된다.
>
> 免疫系统 miǎnyì xìtǒng 면역계
> 免疫器官 miǎnyì qìguān 면역 기관
> 免疫细胞 miǎnyì xìbāo 면역 세포
> 免疫活性物质 miǎnyì huóxìng wùzhì 면역 활성 물질
> 固有免疫 gùyǒu miǎnyì 선천성 면역
> 适应免疫 shìyìng miǎnyì 후천성 면역
> 体液免疫 tǐyè miǎnyì 체액성 면역
> 细胞免疫 xìbāo miǎnyì 세포성 면역

²⁶ 酒精 ★★★
jiǔjīng

🔴 图 알코올

受伤时，请及时用医用酒精擦洗伤口，以免受到感染。

상처를 입었을 때, 감염되지 않도록 즉시 의학용 알코올로 상처를 깨끗이 닦으세요.

受伤 shòushāng 图 상처를 입다   擦洗 cāxǐ 图 깨끗이 닦다
以免 yǐmiǎn 젭 ~하지 않도록, ~않기 위해서   感染 gǎnrǎn 图 감염되다

²⁷ 消毒 ★★★
xiāodú

🔴 图 소독하다

那位医学教授亲自给学生们示范了消毒的几个步骤。

그 의학 교수님은 직접 학생들에게 소독하는 몇 단계를 시범 보이셨다.

亲自 qīnzì 图 직접, 친히, 손수   示范 shìfàn 图 시범을 보이다, 시범하다
步骤 bùzhòu 图 (일이 진행되는) 단계, 절차, 순서

 시험에 이렇게 나온다!

> 이합동사 **消毒**는 消(없애다, 제거하다)+毒(독)가 합쳐진 이합동사로, 목적어를 취할 수 없다.
>
> 消毒注射器 주사기를 소독하다 (X)
> 给注射器消毒 주사기에 소독을 하다 (O)

28 动脉 ★★
dòngmài

명 동맥

医学研究发现，高血压、高脂血症可以引起动脉硬化。

의학 연구에서, 고혈압과 고지혈증이 동맥 경화를 불러일으킬 수 있음을 발견했다.

高血压 gāoxuèyā **명** 고혈압　**高脂血症** gāozhīxuèzhèng 고지혈증
动脉硬化 dòngmài yìnghuà 동맥 경화

🏯 **알아 두면 시험이 쉬워지는 배경 지식**

> **일반 상식** 动脉硬化(동맥 경화)는 动脉 가장 안쪽에 있는 내막에 胆固醇이나 中性脂肪이 쌓여 혈관이 좁아지고 딱딱하게 굳어지면서 막히게 되는 현상을 말한다. 动脉硬化는 노화가 진행됨에 따라 발병률이 증가하며, 고지혈증·고혈압·당뇨·흡연 등도 주요 원인이 된다. 动脉硬化는 각종 장기의 기능을 저하시키고, 심장에 혈액을 공급하는 冠状动脉를 좁히거나 막아서 혈액 순환에 문제를 일으킨다. 그로 인해 협심증이나 심근경색, 뇌경색과 같은 다양한 질병이 발생하기 때문에 꾸준한 관리와 치료가 필요하다.
>
> **动脉硬化** dòngmàiyìnghuà 동맥 경화
> **胆固醇** dǎngùchún 콜레스테롤
> **中性脂肪** zhōngxìng zhīfáng 중성 지방
> **冠状动脉** guānzhuàng dòngmài 관상 동맥

29 脉搏
màibó

명 맥박

经过医生的全力抢救，病人的脉搏终于平稳下来了。

의사의 전력을 다한 응급 처치로, 환자의 맥박은 마침내 안정되었다.

抢救 qiǎngjiù **동** (응급 상황에서) 응급 처치하다, 구조하다
平稳 píngwěn **형** 안정되다, 편안하다, 평온하다

🏯 **알아 두면 시험이 쉬워지는 배경 지식**

> **중국 역사** 脉诊(진맥)은 인체의 脉搏를 짚어서 병을 진단하는 방법이다. 중국에서 脉诊을 통해 병을 진단하는 방법을 최초로 정립한 사람은 춘추 전국 시대의 유명한 명의인 扁鹊이다. 사마천의 <사기(史记)>에 따르면, 扁鹊는 전국을 떠돌아 다니며 의술을 행하였는데, 괵(虢)나라의 태자가 중병에 걸려 거의 죽음에 이르렀을 때 扁鹊가 태자를 치료하여 다시 살아나게 하였고, 이에 탄복한 사람들이 그를 가리켜 죽은 사람도 살려낸 명의라고 추앙했다고 한다. 한편, 그가 지은 <难经>은 현재까지 고대 중의학의 대표적인 저서로 활용되고 있다.
>
> **脉诊** màizhěn 진맥
> **扁鹊** Biǎn Què 편작[중국 춘추 전국 시대의 명의]
> **难经** Nánjīng 난경[편작의 저서]

30 知觉
zhījué

명 감각, 지각

经过大夫的不懈努力，他渐渐恢复了知觉。

의사의 꾸준한 노력으로, 그는 점차 감각을 회복했다.

不懈 búxiè **형** 꾸준하다, 해이하지 않다　**恢复** huīfù **동** 회복하다, 회복되다

31 四肢 ★★
sìzhī

（명） 팔다리, 사지

锻炼前需要先活动一下头、脖子、腰与四肢。

단련하기 전에 먼저 머리·목·허리와 팔다리를 움직여야 한다.

脖子 bózi （명） 목　**腰** yāo （명） 허리

32 颈椎
jǐngzhuī

（명） 경추, 목등뼈

一些不良姿势和生活习惯是颈椎病的主要病因。

몇 가지 좋지 않은 자세와 생활 습관들은 경추 질환의 주요한 병인이다.

不良 bùliáng （형） 좋지 않다, 불량하다　**姿势** zīshì （명） 자세, 포즈
颈椎病 jǐngzhuībìng 경추 질환　**病因** bìngyīn （명） 병인

33 胸膛
xiōngtáng

（명） 가슴, 흉부

那个运动员有发达的肌肉、结实的肩膀和宽厚的胸膛。

그 운동선수는 발달된 근육, 튼튼한 어깨 그리고 넓고 두터운 가슴을 가지고 있다.

发达 fādá （형） 발달하다　**肌肉** jīròu （명） 근육
结实 jiēshi （형） 튼튼하다, 굳다　**肩膀** jiānbǎng （명） 어깨
宽厚 kuānhòu （형） 넓고 두텁다

34 屁股
pìgu

（명） 엉덩이, (동물의) 꽁무니

护士趁弟弟不注意时，在他的屁股上扎了一针。

간호사는 남동생이 부주의할 때를 틈타서, 그의 엉덩이에 주사 한 대를 놓았다.

趁 chèn （개） 틈타서, 이용하여　**扎** zhā （동） 놓다, 찌르다, 파고 들다

35 拳头
quántóu

（명） 주먹

刚出生的婴儿总是握紧拳头，这属于很正常的现象。

갓 태어난 갓난아기는 항상 주먹을 꼭 쥐고 있는데, 이는 정상적인 현상에 속한다.

婴儿 yīng'ér （명） 갓난아기, 영아　**属于** shǔyú （동） ~에 속하다
现象 xiànxiàng （명） 현상

36 指甲
zhǐjia

（명） 손톱

每个人的指甲生长速度有所不同，这与健康状态有关。

모든 사람들의 손톱이 자라는 속도는 조금 다른데, 이것은 건강 상태와 관련이 있다.

生长 shēngzhǎng （동） 자라다, 성장하다　**状态** zhuàngtài （명） 상태

37 膝盖
xīgài

● 명 무릎

关节炎引起的膝盖疼痛使我苦不堪言。 → 술어

관절염으로 인해 생긴 무릎의 통증은 말로 다 못할 정도로 나를 고통스럽게 했다.

关节炎 guānjiéyán 명 관절염 疼痛 téngtòng 명 통증 동 아프다
苦不堪言 kǔbùkānyán 성 말로 다 못할 정도로 고통스럽다

38 喉咙
hóulóng

● 명 목구멍, 인후

吃白萝卜可以有效缓解喉咙疼痛。

무를 먹는 것은 목구멍이 아픈 것을 효과적으로 완화시킬 수 있다.

白萝卜 báiluóbo 명 무 缓解 huǎnjiě 동 완화시키다, 해소하다
疼痛 téngtòng 동 아프다 명 통증

39 口腔
kǒuqiāng

● 명 구강

有些不良的饮食习惯和生活习惯会危害口腔健康。

일부 좋지 않은 식습관과 생활 습관은 구강 건강을 해칠 수 있다.

不良 bùliáng 형 좋지 않다, 불량하다 饮食习惯 yǐnshí xíguàn 식습관
危害 wēihài 동 해치다, 손상시키다 명 위해, 손상

🏯 **알아 두면 시험이 쉬워지는 배경 지식**

> [일반상식] 口腔期(구강기)는 심리학 용어로, **弗洛伊德**의 **精神分析理论**에서 말하는 인간 발달 단계 중 가장 첫 단계에 해당한다. **口腔期**는 출생할 때부터 약 1살 반까지의 시기로, 입·입술·혀·잇몸과 같은 부위에 느껴지는 자극을 통해 영아가 쾌감을 느끼는 시기이다. 그래서 이 시기의 영아들은 빨고, 씹고, 깨무는 행동을 많이 하게 된다. 또한 **口腔期**는 영아와 어머니 사이의 관계가 형성되는 가장 이른 시기이기 때문에, 이 시기를 어떻게 보냈는가에 따라 이후 아이의 사회성과 성격 형성에 큰 영향을 미치게 된다.
>
> 口腔期 kǒuqiāngqī 구강기
> 弗洛伊德 Fúluòyīdé 프로이트[정신 분석 이론의 창시자]
> 精神分析理论 jīngshén fēnxī lǐlùn 정신 분석 이론

40 舌头
shétou

● 명 혀

人的舌头是咀嚼、吞咽食物或发音的重要器官。

사람의 혀는 음식을 씹고 삼키거나 발음하는 중요한 기관이다.

咀嚼 jǔjué 동 (음식물을) 씹다, 음미하다, 되새기다
吞咽 tūnyàn 동 (통째로) 삼키다 食物 shíwù 명 음식, 음식물
器官 qìguān 명 (생물체의) 기관

41 嘴唇
zuǐchún

● 몡 입술

当嘴唇干裂时，应多摄取富含维生素的新鲜蔬菜。
→ 술어

입술이 건조하여 갈라질 때, 비타민을 다량으로 함유한 신선한 채소를 많이 섭취해야 한다.

干裂 gānliè 동 건조하여 갈라지다　摄取 shèqǔ 동 섭취하다, 흡수하다
富含 fùhán 동 다량으로 함유하다　维生素 wéishēngsù 몡 비타민
蔬菜 shūcài 몡 채소

42 鼻涕
bítì

● 몡 콧물

最常见的感冒症状有头痛、打喷嚏、流鼻涕等。

가장 흔한 감기 증상으로는 두통, 재채기, 콧물을 흘리는 것 등이 있다.

症状 zhèngzhuàng 몡 증상, 증세　打喷嚏 dǎ pēntì 재채기를 하다

43 疙瘩
gēda

● 몡 뽀루지

他可能是皮肤过敏了，脖子上长了一些小疙瘩。

그는 아마도 피부가 알레르기 반응을 보였는지, 목에 작은 뽀루지가 좀 났다.

过敏 guòmǐn 동 알레르기 반응을 보이다 혱 과민하다　脖子 bózi 몡 목

44 皱纹
zhòuwén

● 몡 주름

看到母亲脸上的皱纹，他的心里有说不出的滋味。

어머니 얼굴의 주름을 보고, 그의 마음속에 말할 수 없는 기분이 생겼다.

滋味 zīwèi 몡 기분, 심정

45 弹性 ★★
tánxìng

● 몡 탄력성, 유연성, 탄성

医美可以使人的容貌变得年轻，但并不能恢复皮肤的弹性。

미용 의학은 사람의 용모를 젊어지게 할 수 있지만, 피부의 탄력성은 결코 회복시킬 수 없다.

医美 yīměi 미용 의학[医疗美容의 약어]　容貌 róngmào 몡 용모
恢复 huīfù 동 회복하다, 회복되다

46 收缩
shōusuō

反의어
膨胀 péngzhàng
동 부피가 늘어나다, 팽창하다

● 동 수축하다, 졸아들다

心脏通过有节奏的舒张和收缩，推动血液的流动。

심장은 리듬 있는 확장과 수축을 통해 혈액의 흐름을 촉진한다.

心脏 xīnzàng 몡 심장　节奏 jiézòu 몡 리듬, 박자
舒张 shūzhāng 동 (심장, 혈관 등의 근육 조직이) 확장하다, 이완되다
推动 tuīdòng 동 촉진하다, 추진하다　血液 xuèyè 몡 혈액
流动 liúdòng 동 흐르다, 유동하다

★★★ = 최빈출 어휘　★★ = 빈출 어휘

01 02 03 04 05 06 07 08 DAY 09 10

해커스 HSK 6급 단어장

47 血压 ★★
xuèyā

명 혈압

摄入过量的盐会导致血压升高，而且会加速皮肤的老化。

과다한 소금 섭취는 혈압 상승을 야기할 수 있고, 피부의 노화를 가속시킬 수 있다.

摄入 shèrù 섭취   升高 shēnggāo 통 상승하다, 높게 오르다
加速 jiāsù 통 가속시키다, 가속하다   老化 lǎohuà 통 노화하다

48 气色
qìsè

명 안색, 기색

嫂子气色好，看来日子过得很滋润。

형수는 안색이 좋은 것이, 편안한 나날을 보내신 것으로 보인다.

嫂子 sǎozi 명 형수, 올케[형이나 오빠의 부인]   日子 rìzi 명 나날, 날짜
滋润 zīrùn 편안하다, 촉촉하다, 습윤하다 통 촉촉하게 적시다

49 残疾
cánjí

명 장애, 불구

他虽然身患残疾，但以惊人的毅力实现了自己的梦想。

그는 비록 몸에 장애를 앓고 있지만, 놀라운 의지로 자신의 꿈을 실현했다.

患 huàn 통 (병을) 앓다   毅力 yìlì 명 의지, 끈기   梦想 mèngxiǎng 명 꿈, 몽상

50 昏迷 ★★
hūnmí

동 정신을 잃다, 혼미하다

他发高烧了，一整天都昏迷不醒。

그는 고열이 나서, 온종일 정신을 잃고 깨어나지 못했다.

醒 xǐng 통 깨어나다

51 清醒 ★★
qīngxǐng

반의어
糊涂 hútu
형 어리둥절하다, 흐리멍덩하다

동 정신이 들다, 의식을 회복하다   형 (정신이) 맑다, 뚜렷하다

喝西红柿汁有助于从醉酒状态清醒过来。

토마토 주스를 마시는 것은 술에 취한 상태에서 정신이 들도록 도와준다.

他在任何情况下都能保持清醒的头脑。

그는 어떤 상황에서도 항상 맑은 사고 능력을 유지할 수 있다.

醉 zuì 통 취하다   状态 zhuàngtài 명 상태

🏯 **알아 두면 시험이 쉬워지는 배경 지식**

> 일반상식 清醒梦(자각몽)은 꿈을 꾸는 사람이 스스로 꿈을 꾸고 있다는 사실을 자각한 채로 꿈을 꾸는 현상을 말하며, 清明梦이라고도 부른다. 清醒梦의 상태에서는 꿈을 꾸는 동안에도 깨어 있을 때와 마찬가지로 생각하고 기억할 수 있으며, 꿈을 꾸면서 느끼게 되는 감각들을 현실 세계에서도 동일하게 느낄 수 있다.
>
> 清醒梦 qīngxǐngmèng 자각몽
> 清明梦 qīngmíngmèng 자각몽

52 苏醒
sūxǐng

[동] 의식을 회복하다, 되살아나다

经过几小时的抢救，患者慢慢地从昏迷中苏醒过来了。

└→ 술어

몇 시간의 응급 처치를 거쳐, 환자는 천천히 혼미한 상태로부터 의식을 회복했다.

抢救 qiǎngjiù [동] 응급 처치하다 **患者** huànzhě [명] 환자
昏迷 hūnmí [동] (정신이) 혼미하다, 의식을 잃다

53 按摩
ànmó

[동] 안마하다, 마사지하다

按摩有利于血液循环和新陈代谢。

안마는 혈액 순환과 신진대사에 이롭다.

血液循环 xuèyè xúnhuán 혈액 순환 **新陈代谢** xīnchéndàixiè 신진대사

54 保重
bǎozhòng

[동] 건강에 주의하다, 몸조심하다

离开爷爷家时，我再三叮嘱他一定要保重身体。

할아버지 댁을 떠날 때, 난 그에게 꼭 건강에 주의하시라고 재차 신신당부했다.

再三 zàisān [부] 재차, 다시 **叮嘱** dīngzhǔ [동] 신신당부하다, 거듭 부탁하다

55 喘气
chuǎnqì

[동] 헐떡거리다, 숨을 돌리다

小明一口气从一楼爬到了十二楼，累得直喘气。

샤오밍은 단숨에 1층에서 12층까지 올라갔는데, 계속 헐떡거릴 만큼 힘들었다.

直 zhí [부] 계속, 줄곧, 내내

 시험에 이렇게 나온다!

| 이합
동사 | 喘气는 喘(헐떡이다, 몰아쉬다)+气(숨)가 합쳐진 이합동사로, 喘과 气 사이에
가능보어가 오기도 한다.

喘不过气来 숨을 쉴 수 없다 |

56 恶心
ěxin

[동] 속이 메스껍다, 혐오감을 일으키다

我一看到油腻的食物就觉得恶心。

나는 기름진 음식을 보면 바로 속이 메스꺼움을 느낀다.

油腻 yóunì [형] 기름지다, 기름기가 많다 **食物** shíwù [명] 음식물

57 呕吐
ǒutù

[동] 구토하다

登上空气稀薄的高山时，会出现头痛、呕吐等症状。

공기가 희박한 높은 산에 오를 때, 두통·구토 등의 증상이 발생할 수 있다.

稀薄 xībó [형] 희박하다 **症状** zhèngzhuàng [명] 증상, 증세

58 腹泻
fùxiè

동 설사하다

他先是头晕，之后又呕吐、腹泻，恐怕是食物中毒了。

그는 처음에는 머리가 어지럽고, 그 다음에는 구토와 설사를 했는데, 아마도 식중독에 걸린 것 같다.

头晕 tóuyūn 머리가 어지럽다　呕吐 ǒutù 동 구토하다

59 瘫痪 ★★
tānhuàn

동 반신불수가 되다, 마비되다

一场突如其来的交通事故使他常年瘫痪在床。

갑자기 발생한 한차례 교통사고는 그가 오랜 기간 반신불수가 되어 침대에 누워 있도록 만들었다.

突如其来 tūrúqílái 성 갑자기 발생하다　事故 shìgù 명 사고

 시험에 이렇게 나온다!

짝꿍 표현　瘫痪을 활용한 짝꿍 표현을 알아 둔다.
系统瘫痪 xìtǒng tānhuàn 시스템이 마비되다

60 麻痹
mábì

동 마비되다　형 경계를 늦추다, 경각심이 풀어지다

若出现脸部神经麻痹的症状，应该第一时间去医院诊治。

만약 안면 신경이 마비되는 증상이 나타나면, 바로 병원에 가서 진료해야 한다.

做这种危险的工作时，千万不能麻痹大意。

이런 위험한 일을 할 때에, 경계를 늦추고 소홀히 해서는 절대 안 된다.

神经 shénjīng 명 신경　症状 zhèngzhuàng 명 증상, 증세
诊治 zhěnzhì 동 진료하다　大意 dàyi 형 소홀하다, 부주의하다

61 麻醉
mázuì

동 마취하다

他刚做完手术，还没有从麻醉中醒过来。

그는 막 수술을 마쳐서, 아직 마취에서 깨어나지 않았다.

手术 shǒushù 명 수술

62 瘸
qué

동 (다리를) 절뚝거리다, 절다

不幸的是，老王在这起交通事故中受了伤，一条腿瘸了。

불행한 것은, 라오왕이 이번 교통사고에서 부상을 입어서, 한쪽 다리를 절뚝거린다는 것이다.

事故 shìgù 명 사고　受伤 shòushāng 동 부상을 입다, 상처를 입다

63 僵硬
jiāngyìng

[형] (사지가) 뻣뻣하다, 융통성이 없다

由于长时间缺乏锻炼，我的身体比以前僵硬了许多。

→ 술어

오랫동안 운동이 부족한 것으로 인해, 내 신체는 예전보다 많이 뻣뻣해졌다.

缺乏 quēfá [동] 부족하다, 모자라다

64 麻木
mámù

[형] 저리다, 마비되다

她穿着高跟鞋站了一整天，发觉双脚麻木了。

그녀는 하이힐을 신은 채 온종일 서 있었더니, 양발이 저린 것을 느꼈다.

发觉 fājué [동] 느끼다, 발견하다, 깨닫다

[잠깐] 麻木는 신체 부위가 저려서 감각을 상실하는 것을 의미하고, 60번 麻痹(마비되다)는 신체 부위의 감각 또는 운동 기능이 일부 또는 완전히 상실되는 것을 의미해요.

65 脆弱 **
cuìruò

[형] 연약하다, 나약하다

她的内心那么脆弱，肯定受不了如此沉重的打击。

그녀의 마음이 그렇게 연약한데, 틀림없이 이렇게 심각한 타격은 견딜 수 없을 거야.

如此 rúcǐ [대] 이러하다, 이와 같다
沉重 chénzhòng [형] (정도가) 심각하다, 우울하다
打击 dǎjī [동] 타격을 주다, 치다

66 衰老 **
shuāilǎo

[형] 노화하다, 노쇠하다

"一日三枣，长生不老"，这句民间谚语说明枣有助于延缓衰老。

'하루에 대추 세 개면, 평생 늙지 않는다'라는 이 민간 속담은 대추가 노화를 지연시키는 데에 도움이 된다는 것을 설명한다.

枣 zǎo [명] 대추   民间 mínjiān [명] 민간   谚语 yànyǔ [명] 속담
延缓 yánhuǎn [동] 지연시키다, 늦추다

🏯 알아 두면 시험이 쉬워지는 배경 지식

[일반상식] 抗衰老(항노화, 안티에이징)는 말 그대로 노화를 방지하는 것을 말한다. 노화는 자연스러운 과정이지만, 다양한 과정을 통해 노화를 늦추는 방법들이 있다. 그 중에는 红色食品을 섭취하는 방법이 있는데, 붉은색을 띠는 음식에는 천연 색소인 카로티노이드와 안토시아닌이 들어 있다. 이 색소들에는 공통적으로 항산화 물질이 포함되어 있어서 抗衰老에 큰 도움을 준다. 抗衰老에 도움이 되는 대표적인 红色食品으로는 토마토·딸기·비트·적포도 등이 있다.

抗衰老 kàngshuāilǎo 항노화, 안티에이징
红色食品 hóngsè shípǐn 레드푸드, 붉은색을 띠는 식품

해커스 HSK 6급 단어장

67 苍白
cāngbái

형 창백하다

他脸色苍白，嘴唇发紫，显然是身体出了问题。

→ 술어

그는 안색이 창백하고, 입술이 새파랗게 되었는데, 분명히 몸에 병이 났다.

嘴唇 zuǐchún 몡 입술　发紫 fāzǐ 됭 (입술이) 새파랗게 되다
显然 xiǎnrán 혱 분명하다, 명백하다

68 充沛
chōngpèi

형 왕성하다, 넘쳐흐르다

只有保证充足的睡眠，才能让人保持充沛的精力。

충분한 잠을 보장해야만, 사람이 왕성한 에너지를 유지하게 할 수 있다.

充足 chōngzú 혱 충분하다　睡眠 shuìmián 몡 잠, 수면
精力 jīnglì 몡 에너지, 힘

69 免得
miǎnde

접 ~않기 위해서, ~하지 않도록

你应该随身携带常备药，免得遇到突发情况措手不及。

돌발 상황을 만났을 때 속수무책하지 않기 위해, 너는 상비약을 몸에 지니며 휴대해야 한다.

随身 suíshēn 혱 몸에 지니는, 휴대하는　携带 xiédài 됭 휴대하다, 지니다
常备药 chángbèiyào 상비약　突发 tūfā 됭 돌발하다, 갑자기 발생하다
措手不及 cuòshǒubùjí 솅 속수무책이다, 미처 손쓸 새가 없다

 시험에 이렇게 나온다!

독해 독해 1부분에서는 免得나 以防(~에 대비하여), 以免(~하지 않도록), 省得(~이 일어나지 않도록)와 같은 접속사 뒤에 부정부사 不가 붙어 이중부정으로 틀리는 문장이 자주 출제된다. 따라서 문장에 免得+不와 같은 표현이 있으면 문맥상 어울리는지 먼저 체크한다.

朋友之间的矛盾最好及时解决，免得不影响友情。(X)
친구 사이의 갈등은 우정에 영향을 안 주지 않도록 즉시 해결하는 것이 가장 좋다.
朋友之间的矛盾最好及时解决，免得影响友情。(O)
친구 사이의 갈등은 우정에 영향을 주지 않도록 즉시 해결하는 것이 가장 좋다.

70 疤 **
bā

명 흉터, (기물에 생긴) 흠

用正确的方法处理伤口，就可以有效防止留疤。

정확한 방법으로 상처를 처리하면, 흉터가 남는 것을 효과적으로 방지할 수 있다.

方法 fāngfǎ 몡 방법　处理 chǔlǐ 됭 처리하다, 해결하다
伤口 shāngkǒu 몡 상처　防止 fángzhǐ 됭 방지하다

 시험에 이렇게 나온다!

짝꿍 표현 疤를 활용한 짝꿍 표현을 알아 둔다.

留疤 liú bā 흉터가 남다

71 癌症
áizhèng

명 암

与过去相比, 癌症领域的医学研究有了很大的进展。 → 술어

과거와 비교하면, 암 영역의 의학연구는 많은 발전을 이루었다.

领域 lǐngyù **명** 영역, 분야 进展 jìnzhǎn **동** 발전하다, 진전하다

72 肿瘤
zhǒngliú

명 종양

人类肿瘤约80%是由外界致癌物质而引起的。

인류 종양의 약 80%는 외부의 발암 물질에 의해 야기된 것이다.

人类 rénlèi **명** 인류 外界 wàijiè **명** 외부 致癌物质 zhì'ái wùzhì 발암 물질

73 成效 ★★
chéngxiào

명 효과, 효능

该药对于预防心血管疾病成效显著, 但也可能有副作用。

이 약은 심혈관 질병 예방에 대한 효과가 현저하나, 부작용이 있을 수도 있다.

该 gāi **대** 이 预防 yùfáng **동** 예방하다 心血管 xīnxuèguǎn 심혈관
疾病 jíbìng **명** 질병, 질환 显著 xiǎnzhù **형** 현저하다, 뚜렷하다
副作用 fùzuòyòng **명** 부작용

74 性命
xìngmìng

유의어

生命 shēngmìng **명** 생명

명 생명, 목숨

名医扁鹊用高超的医术保住了无数患者的性命。

명의 편작은 출중한 의술로 무수한 환자들의 생명을 지켜냈다.

扁鹊 Biǎn Què **고유** 편작[중국 춘추 전국 시대의 명의]
高超 gāochāo **형** 출중하다, 특출나다 保住 bǎozhù **동** 지켜내다, 유지하다
无数 wúshù **형** 무수하다, 셀 수 없다 患者 huànzhě **명** 환자, 병자

 시험에 이렇게 나온다!

유의어 性命 : 生命(shēngmìng, 생명)

性命은 사람과 동물의 생명만을 나타낸다.
宝贵的性命 bǎoguì de xìngmìng 고귀한 생명
维持性命 wéichí xìngmìng 목숨을 유지하다

生命은 사람과 동물의 생명을 나타낼 뿐만 아니라, 비유적 의미로도 사용
된다.
生命力 shēngmìnglì 생명력
政治生命 zhèngzhì shēngmìng 정치 생명

75 发炎
fāyán

⑧ 염증이 생기다, 염증을 일으키다

夏天，伤口更容易发炎或感染。 → 술어

여름에, 상처는 더 쉽게 염증이 생기거나 감염된다.

伤口 shāngkǒu ⑲ 상처　感染 gǎnrǎn ⑧ 감염되다, 전염되다

 시험에 이렇게 나온다!

| 이합동사 | 发炎은 发(생기다)+炎(염증)이 합쳐진 이합동사로, 목적어를 취할 수 없다.
发炎伤口 상처를 염증을 일으키다 (X)
伤口发炎 상처가 염증을 일으키다 (O) |

76 防治
fángzhì

⑧ 예방 치료하다, (재해나 질병을) 막다

茶不仅可以防治一些疾病，而且有利于排出体内毒素。

차는 일부 질병을 예방 치료할 수 있을 뿐만 아니라, 체내의 독소를 배출하는 데에도 유리하다.

疾病 jíbìng ⑲ 질병, 질환　排出 páichū ⑧ 배출하다, 내뿜다
毒素 dúsù ⑲ 독소

77 隔离
gélí

⑧ 격리시키다, 떼어 놓다

为了避免传染他人，医院决定对那个病人进行隔离治疗。

타인에게 전염시키는 것을 막기 위해, 병원은 그 환자에게 격리 치료를 진행하기로 결정했다.

避免 bìmiǎn ⑧ 막다, 피하다　传染 chuánrǎn ⑧ 전염시키다, 전염하다
治疗 zhìliáo ⑧ 치료하다

78 临床
línchuáng

⑧ 임상하다

干细胞的研究将为临床医学提供更广阔的应用前景。

줄기세포의 연구는 임상 의학에 더 넓은 응용 전망을 제공할 것이다.

干细胞 gànxìbāo ⑲ 줄기세포　广阔 guǎngkuò ⑱ 넓다
应用 yìngyòng ⑧ 응용하다　前景 qiánjǐng ⑲ 전망, 전경

 시험에 이렇게 나온다!

| 짝꿍표현 | 临床을 활용한 다양한 짝꿍 표현들을 알아 둔다.
临床医生 línchuáng yīshēng 전문의
临床实习 línchuáng shíxí 임상 실습
临床研究 línchuáng yánjiū 임상 연구 |

79 抢救
qiǎngjiù

[동] (응급 상황에서) 구조하다, 응급 치료하다

路人及时把晕倒的老人送去医院抢救了。 → 술어

행인은 즉시 기절하여 쓰러진 노인을 병원으로 보내어 구조했다.

晕倒 yūndǎo [동] 기절하여 쓰러지다, 졸도하다

---

80 呻吟
shēnyín

[동] 신음하다

华佗为关羽刮骨疗伤时，关羽并未呻吟，反而若无其事地下了棋。

화타가 관우의 뼈를 갈아서 상처를 치료해줄 때, 관우는 신음하지 않았고, 오히려 마치 아무 일도 없는 듯 바둑을 두었다.

华佗 Huà Tuó [고유] 화타[중국 한나라 말기의 명의]
关羽 Guān Yǔ [고유] 관우[중국 삼국 시대 촉나라의 무장]
反而 fǎn'ér [부] 오히려, 반대로
若无其事 ruòwúqíshì [성] 마치 아무 일도 없는 듯 하다, 전혀 무관심하다

---

81 注射
zhùshè

[동] 주사하다

为了防止传染病的扩散，国家呼吁人们自觉地注射疫苗。

전염병의 확산을 방지하기 위해, 국가는 사람들에게 자각적으로 백신을 주사할 것을 호소했다.

防止 fángzhǐ [동] 방지하다 **传染病** chuánrǎnbìng [명] 전염병
扩散 kuòsàn [동] 확산하다, 퍼지다
呼吁 hūyù [동] (동정이나 지지를) 호소하다, 구하다, 청하다
自觉 zìjué [형] 자각적이다 [동] 자각하다, 스스로 느끼다 **疫苗** yìmiáo [명] 백신

---

82 锋利 ★★
fēnglì

[형] 날카롭다, 예리하다

尖端恐惧症是指对锋利的刀、针头等尖锐物体产生恐惧的心理障碍。

첨단공포증이란 날카로운 칼, 주사바늘 등 뾰족한 물체에 대하여 공포가 생기는 심리적 장애를 지칭하는 것이다.

尖端 jiānduān [형] 첨단의 **恐惧症** kǒngjùzhèng 공포증
针头 zhēntóu [명] 주사바늘 **尖锐** jiānruì [형] 뾰족하다, 날카롭다
产生 chǎnshēng [동] 생기다, 나타나다 **心理** xīnlǐ [명] 심리, 기분
障碍 zhàng'ài [명] 장애, 장애물

right side tab markers

01 02 03 04 05 06 07 08 **DAY 09** 10

해커스 HSK 6급 단어장

★★★ = 최빈출 어휘   ★★ = 빈출 어휘

⁸³ 间接
jiànjiē

반의어

直接 zhíjiē 휑 직접의, 직접적인

휑 간접적인

→ 술어

病毒和细菌会通过纸币间接传播。

바이러스와 세균은 지폐를 통하여 간접적으로 전파될 수 있다.

病毒 bìngdú 몡 바이러스 **细菌** xìjūn 몡 세균
传播 chuánbō 동 전파하다, 널리 퍼뜨리다

⁸⁴ 聋哑
lóngyǎ

휑 농아의, 귀가 먹고 말도 못하다

通常说的聋哑症是听觉与语言障碍兼有的病症。

일반적으로 말하는 농아병은 청각 및 언어 장애를 겸하는 병이다.

通常 tōngcháng 뷔 일반적으로, 보통 **听觉** tīngjué 몡 청각
障碍 zhàng'ài 몡 장애 **兼有** jiānyǒu 동 겸하다, 겸유하다
病症 bìngzhèng 몡 병, 질병

⁸⁵ 慢性
mànxìng

반의어

急性 jíxìng 휑 급성의, 조급하다

휑 만성의, 느긋하다

糖尿病会导致各种器官和神经的慢性损害和功能
障碍。

당뇨병은 각종 기관과 신경의 만성적인 손상과 기능 장애를 일으킬 수 있다.

糖尿病 tángniàobìng 몡 당뇨병 **导致** dǎozhì 동 일으키다, 야기하다
器官 qìguān 몡 (생물체의) 기관 **神经** shénjīng 몡 신경
损害 sǔnhài 동 손상시키다, 손실을 입다 **功能** gōngnéng 몡 기능
障碍 zhàng'ài 몡 장애 동 장애를 주다, 가로막다

 시험에 이렇게 나온다!

짝꿍
표현 慢性을 활용한 짝꿍 표현을 알아 둔다.

慢性疾病 mànxìng jíbìng 만성질환

연습문제 체크체크!

제시된 각 단어의 병음을 써 보고, 뜻을 오른쪽 보기에서 찾아 줄을 그어 보세요.

01 功效 _____

02 锋利 _____

03 瘫痪 _____

04 酒精 _____

05 僵硬 _____

ⓐ 반신불수가 되다, 마비되다

ⓑ 효과, 효능

ⓒ 알코올

ⓓ (사지가) 뻣뻣하다, 융통성이 없다

ⓔ 날카롭다, 예리하다

박스 안 단어의 병음을 써 보고, 문장을 읽고 빈칸에 들어갈 단어를 찾아 적어 보세요.

ⓐ 症状　　　　ⓑ 疲惫　　　　ⓒ 抵抗　　　　ⓓ 充沛　　　　ⓔ 清醒

_____　　_____　　_____　　_____　　_____

06 均衡的营养可以有效地预防疾病、增强_____力。

07 由于长时间的奔波，大家都显得有些_____不堪。

08 适当的午睡有助于消除疲劳，保持_____的体力。

09 经过抢救，患者终于从昏迷中_____过来了。

10 这种药可以快速消除鼻塞、打喷嚏等感冒_____。

정답: 01. gōngxiào/ⓑ 02. fēnglì/ⓔ 03. tānhuàn/ⓐ 04. jiǔjīng/ⓒ 05. jiāngyìng/ⓓ
06. ⓒ/dǐkàng 07. ⓑ/píbèi 08. ⓓ/chōngpèi 09. ⓔ/qīngxǐng 10. ⓐ/zhèngzhuàng

* 06~10번 문제 해석은 해커스중국어(china.Hackers.com)에서 다운로드 받으세요.

HSK 6급 시험에 나오는 고난도 어휘

☑ 잘 외워지지 않는 단어는 □에 체크해 두고 다음에 반복 암기합니다.

□ 脚腕	jiǎowàn	명	발목
□ 睫毛	jiémáo	명	속눈썹
□ 腮帮子	sāibāngzi	명	볼, 뺨
□ 肾上腺素	shènshàngxiànsù	명	아드레날린
□ 瞳孔	tóngkǒng	명	동공, 눈동자
□ 褪黑素	tuìhēisù	명	멜라토닌
□ 牙床	yáchuáng	명	잇몸
□ 咽喉	yānhóu	명	목구멍, 인후
□ 牙釉质	yáyòuzhì	명	치아의 에나멜질[치아를 형성하는 유백색의 반투명한 물질]
□ 伟岸	wěi'àn	형	체구가 우람하다, 건장하다, 웅대하다
□ 不饱和脂肪酸	bùbǎohézhīfángsuān		불포화 지방산
□ 钙质	gàizhì	명	칼슘
□ 热量	rèliàng	명	열량
□ 碳水化合物	tànshuǐhuàhéwù	명	탄수화물
□ 复苏	fùsū	동	소생하다, 회복하다
□ 汲取	jíqǔ	동	흡수하다, 받아들이다
□ 摄取	shèqǔ	동	(영양 등을) 흡수하다, 섭취하다, (사진·영화·드라마 등을) 찍다, 촬영하다
□ 驱寒	qūhán	동	추위를 쫓다
□ 眩晕	xuànyùn	동	현기증이 나다
□ 矍铄	juéshuò	형	(나이가 들어도) 정정하다

☐ 祛湿	qūshī	습기를 제거하다
☐ 微睡眠	wēi shuìmián	마이크로 수면[수 분의 1초 또는 30초 미만까지 지속될 수 있는 한차례의 잠]
☐ 绷带	bēngdài	몡 붕대
☐ 病症	bìngzhèng	몡 질병
☐ 毒瘤	dúliú	몡 악성 종양
☐ 干眼症	gānyǎnzhèng	몡 안구 건조증
☐ 霍乱	huòluàn	몡 콜레라
☐ 抑郁症	yìyùzhèng	몡 우울증
☐ 症候群	zhènghòuqún	몡 증후군
☐ 自闭症	zìbìzhèng	몡 자폐증
☐ 脑疾病	nǎo jíbìng	뇌질환
☐ 潜伏	qiánfú	동 잠복하다, 숨어 있다
☐ 治愈	zhìyù	동 치유하다
☐ 留疤	liú bā	흉터가 남다
☐ 抗生素	kàngshēngsù	몡 향균 물질, 항생 물질
☐ 免疫力	miǎnyìlì	몡 면역력
☐ 青霉素	qīngméisù	몡 페니실린
☐ 疫苗	yìmiáo	몡 백신
☐ 接种	jiēzhòng	동 접종하다
☐ 移植	yízhí	동 이식하다, (어린 모종·나무 등을) 옮겨 심다

척척박사가 될 거야

학업 · 교육 · 연구

주제를 알면 HSK가 보인다!

HSK 6급에서는 학업의 중요성, 권장 교육 방식, 새로운 연구 결과 등과 관련된 문제가 자주 출제돼요. 따라서 '고고학', '깊이 연구하다', '정통하다', '가르침을 청하다'와 같은 학업 · 교육 · 연구 관련 단어들을 집중적으로 학습하면 이러한 문제를 쉽게 풀 수 있어요.

🎧 단어, 예문 MP3

그녀의 불타오르는 고고학(?) 열정!

엄청난 가치의 물건이다…!

내가 한때 **考古**를 **钻研** 해 봐서 알아! 이건 보통 물건이 아니라고!

마침 **考古**에 **精通**한 선생님이 계시니까, 이게 뭔지 **请教** 해 보겠어!

그래… 빨리 가~

몇 시간 후

하늘아, 새로 산 냄비받침 못 봤니? 어딜 간 거야?

그거 아까 바다가 들고 뛰쳐나가던데?

---

01 **考古** kǎogǔ 명 고고학

09 **精通** jīngtōng 동 정통하다, 통달하다

10 **钻研** zuānyán 동 깊이 연구하다, 몰두하다

04 **请教** qǐngjiào 동 가르침을 청하다

01 考古 ***
kǎogǔ

[명] 고고학　[동] 고고학을 연구하다

→ 술어

通过考古，我们可以更好地了解人类的过去和现在。

고고학을 통해, 우리는 인류의 과거와 현재를 더 잘 이해할 수 있다.

张光直热爱考古，生平取得了许多学术成就。

장광즈는 고고학을 연구하는 것을 사랑했으며, 생애 동안 많은 학술적 성취를 얻었다.

人类 rénlèi [명] 인류
张光直 Zhāng Guāngzhí [고유] 장광즈[현대 중국의 저명한 고고학자]
热爱 rè'ài [동] 사랑하다　**生平** shēngpíng [명] 생애, 평생
学术 xuéshù [명] 학술　**成就** chéngjiù [명] 성취

02 渠道 ***
qúdào

[명] 경로, 관개 수로

录取通知书是大学新生认识自己大学的第一个渠道。

입학 통지서는 대학 신입생들이 자신의 대학을 인식하는 첫 번째 경로이다.

录取通知书 lùqǔ tōngzhīshū 입학 통지서

03 心得 ***
xīndé

[명] 소감, 느낌

陶宗仪勤于记录收集到的各种史料和读书心得。

도종의는 수집한 각종 역사 연구 자료와 독서 소감을 기록하는 것에 열심이었다.

陶宗仪 Táo Zōngyí [고유] 도종의[중국 원나라 말 명나라 초의 학자]
勤于 qín yú ~에 열심이다　**记录** jìlù [동] 기록하다
收集 shōují [동] 수집하다　**史料** shǐliào [명] 역사 연구 자료

04 请教 ***
qǐngjiào

[동] 가르침을 청하다

她热爱阅读，碰到生词就马上向老师请教。

그녀는 책 읽기를 아주 좋아하여, 새 단어를 보면 바로 선생님께 가르침을 청했다.

热爱 rè'ài [동] 아주 좋아하다　**碰** pèng [동] (우연히) 보다, 만나다

 시험에 이렇게 나온다!

[이합동사] 请教는 请(청하다)+教(가르침)가 합쳐진 이합동사이다. 이합동사는 기본적으로 목적어를 취할 수 없지만, 请教는 예외적으로 목적어를 취할 수 있다. 그리고 목적어를 취하지 않을 경우에는 주로 개사 向(~에게)과 함께 사용된다.

向别人请教 다른 사람에게 가르침을 청하다 (목적어 없음)
请教别人 다른 사람에게 가르침을 청하다 (목적어 있음)

05 中断 ***
zhōngduàn

반의어

持续 chíxù
동 지속하다, 이어지다

继续 jìxù 동 계속하다

동 중단하다, 중단되다

小李后悔当初自己没有意识到学习的重要性，中断了学业。

샤오리는 당초에 자신이 학습의 중요성을 깨닫지 못하고, 학업을 중단했던 것을 후회했다.

当初 dāngchū 명 당초, 당시　意识 yìshí 동 깨닫다, 의식하다

06 引导 ***
yǐndǎo

동 이끌다, 인도하다

通过信息技术课程，老师要引导学生正确使用网络。

정보 기술 수업을 통해, 선생님은 학생들이 정확하게 인터넷을 사용하도록 이끌어야 한다.

信息 xìnxī 명 정보, 소식　课程 kèchéng 명 수업, 교과 과정

07 特定 ***
tèdìng

형 특정한, 일정한

每位教师都应具备特定领域的知识。

각각의 교사들은 모두 특정 분야의 지식을 갖추어야 한다.

具备 jùbèi 동 갖추다, 구비하다　领域 lǐngyù 명 분야, 영역

08 尝试 ***
chángshì

동 시도해 보다, 테스트해 보다

那位博士在深海动物领域尝试了新的研究方法。

그 박사는 심해 동물 분야에서 새로운 연구 방법을 시도해 보았다.

深海 shēnhǎi 명 심해　领域 lǐngyù 명 분야, 영역

09 精通 ***
jīngtōng

동 통달하다, 정통하다

作为一名专家，首先要精通自己学科领域的专业知识。

한 명의 전문가로서, 먼저 자신의 학문 분야의 전문 지식에 통달해야 한다.

作为 zuòwéi 개 ~로서　专家 zhuānjiā 명 전문가　领域 lǐngyù 명 분야

10 钻研 ★★★
zuānyán

동 깊이 연구하다, 몰두하다

经过坚持不懈的钻研，郭守敬在天文仪器方面取得了突出的成就。

끈질긴 깊은 연구를 통해, 곽수경은 천문 계측기 방면에서 두드러진 성과를 거두었다.

坚持不懈 jiānchíbúxiè 성 끈질기게 해 나가다
郭守敬 Guō Shǒujìng 고유 곽수경[중국 원나라의 천문학자]
天文 tiānwén 명 천문, 천문학 仪器 yíqì 명 계측기, 측정기
突出 tūchū 형 두드러지다 成就 chéngjiù 명 성과, 성취

11 细致 ★★★
xìzhì

형 세밀하다, 정교하다

写调查报告前，应事先开展细致的调查研究。

조사 보고서를 작성하기 전에, 미리 세밀한 조사 연구를 펼쳐야 한다.

반의어

粗疏 cūshū
형 꼼꼼하지 못하다, 데면데면하다

报告 bàogào 명 보고서 事先 shìxiān 명 미리, 사전에
开展 kāizhǎn 동 펼치다, (전람회·전시회 등이) 열리다

12 进而 ★★★
jìn'ér

접 더 나아가, 진일보하여

今天我们将探讨纤维工业的现状，进而探索其发展方向。

오늘 우리는 섬유 공업의 현황을 검토하고, 더 나아가 그 발전 방향을 모색할 것이다.

探讨 tàntǎo 동 검토하다, 연구 토론하다 纤维 xiānwéi 명 섬유
工业 gōngyè 명 공업 现状 xiànzhuàng 명 현황
探索 tànsuǒ 동 모색하다

13 以致 ★★★
yǐzhì

접 ~이 되다, ~을 초래하다

我没有认真复习，以致期末考试不及格。

나는 열심히 복습하지 않아서, 기말고사에 합격하지 못하게 되었다.

及格 jígé 동 합격하다

14 要点 ★★
yàodiǎn

명 요점

考试前，他把教科书上的知识要点归纳整理了一遍。

시험 전에, 그는 교과서에 있는 지식 요점을 한 번 종합해서 정리했다.

教科书 jiàokēshū 명 교과서 归纳 guīnà 동 종합하다, 귀납하다

 시험에 이렇게 나온다!

짝꿍
표현 要点을 활용한 다양한 짝꿍 표현들을 알아 둔다.

抓住要点 zhuāzhù yàodiǎn 요점을 잡다
把握要点 bǎwò yàodiǎn 요점을 파악하다

15 公式
gōngshì

명 공식

教师要引导学生正确地运用公式。 ← 술어

선생님은 학생들이 공식을 정확히 응용하도록 이끌어야 한다.

引导 yǐndǎo 동 이끌다, 인도하다 运用 yùnyòng 동 응용하다, 활용하다

16 谜语
míyǔ

명 수수께끼

为了吸引孩子们的注意力，他经常在课前出些谜语。

아이들의 주의력을 끌기 위해, 그는 늘 수업 전에 수수께끼를 낸다.

吸引 xīyǐn 동 끌다, 사로잡다

🏯 **알아 두면 시험이 쉬워지는 배경 지식**

> 일반상식 斯芬克斯之谜(스핑크스의 수수께끼)는 희극 <俄狄浦斯王>에 나오는 이야기이다. 이 이야기에 따르면, 俄狄浦斯는 어느 날 테베에 도착했는데, 그 곳에는 날개가 달린 斯芬克斯가 살고 있었다. 그 斯芬克斯는 지나가는 사람들에게 "아침에는 네 다리로, 낮에는 두 다리로, 밤에는 세 다리로 걷는 짐승이 무엇이냐?"라는 谜语를 낸 뒤, 틀린 답을 말하거나 답을 말하지 못하는 사람들을 잡아먹었다. 하지만 俄狄浦斯는 "그것은 사람이다. 사람은 어렸을 때 네 다리로 기고, 자라서는 두 발로 걷고, 늙어서는 지팡이를 짚어 세 다리로 걷기 때문이다."라고 답하여 谜语를 풀었다. 이에 斯芬克斯는 俄狄浦斯가 자신의 谜语를 너무 쉽게 맞춘 것에 수치심을 느껴 절벽에서 떨어져 죽었다고 한다. 이 이야기에 기인하여, 쉽게 이해하기 어려운 사람이나 谜语를 비유할 때 斯芬克斯라는 말을 활용하기도 한다.
>
> 斯芬克斯之谜 Sīfēnkèsī zhī mí 스핑크스의 수수께끼
> 俄狄浦斯王 Édípǔsī Wáng 오이디푸스왕
> 斯芬克斯 Sīfēnkèsī 스핑크스

17 运算 ★★
yùnsuàn

동 연산하다, 운산하다

最后，老师给大家演示了运算过程。

결국, 선생님이 모두에게 연산 과정을 보여주셨다.

演示 yǎnshì 동 보여주다, 시범을 보이다

18 注释
zhùshì

동 주해하다, 주석하다 명 주석, 주해

这本文言文教材里的词汇需要进行注释。

이 문언문 교재의 어휘는 주해를 진행하는 것이 필요하다.

这篇学术论文中较难懂的部分都附加了注释。

이 학술 논문에서 비교적 이해하기 어려운 부분은 모두 주석을 추가했다.

文言文 Wényánwén 고유 문언문[중국 고대 한어로 쓰인 산문으로, 중국 문학에서 백화문(白话文)과 대비되는 개념] 教材 jiàocái 명 교재
词汇 cíhuì 명 어휘, 단어 学术 xuéshù 명 학술 论文 lùnwén 명 논문
附加 fùjiā 동 추가하다, 부가하다

19 科目
kēmù

[명] 과목

尽管学习压力很大, 但每个科目他照样都拿到了
满分。

→ 술어

학업 스트레스가 컸음에도 불구하고, 모든 과목에서 그는 여전히 만점을
받았다.

照样 zhàoyàng [부] 여전히, 변함없이 [동] 어떤 모양대로 하다
满分 mǎnfēn [명] 만점

20 母语
mǔyǔ

[명] 모국어

如何学习英语才能达到母语水平?

영어를 어떻게 공부해야 모국어 수준에 도달할 수 있습니까?

如何 rúhé [대] 어떻다, 어떠하다   达到 dádào [동] 도달하다

21 对照 ★★
duìzhào

[동] 대조하다, 비교하다

考生们把参考答案和试卷进行对照, 估测了自己
的分数。

수험생들은 참고 답안과 시험지를 대조하는 것을 진행하여, 자신의 점수
를 추측했다.

考生 kǎoshēng [명] 수험생   参考 cānkǎo [동] 참고하다, 참조하다
试卷 shìjuàn [명] 시험지   估测 gūcè [동] 추측하다, 예측하다
分数 fēnshù [명] 점수

[유의어]

对比 duìbǐ [동] 대비하다

 시험에 이렇게 나온다!

[유의어] 对照 : 对比(duìbǐ, 대비하다)

对照는 주로 두 대상을 서로 맞대어 같고 다름을 검토할 때 쓰인다.
对照原文 duìzhào yuánwén 원문을 대조하다
对照检查 duìzhào jiǎnchá 대조하여 검사하다

对比는 주로 두 대상을 단순히 비교할 때 쓰인다.
今昔对比 jīnxī duìbǐ 현재와 과거를 대비하다
形成鲜明的对比 xíngchéng xiānmíng de duìbǐ 선명한 대비를 이루다

22 重叠
chóngdié

[동] 겹치다, 중첩하다

请各位同学把答题纸和试卷重叠在一起, 交到讲
台上。

여러분들은 답안지와 시험지를 함께 겹쳐서, 강단 위로 제출해 주세요.

答题纸 dátízhǐ 답안지   试卷 shìjuàn [명] 시험지   讲台 jiǎngtái [명] 강단

23 答辩
dábiàn

동 답변하다

他顺利地通过了毕业论文答辩，获得了学士学位。
→ 술어

그는 졸업 논문 답변에 무난히 통과하여, 학사 학위를 받았다.

毕业论文答辩 bìyè lùnwén dábiàn 졸업 논문 답변, 졸업 논문 구술시험
学士 xuéshì 몡 학사 **学位** xuéwèi 몡 (학사·석사·박사 등의) 학위

🏯 **알아 두면 시험이 쉬워지는 배경 지식**

> 중국 문화 **毕业论文答辩**(졸업 논문 답변, 약칭 **答辩**)은 중국 대학에서 정식적으로 논문을 심사하는 중요한 과정이다. 졸업 논문을 쓴 **答辩者**는 **答辩会** 개최 15일 전에 지도 교수의 심의와 서명을 거친 졸업 논문을 **答辩委员会**에 제출해야 하고, **答辩委员会**는 논문을 꼼꼼히 검토한 후에 **答辩会**에 참가해야 한다. **答辩会**가 시작되면 우선 **答辩者**가 약 15분 가량 논문의 주제와 주제 선정 이유를 설명하고, 논문의 주요 논점과 논거들을 비교적 상세하게 설명해야 한다. 그 후 **考官**이 보통 3가지 질문을 학생에게 던지고, **答辩者**는 약 15~20분 동안의 준비 시간을 거친 후 질문에 대한 **答辩**을 진행한다. 이 과정을 통해 **考官**은 논문의 진실성과 수준을 평가해야 하고, 학생은 자신의 논점이 정확하다는 것을 증명해야 한다.
>
> **毕业论文答辩** bìyè lùnwén dábiàn 졸업 논문 답변, 졸업 논문 구술시험
> **答辩者** dábiànzhě 답변자
> **答辩会** dábiànhuì 답변회, 문답회, 심사회
> **答辩委员会** dábiàn wěiyuánhuì 구술시험 위원회[보통 3인으로 구성됨]
> **考官** kǎoguān 시험 감독관

24 答复
dáfù

동 (요구나 질문에 대해) 답변하다

请大家随便提问，我会尽快给大家满意的答复的。

여러분들이 자유로이 물어보시면, 제가 최대한 빨리 여러분께 만족스러운 답변을 드릴 것입니다.

提问 tíwèn 동 묻다, 질문하다 **尽快** jǐnkuài 閉 최대한 빨리

25 文凭
wénpíng

몡 졸업 증서

他修完学校规定的全部课程，顺利地拿到了大学文凭。

그는 학교가 규정한 전체 교과 과정을 수료하고, 순조롭게 대학 졸업 증서를 받았다.

修完 xiūwán 수료하다, 이수하다 **课程** kèchéng 몡 교과 과정, 수업

26 学位
xuéwèi

몡 (학사·석사·박사 등의) 학위

扎克伯格获得了哈佛大学授予的荣誉学位。

주커버그는 하버드 대학에서 수여하는 명예 학위를 받았다.

扎克伯格 Zhākèbógé 고유 주커버그[페이스북의 창업자]
哈佛大学 Hāfó Dàxué 고유 하버드 대학
授予 shòuyǔ 동 (상장을) 수여하다 **荣誉** róngyù 몡 명예

27 证书
zhèngshū

명 증서, 증명서

我校几名学生获得了《研究生国家奖学金荣誉
证书》。

(술어)

우리 학교의 몇 명의 학생들이 <대학원생 국가 장학금 명예 증서>를 받았다.

奖学金 jiǎngxuéjīn 명 장학금 荣誉 róngyù 명 명예, 영예

28 授予
shòuyǔ

동 (상장·명예·학위 등을) 수여하다, 주다

联合国教科文组织给张弥曼授予了"世界杰出女
科学家奖"。

유네스코는 장미만에게 '세계 걸출한 여성 과학자 상'을 수여했다.

联合国教科文组织 Liánhéguó Jiàokēwén Zǔzhī 고유 유네스코

张弥曼 Zhāng Mímàn 고유 장미만[중국의 여성 과학자]

杰出 jiéchū 형 걸출한, 빼어난

29 正规
zhèngguī

형 정규의, 표준의

那个著名的科学家并没有接受过正规的学校教育。

그 저명한 과학자는 결코 정규 학교 교육을 받은 적이 없다.

著名 zhùmíng 형 저명하다, 유명하다

시험에 이렇게 나온다!

짝꿍
표현
正规를 활용한 다양한 짝꿍 표현들을 알아 둔다.

正规教育 zhèngguī jiàoyù 정규 교육

正规学校 zhèngguī xuéxiào 정규 학교

30 智商 **
zhìshāng

명 지능 지수, IQ

智商不是决定一个人能否成功的关键因素。

지능 지수는 한 사람이 성공할 수 있는지 여부를 결정하는 가장 중요한 요인이 아니다.

因素 yīnsù 명 요인, 요소

알아 두면 시험이 쉬워지는 배경 지식

일반
상식
智商(지능 지수, IQ)은 智力商数의 줄임말로, 한 개인의 지적 능력을 수치적으로 측정하기 위해 고안된 시험에 의하여 산출되는 점수를 말한다. 智商과 대비되는 개념으로는 情绪智商, 줄여서 情商이 있다. 智商이 지능을 척도로 나타낸 것이라면, 情商은 개인의 감성을 척도로 나타낸 것이다. 情商은 자신과 타인의 감정을 잘 이해하고 조절할 수 있으며, 타인과 원만한 인간관계를 형성할 수 있는 '마음의 智商'이라고 할 수 있다.

情绪智商(情商) qíngxù zhìshāng (qíngshāng) 감성 지수, EQ

31 趣味 ★★
qùwèi

명 재미, 흥미

新开设的英语网络课程趣味十足。 ⟶ 술어

새로 개설된 영어 인터넷 강의는 재미가 가득하다.

开设 kāishè 图 개설하다 网络 wǎngluò 图 인터넷, 네트워크
课程 kèchéng 图 강의, 교과 과정 十足 shízú 휑 가득하다, 충분하다

32 本事
běnshi

명 능력, 재능, 기량

你真有本事，竟然在短时间内就找出了运算规律。

너는 정말 능력이 있어, 놀랍게도 짧은 시간 안에 연산 법칙을 찾아내다니.

运算 yùnsuàn 图 연산하다, 운산하다 规律 guīlù 图 법칙, 규율, 규칙

33 记性
jìxing

반의어

忘性 wàngxing 명 건망증

명 기억력

我的记性还不算差，一眨眼的功夫就可以背下这
篇文章。

내 기억력은 나쁜 편이 아니어서, 눈 깜빡할 사이에 이 글을 외울 수 있어.

眨 zhǎ 图 (눈을) 깜빡거리다 背 bèi 图 외우다

34 专长
zhuāncháng

유의어

专利 zhuānlì 명 특허

명 특기, 전문 기술

我校下学期开设兴趣特长课程的目的是为了培养
学生的专长。

우리 학교가 다음 학기에 취미 특기 과정을 개설하는 목적은 학생들의 특기
를 양성하기 위해서이다.

开设 kāishè 图 개설하다 特长 tècháng 图 특기, 장점
课程 kèchéng 图 과정, 커리큘럼 培养 péiyǎng 图 양성하다, 기르다

 시험에 이렇게 나온다!

유의어 专长 : 专利(zhuānlì, 특허)

专长은 남이 가지지 못한 특별한 기술이나 기능을 의미한다.
学有专长 xuéyǒu zhuāncháng (어떤 방면의) 전문 지식이나 기술을 갖추다
技术专长 jìshù zhuāncháng 기술 특기 늑 전문적인 기술

专利는 특별한 사안에 대하여 일정한 권리나 능력을 주어 권한을 행사할
수 있도록 하는 것을 의미한다.
申请专利 shēnqǐng zhuānlì 특허를 신청하다
取得专利 qǔdé zhuānlì 특허를 취득하다

35 开拓 **
kāituò

동 넓히다, 개척하다

她认为上大学除了能学到专业知识，还可以开拓
视野。 → 술어

그녀는 대학교에 다니면 전문 지식을 배울 수 있을 뿐만 아니라, 시야를 넓
힐 수 있다고 생각한다.

视野 shìyě 명 시야, 시계

36 指望
zhǐwàng

동 바라다, 기대하다 명 기대, 희망

你都旷了这么多次课了，怎么还指望获得高学分
呢？

너는 이렇게 수업을 많이 빼먹었는데, 어떻게 높은 학점을 얻기를 바라니?

小林觉得父母对他已经没有指望了，但事实并非
如此。

샤오린은 부모님이 그에 대해 이미 기대가 없어졌다고 생각했지만, 사실은
전혀 이와 같지 않았다.

旷课 kuàngkè 동 (수업을) 빼먹다 学分 xuéfēn 명 학점
事实 shìshí 명 사실 并非 bìngfēi 동 전혀 ~이 아니다
如此 rúcǐ 대 이와 같다

37 无比 **
wúbǐ

형 더 비할 바가 없다, 아주 뛰어나다

我终于能够专心致志地学习了，心里感到无比踏实。

나는 마침내 전심전력으로 공부할 수 있어서, 마음속으로 더 비할 바 없이
편안함을 느낀다.

专心致志 zhuānxīnzhìzhì 성 전심전력으로 하다
踏实 tāshi 형 편안하다, 마음이 놓이다

38 巩固
gǒnggù

형 튼튼하다, 공고하다 동 견고하게 하다, 공고히 하다

为了打下巩固的学习基础，他们组成了课外学习
小组。

튼튼한 학습 기초를 다지기 위해, 그들은 방과 후 스터디 그룹을 구성했다.

学习时，最好把巩固旧知识和学习新知识有效结
合起来。

공부할 때는, 오래된 지식을 견고히 하는 것과 새로운 지식을 배우는 것을 효
과적으로 결합하는 것이 가장 좋다.

组成 zǔchéng 동 구성하다, 결성하다 学习小组 xuéxí xiǎozǔ 스터디 그룹
结合 jiéhé 동 결합하다

01 02 03 04 05 06 07 08 09 DAY 10 해커스 HSK 6급 단어장

39 扎实
zhāshí

형 (학문·일 따위의 기초가) 탄탄하다, (사물이) 견고하다

她凭扎实的基本功，把深奥的问题阐述得十分清楚。 →술어

그녀는 탄탄한 기본기를 바탕으로, 심오한 문제를 아주 명료하게 설명했다.

凭 píng 게 ~을 바탕으로　基本功 jīběngōng 명 기본기
深奥 shēn'ào 형 (함의나 이치가) 심오하다　阐述 chǎnshù 동 설명하다

40 包袱
bāofu

명 짐, 부담, (보자기로 싼) 보따리

对有些考生来说，高考结束意味着暂时放下了心理包袱。

일부 수험생들에게 있어, 대학 입시가 끝났다는 것은 잠시 마음속의 짐을 내려놓았다는 것을 의미한다.

高考 gāokǎo 명 대학 입시　意味着 yìwèizhe 동 의미하다, 뜻하다

41 吃苦 **
chīkǔ

동 고생하다, 고통을 맛보다

他肯吃苦、勤学习的态度得到了师傅的认可。

고생을 마다하지 않고, 열심히 공부하는 그의 태도는 스승의 인정을 받았다.

肯 kěn 조동 ~을 마다하지 않다　勤 qín 형 열심히 하다
认可 rènkě 동 인정하다

 시험에 이렇게 나온다!

> 이합동사 吃苦는 吃(맛보다, 당하다)+苦(고통, 고생)가 합쳐진 이합동사로, 吃과 苦 사이에 관형어가 오기도 한다.
>
> 吃过很多苦 많은 고생을 한 적이 있다

42 敷衍
fūyǎn

동 (일 처리나 남을 대하는 것을) 대충하다, 적당히 얼버무리다

他对待学习从不敷衍，成绩一直名列前茅。

그는 공부를 대하는 것에 한 번도 대충한 적 없었고, 성적이 늘 상위권이다.

对待 duìdài 동 대하다　名列前茅 mínglièqiánmáo 성 (성적이) 상위권이다

43 旷课
kuàngkè

동 (학생이) 무단 결석하다, 수업을 빼먹다

每个学校对学生的旷课处分规定有所不同。

학교마다 학생에 대한 무단 결석 처벌 규정이 각기 다르다.

处分 chǔfèn 명 처벌, 처분 동 처벌하다, 처리하다

 시험에 이렇게 나온다!

> 이합동사 旷课는 旷(그르치다)+课(수업)가 합쳐진 이합동사로, 목적어를 취할 수 없다.
>
> 旷课一节数学课 수학 수업 하나를 수업을 빼먹다 (X)
> 旷一节数学课 수학 수업 하나를 빼먹다 (O)

44 例外
lìwài

동 예외로 하다　명 예외, 예외적인 상황

若错过报名期间，就不能参加考试，谁也不例外。 → 술어

만약 신청 기간을 놓치면, 시험에 참가하지 못하는데, 누구도 예외가 아니다.

大多数情况下不应该说谎，但也有例外。

대개의 경우에 거짓말은 하면 안 되지만, 예외도 있다.

若 ruò 접 만약 ~한다면　错过 cuòguò 동 (시기, 대상을) 놓치다, 잃다
期间 qījiān 명 기간　说谎 shuōhuǎng 동 거짓말하다

45 停滞
tíngzhì

반의어

发展 fāzhǎn
동 발전하다, 발전시키다

동 정체되다, 막히다

如果发现学习上停滞不前，不妨尝试新的学习方法。

만약 학습이 정체되어 앞으로 나아가지 못하는 것을 발견한다면, 새로운 학습 방법을 시도해 보는 것도 괜찮다.

不妨 bùfáng 부 (~하는 것도) 괜찮다　尝试 chángshì 동 시도해 보다

46 吃力 **
chīlì

형 힘들다, 고달프다

徐梅在学习上感到吃力，有些力不从心。

쉬메이는 공부에 있어 힘들고, 할 마음은 있지만 능력이 약간 부족하다고 느꼈다.

力不从心 lìbùcóngxīn 성 할 마음은 있지만 능력이 부족하다

47 仓促
cāngcù

반의어

从容 cóngróng
형 침착하다, 여유가 있다

형 촉박하다, 황급하다

由于时间太仓促，我急匆匆地答了几道题就交卷了。

시간이 너무 촉박하여, 나는 급히 몇 문제에 답하고 바로 시험지를 제출했다.

急匆匆 jícōngcōng 형 급히　交卷 jiāojuàn 동 시험지를 제출하다

48 贫乏
pínfá

반의어

丰富 fēngfù 형 풍부하다

형 부족하다, 빈궁하다

他在工作中感觉到自己掌握的专业知识很贫乏，所以决定报考研究生。

그는 업무 중에 스스로 파악한 전문 지식이 매우 부족하다고 느껴서, 대학원에 응시하기로 결정했다.

掌握 zhǎngwò 동 파악하다, 정복하다　报考 bàokǎo 동 (시험에) 응시하다

해커스 HSK 6급 단어장

⁴⁹ 师范
shīfàn

명 사범 학교, 본보기, 모범

她夜以继日地学习，为的就是考上梦寐以求的
师范大学。

→ 술어

그녀는 밤낮없이 계속 공부하는데, 꿈속에서도 바라던 사범 대학에 합격하기 위함이다.

夜以继日 yèyǐjìrì 젱 밤낮없이 계속하다
梦寐以求 mèngmèiyǐqiú 젱 꿈속에서도 바라다

⁵⁰ 示范 **
shìfàn

동 시범하다, 모범을 보이다

练习双杠之前，王老师先给我们做了示范。

평행봉을 연습하기 전에, 왕 선생님이 우리에게 먼저 시범을 보였다.

双杠 shuānggàng 명 평행봉

 시험에 이렇게 나온다!

짝꿍
표현 示范을 활용한 다양한 짝꿍 표현들을 알아 둔다.

亲身示范 qīnshēn shìfàn 몸소 시범을 보이다
示范点 shìfàndiǎn 시범 지역

⁵¹ 附属
fùshǔ

동 부속되다, 귀속되다   형 부속의, 부설의

这所高中附属于一所名牌大学，很多学生愿意在
这儿读书。

이 고등학교는 명문 대학에 부속되어 있어서, 많은 학생들이 이곳에서 공부하고 싶어한다.

父母不应该把子女看成自己的附属物，而是要尊
重他们独立的人格。

부모는 자녀들을 자신의 부속물로 보아서는 안 되며, 그들의 독립된 인격을 존중해야 한다.

名牌大学 míngpái dàxué 명문 대학 附属物 fùshǔwù 부속물
独立 dúlì 동 독립하다 人格 réngé 명 인격, 인품

52 模范
mófàn

형 모범적인, 모범이 되는 명 모범

那位老教授虽已退休，但他的模范事迹至今脍炙人口。

그 연로한 교수님은 비록 은퇴하셨지만, 그의 모범적인 사적은 지금까지 널리 회자되고 있다.

我公司的董事长连续三次被评为"全国绿化劳动模范"。

우리 회사의 대표 이사는 '전국 녹색 노동 모범'에 세 번 연속 선정되었다.

退休 tuìxiū 동 은퇴하다, 퇴직하다   事迹 shìjì 명 사적
至今 zhìjīn 부 지금까지   脍炙人口 kuàizhìrénkǒu 성 널리 회자되다
董事长 dǒngshìzhǎng 명 대표 이사   连续 liánxù 동 연속하다
劳动 láodòng 명 노동

53 前提 **
qiántí

명 전제, 전제 조건

当一名好老师的前提条件是要拥有一颗爱学生的心。

좋은 선생님이 되는 전제 조건은 학생을 사랑하는 마음을 가져야 한다는 것이다.

拥有 yōngyǒu 동 가지다, 보유하다   颗 kē 양 알, 방울

54 徒弟
túdì

명 제자

王师傅的几个徒弟实力都不相上下。

왕 사부의 몇몇 제자는 실력이 모두 막상막하다.

实力 shílì 명 실력, 힘
不相上下 bùxiāngshàngxià 성 막상막하, 우열을 가릴 수 없다

55 勉励
miǎnlì

동 격려하다, 고무하다

老师用慈祥的目光看着我们，并勉励我们好好学习。

선생님은 자비로운 눈빛으로 우리를 쳐다보시며, 열심히 공부하도록 우리를 격려하셨다.

慈祥 cíxiáng 형 (태도·낯빛이) 자비롭다   目光 mùguāng 명 눈빛

56 鞭策 **
biāncè

동 채찍질하다, 독려하고 재촉하다

导师给予我的鼓励和鞭策使我终身受益。

지도 교수님이 나에게 주신 격려와 채찍은 나로 하여금 평생 이로움을 얻게 했다.

导师 dǎoshī 명 지도 교수, 지도 교사   给予 jǐyǔ 동 주다, 부여하다
终身 zhōngshēn 명 평생, 일생   受益 shòuyì 동 이로움을 얻다

57 督促
dūcù

● 동 독촉하다, 재촉하다

求知欲强烈的人不用被督促，就能自觉地探索知识。　→ 술어

지식을 얻으려는 욕구가 강한 사람은 독촉을 받을 필요 없이, 자발적으로 지식을 탐색할 수 있다.

求知欲 qiúzhīyù 뎽 지식을 얻으려는 욕구　**探索** tànsuǒ 동 탐색하다

58 告诫 ★★
gàojiè

● 동 훈계하다, 타이르다

我告诫即将成为大学生的弟弟不要陷入校园贷的陷阱。

나는 곧 대학생이 될 남동생에게 캠퍼스 대출의 함정에 빠지지 말라고 훈계했다.

即将 jíjiāng 閉 곧　**陷入** xiànrù 동 (불리한 지경에) 빠지다
校园贷 xiàoyuándài 캠퍼스 대출[학생을 대상으로 하는 소액 대출]
陷阱 xiànjǐng 뎽 함정, 속임수

59 熏陶 ★★
xūntáo

● 동 영향을 끼치다, 훈도하다

受家庭的熏陶，李教授从小就对世界历史感兴趣。

집안의 영향을 받아, 리 교수는 어릴 때부터 세계 역사에 관심이 많았다.

家庭 jiātíng 뎽 집안, 가정

60 挨
ái

● 동 ~을 받다, ~을 당하다

徒弟犯了错误，却不肯改正，最后挨师傅批评了。

제자는 잘못을 저지르고도, 바르게 고치려고 하지 않아, 결국 스승의 꾸지람을 받았다.

徒弟 túdì 뎽 제자　**不肯** bù kěn ~하려고 하지 않다
改正 gǎizhèng 동 바르게 고치다, 개정하다

61 强迫 **
qiǎngpò

[동] 강요하다, 강제로 시키다

为了养成读书习惯，我<u>强迫</u>自己每天至少看一页书。 ⌐→ 술어

독서 습관을 기르기 위해, 나는 스스로에게 매일 최소 책 한 페이지씩은 읽도록 강요했다.

养成 yǎngchéng **[동]** 기르다, 양성하다

🏯 **알아 두면 시험이 쉬워지는 배경 지식**

> **일반 상식** 强迫症(강박증)은 焦虑障碍의 한 종류로, 본인의 의지와는 무관하게 어떤 생각이나 장면이 떠올라 불안해지고, 그 불안을 없애기 위해서 특정 행동을 반복하게 되는 정신 신경 질환이다. 强迫症의 주요 특징은 반복적이면서도 자신의 의지와는 위배되는 强迫적인 생각과 행동을 하게 된다는 것이다. 强迫症을 겪는 환자들은 종종 순서나 규칙성에 사로잡히는 경우가 많은데, 대표적인 强迫症 유형으로는 洁癖症, 囤积强迫症 등이 있다.
>
> 强迫症 qiǎngpòzhèng 강박증
> 焦虑障碍 jiāolǜ zhàng'ài 불안 장애
> 洁癖症 jiépǐzhèng 결벽증
> 囤积强迫症 túnjī qiǎngpòzhèng 저장 강박증

62 逼迫
bīpò

[동] 강요하다, 핍박하다

<u>逼迫</u>孩子学习，可能导致他们厌学，甚至成绩下滑。

아이들에게 공부하라고 강요하는 것은, 그들이 공부를 싫어하게 만들거나, 심지어 성적이 떨어지게 만들 수 있다.

导致 dǎozhì **[동]** 만들다　厌学 yànxué **[동]** 공부를 싫어하다
下滑 xiàhuá **[동]** (성적, 품질 등이) 떨어지다, 하락하다

63 严厉 **
yánlì

[유의어]

严格 yángé
[형] 엄격하다 **[동]** 엄격히 하다

[형] 엄하다, 호되다

父母在告诉孩子规矩时，语气不要太<u>严厉</u>。

부모가 아이에게 규범을 설명할 때, 말투가 지나치게 엄해서는 안 된다.

规矩 guīju **[명]** 규범, 규칙 **[형]** 모범적이다　语气 yǔqì **[명]** 말투, 어기, 어투

 시험에 이렇게 나온다!

> [유의어] 严厉：严格(yángé, 엄격하다, 엄격히 하다)
>
> **严厉**는 주로 술어로 쓰인다.
> 态度严厉 tàidu yánlì 태도가 엄격하다
> 措辞严厉 cuòcí yánlì (말이나 글의) 표현이 엄격하다
>
> **严格**는 주로 동사를 수식하는 부사어로 쓰인다.
> 严格要求 yángé yāoqiú 엄격하게 요구하다
> 严格管理 yángé guǎnlǐ 엄격하게 관리하다

64 迁就
qiānjiù

동 끌려가다, 타협하다

在教育孩子时，过于严厉或一味迁就孩子都是不可取的。
　　　　　　　　　　　　　　　　　　　술어

아이를 교육할 때, 지나치게 엄격하거나 덮어놓고 아이에게 끌려가는 것은 다 취할 바가 못 된다.

过于 guòyú 분 지나치게　严厉 yánlì 형 엄격하다
一味 yíwèi 분 덮어놓고

65 伤脑筋
shāng nǎojīn

골치를 앓다, 애를 먹다

孩子的各科成绩始终不见起色，这让父母很伤脑筋。

아이의 과목별 성적이 계속 나아질 기미가 보이지 않는데, 이것이 부모로 하여금 골치를 앓게 한다.

始终 shǐzhōng 분 계속, 언제나　起色 qǐsè 명 나아지는 기미

66 派别
pàibié

명 (학술·종교·정당 등의) 파, 파벌

"诸子百家"一词中的"百家"指的是众多的学术派别。

'제자백가'라는 말에서 '백가'가 의미하는 것은 많은 학술 학파이다.

诸子百家 Zhūzǐbǎijiā 고유 제자백가[중국 춘추 전국 시대의 여러 학파]
众多 zhòngduō 형 많다　学术 xuéshù 명 학술

67 儒家
Rújiā

고유 유가

古代主流思想之一的儒家思想对中国传统文化有深远的影响。

고대 주류 사상의 하나인 유가 사상은 중국 전통문화에 깊은 영향을 미쳤다.

主流 zhǔliú 명 주류, 주된 추세　思想 sīxiǎng 명 사상
传统 chuántǒng 명 전통　深远 shēnyuǎn 형 (영향, 뜻 등이) 깊다, 심원하다

68 专题
zhuāntí

명 특정한 제목, 전문적인 테마

为了提高学生心理健康知识水平，学校将举办专题讲座。

학생들의 심리 건강 지식 수준을 향상하기 위해, 학교에서는 특별 강좌를 진행할 예정이다.

心理 xīnlǐ 명 심리　专题讲座 zhuāntí jiǎngzuò 특별 강좌

69 启蒙 ★★
qǐméng

동 기초 지식을 전수하다, 계몽하다

《三字经》、《百家姓》、《千字文》被认为是经典儿童启蒙教材。 ← 술어

<삼자경>, <백가성>, <천자문>은 고전적인 어린이 기초 교재로 여겨진다.

三字经 Sānzìjīng 고유 삼자경[송나라 시기에 편찬된 문자 학습용 아동 서적]
百家姓 Bǎijiāxìng 고유 백가성[중국에서 가장 오랫동안 광범위하게 사용된 학습용 서적] 千字文 Qiānzìwén 고유 천자문[어린이용 글자 학습 교재]
经典 jīngdiǎn 형 고전적인, 권위 있는
启蒙教材 qǐméng jiàocái 기초 교재[지식을 얻게 하는 입문 서적]

70 涉及 ★★
shèjí

동 다루다, 관련되다

这本青少年励志书籍涉及了各个领域的中外伟人的人生故事。

이 청소년 계발 도서는 각 분야의 중국과 외국 위인들의 인생 이야기를 다루었다.

青少年 qīngshàonián 명 청소년 励志书籍 lìzhì shūjí 계발 도서
领域 lǐngyù 명 분야, 영역 伟人 wěirén 명 위인 人生 rénshēng 명 인생

71 提示
tíshì

동 일러주다, 힌트를 주다

母亲并没有直接告诉我们答案，而只是提示了一些思路。

어머니는 우리에게 답을 직접 알려주시지 않고, 단지 생각의 실마리만 일러주셨다.

思路 sīlù 명 생각의 실마리, 사고의 방향

72 草案
cǎo'àn

명 초안

部分省区的高考改革方案尚未定型，还处于草案阶段。

일부 성과 자치구의 대학 입시 개혁 방안은 아직 확정되지 않았고, 여전히 초안 단계에 있다.

省区 shěngqū 명 성(省)과 자치구[중국의 행정 단위]
高考 gāokǎo 명 대학 입시 改革 gǎigé 동 개혁하다
方案 fāng'àn 명 방안 尚未 shàngwèi 아직 ~하지 않다
阶段 jiēduàn 명 단계, 계단

73 论坛
lùntán

명 포럼, 논단, 칼럼

下一届关于生态文化的国际论坛将在贵阳举行。 → 술어

생태 문화에 관한 다음 회 국제 포럼은 구이양에서 열린다.

届 jiè **양** 회, 기[정기 회의·졸업 연차 등을 세는 데 쓰임]

生态 shēngtài **명** 생태　贵阳 Guìyáng **고유** 구이양[중국의 지명]

🏯 **알아 두면 시험이 쉬워지는 배경 지식**

> **일반 상식** 网络论坛(인터넷 포럼)은 인터넷 상에서 사람들이 대화를 나누거나, 그림·음악 등의 다양한 자료를 공유할 목적으로 만들어진 电子公告板이다. 일반적으로 网络论坛은 综合类论坛과 专题类论坛으로 구분할 수 있다. 综合类论坛은 비교적 풍부하고 광범위한 지식을 포함하고 있어 많은 누리꾼을 끌어들일 수 있다. 반면 专题类论坛은 비교적 전문적인 주제를 다루며, 특정 분야에 대해 좀 더 깊은 교류를 나누고 싶어 하는 누리꾼을 끌어들일 수 있다.
>
> 网络论坛 wǎngluò lùntán 인터넷 포럼, 인터넷 논단
>
> 电子公告板 diànzǐ gōnggàobǎn 전자 게시판
>
> 综合类论坛 zōnghélèi lùntán 종합형 포럼
>
> 专题类论坛 zhuāntílèi lùntán 전문 주제형 포럼

74 条理
tiáolǐ

명 (생각·말·글 등의) 조리, 맥락

专家的这份论证报告条理清晰、简明扼要。

전문가의 이 논증 보고서는 조리가 뚜렷하고, 간단명료하다.

专家 zhuānjiā **명** 전문가　论证 lùnzhèng **동** 논증하다

报告 bàogào **명** 보고서　清晰 qīngxī **형** 뚜렷하다, 분명하다

简明扼要 jiǎnmíng'èyào **성** (말이나 문장 등이) 간단명료하다

75 真理
zhēnlǐ

명 진리

在科学研究中, 实践是检验真理的唯一标准。

과학 연구에서, 실천은 진리를 검증하는 유일한 기준이다.

实践 shíjiàn **명** 실천　检验 jiǎnyàn **동** 검증하다　唯一 wéiyī **형** 유일한

76 阐述 **
chǎnshù

동 상세히 논술하다, 명백하게 논술하다

他在文章中系统地阐述了自己对进化生物学的观点。

그는 글에서 진화 생물학에 대한 자신의 관점을 체계적으로 상세히 논술했다.

系统 xìtǒng **형** 체계적이다　进化生物学 jìnhuà shēngwùxué 진화 생물학

观点 guāndiǎn **명** 관점

⁷⁷ 比方
bǐfang

○ 동 예를 들다, 비유하다

比方说，如果没人相信你能搞出什么名堂，你依然
能坚持下去吗? → 술어

예를 들어 말해서, 네가 어떤 성과를 낼 수 있다고 믿어 주는 사람이 없다면, 너는 그래도 변함없이 꾸준히 할 수 있겠어?

搞 gǎo 동 내다, 처리하다, 종사하다　名堂 míngtang 명 성과, 성취
依然 yīrán 부 변함없이, 여전히

⁷⁸ 动手
dòngshǒu

○ 동 착수하다, (~하기) 시작하다

亲自动手做实验，就能获得第一手数据。

직접 착수해서 실험해야만, 직접 조사해서 얻은 데이터를 획득할 수 있다.

亲自 qīnzì 부 직접, 친히, 손수　实验 shíyàn 명 실험
第一手 dìyīshǒu 형 직접 조사해서 얻은　数据 shùjù 명 데이터

 시험에 이렇게 나온다!

이합동사 动手는 动(움직이다)+手(손)가 합쳐진 이합동사로, 목적어를 취할 수 없다.
动手工作 작업을 착수하다 (X)
动手开展工作 착수하여 작업을 펼치다 (O)

⁷⁹ 论证
lùnzhèng

○ 동 논증하다　명 논거

科学家们试图对弦理论进行论证，但该理论尚未
被证实。

과학자들은 끈 이론에 대해 논증하는 것을 시도하지만, 이 이론은 아직 검증되지 않았다.

这篇论文逻辑严密、论证充足，完美得无懈可击。

이 논문은 논리가 빈틈없고, 논거가 충분하며, 완벽하기가 흠잡을 곳이 없다.

试图 shìtú 동 시도하다, 시험하다
弦理论 xián lǐlùn 끈 이론[물리학 이론 중 하나]　理论 lǐlùn 명 이론
尚未 shàngwèi 아직 ~하지 않다　证实 zhèngshí 동 검증하다
论文 lùnwén 명 논문　逻辑 luójí 명 논리　严密 yánmì 형 빈틈없다
充足 chōngzú 형 충분하다　完美 wánměi 형 완벽하다
无懈可击 wúxièkějī 성 흠잡을 곳이 없다

⁸⁰ 探讨
tàntǎo

○ 동 연구 토론히다, 탐구하다

那个辉煌的成就是专家们多年来共同探讨、钻研
的结果。

그 눈부신 성과는 전문가들이 여러 해 동안 함께 연구 토론하고, 탐구한 결과이다.

辉煌 huīhuáng 형 (성취·성과가) 눈부시다　成就 chéngjiù 명 성과
专家 zhuānjiā 명 전문가　钻研 zuānyán 동 탐구하다

★★★ = 최빈출 어휘　★★ = 빈출 어휘

81 辩证
biànzhèng

[형] 변증법적이다　[동] 논증하다, 변증하다

→ 술어

我们不能盲目地相信书本，而是要学会辩证地思考问题。

우리는 맹목적으로 책을 믿어서는 안 되고, 변증법적으로 문제를 사고할 줄 알아야 한다.

你想用什么方法来辩证这个议题？

당신은 어떤 방법으로 이 의제를 논증하려고 합니까?

盲目 mángmù [형] 맹목적인, 무작정　**书本** shūběn [명] 책
思考 sīkǎo [동] 사고하다, 깊이 생각하다　**议题** yìtí [명] 의제

82 深奥
shēn'ào

[형] (함의나 이치가) 심오하다, 깊다

若缺少对量子物理的知识，就很难解答这道深奥的题目。

만약 양자 물리학에 대한 지식이 부족하면, 이 심오한 문제를 풀기 어렵다.

若 ruò [접] 만약 ~한다면　**量子物理** liàngzǐ wùlǐ 양자 물리학
题目 tímù [명] 문제, 제목

 시험에 이렇게 나온다!

짝꿍 표현	深奥를 활용한 다양한 짝꿍 표현들을 알아 둔다.
	深奥的学问 shēn'ào de xuéwen 심오한 학문
	深奥的道理 shēn'ào de dàolǐ 심오한 이치
	深奥的理论 shēn'ào de lǐlùn 심오한 이론

83 微观
wēiguān

[반의어]

宏观 hóngguān [형] 거시적인

[형] 미시적이다, 미시의

量子力学是关于物质世界微观粒子运动规律的物理学理论。

양자 역학은 물질 세계의 미시적 입자 운동 법칙에 관한 물리학 이론이다.

量子力学 liàngzǐ lìxué 양자 역학　**物质** wùzhì [명] 물질　**粒子** lìzǐ [명] 입자
规律 guīlǜ [명] 법칙　**物理学** wùlǐxué [명] 물리학　**理论** lǐlùn [명] 이론

연습문제 체크체크!

제시된 각 단어의 병음을 써 보고, 뜻을 오른쪽 보기에서 찾아 줄을 그어 보세요.

01 渠道 --------------------

02 仓促 --------------------

03 涉及 --------------------

04 敷衍 --------------------

05 细致 --------------------

ⓐ 다루다, 관련되다

ⓑ 세밀하다, 정교하다

ⓒ 경로, 관개 수로

ⓓ (일 처리나 남을 대하는 것을) 대충하다,
   적당히 얼버무리다

ⓔ 촉박하다, 황급하다

박스 안 단어의 병음을 써 보고, 문장을 읽고 빈칸에 들어갈 단어를 찾아 적어 보세요.

ⓐ 请教　　　ⓑ 尝试　　　ⓒ 要点　　　ⓓ 进而　　　ⓔ 无比

-------------- -------------- -------------- -------------- --------------

06 经过多次 --------------，该研发项目已经取得了突破性的进展。

07 你们无需记住书上的所有内容，把握 --------------即可。

08 小玲谦虚好学，遇到不懂的问题就向老师 -------------- 。

09 看到自己付出的努力终于有了回报，他感到 --------------欣慰。

10 我们将探讨小学教育的现状， --------------探索其发展方向。

정답: 01. qúdào/ⓒ　02. cāngcù/ⓔ　03. shèjí/ⓐ　04. fūyǎn/ⓓ　05. xìzhì/ⓑ
06. ⓑ/chángshì　07. ⓒ/yàodiǎn　08. ⓐ/qǐngjiào　09. ⓔ/wúbǐ　10. ⓓ/jìn'ér

* 06~10번 문제 해석은 해커스중국어(china.Hackers.com)에서 다운로드 받으세요.

HSK 6급 시험에 나오는 고난도 어휘

☑ 잘 외워지지 않는 단어는 □에 체크해 두고 다음에 반복 암기합니다.

□ 几何学	jǐhéxué	몡	기하학
□ 微积分	wēijīfēn	몡	미적분
□ 考官	kǎoguān	몡	시험 감독관
□ 课余	kèyú	몡	과외[학교 수업 이외의 시간]
□ 潜质	qiánzhì	몡	잠재된 소질
□ 自制力	zìzhìlì		자제력
□ 辍学	chuòxué	됭	(중도에) 학업을 그만두다, 학업을 중지하다
□ 入门	rùmén	됭 입문하다 몡 입문	
□ 转系	zhuǎnxì	됭	전과하다
□ 泛读	fàndú	됭	폭넓게 읽다, 대강대강 읽다
□ 疏于	shūyú	됭	~에 소홀하다, 부주의하다
□ 精读	jīngdú	됭	정독하다
□ 拓展	tuòzhǎn	됭	확장하다, 개척하여 발전시키다
□ 专心致志	zhuānxīnzhìzhì	셩	전심전력으로 몰두하다
□ 蓬勃	péngbó	혱	(기운이나 세력이) 왕성하다, 활기차다
□ 顺口	shùnkǒu	혱 (시구를 읽는 것이) 유창하다, (음식이) 입에 맞다 뷔 내키는 대로	
□ 贴切	tiēqiè	혱	(어휘가) 적절하다, 타당하다
□ 慕课	mùkè		온라인 공개 수업[MOOC, 웹 서비스를 기반으로 이루어지는 상호 참여적 교육]
□ 哈佛	Hāfó	고유	하버드
□ 备课	bèikè	됭	(교사가) 수업을 준비하다

□ 点拨	diǎnbō	동 지적하여 알게 하다, 지적하여 가르치다
□ 管教	guǎnjiào	동 단속하고 가르치다, 지도하다 명 교도관
□ 敬仰	jìngyǎng	동 존경하고 우러러보다
□ 聘请	pìnqǐng	동 초빙하다
□ 训斥	xùnchì	동 꾸짖다, 훈계하다
□ 严谨	yánjǐn	형 엄격하다, 빈틈없다
□ 危言耸听	wēiyánsǒngtīng	성 고의로 과격한 말을 하여 충격 받게 하다
□ 循循善诱	xúnxúnshànyòu	성 다른 사람의 학습을 차근차근 잘 이끌다
□ 精髓	jīngsuǐ	명 정수[사물의 본질을 이루는 가장 중요하고 뛰어난 부분 을 비유함]
□ 脑筋	nǎojīn	명 두뇌, 머리[사고하거나 기억하는 등의 능력]
□ 权威性	quánwēixìng	명 권위성
□ 深层	shēncéng	명 심층
□ 爱因斯坦	Àiyīnsītǎn	고유 아인슈타인
□ 测试	cèshì	동 테스트하다, 측정하다, 점검하다
□ 创始	chuàngshǐ	동 창시하다
□ 引申	yǐnshēn	동 새로운 뜻이 파생되다
□ 紧凑	jǐncòu	형 치밀하다, 빈틈없다
□ 精妙	jīngmiào	형 정교하다, 정밀하고 뛰어나다
□ 精湛	jīngzhàn	형 (학문 또는 이론이) 깊다, 심오하다, (기예가) 뛰어나다, 훌륭하다
□ 罢了	bàle	조 단지 ~일 따름이다

春晓
chūn xiǎo

- 孟浩然 -
Mèng Hàorán

春　眠　不　觉　晓，
chūn mián bù jué xiǎo

处　处　闻　啼　鸟。
chù chù wén tí niǎo

夜　来　风　雨　声，
yè lái fēng yǔ shēng

花　落　知　多　少。
huā luò zhī duō shǎo

춘효
(봄날 새벽에)

- 맹호연 -

봄잠에 날 밝은 줄 모르니,

여기저기 들리는 새들의 지저귐.

간밤에 들려온 비바람 소리,

꽃잎은 또 얼마나 떨어졌을까.

해커스 중국어 HSK 6급 단어장 큰글씨 확대판

초판 2쇄 발행 2024년 8월 12일
초판 1쇄 발행 2022년 6월 8일

지은이	해커스 HSK연구소
펴낸곳	㈜해커스
펴낸이	해커스 출판팀

주소	서울특별시 서초구 강남대로61길 23 ㈜해커스
고객센터	02-537-5000
교재 관련 문의	publishing@hackers.com
	해커스중국어 사이트(china.Hackers.com) 교재 Q&A 게시판
동영상강의	china.Hackers.com

ISBN	979-11-379-0548-1 (13720)
Serial Number	01-02-01

저작권자 © 2022, 해커스

이 책 및 음성파일의 모든 내용, 이미지, 디자인, 편집 형태에 대한 저작권은 저자에게 있습니다.

서면에 의한 저자와 출판사의 허락 없이 내용의 일부 혹은 전부를 인용, 발췌하거나 복제, 배포할 수 없습니다

중국어인강 1위,
해커스중국어 china.Hackers.com

해커스중국어

- HSK 6급 필수 어휘를 완전 정복할 수 있는 10가지 버전의 교재 MP3
- 외운 단어를 오래 기억하는 Day별 품사별로 헤쳐모여, 연습문제 체크체크 해석
- HSK 6급 미니 실전모의고사·HSK 단어시험지 자동생성기 등 다양한 학습 콘텐츠
- 해커스 스타강사의 본 교재 인강(교재 내 할인쿠폰 수록)

주간동아 선정 2019 한국 브랜드 만족지수 교육(중국어인강) 부문 1위

중국어도 역시
1위 해커스중국어

중국어인강
1위

소비자 만족지수
1위

강의 만족도
96.4%

[인강] 주간동아 선정 2019 한국 브랜드 만족지수 교육(중국어인강) 부문 1위
[소비자만족지수] 한경비즈니스 선정 2017 소비자가 뽑은 소비자만족지수, 교육(중국어학원)부문 1위 해커스중국어
[만족도] 해커스중국어 2020 강의 수강생 대상 설문조사 취합 결과

중국어인강 **1위** 해커스의 저력,
HSK 합격자로 증명합니다.

HSK 4급 환급 신청자
합격 점수
평균 256점

* 성적 미션 달성자

HSK 5급 환급 신청자
합격 점수
평균 240점

* 성적 미션 달성자

2주 만에 HSK 6급 277점 합격

HSK 6급 (2020.02.09) 汉语水平考试

듣기	독해	쓰기	총점
			총점
98	90	89	277

해커스중국어 HSK 수강생 윤*현님 후기

이미 많은 선배들이 **해커스중국어**에서
고득점으로 HSK 졸업 했습니다.

해커스 HSK 단어장

중국어

6급

큰글씨 확대판

2권 DAY 11-20

해커스

성공의 비결

인생 · 성공

주제를 알면 HSK가 보인다!

HSK 6급에서는 삶을 살아가는 방식, 성공을 위한 자질이나 능력, 좌절을 극복하는 방법 등과 관련된 문제가 자주 출제돼요. 따라서 '자질', '힘들다', '좌절시키다', '격려하다'와 같은 인생·성공 관련 단어들을 집중적으로 학습하면 이러한 문제를 쉽게 풀 수 있어요.

🎧 단어, 예문 MP3

격려가 필요해

05 **素质** sùzhì 몡 자질, 소양　　08 **拥有** yōngyǒu 동 가지다　　18 **艰难** jiānnán 혱 힘들다, 곤란하다

17 **挫折** cuòzhé 동 좌절시키다　　13 **激励** jīlì 동 격려하다, 북돋워 주다

01 动力 ***
dònglì

圆 (일·사업 등을 추진시키는) 원동력, 동력

成功的动力来源于明确的目标和坚定的信念。 →술어

성공의 원동력은 정확한 목표와 확고한 신념에서 온다.

来源 láiyuán 图 오다, 기원하다　**明确** míngquè 휑 정확하다
目标 mùbiāo 圆 목표　**坚定** jiāndìng 휑 확고하다
信念 xìnniàn 圆 신념, 믿음

02 机遇 ***
jīyù

圆 (좋은) 기회, 찬스

与其总是一味地等待机遇，不如主动去寻找机遇。

늘 무턱대고 기회를 기다리기보다는, 차라리 자발적으로 기회를 찾는 것이 낫다.

与其 yǔqí 젭 ~하기보다는　**一味** yíwèi 휑 무턱대고, 덮어놓고
等待 děngdài 图 기다리다　**不如** bùrú 图 ~하는 것이 낫다, ~보다 못하다
主动 zhǔdòng 휑 자발적이다, 능동적이다　**寻找** xúnzhǎo 图 찾다, 구하다

03 树立 ***
shùlì

图 세우다, 수립하다

她为教育事业奉献了一生，给当代年轻人树立了榜样。

그녀는 교육 사업에 일생을 공헌하여, 당대 젊은이들에게 모범을 세워 주었다.

事业 shìyè 圆 사업　**奉献** fèngxiàn 图 공헌하다
当代 dāngdài 圆 당대, 그 시대　**榜样** bǎngyàng 圆 모범, 귀감

04 难得 ***
nándé

휑 얻기 어렵다, 드물다

时时刻刻做好准备的人，才能抓住难得的机会。

언제나 잘 준비하는 사람이, 비로소 얻기 어려운 기회를 잡을 수 있다.

时刻 shíkè 휑 언제나, 늘 圆 순간　**抓** zhuā 图 잡다, 쥐다

05 素质 ***
sùzhì

圆 소양, 자질

一个人的言行举止能反映出这个人的内在品质和综合素质。

한 사람의 말과 행동거지는 이 사람의 내재된 품성과 종합적인 소양을 반영해낼 수 있다.

言行举止 yánxíng jǔzhǐ 행동거지　**反映** fǎnyìng 图 반영하다, 되비치다
内在 nèizài 휑 내재적인　**品质** pǐnzhì 圆 품성, 자질
综合 zōnghé 图 종합하다

06 视野 ★★★
shìyě

명 시야, 시계

经过这段艰难的旅程，小李的视野开阔了很多。
↗ 술어

이 힘든 여정을 거쳐, 샤오리의 시야는 훨씬 넓어졌다.

艰难 jiānnán 혱 힘들다　旅程 lǚchéng 몡 여정
开阔 kāikuò 혱 넓다, 광활하다　동 넓히다

🧑 시험에 이렇게 나온다!

짝꿍
표현　视野를 활용한 다양한 짝꿍 표현들을 알아 둔다.

开拓视野 kāituò shìyě 시야를 넓히다
扩大视野 kuòdà shìyě 시야를 확대하다
视野狭窄 shìyě xiázhǎi 시야가 좁다
视野宽阔 shìyě kuānkuò 시야가 넓다

07 潜力 ★★★
qiánlì

명 잠재력, 잠재 능력

该企业完善的激励机制，使每个人才最大限度地发挥潜力。

이 기업의 완벽한 동기부여 메커니즘은, 각 인재들이 잠재력을 최대한도로 발휘할 수 있도록 했다.

企业 qǐyè 몡 기업　完善 wánshàn 혱 완벽하다
激励 jīlì 동 동기부여하다, 격려하다　机制 jīzhì 몡 메커니즘, 기구
人才 réncái 몡 인재　限度 xiàndù 몡 한도, 한계　发挥 fāhuī 동 발휘하다

🧑 시험에 이렇게 나온다!

짝꿍
표현　潜力를 활용한 다양한 짝꿍 표현들을 알아 둔다.

挖掘潜力 wājué qiánlì 잠재력을 발굴하다
激发潜力 jīfā qiánlì 잠재력을 불러일으키다
发展潜力 fāzhǎn qiánlì 발전 잠재력

08 拥有 ★★★
yōngyǒu

동 소유하다, 가지다

当你珍惜现在所拥有的一切时，你才会拥有更美好的未来。

당신이 현재 소유한 모든 것을 소중히 할 때, 당신은 비로소 더 아름다운 미래를 소유할 수 있습니다.

珍惜 zhēnxī 동 소중히 하다, 아끼다　未来 wèilái 몡 미래 혱 미래의

09 充实 ★★★
chōngshí

● 📖[형] (내용·인원·재력 등이) 풍부하다, 충실하다
　📖[동] 충족시키다, 풍부하게 하다

有位心理专家称，比起悠闲的生活，忙碌而充实的
生活让人更有安全感。

한 심리 전문가가 밝히기를, 한가로운 생활보다는, 바쁘면서도 풍부한 생활
이 사람을 더욱 안정감 있게 해 준다고 한다.

不管工作多么繁忙，也要充分利用碎片时间，不断
充实自己。

일이 얼마나 바쁘든 간에, 자투리 시간을 충분히 활용하여, 끊임없이 자신
을 충족시켜야 한다.

心理 xīnlǐ [명] 심리, 기분　专家 zhuānjiā [명] 전문가
称 chēng [동] 밝히다, 말하다　悠闲 yōuxián [형] 한가롭다
忙碌 mánglù [형] (정신 없이) 바쁘다　繁忙 fánmáng [형] (일이 많아서) 바쁘다
充分 chōngfèn [부] 충분히　利用 lìyòng [동] 활용하다, 이용하다
碎片 suìpiàn [명] 자투리, 부스러기　不断 búduàn [부] 끊임없이, 부단히

10 代价 ★★★
dàijià

● 📖[명] 대가, 가격

为了成功，无论付出怎样的代价，他也在所不惜。

성공을 위해, 어떤 대가를 지불하더라도, 그는 조금도 아까워하지 않는다.

付出 fùchū [동] (돈, 대가 등을) 지불하다
在所不惜 zàisuǒbùxī [성] 조금도 아까워하지 않다

11 心血 ★★★
xīnxuè

● 📖[명] 심혈

这位老师将毕生的心血倾注于教育事业。

이 선생님은 일평생 교육 사업에 심혈을 기울였다.

毕生 bìshēng [명] 일평생　倾注 qīngzhù [동] 기울이다, 쏟다
事业 shìyè [명] 사업

 시험에 이렇게 나온다!

짝꿍
표현　心血를 활용한 다양한 짝꿍 표현들을 알아 둔다.

倾注心血 qīngzhù xīnxuè 심혈을 기울이다
费尽心血 fèijìn xīnxuè 심혈을 쏟다
付出心血 fùchū xīnxuè 심혈을 들이다
心血来潮 xīnxuè láicháo 심혈이 차오르다 늑 문득 어떤 생각이 떠오르다

해커스 HSK 6급 단어장

12 迈 ★★★
mài

동 내디디다　양 마일(mile)

这意味着我们已<u>迈</u>出了成功的第一步。
_{술어}

이것은 우리가 이미 성공의 첫 걸음을 내디딘 것을 의미한다.

当车速达到100<u>迈</u>时，最好不要猛踩刹车，以免发生危险。

차의 속도가 100마일에 도달했을 땐, 위험이 발생하지 않도록 가능하면 브레이크를 갑자기 밟지 마세요.

意味着 yìwèizhe 동 (어떤 뜻을) 의미하다, 뜻하다　**猛** měng 부 갑자기
刹车 shāchē 명 (자동차의) 브레이크　**以免** yǐmiǎn 접 ~하지 않도록

 시험에 이렇게 나온다!

짝꿍표현　迈를 활용한 다양한 짝꿍 표현들을 알아 둔다.

迈进 màijìn 앞으로 내딛다 ≒ 돌진하다
迈开 màikāi (발을) 내디디다, 걷다

13 激励 ★★★
jīlì

동 격려하다, 북돋워 주다

小时候无意中看到的那句名言一直<u>激励</u>着我不断进步。

어릴 적 무심코 봤던 그 명언은 내가 끊임없이 진보하도록 계속 격려해 주고 있다.

无意 wúyì 부 무심코, 무의식 중에　**不断** búduàn 부 끊임없이, 부단히

14 阻碍 ★★★
zǔ'ài

유의어
妨碍 fáng'ài 동 방해하다

명 장애물　동 (진행하지 못하도록) 가로막다

对过去辉煌成就的执着，是未来发展的最大<u>阻碍</u>。

과거 눈부신 성취에 대한 집착은, 미래 발전의 가장 큰 장애물이다.

父母替宝宝说话的行为会<u>阻碍</u>宝宝语言能力的发展。

부모가 아이를 대신해 말해주는 행동은 아이의 언어 능력의 발달을 가로막을 수 있다.

辉煌 huīhuáng 형 (성취·성과가) 눈부시다　**执着** zhízhuó 형 집착하다

 시험에 이렇게 나온다!

유의어　阻碍 : 妨碍(fáng'ài, 방해하다)

阻碍는 교통·운수 이외에도, 인류 사회 또는 역사 발전과 같은 중대한 일에 큰 걸림돌을 형성하는 것을 의미한다.

阻碍交通 zǔ'ài jiāotōng 교통을 가로막다
阻碍社会发展 zǔ'ài shèhuì fāzhǎn 사회 발전을 가로막다

妨碍는 대상에 미치는 영향이 비교적 적다. 주로 업무·학습·활동과 같은 일이 순탄하게 진행되지 못하도록 지장을 주는 것을 의미한다.

妨碍别人 fáng'ài biérén 다른 사람을 방해하다
妨碍工作 fáng'ài gōngzuò 업무를 방해하다

15 障碍 ★★★
zhàng'ài

［명］ 장애물, 방해물

任何一个障碍，都有可能成为超越自己的动力。 ←술어

어떤 장애물이든지, 모두 스스로를 뛰어넘을 원동력이 될 수 있다.

超越 chāoyuè ［동］뛰어넘다, 능가하다   **动力** dònglì ［명］원동력

16 丧失 ★★★
sàngshī

［동］ 상실하다, 잃어버리다

贝多芬虽然丧失了听力，但并没有屈服于命运。

베토벤은 비록 청력을 상실했지만, 결코 운명에 굴복하지 않았다.

贝多芬 Bèiduōfēn ［고유］베토벤   **屈服** qūfú ［동］굴복하다
命运 mìngyùn ［명］운명

유의어

失去 shīqù ［동］잃다

 시험에 이렇게 나온다!

유의어 **丧失** : 失去(shīqù, 잃다)

丧失은 기억이나 능력·자신·권리 등을 잃어버리는 것을 의미한다.
丧失信心 sàngshī xìnxīn 자신을 잃다
丧失知觉 sàngshī zhījué 지각을 잃다

失去는 기억·능력·자신·권리 외에 사물·사람을 잃어버리는 것도 의미한다.
失去父亲 shīqù fùqīn 아버지를 잃다, 아버지를 여의다
不想失去机会 bù xiǎng shīqù jīhuì 기회를 잃고 싶지 않다

17 挫折 ★★★
cuòzhé

［동］ 실패하다, 좌절시키다

凡是成就一番事业的人，大都遭受过种种挫折与磨难。

무릇 큰 업적을 이뤄낸 사람들은, 대부분 여러 실패와 고난에 부닥친 적이 있다.

凡是 fánshì ［부］무릇, 대체로   **事业** shìyè ［명］업적, 사업
遭受 zāoshòu ［동］(불행 또는 손해에) 부닥치다, 만나다
磨难 mónàn ［명］고난, 역경

 시험에 이렇게 나온다!

짝꿍
표현 **挫折**를 활용한 다양한 짝꿍 표현들을 알아 둔다.

遭受挫折 zāoshòu cuòzhé 실패에 부닥치다
经历挫折 jīnglì cuòzhé 좌절을 경험하다

18 艰难 ★★★
jiānnán

［형］ 힘들다, 곤란하다

这位年轻人艰难地迈出了创业的第一步。

이 젊은이는 힘들게 창업의 첫 발을 내딛었다.

迈 mài ［동］내디디다   **创业** chuàngyè ［동］창업하다

19 动机 ★★
dòngjī

명 동기

小张之所以能在艰苦环境中坚持下去，是因为他 有强烈的动机。

→ 술어

샤오장이 어려운 환경에서 끝까지 버텨나갈 수 있는 것은, 그에게 뚜렷한 동 기가 있기 때문이다.

艰苦 jiānkǔ 혱 어렵다, 고생스럽다   强烈 qiángliè 혱 뚜렷하다, 강렬하다

20 确立 ★★
quèlì

동 확립하다, 수립하다

陈博士年轻时就已确立了培养跨学科人才的目标。

천 박사는 젊은 시절 일찍이 학과를 초월한 인재를 양성하겠다는 목표를 확립했다.

培养 péiyǎng 동 양성하다, 기르다   跨 kuà 동 (한계를) 초월하다, 걸치다
学科 xuékē 명 학과   人才 réncái 명 인재   目标 mùbiāo 명 목표

21 认定 ★★
rèndìng

동 확정하다, 인정하다

一旦认定了目标，就应该勇往直前。

일단 목표를 확정했으면, 용감하게 앞으로 나아가야 한다.

一旦 yídàn 문 일단   目标 mùbiāo 명 목표
勇往直前 yǒngwǎngzhíqián 성 용감하게 앞으로 나아가다

22 转折
zhuǎnzhé

동 전환하다, 방향이 바뀌다

每一个人生低谷都可以是人生转折的最佳时期。

모든 인생의 밑바닥은 전부 인생 전환의 최적의 시기일 수 있다.

人生 rénshēng 명 인생   低谷 dīgǔ 명 밑바닥, 바닥세   时期 shíqī 명 시기

23 立足 ★★
lìzú

동 발붙이다, 근거하다

作为一名资深金融家，您觉得要在金融界立足应 该具备哪些素质？

한 명의 베테랑 금융가로서, 당신은 금융계에 발을 붙이려면 어떤 소양을 갖 추어야 한다고 생각하시나요?

作为 zuòwéi 개 ~로서   资深 zīshēn 혱 베테랑의, 경력이 오랜
金融界 jīnróngjiè 명 금융계   具备 jùbèi 동 갖추다, 구비하다
素质 sùzhì 명 소양, 자질

 시험에 이렇게 나온다!

이합 동사 | 立足는 立(세우다)+足(발)가 합쳐진 이합동사이다. 이합동사는 기본적으로 목 적어를 취할 수 없지만, 立足는 예외적으로 목적어를 취할 수 있다.

在社会上立足 사회에서 발붙이다 (목적어 없음)
立足社会 사회에 발붙이다 (목적어 있음)

24 榜样 ★★
bǎngyàng

명 본보기, 모범

在成长过程中，大部分孩子都不自觉地把自己的
父母当做榜样。 ─→ 술어

성장 과정 중에, 대부분의 아이들은 무의식적으로 자신의 부모를 본보기로 삼는다.

成长 chéngzhǎng 동 성장하다, 자라다
自觉 zìjué 형 의식적이다, 자발적이다 동 자각하다

25 座右铭
zuòyòumíng

명 좌우명

他在自传中写道："永不言败"是激励我一生的座
右铭。

그는 자서전에서 '"결코 실패를 말하지 않는 것"이 자신의 일생을 격려한 좌우명'이라고 언급했다.

自传 zìzhuàn 명 자서전　**激励** jīlì 동 격려하다

26 传记
zhuànjì

명 전기[한 사람의 일생 동안의 행적을 적은 기록]

长大以后重读历史人物传记，会产生更大的共鸣。

어른이 된 후 역사 인물의 전기를 다시 읽으면, 더 큰 공감이 생길 수 있다.

重读 chóngdú 동 다시 읽다, 거듭 읽다　**人物** rénwù 명 인물
产生 chǎnshēng 동 생기다, 나타나다
共鸣 gòngmíng 동 공감하다, 공명하다

27 借鉴 ★★
jièjiàn

동 참고로 하다, 본보기로 삼다

这位演讲人的人生哲理和处事方式都值得我们学
习和借鉴。

이 강연자의 인생 철학과 일 처리 방식은 모두 우리가 배우고 참고할 만하다.

演讲人 yǎnjiǎngrén 명 강연자　**人生** rénshēng 명 인생
哲理 zhélǐ 명 철학, 철리　**处事** chǔshì 동 일을 처리하다
方式 fāngshì 명 방식, 방법

28 出息
chūxi

명 발전성, 장래성

若想将来有出息，你必须要靠自己的努力。

만약 장래에 발전성을 갖추고 싶으면, 당신은 반드시 스스로의 노력에 기대야 한다.

若 ruò 접 만약 ~한다면　**靠** kào 동 기대다

29 期望 ** qīwàng

[동] 기대하다, 바라다

我们不应该总是<u>期望</u>天上掉馅饼，而是要自己去创造奇迹。 → 술어

우리는 늘 하늘에서 떡이 떨어지기를 기대해선 안 되며, 스스로 기적을 창조해 나가야 한다.

馅饼 xiànbǐng [명] (소를 넣은) 떡　创造 chuàngzào [동] 창조하다, 발명하다
奇迹 qíjì [명] 기적

30 向往 ** xiàngwǎng

[동] 열망하다, 갈망하다

笼子里的那只鸟呆呆地望着天空，好像<u>向往</u>着自由自在的生活。

새장 속의 그 새가 멍하니 하늘을 바라보는 것이, 마치 자유로운 삶을 열망하고 있는 것 같다.

笼子 lóngzi [명] 새장, 바구니　呆 dāi [형] 멍하다, 둔하다
天空 tiānkōng [명] 하늘, 공중　自由 zìyóu [형] 자유롭다

잠깐 向往은 어떤 사물이나 경지를 좋아하고 부러워하여 동경하는 것을 의미하고, 29번 期望(기대하다)은 미래의 어떤 일을 기대하고 바라는 것을 의미해요.

31 空想 kōngxiǎng

[동] 공상하다　[명] 공상

若<u>空想</u>未来而不付诸行动，那你的未来永远只是空想。

만약 미래를 공상하며 행동으로 옮기지 않는다면, 당신의 미래는 영원히 공상에 불과하다.

随着科技的进步，太空旅行将不再是人们的<u>空想</u>。

과학 기술의 발전에 따라, 우주 여행은 더 이상 사람들의 공상이 아닐 것이다.

若 ruò [접] 만약 ~한다면　未来 wèilái [명] 미래
付诸 fùzhū [동] ~에 옮기다, ~에 부치다　行动 xíngdòng [명] 행동
太空 tàikōng [명] 우주, 매우 높은 하늘

잠깐 空想은 근거가 없는 상상을 의미하고, Day07의 67번 妄想(허황된 생각을 하다)은 실현할 수 없고 이치에 맞지 않는 생각을 의미해요.

32 展望 zhǎnwàng

반의어

回顾 huígù
[동] 회고하다, 돌이켜보다

[동] (먼 곳을) 바라보다, 전망하다

我们不应总<u>留恋</u>过去，而是要把握现在，<u>展望</u>未来。

우리는 늘 과거에 미련을 가져서는 안 되며, 현재를 잡고, 미래를 바라봐야 한다.

留恋 liúliàn [동] 미련을 가지다, 아쉬워하다　把握 bǎwò [동] 잡다 [명] 자신감
未来 wèilái [명] 미래 [형] 미래의

33 天才 ★★
tiāncái

명 천재, 천부적인 재능

菲菲是公认的数学天才，在15岁时就被英国牛津大学录取了。 → 술어

페이페이는 공인된 수학 천재로, 15세 때 영국 옥스포드 대학에 뽑혔다.

公认 gōngrèn 통 공인하다, 모두가 인정하다
牛津大学 Niújīn Dàxué 고유 옥스퍼드 대학교   **录取** lùqǔ 통 뽑다, 채용하다

34 天赋 ★★
tiānfù

명 타고난 자질, 천부적인 소질

小刘既有天赋又努力，可谓是不可多得的人才。

샤오리우는 타고난 자질이 있을 뿐만 아니라 노력도 하여, 매우 드문 인재라 할 만하다.

可谓 kěwèi 통 ~라고 말할 만하다   **不可多得** bù kě duō dé 매우 드물다
人才 réncái 명 인재

잠깐 33번 天才(천재)는 天赋를 가진 사람을 가리켜요.

35 才干
cáigàn

명 능력, 재간

康熙皇帝在统治期间展现出了惊人的政治才干。

강희 황제는 통치 기간에 놀라운 정치 능력을 펼쳐내 보였다.

康熙皇帝 Kāngxī Huángdì 고유 강희 황제[중국 청나라의 제4대 황제]
统治 tǒngzhì 통 통치하다   **期间** qījiān 명 기간, 시간
展现 zhǎnxiàn 통 펼치다, 전개하다   **政治** zhèngzhì 명 정치

36 特长
tècháng

명 특기, 장점

学校定期举办的各项比赛，使每个学生的特长得到了充分的发挥。

학교가 정기적으로 개최하는 각종 경기는, 모든 학생의 특기가 충분히 발휘되도록 했다.

定期 dìngqī 형 정기적이다   **充分** chōngfèn 부 충분히
发挥 fāhuī 통 발휘하다, 충분히 나타내다

37 见闻
jiànwén

명 견문, 문견

留学生活虽然有些<u>艰难</u>，但确实让我开拓了视野，<u>增长了见闻</u>。 → 술어

유학 생활은 다소 힘들었지만, 확실히 나로 하여금 시야를 개척하고, 견문을 넓히게 해 주었다.

艰难 jiānnán 혱 힘들다　**开拓** kāituò 통 넓히다, 개척하다
视野 shìyě 몡 시야

🏯 **알아 두면 시험이 쉬워지는 배경 지식**

> [일반상식] <东方见闻录(동방견문록)>는 13세기 이탈리아의 상인이었던 마르코 폴로가 27년 동안 중동·아프리카·아시아 등지를 여행하면서 보고 겪었던 일들을 기록한 책으로, 중국에서는 <马可·波罗游记>라고도 부른다. 마르코 폴로는 중국 및 아시아 각국을 여행한 첫 번째 이탈리아인으로, 그는 당시 원(元)나라 시기였던 중국에서 17년간 머물면서 동양의 다양한 문물들을 경험했다.
>
> **东方见闻录** Dōngfāng jiànwénlù 동방견문록
> **马可·波罗游记** Mǎkě·Bōluó yóujì 마르코 폴로의 여행기, 동방견문록

38 教养
jiàoyǎng

명 교양　동 가르쳐 키우다, 교양하다

要想成为一个有<u>教养</u>的人，平时就要多注意自己的一言一行。

교양 있는 사람이 되고 싶다면, 평소에 자신의 말 한 마디 행동 하나에도 많은 주의를 기울여야 한다.

给予孩子足够的爱，是<u>教养</u>孩子的最佳方式。

아이에게 충분한 사랑을 주는 것은, 아이를 가르쳐 키우는 가장 좋은 방법이다.

给予 jǐyǔ 통 주다, 부여하다　**足够** zúgòu 통 충분하다, 족하다
方式 fāngshì 몡 방법, 방식

39 明智
míngzhì

혱 현명하다, 총명하다

有时，放弃遥不可及的目标也是一种<u>明智</u>的选择。

때로는, 멀어서 닿을 수 없는 목표를 포기하는 것도 일종의 현명한 선택이다.

遥不可及 yáo bù kě jí 멀어서 닿을 수 없다　**目标** mùbiāo 몡 목표

40 平庸
píngyōng

혱 평범하다, 보통이다

如果找不准人生的方向，天才也会变成<u>平庸</u>的人。

인생의 방향을 똑바로 찾지 못한다면, 천재도 평범한 사람으로 변할 수 있다.

人生 rénshēng 몡 인생　**天才** tiāncái 몡 천재

잠깐 平庸은 특별히 뛰어난 점이나 별다른 성과가 없다는 것을 의미하고, Day02의 70번 平凡(평범하다)은 드물지 않고 흔하면서 일반적인 것을 의미해요.

41 渺小
miǎoxiǎo

[형] 미미하다, 보잘것없다

人固然是渺小的存在, 但人创造出来的成就却很伟大。

인간은 물론 미미한 존재이지만, 그러나 인간이 창조해 낸 성취는 위대하다.

固然 gùrán 웹 물론 ~하지만　**存在** cúnzài 몡 존재 통 존재하다
创造 chuàngzào 통 창조하다, 발명하다　**成就** chéngjiù 몡 성취, 성과
伟大 wěidà 웹 위대하다

42 抱负 ★★
bàofù

[명] 포부, 큰 뜻

具有远大抱负的人到处都是, 而付诸行动的人却寥寥无几。

원대한 포부를 가진 사람은 어디에나 있지만, 행동에 옮기는 사람은 매우 드물다.

付诸 fùzhū 통 ~에 옮기다, ~에 부치다　**行动** xíngdòng 몡 행동
寥寥无几 liáoliáo wújǐ 젱 매우 드물다

43 分寸 ★★
fēncun

[명] (일이나 말의) 분별, 분수

做人做事要有分寸, 才能赢得大家的认可和信赖。

처세와 행동에 분별이 있어야만, 모두의 인정과 신뢰를 얻을 수 있다.

赢得 yíngdé 통 얻다, 갖다　**认可** rènkě 통 인정하다, 승낙하다
信赖 xìnlài 통 신뢰하다, 신임하다

44 信念
xìnniàn

[명] 신념, 믿음

只要我们抱有坚定的信念, 就有可能抓住成功的机会。

우리가 확고한 신념만 품고 있다면, 성공의 기회를 잡을 가능성이 있다.

坚定 jiāndìng 웹 확고하다 통 확고히 하다, 굳히다　**抓** zhuā 통 잡다, 쥐다

45 胸怀
xiōnghuái

[명] 도량, 가슴

我尊敬马经理, 是因为他拥有比任何人都宽广的胸怀。

내가 마 사장을 존경하는 것은, 그가 누구보다도 넓은 도량을 갖고 있기 때문이다.

尊敬 zūnjìng 통 존경하다　**拥有** yōngyǒu 통 가지다, 보유하다
宽广 kuānguǎng 웹 넓다, 크다

46 野心
yěxīn

명 야심

野心是一把双刃剑，既有可能带来益处，也有可能带来危害。

야심은 양날의 검이라서, 이익을 가져올 수도, 해를 가져올 수도 있다.

双刃剑 shuāngrènjiàn 명 양날의 검　益处 yìchu 명 이익, 이점
危害 wēihài 명 해, 손상 동 해를 끼치다

47 志气
zhìqì

명 패기, 기개

志气和抱负并非是年轻人独有的。

패기와 포부는 결코 젊은이들만 가지고 있는 것이 아니다.

抱负 bàofù 명 포부, 큰 뜻

48 在意 ⭐⭐
zàiyì

동 마음에 두다

你的人生属于你自己，不要太在意他人的眼光和评价。

당신의 인생은 당신 자신에게 속해 있으니, 타인의 시선과 평가를 너무 마음에 두지 마세요.

人生 rénshēng 명 인생　属于 shǔyú 동 ~에 속하다
眼光 yǎnguāng 명 시선, 눈길　评价 píngjià 명 평가 동 평가하다

 시험에 이렇게 나온다!

이합동사 在意는 在(~에 있다)+意(마음)가 합쳐진 이합동사이다. 이합동사는 기본적으로 목적어를 취할 수 없지만, **在意**는 예외적으로 목적어를 취할 수 있다.

一点都不在意 조금도 마음에 두지 않다 (목적어 없음)
在意他人的看法 타인의 견해를 마음에 두다 (목적어 있음)

49 领悟
lǐngwù

동 깨닫다, 이해하다

有些道理是经历磨难后才能领悟到的。

어떤 이치들은 역경을 겪은 후에야 깨달을 수 있는 것이다.

道理 dàolǐ 명 이치, 일리　磨难 mónàn 명 역경, 고난

50 声誉 ⭐⭐
shēngyù

명 명성, 명예

他是享有国际声誉的科学家、发明家和政治家。

그는 국제적인 명성을 누린 과학자이자, 발명가 그리고 정치가이다.

享有 xiǎngyǒu 동 (사회에서 명성, 명예 등을) 누리다, 얻다
发明家 fāmíngjiā 명 발명가　政治家 zhèngzhìjiā 명 정치가

51 名誉
míngyù

명 명예, 명성　형 명예의

→ 술어

一味地追求名誉的人容易沦为名誉的奴隶。

맹목적으로 명예를 추구하는 사람은 명예의 노예로 쉽게 전락한다.

今天，这位名誉教授将应邀访问我校并登台演讲。

오늘, 이 명예 교수님은 초청에 응해 우리 학교에 방문하셔서 연단에 올라 강연하실 예정이다.

一味 yíwèi 퇸 맹목적으로, 무턱대고　追求 zhuīqiú 동 추구하다
沦为 lúnwéi 동 ~으로 전락하다　奴隶 núlì 명 노예
应邀 yìngyāo 동 초청에 응하다　访问 fǎngwèn 동 방문하다
演讲 yǎnjiǎng 동 강연하다

52 威望
wēiwàng

명 명망, 명성과 인망

她已退休多年了，却仍然在戏剧界享有很高的威望。

그녀는 이미 은퇴한 지 여러 해가 되었는데도, 여전히 연극계에서 매우 높은 명망을 누리고 있다.

退休 tuìxiū 동 은퇴하다, 퇴직하다　戏剧界 xìjùjiè 명 연극계
享有 xiǎngyǒu 동 (사회에서 명성, 명예 등을) 누리다, 얻다

53 信誉
xìnyù

명 위신, 명성

讲信誉是为人处世的基本原则。

위신을 중시하는 것은 처세의 기본적인 원칙이다.

为人处世 wéirén chǔshì 사람이 처세하다　基本 jīběn 형 기본적인
原则 yuánzé 명 원칙

54 爱戴 ★★
àidài

동 추대하다, 우러러 섬기다

那个官吏清正廉洁，受到众多百姓的爱戴。

그 관리는 청렴결백하여, 많은 백성들의 추대를 받는다.

官吏 guānlì 명 관리　清正廉洁 qīngzhèng liánjié 청렴결백하다
众多 zhòngduō 형 매우 많다

55 逝世
shìshì

동 서거하다, 세상을 떠나다

这位伟人所做出的贡献，直到他逝世后才被世人知晓。

이 위인이 해낸 공헌들은, 그가 서거한 후에야 비로소 세상 사람들에게 알려졌다.

伟人 wěirén 명 위인　贡献 gòngxiàn 명 공헌　동 공헌하다
知晓 zhīxiǎo 동 알다

56 致力 ** zhìlì

동 힘쓰다, 진력하다

奥黛丽·赫本一生致力于慈善事业，她被誉为降落在人间的天使。

오드리 햅번은 일생 동안 자선 사업에 힘썼으며, 그녀는 인간 세상에 내려온 천사라고 불린다.

奥黛丽·赫本 Àodàilì·Hèběn 고유 오드리 햅번[유명 영화배우]
慈善 císhàn 형 자선을 베풀다 事业 shìyè 명 사업
誉为 yùwéi 동 ~라고 부르다, ~라고 칭송하다 人间 rénjiān 명 인간 세상
天使 tiānshǐ 명 천사

 시험에 이렇게 나온다!

이합동사 致力는 致(집중하다, 전념하다)+力(힘)가 합쳐진 이합동사로, 목적어를 취할 수 없다.

致力公益事业 공익 사업을 힘쓰다 (X)
致力于公益事业 공익 사업에 힘쓰다 (O)

57 勤劳 qínláo

형 부지런하다, 근면하다

勤劳的人没有时间流泪，而懒惰的人没有机会微笑。

부지런한 사람에게는 눈물 흘릴 시간이 없지만, 게으른 사람에게는 웃을 기회가 없다.

流泪 liúlèi 동 눈물을 흘리다 懒惰 lǎnduò 형 게으르다, 나태하다
微笑 wēixiào 동 웃음을 짓다, 미소를 짓다 명 미소

58 节制 jiézhì

동 절제하다, 지휘 통솔하다

节制欲望、克制感情、管理时间是实现人生价值的三要素。

욕망을 절제하고, 감정을 자제하고, 시간을 관리하는 것은 인생 가치를 실현하는 세 가지 요소이다.

欲望 yùwàng 명 욕망 克制 kèzhì 동 자제하다, 억누르다
实现 shíxiàn 동 실현하다, 달성하다 人生 rénshēng 명 인생
价值 jiàzhí 명 가치 要素 yàosù 명 요소

59 忍耐 rěnnài

동 인내하다, 참다

坚持与忍耐有时虽然痛苦，但是可以让你不断地成长。

견디고 인내하는 것이 때로는 비록 괴롭지만, 그러나 당신을 끊임없이 성장하게 해 줄 수 있습니다.

痛苦 tòngkǔ 형 괴롭다, 고통스럽다 不断 búduàn 부 끊임없이, 부단히
成长 chéngzhǎng 동 성장하다, 자라다

60 忍受
rěnshòu

[동] 견디다, 이겨 내다

술어

小林用钢铁般的意志战胜了难以忍受的痛苦，最后终于迎来了新的生活。

샤오린은 강철 같은 의지로 견디기 힘든 고통스러움을 이겨내고, 마침내 결국 새로운 삶을 맞이했다.

钢铁 gāngtiě [명] 강철　般 bān [조] ~와 같은　意志 yìzhì [명] 의지, 의기
战胜 zhànshèng [동] 이기다, 승리하다　痛苦 tòngkǔ [형] 고통스럽다, 괴롭다

잠깐 忍受는 고통이나 어려움 같은 불행한 일을 참는 것을 의미하고, 59번 어휘 忍耐(인내하다)는 감정이나 감각을 참는 것을 의미해요.

61 上进
shàngjìn

[동] 진보하다, 향상하다

他既是帮助我改正错误的人，也是鼓励我上进的人。

그는 내가 잘못을 바로잡도록 도와주는 사람이자, 내가 진보하도록 격려해주는 사람이다.

改正 gǎizhèng [동] 바로잡다, 고치다, 개정하다　错误 cuòwù [명] 잘못

62 急切 **
jíqiè

유의어

急忙 jímáng [형] 급하다

[형] 다급하다, 절박하다

倘若过于急切地渴望成功，往往会适得其反。

만약 너무 다급하게 성공을 갈망한다면, 종종 역효과를 불러올 수 있다.

倘若 tǎngruò [접] 만일 ~한다면　过于 guòyú [부] 너무, 과도하게, 몹시
渴望 kěwàng [동] 갈망하다, 간절히 바라다
适得其反 shìdé qífǎn [성] 역효과를 불러오다

 시험에 이렇게 나온다!

유의어 急切 : 急忙(jímáng, 급하다)

急切는 절박하다는 의미가 강하며, 주로 사람의 표정이나 특정 상황에 대한 마음가짐을 형용한다. 그리고 중첩할 수 없다.

急切的目光 jíqiè de mùguāng 절박한 눈빛
急切地盼望回复 jíqiè de pànwàng huífù 절박하게 회답을 바라다

急忙은 행동이 급하게 이루어진다는 의미가 강하며, 주로 사람의 행위를 형용한다. 그리고 중첩할 수 있다.

急忙出发 jímáng chūfā 급히 출발하다
急急忙忙地逃跑 jíjímángmáng de táopǎo 황급히 도망가다

해커스 HSK 6급 단어장

63 拼命 ★★
pīnmìng

图 필사적으로, 적극적으로　动 기를 쓰다, 목숨을 내던지다

总有一天，你会感谢今天<u>拼命</u>努力的自己。 → 술어

언젠가, 당신은 오늘 필사적으로 노력한 자신에게 감사하게 될 것입니다.

你现在最好别招惹老张，他一定会跟你<u>拼命</u>的。

너 지금은 웬만하면 라오장을 건드리지 마, 그는 분명히 네게 기를 쓰고 달려들거야.

招惹 zhāorě 图 건드리다, 놀리다

 시험에 이렇게 나온다!

이합동사 拼命은 拼(내걸다, 내던지다)+命(목숨)이 합쳐진 이합동사로, 목적어를 취할 수 없다.

拼命敌人 적을 목숨 걸고 싸우다 (X)
跟敌人拼命 적과 목숨 걸고 싸우다 (O)

64 彩票
cǎipiào

图 복권

<u>彩票</u>中大奖未必是从天而降的喜事。

복권이 일등에 당첨되는 것이 꼭 하늘에서 내려온 경사라고 할 수는 없다.

中奖 zhòngjiǎng 图 당첨되다　未必 wèibì 图 꼭 ~한 것은 아니다

65 窍门
qiàomén

图 요령, (문제를 해결할) 방법

生活中的很多小<u>窍门</u>能提升生活质量。

삶 속의 많은 작은 요령들은 삶의 질을 올려줄 수 있다.

提升 tíshēng 图 끌어올리다

66 杠杆
gànggǎn

图 지렛대, 지레

如果把人生比作<u>杠杆</u>，理想和信念则是它的支点。

인생을 지렛대에 비유한다면, 이상과 신념은 바로 그 받침점이다.

比作 bǐzuò 图 비유하다　信念 xìnniàn 图 신념　支点 zhīdiǎn 图 받침점

67 着手 ★★
zhuóshǒu

动 손을 대다, 착수하다

想要改变自己，你可以从生活中的小细节<u>着手</u>。

자신을 바꾸고자 한다면, 당신은 생활 속의 사소한 부분부터 손을 댈 수 있다.

细节 xìjié 图 사소한 부분, 자세한 부분

 시험에 이렇게 나온다!

이합동사 着手는 着(닿게 하다, 붙게 하다)+手(손)가 합쳐진 이합동사이다. 이합동사는 기본적으로 목적어를 취할 수 없지만, 着手는 예외적으로 목적어를 취할 수 있다.

从细节着手 사소한 부분부터 손을 대다 (목적어 없음)
着手新项目 새 프로젝트에 착수하다 (목적어 있음)

68 做主
zuòzhǔ

[동] 주인이 되다, 책임지고 결정하다

自己的生活要由自己做主，不能让别人替你做决定。 → 술어

자신의 삶은 스스로가 주인이 되어야 하며, 다른 사람으로 하여금 너를 대신해 결정하게 해서는 안 된다.

替 tì [동] 대신하다

 시험에 이렇게 나온다!

이합동사 做主는 做(맡다, 담당하다)+主(주인)가 합쳐진 이합동사로, 목적어를 취할 수 없다.

我做主我的生活 내가 나의 생활을 책임지고 결정하다 (X)
我的生活由我做主 나의 생활은 내가 책임지고 결정하다 (O)

69 正当 ★★
zhèngdàng /
zhèngdāng

[형] [zhèngdàng] 정당하다
[동] [zhèngdāng] 마침 ~한 시기이다

所谓正道成功，就是用合法正当的方式取得成功。

소위 바른 성공이란, 바로 합법적이고 정당한 방식으로 성공을 얻는 것이다.

正当牛顿像往常一样陷入沉思时，一颗苹果从树上掉了下来。

마침 뉴턴이 평소처럼 깊은 생각에 빠져 있을 때, 사과 한 알이 나무에서 떨어졌다.

所谓 suǒwèi ~란, ~라는 것은　正道 zhèngdào [명] 바른 길, 정도
合法 héfǎ [형] 합법적이다　方式 fāngshì [명] 방식, 방법
取得 qǔdé [동] 얻다, 갖다　牛顿 Niúdùn [고유] 뉴턴
往常 wǎngcháng [명] 평소　陷入 xiànrù [동] 깊이 빠져들다
沉思 chénsī [동] 깊이 생각하다
颗 kē [명] 알[과립 모양의 물건을 셀 때 쓰는 단위]

70 处境 ★★
chǔjìng

[명] (처해 있는) 처지, 환경[주로 불리한 상황]

感知幸福也是一种能力，它与贫富、地位、处境无关。

행복을 감지하는 것도 일종의 능력으로, 그것은 빈부·지위·처지와는 무관하다.

感知 gǎnzhī [동] 감지하다　贫富 pínfù 빈부　地位 dìwèi [명] 지위, 위치

71 危机 ★★
wēijī

[명] 위기, 위험한 고비

她克服了"中年危机"，正享受着人生最美好的时光。

그녀는 '중년의 위기'를 극복하고, 인생에서 가장 아름다운 시간을 누리고 있다.

克服 kèfú [동] 극복하다, 이겨내다　享受 xiǎngshòu [동] 누리다, 즐기다
人生 rénshēng [명] 삶, 인생　时光 shíguāng [명] 시간, 세월

72 过失
guòshī

명 과오, 과실

很多历史学家认为, 汉武帝一生的功绩大于过失。 → 술어

많은 역사학자들은, 한무제의 일생의 공적이 과오보다 크다고 여긴다.

汉武帝 Hàn Wǔdì 고유 한무제[중국 한나라 제7대 황제]

73 陷阱
xiànjǐng

명 함정, 속임수

当你心存侥幸时, 一定会有个陷阱等着你。

당신이 마음에 요행을 품고 있을 때, 반드시 함정이 당신을 기다리고 있을 것이다.

侥幸 jiǎoxìng 형 요행하다, 뜻밖에 운이 좋다

74 周折
zhōuzhé

명 우여곡절, 고심

经过几番周折, 祖父终于回到了离开五十多年的家乡。

몇 번의 우여곡절 끝에, 할아버지께서는 마침내 50여 년을 떠나 있었던 고향으로 돌아가셨다.

番 fān 양 번, 차례 祖父 zǔfù 명 할아버지, 조부 家乡 jiāxiāng 명 고향

75 隐瞒 **
yǐnmán

동 (진상을) 숨기다, 속이다

如果犯了错误, 应该勇于承认, 而不是故意隐瞒。

만약 잘못을 저지른다면, 용감하게 인정해야지, 일부러 숨겨서는 안 된다.

犯 fàn 동 저지르다, (법, 규칙 등을) 범하다 勇于 yǒngyú 동 용감하게 ~하다

76 辜负
gūfù

동 (호의·기대·도움 등을) 저버리다

我一定会全力以赴, 不会辜负您的这份信任的。

나는 반드시 전력을 다 할 것이며, 당신의 이 신임을 저버리지 않을 것입니다.

全力以赴 quánlìyǐfù 성 전력을 다 하다 信任 xìnrèn 명 신임

 시험에 이렇게 나온다!

 辜负를 활용한 다양한 짝꿍 표현들을 알아 둔다.

辜负信赖 gūfù xìnlài 신뢰를 저버리다
辜负期望 gūfù qīwàng 기대를 저버리다
辜负好意 gūfù hǎoyì 호의를 저버리다

77 挥霍
huīhuò

동 헤프게 쓰다, 물 쓰듯 하다

年轻时不要挥霍青春和金钱, 否则你会后悔的。

젊을 때 청춘과 돈을 헤프게 쓰지 마라, 그렇지 않으면 너는 후회할 것이다.

青春 qīngchūn 명 청춘, 아름다운 시절

⁷⁸ **活该**
huógāi

동 ~해도 싸다, ~한 것은 당연하다
他没听小张的忠告，结果彻底失败了，真是活该！ ↗ 술어
그는 샤오장의 충고를 듣지 않다가, 결국 철저히 실패했으니, 정말 그래도 싸!
忠告 zhōnggào 명 충고 동 충고하다　彻底 chèdǐ 형 철저하다

⁷⁹ **忌讳**
jìhuì

동 (말이나 행동을) 금기하다, 꺼리다
对性格急躁的人来说，最忌讳的就是冲动行事。
성격이 급한 사람에게 있어, 가장 금기해야 하는 것은 바로 충동 행위이다.
急躁 jízào 형 급하다　冲动 chōngdòng 명 충동 형 충동적이다

⁸⁰ **检讨**
jiǎntǎo

동 깊이 반성하다, 검토하다　명 반성문
遇到挫折后，小李深刻地检讨了自己的错误，并吸取了惨痛的教训。
실패를 겪은 후, 샤오리는 자신의 잘못을 깊이 반성하고, 뼈아픈 교훈을 얻었다.

上司要求我就自己所犯的错误写一份书面检讨。
상사는 내가 저지른 실수에 대해 서면 반성문을 쓰라고 나에게 요구했다.

挫折 cuòzhé 동 실패하다, 좌절시키다　深刻 shēnkè 형 (인상이) 깊다
错误 cuòwù 명 잘못, 실수　吸取 xīqǔ 동 얻다, 흡수하다
惨痛 cǎntòng 형 뼈아프다, 비통하다　教训 jiàoxùn 명 교훈
上司 shàngsi 명 상사　书面 shūmiàn 형 서면의, 지면의

⁸¹ **纠正**
jiūzhèng

유의어
改正 gǎizhèng
동 바르게 고치다, 개정하다

동 (사상·잘못을) 바로잡다, 교정하다
在英语课堂上，老师耐心地纠正了我们的发音。
영어 교실에서, 선생님이 인내심 있게 우리의 발음을 바로잡아 주셨다.
课堂 kètáng 명 교실, 학습의 장

 시험에 이렇게 나온다!

유의어 纠正 : 改正 (gǎizhèng, 바르게 고치다, 개정하다)
纠正은 일반적으로 타인의 도움이나 외부의 힘을 통해 결점이나 잘못을 고치는 것을 의미한다.
纠正姿势 jiūzhèng zīshì 자세를 바로잡다
纠正发音 jiūzhèng fāyīn 발음을 교정하다

改正은 주로 스스로의 힘으로 잘못된 것을 올바르게 고치는 것을 의미한다.
改正缺点 gǎizhèng quēdiǎn 결점을 바르게 고치다
改正错误 gǎizhèng cuòwù 잘못을 바르게 고치다

82 抛弃
pāoqì

유의어

放弃 fàngqì 동 포기하다

동 버리다, 포기하다

请确立切实可行的目标，抛弃不切实际的幻想。

확실하고 실행 가능한 목표를 확립하고, 실제에 부합되지 않는 환상을 버리세요.

确立 quèlì 동 확립하다　切实 qièshí 형 확실하다, 실용적이다
可行 kěxíng 형 실행 가능하다, 할 수 있다　目标 mùbiāo 명 목표
不切实际 búqiè shíjì 성 실제에 부합되지 않다　幻想 huànxiǎng 명 환상

 시험에 이렇게 나온다!

유의어 抛弃 : 放弃(fàngqì, 포기하다)

抛弃는 어떤 대상에게 신경을 쓰지 않거나, 또는 부정적이거나 필요 없는 대상을 버린다는 의미이다.

抛弃朋友 pāoqì péngyou 친구를 방치하다
抛弃旧观念 pāoqì jiù guānniàn 낡은 관념을 버리다

放弃는 원래 있던 권리 · 주장 · 기회 등을 포기한다는 의미이다.

放弃机会 fàngqì jīhuì 기회를 포기하다
放弃原则 fàngqì yuánzé 원칙을 포기하다

83 受罪
shòuzuì

동 고난을 당하다, 고생하다

这位老兵虽然一辈子吃苦受罪，却不后悔自己当初的选择。

이 노병은 비록 한평생 고생하고 고난을 당했지만, 본인의 처음의 선택을 후회하지 않는다.

老兵 lǎobīng 명 노병, 노장　一辈子 yíbèizi 명 한평생, 일생
吃苦 chīkǔ 동 고생하다, 고통을 맛보다　当初 dāngchū 명 처음, 당초, 당시

 시험에 이렇게 나온다!

이합동사 受罪는 受(받다)+罪(고난, 고통)가 합쳐진 이합동사로, 受와 罪 사이에 관형어가 오기도 한다.

受许多罪 많은 고난을 당하다

84 尚且
shàngqiě

접 ~조차 ~한데

成年人尚且难以承受这些磨难，更何况是小孩子呢?

어른조차 이러한 고난들을 받아들이기 어려운데, 하물며 어린아이랴?

磨难 mónàn 명 고난, 역경　何况 hékuàng 접 하물며

 시험에 이렇게 나온다!

짝꿍표현 尚且를 활용한 짝꿍 표현을 알아 둔다.

A 尚且 B, 何况 C A shàngqiě B, hékuàng C A조차 B한데, 하물며 C는 (어떠하겠는가)

연습문제 **체크체크!**

제시된 각 단어의 병음과 뜻을 써 보세요.

01 机遇 _____ / _____

02 向往 _____ / _____

03 迈 _____ / _____

04 挫折 _____ / _____

05 借鉴 _____ / _____

제시된 단어 중, 문장에 어울리는 단어를 빈칸에 적어 보세요.

06 阻碍 / 障碍

过于在乎曾经取得的成就，只会 _____ 未来的发展。

07 急忙 / 急切

他想 _____ 地取得成功，结果发现事与愿违。

08 尚且 / 并且

成年人 _____ 难以适应这种恶劣的环境，更何况是小孩呢？

09 放弃 / 抛弃

要想改变自己，首先就得 _____ 旧观念。

10 树立 / 激励

她用实际行动给我们年轻人 _____ 了榜样。

정답: 01. jīyù/ (좋은) 기회, 찬스 02. xiàngwǎng/ 동경하다, 갈망하다 03. mài/ 내디디다; 마일(mǐlè)
04. cuòzhé/ 좌절시키다, 좌절시키다 05. jièjiàn/ 참고로 하다, 본보기로 삼다
06. 阻碍 07. 急切 08. 尚且 09. 抛弃 10. 树立

* 06~10번 문제 해석은 해커스중국어(china.Hackers.com)에서 다운로드 받으세요.

HSK 6급 시험에 나오는 고난도 어휘

☑ 잘 외워지지 않는 단어는 ☐에 체크해 두고 다음에 반복 암기합니다.

☐ 初衷	chūzhōng	명	초심, 처음에 먹은 마음
☐ 终极	zhōngjí	명	최종, 최후
☐ 放大镜	fàngdàjìng	명	돋보기
☐ 楷模	kǎimó	명	본보기, 모범
☐ 状元	zhuàngyuan	명	장원, 수석[시험에서 일등을 차지한 사람]
☐ 生涯	shēngyá	명	생애
☐ 估量	gūliang	동	예측하다, 추측하다
☐ 立志	lìzhì	동	뜻을 세우다
☐ 启迪	qǐdí	동	일깨우다, 지도하다, 계몽하다
☐ 热衷	rèzhōng	동	간절히 바라다, 열중하다
☐ 追逐	zhuīzhú	동	추구하다, 쫓다
☐ 涵养	hányǎng	명	교양, 함양
☐ 内功	nèigōng	명	내공
☐ 素养	sùyǎng	명	소양, 교양
☐ 天资	tiānzī	명	타고난 자질
☐ 眼界	yǎnjiè	명	시야, 안목, 식견
☐ 兼顾	jiāngù	동	(여러 방면을) 동시에 돌보다, 고르게 살피다
☐ 才华横溢	cáihuáhéngyì	성	재능이 넘쳐나다, 끼가 넘치다
☐ 乔布斯	Qiáobùsī	고유	잡스[애플의 창업자]
☐ 秘诀	mìjué	명	비결

☐ 名利	mínglì	몡 명예와 이익
☐ 享誉	xiǎngyù	동 명성을 누리다, 명예를 누리다
☐ 闯荡	chuǎngdàng	동 (집을 떠나) 외지에서 생활하다
☐ 谋生	móushēng	동 생계를 도모하다
☐ 磨炼	móliàn	동 단련하다, 연마하다
☐ 修炼	xiūliàn	동 수련하다
☐ 倾注	qīngzhù	동 (힘이나 감정 따위를) 쏟다, 집중하다, (높은 곳에서 낮은 곳으로) 유입되다
☐ 体悟	tǐwù	동 체득하다, 깨닫다
☐ 投身	tóushēn	동 헌신하다
☐ 拓宽	tuòkuān	동 개척하여 넓히다
☐ 自足	zìzú	동 자급자족하다 형 스스로 만족하다
☐ 吃苦耐劳	chīkǔnàiláo	성 고통과 어려움을 참다
☐ 坚持不懈	jiānchíbúxiè	성 느슨해지지 않고 끝까지 해 나가다
☐ 老马识途	lǎomǎshítú	성 경험이 많으면 그 일에 능숙하다
☐ 厄运	èyùn	몡 액운, 징크스
☐ 荒废	huāngfèi	동 소홀히 하다, (시간을) 낭비하다, (농경지를) 경작하지 않다
☐ 纠结	jiūjié	동 서로 뒤엉키다, 마음이 복잡하다, 규합하다
☐ 迷失	míshī	동 (방향·길 등을) 잃다, 잃어버리다
☐ 艰辛	jiānxīn	형 고생스럽다, 고달프다
☐ 有勇无谋	yǒuyǒngwúmóu	성 힘만 세고 꾀가 없다, 아무런 책략 없이 용맹하기만 하다

역사 탐방

시간 · 전통 · 역사

주제를 알면 HSK가 보인다!

HSK 6급에서는 중국의 과거나 현재 모습, 중국의 다양한 전통 문화 및 역사 등과 관련된 문제가 자주 출제돼요. 따라서 '유산', '문물', '기록하다', '도자기', '공예품'과 같은 시간·전통·역사 관련 단어들을 집중적으로 학습하면 이러한 문제를 쉽게 풀 수 있어요.

🎧 단어, 예문 MP3

공예품의 정체

16 **遗产** yíchǎn 명 유산

15 **文物** wénwù 명 문물

17 **记载** jìzǎi 동 기록하다, 기재하다

08 **陶瓷** táocí 명 도자기

07 **工艺品** gōngyìpǐn 명 공예품

01 当前 ***
dāngqián

명 현재, 지금

→ 술어

当前中国已有超过50项的世界文化遗产。

현재 중국은 이미 50가지가 넘는 세계문화유산을 가지고 있다.

遗产 yíchǎn 명 유산

02 来历 ***
láilì

명 배경, 내력

请您向大家介绍一下这幅绘画作品的名字有什么**来历**。

모두에게 이 회화 작품의 이름에 어떤 배경이 있는지 소개해 주세요.

幅 fú 양 폭[그림·천을 세는 단위]

绘画 huìhuà 동 회화를 그리다, 그림을 그리다   作品 zuòpǐn 명 작품

03 以往 ***
yǐwǎng

명 과거, 이전

这家店**以往**门庭若市，如今却很冷清。

이 가게는 과거에 문전성시를 이루었으나, 지금은 오히려 한산하다.

门庭若市 méntíng ruòshì 성 문전성시를 이루다

如今 rújīn 명 지금, 오늘날   冷清 lěngqing 형 한산하다

04 周期 ***
zhōuqī

명 주기

有些专家认为，历史具有一定的**周期**性。

어떤 전문가는, 역사는 일정한 주기성을 가진다고 생각한다.

专家 zhuānjiā 명 전문가

🏯 **알아 두면 시험이 쉬워지는 배경 지식**

> 일반 상식
>
> **自然钟**(자연 시계)은 자연 현상을 기준으로 시간을 재는 방법으로, 태양과 달이 위치하고 있는 거리, 특정한 별이 A 지점에서 B 지점까지 이동하는 데 걸리는 속도 등을 활용한다. 고대 사람들은 시간을 기록할 때, 해와 달의 움직임, 별자리의 변화, 유성과 혜성의 출현, 일식과 월식과 같은 천문현상들을 참고했다. 특히 해와 달의 움직임과 별자리의 변화는 쉽게 그 **周期**性과 방향성을 발견할 수 있었기 때문에 시간을 기록하기 위한 중요한 현상으로 다루어졌다.
>
> **自然钟** zìránzhōng 자연 시계
>
> **周期性** zhōuqīxìng 주기성

05 原始 ***
yuánshǐ

[형] 원시의, 최초의

 술어

在原始社会末期, 人们开始使用青铜容器和兵器。
원시 사회 말기에, 사람들은 청동 용기와 병기를 사용하기 시작했다.

青铜 qīngtóng [명] 청동　容器 róngqì [명] 용기　兵器 bīngqì [명] 병기

🏯 **알아 두면 시험이 쉬워지는 배경 지식**

> [일반상식] 原始森林(원시림)은 原生林이라고도 하는데, 일반적으로 인간의 손길이 닿지 않은 채 오랜 시간 동안 자연상태 그대로를 유지하고 있는 삼림을 지칭한다. 중국에는 많은 原始森林이 있는데, 그 중에서도 광둥성(广东省)에 위치한 桂山原始森林, 후베이성(湖北省)에 위치한 神农架林区, 헤이룽장성(黑龙江省)과 네이멍구 자치구(内蒙古自治区)에 위치한 大兴安岭, 샤먼시(厦门市)의 金光湖原始林区 등이 유명하다.
>
> 原始森林 yuánshǐ sēnlín 원시림
> 原生林 yuánshēnglín 원생림, 원시림
> 桂山原始森林 Guìshān yuánshǐ sēnlín 구이샨 원시림
> 神农架林区 Shénnóngjià línqū 션농쟈 산림 지구
> 大兴安岭 Dàxīng'ān Lǐng 다싱안 산맥
> 金光湖原始林区 Jīnguāng Hú yuánshǐ línqū 진광후 원시림 지구

06 民间 ***
mínjiān

[명] 민간

剪纸艺术是中国最古老的民间传统艺术之一。
종이 공예 예술은 중국에서 가장 오래된 민간 전통 예술 중 하나이다.

剪纸 jiǎnzhǐ [명] 종이 공예 [동] 종이를 오리다　古老 gǔlǎo [형] 오래되다
传统 chuántǒng [명] 전통 [형] 전통적이다

 시험에 이렇게 나온다!

> [듣기독해] 듣기나 독해에서는 중국의 민간 전통문화나 민간 예술과 관련된 지문이 출제되기도 한다. 이때, 民间과 관련된 짝꿍 표현들을 함께 알아 둔다.
>
> 民间故事 mínjiān gùshi 민간 이야기
> 民间美食 mínjiān měishí 민간 음식
> 民间工艺 mínjiān gōngyì 민간 공예
> 民间歌谣 mínjiān gēyáo 민간 가요
> 民间传统艺术 mínjiān chuántǒng yìshù 민간 전통 예술

07 工艺品 ***
gōngyìpǐn

[명] 공예품

宋锦起源于宋代末期, 是中国传统的丝制工艺品之一。
송나라 비단은 송나라 시대 말기에 기원했으며, 중국 전통 실크 공예품 중 하나이다.

宋锦 sòngjǐn 송나라 비단　起源 qǐyuán [동] 기원하다 [명] 기원
宋代 Sòngdài [고유] 송나라 시대　丝制 sī zhì 실크(로 만든)

08 陶瓷 ***
táocí

명 도자기

陶瓷的出现标志着人类由旧石器时代进入到新石器时代。

→ 술어

도자기의 출현은 인류가 구석기 시대에서 신석기 시대로 진입했음을 상징한다.

标志 biāozhì 통 상징하다 명 표지, 상징　**人类** rénlèi 명 인류
旧石器时代 jiùshíqì shídài 구석기 시대
新石器时代 xīnshíqì shídài 신석기 시대

09 崇拜 ***
chóngbài

동 숭배하다

崇拜王羲之的赵子昂最终成为了元代书法第一人。

왕희지를 숭배하던 조자앙은 결국 원나라 시대 서예의 일인자가 되었다.

王羲之 Wáng Xīzhī 고유 왕희지[중국 동진의 서예가]
赵子昂 Zhào Zǐ'áng 고유 조자앙[중국 원나라의 화가, 서예가]
元代 Yuándài 고유 원나라 시대　**书法** shūfǎ 명 서예, 필법

10 命名 ***
mìngmíng

동 명명하다, 이름 짓다

在古代，人们把身体各个部位作为长度单位的命名依据。

고대에, 사람들은 신체의 각 부위를 길이 단위의 명명 근거로 삼았다.

古代 gǔdài 명 고대　**部位** bùwèi 명 부위[주로 인체에 사용함]
作为 zuòwéi 통 ~으로 삼다, ~으로 여기다　**单位** dānwèi 명 단위, 회사
依据 yījù 명 근거 통 의거하다

 시험에 이렇게 나온다!

이합동사 命名은 命(주다, 붙이다)+名(이름)이 합쳐진 이합동사로, 목적어를 취할 수 없다.
　　命名学校 학교를 이름 짓다 (X)
　　为学校命名 학교를 위해 이름 짓다 (O)

11 起源 ***
qǐyuán

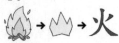
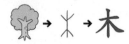

[동] 기원하다 [명] 기원

据《史记》记载，端午节起源于春秋战国时期。

└→ 술어

<사기> 기록에 따르면, 단오절은 춘추 전국 시기에 기원한다고 한다.

原始社会时期，人们在石头上记事，这就是石碑的起源。

원시 사회 시기에, 사람들은 돌 위에 일을 기록했는데, 이것이 바로 비석의 기원이다.

史记 Shǐjì [고유] 사기[중국 전한의 사마천이 지은 역사책]
记载 jìzǎi [동] 기록하다, 기재하다 **端午节** Duānwǔ Jié [고유] 단오절
春秋战国 Chūnqiū Zhànguó [고유] 춘추 전국 **时期** shíqī [명] (특정한) 시기
原始 yuánshǐ [형] 원시의, 최초의 **石碑** shíbēi [명] 비석, 석비

 시험에 이렇게 나온다!

[이합동사] 起源은 起(일어나다)+源(근원)이 합쳐진 이합동사로, 목적어를 취할 수 없다.

起源中国四川 중국 쓰촨을 기원하다 (X)
起源于中国四川 중국 쓰촨에서 기원하다 (O)

12 延续 ***
yánxù

[동] 계속하다, 지속하다

中秋节赏月这一习俗代代相传，延续至今。

중추절에 달을 구경하는 이 풍속은 대대로 전해져 내려와, 현재까지 계속되고 있다.

中秋节 Zhōngqiū Jié [고유] 중추절 **赏月** shǎngyuè [동] 달을 구경하다
习俗 xísú [명] 풍속 **代代相传** dàidàixiāngchuán [성] 대대로 전해져 내려오다

13 吉祥 ***
jíxiáng

[반의어]

不祥 bùxiáng [형] 불길하다

[형] 상서롭다, 길하다, 운수가 좋다

在古代，鹿被人们视为一种吉祥的"神物"。

고대에, 사슴은 사람들에게 상서로운 '신물'로 보여졌다.

古代 gǔdài [명] 고대 **鹿** lù [명] 사슴

🏯 알아 두면 시험이 쉬워지는 배경 지식

[중국문화] 白鹭(백로)는 중국 문화 속에서 吉祥·高雅·奋进의 상징으로 여겨진다. 이 때문에 白鹭는 시·가무·음악·자수 등의 예술 소재로 자주 사용되었다. 전통 花鸟画 중에서 중국인들이 가장 많이 선물하는 것은 白鹭와 연꽃이 그려진 鹭莲图이다. 왜냐하면 鹭莲图에는 '一路连升'이라는 의미가 담겨 있기 때문인데, 이는 鹭(lù)는 路(lù), 莲(lián)은 连(lián)과 발음이 동일한 점에서 비롯된 것이다.

白鹭 báilù 백로

高雅 gāoyǎ 고아하다, 고상하고 우아하다

奋进 fènjìn 용기를 내어 나아가다, 기운을 떨쳐 나아가다

花鸟画 huāniǎohuà 화조화

鹭莲图 lùliántú 백로와 연꽃이 그려진 그림

一路连升 yí lù lián shēng 한 걸음마다 함께 오르다 즉 하는 일마다 승승장구하다

14 将近 ***
jiāngjìn

[부] 거의[시간·수량 등이 어느 한도에 매우 가까움을 나타냄]

中国清朝时期的辫发习俗持续了将近300年。 → 술어

중국 청 왕조 시기의 변발 풍습은 거의 300년 동안 지속되었다.

清朝 Qīngcháo [고유] 청 왕조   时期 shíqī [명] (특정한) 시기
辫发 biànfà [명] 변발   习俗 xísú [명] 풍습   持续 chíxù [동] 지속하다

15 文物 ***
wénwù

[명] 문물

这位院长为文物保护事业奉献了自己的一生。

이 원장은 문물 보호 사업을 위해 자신의 일생을 공헌했다.

事业 shìyè [명] 사업   奉献 fèngxiàn [동] 공헌하다

16 遗产 ***
yíchǎn

[명] 유산

《白蛇传》被列入国家级非物质文化遗产名录。

<백사전>은 국가급 무형 문화유산 목록에 올랐다.

白蛇传 Báishé Zhuàn [고유] 백사전[중국에 전래되는 4대 민간 전설 중 하나]
列 liè [동] (어떤 부류에) 올리다, 끼우다
国家级非物质文化遗产名录 Guójiājí Fēiwùzhì Wénhuàyíchǎn Mínglù
[고유] (중국의) 국가급 무형 문화유산 목록

⛩ 알아 두면 시험이 쉬워지는 배경 지식

> [중국 문화] 国家级非物质文化遗产名录(국가급 무형 문화유산 목록)는 중화 인민 공화국 국무원이 비준하고, 문화부에서 확정·공포하는 非物质文化遗产 목록이다. 중국 정부는 다양한 非物质文化遗产을 보호하고자 이 목록을 제정했는데, 여기에는 전통 음악·무용·미술 등 다양한 분야의 무형 문화들이 포함되어 있다.
>
> 国家级非物质文化遗产名录 Guójiājí Fēiwùzhì Wénhuàyíchǎn Mínglù
> (중국) 국가급 무형 문화유산 목록
>
> 非物质文化遗产 Fēiwùzhì Wénhuàyíchǎn 무형 문화유산

17 记载 ***
jìzǎi

[동] 기재하다, 기록하다

这本史书记载着有关人体新陈代谢的研究结果。

이 역사서는 인체 신진대사와 관련된 연구 결과를 기재하고 있다.

新陈代谢 xīnchéndàixiè 신진대사, 물질대사

⛩ 알아 두면 시험이 쉬워지는 배경 지식

> [중국 역사] <南村辍耕录(남촌철경록)>는 중국 원(元)나라 말기이 하자 陶宗仪기 편찬한 30권의 笔记이다. 이 책은 원나라의 법률 제도와 여러 지역의 사회 현상에 대해 잘 记载하고 있고, 서화 문예에 대해 记载한 내용에서도 주목할 점이 많기 때문에, 원나라의 사회·법·경제·문학·예술 등을 연구하는 방면에서 중요한 역사적 사료로 활용되고 있다.
>
> 南村辍耕录 Náncūnchuògēnglù 남촌철경록
> 陶宗仪 Táo Zōngyí 도종의[중국 원(元)나라 말기의 학자, 호는 南村]
> 笔记 bǐjì 수필, 수기

18 收藏 ***
shōucáng

동 소장하다, 보관하다

中国国家博物馆主要收藏、展览并研究中国的古
代艺术品。 ⟶ 술어

중국국가박물관에서는 주로 중국의 고대 예술품을 소장·전시·연구한다.

博物馆 bówùguǎn 몡 박물관　展览 zhǎnlǎn 동 전시하다, 전람하다
古代 gǔdài 몡 고대

19 并非 ***
bìngfēi

동 결코 ~이 아니다, 결코 ~하지 않다

这个传统民歌并非普通的歌，它辛辣地讽刺了当
时的社会。

이 전통 민가는 결코 일반적인 노래가 아니며, 그것은 당시 사회를 신랄하
게 풍자했다.

传统 chuántǒng 몡 전통 혱 전통적이다　辛辣 xīnlà 혱 신랄하다, 맵다
讽刺 fěngcì 동 풍자하다

20 刹那 **
chànà

명 찰나, 순간

刹那间，魔术师手上的那只鸽子消失了。

찰나의 순간에, 마술사 손 위에 있던 그 비둘기는 사라져 버렸다.

魔术师 móshùshī 마술사　鸽子 gēzi 몡 비둘기　消失 xiāoshī 동 사라지다

21 片刻 **
piànkè

명 잠깐, 잠시

片刻之间，穿羽绒服的那个少年消失在人群之中。

잠깐 사이에, 오리털 재킷을 입은 그 소년은 사람들 무리 속으로 사라졌다.

羽绒服 yǔróngfú 몡 오리털 재킷, 다운재킷(down jacket)
消失 xiāoshī 동 사라지다　人群 rénqún 몡 사람들 무리

22 晃 **
huǎng / huàng

동 [huǎng] 번개같이 스쳐 지나가다
동 [huàng] 흔들다, 요동하다

时间过得真快，我们在海南岛度过的快乐时光一
晃就过去了。

시간이 정말 빠르게 지나가서, 우리가 하이난다오에서 보낸 행복한 시간이
번개같이 스쳐 지나가 버렸다.

那个小学生背诗的时候总是摇头晃脑。

그 초등학생은 시를 외울 때 항상 머리를 흔든다.

海南岛 Hǎinán Dǎo 고유 하이난다오[중국 하이난성에 위치한 섬]
度过 dùguò 동 (시간을) 보내다, 지내다　时光 shíguāng 몡 시간, 세월
背 bèi 동 외우다 몡 등　诗 shī 몡 시
摇头晃脑 yáotóuhuàngnǎo 셩 머리를 흔들다

23 当初 ★★
dāngchū

명 당초, 당시, 처음

你当初选择素食的初衷是什么?
당신이 당초에 채식을 선택한 취지는 무엇이었나요?

素食 sùshí 명 채식 동 채식하다　初衷 chūzhōng 명 취지, 초심

24 起初 ★★
qǐchū

명 처음, 최초

"楷模"起初是两种树木的名称, 后来被用来指榜样人物。
'楷模'는 처음에는 두 종류의 나무의 명칭이었으나, 나중에는 귀감이 되는 인물을 가리키는 말로 사용되었다.

楷模 kǎimó 명 귀감　名称 míngchēng 명 명칭
榜样 bǎngyàng 명 귀감, 본보기

25 先前
xiānqián

명 예전, 이전

先前她是我的同班同学, 后来成为我的媳妇了。
예전에 그녀는 나의 같은 반 학우였지만, 나중에는 나의 아내가 되었다.

媳妇 xífù 명 아내, 마누라

26 昔日
xīrì

명 옛날, 지난날

毕业那天, 王晶坐在空荡的教室里, 回忆起了昔日的老同学。
졸업하던 그 날, 왕징은 텅 빈 교실에 앉아, 옛날의 동창생들을 회상했다.

空荡 kōngdàng 형 텅 비다, 휑하다

27 当代 ★★
dāngdài

명 당대, 그 시대

今天我们很荣幸地请到了当代著名书法家张瑞龄先生。
오늘 우리는 영광스럽게도 당대 저명한 서예가이신 장루이링 선생님을 모셨습니다.

荣幸 róngxìng 형 영광스럽다　书法家 shūfǎjiā 서예가

28 近来 ★★
jìnlái

명 근래, 요즘

近来, 一连串地震的发生, 使当地老百姓感到恐惧。
근래, 일련의 지진 발생은, 그 지역의 국민들로 하여금 공포를 느끼게 했다.

一连串 yìliánchuàn 형 일련의　地震 dìzhèn 명 지진
当地 dāngdì 명 그 지역, 현지　老百姓 lǎobǎixìng 명 국민, 백성
恐惧 kǒngjù 형 공포스럽다, 겁내다

29 间隔 ★★
jiàngé

명 (시간·공간의) 간격, 사이 동 간격을 두다, 띄우다

睡觉时呼吸间隔太长，会影响睡眠质量。 → 술어

잘 때 호흡 간격이 너무 길면, 수면의 질에 영향을 끼칠 수 있다.

这两种药的药性会相互作用，所以至少要间隔一个小时服用。

이 두 종류 약의 약성은 서로 영향을 줄 수 있으니, 적어도 1시간의 간격을 두고 복용해야 한다.

呼吸 hūxī 동 호흡하다 睡眠 shuìmián 명 수면 服用 fúyòng 동 복용하다

30 历代 ★★
lìdài

명 역대

这位历史学家在这本书上记载了历代皇帝的功绩。

이 역사학자는 역대 황제의 공적을 이 책에 기록했다.

记载 jìzǎi 동 기록하다, 기재하다 皇帝 huángdì 명 황제
功绩 gōngjì 명 공적

31 世代 ★★
shìdài

명 대대, 세대

苗族舞蹈是苗族世代传承下来的传统舞蹈。

묘족춤은 묘족 대대로 전승되어 내려온 전통춤이다.

苗族 Miáozú 고유 묘족[중국 소수 민족의 하나] 舞蹈 wǔdǎo 명 춤 동 춤추다
传承 chuánchéng 동 전승하다 传统 chuántǒng 명 전통 형 전통적이다

32 朝代
cháodài

명 왕조, 시대

唐朝是中国历史上国力最强的朝代之一。

당 왕조는 중국 역사상 국력이 가장 강했던 왕조 중 하나이다.

唐朝 Tángcháo 고유 당 왕조

33 凌晨 ★★
língchén

명 새벽, 동틀 무렵

修补那些陶瓷的工作进行到凌晨三点了。

그 도자기들을 보수하는 작업은 새벽 3시까지 진행되었다.

修补 xiūbǔ 동 보수하다, 수리하다 陶瓷 táocí 명 도자기

34 清晨 ★★
qīngchén

명 새벽녘, 일출 전후의 시간

清晨，院子里的草叶上挂着晶莹的露珠。

새벽녘, 뜰 안의 풀잎 위에 반짝이는 이슬방울이 걸려 있다.

晶莹 jīngyíng 형 반짝이다, 밝고 투명하다 露珠 lùzhū 명 이슬방울

반의어

傍晚 bàngwǎn 명 황혼, 해질녘

35 黎明
líming

반의어

傍晚 bàngwǎn 명 황혼, 해질녘

명 동틀 무렵, 여명

一天中温度最低的时候是黎明前的那段时间。

하루 중 온도가 가장 낮은 때는 동틀 무렵 전의 그 시간대이다.

温度 wēndù 명 온도

잠깐 黎明과 34번 清晨(새벽녘)은 일출 전후의 시간대를 가리키고, 33번 凌晨(새벽)은 자정부터 동이 트려고 하는 시간대를 가리켜요.

36 昼夜 ★★
zhòuyè

명 낮과 밤

春秋季天气干燥，昼夜温差也比其他季节大。

봄과 가을은 날씨가 건조하고, 낮과 밤의 온도 차 역시 다른 계절보다 크다.

干燥 gānzào 형 건조하다, 마르다

37 成天
chéngtiān

명 하루 종일, 온종일

陈华成天跟在张师傅后面，张师傅只好把他收为徒弟。

천화가 하루 종일 장 사부 뒤를 따라다녀서, 장 사부는 그를 제자로 받아들일 수밖에 없었다.

徒弟 túdì 명 제자

38 黄昏
huánghūn

명 해질 무렵, 황혼

黄昏时分回家时，那个铁匠发现炊烟从自己家的烟囱里袅袅升起。

해질 무렵 집으로 돌아갈 때, 그 대장장이는 밥 짓는 연기가 자신의 집 굴뚝에서 모락모락 피어오르는 것을 발견했다.

时分 shífēn 명 무렵, 때 　铁匠 tiějiang 명 대장장이
炊烟 chuīyān 명 밥 짓는 연기 　烟囱 yāncōng 명 굴뚝
袅袅 niǎoniǎo 형 모락모락 피어오르는 모양

39 农历 ★★
nónglì

명 음력, 농사력

三朵节为每年农历二月初八，是中国纳西族的传统节日。

삼타절은 매년 음력 2월 초파일로, 중국 나시족의 전통 명절이다.

三朵节 Sānduǒ Jié 고유 삼타절[중국 니시족의 진동 명설]
纳西族 Nàxīzú 고유 나시족, 납서족[중국 소수 민족의 하나]
传统 chuántǒng 명 전통 형 전통적이다

⁴⁰ 正月 **
zhēngyuè

▌명 정월

每年农历正月初一至初五，当地居民会在大街上
举行新年游行。 → 술어

매년 음력 정월 초하루에서 초닷샛날까지, 현지 주민들은 거리에서 새해 퍼레이드를 거행한다.

农历 nónglì 명 음력, 농사력　当地 dāngdì 명 현지, 그 지역
居民 jūmín 명 주민, 거주민　游行 yóuxíng 동 퍼레이드하다, 자유롭게 노닐다

🏯 알아 두면 시험이 쉬워지는 배경 지식

> **중국문화** 春节(춘절)는 중국에서 음력 正月初一에 해당하는 날이다. 청(清)대 이전에는 正月初一를 元旦이라고 불렀으나, 개혁 개방 시기 이후부터는 春节라고 부르고 있다. 春节는 중국에서 가장 큰 전통 명절 중 하나로, 단결과 번영을 상징하며 미래에 대한 희망을 기탁하는 날이다. 春节의 전통 민속 활동으로는 폭죽을 터트리거나, 春联을 달고, 새해 인사를 하는 것 등이 있다.
>
> 春节 Chūn Jié 춘절
> 正月初一 zhēngyuè chūyī 정월 초하루
> 元旦 Yuándàn 원단, 설날[현재는 양력 1월 1일만을 가리킴]
> 春联 chūnlián 춘련[춘절에 경사스런 말을 적어 문에 붙이는 대련]

⁴¹ 端午节
Duānwǔ Jié

▌고유 단오절

赛龙舟、吃粽子、挂艾草，这些都是端午节的主要
习俗。

용선 경기를 하고, 쫑즈를 먹고, 쑥을 매다는 것, 이는 모두 단오절의 주요 풍습이다.

赛龙舟 sài lóngzhōu 용선 경기를 하다
粽子 zòngzi 명 쫑즈[종려나무 잎에 찹쌀과 대추 등을 넣어 찐 음식]
艾草 àicǎo 명 쑥　习俗 xísú 명 풍습, 풍속

🏯 알아 두면 시험이 쉬워지는 배경 지식

> **중국문화** 端午节(단오절)는 음력 5월 5일에 해당하는 날로, 춘절(春节)·청명절(清明节)·중추절(中秋节)과 함께 중국의 4대 전통 명절 중 하나이다. 端午节는 기상 현상을 숭배하던 문화에서 비롯된 것으로, 상고 시대의 龙图腾祭祀로부터 변화되어 왔다. 원래 端午节는 여름철 질병과 돌림병을 제거하기 위한 날이었는데, 전국 시대의 초(楚)나라 시인 屈原이 초나라의 수도가 진(秦)나라에게 함락당했다는 소식을 듣고 상심하여 음력 5월 5일에 멱라수에 몸을 던지고 난 후, 초나라 시인 屈原의 우국충정을 기리기 위한 날로도 변화하였다. 전통적으로 端午节가 되면, 사람들은 粽子를 먹고, 雄黄酒를 마시며, 赛龙舟 등의 오락활동을 하면서 명절을 경축한다.
>
> 龙图腾祭祀 lóng túténg jìsì 용 토템 제사
> 屈原 Qū Yuán 굴원[전국 시대 초(楚)나라의 정치가이자 문학가]
> 粽子 zòngzi 쫑즈
> 雄黄酒 xiónghuángjiǔ 웅황주[웅황 가루와 창포 뿌리를 잘게 썰어 넣은 술]
> 赛龙舟 sài lóngzhōu 용선 경기를 하다

⁴²元宵节
Yuánxiāo Jié

● 고유 원소절, 정월 대보름

元宵节这天，中国人不仅会赏花灯、还会吃汤圆、放烟花。 └→ 술어

원소절에, 중국인은 꽃등을 감상할 뿐만 아니라, 탕위안을 먹고, 불꽃놀이를 한다.

汤圆 tāngyuán 몡 탕위안[원소절에 먹는 전통 음식] 烟花 yānhuā 몡 불꽃

🏯 **알아 두면 시험이 쉬워지는 배경 지식**

중국문화 元宵节(원소절)는 음력 1월 15일에 해당하는 날로, 灯节라고도 한다. 옛날에는 새해가 되면 집집마다 등롱을 달고 비단 띠를 매어 다 함께 새해가 오는 것을 축하했다. 지금까지도 元宵节의 밤이 되면 거리에는 수많은 등롱이 내걸리는데, 사람들은 등롱에 불을 붙이면서 새해 소원을 빌며 한 해를 보낼 준비를 한다. 元宵节의 전통 민속 활동으로는 舞龙, 舞狮, 跑旱船, 扭秧歌 등이 있다.

灯节 Dēng Jié 등절[원소절의 별칭]

舞龙 wǔlóng 용춤[원소절에 추는 중국의 민속춤]

舞狮 wǔshī 사자춤

跑旱船 pǎo hànchuán 포한선[민간 무용의 하나로, 두 사람이 배를 타는 시늉을 하면서 추는 춤]

扭秧歌 niǔ yāngge 앙가(모내기 노래)에 맞추어 춤을 추다[모내기를 할 때, 몸을 좌우로 흔들면서 춤을 추는 것]

⁴³时机 **
shíjī

● 몡 시기, 기회

做事不要操之过急，而是要等待最佳时机。

일할 때 너무 성급해서는 안 되고, 가장 적절한 시기를 기다려야 한다.

操之过急 cāozhīguòjí 셩 너무 성급하다 等待 děngdài 동 기다리다

⁴⁴岁月 **
suìyuè

● 몡 세월

庆云馆已走过了1300多年的岁月，被誉为世界上最古老的旅馆。

케이운칸은 이미 1300여 년의 세월을 거쳐, 세계에서 가장 오래된 여관으로 불린다.

庆云馆 Qìngyún Guǎn 고유 케이운칸[일본 하야카와에 위치한 여관]
誉为 yùwéi 동 ~라고 부르다, 칭송하다 古老 gǔlǎo 혱 오래되다

⁴⁵人间
rénjiān

● 몡 (인간) 세상, (인간) 사회

黄龙五彩池因其色彩艳丽的池水，被誉为"人间瑶池"。

황룡 오채지는 색깔이 곱고 아름다운 연못물 때문에, '인간 세상의 선경'이라고 불린다.

黄龙五彩池 Huánglóng Wǔcǎi Chí 고유 황룡 오채지[중국 쓰촨 지역에 위치한 연못] 色彩 sècǎi 몡 색깔, 색채 艳丽 yànlì 혱 곱고 아름답다
誉为 yùwéi 동 ~라고 부르다, 칭송하다 瑶池 yáochí 몡 선경, 요지

46 时光
shíguāng

명 세월, 시기, 시절

伯母去年退休之后，一直享受着悠闲的时光。 → 술어

큰어머니께서는 작년에 퇴직하신 후, 줄곧 여유로운 세월을 즐기고 있으시다.

伯母 bómǔ 명 큰어머니, 백모   退休 tuìxiū 동 퇴직하다, 은퇴하다
享受 xiǎngshòu 동 즐기다, 누리다   悠闲 yōuxián 형 여유롭다, 한가하다

47 之际
zhījì

명 (일이 발생한) 즈음, 때

在新春佳节来临之际，祝在场的各位新年快乐，
万事如意！

새해 명절이 도래할 즈음, 현장에 계신 여러분들이 새해에 행복하시고, 만사가 뜻대로 이루어지기를 축원합니다!

来临 láilín 동 도래하다, 오다
万事如意 wànshì rúyì 성 만사가 뜻대로 이루어지다

48 周年
zhōunián

명 주년

我校为了庆祝建校20周年，给学生们准备了丰盛
的午餐。

우리 학교는 개교 20주년을 축하하기 위해, 학생들에게 풍성한 점심 식사를 준비해 주었다.

庆祝 qìngzhù 동 축하하다, 경축하다
丰盛 fēngshèng 형 (음식 등이) 풍성하다, 성대하다

49 逢 **
féng

동 만나다, 마주치다

小时候，每当逢年过节，家家户户都会包饺子、放
鞭炮。

어릴 때, 설이나 명절을 맞이할 때마다, 집집마다 모두 만두를 빚고, 폭죽을 터뜨리곤 했다.

家家户户 jiājiā hùhù 성 집집마다   鞭炮 biānpào 명 폭죽

 시험에 이렇게 나온다!

짝꿍
표현
逢을 활용한 다양한 짝꿍 표현들을 알아 둔다.

逢年过节 féngnián guòjié 설이나 명절을 맞다
逢遇 féngyù 만나다, 봉착하다

50 降临 **
jiànglín

동 도래하다, 일어나다, 들이닥치다

夜幕降临了，天空中繁星点点。

밤의 장막이 도래했고, 하늘에 숱한 별들이 깜박거린다.

夜幕 yèmù 명 밤의 장막   繁星 fánxīng 명 숱한 별, 무수한 별

51 为期
wéiqī

[동] (~을) 기한으로 하다, 약속 날짜로 삼다

→ 술어

这家博物馆的第十届陶瓷展览会为期一个月。

이 박물관의 제 10회 도자기 전시회는 한 달을 기한으로 한다.

博物馆 bówùguǎn [명] 박물관　届 jiè [양] 회, 기
陶瓷 táocí [명] 도자기, 세라믹　展览会 zhǎnlǎnhuì [명] 전시회

52 俗话 ★★
súhuà

[명] 속담, 옛말

俗话说聚沙成塔，我觉得这句话很有道理。

속담에서는 티끌 모아 태산이라고 말했는데, 저는 이 말이 매우 일리가 있다고 생각합니다.

聚沙成塔 jùshāchéngtǎ [성] 티끌 모아 태산이다　道理 dàolǐ [명] 일리, 이치

53 习俗 ★★
xísú

[명] 풍습, 풍속

年夜饭又称团年饭，吃年夜饭是春节的传统习俗之一。

연야반은 단연반으로도 불리는데, 연야반을 먹는 것은 춘절의 전통 풍습 중 하나이다.

年夜饭 niányèfàn [명] 연야반, 제야에 먹는 음식
称 chēng [동] ~라고 부르다, 칭하다　传统 chuántǒng [명] 전통 [형] 전통적이다

54 灯笼
dēnglong

[명] 등롱, 초롱

我还记得一到元宵节，祖父就会把大红灯笼挂在家门口。

나는 원소절이 올 때마다, 할아버지께서 크고 빨간 등롱을 집 입구에 걸어 놓으셨던 것을 아직도 기억한다.

元宵节 Yuánxiāo Jié [고유] 원소절, 정월 대보름　祖父 zǔfù [명] 할아버지, 조부

 시험에 이렇게 나온다!

[짝꿍표현] 灯笼을 활용한 다양한 짝꿍 표현들을 알아 둔다.
打灯笼 dǎ dēnglong 등롱을 켜다, 초롱을 켜다
把灯笼挂在…… bǎ dēnglong guà zài…… 등롱을 ~에 걸다

55 气功
qìgōng

[명] (무술의 일종인) 기공

中国的气功门派很多，少林气功是其中之一。

중국의 기공은 문파가 매우 많은데, 소림 기공은 그 중 하나이다.

门派 ménpài [명] 문파

56 生肖
shēngxiào

명 (사람의) 띠

关于十二生肖的起源，学界很难给出确切的解释。
술어

12가지 띠의 기원에 관하여, 학계에서 확실한 설명을 내놓기는 어렵다.

起源 qǐyuán 명 기원 동 기원하다　确切 quèqiè 형 확실하다, 적절하다
解释 jiěshì 동 설명하다, 해설하다

🏯 알아 두면 시험이 쉬워지는 배경 지식

> 중국
> 문화　十二生肖(12가지 띠)는 사람이 태어난 해를 12가지 동물(쥐·소·호랑이·토끼·용·뱀·말·양·원숭이·닭·개·돼지)과 결합시킨 것으로, 属相이라고도 부른다. 十二生肖의 기원은 동물 숭배사상과 관련이 있는데, 현대적 개념의 十二生肖가 중국에서 문헌으로 처음 기록된 책은 동한(东汉)의 王充이 쓴 <论衡>이다. 十二生肖는 역사가 흘러감에 따라 相生相克의 민간 신앙과 결합되어 사람의 인생과 운명을 표현하는 하나의 방법으로 자리 잡았으며, 중국의 다양한 민간 예술 속에서 많은 상징성을 담은 소재로 사용되고 있다.
>
> 十二生肖 shíèr shēngxiào 12가지 띠
> 属相 shǔxiang (사람의) 띠
> 王充 Wáng Chōng 왕충[중국 동한(东汉)의 사상가]
> 论衡 Lùnhéng 논형[왕충이 지은 총 30권의 철학서]
> 相生相克 xiāngshēng xiāngkè 상생상극

57 传授 ★★
chuánshòu

동 (학문·기예 등을 다른 사람에게) 전수하다, 가르치다

风筝匠人向徒弟们传授了制作传统风筝的技艺。

연 장인은 제자들에게 전통 연을 만드는 기예를 전수했다.

风筝 fēngzheng 명 연　匠人 jiàngrén 명 장인　徒弟 túdì 명 제자
技艺 jìyì 명 기예

 시험에 이렇게 나온다!

> 짝꿍
> 표현　传授를 활용한 다양한 짝꿍 표현들을 알아 둔다.
> 传授知识 chuánshòu zhīshi 지식을 전수하다
> 传授经验 chuánshòu jīngyàn 경험을 전수하다

58 演变 ★★
yǎnbiàn

동 (시간이 비교적 오래 걸려) 변화 발전하다, 변천하다

"结束"这个词的意思从"装束完毕"演变为"完毕"。

'结束' 이 단어의 의미는 '치장이 끝나다'에서 '끝나다'로 변화 발전하였다.

装束 zhuāngshù 명 치장, 분장　完毕 wánbì 동 끝내다, 마치다

59 变迁
biànqiān

[동] 변천하다

随着时代的变迁，人们的居住文化也不断发生着
变化。

→ 술어

시대의 변천에 따라, 사람들의 주거 문화에도 끊임없이 변화가 생기고 있다.

居住 jūzhù [동] 주거하다, 거주하다

60 迷信
míxìn

[동] 미신을 믿다, 맹신하다

过去的众多忌讳大都与迷信有关。

과거의 매우 많은 금기는 대개 미신을 믿는 것과 관련이 있었다.

众多 zhòngduō [형] 매우 많다　忌讳 jìhuì [동] (말이나 행동을) 금기하다

61 破例
pòlì

[동] 관례를 깨다, 상례를 깨다

以前过重要节日，人们都会回家乡，可是现在很多
人破例到海外旅行。

이전에 중요한 명절을 보낼 때에는, 사람들 모두 고향에 돌아갔었지만, 현재
많은 사람들은 관례를 깨고 해외에 가서 여행을 한다.

家乡 jiāxiāng [명] 고향

 시험에 이렇게 나온다!

[이합동사] 破例는 破(깨뜨리다)+例(관례, 전례)가 합쳐진 이합동사로, 목적어를 취할 수
없다.

破例规定　규정을 관례를 깨다 (X)
破例修改规定　관례를 깨고 규정을 고치다 (O)

62 悬挂
xuánguà

[동] 걸다, 매달다

每当国庆节来临时，街道两侧都会悬挂起国旗。

국경절이 다가올 때마다, 거리 양 측에는 국기가 걸린다.

国庆节 Guóqìng Jié [고유] 국경절　来临 láilín [동] 다가오다, 오다
国旗 guóqí [명] 국기

63 清真 qīngzhēn

[형] 회교식의, 이슬람교의

如今，到处都可以买到清真食品。
└→ 술어

현재는, 어디서든 회교식 식품을 살 수 있다.

到处 dàochù **[부]** 어디서든, 도처에

🏛 **알아 두면 시험이 쉬워지는 배경 지식**

> **[중국문화]** 清真食品(회교식 식품)은 이슬람식 도축법으로 도살한 동물의 고기와 그 고기로 만든 음식을 뜻한다. 이슬람식 음식 습관은 원래 伊斯兰教에서 시작되었지만, 현재는 중국의 回族·维吾尔族·哈萨克族 등 10여 개의 소수 민족들의 생활 방식과 음식 습관의 일부가 되었다. 그런데 각 소수 민족의 거주지에 따라 지리적 기후와 생활 환경이 다르기 때문에, 중국의 清真食品은 지역적 특색이 비교적 강한 편이다.
>
> 清真食品 qīngzhēn shípǐn 회교식 식품, 할랄 푸드
> 伊斯兰教 Yīsīlán Jiào 이슬람교, 회교
> 回族 Huízú 회족
> 维吾尔族 Wéiwú'ěrzú 위구르족
> 哈萨克族 Hāsàkèzú 카자크족

64 兴旺 xīngwàng

[형] 창성하다, 흥성하다, 번창하다

长期以来，中国人把牡丹看作吉祥、兴旺的象征。

오랫동안, 중국인들은 모란꽃을 상서로움과 창성의 상징으로 여겨왔다.

以来 yǐlái **[명]** 동안, 이래   牡丹 mǔdan **[명]** 모란
吉祥 jíxiáng **[형]** 상서롭다, 길하다   象征 xiàngzhēng **[명]** 상징

65 正宗 zhèngzōng

[형] 정통의, 진정한

很多人认为，四川成都和重庆的菜肴是正宗的川菜。

많은 사람들은, 쓰촨 청두와 충칭의 요리가 정통 쓰촨 요리라고 생각한다.

成都 Chéngdū **[고유]** 청두[중국 쓰촨성의 성도]
重庆 Chóngqìng **[고유]** 충칭[쓰촨성에 있는 중앙 직할시]

66 烟花爆竹 yānhuābàozhú

불꽃놀이 폭죽

在很多人眼里，烟花爆竹代表着节日的喜庆。

많은 사람들의 눈에, 불꽃놀이 폭죽은 명절의 경사스러움을 대표한다.

代表 dàibiǎo **[동]** 대표하다   喜庆 xǐqìng **[형]** 경사스럽다

67 **祖先** ★★

zǔxiān

명 조상, 선조

白族的住宅具有住宿、饲养牲畜、祭祀祖先等多种功能。 (具有: 술어)

백족의 주택은 숙박하고, 가축을 사육하고, 조상님께 제사를 지내는 등 다양한 기능을 가지고 있다.

白族 Báizú 고유 백족[중국 소수 민족의 하나] 住宅 zhùzhái 명 주택
住宿 zhùsù 동 숙박하다 饲养 sìyǎng 동 사육하다, 먹이다
牲畜 shēngchù 명 가축 祭祀 jìsì 동 제사를 지내다
功能 gōngnéng 명 기능, 효능

68 **后代**

hòudài

반의어
祖先 zǔxiān 명 조상, 선조

명 후대, 자손

我们要保护好环境，为后代子孙造福。

우리는 환경을 잘 보호하여, 후대 자손들을 행복하게 해주어야 한다.

子孙 zǐsūn 명 자손 造福 zàofú 동 행복하게 하다

69 **坟墓**

fénmù

명 무덤

清明节，我和妻子回家乡祭扫了岳母的坟墓。

청명절에, 나와 아내는 고향으로 돌아가 장모님의 무덤에 성묘했다.

清明节 Qīngmíng Jié 고유 청명절[중국의 전통 명절 중 하나]
祭扫 jìsǎo 동 성묘하다, 벌초하고 제사 지내다 岳母 yuèmǔ 명 장모

70 **压岁钱**

yāsuìqián

명 세뱃돈

过年时我最期待的是从长辈那里得到压岁钱。

설을 쇨 때 내가 가장 기대하는 것은 웃어른들로부터 세뱃돈을 받는 것이다.

过年 guònián 동 설을 쇠다 期待 qīdài 동 기대하다, 바라다
长辈 zhǎngbèi 명 웃어른, 손윗사람

71 **拜年**

bàinián

동 세배하다, 새해 인사를 드리다

过年时，这对新婚夫妻去给双方的父母拜年了。

설을 쇨 때, 이 신혼부부는 양측의 부모님들께 가서 세배했다.

过年 guònián 동 설을 쇠다 双方 shuāngfāng 명 양측, 쌍방

시험에 이렇게 나온다!

이합동사 拜年은 拜(절하다)+年(새해, 설)이 합쳐진 이합동사로, 목적어를 취할 수 없다.

拜年长辈 웃어른을 세배하다 (X)

给长辈拜年 웃어른에게 세배하다 (O)

72 团圆
tuányuán

> 동 (가족이 흩어졌다가) 다시 모이다
>
> 春节、中秋节、端午节是全家团圆的节日。
> (술어)
>
> 춘절·중추절·단오절은 온 가족이 다시 모이는 명절이다.
>
> **中秋节** Zhōngqiū Jié 고유 중추절, 추석　**端午节** Duānwǔ Jié 고유 단오절

73 瞻仰
zhānyǎng

> 동 참배하다, 우러러보다
>
> 学生们每年都去瞻仰人民英雄纪念碑。
>
> 학생들은 매년 인민 영웅 기념비를 참배하러 간다.
>
> **英雄** yīngxióng 명 영웅　**纪念碑** jìniànbēi 명 기념비

74 诞辰
dànchén

> 명 탄신, (윗사람이나 존경하는 사람의) 생일
>
> 为了庆祝祖国诞辰50周年，那家博物馆决定免费
> 对外开放。
>
> 조국 탄신 50주년을 축하하기 위해, 그 박물관은 무료로 대중들에게 개방
> 하는 것을 결정했다.
>
> **祖国** zǔguó 명 조국　**周年** zhōunián 명 주년

75 贵族
guìzú

> 명 귀족
>
> 楚悼王去世后，吴起变法遭到了楚国贵族的反
> 对，最后以失败而告终。
>
> 초도왕이 죽은 후, 오기변법은 초나라 귀족의 반대에 부딪혔고, 결국 실패
> 로 끝나고 말았다.
>
> **楚悼王** Chǔ Dàowáng 고유 초도왕[중국 전국 시대 초나라의 제34대 왕]
> **吴起变法** Wú Qǐ biànfǎ 고유 오기변법[군사 전략가였던 오기가 주도한 개혁]
> **楚国** Chǔ Guó 고유 초나라　**告终** gàozhōng 동 끝나다

76 君子
jūnzǐ

반의어

小人 xiǎorén 명 소인, 소인배

> 명 군자, 학식과 덕망이 높은 사람
>
> 君子一般是指人格高尚、品行高洁的人。
>
> 군자는 일반적으로 인격이 고상하고, 품행이 고결한 사람을 가리키는 것이다.
>
> **人格** réngé 명 인격, 품격　**高尚** gāoshàng 형 고상하다
> **品行** pǐnxíng 명 품행　**高洁** gāojié 형 고결하다

77 魔鬼
móguǐ

> 명 마귀, 악마
>
> 14世纪在欧洲蔓延的黑死病如魔鬼般吞噬了无数
> 人的生命。
>
> 14세기 유럽에서 만연했던 흑사병은 마치 마귀와 같이 무수한 사람의 생
> 명을 앗아갔다.
>
> **蔓延** mànyán 동 만연하다　**黑死病** hēisǐbìng 명 흑사병
> **般** bān 조 ~와 같이　**吞噬** tūnshì 동 앗아가다, 삼키다

⁷⁸ 神仙
shénxiān

명 신선, 선인

传说中，"伯乐"是在天上管理马匹的神仙的名字。
→ 술어

전설에서, '백락'은 하늘에서 말을 관리하는 신선의 이름이었다.

传说 chuánshuō 명 전설　伯乐 Bólè 고유 백락　马匹 mǎpǐ 명 말

⁷⁹ 诸位
zhūwèi

대 여러분, 제위

衷心感谢诸位在百忙之中抽空前来参加本次考古学大会。

바쁘신 가운데 시간을 내셔서 이번 고고학 총회에 와 참가해 주신 여러분께 진심으로 감사드립니다.

衷心 zhōngxīn 형 진심의, 충심의　考古学 kǎogǔxué 명 고고학

⁸⁰ 里程碑
lǐchéngbēi

명 기념비적 사건, 이정표

五四运动可以说是民主主义革命史上的里程碑。

오사운동은 민주주의 혁명 역사상의 기념비적 사건이라고 말할 수 있다.

五四运动 Wǔsì Yùndòng 고유 오사운동[1919년 5월 4일 중국 베이징에서 일어난 반제국주의 반봉건주의 운동]　民主主义 mínzhǔzhǔyì 민주주의
革命 gémìng 통 혁명하다

⁸¹ 文献
wénxiàn

유의어

명 문헌[역사적 가치나 참고할 가치가 있는 도서 자료]

刘博士把医学方面的文献资料收集起来，整理成了一本书。

리우 박사는 의학 방면의 문헌 자료를 수집하여, 책 한 권으로 정리하였다.

资料 zīliào 명 자료　收集 shōují 통 수집하다, 모으다

文件 wénjiàn 명 서류

 시험에 이렇게 나온다!

유의어 文献 : 文件(wénjiàn, 서류)

文献은 역사적 가치가 있거나 참고할 가치가 있는 도서 자료를 의미하며, 그 안에는 文件도 포함된다.

经典文献 jīngdiǎn wénxiàn 고전 문헌

科技文献 kējì wénxiàn 과학 기술 문헌

文件은 공문서·우편물 혹은 정책·학술 연구 등에 관한 글을 의미한다.

文件袋 wénjiàndài 서류 봉투

秘密文件 mìmì wénjiàn 기밀 서류

82 还原 **
huányuán

동 복원하다, 환원하다

由于受损严重，这些文物和古籍很难还原。
파손을 심하게 입어서, 이 문물들과 고서들은 복원하기 어렵다.

受损 shòusǔn 동 파손을 입다　文物 wénwù 명 문물　古籍 gǔjí 명 고서

83 留念
liúniàn

유의어

纪念 jìniàn
동 기념하다 명 기념

동 기념으로 남기다, (남겨 두어) 기념으로 삼다

来自美国的泰勒夫人身穿旗袍，在故宫前拍照
留念了。
미국에서 온 테일러 부인은 치파오를 입고, 고궁 앞에서 사진을 찍어 기념
으로 남겼다.

夫人 fūrén 명 부인[기혼 여성에 대한 호칭]
旗袍 qípáo 명 치파오[중국 여성들이 입는 긴 원피스 형태의 전통 의복]
故宫 gùgōng 명 고궁　拍 pāi 동 (사진이나 영상을) 찍다, 촬영하다

 시험에 이렇게 나온다!

유의어 留念 : 纪念(jìniàn, 기념하다, 기념)

留念은 留(남기다)+念(기념)이 합쳐진 이합동사로, 목적어를 가질 수
없다.
合影留念 héyǐng liúniàn 같이 사진을 찍어 기념으로 남기다
签名留念 qiānmíng liúniàn 서명을 하여 기념으로 남기다

纪念은 품사가 동사와 명사이며, 동사로 쓰일 경우 목적어를 가질 수
있다.
纪念先烈 jìniàn xiānliè 선열들을 기념하다
纪念品 jìniànpǐn 기념품

84 遗留
yíliú

동 남겨 놓다, 남아 있다

我们要保护好祖先为我们遗留下来的宝贵的文化
遗产。
우리는 선조들이 우리를 위해 남겨 놓은 귀중한 문화유산을 잘 보호해야
한다.

祖先 zǔxiān 명 선조, 조상　宝贵 bǎoguì 형 귀중한　遗产 yíchǎn 명 유산

연습문제 **체크체크!**

제시된 각 단어의 병음과 뜻을 써 보세요.

01 当前 .... / ....

02 吉祥 .... / ....

03 生肖 .... / ....

04 降临 .... / ....

05 延续 .... / ....

제시된 단어 중, 문장에 어울리는 단어를 빈칸에 적어 보세요.

06 民间 / 并非

这首歌 .... 普通的歌，而是承载着人们对生活的美好愿望。

07 刹那 / 将近

据史料记载，这种传统已经持续了 .... 800年。

08 逢 / 晃

小时候， .... 年过节最开心的事就是放烟花。

09 传达 / 传授

为了传承剪纸艺术，师傅向徒弟们 .... 了多年经验。

10 文献 / 文件

李教授推荐的这本书是语言学理论的经典 .... 。

정답: 01. dāngqián / 현재, 지금 02. jíxiáng / 상서롭다, 길하다, 운수가 좋다 03. shēngxiào/ (사람의) 띠
04. jiànglín/ 도래하다, 왕림하다, 들이닥치다 05. yánxù / 이어지다, 계속하다, 지속하다
06. 并非 07. 将近 08. 逢 09. 传授 10. 文献

* 06~10번 문제 해석은 해커스중국어(china.Hackers.com)에서 다운로드 받으세요.

HSK 6급 시험에 나오는 고난도 어휘

☑ 잘 외워지지 않는 단어는 ☐에 체크해 두고 다음에 반복 암기합니다.

☐	间隙	jiànxì	명 틈, 사이, 간격
☐	商代	Shāngdài	고유 상나라 시대[중국 최초의 왕조]
☐	耗时	hàoshí	동 시간을 소비하다
☐	消逝	xiāoshì	동 없어지다, 사라지다
☐	追溯	zhuīsù	동 거슬러 올라가다
☐	鼎盛	dǐngshèng	형 흥성하다, 한창이다
☐	迄今	qìjīn	부 지금까지
☐	世世代代	shìshìdàidài	성 대대손손
☐	瓷器	cíqì	명 자기
☐	漆器	qīqì	명 칠기
☐	蜀锦	shǔjǐn	명 촉금[쓰촨성 전통 비단 공예품]
☐	风情	fēngqíng	명 풍토와 인정
☐	风韵	fēngyùn	명 (시·그림 등의) 풍격, 정취, 우아한 자태
☐	脸谱	liǎnpǔ	명 검보[중국 경극에서 인물의 성격을 표현하는 분장]
☐	皮囊	pínáng	명 가죽 포대
☐	寓意	yùyì	명 우의[알레고리, 어떤 추상적 관념을 드러내기 위하여 구체적인 사물에 비유하여 표현하는 방법]
☐	珍品	zhēnpǐn	명 진귀한 물건
☐	笔墨纸砚	bǐ mò zhǐ yàn	문방사보[붓·먹·종이·벼루]
☐	同仁堂	Tóngréntáng	동인당[중국 청나라 때 설립된 중국 최고의 한약방]
☐	采风	cǎifēng	동 민요를 수집하다

☐ 传承	chuánchéng	동	전수하고 계승하다
☐ 传人	chuánrén	동	(기예를 남에게) 전수하다, (질병을) 남에게 전염시키다
		명	계승자, 후계자
☐ 供奉	gòngfèng	동	바치다, 공양하다
		명	궁중의 예인[특히 기예로 황제를 보필하기 위해 차출된 광대를 가리킴]
☐ 祭祀	jìsì	동	제사를 지내다
☐ 绝迹	juéjì	동	자취를 감추다, 종적이 끊기다
☐ 酿酒	niàngjiǔ	동	술을 담그다
☐ 折柳	zhéliǔ	동	길 떠나는 사람을 배웅하다, 버드나무 가지를 꺾다
☐ 怪诞	guàidàn	형	터무니없다, 황당무계하다
☐ 口耳相传	kǒu'ěrxiāngchuán		입에서 입으로 전해지다
☐ 历久弥新	lìjiǔmíxīn		날이 갈수록 더 새롭다
☐ 朝廷	cháotíng	명	조정, 조당[왕조 시대에 군주가 업무를 주관하던 곳]
☐ 士大夫	shìdàfū	명	사대부[봉건 시대의 관료 계층]
☐ 宰相	zǎixiàng	명	재상[고대에 군주를 보좌하고, 국사를 주관했던 최고 관리]
☐ 甲骨文	jiǎgǔwén	명	갑골문
☐ 圣贤	shèngxián	명	성인과 현인
☐ 杏坛	xìngtán	명	행단[공자가 학문을 가르친 곳], 학교, 교단
☐ 消亡	xiāowáng	동	쇠퇴하여 멸망하다, 없어지다
☐ 印迹	yìnjì	명	흔적, 자국
☐ 渊源	yuānyuán	명	사물의 근원, 연원
☐ 咫	zhǐ	양	지[고대의 길이 단위로 여덟 치(寸)가 한 지임]

DAY 13

예술의 길

문학 · 예술

주제를 알면 HSK가 보인다!

HSK 6급에서는 중국의 문학 작품이나 예술 작품, 중국의 유명한 작가, 예술가 등과 관련된 문제가 자주 출제돼요. 따라서 '조각품', '경지', '기법', '영혼', '전시하다'와 같은 문학·예술 관련 단어들을 집중적으로 학습하면 이러한 문제를 쉽게 풀 수 있어요.

🎧 단어, 예문 MP3

영혼을 담은 조각품

이번 雕刻의 주인공은 강아지다.

신의 境界에 도달한 나의 뛰어난 手法로 灵魂을 불어넣어 주지!

드디어 완성!… 거실에 展示해 놓자.

이건 뭐야? 돼지?

²⁵ **雕刻** diāokè 몡 조각품, 조각   ¹⁷ **境界** jìngjiè 몡 경지, 경계   ²¹ **手法** shǒufǎ 몡 (예술 작품의) 기법

⁰⁴ **灵魂** línghún 몡 영혼   ¹³ **展示** zhǎnshì 동 전시하다, 드러내다

01 比喻 ★★★
bǐyù

명 비유(법) 동 비유하다

술어 ←

我们可以用比喻修辞手法，使文章内容更加生动。
우리는 비유 수사 기법을 사용하여, 문장 내용을 더욱 생동감 있게 할 수 있다.

"空手套白狼"比喻到处行骗的骗子所用的欺骗手段。
'맨 손으로 흰 늑대에게 올가미를 씌우다'는 곳곳에서 사기를 치는 사기꾼이 쓰는 사기 수단을 비유한다.

修辞 xiūcí 명 수사 동 수사하다, (말 · 글을) 다듬고 꾸미다
手法 shǒufǎ 명 (예술 작품의) 기법, 수단, 수법
生动 shēngdòng 형 생동감 있다, 생기발랄하다
空手套白狼 kōngshǒu tào báiláng 맨 손으로 흰 늑대에게 올가미를 씌우다, 속임수를 써서 다른 사람의 재물을 취하다 行骗 xíngpiàn 동 사기를 치다
骗子 piànzi 명 사기꾼 欺骗 qīpiàn 동 사기치다, 속이다

 시험에 이렇게 나온다!

> 독해 독해 1부분에서는 比喻가 들어가야 하는 자리에 比如(예를 들어)가 들어가서 틀리는 문장이 자주 출제된다. 따라서 문장에 比喻나 比如가 있으면 문맥상 어울리는지 먼저 체크한다.
>
> "唱主角"，比如担负主要任务或在某方面起主导作用。(X)
> '주역을 맡다', 중요한 임무를 맡거나 혹은 어떤 방면에서 주도적인 역할을 하는 것이 그 예다.
>
> "唱主角"比喻担负主要任务或在某方面起主导作用。(O)
> '주역을 맡다'는 중요한 임무를 맡거나 혹은 어떤 방면에서 주도적인 역할을 하는 것을 비유한다.

02 符号 ★★★
fúhào

명 부호, 기호

大家要注意，不要因标点符号错误而失分。
여러분은, 문장 부호 실수로 점수를 잃지 않도록 주의해야 합니다.

标点 biāodiǎn 명 문장 부호, 구두점 失分 shīfēn 동 점수를 잃다, 실점하다

03 精华 ★★★
jīnghuá

명 정수, 정화

文学名著是古今中外的文化精华。
문학 명저는 동서고금의 문화 정수이다.

文学 wénxué 명 문학 名著 míngzhù 명 명저, 명작
古今中外 gǔjīnzhōngwài 성 동서고금

04 灵魂 ★★★
línghún

명 영혼

读一本好书、听一首好歌可以抚慰人们疲惫的灵魂。
좋은 책을 한 권 읽는 것과, 좋은 노래를 한 곡 듣는 것은 사람들의 지친 영혼을 위로해 줄 수 있다.

首 shǒu 양 시, 노래 등을 세는 단위 抚慰 fǔwèi 동 위로하다, 위안하다
疲惫 píbèi 형 지치다, 대단히 피곤하다

05 内涵 ★★★
nèihán

명 의미, 내포

这句有深刻内涵的歌词，令人回味无穷。 ← 술어
이 깊은 의미를 담고 있는 가사는, 사람에게 여운이 오래 남도록 한다.

深刻 shēnkè 웹 (인상이) 깊다, (느낌이) 강렬하다　歌词 gēcí 뗑 가사
回味无穷 huíwèiwúqióng 솅 여운이 오래 남다

06 创作 ★★★
chuàngzuò

동 (문예 작품을) 창작하다　명 창작물, 문예 작품

孟浩然一生创作了大量关于山水田园的诗。
맹호연은 한평생 산수와 전원에 관한 많은 시를 창작했다.

有时，即兴创作会轰动全世界。
때로는, 즉흥적인 창작물이 전 세계를 뒤흔들기도 한다.

孟浩然 Mèng Hàorán 고유 맹호연[중국 당나라의 시인]
田园 tiányuán 뗑 전원, 농촌　诗 shī 뗑 시　即兴 jíxìng 동 즉흥적이다
轰动 hōngdòng 동 뒤흔들다, 들끓게 하다, 떠들썩하게 하다

07 启示 ★★★
qǐshì

동 시사하다, 계시하다　명 시사점, 계시

《龟兔赛跑》这则故事启示我们，不要以为自己比
别人强就骄傲自满。
<토끼와 거북이>라는 이 이야기는 우리에게, 자신이 남보다 뛰어나다고 생각해서 거만하고 자만해서는 안 된다는 것을 시사한다.

他的创业经验给在场的年轻人很大的启示。
그의 창업 경험은 현장에 있는 젊은이들에게 큰 시사점을 준다.

龟兔赛跑 Guītùsàipǎo 고유 토끼와 거북이[이솝우화 중, 토끼와 거북이가 달리기 경주를 하는 이야기]　则 zé 뗑 편, 토막
骄傲 jiao'ào 웹 거만하다, 오만하다　自满 zìmǎn 웹 자만하다
创业 chuàngyè 동 창업하다
在场 zàichǎng 동 (일이 발생한) 현장에 있다, 자리에 있다

08 塑造 ★★★
sùzào

동 (문자로) 인물을 묘사하다, (진흙 등으로) 빚어서 만들다

鲁迅在《狂人日记》中塑造的"狂人"是典型的思想
启蒙者形象。
루쉰이 <광인일기>에서 묘사한 '광인'은 전형적인 사상 계몽가 이미지이다.

鲁迅 Lǔ Xùn 고유 루쉰[중국의 현대 문학가]
狂人日记 Kuángrén Rìjì 고유 광인일기　典型 diǎnxíng 웹 전형적인
思想 sīxiǎng 뗑 사상　启蒙者 qǐméngzhě 계몽가
形象 xíngxiàng 뗑 이미지, 형상

09 漫画 ***
mànhuà

○ 명 만화

丰子恺以<u>漫画</u>闻名于世，他的作品多以儿童为题材。　→ 술어

펑쯔카이는 만화로 세상에 이름을 날리고 있는데, 그의 작품은 대부분 아동을 소재로 삼았다.

丰子恺 Fēng Zǐkǎi 고유 펑쯔카이[중국의 저명한 화가]
闻名 wénmíng 통 이름을 날리다, 유명하다, 명성을 듣다
作品 zuòpǐn 명 작품 　**题材** tícái 명 (문학이나 예술 작품의) 소재

10 书籍 ***
shūjí

○ 명 책, 서적

在移动阅读时代，人们可以在电子阅读器上<u>存储</u><u>书籍</u>。

모바일 독서 시대에, 사람들은 전자책 단말기에 책을 저장할 수 있다.

移动阅读 yídòng yuèdú 모바일 독서 　**时代** shídài 명 시대, 시절
电子阅读器 diànzǐ yuèdúqì 전자책 단말기
存储 cúnchǔ 통 저장하다, 저축하다

11 畅销 ***
chàngxiāo

○ 형 잘 팔리다, 판로가 넓다

比起<u>畅销</u>书作家，她更想成为一名常销书作家。

베스트셀러 작가보다는, 그녀는 스테디셀러 작가가 더 되고 싶다.

畅销书 chàngxiāoshū 베스트셀러 　**常销书** chángxiāoshū 스테디셀러

 시험에 이렇게 나온다!

듣기 **畅销**(잘 팔리다)는 듣기 제2부분에서 예술가 또는 사업가 인터뷰가 나올 경우 자주 출제되는데, 예술가 인터뷰에서는 베스트셀러 작가나 베스트셀러 작품을 소개하는 흐름에서 주로 언급되고, 사업가 인터뷰에서는 인기 상품을 소개하는 흐름에서 주로 언급된다. **畅销**와 함께 예술가 또는 사업가 인터뷰에서 자주 출제되는 표현들을 알아 둔다.

畅销作家 chàngxiāo zuòjiā 잘 팔리는 작가 ≒ 베스트셀러 작가
畅销书 chàngxiāoshū 잘 팔리는 책 ≒ 베스트셀러
畅销商品 chàngxiāo shāngpǐn 잘 팔리는 상품 ≒ 인기 상품

12 主义 ***
zhǔyì

○ 명 주의

《红楼梦》是清代作家曹雪芹创作的现实<u>主义</u>作品。

<홍루몽>은 청나라 시대 작가 조설근이 창작한 현실주의 작품이다.

红楼梦 Hónglóumèng 고유 홍루몽[중국 청나라 시기에 지어진 장편 소설]
清代 Qīngdài 고유 청나라 시대
曹雪芹 Cáo Xuěqín 고유 조설근[청나라 시대 소설가]
创作 chuàngzuò 통 (문예 작품을) 창작하다 명 창작물, 문예 작품
现实 xiànshí 명 현실 형 현실적이다 　**作品** zuòpǐn 명 작품

13 展示 ★★★
zhǎnshì

유의어

展览 zhǎnlǎn
동 전시하다 명 전람

동 드러내다, 전시하다

您当初给这本诗集配图，是为了给读者们展示什么?

당신이 처음에 이 시집에 그림을 넣은 것은, 독자들에게 무엇을 드러내기 위해서입니까?

当初 dāngchū 명 처음, 당초 诗集 shījí 명 시집 配 pèi 동 넣다, 배치하다

 시험에 이렇게 나온다!

유의어 展示：展览(zhǎnlǎn, 전시하다, 전람)

展示은 품사가 동사이며, 어떤 대상을 명확하게 드러내거나 표현해내는 것을 의미한다. 주로 추상적인 개념을 나타내는 명사를 목적어로 가진다.

展示风采 zhǎnshì fēngcǎi 풍모를 드러내다
展示人物心理 zhǎnshì rénwù xīnlǐ 인물의 심리를 드러내다

展览은 품사가 동사와 명사이며, 어떤 구체적인 대상을 진열해서 사람들에게 보여준다는 것을 의미한다. 명사로 사용될 때에는 다른 명사와 결합된 형태로 자주 쓰인다.

展览特产 zhǎnlǎn tèchǎn 특산물을 전시하다
展览馆 zhǎnlǎnguǎn 전람관, 전시관
美术展览 měishù zhǎnlǎn 미술 전람

14 杰出 ★★★
jiéchū

반의어

平凡 píngfán
형 평범하다, 보통이다

형 걸출하다, 출중하다

《孙子兵法》是中国现存最早、最杰出的兵书。

<손자병법>은 중국에서 현존하는 가장 오래되고, 가장 걸출한 병서이다.

孙子兵法 Sūnzǐ Bīngfǎ 고유 손자병법 现存 xiàncún 동 현존하다
兵书 bīngshū 명 병서

15 定期 ★★★
dìngqī

형 정기적인, 정기의 동 날짜를 잡다

那位作家重视与读者的沟通，定期给热心读者回信。

그 작가는 독자와의 소통을 중요시해서, 정기적으로 열성 독자에게 답장을 보낸다.

今年的森林音乐会何时举办，尚未定期。

올해의 숲 속 음악회가 언제 개최될지는, 아직 날짜가 잡히지 않았다.

沟通 gōutōng 동 소통하다, 교류하다
热心 rèxīn 형 열성적이다, 친절하다 尚未 shàngwèi 아직 ~하지 않다

 시험에 이렇게 나온다!

이합동사 定期는 定(정하다)+期(기일, 기한)가 합쳐진 이합동사로, 목적어를 취할 수 없다.

定期家庭会议 가족 회의를 날짜를 잡다 (X)
定期召开家庭会议 날짜를 잡아 가족 회의를 열다 (O)

16 卷 ***
juǎn

● 양 원통형으로 말아 놓은 물건을 세는 데 쓰는 단위
동 (큰 힘으로) 휩쓸다, (물건을 원통형으로) 말다

他花费了两年时间，辛辛苦苦完成了那卷文稿。 → 술어

그는 2년의 시간을 들여, 힘들게 그 원고 하나를 완성했다.

凌晨时分，狂风卷起了漫天沙尘。

동틀 무렵, 광풍이 온 하늘을 가득 채운 모래 먼지를 휩쓸었다.

文稿 wéngǎo 몡 원고 凌晨 língchén 몡 동틀 무렵, 새벽녘
狂风 kuángfēng 몡 광풍 漫天 màntiān 톙 하늘을 가득 채우다
沙尘 shāchén 몡 모래 먼지

17 境界 ***
jìngjiè

● 몡 경지, 경계

那位老人把印章艺术提高到了新的境界。

그 노인은 도장 예술을 새로운 경지로 끌어올렸다.

印章 yìnzhāng 몡 도장, 인장

18 源泉 ***
yuánquán

● 몡 원천

在雕刻塑像时，您的创作源泉主要来自哪里？

조각상을 조각할 때, 당신의 창작 원천은 주로 어디로부터 오나요?

雕刻 diāokè 동 조각하다 塑像 sùxiàng 몡 조각상
创作 chuàngzuò 동 (문예 작품을) 창작하다

19 书法 ***
shūfǎ

● 몡 서예, 서법

这几位地书爱好者展现出的书法风格具有鲜明的
特色。

이 몇 명의 지서 애호가들이 보여 준 서예 스타일에는 뚜렷한 특색이 있다.

地书 dìshū 몡 지서[마른 바닥에 물에 적신 붓으로 글씨를 쓰는 것]
展现 zhǎnxiàn 동 보이다, 나타내다 鲜明 xiānmíng 톙 뚜렷하다

🏯 알아 두면 시험이 쉬워지는 배경 지식

中国역사 王羲之(왕희지)은 '书圣'이라고 불리는 중국 동진(东晋) 시기의 유명한 书法家이다. 그는 隶书를 잘 썼으며, 당시에는 체계가 잡혀 있지 않았던 해서(楷书)·행서(行书)·초서(草书)의 서체를 완성시켰다. 王羲之은 서예를 예술의 경지로 끌어올린 인물로, 그의 书法는 우아하고 힘차며, 귀족적인 풍모가 높게 나타난다는 특징이 있다. 그가 남긴 주요 작품으로는 <악의론(乐毅论)>, <황정경(黄庭經)>, <십칠첩(十七帖)> 등이 있다.

王羲之 Wáng Xīzhī 왕희지
书圣 shūshèng 서성, 서예의 대가[왕희지의 별칭]
书法家 shūfǎjiā 서예가
隶书 lìshū 예서[한자 서체의 한 가지]

20 题材 ★★★

tícái

명 (문학이나 예술 작품의) 소재

杨丽萍的《雀之灵》是以孔雀为艺术题材的舞蹈。
양리핑의 <공작의 영혼>은 공작을 예술 소재로 한 무용이다.

杨丽萍 Yáng Lìpíng 고유 양리핑[중국의 현대 무용가]
雀之灵 Quèzhīlíng 고유 공작의 영혼[중국의 현대 무용가 양리핑이 주인공인
중국 민족 무용극] 孔雀 kǒngquè 명 공작
舞蹈 wǔdǎo 명 무용, 춤 동 춤추다, 무용하다

👧 시험에 이렇게 나온다!

듣기 题材(소재)는 듣기 제2부분에서 예술가 인터뷰가 나올 경우 자주 출제되는
데, 자신의 예술 소재나 창작 소재에 대해 설명하는 흐름에서 주로 언급된다.
题材와 함께 예술가 인터뷰에서 자주 출제되는 표현들을 알아 둔다.

艺术题材 yìshù tícái 예술 소재

创作题材 chuàngzuò tícái 창작 소재

题材广泛 tícái guǎngfàn 소재가 광범위하다

21 手法 ★★★

shǒufǎ

유의어

手段 shǒuduàn 명 수단, 수작

명 (예술 작품의) 기법, 수단

北京大观园采用了中国的传统造园艺术手法。
베이징 대관원은 중국의 전통 조원 예술 기법을 채택했다.

大观园 Dàguānyuán 고유 대관원[베이징 서남쪽에 위치한 건축물]
采用 cǎiyòng 동 채택하다, 채용하다
传统 chuántǒng 명 전통 형 전통적이다
造园 zàoyuán 동 조원하다, (정원이나 공원 등을) 만들다

  시험에 이렇게 나온다!

유의어 手法 : 手段(shǒuduàn, 수단, 수작)

手法는 예술품이나 문학작품에서 사용하는 기법을 의미한다.

表现手法 biǎoxiàn shǒufǎ 표현 기법

艺术手法 yìshù shǒufǎ 예술 기법

手段은 어떤 목적을 달성하기 위해 사용하는 정당하지 못한 방법을 의미
한다.

强制手段 qiángzhì shǒuduàn 강압적 수단

玩手段 wán shǒuduàn 수작을 부리다

22 典型 ***
diǎnxíng

[명] 전형, 대표적인 인물 [형] 전형적인

莫奈的作品被看作是印象派绘画的典型。
→ 술어

모네의 작품은 인상파 회화의 전형으로 간주된다.

他是个典型的乐观主义者，遇到困难也能积极正面地看待问题。

그는 전형적인 낙관주의자여서, 어려움을 만나도 긍정적이고 적극적으로 문제를 대할 수 있다.

莫奈 Mònài [고유] 모네[프랑스의 인상파 화가] 作品 zuòpǐn [명] 작품
看作 kànzuò [동] ~로 간주되다 印象派 yìnxiàngpài 인상파
绘画 huìhuà [동] 그림을 그리다 乐观主义者 lèguān zhǔyìzhě 낙관주의자
看待 kàndài [동] 대하다, 다루다

23 琢磨 ***
zuómo

[동] 생각하다

有些艺术作品需要反复琢磨才能领会出其中的含义。

어떤 예술 작품은 반복적으로 생각하는 것을 필요로 하며 그래야만 그 속에 담겨진 의미를 이해할 수 있다.

领会 lǐnghuì [동] 이해하다, 깨닫다 含义 hányì [명] 담겨진 의미, 함의

24 雕塑 ***
diāosù

[명] 조소품 [동] 조소하다, 조각하다

她擅长用各种各样的材料制作雕塑。

그녀는 다양한 재료로 조소품을 제작하는 것에 뛰어나다.

他不愧是伟大的艺术家，他雕塑的作品像真人一样逼真。

그는 위대한 예술가답게, 그가 조소한 작품은 마치 진짜 사람처럼 사실적이다.

擅长 shàncháng [동] (어떤 방면에) 뛰어나다, 잘하다
制作 zhìzuò [동] 제작하다 不愧 búkuì [부] ~답다, ~에 부끄럽지 않다
伟大 wěidà [형] 위대하다 逼真 bīzhēn [형] 사실적이다, 마치 진짜와 같다

🏯 **알아 두면 시험이 쉬워지는 배경 지식**

> 일반상식 **蜡像**(밀랍 인형)은 초현실주의적인 특징을 가진 **雕塑**艺术이다. **蜡像**은 일반적인 조각품보다 사람의 원래 형상을 더욱 사실적으로 구현하기 때문에, **蜡像**으로 만들어진 인물은 **栩栩如生**하여 보는 재미가 있다. 그래서 주로 역사적인 인물이나 유명인들을 **蜡像**으로 제작하는 경우가 많다. 중국에서는 1980년대에 외국으로부터 **蜡像** 예술이 전파된 이후로, 그 제작 수준이 점점 높아지는 추세이다.
>
> **蜡像** làxiàng 밀랍 인형, 밀랍상[밀랍으로 만든 사람이나 물체의 형상]
> **雕塑艺术** diāosù yìshù 조각 예술
> **栩栩如生** xǔxǔrúshēng (예술 작품 등이) 생생하다, 진짜처럼 생동감이 있다

25 雕刻 ★★★
diāokè

[동] (금속·상아·뼈 등에) 조각하다 [명] 조각, 조각품

她用冰块<u>雕刻</u>出了活灵活现的冰雕艺术品。 → 술어

그녀는 얼음으로 생동감 있고 진짜 같은 얼음 조각 예술품을 조각해 냈다.

一位艺术家<u>望</u>着自己未完的<u>雕刻</u>作品，深深地<u>叹</u>了一口气。

한 예술가는 자신의 미완성된 조각 작품을 바라보며, 깊이 한숨을 내쉬었다.

活灵活现 huólínghuóxiàn [성] 생동감 있고 진짜 같다
冰雕 bīngdiāo [명] 얼음 조각 **叹气** tànqì [동] 한숨 쉬다

26 玉 ★★★
yù

[명] 옥

它是造型优美、逼真生动的<u>玉</u>雕精品。

그것은 조형이 아름답고, 사실적이고 생동감 있는 옥 조각 작품이다.

造型 zàoxíng [명] 조형, 이미지, 형상 **优美** yōuměi [형] 아름답다
生动 shēngdòng [형] 생동감 있다 **雕** diāo 조각, 조각 작품
精品 jīngpǐn [명] (정교한) 작품

27 描绘 ★★★
miáohuì

[동] 묘사하다, 그리다

这位画家把动物<u>描绘</u>得栩栩如生。

이 화가는 동물을 생생하게 묘사했다.

栩栩如生 xǔxǔrúshēng [성] (예술 작품 등이) 생생하다, 진짜처럼 생동감이 있다

28 弦 ★★★
xián

[명] 현[현악기에 매어 소리를 내는 줄], 활시위

那位演奏家竖抱着琵琶，左手按<u>弦</u>，右手弹奏。

그 연주가는 비파를 세로로 안아, 왼손으로 현을 누르고, 오른손으로는 연주한다.

演奏家 yǎnzòujiā 연주가 **竖** shù [형] 세로의, 수직의 [동] 똑바로 세우다
琵琶 pípá [명] 비파[현악기의 일종] **弹奏** tánzòu [동] (현악기를) 연주하다

🏯 알아 두면 시험이 쉬워지는 배경 지식

[중국 문화] **古琴**(고금)은 최소 3000년 이상의 역사를 가지고 있는 고대 중국의 현악기로, **七弦琴**이라고도 불린다. **古琴**은 음색이 깊고 무거우며, 여음이 은은하고 오래 간다는 특징이 있다. **古琴**은 고대 중국에서 지위가 가장 높은 악기였기 때문에 '**琴棋书画**'의 4가지 예술 중 가장 으뜸으로 여겨졌으며, **孔子·李白·杜甫** 등 역사적으로 유명한 인물들의 많은 사랑을 받았다.

古琴 gǔqín 고금, 칠현금

七弦琴 qīxiánqín 칠현금

琴棋书画 qínqíshūhuà 금, 바둑, 글, 그림 ≒ 금을 타고, 바둑을 두며, 글씨를 쓰고, 그림을 그리는 문인(**文人**)의 취미 생활

孔子 Kǒngzǐ 공자[중국 춘추 전국 시대의 사상가]

李白 Lǐ Bái 이백[중국 당(唐)나라 시대의 시인]

杜甫 Dù Fǔ 두보[중국 당(唐)나라 시대의 시인]

29 美妙 ★★★
měimiào

[형] 아름답다, 훌륭하다

他凝视着前方，默默地听着窗外传来的美妙的音乐声。

그는 앞을 응시하며, 창밖에서 들려오는 아름다운 음악 소리를 묵묵히 들었다.

凝视 níngshì [동] 응시하다, 주목하다　默默 mòmò [부] 묵묵히, 말없이

30 染 ★★★
rǎn

[동] 염색하다, 물들이다

这些粉色花布都是采用天然染料进行染色的。

이 핑크색 꽃무늬 천들은 모두 천연 염료를 채택하여 염색한 것이다.

粉色 fěnsè [명] 핑크색, 분홍색　花布 huābù [명] 꽃무늬 천
采用 cǎiyòng [동] 채택하다, 채용하다　天然 tiānrán [형] 천연의, 자연의
染料 rǎnliào [명] 염료　染色 rǎnsè [동] 염색하다

 시험에 이렇게 나온다!

[짝꿍표현] 染을 활용한 다양한 짝꿍 표현들을 알아 둔다.

染料 rǎnliào 염료
染色 rǎnsè 염색하다

31 绣 ★★★
xiù

[동] 수놓다, 자수하다

这些鞋垫上的精美图案，都是工匠一针一线绣上去的。

이 신발 밑창의 정교하고 아름다운 도안들은, 모두 공예가가 한 땀 한 땀 수 놓아 간 것이다.

鞋垫 xiédiàn [명] 신발 밑창, 구두 깔개　图案 tú'àn [명] 도안
工匠 gōngjiàng [명] 공예가　一针一线 yìzhēnyíxiàn [성] 한 땀 한 땀

🏯 알아 두면 시험이 쉬워지는 배경 지식

[중국문화] 苏绣(쑤저우 자수)와 京绣(베이징 자수)는 중국의 전통 공예 중 하나이다. 苏绣는 청(清)대에 가장 흥했고, 京绣는 명청(明清)대에 가장 흥했다. 苏绣는 패턴이 수려하고, 수를 놓는 공법이 세밀하며, 색상이 깔끔하다는 특징이 있으며, 비교적 지방 특색이 강한 편이다. 반면 京绣는 궁정 복식에 많이 활용된 편이어서 주로 진귀한 염료를 사용하여 비단에 수를 놓는데, 수를 놓는 공법이 세밀하면서도 화려하며, 고상한 격조를 지닌다는 특징이 있다. 苏绣와 京绣는 각각 2006년과 2004년에 国家级非物质文化遗产名录에 등재되었으며, 苏绣는 2018년에 国家传统工艺振兴目录로도 선정되었다.

苏绣 Sūxiù 쑤저우 자수
京绣 Jīngxiù 베이징 자수
国家级非物质文化遗产名录 Guójiājí fēiwùzhì wénhuàyíchǎn mínglù
(중국) 국가급 무형 문화유산 목록
国家传统工艺振兴目录 Guójiā chuántǒng gōngyì zhènxīng mùlù
(중국) 국가 전통 공예 진흥 목록

32 擅长 ***
shàncháng

동 (어떤 방면에) 뛰어나다, 잘하다

易元吉是北宋时期的画家，他因<u>擅长</u>画猿猴而闻名于世。 ← 술어

역원길은 북송 시기의 화가로, 그는 원숭이를 그리는 것이 뛰어나 세상에 이름을 날렸다.

易元吉 Yì Yuánjí 고유 역원길[중국 송나라 시기의 화가]
北宋 Běi Sòng 고유 북송 **时期** shíqī 명 (특정한) 시기
猿猴 yuánhóu 명 원숭이, 원후[유인원과 원숭이]
闻名 wénmíng 동 이름을 날리다, 유명하다, 명성을 듣다

33 审美 ***
shěnměi

동 (사물이나 예술품의 아름다움을) 이해하다, 깨닫다

曾经风靡一时的音乐或多或少<u>反映</u>了当时人们的音乐<u>审美</u>意识。

일찍이 한 시대를 풍미했던 음악은 어느 정도 당시 사람들의 음악적 아름다움을 이해하던 의식을 반영했다.

曾经 céngjīng 부 일찍이, 이전에 **风靡** fēngmǐ 동 풍미하다
或多或少 huòduōhuòshǎo 어느 정도, 대체로 **意识** yìshí 명 의식

34 浓厚 **
nónghòu

형 (색채·분위기 등이) 짙다, 농후하다

泰山不仅富有自然美，还蕴含着<u>浓厚</u>的文化底蕴和艺术气息。

태산은 자연의 아름다움이 풍부할 뿐만 아니라, 짙은 문화 소양과 예술의 정취도 품고 있다.

泰山 Tài Shān 고유 태산, 타이산[산둥성에 위치한 산]
富有 fùyǒu 동 풍부하다, 많이 가지다 **蕴含** yùnhán 동 품다, 내포하다
文化底蕴 wénhuà dǐyùn 문화 소양 **气息** qìxī 명 정취, 호흡

35 内在
nèizài

반의어
外在 wàizài
형 외재적인, 외재하는

형 내재적인, 내재하는

欣赏名画的乐趣在于理解画中隐藏的<u>内在</u>含义。

명화를 감상하는 재미는 그림에 숨겨진 내재적인 함의를 이해하는 것에 있다.

欣赏 xīnshǎng 동 감상하다, 마음에 들다 **乐趣** lèqù 명 재미, 즐거움, 기쁨
在于 zàiyú 동 ~에 있다 **隐藏** yǐncáng 동 숨기다, 감추다
含义 hányì 명 함의, 내포된 뜻

36 文艺 **
wényì

명 문예, 문학과 예술

他将来想做一本具有趣味性的青春<u>文艺</u>类杂志。

그는 미래에 흥미성을 갖춘 청춘 문예류의 잡지를 한 권 만들고 싶어 한다.

具有 jùyǒu 동 갖추다, 구비하다 **趣味性** qùwèixìng 흥미성
青春 qīngchūn 명 청춘

37 格式 ** géshì

명 규격, 양식, 격식

常见的书法作品格式有条幅、斗方、扇面等。
⌐ 술어

흔히 볼 수 있는 서예 작품의 규격 양식으로는 세로로 된 글씨 족자, 네모진 화선지, 부채면 등이 있다.

常见 chángjiàn 동 흔히 보다, 자주 보다 **书法** shūfǎ 명 서예, 서법
作品 zuòpǐn 명 작품 **条幅** tiáofú 명 세로로 된 글씨 족자
斗方 dǒufāng 명 네모진 화선지 **扇面** shànmiàn 명 부채면

38 版本 bǎnběn

명 판본

这本书在最新版本上添加了一些新的注释。

이 책은 최신 개정 판본에 일부 개념에 대한 새로운 주석을 추가하였다.

添加 tiānjiā 동 추가하다, 첨가하다
注释 zhùshì 명 주석, 주해 동 주해하다, 주석하다

39 范畴 ** fànchóu

명 범위, 유형

有些作词人认为，歌词属于文学艺术的范畴。

어떤 작사가는, 가사가 문학 예술 범위에 속한다고 생각한다.

作词人 zuòcírén 작사가 **歌词** gēcí 명 가사 **属于** shǔyú 동 ~에 속하다

40 反面 ** fǎnmiàn

반의어
正面 zhèngmiàn
명 정면, 앞면
형 좋은 면의, 적극적인

명 뒷면, 이면 형 나쁜, 소극적인, 부정적인

展会小册子的反面印有主办方的联系方式。

전시회 소책자 뒷면에는 주최 측의 연락처가 인쇄되어 있다.

他在剧中扮演了反面人物。

그는 극중에서 나쁜 인물 역할을 맡았다.

展会 zhǎnhuì 명 전시회, 전람회 **小册子** xiǎocèzi 명 소책자, 팸플릿
印有 yìnyǒu 동 인쇄되어 있다 **主办方** zhǔbànfāng 주최 측
联系方式 liánxì fāngshì 연락처 **扮演** bànyǎn 동 ~역을 맡다, 출연하다

41 对联
duìlián

명 대련[종이나 기둥 등에 새긴 글귀]

→ 술어

老爷爷提起毛笔，蘸饱墨汁，一挥而就写出了一副对联。

할아버지는 붓을 들고, 먹물을 충분히 묻혀서, 단숨에 한 쌍의 대련을 써 내셨다.

毛笔 máobǐ 명 붓　**蘸** zhàn 동 묻히다, 찍다　**墨汁** mòzhī 명 먹물
一挥而就 yìhuī'érjiù 성 (글이나 그림 등을) 단숨에 끝내다, 매우 빨리 완성하다
副 fù 양 쌍, 조, 벌

🏯 **알아 두면 시험이 쉬워지는 배경 지식**

> 중국
> 문화
>
> 对联(대련)은 가정집이나 가게 문의 벽면 기둥에 붙이는 붉은 종이로, **门对** 또는 **春联**이라고도 불린다. 중국에서는 해마다 **春节** 전후가 되면 집집마다 붉은 색 종이 위에 좋은 의미를 담은 구절을 써서 붙이는데, 이는 새해를 맞이하는 기쁜 심정을 표현하기 위한 것이다. 对联을 붙이는 풍속은 춘추 전국 시대의 **桃符**에서 기원했다. <**山海经**>이라는 책에 따르면, 옛날 동해의 도삭산에 큰 복숭아나무가 있었는데, 이 나무 위에는 각종 악귀를 잡아 호랑이에게 먹이는 **神荼**와 **郁垒**라는 두 신이 있었다고 한다. 이 전설로 인하여 고대 중국인들은 새해가 되면 **神荼**와 **郁垒**를 그려 넣은 **桃符**를 문 위에 걸어 놓았는데, 이것이 발전하여 현재 对联의 형태가 되었다.
>
> **门对** ménduì 춘련, 대련
>
> **春联** chūnlián 춘련, 대련
>
> **春节** Chūn Jié 춘절
>
> **桃符** táofú 도부[옛날, 정월(正月)에 복숭아나무로 켠 2장의 판자에 각각 '**神荼**'·'**郁垒**'의 두 문신(門神)을 그려서 문짝에 붙여 악귀를 쫓던 부적]
>
> **山海经** Shānhǎijīng 산해경[중국 고대의 신화와 지리를 기록한 책]
>
> **神荼** Shéntú 신도[문을 지킨다는 중국 전설 상의 신]
>
> **郁垒** Yùlǜ 욱루[문을 지킨다는 중국 전설 상의 신]

42 繁体字
fántǐzì

명 번체자

很多年轻人没有接受过繁体字教育，但也能识别一些繁体字。

많은 젊은이들은 번체자 교육을 받아본 적 없지만, 그래도 일부 번체자를 알아볼 수 있다.

识别 shíbié 동 알아보다, 식별하다

43 简体字
jiǎntǐzì

명 간체자

繁体字和简体字除了字形不同之外，还有词汇等方面的差异。

번체자와 간체자는 글자의 모양이 다르다는 점 외에도, 어휘 등의 방면에서도 차이가 있다.

繁体字 fántǐzì 명 번체자　**字形** zìxíng 명 글자의 모양
词汇 cíhuì 명 어휘, 단어　**差异** chāyì 명 차이

⁴⁴ 书面
shūmiàn

반의어

口头 kǒutóu
형 구두의, 말로 하는 명 입

명 서면, 지면

无论是传统的书面日记，还是电子日记，都是宣泄情绪的好方法。

전통적인 서면 일기든, 아니면 전자 일기든, 모두 감정을 분출하는 좋은 방법이다.

传统 chuántǒng 형 전통적이다 명 전통 电子 diànzǐ 명 전자
宣泄 xuānxiè 동 분출하다, 풀다 情绪 qíngxù 명 감정, 정서, 기분

⁴⁵ 结局 ★★
jiéjú

명 결말, 마지막

"倒叙"是把事件的结局写到文章前面的写作手法。

'도서'는 사건의 결말을 글의 앞에 쓰는 작문 기법이다.

倒叙 dàoxù 명 도서[문학 작품이나 영화 등에서 먼저 사건의 결말이나 줄거리를 밝히고, 나중에 그것들의 발달과 전개 과정을 나타내는 기법]
事件 shìjiàn 명 사건 写作 xiězuò 동 작문하다, 글을 짓다
手法 shǒufǎ (예술 작품의) 기법, 수단

⁴⁶ 线索 ★★
xiànsuǒ

명 단서, (작품의) 줄거리

我在写小说的时候，会留意贯穿整篇文章的线索是什么。

저는 소설을 쓸 때, 글 전체를 관통하는 단서가 무엇인지를 유의합니다.

留意 liúyì 동 유의하다, 주의하다 贯穿 guànchuān 동 관통하다, 꿰뚫다

⁴⁷ 引用 ★★
yǐnyòng

동 인용하다

在文章的开头引用名人名言或俗语，能激发读者的兴趣。

글의 첫머리에 유명한 사람의 명언이나 속담을 인용하는 것은, 독자의 흥미를 불러일으킬 수 있다.

开头 kāitóu 명 첫머리, 처음 동 시작하다, 발생하다 名言 míngyán 명 명언
俗语 súyǔ 명 속담 激发 jīfā 동 (감정을) 불러일으키다, 끓어오르게 하다

⁴⁸ 衔接
xiánjiē

동 이어지다, 맞물리다

写小说时，情节之间的衔接要自然。

소설을 쓸 때, 줄거리 사이의 이어짐은 자연스러워야 한다.

情节 qíngjié 명 줄거리, (일의) 경과

★★★ = 최빈출 어휘 ★★ = 빈출 어휘

49 悬念
xuánniàn

명 서스펜스(suspense), 불안감, 긴장감

→ 술어

他创作作品时，常用倒叙法设置悬念。

그는 작품을 창작할 때, 자주 플래시백 기법을 사용해서 서스펜스를 설정한다.

创作 chuàngzuò 통 (문예 작품을) 창작하다 명 창작물, 문예 작품
作品 zuòpǐn 명 작품 倒叙法 dàoxùfǎ 플래시백 기법[과거 장면으로 순차적으로 전환하는 기법] 设置 shèzhì 통 설정하다, 설치하다

 시험에 이렇게 나온다!

짝꿍표현 悬念을 활용한 다양한 짝꿍 표현들을 알아 둔다.

设计悬念 shèjì xuánniàn 서스펜스를 설계하다
设置悬念 shèzhì xuánniàn 서스펜스를 설정하다

50 起草
qǐcǎo

동 글의 초안을 작성하다

在写作文之前，最好先起草提纲。

글을 쓰기 전에, 먼저 요점으로 초안을 작성하는 것이 가장 좋다.

作文 zuòwén 명 글, 작문 통 작문하다 提纲 tígāng 명 요점, 개요

 시험에 이렇게 나온다!

이합동사 起草는 起(세우다)+草(초안)가 합쳐진 이합동사이다. 이합동사는 기본적으로 목적어를 취할 수 없지만, 起草는 예외적으로 목적어를 취할 수 있다.

这是她起的草 이것은 그녀가 초안을 작성한 것이다 (목적어 없음)
起草演讲稿 연설문의 초안을 작성하다 (목적어 있음)

51 空洞
kōngdòng

반의어

具体 jùtǐ
형 구체적이다 통 구체화하다

형 (말이나 문장에) 요지가 없다, 내용이 없다

他的文章修辞华丽，但内容空洞。

그의 글은 수사가 화려하지만, 내용에 요지가 없다.

修辞 xiūcí 명 수사 통 수사하다, (말·글을) 다듬고 꾸미다
华丽 huálì 형 화려하다, 아름답다

잠깐 空洞은 내용이 없거나 내용이 확실하지 않다는 것을 의미하고, Day06의 82번 空虚(공허하다)는 내부에 실질적인 것이 없는 것을 의미해요.

52 问世 **
wènshì

동 (저작물·발명품·신상품 등이) 출판되다, 세상에 나오다

格林童话自问世以来，被译成多种语言。

그림 동화는 출판된 이래로, 다양한 언어로 번역되었다.

格林童话 Gélín Tónghuà 고유 그림 동화[그림 형제가 독일의 여러 민담을 모아서 엮은 동화집] 以来 yǐlái 명 이래, 이후 译成 yìchéng ~로 번역하다

53 刊物
kānwù

> 명 간행물, 출판물
>
> 《当代》是一本纯文学刊物，创刊于1979年。 ← 술어
>
> <당대>는 순수 문학 간행물로, 1979년에 창간되었다.
>
> 当代 dāngdài 명 당대, 그 시대　纯文学 chúnwénxué 순수 문학
> 创刊 chuàngkān 동 창간하다

54 刊登
kāndēng

> 동 (신문·잡지 따위에) 싣다, 게재하다
>
> 今天，晨报上刊登了关于书画艺术的专题报道。
>
> 오늘, 조간신문에는 서화 예술에 대한 특집 보도가 실렸다.
>
> 晨报 chénbào 명 조간신문　书画 shūhuà 명 서화
> 专题报道 zhuāntí bàodào 특집 보도

55 公认 ★★
gōngrèn

> 동 공인하다, 모두가 인정하다
>
> 这些书都是公认的文学经典，适合推荐给初中生阅读。
>
> 이 책들은 모두 공인된 문학 경전으로, 중학생들이 읽도록 추천하기 적합하다.
>
> 文学 wénxué 명 문학　经典 jīngdiǎn 명 경전, 고전 형 권위 있는
> 推荐 tuījiàn 동 추천하다

56 复活
fùhuó

> 동 부활시키다, 부활하다
>
> 那个时代的作家复活了中国文学的一脉。
>
> 그 시대의 작가는 중국 문학의 한 맥을 부활시켰다.
>
> 时代 shídài 명 시대　文学 wénxué 명 문학　脉 mài 명 맥, 혈관, 맥박

57 著作
zhùzuò

> 명 저작, 저서　동 저서하다, 저작하다
>
> 《大英百科全书》是在百科全书中最有权威的著作之一。
>
> <브리태니커 백과사전>은 백과사전 중 가장 권위 있는 저작 중 하나이다.
>
> 他著作的文学作品，为后代文学创作提供了很多可借鉴的资料。
>
> 그가 저서한 문학 작품은, 후대 문학 창작에 참고할 수 있는 많은 자료를 제공했다.
>
> 人英百科全书 Dàyīng Bǎikēquánshū 고유 브리태니커 백과사전
> 权威 quánwēi 형 권위가 있는, 권위적인　后代 hòudài 명 후대, 후세
> 创作 chuàngzuò 동 (문예 작품을) 창작하다
> 借鉴 jièjiàn 동 참고로 하다, 본보기로 삼다　资料 zīliào 명 자료

58 权威
quánwēi

[형] 권위가 있는, 권위적인　[명] 권위자, 권위

这是一本计算机科学领域的权威著作。 →술어

이 책은 컴퓨터 과학 영역에서 권위가 있는 저서이다.

她已经是这个领域的权威。

그녀는 이미 이 분야의 권위자이다.

计算机 jìsuànjī [명] 컴퓨터, 계산기　**领域** lǐngyù [명] 영역, 분야
著作 zhùzuò [명] 저서, 저작　[동] 저서하다, 저작하다

59 序言
xùyán

[명] 서문, 머리말

序言的内容大多是对该书的介绍和评论。

서문의 내용은 대부분 이 책에 대한 소개와 평론이다.

该 gāi [대] 이　**评论** pínglùn [명] 평론, 논설　[동] 평론하다, 논의하다

60 体裁 ★★
tǐcái

[명] 장르, 체재

文章体裁通常可分为说明文、议论文、记叙文和应用文。

글 장르는 일반적으로 설명문·논술문·서술문과 실용문으로 나눌 수 있다.

通常 tōngcháng [부] 일반적으로, 보통　**议论文** yìlùnwén [명] 논설문
记叙文 jìxùwén [명] 서술문　**应用文** yìngyòngwén [명] 실용문, 응용문

61 散文 ★★
sǎnwén

[명] 산문

《桃花源记》是一篇古代散文，主要描写了作者所向往的理想社会。

<도화원기>는 한 편의 고대 산문인데, 작가가 열망하는 이상적인 사회를 주로 묘사했다.

桃花源记 Táohuāyuánjì [고유] 도화원기[중국 동진 시대 시인 도연명의 산문]
描写 miáoxiě [동] 묘사하다　**向往** xiàngwǎng [동] 열망하다

🏯 **알아 두면 시험이 쉬워지는 배경 지식**

중국문화 朱自清(주쯔칭)은 현대 중국의 散文家·시인·학자이다. 처음에는 시를 창작하였으나, 1925년 칭화(清华)대학에 교수로 취임할 무렵부터 散文을 창작하기 시작했다. 그 후 1928년에 散文集 <背影>을 발표했는데, 이 작품을 통해 그는 당대 유명한 散文 작가로 발돋움했다. <背影>은 아버지에 대한 그리움을 슬픔이 섞인 어조로 잘 표현했는데, 이처럼 그의 散文은 서정성이 뛰어나고, 부드럽고 섬세하다는 특징이 있다. 朱自清의 그 외 대표 작품으로는 <연못의 달빛(荷塘月色)>, <너와 나(你我)> 등이 있다.

朱自清 Zhū Zìqīng 주쯔칭, 주자청
散文家 sǎnwénjiā 산문가
散文集 sǎnwénjí 산문집
背影 bèiyǐng 뒷모습

62 情形 ★★
qíngxing

명 상황, 형편

朱自清的《背影》通过描写父亲替作者买橘子的
情形，表现了伟大的父爱。← 술어

주쯔칭의 <뒷모습>은 아버지가 작가를 대신해 귤을 사는 상황을 묘사함으
로써, 위대한 아버지의 사랑을 표현했다.

朱自清 Zhū Zìqīng 고유 주쯔칭, 주자청[중국 현대의 저명한 산문가이자 시인 겸
학자] 描写 miáoxiě 동 묘사하다 替 tì 동 대신하다
伟大 wěidà 형 위대하다

63 片断
piànduàn

명 단락, 토막 형 단편적인, 불완전한

这篇散文中的一些片断描写了作者对故乡的思念
之情。

이 산문의 일부 단락은 고향에 대한 작가의 그리운 감정을 묘사하고 있다.

这部纪录片让人们了解到当地居民片断的生活方式。

이 다큐멘터리는 사람들로 하여금 현지 주민의 단편적인 생활 방식을 알
게 해 준다.

散文 sǎnwén 명 산문 描写 miáoxiě 동 묘사하다, 그려 내다
故乡 gùxiāng 명 고향 思念 sīniàn 동 그리워하다, 보고 싶어하다
纪录片 jìlùpiàn 명 다큐멘터리 当地 dāngdì 명 현지, 현장
居民 jūmín 명 주민, 거주민 方式 fāngshì 명 방식, 방법

64 童话 ★★
tónghuà

명 동화

安徒生的童话大多以悲剧收场。

안데르센의 동화는 대부분 비극으로 끝마친다.

安徒生 Āntúshēng 고유 안데르센[덴마크의 동화 작가] 悲剧 bēijù 명 비극
收场 shōuchǎng 동 끝마치다

🏯 알아 두면 시험이 쉬워지는 배경 지식

중국
문화 金波(진보)는 당대 중국의 저명한 아동문학가이다. 그가 쓴 童话들은 대부분 아
이들이 좋아하는 눈사람·달·꽃 등 자연적인 요소들을 이용했고, 교훈적인 이
야기가 많이 담겨 있다. 그의 작품은 작품성이 매우 뛰어난 편으로, <장님아이와
그의 그림자(盲孩子和他的影子)>·<뾰족한 밀짚모자(尖尖的草帽)>·<믿음
(信)>·<봄의 소식(春的消息)> 등은 현재 중국 초등학교 및 중학교의 국어·음
악 교과서에 수록되어 있다. 金波는 중국 작가협회 제1·2·3회 전국 우수 아동
문학상을 비롯하여 중국 내 다양한 아동 문학상을 수상했으며, 1992년에는 安
徒生 아동 문학상 후보에도 올랐다.

金波 Jīn Bō 진보[당대 중국의 아동 문학가]
安徒生 Āntúshēng 안데르센[덴마크의 동화 작가]

65 寓言
yùyán

명 우화, 우언

《伊索寓言》里的故事告诉我们各种人生道理。　→ 술어

<이솝 우화> 속의 이야기는 우리에게 다양한 인생의 이치를 알려 준다.

伊索寓言 Yīsuǒ Yùyán 고유 이솝 우화　**人生** rénshēng 명 인생
道理 dàolǐ 명 이치, 일리, 도리

66 侦探
zhēntàn

명 탐정, 스파이　동 정탐하다

举世闻名的侦探推理小说《福尔摩斯探案集》被拍成了电影。

전 세계적으로 유명한 탐정 추리 소설 <셜록 홈즈의 탐정집>이 영화로 촬영되었다.

因为在侦探敌情时出现了失误，他们的根据地被敌人发现了。

적의 상황을 정탐할 때 실수가 생겨서, 그들의 근거지는 적에 의해 발각되었다.

举世闻名 jǔshìwénmíng 성 전 세계적으로 유명하다, 명성이 자자하다
推理 tuīlǐ 동 추리하다
福尔摩斯探案集 Fú'ěrmósī Tàn'ànjí 고유 셜록 홈즈의 탐정집
敌情 díqíng 명 적의 상황, 적의 동향
失误 shīwù 명 실수, 실책 동 실수를 하다, 잘못하다
根据地 gēnjùdì 명 근거지　**敌人** dírén 명 적

67 背诵
bèisòng

동 (시문·글 등을) 외우다, 암송하다

背诵古诗文有利于培养读者的个人素养。

고대의 시문을 외우는 것은 독자의 개인 소양을 키우는 데 도움이 된다.

诗文 shīwén 명 시문, 시와 산문　**有利** yǒulì 형 도움이 되다, 유리하다
培养 péiyǎng 동 키우다, 기르다　**素养** sùyǎng 명 소양

68 歌颂 ★★
gēsòng

동 찬미하다, 찬양하다

《牡丹亭》是明代剧作家汤显祖的代表作，歌颂了男女之间的爱情。

<모란정>은 명대 극작가 탕현조의 대표작으로, 남녀 간의 사랑을 찬미했다.

牡丹亭 Mǔdāntíng 고유 모란정[중국 명대의 희곡 작품]
明代 Míngdài 고유 명나라 시대　**剧作家** jùzuòjiā 명 극작가
汤显祖 Tāng Xiǎnzǔ 고유 탕현조[중국 명나라 후기의 극작가]
代表作 dàibiǎozuò 명 대표작

69 对应 ** duìyìng

동 대응하다 형 대응하는, 상응하는

请在下列图片中，找出与成语故事对应的历史人物。

아래에 열거한 그림 중, 고사성어와 대응하는 역사적 인물을 찾아내 보세요.

在制定计划前，你应该考虑到发生突发情况时的对应措施。

계획을 세우기 전에, 너는 돌발상황이 발생했을 때의 대응 조치를 고려해야 한다.

成语故事 chéngyǔ gùshì 고사성어   制定 zhìdìng 동 세우다
突发 tūfā 동 돌발하다   措施 cuòshī 명 조치, 대책

70 荒谬 huāngmiù

형 황당무계하다, 터무니없다

这位漫画家从自己身边发生的荒谬事件中得到了灵感。

이 만화가는 자신의 주위에 일어난 황당무계한 사건으로부터 영감을 얻었다.

漫画家 mànhuàjiā 명 만화가   事件 shìjiàn 명 사건
灵感 línggǎn 명 영감

잠깐 荒谬는 도리에 맞지 않거나 진실되지 않다는 것을 의미하고, Day07의 71번 荒唐(터무니없다)은 사상이나 언행 등이 이상하다는 것을 의미해요.

71 通俗 ** tōngsú

형 통속적이다

白居易的诗题材广泛、通俗易懂。

백거이의 시는 소재가 광범위하고, 통속적이며 이해하기 쉽다.

白居易 Bái Jūyì 고유 백거이[중국 당나라 때의 저명한 시인]   诗 shī 명 시
题材 tícái 명 (문학이나 예술 작품의) 소재   广泛 guǎngfàn 형 광범위하다

72 新颖 ** xīnyǐng

유의어
新鲜 xīnxiān 형 신선하다

형 참신하다, 새롭다

文字简练、风格新颖是这部小说最大的优点。

문장이 간결하고, 스타일이 참신한 것이 이 소설의 가장 큰 장점이다.

文字 wénzì 명 문장, 문자, 글자   简练 jiǎnliàn 형 간결하다, 깔끔하다

 시험에 이렇게 나온다!

유의어 新颖 : 新鲜(xīnxiān, 신선하다)

新颖은 일반적이지 않고, 신기하고 특이한 것을 의미한다.
风格新颖 fēnggé xīnyǐng 스타일이 참신하다
形式新颖 xíngshì xīnyǐng 형식이 새롭다

新鲜은 식품 등이 변질되지 않거나, 어떤 대상이 막 출현하여 널리 보편화되지 않은 것을 의미한다.
新鲜食品 xīnxiān shípǐn 신선 식품
新鲜经验 xīnxiān jīngyàn 신선한 경험

73 庸俗
yōngsú

반의어

高尚 gāoshàng 형 고상하다

형 저속하다, 비속하다

有人说这本书是非凡的创作，而有人说这本书内容庸俗。

어떤 사람은 이 책이 뛰어난 창작물이라고 말하고, 어떤 사람은 이 책의 내용이 저속하다고 말한다.

非凡 fēifán 형 뛰어나다, 비범하다 创作 chuàngzuò 명 창작물, 문예 작품

74 永恒 **
yǒnghéng

형 영원하다, 영원히 변하지 않다

这本小说主要描述了一对恋人之间永恒的爱情。

이 소설은 한 쌍의 연인 간의 영원한 사랑을 주로 묘사했다.

描述 miáoshù 동 묘사하다, 기술하다 恋人 liànrén 명 연인

75 手艺 **
shǒuyì

명 수공 기술, 솜씨

这位糖塑匠人希望有人能传承他的手艺。

이 엿 공예 장인은 누군가가 그의 수공 기술을 이어받아 계승할 수 있기를 바란다.

糖塑 Tángsù 고유 엿 공예[중국의 민간 수공 예술 중 하나]
匠人 jiàngrén 명 장인 传承 chuánchéng 동 이어받아 계승하다, 전승하다

76 肖像
xiàoxiàng

명 (사람의) 초상, 사진

展示厅里的都是当代著名人物的肖像画。

전시회장 안의 것은 모두 당대 유명 인물들의 초상화이다.

展示厅 zhǎnshìtīng 전시회장 当代 dāngdài 명 당대, 그 시대
人物 rénwù 명 인물 肖像画 xiàoxiànghuà 명 초상화

77 立体 **
lìtǐ

형 입체의, 입체감을 주는

这座蜡像馆展示着立体的、形象逼真的真人蜡像。

이 밀랍 인형 박물관은 입체적이고, 모양이 마치 진짜와 같은 실제 인물 밀랍 인형을 전시하고 있다.

蜡像馆 làxiàngguǎn 밀랍 인형 박물관 展示 zhǎnshì 동 전시하다, 드러내다
形象 xíngxiàng 명 모양, 이미지, 형상 逼真 bīzhēn 형 마치 진짜와 같다
蜡像 làxiàng 명 밀랍 인형

78 乐谱
yuèpǔ

명 악보

这位作曲家掩饰不住激动的心情，写起了乐谱。

이 작곡가는 흥분된 심정을 감추지 못하고, 악보를 써 내려 가기 시작했다.

作曲家 zuòqǔjiā 명 작곡가 掩饰 yǎnshì 동 감추다, 덮어 숨기다

79 演奏 ★★
yǎnzòu

⊙ 통 연주하다

路人纷纷停下脚步，耸起耳朵，欣赏街头艺人的
演奏。

행인들은 잇달아 발걸음을 멈추고, 귀를 쫑긋 세워서, 거리 예술가의 연주
를 감상했다.

纷纷 fēnfēn 및 잇달아, 계속해서 형 어지럽게 날리다
脚步 jiǎobù 명 발걸음 **耸** sǒng 통 쫑긋 세우다, 으쓱거리다
欣赏 xīnshǎng 통 감상하다, 마음에 들다 **街头** jiētóu 명 거리, 길거리

80 结晶
jiéjīng

⊙ 명 결정체, 결정, 소중한 성과 통 결정하다[화학 용어]

民歌里含有当时的思想和文化，是广大群众智慧
的结晶。

민요에는 당시의 사상과 문화가 담겨 있으며, 많은 민중의 지혜의 결정체다.

水在结晶时，会自动排除不纯物质。

물은 결정될 때, 불순물을 자동으로 제거할 수 있다.

民歌 míngē 명 민요, 민가 **含有** hányǒu 통 담겨있다, 함유하다
思想 sīxiǎng 명 사상 **广大** guǎngdà 형 (사람 수가) 많다, (규모가) 넓다
群众 qúnzhòng 명 민중, 군중, 대중 **智慧** zhìhuì 명 지혜
自动 zìdòng 및 자동으로, 자발적으로 형 자동의
排除 páichú 통 제거하다, 없애다 **不纯物质** bùchúnwùzhì 불순물

81 坚实 ★★
jiānshí

반의어
松软 sōngruǎn
형 부드럽다, 푹신푹신하다

⊙ 형 견실하다, 견고하다

作为中国当代作曲家，谷建芬为中国的流行音乐
打下了坚实的基础。

중국 당대 작곡가로서, 구지엔펀은 중국의 대중음악을 위해 견실한 기초를
다졌다.

作为 zuòwéi 개 ~로서 **当代** dāngdài 명 당대, 그 시대
作曲家 zuòqǔjiā 명 작곡가
谷建芬 Gǔ Jiànfēn 고유 구지엔펀[중국 당대의 작곡가]
流行音乐 liúxíng yīnlè 대중음악, 유행 음악

82 空白 ★★
kòngbái

⊙ 명 여백, 공백

这个画家在作品上留下的空白，给了人们自由想
象的空间。

이 화가가 작품에 남긴 여백은, 사람들에게 자유롭게 상상할 공간을 주었다.

作品 zuòpǐn 명 작품 **自由** zìyóu 형 자유롭다 명 자유
想象 xiǎngxiàng 통 상상하다 **空间** kōngjiān 명 공간

83 复兴
fùxīng

동 부흥하다, 부흥시키다

意大利著名画家达芬奇是文艺复兴时期的代表
人物。

→ 술어

이탈리아의 유명한 화가 다빈치는 르네상스 시기의 대표적 인물이다.

意大利 Yìdàlì 고유 이탈리아　**达芬奇** Dáfēnqí 고유 다빈치[이탈리아의 화가]
文艺复兴 Wényìfùxīng 고유 르네상스　**时期** shíqī 명 시기
代表 dàibiǎo 명 대표 동 대표하다　**人物** rénwù 명 인물

84 盛行
shèngxíng

동 성행하다, 널리 유행하다

蜡染在唐代格外盛行, 其制作技术也比之前成熟
了许多。

납염은 당나라 시대에 특히 성행했고, 그 제작 기술도 이전보다 훨씬 성숙
해졌다.

蜡染 làrǎn 명 납염[천의 무늬 위에 녹인 황랍을 붓고 염색한 다음, 황랍이 있던
부분만 흰색으로 남기는 염색법]　**唐代** Tángdài 고유 당나라 시대
格外 géwài 부 특히, 유달리, 아주　**制作** zhìzuò 동 제작하다, 만들다
成熟 chéngshú 형 (정도 등이) 성숙하다

85 连年
liánnián

동 해마다 이어지다, 여러 해 동안 계속되다

该刊物的订阅人数连年递增, 目前为止已达到了
三万人。

이 간행물의 정기 구독자 수는 해마다 점차 늘어, 현재까지 이미 3만 명에
이르렀다.

该 gāi 대 이　**刊物** kānwù 명 간행물, 출판물
订阅 dìngyuè 동 (신문, 잡지 따위를) 정기 구독하다
递增 dìzēng 동 점차 늘다, 점점 증가하다　**目前** mùqián 명 현재, 지금
达到 dádào 동 이르다, 도달하다

연습문제 **체크체크!**

제시된 각 단어의 병음과 뜻을 써 보세요.

01 畅销 .... / ....

02 塑造 .... / ....

03 歌颂 .... / ....

04 问世 .... / ....

05 荒谬 .... / ....

제시된 단어 중, 문장에 어울리는 단어를 빈칸에 적어 보세요.

06 新颖 / 空洞

这首诗的最大特点是题材 ...., 而且富有作者的真实情感。

07 展示 / 展览

他通过自己的作品, 向读者 .... 了当时的社会面貌。

08 手段 / 手法

该园林采用了中国古典园林的造园艺术 ....。

09 悬念 / 雕塑

每当写作时, 她喜欢以疑问句的形式设置 ....。

10 绣 / 染

这些工艺品都用纯天然染料进行了 .... 色。

※ 06. 新颖 07. 展示 08. 手法 09. 悬念 10. 染
05. huāngmiù / 황당하고 터무니없다, 터무니없다
03. gēsòng / 찬미하다, 찬양하다 04. wènshì / (서적·논문·신상품 등이) 출판되다, 세상에 나오다
정답: 01. chàngxiāo / 잘 팔리다, 판로가 넓다 02. sùzào / (인물을 묘사하다, (인물 등의) 분야서 만들다

* 06~10번 문제 해석은 해커스중국어(china.Hackers.com)에서 다운로드 받으세요.

DAY 13 예술의 길 | **319**

해커스 HSK 6급 단어장

☑ 잘 외워지지 않는 단어는 □에 체크해 두고 다음에 반복 암기합니다.

□ 谚语	yànyǔ	명	속담, 속어
□ 润笔	rùnbǐ	명	윤필료, 원고료[남에게 서화, 시문을 써 줄 것을 청하고 주는 보수]
□ 韵味	yùnwèi	명	우아한 맛, 정취
□ 败笔	bàibǐ	명	(시문·서예·그림 등에서의) 결함
□ 编纂	biānzuǎn	동	편찬하다
□ 封笔	fēngbǐ	동	(작가·화가·서예가 등이) 창작을 중지하다, 절필하다
□ 附有	fùyǒu	동	부가적으로 덧붙이다, 보충하여 덧붙이다
□ 描述	miáoshù	동	묘사하다
□ 修辞	xiūcí	동	(문장 또는 글을) 다듬다, 수사하다
□ 修订	xiūdìng	동	수정하다
□ 简练	jiǎnliàn	형	간단명료하다, 군더더기가 없다
□ 绝唱	juéchàng	명	절창[매우 뛰어난 시문, 가사]
□ 红楼梦	Hónglóumèng	고유	홍루몽[중국 청나라 시기에 지어진 장편 소설]
□ 白居易	Bái Jūyì	고유	백거이[중국 당나라 때의 저명한 시인]
□ 三国演义	Sānguóyǎnyì	고유	삼국지연의[중국 명나라 때 나관중이 지은 장편 소설]
□ 托尔斯泰	Tuō'ěrsītài	고유	톨스토이[러시아의 작가]
□ 期刊	qīkān	명	정기 간행물
□ 入门读物	rùmén dúwù		입문 도서
□ 领略	lǐnglüè	동	(감성적으로) 이해하다, 판별하다, 음미하다
□ 独具	dújù	동	독자적으로 갖추다

☐	谐音	xiéyīn	동 (글자나 단어의) 음이 같다, 비슷하다
☐	熠熠生辉	yìyìshēnghuī	반짝반짝 빛나다, 초롱초롱하다
☐	跨界	kuàjiè	크로스오버[활동이나 스타일이 두 가지 이상의 분야에 걸친 것]
☐	白描	báimiáo	명 백묘[동양화 화법의 하나로, 붓을 써서 선으로만 그리며 채색을 하지 않는 것]
☐	抽象派	chōuxiàng pài	추상파
☐	鉴赏	jiànshǎng	동 감상하다
☐	瑰宝	guībǎo	명 진귀한 보물
☐	匠人	jiàngrén	명 장인, 수공업자
☐	琵琶	pípa	명 비파
☐	色泽	sèzé	명 색깔과 광택
☐	素材	sùcái	명 (예술 작품의) 소재
☐	速写本	sùxiěběn	스케치
☐	纹理	wénlǐ	명 무늬, 결
☐	勾画	gōuhuà	동 (일·사물의 윤곽을) 그리다, 묘사하다, 설명하다
☐	醒目	xǐngmù	동 (글·그림 등이) 주의를 끌다, 시선을 끌다
☐	烘托	hōngtuō	동 (형체나 사물을) 부각시키다, 돋보이게 하다
☐	升华	shēnghuá	동 승화하다
☐	呼麦	Hūmài	고유 후미, 후메이[몽골의 가창 예술]
☐	绘本	huìběn	그림책
☐	绘制	huìzhì	동 (도표·도안을) 그리다

해커스 HSK 6급 단어장

시청률의 제왕

방송 · 공연

주제를 알면 HSK가 보인다!

HSK 6급에서는 중국의 최신 방송 문화, 중국의 전통 공연 및 현대 공연 등과 관련된 문제가 자주 출제돼요. 따라서 '제목', '줄거리', '극본', '~역을 맡아 하다'와 같은 방송·공연 관련 단어들을 집중적으로 학습하면 이러한 문제를 쉽게 풀 수 있어요.

🎧 단어, 예문 MP3

드라마의 참맛

이 드라마 标题 뭐야? 情节 앞뒤가 왜 이렇게 안 맞아?

'스윗남녀'라는 드라마인데… 나는 재미있기만 하구만~

아니, 너무 별론데? 작가가 剧本을 어떻게 쓴 거야!

……

와! 이 정도면 扮演하는 배우가 아까울 정도다!

다음날 드라마 방영 시간

야야, 오늘 둘이 그래서 헤어진대?

뭐야, 어젠 그렇게 뭐라 하더니…

---

06 **标题** biāotí 몡 제목, 표제, 타이틀

07 **剧本** jùběn 몡 극본, 대본

09 **情节** qíngjié 몡 줄거리, (일의) 경과

11 **扮演** bànyǎn 동 ~역을 맡아 하다, ~역을 연기하다

01 镜头 ★★★
jìngtóu

명 (사진기·촬영기·영사기 등의) 렌즈, 신(scene)

一位青年纪录片导演用**镜头**展现了葡萄牙的文化
神韵。
　　　　　　　　└→ 술어

한 청년 다큐멘터리 감독은 렌즈를 통해 포르투갈의 문화적 매력을 펼쳐
보였다.

纪录片 jìlùpiàn 명 다큐멘터리　**导演** dǎoyǎn 명 감독, 연출자
展现 zhǎnxiàn 동 펼쳐 보이다, 드러내다　**葡萄牙** Pútáoyá 고유 포르투갈
神韵 shényùn 명 매력, 운치

🏯 **알아 두면 시험이 쉬워지는 배경 지식**

> 중국
> 문화　중국에는 '**穿帮镜头**'라는 말이 있다. 이 말은 직역하자면 카메라 렌즈를 통해 들
> 통나다는 뜻으로, 실제로는 TV 드라마나 영화 속에 등장하는 잘못된 장면을 지
> 칭할 때 사용된다. 우리 말의 '옥에 티'와 동일한 의미이다.
>
> **穿帮镜头** chuānbāng jìngtóu 카메라 렌즈를 통해 들통나다, 옥에 티

02 视频 ★★★
shìpín

명 동영상, 화상캠

一项调查表明，**视频**社交平台正在取代传统的社
交媒体。

한 조사에서, 동영상 소셜 플랫폼이 기존의 소셜 미디어를 대체하고 있는 것
으로 드러났다.

表明 biǎomíng 동 (분명하게) 드러내다, 표명하다
社交平台 shèjiāo píngtái 소셜 플랫폼　**取代** qǔdài 동 대체하다, 대신하다
传统 chuántǒng 형 기존의　**社交媒体** shèjiāo méitǐ 소셜 미디어

🏯 **알아 두면 시험이 쉬워지는 배경 지식**

> 신조어　**短视频**(쇼트클립)은 인터넷 환경에서 제작·업로드·시청·공유가 가능한 5분
> 내외의 짧은 영상을 뜻한다. **短视频**은 콘텐츠의 길이가 짧고, 누구나 쉽게 제작
> 할 수 있을 뿐만 아니라 소셜 네트워크(SNS)의 기능도 포함하고 있어서 2017년
> 부터 이용자가 급증하기 시작했다. 특히 **短视频**은 스마트폰, 태블릿 PC 등이 보
> 편화되면서 30세 이하의 젊은층들이 많이 이용하고 있다. 2017년 기준으로 중
> 국인 이용자들이 가장 많이 사용하고 있는 **短视频平台**는 **秒拍·快手·抖音**
> 등이 있으며, **短视频** 이용자가 확대됨에 따라 **短视频平台**와 관련 콘텐츠 산업
> 들은 계속해서 발전해 나갈 전망이다.
>
> **短视频** duǎnshìpín 짧은 동영상 ≒ 쇼트클립
> **短视频平台** duǎnshìpín píngtái 쇼트클립 플랫폼
> **秒拍** Miǎopāi 먀오파이[웨이보(微博) 동영상 플랫폼]
> **快手** Kuàishǒu 콰이쇼우[얼굴 변형, 스티커 기능, 영상 더빙 서비스를 제공하
> 는 동영상 플랫폼]
> **抖音** Dǒuyīn 도우인, Tik Tok[뮤직 쇼트클립 플랫폼]

해커스 HSK 6급 단어장

★★★ = 최빈출 어휘　★★ = 빈출 어휘

03 技巧 ★★★
jìqiǎo

명 기교, 기예

想要在自媒体中立足，首先得掌握一些拍摄视频的技巧。

（우→ 술어）

1인 미디어에 발을 붙이고자 한다면, 우선 동영상을 촬영하는 약간의 기교들을 파악해야 한다.

自媒体 zìméitǐ 1인 미디어　立足 lìzú 통 발을 붙이다
掌握 zhǎngwò 통 파악하다, 장악하다　拍摄 pāishè 통 촬영하다
视频 shìpín 명 동영상

04 清晰 ★★★
qīngxī

반의어

模糊 móhu
형 모호하다, 분명하지 않다
통 모호하게 하다

형 뚜렷하다, 분명하다

随着超高清视频产业的发展，电视画面也变得更加清晰。

초고화질 동영상 산업의 발전에 따라, TV 화면 역시 더욱 뚜렷해지고 있다.

超高清 chāogāoqīng 초고화질　视频 shìpín 명 동영상, 화상캠
产业 chǎnyè 명 산업, 공업　画面 huàmiàn 명 화면

05 主流 ★★★
zhǔliú

반의어

非主流 fēizhǔliú 형 비주류의

명 주류, 주된 추세

短视频由于制作过程简单，已成为移动视频传播的主流。

쇼트클립은 제작 과정이 간단하여, 이미 모바일 동영상 전파의 주류가 되었다.

短视频 duǎnshìpín 쇼트클립　制作 zhìzuò 통 제작하다
移动视频 yídòng shìpín 모바일 동영상　传播 chuánbō 통 전파하다

06 标题 ★★★
biāotí

명 제목, 표제, 타이틀

那位翻译家在翻译英文电影标题时非常讲究技巧。

그 번역가는 영문 영화 제목을 번역할 때 테크닉에 매우 신경을 쓴다.

讲究 jiǎngjiu 통 신경을 쓰다　技巧 jìqiǎo 명 테크닉, 기교

 시험에 이렇게 나온다!

독해 标题(제목)는 독해 4부분에서 지문 전체의 중심 내용을 묻는 질문 형태로 자주 출제된다. 标题가 활용된 질문 형태를 함께 알아 둔다.

最适合做上文标题的是：위 지문의 제목으로 가장 적절한 것은：
下列哪项最适合做上文标题？다음 중 위 지문의 제목으로 가장 어울리는 것은?

07 剧本 *** juběn

명 극본, 대본

日益繁荣的网络文学平台已成为影视**剧本**的最大
来源。 → 술어

날로 번영하는 인터넷 문학 플랫폼은 이미 영화와 텔레비전 극본의 가장 큰
출처가 되었다.

日益 rìyì 囝 날로, 나날이　**繁荣** fánróng 휑 번영하다
平台 píngtái 몡 플랫폼　**来源** láiyuán 몡 출처, 근원

08 灵感 *** línggǎn

명 영감

这部系列动画片的创作**灵感**来源于庄子的寓言
故事。

이 애니메이션 시리즈의 창작 영감은 장자의 우화 이야기에서 기원했다.

系列 xìliè 몡 시리즈, 계열　**动画片** dònghuàpiàn 몡 애니메이션
创作 chuàngzuò 동 창작하다　**来源** láiyuán 동 기원하다
庄子 Zhuāngzǐ 고유 장자[중국 춘추 전국 시대의 사상가]
寓言 yùyán 몡 우화, 우언

09 情节 *** qíngjié

명 줄거리, (일의) 경과

这部电视剧的**情节**生动曲折，且很好地反映了社
会现实。

이 드라마의 줄거리는 생동감 있고 복잡하며, 사회 현실을 잘 반영했다.

生动 shēngdòng 휑 생동감 있다　**曲折** qūzhé 휑 복잡하다, 구불구불하다
反映 fǎnyìng 동 반영하다, 되비치다　**现实** xiànshí 몡 현실

10 系列 *** xìliè

명 시리즈, 계열

小林给我推荐了一**系列**科幻题材的经典电影。

샤오린은 나에게 공상과학 소재의 한 명작 영화 시리즈를 추천해 주었다.

推荐 tuījiàn 동 추천하다　**科幻** kēhuàn 몡 공상과학, SF
题材 tícái 몡 (문학이나 예술 작품의) 소재　**经典** jīngdiǎn 휑 명작의, 권위 있는

11 扮演 *** bànyǎn

동 ~역을 맡아 하다, ~역을 연기하다

他在这部作品中**扮演**了三个角色，观众却无一人
认出。

그는 이 작품에서 세 개의 배역을 맡았는데, 시청자들은 한 명도 알아보
지 못했다.

作品 zuòpǐn 몡 작품　**角色** juésè 몡 배역　**认出** rènchū 동 알아보다

12 激发 ★★★
jīfā

[동] (감정을) 불러일으키다, 끓어오르게 하다

那部经典电影的感人情节激发了我的创作灵感。　→술어

그 명작 영화의 감동적인 줄거리는 나의 창작 영감을 불러일으켰다.

经典 jīngdiǎn [형] 명작의, 권위 있는　感人 gǎnrén [형] 감동적이다
情节 qíngjié [명] 줄거리, (일의) 경과　灵感 línggǎn [명] 영감

 시험에 이렇게 나온다!

짝꿍
표현 激发를 활용한 다양한 짝꿍 표현들을 알아 둔다.

激发热情 jīfā rèqíng 열정을 불러일으키다
激发灵感 jīfā línggǎn 영감을 불러일으키다
激发斗志 jīfā dòuzhì 투지를 불러일으키다
激发兴趣 jīfā xìngqù 흥미를 불러일으키다

13 赋予 ★★★
fùyǔ

[동] (중대한 임무나 사명 등을) 부여하다, 주다

写剧本时，她喜欢给每一个配角赋予独特的个性。

극본을 쓸 때, 그녀는 각 조연들에게 독특한 개성을 부여하는 것을 좋아한다.

剧本 jùběn [명] 극본, 각본　配角 pèijué [명] 조연　独特 dútè [형] 독특하다

14 开展 ★★★
kāizhǎn

[동] 전개되다, (전람회·전시회 등이) 열리다

某档电视节目为贫困儿童开展了公益活动。

어느 TV 프로그램에서는 빈곤 아동을 위해 공익 활동을 전개했다.

某 mǒu [대] 어느, 아무　贫困 pínkùn [형] 빈곤하다　公益 gōngyì [명] 공익

15 魔术 ★★★
móshù

[명] 마술

在春晚舞台上，有位年轻魔术师展现了令人惊奇的魔术。

춘완 무대에서, 한 젊은 마술사가 사람들을 놀라고 의아해하게 만드는 마술을 선보였다.

春晚 Chūnwǎn [고유] 춘완[중국 CCTV가 매년 춘절 전야에 방송하는 프로그램]
舞台 wǔtái [명] 무대　魔术师 móshùshī [명] 마술사
展现 zhǎnxiàn [동] 선보이다　惊奇 jīngqí [형] 놀라며 의아해하다

16 节奏 ★★★
jiézòu

[명] 리듬, 박자

这种风格的流行音乐节奏欢快轻松。

이러한 스타일의 대중음악은 리듬이 경쾌하고 가볍다.

风格 fēnggé [명] 스타일, 풍격　流行音乐 liúxíng yīnyuè 대중음악
欢快 huānkuài [형] 경쾌하다, 즐겁다

17 舞蹈 ★★★

wǔdǎo

명 무용, 무도 동 춤추다, 무용하다

《云南映象》是汇集云南少数民族舞蹈的集大成
之作。　　　　　　　└─ 술어

<원난 영상>은 윈난 소수 민족의 무용을 모아 집대성한 작품이다.

秋叶飘落下来的样子, 像一群蝴蝶在自由自在地
舞蹈。

단풍잎이 흩날리며 떨어지는 모양은, 마치 한 무리의 나비가 자유롭게 춤
추는 것 같다.

云南映象 Yúnnán Yìngxiàng 고유 윈난 영상[윈난성 소수 민족 예술가들이 펼
치는 중국 최초의 초대형 원시 형태 가무쇼] **汇集** huìjí 동 모으다
云南 Yúnnán 고유 윈난[중국의 지명] **集大成** jídàchéng 집대성하다
飘落 piāoluò 동 흩날리며 떨어지다 **蝴蝶** húdié 명 나비
自由自在 zìyóuzìzài 자유롭다

🏯 **알아 두면 시험이 쉬워지는 배경 지식**

중국 문화 **杨丽萍**(양리핑)은 중국에서 가장 유명한 舞蹈艺术家로, 소수 민족인 白族 출
신이다. 1971년에 西双版纳州歌舞团에 입단한 후로 무용수 생활을 시작했으
며, 1980년에 中央民族歌舞团에 전입한 후 孔雀舞로 유명해졌다. 이후 그녀가
창작하고 공연하는 작품들은 평단의 극찬을 받았으며, 그녀는 舞蹈艺术家로
큰 명성을 얻게 되었다. 杨丽萍이 출연하거나 창작한 대표작품으로는 <공작의
영혼(雀之灵)>·<월광(月光)>·<두 그루 나무(两棵树)>·<윈난 영상(云南映
象)> 등이 있다.

杨丽萍 Yáng Lìpíng 양리핑
舞蹈艺术家 wǔdǎo yìshùjiā 무용 예술가, 무용가
白族 Báizú 백족[중국 소수 민족의 하나, 윈난(云南)성에 거주]
西双版纳州歌舞团 Xīshuāngbǎnnà Zhōu Gēwǔtuán 시솽반나주 가무단
中央民族歌舞团 Zhōngyāng Mínzú Gēwǔtuán 중앙 민족 가무단[중국 국가
급 소수 민족 예술 공연 단체]
孔雀舞 kǒngquèwǔ 공작춤

18 呈现 ★★★

chéngxiàn

동 나타나다, 드러나다

该演唱会利用全息投影技术, 将邓丽君的形象
呈现于观众眼前。

이 콘서트는 전면 투사 홀로그래픽 디스플레이 기술을 이용해, 덩리쥔의 형
상을 관중들의 눈 앞에 나타냈다.

该 gāi 대 이 **演唱会** yǎnchànghuì 명 콘서트 **利用** lìyòng 동 이용하다
全息投影 quánxītóuyǐng 전면 투사 홀로그래픽 디스플레이
邓丽君 Dèng Lìjūn 고유 덩리쥔, 등려군[타이완 출신의 가수]
形象 xíngxiàng 명 형상, 이미지

¹⁹ 媒介 ★★
méijiè

명 매개체, 매체

植入广告通常是指以电影或电视剧为媒介的隐性广告。
> 술어

PPL 광고는 일반적으로 영화 혹은 드라마를 매개체로 한 간접 광고를 가리킨다.

植入广告 zhírù guǎnggào PPL 광고
通常 tōngcháng 부 일반적으로, 보통   隐性 yǐnxìng 형 간접의, 잠재의

 시험에 이렇게 나온다!

짝꿍 표현 媒介를 활용한 짝꿍 표현을 알아 둔다.
传播媒介 chuánbō méijiè 전파 매체, 매스 미디어

²⁰ 稿件
gǎojiàn

명 원고, 작품

小陈专门编写校园广播台的广播稿件。

샤오천은 캠퍼스 방송국의 방송 원고를 전문적으로 집필한다.

编写 biānxiě 통 집필하다, 편집하다   校园 xiàoyuán 명 캠퍼스, 교정

²¹ 焦点
jiāodiǎn

명 (문제나 관심사의) 초점, 집중

灵活运用特写镜头，可以使拍摄对象成为主要焦点。

클로즈업을 융통성 있게 활용하면, 촬영 대상이 주요 초점이 되도록 할 수 있다.

灵活 línghuó 형 융통성 있다, 민첩하다   运用 yùnyòng 통 활용하다
特写镜头 tèxiě jìngtóu 클로즈업   拍摄 pāishè 통 촬영하다, 찍다

²² 栏目
lánmù

명 (신문·잡지 등의) 프로그램, 란

我们栏目组策划制作了一期以旅游为主题的电视栏目。

우리 제작진은 여행을 주제로 한 시즌 텔레비전 프로그램을 기획하고 제작하였습니다.

栏目组 lánmùzǔ (TV 프로그램의) 제작진   策划 cèhuà 통 기획하다, 계획하다

²³ 时事
shíshì

명 시사, 최근의 국내외 대사건

这些时事评论节目极大地开阔了人们的视野。

이러한 시사 평론 프로그램들은 사람들의 시야를 매우 크게 넓혔다.

评论 pínglùn 명 평론   开阔 kāikuò 통 넓히다   视野 shìyě 명 시야

24 谣言
yáoyán

명 유언비어, 헛소문

他在新闻发布会上全面驳斥了近期流传于网络的谣言。

그는 기자회견에서 최근 인터넷에서 퍼지던 유언비어들을 전면적으로 반박했다.

新闻发布会 xīnwén fābùhuì 기자회견　全面 quánmiàn 톙 전면적이다
驳斥 bóchì 동 반박하다　流传 liúchuán 동 퍼지다

25 摘要
zhāiyào

명 개요, 적요

电视台台长同意这档综艺节目按照策划摘要进行录制。

방송국 국장은 이 버라이어티 쇼가 기획 개요에 따라 녹화를 진행하는 것에 동의했다.

台长 táizhǎng (방송국의) 국장　综艺节目 zōngyì jiémù 버라이어티 쇼
策划 cèhuà 동 기획하다　录制 lùzhì 동 녹화하다

26 曝光
bàoguāng

동 (사진에서) 드러나다, 노출하다

近期被曝光的虐待儿童的视频反映了严重的社会问题。

최근 드러나게 된 아동 학대 동영상은 심각한 사회 문제를 반영했다.

虐待 nüèdài 동 학대하다　视频 shìpín 명 동영상, 화상캠
反映 fǎnyìng 동 반영하다

27 发布 **
fābù

동 (명령·지시·뉴스 등을) 발표하다, 선포하다

气象台发布了台风信息，所以我们不得不调整行程。

기상청에서 태풍 소식을 발표해서, 우리는 어쩔 수 없이 일정을 조정해야 했다.

气象台 qìxiàngtái 명 기상청　台风 táifēng 명 태풍
调整 tiáozhěng 동 조정하다　行程 xíngchéng 명 일정, 여정

28 宣扬
xuānyáng

동 선양하다, 널리 알리다

该国通过各种媒体，向世界宣扬国威。

이 나라는 각종 매체를 통해, 세계를 향하여 국위를 선양하고 있다.

媒体 méitǐ 명 매체, 매스컴　国威 guówēi 명 국위, 국가의 위세

29 呼吁
hūyù

[동] (동정이나 지지를) 호소하다, 구하다

他拍摄这部纪录片的目的在于呼吁人们保护生态环境。

술어

그가 이 다큐멘터리를 촬영한 목적은 사람들에게 생태 환경을 보호할 것을 호소하는 데 있다.

拍摄 pāishè [동] 촬영하다, 찍다　纪录片 jìlùpiàn [명] 다큐멘터리
在于 zàiyú [동] ~에 있다　生态 shēngtài [명] 생태

30 揭露 ★★
jiēlù

[동] 폭로하다, 까발리다

那个年轻记者以直播的方式揭露了此骗局的惊人内幕。

그 젊은 기자는 생중계 방식으로 이번 사기극의 놀라운 내막을 폭로했다.

直播 zhíbō [동] 생중계하다, 직접 중계하다　方式 fāngshì [명] 방식, 방법
骗局 piànjú [명] 사기극, 속임수　惊人 jīngrén [형] 사람을 놀라게 하다
内幕 nèimù [명] 내막, 속사정[주로 나쁜 것을 가리킴]

31 透露 ★★
tòulù

[동] 누설하다, 넌지시 드러내다

这位配角没能拿到完整剧本，因为他喜欢在接受采访时透露剧情。

이 조연은 완전한 대본을 받지 못했는데, 왜냐하면 그는 인터뷰를 받을 때 극의 줄거리를 누설하는 것을 좋아하기 때문이다.

配角 pèijué [명] 조연　完整 wánzhěng [형] 완전하다　剧本 jùběn [명] 대본
采访 cǎifǎng [동] 인터뷰하다　剧情 jùqíng [명] 극의 줄거리

🏯 알아 두면 시험이 쉬워지는 배경 지식

[신조어] 剧情透露(스포일러)는 다른 사람이 보기 전에 어떤 작품의 내용이나 결과를 알려주는 것을 말하며, 줄여서 剧透라고도 한다. 일반적으로 剧情透露는 영화나 소설을 감상하는 데 흥미나 재미를 떨어뜨릴 수 있지만, 작품을 보기 전 미리 줄거리를 알고 난 후 작품 감상 여부를 결정하고 싶은 사람들에게는 유용한 정보가 되기도 한다. 참고로, 중국에서는 전문적으로 剧情透露를 하는 사람들을 가리켜 剧透党이라고 부른다.

剧情透露 jùqíngtòulù 스포일러
剧透 jùtòu 스포일러
剧透党 jùtòudǎng 스포일러당

32 直播 **
zhíbō

 통 생중계하다, 직접 중계하다
→ 술어
有些自媒体主播主要<u>直播</u>自己简单而又平静的日常生活。

어떤 1인 미디어 크리에이터들은 주로 자신의 간단하면서도 평온한 일상생활을 생중계한다.

自媒体 zìméitǐ 1인 미디어 **主播** zhǔbō 크리에이터, 방송인

🏯 알아 두면 시험이 쉬워지는 배경 지식

> 신조어 **直播**(인터넷 생방송)는 현재 중국에서 가장 인기 있는 산업 분야 중 하나이다. 20~30대의 청년들이 **直播**를 주로 이용하는데, 이들은 자신의 취미 및 관심 분야의 영상을 보거나, 직접 **主播**가 되어 방송을 진행하기도 한다. 최근에는 **直播**를 활용하여 소비자 니즈를 즉각 반영하는 실시간 판매 방송이 급부상하고 있는데, 이러한 **直播经济**는 향후 중국 시장에서 중요한 분야로 성장할 것으로 예상되고 있다.
>
> **直播** zhíbō 인터넷 생방송
> **主播** zhǔbō 크리에이터, 방송인[**直播**를 진행하는 사람]
> **直播经济** zhíbō jīngjì 쯔보 경제[**直播**를 활용한 경제 활동]

33 虚假
xūjiǎ

반의어

真实 zhēnshí
형 진실한, 참된, 진짜의

형 거짓의, 허위의
<u>虚假</u>新闻随着短视频和直播视频的快速普及而泛滥。

거짓 뉴스는 쇼트클립과 생방송 동영상의 빠른 보급에 따라 범람했다.

短视频 duǎnshìpín 쇼트클립 **直播** zhíbō 통 생방송하다, 직접 중계하다
视频 shìpín 명 동영상, 화상캠 **普及** pǔjí 통 보급되다, 확산되다
泛滥 fànlàn 통 (나쁜 것들이 아무런 제한 없이) 범람하다, 유행하다

34 激情 **
jīqíng

명 격정, 열정적인 감정
在一个节目中，嘉宾充满激情的即兴舞蹈引起了全场观众的轰动。

한 프로그램에서, 격정으로 가득 찬 게스트의 즉흥 댄스는 장내 모든 관중을 뒤흔들게 만들었다.

嘉宾 jiābīn 명 게스트, 귀빈 **即兴** jíxìng 통 즉흥적이다
舞蹈 wǔdǎo 명 댄스 **轰动** hōngdòng 통 뒤흔들다, 들끓게 하다

35 乐趣 **
lèqù

명 즐거움, 기쁨
对她而言，不断挑战新角色才是表演的乐趣所在。

그녀에게 있어서, 끊임없이 새로운 배역에 도전하는 것이야말로 연기의 즐거움이 존재하는 곳이다.

角色 juésè 명 배역, 역할 **所在** suǒzài 명 존재하는 곳, 소재

36 共鸣
gòngmíng

동 공감하다, 공명하다

喜剧片里也会有一些触动人心的台词，能引起观 → 술어
众的共鸣。

코미디 영화 속에도 사람의 마음을 건드리는 대사들이 있어서, 관중들의 공감을 불러일으킬 수 있다.

喜剧片 xǐjùpiàn 몡 코미디 영화　触动 chùdòng 통 건드리다, 부딪치다
台词 táicí 몡 대사

37 轰动
hōngdòng

동 동요하다, 뒤흔들다

一位穿着朴素的街头歌手唱的一首歌曲引起了巨
大轰动。

한 소박한 옷차림의 길거리 가수가 부른 노래 한 곡이 거대한 동요를 불러일으켰다.

朴素 pǔsù 혱 소박하다, 화려하지 않다　歌曲 gēqǔ 몡 노래, 가곡

38 陶醉
táozuì

동 도취하다, 취하다

这位钢琴家弹奏的优美动听的旋律简直令人陶醉。

이 피아니스트가 연주한 아름답고 감동적인 선율은 정말이지 사람을 도취시킨다.

弹奏 tánzòu 통 연주하다　优美 yōuměi 혱 아름답다
动听 dòngtīng 혱 감동적이다　旋律 xuánlǜ 몡 선율

39 衬托 **
chèntuō

동 부각시키다, 돋보이게 하다

这部影片通过反面人物，衬托出了主人公勇敢的
形象。

이 영화는 나쁜 캐릭터들을 통해, 주인공의 용감한 이미지를 부각해 냈다.

反面 fǎnmiàn 혱 나쁜　形象 xíngxiàng 몡 이미지

40 场面 **
chǎngmiàn

명 장면, 신(scene)

在该武侠电影中，最后的决战场面是利用特效完
成的。

이 무협 영화에서, 최후의 결전 장면은 특수 효과를 이용해 완성한 것이다.

该 gāi 때 이　武侠 wǔxiá 몡 무협, 협객　决战 juézhàn 통 결전하다
利用 lìyòng 통 이용하다　特效 tèxiào 몡 특수 효과

⁴¹ 卡通 ★★
kǎtōng

명 만화, 카툰

《玩具总动员》中的卡通人物被塑造得很成功。 → 술어

<토이스토리> 속의 만화 캐릭터들은 성공적으로 형상화되었다.

玩具总动员 Wánjùzǒngdòngyuán 고유 토이스토리
人物 rénwù 명 캐릭터, 인물   塑造 sùzào 동 인물을 형상화하다

⁴² 武侠
wǔxiá

명 무협, 협객

他一生拍过80多部电影，其中武侠片占绝大多数。

그는 일생 동안 80여 편의 영화를 찍었는데, 그중 무협 영화가 절대다수를 차지한다.

武侠片 wǔxiápiàn 명 무협 영화   占 zhàn 동 차지하다

🏯 **알아 두면 시험이 쉬워지는 배경 지식**

> 중국 문화 金庸(진융)은 중국 武侠小说의 대가로 널리 알려져 있다. 그는 생전에 총 15편의 武侠小说를 발표했는데, 그의 작품들은 수많은 영화·드라마·게임으로 만들어졌다. 특히 <사조영웅전(射雕英雄传)>·<신조협려(神雕侠侣)>·<의천도룡기(倚天屠龙记)>·<녹정기(鹿鼎记)> 등은 1980년대에 각종 영화와 TV 시리즈물로 제작되면서 전 세계로부터 많은 인기를 얻었다.
>
> 金庸 Jīn Yōng 진융, 김용[중국 무협 소설의 대가]
> 武侠小说 wǔxiá xiǎoshuō 무협 소설

⁴³ 口音
kǒuyīn

명 어투, 사투리

这位男演员带有东北口音，给人一种爽快豪放的感觉。

이 남자 배우는 둥베이 지역 어투를 가지고 있어서, 사람들에게 시원시원하고 호방한 느낌을 준다.

东北 Dōngběi 고유 (중국의) 둥베이 지역, 동북 지역
爽快 shuǎngkuai 형 시원시원하다   豪放 háofàng 형 호방하다

⁴⁴ 偶像
ǒuxiàng

명 우상

偶像原指为人所崇拜的雕塑品，现在用来指被追捧的艺人。

우상은 원래 사람에게 숭배를 받는 조각품을 의미했는데, 지금은 열광적인 사랑을 받는 연예인을 가리키는 데 쓰인다.

崇拜 chóngbài 동 숭배하다   雕塑品 diāosùpǐn 명 조각품
追捧 zhuīpěng 동 열광적으로 사랑하다, 추종하다   艺人 yìrén 명 연예인

👩 **시험에 이렇게 나온다!**

> 짝꿍 표현 偶像을 활용한 다양한 짝꿍 표현들을 알아 둔다.
>
> 偶像剧 ǒuxiàngjù 우상극 늑 청춘 드라마, 트렌디 드라마
> 偶像派 ǒuxiàngpài 아이돌, 청춘 스타

45 收音机
shōuyīnjī

명 라디오

传统的收音机慢慢被手机取代，现在很多人用手机在线收听广播。 → 술어

기존의 라디오는 휴대폰에 의해 조금씩 대체되어서, 현재 많은 사람들은 휴대폰을 사용하여 온라인에서 방송을 청취한다.

取代 qǔdài 통 대체하다 收听 shōutīng 통 (라디오를) 청취하다

46 音响
yīnxiǎng

명 음향, 음향 기기

这次大型演唱会的音响效果不佳，引起了现场观众的不满。

이번 대형 콘서트의 음향 효과는 좋지 않아서, 현장 관중들의 불만을 불러일으켰다.

演唱会 yǎnchànghuì 명 콘서트 现场 xiànchǎng 명 현장

47 环节 ★★
huánjié

명 부분, 일환

这两位歌星的对唱环节获得了全场听众热烈的掌声。

이 두 스타 가수의 듀엣 부분은 장내 모든 청중들의 열렬한 박수 소리를 받았다.

歌星 gēxīng 명 스타 가수, 유명 가수 对唱 duìchàng 통 듀엣으로 부르다
听众 tīngzhòng 명 청중 热烈 rèliè 형 열렬하다, 뜨겁다

48 话筒
huàtǒng

명 마이크, 메가폰

她天生就属于舞台，一拿起话筒就像变了个人似的。

그녀는 타고난 무대 체질이라, 마이크만 들면 다른 사람이 된 것 같다.

天生 tiānshēng 형 타고난, 선천적인 属于 shǔyú 통 ~에 속하다
舞台 wǔtái 명 무대 似的 shìde 조 ~과 같다

49 响亮
xiǎngliàng

형 (소리가) 크고 맑다, 우렁차다

要想扮演这部音乐剧的主角，必须要有响亮的嗓音。

이 뮤지컬의 주연을 맡고자 한다면, 반드시 크고 맑은 목소리를 가지고 있어야 한다.

扮演 bànyǎn 통 ~역을 맡아 하다, 출연하다 音乐剧 yīnyuèjù 명 뮤지컬
主角 zhǔjué 명 주연, 주인공 嗓音 sǎngyīn 명 목소리, 음성

50 不愧
búkuì

부 ~에 부끄럽지 않다, ~라고 할 만하다

他不愧是喜剧明星，仅一句话就引起了全场哄堂
大笑。

그는 코미디 스타인 것이 부끄럽지 않게, 단 한 마디의 말로 장내에 한바탕
폭소를 일으켰다.

喜剧 xǐjù 명코미디　哄堂大笑 hōngtángdàxiào 성한바탕 폭소하다

51 级别 ★★
jíbié

명 등급, 단계

这是一部奥斯卡级别的伟人传记电影，值得你收藏。

이것은 오스카상 등급의 위인 전기 영화로, 당신이 소장할 가치가 있다.

奥斯卡 Àosīkǎ 고유오스카상　伟人 wěirén 명위인
传记 zhuànjì 명전기　收藏 shōucáng 동소장하다

52 事迹 ★★
shìjì

명 사적

根据她的事迹改编的电影获得了全国电影大赛一
等奖。

그녀의 사적을 근거로 각색한 영화가 전국 영화 대회 대상을 받았다.

改编 gǎibiān 동각색하다, 개편하다

53 策划 ★★
cèhuà

동 기획하다, 계획하다

策划本节目的目的在于鼓励大学毕业生自主创业。

본 프로그램을 기획한 목적은 대학 졸업생들이 자주적으로 창업하도록 격
려하는 데 있습니다.

自主 zìzhǔ 동자주적으로 하다　创业 chuàngyè 동창업하다

 시험에 이렇게 나온다!

듣기 策划(기획하다)는 듣기 제2부분에서 예술가 인터뷰가 나올 경우 자주 출제되는
데, 특정 프로그램을 어떻게 기획하게 되었는지를 설명하는 흐름에서 주로 언급
된다. 策划와 함께 예술가 인터뷰에서 자주 출제되는 표현들을 알아 둔다.

策划案 cèhuà'àn 기획안
节目策划者 jiémù cèhuàzhě 프로그램 기획자
策划拍摄主题 cèhuà pāishè zhǔtí 촬영 주제를 기획하다

54 构思 **
gòusī

[동] 구상하다

我认为构思一部电影就像创造另一个世界。
(술어)

저는 영화 한 편을 구상하는 것이 또 다른 세계를 창조해 내는 것과 같다고 생각합니다.

创造 chuàngzào [동] 창조하다, 발명하다

시험에 이렇게 나온다!

[짝꿍표현] 构思를 활용한 다양한 짝꿍 표현들을 알아 둔다.

构思巧妙 gòusī qiǎomiào 구상이 절묘하다
构思新颖 gòusī xīnyǐng 구상이 참신하다
构思新作 gòusī xīnzuò 새로운 작품을 구상하다

55 据悉 **
jùxī

[동] 아는 바에 의하면 ~라고 한다

据悉,今年即将上映一部中国国产大制作影片。

아는 바에 의하면, 올해에 곧 중국 국산 블록버스터 영화 한 편이 상영될 예정이라고 한다.

即将 jíjiāng [부] 곧, 머지않아 上映 shàngyìng [동] 상영하다
国产 guóchǎn [형] 국산의 大制作 dàzhìzuò 블록버스터, 대작

56 丑恶
chǒu'è

[반의어]
美好 měihǎo
[형] 좋다, 아름답다

[형] 추악하다, 더럽다

希区柯克制作的悬疑片彻底暴露了人性丑恶的一面。

히치콕이 제작한 미스터리 영화는 인간 본성의 추악한 일면을 철저하게 폭로하였다.

希区柯克 Xīqūkēkè [고유] 히치콕[영국 출생의 미국 영화 감독]
悬疑片 xuányípiàn 미스터리 영화 暴露 bàolù [동] 폭로하다, 드러내다
人性 rénxìng [명] 인간의 본성, 인성

57 简要
jiǎnyào

[형] 간단명료하다, 간결하고 핵심을 찌르다

主持人站到舞台中央,简要地介绍了一下这个文艺节目。

사회자는 무대 중앙에 서서, 이 예능 프로그램을 간단명료하게 소개했다.

主持人 zhǔchírén [명] 사회자 舞台 wǔtái [명] 무대
中央 zhōngyāng [명] 중앙 文艺节目 wényì jiémù 예능 프로그램

58 可观
kěguān

[형] 굉장하다, 대단하다

这部大片虽然上映了很长时间，观影人次却依然可观。

이 블록버스터는 비록 오랜 기간 상영했지만, 영화를 관람하는 연인원은 여전히 굉장하다.

大片 dàpiàn [명] 블록버스터, 대작 영화 **上映** shàngyìng [동] 상영하다
人次 réncì [명] 연인원 **依然** yīrán [부] 여전히, 변함없이

59 连同 ★★
liántóng

[접] ~와 함께, ~와 더불어

在这部电影的结尾中，男主角连同儿子回到家乡，过上了平凡的日子。

이 영화의 결말에서, 남자 주인공은 아들과 함께 고향으로 돌아가, 평범한 나날을 보냈다.

结尾 jiéwěi [명] 결말 **主角** zhǔjué [명] 주인공 **平凡** píngfán [형] 평범하다

60 曲子 ★★
qǔzi

[명] 가곡, 노래, 악보

这首曲子要求演奏者具备高超的演奏技巧和良好的心理素质。

이 가곡은 연주자에게 출중한 연주 테크닉과 우수한 심리적 소양을 갖추도록 요구한다.

演奏者 yǎnzòuzhě 연주자 **具备** jùbèi [동] 갖추다
高超 gāochāo [형] 출중하다 **演奏** yǎnzòu [동] 연주하다
技巧 jìqiǎo [명] 테크닉, 기교 **素质** sùzhì [명] 소양, 자질

61 泰斗
tàidǒu

[명] 권위자, 일인자

曹禺是中国最杰出的剧作家之一，堪称现代戏剧的泰斗。

차오위는 중국에서 가장 걸출한 극작가 중 한 명으로, 현대 연극의 권위자라고 말할 수 있다.

曹禺 Cáo Yú [고유] 차오위[중국 현대 극작가] **杰出** jiéchū [형] 걸출한
剧作家 jùzuòjiā 극작가 **堪称** kānchēng [동] ~라고 말할 수 있다
现代 xiàndài [명] 현대 **戏剧** xìjù [명] 연극, 희극

62 相声 ★★
xiàngsheng

명 만담, 재담[설창 문예의 일종]

《黄鹤楼》是中国相声泰斗马三立的代表作品。
　　　　　　　　　　　　　　↑술어
<황학루>는 중국 만담의 대가 마산리의 대표 작품이다.

黄鹤楼 Huánghèlóu 고유 황학루　泰斗 tàidǒu 명 대가, 권위자
马三立 Mǎ Sānlì 고유 마산리[중국의 만담 배우]

🏯 알아 두면 시험이 쉬워지는 배경 지식

중국
문화 相声(만담)은 언어를 주요 수단으로 하는 说唱 예술의 한 종류로, 주로 재미있고 익살스러운 말과 연기로 생활 속의 다양한 이야기들을 풍자한다. 배우의 수에 따라 单口相声·对口相声·群口相声 등으로 나뉘어지며, 이 중 对口相声이 가장 많이 공연된다. 对口相声은 두 연기자가 문답식으로 연기하는데, 한 사람이 웃기면 다른 한 사람이 받쳐 주는 형식으로 진행된다. 중국의 유명한 相声 연기자로는 장쇼우천(张寿臣)·마산리(马三立)·호우바오린(侯宝林)·궈더강(郭德纲) 등이 있다.

说唱 shuōchàng 설창
单口相声 dānkǒu xiàngsheng 1인 만담
对口相声 duìkǒu xiàngsheng 2인 만담
群口相声 qúnkǒu xiàngsheng 여러 사람이 하는 만담

63 旋律 ★★
xuánlǜ

명 선율, 멜로디

那个美妙动听的旋律，至今还回响在我的耳际。
그 아름답고 듣기 좋은 선율은, 지금까지도 내 귓가에 울리고 있다.

美妙 měimiào 형 아름답다　动听 dòngtīng 형 듣기 좋다
至今 zhìjīn 부 지금까지, 여태껏　回响 huíxiǎng 동 울리다, 메아리치다
耳际 ěrjì 명 귓가, 귓전

64 杂技
zájì

명 서커스, 곡예

宋代的杂技艺术被叫做"百戏"。
송대의 서커스 예술은 '백희'라고 불렸다.

宋代 Sòngdài 고유 송나라 시대　叫做 jiàozuò 동 ~라고 불리다
百戏 bǎixì 명 백희[중국 고대의 민간 공연 예술 중 하나]

🏯 알아 두면 시험이 쉬워지는 배경 지식

중국
문화 飘色(표색)는 희극·마술·서커스·음악·춤 등이 하나로 융합된 중국의 전통 민속 예술이다. 일반적으로 4~5세 가량의 어린아이를 중국 전통극의 등장인물로 분장시켜서 가늘고 높은 쇠 막대기에 세운 후, 인력거에 태우거나 들 것에 들고 거리를 순례한다. 겉보기에는 마치 어린 아이가 가느다랗고 뾰족한 쇠 막대기 하나에 발을 얹어 놓고 가만히 서 있는 것처럼 보이지만, 실제로는 분장용 의상 속에 철강으로 만든 인체 모형이 있어서 아이는 그 위에 앉아 있기만 하면 되도록 설계되어 있다. 참고로, 飘色라는 명칭은 아이가 공중에서 서 있는 모습이 마치 바람에 나부끼는 듯한 효과를 내는 듯하여 붙여진 것이다.

飘色 piāosè 표색

65 伴随 **
bànsuí

● 图 함께 가다, 동행하다

芭蕾舞演员<u>伴随</u>着观众雷鸣般的掌声，<u>完成了一</u>
系列高难度动作。 → 술어

발레리나는 관중들의 우레가 울리는 것 같은 박수 소리와 함께, 일련의 고
난도 동작을 완성했다.

芭蕾舞演员 bālěiwǔ yǎnyuán 발레리나　雷鸣 léimíng 图 우레가 울리다
般 bān 좹 ~와 같은　一系列 yíxìliè 형 일련의

66 耍
shuǎ

● 图 (수단을) 부리다, 놀리다

<u>耍</u>狮子是由两个人表演的民间舞蹈，<u>起源于三国</u>
时期。

사자춤을 추는 것은 두 사람이 공연하는 민간 무용으로, 삼국 시기로부터
기원한다.

耍狮子 shuǎ shīzi 사자춤을 추다　民间 mínjiān 형 민간, 비공식적
舞蹈 wǔdǎo 명 무용, 춤　起源 qǐyuán 图 기원하다

 시험에 이렇게 나온다!

짝꿍표현 耍를 활용한 다양한 짝꿍 표현들을 알아 둔다.
　　戏耍 xìshuǎ 희롱하다, 놀리다
　　玩耍 wánshuǎ 놀다, 장난하다

67 姿态 **
zītài

유의어
姿势 zīshì 명 자세

● 명 자태, 자세

在京剧表演中，演员常<u>借助</u>扇子<u>展现</u>各种精彩的
姿态。

경극 공연 중에, 연기자들은 자주 부채의 힘을 빌려 각종 근사한 자태를 선
보인다.

借助 jièzhù 图 (다른 사람 또는 사물의) 힘을 빌리다, 도움을 받다
扇子 shànzi 명 부채　展现 zhǎnxiàn 图 선보이다, 드러내다

 시험에 이렇게 나온다!

유의어 姿态 : 姿势(zīshì, 자세)
　　姿态는 구체적인 자세뿐만 아니라, 태도 또는 기개를 의미한다.
　　姿态优美 zītài yōuměi 자태가 아름답다
　　积极的姿态 jījí de zītài 적극적인 자세

　　姿势 은 구체적인 몸의 자세만을 의미한다.
　　姿势端正 zīshì duānzhèng 자세가 단정하다
　　立正的姿势 lìzhèng de zīshì 차렷 자세

68 传单
chuándān

● 명 전단지, 전단

每个社区的广告牌上贴着宣传市民话剧大赛的
传单。 ←┘ 술어

각 단지의 광고판마다 시민 연극 대회를 홍보하는 전단지가 붙어 있다.

社区 shèqū 명 (아파트 등의) 단지　贴 tiē 동 붙이다
宣传 xuānchuán 동 홍보하다, 광고하다　话剧 huàjù 명 연극

69 充当
chōngdāng

● 동 (어떤 직무·역할을) 맡다, 담당하다

大家都希望你能充当校园才艺表演大赛的主持人。

모두들 네가 캠퍼스 학예회의 사회자를 맡기를 바란단다.

校园 xiàoyuán 명 캠퍼스, 교정　才艺表演大赛 cáiyì biǎoyǎn dàsài 학예회
主持人 zhǔchírén 명 사회자

70 潇洒
xiāosǎ

● 형 멋스럽다, 소탈하다

这位资深舞蹈演员潇洒的舞步吸引了全场观众的
眼球。

이 베테랑 무용 배우의 멋스러운 스텝이 모든 객석 관중의 눈길을 사로잡
았다.

资深 zīshēn 형 베테랑의, 경력이 오랜　舞蹈 wǔdǎo 명 무용, 춤
舞步 wǔbù 명 (춤의) 스텝　眼球 yǎnqiú 명 눈길, 안구

71 东道主
dōngdàozhǔ

● 명 (손님을 초대한) 주최측, 주인

每届奥运会的闭幕式上都会有下届东道主的精彩
表演。

매 회 올림픽의 폐막식에는 다음 주최측의 훌륭한 공연이 있다.

奥运会 Àoyùnhuì 고유 올림픽　闭幕式 bìmùshì 폐막식

🏯 알아 두면 시험이 쉬워지는 배경 지식

> 중국 역사 东道主(주최측)라는 말은 <左传>에서 유래한 것이다. 춘추 전국 시대에 晋나라
> 와 秦나라가 연합하여 郑나라를 치려고 했다. 그러자 정 문공(郑文公)은 촉지무
> (烛之武)라는 신하를 秦나라에 파견하여 진 목공(秦穆公)을 설득하게 했다. 촉
> 지무는 진 목공에게 '郑과 秦 사이에 晋이 있는데, 만일 秦이 郑을 멸망시킨다
> 는 계획을 포기한다면, 郑나라는 동쪽 길 위에 있는 주인(东道主)으로서 秦나
> 라 군대가 郑나라를 오고 갈 때 편의를 제공하고 접대를 잘 할 것입니다.'라고
> 약속하였다. 이에 진 목공은 郑나라를 치려는 계획을 거두었고, 이후 东道主는
> 郑나라를 부르는 별칭이 되었다. 이 고사에서 유래하여 현재 东道主는 '손님이
> 찾아오면 편의를 제공해 주는 주인이나 초대자'를 나타내는 말로 사용되고 있다.
>
> 左传 Zuǒzhuàn 좌전
> 晋 Jìn 진[춘추 시대의 나라]
> 秦 Qín 진[춘추 전국 시대의 나라]
> 郑 Zhèng 정[주(周)대의 제후국의 하나]

72 着重 ** zhuózhòng

[동] 중점을 두다, 치중하다

本届纽约时装秀着重展现简约风格的魅力。

→ 술어

이번 뉴욕 패션쇼는 심플한 스타일의 매력을 드러내는 데 중점을 두었다.

纽约 Niǔyuē [고유] 뉴욕　**时装秀** shízhuāngxiù 패션쇼
展现 zhǎnxiàn [동] 드러내다, 선보이다　**简约** jiǎnyuē [형] 심플하다
风格 fēnggé [명] 스타일, 풍격　**魅力** mèilì [명] 매력

 시험에 이렇게 나온다!

[이합동사] 着重은 着(덧붙이다)+重(무게)이 합쳐진 이합동사이다. 이합동사는 기본적으로 목적어를 취할 수 없지만, 着重은 예외적으로 목적어를 취할 수 있다.

着重于心理活动描写 심리활동 묘사에 치중하다 (목적어 없음)

着重描写心理活动 심리활동을 묘사하는 데 중점을 두다 (목적어 있음)

73 奠定 diàndìng

[동] 다지다, 안정시키다

宋杂剧为中国戏曲的繁荣奠定了坚实的基础。

송대 잡극은 중국 희곡의 번영에 견고한 기초를 다져 놓았다.

宋 Sòng [고유] 송, 송나라　**杂剧** zájù [명] 잡극[송대에 유행하던 공연 형식]
戏曲 xìqǔ [명] (중국의) 희곡　**繁荣** fánróng [형] 번영하다
坚实 jiānshí [형] 견고하다

74 继承 ** jìchéng

[동] 이어받다, 계승하다

小李继承了祖父的相声天赋，他的表演深受大家的青睐。

샤오리는 할아버지의 만담 재능을 이어받아서, 그의 공연은 모두의 주목을 듬뿍 받는다.

祖父 zǔfù [명] 할아버지　**相声** xiàngsheng [명] 만담[설창 문예의 일종]
天赋 tiānfù [명] (타고난) 재능, 자질　**青睐** qīnglài [동] 주목하다

75 神圣 ** shénshèng

[형] 신성하다, 성스럽다

对大多数演员来说，春晚是个神圣的舞台。

대다수의 배우들에게 있어, 춘완은 신성한 무대이다.

春晚 Chūnwǎn [고유] 춘완[중국 CCTV가 매년 춘절 전야에 방송하는 프로그램]
舞台 wǔtái [명] 무대

76 陈列 chénliè

[동] 진열하다

展览馆里陈列着最新出土的雕刻艺术品。

전시관 안에 가장 최근에 출토된 조각 예술품이 진열되어 있다.

展览馆 zhǎnlǎnguǎn [명] 전시관　**出土** chūtǔ [동] 출토하다
雕刻 diāokè [명] 조각, 조각품

77 出神
chūshén

동 넋을 잃다, 넋이 나가다

小梅出神地看着那精彩的魔术表演。

샤오메이는 저 훌륭한 마술 공연을 넋을 잃고 보고 있다.

魔术 móshù 명 마술

 시험에 이렇게 나온다!

이합동사 出神은 出(나오다, 꺼내다)+神(정신)이 합쳐진 이합동사로, 목적어를 취할 수 없다.

出神电影 영화를 넋이 나가다 (X)
看电影看得出神 영화를 보다가 넋이 나가다 (O)

78 排练
páiliàn

동 무대 연습을 하다, 리허설을 하다

这些歌手都为争夺选秀节目的冠军而认真排练。

이 가수들은 모두 서바이벌 프로그램의 우승을 쟁탈하기 위해 열심히 무대 연습을 한다.

争夺 zhēngduó 동 쟁탈하다, 다투다
选秀节目 xuǎnxiù jiémù 서바이벌 프로그램, 오디션 프로그램
冠军 guànjūn 명 우승, 챔피언

79 完毕 ★★
wánbì

동 끝내다, 마치다

演出完毕后，请各位随身携带贵重物品，安全有序地离场。

공연이 끝나고 나면, 모두들 귀중품을 잘 휴대하시고, 안전하고 질서 있게 퇴장해 주시기 바랍니다.

携带 xiédài 동 휴대하다 贵重物品 guìzhòngwùpǐn 귀중품
有序 yǒuxù 형 질서가 있다, 순서가 있나 离场 líchǎng 퇴장하다

80 赞叹 ★★
zàntàn

동 감탄하며 찬미하다, 찬탄하다

他的唱功令人赞叹，每次都能赢得全场歌迷的喝彩。

그의 노래 솜씨는 사람을 감탄하고 찬미하게 하여, 매번 모든 음악 팬들의 갈채를 얻는다.

唱功 chànggōng 명 노래 솜씨 赢得 yíngdé 동 얻다, 획득하다
歌迷 gēmí 명 음악 팬, 노래 애호가 喝彩 hècǎi 동 갈채하다

 시험에 이렇게 나온다!

짝꿍표현 赞叹을 활용한 다양한 짝꿍 표현들을 알아 둔다.

赞叹不已 zàntàn bùyǐ 찬탄해 마지않다
令人赞叹 lìng rén zàntàn 사람들을 찬탄하게 하다

연습문제 체크체크!

제시된 각 단어의 병음과 뜻을 써 보세요.

01 情节 .... / ....

02 清晰 .... / ....

03 衬托 .... / ....

04 不愧 .... / ....

05 呈现 .... / ....

제시된 단어 중, 문장에 어울리는 단어를 빈칸에 적어 보세요.

06 激发 / 开展

电视里播放的那首动听的歌曲 .... 了我的创作灵感。

07 赋予 / 赞叹

她在舞台上的表现十分出色，令人 .... 。

08 断定 / 奠定

那位舞蹈家的作品为现代舞蹈艺术的发展 .... 了基础。

09 构思 / 沉思

这个话剧的剧本艺术 .... 巧妙，编剧很好地塑造了人物形象。

10 演奏 / 扮演

有个演员在这部音乐剧中 .... 了两个角色，但无一人认出。

정답: 01. qíngjié/ 줄거리, (일의) 경과 02. qīngxī/ 뚜렷하다, 분명하다 03. chèntuō/ 부각시키다, 돋보이게 하다
04. búkuì/ ~에 부끄럽지 않다, ~라고 할 만하다 05. chéngxiàn/ 나타나다, 드러나다
06. 激发 07. 赞叹 08. 奠定 09. 构思 10. 扮演

* 06~10번 문제 해석은 해커스중국어(china.Hackers.com)에서 다운로드 받으세요.

HSK 6급 시험에 나오는 고난도 어휘

☑ 잘 외워지지 않는 단어는 □에 체크해 두고 다음에 반복 암기합니다.

□	硬科幻	yìngkēhuàn	하드코어 SF
□	版权	bǎnquán	명 저작권, 판권
□	彩蛋	cǎidàn	명 쿠키영상[영화에서 엔딩크레딧 이후 나오는 서비스 영상]
□	场景	chǎngjǐng	명 (연극·영화·드라마의) 장면, 신
□	传媒	chuánméi	명 대중매체
□	罐头笑声	guàntou xiàoshēng	명 (TV 프로그램에서) 녹음된 웃음소리
□	收视率	shōushìlǜ	명 시청률
□	主角	zhǔjué	명 주연, 주인공
□	编剧	biānjù	동 대본을 쓰다 명 극작가
□	编排	biānpái	동 편성하다, 배열하다
□	拍摄	pāishè	동 촬영하다
□	穿帮	chuānbāng	동 결점이나 허점이 드러나다, 틈을 보이다
□	媒体人	méitǐrén	명 언론인
□	匿名	nìmíng	동 이름을 숨기다, 익명하다
□	解说	jiěshuō	동 해설하다
□	评说	píngshuō	동 평론하다, 평가하다
□	评选	píngxuǎn	동 심사하여 뽑다
□	桂冠	guìguān	명 월계관, 우승자
□	默片	mòpiàn	명 무성 영화
□	柏林国际电影节	Bólín Guójì Diànyǐngjié	고유 베를린 국제 영화제

☐ 金熊奖	Jīnxióng Jiǎng	고유 황금곰상[베를린 영화제의 최고 상]
☐ 颁奖	bānjiǎng	동 상을 수여하다, 시상하다
☐ 璀璨	cuǐcàn	형 반짝반짝 빛나다, 휘황찬란하다
☐ 话剧	huàjù	명 연극
☐ 喜剧	xǐjù	명 희극, 코미디
☐ 醒狮	xǐngshī	명 사자무[사자의 탈을 쓰고 행하는 놀이]
☐ 戏曲	xìqǔ	명 (곤곡·경극 등) 중국의 전통적인 희곡
☐ 折子戏	zhézixì	명 절자희[중국 토막극의 한 종류]
☐ 街舞	jiēwǔ	명 힙합, 길거리 댄스
☐ 伴奏	bànzòu	동 반주하다
☐ 搭调	dādiào	동 곡조가 맞다 형 어울리다
☐ 巡演	xúnyǎn	동 순회 공연하다
☐ 脑洞大开	nǎodòng dàkāi	상상력이 풍부하다
☐ 悦耳动听	yuè'ěrdòngtīng	듣기 좋다
☐ 氛围	fēnwéi	명 분위기
☐ 命脉	mìngmài	명 명맥
☐ 盛况	shèngkuàng	명 성황
☐ 观赏	guānshǎng	동 구경하다, 감상하다
☐ 互动	hùdòng	동 상호 작용을 하다
☐ 谢幕	xièmù	동 (공연에서 관객들의) 커튼콜에 감사의 뜻을 표하다

해커스 HSK 6급 단어장

DAY 15

스포츠 꿈나무

스포츠 · 경기 · 행사

주제를 알면 HSK가 보인다!

HSK 6급에서는 특정 스포츠 종목이나 선수 소개, 다양한 경기나 행사를 소개하는 내용의 문제가 자주 출제돼요. 따라서 '현장', '선수', '돌파하다', '활력', '민첩하다'와 같은 스포츠·경기·행사 관련 단어들을 집중적으로 학습하면 이러한 문제를 쉽게 풀 수 있어요.

🎧 단어, 예문 MP3

퇴근도 스포츠죠!

08 现场 xiànchǎng 몡 현장   **09 选手** xuǎnshǒu 몡 선수   **02 突破** tūpò 동 돌파하다

01 活力 huólì 몡 활력, 생기   **06 敏捷** mǐnjié 혱 민첩하다, 빠르다

01 活力 ***
huólì

● 몡 활력, 생기

适当的运动有助于新陈代谢，能够让人更有活力。 ⌐술어

적당한 운동은 신진대사에 도움이 되어, 사람으로 하여금 활력이 생기도록 한다.

适当 shìdàng 혱 적당하다　新陈代谢 xīnchéndàixiè 몡 신진대사

02 突破 ***
tūpò

● 동 돌파하다, 타파하다

跑马拉松时最需要的是突破自我的体育精神。

마라톤을 할 때 가장 필요한 것은 자신을 돌파하겠다는 스포츠 정신이다.

马拉松 mǎlāsōng 몡 마라톤　精神 jīngshén 몡 정신

03 超越 ***
chāoyuè

● 동 넘다, 초월하다

对长跑的人来说，超越极限时，身体反而会充满力量。

장거리 경주를 뛰는 사람의 경우, 극한을 넘어설 때, 몸은 반대로 힘이 충만해진다.

长跑 chángpǎo 몡 장거리 경주　极限 jíxiàn 몡 극한, 최대 한도
反而 fǎn'ér 믭 반대로, 오히려　充满 chōngmǎn 동 충만하다, 가득 차다
力量 lìliang 몡 힘, 역량

04 修养 ***
xiūyǎng

● 몡 수양, 교양

有些人认为，练太极拳是提高内心修养的好办法。

어떤 사람들은, 태극권을 하는 것이 마음의 수양을 높이는 좋은 방법이라고 생각한다.

太极拳 tàijíquán 몡 태극권　内心 nèixīn 몡 마음

05 干扰 ***
gānrǎo

● 동 방해하다, 지장을 주다

为了不受干扰，大卫决定去宽敞的院子练习滑板。

방해를 받지 않기 위해, 데이빗은 넓은 마당으로 가서 스케이트보드를 연습하기로 결정했다.

宽敞 kuānchang 혱 넓다, 드넓다　滑板 huábǎn 몡 스케이트보드

06 敏捷 ***
mǐnjié

● 혱 (생각·동작 등이) 민첩하다, 빠르다

李静动作敏捷，因此在队内担任前锋。

리징은 동작이 민첩하여, 팀 내에서 스트라이커를 담당한다.

担任 dānrèn 동 담당하다, 맡다　前锋 qiánfēng 몡 스트라이커, 공격수

07 协调 ***
xiétiáo

형 조화롭다, 어울리다　동 조화롭게 하다, 어울리게 하다

协调的团队气氛是她们在冬奥会上夺冠的秘诀
之一。
　　　　　　　　　└→ 술어

조화로운 팀 분위기가 그녀들이 동계 올림픽에서 우승을 차지한 비결 중
하나이다.

协调选手之间的关系是李教练的首要任务。

선수 간의 관계를 조화롭게 하는 것은 리 코치의 제일 중요한 임무이다.

团队 tuánduì 명 팀, 단체　**气氛** qìfēn 명 분위기
冬奥会 Dōng'àohuì 고유 동계 올림픽　**夺冠** duóguàn 동 우승을 차지하다
秘诀 mìjué 명 비결　**选手** xuǎnshǒu 명 선수
教练 jiàoliàn 명 코치, 감독　**首要** shǒuyào 형 제일 중요한

08 现场 ***
xiànchǎng

명 (사건이나 사고의) 현장, 작업 현장

那家伙之所以经常到球场看球赛, 是因为他喜欢
现场的气氛。

저 녀석이 자주 구장에 가서 구기 시합을 보는 것은, 그가 현장의 분위기를
좋아하기 때문이야.

家伙 jiāhuo 명 녀석, 놈　**气氛** qìfēn 명 분위기

09 选手 ***
xuǎnshǒu

명 선수

冯珊珊是中国第一个获得奥运高尔夫球奖牌的
选手。

펑샨샨은 중국 최초로 올림픽 골프 메달을 획득한 선수이다.

奥运 Àoyùn 고유 올림픽　**高尔夫球** gāo'ěrfūqiú 명 골프, 골프공
奖牌 jiǎngpái 명 메달

10 枚 ***
méi

양 개, 매, 장[작은 조각으로 된 사물을 세는 단위]

他用三年时间准备了这届亚运会, 最终获得了两
枚金牌。

그는 3년의 시간 동안 이번 아시안 게임을 준비하여, 결국 금메달 2개를 받
았다.

亚运会 Yàyùnhuì 고유 아시안 게임　**金牌** jīnpái 명 금메달

11 失误 *** shīwù

[동] 실수를 범하다, 잘못하다 [명] 실수, 실책

教练明明多次<u>教</u>过她发球的方法，可是她<u>发球</u>又<u>失误了</u>。 → 술어

코치는 분명히 그녀에게 서브하는 방법을 여러 번 가르쳐 주었지만, 그녀는 서브를 넣을 때 또 실수를 범했다.

过分自责自己的失误，会对心理健康<u>产生</u>负面影响。

자신의 실수를 지나치게 자책하는 것은, 심리 건강에 부정적인 영향을 생기게 할 수 있다.

明明 míngmíng [부] 분명히, 확실히 **发球** fāqiú [동] 서브를 넣다
过分 guòfèn [형] 지나치다 **自责** zìzé [동] 자책하다
心理 xīnlǐ [명] 심리, 기분 **负面** fùmiàn [명] 부정적인 면

12 淘汰 *** táotài

[동] 도태하다, 탈락되다

即使是优秀的运动员，若不尽全力去训练，也容易被淘汰。

아무리 우수한 운동선수라고 할지라도, 만약 전력을 다하여 훈련하지 않는다면, 도태되기 쉽다.

若 ruò [접] 만약 ~이라면 **尽** jìn [동] 다하다 **全力** quánlì [명] 전력, 온 힘
训练 xùnliàn [동] 훈련하다

13 即便 *** jíbiàn

[접] 설령 ~하더라도

即便你们<u>输</u>了这场比赛，我们也会为你们<u>感到</u>骄傲的。

설령 너희가 이번 시합에서 지더라도, 우리는 너희를 자랑스럽게 여길 거야.

骄傲 jiāo'ào [형] 자랑스럽다, 거만하다

 시험에 이렇게 나온다!

[짝꿍 표현] 即便을 활용한 짝꿍 표현을 알아 둔다.
即便 A, 也 B jíbiàn A, yě B 설령 A하더라도, B하다

14 人士 *** rénshì

[명] 인사

据业内人士<u>透露</u>，此次艺术节的活动日程将于下周<u>公布</u>。

업계 인사가 밝힌 바에 의하면, 이번 예술제의 활동 일정이 다음 주에 공포될 것이라고 한다.

业内 yènèi [명] 업계 **透露** tòulù [동] 밝히다, 누설하다
日程 rìchéng [명] 일정 **公布** gōngbù [동] 공포하다

15 剑 ★★
jiàn

술어 ←

명 검, 큰 칼

为了更准确地给选手们打分，很多击剑比赛采用
3D激光感应技术。

선수들에게 더 정확하게 점수를 매기기 위해, 많은 펜싱 시합에서는 3D 레이저 반응 기술을 사용한다.

打分 dǎfēn 동 점수를 매기다　击剑 jījiàn 명 펜싱
激光 jīguāng 명 레이저　感应 gǎnyìng 동 (자극에 대하여) 반응하다

 시험에 이렇게 나온다!

[짝꿍표현] 剑을 활용한 다양한 짝꿍 표현들을 알아 둔다.
　　击剑 jījiàn 찌르는 검 ≒ 펜싱
　　剑道 jiàndào 검도

🏯 알아 두면 시험이 쉬워지는 배경 지식

[중국역사] 龙泉宝剑(용천보검)은 중국 고대의 10대 명검 중 하나이다. 전설에 따르면, 춘추 전국 시대에 欧冶子라는 사람이 초(楚)나라 왕의 명으로 만들었다는 세 자루의 剑 중 하나라고 한다. 본래는 龙渊剑이라고 불렸지만, 당(唐)나라 시기의 고조 이연(李渊)의 휘인 渊을 피해서 龙泉이라고 이름을 바꾸었다.
　　龙泉宝剑 Lóngquánbǎojiàn 용천보검
　　欧冶子 Ōu Yězǐ 구야자[용천보검의 제작자]
　　龙渊剑 Lóngyuānjiàn 용연검

16 棍棒
gùnbàng

명 (체조용) 곤봉, 막대기

各班在才艺展示活动中，分别展示了棍棒操、绳
操等节目。

긱 반은 학예회에서, 각각 곤봉 체조, 로프 연기 등의 프로그램을 선보였다.

才艺展示活动 cáiyì zhǎnshì huódòng 학예회　分别 fēnbié 부 각각
棍棒操 gùnbàngcāo 곤봉 체조　绳操 shéngcāo 명 로프 연기

17 粉末 ★★
fěnmò

명 가루, 분말

体操运动员在手掌上抹白色粉末，是为了增加摩
擦力。

체조 선수들이 손바닥에 백색 가루를 바르는 것은, 마찰력을 늘리기 위해서다.

体操 tǐcāo 명 체조　手掌 shǒuzhǎng 명 손바닥
抹 mǒ 동 바르다, 칠하다　摩擦力 mócālì 명 마찰력

¹⁸ 气势 ★★
qìshì

[명] (사람 또는 사물의) 기세, 형세

中国队充满自信的表现，压倒了对方的气势。 → 술어

중국팀의 자신감에 가득 찬 태도는, 상대방의 기세를 압도했다.

充满 chōngmǎn [통] 가득 차다　表现 biǎoxiàn [명] 태도, 활약
压倒 yādǎo [통] 압도하다, 우세하다　对方 duìfāng [명] 상대방, 상대편

 시험에 이렇게 나온다!

짝꿍표현 气势을 활용한 다양한 짝꿍 표현들을 알아 둔다.

气势宏大 qìshì hóngdà 기세가 웅대하다
气势宏伟 qìshì hóngwěi 기세가 굉장하다
气势昂昂 qìshì áng'áng 기세가 드높다

¹⁹ 地步
dìbù

[명] (도달한) 경지, 지경

他的武术水平已经达到登峰造极的地步了。

그의 무술 실력은 이미 최고 수준의 경지에 이르렀다.

武术 wǔshù [명] 무술　登峰造极 dēngfēngzàojí [성] 최고 수준에 이르다

²⁰ 光彩
guāngcǎi

[명] 영예, 빛　[형] 명예롭다, 영광스럽다

中国乒乓球队再次为中国体育增添了光彩。

중국 탁구팀은 다시 한번 중국 스포츠에 영예를 더해 주었다.

在考试中作弊是一件很不光彩的事。

시험에서 부정행위를 하는 것은 매우 불명예스러운 일이다.

增添 zēngtiān [통] 더하다　作弊 zuòbì [통] 부정행위를 하다

²¹ 极限
jíxiàn

[명] 극한, 궁극의 한계

很多人选择极限运动作为自己的业余爱好。

많은 사람들은 자신의 여가 취미로 극한 스포츠를 선택한다.

极限运动 jíxiàn yùndòng 극한 스포츠, 익스트림 스포츠
作为 zuòwéi [개] ~로서　业余 yèyú [형] 여가의, 아마추어의

 시험에 이렇게 나온다!

짝꿍표현 极限을 활용한 다양한 짝꿍 표현들을 알아 둔다.

极限运动 jíxiàn yùndòng 극한 스포츠, 익스트림 스포츠
克服极限 kèfú jíxiàn 궁극의 한계를 극복하다

11 12 13 14 DAY 15 16 17 18 19 20

해커스 HSK 6급 단어장

22 田径
tiánjìng

명 육상 경기

莫妮卡曾经在三个田径项目中刷新过世界纪录。 술어

모니카는 예전에 3가지 육상 경기에서 세계 기록을 갱신한 적 있다.

曾经 céngjīng 뷔 예전에, 일찍이
刷新 shuāxīn 툉 (기록, 내용 등을) 갱신하다   纪录 jìlù 멍 기록

🏯 알아 두면 시험이 쉬워지는 배경 지식

일반상식 苏炳添(쑤빙톈)은 중국 단거리 육상 선수이다. 그는 2015년 미국 유진에서 100m를 9초99에 달리면서 아시아 최초로 남자 100m를 9초대에 진입하는 기록을 세웠다. 또 같은 해 열린 베이징 **世界田径锦标赛**에서 아시아 선수 최초로 남자 100m 결승에 올랐다. 그리고 2018년 **雅加达亚运会**에서는 9초92라는 아시아 신기록을 세우면서 남자 100m 우승을 차지했다.

苏炳添 Sū Bǐngtiān 쑤빙톈
世界田径锦标赛 Shìjiè tiánjìng jǐnbiāosài 세계 육상 선수권 대회
雅加达亚运会 Yǎjiādá Yàyùnhuì 자카르타 아시안 게임

23 重心
zhòngxīn

명 무게 중심, 핵심

正式学双杠之前，我们要先学怎样保持身体的重心。

정식으로 평행봉을 배우기 전에, 우리는 먼저 몸의 무게 중심을 어떻게 유지하는지 배워야 한다.

双杠 shuānggàng 멍 평행봉   保持 bǎochí 툉 유지하다, 지키다

24 潜水 ★★
qiánshuǐ

동 잠수하다

在进行水肺潜水前，必须得穿好潜水服，戴好潜水帽。

스쿠버 다이빙을 하기 전에, 반드시 잠수복을 입고, 잠수모를 써야 한다.

水肺潜水 shuǐfèi qiánshuǐ 스쿠버 다이빙

 시험에 이렇게 나온다!

이합동사 潜水는 潜(잠기다)+水(물)가 합쳐진 이합동사로, 목적어를 취할 수 없다.
潜水水下10米处 수면 아래 10미터 아래 지점을 잠수하다 (X)
潜到水下10米处 수면 아래 10미터 지점까지 잠수하다 (O)

25 主导 ★★
zhǔdǎo

동 주도하다 명 주도

在教练们的主导下，整个球队到美国进行了集训。
코치들의 주도 하에, 모든 팀은 미국으로 가 합숙 훈련을 진행했다.

农业和加工业是该国的主导产业。
농업과 가공업은 이 나라의 주도 산업이다.

教练 jiàoliàn 명 코치, 감독 整个 zhěnggè 형 모든, 전체의
集训 jíxùn 동 합숙 훈련하다 农业 nóngyè 명 농업
加工业 jiāgōngyè 명 가공업 该 gāi 대 이 产业 chǎnyè 명 산업

26 交叉
jiāochā

동 번갈아 하다, 교차하다

在本届比赛中，短道速滑个人赛和团体接力赛将会交叉进行。
이번 대회에서, 쇼트트랙 개인전과 단체 릴레이 경기는 번갈아 진행할 것이다.

短道速滑 duǎndàosùhuá 쇼트트랙 个人 gèrén 명 개인
团体 tuántǐ 명 단체 接力赛 jiēlìsài 명 릴레이 경기

27 解散
jiěsàn

동 해체하다, 해산하다

全国的篮球迷都坚决反对这个球队的解散。
전국의 농구팬들은 모두 이 팀의 해체에 단호히 반대한다.

篮球迷 lánqiúmí 농구팬 坚决 jiānjué 형 단호하다, 결연하다

반의어
集合 jíhé 동 집합하다, 모이다

28 攀登
pāndēng

동 등반하다, 타고 오르다

对很多登山爱好者来说，攀登乔戈里峰是他们的终极目标。
많은 산악 애호가들에게 있어, K2를 등반하는 것이 그들의 최종 목표이다.

乔戈里峰 Qiáogēlǐ Fēng 고유 K2 终极 zhōngjí 명 최종, 최후
目标 mùbiāo 명 목표

29 拼搏
pīnbó

동 전력을 다해 분투하다, 끝까지 싸우다

球队里的每个选手都在为明年的冠军杯努力拼搏。
축구팀 내이 각 선수들은 모두 내년의 챔피언스 리그를 위해 열심히 전력을 다해 분투하고 있다.

冠军杯 guànjūnbēi 챔피언스 리그

30 投掷
tóuzhì

[동] 투척하다, 던지다

这个铅球冠军被誉为最优秀的投掷手。 ← 술어

이 투포환 챔피언은 가장 우수한 투척수로 꼽힌다.

铅球 qiānqiú [명] 투포환　冠军 guànjūn [명] 챔피언, 우승

31 涌现
yǒngxiàn

[동] 대량으로 나타나다, 한꺼번에 나타나다

近年来，国家队涌现出了一批又一批优秀的运动员。

최근 몇 년 동안, 국가 대표팀에서 여러 무리의 우수한 운동선수들이 대량으로 나타났다.

国家队 guójiāduì 국가 대표팀

32 踊跃 ★★
yǒngyuè

[형] 열렬하다, 활기차다

学校鼓励同学们踊跃参加下个月的体育大赛。

학교에서는 학생들에게 다음 달의 체육 대회에 열렬히 참가하도록 격려했다.

鼓励 gǔlì [동] 격려하다

33 拿手
náshǒu

유의어
擅长 shàncháng [동] 뛰어나다

[형] (어떤 기술에) 능하다, 뛰어나다　[명] 자신감

小杨最拿手的运动项目是排球。

샤오양이 가장 능한 스포츠 종목은 배구이다.

要不是有拿手，他是不会答应做这件事的。

만약 자신감이 없었다면, 그는 이 일을 하는 것을 동의하지 않았을 거야.

项目 xiàngmù [명] 종목, 항목　排球 páiqiú [명] 배구
要不是 yàobúshì [접] 만약 ~ 없었다면　答应 dāying [동] 동의하다

 시험에 이렇게 나온다!

유의어 拿手 : 擅长(shàncháng, 뛰어나다)

拿手는 형용사일 때는 목적어를 가질 수 없으며, 관형어로만 쓰인다. 또한 명사일 때는 자신감을 뜻한다.
拿手菜 náshǒu cài 제일 잘하는 요리
有拿手 yǒu náshǒu 자신감이 있다

擅长은 품사가 동사로, 반드시 목적어를 가진다.
擅长书法 shàncháng shūfǎ 서예에 뛰어나다
擅长绘画 shàncháng huìhuà 그림 그리는 것에 뛰어나다

34 裁判 ★★

cáipàn

명 심판 **동** (제삼자가) 판정하다, 심판을 보다

→ 술어

有些体育比赛不需要裁判打分，譬如高尔夫球。

몇몇 체육 경기는 심판이 점수를 매길 필요가 없는데, 예를 들면 골프가 그 러하다.

很多球迷觉得这场比赛裁判不公，向主办方提出 了抗议。

많은 축구팬은 이번 시합 판정이 불공평하다고 느껴, 주최측에 항의를 제 기하였다.

打分 dǎfēn **동** 점수를 매기다 **譬如** pìrú **동** 예를 들다
高尔夫球 gāo'ěrfūqiú **명** 골프, 골프공 **公** gōng 공평하다
主办 zhǔbàn **동** 주최하다 **抗议** kàngyì **동** 항의하다

🏯 알아 두면 시험이 쉬워지는 배경 지식

> **일반
> 상식** 보다 정확한 **体操裁判**(체조 심판)을 위해 **富士通** 회사는 **3D激光传感技术**와 **人工智能**을 활용해서 체조 선수들의 경기력을 판단하는 **裁判** 지원 시스템을 개발했다. **富士通** 회사가 개발한 시스템은 연기 도중 체조 선수들의 몸의 움직임과 주요 관절의 각도를 측정할 수 있다. 그리고 그 데이터는 **裁判**에게 전달되어 **裁判**의 최종 점수 산정 과정에 반영되는데, 이 시스템을 통해 **裁判**들은 이전보다 훨씬 정확도 높은 판정이 가능해졌다.
>
> **体操裁判** tǐcāo cáipàn 체조 심판
> **富士通** Fùshìtōng 후지쯔[Fujitsu, 일본의 기업]
> **3D激光传感技术** 3D jīguāng chuángǎn jìshù 3D 레이저 감지 기술
> **人工智能** réngōng zhìnéng 인공 지능

35 胜负 ★★

shèngfù

명 승부, 승패

定向越野是新兴的户外运动，它主要以时间长短 来判断胜负。

오리엔티어링은 신흥의 야외 운동으로, 그것은 주로 시간의 길이로 승부를 판단한다.

定向越野 dìngxiàngyuèyě **명** 오리엔티어링[지도와 나침반을 들고 지정된 지점을 통과하여 최종 목적지까지 완주하는 경기] **新兴** xīnxīng **형** 신흥의
户外 hùwài **명** 야외, 집 밖

🏯 알아 두면 시험이 쉬워지는 배경 지식

> **중국
> 문화** 중국에서 **锦标**(우승컵)라는 말은 당(唐)나라 시절에 가장 성대했던 체육 경기인 **竞渡**에서 처음 사용되었다. 그 당시에는 **竞渡** 경기의 **胜负**를 판단하기 위해 수면 위에 긴 막대기를 하나 꽂았는데, 이 막대기에는 화려하고 눈에 띄는 비단이 둘둘 감겨 있었기 때문에, 당시 사람들은 이것을 '비단 표시(**锦标**)'라고 불렀다. 여기에서 유래하여 **锦标**는 현재 우승컵, 우승기 등을 지칭하는 말로 사용되고 있다.
>
> **锦标** jǐnbiāo 우승컵, 우승기, 우승패
> **竞渡** jìngdù 노 젓기 시합[용선 경기(**赛龙船**)의 시초]

36 雌雄
cíxióng

명 승패, 자웅[암컷과 수컷을 아울러 이르는 말]

→ 술어

在今晚的射箭决赛中，两个团队将决一雌雄。

오늘 밤의 양궁 결승전에서, 두 팀이 승패를 가릴 것이다.

雌雄同体的蚯蚓被认为是世界进化史中最重要的
动物群类。

자웅동체인 지렁이는 세계 진화사에서 가장 중요한 동물군류로 여겨진다.

射箭 shèjiàn 명 양궁　决赛 juésài 명 결승전　团队 tuánduì 명 팀, 단체
决一雌雄 juéyìcíxióng 성 승패를 가리다　蚯蚓 qiūyǐn 명 지렁이

 시험에 이렇게 나온다!

짝꿍
표현　雌雄을 활용한 짝꿍 표현을 알아 둔다.

决雌雄 jué cíxióng 승패를 가리다, 자웅을 겨루다

37 搭档
dādàng

명 파트너, 협력자　동 짝이 되다, 협력하다

彩排快要开始了，可是她的搭档还没准备好。

리허설이 곧 시작하는데, 그녀의 파트너는 아직까지 다 준비되지 않았다.

他们俩从小就搭档练习，所以配合得很默契。

그들 두 명은 어렸을 때부터 짝이 되어 연습하여, 협동하는 것이 호흡이 잘
맞는다.

彩排 cǎipái 동 리허설하다　配合 pèihé 동 협동하다, 협력하다
默契 mòqì 형 호흡이 잘 맞는다, 마음이 잘 통하다

38 高潮
gāocháo

명 절정, 클라이맥스

那两个拳击选手的对决已经达到了高潮。

그 복싱 선수 두 명의 대결은 이미 절정에 도달했다.

拳击 quánjī 명 복싱, 권투　选手 xuǎnshǒu 명 선수
对决 duìjué 동 대결하다　达到 dádào 동 도달하다, 이르다

39 季军
jìjūn

명 3등

刘洋学习游泳没多久，就在本次游泳比赛中获得
了季军。

리우양은 수영을 배운지 얼마 되지 않았는데, 이번 수영 경기에서 3등을 차
지했다.

获得 huòdé 동 (등수를) 차지하다, 획득하다

40 亚军
yàjūn

图 준우승, 제2위

两个台球队争夺冠亚军的比赛将由这个频道独家
播出。 → 술어

두 당구팀이 준우승을 다투는 경기는 이 채널에서 독점으로 방송될 것이다.

台球 táiqiú 图 당구 争夺 zhēngduó 图 다투다, 쟁탈하다
频道 píndào 图 채널 独家 dújiā 图 독점, 단독 播 bō 图 방송하다

🏯 **알아 두면 시험이 쉬워지는 배경 지식**

> 중국
> 문화
>
> 중국에서는 冠军(우승), 亚军(2등), 季军(3등)이라는 말로 순위를 나타내는데,
> 이 명칭에는 각각 유래가 있다. 먼저, 冠军은 전설적인 초나라 장수 송의(宋义)
> 를 부르던 칭호인 卿子冠军에서 유래한 것이다. 이후 冠军은 가장 뛰어난 사람
> 또는 으뜸 가는 사람이라는 의미로 사용되었고, 이것이 굳어져 대회 우승자를
> 뜻하게 되었다. 다음으로 亚军의 亚는 '다음 가는, 차등의'를 뜻하는 한자로, 冠
> 军보다 한 등수 아래인 사람을 가리켜 亚军이라고 부르게 된 것이다. 마지막으
> 로 季军의 季는 세 번째를 뜻하는 말이다. 중국에서는 음력 봄철을 3개의 월(月)
> 로 나눠 맹춘(孟春) · 중춘(仲春) · 계춘(季春)이라고 불렀는데, 그 중 세 번째인
> '季春(계춘)'에서 季라는 말이 유래되었다. 그리고 이후 3등을 나타내기 위하여
> 季军이라는 말이 생겨난 것이다.
>
> 冠军 guànjūn 우승
> 卿子冠军 qīngzǐ guànjūn 경자관군[초나라 장수 송의를 부르던 칭호]

41 名次
míngcì

图 등수, 석차

我侄子在校内美术比赛中取得了不错的名次。

내 조카는 교내 미술 대회에서 괜찮은 등수를 얻었다.

侄子 zhízi 图 조카 美术 měishù 图 미술

42 荣誉
róngyù

图 영예, 명예

她在国际围棋大赛中表现出色，为祖国赢得了荣誉。

그녀는 국제 바둑 대회에서 활약이 뛰어나, 조국에 영예를 안겨 주었다.

围棋 wéiqí 图 바둑 表现 biǎoxiàn 图 활약, 태도
出色 chūsè 图 뛰어나다, 출중하다 祖国 zǔguó 图 조국

43 手势
shǒushì

图 손동작, 손짓

在棒球比赛中，投手和接球手一般用手势进行交流。

야구 경기에서, 투수와 포수는 일반적으로 손동작을 사용하여 교류한다.

棒球 bàngqiú 图 야구 投手 tóushǒu 투수 接球手 jiēqiúshǒu 포수

44 操练 ** caoliàn

동 훈련하다, 갈고 닦다

选手们都在为为期不远的全国体育大赛加紧操练。 ← 술어

선수들은 기한이 얼마 남지 않은 전국 체육 대회를 위해 훈련에 박차를 가하고 있다.

选手 xuǎnshǒu 명 선수 为期 wéiqī 동 기한으로 하다

加紧 jiājǐn 동 박차를 가하다

🏯 알아 두면 시험이 쉬워지는 배경 지식

[일반상식] 최근에는 선수 操练에도 AI 기술이 적용되고 있다. 英特尔과 阿里巴巴가 협력하여 개발하는 人工智能3D运动员追踪技术는 英特尔의 하드웨어와 阿里巴巴의 云端运算平台를 결합한 것으로, 深度学习 기술을 응용하여 선수의 움직임을 여러 대의 카메라로 촬영한 뒤 3D 형태로 추출해낼 수 있다. 이를 통해 코치와 트레이너들은 실시간 생체 역학 데이터를 확인할 수 있고, 운동 선수의 움직임을 자세히 분석하여 필요한 보강 훈련을 효율적으로 제공할 수 있다.

英特尔 Yīngtè'ěr 인텔(Intel)

阿里巴巴 Ālǐbābā 알리바바

人工智能3D运动员追踪技术

réngōng zhìnéng 3D yùndòngyuán zhuīzōng jìshù

AI 3D 트래킹 기술(AI 3D Athlete Tracking)

云端运算平台 yúnduān yùnsuàn píngtái 클라우드 컴퓨팅 플랫폼

深度学习 shēndù xuéxí 딥 러닝

45 奖赏 ** jiǎngshǎng

동 포상하다, 상을 주다

国家奖赏给每个奥运冠军一套房子和一辆汽车。

국가에서는 모든 올림픽 챔피언에게 집 한 채와 차 한 대를 포상했다.

奥运 Àoyùn 고유 올림픽 冠军 guànjūn 명 챔피언

46 陷入 ** xiànrù

동 (불리한 지경에) 빠지다, 떨어지다, 몰입하다

比赛失利后，足球队主教练陷入了沉思。

경기에서 패배한 후, 축구팀 감독은 깊은 생각에 빠졌다.

失利 shīlì 동 (전쟁이나 시합에서) 패배하다, 지다

主教练 zhǔjiàoliàn 감독 沉思 chénsī 동 깊이 생각하다, 심사숙고하다

⁴⁷ **争夺** ★★
zhēngduó

유의어

争取 zhēngqǔ
통 쟁취하다, 얻다

● 통 다투다, 쟁탈하다

两个乒乓球队正在<u>争夺</u>冠军之位。 ← 술어

두 탁구팀은 챔피언 자리를 다투고 있다.

冠军 guànjūn 명 챔피언, 우승   职位 zhíwèi 명 자리, 직위

 시험에 이렇게 나온다!

유의어 **争夺** : **争取**(zhēngqǔ, 쟁취하다, 얻다)

争夺는 어떤 대상을 손에 넣기 위해 다투는 것을 의미하며, 주로 시장·인재·우승 등의 어휘와 호응한다.

争夺冠军 zhēngduó guànjūn 우승을 다투다

争夺人才 zhēngduó réncái 인재를 쟁탈하다

争取는 어떤 대상 혹은 결과를 얻거나 실현하기 위해 힘쓰는 것을 의미하며, 주로 시간·자유·독립·승리 등의 어휘와 호응한다.

争取胜利 zhēngqǔ shènglì 승리를 쟁취하다

争取主动 zhēngqǔ zhǔdòng 주도권을 쟁취하다, 기선을 제압하다

⁴⁸ **迸发**
bèngfā

● 통 터져 나오다, 솟아나다

花样滑冰表演秀结束后，观众席中<u>迸发</u>了热烈的掌声。

피겨 스케이팅 갈라쇼가 끝난 후, 관중석으로부터 뜨거운 박수 소리가 터져 나왔다.

花样滑冰 huāyànghuábīng 피겨 스케이팅   秀 xiù 쇼(show), 공연

热烈 rèliè 형 뜨겁다   掌声 zhǎngshēng 명 박수 소리

⁴⁹ **并列**
bìngliè

● 통 나란히 늘어놓다, 병렬하다

在这次相声比赛中，我和张美<u>并列</u>第一。

이번 만담 시합에서, 나와 장메이는 나란히 1등이다.

相声 xiàngsheng 명 만담, 재담[설창 문예의 일종]

⁵⁰ **沸腾**
fèiténg

● 통 떠들썩하다, 들끓다

听到国家队胜利的消息后，全国人民都<u>沸腾</u>起来了。

국가 대표팀이 승리했다는 소식을 들은 후, 전 국민은 모두 떠들썩해졌다.

国家队 guójiāduì 국가 대표팀   胜利 shènglì 통 승리하다

⁵¹ **加剧**
jiājù

● 통 심해지다, 격화되다

比赛前的氛围<u>加剧</u>了罗伯特的紧张感。

경기 전의 분위기는 로버트의 긴장감을 심해지게 했다.

氛围 fēnwéi 명 분위기   紧张感 jǐnzhānggǎn 긴장감

52 较量
jiàoliàng

동 (실력·기량을) 겨루다, 대결하다

→ 술어

在拳击场上，那两位选手正在激烈地较量着。

권투장에서, 그 두 선수는 격렬하게 겨루고 있다.

拳击 quánjī 몡 권투, 복싱　**选手** xuǎnshǒu 몡 선수
激烈 jīliè 톙 격렬하다, 치열하다

53 警告
jǐnggào

동 경고하다

在那场篮球比赛中，主裁判警告了犯规的运动员。

그 농구 경기에서, 주심은 반칙한 선수에게 경고했다.

主裁判 zhǔcáipàn 주심　**犯规** fànguī 툉 반칙하다, 규칙을 위반하다

54 力争
lìzhēng

동 (목표를 달성하기 위해) 매우 노력하다

为了给父母和自己增添光彩，她力争夺冠。

부모님과 자신에게 영예를 더하기 위해, 그녀는 우승을 차지하고자 매우 노력했다.

增添 zēngtiān 툉 더하다, 늘리다　**光彩** guāngcǎi 몡 영예, 빛
夺冠 duóguàn 툉 우승을 차지하다

 시험에 이렇게 나온다!

짝꿍 표현 力争을 활용한 다양한 짝꿍 표현들을 알아 둔다.
力争奖牌 lìzhēng jiǎngpái 메달을 위해 노력하다
力争夺冠 lìzhēng duóguàn 우승을 차지하고자 노력하다

55 竞赛
jìngsài

동 경기하다, 경쟁하다

这场数学竞赛机会难得，你要好好准备，力争夺冠。

이 수학 경시대회는 기회를 얻기 어려우니, 너는 잘 준비하고, 매우 노력하여 우승을 차지해야 한다.

数学竞赛 shùxué jìngsài 수학 경시대회　**难得** nándé 톙 얻기 어렵다
力争 lìzhēng 툉 (목표를 달성하기 위해) 매우 노력하다
夺冠 duóguàn 툉 우승을 차지하다

56 施展
shīzhǎn

동 (수완이나 재능을) 발휘하다, 펼치다

这场比赛无疑是他施展自己水平的好机会。

이번 경기는 의심할 여지없이 그가 자신의 수준을 발휘할 수 있는 좋은 기회이다.

无疑 wúyí 툉 의심할 여지없다, 틀림없다

57 十足 ★★
shízú

[형] 충분하다, 충족하다

比赛胜利后，他们神气十足地登上了颁奖台。

술어 →

경기에서 승리한 후, 그들은 의기양양함이 충분한 채 시상대에 올랐다.

胜利 shènglì [동] 승리하다　神气 shénqì [형] 의기양양하다, 우쭐대다
登 dēng [동] 오르다　颁奖台 bānjiǎngtái 시상대

58 卓越 ★★
zhuóyuè

[형] 탁월하다, 출중하다

经过刻苦的训练，海伦取得了卓越的成就。

고생을 견딘 훈련을 거치고 나서, 헬렌은 탁월한 성과를 거두었다.

刻苦 kèkǔ [형] 고생을 견디다, 애쓰다　训练 xùnliàn [동] 훈련하다
成就 chéngjiù [명] 성과, 성취

59 光荣
guāngróng

반의어

[형] 영광스럽다, 영예롭다

我对能够在科学奥林匹克竞赛中获奖一事，感到十分光荣。

나는 과학 올림피아드 대회에서 상을 탈 수 있었던 일에 대해, 매우 영광스러움을 느낀다.

耻辱 chǐrǔ [명] 치욕

科学奥林匹克竞赛 Kēxué Àolínpǐkè Jìngsài [고유] 과학 올림피아드 대회
获奖 huòjiǎng [동] 상을 타다

60 悬殊
xuánshū

[형] 차이가 매우 크다, 현격하다

业余队以悬殊的比分战胜了职业队，真是出乎大家的预料。

아마추어 팀은 차이가 매우 큰 점수로 프로 팀을 이겼는데, 정말 모두의 예상을 뛰어넘은 것이었다.

业余队 yèyúduì 아마추어 팀　比分 bǐfēn [명] 점수　职业队 zhíyèduì 프로 팀
出乎 chūhū [동] 뛰어넘다, 벗어나다　预料 yùliào [명] 예상, 예측

61 不止 ★★
bùzhǐ

[부] ~에 그치지 않다, ~를 넘다　[동] 그치지 않다, 멈추지 않다

孙杨游泳成绩十分突出，不止一次拿到世界冠军。

쑨양은 수영 성적이 매우 뛰어나, 세계 챔피언을 한 적이 한 번에 그치지 않는다.

看着蹒跚学步的孙子，祖父大笑不止。

비틀거리며 걸음마를 배우는 손자를 보며, 할아버지께서는 웃음이 그치지 않으셨다.

孙杨 Sūn Yáng [고유] 쑨양[중국의 수영 선수]　突出 tūchū [형] 뛰어나다
冠军 guànjūn [명] 챔피언, 우승　蹒跚 pánshān [형] 비틀거리며 느리게 걷는 모양
学步 xuébù [동] 걸음마를 배우다　祖父 zǔfù [명] 할아버지, 조부

62 迎面
yíngmiàn

부 정면으로

王芳在观众席看比赛时，差点儿被迎面飞来的棒球击中。 ← 술어

왕팡은 관중석에서 경기를 볼 때, 하마터면 정면으로 날아오는 야구공에 부딪칠 뻔했다.

观众席 guānzhòngxí 관중석　差点儿 chàdiǎnr 하마터면, 자칫하면
棒球 bàngqiú 야구공, 야구　击 jī 부딪치다, 접촉하다

63 次序 **
cìxù

명 (시간·공간에서의) 차례, 순서

奥运会开幕式开始了，运动员们有次序地进入了赛场。

올림픽 개막식이 시작되고, 선수들은 차례대로 경기장에 들어섰다.

奥运会 Àoyùnhuì 고유 올림픽　开幕式 kāimùshì 개막식

64 博览会
bólǎnhuì

명 박람회

第20届国际婚庆博览会将在下个月中旬举办。

제20회 국제 웨딩 박람회가 다음 달 중순에 개최될 예정이다.

婚庆 hūnqìng 웨딩, 결혼식　中旬 zhōngxún 명 중순

65 典礼
diǎnlǐ

명 (성대한) 식, 의식

此次颁奖典礼由国际制片人联合会主办。

이번 시상식은 세계 영화 제작자 연맹이 주최한다.

颁奖典礼 bānjiǎng diǎnlǐ 시상식, 수여식
国际制片人联合会 Guójì Zhìpiànrén Liánhéhuì 고유 세계 영회 제작자 연맹
主办 zhǔbàn 동 주최하다

 시험에 이렇게 나온다!

짝꿍
표현 典礼를 활용한 짝꿍 표현을 알아 둔다.

颁奖典礼 bānjiǎng diǎnlǐ 시상식, 수여식

66 仪式
yíshì

명 의식

明天，我们学校将举行第十一届全国大学生运动会的开幕仪式。

내일, 우리 학교에서 제11회 전국 대학생 운동회의 개막식이 열린다.

开幕 kāimù 동 개막하다

67 承办
chéngbàn

● 동 맡아 처리하다

作为东道主，中国政府积极**承办**了本次联合国世界妇女大会。

> 술어

주최측으로서, 중국 정부는 이번 UN 세계 여성 대회를 적극적으로 맡아 처리했다.

东道主 dōngdàozhǔ 명 주최측, 초대자　**政府** zhèngfǔ 명 정부
联合国世界妇女大会 Liánhéguó Shìjiè Fùnǚ Dàhuì 고유 UN 세계 여성 대회
[여성의 지위 향상과 발전 전략을 논의하기 위해 열렸던 UN 주최의 국제 회의]

68 主办
zhǔbàn

● 동 주최하다

国际奥林匹克运动委员会正式**批准**，北京**主办**下一届冬季奥运会。

국제 올림픽 운동 위원회는 정식으로, 베이징이 다음 동계 올림픽을 주최하는 것을 비준했다.

国际奥林匹克运动委员会 Guójì Àolínpǐkè Yùndòng Wěiyuánhuì
고유 국제 올림픽 운동 위원회　**批准** pīzhǔn 동 비준하다, 승인하다

69 应邀
yìngyāo

● 동 초청에 응하다, 초청을 받아들이다

该国国家代表团将**应邀**参加在莫斯科举行的国际乒乓球比赛。

이 국가의 국가 대표단은 초청에 응하여 모스크바에서 열리는 국제 탁구 대회에 참석할 것이다.

该 gāi 대 이　**代表团** dàibiǎotuán 대표단　**莫斯科** Mòsīkē 고유 모스크바

 시험에 이렇게 나온다!

> 이합동사　应邀는 应(응하다)+邀(초청, 초대)가 합쳐진 이합동사로, 목적어를 취할 수 없다.
>
> 应邀宴会　연회를 초청에 응하다 (X)
>
> 应邀参加宴会　초청에 응하여 연회에 참석하다 (O)

70 隆重 ★★
lóngzhòng

● 형 성대하다, 장중하다

为了迎接海外选手，体育界相关人士举办了**隆重**的欢迎会。

해외 선수를 맞이하기 위해, 체육계 관련 인사는 성대한 환영회를 열었다.

迎接 yíngjiē 동 맞이하다, 영접하다　**体育界** tǐyùjiè 체육계
相关 xiāngguān 동 관련되다, 상관되다　**人士** rénshì 명 인사

71 剪彩
jiǎncǎi

[동] (개막·준공·개업 등의 식전에서) 기념 테이프를 끊다

众多嘉宾来参加了百货大楼的开业剪彩仪式。 → 술어

많은 귀빈이 백화점의 개업 테이프 커팅식에 참가했다.

嘉宾 jiābīn [명] 귀빈, 손님　百货大楼 bǎihuòdàlóu 백화점
开业 kāiyè [동] 개업하다　剪彩仪式 jiǎncǎi yíshì 테이프 커팅식

 시험에 이렇게 나온다!

[짝꿍표현] 剪彩를 활용한 짝꿍 표현을 알아 둔다.
剪彩仪式 jiǎncǎi yíshì 테이프 커팅식

72 旗帜
qízhì

[명] 깃발, 본보기

为了留念，那些业余登山运动员把旗帜插在山顶上。

기념으로 남기기 위해서, 그 아마추어 등산가들은 깃발을 산꼭대기에 꽂았다.

留念 liúniàn [동] 기념으로 남기다　业余 yèyú [형] 아마추어의, 여가의
登山 dēngshān [동] 등산하다　插 chā [동] 꽂다, 끼우다
山顶 shāndǐng [명] 산꼭대기

73 飘扬
piāoyáng

[동] (바람에) 펄럭이다, 휘날리다, 나부끼다

会议中心外飘扬着各大学的旗帜。

컨벤션 센터 밖에는 각 대학의 깃발이 펄럭이고 있다.

会议中心 huìyì zhōngxīn 컨벤션 센터　旗帜 qízhì [명] 깃발, 본보기

74 颁发
bānfā

[동] (증서나 상장 따위를) 수여하다, (정책·명령 따위를) 하달하다

运动会结束之后，校长给表现突出的学生们颁发了奖品。

운동회가 끝난 후, 교장 선생님께서는 활약이 두드러진 학생들에게 상품을 수여했다.

表现 biǎoxiàn [명] 활약, 태도　突出 tūchū [형] 두드러지다, 뛰어나다
奖品 jiǎngpǐn [명] 상품

75 表彰
biǎozhāng

[동] 표창하다

那对双胞胎成绩突出，在教育部表彰大会上得到了奖状。

그 쌍둥이는 성적이 뛰어나, 교육부 표창제에서 상장을 받았다.

双胞胎 shuāngbāotāi [명] 쌍둥이　突出 tūchū [형] 뛰어나다, 두드러지다
表彰大会 biǎozhāng dàhuì 표창제　奖状 jiǎngzhuàng [명] 상장

⁷⁶**联欢**
liánhuān

동 친목을 맺다, 함께 모여 즐기다

술어

联欢会举办得十分隆重，在场的人们都乐在其中。

친목회는 성대하게 개최되어, 현장에 있던 사람들은 모두 즐거워했다.

联欢会 liánhuānhuì 친목회 **隆重** lóngzhòng 휑 성대하다, 장중하다
乐在其中 lèzàiqízhōng 쎙 즐거워하다

⁷⁷**圆满** ★★
yuánmǎn

[유의어]

美满 měimǎn 휑 행복하다

형 훌륭하다, 원만하다, 완벽하다

此次世界杯圆满落幕，给全世界球迷们留下了美好的回忆。

이번 월드컵은 훌륭히 막을 내려, 전 세계 축구팬들에게 좋은 추억을 남겨주었다.

世界杯 Shìjièbēi 고유 월드컵 **落幕** luòmù 동 막을 내리다
球迷 qiúmí 명 축구팬

 시험에 이렇게 나온다!

[유의어] 圆满 : 美满(měimǎn, 행복하다)

圆满은 임무·행사 등의 결과나 시험 답안의 내용 등이 만족스러울 정도로 흠이 없다는 의미이다.

圆满的答案 yuánmǎn de dá'àn 훌륭한 답안
圆满成功 yuánmǎn chénggōng 원만하게 성공하다

美满은 가정·혼인·일상 생활 등이 아름답고 원만하여 행복하다는 의미이다.

美满的家庭 měimǎn de jiātíng 행복한 가정
美满的生活 měimǎn de shēnghuó 행복한 생활

⁷⁸**熄灭**
xīmiè

동 (등이나 불이) 꺼지다, 소멸하다

奥运会一旦闭幕，圣火也会同时熄灭。

올림픽이 일단 폐막하면, 성화도 동시에 꺼진다.

奥运会 Àoyùnhuì 고유 올림픽 **一旦** yídàn 부 일단
闭幕 bìmù 동 폐막하다 **圣火** shènghuǒ 명 성화

79 延期
yánqī

반의어

提前 tíqián
동 (예정된 시간이나 기한을)
앞당기다

동 (기간을) 연기하다, 연장하다

听说明天要下雨, 原定的室外活动只好延期至后天举行。 술어

내일 비가 온다고 하니, 원래 정했던 실외 행사는 모레로 연기하여 열 수밖에 없다.

原定 yuándìng 동 원래 정하다 室外 shìwài 명 실외

 시험에 이렇게 나온다!

이합동사 延期는 延(늘이다, 미루다)+期(기간)가 합쳐진 이합동사이다. 이합동사는 기본적으로 목적어를 취할 수 없지만, 延期는 예외적으로 목적어를 취할 수 있다.

会议延期 회의가 연기되다 (목적어 없음)
延期毕业 졸업을 연기하다 (목적어 있음)

80 致辞
zhìcí

동 인사말을 하다, 축사를 하다

在毕业致辞中, 校长表达了自己对毕业生的勉励和祝愿。

졸업 인사말에서, 교장 선생님은 졸업생에 대한 자신의 격려와 축원을 표현했다.

表达 biǎodá 동 (생각, 감정을) 표현하다, 나타내다
勉励 miǎnlì 동 격려하다 祝愿 zhùyuàn 동 축원하다

 시험에 이렇게 나온다!

이합동사 致辞은 致(표시하다)+辞(언사, 말)가 합쳐진 이합동사로, 목적어를 취할 수 없다.

致辞毕业生 졸업생을 축사를 하다 (X)
向毕业生致辞 졸업생에게 축사를 하다 (O)

제시된 각 단어의 병음과 뜻을 써 보세요.

01 协调 .... / ....

02 干扰 .... / ....

03 枚 .... / ....

04 即便 .... / ....

05 力争 .... / ....

제시된 단어 중, 문장에 어울리는 단어를 빈칸에 적어 보세요.

06 美满 / 圆满

奥运会取得了 .... 成功, 给人们留下了精彩的回忆。

07 敏捷 / 踊跃

那个选手动作迅速, 反应 ...., 不时赢得了观众的掌声。

08 气势 / 气质

她看起来信心十足, 在 .... 上压倒了对手。

09 卓越 / 隆重

国家队在这届锦标赛中取得了 .... 的成就。

10 擅长 / 拿手

这个羽毛球选手最 .... 的比赛项目是双打。

정답: 01. xiétiáo/ 조화롭다, 어울리다; 조화롭게 하다, 어울리게 하다 02. gānrǎo/ 방해하다; 방해물, 지장을 주다 03. méi/ 개, 매, 장 [장은 조각으로 된 사물을 세는 단위] 04. jíbiàn/ 설령 ~하더라도 (설령 ~할지라도) 위하여 05. lìzhēng/ (목표를 달성하기 위해) 매우 노력하다

06. 圆满 07. 敏捷 08. 气势 09. 卓越 10. 拿手

* 06~10번 문제 해석은 해커스중국어(china.Hackers.com)에서 다운로드 받으세요.

HSK 6급 시험에 나오는 고난도 어휘

☑ 잘 외워지지 않는 단어는 ☐에 체크해 두고 다음에 반복 암기합니다.

☐ 蹦极	bèngjí	명	번지점프
☐ 冰球	bīngqiú	명	아이스하키
☐ 壁球	bìqiú	명	스쿼시
☐ 蹴鞠	cùjū	명	축국[옛날의 공차기 놀이]
☐ 高尔夫球	gāo'ěrfūqiú	명	골프
☐ 花样游泳	huāyàng yóuyǒng	명	수중 발레[싱크로나이즈드 스위밍]
☐ 击剑	jījiàn	명	펜싱
☐ 轮滑	lúnhuá	명	인라인스케이트, 롤러스케이트
☐ 攀岩	pānyán	명	암벽 등반
☐ 雪橇	xuěqiāo	명	(개·사슴 등이 끄는) 눈썰매
☐ 有氧运动	yóuyǎng yùndòng	명	유산소 운동
☐ 瑜伽	yújiā	명	요가
☐ 跳水	tiàoshuǐ	동	다이빙하다
☐ 定向越野	dìngxiàng yuèyě		오리엔티어링[지도와 나침반으로 여러 지점을 통과하고 최종 목적지까지 시간 내에 도착하는 경기]
☐ 风筝	fēngzheng	명	연
☐ 俯卧撑	fǔwòchēng	명	팔 굽혀 펴기, 푸시업
☐ 围棋	wéiqí	명	바둑
☐ 计步器	jìbùqì	명	만보기
☐ 水肺	shuǐfèi	명	잠수용 수중 호흡기
☐ 体魄	tǐpò	명	신체와 정신, 체력과 기백

☐ 涌入	yǒngrù	동 몰려들다, 밀어닥치다
☐ 挥汗如雨	huīhànrúyǔ	성 땀이 마치 비 오듯 하다
☐ 运动器械	yùndòng qìxiè	운동 기계
☐ 点球	diǎnqiú	명 패널티 킥
☐ 命中率	mìngzhònglǜ	명 명중률
☐ 搏击	bójī	동 돌격하다, 힘을 내어 싸우다
☐ 传球	chuánqiú	동 (구기 종목에서 공을) 패스하다
☐ 出局	chūjú	동 (야구 등에서 타자나 주자가) 아웃되다, 탈락하다
☐ 卫冕	wèimiǎn	동 (경기에서) 우승 타이틀을 방어하다
☐ 卫冕冠军	wèimiǎn guànjūn	명 디펜딩 챔피언[전 대회 우승자]
☐ 奖项	jiǎngxiàng	명 (어떤 종목의) 상
☐ 颁奖词	bānjiǎngcí	시상 멘트
☐ 顶尖	dǐngjiān	형 최고의, 정점의
☐ 林丹	Lín Dān	고유 린단[중국 배드민턴 선수]
☐ 沙坑	shākēng	명 (육상 도약 경기에서 착지하는) 모래판
☐ 裁定	cáidìng	동 판정하다, 결정하다
☐ 精准	jīngzhǔn	형 정확하다, 틀림없다
☐ 吉尼斯世界纪录	Jínísī Shìjiè Jìlù	고유 기네스 세계 기록
☐ 冬奥会	Dōng'àohuì	고유 동계 올림픽
☐ 会徽	huìhuī	명 대회 엠블럼[국가나 단체 또는 기업 따위의 상징으로 쓰이는 그림이나 문자]

해커스 HSK 6급 단어장

자연과의 하모니

날씨 · 자연

주제를 알면 HSK가 보인다!

HSK 6급에서는 특정 지역의 날씨나 기후, 또는 자연 현상 등과 관련된 문제가 자주 출제
돼요. 따라서 '순환하다', '조절하다', '신기하다', '탄생하다'와 같은 날씨·자연 관련 단어
들을 집중적으로 학습하면 이러한 문제를 쉽게 풀 수 있어요.

🎧 단어, 예문 MP3

자연은 위대해, 하지만…

19 **循环** xúnhuán 동 순환하다   17 **调节** tiáojié 동 조절하다   23 **神奇** shénqí 형 신기하다

14 **诞生** dànshēng 동 탄생하다   22 **珍贵** zhēnguì 형 진귀하다, 귀중하다

01 气象 ***
qìxiàng

[명] 기상

据**气象**台预报，春节当天，局部地区将会有沙尘暴。

→ 술어

기상청 예보에 따르면, 춘절 당일, 일부 지역에는 황사가 있을 것이라 한다.

气象台 qìxiàngtái [명] 기상청　**预报** yùbào [동] 예보하다
局部 júbù [명] 일부　**地区** dìqū [명] 지역
沙尘暴 shāchénbào [명] 황사, 모래 바람

🏯 **알아 두면 시험이 쉬워지는 배경 지식**

[일반상식] **气象卫星**(기상 위성)은 지구 및 대기층의 **气象观测**를 위해 우주로 발사된 **人造卫星**이다. **气象卫星**에는 **气象**을 관측하는 센서가 탑재되어 있어서 저기압 또는 각종 **气象** 전선들의 정확한 위치와 크기 등을 파악한다. 또한 지구로부터 우주 공간으로 복사되는 **可见光·红外·微波辐射** 등도 관측한다. **气象卫星**은 관측 범위가 광범위하고, 관측하는 자료도 많기 때문에 세계에서 응용 범위가 가장 넓은 위성 중 하나이다. 중국은 1988년 **风云一号**를 발사한 이래로 2016년까지 총 4대의 **气象卫星**을 쏘아 올렸는데, 이 4대를 통칭하여 '**风云家族**'라고 부르고 있다.

气象卫星 qìxiàng wèixīng 기상 위성
气象观测 qìxiàng guāncè 기상 관측
人造卫星 rénzào wèixīng 인공위성
可见光 kějiànguāng 가시광선
红外 hóngwài 적외선
微波辐射 wēibō fúshè 마이크로파 복사
风云一号 Fēngyún yī hào 풍운 1호
风云家族 Fēngyún Jiāzú 풍운가족[풍운 1호부터 풍운 4호까지를 통칭하는 말]

02 遭遇 ***
zāoyù

[동] (적 또는 불행·불리한 일에) 부닥치다, 만나다
[명] 처지, 경우

由于北极升温，北极动物**遭遇**了生存挑战。

북극 온도 상승으로, 북극 동물들은 생존 도전에 부닥쳤다.

他向心理咨询师倾吐了过去悲惨的**遭遇**。

그는 심리 상담가에게 과거의 비참했던 처지를 털어놓았다.

北极 běijí [명] 북극　**升温** shēngwēn [동] (온도가) 상승하다, 올라가다
生存 shēngcún [동] 생존하다, 살아남다　**挑战** tiǎozhàn [동] 도전하다
心理 xīnlǐ [명] 심리, 기분　**咨询师** zīxúnshī 상담가
倾吐 qīngtǔ [동] 털어놓다, 토로하다　**悲惨** bēicǎn [형] 비참하다, 슬프다

 시험에 이렇게 나온다!

[짝꿍표현] **遭遇**를 활용한 다양한 짝꿍 표현들을 알아 둔다. 참고로, **遭遇**는 수도 무성적인 뜻을 가진 어휘를 목적어로 가진다.

遭遇风浪 zāoyù fēnglàng 풍랑을 만나다
遭遇水灾 zāoyù shuǐzāi 수재를 만나다
遭遇干旱 zāoyù gānhàn 가뭄에 부닥치다

03 遭受 ★★★
zāoshòu

동 (불행 또는 손해를) 만나다, 입다

山上的积雪因反常天气融化了，山下的村民们
遭受了雪崩灾害。 → 술어

산 위에 쌓인 눈이 이상 기후로 녹아 버려서, 산 아래 촌민들이 눈사태 재해를 만났다.

积雪 jīxuě 명 쌓인 눈 反常 fǎncháng 형 이상하다, 비정상적이다
融化 rónghuà 동 녹다, 용해되다 雪崩 xuěbēng 동 눈사태가 일어나다
灾害 zāihài 명 재해

잠깐 02번 遭遇(부닥치다, 만나다)는 遭受보다 우연성이 더 강조된 단어예요.

04 干旱 ★★★
gānhàn

형 메마르다, 가물다

北部非洲属于炎热干旱的热带沙漠气候。

북아프리카는 무덥고 메마른 열대 사막 기후에 속한다.

非洲 Fēizhōu 고유 아프리카 属于 shǔyú 동 ~에 속하다
炎热 yánrè 형 (날씨가) 무덥다 热带 rèdài 명 열대 沙漠 shāmò 명 사막

🏯 알아 두면 시험이 쉬워지는 배경 지식

> 과학상식 干热风(건열풍) 또는 干旱风은 지방풍의 일종으로 고온 건조한 바람을 말한다. 干热风은 농업에 많은 피해를 입히는 灾害性天气 중 하나로, 계절과 상관없이 발생할 수 있으며, 돌발적으로 발생하는 경우가 일반적이다. 중국의 경우, 보통 5월 초에서 6월 중순에 화베이(华北) 지역이나 시베이(西北) 지역, 황하(黄河) 하류와 화이허(淮河) 유역 북부 등지에서 干热风이 발생하여 밀 생산에 악영향을 주고 있다.
>
> 干热风 gānrèfēng 건열풍, 높새바람
> 干旱风 gānhànfēng 건열풍, 높새바람
> 灾害性天气 zāihàixìng tiānqì 재해성 기후, 재난성 날씨[사람의 생명과 재산, 특히 농작물 성장에 심각한 영향을 끼치는 날씨]

05 炎热 ★★★
yánrè

반의어

寒冷 hánlěng 형 차다, 춥다

형 (날씨가) 무덥다, 찌는 듯하다

中国南方天气比北方炎热，而且饮食比较清淡。

중국 남방은 날씨가 북방보다 무덥고, 음식이 비교적 담백하다.

饮食 yǐnshí 명 음식 清淡 qīngdàn 형 담백하다

06 霞 ***
xiá

명 노을

霞指日出或日落前，在天空中出现的彩色的云。

술어 (over 出现)

노을은 일출 혹은 일몰 전에, 하늘에서 나타나는 여러 가지 빛깔의 구름을 가리킨다.

日出 rìchū 일출, 해가 뜨다 **日落** rìluò 일몰, 해가 지다
天空 tiānkōng 명 하늘, 공중 **彩色** cǎisè 명 여러 가지 빛깔

07 淡水 ***
dànshuǐ

명 담수, 민물

南极是世界最大的淡水资源库，储存着大量的可用淡水。

남극은 세계에서 가장 큰 담수 자원 창고로, 대량의 가용 담수가 저장되어 있다.

南极 nánjí 명 남극 **资源库** zīyuánkù 자원 창고
储存 chǔcún 동 저장하다, 저축하다 **大量** dàliàng 형 대량의

08 风暴 ***
fēngbào

명 폭풍

德雷克海峡是著名的风暴中心，被称为"风暴走廊"。

드레이크 해협은 유명한 폭풍의 중심으로, '폭풍회랑'이라고 불린다.

德雷克海峡 Déléikè Hǎixiá 고유 드레이크 해협[남아메리카 대륙 남단과 남극 대륙으로부터 북쪽으로 뻗은 사우스셰틀랜드 제도 사이에 있는 해협]
中心 zhōngxīn 명 중심, 센터 **称** chēng 동 ~라고 부르다, 칭하다
走廊 zǒuláng 명 회랑, 복도

09 山脉 ***
shānmài

명 산맥

喜马拉雅山脉主峰——珠穆朗玛峰的藏语意为"大地之母"。

히말라야 산맥의 주봉 에베레스트산의 티베트어 뜻은 '대지의 어머니'이다.

喜马拉雅 Xǐmǎlāyǎ 고유 히말라야 **主峰** zhǔfēng 명 주봉
珠穆朗玛峰 Zhūmùlǎngmǎ Fēng 고유 에베레스트산
藏语 Zàngyǔ 고유 티베트어

🏯 **알아 두면 시험이 쉬워지는 배경 지식**

일반상식 喜马拉雅山脉(히말라야 산맥)는 세계에서 가장 해발이 높은 山脉로, 중국 青藏高原의 남쪽에 위치하고 있다. 喜马拉雅라는 말은 티베트 말로 '눈의 고향'이라는 뜻이다. 喜马拉雅山脉에는 珠穆朗玛峰을 비롯하여 총 14개의 높은 봉우리들이 위치하고 있다. 또한 인더스강·갠지스강·브라마푸트라강 창강 등의 발원지이기도 하다.

喜马拉雅山脉 Xǐmǎlāyǎ Shānmài 히말라야 산맥
青藏高原 Qīngzàng Gāoyuán 칭짱고원, 티베트고원
珠穆朗玛峰 Zhūmùlǎngmǎ Fēng 에베레스트산

10 外界 ***
wàijiè

명 외부, 바깥 세계

植物可以随外界环境的变化而调节自身的特性。

→ 술어

식물은 외부 환경의 변화에 따라 자신의 특성을 조절할 수 있다.

随 suí 동 따르다, 따라가다   调节 tiáojié 동 조절하다, 조정하다
自身 zìshēn 명 자신, 스스로   特性 tèxìng 명 특성

11 差别 ***
chābié

명 차이

那两株植物属于不同的物种，但在外形上差别不大。

그 두 그루의 식물은 다른 종에 속하지만, 외형적으로는 차이가 크지 않다.

属于 shǔyú 동 ~에 속하다   外形 wàixíng 명 외형

12 爆发 ***
bàofā

동 폭발하다

位于广东省的硇洲岛是由海底火山爆发而形成的岛屿。

광둥성에 위치한 나오저우섬은 해저 화산 폭발로 형성된 섬이다.

位于 wèiyú 동 ~에 위치하다   广东省 Guǎngdōng Shěng 고유 광둥성
硇洲岛 Náozhōu Dǎo 고유 나오저우섬
形成 xíngchéng 동 형성하다, 이루다   岛屿 dǎoyǔ 명 섬

13 融化 ***
rónghuà

동 (얼음·눈 따위가) 녹다, 용해되다

火瀑布是冰雪融化而形成的自然奇观。

불의 폭포는 얼음과 눈이 녹아 형성된 자연의 기이한 풍경이다.

火瀑布 Huǒ Pùbù 고유 불의 폭포[요세미티 국립 공원에 위치한 폭포]
形成 xíngchéng 동 형성하다, 이루다   奇观 qíguān 명 기이한 풍경

14 诞生 ***
dànshēng

동 탄생하다, 태어나다

原始生命是在海洋里诞生的，因此海洋被称为生命的摇篮。

원시 생명은 해양에서 탄생했는데, 그래서 바다는 생명의 요람으로 불린다.

原始 yuánshǐ 형 원시의, 최초의   摇篮 yáolán 명 요람

15 反射 ***
fǎnshè

반의어
投射 tóushè
동 (빛을) 투사하다,
(목표를 향해) 던지다

동 반사하다

彩虹是太阳光被半空中的水滴折射及反射而出现的现象。

무지개는 태양빛이 공중의 물방울에 의해 굴절 및 반사되어 일어나는 현상이다.

水滴 shuǐdī 명 물방울   折射 zhéshè 동 굴절하다   现象 xiànxiàng 명 현상

16 覆盖 ★★★
fùgài

[동] 점유하다, 덮다

增加植被覆盖率有利于保持水土、净化空气。 → 술어

녹지 점유율을 늘리면 물과 토양을 유지하고, 공기를 정화하는 데 이롭다.

植被覆盖率 zhíbèi fùgàilǜ 녹지 점유율　有利 yǒulì [형] 이롭다, 유리하다
保持 bǎochí [동] 유지하다, 지키다　净化 jìnghuà [동] 정화하다

 시험에 이렇게 나온다!

[짝꿍표현] 覆盖를 활용한 다양한 짝꿍 표현들을 알아 둔다.

覆盖率 fùgàilǜ 점유율, 피복률

覆盖……的表面 fùgài …… de biǎomiàn ~의 표면을 덮다

17 调节 ★★★
tiáojié

[동] 조절하다, 조정하다

溶洞通过洞内空气的流动，调节内部的气候。

종유동은 동굴 내 공기의 흐름을 통해, 내부 기후를 조절한다.

溶洞 róngdòng [명] 종유동
流动 liúdòng [동] (액체나 기체가) 흐르다, 유동하다　内部 nèibù [명] 내부

 시험에 이렇게 나온다!

[듣기독해] 调节(조절하다)는 듣기나 독해 영역에서 날씨나 기후가 조절되는 원리, 토양이나 해양의 온도 변화와 관련된 지문에서 자주 출제된다. 调节와 함께 자주 출제되는 표현들을 알아 둔다.

调节气候 tiáojié qìhòu 기후를 조절하다

调节温度 tiáojié wēndù 온도를 조절하다

自动调节 zìdòng tiáojié 자동적으로 조절하다

18 维护 ★★★
wéihù

[유의어]

爱护 àihù [동] 아끼고 보호하다

[동] 유지하고 보호하다, 지키다

土壤内的微生物有助于维护土壤生态系统的平衡。

토양 내 미생물은 토양 생태계의 균형을 유지하고 보호하는 데 도움이 된다.

土壤 tǔrǎng [명] 토양, 흙　微生物 wēishēngwù [명] 미생물
生态系统 shēngtài xìtǒng 생태계　平衡 pínghéng [형] 균형이 맞다

 시험에 이렇게 나온다!

[유의어] 维护：爱护(àihù, 아끼고 보호하다)

维护는 이념·질서·가치 등을 유지 및 보호하여 훼손시키지 않는 것을 의미한다.

维护和平 wéihù hépíng 평화를 유지하고 보호하다

维护团结 wéihù tuánjié 단결을 유지하고 보호하다

爱护는 특정 대상을 아끼고 보호하는 것을 의미한다.

爱护动物 àihù dòngwù 동물을 아끼고 보호하다

爱护公物 àihù gōngwù 공공기물을 아끼고 보호하다

해커스 HSK 6급 단어장

19 循环 ***
xúnhuán

[동] 순환하다

水循环可以分为海陆间循环、陆上内循环和海上内循环。

물의 순환은 해양과 육지 간의 순환, 육지 내부의 순환 및 해양 내부의 순환으로 나눌 수 있다.

海陆 hǎilù 해양과 육지

20 充足 ***
chōngzú

반의어

不足 bùzú
[형] 모자라다, 부족하다

[형] 충분하다, 충족하다

该植物适合在气候湿润、阳光充足的环境生长。

이 식물은 기후가 습윤하고, 햇빛이 충분한 환경에서 자라기에 적합하다.

湿润 shīrùn [형] 습윤하다, 촉촉하다   生长 shēngzhǎng [동] 자라다

잠깐 充足는 결핍되지 않고 충분히 있어 수요를 만족시킬 수 있다는 의미이고, Day11의 09번 充实(풍부하다)은 내용이나 인력·물자 등이 풍부하다는 의미예요.

21 罕见 ***
hǎnjiàn

[형] 보기 드물다

大蓝洞是世界著名的水下洞穴，是一种罕见的自然奇观。

그레이트 블루홀은 세계적으로 유명한 수중 동굴로, 보기 드문 자연 풍경이다.

大蓝洞 Dàlándòng [고유] 그레이트 블루홀[벨리즈 해안 근처에 위치한 해저 동굴]
水下 shuǐxià [명] 수중   洞穴 dòngxué [명] 동굴
奇观 qíguān [명] (기이한) 풍경

22 珍贵 ***
zhēnguì

[형] 진귀하다, 귀중하다

南极大陆周围海域有着各种珍贵的海洋生物资源。

남극 대륙의 주변 해역에는 각종 진귀한 해양 생물 자원이 있다.

南极 nánjí [명] 남극   大陆 dàlù [명] 대륙   海域 hǎiyù [명] 해역
生物 shēngwù [명] 생물   资源 zīyuán [명] 자원

23 神奇 ***
shénqí

[형] 신기하다, 기묘하다

死海海泥具有保养皮肤的神奇功效。

사해의 진흙은 피부를 보양하는 신기한 효능이 있다.

死海 Sǐ Hǎi [고유] 사해   海泥 hǎiní (바다의) 진흙
保养 bǎoyǎng [동] 보양하다, 보호하고 손질하다
功效 gōngxiào [명] 효능, 효과

24 冰雹 ★★
bīngbáo

명 우박

作为一种灾害性天气，冰雹对农作物造成较大的危害。 _{술어}

일종의 재해성 날씨로서, 우박은 농작물에 비교적 큰 손해를 야기한다.

作为 zuòwéi 개 ~로서 灾害性 zāihàixìng 재해성
农作物 nóngzuòwù 명 농작물 造成 zàochéng 동 야기하다, 발생시키다
危害 wēihài 명 손해

🏯 **알아 두면 시험이 쉬워지는 배경 지식**

> [과학상식] 雷暴(뇌우)는 雷击와 闪电을 동반하는 폭풍우로, 보통 큰 비와 冰雹가 내리는 현상이 함께 발생한다. 雷暴는 주로 여름철에 가열된 땅에서 상승한 뜨거운 공기가 뭉쳐진 积雨云, 또는 한랭 전선이나 저기압·태풍 주위에서 발생한 积雨云의 발달로 형성된다.
>
> 雷暴 léibào 뇌우　　　　雷击 léijī 벼락
> 闪电 shǎndiàn 번개　　　积雨云 jīyǔyún 적란운

25 气压
qìyā

명 기압

台风是由低气压造成的，中心气压越低，其威力就越大。

태풍은 저기압에 의해 야기된 것으로, 중심 기압이 낮을수록, 그 위력은 커진다.

台风 táifēng 명 태풍 造成 zàochéng 동 야기하다 威力 wēilì 명 위력

26 台风
táifēng

명 태풍

中国沿海地区经常遭受台风的侵袭。

중국 연해 지역은 종종 태풍의 침입과 습격을 입는다.

沿海 yánhǎi 명 연해, 바닷가 근처 지방 地区 dìqū 명 지역
遭受 zāoshòu 동 (불행 또는 손해를) 입다 侵袭 qīnxí 동 침입하여 습격하다

27 温带
wēndài

명 온대

亚欧大陆中部属于温带大陆性气候，夏季炎热湿润，冬季寒冷干燥。

유라시아 대륙 중부는 온대 대륙성 기후에 속해서, 여름에는 무덥고 습하며, 겨울에는 춥고 건조히다.

亚欧大陆 Yà'ōu Dàlù 고유 유라시아 대륙 属于 shǔyú 동 ~에 속하다
大陆性气候 dàlùxìng qìhòu 대륙성 기후
炎热 yánrè 형 무덥다, 찌는 듯하다 湿润 shīrùn 형 습하다, 촉촉하다
寒冷 hánlěng 형 춥다, 차다 干燥 gānzào 형 건조하다, 마르다

28 划分 **
huàfēn

동 구분하다, 나누다

古人到底是怎么划分二十四节气的呢? → 술어

옛 사람들은 도대체 어떻게 24절기를 구분했을까?

古人 gǔrén **명** 옛 사람　节气 jiéqi **명** 절기

29 致使 **
zhìshǐ

동 ~을 야기하다, ~을 초래하다

黄河上游地区连续下了几天的暴雨, 致使黄河泛滥成灾。

황하 상류 지역에 며칠간 폭우가 내리는 것이 지속되어서, 황하가 범람하여 수해를 입는 것을 야기했다.

上游 shàngyóu **명** 상류　地区 dìqū **명** 지역　连续 liánxù **동** 계속하다
暴雨 bàoyǔ **명** 폭우　泛滥成灾 fànlànchéngzāi **성** 범람하여 수해를 입다

30 登陆
dēnglù

동 상륙하다, 육지에 오르다, (상품 등이 시장에) 출시되다

据气象台预报, 后天将有台风登陆中国东南地区。

기상청 예보에 따르면, 내일 모레 태풍이 중국 동남부 지역에 상륙할 것이라고 한다.

气象台 qìxiàngtái **명** 기상청　台风 táifēng **명** 태풍　地区 dìqū **명** 지역

31 晴朗 **
qínglǎng

형 쾌청하다, 구름 한 점 없이 맑다

明天天气晴朗, 风力不大, 气温略有回升。

내일은 날씨가 쾌청하고, 풍력이 세지 않으며, 기온이 약간 다시 상승하겠습니다.

气温 qìwēn **명** 기온　略 lüè **부** 약간　回升 huíshēng **동** 다시 상승하다

32 严寒 **
yánhán

반의어

温和 wēnhé
형 (기후가) 따뜻하다,
(성질·태도·행동 등이) 온화하다

형 아주 춥다, 추위가 심하다

雾凇是在严寒天气里出现的自然奇观。

무송은 아주 추운 날씨에 나타나는 기이한 자연 풍경이다.

雾凇 wùsōng **명** 무송[나뭇가지 등에 서리가 하얗게 얼어붙어 눈꽃처럼 피어
있는 것]　奇观 qíguān **명** (기이한) 풍경

33 蔚蓝
wèilán

형 짙푸른, 쪽빛의

雨后的天空十分蔚蓝, 只漂浮着几朵白云。

비 온 뒤의 하늘은 매우 짙푸르고, 흰 구름 몇 조각만 떠 있을 뿐이다.

漂浮 piāofú **동** 뜨다, 떠다니다

34 毫米 **
háomǐ

[양] 밀리미터(mm)

阿塔卡马沙漠地区气候相当干旱，年降雨量只有两毫米。

아타카마 사막 지역의 기후는 상당히 가물어, 연간 강우량이 겨우 2mm이다.

阿塔卡马沙漠 Ātǎkǎmǎ Shāmò [고유] 아타카마 사막[칠레 북서부에 위치한 사막]
地区 dìqū [명] 지역　干旱 gānhàn [형] 가물다, 메마르다

35 摄氏度 **
shèshìdù

[양] 섭씨온도[℃'로 표기함]

北极狐的毛使它能在零下50摄氏度的冰原上生存。

북극여우의 털은 북극여우로 하여금 영하 50℃의 빙원에서 생존할 수 있도록 해 준다.

北极狐 běijíhú 북극여우　冰原 bīngyuán [명] 빙원

36 波浪
bōlàng

[명] 파도, 물결

湖面上突然荡起波浪，小船随波摇荡着。

호수의 수면에 갑자기 파도가 요동치기 시작하더니, 작은 배가 물결에 따라 흔들리고 있다.

荡 dàng [동] 요동하다, 움직이다　摇荡 yáodàng [동] 흔들리다

37 波涛
bōtāo

[명] 큰 파도

大海在风暴中波涛汹涌，渔民们陆续返回陆地。

폭풍 속에서 바다에 큰 파도가 세차게 솟아오르자, 어민들은 잇달아 육지로 돌아갔다.

风暴 fēngbào [명] 폭풍　汹涌 xiōngyǒng [동] 세차게 솟아오르다
渔民 yúmín [명] 어민　陆续 lùxù [부] 잇달아　陆地 lùdì [명] 육지

38 二氧化碳 **
èryǎnghuàtàn

[명] 이산화탄소(CO_2)

火星表面的大气层主要由二氧化碳组成。

화성 표면의 대기층은 주로 이산화탄소로 구성되어 있다.

火星 Huǒxīng [고유] 화성　大气层 dàqìcéng [명] 대기층

🏯 알아 두면 시험이 쉬워지는 배경 지식

[과학상식] 二氧化碳(이산화탄소)은 화성(火星) 大气层의 96%를 차지하는 주요 구성 성분이다. 겨울이 되면 화성의 극지방에 위치한 二氧化碳의 25% 정도가 얼어붙어 干冰으로 이루어진 极冠이 형성되고, 여름이 되면 햇빛에 의해 干冰이 녹아 다시 대기의 일부로 돌아간다. 이 때문에 화성의 대기에는 겨울에 기압이 하락하고 여름에 기압이 상승하는 현상이 주기적으로 발생하게 된다.

大气层 dàqìcéng 대기층　　　　　干冰 gānbīng 드라이아이스
极冠 jíguān 극관[화성의 두 극 부근에 얼음과 눈으로 덮여 있는 흰 부분]

39 光辉 ★★
guānghuī

[명] 찬란한 빛, 눈부신 빛 [형] 찬란하다, 눈부시다

→ 술어

若海里存在大量发光细菌，海面上就会出现白色的光辉。

만약 바닷속에 대량의 빛을 내는 세균이 존재한다면, 해수면에는 흰색의 찬란한 빛이 나타날 것이다.

我们要保护和传承祖国光辉灿烂的传统文化。

우리는 조국의 찬란하고 눈부신 전통문화를 보호하고 전승해야 한다.

存在 cúnzài [동] 존재하다   发光 fāguāng [동] 빛을 내다, 발광하다
细菌 xìjūn [명] 세균   传承 chuánchéng [동] 전승하다, 전수하고 계승하다
祖国 zǔguó [명] 조국   灿烂 cànlàn [형] 눈부시다, 찬란하다
传统 chuántǒng [명] 전통

40 洪水 ★★
hóngshuǐ

[명] 홍수

人们在这场洪水中获救后，纷纷向救援队表达了感激之情。

사람들은 이 홍수 속에서 구조된 후, 잇달아 구조대에게 감사의 마음을 표현했다.

获救 huòjiù [동] 구조되다   纷纷 fēnfēn [부] 잇달아, 계속하여
救援队 jiùyuánduì 구조대   表达 biǎodá [동] (생각, 감정을) 표현하다
感激 gǎnjī [동] 감사를 느끼다, 감격하다

🏯 **알아 두면 시험이 쉬워지는 배경 지식**

[중국역사] 禹王(우왕)은 중국 하(夏)나라의 건국자로, 보통 大禹라고 불린다. 전설에 따르면 요 임금(尧帝) 치세 말기에 황하(黄河)가 범람하여 큰 洪水가 났는데, 이를 다스리기 위해 鲧을 시켜 9년 동안 治水를 하게 했지만 끝내 실패했다. 그 후 순 임금(舜帝) 시기에 鲧의 아들인 大禹가 중국 전역의 물길을 13년 동안 정비하여 治水에 성공하였다. 이 일로 민심을 얻은 大禹는 순 임금에게 천자 자리를 물려받아 하(夏)나라의 왕이 되었다.

禹王 Yǔ Wáng 우 임금   大禹 Dà Yǔ 우 임금
鲧 Gǔn 곤[우 임금의 아버지]   治水 zhìshuǐ 치수하다, 물을 다스리다

41 局部 ★★
júbù

[반의어]

全部 quánbù
[명] 전부, 전체 [형] 전체의
整体 zhěngtǐ [명] 전체, 총체

[명] (전체에서의) 일부, 일부분

明天我市大部分地区有雷阵雨，局部地区可能伴有冰雹。

내일 우리 시의 대부분 지역에는 천둥과 번개를 동반한 소나기가 내리고, 일부 지역에는 우박이 동반될 것이다.

地区 dìqū [명] 지역   雷阵雨 léizhènyǔ [명] 천둥과 번개를 동반한 소나기
伴有 bànyǒu [동] 동반하다   冰雹 bīngbáo [명] 우박

42 畔
pàn

● 몡 (강·호수·도로 등의) 가, 가장자리

为了防止洪水泛滥，村民们在河畔修建了防洪墙。 → 술어

홍수가 범람하는 것을 방지하기 위해, 마을 주민들은 강가에 홍수 방지 장벽을 지었다.

防止 fángzhǐ 图 방지하다　洪水 hóngshuǐ 몡 홍수
泛滥 fànlàn 图 범람하다　村民 cūnmín 몡 마을 주민
修建 xiūjiàn 图 짓다, 건설하다　防洪墙 fánghóng qiáng 홍수 방지 장벽

 시험에 이렇게 나온다!

짝꿍 畔을 활용한 다양한 짝꿍 표현들을 알아 둔다.
표현
　湖畔 húpàn 호숫가
　河畔 hépàn 강가, 강변
　田畔 tiánpàn 밭 가장자리, 밭두렁

43 泡沫 ★★
pàomò

● 몡 (물)거품, 포말

那位夫人看着海浪激起的泡沫，陷入了沉思。

그 부인은 파도가 불러일으킨 거품을 보며, 깊은 생각에 빠졌다.

夫人 fūrén 몡 부인　海浪 hǎilàng 몡 파도
激起 jīqǐ 图 불러일으키다, 야기하다　陷入 xiànrù 图 빠지다, 전념하다
沉思 chénsī 图 깊이 생각하다, 심사숙고하다

44 屏障 ★★
píngzhàng

● 몡 장벽, 보호벽

臭氧层被严重破坏后，对地球的屏障作用大大减弱了。

오존층이 심각하게 파괴된 후, 지구에 대한 장벽 역할이 크게 약화되었다.

臭氧层 chòuyǎngcéng 몡 오존층　破坏 pòhuài 图 파괴하다, 손상하다
减弱 jiǎnruò 图 약화되다, 약해지다

45 瀑布 ★★
pùbù

● 몡 폭포

景色壮丽的壶口瀑布是国家级风景名胜区之一。

경치가 웅장하고 아름다운 후커우 폭포는 국가급 풍경 명승지 중 하나이다.

景色 jǐngsè 몡 경치, 경관　壮丽 zhuànglì 혱 웅장하고 아름답다
壶口瀑布 Húkǒu Pùbù 고유 후커우 폭포[산시성 옌안시에 있는 중국 국가 공인 관광지]　风景 fēngjǐng 몡 풍경　名胜区 míngshèngqū 명승지

 시험에 이렇게 나온다!

짝꿍 瀑布를 활용한 짝꿍 표현을 알아 둔다.
표현
　瀑布飞泻 pùbù fēixiè 폭포가 쏟아져 내리다

46 生机 ** 　shēngjī

명 생기, 활력

春天到了，到处都是一派生机勃勃的景象。

봄이 오자, 도처는 모두 생기가 넘치는 광경이다.

生机勃勃 shēngjībóbó **성** 생기가 넘치다　景象 jǐngxiàng **명** 광경

 시험에 이렇게 나온다!

짝꿍 표현 生机를 활용한 짝꿍 표현을 알아 둔다.

生机勃勃 shēngjībóbó 생기가 넘치다, 생명력이 왕성하다

47 威力 　wēilì

명 위력

海啸是自然界中威力最大的灾害之一。

해일은 자연계에서 위력이 가장 센 재해 중 하나이다.

海啸 hǎixiào **명** 해일　灾害 zāihài **명** 재해, 재난

48 夕阳 　xīyáng

명 석양　**형** 사양길에 접어든

他坐在湖边欣赏着夕阳西下的美景。

그는 호숫가에 앉아 석양이 서쪽으로 지는 아름다운 풍경을 감상하고 있다.

该企业为了摆脱夕阳产业的困境，积极推动新事
业的发展。

이 기업은 사양 산업의 궁지에서 벗어나기 위해, 신사업의 발전을 적극적으
로 추진하고 있다.

湖边 húbiān 호숫가　欣赏 xīnshǎng **동** 감상하다, 마음에 들다
摆脱 bǎituō **동** 벗어나다　困境 kùnjìng 궁지　推动 tuīdòng **동** 추진하다

49 预兆 　yùzhào

명 조짐, 징조　**동** 조짐을 나타내다, 징조를 보이다

火山喷发前会有地温升高、地震等各种预兆。

화산 분출 전에 지온 상승, 지진 등 각종 조짐이 있을 수 있다.

动物不安、天气异常等现象都有可能预兆地震的
发生。

동물이 불안해하고 날씨가 이상한 것 등의 현상은 모두 지진의 발생에 대한
조짐을 나타내는 것일 수 있다.

喷发 pēnfā **동** 분출하다　地温 dìwēn **명** 지온[땅의 겉면이나 땅속의 온도]
地震 dìzhèn **명** 지진　不安 bù'ān **형** 불안하다
异常 yìcháng **형** 이상하다　现象 xiànxiàng **명** 현상

50 灾难 ★★

zāinàn

[유의어]

灾害 zāihài 몝 재해

명 재난, 재해

据研究，蜜蜂的消失将给人类粮食生产带来灾难

性后果。 → 술어

연구에 따르면, 꿀벌의 소멸은 인류의 식량 생산에 재난급 결과를 가져올
것이라 한다.

蜜蜂 mìfēng 몝 꿀벌　消失 xiāoshī 툉 소멸하다, 사라지다
人类 rénlèi 몝 인류　粮食 liángshi 몝 식량, 양식
生产 shēngchǎn 툉 생산하다　灾难性 zāinànxìng 재난급
后果 hòuguǒ 몝 (주로 안 좋은) 결과, 뒷일

 시험에 이렇게 나온다!

[유의어] 灾难 : 灾害(zāihài, 재해)

灾难은 자연과 사람에 의해 일어난 것이며, 피해를 입는 대상은 주로 사
람이다.
灾难沉重 zāinàn chénzhòng 재난이 심각하다
战争的灾难 zhànzhēng de zāinàn 전쟁의 재난

灾害는 자연에 의해 일어난 것이며, 피해를 입는 대상은 사람을 포함한 생
물 전체이다.
自然灾害 zìrán zāihài 자연 재해
地震灾害 dìzhèn zāihài 지진 재해

51 沼泽

zhǎozé

명 습지, 늪

位于东北平原东北部的三江平原是中国最大的

沼泽分布区。

둥베이 평원 동북부에 위치한 싼쟝 평원은 중국에서 가장 큰 습지 분포 지
역이다.

东北平原 Dōngběi Píngyuán 고유 둥베이 평원[랴오닝성(辽宁省) 북부에 있는
평원]　三江平原 Sānjiāng Píngyuán 고유 싼쟝 평원[헤이룽장성(黑龙江省)에
위치한 거대한 평원]　分布区 fēnbùqū 분포 지역

52 珍珠

zhēnzhū

명 진주

淡水珍珠比海水珍珠产量高，因此其价格相对低廉。

담수 진주는 해수 진주보다 생산량이 높기 때문에, 담수 진주의 가격이 상
대적으로 저렴하다.

淡水 dànshuǐ 몝 담수, 민물　产量 chǎnliàng 몝 생산량
相对 xiāngduì 휑 상대적인　低廉 dīlián 휑 저렴하다

11

12

13

14

15

DAY 16

17

18

19

20

해커스 HSK 6급 단어장

53 棕色
zōngsè

[명] 갈색

술어 ←

土壤之所以呈现红棕色、暗棕色等不同颜色，是因为所含的矿物质不同。

토양이 적갈색, 암갈색 등 다른 색을 띠는 것은, 함유한 광물질이 다르기 때문이다.

土壤 tǔrǎng [명] 토양, 흙　呈现 chéngxiàn [동] (양상을) 띠다, 나타나다
含 hán [동] 함유하다　矿物质 kuàngwùzhì 광물질

54 摧残
cuīcán

[동] 심각한 피해를 주다

这场特大台风摧残了整个都市，供电和供水都被中断了。

이 특대형 태풍은 도시 전체에 심각한 피해를 주어서, 전력 공급과 물 공급이 모두 중단되었다.

台风 táifēng [명] 태풍　整个 zhěnggè [형] 전체의
都市 dūshì [명] 도시, 대도시　供电 gōngdiàn 전력을 공급하다
供水 gōngshuǐ 물을 공급하다　中断 zhōngduàn [동] 중단하다

55 冻结 ★★
dòngjié

[반의어]

融化 rónghuà
[동] (얼음·눈 따위가) 녹다, 용해되다

[동] 동결하다, 얼리다

"霰"是天空中的水蒸气冻结而成的白色圆形颗粒。

'싸라기눈'은 공중의 수증기가 동결하여 생긴 흰색의 둥근 모양 알갱이다.

霰 xiàn [명] 싸라기눈　水蒸气 shuǐzhēngqì [명] 수증기
圆形 yuánxíng 둥근 모양　颗粒 kēlì [명] 알갱이, 과립

56 斗争
dòuzhēng

[동] 분투하다, 투쟁하다

为了生存，众多沙漠动物正与严酷的自然环境做斗争。

생존하기 위해, 수많은 사막 동물들은 냉혹한 자연 환경과 분투하고 있다.

生存 shēngcún [동] 생존하다　沙漠 shāmò [명] 사막
严酷 yánkù [형] 냉혹하다

57 恶化
èhuà

[반의어]

好转 hǎozhuǎn [동] 호전되다

[동] 악화되다, 악화시키다

面对日益恶化的环境，我们应该学会保护环境。

날로 악화되는 환경에 직면하여, 우리는 환경을 보호하는 것을 배워야 한다.

面对 miànduì [동] 직면하다, 마주 보다　日益 rìyì [부] 날로, 나날이

⁵⁸ 毁灭
huǐmiè

[동] (철저하게) 파괴하다, 소멸시키다

连续发生的两次山崩几乎毁灭了大半个城市。 → 술어

연속해서 발생한 두 번의 산사태는 거의 도시의 반을 파괴했다.

连续 liánxù [동] 연속하다 山崩 shānbēng [동] 산사태가 나다, 산이 무너지다

⁵⁹ 呼啸
hūxiào

[동] (휙휙·씽씽 등) 날카롭고 긴 소리를 내다

狂风就像奔腾的千军万马，呼啸着穿过草原。

광풍은 내달리는 천군만마와 같이, 날카롭고 긴 소리를 내며 초원을 가로질렀다.

狂风 kuángfēng [명] 광풍, 사납게 부는 바람 奔腾 bēnténg [동] 내달리다
千军万马 qiānjūnwànmǎ [성] 천군만마 草原 cǎoyuán [명] 초원

⁶⁰ 笼罩
lǒngzhào

[동] 뒤덮다

朦胧的月光笼罩着广阔的草原。

흐릿한 달빛이 광활한 초원을 뒤덮고 있다.

朦胧 ménglóng [형] 흐릿하다, 몽롱하다
广阔 guǎngkuò [형] 광활하다, 넓다 草原 cǎoyuán [명] 초원

⁶¹ 排放 ★★
páifàng

[동] (폐기·폐수 등을) 배출하다, 방류하다

为了减少二氧化碳的排放，很多国家都在积极实施各项政策。

이산화탄소의 배출을 줄이기 위해, 많은 국가에서는 적극적으로 각종 정책을 시행하고 있다.

二氧化碳 èryǎnghuàtàn [명] 이산화탄소 实施 shíshī [동] 시행하다, 실시하다
政策 zhèngcè [명] 정책

⁶² 漂浮 ★★
piāofú

[동] (물이나 액체 위에) 떠다니다, 뜨다

金星的大气层中漂浮着硫酸，所以金星上下的雨也是硫酸雨。

금성의 대기층에는 황산이 떠다니기 때문에, 금성에 내리는 비도 황산비이다.

金星 Jīnxīng [고유] 금성 大气层 dàqìcéng [명] 대기층
硫酸 liúsuān [명] 황산 硫酸雨 liúsuānyǔ 황산비

63 起伏
qǐfú

[동] 출렁거리다, 기복을 이루다, (정서·감정 등이) 변화하다

群山连绵不断，像是波涛起伏的海洋。 → 술어

많은 산들이 끊임없이 계속 이어져, 흡사 파도가 출렁거리는 바다 같다.

连绵不断 liánmiánbúduàn 젱 끊임없이 계속 이어지다　波涛 bōtāo 뎽 파도

64 散发 ★★
sànfā

[동] 내뿜다, 발산하다

每到秋天，爷爷的果园里散发出各种果实的芳香。

매번 가을이 되면, 할아버지의 과수원에서는 각종 열매의 향기가 내뿜어져 나온다.

果园 guǒyuán 뎽 과수원　果实 guǒshí 뎽 열매　芳香 fāngxiāng 뎽 향기

65 闪烁 ★★
shǎnshuò

[동] 반짝이다, 깜박이다

无数个小星星在夜空中不停地闪烁着。

무수한 작은 별들이 밤하늘에 계속해서 반짝이고 있다.

无数 wúshù 혱 무수하다

66 掀起
xiānqǐ

[동] 넘실거리다, 솟구치다

突然刮起一阵海风，平静的海面上掀起了波浪。

갑자기 한바탕 해풍이 불어와, 평온한 해면에 파도가 넘실거렸다.

平静 píngjìng 혱 평온하다, 차분하다　波浪 bōlàng 뎽 파도, 물결

67 淹没
yānmò

[동] 침몰하다, 잠기다

村民们逃到山顶后不久，洪水淹没了整个村庄。

마을 주민들이 산꼭대기로 도망친 후 얼마 되지 않아, 홍수가 마을 전체를 침몰시켰다.

村民 cūnmín 뎽 마을 주민　逃 táo 동 도망치다, 달아나다
山顶 shāndǐng 뎽 산꼭대기　洪水 hóngshuǐ 뎽 홍수
整个 zhěnggè 혱 전체의, 전부의　村庄 cūnzhuāng 뎽 마을, 촌락

68 蕴藏 ★★
yùncáng

[동] 매장되다, 묻히다

这个海域的海底蕴藏着丰富的矿物资源，开发潜力巨大。

이 해역의 해저에는 풍부한 광물 자원이 매장되어 있어, 개발 잠재력이 매우 크다.

海域 hǎiyù 뎽 해역　矿物 kuàngwù 뎽 광물　资源 zīyuán 뎽 자원
开发 kāifā 동 개발하다, 개척하다　潜力 qiánlì 뎽 잠재력
巨大 jùdà 혱 매우 크다, 거대하다

69 孕育 **
yùnyù

[동] 배양하다, 낳아 기르다

海洋孕育着无数的生命，将会成为人类未来的粮仓。
→ 술어

바다는 무수한 생명을 배양하고 있어, 인류 미래의 식량 창고가 될 것이다.

无数 wúshù [형] 무수하다　**人类** rénlèi [명] 인류
粮仓 liángcāng [명] 식량 창고, 곡식 창고

70 照耀
zhàoyào

[동] (강렬한 빛이) 밝게 비추다, 환하게 비추다

院子里绿色的嫩芽在阳光的照耀下显得更加生机
勃勃。

정원의 녹색 새싹은 햇빛이 밝게 비추는 아래에서 더욱 생기가 넘쳐 보인다.

嫩芽 nènyá [명] 새싹　**生机勃勃** shēngjībóbó [형] 생기가 넘치다

71 灿烂 **
cànlàn

[형] 찬란하다, 눈부시다

春天是阳光灿烂、百花盛开的季节。

봄은 햇빛이 찬란하고, 온갖 꽃이 활짝 피는 계절이다.

百花盛开 bǎihuā shèngkāi 온갖 꽃이 활짝 피다

72 混浊
hùnzhuó

[형] (물·공기 따위가) 혼탁하다

沼泽里的漂浮物使沼泽变得黑而混浊。

습지의 부유물은 습지를 검고 혼탁하게 만든다.

沼泽 zhǎozé [명] 습지, 늪　**漂浮物** piāofúwù 부유물

73 极端 **
jíduān

[형] 극단적인　[명] 극단　[부] 몹시, 지극히

极端的自然环境，使很多动植物很难在南极生存
下去。

극단적인 자연 환경은, 많은 동식물이 남극에서 생존해 나가기 어렵게 만
든다.

走极端不是一个解决问题的好办法。

극단으로 가는 것은 문제를 해결하는 좋은 방법이 아니다.

王硕对任何事情都极端慎重。

왕슈어는 어떤 일에 대해서도 항상 몹시 신중하다.

南极 nánjí [명] 남극　**生存** shēngcún [동] 생존하다, 살아남다
慎重 shènzhòng [형] 신중하다, 조심하다

74 急剧 **
jíjù

형 급격하다, 빠르다

해수 술어
海水的富营养化会导致浮游生物数量的急剧增加。

바닷물의 부영양화는 플랑크톤 수의 급격한 증가를 야기할 수 있다.

富营养化 fùyíngyǎnghuà 통 부영양화하다[화학 비료나 오수의 유입 등으로 바다나 강에 영양분이 과잉 공급되어 조류가 급속히 증식하는 현상]
导致 dǎozhì 통 야기하다, 초래하다 浮游生物 fúyóu shēngwù 플랑크톤

75 零星
língxīng

유의어

零碎 língsuì
형 사소하다 명 자질구레한 것

형 소량의, 산발적인

虽然天上只飘着零星的小雪花, 但街上的人们看起来依然很开心。

비록 하늘에는 소량의 눈송이만 흩날리고 있지만, 거리의 사람들은 여전히 즐거워 보인다.

飘 piāo 통 흩날리다, 나부끼다 雪花 xuěhuā 명 눈송이
依然 yīrán 부 여전히

 시험에 이렇게 나온다!

유의어 零星：零碎(língsuì, 사소하다, 자질구레한 것)

零星은 품사가 형용사이고, 양이 적거나 흩어져 있는 것을 의미한다.
零星小雨 língxīng xiǎoyǔ 산발적인 작은 비 늑 간간이 내리는 보슬비
零星的记忆 língxīng de jìyì 산발적인 기억

零碎는 품사가 형용사와 명사이고, 사소하고 중요하지 않은 것을 의미한다.
零碎东西 língsuì dōngxi 사소한 물건, 자질구레한 물건
收拾零碎儿 shōushi língsuìr 자질구레한 것을 치우다

76 茫茫
mángmáng

형 (끝이 보이지 않을 정도로) 아득하다, 망망하다

一只小船在白雾茫茫的水面上慢慢划行。

작은 배 한 척이 안개가 아득한 수면 위에서 천천히 노를 저으며 나아가고 있다.

白雾 báiwù 안개 划行 huáxíng 노를 저어 나아가다

 시험에 이렇게 나온다!

짝꿍표현 茫茫을 활용한 다양한 짝꿍 표현들을 알아 둔다.
大海茫茫 dàhǎi mángmáng 망망대해
迷迷茫茫 mímí mángmáng 망망하다, 아득하다, 흐릿하다
茫茫林海 mángmáng línhǎi 망망한 숲의 바다, 망망한 숲

77 迷人 ★★
mírén

● 형 매력적이다, 사람을 홀리다

桂林山水在夕阳的映衬下<u>显得</u>更加迷人。 → 술어

구이린 경치는 석양이 비추는 가운데 더욱 매력적으로 보인다.

桂林 Guìlín 고유 구이린, 계림[중국 광시좡족자치구 북동부의 도시]
山水 shānshuǐ 명 경치, 산과 물 **夕阳** xīyáng 명 석양
映衬 yìngchèn 동 서로 비추다

78 奇妙 ★★
qímiào

● 형 신기하다, 기묘하다

洞穴里乳白色的石柱和石笋千姿百态，奇妙无比。

동굴 안의 유백색의 석회주와 석순은 자태가 다양하여, 비할 바 없이 신기하다.

洞穴 dòngxué 명 동굴 **乳白色** rǔbáisè 유백색
石柱 shízhù 명 석회주, 돌기둥 **石笋** shísǔn 명 석순
千姿百态 qiānzībǎitài 성 자태가 다양하다, 모습이 가지각색이다
无比 wúbǐ 형 비할 바 없다, 아주 뛰어나다

79 清澈 ★★
qīngchè

● 형 맑고 투명하다

清澈的湖水在阳光的照耀下闪闪发亮。

맑고 투명한 호수가 햇빛이 밝게 비추는 아래에서 반짝이며 빛을 낸다.

湖水 húshuǐ 명 호수 **照耀** zhàoyào 동 밝게 비추다, 환하게 비추다
闪 shǎn 동 반짝이다 **发亮** fāliàng 동 빛을 내다

80 秃
tū

● 형 민둥민둥하다, 머리카락이 없다

盲目的砍伐使原本长满绿树的山变成"秃岭"。

맹목적인 벌목은 원래 녹색 나무가 가득 자라 있었던 산을 '민둥산'으로 만들었다.

盲目 mángmù 형 맹목적인, 무작정 **砍伐** kǎnfá 동 벌목하다
原本 yuánběn 부 원래, 본디 **秃岭** tūlǐng 민둥산

 시험에 이렇게 나온다!

짝꿍 표현 秃를 활용한 다양한 짝꿍 표현들을 알아 둔다.

　　秃山 tūshān 민둥산 　　　　　　**秃岭** tūlǐng 민둥산

81 汹涌 ★★
xiōngyǒng

● 동 (물이) 세차게 일어나다, 용솟음치다

在寂静的黑夜里，汹涌的浪花不断地拍打着防波堤。

고요한 밤에, 세차게 일어나는 물보라가 끊임없이 방파제를 가볍게 두드리고 있다.

寂静 jìjìng 형 고요하다, 적막하다 **黑夜** hēiyè 명 밤, 야간
浪花 lànghuā 명 물보라 **不断** búduàn 부 끊임없이
拍打 pāida 동 가볍게 두드리다, 살짝 치다 **防波堤** fángbōdī 방파제

82 隐约
yǐnyuē

형 희미하다, 어렴풋하다

绿色的草原一望无际，远处的牛群隐约可见。 → 술어

녹색의 초원은 매우 광활하여, 멀리 있는 소 떼들이 희미하게 보인다.

草原 cǎoyuán 명 초원　**一望无际** yíwàngwújì 성 매우 광활하다

83 壮观 ★★
zhuàngguān

형 (경관이) 장대하다, 웅장하다　명 장관

大自然创造出的这个峭壁宏伟壮观，真让人惊叹
不已。

대자연이 창조해 낸 이 절벽은 웅장하고 장대하여, 사람으로 하여금 경탄
해 마지않게 한다.

我永远不会忘记呈现在眼前的大自然的壮观。

나는 눈앞에 나타난 대자연의 장관을 영원히 잊지 못할 것이다.

创造 chuàngzào 동 창조하다　**峭壁** qiàobì 명 절벽, 낭떠러지
宏伟 hóngwěi 형 웅장하다, 웅대하다
惊叹 jīngtàn 동 경탄하다, 놀라고 감탄하다　**不已** bùyǐ 동 ~해 마지않다
呈现 chéngxiàn 동 나타나다

84 壮丽
zhuànglì

형 웅장하고 아름답다

很多登山爱好者想要征服泰山，感受泰山的宏伟
和壮丽。

많은 등산 애호가들은 태산을 정복하여, 태산의 웅대함과 웅장하고 아름다
움을 느끼고 싶어한다.

征服 zhēngfú 동 정복하다
泰山 Tài Shān 고유 태산, 타이산[산둥성에 위치한 산]
感受 gǎnshòu 동 (영향을) 느끼다, 받다
宏伟 hóngwěi 형 웅대하다, 웅장하다

연습문제 **체크체크!**

제시된 각 단어의 병음과 뜻을 써 보세요.

01 融化 .... / ....

02 罕见 .... / ....

03 摄氏度 .... / ....

04 致使 .... / ....

05 隐约 .... / ....

제시된 단어 중, 문장에 어울리는 단어를 빈칸에 적어 보세요.

06 闪烁 / 覆盖

该国的植被 ....率有了显著提升, 目前已达到70%。

07 维护 / 爱护

................生态系统的平衡已成为人们共同关心的重大问题。

08 灾难 / 灾害

蜜蜂的消亡将会加剧全球粮食危机, 甚至会带来................性后果。

09 零碎 / 零星

天上飘着................的小雪花, 周围一片寂静。

10 爆发 / 漂浮

这座活火山最后一次................是在300多年前。

정답: 01. rónghuà/ (얼음·눈 따위가) 녹다, 용해되다 02. hǎnjiàn/ 보기 드물다 03. shèshìdù/ 섭씨온도 [°C,섭 씨기1강1강]
04. zhìshǐ/ ~을 야기하다, ~을 초래하다 05. yǐnyuē/ 희미하다, 어렴풋하다
06. 覆盖 07. 维护 08. 灾难 09. 零星 10. 爆发

* 06~10번 문제 해석은 해커스중국어(china.Hackers.com)에서 다운로드 받으세요.

HSK 6급 시험에 나오는 고난도 어휘

☑ 잘 외워지지 않는 단어는 □에 체크해 두고 다음에 반복 암기합니다.

□ 旱涝	hànlào	명 가뭄과 홍수
□ 节气	jiéqi	명 절기
□ 酷暑	kùshǔ	명 폭염, 무더위
□ 热带雨林	rèdài yǔlín	명 열대 우림
□ 流失	liúshī	동 (광석·토양 등이) 유실되다, (유용한 물건이) 없어지다
□ 龙卷风	lóngjuǎnfēng	명 토네이도, 회오리 바람
□ 湿地	shīdì	명 습지
□ 征兆	zhēngzhào	명 징조, 징후
□ 飞泻	fēixiè	(큰물이) 쏟아져 내리다
□ 结冰	jiébīng	동 (액체가) 얼다
□ 丰沛	fēngpèi	형 (빗물이) 충분하다, 풍부하다
□ 潮汐	cháoxī	명 조석[밀물과 썰물이 일어나는 현상]
□ 尘埃	chén'āi	명 먼지, 티끌
□ 洞穴	dòngxué	명 (지하나 산중의) 땅굴, 동굴
□ 极光	jíguāng	명 오로라[북극광, 주로 북극 지방에서 볼 수 있음]
□ 矿物质	kuàngwùzhì	광물질
□ 熔岩	róngyán	명 용암
□ 土质	tǔzhì	명 토질
□ 月晕	yuèyùn	명 달무리[달 언저리에 동그랗게 생기는 구름 같은 하얀 테]
□ 喷射	pēnshè	동 분사하다, (빛 등을) 내뿜다

☐ 萦绕	yíngrào	동 감돌다, 맴돌다
☐ 盎然	àngrán	형 (기분이나 흥취 등이) 넘치는 모양, 완연하다
☐ 夺目	duómù	형 (광채가) 눈부시다
☐ 瑰丽	guīlì	형 놀랄 만큼 아름답다
☐ 静谧	jìngmì	형 조용하다, 고요하다
☐ 牧草	mùcǎo	명 목초
☐ 浑然天成	húnrán tiānchéng	자연스럽게 저절로 이루어지다
☐ 海啸	hǎixiào	명 해일, 쓰나미
☐ 海域	hǎiyù	명 해역
☐ 祸患	huòhuàn	명 재난, 재해
☐ 内涝	nèilào	명 침수로 인한 재해
☐ 崩塌	bēngtā	동 붕괴하다, 무너지다
☐ 山水景色	shānshuǐ jǐngsè	산수의 경치
☐ 茂密	màomì	형 (초목 등이) 빽빽이 무성하다, 울창하다
☐ 青翠	qīngcuì	형 짙푸르다
☐ 可回收垃圾	kěhuíshōu lājī	재활용 쓰레기
☐ 藻类	zǎolèi	명 저생식물, 조류
☐ 山鸣	shānmíng	산울림[땅속의 변화로 산이 울리는 일 또는 그런 소리]
☐ 改观	gǎiguān	동 원래의 모습을 새롭게 바꾸다, 모습이 바뀌다
☐ 掩埋	yǎnmái	동 (땅속에) 묻다, 매장하다

해커스 HSK 6급 단어장

DAY 17

동식물 애호가

동식물 · 농업

주제를 알면 HSK가 보인다!

HSK 6급에서는 특정 동식물의 모습·습성·생태적 특징이나, 환경에 따른 농업 방식 등과 관련된 문제가 자주 출제돼요. 따라서 '씨앗', '알', '심다', '번식하다', '품종'과 같은 동식물·농업 관련 단어들을 집중적으로 학습하면 이러한 문제를 쉽게 풀 수 있어요.

🎧 단어, 예문 MP3

식물 키우기의 부작용?!

뭐 하냐~

친구가 식물 种子를 나눔해서, 일단 몇 粒만 种植해 보고 있는 중이야.

왜 갑자기?

방이 좀 칙칙해서 분위기 좀 바꿔 보려구.

오, 좋네. 잘 자라면 나한테도 나눔해 주기다?

오케이~

한 달 후

으악! 방이 왜 밀림이 됐냐!

하하… 繁殖력이 강한 品种이더라구…

---

20 **种子** zhǒngzi 명 씨앗, 종자

19 **粒** lì 양 알, 톨

16 **种植** zhòngzhí 동 심다, 재배하다

07 **繁殖** fánzhí 동 번식하다

10 **品种** pǐnzhǒng 명 품종, 제품의 종류

01 生物 ***
shēngwù

명 생물, 생물학

蓝色荧光海滩是由发光的浮游生物形成的。

푸른 형광 해변은 빛을 내는 부유 생물에 의해 형성된다.

荧光 yíngguāng 명 형광　海滩 hǎitān 명 해변, 해변의 모래사장
浮游 fúyóu 동 부유하다, 떠다니다　形成 xíngchéng 동 형성하다, 이루다

02 生态 ***
shēngtài

명 생태

穿山甲主要食白蚁，所以被称为维护生态平衡的卫士。

천산갑은 주로 흰개미를 먹기 때문에, 생태 균형을 지키는 호위병이라고 불린다.

穿山甲 chuānshānjiǎ 명 천산갑[유린목 천산갑과에 속하는 포유류의 총칭]
白蚁 báiyǐ 명 흰개미　称 chēng 동 ~라고 부르다, 칭하다
维护 wéihù 동 지키다　平衡 pínghéng 형 균형이 맞다
卫士 wèishì 명 호위병

03 途径 ***
tújìng

명 경로, 방법

在通常情况下，候鸟迁徙的时间和途径是固定不变的。

일반적인 상황에서, 철새가 이동하는 시간과 경로는 고정적이고 변하지 않는다.

通常 tōngcháng 형 일반적이다　候鸟 hòuniǎo 명 철새
迁徙 qiānxǐ 동 이동하다　固定 gùdìng 동 고정시키다

04 嗅觉 ***
xiùjué

명 후각

警犬灵敏的嗅觉在执行特殊任务时发挥重要作用。

경찰견의 예민한 후각은 특수한 임무를 실행할 때 중요한 역할을 발휘한다.

警犬 jǐngquǎn 명 경찰견　灵敏 língmǐn 형 예민하다, 민감하다
执行 zhíxíng 동 실행하다　特殊 tèshū 형 특수하다
发挥 fāhuī 동 발휘하다

05 捕捉 ***
bǔzhuō

동 포착하다, 잡다

射水鱼紧紧盯住猎物，迅速且干净利落地捕捉了猎物。

물총고기는 사냥감을 바짝 응시하며, 재빠르고 깔끔하게 사냥감을 포착했다.

射水鱼 shèshuǐyú 물총고기, 아처피시[열대성 담수어]
盯 dīng 동 응시하다, 주시하다　猎物 lièwù 명 사냥감, 수렵의 대상물
迅速 xùnsù 형 재빠르다, 신속하다　利落 lìluo 형 깔끔하다, 말끔하다

06 濒临 ***
bīnlín

圄 임박하다, 인접하다

随着全球生态环境不断遭受破坏，很多生物正濒临灭绝。 ← 술어

전 세계 생태 환경이 끊임없이 파괴됨에 따라, 많은 생물들이 멸종에 임박했다.

生态 shēngtài 圄 생태   不断 búduàn 囲 끊임없이, 부단히
遭受 zāoshòu 圄 (불행 또는 손해를) 당하다, 만나다
破坏 pòhuài 圄 파괴하다, 손상시키다   灭绝 mièjué 圄 멸종하다, 멸절하다

🏯 알아 두면 시험이 쉬워지는 배경 지식

> 일반상식 世界自然保护联盟濒危物种红色名录(세계자연보전연맹 멸종위기종 적색목록, 약칭 IUCN红色名录)는 지구상에 존재하는 식물·동물 종의 보전 상태에 관한 세계에서 가장 포괄적인 목록으로, 1963년에 만들어졌다. IUCN红色名录는 식물·동물 종을 멸종 속도·개체 크기·지질학 분포 지역·개체와 분포도에 따라 총 9가지 단계로 구분한다. 2018년에 새로 갱신된 IUCN红色名录에는 총 96,951개의 개체가 수록되었으며, 그 중 26,840 종은 濒临灭绝로 분류되었다. 참고로 중국의 자이언트 판다는 중국 정부의 노력으로 인해 개체수가 증가하여, 2016년에 濒危 등급에서 易危 등급으로 하향 조정되었다.
>
> **世界自然保护联盟濒危物种红色名录**
> Shìjiè zìrán bǎohù liánméng bīnwēi wùzhǒng hóngsè mínglù
> 세계자연보전연맹 멸종위기종 적색목록
> **IUCN红色名录** IUCN hóngsè mínglù IUCN 적색목록
> **濒临灭绝** bīnlín mièjué 멸종에 임박하다, 멸종 위기
> **濒危** bīnwēi 절멸 위기[IUCN 적색목록 기준으로 멸종 가능성이 높은 단계]
> **易危** yìwēi 취약[IUCN 적색목록 기준으로 멸종에 처할 가능성이 높은 단계]

07 繁殖 ***
fánzhí

圄 번식하다

孔雀鱼是一种常见的热带鱼，它性情温和、繁殖力强。

구피는 흔히 보이는 열대어인데, 그것은 성격이 온순하고, 번식력이 강하다.

孔雀鱼 kǒngquèyú 구피[어류, 송사릿과의 관상용 열대어]
热带鱼 rèdàiyú 열대어   性情 xìngqíng 圄 성격, 성질, 성미
温和 wēnhé 휑 (성질, 태도 등이) 온순하다, 온화하다   繁殖力 fánzhílì 번식력

08 生存 ***
shēngcún

圄 생존하다

为了生存，自然界中的许多动物靠保护色隐藏自己。

생존을 위해, 자연계의 많은 동물들은 보호색에 의지해서 자신을 숨긴다.

靠 kào 圄 의지하다, 기대다   隐藏 yǐncáng 圄 숨기다, 감추다

09 孔 ***
kǒng

● 몡 구멍

鸡蛋通过蛋壳表面的小**孔**进行呼吸。

→ 술어

달걀은 껍질 표면의 작은 구멍을 통해 호흡을 진행한다.

蛋壳 dànké 몡 달걀 껍질 **表面** biǎomiàn 몡 표면, 겉
呼吸 hūxī 통 호흡하다

10 品种 ***
pǐnzhǒng

● 몡 품종, 제품의 종류

由于植物**品种**繁多，该植物园被评为青少年科技
教育基地。

식물의 품종이 대단히 많아서, 이 식물원은 청소년 과학 기술 교육 기지로
선정되었다.

繁多 fánduō 혱 대단히 많다, 풍부하다 **该** gāi 때 이
评为 píng wéi ~로 선정하다 **基地** jīdì 몡 기지

11 土壤 ***
tǔrǎng

● 몡 토양, 흙

土壤污染不仅降低农作物的产量和质量，而且间
接影响人体健康。

토양 오염은 농작물의 생산량과 품질을 떨어뜨릴 뿐만 아니라, 인체의 건강
에도 간접적으로 영향을 미친다.

农作物 nóngzuòwù 몡 농작물 **产量** chǎnliàng 몡 생산량
间接 jiànjiē 혱 간접적인

🏯 알아 두면 시험이 쉬워지는 배경 지식

> 일반 상식 **土壤**(토양)은 지구의 표면층을 형성하는 물질로, **矿物质·有机物质·微生物**·수분·공기 등으로 구성된다. 대부분의 **土壤**은 암석의 **风化作用**을 거쳐 형성된 것으로, **母岩**이 함유하고 있는 **矿物质** 등의 차이로 인해 **土壤**의 종류와 색깔은 서로 다른 특색을 가지게 된다.
>
> **矿物质** kuàngwùzhì 광물질
>
> **有机物质** yǒujīwùzhì 유기물질
>
> **微生物** wēishēngwù 미생물
>
> **风化作用** fēnghuà zuòyòng 풍화작용
>
> **母岩** mǔyán 모암[토양 생성의 기본이 되는 암석]

12 形态 ***
xíngtài

● 몡 형태

叶子的**形态**是区分植物种类的重要依据之一。

잎의 형태는 식물의 종류를 구분하는 중요한 근거 중 하나이다.

区分 qūfēn 통 구분하다 **种类** zhǒnglèi 몡 종류 **依据** yījù 몡 근거

해커스 HSK 6급 단어장

13 枝 ***
zhī

명 가지　양 송이, 자루

嫩绿的柳枝在微风中轻轻飘动着。

술어

연녹색의 버드나무 가지가 산들바람 속에서 가볍게 흔들리고 있다.

画中的女子手里拿着一枝鲜艳的花儿。

그림 속의 여자는 색이 선명하고 아름다운 꽃 한 송이를 들고 있다.

嫩绿 nènlǜ 형 연녹색의　柳 liǔ 명 버드나무
微风 wēifēng 명 산들바람, 미풍　飘动 piāodòng 동 흔들리다, 날리다
鲜艳 xiānyàn 형 (색이) 선명하고 아름답다

 시험에 이렇게 나온다!

짝꿍
표현
枝을 활용한 다양한 짝꿍 표현들을 알아 둔다.

树枝 shùzhī 나뭇가지
枝条 zhītiáo (나뭇)가지

14 扩散 ***
kuòsàn

동 퍼지다, 확산하다

花香的浓淡由扩散在空气中的芳香油分子的多少来决定。

꽃 향기의 짙고 옅음은 공기 중에 퍼지는 방향유 분자의 많고 적음에 따라 결정된다.

반의어

集中 jízhōng
동 모으다, 집중하다

浓 nóng 형 짙다, 진하다　淡 dàn 형 (농도가) 옅다, (색깔이) 연하다
芳香油 fāngxiāngyóu 방향유, 정유　分子 fēnzǐ 명 분자

15 延伸 ***
yánshēn

동 뻗다, 늘이다

城墙上的植物需要定期清除，否则根系的延伸会导致城墙坍塌。

성벽에 자라는 식물은 정기적으로 제거하는 것이 필요한데, 그렇지 않으면 뿌리가 뻗어서 성벽이 붕괴되는 것을 초래할 수 있다.

城墙 chéngqiáng 명 성벽　定期 dìngqī 형 정기적인, 정기의
清除 qīngchú 동 제거하다, 깨끗이 없애다　根系 gēnxì 명 뿌리, 근계
导致 dǎozhì 동 초래하다, 야기하다　坍塌 tāntā 동 붕괴되다, 무너지다

16 种植 ***
zhòngzhí

동 재배하다, 심다

智能花盆能帮助用户进行智能种植，因此受到人们的青睐。

스마트 화분은 사용자가 스마트 재배를 진행하도록 도와줄 수 있어서, 사람들의 주목을 얻는다.

智能 zhìnéng 형 스마트한, 지능이 있는　花盆 huāpén 명 화분
用户 yònghù 명 사용자, 아이디(ID)　青睐 qīnglài 동 주목하다

17 束 ***

shù

● 양 다발, 묶음 동 묶다, 매다

为了给松树除虫，人们会在松树上绑一束稻草。

소나무에 있는 벌레를 제거하기 위하여, 사람들은 소나무에 볏짚 한 다발을 묶을 것이다.

女孩儿把披散着的头发束起来了。

여자아이는 풀어헤친 머리를 묶었다.

松树 sōngshù 명 소나무 除 chú 동 제거하다

绑 bǎng 동 (끈·줄 따위로) 묶다 稻草 dàocǎo 명 볏짚

披散 pīsan 동 (머리를) 풀어헤치다

 시험에 이렇게 나온다!

짝꿍 표현 束를 활용한 짝꿍 표현을 알아 둔다.

束手无策 shùshǒu wúcè 속수무책, 아무런 방법도 없다

---

18 井 ***

jǐng

● 명 우물

以前在干旱少雨地区，农民们主要靠井水浇灌庄稼。

예전에 가물고 비가 적게 내리는 지역에서는, 농민들이 주로 우물물에 의지해서 농작물에 물을 대었다.

干旱 gānhàn 형 가물다, 메마르다 地区 dìqū 명 지역

农民 nóngmín 명 농민, 농부 靠 kào 동 의지하다, 기대다

浇灌 jiāoguàn 동 (밭에) 물을 대다, 관개하다 庄稼 zhuāngjia 명 농작물

🏯 **알아 두면 시험이 쉬워지는 배경 지식**

중국문화 坎儿井(칸얼징)은 지하수를 이용하는 관개 시설로, 중국 新疆维吾尔自治区의 吐鲁番이라는 도시에 있다. 吐鲁番은 기후가 극심하게 건조한데, 이곳 사람들은 지하의 수맥을 따라서 일정한 간격으로 수직의 우물을 파고, 그 우물의 밑바닥을 서로 통하게 한 뒤, 산의 눈이 녹은 물이나 지하수를 끌어서 농업·식수·생활용수로 이용했다. 坎儿井은 약 2,000여 년 전 한(汉)나라 시기에 처음 만들어졌고, 수(隋)나라 때는 실크로드를 따라 건설되어 중앙아시아까지 확대되었다. 현재 吐鲁番에 남아 있는 坎儿井은 대부분 청(清)대 이후에 만들어진 것으로, 현재까지도 사용되고 있다.

坎儿井 kǎnrjǐng 칸얼징, 감아정

新疆维吾尔自治区 Xīnjiāng Wéiwú'ěr Zìzhìqū 신장위구르자치구

吐鲁番 Tǔlǔfān 투루판

19 粒 *** lì

[명] 알갱이, 알　[양] 알, 톨

这个播种机专门用于小颗<u>粒</u>蔬菜种子的播种。

이 파종기는 알갱이가 작은 채소 씨앗의 파종에 전문적으로 사용된다.

他随手把几<u>粒</u>南瓜籽<u>扔</u>进了花盆里，不料种子<u>发芽</u>了。

그는 손이 가는 대로 호박씨 몇 알을 화분 안에 던졌었는데, 뜻밖에도 씨앗에 싹이 텄다.

播种机 bōzhǒngjī 파종기　**种子** zhǒngzi 명 씨앗, 종자
播种 bōzhòng 동 파종하다, 심다　**随手** suíshǒu 부 손이 가는 대로
籽 zǐ 명 씨　**不料** búliào 접 뜻밖에　**发芽** fāyá 동 싹이 트다

20 种子 *** zhǒngzi

[명] 종자, 씨앗

无人机播种技术省时省力，而且也能保证<u>种子</u>的成活率。

드론 파종 기술은 시간을 절약하고 힘을 아끼고, 게다가 종자의 생존율도 보장할 수 있다.

无人机 wúrénjī 드론　**播种** bōzhǒng 동 파종하다
成活率 chénghuólǜ 생존율

21 庄稼 *** zhuāngjia

[명] 농작물

青蛙捕食农田里的害虫，因此被叫做"<u>庄稼</u>的保护神"。

개구리는 농경지의 해충을 잡아먹어서, '농작물의 보호신'으로 불린다.

青蛙 qīngwā 명 개구리, 청개구리　**捕食** bǔshí 동 (동물이 먹이를) 잡아먹다
农田 nóngtián 명 농경지, 농토　**害虫** hàichóng 명 해충

 시험에 이렇게 나온다!

> **짝꿍 표현** 庄稼를 활용한 다양한 짝꿍 표현들을 알아 둔다.
> 种庄稼 zhòng zhuāngjia 농작물을 심다, 농사를 짓다
> 庄稼人 zhuāngjiarén 농부

22 割 *** gē

[동] (칼로) 베다, 자르다

在自动收<u>割</u>机尚未普及的年代，人们通常用镰刀<u>割</u>麦。

자동수확기가 아직 보편화되지 않았던 시대에, 사람들은 일반적으로 낫을 사용하여 밀을 베었다.

自动 zìdòng 형 자동의　**收割机** shōugējī 수확기, 컴바인
尚未 shàngwèi 아직 ~하지 않다　**普及** pǔjí 동 보편화시키다
通常 tōngcháng 부 일반적으로　**镰刀** liándāo 명 낫　**麦** mài 명 밀, 소맥

23 竖 ★★★

shù

반의어

横 héng
형 가로의 동 가로지르다

동 똑바로 세우다 형 세로의

兔子经常会竖起耳朵听周围的声音，并确认声音的来源。

> 술어

토끼는 종종 귀를 세워 주위의 소리를 듣고, 소리의 출처를 확인한다.

我横看竖看也没有找出那封信的寄件人信息。

나는 가로로 보고 세로로 보아도 그 편지의 발송인 정보를 찾아내지 못했다.

兔子 tùzi 명 토끼 确认 quèrèn 동 확인하다 来源 láiyuán 명 출처, 근원
横 héng 형 가로의 동 가로지르다 寄件人 jìjiànrén 발송인

24 轮廓 ★★

lúnkuò

명 윤곽

在阳光下，斑马的黑白条纹有模糊其身形轮廓的作用。

햇빛 아래에서, 얼룩말의 흑백 줄무늬는 그 몸의 윤곽을 흐리게 하는 역할을 한다.

斑马 bānmǎ 명 얼룩말 条纹 tiáowén 명 줄무늬
模糊 móhu 동 흐리게 하다, 모호하게 하다 身形 shēnxíng 명 몸, 외모

25 鸽子 ★★

gēzi

명 비둘기

一只鸽子不停地扇动着翅膀，到处寻找食物。

비둘기 한 마리가 쉴 새 없이 날개를 흔들며, 도처에서 먹이를 찾고 있다.

扇动 shāndòng 동 (부채 모양의 것을) 흔들다 翅膀 chìbǎng 명 날개
寻找 xúnzhǎo 동 찾다, 구하다 食物 shíwù 명 먹이, 음식, 음식물

26 蚂蚁 ★★

mǎyǐ

명 개미

科学家发现，蚂蚁可以通过身体接触传递信息。

과학자들은, 개미가 신체 접촉을 통해서 정보를 전달할 수 있다는 것을 발견했다.

接触 jiēchù 동 접촉하다 传递 chuándì 동 전달하다

27 犬

quǎn

명 개

凌晨时分，我被隔壁传来的犬吠声惊醒了。

새벽녘에, 나는 이웃집에서 들려오는 개 짖는 소리에 깜짝 놀라서 깼다.

凌晨 língchén 명 새벽녘, 이른 아침, 동틀 무렵 隔壁 gébì 명 이웃집, 이웃
吠 fèi (개가) 짖다 惊醒 jīngxǐng 동 깜짝 놀라서 깨다

28 巢穴
cháoxué

명 (새나 짐승의) 둥지, 집, (도적 등의) 소굴, 은신처

北极狐有把食物贮藏在巢穴的习性。 ──→ 술어

북극여우는 먹이를 둥지에 저장하는 습성이 있다.

北极狐 běijíhú 북극여우　食物 shíwù 명 먹이, 음식, 음식물
贮藏 zhùcáng 통 저장하다　习性 xíxìng 명 습성, 습관

🏯 알아 두면 시험이 쉬워지는 배경 지식

일반상식　北京雨燕(베이징 칼새)은 깃털이 흑갈색인 칼새과 조류이다. 北京雨燕은 중국 베이징에서 번식하고 남아프리카에서 겨울을 보내는데, 번식기를 제외하고는 거의 땅을 딛지 않는 것으로 알려져 있다. 北京雨燕은 4개의 발가락이 앞을 향해 자라기 때문에 나뭇가지를 움켜잡거나 지면에 똑바로 설 수 없고, 높은 곳에서 낮은 곳으로 급강하해야만 하늘로 날 수 있다. 이 때문에 北京雨燕은 건축물이 비교적 많은 베이징, 특히 颐和园에서 주로 서식해 왔다. 하지만 도시의 발전에 따라 城楼·庙宇·古塔 등의 건축물들이 거의 남지 않게 되었고, 문물 보호 목적을 위해 이러한 건축물들에 防雀网을 설치함에 따라 北京雨燕의 巢穴가 사라지게 되었다. 또 园林 녹화 목적으로 해충 퇴치약을 사용하면서 北京雨燕이 먹을 식량이 급격히 줄어들고, 수많은 경관 조명들의 영향으로 밤에 제대로 된 휴식을 취할 수 없게 되자, 현재 北京雨燕은 사라질 위기에 직면해 있다.

北京雨燕 běijīng yǔyàn 베이징 칼새
颐和园 Yíhéyuán 이화원
城楼 chénglóu 성루
庙宇 miàoyǔ 사당, 불당
古塔 gǔtǎ 고탑, 오래된 탑
防雀网 fángquèwǎng 방조망[새가 앉지 못하도록 설치하는 철로 만든 그물]
园林 yuánlín 원림

29 飞翔 ★★
fēixiáng

동 날다, 비상하다

生物学家认为，飞鱼飞翔可能是为了躲避捕食者的追逐。

생물학자들은, 날치가 나는 것은 포식자의 추적을 피하기 위해서일 수도 있다고 생각한다.

生物学家 shēngwù xuéjiā 생물학자　飞鱼 fēiyú 명 날치
躲避 duǒbì 통 피하다　捕食者 bǔshízhě 포식자
追逐 zhuīzhú 통 추적하다

30 翼
yì

명 날개

一只老鹰展开宽大的双翼，自由地在天空中飞翔。

독수리 한 마리가 넓은 두 날개를 펼치며, 자유롭게 하늘을 날고 있다.

老鹰 lǎoyīng 명 독수리　展开 zhǎnkāi 통 펼치다, 전개하다
宽大 kuāndà 형 (면적이) 넓다　飞翔 fēixiáng 통 날다, 비상하다

31 迁徙 **
qiānxǐ

[동] 이주하다, 옮겨 가다

鸟类因受到人工灯光的干扰，迁徙时常常迷失方向。 → 술어

조류는 인공 불빛의 방해를 받아서, 이주할 때 자주 방향을 잃는다.

人工 réngōng [형] 인공의, 인위적인　干扰 gānrǎo [동] 방해하다
迷失 míshī [동] (길이나 방향을) 잃다

🏯 알아 두면 시험이 쉬워지는 배경 지식

> **일반상식** 候鸟(철새)는 계절에 따라 **繁殖地**와 월동지를 정기적으로 迁徙하면서 살아가는 새이다. 候鸟의 이동은 계절의 변화에 따라 단거리를 이동하는 경우, 또는 봄·가을의 2회에 걸쳐 북극권에서 남극권까지 장거리를 이동하는 경우가 있다. 候鸟들이 자신들의 이동 경로를 어떻게 찾아가는지는 여전히 명확히 밝혀진 바는 없으나, 현재까지는 태양·별·자외선·파도의 주파음·기상 변화·해안선과 산맥 등이 候鸟의 이동에 영향을 주는 것으로 알려져 있다.
>
> 候鸟 hòuniǎo 철새
>
> 繁殖地 fánzhídì 번식지

32 丰满
fēngmǎn

[형] 풍만하다, 충분하다

蓝色的湖水映衬着天鹅丰满而洁白的羽毛。

푸른색의 호수는 백조의 풍만하고 새하얀 깃털을 돋보이게 한다.

湖水 húshuǐ 호수　映衬 yìngchèn [동] 돋보이게 하다, 두드러지게 하다
天鹅 tiān'é [명] 백조, 백조류의 총칭　洁白 jiébái [형] 새하얗다

🏯 알아 두면 시험이 쉬워지는 배경 지식

> **중국문화** 중국에는 '羽翼丰满'이라는 말이 있다. 이 말은 직역하자면 날개가 충분히 나다라는 뜻으로, 보통 어떤 분야에서 충분히 활약할 만큼의 실력이나 역량이 갖추어진 상황을 비유할 때 사용된다. 원래 '羽翼丰满'은 <史记>에서 유래되었는데, 이 말에 얽힌 고사는 다음과 같다. 한(汉) 고조 유방(刘邦)과 여태후(吕后) 사이에는 태자 유영(刘盈)이 있었다. 유영은 어질었으나 몸이 연약했기 때문에, 유방은 척부인(戚夫人)의 아들인 유여의(刘如意)를 태자로 다시 세우려 했다. 이에 여태후는 장량(张良)이라는 신하에게 도움을 청하였고, 장량은 진시황제 때 난리를 피해 상산(商山)에 숨어 산 4명의 은자인 상산사호(商山四皓)를 불러와 유영을 보필케 하였다. 상산사호는 유방이 불러도 응하지 않던 사람들이었는데, 그들이 유영을 보필하게 되자, 유방은 유영의 날개가 이미 다 났다고(羽翼已成) 여겨 태자를 교체하려는 생각을 단념하였다.
>
> 羽翼丰满 yǔyìfēngmǎn
> 날개가 충분히 나다, 충분히 활약할 만큼의 실력이 붙다
>
> 史记 Shǐjì 사기[한(汉)대 사마천(司马迁)이 지은 역사서]

³³ 哺乳 ★★
bǔrǔ

동 젖을 먹이다

与很多哺乳动物不同，骆驼特别耐得住饥渴，可数日不喝水。 → 술어

많은 포유동물들과는 달리, 낙타는 특히 배고픔과 갈증을 잘 견뎌서, 수일 동안 물을 마시지 않을 수 있다.

哺乳动物 bǔrǔ dòngwù 포유동물, 포유류　骆驼 luòtuo 명 낙타
耐 nài 통 견디다, 참다　饥渴 jīkě 명 배고픔과 갈증

 시험에 이렇게 나온다!

듣기독해 哺乳(젖을 먹이다)는 듣기나 독해 영역에서 포유동물의 특징 또는 생태계와 관련된 지문에서 자주 출제된다. 哺乳와 함께 자주 출제되는 표현들을 알아 둔다.

哺乳动物 bǔrǔ dòngwù 포유동물, 포유류
鸟类 niǎolèi 조류
爬虫类 páchónglèi 파충류
羊齿类 yángchǐlèi 양치류

³⁴ 饲养 ★★
sìyǎng

동 사육하다

在饲养员的精心饲养下，这个早产的熊猫宝宝茁壮成长了。

사육사의 정성스러운 사육 아래에서, 이 조산된 아기 판다는 건강하게 자랐다.

饲养员 sìyǎngyuán 사육사　精心 jīngxīn 형 정성을 들이다, 공들이다
早产 zǎochǎn 통 조산하다　宝宝 bǎobao 명 아기, 귀염둥이
茁壮 zhuózhuàng 형 건강하다　成长 chéngzhǎng 통 자라다, 성장하다

³⁵ 攻击 ★★
gōngjī

동 공격하다

某些动物在攻击前打哈欠，是为了做好袭击准备。

어떤 동물이 공격하기 전에 하품을 하는 것은, 습격 준비를 하기 위한 것이다.

某 mǒu 대 어떤, 아무　哈欠 hāqian 명 하품　袭击 xíjī 통 습격하다

³⁶ 迷惑 ★★
míhuò

동 현혹시키다　형 어리둥절하다, 정신을 차리지 못하다

为了不被白熊捕捉，海豹会挖很多洞来迷惑白熊。

흰곰에게 잡히지 않기 위해, 바다표범은 많은 구멍을 파서 흰곰을 현혹시킨다.

尽管老师解释得很详细，但他还是感到很迷惑。

선생님께서 상세하게 설명해 주셨음에도 불구하고, 그는 여전히 어리둥절함을 느낀다.

白熊 báixióng 명 흰곰, 백곰　捕捉 bǔzhuō 통 잡다, 포착하다
海豹 hǎibào 명 바다표범　挖洞 wādòng 구멍을 파다, 땅굴을 파다

37 跳跃 ★★
tiàoyuè

동 뛰어오르다, 도약하다

那匹受过训练的幼马总能轻松地跳跃障碍。

→ 술어

훈련을 받은 그 어린 말은 항상 장애물을 가볍게 뛰어넘을 수 있다.

匹 pǐ 양 필[말·비단 등을 세는 단위] 训练 xùnliàn 동 훈련하다
幼 yòu (나이가) 어리다 障碍 zhàng'ài 명 장애물, 방해물

38 虐待
nüèdài

동 학대하다

有些国家对虐待动物的行为处以巨额罚款。

일부 국가에서는 동물을 학대하는 행위에 대해 거액의 벌금형에 처한다.

行为 xíngwéi 명 행위, 행동 处以 chǔyǐ ~에 처하다
巨额 jù'é 형 거액의 罚款 fákuǎn 동 벌금을 부과하다

39 扰乱
rǎoluàn

동 어지럽히다, 교란하다

鲸鱼游泳时产生的泡沫, 会扰乱猎物的视线。

고래가 헤엄칠 때 생기는 거품은, 사냥감의 시선을 어지럽힐 수 있다.

鲸鱼 jīngyú 명 고래 产生 chǎnshēng 동 생기다, 나타나다
泡沫 pàomò 명 거품, 포말 猎物 lièwù 명 사냥감, 수렵의 대상물
视线 shìxiàn 명 시선, 눈길

40 示威
shìwēi

동 위세를 떨쳐 보이다, 시위하다

大象的耳朵不仅可以驱赶虫子, 还可以向敌人示威。

코끼리의 귀는 벌레를 쫓을 수 있을 뿐만 아니라, 적에게 위세를 떨쳐 보일 수 있다.

大象 dàxiàng 명 코끼리 驱赶 qūgǎn 동 쫓다, 내몰다 敌人 dírén 명 적

 시험에 이렇게 나온다!

이합동사 示威는 示(나타내다)+威(위세)가 합쳐진 이합동사로, 목적어를 취할 수 없다.

示威敌军 적군을 위세를 떨쳐 보이다 (X)

向敌军示威 적군에게 위세를 떨쳐 보이다 (O)

41 寻觅
xúnmì

동 찾다

几只鸟儿正在树丛中寻觅食物。

몇 마리 새들이 나무숲에서 먹이를 찾고 있다.

树丛 shùcóng 명 나무숲 食物 shíwù 명 먹이, 음식, 음식물

42 高超 **
gāochāo

[형] 출중하다, 뛰어나다

抹香鲸是潜水最深的哺乳动物，具有高超的潜水
能力。

술어

향유고래는 가장 깊이 잠수하는 포유동물로, 출중한 잠수 능력을 가지고
있다.

抹香鲸 mǒxiāngjīng 향유고래[고래의 한 종류]
哺乳动物 bǔrǔdòngwù 포유동물　潜水 qiánshuǐ [동] 잠수하다

43 珍稀 **
zhēnxī

[형] 희귀하다, 진귀하고 드물다

作为世界珍稀动物，羚牛目前处在灭绝的边缘。

세계적인 희귀 동물로서, 타킨은 현재 멸종의 끝자락에 처해 있다.

作为 zuòwéi [개] ~로서　羚牛 língniú [명] 타킨[소과의 포유류]
目前 mùqián [명] 현재, 지금　灭绝 mièjué [동] 멸종하다, 멸절하다
边缘 biānyuán [명] 끝자락, 위기

44 贝壳
bèiké

[명] 조개껍데기, 조가비

我们常见的贝壳呈螺旋形、扇形等不同形状。

우리가 흔히 볼 수 있는 조개껍데기는 나선형, 부채꼴 등 다른 형태를 나
타낸다.

呈 chéng [동] (어떤 형태를) 나타내다, 갖추다　螺旋形 luóxuánxíng 나선형
扇形 shànxíng [명] 부채꼴　形状 xíngzhuàng [명] 형태, 생김새

45 花瓣
huābàn

[명] 꽃잎

樱花的花期并不长，花瓣从绽开到凋谢往往不足
两周。

벚꽃의 개화 기간은 그리 길지 않아, 꽃잎이 터지는 것부터 시들어 떨어지기
까지 흔히 2주도 걸리지 않는다.

樱花 yīnghuā [명] 벚꽃, 벚나무　花期 huāqī [명] 개화 기간, 꽃이 피는 시기
绽开 zhànkāi [동] 터지다　凋谢 diāoxiè [동] (초목·꽃잎이) 시들어 떨어지다
不足 bùzú [동] (어떤 수에) 차지 않다, 모자라다

46 花蕾
huālěi

[명] 꽃봉오리, 꽃망울

一朵朵含苞待放的花蕾即将盛开。

봉오리를 머금고 피기만을 기다리는 꽃봉오리들이 곧 만개할 것이다.

含苞待放 hánbāodàifàng [성] 꽃봉오리를 머금고 피기를 기다리다
即将 jíjiāng [부] 곧, 머지않아　盛开 shèngkāi [동] 만개하다, 활짝 피다

⁴⁷ **盛开** ★★
shèngkāi

동 만개하다, 활짝 피다

春天**盛开**的紫丁香观赏价值甚高，且**香**气浓烈。
　　　　　　　　　　　　　　　　　↗ 술어

봄에 만개하는 라일락은 관상 가치가 매우 높고, 향기도 짙다.

紫丁香 zǐdīngxiāng 라일락　观赏 guānshǎng 동 관상하다, 감상하다
价值 jiàzhí 명 가치　浓烈 nóngliè 형 (냄새 따위가) 짙다, 농후하다

🏯 **알아 두면 시험이 쉬워지는 배경 지식**

> 중국│문화 중국에는 '**百花盛开**'라는 말이 있다. 이 말은 백 가지 꽃이 활짝 피다라는 뜻으로, 봄이 되자 온갖 꽃들이 활짝 피어나 계절의 변화가 뚜렷하게 느껴지는 상황을 묘사할 때 사용된다.
>
> 百花盛开 bǎihuā shèngkāi 백 가지 꽃이 활짝 피다, 백화가 만발하다

⁴⁸ **枯萎** ★★
kūwěi

형 시들다, 마르다

花园里的花儿经不起干燥气候的考验，慢慢**枯萎**了。

화원의 꽃들은 건조한 기후의 시련을 견디지 못하고, 서서히 시들었다.

考验 kǎoyàn 동 시련을 주다, 시험하다

⁴⁹ **丛** ★★
cóng

양 한곳에 모여 자라는 초목을 셀 때 쓰임

小路两旁的草**丛**里开满了不知名的野花。

오솔길 양쪽의 풀숲에는 이름 모를 들꽃들이 만발했다.

草丛 cǎocóng 명 풀숲, 수풀　野花 yěhuā 명 들꽃, 야생화

 시험에 이렇게 나온다!

> 짝꿍│표현 **丛**을 활용한 다양한 짝꿍 표현들을 알아 둔다.
>
> 草丛 cǎocóng 풀숲, 수풀
> 树丛 shùcóng 나무숲
> 花丛 huācóng 꽃밭, 꽃무더기

⁵⁰ **株** ★★
zhū

양 그루

今年春天，母亲在院子里种了几**株**向日葵。

올 봄, 어머니께서는 정원에 해바라기 몇 그루를 심으셨다.

向日葵 xiàngrìkuí 명 해바라기

⁵¹ **视线**
shìxiàn

명 시선, 눈길

没过多久，一片茂密的树林出现在我们的**视线**中。

얼마 지나지 않아, 울창한 숲이 우리의 시선에 나타났다.

茂密 màomì 형 (초목이) 울창하다, 무성하다

52 气味 ★★
qìwèi

명 냄새

→ 술어

气味清凉的薄荷通常用于治疗感冒等疾病。
냄새가 시원한 박하는 일반적으로 감기 등의 질병을 치료하는 데 사용된다.

薄荷 bòhe 명 박하　通常 tōngcháng 부 일반적으로, 보통
治疗 zhìliáo 동 치료하다　疾病 jíbìng 명 질병, 질환

---

53 茎
jīng

명 식물의 줄기　양 가닥

高温干旱气候可能会导致玉米茎部空秆现象。
고온에 메마른 기후는 옥수수 줄기 부분이 비어 있는 현상을 일으킬 수 있다.

他伸手把一茎茅草折断了。
그는 손을 뻗어 모초 한 가닥을 꺾어 부러뜨렸다.

干旱 gānhàn 형 메마르다　玉米 yùmǐ 명 옥수수
秆 gǎn 명 (식물의) 줄기　伸 shēn 동 뻗다, 내밀다
茅草 máocǎo 명 모초[볏과에 속한 식물]　折 zhé 동 꺾다

---

54 梢
shāo

명 (가늘고 긴 물체의) 끝, 끝부분

我顺着她指的方向一看，原来那里有一只小鸟坐在树梢上。
그녀가 가리키는 방향을 따라서 보자, 알고 보니 그곳에는 작은 새 한 마리가 나무 끝에 앉아 있었다.

顺着 shùnzhe 개 ~를 따라서

---

55 死亡 ★★
sǐwáng

반의어

动 죽다, 사망하다

研究发现，摇滚乐会使某些植物枯萎，甚至死亡。
연구에서는, 로큰롤 음악이 어떤 식물들을 시들게 하고, 심지어 죽게 만든다는 것을 발견했다.

摇滚乐 yáogǔnyuè 명 로큰롤 음악　枯萎 kūwěi 형 시들다

出生 chūshēng 동 출생하다
生存 shēngcún 동 생존하다

---

56 砍伐
kǎnfá

动 나무를 베다, 벌목하다

看到那些古木被肆意砍伐，我感到十分痛心。
그 오래된 나무들이 함부로 베어지는 것을 보고, 저는 너무 마음이 아팠습니다.

肆意 sìyì 부 함부로, 멋대로　痛心 tòngxīn 형 마음이 아프다

---

57 采集 ★★
cǎijí

动 채집하다, 수집하다

孩子兴高采烈地上山采集了植物标本。
아이는 신바람이 나게 산에 올라가 식물 표본을 채집했다.

兴高采烈 xìnggāocǎiliè 성 신바람이 나다, 매우 기쁘다
标本 biāoběn 명 (동물·식물·광물 등의) 표본

58 滋润 ★★
zīrùn

[동] 촉촉하게 적시다　[형] 촉촉하다, 습윤하다

술어

一场春雨<u>滋润</u>了干涸的土地，地面上<u>冒</u>出了一<u>棵</u>嫩芽。

한 차례의 봄비가 마른 토지를 촉촉하게 적시자, 땅에 새싹이 돋아났다.

每到秋天，原本<u>滋润</u>的皮肤会变得很干燥。

가을이 되면, 원래 촉촉하던 피부가 건조하게 변할 수 있다.

干涸 gānhé [형] (강이나 연못 등의) 물이 마르다　冒 mào [동] 돋아나다
嫩芽 nènyá 새싹　原本 yuánběn [부] 원래, 본래

59 萌芽
méngyá

[동] (식물이) 싹트다, (사물이) 막 발생하다　[명] [비유] 시작, 맹아

适量的水分、适当的温度是种子<u>萌芽</u>所需的基本条件。

적당량의 수분, 적절한 온도는 씨앗이 싹트는 데 필요한 기본적인 조건이다.

领导表示，必须将一切安全隐患消除在<u>萌芽</u>阶段。

지도자는, 모든 안전상의 내재된 위험을 반드시 시작 단계에서 제거해야 한다고 밝혔다.

适量 shìliàng [형] 적당량이다　适当 shìdàng [형] 적절하다, 적당하다
种子 zhǒngzi [명] 씨앗, 종자　领导 lǐngdǎo [명] 지도자
隐患 yǐnhuàn [명] 내재된 위험　消除 xiāochú [동] 제거하다

 시험에 이렇게 나온다!

[이합동사] 萌芽는 萌(싹트다)+芽(싹)가 합쳐진 이합동사로, 목적어를 취할 수 없다.
萌芽现代艺术 현대 예술을 싹트다 (X)
现代艺术萌芽了 현대 예술이 싹텄다 (O)

60 吊
diào

[동] 매달다, 걸다

竹叶青含有毒性，它通常<u>吊</u>挂或盘绕在树枝上。

살무사는 독성을 지니고 있는데, 그것은 보통 나뭇가지에 매달려 있거나 휘감겨 있다.

竹叶青 zhúyèqīng [명] 살무사[뱀목 살무사과에 속하는 독성이 강한 동물]
含有 hányǒu [동] 지니다, 함유하다　毒性 dúxìng [명] 독성
通常 tōngcháng [부] 보통, 일반적으로　盘绕 pánrào [동] 휘감다
树枝 shùzhī [명] 나무가지

61 遮挡
zhēdǎng

[동] 차단하다, 막다

围绕着建筑物的绿色植物，可以起到<u>遮挡</u>阳光的作用。

건축물을 둘러싸고 있는 녹색 식물들은, 햇빛을 차단하는 역할을 할 수 있다.

围绕 wéirào [동] 둘러싸다　建筑物 jiànzhùwù [명] 건축물

★★★ = 최빈출 어휘　★★ = 빈출 어휘　　　　　　　　　　　　　DAY 17 동식물 애호가 | 409

해커스 HSK 6급 단어장

62 固有 **
gùyǒu

[형] 고유의

修剪树木时，要根据其固有的特性选择相应的修剪技术。

술어

나무를 다듬을 때는, 그 고유의 특성에 따라 상응하는 가지치기 기술을 선택해야 한다.

修剪 xiūjiǎn [동] (가위 따위로) 다듬다 相应 xiāngyìng [동] 상응하다

63 顽强 **
wánqiáng

[형] 강인하다, 완강하다

有些植物在寒冷的冬天也能保持顽强的生命力。

어떤 식물들은 추운 겨울에도 강인한 생명력을 유지할 수 있다.

寒冷 hánlěng [형] 춥다, 한랭하다 保持 bǎochí [동] 유지하다, 지키다

잠깐 顽强은 성격이나 속성이 굳세고 강인한 것을 의미하고, Day05의 11번 顽固(완고하다)는 사상이 보수적이고, 새로운 것을 받아들이기를 원하지 않는 것을 의미해요.

64 茂盛
màoshèng

[형] (식물이) 우거지다, 번창하다

树木茂盛、空气清新的森林公园，是放松心情的好去处。

나무가 우거지고, 공기가 신선한 산림공원은, 마음을 편안하게 하는 좋은 장소이다.

清新 qīngxīn [형] 신선하다, 맑고 새롭다

65 挺拔
tǐngbá

[형] 우뚝 솟다

任凭时间流逝，山坡上那棵挺拔的松树依然屹立在那里。

시간이 흘러가더라도, 산비탈에 우뚝 솟은 그 소나무는 여전히 그 자리에 꿋꿋이 서 있을 것이다.

任凭 rènpíng [접] ~할지라도 流逝 liúshì [동] 흘러가다
山坡 shānpō [명] 산비탈 屹立 yìlì [동] 꿋꿋이 서 있다

66 啃
kěn

[동] 갉아먹다, 물어뜯다

这个地区蚁灾严重，不少树木的树皮被白蚁啃噬了。

이 지역은 개미로 인한 피해가 심해서, 많은 나무의 나무껍질이 흰개미에 의해 갉아먹혔다.

地区 dìqū [명] 지역 蚁灾 yǐzāi 개미로 인한 피해 树皮 shùpí 나무껍질
白蚁 báiyǐ [명] 흰개미 啃噬 kěnshì 갉아먹다

 시험에 이렇게 나온다!

짝꿍 표현 啃을 활용한 다양한 짝꿍 표현들을 알아 둔다.

啃噬 kěnshì 갉아먹다, 뜯어먹다   啃食 kěnshí 베어먹다

67 橙 **
chéng

명 오렌지, 오렌지나무

橙树结果需要几年时间，所以他起初犹豫是否要栽培橙子。

오렌지 나무가 열매를 맺으려면 몇 년이 필요하여, 그는 처음에 오렌지를 재배할지 말지 망설였다.

结 jiē 동 (열매를) 맺다, (열매가) 열리다　果 guǒ 명 열매, 과실
起初 qǐchū 명 처음, 최초　犹豫 yóuyù 형 망설이다, 주저하다
栽培 zāipéi 동 재배하다, 배양하다　橙子 chéngzi 명 오렌지

68 基地 **
jīdì

명 기지, 근거지

该地区是世界上最大的葡萄种植基地。

이 지역은 세계에서 가장 큰 포도 재배지이다.

该 gāi 대 이　地区 dìqū 명 지역　种植基地 zhòngzhí jīdì 재배지

69 辛勤
xīnqín

형 부지런하다, 근면하다

多肉植物不必辛勤浇水，因为枝干和叶片内含有较多水分。

다육식물은 부지런히 물을 줄 필요가 없는데, 가지와 줄기 그리고 잎사귀 안에 비교적 많은 수분을 함유하고 있기 때문이다.

多肉植物 duōròu zhíwù 다육식물　浇 jiāo 동 물을 주다, (액체를) 뿌리다
枝干 zhīgàn 명 가지와 줄기　含有 hányǒu 동 함유하다

70 牲畜
shēngchù

명 가축

有些含有毒性的野草可能会导致牲畜中毒。

독성을 함유하고 있는 일부 들풀은 가축에게 중독을 일으킬 수 있다.

含有 hányǒu 동 함유하다, 포함하고 있다　毒性 dúxìng 명 독성
野草 yěcǎo 명 들풀, 야생의 풀　中毒 zhòngdú 동 중독되다

시험에 이렇게 나온다!

짝꿍표현 牲畜를 활용한 짝꿍 표현을 알아 둔다.

家禽牲畜 jiāqín shēngchù 가금과 가축

71 畜牧
xùmù

명 목축

中国西北地区的农业生产主要以畜牧业为主。

중국 서북 지역의 농업 생산은 주로 목축업이 주가 된다.

地区 dìqū 명 지역　农业 nóngyè 명 농업
生产 shēngchǎn 동 생산하다, 만들다　畜牧业 xùmùyè 목축업

72 播种
bōzhǒng / bōzhòng

동 [bōzhǒng] 파종하다, 씨를 뿌리다

동 [bōzhòng] (파종하는 방식으로) 심다, 재배하다

春天是<u>播种</u>的好季节，而秋天是<u>丰收</u>的好季节。
<small>술어</small>

봄은 파종하기 좋은 계절이고, 가을은 풍년이 들기 좋은 계절이다.

在这个地区，秋天是<u>播种</u>冬小麦的季节。

이 지역에서, 가을은 겨울 밀을 심는 계절이다.

丰收 fēngshōu 동 풍년이 들다　小麦 xiǎomài 명 밀, 소맥

 시험에 이렇게 나온다!

> **이합동사** 播种(bōzhǒng)은 播(뿌리다)+种(씨)이 합쳐진 이합동사여서 목적어를 취할 수 없지만, 播种(bōzhòng)은 播(뿌리다)와 种(심다)의 의미가 합쳐진 일반동사이므로 목적어를 취할 수 있다.
> 播种玉米 옥수수를 심다

73 灌溉 ★★
guàngài

동 (논밭에) 물을 대다, 관개하다

在古代，若要<u>灌溉</u>农田，农民们<u>需要</u>到很远的河边取水。

고대에는, 농경지에 물을 대려면, 농민들은 먼 강가로 가서 물을 긷는 것이 필요했다.

若 ruò 접 ~이라면　农田 nóngtián 명 농경지　农民 nóngmín 명 농민

74 培育 ★★
péiyù

유의어
培养 péiyǎng
동 배양하다, 키우다

동 배양하다, 기르다

那个研究团队终于成功<u>培育</u>出了小麦的新品种。

그 연구딤은 마침내 밀의 새로운 품종을 성공적으로 배양해 냈다.

团队 tuánduì 명 팀, 단체　小麦 xiǎomài 명 밀　品种 pǐnzhǒng 명 품종

 시험에 이렇게 나온다!

> **유의어** 培育：培养(péiyǎng, 배양하다, 키우다)
>
> 培育는 주로 동식물과 관련된 어휘를 목적어로 가진다.
> 培育种子 péiyù zhǒngzi 씨앗을 배양하다
> 培育优良品种 péiyù yōuliáng pǐnzhǒng 우량 품종을 재배하다
>
> 培养은 주로 사람과 관련된 어휘를 목적어로 가진다.
> 培养人才 péiyǎng réncái 인재를 배양하다
> 培养感情 péiyǎng gǎnqíng 감정을 키우다

75 栽培 ★★
zāipéi

동 재배하다

万年青在中国有悠久的<u>栽培</u>历史，且<u>栽培</u>地区较广。

만년청은 중국에서 오랜 재배 역사를 가지고 있으며, 재배 지역도 비교적 넓다.

万年青 wànniánqīng 만년청[백합과의 식물]　悠久 yōujiǔ 형 오래되다

76 丰收 ★★
fēngshōu

[반의어]
歉收 qiànshōu 图 흉년이 들다

[동] 풍작을 이루다, 풍년이 들다

农民们都渴望今年的粮食取得大丰收。 →술어

농민들은 모두 올해의 식량이 큰 풍작을 이룰 수 있기를 갈망한다.

渴望 kěwàng 图 갈망하다, 간절히 바라다　粮食 liángshi 명 식량, 양식

77 盛产
shèngchǎn

[동] 많이 나다, 많이 생산하다

该地区盛产的瓜果含糖量高，口感极佳。

이 지역에서 많이 나는 과일은 설탕 함유량이 높고, 식감이 매우 좋다.

该 gāi 대 이　地区 dìqū 명 지역　瓜果 guāguǒ 명 과일
含糖量 hán tángliàng 설탕 함유량　佳 jiā 형 좋다, 훌륭하다

78 肥沃 ★★
féiwò

[형] 비옥하다, 기름지다

我的故乡土壤肥沃，所以适合种植各种农作物。

나의 고향은 토양이 비옥하여, 각종 농작물을 재배하는데 적합하다.

故乡 gùxiāng 명 고향　土壤 tǔrǎng 명 토양, 흙
种植 zhòngzhí 图 재배하다　农作物 nóngzuòwù 명 농작물

79 棉花
miánhuā

[명] 목화, 목화솜, 면화

那个农夫因为怕长虫子，所以放弃了种棉花。

그 농부는 벌레가 생기는 것이 무서워, 목화를 심는 것을 포기했다.

农夫 nóngfū 명 농부

80 稻谷
dàogǔ

[명] 벼

颗粒饱满的稻谷在阳光的照射下散发出金黄色光芒。

알갱이가 여문 벼가 햇빛이 비치는 가운데 황금색의 빛깔을 내뿜고 있다.

颗粒 kēlì 명 알갱이, 과립　饱满 bǎomǎn 형 여물다, 포만하다
照射 zhàoshè 图 비추다　散发 sànfā 图 내뿜다　光芒 guāngmáng 명 빛깔

81 杂交
zájiāo

[동] (종이 다른 것끼리) 교잡하다, 교배하다

经过多年的研究，袁隆平终于成功培育出了优质的杂交水稻。

다년간의 연구를 통하여, 위안룽핑은 마침내 품질이 우수한 교잡벼를 성공적으로 배양해 냈다.

袁隆平 Yuán Lóngpíng 고유 위안룽핑[벼 품종 개량으로 식량 대량 생산의 길을 연 농학자]　培育 péiyù 图 배양하다, 기르다　水稻 shuǐdào 명 벼, 논벼

11 12 13 14 15 16 DAY 17 18 19 20

해커스 HSK 6급 단어장

82 化肥
huàféi

명 화학 비료

使用大量化肥会减少传授花粉的昆虫数量。

많은 양의 화학 비료를 사용하는 것은 꽃가루를 전달하는 곤충의 수를 줄일 수 있다.

传授 chuánshòu 통 전달하다, 전수하다   花粉 huāfěn 명 꽃가루, 화분
昆虫 kūnchóng 명 곤충

83 改良
gǎiliáng

유의어

改善 gǎishàn 통 개선하다

동 개선하다, 개량하다

只有合理地使用肥料，才能有效地改良土壤环境。

비료를 합리적으로 사용해야만, 토양 환경을 효과적으로 개선할 수 있다.

合理 hélǐ 형 합리적이다   肥料 féiliào 명 비료   土壤 tǔrǎng 명 토양, 흙

 시험에 이렇게 나온다!

유의어 改良 : 改善(gǎishàn, 개선하다)

改良은 사물의 결점을 제거해서 요구에 맞춘다는 의미이다.
改良土壤 gǎiliáng tǔrǎng 토양을 개선하다
改良品种 gǎiliáng pǐnzhǒng 품종을 개량하다

改善은 원래 있던 상황을 좋게 변화시킨다는 의미이다.
改善环境 gǎishàn huánjìng 환경을 개선하다
改善生活 gǎishàn shēnghuó 생활을 개선하다

84 耕地
gēngdì

동 논밭을 갈다   명 경지, 경작지

现在，农民们可以用农用机械耕地和收割。

현재, 농민들은 농업용 기계를 사용해서 논밭을 갈고 수확할 수 있다.

这类农作物的种植面积占总耕地面积的一半。

이 농작물의 재배 면적은 총 경지 면적의 절반을 차지한다.

农民 nóngmín 명 농민   机械 jīxiè 명 기계, 기계 장치
收割 shōugē 통 수확하다   农作物 nóngzuòwù 명 농작물
种植 zhòngzhí 통 재배하다   面积 miànjī 명 면적   占 zhàn 통 차지하다

85 飞禽走兽
fēiqínzǒushòu

성 날짐승과 들짐승, 금수

在非洲的野生动物园里，我们看到了从未见过的飞禽走兽。

아프리카의 야생 동물원에서, 우리는 지금껏 본 적이 없었던 날짐승과 들짐승을 보았다.

非洲 Fēizhōu 고유 아프리카   野生 yěshēng 형 야생의

연습문제 체크체크!

제시된 각 단어의 병음과 뜻을 써 보세요.

01 途径 _____ / _____

02 束 _____ / _____

03 繁殖 _____ / _____

04 高超 _____ / _____

05 割 _____ / _____

제시된 단어 중, 문장에 어울리는 단어를 빈칸에 적어 보세요.

06 培育 / 培养

该生态农业示范基地正在致力于 _____ 更多的优良品种。

07 种植 / 濒临

由于生存环境不断恶化, 很多野生动物 _____ 灭绝。

08 迁徙 / 迷惑

每到冬季, 这群飞鸟就会向气候温和的南部地区 _____ 。

09 改良 / 改善

为了增加果树的产量, 他决定采用科学的方法 _____ 土壤。

10 捕捉 / 茂盛

院子里的那棵树越长越 _____ , 几乎都伸到墙外去了。

정답: 01. tújìng/ 경로, 방법 02. shù/ 다발, 묶음; 묶다 03. fánzhí/ 번식하다
04. gāochāo/ 훌륭하다, 뛰어나다 05. gē/ (칼로) 베다, 자르다
06. 培育 07. 濒临 08. 迁徙 09. 改良 10. 茂盛

* 06~10번 문제 해석은 해커스중국어(china.Hackers.com)에서 다운로드 받으세요.

HSK 6급 시험에 나오는 고난도 어휘

☑ 잘 외워지지 않는 단어는 ☐에 체크해 두고 다음에 반복 암기합니다.

☐ 蝙蝠	biānfú	명 박쥐
☐ 穿山甲	chuānshānjiǎ	명 천산갑[나무늘보·개미핥기 등의 포유류 중 한 종류]
☐ 触须	chùxū	명 촉수, 더듬이
☐ 蛾子	ézi	명 나방
☐ 马蹄铁	mǎtítiě	명 (말굽의) 편자, 말굽쇠
☐ 海参	hǎishēn	명 해삼
☐ 企鹅	qǐ'é	명 펭귄
☐ 雪豹	xuěbào	명 눈표범[회색표범 또는 설표라고도 함]
☐ 捕食	bǔshí	동 (동물이 먹이를) 잡아먹다
☐ 觅食	mìshí	동 먹이를 찾다, 먹이를 구하다
☐ 繁育	fányù	동 번식시키다
☐ 孵化	fūhuà	동 부화하다
☐ 休眠	xiūmián	동 휴면하다, 동면하다
☐ 拯救	zhěngjiù	동 구조하다, 구출하다
☐ 筑巢	zhùcháo	보금자리를 짓다, 둥지를 틀다
☐ 滋生	zīshēng	동 번식하다, (일이나 사건 등을) 야기하다, 일으키다
☐ 薄荷	bòhe	명 박하, 페퍼민트
☐ 甘蔗	gānzhe	명 사탕수수
☐ 灌木	guànmù	명 관목
☐ 古莲子	gǔliánzǐ	연밥[연꽃의 열매]

□ 连翘	liánqiáo	몡 개나리
□ 柳树	liǔshù	몡 버드나무
□ 芦苇	lúwěi	몡 갈대
□ 向日葵	xiàngrìkuí	몡 해바라기
□ 椰子	yēzi	몡 야자나무
□ 繁茂	fánmào	혱 (초목이) 무성하다, 우거지다
□ 分叉	fēnchà	여러 갈래로 갈라지다
□ 榴莲	liúlián	몡 두리안
□ 牡丹	mǔdān	몡 모란
□ 植被	zhíbèi	몡 식생[어떤 일정한 장소에서 모여 사는 특유한 식물의 집단]
□ 发芽	fāyá	동 발아하다, 싹이 트다
□ 绽放	zhànfàng	동 (꽃이) 피다, (꽃망울이) 터지다
□ 柔韧	róurèn	혱 유연하면서도 끈기가 있다, 부드러우면서도 강하다
□ 艳丽	yànlì	혱 곱고 아름답다
□ 粗粮	cūliáng	몡 잡곡
□ 肥料	féiliào	몡 비료
□ 甘薯	gānshǔ	몡 고구마
□ 家畜	jiāchù	몡 가축
□ 幼苗	yòumiáo	몡 어린 모종
□ 夯实	hāngshí	동 (땅을) 단단히 다져 굳히다

산? 바다?

지리 · 교통

주제를 알면 HSK가 보인다!

HSK 6급에서는 중국이나 특정 지역의 지리적 특징, 또는 도로 교통 시스템 등과 관련된 문제가 자주 출제돼요. 따라서 '번화하다', '호수', '넓다', '북극'과 같은 지리·교통 관련 단어들을 집중적으로 학습하면 이러한 문제를 쉽게 풀 수 있어요.

🎧 단어, 예문 MP3

네가 살고 싶은 곳은 어디?

오빠, 오빤 나중에 어떤 곳에서 살고 싶어?

나? 난… 일단 너무 繁华한 곳은 싫고…

1년 내내 날씨가 덥지 않고, 湖泊가 많은 广阔한 곳에서 살고 싶어.

헐, 오빠한테 딱 适宜한 곳이 있어!

진짜? 어딘데?

北极, 키킥!

장난하냐?

20 **繁华** fánhuá 형 번화하다   10 **湖泊** húpō 명 호수   05 **广阔** guǎngkuò 형 넓다

09 **适宜** shìyí 형 알맞다   02 **北极** běijí 명 북극

01 州 ***
zhōu

명 주, 자치주[고대 행정 구역의 명칭]

相传禹王在治水时把天下分为九州，因此古中国
被称为"九州"。 → 술어

우 임금은 물을 다스릴 때 천하를 아홉 주로 나누었다고 전해지는데, 이 때문에 고대 중국은 '구주'라고 불린다.

相传 xiāngchuán 图 ~라고 전해지다
禹王 Yǔ Wáng 고유 우 임금[중국 고대 신화에 등장하는 하 왕조의 개국황제, 大禹(대우)라고 높여 부름] 称 chēng 图 ~라고 부르다, 칭하다

02 北极 ***
běijí

명 북극

南极是陆地，故称南极洲；北极是海洋，故称北冰洋。

남극은 육지라서, 남극주라 부르며, 북극은 바다라서, 북극해라 부른다.

南极 nánjí 图 남극 陆地 lùdì 图 육지, 땅 故 gù 젭 그래서, 그러므로
称 chēng 图 ~라고 부르다, 칭하다 南极洲 Nánjízhōu 고유 남극주, 남극 지방
北冰洋 Běibīngyáng 고유 북극해

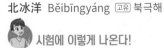 시험에 이렇게 나온다!

듣기
독해 北极(북극)는 듣기나 독해 영역에서 북극과 남극의 지리적 특징 또는 북극에 서식하고 있는 동물과 관련된 지문에서 자주 출제된다. 北极와 함께 자주 출제되는 표현들을 알아 둔다.

南极 nánjí 남극
北极狐 běijíhú 북극여우
北极熊 běijíxióng 북극곰
冰山 bīngshān 빙산

03 海拔 ***
hǎibá

명 해발

有"世界屋脊"之称的青藏高原是平均海拔最高的
高原。

'세계의 지붕'이라는 칭호를 가진 칭짱고원은 평균 해발이 가장 높은 고원이다.

屋脊 wūjǐ 图 지붕, 가장 높은 곳, 용마루 称 chēng 칭호, 명칭
青藏高原 Qīngzàng Gāoyuán 고유 칭짱고원[중국 티베트 자치구 서부에 있는 고원, 티베트고원] 平均 píngjūn 图 평균의, 균등한 高原 gāoyuán 图 고원

🏯 알아 두면 시험이 쉬워지는 배경 지식

일반
상식 高原病(고산병)은 평지에서 海拔 3000m 이상의 높은 고원에 신입하거나, 海拔가 낮은 지역에서 海拔가 높은 지역으로 진입할 때 나타나게 되는 증상이다. 高原病의 원인은 고지대의 희박한 산소와 탈수로 알려져 있다. 海拔 약 2,400m 이상의 높은 산에서는 공기가 지상에 비해 적기 때문에 산소 결핍 상태에 쉽게 빠지는데, 이로 인해 호흡 곤란·두통·현기증·식욕 부진·탈진 등의 현상이 발생할 수 있다.

高原病 gāoyuánbìng 고산병

04 坡 ★★★
pō

명 비탈, 언덕

春天去江西婺源，可以欣赏到满坡盛开的油菜花。

→ 술어

봄에 장시성 우위안으로 가면, 온 산비탈에 만발한 유채꽃을 감상할 수 있다.

婺源 Wùyuán 고유 우위안[중국 장시성 상라오에 있는 현(县)]
欣赏 xīnshǎng 통 감상하다, 마음에 들다
盛开 shèngkāi 통 만발하다, 만개하다 油菜花 yóucàihuā 유채꽃

 시험에 이렇게 나온다!

짝꿍 표현 坡를 활용한 다양한 짝꿍 표현들을 알아 둔다.
坡度 pōdù 경사도
陡坡 dǒu pō 가파른 언덕

05 广阔 ★★★
guǎngkuò

유의어
广大 guǎngdà
형 광대하다, 많다

반의어
狭小 xiáxiǎo
형 비좁다, 협소하다

형 넓다, 광활하다

游牧民长期生活在广阔的草原，因此他们的视力比较好。

유목민들은 넓은 초원에서 장기간 생활했으며, 그래서 그들의 시력은 비교적 좋다.

游牧民 yóumùmín 유목민 视力 shìlì 명 시력

 시험에 이렇게 나온다!

유의어 广阔 : 广大(guǎngdà, 광대하다, 많다)
广阔는 공간이나 면적이 넓은 것을 의미한다.
广阔的田野 guǎngkuò de tiányě 광활한 들판
视野广阔 shìyě guǎngkuò 시야가 넓다

广大는 공간이나 면적이 넓은 것뿐만 아니라, 사람의 수가 많은 것도 의미한다.
广大地区 guǎngdà dìqu 광대한 지역
广大群众 guǎngdà qúnzhòng 많은 관중

06 狭窄 ★★★
xiázhǎi

반의어
广阔 guǎngkuò
형 넓다, 광활하다

형 비좁다, 협소하다

走进狭窄的弄堂，可以感受到老上海最真实的风情。

비좁은 롱탕에 들어서면, 옛 상하이의 가장 진실한 경관을 느낄 수 있다.

弄堂 lòngtáng 명 롱탕[상하이와 장저 지역 특유의 민가 형식]
感受 gǎnshòu 통 느끼다, 받다 风情 fēngqíng 명 경관, 광경, 모습

07 方位 ★★★
fāngwèi

명 위치, 방위

外面雾太大了，我们很难准确地判断方位。

바깥에 안개가 너무 짙어서, 우리는 위치를 정확히 판단하기가 어렵다.

雾 wù 명 안개

08 区域 ***
qūyù

명 구역, 지역

中国的行政区域大致可以划分为省、县、乡三个单位。

중국의 행정 구역은 기본적으로 성, 현, 향 세 개 단위로 구분할 수 있다.

行政 xíngzhèng 명 행정, 사무 **大致** dàzhì 분 기본적으로, 대체로
划分 huàfēn 동 구분하다, 나누다, 구획하다
县 xiàn 명 현[중국 행정 구획 단위의 하나]
乡 xiāng 명 향[중국 행정 구역 단위의 하나] **单位** dānwèi 명 단위

09 适宜 ***
shìyí

형 알맞다

对这些野生鸟类来说，低山丘陵是比较适宜的生存环境。

이 야생 조류들에게 있어서, 낮은 산과 언덕은 비교적 알맞은 생존 환경이다.

野生 yěshēng 형 야생의 **鸟类** niǎolèi 명 조류
丘陵 qiūlíng 명 언덕, 구릉 **生存** shēngcún 동 생존하다

10 湖泊 ***
húpō

명 호수

位于西藏中部的纳木错是世界上海拔最高的大型湖泊。

티베트 중부에 위치한 남초 호는 세계에서 해발이 가장 높은 대형 호수이다.

位于 wèiyú 동 ~에 위치하다 **西藏** Xīzàng 고유 티베트
纳木错 Nàmùcuò 고유 남초 호[티베트 자치구에 있는 호수, 티베트어로 하늘의 호수를 뜻함] **海拔** hǎibá 명 해발 **大型** dàxíng 형 대형의

11 溪 ***
xī

명 시내, 개천

峡谷间有一条弯弯曲曲的小溪潺潺流过，景色十分宜人。

협곡 사이에는 구불구불한 시냇물 한 줄기가 졸졸 흐르는데, 풍경이 사람에게 매우 좋은 느낌을 준다.

峡谷 xiágǔ 명 협곡 **弯曲** wānqū 형 구불구불하다, 꼬불꼬불하다
潺潺 chánchán 의 졸졸[시냇물이나 샘물 따위가 흐르는 소리]
宜人 yírén 형 사람에게 좋은 느낌을 주다, 사람의 마음에 들다

12 沿海 ***
yánhǎi

반의어

명 연해, 바닷가 근처 지방

沿海地区的冬季比同纬度的内陆地区温暖一些。

연해 지역의 겨울철은 같은 위도의 내륙 지역보다 조금 더 따뜻하다.

地区 dìqū 명 지역 **纬度** wěidù 명 위도 **内陆** nèilù 명 내륙
温暖 wēnnuǎn 형 따뜻하다, 포근하다

内地 nèidì 명 내지, 내륙

13 凹凸 ***

āotū

형 울퉁불퉁하다

爬过凹凸不平的小山路，他看到了一个古村落。

울퉁불퉁하고 평평하지 않은 작은 산길을 지나, 그는 한 오래된 촌락을 보았다.

村落 cūnluò 명 촌락

 시험에 이렇게 나온다!

짝꿍표현 凹凸를 활용한 짝꿍 표현을 알아 둔다.

凹凸不平 āotū bù píng 울퉁불퉁하고 평평하지 않다

14 舟 ***

zhōu

명 배

在中国的一些旅游景点，传统木舟依旧是主要交通工具。

중국의 몇몇 관광 명소에서는, 전통 나무배가 여전히 주요 교통수단이다.

景点 jǐngdiǎn 명 명소, 경치가 좋은 곳　传统 chuántǒng 명 전통 형 전통적이다
依旧 yījiù 부 여전히　工具 gōngjù 명 수단, 도구

15 舱 ***

cāng

명 객실, 선실

飞机客舱一般分为头等舱、公务舱和经济舱三种等级。

비행기 객실은 일반적으로 일등석, 비즈니스석, 이코노미석 세 개의 등급으로 나뉜다.

客舱 kècāng 명 (배나 비행기의) 객실　头等舱 tóuděngcāng 일등석
公务舱 gōngwùcāng 비즈니스석　经济舱 jīngjìcāng 이코노미석
等级 děngjí 명 등급, 계급

🏯 알아 두면 시험이 쉬워지는 배경 지식

일반상식 水密隔舱(수밀격창)은 선실의 안전을 위해 설계된 구조로, 水密舱壁를 이용하여 만든 여러 칸의 독립된 선실을 지칭한다. 水密舱壁는 수압을 가해도 물이 새지 않는 칸막이 벽으로, 배의 침몰 방지 및 화재 발생 시 배의 연소를 방지하기 위해 설치된다. 중국에서는 송(宋)대에 처음 水密隔舱이라는 기술이 등장한 것으로 알려져 있는데, 1974년 푸젠(福建)성 취안저우만(泉州灣)에서 출토된 송(宋)나라 시기의 배에도 水密隔舱의 기술이 적용된 것이 확인되었다.

水密隔舱 shuǐmì gécāng 수밀격창
水密舱壁 shuǐmì cāngbì 수밀창벽, 수밀격벽, 방수벽

16 轨道 *** guǐdào

명 철로, 궤도

这座城市的轨道交通已覆盖了中心城区和大部分郊区。

이 도시의 철로 교통은 이미 도심과 대부분의 교외를 뒤덮었다.

覆盖 fùgài 통 뒤덮다, 덮다 中心城区 zhōngxīn chéngqū 도심, 시내

🏯 알아 두면 시험이 쉬워지는 배경 지식

신조어 智轨列车(스마트 궤도 열차)는 智能轨道快运列车라고도 하며, 철로 없이 가상 궤도를 인식하여 달리는 자동 운행 열차를 뜻한다. 이는 첨단 기술이 집약된 새로운 교통 수단으로, 후난성 주저우시(湖南省株洲市)에서 가장 먼저 공개되었다. 이 열차는 교통 체증을 해결하기 위해 개발되었으며, 따로 철로를 설치할 필요가 없고 1개 노선을 설치하는 데에도 약 1년 정도밖에 소요되지 않기 때문에 건설 비용을 크게 절감할 수 있다는 장점이 있다.

智轨列车 zhì guǐ lièchē 스마트 궤도 열차
智能轨道快运列车 zhìnéng guǐdào kuàiyùn lièchē
스마트 궤도 쾌속 운행 열차

17 事故 *** shìgù

명 사고

智能交通监控系统的推广大大降低了交通事故的发生几率。

스마트 교통 감시 시스템의 확충은 교통사고의 발생 확률을 크게 낮췄다.

智能交通监控系统 zhìnéng jiāotōng jiānkòng xìtǒng 스마트 교통 감시 시스템 推广 tuīguǎng 통 확충하다, 널리 보급하다 几率 jīlǜ 명 확률

18 航空 *** hángkōng

동 항공하다, 비행하다

航班延误时，航空公司应每30分钟向旅客告知航班信息。

항공편이 지연될 시에는, 각 항공사는 30분마다 여행객에게 항공편 정보를 통지해야 한다.

延误 yánwù 통 지연하다, 지체하다

19 运行 *** yùnxíng

동 (차·열차·배·별 등이) 운행하다

在试运行阶段，地铁扫码乘车的服务得到了很多好评。

시범 운행 단계에서, 지하철의 QR코드 승차 서비스는 높은 호평을 받았다.

试运行 shìyùnxíng 시범 운행하다 阶段 jiēduàn 명 단계
扫码 sǎomǎ QR코드를 식별하다, 바코드를 스캔하다
乘车 chéngchē 승차하다 好评 hǎopíng 명 호평

11
12
13
14
15
16
17
DAY 18
19
20

해커스 HSK 6급 단어장

20 繁华 ★★★

fánhuá

유의어

繁荣 fánróng
형 번영하다 동 번영시키다

형 (도시·거리가) 번화하다

술어 ←

道路的建设使这座拥有千年历史的古镇重新繁华起来了。

도로의 건설은 천년의 역사를 지닌 이 오래된 마을을 다시 번화하게 만들었다.

建设 jiànshè 동 건설하다　拥有 yōngyǒu 동 지니다, 보유하다
古镇 gǔzhèn 명 오래된 마을, 옛 고을

 시험에 이렇게 나온다!

유의어 繁华：繁荣(fánróng, 번영하다, 번영시키다)

繁华는 도시·시장이 번화하고 사람이 많이 다니는 것을 의미하며, 품사가 형용사이기 때문에 목적어를 가질 수 없다.

繁华的城市 fánhuá de chéngshì 번화한 도시
繁华的街道 fánhuá de jiēdào 번화한 거리

繁荣은 경제·문화·사업 등이 발전하고 번창하는 것을 의미하며, 품사가 형용사와 동사이기 때문에, 동사로 사용될 경우 목적어를 가질 수 있다.

市场繁荣 shìchǎng fánróng 시장이 번영하다
繁荣文化 fánróng wénhuà 문화를 번영시키다

21 横 ★★★

héng

반의어

竖 shù
형 세로의 동 똑바로 세우다

형 가로의　동 가로지르다

地球仪上有纵横交错的线，横线代表纬线，竖线代表经线。

지구본에는 종횡으로 교차하는 선이 있는데, 가로선은 위도선을 대표하고, 세로선은 경도선을 대표한다.

我看见前方有一群鸭子一摇一摆地横穿马路。

나는 전방에 한 무리의 오리들이 뒤뚱거리면서 길을 가로질러 건너는 것을 보았다.

地球仪 dìqiúyí 명 지구본, 지구의 모형
纵横交错 zònghéngjiāocuò 성 종횡으로 교차하다, 이리저리 뒤섞여 있다
代表 dàibiǎo 동 대표하다　纬线 wěixiàn 명 위도선, 씨금
竖 shù 형 세로의 동 똑바로 세우다　经线 jīngxiàn 명 경도선, 자오선
鸭子 yāzi 명 오리　一摇一摆 yìyáoyìbǎi 뒤뚱거리다
横穿 héngchuān 가로질러 건너다, 횡단하다

 시험에 이렇게 나온다!

짝꿍 표현 横을 활용한 다양한 짝꿍 표현들을 알아 둔다.

横断面 héngduànmiàn 횡단면
横向 héngxiàng 평행하는, 수평적인

²² 精心 ***
jīngxīn

형 정성을 들이다, 몹시 조심하다

政府应精心规划城市公共交通系统，以疏通交通的"动脉"。

→ 술어

정부는 교통의 '동맥'이 잘 통하게 하기 위하여, 도시 대중교통 시스템을 정성 들여 기획해야 한다.

政府 zhèngfǔ 명 정부　规划 guīhuà 통 기획하다, 계획하다
系统 xìtǒng 명 시스템, 계통, 체계　以 yǐ 접 ~하기 위하여
疏通 shūtōng 통 잘 통하게 하다, 소통시키다
动脉 dòngmài 명 동맥, (교통의) 주요 간선

²³ 遥远 ***
yáoyuǎn

형 (시간이나 거리가) 아득히 멀다, 요원하다

春运期间，很多人不顾路途遥远，毅然踏上了返乡的路。

춘윈 기간 동안, 많은 사람들이 갈 길이 아득히 먼 것도 꺼리지 않고, 의연히 귀향길에 올랐다.

春运 chūnyùn 명 춘윈[春节运输의 준말, 춘절 기간 민족 대이동으로 발생하는 대규모 운송 압력 현상]　期间 qījiān 명 기간, 시간
不顾 búgù 통 꺼리지 않다, 아랑곳하지 않다, 고려하지 않다
毅然 yìrán 부 의연히, 결연히　踏 tà 통 오르다, 나서다, (발로) 디디다
返乡 fǎnxiāng 통 귀향하다, 고향에 돌아가다

²⁴ 边界 **
biānjiè

명 (지역 간의) 경계선, 국경선

两国边界上有一个风光秀丽的小镇。

두 나라의 경계선 상에는 풍경이 수려한 작은 마을이 하나 있다.

风光 fēngguāng 명 풍경, 경치, 풍광　秀丽 xiùlì 형 수려하다, 아름답다

²⁵ 边缘 **
biānyuán

명 끝자락, 가장자리

该县的农民在沙漠边缘种植了近10万亩防沙林。

이 현의 농민들은 사막 끝자락에 10만 묘에 가까운 방사림을 심었다.

该 gāi 대 이　县 xiàn 명 현[중국 행정 구획 단위의 하나]
农民 nóngmín 명 농민, 농부　沙漠 shāmò 명 사막
种植 zhòngzhí 통 심다, 재배하다
亩 mǔ 양 묘[중국식 토지 면적의 단위, 약 666.7㎡]
防沙林 fángshālín 방사림[모래가 날아가는 것을 막기 위해 조성한 산림]

²⁶ 边疆
biānjiāng

명 국경 지대, 변경

《西游记》中的火焰山位于中国西部边疆。

<서유기> 속의 화염산은 중국 서부 국경 지대에 위치한다.

西游记 Xīyóujì 고유 서유기
火焰山 Huǒyàn Shān 고유 화염산[서유기에 나오는 화염의 산]
位于 wèiyú 통 위치하다

27 分明 **
fēnmíng

[반의어]

模糊 móhu
[형] 모호하다 [동] 모호하게 하다

[형] 분명하다, 명확하다　[부] 명백히, 분명히

黄河与洮河在交汇处并不融合为一，形成分明的
界限。

황하와 조하는 합류점에서 결코 하나로 섞이지 않고, 분명한 경계를 형성한다.

生产、销售假药分明是不尊重他人生命的行为。

가짜 약을 생산하고 판매하는 것은 명백히 타인의 생명을 존중하지 않는 행위이다.

洮河 Táo Hé [고유] 조하[중국 간쑤성에 위치한 강]　交汇处 jiāohuìchù 합류점
融合 rónghé [동] 섞이다, 융합하다　形成 xíngchéng [동] 형성하다, 이루다
界限 jièxiàn [명] 경계, 한도　生产 shēngchǎn [동] 생산하다, 만들다
销售 xiāoshòu [동] 판매하다, 팔다　行为 xíngwéi [명] 행동, 행위

28 界限
jièxiàn

[명] 경계, 한도

全球化的进程正在打破传统的国家和区域界限。

세계화의 진전이 전통적인 국가와 구역의 경계를 허무는 중이다.

全球化 quánqiúhuà 세계화, 국제화
进程 jìnchéng [명] 진전, 경과, 발전 과정　传统 chuántǒng [형] 전통적이다
区域 qūyù [명] 구역, 지역

29 省会
shěnghuì

[명] 성도, 성 소재지

昆明是云南省的省会，也是中国最宜居的十大城
市之一。

쿤밍은 윈난성의 성도이며, 중국에서 가장 살기 좋은 10대 도시 중 하나이기도 하다.

昆明 Kūnmíng [고유] 쿤밍[윈난성의 성도]　宜居 yíjū [형] 살기 좋다

🏯 알아 두면 시험이 쉬워지는 배경 지식

[중국문화] 省会(성도)는 중국에 존재하는 행정 단위로, 각 성(省)의 행정 중심이 존재하고 있는 도시이다. 청(清)대에는 省城이라고 불렀다. 중국의 省会는 일반적으로 성(省)의 정치·경제·교육·문화·교통의 중심지 역할을 수행한다. 단, 소수 민족 자치구와 베이징·상하이·충칭·톈진과 같은 직할시, 홍콩·마카오와 같은 특별행정구에서는 정부 소재지나 관청이 있는 곳을 省会라고 부르지 않는다. 대표적인 省会로는 광동성(广东省)의 广州, 장수성(江苏省)의 南京, 후베이성(湖北省)의 武汉 등이 있다.

省城 shěngchéng 성도
广州 Guǎngzhōu 광저우
南京 Nánjīng 난징
武汉 Wǔhàn 우한

30 乡镇
xiāngzhèn

⟨명⟩ 소도시, 규모가 작은 지방 도시

今年省政府为一百多个贫困乡镇开展了扶贫开发 ⟨술어⟩
工作。

올해 성 정부는 100여 개의 빈곤한 소도시에게 빈곤 구제 개발 작업을 펼쳤다.

政府 zhèngfǔ ⟨명⟩ 정부   **贫困** pínkùn ⟨형⟩ 빈곤하다, 곤궁하다
开展 kāizhǎn ⟨동⟩ 펼치다, 전개되다, 확대되다
扶贫 fúpín ⟨동⟩ (가난한 사람들을) 구제하다   **开发** kāifā ⟨동⟩ 개발하다, 개척하다

🏯 **알아 두면 시험이 쉬워지는 배경 지식**

⟨중국
문화⟩ 현재 중국의 행정 구역은 **省级**, **地级**, **县级**, **乡级**의 수직 구조로 이루어져 있다.
省级 행정 구역에는 **省**·**自治区**·**直辖市**·**特别行政区**의 행정 단위가 존재하
고, **地级** 행정 구역에는 **地级市**·**地区**·**自治州** 등의 행정 단위가 있다. **县级**
행정 구역의 행정 단위는 **县**·**县级市** 등이 있고, **乡级** 행정 구역의 행정 단위는
乡·**镇** 등이 있다.

省级 shěngjí 성급	**地级** dìjí 지급
县级 xiànjí 현급	**乡级** xiāngjí 향급
省 shěng 성	

自治区 zìzhìqū 자치구[소수 민족이 거주하는 5개의 지역]
直辖市 zhíxiáshì 직할시[베이징·상하이·충칭·톈진 4개 시를 지칭함]
特别行政区 tèbié xíngzhèngqū 특별행정구[홍콩, 마카오를 지칭함]
地级市 dìjíshì 지급시[일반적인 **市**를 지칭함]
地区 dìqū 지구[중국의 **省**이나 **自治区**가 설립한 행정 구역]
自治州 zìzhìzhōu 자치구[**自治区**보다 작은 단위의 행정 구역]

县 xiàn 현	**县级市** xiànjíshì 현급시
乡 xiāng 향	**镇** zhèn 진

31 偏僻 ★★
piānpì

⟨반의어⟩
繁华 fánhuá
⟨형⟩ (도시·거리가) 번화하다

⟨형⟩ 외지다, 구석지다

小梅从小和奶奶生活在偏僻的小渔村里。

샤오메이는 어릴 때부터 할머니와 함께 외진 작은 어촌에서 생활했다.

渔村 yúcūn ⟨명⟩ 어촌

32 优越 ★★
yōuyuè

⟨형⟩ 우월하다, 우수하다

和乐镇优越的自然条件十分适合赛龙舟。

허러진의 우월한 자연 조건은 용선 경기를 하기에 매우 적합하다.

和乐镇 Hélè Zhèn ⟨고유⟩ 허러진[하이난 완닝 시 동부 연해에 위치]
赛龙舟 sài lóngzhōu 용선 경기를 하다[주로 단오절을 전후하여 거행하는 중국
민간의 전통놀이]

33 风土人情
fēngtǔrénqíng

풍토와 인심, 지방의 특색과 풍습

→ 술어

这位导游对各地的历史文化和风土人情都有很深的了解。

이 가이드는 각 지역의 역사와 문화 그리고 풍토와 인심에 대해 깊은 이해가 있다.

导游 dǎoyóu 몡 가이드 동 안내하다

34 地势
dìshì

몡 지세, 땅의 형세

长江中下游平原地势低平，河湖众多，所以有水乡泽国之称。

창강 중하류 평원은 지세가 낮고 평평하며, 강과 호수가 많아서, 물의 고장이라는 칭호를 가지고 있다.

中下游 zhōngxiàyóu 중하류, 중류와 하류　平原 píngyuán 몡 평원
水乡泽国 shuǐxiāng zéguó 물의 고장, 하류·호수나 늪이 많은 지역
称 chēng 몡 칭호, 명칭

35 地质
dìzhì

몡 지질, 지질학

我们地质研究所每年都会组织研究生进行野外地质考察。

저희 지질학 연구소에서는 매 해마다 대학원생들을 조직하여 야외 지질 답사를 진행합니다.

组织 zǔzhī 동 조직하다, 결성하다　野外 yěwài 몡 야외
考察 kǎochá 동 답사하다, 현지 조사하다, 고찰하다

36 盆地 **
péndì

몡 분지

四川盆地有中国南方最肥沃的自然土壤——紫色土。

쓰촨 분지에는 중국 남방에서 가장 비옥한 자연 토양인 자색토가 있다.

肥沃 féiwò 혱 비옥하다　土壤 tǔrǎng 몡 토양　紫色土 zǐsètǔ 자색토

🏛 알아 두면 시험이 쉬워지는 배경 지식

일반상식 四川盆地(쓰촨 분지)는 중국 4대 盆地 중 하나로, 중국 쓰촨성(四川省) 동부에 위치하고 있다. 이곳에는 扬子江·岷江·嘉陵江이 흐르며, 四川盆地 서쪽에 존재하는 成都平原을 제외하고는 대부분 산악·구릉 지대이다.

四川盆地 Sìchuān Péndì 쓰촨 분지, 사천 분지
扬子江 Yángzǐ Jiāng 양쯔강
岷江 Mín Jiāng 민강[扬子江의 한 지류]
嘉陵江 Jiālíng Jiāng 자링강[扬子江의 한 지류]
成都平原 Chéngdū Píngyuán 청두 평원

37 平面 **
píngmiàn

명 평면

把地球上的自然和人文现象绘制在平面上的图形
叫做地图。
↳ 술어

지구상의 자연과 인문 현상을 평면 위에 그린 그림을 지도라고 부른다.

人文 rénwén 명 인문　绘制 huìzhì 동 (도표 따위를) 그리다, 제도하다

 시험에 이렇게 나온다!

[짝꿍 표현] 平面을 활용한 다양한 짝꿍 표현들을 알아 둔다.
平面型 píngmiànxíng 평면형
海平面 hǎipíngmiàn 바다의 평면 ≒ 해수면

38 平原 **
píngyuán

명 평원

该海底的地形十分复杂，既有山脉和平原，也有深
沟和盆地。

이 해저의 지형은 매우 복잡하여, 산맥과 평원도 있고, 깊은 골짜기와 분지
도 있다.

该 gāi 대 이　地形 dìxíng 명 지형, 땅의 형세　山脉 shānmài 명 산맥
沟 gōu 명 골짜기, 협곡　盆地 péndì 명 분지

🏯 **알아 두면 시험이 쉬워지는 배경 지식**

[과학 상식] 深海平原(심해 평원)은 심해에 위치하고 있는 넓고 평평한 지역이다. 일반적으
로 해저 지형은 깊이에 따라 大陆架·大陆坡·大陆隆·深海平原·海丘·海
岭으로 구분되는데, 深海平原은 수심이 100m~2,000m에 이르는 계단형 지형
인 大陆坡와 이어져 있다. 深海平原의 표면은 대체로 고르지 못하지만, 전체적
으로는 완만하고 경사가 거의 없는 수평적 형태로 존재한다. 전세계에서 深海
平原의 규모가 제일 큰 곳은 大西洋이고, 그 다음은 印度洋이다.

深海平原 shēnhǎi píngyuán 심해 평원　　大陆架 dàlùjià 대륙붕
大陆坡 dàlùpō 대륙사면　　　　　　　　大陆隆 dàlùlóng 대륙대
海丘 hǎiqiū 해구　　　　　　　　　　　海岭 hǎilǐng 해저 산맥
大西洋 Dàxīyáng 대서양　　　　　　　　印度洋 Yìndùyáng 인도양

39 田野 **
tiányě

명 들, 논밭과 들판

家门口有一片广阔的田野，我常常能看到孩子们
在那里嬉闹。

집 입구에 넓은 들이 있어서, 나는 종종 아이들이 그곳에서 장난치며 노는
것을 볼 수 있다.

广阔 guǎngkuò 형 넓다, 광활하다
嬉闹 xīnào 동 장난치며 놀다, 시끌벅적하게 떠들다

해커스 HSK 6급 단어장

40 丘陵
qiūlíng

⑲ 구릉, 언덕

北极狐通常在丘陵地带筑巢，它们的巢一般会有
好几个出入口。

북극여우는 보통 구릉 지대에 보금자리를 짓는데, 그들의 보금자리에는 일
반적으로 여러 개의 출입구가 있다.

北极狐 běijíhú 북극여우　通常 tōngcháng ⑲ 보통, 일반적으로
地带 dìdài ⑲ 지대, 지역　筑 zhù ⑧ 짓다, 세우다　巢 cháo 보금자리, 둥지

🏯 **알아 두면 시험이 쉬워지는 배경 지식**

> [일반상식] 中国三大丘陵(중국 3대 구릉)은 东南丘陵·辽东丘陵·山东丘陵을 지칭한
> 다. 중국의 丘陵은 약 100만㎢로, 전 국토 총 면적의 10%를 차지하고 있다. 그
> 중, 东南丘陵은 중국 동남부 일대에 위치하고 있으며, 중국에서 지면이 가장 큰
> 丘陵이다. 辽东丘陵은 중국 동북부 일대에 위치하고 있으며, 풍부한 광산자원
> 들이 저장되어 있다. 山东丘陵은 황하(黄河) 이남에 위치하고 있으며, 山东半
> 岛 면적의 70%를 차지한다.
>
> 中国三大丘陵 Zhōngguó sān dà qiūlíng 중국 3대 구릉
> 东南丘陵 Dōngnán Qiūlíng 동난 구릉
> 辽东丘陵 Liáodōng Qiūlíng 랴오둥 구릉
> 山东丘陵 Shāndōng Qiūlíng 산둥 구릉
> 山东半岛 Shāndōng Bàndǎo 산둥 반도

41 平坦 ★★
píngtǎn

⑱ (도로·지대 등이) 평평하다

著名的若尔盖大草原地势平坦，一望无际，景色
迷人。

유명한 뤄얼가이 대초원은 지세가 평평하고, 아득히 넓어서 끝이 없으며, 경
치가 매력적이다.

若尔盖大草原 Ruò'ěrgài Dàcǎoyuán [고유] 뤄얼가이 대초원[중국 쓰촨성 뤄얼
가이 현에 있는 초원]　地势 dìshì ⑲ 지세, 땅의 형세
一望无际 yíwàngwújì [성] 아득히 넓어서 끝이 없다
迷人 mírén ⑱ 매력적이다, 사람을 홀리다

42 风光 ★★
fēngguāng

⑲ 풍경, 경치

侄子望着九寨沟绮丽的风光，忍不住连连惊叹。

조카는 주자이거우의 아름다운 풍경을 바라보며, 연이은 경탄을 참지 못
했다.

侄子 zhízi ⑲ 조카
九寨沟 Jiǔzhàigōu [고유] 주자이거우[쓰촨성에 있는 카르스트 담수 호수지대]
绮丽 qǐlì ⑱ 아름답다, 곱다
忍不住 rěnbuzhù ⑧ 참지 못하다, 참을 수 없다, 견딜 수 없다
连连 liánlián ⑲ 연이어, 끊임없이
惊叹 jīngtàn ⑧ 경탄하다, 몹시 놀라며 감탄하다

43 赤道
chìdào

명 적도

乞力马扎罗山是世界唯一一座位于赤道附近的
雪山。 → 술어

킬리만자로산은 세계에서 유일하게 적도 부근에 위치한 설산이다.

乞力马扎罗山 Qǐlìmǎzhāluó Shān 고유 킬리만자로산

44 经纬
jīngwěi

명 경도와 위도, (직물의) 날줄과 씨줄

在地理学中，可以用经纬度标示船只在海上的精
确位置。

지리학에서는, 경위도를 사용하여 바다 위에 있는 선박의 정확한 위치를 표
시할 수 있다.

经纬度 jīngwěidù 명 경위도[경도와 위도를 활용하여 지구의 한 지점을 숫자로
표시한 것] 标示 biāoshì 동 표시하다 船只 chuánzhī 명 선박
精确 jīngquè 형 정확하다, 틀림없다 位置 wèizhì 명 위치

45 峡谷 ★★
xiágǔ

명 협곡

这个天然峡谷形成的狭长裂缝是世界上最特别的
国界线。

이 천연 협곡이 형성한 좁고 긴 틈은 세계에서 가장 특별한 국경선이다.

形成 xíngchéng 동 형성하다, 이루다 狭长 xiácháng 형 (폭이) 좁고 길다
裂缝 lièfèng 명 틈, 갈라진 금, 균열 国界线 guójièxiàn 국경선

🏯 알아 두면 시험이 쉬워지는 배경 지식

> 일반상식 天山大峡谷(톈산대협곡)는 중국 국가 AAAAA급 관광지구로, 국가삼림공원으
> 로 지정되어 있다. 天山大峡谷는 新疆维吾尔自治区의 乌鲁木齐县에 위치하
> 고 있고, 면적은 1,038km²에 달한다. 天山大峡谷는 평균 해발이 2,020m이
> 고, 연 평균 기온은 4-6℃이다. 天山大峡谷는 사막을 제외한 新疆维吾尔自治
> 区의 모든 자연경관을 망라하고 있으며, 유목문화의 살아있는 박물관이기도 하
> 다. 이 때문에 관광·과학·역사적 방면의 높은 가치를 가지고 있다.
>
> 天山大峡谷 Tiānshān Dàxiágǔ 톈산대협곡
> 新疆维吾尔自治区 Xīnjiāng Wéiwú'ěr Zìzhìqū 신장 위구르 자치구
> 乌鲁木齐县 Wūlǔmùqí Xiàn 우루무치현

46 海滨
hǎibīn

명 해변

青岛是极具魅力的海滨城市，素有"东方瑞士"的
美誉。

칭다오는 매력을 매우 갖춘 해변 도시로, 원래부터 '동방의 스위스'라는 명
성을 가지고 있다.

青岛 Qīngdǎo 고유 칭다오[중국 산둥성 동부에 있는 도시]
具 jù 갖추다, 가지다 素有 sùyǒu 동 원래부터 가지고 있다
瑞士 Ruìshì 고유 스위스 美誉 měiyù 명 명성, 명예

해커스 HSK 6급 단어장

47 上游
shàngyóu

반의어

下游 xiàyóu 명 (강의) 하류

명 (강의) 상류

由于上游涨水，本景区暂时关闭，开放时间尚未
确定。 술어

상류의 수위 상승 때문에, 본 관광지구는 잠시 문을 닫았으며, 개방 시간은
아직 확정되지 않았습니다.

涨 zhǎng 통 (수위나 물가 등이) 상승하다   尚未 shàngwèi 아직 ~하지 않다
确定 quèdìng 통 확정하다

48 支流
zhīliú

명 지류, 부차적인 것

岷江既是长江上游的重要支流，也是成都平原的
生命线。

민강은 창강 상류의 중요한 지류이면서, 청두 평원의 생명줄이다.

岷江 Mín Jiāng 고유 민강, 민장[쓰촨성에 있는 창강의 지류]
上游 shàngyóu 명 (강의) 상류
成都平原 Chéngdū Píngyuán 고유 청두 평원

49 称号 ★★
chēnghào

명 (주로 영광스런) 칭호, 호칭

联合国教科文组织给哈尔滨授予了"音乐之都"的
称号。

유네스코는 하얼빈에게 '음악 도시'의 칭호를 수여했다.

联合国教科文组织 Liánhéguó Jiàokēwén Zǔzhī 고유 유네스코
哈尔滨 Hā'ěrbīn 고유 하얼빈[헤이룽장성에 있는 도시, 성 정부 소재지]
授予 shòuyǔ 통 (상장·명예·학위 등을) 수여하다, 주다   都 dū 도시

50 天堂 ★★
tiāntáng

반의어

地狱 dìyù 명 지옥

명 천국, 천당

曾经被称为"地狱"的切尔诺贝利，如今却成了野
生动物的天堂。

예전에 '지옥'이라 불리던 체르노빌은, 지금은 오히려 야생동물의 천국이 되
었다.

曾经 céngjīng 부 예전에, 일찍이   地狱 dìyù 명 지옥
切尔诺贝利 Qiè'ěrnuòbèilì 고유 체르노빌[우크라이나 북부의 옛 도시]
如今 rújīn 명 지금, 오늘날   野生 yěshēng 형 야생의

🏯 알아 두면 시험이 쉬워지는 배경 지식

중국
문화 중국에는 '上有天堂, 下有苏杭'라는 말이 있다. 이 말은 위에는 천국이 있고 아
래에는 쑤저우(苏州)와 항저우(杭州)가 있다는 뜻으로, 쑤저우와 항저우는 자
연이 아름답고 자원이 풍부하여 관광하거나 생활하기가 천국과 같다는 의미로
사용된다.

上有天堂, 下有苏杭 shàng yǒu tiāntáng, xià yǒu Sū Háng
위(하늘)에는 천국이 있고, 아래(땅)에는 쑤저우(苏州)와 항저우(杭州)가 있다

51 方圆
fāngyuán

명 주위, 주변

如果方圆五公里内有柏树, 那么杭州梨花就无法生存。

└→ 술어

만약 주위 5킬로미터 내에 측백나무가 있으면, 항저우 배꽃은 생존할 수가 없다.

柏树 bǎishù 측백나무　梨花 líhuā 배꽃, 이화　生存 shēngcún **동** 생존하다

52 陡峭 **
dǒuqiào

형 (산세 등이) 가파르다, 험준하다

据悉, 全球最惊险的酒店悬挂在陡峭的悬崖上。

아는 바에 의하면, 전 세계에서 가장 스릴 있는 호텔은 가파른 절벽 위에 매달려 있다고 한다.

据悉 jùxī **동** 아는 바에 의하면 ~라고 한다　惊险 jīngxiǎn **형** 스릴이 있다
悬挂 xuánguà **동** 매달다, 걸다　悬崖 xuányá **명** 절벽, 벼랑, 낭떠러지

53 岩石
yánshí

명 암석, 바위

这支研究团队在格陵兰岛发现了地球上最古老的岩石。

이 연구팀은 지구상에서 가장 오래된 암석을 그린란드에서 발견했다.

格陵兰岛 Gélínglán Dǎo **고유** 그린란드[북아메리카 북동부 대서양과 북극해 사이에 있는 섬]

54 穿越
chuānyuè

동 (어떤 지역을) 통과하다, 넘다

下个月月底, 我们兄弟计划徒步穿越塔克拉玛干沙漠。

다음 달 월말에, 우리 형제는 도보로 타클라마칸 사막을 통과하기로 계획했다.

塔克拉玛干沙漠 Tǎkèlāmǎgān Shāmò **고유** 타클라마칸 사막[중국 신장웨이우얼 자치구 서부, 타림 분지에 있는 사막]

55 留神
liúshén

동 주의하다, 조심하다

悬崖边的山路十分狭窄, 稍不留神就有可能坠落悬崖。

절벽 끝쪽의 산길은 대단히 비좁아서, 조금이라도 주의하지 않으면 바로 절벽으로 떨어질 수 있다.

悬崖 xuányá **명** 절벽, 벼랑, 낭떠러지　狭窄 xiázhǎi **형** 비좁다, 협소하다
稍 shāo **부** 조금, 잠시　坠落 zhuìluò **동** 떨어지다, 추락하다

 시험에 이렇게 나온다!

이합동사 留神은 留(머무르게 하다)+神(정신)이 합쳐진 이합동사로, 留와 神 사이에 点儿이 오기도 한다.

留点儿神 조금 조심하다

★★★ = 최빈출 어휘　★★ = 빈출 어휘

56 堆积 ★★
duījī

동 (사물이) 쌓이다, 퇴적되다

南海诸岛中的很多岛屿是由珊瑚虫分泌物堆积而成的。 술어

난하이 제도 중의 많은 섬들은, 산호충의 분비물이 쌓여서 형성된 것이다.

南海诸岛 Nánhǎi Zhūdǎo 고유 난하이 제도[남중국해에 흩어져 있는 섬들의 총칭] 岛屿 dǎoyǔ 명 섬 珊瑚虫 shānhúchóng 명 산호충
分泌物 fēnmìwù 분비물

57 曲折 ★★
qūzhé

형 구불구불하다, 곡절이 많다

为了上学, 这些孩子们每天都要爬陡峭曲折的山路。

학교에 가기 위해, 이 아이들은 매일 가파르고 구불구불한 산길을 올라가야 한다.

陡峭 dǒuqiào 형 (산세 등이) 가파르다, 험준하다, 깎아지르다

58 船舶 ★★
chuánbó

명 선박, 배

漓江是桂林的黄金水道, 每天有上百艘船舶在此航行。

리강은 구이린의 황금 수로로, 매일 백 척이 넘는 선박이 이곳에서 운항한다.

漓江 Lí Jiāng 고유 리강[구이린에 있는 강]
桂林 Guìlín 고유 구이린[중국 광시좡족자치구 북동부의 도시]
黄金 huángjīn 형 황금의 艘 sōu 양 척[선박을 헤아리는 데 쓰임]
航行 hángxíng 동 운항하다, 항해하다, 비행하다

59 港口
gǎngkǒu

명 항구

这艘船在一望无际的大海中航行了一周后, 终于抵达了港口。

이 배는 아득히 넓어 끝이 없는 바다에서 일주일을 항해한 끝에, 드디어 항구에 도착했다.

艘 sōu 양 척[선박을 헤아리는 데 쓰임]
一望无际 yíwàngwújì 성 아득히 넓어서 끝이 없다
航行 hángxíng 동 항해하다, 운항하다, 비행하다
抵达 dǐdá 동 도착하다, 도달하다

60 港湾
gǎngwān

명 항만

一艘船停靠在宁静的港湾，船上的旗帜随海风飘扬。

배 한 척이 고요한 항만에 정박해 있는데, 배 위의 깃발이 바닷바람에 휘날린다.

艘 sōu 양 척　停靠 tíngkào 동 (배가 부두에) 정박하다
宁静 níngjìng 형 고요하다, 평온하다　旗帜 qízhì 명 깃발
飘扬 piāoyáng 동 (바람에) 휘날리다, 펄럭이다

61 桨
jiǎng

명 (배의) 노

早在古埃及王朝就出现了由四千人划桨的超大型船舶。

일찍이 고대 이집트 왕조 때, 4천 명이 노를 젓는 초대형 선박이 출현했다.

古埃及 Gǔ'āijí 고유 고대 이집트　王朝 wángcháo 명 왕조
划 huá 동 노를 젓다, 물을 헤치다　超大型 chāodàxíng 초대형의
船舶 chuánbó 명 선박, 배

62 轮船
lúnchuán

명 증기선

一艘豪华轮船在茫茫大海中缓缓行驶。

한 호화로운 증기선이 망망대해에서 천천히 운항하고 있다.

艘 sōu 양 척　豪华 háohuá 형 호화롭다, 사치스럽다
茫茫 mángmáng 형 망망하다, 아득하다　缓缓 huǎnhuǎn 천천히
行驶 xíngshǐ 동 (차·배 따위가) 운항하다, 다니다

63 隧道
suìdào

명 터널

这条隧道开通后，从市区到港口的车程缩短了一半。

이 터널이 개통된 후, 시내에서 항구로 가는 주행 거리가 반으로 단축되었다.

开通 kāitōng 동 개통하다　港口 gǎngkǒu 명 항구
车程 chēchéng 명 (차의) 주행 거리　缩短 suōduǎn 동 단축하다, 줄이다

64 指南针
zhǐnánzhēn

명 나침반, 지침

据史料记载，指南针在北宋时期被正式应用于远洋航行。

역사 자료에 기록된 바에 따르면, 나침반은 북송 시기에 정식으로 원양 항해에 응용되었다고 한다.

史料 shǐliào 명 역사 자료, 사료　记载 jìzǎi 동 기록하다, 기재하다
北宋 Běi Sòng 고유 북송[960~1127년에 존재하였던 중국 왕조]
时期 shíqī 명 (특정한) 시기　应用 yìngyòng 동 응용하다
远洋 yuǎnyáng 명 원양　航行 hángxíng 동 항해하다, 운항하다

해커스 HSK 6급 단어장

65 巷 **
xiàng

명 골목, 좁은 길

这条老巷虽简陋却人情味十足。

→ 술어

이 오래된 골목은 비록 누추하지만 오히려 인간미가 넘쳐흐른다.

简陋 jiǎnlòu 형 누추하다, 초라하다   人情味 rénqíngwèi 명 인간미, 인정미
十足 shízú 형 넘쳐흐르다, 충분하다

🏯 알아 두면 시험이 쉬워지는 배경 지식

> 중국문화 南锣鼓巷(난뤄꾸샹)은 중국 베이징의 한 지역으로, 북쪽으로는 鼓楼东大街,
> 남쪽으로는 平安大街에 이르는 폭 8m, 총 길이 787m에 달하는 胡同이다. 이
> 곳은 약 740년의 역사를 가지고 있는데, 원(元)나라 시기의 당시 거리 및 胡同의
> 모습이 여전히 남아 있다. 원(元)나라 시기의 南锣鼓巷 일대는 시 중심부에 해
> 당했고, 명청(明清) 시기에는 达官显贵와 王府 등으로 가득 찬 곳이었다. 지금
> 도 南锣鼓巷 안에는 과거의 전통 가옥들이나 문화 유산들이 남아 있어, 많은 관
> 광객들이 방문하는 명소로 자리잡고 있다.
>
> 南锣鼓巷 Nánluó Gǔxiàng 난뤄꾸샹
> 鼓楼东大街 Gǔlóu Dōng Dàjiē 구로우 동다지에
> 平安大街 Píng'ān Dàjiē 핑안 다지에
> 胡同 hútòng 후통, 골목
> 达官显贵 dáguān xiǎnguì 직위가 높고 명성과 위세가 대단한 사람, 고관대작
> 王府 wángfǔ 왕부[중국 옛 황족의 저택]

66 岔
chà

명 갈림길, 갈래
동 (화제를) 딴 데로 돌리다, (시간이) 엇갈리게 하다

眼前出现了两条岔路，我不知道嫌疑人从哪条路逃走了。

눈 앞에 두 개의 갈림길이 나타났는데, 나는 용의자가 어느 길로 도망쳐 갔는지 모르겠다.

为了打破尴尬的局面，老张故意岔开了话题。

어색한 상황을 깨트리기 위해, 라오장은 일부러 화제를 딴 데로 돌렸다.

嫌疑人 xiányírén 용의자, 혐의자, 피의자   逃 táo 동 도망치다, 달아나다
尴尬 gāngà 형 (입장이) 어색하다, 난처하다, 부자연스럽다
局面 júmiàn 명 상황, 국면, 형세   话题 huàtí 명 화제, 논제

67 立交桥
lìjiāoqiáo

명 입체교차로

黄桷湾立交被认为是重庆最复杂的立交桥。

황줴완 입체교차로는 충칭에서 가장 복잡한 입체교차로라고 여겨진다.

黄桷湾立交 Huángjuéwān Lìjiāo 고유 황줴완 입체교차로[쓰촨성 충칭시에 있는 입체교차로]   重庆 Chóngqìng 고유 충칭[쓰촨성에 있는 중앙 직할시]

68 向导
xiàngdǎo

명 길 안내자, 가이드

探险队请当地人做向导，打算去隐匿在峡谷深处
的古镇。

탐험대는 현지인에게 부탁해서 길 안내자로 삼아, 협곡 깊은 곳에 감춰진 오
래된 마을에 갈 계획이다.

探险队 tànxiǎnduì 탐험대　当地人 dāngdìrén 현지인
隐匿 yǐnnì 통 감추다, 은닉하다, 숨기다　峡谷 xiágǔ 명 협곡
古镇 gǔzhèn 명 오래된 마을, 옛 고을

69 颠簸 ★★
diānbǒ

동 (위아래로) 흔들리다, 요동하다

这辆大巴在崎岖的山路上颠簸而行。

이 대형 버스는 험난한 산길 위에서 흔들거리며 운행한다.

大巴 dàbā 명 대형 버스　崎岖 qíqū 형 (산길이) 험난하다, 울퉁불퉁하다

70 指示 ★★
zhǐshì

동 가리키다, 지시하다　명 지시, 명령

小李没有看到指示牌所指示的方向，所以走错了路。

샤오리는 표지판이 가리키는 방향을 보지 못해서, 잘못된 길로 들어섰다.

我们将按照领导的指示执行任务。

우리는 지도자의 지시에 따라 임무를 실행할 것입니다.

指示牌 zhǐshìpái 표지판　领导 lǐngdǎo 명 지도자, 대표, 리더
执行 zhíxíng 통 실행하다, 집행하다, 수행하다

71 标记
biāojì

동 표기하다　명 표기

请各位新生按地面上标记的红线，排队进入大
礼堂。

각 신입생 분들께서는 길 위에 표기된 붉은 선을 따라, 대강당으로 줄을 서
서 들어와 주시기 바랍니다.

老陈用手机地图软件，在约定地点上做了一个
标记。

라오천은 휴대폰 지도 앱을 사용하여, 약속 지점에 표기를 하나 해 두었다.

礼堂 lǐtáng 명 강당, 식장　软件 ruǎnjiàn 명 앱, 소프트웨어
约定 yuēdìng 통 약속하다, 약정하다

72 导航
dǎoháng

⑧ (항해나 항공을) 인도하다, 유도하다

人工智能在没有地图的情况下也能导航。 ← 술어

인공 지능은 지도가 없는 상황에서도 길을 인도할 수 있다.

人工智能 réngōng zhìnéng 인공 지능

 시험에 이렇게 나온다!

[이합동사] 导航은 导(인도하다)+航(항해, 항공)이 합쳐진 이합동사로, 목적어를 취할 수 없다.

导航宇宙飞船 우주비행선을 인도하다 (X)

为宇宙飞船导航 우주비행선에게 항공을 유도하다 (O)

🏯 **알아 두면 시험이 쉬워지는 배경 지식**

[일반상식] 全球卫星导航系统(범지구 위성 항법 시스템, GNSS)은 인공위성에서 발신하는 전파를 이용하여 지상에 있는 물체의 위치·고도·속도에 관한 정보를 제공하는 卫星导航系统이다. 이 시스템은 현재 군사·교통·긴급구조·통신 등 광범위한 영역에서 폭넓게 응용되고 있다. 미국의 GPS, 러시아의 글로나스, 유럽의 갈릴레오 등이 대표적인 GNSS 시스템이다. 한편 중국은 北斗卫星导航系统이라는 독자적인 GNSS 시스템을 구축하여, 2012년부터 중국과 아시아-태평양 일부 지역에서 네비게이션 및 위치 확인 서비스를 제공해 오고 있고, 2018년부터 글로벌 네비게이션 서비스를 제공하기 시작했다. 현재 北斗卫星导航系统은 정확도가 10m 이내이며, 아시아-태평양 지역에서의 서비스 정확도는 5m 이내인 것으로 알려져 있다.

全球卫星导航系统 quánqiú wèixīng dǎoháng xìtǒng
범지구 위성 항법 시스템, GNSS
卫星导航系统 wèixīng dǎoháng xìtǒng 위성 항법 시스템
北斗卫星导航系统 Běidǒu wèixīng dǎoháng xìtǒng
베이더우 위성 항법 시스템[약칭 北斗(베이더우)]

73 启程
qǐchéng

⑧ 출발하다, 길을 나서다

那对夫妇从北京启程飞往伦敦，开始了他们的环球旅行。

그 부부는 베이징에서 비행기를 타고 런던으로 출발하여, 그들의 세계 일주 여행을 시작했다.

夫妇 fūfù ⑱ 부부 伦敦 Lúndūn [고유] 런던
环球旅行 huánqiú lǚxíng 세계 일주 여행

 시험에 이렇게 나온다!

[이합동사] 启程은 启(시작하다)+程(여정)이 합쳐진 이합동사로, 목적어를 취할 수 없다.

启程中国旅游 중국 여행을 출발하다 (X)

启程去中国旅游 길을 나서서 중국으로 여행을 떠나다 (O)

74 抵达
dǐdá

⏺ 동 도착하다, 도달하다

我们考察队终于穿越了德雷克海峡，抵达了南极洲。 ← 술어

우리 탐사팀은 마침내 드레이크 해협을 통과하여, 남극주에 도착했다.

考察队 kǎocháduì 탐사팀, 조사팀　穿越 chuānyuè 통 통과하다, 넘다
德雷克海峡 Déléikè Hǎixiá 고유 드레이크 해협[남아메리카 대륙 남단의 해협]
南极洲 Nánjízhōu 고유 남극주, 남극 지방

75 畅通 ★★
chàngtōng

⏺ 형 원활하다, 막힘없이 잘 통하다

加宽道路后，安全隐患被消除了，道路也变得畅通无阻。

도로를 넓힌 뒤, 안전상의 잠재적 위험이 해소되었으며, 도로 역시 원활하고 막힘없게 되었다.

加宽 jiākuān 통 넓히다　隐患 yǐnhuàn 명 잠재적 위험, 잠복해 있는 병
消除 xiāochú 통 해소하다, 없애다　无阻 wúzǔ 통 막힘이 없다

76 闭塞
bìsè

⏺ 형 (교통이) 막히다, 불편하다

过去，因交通闭塞，他们的活动范围仅限于村落附近。

과거에는, 교통이 막혀 있었기 때문에, 그들의 활동 범위는 겨우 촌락 부근에 국한되어 있었다.

范围 fànwéi 명 범위　限于 xiànyú 통 국한하다, 제한하다
村落 cūnluò 명 촌락

77 完备
wánbèi

⏺ 형 완비되어 있다, 모두 갖추다

有些发达国家的智能交通系统已相当完备和成熟。

몇몇 선진국들의 스마트 교통 시스템은 이미 상당히 완비되고 성숙해 있다.

发达国家 fādá guójiā 선진국
智能交通系统 zhìnéng jiāotōng xìtǒng 스마트 교통 시스템, ITS
相当 xiāngdāng 분 상당히, 꽤　成熟 chéngshú 형 (정도 등이) 성숙하다

78 终点 ★★
zhōngdiǎn

⏺ 명 종착점, 결승점

据说148路公交车的终点站将设置在我校东门。

듣자 하니 148번 버스의 종착점이 우리 학교 동문에 설치될 예정이라고 한다.

据说 jùshuō 통 듣자 하니 ~이라 한다　设置 shèzhì 통 설치하다, 설립하다

반의어

起点 qǐdiǎn 명 기점, 출발점

79 喇叭
lǎba

[명] 경적, 나팔

司机不停地按汽车喇叭，示意前面的行人让路。　↗ 술어

운전기사는 끊임없이 자동차 경적을 누르며, 전방의 행인에게 길을 비키라는 의사를 표했다.

按 àn [동] (손이나 손가락으로) 누르다
示意 shìyì [동] 의사를 표하다, 의사를 나타내다
让路 rànglù [동] 길을 비키다, 길을 양보하다

80 简化 **
jiǎnhuà

[동] 간소화하다, 간략하게 만들다

郑州部分高铁实施刷证进站后，大大简化了乘车手续。

정저우의 일부 고속철도는 신분증을 태그해서 역에 출입하는 것을 실시한 후, 승차 수속을 크게 간소화했다.

郑州 Zhèngzhōu [고유] 정저우[중국 허난성의 성도]
高铁 gāotiě [명] 고속철도, 고속열차　实施 shíshī [동] 실시하다
刷证 shuāzhèng 신분증을 태그하다　手续 shǒuxù [명] 수속, 절차

81 奔驰
bēnchí

[동] (차나 말 등이) 질주하다, 폭주하다

在辽阔的内蒙古草原，你常常能看到成群的骏马在奔驰。

광활한 네이멍구 초원에서, 당신은 무리를 이룬 준마들이 질주하는 것을 종종 볼 수 있다.

辽阔 liáokuò [형] 광활하다, 아득히 넓다　内蒙古 Nèiměnggǔ [고유] 네이멍구
群 qún [명] 무리　骏马 jùnmǎ [명] 준마[빠르게 잘 달리는 말]

82 刹车
shāchē

[동] (자동차의) 브레이크를 걸다, 차를 세우다

一位交通专家称，下雪天开车时最忌讳的就是猛踩刹车。

한 교통 전문가는, 눈 오는 날 운전 시 가장 기피해야 할 것은 바로 브레이크를 급히 밟는 것이라고 말했다.

忌讳 jìhuì [동] (말이나 행동을) 기피하다, 금기하다, 꺼리다
猛 měng [부] 급히, 갑자기, 돌연히　踩 cǎi [동] 밟다, 짓밟다

 시험에 이렇게 나온다!

[이합동사] 刹车는 刹(멈추다, 정지시키다)+车(자동차)가 합쳐진 이합동사로, 刹와 车 사이에 가능보어가 오기도 한다.

刹不住车 브레이크가 안 걸리다

연습문제 체크체크!

제시된 각 단어의 병음과 뜻을 써 보세요.

01 坡 _____ / _____

02 穿越 _____ / _____

03 陡峭 _____ / _____

04 闭塞 _____ / _____

05 适宜 _____ / _____

제시된 단어 중, 문장에 어울리는 단어를 빈칸에 적어 보세요.

06 广大 / 广阔

_____的田野里盛开着大片大片的油菜花。

07 繁殖 / 繁华

曾经的千年古镇如今已变成了_____的大城市。

08 精心 / 遥远

政府_____规划了新城区的道路交通系统。

09 畅通 / 偏僻

交警每天都在辛苦地指挥交通，保证道路_____无阻。

10 堆积 / 颠簸

大巴在崎岖的山路上_____了两个多小时才到达了目的地。

06. 广阔 07. 繁华 08. 精心 09. 畅通 10. 颠簸

04. bìsè/ (어떤 곳이) 외지다, 통신하다가 05. shìyí/ 알맞다

정답: 01. pō/ 비탈, 언덕 02. chuānyuè/ (어떤 지역을) 통과하다, 넘다 03. dǒuqiào/ (산세 등이) 가파르다, 험준하다

* 06~10번 문제 해석은 해커스중국어(china.Hackers.com)에서 다운로드 받으세요.

HSK 6급 시험에 나오는 고난도 어휘

☑ 잘 외워지지 않는 단어는 ☐에 체크해 두고 다음에 반복 암기합니다.

☐ 边陲小镇	biānchuíxiǎozhèn	변경의 조그마한 도시	
☐ 澳门	Àomén	고유 마카오	
☐ 鼓浪屿	Gǔlàngyǔ	고유 구랑위[중국 푸젠성 샤먼시의 AAAAA급 중국 국가 공인 관광지]	
☐ 开封	Kāifēng	고유 카이펑[중국 허난성에 있는 도시명]	
☐ 蒙古	Měnggǔ	고유 몽골	
☐ 南锣鼓巷	Nánluógǔxiàng	고유 난뤄구샹[베이징에 위치한 전통 골목]	
☐ 外滩	Wàitān	고유 와이탄[상하이의 관광 명소 중 하나]	
☐ 新疆	Xīnjiāng	고유 신장[신장 위구르 자치구]	
☐ 新泽西州	Xīnzéxī Zhōu	고유 뉴저지주[미국 동북부에 위치]	
☐ 郑和	Zhèng Hé	고유 정화[중국 명나라 시대 항해가, 외교가]	
☐ 高原	gāoyuán	명 고원	
☐ 境外	jìngwài	명 국외	
☐ 坡度	pōdù	명 경사도, 기울기	
☐ 天府	tiānfǔ	명 땅이 비옥하고 천연 자원이 풍부한 지역	
☐ 塌陷	tāxiàn	동 (건물·지반 등이) 꺼지다, 무너지다	
☐ 越过	yuèguò	동 넘어가다, 지나가다	
☐ 崎岖	qíqū	형 (산길이) 험난하다, 울퉁불퉁하다	
☐ 千里迢迢	qiānlǐtiáotiáo	성 길이 아주 멀다	
☐ 一望无垠	yíwàng wúyín	끝없이 멀고 넓다	
☐ 地壳	dìqiào	명 지각	

☐ 地形	dìxíng	몡	지형
☐ 沟壑	gōuhè	몡	산골짜기, 계곡
☐ 海峡	hǎixiá	몡	해협
☐ 纬度	wěidù	몡	위도
☐ 岩浆	yánjiāng	몡	마그마
☐ 横贯	héngguàn	동	(산맥·강줄기·도로 등이) 가로로 통과하다
☐ 探险	tànxiǎn	동	탐험하다
☐ 捷径	jiéjìng	몡	지름길
☐ 弯路	wānlù	몡	굽은 길, 우회로
☐ 行驶	xíngshǐ	동	(차나 배 등이) 다니다, 운항하다
☐ 绕道	ràodào	동	우회하다
☐ 缓慢	huǎnmàn	혱	느리다, 완만하다
☐ 顺畅	shùnchàng	혱	순조롭다, 원활하다
☐ 共享单车	gòngxiǎng dānchē		공용 자전거
☐ 油门	yóumén	몡	가속 페달
☐ 驱动	qūdòng	동	부팅하다, 시동을 걸다, 추진하다
☐ 出境	chūjìng	동	출국하다, (어떤 지역을) 떠나다
☐ 环游	huányóu	동	두루 돌아다니다, 돌아다니며 구경하다
☐ 盲降	mángjiàng	동	계기에 의존하여 착륙하다[항공기 운행 시 시야가 좋지 않아 내비게이션과 지상의 관제탑 명령에만 의존하여 착륙하는 방식]
☐ 着陆	zhuólù	동	착륙하다

해커스 HSK 6급 단어장

DAY
19
내 집 짓기
건축 · 건설

주제를 알면 HSK가 보인다!

HSK 6급에서는 중국의 전통 건축물에 관한 설명이나, 건물의 인테리어를 묘사하는 내용의 문제가 자주 출제돼요. 따라서 '받치다', '건설하다', '구도', '대칭의'와 같은 건축·건설 관련 단어들을 집중적으로 학습하면 이러한 문제를 쉽게 풀 수 있어요.

🎧 단어, 예문 MP3

건축학도의 최종 결정은?

불안한데…
더이상 구조물이
支撑하지 못할 것 같아.

걱정 마. 내가 건축학과잖아.
修建에 대한 건
내가 좀 일가견이 있지.

이 布局와
전체 对称 구조를
고려했을 때….

핵심은 여기다!

와르르르

---

07 **支撑** zhīchēng 동 (무너지지 않게) 받치다, 지탱하다

25 **布局** bùjú 명 구도, 배치 동 배치하다

19 **修建** xiūjiàn 동 건설하다, 건축하다

08 **对称** duìchèn 형 대칭의

01 模样 ***
múyàng

● 명 모양

金山风景区内的玉带桥，因其模样像玉带而得名。

진산풍경구의 옥대교는, 그 모양이 옥으로 된 허리띠와 비슷하다 하여 이름을 얻었다.

金山风景区 Jīnshān Fēngjǐngqū 고유 진산풍경구[장쑤성 남부 도시인 전장에 위치한 국가 AAAAA급 관광지]
玉带桥 Yùdài Qiáo 고유 옥대교[아치형 다리의 별칭]

02 造型 ***
zàoxíng

● 명 조형, 형상

绍兴有历史悠久、造型独特的古桥，故有"桥乡"之称。

사오싱에는 역사가 유구하고 조형이 독특한 옛 다리들이 있어서, '다리의 고향'이라는 칭호를 가지고 있다.

绍兴 Shàoxīng 고유 사오싱, 소흥[중국의 지명]　**悠久** yōujiǔ 형 유구하다
独特 dútè 형 독특하다　**故** gù 접 그래서　**称** chēng 칭호, 명칭

03 塔 ***
tǎ

● 명 탑

虎丘塔的塔身向西北倾斜，故被称为"东方比萨斜塔"。

호구탑의 탑신은 북서쪽으로 기울어져, '동양의 피사의 사탑'으로 불린다.

虎丘塔 Hǔqiū Tǎ 고유 호구탑[중국 장쑤성 쑤저우시에 있는 전탑]
塔身 tǎshēn 탑신[탑의 중심, 탑의 몸에 해당하는 부분]
倾斜 qīngxié 동 기울어지다, 경사지다　**故** gù 접 그래서, 그러므로
称 chēng 동 ~라고 부르다, 칭하다
比萨斜塔 Bǐsà Xiétǎ 고유 피사의 사탑[이탈리아의 피사 대성당에 있는 종탑]

🏯 **알아 두면 시험이 쉬워지는 배경 지식**

> 중국문화 **字库塔**(자고탑)는 중국 각 지역에 있는 사찰의 사당 안에 설치되어 있는 화로이다. 옛 중국인들은 글을 쓴 종이가 함부로 버려지면 부정을 탄다고 생각해서, 글을 써서 버린 종이를 모아 **字库塔**에 넣어 태웠다. **字库塔**는 惜字塔라고도 부르는데, 말 그대로 글자를 애석하게 여긴다는 의미가 담겨 있다. **字库塔**는 송(宋)대에 처음 만들어졌고, 원·명·청(元明清) 시기에 상당히 널리 보급되었다.
>
> **字库塔** zìkùtǎ 자고탑
> **惜字塔** xīzìtǎ 석자탑

04 园林 ***
yuánlín

명 원림, 정원

苏州古典园林是中国园林建筑的典范。
쑤저우 고전 원림은 중국 원림 건축의 모범이다.

苏州 Sūzhōu 고유 쑤저우, 소주[중국의 지명]
古典 gǔdiǎn 혱 고전의, 고전적인　建筑 jiànzhù 명 건축, 건물
典范 diǎnfàn 명 모범, 본보기

🏯 알아 두면 시험이 쉬워지는 배경 지식

> 중국
> 문화　苏州古典园林(쑤저우 고전 원림)은 중국 10대 명승고적 중 하나로, 중국 쑤저우(苏州) 시내의 园林 건축을 지칭한다. 苏州古典园林은 대부분 개인 园林 형태로 이루어져 있으며, 공간 활용이 오밀조밀하고, 아기자기한 특징을 가지고 있다. 苏州古典园林은 춘추 전국 시대의 오(吴)나라가 도시를 건설할 때부터 만들어지기 시작하여 명청(明清)대에 절정을 이루었다. 청(清) 말기에는 약 170여 개의 园林이 존재했으며, 그중 현재까지 완전한 형태로 보존되고 있는 곳은 약 60여 곳에 이른다. 대표적인 苏州古典园林으로는 拙政园·留园·网师园 등이 있다.
>
> 苏州古典园林 Sūzhōu gǔdiǎn yuánlín 쑤저우 고전 원림
> 拙政园 Zhuōzhèngyuán 졸정원
> 留园 Liúyuán 유원
> 网师园 Wǎngshīyuán 망사원

05 犹如 ***
yóurú

동 마치 ~와 같다

那座建筑物造型犹如开瓶器，所以被称为"开瓶器"大楼。
그 건축물은 형상이 마치 병따개와 같아서, '병따개' 빌딩으로 불린다.

建筑物 jiànzhùwù 명 건축물　造型 zàoxíng 명 형상, 조형
开瓶器 kāipíngqì 명 병따개, 오프너　称 chēng 동 ~라고 부르다, 칭하다

06 展现 ***
zhǎnxiàn

동 (눈앞에) 보이다, 드러내다

经过几个月的修缮，这间老房子展现出了全新的风貌。
몇 달간의 보수를 거쳐서, 이 낡은 집은 완전히 새로운 모습을 보여 주었다.

修缮 xiūshàn 동 (건축물 등을) 보수하다, 복구하다　风貌 fēngmào 명 모습

07 支撑 ***
zhīchēng

[동] (무너지지 않게) 받치다, 지탱하다

门枕石起支撑门框的作用，上面一般雕刻着精美的图案。

문침석은 문틀을 받치는 역할을 하며, 겉에는 보통 정교하고 아름다운 도안이 새겨져 있다.

门枕石 ménzhěnshí 문침석　门框 ménkuàng [명] 문틀
雕刻 diāokè [동] (금속·상아·뼈 등에) 새기다, 조각하다
精美 jīngměi [형] 정교하고 아름답다　图案 tú'àn [명] 도안

🏯 **알아 두면 시험이 쉬워지는 배경 지식**

> **[중국 문화]** 门枕石(문침석)은 중국 전통 가옥인 四合院의 대문을 구성하는 석재 구조물로, 门礅 또는 门座라고도 불린다. 门枕石은 원래 门框를 支撑하기 위해서 설치한 것이었지만 점차 장식성이 더해진 석조 예술품이 되었다. 门枕石에는 일반적으로 중국 전통의 吉祥图案을 조각하였고, 조각 형태에 따라 베개형이나 상자형으로 구분된다.
>
> 门枕石 ménzhěnshí 문침석
> 四合院 sìhéyuàn 사합원
> 门礅 méndūn 문돈
> 门座 ménzuò 문좌
> 门框 ménkuàng 문틀
> 吉祥图案 jíxiáng tú'àn 길상 무늬

08 对称 ***
duìchèn

[형] 대칭의

该建筑物呈现对称结构，给人稳定且舒适的视觉感受。

이 건축물은 대칭 구조를 띠어서, 사람들에게 안정되고 또 편안한 시각적 느낌을 준다.

建筑物 jiànzhùwù [명] 건축물　呈现 chéngxiàn [동] (양상을) 띠다, 나타나다
结构 jiégòu [명] 구조, 구성　稳定 wěndìng [형] 안정되다
舒适 shūshì [형] 편하다, 쾌적하다　感受 gǎnshòu [명] 느낌

09 辉煌 ***
huīhuáng

[형] (빛이) 휘황찬란하다, (성취·성과가) 눈부시다

中国拥有数不胜数的辉煌建筑，万里长城就是其中之一。

중국은 일일이 다 셀 수 없을 정도로 많은 휘황찬란한 건축물을 가지고 있는데, 만리장성이 바로 그 중 하나이다.

拥有 yongyǒu [동] 가지다
数不胜数 shǔbúshèngshǔ [성] 일일이 다 셀 수 없다
建筑 jiànzhù [명] 건축물, 건물
万里长城 Wànlǐ Chángchéng [고유] 만리장성

잠깐 辉煌은 빛이나 성과가 눈부시다는 의미이고, Day16의 71번 灿烂(찬란하다)은 문화유산이나 역사가 찬란하다는 의미예요.

10 栋 ***
dòng

양 동, 채[건물을 세는 단위]

他是远近闻名的木匠，所以对他来说，建一栋木
屋并不难。 → 술어

그는 널리 이름이 난 목수인데, 그래서 그에게 있어, 목조 가옥 한 동을 짓는
것은 결코 어렵지 않다.

远近 yuǎnjìn 명 널리, 원근 闻名 wénmíng 동 이름이 나다, 유명하다
木匠 mùjiang 명 목수, 목공

11 场所 ***
chǎngsuǒ

명 장소

征求住户的意见后，该小区把空地改造成了居民
活动场所。

입주민들의 의견을 수렴한 뒤, 이 주택 단지는 공터를 주민 활동 장소로 개
조했다.

征求 zhēngqiú 동 수렴하다, 구하다 改造 gǎizào 동 개조하다, 개혁하다
居民 jūmín 명 주민, 거주민

12 规划 ***
guīhuà

명 계획 동 계획하다, 기획하다

政府尚未制定本市老城区的发展规划方案。

정부는 본 시의 구시가지 발전 계획 방안을 아직 제정하지 않았다.

我提前规划好了五一小长假期间的旅游路线。

나는 노동절 연휴 기간의 여행 노선을 앞당겨 계획했다.

政府 zhèngfǔ 명 정부 尚未 shàngwèi 아직 ~하지 않았다
制定 zhìdìng 동 제정하다, 세우다 老城区 lǎochéngqū 구시가지

13 水利 ***
shuǐlì

명 수리, 수리 공사

郑国渠是古代伟大的大型水利工程之一。

정국거는 고대의 위대한 대형 수리 공정 중 하나이다.

郑国渠 Zhèngguóqú 고유 정국거[전국 시대에 인공적으로 만든 수로]
大型 dàxíng 형 대형의 工程 gōngchéng 명 공정, 공사

🏯 알아 두면 시험이 쉬워지는 배경 지식

중국
역사 大运河(대운하)는 중국 역사상 가장 큰 규모의 水利建筑로, 베이징과 항저우
를 잇는 운하이다. 大运河는 기원전 5세기에 처음 만들어졌으며, 수당 대운하
(隋唐大运河)·경항 대운하(京杭大运河)·절동 대운하(浙东大运河)를 포괄
하고 있다. 大运河는 북쪽과 남쪽을 연결시킴으로써 중국 전체의 유통을 원활
하게 만들었고, 그로 인해 중국의 정치·경제·사회·문화 등 다방면에 큰 영향
을 끼치게 되었다. 大运河는 2천여 년 동안 지속적인 발전과 변화를 거치면서
현재까지도 교통·운수·홍수 방지·관개 등의 방면에서 중요한 역할을 수행하
고 있으며, 그 역사적 가치로 인해 2014년 세계 문화유산으로 등재되었다.

大运河 Dàyùnhé 대운하

水利建筑 shuǐlì jiànzhù 수리 건축

14 水泥 ★★★
shuǐní

명 시멘트

在建筑工地上，有几个工人正在搬运水泥砖。

건설 현장에서, 몇 명의 노동자들이 시멘트 벽돌을 나르고 있다.

建筑 jiànzhù 통 건설하다 工地 gōngdì 명 (작업, 공사) 현장
工人 gōngrén 명 (육체) 노동자 搬运 bānyùn 통 나르다, 운반하다
砖 zhuān 명 벽돌

🏛 알아 두면 시험이 쉬워지는 배경 지식

> 일반상식 发泡水泥(폼 시멘트)는 새로운 형태의 건축 재료로, 거품을 발생시키는 기포제를 기계로 충분히 기포화시킨 상태에서 水泥와 혼합한 후, 고압 호스를 통하여 모양을 만들어 낸 것이다. 제품 내부에 다량의 공기가 들어있기 때문에 무게가 가볍고, 톱으로 자를 수 있을 정도로 가공성이 좋다. 특히 다른 종류의 水泥에 비해 단열과 방음에 뛰어난 효과를 보인다.
>
> 发泡水泥 fāpào shuǐní 폼 시멘트, 기포 콘크리트, 발포 콘크리트

15 封闭 ★★★
fēngbì

[반의어]

开启 kāiqǐ 통 열다, 개방하다

동 폐쇄하다, 봉쇄하다

根据工程计划，本月底将对主干道进行半封闭施工。

공사 계획에 따르면, 이번 달 말에 간선 도로에 대해 반 폐쇄 공사를 진행할 것이다.

工程 gōngchéng 명 공사, 공정 主干道 zhǔgàndào 간선 도로
施工 shīgōng 통 공사하다, 시공하다

16 更新 ★★★
gēngxīn

[유의어]

更正 gēngzhèng 통 정정하다

동 새롭게 바뀌다, 갱신하다

如今，菊儿胡同中的大部分危旧房被更新为多层四合院。

현재, 쥐얼후통 내 대부분의 낡고 위험했던 집들은 다층 사합원으로 새롭게 바뀌었다.

如今 rújīn 명 현재, 오늘날
菊儿胡同 Jú'ér Hútòng 고유 쥐얼후통[베이징 동청구의 서북부에 위치해 있는 골목] 危旧 wēijiù (건물, 주택 등이 쓰러질 듯이) 낡고 위험하다
四合院 sìhéyuàn 명 사합원[중국 허베이, 베이징의 전통적인 건축 양식]

 시험에 이렇게 나온다!

[유의어] 更新 : 更正(gēngzhèng, 정정하다)

更新은 오래된 것을 새 것으로 바꾸는 것을 의미한다.
更新系统 gēngxīn xìtǒng 시스템을 갱신하다
更新观念 gēngxīn guānniàn 관념을 새롭게 바꾸다

更正은 틀린 것을 바르게 고치는 것을 의미한다.
更正错误 gēngzhèng cuòwù 잘못을 정정하다
更正一个字 gēngzhèng yí ge zì 한 글자를 정정하다

17 挖掘 ★★★
wājué

동 발굴하다, 파내다

在挖地基时，工人们偶然挖掘出了埋藏数百年的宝物。

술어 → (挖掘)

건축 부지를 파낼 때, 노동자들은 우연히 수백 년 동안 묻혀 있던 보물을 발굴해 냈다.

挖 wā 동 파내다, 깎아 내다　**地基** dìjī 명 건축 부지
埋藏 máicáng 동 묻히다, 매장되다　**宝物** bǎowù 명 보물

18 修复 ★★★
xiūfù

동 수리하여 복원하다

修复古建筑的技艺并非是一朝一夕可以学会的。

옛 건물을 수리하여 복원하는 기술은 결코 하루아침에 익힐 수 있는 것이 아니다.

建筑 jiànzhù 명 건물, 건축물　**技艺** jìyì 명 기술, 기예
一朝一夕 yìzhāoyìxī 성 하루아침에, 단기간에

19 修建 ★★★
xiūjiàn

동 건설하다, 건축하다

我市的室内溜冰场修建工程将于年底完工。

우리 시의 실내 스케이트장 건설 공사는 연말에 완공될 것이다.

溜冰场 liūbīngchǎng 스케이트장　**工程** gōngchéng 명 공사, 공정

20 砖 ★★★
zhuān

명 벽돌

蚝壳屋由大量的蚝壳与砖墙建造而成，具有冬暖夏凉的特点。

굴 껍데기 집은 대량의 굴 껍질과 벽돌담으로 만들어졌으며, 겨울에는 따뜻하고 여름에 시원하다는 특징이 있다.

蚝壳屋 háoké wū 굴 껍데기 집[중국 푸젠성 천주시의 명물]
墙 qiáng 명 담, 벽　**建造** jiànzào 동 만들다, 짓다

21 噪音 ★★★
zàoyīn

명 소음

由于公寓隔音比较差，居民们饱受噪音的困扰。

아파트의 방음이 비교적 나빠서, 주민들은 소음의 괴롭힘에 시달린다.

公寓 gōngyù 명 아파트　**隔音** géyīn 동 방음하다
居民 jūmín 명 주민, 거주민　**饱受** bǎoshòu 시달리다, 겪을 대로 겪다
困扰 kùnrǎo 동 괴롭히다, 귀찮게 굴다

🏯 **알아 두면 시험이 쉬워지는 배경 지식**

> 일반
> 상식 　白噪音(백색 소음)은 일정하고 연속적인 스펙트럼을 가지고 있는 噪音을 의미한다. 흰 빛과 동일한 형태의 주파수를 띠기 때문에 白라는 단어가 붙게 되었다. 라디오의 지지직거리는 소리나 빗소리 등이 白噪音에 해당한다.
>
> **白噪音** báizàoyīn 백색 소음, 화이트 노이즈

22 保养 ★★★
bǎoyǎng

동 손질하다, 보양하다

实木家具需要细心保养，不然会出现开裂等问题。

원목 가구는 세심하게 손질하는 것이 요구되는데, 그렇지 않으면 금이 가는 등의 문제가 나타날 수 있다.

实木家具 shímù jiājù 원목 가구　**细心** xìxīn 혱 세심하다, 면밀하다
不然 bùrán 젭 그렇지 않으면　**开裂** kāiliè 동 금이 가다, 틈이 생기다

23 防止 ★★★
fángzhǐ

동 (나쁜 일을) 방지하다

为了防止该木质建筑发生火灾，消防队定期进行消防演习。

이 목조 건물에 화재가 발생하는 것을 방지하기 위해, 소방대는 정기적으로 소방 훈련을 진행한다.

火灾 huǒzāi 명 화재　**消防队** xiāofángduì 소방대
定期 dìngqī 혱 정기적인, 정기의　**演习** yǎnxí 동 훈련하다, 연습하다

24 设置 ★★★
shèzhì

동 설치하다

为了排放室内污浊空气，他在卫生间里设置了通风口。

실내의 탁한 공기를 배출하기 위해, 그는 화장실 안에 환기구를 설치했다.

排放 páifàng 동 배출하다, 방류하다　**污浊** wūzhuó 혱 탁하다, 오염되다
通风口 tōngfēngkǒu 환기구, 통풍구

25 布局 ★★★
bùjú

명 구도, 배치　동 배치하다

这座新建的房子整体布局与众不同，显得特别宽敞。

새로 지은 이 집은 전체 구도가 남달라서, 유난히 넓어 보인다.

从整体上看，这座城市布局得十分科学、合理。

전체적으로 보면, 이 도시는 매우 과학적이고 합리적으로 배치되어 있다.

整体 zhěngtǐ 명 전체, 전부　**与众不同** yǔzhòngbùtóng 셩 남다르다
显得 xiǎnde 동 ~처럼 보이다　**宽敞** kuānchang 혱 넓다, 드넓다

26 角落 ★★★
jiǎoluò

명 구석, 모퉁이

为了净化空气，公司决定把植物安放在办公室角落里。

공기를 정화하기 위해서, 회사는 식물을 사무실 구석에 두기로 결정했다.

净化 jìnghuà 동 정화하다　**安放** ānfàng 동 두다, 놓다

27 款式 ★★★
kuǎnshì

명 양식, 스타일

这些都是那个年代风靡一时的家具款式。
(술어)

이것들은 모두 그 시대를 풍미했던 가구 양식이다.

年代 niándài 명 시대, 시기　风靡一时 fēngmǐ yìshí 성 한 시대를 풍미하다

28 宫殿 ★★
gōngdiàn

명 궁전

紫檀是珍贵的木料，所以在清朝宫殿里，有很多
用檀木做的家具。

자단은 진귀한 목재여서, 청나라 왕조의 궁전 안에는, 자단목을 사용하여 만든 가구가 많이 있다.

紫檀 zǐtán 명 자단[콩과 식물로 목질이 단단하여 고급 가구 재료로 쓰임]
珍贵 zhēnguì 형 진귀하다, 귀중하다　木料 mùliào 명 목재
清朝 Qīngcháo 고유 청나라 왕조　檀木 tánmù 명 자단목, 박달나무

29 城堡
chéngbǎo

명 (보루식의) 성, 성보

迪士尼睡美人城堡的灵感来源于德国的新天鹅
城堡。

디즈니 <잠자는 숲 속의 공주> 성의 영감은 독일의 노이슈반슈타인 성에서 얻었다.

迪士尼 Díshìní 고유 디즈니　睡美人 Shuìměirén 고유 잠자는 숲 속의 공주
灵感 línggǎn 명 영감　来源 láiyuán 동 얻다, 기원하다
新天鹅城堡 Xīntiān'é Chéngbǎo 고유 노이슈반슈타인 성[독일 바이에른주
퓌센 동쪽에 바이에른왕 루트비히 2세가 건설한 궁전]

30 桥梁 ★★
qiáoliáng

명 교량, 다리

钱塘江大桥被认为是中国桥梁建筑史上的一座里
程碑。

첸탕강 대교는 중국 교량 건축사상의 하나의 이정표로 여겨진다.

钱塘江大桥 Qiántáng Jiāng Dàqiáo 고유 첸탕강 대교[중국 항저우에 위치한
대교]　建筑史 jiànzhùshǐ 건축사　里程碑 lǐchéngbēi 명 이정표

31 堤坝
dībà

명 제방, 둑

为了防止洪水的侵袭，这个村庄决定加紧修筑堤坝。

홍수의 습격을 막기 위해, 이 마을은 제방을 건설하는 것에 박차를 가하기로 결정했다.

洪水 hóngshuǐ 명 홍수　侵袭 qīnxí 동 습격하다, 침입하다
加紧 jiājǐn 동 박차를 가하다　修筑 xiūzhù 동 건설하다

32 寺庙 ******
sìmiào

[명] 사찰, 사원, 절

白马寺有上千年的历史，整个寺庙布局规整、风格古朴。

술어 ↰

백마사는 천 년이 넘는 역사를 가지고 있는데, 전체 사찰은 구도가 가지런하며, 스타일이 예스럽고 고풍스럽다.

白马寺 Báimǎ Sì [고유] 백마사[중국 허난성 루워양시 동쪽에 있는 중국에서 가장 오래된 고찰] 布局 bùjú [명] 구도, 배치 规整 guīzhěng [형] 가지런하다
风格 fēnggé [명] 스타일, 풍격 古朴 gǔpǔ [형] 예스럽고 고풍스럽다

🏯 **알아 두면 시험이 쉬워지는 배경 지식**

> [중국역사] 白马寺(백마사)는 동한(东汉) 시기에 지어진 중국에서 가장 오래된 寺庙이자, 불교가 중국에 전래된 이후 지어진 가장 첫 번째 寺庙이다. 白马寺라는 명칭은 '永平求法'라는 전설과 관련이 있다. 이 전설에 따르면, 한 명제(汉明帝)가 어느 날 서쪽에서 법을 찾으라는 꿈을 꾼 후, 채음(蔡音)·태경(秦景) 외 10여 명의 대신들에게 서역으로 가서 법을 구해오도록 했다. 이들은 大月氏国에서 인도의 고승 가섭마등(迦摄摩腾)과 축법란(竺法兰)을 만났는데, 이 두 승려는 채음 일행을 따라 흰 말(白马)에 <사십이장경(四十二章经)>을 싣고 당시 한나라의 수도였던 洛阳으로 왔다. 그 후 한 명제는 불교를 신봉하여 白马寺라는 절을 하나 세웠고, 그곳에서 <사십이장경>을 번역하게 하였다고 한다.
>
> 白马寺 Báimǎ Sì 백마사
> 永平求法 Yǒngpíng qiú fǎ 영평구법, 한 명제가 법을 구하다['영평'은 한 명제(汉明帝)의 연호임]
> 大月氏国 Dàyuèshì Guó 대월지국[현재의 아프가니스탄 일대]
> 洛阳 Luòyáng 낙양, 뤄양[중국의 지명]

33 亭子 ******
tíngzi

[명] 정자

作为中国的传统建筑，亭子多建于园林、佛寺等地。

중국의 전통 건축물로서, 정자는 원림·사원 등지에 많이 지어진다.

作为 zuòwéi [개] ~로서 传统 chuántǒng [명] 전통
园林 yuánlín [명] 원림, 정원 佛寺 fósì [명] 사원, 절

🏯 **알아 두면 시험이 쉬워지는 배경 지식**

> [중국문화] 亭子(정자)는 중국의 전통 건축물로, 길 옆에 세워져서 사람들이 휴식을 취하거나, 비를 피하고, 경치를 감상할 수 있는 용도로 사용되었다. 亭子는 일반적으로 벽이 없고, 꼭대기가 육각 또는 팔각의 형태를 가지고 있는데, 지역에 따라서 형태나 소재에 차이가 있다. 참고로, 중국의 四大名亭으로는 추저우(滁州)의 醉翁亭, 베이징(北京)의 陶然亭, 창샤(长沙)의 爱晚亭, 항저우(杭州)의 湖心亭이 있다.
>
> 四大名亭 sì dà míng tíng 4대 명정, 4가지 유명한 정자
> 醉翁亭 Zuìwēng Tíng 취옹정
> 陶然亭 Táorán Tíng 도연정
> 爱晚亭 Àiwǎn Tíng 애만정
> 湖心亭 Húxīn Tíng 호심정

³⁴ **住宅** ★★
zhùzhái

명 주택[주로 규모가 비교적 큰 것을 가리킴]

^{술어 ←}
随着人们环保意识的不断提升，环保性住宅引起
了人们的关注。

사람들의 환경 보호 의식이 부단히 높아지면서, 친환경 주택은 사람들의 관심을 끌었다.

意识 yìshí 명 의식　**不断** búduàn 부 부단히, 끊임없이
提升 tíshēng 통 (등급 따위를) 높이다, 진급시키다

---

³⁵ **别墅**
biéshù

명 별장, 빌라

技术人员通宵制作了独栋别墅的3D模型。

기술자는 밤새 단독 별장의 3D 모형을 제작했다.

技术人员 jìshù rényuán 기술자　**通宵** tōngxiāo 명 밤새
制作 zhìzuò 통 제작하다　**栋** dòng 양 동, 채　**模型** móxíng 명 모형

---

³⁶ **幢**
zhuàng

양 동, 채[건물을 세는 단위]

经过两个月的修复，这幢大楼终于恢复了原有的
样子。

두 달간의 복구를 거쳐, 이 빌딩은 마침내 원래의 모습을 회복했다.

修复 xiūfù 통 복구하다, 회복하다　**恢复** huīfù 통 회복하다

---

³⁷ **面貌** ★★
miànmào

명 면모, 용모

随着文化设施不断完善，城市面貌发生了很大的
改变。

문화 시설이 끊임없이 완비됨에 따라, 도시의 면모에 큰 변화가 생겼다.

设施 shèshī 명 시설　**不断** búduàn 부 끊임없이
完善 wánshàn 통 완비되다, 보완하다

---

³⁸ **气魄** ★★
qìpò

명 기백, 패기

站在天安门城楼上，人们能感受到其宏伟的气魄。

천안문 성루에 서면, 사람들은 그 웅장한 기백을 느낄 수 있다.

天安门 Tiān'ānmén 고유 천안문[중국 베이징에 있는 자금성으로 들어가는 입구 중 하나]　**宏伟** hóngwěi 형 (규모·기세 따위가) 웅장하다, 웅대하다

---

³⁹ **框架**
kuàngjià

명 골격, 프레임(frame)

大型室内滑雪场的基本框架将于下个月完工。

대형 실내 스키장의 기본 골격은 다음 달에 완공될 예정이다.

大型 dàxíng 형 대형의

40 椭圆 ★★
tuǒyuán

명 타원

设计独特的椭圆形会展中心成为了该城市的标志性建筑。 ← 술어

디자인이 독특한 타원형 컨벤션 센터는 이 도시의 상징적인 건축물이 되었다.

会展中心 huìzhǎn zhōngxīn 컨벤션 센터　**标志性** biāozhìxìng 상징적인
建筑 jiànzhù 명 건축물, 건물

41 直径 ★★
zhíjìng

명 지름

在中国古代建筑中，圆柱的直径和高度有一定的比例关系。

중국 고대 건축물에서, 원기둥의 지름과 높이는 일정한 비례 관계가 있다.

古代 gǔdài 명 고대　**圆柱** yuánzhù 명 원기둥　**比例** bǐlì 명 비례

42 侧面
cèmiàn

명 측면, 옆면

她热衷于在高空拍摄建筑物的正面和侧面。

그녀는 고공에서 건물의 정면과 측면을 촬영하는 데 열중했다.

热衷 rèzhōng 동 열중하다　**拍摄** pāishè 동 촬영하다

43 倾斜
qīngxié

동 경사지다, 치우치다

如果地基不稳，房屋就会发生倾斜，甚至会造成房屋倒塌。

만약 지반이 안정적이지 않으면, 집에 경사가 지게 될 수도 있으며, 심지어는 집이 무너지는 것이 야기될 수도 있다.

地基 dìjī 명 지반, 토대　**倒塌** dǎotā 동 (건축물이) 무너지다, 붕괴하다

44 纵横
zònghéng

동 종횡무진하다　형 종횡의, 자유분방하다

粗细不同的几十个梁柱纵横于整个房屋。

대들보를 받치는 굵기가 다른 몇 십 개의 기둥이 방 전체를 종횡무진한다.

几条高速公路纵横交织，宛如一副棋盘。

몇 개의 고속도로가 종횡으로 교차하여, 마치 바둑판 같다.

梁柱 liángzhù 명 대들보를 받치는 기둥, 교각　**整个** zhěnggè 형 전체의
交织 jiāozhī 동 교차하다　**宛如** wǎnrú 동 마치 ~같다　**棋盘** qípán 명 바둑판

시험에 이렇게 나온다!

짝꿍
표현 纵横을 활용한 다양한 짝꿍 표현들을 알아 둔다.

阡陌纵横 qiānmò zònghéng 논밭의 작은 길이 종횡으로 교차되어 있다
纵横驰骋 zònghéng chíchěng 종횡무진하다

45 垂直 ★★
chuízhí

동 수직이다

北盘江大桥从桥面至谷底的<u>垂直</u>高度有565米。

→ 술어

베이판강 대교는 다리에서부터 최저점까지의 수직 고도가 565m이다.

北盘江大桥 Běipán Jiāng Dàqiáo [고유] 베이판강 대교[중국의 구이저우 성과 윈난성을 잇는 대교] **谷底** gǔdǐ [명] 최저점

46 热门 ★★
rèmén

명 인기 있는 것, 유행하는 것

改造旧设施后，那个游乐场成为了最<u>热门</u>的游乐场所。

오래된 시설을 개조한 후, 그 놀이동산은 가장 인기 있는 놀이 장소가 되었다.

改造 gǎizào [동] 개조하다 **设施** shèshī [명] 시설 **场所** chǎngsuǒ [명] 장소

47 别致 ★★
biézhì

형 독특하다, 색다르다

那些造型新颖<u>别致</u>的建筑物吸引了游客的眼球。

그 형상이 참신하고 독특한 건축물들은 관광객들의 눈길을 끌었다.

造型 zàoxíng [명] 형상, 조형 **新颖** xīnyǐng [형] 참신하다, 새롭다
建筑物 jiànzhùwù [명] 건축물 **眼球** yǎnqiú [명] 눈길, 관심

48 雄伟
xióngwěi

형 웅장하다, 웅대하다

站在景山公园最高处，你可以俯视<u>雄伟</u>壮观的紫禁城。

징산공원의 가장 높은 곳에 서면, 당신은 웅장하고 장관인 자금성을 내려다볼 수 있다.

景山公园 Jǐngshān Gōngyuán [고유] 징산공원[베이징 시에 있는 중국 국가 공인 관광지] **俯视** fǔshì [동] 내려다보다, 굽어보다
壮观 zhuàngguān [형] 장관이다, 웅장하다
紫禁城 Zǐjìn Chéng [고유] 자금성[베이징 고궁의 옛 이름]

49 宏伟 ★★
hóngwěi

형 (규모·기세 따위가) 웅장하다, 웅대하다

<u>宏伟</u>壮丽的布达拉宫堪称藏建筑的精华之作。

웅장하고 아름다운 포탈라 궁전은 티베트 건축물의 정수라 부를 만하다.

壮丽 zhuànglì [형] 웅장하고 아름답다, 장려하다
布达拉宫 Bùdálā Gōng [고유] 포탈라 궁전[티베트 라사에 있는 고대 건축물]
堪称 kānchēng [동] ~라고 부를 만하다 **精华** jīnghuá [명] 정수, 정화

50 崭新
zhǎnxīn

형 참신하다

站在瞭望台上眺望，我们被眼前崭新的建筑群吸 술어 ←
引住了。

전망대에 서서 멀리 바라보니, 우리는 눈앞의 참신한 건축군에 매료되었다.

瞭望台 liàowàngtái 전망대　眺望 tiàowàng 동 멀리 바라보다
建筑群 jiànzhùqún 건축군[한 지역 안에 세워진 여러 건축물의 무리]

51 华丽 ★★
huálì

반의어

朴实 pǔshí
형 소박하다, 꾸밈이 없다

朴素 pǔsù
형 소박하다, 화려하지 않다

형 화려하다

走进教堂时，华丽而不失优雅的彩色玻璃映入了
我的眼帘。

성당에 들어설 때, 화려하지만 우아함을 잃지 않은 스테인드글라스가 내 시
야에 들어왔다.

教堂 jiàotáng 명 성당, 예배당　优雅 yōuyǎ 형 우아하다
彩色玻璃 cǎisè bōli 스테인드글라스, 채색 유리
映入眼帘 yìng rù yǎnlián 시야에 들어오다

52 牢固 ★★
láogù

형 견고하다, 단단하다

这间土墙瓦房建于上世纪80年代，但至今依然很
牢固。

이 흙벽 기와집은 1980년대에 지어졌지만, 지금까지도 여전히 견고하다.

土墙 tǔqiáng 명 흙벽　瓦房 wǎfáng 명 기와집　年代 niándài 명 년대
至今 zhìjīn 부 지금까지, 여태껏　依然 yīrán 부 여전히

53 简陋 ★★
jiǎnlòu

반의어

豪华 háohuá
형 호화롭다, 사치스럽다

형 누추하다, 초라하다

这些简陋的房子都没能躲避被拆迁的命运。

이 누추한 집들은 모두 철거당할 운명을 피할 수 없었다.

躲避 duǒbì 동 피하다, 물러서다
拆迁 chāiqiān 동 (붙어 있는 것을) 철거하다, 뜯다　命运 mìngyùn 명 운명

54 宽敞 ★★
kuānchang

[반의어]

狭窄 xiázhǎi 형 비좁다, 좁다

형 넓다, 드넓다

술어

房子的主人把老房子改造成宽敞舒适的阳光房。

집의 주인은 오래된 집을 넓고 쾌적한 썬룸으로 개조했다.

主人 zhǔrén 명 주인 **改造** gǎizào 동 개조하다, 개혁하다
舒适 shūshì 형 쾌적하다 **阳光房** yángguāngfáng 썬룸[다목적실 공간]

55 荒凉
huāngliáng

[반의어]

繁华 fánhuá 형 번화하다

형 황량하다, 쓸쓸하다

这座城市曾经是一片荒凉的田野，人烟稀少、交通不便。

이 도시는 이전에 황량한 들판이었는데, 인적이 드물고, 교통이 불편했었다.

曾经 céngjīng 부 이전에, 일찍이 **田野** tiányě 명 들판
人烟稀少 rényān xīshǎo 인적이 드물다

56 沉淀 ★★
chéndiàn

동 쌓이다, 침전하다

历史的底蕴和岁月的沧桑沉淀于这座老城。

역사의 내막과 세월의 변화는 이 오래된 도시에 쌓여 있다.

底蕴 dǐyùn 명 내막, 속사정 **岁月** suìyuè 명 세월, 시간
沧桑 cāngsāng 명 변화

57 废墟
fèixū

명 폐허

地震后的村庄变成了一片废墟，重建工作至少需要两年。

지진이 발생한 후의 마을은 폐허로 변해서, 재건 작업에는 최소 2년이 필요하다.

地震 dìzhèn 동 지진이 발생하다 **村庄** cūnzhuāng 명 마을, 촌락

58 埋没
máimò

동 매몰되다, 묻다

火山突然爆发，美丽的庞贝古城瞬间被火山灰和石块埋没了。

화산이 갑자기 폭발하자, 아름답던 폼페이는 순식간에 화산재와 돌에 의해 매몰되었다.

爆发 bàofā 동 화산이 폭발하다
庞贝古城 Pángbèi Gǔchéng 고유 폼페이[고대 로마의 도시]
瞬间 shùnjiān 명 순식간, 순간 **灰** huī 명 재, 먼지

59 铸造
zhùzào

[동] 주조하다

考古学家们在这座古墓群里发现了用青铜铸造的 ← 술어
随葬品。

고고학자들은 이 고분군에서 청동으로 주조한 부장품을 발견했다.

考古 kǎogǔ [명] 고고학 [동] 고고학을 연구하다　**古墓群** gǔmùqún 고분군
青铜 qīngtóng [명] 청동　**随葬品** suízàngpǐn 부장품

60 预算 ★★
yùsuàn

[명] 예산　[동] 예산하다

这个建筑工程的经费预算是多少?

이번 건설 공사의 경비 예산은 얼마입니까?

他们一家人已经预算好了明年一整年的开销。

그들 가족은 이미 내년 한 해의 지출을 예산해 두었다.

建筑 jiànzhù [동] 건설하다　**工程** gōngchéng [명] 공사
经费 jīngfèi [명] 경비, 비용　**开销** kāixiāo [명] 지출, 비용

61 罢工
bàgōng

[동] 파업하다

由于该施工单位长期拖欠工资, 工人们举行了一
次大罢工。

이 시공 회사가 임금을 장기 체불하여, 노동자들은 대파업을 한 차례 거행했다.

施工 shīgōng [동] 시공하다　**单位** dānwèi [명] 회사
拖欠 tuōqiàn [동] 체불하다

62 得力
délì

[형] 유능하다　[동] 덕을 보다, 힘을 입다

他过去是建筑学界一代宗师——梁先生的得力
助手。

그는 과거에 건축학계에서 모든 사람들이 추앙하는 스승인 량 선생의 유능한 조수였다.

小丽出类拔萃的成绩得力于平时的勤学苦练。

샤오리의 특출난 성적은 평소의 부지런히 배우고 열심히 연마한 덕을 본 것이다.

一代宗师 yídài zōngshī (당시의) 모든 사람들이 추앙하는 스승
助手 zhùshǒu [명] 조수　**出类拔萃** chūlèi bácuì [성] 특출나다
勤学苦练 qínxué kǔliàn [성] 부지런히 배우고 열심히 연마하다

 시험에 이렇게 나온다!

[이합동사] 得力는 得(얻다)+力(힘)가 합쳐진 이합동사로, 목적어를 취할 수 없다.

得力朋友的帮助 친구의 도움을 덕을 보다 (X)
得力于朋友的帮助 친구의 도움에서 덕을 보다 (O)

63 事务
shìwù

명 사무, 일

他取得建筑学硕士学位后，成立了一家建筑设计
事务所。

그는 건축학 석사 학위를 취득한 후, 건축 설계 사무소를 하나 설립했다.

建筑学 jiànzhùxué 명 건축학　**学位** xuéwèi 명 학위
成立 chénglì 동 설립하다　**设计** shèjì 명 설계, 디자인

64 油漆 ★★
yóuqī

명 페인트　동 페인트를 칠하다

小区外墙的油漆脱落了大半，工人们正在进行补
修工作。

단지 외벽의 페인트가 대부분 벗겨져서, 노동자들이 보수 작업을 진행하고
있다.

他们在改建老房子的过程中，把大门重新油漆了
一下。

그들은 오래된 집을 개조하는 과정에서, 대문을 다시 한번 페인트칠했다.

外墙 wàiqiáng 명 외벽　**脱落** tuōluò 동 벗겨지다, 떨어지다
工人 gōngrén 명 (육체) 노동자　**改建** gǎijiàn 동 개조하다

65 涂抹
túmǒ

동 (안료·염료 등을) 칠하다, 바르다

他们正在给这栋房子的外墙涂抹白色油漆。

그들은 이 집의 외벽에 흰색 페인트를 칠하는 중이다.

栋 dòng 양 동, 채　**外墙** wàiqiáng 명 외벽　**油漆** yóuqī 명 페인트

66 过滤 ★★
guòlǜ

동 여과하다, 거르다

该水利工程使居民们能够饮用经过过滤、消毒的
自来水。

이 수리 공사는 주민들이 여과, 소독을 거친 수돗물을 마실 수 있게 해 주
었다.

水利 shuǐlì 명 수리　**工程** gōngchéng 명 공사, 공정
居民 jūmín 명 주민, 거주민　**消毒** xiāodú 동 소독하다
自来水 zìláishuǐ 명 수돗물

67 塌 **
tā

동 (받치고 있던 물건이) 무너지다, 꺼지다

因无良开发商的豆腐渣工程，建筑楼的天棚塌下来了。

양심 없는 개발사 측의 부실 공사로 인해, 건물 천장이 무너져 내렸다.

无良 wúliáng 양심이 없다　开发商 kāifāshāng 개발사
豆腐渣工程 dòufuzhā gōngchéng 부실 공사
建筑楼 jiànzhùlóu 몡 건물, 건축물　天棚 tiānpéng 몡 천장

시험에 이렇게 나온다!

짝꿍표현 塌를 활용한 다양한 짝꿍 표현들을 알아 둔다.

塌陷 tāxiàn (건물·지반·다리 등이) 꺼지다, 무너지다, 함몰하다
崩塌 bēngtā 허물어지다, 무너지다, 붕괴되다

68 落成
luòchéng

동 (건축물이) 완공되다, 낙성되다

即将落成的体育中心建筑面积约为8.12万平方米。

곧 완공되는 스포츠 센터는 건설 면적이 약 8만 1200m²이다.

即将 jíjiāng 凡 곧, 머지않아　建筑 jiànzhù 동 건설하다
面积 miànjī 몡 면적　平方米 píngfāngmǐ 양 제곱미터(m²)

69 截止
jiézhǐ

동 마감하다, 일단락 짓다

截止到上月底，我县森林防火检查站建设工程进展顺利。

지난달 말까지 마감하여, 우리 현의 삼림 방화 검문소 건설 공사는 진행이 순조로웠다.

县 xiàn 몡 현[지방 행정구획의 단위]　防火 fáng huǒ 방화
检查站 jiǎncházhàn 검문소　建设 jiànshè 동 건설하다
工程 gōngchéng 몡 공사, 공정　进展 jìnzhǎn 동 진행하다, 진전하다

70 钩子
gōuzi

명 갈고리

因裤管被窗框钩子钩住，那个擦窗工人顺利脱险了。

바짓가랑이가 창틀 갈고리에 걸려, 그 창문 닦는 일꾼은 순조롭게 위험에서 벗어났다.

裤管 kùguǎn 몡 바짓가랑이　窗框 chuāngkuàng 몡 창틀　钩 gōu 동 걸다
工人 gōngrén 몡 일꾼　脱险 tuōxiǎn 동 위험에서 벗어나다

71 腐朽
fǔxiǔ

동 (목재나 기타 섬유 물질이) 썩다, 부패하다

木材受到真菌侵害就会腐朽。

목재는 진균의 침해를 받으면 썩을 수 있다.

木材 mùcái 몡 목재　侵害 qīnhài 동 침해하다

72 烘
hōng

[동] (불에) 말리다, 쬐다

烘干木材是制作木制家具的重要工序。

목재를 불에 말리는 것은 목조 가구를 제작하는 중요한 공정이다.

制作 zhìzuò [동] 제작하다 **工序** gōngxù [명] 공정

73 治理 ＊＊
zhìlǐ

[동] 다스리다, 정비하다

如何治理城市违建，已成了我市领导亟待解决的难题。

도시의 불법 건축물을 어떻게 다스릴 것인가는, 이미 우리 시의 관리자들이 시급히 해결을 바라는 난제가 되었다.

如何 rúhé [대] 어떻게, 어떤 **违建** wéijiàn 불법 건축물['违法建筑'의 준말]
领导 lǐngdǎo [명] 관리자, 대표 **亟待** jídài [동] 시급히 ~을 바라다

74 堵塞
dǔsè

[동] (터널·통로 등을) 막다, 가로막다

小区的排水管堵塞已久，这给居民的生活带来了不便。

단지의 배수관이 막힌 지 이미 오래되어, 이는 주민들의 생활에 불편을 가져왔다.

排水管 páishuǐguǎn [명] 배수관, 하수관 **居民** jūmín [명] 주민, 거주민

75 防御
fángyù

[동] 방어하다

请大家做好堤防的管理工作，防御突如其来的洪水。

모두들 제방 관리 작업을 제대로 하여, 갑자기 발생하는 홍수를 방어해주시기 바랍니다.

堤防 dīfáng [명] 제방 **突如其来** tūrúqílái [성] 갑자기 발생하다
洪水 hóngshuǐ [명] 홍수

🏯 **알아 두면 시험이 쉬워지는 배경 지식**

> [중국문화] 碉楼(망루)는 중국의 특수한 민가 주택 건축물로, 주로 전쟁에 대비한 **防御** 목적으로 지어졌다. 청(清)대 초기에 건축되기 시작했으며, 1920~30년대에 가장 성행했다. 碉楼는 자연환경과 사회환경이 종합적으로 작용한 결과물로, 지역별로 서로 다른 건축 특색을 가지고 있다. 중국의 대표적인 碉楼로는 开平碉楼·台山碉楼·丹巴碉楼 등이 있는데, 특히 开平碉楼는 그것이 지닌 역사적·예술적·문화적·과학적 가치로 인해 2007년 세계 문화유산으로 등재되었다.
>
> **碉楼** diāolóu (방어 목적을 가진) 망루
>
> **开平碉楼** Kāipíng diāolóu 카이핑 망루[광동성(广东省) 카이핑시(开平市)에 위치]
>
> **台山碉楼** Táishān diāolóu 타이샨 망루[광동성((广东省) 타이샨시(台山市)에 위치]
>
> **丹巴碉楼** Dānbā diāolóu 단바 망루[쓰촨성(四川省) 단바현(丹巴县)에 위치]

76 泛滥
fànlàn

[동] (물이) 범람하다, (나쁜 것이) 유행하다

为了防止河水泛滥，水利工程队提前做好了防御
工作。

→ 술어

강물이 범람하는 것을 막기 위해, 수리 공사팀은 앞당겨 방어 작업을 해 놓았다.

防止 fángzhǐ [동] 막다, 방지하다　水利 shuǐlì [명] 수리
工程 gōngchéng [명] 공사, 공정　防御 fángyù [동] 방어하다

77 档次 ★★
dàngcì

[명] (품질 등의) 등급, 등차

这种露台设计不仅美观，而且能提升房子的档次。

이러한 테라스 디자인은 보기 좋을 뿐만 아니라, 집의 등급을 높일 수 있다.

露台 lùtái [명] 테라스, 발코니　设计 shèjì [명] 디자인
美观 měiguān [형] 보기 좋다　提升 tíshēng [동] (등급을) 높이다

78 格局
géjú

[명] 격식과 구조, 짜임새

除地理位置外，房屋格局也是购房时需要考虑的
一点。

지리적 위치 외에, 집의 격식과 구조도 집을 구매할 때 고려가 필요한 점이다.

地理 dìlǐ [명] 지리　位置 wèizhi [명] 위치

79 容纳
róngnà

[동] (사람이나 물건을) 수용하다

他经营的餐厅容纳不了日益增多的客人，需要扩
大面积。

그가 경영하는 식당은 나날이 증가하는 손님을 모두 수용할 수 없어, 면적을 늘리는 것이 필요하다.

经营 jīngyíng [동] 경영하다　日益 rìyì [부] 나날이　扩大 kuòdà [동] 늘리다

80 走廊
zǒuláng

[명] 복도, 회랑

沿着这条狭窄的走廊走到底，你就会看到一座神
秘花园。

이 좁은 복도를 따라 끝까지 걸어가면, 낭신은 신비한 화원 하나를 볼 수 있을 거예요.

沿 yán [개] ~를 따라　狭窄 xiázhǎi [형] 좁다　神秘 shénmì [형] 신비하다

★★★ = 최빈출 어휘　★★ = 빈출 어휘

81 仓库
cāngkù

명 창고

在古代，仓库对人们来说是贮藏粮食的场所。 → 술어

고대에, 창고는 사람들에게 있어 식량을 저장하던 장소였다.

古代 gǔdài 명 고대　贮藏 zhùcáng 동 저장하다

粮食 liángshi 명 식량, 양식　场所 chǎngsuǒ 명 장소

82 敞开 ★★
chǎngkāi

동 활짝 열다　부 자유롭게, 마음대로

屋里的墙上新刷了一层油漆，所以最好敞开窗门通通风。

집 안 벽에 새로 페인트를 칠했으니, 창문을 활짝 열어 환기 좀 시키는 것이 가장 좋겠어.

我不希望我们之间产生误会，所以有什么事就敞开说吧。

나는 우리 사이에 오해가 생기는 것을 원하지 않으니, 무슨 일이 있으면 자유롭게 말해줘.

刷 shuā 동 칠하다, 닦다　油漆 yóuqī 명 페인트

通风 tōngfēng 동 환기시키다　产生 chǎnshēng 동 생기다, 나타나다

83 安置
ānzhì

동 배치하다, 두다

根据房子的结构和面积，她合理安置了新购置的家具。

집의 짜임새와 면적에 따라, 그녀는 새로 사들인 가구를 합리적으로 배치했다.

结构 jiégòu 명 짜임새, 구조　面积 miànjī 명 면적

合理 hélǐ 형 합리적이다, 도리에 맞다　购置 gòuzhì 동 사들이다

연습문제 **체크체크!**

제시된 각 단어의 병음과 뜻을 써 보세요.

01 挖掘 ＿＿＿＿＿＿＿ / ＿＿＿＿＿＿＿

02 水泥 ＿＿＿＿＿＿＿ / ＿＿＿＿＿＿＿

03 沉淀 ＿＿＿＿＿＿＿ / ＿＿＿＿＿＿＿

04 简陋 ＿＿＿＿＿＿＿ / ＿＿＿＿＿＿＿

05 框架 ＿＿＿＿＿＿＿ / ＿＿＿＿＿＿＿

제시된 단어 중, 문장에 어울리는 단어를 빈칸에 적어 보세요.

06 容纳 / 支撑

该室内体育馆可＿＿＿＿＿6.6万名观众观看体育比赛。

07 展现 / 封闭

经过修缮，我校旧教学楼＿＿＿＿＿出了全新的风貌。

08 荒凉 / 别致

海边的那个造型＿＿＿＿＿的小别墅吸引了很多游客的目光。

09 更正 / 更新

那栋拥有数百年历史的老房子被＿＿＿＿＿为小型博物馆。

10 沉淀 / 犹如

那座体育场的外观看上去＿＿＿＿＿用树枝编织成的鸟巢。

06. 容纳 07. 展现 08. 别致 09. 更新 10. 犹如
04. jiǎnlòu / 누추하다, 초라하다 05. kuàngjià / 틀, 뼈대, 프레임(frame)
정답: 01. wājué/ 발굴하다, 파내다 02. shuǐní/ 시멘트 03. chéndiàn / 앙금이다, 침전하다

* 06~10번 문제 해석은 해커스중국어(china.Hackers.com)에서 다운로드 받으세요.

HSK 6급 시험에 나오는 고난도 어휘

☑ 잘 외워지지 않는 단어는 □에 체크해 두고 다음에 반복 암기합니다.

□ 残骸	cánhái	명	(건물·기계·차량 등의) 잔해, (사람이나 동물의) 시체
□ 长亭	chángtíng	명	정자[옛날 성 밖 길가에 세워 두고 먼 길을 떠나는 사람을 배웅할 때 쓰임]
□ 殿阁	diàngé	명	전각[궁전과 누각]
□ 殿堂	diàntáng	명	전당[궁전·사당 등의 큰 건축물]
□ 横梁	héngliáng	명	도리, 대들보
□ 屋檐	wūyán	명	처마
□ 窑洞	yáodòng	명	동굴집, 토굴집
□ 砖瓦	zhuānwǎ	명	벽돌과 기와
□ 裂缝	lièfèng	동	금이 가다, 균열이 생기다
		명	금, 틈, 균열
□ 文渊阁	Wényuān Gé	고유	문연각[중국 청나라 때, 사고전서를 보관하던 누각]
□ 海绵城市	hǎimián chéngshì		스펀지 도시[홍수나 폭우로 인해 침수되지 않는 도시]
□ 鳞次栉比	líncìzhìbǐ	성	(집·건물 등이 물고기 비늘처럼) 빽빽하게 늘어서 있다
□ 技法	jìfǎ	명	기법, 기교와 방법
□ 矩形	jǔxíng	명	직사각형
□ 椭圆形	tuǒyuánxíng	명	타원형
□ 减震	jiǎnzhèn	동	충격을 완화하다
□ 栩栩如生	xǔxǔrúshēng	성	(예술 작품 등이) 생동감이 넘쳐흐르다
□ 高端大气	gāoduāndàqì		품위 있고 격이 있다, 고급이다
□ 民宿	mínsù		민박하다, 민박집
□ 围墙	wéiqiáng	명	(집·정원 등을 둘러싼) 담

☐ 门槛	ménkǎn	몡	문턱, 요령, 비결
☐ 花坛	huātán	몡	화단
☐ 窟窿	kūlong	몡	구멍, 빈틈, 허점
☐ 宜家	Yíjiā	고유	IKEA,이케아
☐ 北盘江大桥	Běipánjiāng Dàqiáo	고유	베이판강 대교
☐ 发掘	fājué	동	발굴하다, 캐내다
☐ 开凿	kāizáo	동	(수로·터널 등을) 뚫다, 파다, 굴삭하다
☐ 砌砖	qìzhuān	동	벽돌을 쌓다
☐ 堆叠	duīdié	동	겹겹이 쌓아올리다
☐ 粉刷	fěnshuā	동	(석회나 진흙을) 바르다
☐ 裱	biǎo	동	도배하다, 표구하다[그림의 뒷면이나 테두리에 종이 또는 천을 발라서 꾸미는 일]
☐ 迸溅	bèngjiàn	동	(사방으로) 튀다
☐ 修缮	xiūshàn	동	(건축물을) 보수하다, 수리하다
☐ 扩建	kuòjiàn	동	(공장·빌딩·주택 등의 규모를) 증축하다
☐ 隔断	géduàn	동	가로막다, 단절시키다
☐ 拆迁	chāiqiān	동	집을 철거하고 이주하다
☐ 省力	shěnglì	동	힘을 덜다
☐ 能工巧匠	nénggōngqiǎojiàng	성	숙련공[기술이 능숙한 기술자나 노동자]
☐ 改造	gǎizào	동	개조하다, 변모시키다
☐ 施工	shīgōng	동	시공하다, 공사하다

해커스 HSK 6급 단어장

초고속 승진
회사 업무 · 인사 · 조직

주제를 알면 HSK가 보인다!

HSK 6급에서는 회사 업무에 임하는 자세, 인사 및 조직 관리 방법 등과 관련된 문제가 자주 출제돼요. 따라서 '공헌하다', '확실하다', '평가하다', '표창하다'와 같은 회사 업무·인사·조직 관련 단어들을 집중적으로 학습하면 이러한 문제를 쉽게 풀 수 있어요.

🎧 단어, 예문 MP3

특급 포상

01 **奉献** fèngxiàn 동 공헌하다, 바치다

04 **切实** qièshí 형 확실하다, 적절하다

13 **评估** pínggū 동 (질·수준·성적 등을) 평가하다

15 **奖励** jiǎnglì 동 표창하다, 장려하다

01 奉献 ★★★
fèngxiàn

동 바치다, 공헌하다

王磊把美好的青春年华全部**奉献**给了自己的事业。

왕레이는 아름다운 청춘 시절을 전부 자신의 사업에 바쳤다.

青春年华 qīngchūn niánhuá 청춘 시절   事业 shìyè 圆 사업, 업적

02 拖延 ★★★
tuōyán

동 (시간을) 끌다, 지연하다

工作中的拖延症使你越来越焦虑，以致会影响正常生活。

업무 중 미루는 버릇은 당신으로 하여금 갈수록 초조하게 하여, 정상적인 생활에 영향을 주게 될 것이다.

拖延症 tuōyánzhèng 미루는 버릇   焦虑 jiāolǜ 圆 초조하다, 마음을 졸이다
以致 yǐzhì 젭 ~이 되다, ~을 초래하다

03 反之 ★★★
fǎnzhī

접 이와 반대로, 바꾸어서 말하면

有些人觉得工作越忙越充实，**反之**，越安逸越焦虑。

어떤 사람들은 일이 바쁠수록 충실함을 느끼고, 이와 반대로, 편하고 한가로울수록 초조함을 느낀다.

充实 chōngshí 圆 충실하다, 풍부하다   安逸 ānyì 圆 편하고 한가롭다
焦虑 jiāolǜ 圆 초조하다, 마음을 졸이다

 시험에 이렇게 나온다!

짝꿍 표현 反之을 활용한 짝꿍 표현을 알아 둔다.

反之亦然 fǎnzhī yìrán 바꾸어서 말해도 역시 그렇다, 반대로 말해도 역시 그러하다

04 切实 ★★★
qièshí

형 확실하다, 적절하다

只有制定**切实**可行的项目计划，才能顺利执行项目。

확실하고 실행 가능한 프로젝트 계획을 세워야만, 프로젝트가 순조롭게 진행될 수 있다.

制定 zhìdìng 圆 세우다, 제정하다   可行 kěxíng 圆 실행 가능하다, 할 수 있다
项目 xiàngmù 圆 프로젝트, 항목

05 以便 ★★★
yǐbiàn

접 ~하기 위하여, ~하기 쉽게

发现问题时要尽快向上级汇报，**以便**及时解决问题。

문제를 발견했을 때에는 즉시 문제를 해결하기 위해, 가능한 빠르게 상급자에게 보고해야 한다.

上级 shàngjí 圆 상급자, 상사, 상부   汇报 huìbào 圆 보고하다

06 采纳 ★★★
cǎinà

동 (건의·의견·생각·요구 등을) 받아들이다, 수락하다

总裁觉得助理的每一句话都有道理，就采纳了他的建议。 ← 술어

총재는 보좌관의 모든 말이 일리가 있다고 느껴, 곧 그의 제안을 받아들였다.

总裁 zǒngcái 명 총재　**助理** zhùlǐ 명 보좌관　**道理** dàolǐ 명 일리, 도리

07 筛选 ★★★
shāixuǎn

동 선별하다, 거르다

经过人事部的严格筛选，最后有三个人获得了面试机会。

인사팀의 엄격한 선별을 거쳐, 마지막에 세 사람이 면접 기회를 얻었다.

人事部 rénshì bù 인사팀

08 就业 ★★★
jiùyè

반의어
失业 shīyè
동 직업을 잃다, 실직하다

동 취직하다, 취업하다

那个职场新人就业后才发现，职场和自己想象的完全不一样。

그 신입 사원은 취직한 후에야, 직장이 자신이 상상한 것과는 완전히 다르다는 것을 깨달았다.

职场新人 zhíchǎng xīnrén 신입 사원　**职场** zhíchǎng 명 직장, 일터

 시험에 이렇게 나온다!

이합동사 **就业**는 就(종사하기 시작하다)+业(직업)가 합쳐진 이합동사로, 목적어를 취할 수 없다. 만약 '~에 취직하다'라는 표현을 쓰고 싶다면 **就业**가 아닌 **进了**(들어갔다)를 써서 표현한다.

就业设计公司 디자인 회사를 취직하다 (X)
进了设计公司 디자인 회사에 들어갔다 (O)

09 岗位 ★★★
gǎngwèi

명 직무, 직위

人工智能会淘汰不少岗位，但也会创造出一些新岗位。

인공 지능은 적지 않은 직무를 도태시킬 수 있지만, 새로운 직무들을 창조해 낼 수도 있다.

人工智能 réngōng zhìnéng 인공 지능　**淘汰** táotài 동 도태하다, 탈락되다

 시험에 이렇게 나온다!

짝꿍표현 **岗位**를 활용한 다양한 짝꿍 표현들을 알아 둔다.

增加岗位 zēngjiā gǎngwèi 직무를 늘리다, 일자리를 늘리다
应聘……岗位 yìngpìn …… gǎngwèi ~ 직무를 지원하다

10 团体 ***
tuántǐ

반의어

个人 gèrén 명 개인

명 단체, 집단

小陈不仅善于融入团体，而且有领袖气质，能很
好地带领团队。 → 술어

샤오천은 단체에 녹아 들어 가는 것을 잘할 뿐만 아니라, 카리스마가 있어
서, 팀을 잘 이끌 줄도 안다.

融入 róngrù 녹아 들어가다　领袖气质 lǐngxiù qìzhì 카리스마

 시험에 이렇게 나온다!

짝꿍 표현 团体를 활용한 다양한 짝꿍 표현들을 알아 둔다.

群众团体 qúnzhòng tuántǐ 대중 단체
团体活动 tuántǐ huódòng 단체 활동

11 成员 ***
chéngyuán

명 구성원

了解每个团队成员的优缺点，就能更好地领导团队。

모든 팀 구성원의 장단점을 알고 있으면, 팀을 더 잘 이끌 수 있다.

团队 tuánduì 명 팀, 단체, 그룹　领导 lǐngdǎo 동 이끌다, 지도하다

12 下属 ***
xiàshǔ

반의어

上司 shàngsi 명 상사, 상급자

명 부하, 하급자

部门主任接纳了下属的意见，改正了以前的工作
作风。

부서 주임은 부하 직원의 의견을 받아들여, 예전의 근무 태도를 시정했다.

接纳 jiēnà 동 받아들이다　改正 gǎizhèng 동 시정하다

13 评估 ***
pínggū

유의어

评价 píngjià
동 평가하다 명 평가

동 (질·수준·성적 등을) 평가하다

作为一个领导者，您评估下属能力的标准主要有
哪些？

한 명의 리더로서, 당신이 부하 직원의 능력을 평가하는 기준에는 주로 어
떤 것이 있나요?

作为 zuòwéi 개 ~로서　领导者 lǐngdǎozhě 명 리더　下属 xiàshǔ 명 부하

 시험에 이렇게 나온다!

유의어 评估 : 评价(píngjià, 평가하다, 평가)

评估는 주로 품질이나 자산 등 추상적인 개념을 평가하는 것을 의미한다.
评估质量 pínggū zhìliàng 품질을 평가하다
资产评估 zīchǎn pínggū 자산을 평가하다, 자산 평가

评价는 주로 사람이나 작품 등 구체적인 대상을 평가하는 것을 의미하며,
명사로 쓰일 때에는 높고 낮음으로 수식할 수 있다.
评价作品 píngjià zuòpǐn 작품을 평가하다
很高的评价 hěn gāo de píngjià 높은 평가

14 报酬 ***
bàochou

명 보수, 수당, 급여

该公司实行绩效工资制度，根据业绩向员工支付 _{술어 ←}
报酬。

이 회사는 성과급 제도를 실행하여, 업무 실적에 근거해 직원에게 보수를 지급한다.

实行 shíxíng 통 실행하다 **绩效** jìxiào 명 성과 **制度** zhìdù 명 제도
业绩 yèjì 명 업무 실적 **员工** yuángōng 명 직원 **支付** zhīfù 통 지급하다

15 奖励 ***
jiǎnglì

동 표창하다, 장려하다

由于她工作业绩突出，公司决定奖励她3万元。

그녀는 업무 실적이 뛰어났기 때문에, 회사는 그녀에게 3만 위안을 표창하기로 결정했다.

业绩 yèjì 명 업무 실적, 업적 **突出** tūchū 형 뛰어나다, 두드러지다

16 档案 **
dàng'àn

명 공문서, 서류, 파일

为了防止公司重要信息泄露，我们要加强档案管理工作。

회사의 중요한 정보가 누설되는 것을 방지하기 위해, 우리는 공문서 관리 작업을 강화해야 합니다.

防止 fángzhǐ 통 방지하다 **泄露** xièlòu 통 누설하다
加强 jiāqiáng 통 강화하다

17 纪要
jìyào

명 요점, 기요

根据公司规定，会议结束后，要留存相关会议纪要。

회사 규정에 따르면, 회의가 끝난 뒤에는, 관련된 회의 요점을 보관해야 한다.

留存 liúcún 통 보관하다, 남겨 두다 **相关** xiāngguān 통 관련되다, 상관되다

18 年度
niándù

명 연도

请各位主任查看刚刚上传的企业年度工作报告。

각 주임님들께서는 지금 막 업로드 된 기업 연도 업무 보고서를 확인해 주시기 바랍니다.

主任 zhǔrèn 명 주임 **上传** shàngchuán 통 업로드하다
企业 qǐyè 명 기업 **报告** bàogào 명 보고서 통 보고하다

19 协助 ^{★★}
xiézhù

반의어

妨碍 fáng'ài
동 방해하다, 지장을 주다

동 협조하다

在实施项目的过程中, 他协助我们做了很多工作。 → 술어

프로젝트를 실행하는 과정에서, 그는 우리에게 협조하여 많은 일을 해 주었다.

实施 shíshī 동 실행하다, 실시하다 项目 xiàngmù 명 프로젝트, 항목

20 补救
bǔjiù

동 (조치를 취하여) 보완하다, 교정하다

产品出现问题时应及时补救, 免得给公司造成更大损失。

제품에 문제가 발생했을 때에는, 회사에 더 큰 손실을 초래하지 않도록 즉시 보완해야 한다.

免得 miǎnde 접 ~하지 않도록 造成 zàochéng 동 초래하다, 조성하다
损失 sǔnshī 명 손실, 손해

21 承包
chéngbāo

동 하청을 받다, 맡아서 처리하다

那家跨国公司把旗下的餐厅都承包给我们了。

그 글로벌 회사는 휘하의 식당을 모두 우리에게 하청을 줬다.

跨国 kuàguó 글로벌 旗下 qíxià 명 휘하, 부하

22 缺席
quēxí

반의어

出席 chūxí 동 출석하다

동 결석하다

本届年度总结大会将于周五召开, 请勿无故缺席。

이번 연도의 총결산 대회가 금요일에 열릴 예정이오니, 이유 없이 결석하지 마세요.

年度 niándù 명 연도 召开 zhàokāi 동 열다, 개최하다
勿 wù 부 ~하지 마라 无故 wúgù 부 이유 없이, 까닭 없이

 시험에 이렇게 나온다!

이합동사 缺席는 缺(제시간에 미도착하다)+席(좌석, 자리)가 합쳐진 이합동사이다. 이합동사는 기본적으로 목적어를 취할 수 없지만, 缺席는 예외적으로 목적어를 취할 수 있다.

从未缺过席 여태껏 결석한 적이 없다 (목적어 없음)

缺席毕业典礼 졸업식을 결석하다 (목적어 있음)

²³ 委托
wěituō

동 위탁하다

公司之所以委托我采购物资，是因为我对相关流程很熟悉。

_{→ 술어}

회사가 나에게 물자 구매를 위탁하는 까닭은, 내가 관련된 과정에 매우 익숙하기 때문이다.

采购 cǎigòu 동 (기관·기업 등에서) 구매하다　物资 wùzī 명 물자
相关 xiāngguān 동 관련되다, 상관되다　流程 liúchéng 명 과정, 공정

²⁴ 追究
zhuījiū

동 (원인·연유를) 추궁하다, 따지다

内部审计部表明，一定会追究本次事故的责任方。

내부 감사팀에서는, 반드시 이번 사고의 책임 소재를 추궁할 것이라고 밝혔다.

审计部 shěnjìbù 감사팀　表明 biǎomíng 동 밝히다　事故 shìgù 명 사고

²⁵ 磋商
cuōshāng

동 반복하여 협의하다, 상세하게 논의하다

通过多次磋商，那两家跨国公司签署了技术转让合同。

여러 차례 반복된 협의를 거쳐, 그 두 글로벌 회사는 기술 이전 계약서에 정식 서명했다.

跨国 kuàguó 글로벌　签署 qiānshǔ 동 (중요한 문서상에) 정식 서명하다
转让 zhuǎnràng 동 이전하다, 양도하다　合同 hétong 명 계약서

²⁶ 汇报
huìbào

동 (상황이나 관련 자료를) 종합하여 보고하다

请尽快向总裁汇报大数据应用项目的进展情况。

되도록 빨리 회장님께 빅데이터 응용 프로젝트의 진전 상황을 종합하여 보고하세요.

总裁 zǒngcái 명 회장, 총재　大数据 dàshùjù 명 빅데이터
应用 yìngyòng 형 응용하는, 활용하는　项目 xiàngmù 명 프로젝트
进展 jìnzhǎn 동 진전하다, 진행하다

²⁷ 拟定
nǐdìng

동 초안을 세우다, 입안하다

她要求各部门拟定未来一年的工作计划。

그녀는 각 부서에 향후 1년의 업무 계획의 초안을 세워 보라고 요구했다.

未来 wèilái 형 향후의, 미래의 명 미래

²⁸请示
qǐngshì

동 물어보다, 지시를 청하다

关于本合同的第三条内容，我们向经理请示之后
才能最终确定。 → 술어

본 계약서의 제3조 내용에 관해, 우리는 사장님께 물어본 후에 비로소 최종
확정할 수 있습니다.

合同 hétong 명 계약서　最终 zuìzhōng 명 최종　确定 quèdìng 동 확정하다

 시험에 이렇게 나온다!

이합동사 请示은 请(청하다)+示(지시)이 합쳐진 이합동사이다. 이합동사는 기본적으로
목적어를 취할 수 없지만, 请示은 예외적으로 목적어를 취할 수 있다.

向领导请示 지도자에게 지시를 청하다 (목적어 없음)

请示领导 지도자에게 지시를 청하다 (목적어 있음)

²⁹可行 **
kěxíng

형 실행 가능하다, 할 수 있다

她虽然在工作中犯了错误，但提出了切实可行的
弥补方案。

그녀는 비록 업무 중에 실수를 저질렀지만, 확실하고 실행 가능한 보완 방
안을 제시했다.

犯 fàn 동 저지르다, 범하다　切实 qièshí 형 확실하다, 실용적이다
弥补 míbǔ 동 보완하다, 메우다　方案 fāng'àn 명 방안

 시험에 이렇게 나온다!

짝꿍표현 可行을 활용한 짝꿍 표현을 알아 둔다.

切实可行 qièshí kěxíng 확실하고 실행 가능하다

³⁰短促
duǎncù

형 (시간이) 매우 짧다, 촉박하다

由于会议时间短促，我们未能收到该项目的反馈
意见。

회의 시간이 매우 짧은 관계로, 우리는 해당 프로젝트의 피드백을 받을 수
없었다.

反馈 fǎnkuì 동 피드백하다, (정보·반응이) 되돌아오다

31 口头
kǒutóu

반의어
书面 shūmiàn 형 서면의

형 구두의, 말로 하는 명 (말할 때의) 입

→ 술어

如有新的方案，你可以以口头或书面形式征求上级意见。

만약 새로운 방안이 있다면, 당신은 구두 혹은 서면 형식으로 상사의 의견을 구해볼 수 있다.

孝敬父母要落实到实际行动上，而不能只停留在口头上。

부모님께 효도하는 것은 실제 행동으로 실현시켜야지, 입에만 머물러 있으면 안 된다.

方案 fāng'àn 명 방안 书面 shūmiàn 형 서면의 形式 xíngshì 명 형식, 형태
征求 zhēngqiú 동 구하다 上级 shàngjí 명 상사, 상급자
孝敬 xiàojìng 동 효도하다 落实 luòshí 동 실현시키다, 현실화시키다
行动 xíngdòng 명 행동 동 행동하다 停留 tíngliú 동 머무르다, 멈추다

32 妥当
tuǒdàng

형 알맞다, 타당하다

新会议室已经装修完毕，室内一切都布置妥当了。

새로운 회의실은 이미 인테리어를 끝냈으며, 실내의 모든 것은 다 알맞게 배치되었다.

装修 zhuāngxiū 동 (가옥을) 인테리어 하다, 장식하고 꾸미다
完毕 wánbì 동 끝내다, 마치다 布置 bùzhì 동 배치하다, 안배하다

잠깐 妥当은 주로 주어진 사물이나 일 따위를 알맞게 처리할 때 쓰이고, Day07의 45번 恰当(적절하다)은 주로 여러 선택지 중 알맞은 것을 선택할 때 쓰여요.

33 妥善
tuǒshàn

형 적절하다, 나무랄 데 없다

请大家妥善保管公司内部的机密文件和重要资料。

다들 회사 내부의 기밀 문서와 중요 자료는 적절하게 보관해 주세요.

保管 bǎoguǎn 동 보관하다 内部 nèibù 명 내부
机密 jīmì 명 기밀, 극비 文件 wénjiàn 명 문서, 문건 资料 zīliào 명 자료

34 便条
biàntiáo

명 메모, 쪽지

张秘书的桌上总是密密麻麻地贴满便条。

장 비서의 책상 위에는 늘 메모가 빼곡하게 붙어 있다.

秘书 mìshū 명 비서 密密麻麻 mìmimámá 형 빼곡하다, 빽빽하다

35 干劲
gànjìn

명 (일을 하려는) 의욕, 열정

合理的福利制度, 能够让员工在工作上干劲十足。 ← 술어

합리적인 복지 제도는, 직원들이 일하는 데 있어 의욕이 넘치게 할 수 있다.

合理 hélǐ 혭 합리적이다　**福利** fúlì 몡 복지, 복리　**制度** zhìdù 몡 제도
员工 yuángōng 몡 직원　**十足** shízú 혭 넘치다, 충분하다

 시험에 이렇게 나온다!

**짝꿍
표현** 干劲을 활용한 짝꿍 표현을 알아 둔다.

鼓足干劲 gǔzú gànjìn 의욕을 돋우다, 의욕을 높이다

36 敬业
jìngyè

동 자기의 일에 최선을 다하다, 직업 의식이 투철하다

作为公务员, 我们要始终保持勤奋敬业的工作态度。

공무원으로서, 우리는 부지런하고 자기의 일에 최선을 다하는 업무 태도를
한결같이 유지해야 합니다.

作为 zuòwéi 게 ~로서　**公务员** gōngwùyuán 몡 공무원
始终 shǐzhōng 뮈 한결같이　**保持** bǎochí 동 유지하다
勤奋 qínfèn 혭 부지런하다

 시험에 이렇게 나온다!

**짝꿍
표현** 敬业를 활용한 다양한 짝꿍 표현들을 알아 둔다.

敬业乐群 jìngyè lèqún 자신의 일에 최선을 다하면서 사람들과도 잘 어울려
지내다

敬业精神 jìngyè jīngshén 자신의 일에 최선을 다하는 정신 늑 프로 의식

37 操劳
cāoláo

동 애써 일하다, 수고하다

为工厂操劳一生的老职工被公司授予了奖牌和荣
誉证书。

공장을 위해 평생 애써 일한 고참 직원이 회사로부터 상패와 명예 증서를
수여 받았다.

工厂 gōngchǎng 몡 공장　**职工** zhígōng 몡 직원, 노동자
授予 shòuyǔ 동 수여하다　**荣誉** róngyù 몡 명예　**证书** zhèngshū 몡 증서

해커스 HSK 6급 단어장

38 值班
zhíbān

⑤ 당직을 맡다, 당번을 서다

自3月1日起，学校教务处实行轮流**值班**制度。 → 술어

3월 1일부터, 학교 교무실에서는 교대로 당직을 맡는 제도를 시행합니다.

教务处 jiàowùchù 교무실, 교무처   **实行** shíxíng ⑤ 시행하다
轮流 lúnliú ⑤ 교대로 하다, 돌아가면서 하다   **制度** zhìdù ⑱ 제도

 시험에 이렇게 나온다!

이합동사	**值班**은 值(돌아가며 맡다)+班(당직, 근무)이 합쳐진 이합동사로, 목적어를 취할 수 없다.

值班夜晚工作 야간 근무를 당직을 맡다 (X)
值夜**班** 야간 당직을 맡다 (O)

---

39 额外 **
éwài

⑲ 그 밖의, 추가의, 초과한

她勤奋工作，还利用**额外**时间学习与工作相关的技能。

그녀는 부지런히 일하면서, 또 그 밖의 시간을 이용해 업무 관련 기능을 공부한다.

勤奋 qínfèn ⑲ 부지런하다, 열심히 하다   **技能** jìnéng ⑱ 기능, 솜씨

---

40 紧迫
jǐnpò

⑲ 긴박하다, 급박하다

保持适度的**紧迫**感和危机感，就能有效提高工作效率。

적절한 긴박감과 위기감을 유지하면, 업무 효율을 효과적으로 높일 수 있다.

保持 bǎochí ⑤ 유지하다, 지키다   **适度** shìdù ⑲ 적절하다, 적당하다
危机感 wēijīgǎn 위기감   **有效** yǒuxiào ⑲ 효과적으로, 효력이 있다

---

41 指定 **
zhǐdìng

⑤ (사전에 사람·시간·장소 등을) 지정하다, 확정하다

为了方便发放工资，公司通常要求员工在**指定**银行办理银行卡。

급여를 지급하기 편리하도록, 회사는 보통 직원에게 지정한 은행에서 은행 카드를 발급받을 것을 요구한다.

发放 fāfàng ⑤ 지급하다, 방출하다   **办理** bànlǐ ⑤ (수속을) 밟다, 처리하다

---

42 布置 **
bùzhì

⑤ 안배하다, 배치하다

给下属**布置**任务时，一定要考虑到他们的特点及个人差异。

부하 직원에게 임무를 안배할 때는, 반드시 그들의 특징 및 개인차를 고려해야 한다.

下属 xiàshǔ ⑱ 부하, 하급자   **差异** chāyì ⑱ 차이

⁴³ **转达**
zhuǎndá

동 전달하다, 전하다

他把领导的指示**转达**给了相关人员。 _{술어}

그는 대표의 지시를 관련 인원에게 전달했다.

指示 zhǐshì 몡 지시, 명령　**人员** rényuán 몡 인원, 요원

⁴⁴ **采购** ★★
cǎigòu

동 (주로 기관·기업 등에서) 구입하다, 골라 사다

这种配件暂时缺货，我们需要到国外进行**采购**。

이 부품은 잠시 품절되었으니, 우리는 해외에서 구입을 진행할 필요가 있습니다.

配件 pèijiàn 몡 부품　**缺货** quēhuò 품절되다

🏯 알아 두면 시험이 쉬워지는 배경 지식

> 일반상식 **阳光采购**(공개 입찰 구매)는 기업과 공공기관에서 '공개, 공평, 공정'과 '품질 우선, 가격 우선'이라는 원칙에 따라 공급시장으로부터 상품·서비스·물자 등을 공개적으로 투명하게 구입하는 행위를 지칭한다. **阳光采购**는 과학적이고 합리적인 구매제도 및 관리제도에 입각하는데, 합리적인 가격 경쟁을 통해 **采购成本**을 낮추고 구매효율을 높일 수 있다. 또한 **暗箱操作**와 **吃回扣** 등의 부정부패 현상을 피할 수 있다는 장점도 있다.
>
> **阳光采购** yángguāng cǎigòu　공개 입찰 구매
> **采购成本** cǎigòu chéngběn　구매 원가
> **暗箱操作** ànxiāng cāozuò　밀실 담합
> **吃回扣** chī huíkòu　수수료를 받다

⁴⁵ **多元化** ★★
duōyuánhuà

형 다원화된, 다양한

该公司实现**多元化**的客服体系后，赢得了众多客户的信赖。

이 회사는 다원화된 고객 서비스와 관련된 시스템을 실현한 후, 매우 많은 고객의 신뢰를 얻었다.

实现 shíxiàn 동 실현하다　**客服** kèfú 형 고객 서비스와 관련된
体系 tǐxì 몡 시스템, 체계　**赢得** yíngdé 동 얻다, 획득하다
众多 zhòngduō 형 (주로 사람이) 매우 많다
客户 kèhù 몡 고객, 거래처, 바이어　**信赖** xìnlài 동 신뢰하다

⁴⁶ **庞大** ★★
pángdà

형 방대하다

细致周到的售后服务使我们成功建立了**庞大**的客户群。

세밀하고 빈틈없는 애프터서비스는 우리에게 방대한 고객층을 성공적으로 형성하게 해 주었다.

细致 xìzhì 형 세밀하다, 정교하다　**周到** zhōudào 형 빈틈없다, 주도면밀하다
售后服务 shòuhòu fúwù 애프터서비스　**建立** jiànlì 동 형성하다, 만들다
客户群 kèhùqún 고객층

47 投诉
tóusù

🔵 동 (기관·관계자에게) 고발하다, 호소하다

该网店的产品有严重的质量问题，所以被许多顾客投诉了。 → 술어

이 온라인 쇼핑몰의 제품은 심각한 품질 문제가 있어서, 많은 고객들에게 고발당했다.

该 gāi 때 이 **产品** chǎnpǐn 명 제품, 생산품, 상품 **质量** zhìliàng 명 품질

48 无偿
wúcháng

🔵 형 무상의, 대가가 없는

本产品的最大亮点在于向消费者无偿提供各种配套服务。

본 제품의 가장 큰 장점은 소비자들에게 각종 맞춤 서비스를 무상으로 제공한다는 점에 있다.

产品 chǎnpǐn 명 제품, 생산품, 상품 **亮点** liàngdiǎn 명 장점
在于 zàiyú 동 ~에 있다 **消费者** xiāofèizhě 소비자 **配套** pèitào 동 맞추다

49 贩卖
fànmài

🔵 동 (주로 불법적인 것을) 판매하다

王老板的经营理念是宁愿赚不到钱，也不贩卖假货。

왕 사장의 경영 이념은 차라리 돈을 못 벌지언정, 위조품을 판매하지는 않는다는 것이다.

老板 lǎobǎn 명 사장, 주인 **经营** jīngyíng 동 경영하다, 운영하다
宁愿 nìngyuàn 부 차라리 ~할지언정, 설령 ~할지라도
赚钱 zhuànqián 동 돈을 벌다, 이윤을 얻다 **假货** jiǎhuò 명 위조품

50 推销
tuīxiāo

🔵 동 마케팅하다, 판로를 확장하다

您认为大数据算法会给传统的推销方式带来怎样的改变？

당신은 빅데이터 계산 방법이 기존의 마케팅 방식에 어떤 변화를 가져올 것이라 생각하나요？

大数据 dàshùjù 명 빅데이터 **传统** chuántǒng 형 기존의, 전통적이다

🏯 **알아 두면 시험이 쉬워지는 배경 지식**

> 일반상식 软推销(소프트 셀)는 제품의 장점이나 특징을 강조하지 않고, 자연스럽게 그 제품에 대한 욕구가 생기도록 소비자의 마음에 감정적으로 호소하는 판매 기법이다. 软推销는 주로 제품의 이미지나 기업이 추구하는 가치를 소비자가 공감하도록 만들어서 자연스럽게 해당 브랜드의 제품을 선호하게 만든다는 특징이 있다.
>
> **软推销** ruǎntuīxiāo 소프트 셀(soft sell)

51 启事
qǐshì

명 공고, 광고

这家房地产公司在报纸上刊登了一则诚意满满的招聘启事。

이 부동산 회사는 신문에 성의가 가득한 채용 공고를 게재했다.

房地产 fángdìchǎn 명 부동산 刊登 kāndēng 동 게재하다, 싣다
则 zé 양 편, 토막 诚意 chéngyì 명 성의, 진심

 시험에 이렇게 나온다!

짝꿍 표현 启事을 활용한 다양한 짝꿍 표현들을 알아 둔다.

寻人启事 xúnrén qǐshì 구인 광고
招领启事 zhāolǐng qǐshì 분실물 습득 공고

52 优先 ★★
yōuxiān

전자

동 우선하다

符合上述所有条件,或有相关工作经验的人将被优先录用。

위에서 말한 모든 조건에 부합하거나, 혹은 관련 업무 경험이 있는 사람은 우선적으로 채용될 예정입니다.

上述 shàngshù 위에서 말하다 录用 lùyòng 동 채용하다, 고용하다

53 雇佣
gùyōng

동 고용하다

为了灌溉土地,王老板专门雇佣了一些农民。

땅을 관개하기 위하여, 왕 사장은 특별히 일부 농민들을 고용했다.

灌溉 guàngài 동 관개하다, 논밭에 물을 대다 土地 tǔdì 명 땅, 토지

54 优异 ★★
yōuyì

형 (성적이나 활동 등이) 특출나다, 우수하다

经过层层选拔,汤姆以优异的成绩被金融公司录用了。

여러 단계의 선발을 거쳐, 톰은 특출난 성적으로 금융 회사에 채용되었다.

选拔 xuǎnbá 동 선발하다 金融 jīnróng 명 금융 录用 lùyòng 동 채용하다

55 资深
zīshēn

형 베테랑의, 경력이 오래된

这家配件公司将聘请多位行业资深人士担任技术顾问。

이 부품 회사는 업계의 베테랑 인사들을 여러 명 초빙하여 기술 고문을 맡길 예정이다.

配件 pèijiàn 명 부품 聘请 pìnqǐng 동 초빙하다, 모시다
行业 hángyè 명 업계, 업무 분야 人士 rénshì 명 인사
担任 dānrèn 동 맡다, 담당하다 顾问 gùwèn 명 고문

56 就职
jiùzhí

[반의어]

辞职 cízhí
[동] 사직하다, 그만두다

[동] 취직하다, (높은 지위에) 부임하다, 취임하다

她曾<u>就职</u>于某个知名国际金融机构。 →술어

그녀는 일찍이 모 유명 국제 금융 기구에 취직했었다.

某 mǒu [대] 모, 어느 **金融** jīnróng [명] 금융 **机构** jīgòu [명] 기구

 시험에 이렇게 나온다!

[이합동사] 就职은 就(종사하기 시작하다)+职(직업)이 합쳐진 이합동사로, 목적어를 취할 수 없다.

就职大型企业 대형기업을 취직하다 (X)
就职于大型企业 대형기업에 취직하다 (O)

57 布告
bùgào

[명] 게시문, 포고문

这家公司在<u>布告</u>中表示，将在内部选拔分公司经理。

이 회사는 게시문에서, 내부에서 자회사 사장을 선발할 것이라고 밝혔다.

选拔 xuǎnbá [동] (인재를) 선발하다 **分公司** fēngōngsī [명] 자회사, 지점

58 晋升
jìnshēng

[동] 승진하다, 진급하다

经过为期三个月的考核，我终于<u>晋升</u>为生产技术部主任。

3개월 기한의 심사를 거쳐, 나는 마침내 생산 기술팀 주임으로 승진했다.

为期 wéiqī [동] 기한으로 하다 **考核** kǎohé [동] 심사하다, 대조하다
生产 shēngchǎn [동] 생산하다, 만들다 **主任** zhǔrèn [명] 주임

 시험에 이렇게 나온다!

[짝꿍표현] 晋升을 활용한 짝꿍 표현을 알아 둔다.

由 A 晋升为 B yóu A jìnshēng wéi B A에서 B로 승진하다

59 提拔
tíbá

[동] 발탁하다, 등용하다

由于业绩突出，李阳很快就被<u>提拔</u>为营销部经理。

업무 실적이 뛰어나서, 리양은 금세 영업부 부장으로 발탁되었다.

业绩 yèjì [명] 업무 실적, 업적 **营销** yíngxiāo [동] 영업하다, 마케팅하다

60 选拔
xuǎnbá

[동] (인재를) 선발하다

经严格<u>选拔</u>，共有两人获得了最后一轮面试的机会。

엄격한 선발을 거쳐, 총 두 사람이 최후 면접의 기회를 얻었다.

经 jīng [동] 거치다, 통과하다, 지나다

[잠깐] 选拔는 주로 객관적인 선택 절차를 통해 이루어지고, 59번 提拔(발탁하다)는 주로 상급자의 주관적 의지로 이루어져요.

61 裁员
cáiyuán

동 (기관·기업 등에서) 감원하다, 인원을 축소하다

董事长再次声明，此次裁员是公司不得已的决定。 〔술어〕

대표 이사는, 이번 감원은 회사의 부득이한 결정이라고 재차 공개적으로 선언했다.

董事长 dǒngshìzhǎng 명 대표 이사, 이사장, 회장
声明 shēngmíng 통 공개적으로 선언하다　不得已 bùdéyǐ 형 부득이하다

 시험에 이렇게 나온다!

이합동사 裁员은 裁(줄이다, 감하다)+员(직원)이 합쳐진 이합동사로, 목적어를 취할 수 없다. 만약 '직원을 줄이다'라는 표현을 쓰고 싶다면 裁员이 아닌 裁掉(줄이다)를 써서 표현한다.

裁员部分员工 일부 직원을 감원하다 (X)
裁掉部分员工 일부 직원을 줄이다 (O)

62 解雇
jiěgù

동 해고하다

这家大型企业不会以经济不景气为由随意解雇老职工。

이 대기업은 경제 불황을 이유 삼아 나이 많은 직원을 마음대로 해고하지 않는다.

大型企业 dàxíng qǐyè 대기업　景气 jǐngqì 형 (경제가) 호황이다
为由 wéiyóu ~을 이유로 삼다, 사유로 하다　随意 suíyì 형 마음대로 하다

63 开除
kāichú

동 해고하다, 제명하다

不知为何，自从结婚生子以后，李总不再轻易开除员工。

왠지 모르게, 결혼하고 아이를 낳은 후부터, 리 사장은 더 이상 쉽사리 직원을 해고하지 않는다.

为何 wèihé 부 왜, 어째서　轻易 qīngyì 부 쉽사리, 함부로

64 协会 ★★
xiéhuì

명 협회

我们公司正式加入了中国环境保护产业协会。

우리 회사는 중국 환경 보호 산업 협회에 정식으로 가입했다.

产业 chǎnyè 명 산업, 공업, (주로 개인 소유의) 부동산

65 集团
jítuán

명 그룹, 집단, 단체

这家化妆品集团公司在全球拥有280余家分公司。

이 화장품 그룹 회사는 전 세계에 280여 개의 자회사를 보유하고 있다.

化妆品 huàzhuāngpǐn 명 화장품　拥有 yōngyǒu 통 보유하다, 가지다
余 yú 수 ~여, ~남짓　分公司 fēngōngsī 명 자회사, 지점

66 职位 ★★
zhíwèi

명 직위

据调查，勤奋、敏捷和拥有全局观念是提升职位的关键因素。

술어

조사에 따르면, 부지런하고 민첩한 것과 전체를 보는 관념을 가지는 것은 직위를 높이는 관건 요소라고 한다.

勤奋 qínfèn 톙 부지런하다, 열심히 하다　敏捷 mǐnjié 톙 민첩하다, 빠르다
拥有 yōngyǒu 통 가지다　全局观念 quánjú guānniàn 전체를 보는 관념
提升 tíshēng 통 (등급 따위를) 높이다, 인상하다　因素 yīnsù 톙 요소, 원인

67 职务 ★★
zhíwù

명 직무

新任副总曾接受过专业培训，并在大企业担任过主管职务。

새로 부임한 부사장은 일찍이 전문 교육을 받은 적이 있고, 또 대기업에서 팀장 직무를 맡은 바 있다.

新任 xīnrèn 톙 새로 부임한　培训 péixùn 통 교육하다, 훈련하다
企业 qǐyè 톙 기업　担任 dānrèn 통 맡다　主管 zhǔguǎn 톙 팀장

68 职能
zhínéng

명 직책과 기능, 직능

人力资源的调配是人事部门具有的最基本的职能之一。

인력 자원의 배치는 인사팀이 가지고 있는 가장 기본적인 직책과 기능 중 하나이다.

资源 zīyuán 톙 자원　调配 diàopèi 통 배치하다, 안배하다

69 助理 ★★
zhùlǐ

명 보좌관, 보조　톙 (주요 책임자를) 보조하는, 돕는

她刚入职时担任人事助理，如今升迁为人事部长。

그녀는 막 입사했을 때 인사 보좌관을 맡았는데, 지금은 인사부장으로 승진했다.

硕士毕业后，小李当了著名新闻网站的助理编辑。

석사 졸업 후, 샤오리는 저명한 뉴스 사이트의 보조 편집자가 되었다.

入职 rùzhí 입사　担任 dānrèn 통 맡다, 담당하다
升迁 shēngqiān 통 승진하다　编辑 biānjí 톙 편집자, 편집

70 助手 ★★
zhùshǒu

명 조수

这款无线激光打印机已成了办公室不可缺少的好助手。

이 무선 레이저 프린터는 이미 사무실에 없어서는 안 될 좋은 조수가 되었다.

激光 jīguāng 톙 레이저　不可缺少 bùkě quēshǎo 없어서는 안 된다

⁷¹ 上级
shàngjí

반의어

下级 xiàjí 몡 하급자, 하급

몡 상급자, 상사, 상부

完善的网络系统能有效提高上级与下级间的沟通
效率。

완벽한 인터넷 시스템은 상급자와 하급자 간의 소통 효율을 효과적으로 높일 수 있다.

完善 wánshàn 혱 완벽하다　网络 wǎngluò 몡 인터넷, 온라인
系统 xìtǒng 몡 시스템, 체계　沟通 gōutōng 동 소통하다
效率 xiàolǜ 몡 효율

⁷² 主管 ★★
zhǔguǎn

동 주관하다　몡 팀장, 주관자

自2016年创业以来，吴总一直都在亲自主管营销
工作。

2016년에 창업한 이래로, 우 사장은 줄곧 직접 마케팅 업무를 주관하고 있다.

在多番劝说下，老张终于接受了财务主管的职位。

여러 차례 설득에, 라오장은 마침내 재무 팀장의 자리를 받아들였다.

创业 chuàngyè 동 창업하다　以来 yǐlái 몡 이래, 이후
亲自 qīnzì 혱 직접, 친히　营销 yíngxiāo 동 마케팅하다, 영업하다
劝说 quànshuō 동 설득하다　财务 cáiwù 몡 재무　职位 zhíwèi 몡 자리

⁷³ 董事长
dǒngshìzhǎng

몡 대표이사, 회장, 이사장

若干年后，老王成为了一家国际金融公司的董事长。

수년 후에, 라오왕은 한 국제 금융 회사의 대표이사가 되었다.

若干年 ruògānnián 수년, 몇 해　金融 jīnróng 몡 금융

⁷⁴ 参谋
cānmóu

몡 참모, 카운셀러　동 조언하다

头脑灵活、行动敏捷的秘书可以成为领导最信任
的参谋。

두뇌가 명석하고, 행동이 민첩한 비서는 리더가 가장 신임하는 참모가 될 수 있다.

我还在犹豫要不要出席宴会，你给我参谋参谋。

난 아직도 파티에 참석할지 말지를 망설이고 있으니, 네가 나에게 조언을 좀 해 줘.

灵活 línghuó 혱 명석하다, 민첩하다　敏捷 mǐnjié 혱 민첩하다, 빠르다
秘书 mìshū 몡 비서　领导 lǐngdǎo 몡 리더, 대표
信任 xìnrèn 동 신임하다　犹豫 yóuyù 혱 망설이다
出席 chūxí 동 참석하다, 출석하다　宴会 yànhuì 몡 파티, 연회

해커스 HSK 6급 단어장

75 顾问
gùwèn

몡 고문

公司决定聘请一位财务顾问，向其咨询今年的营销方案。

회사는 재정 고문 한 분을 모셔서, 그에게 올해의 마케팅 방안을 자문하기로 결정했다.

聘请 pìnqǐng 동 모시다, 초빙하다　财务 cáiwù 몡 재정, 재무
咨询 zīxún 동 자문하다, 물어보다　营销 yíngxiāo 동 마케팅하다, 영업하다

76 委员
wěiyuán

몡 (위원회의) 위원

企业管理委员会是协助领导决定重大问题的组织机构。

기업 관리 위원회는 대표를 도와 중대한 문제를 결정하는 조직 기구이다.

企业 qǐyè 몡 기업　协助 xiézhù 동 돕다, 협조하다
领导 lǐngdǎo 몡 대표, 지도자　重大 zhòngdà 혱 중대하다
组织 zǔzhī 몡 조직　机构 jīgòu 몡 기구

77 代理
dàilǐ

동 대리하다, 대신하다

在王总生病住院期间，由陈部长暂时代理总经理职务。

왕 사장이 병으로 입원하는 기간에, 천 부장이 잠시 사장의 직무를 대리합니다.

期间 qījiān 몡 기간, 시간　职务 zhíwù 몡 직무

78 合伙
héhuǒ

동 동업하다, 파트너가 되다

他和几个丹麦人合伙成立了一家进出口公司。

그는 몇 명의 덴마크인과 동업하여 한 수출입 회사를 설립했다.

丹麦 Dānmài 고유 덴마크　成立 chénglì 동 설립하다, 결성하다
进出口 jìnchūkǒu 수출입

 시험에 이렇게 나온다!

짝꿍표현 合伙를 활용한 다양한 짝꿍 표현들을 알아 둔다.

合伙经营 héhuǒ jīngyíng 공동 경영하다

合伙企业 héhuǒ qǐyè 동업 회사

79 上任
shàngrèn

동 부임하다, 취임하다

他上任后做的第一件事就是主动与团队成员沟通。
그가 부임한 뒤에 한 첫 번째 일은 바로 자발적으로 팀 구성원들과 소통하는 것이었다.

主动 zhǔdòng 혱 자발적이다, 능동적이다 **团队** tuánduì 몡 팀, 단체, 그룹
成员 chéngyuán 몡 구성원, 성원 **沟通** gōutōng 통 소통하다, 교류하다

 시험에 이렇게 나온다!

이합동사 上任은 上(오르다)+任(직무)이 합쳐진 이합동사로, 목적어를 취할 수 없다.
上任总经理 사장을 부임하다 (X)
总经理上任 사장이 부임하다 (O)

80 外行
wàiháng

반의어
内行 nèiháng
몡 전문가, 숙련자
혱 숙련되다, 노련하다

혱 경험이 없다, 문외한이다 몡 문외한, 비전문가

若有足够的领导力，外行的上司也能领导内行的下属。
만약 충분한 리더십이 있다면, 경험이 없는 상사도 숙련된 부하 직원을 이끌 수 있다.

这是一本通俗易懂的科普书籍，哪怕是外行也能读懂。
이것은 통속적이고 이해하기 쉬운 대중 과학 도서로, 설령 문외한이라 해도 읽고 이해할 수 있다.

若 ruò 젭 만약 ~한다면 **领导力** lǐngdǎolì 리더십 **内行** nèiháng 혱 숙련되다
下属 xiàshǔ 몡 부하 직원 **通俗** tōngsú 혱 통속적이다
易懂 yìdǒng 혱 이해하기 쉽다 **科普书籍** kēpǔ shūjí 대중 과학 도서
哪怕 nǎpà 젭 설령 ~라 해도

81 考核 ★★
kǎohé

동 심사하다

这家企业通过定期考核的结果来评估员工的工作能力。
이 기업은 정기적으로 심사한 결과를 통해 직원의 업무 능력을 평가한다.

企业 qǐyè 몡 기업 **定期** dìngqī 혱 정기적인 **评估** pínggū 통 평가하다
员工 yuángōng 몡 직원, 종업원

 시험에 이렇게 나온다!

짝꿍 표현 考核를 활용한 다양한 짝꿍 표현들을 알아 둔다.
绩效考核 jìxiào kǎohé 업무 성과 심사
考核制度 kǎohé zhìdù 심사 제도

82 检验 ★★
jiǎnyàn

[동] 검증하다, 검사하다

员工是否能胜任自己的工作，需要时间的检验。 → 술어

직원이 자신의 일을 능히 감당할 수 있는지 없는지는, 시간의 검증이 필요하다.

员工 yuángōng [명] 직원, 종업원　胜任 shèngrèn [동] 능히 감당하다

83 报销
bàoxiāo

[동] (사용 경비를) 청구하다, 정산하다

向公司申请报销时，需要提交相关报销凭证。

회사에 청구를 신청할 때는, 관련 청구 증빙을 제출하는 것이 필요하다.

提交 tíjiāo [동] 제출하다, 제기하다　凭证 píngzhèng [명] 증빙, 증거

 시험에 이렇게 나온다!

> 이합동사
> 报销는 报(보고하다)+销(소비)가 합쳐진 이합동사이다. 이합동사는 기본적으로 목적어를 취할 수 없지만, 报销는 예외적으로 목적어를 취할 수 있다.
>
> 向公司报销 회사에 청구하다 (목적어 없음)
> 报销差旅费 출장비를 청구하다 (목적어 있음)

84 财务
cáiwù

[명] 재무, 재정

作为财务管理人员，我们必须要有极强的法律意识。

재무 관리자로서, 우리는 반드시 매우 강한 법률 의식이 있어야 합니다.

作为 zuòwéi [개] ~로서　管理人员 guǎnlǐ rényuán 관리자, 경영진

85 薪水
xīnshui

[명] 봉급, 급여

有些集团公司用丰厚的薪水和福利吸引大批优秀人才。

일부 그룹 회사는 넉넉한 봉급과 복지로 우수한 인재를 많이 끌어들인다.

集团 jítuán [명] 그룹　丰厚 fēnghòu [형] 넉넉하다　福利 fúlì [명] 복지

🏯 알아 두면 시험이 쉬워지는 배경 지식

> 중국
> 문화
> 薪水(봉급)는 현재 '급료, 급여'의 의미로 사용되고 있는데, 이 뜻의 유래는 陶渊明의 일화와 관련이 있다. 陶渊明은 41세에 팽택현(彭泽县)의 현령(县令)이 되어서 집을 떠나게 되었다. 그는 이 때 아들에게 한 하인을 보내면서 '네가 매일 생활하는 비용을 지불하는 것이 스스로 어려울 것이니, 내가 이 하인을 보내어 네가 打柴와 汲水하는 것을 돕게 할 것이다.'라는 내용의 편지를 동봉하였다. 이후 땔나무(薪)와 물(水)이 결합된 '薪水'는 생활비를 지불하기 위한 비용을 가리키는 말이 되었고, 그 의미가 점차 확대되어 노동을 통해 얻게 된 임금을 가리키는 말로 사용되게 되었다.
>
> 陶渊明 Táo Yuānmíng 도연명[중국 동진(东晋) 시기의 유명한 시인]
>
> 打柴 dǎchái 땔나무를 하다　　汲水 jíshuǐ 물을 퍼 올리다

제시된 각 단어의 병음과 뜻을 써 보세요.

01 助理 .... / ....

02 敬业 .... / ....

03 拖延 .... / ....

04 以便 .... / ....

05 妥善 .... / ....

제시된 단어 중, 문장에 어울리는 단어를 빈칸에 적어 보세요.

06 采纳 / 奉献

他 .... 了下属的建议，建立了一个新的管理体制。

07 奖励 / 检验

.... 结果出来之前，这些仪器是不允许出售的。

08 采购 / 协助

领导将会安排更多人员 .... 我们的新项目。

09 评估 / 评价

在合并前，公司决定对所有资产进行全面 ....。

10 切实 / 额外

她提出了 .... 可行的解决方案，使公司避免了更大的损失。

정답: 01. zhùlǐ/ 보좌관, 보조원, 조수; 02. jìngyè/ 자기의 일에 최선을 다하다, 직업 의식이 투철하다
03. tuōyán/ (시간을) 끌다, 지연하다; 04. yǐbiàn/ ~하기 쉽게, ~하기 위해; 05. tuǒshàn/ 적절하다, 나무랄 데 없다
06. 采纳 07. 检验 08. 协助 09. 评估 10. 切实

* 06~10번 문제 해석은 해커스중국어(china.Hackers.com)에서 다운로드 받으세요.

HSK 6급 시험에 나오는 고난도 어휘

☑ 잘 외워지지 않는 단어는 □에 체크해 두고 다음에 반복 암기합니다.

□	拖延症	tuōyánzhèng	미루는 버릇
□	便利贴	biànlìtiē	포스트잇
□	下班高峰期	xiàbān gāofēngqī	퇴근 러시아워
□	劳逸	láoyì	명 노동과 휴식
□	绩效	jìxiào	명 성적, 효과
□	通宵	tōngxiāo	명 밤새, 밤사이
□	推卸	tuīxiè	동 (잘못이나 책임 등을 남에게) 전가하다, 덮어씌우다
□	建档	jiàndàng	동 파일을 만들다
□	见效	jiànxiào	동 효과가 나타나다, 효력이 생기다
□	突发	tūfā	동 갑자기 발생하다
□	燃眉之急	ránméizhījí	성 눈썹에 불이 붙은 것처럼 매우 긴박한 상황
□	胸有成竹	xiōngyǒuchéngzhú	성 일을 하기 전에 생각을 이미 정하다
□	无济于事	wújìyúshì	성 (일을 해결하는 데) 아무런 도움이 되지 않는다
□	早出晚归	zǎochūwǎnguī	성 아침 일찍 나가서 밤늦게 돌아오다, 힘들게 일하다
□	自由职业者	zìyóu zhíyèzhě	명 프리랜서
□	薪酬	xīnchóu	명 봉급, 보수
□	高薪	gāoxīn	명 높은 급여
□	加薪	jiāxīn	동 임금을 올리다
□	青睐	qīnglài	동 호감을 느끼다, 흥미를 가지다
□	招致	zhāozhì	동 (인재를) 불러 모으다

☐ 募集	mùjí	동 모집하다
☐ 甄别	zhēnbié	동 (우열·진위·능력 따위를) 심사하여 가리다, 선별하다
☐ 聘用	pìnyòng	동 초빙하여 임용하다
☐ 跳槽	tiàocáo	동 직장을 옮기다, 직업을 바꾸다
☐ 赏识	shǎngshí	동 (어떤 사람의 재능 혹은 어떤 물건을) 칭찬하다, 높이 평가하다
☐ 出任	chūrèn	동 (어떤 직위를) 맡다, 담당하다
☐ 肩负	jiānfù	동 (직무·임무 등을) 부담하다, 짊어지다
☐ 取代	qǔdài	동 대체하다
☐ 职责	zhízé	명 직책[직무와 책임]
☐ 白领	báilǐng	명 화이트 칼라, 사무직 근로자
☐ 基层	jīcéng	명 (조직의) 밑바닥, 말단
☐ 高管	gāoguǎn	기업의 고위 임원, 고위직 관리
☐ 总监	zǒngjiān	명 총감독
☐ 召集	zhàojí	동 소집하다, 불러 모으다
☐ 传递	chuándì	동 전달하다, 전하다
☐ 销售部	xiāoshòubù	영업 부서
☐ 改组	gǎizǔ	동 (조직·인원 등을) 개편하다, 재정비하다
☐ 僵局	jiāngjú	명 대치 국면, 교착 상태
☐ 瓶颈	píngjǐng	명 병목, 난관, 슬럼프
☐ 集思广益	jísīguǎngyì	성 여러 사람의 지혜를 모으면 훨씬 더 좋은 효과를 거둘 수 있다, 사람들의 지혜와 생각을 모으다

登鹳雀楼
dēng guàn què lóu

- 王之涣 -
Wáng Zhīhuàn

白 日 依 山 尽，
bái   rì   yī   shān   jìn

黄 河 入 海 流。
huáng hé   rù   hǎi   liú

欲 穷 千 里 目，
yù   qióng   qiān   lǐ   mù

更 上 一 层 楼。
gèng shàng   yì   céng   lóu

등관작루
(관작루에 올라)

- 왕지환 -

태양은 산자락에 머물다 기울고,

황하는 바다로 흘러서 들어가네.

천리 끝 멀리까지 보고 싶어서,

누각 한 층을 더 오르네.

해커스 중국어 HSK **6급** 단어장 **큰글씨 확대판**

초판 2쇄 발행 2024년 8월 12일
초판 1쇄 발행 2022년 6월 8일

지은이	해커스 HSK연구소
펴낸곳	㈜해커스
펴낸이	해커스 출판팀

주소	서울특별시 서초구 강남대로61길 23 ㈜해커스
고객센터	02-537-5000
교재 관련 문의	publishing@hackers.com
	해커스중국어 사이트(china.Hackers.com) 교재 Q&A 게시판
동영상강의	china.Hackers.com

ISBN	979-11-379-0548-1 (13720)
Serial Number	01-02-01

저작권자 ⓒ 2022, 해커스
이 책 및 음성파일의 모든 내용, 이미지, 디자인, 편집 형태에 대한 저작권은 저자에게 있습니다.
서면에 의한 저자와 출판사의 허락 없이 내용의 일부 혹은 전부를 인용, 발췌하거나 복제, 배포할 수 없습니다.

중국어인강 1위,
해커스중국어 china.Hackers.com

🏛 해커스중국어

· HSK 6급 필수 어휘를 완전 정복할 수 있는 **10가지 버전의 교재 MP3**
· 외운 단어를 오래 기억하는 **Day별 품사별로 헤쳐모여, 연습문제 체크체크 해석**
· HSK 6급 미니 실전모의고사·HSK 단어시험지 자동생성기 등 다양한 학습 콘텐츠
· 해커스 스타강사의 **본 교재 인강**(교재 내 할인쿠폰 수록)

주간동아 선정 2019 한국 브랜드 만족지수 교육(중국어인강) 부문 1위

중국어도 역시

1위 해커스중국어

중국어인강
1위

소비자 만족지수
1위

강의 만족도
96.4%

[인강] 주간동아 선정 2019 한국 브랜드 만족지수 교육(중국어인강) 부문 1위
[소비자만족지수] 한경비즈니스 선정 2017 소비자가 뽑은 소비자만족지수, 교육(중국어학원)부문 1위 해커스중국어
[만족도] 해커스중국어 2020 강의 수강생 대상 설문조사 취합 결과

중국어인강 **1위** 해커스의 저력,
HSK 합격자로 증명합니다.

HSK 4급 환급 신청자
합격 점수
평균 256점

* 성적 미션 달성자

HSK 5급 환급 신청자
합격 점수
평균 240점

* 성적 미션 달성자

2주 만에 HSK 6급 277점 합격

HSK 6급 (2020.02.09) 汉语水平考试

듣기	독해	쓰기	총점
			총점
98	90	89	277

해커스중국어 HSK 수강생 윤*현님 후기

이미 많은 선배들이 **해커스중국어**에서
고득점으로 HSK 졸업 했습니다.

해커스중국어 교재 시리즈

HSK/HSKK/TSC

해커스 HSK
1~4급 단어장

해커스 HSK
5급 단어장

해커스 HSK
6급 단어장

해커스 HSK
1~4급 단어장
[큰글씨 확대판]

해커스 HSK
5급 단어장
[큰글씨 확대판]

해커스 HSK
6급 단어장
[큰글씨 확대판]

해커스 HSK 1-2급
한 권으로 가뿐하게
합격

해커스 HSK 3급
한 권으로 합격

해커스 HSK 4급
한 권으로 합격

해커스 HSK 5급
한 권으로 정복

해커스 HSK 6급
한 권으로 고득점
달성

해커스 HSK 7-9급
한 권으로 마스터

해커스 HSK 3급
실전모의고사

해커스 HSK 4급
실전모의고사

해커스 HSK 5급
실전모의고사

해커스 해설이 상세한
HSK 6급 실전모의고사

해커스 해설이 상세한
HSK 7-9급 실전모의고사

해커스 HSKK 중급
10일 만에 딸 수 있다!

해커스 HSKK 고급
5일 만에 딸 수 있다!

해커스 TSC 3급
"니하오"를 몰라도
20일 만에 딸 수 있다!

해커스 TSC
한 권으로 끝내기

중국어 회화/문법

해커스
중국어 첫걸음

해커스 자동발사 중국어
첫걸음 1탄

해커스 자동발사 중국어
첫걸음 2탄

해커스 왕초보 중국어회화
10분의 기적
기초중국어 말하기

해커스 중국어회화
10분의 기적
패턴으로 말하기

해커스 중국어회화
10분의 기적
상황별로 말하기

99포인트로 마스터하는
해커스
중국어 문법

해커스 중국어
HSK 6급
단어장 큰글씨 확대판 2권 DAY 11-20

주제별 연상암기로 HSK 6급 2500단어 30일 완성!

☑ HSK 필수 어휘와 최신 기출 예문으로 어휘 완벽 암기!

☑ 출제포인트 + 미니 실전모의고사로 HSK 시험 완벽 대비

☑ 다양한 무료 학습자료 제공

해커스중국어 china.Hackers.com

본 교재 인강

교재 MP3

HSK 6급
미니 실전모의고사

Day별 품사별로
헤쳐모여

연습문제
체크체크 해석

필수 단어
2500 인덱스

<해커스중국어>
사이트 바로가기

13720

9 791137 905481
ISBN 979-11-379-0548-1

해커스 중국어 HSK 6급 단어장 큰글씨 확대판

주제별 연상암기로 HSK 6급 2500단어 30일 완성!

- ☑ HSK 필수 어휘 및 최신 기출 예문 수록
- ☑ 주제별 구성으로 연상 학습 가능
- ☑ 빈출 어휘부터 우선순위 학습 가능
- ☑ 망각 방지를 위한 반복 암기 장치 수록
- ☑ 출제포인트 + 미니모의고사로 실전 완벽 대비
- ☑ 무료 학습자료 제공(china.Hackers.com)
  - 총 10가지 버전의 교재 무료 MP3
  - HSK 6급 미니 실전모의고사
  - 무료 Day별 품사별로 헤쳐모여
  - 무료 연습문제 체크체크 해석
  - 필수 단어 2500 인덱스
  - HSK 단어시험지 자동생성기
    무료 HSK 필수 어휘 테스트 및 HSK 기출 사자성어

30일만에 끝내는 HSK 6급 필수 어휘!
해커스 HSK 6급 단어장 인강

단어 인강으로 HSK 6급 문제풀이 스킬까지 한 번에!

HSK 6급 필수 단어 정리 **+** 기출 예문 완벽 분석 **+** HSK 6급 미니 모의고사

<해커스중국어>
사이트에서 강의보기
china.Hackers.com
–
HSK 6급
짠잉

인강 바로가기
▼

암기시간은 반으로, 기억시간은 두 배로!

해커스 HSK 6급 단어장 200% 활용법

교재 무료 MP3

① 단어를 중국어와 한국어로 듣기 MP3
② 단어를 중국어로만 듣기 MP3
③ 단어와 예문을 중국어로만 듣기 MP3
④ 단어와 예문을 중국어로만 듣기 (단어별분할) MP3
⑤ 단어와 예문을 중국어와 한국어로 듣기 MP3
⑥ 단어와 예문을 중국어와 한국어로 듣기 (단어별분할) MP3
⑦ 고난도 어휘를 중국어와 한국어로 듣기 MP3
⑧ 고난도 어휘를 중국어로만 듣기 MP3
⑨ HSK 6급 미니 실전모의고사 MP3
⑩ 한 템포 쉬어갑시다 MP3

이용방법

해커스중국어(china.Hackers.com) 접속 후 로그인 ▶
[교재/MP3 → 교재 MP3/자료] 클릭 ▶
본 교재 MP3 이용하기

<해커스 ONE>
앱 다운받기▶

HSK 6급 미니 실전모의고사
Day별 품사별로 헤쳐모여
연습문제 체크체크 해석
필수 단어 2500 인덱스

이용방법

해커스중국어(china.Hackers.com) 접속 후 로그인 ▶
[교재/MP3 → 교재 MP3/자료] 클릭 ▶
본 교재 학습자료 이용하기

HSK 필수어휘 테스트
HSK 기출 사자성어

이용방법

해커스중국어(china.Hackers.com) 접속 후 로그인 ▶
상단메뉴 [무료 자료 → 데일리 학습자료]
클릭하여 이용하기

본 교재 인강 10,000원 할인쿠폰

쿠폰번호

333775999FAAC8QM

이용방법

해커스중국어(china.Hackers.com) 접속 후 로그인 ▶
메인 우측의 [쿠폰등록]에서 쿠폰 등록 후 강의 결제 시 사용 가능

* 본 쿠폰은 1회에 한해 등록 가능합니다.
* 쿠폰 등록 후 사용기간 : 7일
* 이 외 쿠폰 관련 문의는 해커스중국어 고객센터(T.02-537-5000)로 연락바랍니다.

▲ 쿠폰 바로 등록하기

중국어도 역시 1위 해커스중국어
약 900여 개의 체계적인 무료 학습자료

분야 / 레벨	공통	>	회화	>	HSK	>	HSKK/TSC

공통	철저한 성적분석 **무료 레벨테스트** 	빠르게 궁금증 해결 **1:1 학습 케어** 	HSK 전 급수 **프리미엄 모의고사** 	TSC 급수별 **발음 완성 트레이너**
초급	초보자가 꼭 알아야 할 **초보 중국어 단어** 	기초 무료 강의 제공 **초보 중국어 회화** 	HSK 4급 쓰기+어휘 완벽 대비 **쓰기 핵심 문장 연습** 	TSC 급수별 **만능 표현** **& 필수 암기 학습자료**
중급	매일 들어보는 **사자성어 & 한자상식** 	입이 트이는 자동발사 **중국어 팟캐스트** 	기본에서 실전까지 마무리 **HSK 무료 강의** 	HSKK/TSC 실전 정복! **고사장 소음 버전 MP3**
고급	실생활 고급 중국어 완성! **중국어 무료 강의** 	상황별 다양한 표현 학습 **여행/비즈니스 중국어** 	HSK 고득점을 위한 **무료 쉐도잉 프로그램** 	고급 레벨을 위한 **TSC 무료 학습자료**

[중국어인강 1위] 주간동아 선정 2019 한국 브랜드 만족지수 교육(중국어인강) 부문 1위
[900개] 해커스중국어 사이트 제공 총 무료 콘텐츠 수(~2021.02.19)

중국어 인강 **1위 해커스중국어**　　china.Hackers.com ▼　검색　　　무료 학습자료
확인하기 ▶

해커스 중국어 HSK 6급 단어장 큰글씨 확대판 3권

DAY 21-30

해커스

주제를 알면 HSK가 보인다!

HSK 6급에서는 재테크·투자, 무역·거래 시스템, 장사 수완이나 경영 방법 등과 관련된 문제가 자주 출제돼요. 따라서 '창업하다', '교역하다', '고객', '수익', '자본금'과 같은 금융·상업·경영 관련 단어들을 집중적으로 학습하면 이러한 문제를 쉽게 풀 수 있어요.

🎧 단어, 예문 MP3

그녀의 투자 유치 전략은?

¹³ **创业** chuàngyè 동 창업하다   ¹¹ **交易** jiāoyì 동 교역하다   ⁰⁸ **客户** kèhù 명 고객, 바이어

⁰² **收益** shōuyì 명 수익, 이득   ⁰¹ **成本** chéngběn 명 자본금, 원가

01 成本 ***
chéngběn

명 원가, 자본금

黄磊向老板提出了节省成本的方法，从而得到了
老板赏识。

술어

황레이는 사장에게 원가를 절약하는 방법을 제기했고, 그리하여 사장의 높은 평가를 받았다.

老板 lǎobǎn 명 사장, 주인 **节省** jiéshěng 동 절약하다, 아끼다
从而 cóng'ér 접 그리하여, 따라서
赏识 shǎngshí 동 높이 평가하다, 칭찬하다

02 收益 ***
shōuyì

명 수익, 이득

股票的收益性很高，但高收益往往伴随着高风险。

주식의 수익성은 매우 높지만, 고수익은 종종 높은 리스크를 수반한다.

股票 gǔpiào 명 주식 **伴随** bànsuí 동 수반하다, 따라가다
风险 fēngxiǎn 명 리스크, 위험

03 现状 ***
xiànzhuàng

명 현상, 현 상태

大多数人对"去现金化"的现状与未来持有乐观态度。

대부분의 사람들은 '탈 현금화'의 현상과 미래에 대해 낙관적인 태도를 갖고 있다.

去现金化 qù xiànjīnhuà 탈 현금화[현금을 결제 수단으로 점점 사용하지 않는
현상] **未来** wèilái 명 미래 **持有** chíyǒu 동 (생각, 견해 등을) 가지고 있다
乐观 lèguān 형 낙관적이다

04 给予 ***
jǐyǔ

반의어
接受 jiēshòu
동 받다, 받아들이다

동 주다, 부여하다

几家投资银行纷纷对该企业给予了资金支持。

투자 은행 몇 군데에서는 잇달아 이 기업에게 자금 지원을 해 주었다.

投资 tóuzī 명 투자 동 투자하다 **纷纷** fēnfēn 부 잇달아, 계속해서
该 gāi 대 이 **企业** qǐyè 명 기업 **资金** zījīn 명 자금

05 分散 ***
fēnsàn

반의어
集中 jízhōng
동 집중시키다, 모으다
형 일치하다, 집중하다

동 분산시키다 형 흩어지다, 분산하다

分散投资的意义在于，不降低收益的同时降低风险。

분산 투자의 의미는, 수익을 낮추지 않는 동시에 리스크를 줄이는 데에 있다.

青翠的树木分散生长在广阔的田野。

푸른 나무들이 드넓은 들핀에 흩어져 자란다.

投资 tóuzī 명 투자 **意义** yìyì 명 의미 **在于** zàiyú 동 ~에 있다
收益 shōuyì 명 수익 **风险** fēngxiǎn 명 리스크, 위험
青翠 qīngcuì 형 푸르다 **树木** shùmù 명 나무
生长 shēngzhǎng 동 자라다 **广阔** guǎngkuò 형 드넓다
田野 tiányě 명 들판

06 流通 ★★★
liútōng

동 유통하다, 막힘없이 잘 통하다

술어

塑料钞票能有效地遏制假币、变造币的制售和流通。

플라스틱 지폐는 위조지폐, 변조 화폐의 제조 판매와 유통을 효과적으로 억제할 수 있다.

塑料 sùliào 명 플라스틱　钞票 chāopiào 명 지폐, 돈
遏制 èzhì 동 억제하다, 저지하다　假币 jiǎbì 명 위조지폐
变造币 biànzàobì 변조 화폐　制售 zhìshòu 동 제조 판매하다

07 摊 ★★★
tān

명 노점　동 펼쳐 놓다, 늘어놓다

他用攒了一年的钱，在学校门口摆了一个水果摊。

그는 1년 동안 모은 돈으로, 학교 입구에 과일 노점을 차렸다.

我觉得小王欺人太甚，在忍无可忍之下，决定找他摊牌。

나는 샤오왕이 남을 너무 업신여긴다고 느껴서, 더는 참지 못하고, 그를 찾아 결판을 내기로 결정했다.

攒 zǎn 동 모으다, 저축하다　摆 bǎi 동 차리다, 놓다
欺人太甚 qīréntàishèn 성 남을 너무 업신여기다
忍无可忍 rěnwúkěrěn 성 더는 참지 못하다, 참으려고 해도 도저히 참을 수가 없다
摊牌 tānpái 동 결판을 내다, 손에 쥔 카드를 펼쳐 놓다

 시험에 이렇게 나온다!

짝꿍
표현　摊을 활용한 다양한 짝꿍 표현들을 알아 둔다.

摊子 tānzi 노점, 가판대
小摊 xiǎotān 작은 노점
摊主 tānzhǔ 노점상
货摊(儿) huòtān(r) 노점

08 客户 ★★★
kèhù

명 고객, 바이어

企业可利用"诱饵效应"，让消费者变成自家的忠实客户。

기업은 '미끼 효과'를 이용하여, 소비자를 자사의 충성 고객으로 변화시킬 수 있다.

企业 qǐyè 명 기업　利用 lìyòng 동 이용하다
诱饵效应 yòu'ěr xiàoyìng 미끼 효과[새로운 상품이 나타나면 구입을 고민하던 두 가지 상품 중에서 한 상품의 선호도가 증가하는 현상]
消费者 xiāofèizhě 소비자　自家 zìjiā 대 자사, 자기, 자신
忠实 zhōngshí 형 충성하다, 충실하다

⁰⁹ 模式 ***
móshì

명 모델, (표준) 양식

作为一种电子商务模式，网络团购受到了很多消费者的青睐。

술어

일종의 전자 상거래 모델로서, 인터넷 공동 구매는 많은 소비자의 주목을 받았다.

作为 zuòwéi 깨 ~로서 동 ~으로 삼다, ~으로 여기다
电子商务 diànzǐ shāngwù 전자 상거래
网络 wǎngluò 명 인터넷, 네트워크 **团购** tuángòu 동 공동 구매를 하다
消费者 xiāofèizhě 소비자 **青睐** qīnglài 동 주목하다, 흥미를 가지다

🏯 **알아 두면 시험이 쉬워지는 배경 지식**

> 신조어 **团购**(공동 구매)는 몇 년 전부터 급부상한 **电子商务模式**로, 소비자들이 자신들에게 필요한 상품을 좋은 가격에 공동으로 구매하는 방식을 지칭한다. **商家** 입장에서도 **团购** 방식으로 판매를 하면 **薄利多销**를 통해 이익을 볼 수 있기 때문에 고객들에게 본래의 가격보다 저렴하게 판매할 수 있다. 그래서 **团购**를 통해 상품을 구입하는 소비자들은 지속적으로 증가하고 있는 추세이다.
>
> **团购** tuángòu 공동 구매
> **电子商务模式** diànzǐ shāngwù móshì 전자 상거래 모델
> **商家** shāngjiā 상인, 사업가
> **薄利多销** bólìduōxiāo 박리다매[이익을 적게 보고 많은 수량을 파는 것]

¹⁰ 达成 ***
dáchéng

동 도달하다, 달성하다

在合作过程中实现双赢，才能更好地达成彼此的目标。

협력 과정에서 윈윈을 실현해야, 비로소 서로의 목표에 더욱 잘 도달할 수 있다.

合作 hézuò 동 협력하다 **实现** shíxiàn 동 실현하다, 달성하다
双赢 shuāngyíng 동 윈윈하다, 양쪽이 다 승리하다
彼此 bǐcǐ 때 서로, 피차, 상호 **目标** mùbiāo 명 목표

¹¹ 交易 ***
jiāoyì

동 거래하다, 교역하다 명 거래, 교역

人们可以用虚拟货币，在互联网进行交易。

사람들은 가상 화폐를 사용하여, 인터넷에서 거래하는 것을 진행할 수 있다.

经过几个月的艰苦谈判，我们终于达成了那笔交易。

몇 개월의 고된 담판을 거쳐, 우리는 비로소 그 거래를 달성할 수 있었다.

虚拟 xūnǐ 형 가상적인, 허구적인 **货币** huòbì 명 화폐
艰苦 jiānkǔ 형 고되다, 고달프다 **谈判** tánpàn 명 담판, 회담
达成 dáchéng 동 달성하다, 도달하다

12 事业 ***
shìyè

명 사업

술어 ←

规划**事业**时，我们不能只顾眼前的利益，而是要顾全大局。

사업을 계획할 때, 우리는 눈 앞의 이익만을 돌봐서는 안 되며, 전반적인 국면을 돌봐야 한다.

规划 guīhuà 图 계획하다, 기획하다　顾 gù 图 돌보다, 주의하다
利益 lìyì 圆 이익, 이득　顾全大局 gùquándàjú 웹 전반적인 국면을 돌보다

 시험에 이렇게 나온다!

듣기 **事业**(사업)는 듣기 제2부분에서 사업가 인터뷰가 나올 경우 자주 언급된다. **事业**와 함께 사업가 인터뷰에서 자주 출제되는 표현들을 알아 둔다.

事业繁荣 shìyè fánróng 사업이 번창하다
事业发展 shìyè fāzhǎn 사업이 발전하다
有成就的**事业** yǒu chéngjiù de shìyè 성취가 있는 사업
干一番伟大的**事业** gàn yì fān wěidà de shìyè 위대한 사업을 하다

13 创业 ***
chuàngyè

동 창업하다

李先生表示，**创业**的关键在于能否不惜代价，全力以赴。

리 선생은, 창업의 키포인트가 대가를 아끼지 않고, 전력투구할 수 있느냐 없느냐에 있다고 밝혔다.

在于 zàiyú 图 ~에 있다　不惜 bùxī 图 아끼지 않다
代价 dàijià 圆 대가, 물건값　全力以赴 quánlìyǐfù 웹 전력투구하다

 시험에 이렇게 나온다!

이합동사 **创业**는 创(시작하다)+业(사업)가 합쳐진 이합동사로, 목적어를 취할 수 없다.

创业小企业 소규모 기업을 창업하다 (X)
创业开办小企业 창업하여 소규모 기업을 설립하다 (O)

🏯 알아 두면 시험이 쉬워지는 배경 지식

중국 문화 **喜马拉雅FM**(히말라야FM)은 현재 중국에서 가장 이용객이 많은 **音频分享平台**로, 2012년 8월에 **陈小雨**와 **余建军**이 **创业**했다. 특히 **喜马拉雅FM**은 최근 중국의 유료 지식 컨텐츠 시장을 주도하고 있는데, 가령 **喜马拉雅FM**에서 제공하는 유료 팟캐스트인 '**好好说话**'는 출시된 지 10일 만에 약 1000만 위안이라는 매출을 기록했다. **喜马拉雅FM**은 이러한 사회적 영향력으로 인해 2017년 중국에서 가장 영향력 있는 TOP30 기업 중 하나로 선정되기도 하였다.

喜马拉雅FM Xǐmǎlāyǎ FM 히말라야FM
音频分享平台 yīnpín fēnxiǎng píngtái 팟캐스트 플랫폼
陈小雨 Chén Xiǎoyǔ 천 샤오위[히말라야FM 공동 창업자이자 CEO]
余建军 Yú Jiànjūn 위 지엔쥔[히말라야FM 공동 창업자이자 CEO]
好好说话 hǎohao shuōhuà 말 잘하기[히말라야FM에서 판매하는 유료 팟캐스트]

¹⁴创新 ***
chuàngxīn

⟶ 술어

동 혁신하다　명 창의성, 창의

如今，大数据移动互联网时代的金融创新变得尤为重要。

오늘날, 빅 데이터 모바일 인터넷 시대의 금융 혁신은 특히 중요하게 변했다.

他的计划书在形式上很有创新。

그의 기획안은 형식에서 창의성이 있다.

如今 rújīn 명 오늘날, 지금　大数据 dàshùjù 명 빅 데이터
移动互联网 yídòng hùliánwǎng 모바일 인터넷　时代 shídài 명 시대, 시절
金融 jīnróng 명 금융　尤为 yóuwéi 부 특히, 더욱이
形式 xíngshì 명 형식, 형태

시험에 이렇게 나온다!

이합동사 创新은 创(처음으로 만들다)+新(새것, 새로움)이 합쳐진 이합동사로, 목적어를 취할 수 없다.

创新科学研究　과학 연구를 혁신하다 (X)
在科学研究上创新　과학 연구에 있어 혁신하다 (O)

🏯 알아 두면 시험이 쉬워지는 배경 지식

일반상식 破坏式创新(파괴적 혁신)은 主流市场의 발전 추세를 거스르는 새로운 활동을 지칭한다. 이 개념은 하버드 대학교의 클레이튼 크리스텐슨 교수에 의해 언급되었다. 산업 기술과 시장이 발전하게 되면, 일정 시점부터 소비자들이 잘 활용하지 않는 고기능·고품질의 제품들이 출현한다. 이때, 일부 기업은 기존 상품보다 소비자가 필요로 하는 수준의 제품과 서비스만을 저렴하게 제공해서 경쟁 우위를 선점하는데, 이것이 바로 破坏式创新이다. 破坏式创新은 지속적인 기술 개발과 혁신을 통해서 점차 主流市场까지 잠식해갈 수 있다는 특징이 있다.

破坏式创新 pòhuàishì chuàngxīn 파괴적 혁신
主流市场 zhǔliú shìchǎng 주류 시장

¹⁵扣 ***
kòu

동 삭감하다, 공제하다

公司不应该随意扣员工工资，而是要遵照相关法律规定。

회사는 마음대로 직원의 임금을 삭감해서는 안되며, 관련 법률 규정을 따라야 한다.

随意 suíyì 부 마음대로　员工 yuángōng 명 직원, 종업원
遵照 zūnzhào 동 따르다, ~대로 하다　相关 xiāngguān 동 (서로) 관련되다

16 货币 **
huòbì

명 화폐

宋代的法定货币——交子被认为是世界上最早使
用的纸币。

송나라 시기의 법정 화폐인 교자는 세계에서 가장 일찍 사용된 지폐로 여
겨진다.

宋代 Sòngdài [고유] 송나라 시대   法定 fǎdìng [형] 법정의, 법률로 규정된
交子 jiāozǐ [명] 교자[송나라 시기에 민간에서 사용된 중국 최초의 지폐]
纸币 zhǐbì [명] 지폐

🏯 알아 두면 시험이 쉬워지는 배경 지식

[신조어] 社交货币(소셜 화폐)란 특정 브랜드나 상품에 대해 포스팅하거나 댓글을 다는
소비자들에게 기업이 지급하는 가상 货币이다. 社交媒体를 통해 마케팅을 진
행하는 기업들은 소비자들이 능동적으로 컨텐츠를 소비하는 환경을 만들고, 소
비자들의 충성도·관심도·흥미도에 따라 社交货币를 지급한다. 가령 미국 패
션 회사 마크 제이콥스는 社交媒体 활동을 社交货币로 환산하여 향수·목걸
이·핸드백 등과 교환해주는 팝업 스토어를 뉴욕 맨해튼에서 운영하기도 했다.

社交货币 shèjiāo huòbì 소셜 화폐
社交媒体 shèjiāo méitǐ 소셜 미디어

17 钞票 **
chāopiào

명 지폐, 돈

钞票又称"纸币", 这一名称起源于清朝咸丰年间。

지폐는 '종이돈'이라고도 부르는데, 이 명칭은 청나라 왕조 함풍 연간에 기
원한다.

称 chēng [동] 부르다, 칭하다   名称 míngchēng [명] 명칭
起源 qǐyuán [동] 기원하다 [명] 기원   清朝 Qīngcháo [고유] 청나라 왕조
咸丰 Xiánfēng [고유] 함풍[청나라 제9대 황제 문종(文宗)의 연호]

🏯 알아 두면 시험이 쉬워지는 배경 지식

[일반 상식] 塑料钞票(플라스틱 지폐)는 高分子聚合物를 재료로 사용한 钞票로, 塑质钞
票라고도 불린다. 1988년에 澳大利亚에서 최초로 발행하였다. 塑料钞票는 纸
币에 비해 내구성이 뛰어나고 위조가 어려우며, 위생적이고 재활용이 가능하다
는 특징이 있다. 하지만 플라스틱 특성상 열에 약하고, 접고 펴는 것이 쉽지 않다
는 단점도 있다. 현재까지 澳大利亚를 비롯하여 百慕大·文莱·新西兰 등의
국가에서 塑料钞票를 전면적으로 사용하고 있으며, 중국은 기념 화폐에 塑质
基片을 사용하고 있다.

塑料钞票 sùliào chāopiào 플라스틱 지폐
高分子聚合物 gāofēnzǐ jùhéwù 고분자 화합물, 고중합체, 고분자 폴리머
塑质钞票 sùzhì chāopiào 폴리머 지폐
澳大利亚 Àodàlìyà 오스트레일리아[호주]
纸币 zhǐbì 지폐
百慕大 Bǎimùdà 버뮤다 제도
文莱 Wénlái 브루나이
新西兰 Xīnxīlán 뉴질랜드
塑质基片 sùzhì jīpiàn 폴리머 기판

¹⁸ 储备 ** chǔbèi

[명] 비축한 물건 [동] 비축하다

`술어`
有些国家用增加外汇储备的方式应对金融危机。

일부 국가들은 외화 보유액을 늘리는 방식을 사용하여 금융 위기에 대응한다.

他们已经储备了足够的军备粮食以作备战之需。

그들은 전쟁 준비용으로 쓰기 위해 이미 충분한 군비 양식을 비축했다.

外汇储备 wàihuì chǔbèi 외화 보유액 方式 fāngshì [명] 방식, 방법
应对 yìngduì [동] 대응하다, 대처하다 金融 jīnróng [명] 금융
危机 wēijī [명] 위기 足够 zúgòu [동] 충분하다 军备 jūnbèi [명] 군비
粮食 liángshi [명] 양식, 식량 备战 bèizhàn [동] 전쟁을 준비하다

¹⁹ 攒 ** zǎn

[동] 저축하다, 모으다

不少手机理财软件不仅会帮人攒钱，还会教人如何理财。

많은 휴대폰 재테크 소프트웨어는 사람들이 돈을 저축하는 것을 도울 뿐만 아니라, 어떻게 재테크를 해야 하는지 가르쳐줄 수 있다.

理财 lǐcái [동] 재테크하다, 재산을 관리하다
软件 ruǎnjiàn [명] 소프트웨어, 애플리케이션

²⁰ 储蓄 chǔxù

[동] 저축하다, 비축하다 [명] 저금, 저축

他把省下的钱都储蓄到银行里了。

그는 남은 돈을 모두 은행에 저축했다.

他慷慨地拿出一辈子的储蓄，资助了那些无家可归的孩子。

그는 한평생의 저금을 아끼지 않고 내놓아, 돌아갈 집이 없는 그 아이들을 경제적으로 도왔다.

慷慨 kāngkǎi [형] 아끼지 않다, 대범하다 一辈子 yíbèizi [명] 한평생, 일생
资助 zīzhù [동] 경제적으로 돕다 无家可归 wújiākěguī [성] 돌아갈 집이 없다

🛕 **알아 두면 시험이 쉬워지는 배경 지식**

> 일반
> 상식 储蓄(저축)는 储蓄存款이라고도 불리는데, 은행과 같은 신용 기구의 중요한 자금원이다. 储蓄는 일반적으로 유형과 목적에 따라 活期存款·定期存款·零存整取·整存零取·定活两便 등이 있다.
>
> 储蓄存款 chǔxù cúnkuǎn 저축성 예금
>
> 活期存款 huóqī cúnkuǎn 당좌 예금, 보통 예금
>
> 定期存款 dìngqī cúnkuǎn 정기 예금
>
> 零存整取 língcún zhěngqǔ 직립식 예금, 석금
>
> 整存零取 zhěngcún língqǔ 저축성 예금[한 번에 일정 금액을 예치한 후 일정 기간 동안 맡기는 예금]
>
> 定活两便 dìnghuó liǎngbiàn 당좌수의 예금[사전에 예금 기한을 예정하지 않고, 정기적으로 예금하며 용이하게 찾을 수 있는 저축 예금의 형태]

21 资本 ** zīběn

명 자본, 밑천

国际资本市场保持扩张趋势，资本跨国流动范围不断扩大。 → 술어

국제 자본 시장은 확장 추세를 유지하고 있고, 자본의 국경을 넘나드는 유동 범위는 끊임없이 확대되고 있다.

市场 shìchǎng 명 시장　保持 bǎochí 동 유지하다, 지키다
扩张 kuòzhāng 동 (세력·영토 따위를) 확장하다, 넓히다
趋势 qūshì 명 추세　跨 kuà 동 넘나들다, 뛰어넘다
流动 liúdòng 동 유동하다　范围 fànwéi 명 범위
不断 búduàn 부 끊임없이, 부단히　扩大 kuòdà 동 확대하다, 넓히다

22 资产 zīchǎn

명 자산, 재산

我们要做好资产配置，从而使资产最大限度地发挥效用。

우리는 자산 배치를 잘 해서, 자산이 최대한으로 효용을 발휘할 수 있도록 해야 한다.

配置 pèizhì 동 배치하다, 안배하다　从而 cóng'ér 접 따라서, 그리하여
发挥 fāhuī 동 발휘하다　效用 xiàoyòng 명 효용, 효력

23 基金 ** jījīn

명 펀드, 기금

基金投资存在一定的风险，投资需谨慎。

펀드 투자는 어느 정도의 리스크가 존재하므로, 투자는 신중할 필요가 있다.

投资 tóuzī 명 투자　동 투자하다　存在 cúnzài 동 존재하다　명 존재
风险 fēngxiǎn 명 리스크, 위험　谨慎 jǐnshèn 형 신중하다, 조심스럽다

24 金融 jīnróng

명 금융

从目前的股市情况来看，金融市场还是比较景气的。

현재의 증시 상황에서 봤을 때, 금융 시장은 그래도 비교적 호황이다.

目前 mùqián 명 현재, 지금　股市 gǔshì 명 증시, 주식 시장
市场 shìchǎng 명 시장　景气 jǐngqì 형 호황이다, 경기가 좋다

25 股东 gǔdōng

명 주주, 출자자

上市公司的股东有了解公司内部信息的权利。

상장 회사의 주주는 사내 정보를 알 권리가 있다.

上市公司 shàngshì gōngsī 상장 회사　内部 nèibù 명 내부
信息 xìnxī 명 정보, 소식　权利 quánlì 명 권리

²⁶股份
gǔfèn

명 주식, 출자금

持有股票意味着占有了该公司的股份，获得了股东资格。 → 술어

주식을 보유한다는 것은 이 회사의 주식을 점유하여, 주주 자격을 획득했다는 것을 의미한다.

持有 chíyǒu 통 보유하다, 마음에 품다　**股票** gǔpiào 명 주식
意味着 yìwèizhe 통 의미하다, 뜻하다
占有 zhànyǒu 통 점유하다, 차지하다　**该** gāi 대 이
股东 gǔdōng 명 주주, 출자자　**资格** zīgé 명 자격

²⁷迹象
jìxiàng

명 징조, 조짐

种种迹象表明，当前债券市场的结构已经发生了巨变。

여러 가지 징조는, 현재 채권 시장의 구조에 이미 큰 변화가 일어났음을 나타낸다.

当前 dāngqián 명 현재, 현 단계　**债券** zhàiquàn 명 채권
市场 shìchǎng 명 시장　**结构** jiégòu 명 구조, 구성, 조직
巨变 jùbiàn 명 큰 변화, 격변

²⁸债券
zhàiquàn

명 채권

与股票、房地产等理财方式相比，债券的安全性相对较高。

주식, 부동산 등의 재테크 방식과 비교해 보면, 채권의 안전성은 상대적으로 높다.

股票 gǔpiào 명 주식　**房地产** fángdìchǎn 명 부동산
理财 lǐcái 통 재테크하다, 재산을 관리하다　**方式** fāngshì 명 방식, 방법
相比 xiāngbǐ 통 비교하다　**相对** xiāngduì 형 상대적이다

²⁹通货膨胀
tōnghuòpéngzhàng

반의어

通货紧缩 tōnghuòjǐnsuō
명 디플레이션, 통화 수축

명 인플레이션, 통화 팽창

国家通过控制货币发行量，抑制了通货膨胀的进一步加剧。

국가는 화폐 발행량을 통제함으로써, 인플레이션이 더욱 심해지는 것을 억제했다.

控制 kòngzhì 통 통제하다, 조절하다　**货币** huòbì 명 화폐
发行量 fāxíngliàng 발행량　**抑制** yìzhì 통 억제하다
加剧 jiājù 통 심해지다, 악화되다

30 担保
dānbǎo

[동] 담보하다, 보증하다

他以自己的房地产作为担保，向银行贷了一笔款。

> 술어

그는 자신의 부동산을 담보로 삼아, 은행에서 돈을 빌렸다.

房地产 fángdìchǎn [명] 부동산　作为 zuòwéi [동] ~으로 삼다
贷 dài [동] 빌리다, 빌려주다

31 偿还
chánghuán

[동] (빚) 상환하다, 갚다

信用卡持卡人应按时偿还欠款，以免影响个人信用。

신용 카드 소지자는 개인 신용에 영향을 주지 않도록, 제때 빚을 상환해야 한다.

持卡人 chíkǎrén 카드 소지자　欠款 qiànkuǎn [명] 빚 [동] 돈을 빚지다
以免 yǐmiǎn [접] ~하지 않도록　信用 xìnyòng [명] 신용 [형] 신용의

32 发财
fācái

[동] 부자가 되다, 큰돈을 벌다

理财的目的并非是发财，而是实现财富的保值、增值。

재테크의 목적은 결코 부자가 되는 것이 아니라, 부의 가치 유지와 가치의 증가를 실현하는 것이다.

理财 lǐcái [동] 재테크하다, 재산을 관리하다　财富 cáifù [명] 부(富), 재산
保值 bǎozhí [동] (원래의) 가치를 유지하다　增值 zēngzhí [동] 가치가 증가하다

 시험에 이렇게 나온다!

| 이합동사 | 发财는 发(번창하다)+财(재물, 재산)가 합쳐진 이합동사로, 목적어를 취할 수 없다. |

发财很多钱 많은 돈을 큰돈을 벌다 (X)
发大财 큰돈을 벌다 (O)

33 分红
fēnhóng

[동] (기업 등에서) 순이익을 배당하다, 이익을 분배하다

购买此类保险，可根据保险公司每年的盈利状况获得分红。

이런 종류의 보험을 구입하면, 보험 회사의 매년 이익 상황에 따라 순이익을 배당받을 수 있습니다.

保险 bǎoxiǎn [명] 보험　盈利 yínglì [명] 이익, 이윤
状况 zhuàngkuàng [명] 상황

 시험에 이렇게 나온다!

| 이합동사 | 分红은 分(분배하다)+红(이익)이 합쳐진 이합동사이다. 이합동사는 기본적으로 목적어를 취할 수 없지만, 分红은 예외적으로 목적어를 취할 수 있다. |

鼓励上市公司分红 상장사가 순이익을 배당하는 것을 독려하다 (목적어 없음)
分红一万元 1만 위안을 분배하다 (목적어 있음)

34 盖章
gàizhāng

○ 동 날인하다, 도장을 찍다

请仔细确认理财产品协议书中的所有内容，并签
字盖章。 → 술어

재테크 상품 합의서의 모든 내용을 자세히 확인하여, 서명 날인해 주십시오.

确认 quèrèn 동 확인하다 　**理财** lǐcái 동 재테크하다, 재산을 관리하다
产品 chǎnpǐn 명 상품, 제품 　**协议书** xiéyìshū 합의서, 협의서
签字 qiānzì 동 서명하다, 사인하다

 시험에 이렇게 나온다!

> **이합동사** 盖章은 盖(찍다)+章(도장)이 합쳐진 이합동사로, 목적어를 취할 수 없다.
> **盖章合同书** 계약서를 도장을 찍다 (X)
> **在合同书上盖章** 계약서 상에 도장을 찍다 (O)

35 高涨
gāozhǎng

○ 동 (정서·물가 등이) 고조하다, 급상승하다

近年来，投资者们对海外市场的投资热情持续高涨。

최근 몇 년 동안, 해외 시장에 대한 투자자들의 투자 열기가 고조되는 것이
지속되고 있다.

投资者 tóuzīzhě 투자자 　**海外** hǎiwài 명 해외 　**市场** shìchǎng 명 시장
投资 tóuzī 명 투자 동 투자하다 　**持续** chíxù 동 지속하다

36 缴纳
jiǎonà

○ 동 (규정에 따라) 납부하다, 납입하다

在多数情况下，股票交易时需要缴纳一定的手续费。

많은 경우에, 주식 거래 시 일정한 수수료를 납부하는 것이 필요하다.

股票 gǔpiào 명 주식 　**交易** jiāoyì 동 거래하다, 교역하다 명 거래, 교역
手续费 shǒuxùfèi 수수료, 수속비

37 挽回
wǎnhuí

○ 동 만회하다, (이권 등을) 회수하다

机敏的银行职员及时为客户挽回了经济损失。

기민한 은행 직원은 고객을 위해 제때 경제적 손실을 만회했다.

机敏 jīmǐn 형 기민하다, 민첩하다 　**职员** zhíyuán 명 직원
客户 kèhù 명 고객, 거래처 　**损失** sǔnshī 동 손실되다, 손해보다

38 预期 ★★
yùqī

○ 동 미리 기대하다, 예기하다

这则创意广告远远超出了策划人预期的效果。

이 창의적인 광고는 기획자가 미리 기대한 효과를 훨씬 뛰어넘었다.

则 zé 양 편, 토막 접 그러나 　**创意** chuàngyì 명 창의적, 창조적
远远 yuǎnyuǎn 부 훨씬, 크게
超出 chāochū 동 (어떤 수량이나 범위를) 뛰어넘다
策划人 cèhuàrén 기획자

39 结算
jiésuàn

🅑 결산하다

信用卡能提供结算服务，减少现金货币的使用。

신용 카드는 결산 서비스를 제공하여, 현금 화폐의 사용을 줄일 수 있다.

货币 huòbì 🅝 화폐

40 效益 ★★
xiàoyì

🅝 효과와 이익

这项新技术可以给公司带来可观的经济效益。

이 신기술은 회사에 대단한 경제적 효과와 이익을 가져다 줄 수 있다.

项 xiàng 🅜 조항, 조목 可观 kěguān 🅗 대단하다, 굉장하다

41 盈利
yínglì

🅝 (기업의) 이윤, 이익

引进3D煎饼打印机后，那家店的盈利比过去翻了几番。

3D 팬케이크 프린터를 도입한 후, 그 가게의 이윤은 과거보다 몇 배나 증가했다.

引进 yǐnjìn 🅓 도입하다 煎饼 jiānbing 🅝 팬케이크, 젠빙
翻 fān 🅓 (수량이) 배로 증가하다 番 fān 🅜 번, 차례, 회

42 指标 ★★
zhǐbiāo

🅝 지표, 수치

某些食品的销量被看作是判断经济发展情况的指标之一。

어떤 식품들의 판매량은 경제 발전 상황을 판단하는 지표 중 하나로 여겨진다.

某 mǒu 🅟 어떤, 아무 销量 xiāoliàng 🅝 판매량
看作 kànzuò 🅓 ~라고 여기다, ~로 간주하다

43 数额
shù'é

🅝 액수, 정액

未履行合同的一方，需向对方支付一定数额的违约金。

계약을 이행하지 않은 측에서는, 상대방에게 일정 액수의 위약금을 지불하는 것이 필요하다.

履行 lǚxíng 🅓 이행하다, 실행하다 合同 hétong 🅝 계약, 계약서
方 fāng 🅜 측, 편 对方 duìfāng 🅝 상대방, 상대편
支付 zhīfù 🅓 (돈을) 지불하다 违约金 wéiyuējīn 위약금

⁴⁴ 协议
xiéyì

🔴 몡 협의, 합의 동 협의하다, 합의하다

按条约规定，一经双方签署确认后，协议即刻生效。

조약 규정에 따라, 일단 양측의 정식 서명 확인을 거치고 나면, 협의에 즉시 효력이 발생한다.

经过双方协议，那个棘手的问题终于得到了妥善解决。

쌍방이 협의하는 것을 거쳐, 그 까다로운 문제는 마침내 적절한 해결을 얻었다.

条约 tiáoyuē 몡 조약 **一经** yìjīng 틧 (순서나 행위를) 거쳐, 통해
双方 shuāngfāng 몡 양측, 쌍방
签署 qiānshǔ 동 (중요한 문서상에) 정식 서명하다
确认 quèrèn 동 확인하다 **即刻** jíkè 틧 즉시, 곧, 바로
生效 shēngxiào 동 효력이 발생하다 **棘手** jíshǒu 혱 까다롭다, 난감하다
妥善 tuǒshàn 혱 적절하다, 알맞다

⁴⁵ 协商
xiéshāng

🔴 동 협의하다, 협상하다

双方就存在争议的问题进行了协商，最终签订了合同。

양측은 논쟁이 존재하는 문제에 대해 협의하는 것을 진행했고, 결국 계약을 맺었다.

双方 shuāngfāng 몡 양측, 쌍방 **存在** cúnzài 동 존재하다
争议 zhēngyì 동 논쟁하다, 쟁의하다
签订 qiāndìng 동 (계약 등을) 맺다, 체결하다
合同 hétong 몡 계약, 계약서

⁴⁶ 妥协 ★★
tuǒxié

반의어

斗争 dòuzhēng
동 투쟁하다, 싸우다

🔴 동 타협하다, 타결되다

在品牌经营过程中，也要懂得向市场妥协。

브랜드 경영 과정에서는, 시장과 타협할 줄도 알아야 한다.

品牌 pǐnpái 몡 브랜드, 상표 **经营** jīngyíng 동 경영하다, 운영하다
市场 shìchǎng 몡 시장

⁴⁷ 洽谈
qiàtán

🔴 동 협의하다, 상담하다

老板正在与合作方的负责人进行业务洽谈。

사장은 현재 협력 업체 측 담당자와 업무를 협의하는 것을 진행 중이다.

老板 lǎobǎn 몡 사장, 주인 **合作方** hézuòfāng 협력 업체 측
业务 yèwù 몡 업무

48 成交
chéngjiāo

동 거래가 성립하다, 매매가 성립되다

据报道，昨天的股票成交额已创历史新高。

보도에 따르면, 어제 주식 거래액은 이미 처음으로 사상 최고치를 기록했다고 한다.

报道 bàodào 명 보도 동 보도하다　股票 gǔpiào 명 주식
成交额 chéngjiāo'é 명 거래액　创 chuàng 동 (처음으로) ~하다

 시험에 이렇게 나온다!

이합동사 成交는 成(이루어지다)+交(거래, 교역)가 합쳐진 이합동사로, 목적어를 취할 수 없다.

以高价成交作品 높은 가격에 작품을 거래가 성립하다 (X)
作品以高价成交 작품이 높은 가격에 거래가 성립되다 (O)

49 弥补 **
míbǔ

동 메우다, 보완하다

事发后，银行尽力弥补了对客户造成的损失。

사건 발생 후, 은행은 고객에게 초래한 손실을 온 힘을 다해 메웠다.

尽力 jìnlì 동 온 힘을 다하다, 최선을 다하다　客户 kèhù 명 고객, 거래처
造成 zàochéng 동 초래하다, 조성하다　损失 sǔnshī 동 손실되다, 손해보다

 시험에 이렇게 나온다!

짝꿍표현 弥补를 활용한 다양한 짝꿍 표현들을 알아 둔다. 참고로, 弥补는 주로 부정적인 뜻을 가진 어휘를 목적어로 가진다.

弥补损失 míbǔ sǔnshī 손실을 메우다
弥补损害 míbǔ sǔnhài 손해를 메우다
弥补不足 míbǔ bùzú 부족함을 메우다
弥补缺憾 míbǔ quēhàn 유감스러운 점을 보완하다

50 补偿
bǔcháng

동 보상하다, 메우다

那家酒店补偿了客户的损失，重新赢得了信誉。

그 호텔은 고객의 손실을 보상해 주었고, 다시 신망을 얻었다.

客户 kèhù 명 고객, 거래처　损失 sǔnshī 동 손실되다, 손해보다
赢得 yíngdé 동 얻다, 획득하다　信誉 xìnyù 명 신망, 위신

51 垄断
lǒngduàn

동 독점하다, 독차지하다

这家大企业几乎垄断了国内的半导体市场。

이 대기업은 국내 반도체 시장을 거의 독점했다.

大企业 dàqǐyè 대기업　半导体 bàndǎotǐ 명 반도체
市场 shìchǎng 명 시장

52 瞄准
miáozhǔn

[동] 겨냥하다, 조준하다

他瞄准了市场空缺，适时推出了新产品，满足了
市场需求。

→ 술어

그는 시장의 공백을 겨냥하여, 적시에 신제품을 내놓아, 시장 수요를 충족
시켰다.

市场 shìchǎng [명] 시장　**空缺** kòngquē [명] 공백　**适时** shìshí [형] 적시에
推出 tuīchū [동] 내놓다　**产品** chǎnpǐn [명] 제품　**需求** xūqiú [명] 수요

53 赞助
zànzhù

[동] 찬조하다, 협찬하다

该企业被评选为下届奥运会的赞助企业。

이 기업은 다음 올림픽의 찬조 기업으로 선정되었다.

企业 qǐyè [명] 기업　**评选** píngxuǎn [동] 선정하다　**届** jiè [명] 회, 기
奥运会 Àoyùnhuì [명] 올림픽

54 批发
pīfā

[동] 도매하다

这些销路不好的产品可以低价批发给一些小商贩。

판로가 좋지 않은 이 제품들은 저가로 일부 소상인들에게 도매할 수 있다.

销路 xiāolù [명] (상품의) 판로　**小商贩** xiǎoshāngfàn 소상인

🏯 **알아 두면 시험이 쉬워지는 배경 지식**

> [중국문화] 中国义乌国际商贸城(중국 이우 국제 무역 센터)은 각종 小商品 상점들이 밀집
> 된 세계 최대의 批发市场이다. 이곳에 입점한 약 7만 5천 개의 점포에서는 전 세
> 계 小商品의 30%를 거래한다. 현재 中国义乌国际商贸城은 电子商务의 메카로
> 점점 탈바꿈하고 있는데, 특히 义乌购라는 플랫폼을 통해서 이곳에 입점한 모든
> 점포의 상품을 온라인에서 360도 돌려 가며 볼 수 있는 서비스를 제공하고 있다.
>
> **中国义乌国际商贸城** Zhōngguó Yìwū Guójì Shāngmàochéng
> 중국 이우 국제 무역 센터
> **小商品** xiǎoshāngpǐn 일상잡화, 일용품
> **批发市场** pīfā shìchǎng 도매 시장
> **电子商务** diànzǐ shāngwù 전자 상거래
> **义乌购** Yìwūgòu 이우쇼핑

55 奢侈 ★★
shēchǐ

[형] 사치스럽다

随着奢侈品消费市场的扩大，各大电商陆续涉足
奢侈品领域。

사치품 소비 시장의 확대에 따라, 각 대형 진자 상거래 업체들은 잇달아 사치
품 분야에 발을 들여놓았다.

[반의어]

朴素 pǔsù
[형] 소박하다, 수수하다

简朴 jiǎnpǔ
[형] 간소하다, 소박하다

奢侈品 shēchǐpǐn [명] 사치품　**消费** xiāofèi [동] 소비하다
电商 diànshāng [명] 전자 상거래 업체, 전자 상거래　**陆续** lùxù [부] 잇달아
涉足 shèzú [동] 발을 들여놓다　**领域** lǐngyù [명] 분야, 영역

56 合算
hésuàn

형 수지가 맞다　동 (종합적으로) 고려하다

在制定计划时，应考虑项目所需成本是多少，是
否合算。
→ 술어

계획을 수립할 때, 프로젝트에 소요되는 자본금이 얼마인지, 수지가 맞는
지 고려해야 한다.

这件事到底做还是不做，你要仔细合算。

이 일을 결국 할 것인지 말 것인지, 너는 면밀하게 고려해야 해.

制定 zhìdìng 동 수립하다, 제정하다　项目 xiàngmù 명 프로젝트, 항목
成本 chéngběn 명 자본금, 원가

57 财富 ★★
cáifù

명 부(富), 재산, 자산

一般来说，经营企业的首要目的是创造更多的物
质财富。

일반적으로 말하자면, 기업을 경영하는 가장 중요한 목적은 더 많은 물질적
부를 창출하는 것이다.

经营 jīngyíng 동 경영하다, 운영하다　企业 qǐyè 명 기업
首要 shǒuyào 형 가장 중요한　创造 chuàngzào 동 창출하다, 창조하다
物质 wùzhì 명 물질

58 贫困
pínkùn

형 빈곤하다, 곤궁하다

她竭尽全力经营了自己的小店，使家人摆脱了贫困。

그녀는 최선을 다해 자신의 작은 가게를 운영하여, 가족들을 빈곤에서 벗
어나게 했다.

반의어
富裕 fùyù
형 넉넉하다, 부유하다
동 풍요롭게 하다

竭尽全力 jiéjìnquánlì 성 최선을 다하다, 전력을 다하다
经营 jīngyíng 동 운영하다, 경영하다
摆脱 bǎituō 동 (속박·규제·생활상의 어려움 등에서) 벗어나다, 빠져 나오다

59 补贴 ★★
bǔtiē

명 보조금, 수당　동 보태주다, 보조하다

公司高层决定下月起将上调200元交通补贴。

회사 고위층은 다음달부터 교통 보조금을 200위안 올리기로 결정했다.

为了补贴家用，她每天放学后都要做两份兼职。

생활비에 보태기 위해, 그녀는 매일 하교 후 2개의 아르바이트를 해야 한다.

高层 gāocéng 명 고위층, 고층　형 고층의, 고위층의
上调 shàngtiáo 동 (가격을) 올리다　家用 jiāyòng 명 (가정의) 생활비
兼职 jiānzhí 명 아르바이트, 겸직　동 겸직하다

60 本钱
běnqián

명 밑천, 본전

→ 술어

那个企业家是用小本钱发家致富的典范。

그 기업가는 작은 밑천으로 집안을 일으켜 부유하게 한 모범 사례이다.

企业家 qǐyèjiā 기업가 **发家致富** fājiāzhìfù 집안을 일으켜 부유하게 하다
典范 diǎnfàn 몡 모범 사례, 본보기, 모범

61 个体 ★★
gètǐ

[반의어]

集体 jítǐ 몡 집단, 단체
群体 qúntǐ 몡 단체, 집단

명 개인, 개체

政府出台各种政策鼓励个体经营。

정부는 자영업을 장려하기 위해 각종 정책을 내놓고 있다.

政府 zhèngfǔ 몡 정부 **出台** chūtái 동 (정책 등을) 내놓다, 공포하다
政策 zhèngcè 몡 정책 **个体经营** gètǐjīngyíng 자영업, 개인 경영

62 法人
fǎrén

명 법인

成立企业法人的手续终于办完了，我不禁百感交集。

기업 법인을 설립하는 수속이 마침내 끝나, 나는 참을 수 없을 정도로 만감이 교차했다.

成立 chénglì 동 (조직·기구를) 설립하다, 결성하다 **企业** qǐyè 몡 기업
手续 shǒuxù 몡 수속, 절차
不禁 bùjīn 뷔 참을 수 없을 정도로, 견디지 못하게
百感交集 bǎigǎnjiāojí 젱 만감이 교차하다

63 开支 ★★
kāizhī

명 지출, 비용 동 지출하다, 지불하다

按照公司的预算制度，每笔开支都需要得到批准。

회사의 예산 제도에 따라, 모든 지출은 승인을 얻는 것이 필요하다.

他的消费观是，没必要用的钱，坚决不开支。

그의 소비관은, 쓸 필요가 없는 돈은, 단호히 지출하지 않는 것이다.

预算 yùsuàn 몡 예산 동 예산하다 **制度** zhìdù 몡 제도
批准 pīzhǔn 동 승인하다, 허가하다 **消费观** xiāofèiguān 소비관
必要 bìyào 휑 필요하다 **坚决** jiānjué 휑 단호하다, 결연하다

64 经费
jīngfèi

명 (사업·지출상의) 경비, 비용

为了帮助公司渡过难关，员工们自觉减少了经费的使用。

회사가 난관을 극복하는 깃을 톱기 위해서, 직원들은 자발적으로 경비 사용을 줄였다.

渡过 dùguò 동 극복하다, 겪다, 건너가다 **难关** nánguān 몡 난관
员工 yuángōng 몡 직원, 종업원
自觉 zìjué 휑 자발적이다, 자각적이다 동 자각하다

65 赤字
chìzì

반의어

盈余 yíngyú
명 이윤, 흑자
동 이익이 남다, 흑자가 되다

명 적자, 결손

→ 술어

公司领导层察觉到, 解决债务和赤字问题迫在眉睫。

회사 수뇌부에서는, 채무와 적자 문제를 해결하는 것이 매우 시급하다는 것을 알아차렸다.

领导层 lǐngdǎocéng 수뇌부, 지도층　**察觉** chájué 동 알아차리다
债务 zhàiwù 명 채무, 빚
迫在眉睫 pòzàiméijié 성 매우 시급하다, 매우 긴박하다

🏯 **알아 두면 시험이 쉬워지는 배경 지식**

> 일반상식 **赤字**(적자)는 원래 붉은 잉크로 교정을 본 글자나 기호들을 뜻하는 말이었다. 하지만 회계 장부를 기록할 때 지출이 수입보다 많을 경우 회계 장부에 손실 금액을 빨간 글씨로 기입하게 되면서, **赤字**는 지출이 수입을 초과한 상태 또는 초과 금액을 가리키는 말로 사용되게 되었다.

66 亏损
kuīsǔn

동 적자가 나다

由于经营不善, 那家工厂连续四年亏损, 面临破产危机。

경영을 잘하지 못했기 때문에, 그 공장은 4년 연속으로 적자가 나서, 파산 위기에 직면했다.

经营 jīngyíng 동 경영하다, 운영하다
不善 búshàn 동 잘하지 못하다　형 좋지 않다
工厂 gōngchǎng 명 공장　**连续** liánxù 동 연속하다, 계속하다
面临 miànlín 동 직면하다, 당면하다　**破产** pòchǎn 동 파산하다

67 季度
jìdù

명 분기

公司第一季度的销售业绩良好, 顺利实现了阶段性目标。

회사의 1분기 판매 실적이 양호하여, 단계적 목표를 순조롭게 달성했다.

销售 xiāoshòu 동 판매하다, 팔다　**业绩** yèjì 명 실적, 업적
良好 liánghǎo 형 양호하다, 좋다　**实现** shíxiàn 동 달성하다, 실현하다
阶段性 jiēduànxìng 단계적　**目标** mùbiāo 명 목표

68 纠纷 ★★
jiūfēn

명 분규, 갈등

该企业因未按合同履行义务而陷入了经济纠纷。

이 기업은 계약에 따라 의무를 이행하지 않아서 경제 분규에 말려들었다.

该 gāi 대 이　**企业** qǐyè 명 기업　**合同** hétong 명 계약, 계약서
履行 lǚxíng 동 이행하다, 실행하다　**义务** yìwù 명 의무
陷入 xiànrù 동 (불리한 지경에) 말려들다, 빠지다

69 骨干
gǔgàn

명 핵심 인물, 핵심적인 것

在新产品研发上，技术骨干和高管之间出现了意见分歧。

→ 술어

신제품 연구 개발에서, 핵심 기술자와 고위 임원 사이에 의견 차이가 생겼다.

研发 yánfā 동 연구 개발하다 **高管** gāoguǎn 명 고위 임원
分歧 fēnqí 명 (사상·의견·기록 등의) 차이, 불일치

 시험에 이렇게 나온다!

| 짝꿍 표현 | 骨干을 활용한 다양한 짝꿍 표현들을 알아 둔다. |

骨干单位 gǔgàn dānwèi 핵심 회사
骨干企业 gǔgàn qǐyè 핵심 기업
骨干力量 gǔgàn lìliang 핵심 역량
骨干员工 gǔgàn yuángōng 핵심 직원

70 全局
quánjú

명 전체 국면, 대세

企业领导要有全局观念，应从整体和长期的角度考虑问题。

기업 총수는 전체 국면을 바라보는 사고 방식이 있어야 하며, 총체적이고 장기적인 관점에서 문제를 고려해야 한다.

全局观念 quánjú guānniàn 전체 국면을 바라보는 사고 방식
整体 zhěngtǐ 명 (한 집단의) 총체, 전체 **角度** jiǎodù 명 관점, 각도

71 商标
shāngbiāo

명 상표

作为企业的品牌形象，商标图案具有很强的识别性。

기업의 브랜드 이미지로서, 상표 도안은 매우 강한 식별력을 가진다.

作为 zuòwéi 개 ~로서 **形象** xíngxiàng 명 이미지, 형상
图案 tú'àn 명 도안 **识别性** shībiéxìng 식별력

72 租赁
zūlìn

동 임대하다, 빌려 쓰다, 임차하다

退休后，他租赁了20亩土地，开始经营了自己的果园。

퇴직 후, 그는 20묘의 토지를 임대하여, 자신의 과수원을 경영하기 시작했다.

亩 mǔ 양 묘 **土地** tǔdì 명 토지 **果园** guǒyuán 명 과수원

 시험에 이렇게 나온다!

| 짝꿍 표현 | 租赁을 활용한 다양한 짝꿍 표현들을 알아 둔다. |

租赁业 zūlìnyè 임대업
租赁服务 zūlìn fúwù 임대 서비스, 렌탈 서비스
租赁物品 zūlìn wùpǐn 임대 물품, 렌탈 물품

73 创立 **
chuànglì

동 창립하다, 창설하다

该品牌<u>创立</u>于20世纪10年代，至今已有100多年 ← 술어
历史。

이 브랜드는 1910년대에 창립되어, 현재까지 이미 100여 년의 역사를 가지고 있다.

年代 niándài 圐 년대, 시대 **至今** zhìjīn 凰 현재까지

 시험에 이렇게 나온다!

짝꿍 표현 创立를 활용한 다양한 짝꿍 표현들을 알아 둔다.
由 A 创立 B yóu A chuànglì B A에 의해 창립된 B
创立于 A(날짜, 년도) chuànglì yú A A에 창립되다

74 转让 **
zhuǎnràng

동 (재물이나 권리를) 양도하다, 넘겨주다

由于资金周转遇到困难，他不得不<u>转让</u>店面。

자금 운용에 어려움을 맞닥뜨려, 그는 어쩔 수 없이 매장을 양도했다.

周转 zhōuzhuǎn 동 운용되다 **店面** diànmiàn 圐 매장

75 崩溃
bēngkuì

동 (정치·경제·군사 등이) 붕괴하다, 파산하다

该国面临经济<u>崩溃</u>，正在经历世界上最严重的通货膨胀。

이 국가는 경제가 붕괴되는 것에 직면하여, 세계에서 가장 심각한 인플레이션을 겪고 있다.

通货膨胀 tōnghuòpéngzhàng 圐 인플레이션, 통화 팽창

76 倒闭
dǎobì

동 (상점·회사·기업 등이) 도산하다, 망하다, 폐업하다

金融危机导致多家企业<u>倒闭</u>，一些大企业也在劫难逃。

금융 위기는 여러 기업의 도산을 야기했는데, 일부 대기업 또한 재앙을 피할 수 없었다.

반의어
开张 kāizhāng
동 개장하다, 개업하다

金融 jīnróng 圐 금융 **危机** wēijī 圐 위기
导致 dǎozhì 동 야기하다 **在劫难逃** zàijiénántáo 셩 재앙을 피할 수 없다

77 周转
zhōuzhuǎn

동 운용되다, 돌다

经营一家企业时，可能会遇到资金<u>周转</u>不开的情况。

한 기업을 경영할 때, 자금이 운용되지 않는 상황에 부딪힐 수 있다.

经营 jīngyíng 동 경영하다, 운영하다

⁷⁸ 兑现
duìxiàn

[동] 약속을 지키다, (수표·어음 등을) 현금으로 바꾸다

→ 술어

工厂果然兑现了承诺，向每位消费者给予了一次性补偿。

공장은 역시 약속을 지켜, 모든 소비자에게 일회성 보상을 주었다.

手机银行的使用日趋普遍，但支票兑现业务仍需到银行窗口办理。

모바일 뱅킹의 사용이 나날이 보편화되고 있지만, 수표를 현금으로 바꾸는 업무는 여전히 은행 창구에 가서 처리하는 것이 필요하다.

工厂 gōngchǎng 몡 공장　**果然** guǒrán 閉 역시
承诺 chéngnuò 동 약속하다　**给予** jǐyǔ 동 주다
补偿 bǔcháng 동 보상하다　**日趋** rìqū 閉 나날이　**支票** zhīpiào 몡 수표
业务 yèwù 몡 업무　**窗口** chuāngkǒu 몡 창구

⁷⁹ 扭转
niǔzhuǎn

[동] 전환하다, 바로잡다

新任总裁采取了一系列措施，扭转了公司亏损的局面。

신임 총재는 일련의 조치를 취하여, 회사의 적자 국면을 전환하였다.

新任 xīnrèn 몡 신임　**总裁** zǒngcái 몡 총재　**采取** cǎiqǔ 동 취하다
一系列 yíxìliè 몡 일련의　**措施** cuòshī 몡 조치
亏损 kuīsǔn 동 적자나다　**局面** júmiàn 몡 국면

⁸⁰ 招标
zhāobiāo

[동] 입찰 공고하다, 청부 입찰자를 모집하다

总裁决定，这次按照公平竞争的原则进行公开招标。

총재는, 이번에 공평한 경쟁의 원칙에 따라 공개 입찰 공고를 진행하기로 결정했다.

原则 yuánzé 몡 원칙　**公开** gōngkāi 휑 공개적인

 시험에 이렇게 나온다!

[이합동사] 招标는 招(모집하다)+标(입찰)가 합쳐진 이합동사로, 목적어를 취할 수 없다.
招标建筑工程 건축 공사를 입찰 공고하다 (X)
对建筑工程招标 건축 공사에 대해 입찰 공고하다 (O)

⁸¹ 遍布 **
biànbù

[동] 널리 퍼지다, 널리 분포하다

她的川菜馆如今已遍布全国，成为了家喻户晓的餐饮企业。

그녀의 쓰촨 음식점은 오늘날 이미 전국으로 널리 퍼져, 집집마다 다 아는 요식업 기업이 되었다.

家喻户晓 jiāyùhùxiǎo 셍 집집마다 다 알다　**餐饮** cānyǐn 몡 요식업

⁸²连锁
liánsuǒ

형 체인처럼 연결되다, 연쇄적이다

那家<u>连锁</u>酒店已<u>开</u>了2000多个分店。

그 체인 호텔은 이미 2000여 개가 넘는 지점을 열었다.

分店 fēndiàn 명 지점, 분점

 시험에 이렇게 나온다!

짝꿍표현 连锁를 활용한 다양한 짝꿍 표현들을 알아 둔다.

连锁店 liánsuǒdiàn 체인점
连锁经营 liánsuǒ jīngyíng 체인식 경영
连锁企业 liánsuǒ qǐyè 체인 기업

⁸³兴隆
xīnglóng

형 번창하다, 흥성하다

这对兄弟的早餐店门庭若市，生意十分兴隆。

이 형제의 아침 식당은 문전성시를 이루어, 사업이 매우 번창한다.

兄弟 xiōngdì 명 형제   **门庭若市** méntíngruòshì 셍 문전성시를 이루다

⁸⁴执着 **
zhízhuó

형 집요하다, 집착하다

那个企业家认为，成功的关键在于对事业的专注
和<u>执着</u>。

그 기업가는, 성공의 키포인트는 사업에 대한 전념과 집요함에 있다고 생각한다.

企业家 qǐyèjiā 기업가   **在于** zàiyú 동 ~에 있다   **事业** shìyè 명 사업
专注 zhuānzhù 형 전념하다, 집중하다

 시험에 이렇게 나온다!

짝꿍표현 执着를 활용한 짝꿍 표현을 알아 둔다.

执着精神 zhízhuó jīngshén 집요한 정신, 끈질긴 정신

⁸⁵雄厚
xiónghòu

반의어
薄弱 bóruò
형 박약하다, 취약하다

형 (인력·물자 등이) 충분하다, 풍부하다

那家工厂不仅资金充足、设备精良，而且技术实力
雄厚。

그 공장은 자금이 충분할 뿐만 아니라 설비도 훌륭하고, 기술 실력 또한 충분하다.

工厂 gōngchǎng 명 공장   **资金** zījīn 명 자금
充足 chōngzú 형 충분하다, 충족하다   **设备** shèbèi 명 설비, 시설
精良 jīngliáng 형 훌륭하다, 정교하고 우수하다   **实力** shílì 명 실력, 힘

연습문제 **체크체크!**

제시된 뜻에 해당하는 단어를 중국어로 써 보세요.

01 노점; 펼쳐 놓다, 늘어놓다 ------------------

02 삭감하다, 공제하다 ------------------

03 부자가 되다, 큰돈을 벌다 ------------------

04 체인처럼 연결되다, 연쇄적이다 ------------------

05 주다, 부여하다 ------------------

제시된 단어로 하나의 문장을 완성하세요.

06 在于　全力以赴　关键　能否　创业的

----

07 再次　今日股票　成交量　历史新高　创下

----

08 盈利状况　获得分红　你可以　根据　公司的

----

09 工程项目　对该　公开招标　总裁决定　进行

----

10 签字盖章　请　合同上的　确认　内容后

----

09. 总裁决定对该工程项目进行公开招标。　10. 请确认合同上的内容后签字盖章。
06. 创业的关键在于能否全力以赴。　07. 今日股票成交量再次创下历史新高。　08. 你可以根据公司的盈利状况获得分红。
정답: 01. 摆摊 02. 扣 03. 发财 04. 连锁 05. 给予

* 06~10번 문제 해석은 해커스중국어(china.Hackers.com)에서 다운로드 받으세요.

HSK 6급 시험에 나오는 고난도 어휘

☑ 잘 외워지지 않는 단어는 ☐에 체크해 두고 다음에 반복 암기합니다.

☐ 硬币	yìngbì	명 동전	
☐ 社交货币	shèjiāo huòbì	소셜 화폐	
☐ 欧姆龙环	ōumǔlóng huán	오므론 링[화폐 위조 방지 기술의 일종]	
☐ 外汇	wàihuì	명 외화	
☐ 保险柜	bǎoxiǎnguì	명 금고	
☐ 积蓄	jīxù	동 저축하다, 출적하다 명 저금	
☐ 理财	lǐcái	동 재산을 관리하다, 재테크하다	
☐ 透支	tòuzhī	동 지출이 수입을 초과하다, (정신·체력을 지나치게 써서) 한계를 넘다	
☐ 兆	zhào	수 메가	
☐ 赋税	fùshuì	명 토지세 등 각종 세금의 총칭	
☐ 拨付	bōfù	동 (금액을) 이체하여 지불하다	
☐ 假造	jiǎzào	동 날조하다, 가짜를 만들다	
☐ 打水漂	dǎ shuǐpiāo	낭비하다, 물수제비를 뜨다	
☐ 谷底	gǔdǐ	명 최저점, 골짜기의 맨 밑바닥	
☐ 众筹	zhòngchóu	명 크라우드 펀딩[웹이나 모바일 네트워크 등을 통해 다수의 개인으로부터 자금을 모으는 행위]	
☐ 瞬息万变	shùnxīwànbiàn	성 순식간에 많은 변화를 일으키다, 변화가 아주 빠르고 많다	
☐ 电商	diànshāng	명 电子商务[전자 상거래의 줄임말]	
☐ 商圈	shāngquān	명 상권, 상업 밀집 지역	
☐ 旺季	wàngjì	명 성수기, 한창인 때	
☐ 趋向	qūxiàng	명 추세, 경향 동 ~방향으로 발전하다	

☐ 共享经济	gòngxiǎng jīngjì	공유 경제
☐ 交易平台	jiāoyì píngtái	거래 플랫폼
☐ 快闪店	kuàishǎndiàn	팝업 스토어
☐ 线下服务	xiànxià fúwù	오프라인 서비스
☐ 订货单	dìnghuòdān	몡 주문서
☐ 免单	miǎndān	동 계산을 면제받다, 공짜로 하다
☐ 低廉	dīlián	형 싸다, 저렴하다
☐ 差价	chājià	몡 가격 차이
☐ 飙升	biāoshēng	동 (가격이) 급격히 오르다, (수량이) 급격히 많아지다
☐ 成交额	chéngjiāo'é	몡 거래액
☐ 回馈	huíkuì	동 보답하다, 사례하다
☐ 共赢	gòngyíng	동 모두가 이익을 얻다, 함께 이기다
☐ 双赢	shuāngyíng	동 양쪽 다 승리하다, 윈윈(win-win)하다
☐ 谋取	móuqǔ	동 도모하다, 방법을 꾀하다
☐ 仿造	fǎngzào	동 모조하다[이미 있는 것을 그대로 따라 하거나 본떠서 만드는 것]
☐ 楼盘	lóupán	몡 (부동산의) 매물
☐ 客流量	kèliúliàng	몡 승객의 유동량
☐ 漕运	cáoyùn	동 (식량을) 수로로 운반하다
☐ 惰性	duòxìng	몡 비활성, 타성[오래되어 굳어진 좋지 않은 버릇이나 습관]
☐ 迁移	qiānyí	동 이전하다, 이주하다

DAY 22

품질이 곧 경쟁력

제조 · 생산 · 운송

주제를 알면 HSK가 보인다!

HSK 6급에서는 제조 공정이나 설비, 전통 공예품의 제조 방법, 운송 등과 관련된 문제가 자주 출제돼요. 따라서 '비싸다', '정교하다', '견고하다', '합성하다', '섬유'와 같은 제조·생산·운송 관련 단어들을 집중적으로 학습하면 이러한 문제를 쉽게 풀 수 있어요.

🎧 단어, 예문 MP3

그 티셔츠, 제가 사겠습니다!

날이면 날마다 오는 게 아닙니다!

옷 세일 중인가 보네.

자자, 웬만한 昂贵한 티셔츠들보다 훨씬 더 精致하고 坚固합니다! 순면 100%!

딱 봐도 合成 纤维구만…

저런 걸 누가 사나 몰라…

10장, 아니 20장 주세요!

너구나…

---

08 **昂贵** ángguì 〔형〕 비싸다

13 **合成** héchéng 〔동〕 합성하다

06 **精致** jīngzhì 〔형〕 정교하다

18 **纤维** xiānwéi 〔명〕 (천연 또는 인공의) 섬유

15 **坚固** jiāngù 〔형〕 견고하다, 튼튼하다

01 机械 ***
jīxiè

명 기계, 기계 장치 형 융통성이 없다, 기계적이다

超高强度钢用于制造各种高端机械的关键构件。 →술어

초강력 강철은 각종 첨단 기계의 중요 부품을 만들 때 사용된다.

张部长采用的这个工作方法太机械了。

장 부장이 채택한 이 작업 방법은 너무 융통성이 없다.

超高强度钢 chāogāoqiángdù gāng 초강력 강철   **制造** zhìzào 통 만들다
高端 gāoduān 첨단   **构件** gòujiàn 명 부품, 부재

02 缺陷 ***
quēxiàn

명 결함, 결점

再小的缺陷也会对高档瓷器的价格产生很大的影响。

아무리 작은 결함이라도 고급 도자기의 가격에 큰 영향이 생기게 할 수 있다.

高档 gāodàng 형 고급의   **瓷器** cíqì 명 도자기
产生 chǎnshēng 통 생기다, 나타나다

03 体积 ***
tǐjī

명 체적, 부피

这台机械设备体积比较小，而且噪音也不大。

이 기계 설비는 체적이 비교적 작고, 소음도 크지 않다.

机械 jīxiè 명 기계   **设备** shèbèi 명 설비   **噪音** zàoyīn 명 소음

04 图案 ***
tú'àn

명 도안

这位工匠设计的门窗图案精致典雅。

이 장인이 설계한 문과 창문의 도안은 정교하고 우아하다.

工匠 gōngjiàng 명 장인, 공예가   **设计** shèjì 통 설계하다
精致 jīngzhì 형 정교하다, 섬세하다   **典雅** diǎnyǎ 형 우아하다

🏯 **알아 두면 시험이 쉬워지는 배경 지식**

> 중국문화 吉祥图案(길상도안)은 '돈(富), 권력·명예(贵), 장수(寿), 결혼·우정(喜)'을 나타내는 상징적인 图案들을 가리킨다. 吉祥图案에서 가장 많이 사용되는 상징물로는 용·봉황·이무기 등이 있는데, 이들은 대부분 권력이나 권세가를 상징한다. 또 중국에서 많이 사용하는 吉祥图案 중에는 三多를 상징하는 것도 있다. 三多는 多福·多寿·多子를 의미하는데, 多福는 부처의 손, 多寿는 복숭아, 多子는 석류·포도·조롱박을 사용하여 图案을 구성한다. 중국의 吉祥图案은 약 3000여 년의 역사를 가지고 있으며, 현재까지도 중국인들의 일상생활과 밀접한 관계를 맺고 있는 전통문화이다.
>
> **吉祥图案** jíxiáng tú'àn 길상도안
> **三多** sānduō 복·수명·자손이 많은 것의 세 가지 행복
> **多福** duō fú 복이 많다, 다복하다
> **多寿** duō shòu 장수하다
> **多子** duō zǐ 자손이 많다

05 局限 ★★★
júxiàn

[동] 국한하다, 한정하다

如今，扇子的形状多种多样，不再局限于圆形。 ← 술어

오늘날, 부채의 모양은 다양하고, 더 이상 원형에만 국한되지 않는다.

如今 rújīn [명] 오늘날, 지금　**扇子** shànzi [명] 부채

形状 xíngzhuàng [명] 모양, 형태　**圆形** yuánxíng [명] 원형

06 精致 ★★★
jīngzhì

[형] 정교하다, 섬세하다

这个品牌的家具十分精致、时尚，且设计感十足。

이 브랜드의 가구는 매우 정교하고 스타일리시하며, 게다가 디자인 감각이 뛰어나다.

品牌 pǐnpái [명] 브랜드, 상표　**时尚** shíshàng [형] 스타일리시하다

设计感 shèjìgǎn 디자인 감각　**十足** shízú [형] 뛰어나다, 충분하다

07 美观 ★★★
měiguān

[형] (형식·구성 등이) 보기 좋다, 예쁘다

著名的工匠做的这套器皿虽然昂贵一些，但十分美观。

저명한 장인이 만든 이 그릇 세트는 비록 약간 비싸지만, 매우 보기 좋다.

工匠 gōngjiàng [명] 장인, 공예가　**器皿** qìmǐn [명] 그릇

昂贵 ángguì [형] 비싸다

08 昂贵 ★★★
ángguì

[반의어]
便宜 piányi [형] 싸다
低廉 dīlián [형] 싸다, 저렴하다

[형] 비싸다

人造牙釉质虽然造价昂贵，但有望成为制造业的新材料。

인조 에나멜은 비록 제조비는 비싸지만, 제조업에서의 새로운 재료가 될 가능성이 있다.

人造 rénzào [형] 인조의　**牙釉质** yáyòuzhì [명] 에나멜

造价 zàojià [명] 제조비　**有望** yǒuwàng [동] 가능성이 있다, 전망이 있다

制造业 zhìzàoyè 제조업

09 原先 ★★★
yuánxiān

[명] 최초, 이전, 본래

比起原先的设计，现在的设计具有更强的实用性。

최초의 디자인과 비교해보면, 지금의 디자인이 더 큰 실용성을 가지고 있다.

设计 shèjì [명] 디자인　**实用性** shíyòngxìng 실용성

10 铜 ★★★
tóng

[명] 동, 구리

作为有色金属，铜广泛<u>应用</u>于建筑、电子工业等
领域。

비철 금속으로서, 동은 건축, 전자 공업 등의 분야에서 광범위하게 사용된다.

作为 zuòwéi [개] ~로서
有色金属 yǒusè jīnshǔ 비철 금속[철 이외의 공업용 금속]
广泛 guǎngfàn [형] 광범위하다 应用 yìngyòng [동] 사용하다, 응용하다
建筑 jiànzhù [명] 건축 工业 gōngyè [명] 공업 领域 lǐngyù [명] 분야, 영역

🧑 시험에 이렇게 나온다!

[짝꿍 표현] 铜을 활용한 다양한 짝꿍 표현들을 알아 둔다.
青铜器 qīngtóngqì 청동기
铜版 tóngbǎn 동판

11 腐蚀 ★★★
fǔshí

[동] 부식하다, 썩어 문드러지다

铜是人类最早使用的金属，具有耐腐蚀的特点。

동은 인류가 가장 처음 사용한 금속으로, 부식을 견디는 특징을 가지고 있다.

铜 tóng [명] 동, 구리 人类 rénlèi [명] 인류 金属 jīnshǔ [명] 금속
耐 nài [동] 견디다, 참다

12 加工 ★★★
jiāgōng

[동] 가공하다, 다듬다

把食物加工成罐装食品前，必须对其进行高温杀菌。

음식물을 통조림 식품으로 가공하기 전에, 반드시 그 음식물에 고온 살균을 진행해야 한다.

食物 shíwù [명] 음식물 罐装食品 guànzhuāng shípǐn 통조림 식품
杀菌 shājūn [동] 살균하다

🧑 시험에 이렇게 나온다!

[이합 동사] 加工은 加(더하다)+工(생산 노동)이 합쳐진 이합동사이다. 이합동사는 기본적으로 목적어를 취할 수 없지만, 加工은 예외적으로 목적어를 취할 수 있다.
进行加工 가공을 진행하다 (목적어 없음)
加工碳纤维 탄소 섬유를 가공하다 (목적어 있음)

13 合成 ***
héchéng

[동] 합성하다

合成材料是将不同的物质复合而成的材料。

→ 술어

합성 재료는 다른 물질들을 결합하여 만든 재료이다.

物质 wùzhì [명] 물질 复合 fùhé [동] 결합하다, 복합하다

 시험에 이렇게 나온다!

> **짝꿍 표현** 合成을 활용한 다양한 짝꿍 표현들을 알아 둔다.
>
> **合成化学物质** héchéng huàxué wùzhì 합성 화학 물질
> **合成体** héchéngtǐ 합성체 ≒ 결합체, 복합체
> **合成染料** héchéng rǎnliào 합성 염료
> **合成树脂** héchéng shùzhī 합성 수지

14 坚硬 ***
jiānyìng

[반의어]
柔软 róuruǎn
[형] 유연하다, 부드럽다

[형] 단단하다, 견고하다

工业钻石十分坚硬，它主要用于加工高档装饰品。

공업용 다이아몬드는 매우 단단해서, 그것은 고급 장식품을 가공하는 데에 주로 사용된다.

工业 gōngyè [명] 공업 钻石 zuànshí [명] 다이아몬드, 금강석
加工 jiāgōng [동] 가공하다, 다듬다 高档 gāodàng [형] 고급의
装饰品 zhuāngshìpǐn [명] 장식품

15 坚固 ***
jiāngù

[형] 견고하다, 튼튼하다

本厂生产的门窗框架既美观又坚固。

본 공장에서 생산한 문과 창문의 프레임은 보기 좋고 견고하다.

厂 chǎng [명] 공장 生产 shēngchǎn [동] 생산하다
框架 kuàngjià [명] 프레임(frame), 골조 美观 měiguān [형] 보기 좋다

16 产业 ***
chǎnyè

[명] 산업, 공업, (주로 개인 소유의) 부동산

劳动密集型产业是指多依靠劳动力、少依靠技术的产业。

노동 밀집형 산업은 노동력에 많이 의존하고, 기술에 적게 의존하는 산업을 가리키는 것이다.

劳动 láodòng [명] 노동 密集型 mìjíxíng 밀집형 依靠 yīkào [동] 의존하다

17 需求 ***
xūqiú

[명] 수요, 필요

公司一般按市场需求调整产品的产量。

기업은 일반적으로 시장의 수요에 따라 제품의 생산량을 조절한다.

市场 shìchǎng [명] 시장 调整 tiáozhěng [동] 조절하다
产品 chǎnpǐn [명] 제품, 생산품 产量 chǎnliàng [명] 생산량

18 **纤维** ★★★
xiānwéi

● 명 (천연 또는 인공의) 섬유

那家企业主要生产具有调节体温功能的特殊纤维。

그 기업은 체온을 조절하는 기능을 갖춘 특수 섬유를 주로 생산한다.

企业 qǐyè 명 기업 **生产** shēngchǎn 동 생산하다
调节 tiáojié 동 조절하다, 조정하다 **功能** gōngnéng 명 기능, 효능
特殊 tèshū 형 특수하다, 특별하다

19 **细菌** ★★★
xìjūn

● 명 세균

化妆品接触细菌时容易变质，因此在生产过程中
要多加注意。

화장품은 세균과 접촉할 때 변질되기 쉬우므로, 생산 과정에서 더욱 주의해
야 한다.

化妆品 huàzhuāngpǐn 명 화장품 **接触** jiēchù 동 접촉하다, 닿다
变质 biànzhì 동 변질되다 **生产** shēngchǎn 동 생산하다

20 **确保** ★★★
quèbǎo

● 동 확실히 보장하다, 확보하다

为了确保安全，进入工厂车间之前，一定要戴好
安全帽。

안전을 확실히 보장하기 위해, 공장 작업장에 들어가기 전에, 반드시 안전
모를 써야 한다.

工厂 gōngchǎng 명 공장 **车间** chējiān 명 작업장, 생산 현장

21 **物资** ★★★
wùzī

● 명 물자

开封发达的水利网络便于调配物资。

카이펑의 발달한 수리 네트워크는 물자를 이동시켜 배치하기에 편리하다.

开封 Kāifēng 고유 카이펑[중국 허난성에 위치한 도시]
发达 fādá 형 발달하다 **水利** shuǐlì 명 수리, 수리 공사
网络 wǎngluò 명 네트워크 **便于** biànyú 동 (~하기에) 편리하다, 쉽다
调配 diàopèi 동 이동시켜 배치하다

22 包装 ***
bāozhuāng

명 포장 동 포장하다

→ 술어

运输包装按外形可分为包、箱、袋等。

운수 포장은 외형에 따라 꾸러미, 상자, 자루 등으로 나눌 수 있다.

这些玻璃杯要包装得牢固一些，不然容易破损。

이 유리잔들은 좀 튼튼하게 포장되어야 하는데, 그렇지 않으면 파손되기 쉽다.

运输 yùnshū 동 운수하다 袋 dài 명 자루, 주머니
玻璃杯 bōlibēi 유리잔 牢固 láogù 형 튼튼하다, 견고하다
不然 bùrán 접 그렇지 않으면 破损 pòsǔn 동 파손되다, 파손시키다

🏯 **알아 두면 시험이 쉬워지는 배경 지식**

일반
상식　软包装(유연 포장)은 종이 · 铝箔 · 纤维 · 塑料薄膜처럼 유연성이 좋은 재료로
包装된 것을 지칭한다. 반면 硬包装(강성 포장)은 금속 · 유리 · 도자기처럼 외
부로부터 힘을 받아도 모양이 변형되지 않는 재료로 包装된 것을 지칭한다. 참
고로, 软包装은 硬包装에 비해 활용 범위가 매우 넓고 형태와 디자인도 매우 다
양하기 때문에 包装产业에서 차지하는 비중이 점점 높아지고 있다.

软包装 ruǎnbāozhuāng 유연 포장
铝箔 lǚbó 알루미늄박
纤维 xiānwéi 섬유
塑料薄膜 sùliào bómó 플라스틱 박막[플라스틱으로 만든 얇은 막]
硬包装 yìngbāozhuāng 강성 포장
包装产业 bāozhuāng chǎnyè 포장 산업

23 密封 ***
mìfēng

동 밀봉하다, 밀폐하다

经过密封处理的纯天然蜂蜜可以保存很长时间。

밀봉 처리를 거친 천연 벌꿀은 긴 시간 동안 보존될 수 있다.

处理 chǔlǐ 동 처리하다, 해결하다 纯天然 chúntiānrán 천연
蜂蜜 fēngmì 명 벌꿀 保存 bǎocún 동 보존하다

 시험에 이렇게 나온다!

짝꿍
표현　密封을 활용한 다양한 짝꿍 표현들을 알아 둔다.
密封空间 mìfēng kōngjiān 밀폐 공간
密封处理 mìfēng chǔlǐ 밀봉 처리
密封包装 mìfēng bāozhuāng 밀봉 포장

²⁴ 变质 ★★★
biànzhì

[동] (주로 나쁜 쪽으로) 변질되다

→ 술어

运输新鲜食物时，冷藏车有助于防止食品变质。

신선 식품을 운송할 때, 냉장차는 식품이 변질되는 것을 방지하는 데에 도움이 된다.

运输 yùnshū [동] 운송하다　食物 shíwù [명] 식품, 음식물
冷藏车 lěngcángchē 냉장차　防止 fángzhǐ [동] 방지하다

 시험에 이렇게 나온다!

[이합동사] 变质은 变(변하다)+质(품질, 성질)이 합쳐진 이합동사로, 목적어를 취할 수 없다.

变质药品 약품을 변질되다 (X)
药品变质 약품이 변질되다 (O)

🏯 알아 두면 시험이 쉬워지는 배경 지식

[일반상식] 罐装食品(통조림)은 식품을 高温杀菌한 후 真空包装을 해서 용기 내외의 공기 유통을 차단하고, 외부에서 침입하는 미생물과 식품 자체에 붙어 있던 미생물들을 살균하기 때문에, 방부제 없이도 식품의 变质을 막고 장기 저장이 가능하도록 한 제품이다. 罐装食品의 제조법은 1809년 프랑스의 니콜라 아페르가 처음 고안했으며, 1810년 영국의 피터 듀란드에 의해 양철 용기를 사용하는 방법이 고안되었다. 이후 罐装食品은 전 세계 식품 산업의 중요한 부분을 차지하게 되었다.

罐装食品 guànzhuāng shípǐn 통조림
高温杀菌 gāowēn shājūn 고온 살균
真空包装 zhēnkōng bāozhuāng 진공 포장

²⁵ 模型 ★★
móxíng

[명] 모형

他耗时九个月制作了这款精致的飞机模型。

그는 9개월의 시간을 써서 이 정교한 비행기 모형을 제작했다.

耗时 hàoshí 시간을 쓰다, 시간을 소모하다　制作 zhìzuò [동] 제작하다
精致 jīngzhì [형] 정교하다, 섬세하다

²⁶ 附件
fùjiàn

[명] 부품, 관련 문서

这块儿童手表是用无毒性金属附件制作的。

이 아동용 손목시계는 무독성 금속 부품을 사용하여 만든 것이다.

无毒性 wúdúxìng 무독성　金属 jīnshǔ [명] 금속
制作 zhìzuò [동] 만들다, 제작하다

21　DAY 22　23　24　25　26　27　28　29　30　해커스 HSK 6급 단어장

27 配套
pèitào

동 조립하다, 맞추다

经过三年的研究，李教授终于完善了自动化配套系统。

→ 술어

3년간의 연구 끝에, 리 교수는 마침내 자동화 조립 시스템을 완벽하게 했다.

完善 wánshàn 동 완벽하게 하다　自动化 zìdònghuà 동 자동화하다
系统 xìtǒng 명 시스템, 계통

 시험에 이렇게 나온다!

> 짝꿍표현 **配套**를 활용한 다양한 짝꿍 표현들을 알아 둔다.
>
> **配套**产品 pèitào chǎnpǐn 조립 제품
> **配套**工程 pèitào gōngchéng 조립 공정
> **配套**企业 pèitào qǐyè 조립 업체
> **配套**成龙 pèitào chénglóng
> (설비나 장치 등을) 적절하게 조립하여 하나로 조합하다 ≒ 체계화하다

> 이합동사 **配套**는 配(맞추다, 배합하다)+套(완전한 세트)가 합쳐진 이합동사로, 목적어를 취할 수 없다.
>
> **配套**鞋子 신발을 맞추다 (X)
> 跟鞋子**配套** 신발과 맞추다 (O)

28 固体
gùtǐ

명 고체

没有专用工具，就无法测量这种不规则固体的体积。

전용 공구 없이는, 이런 불규칙적인 고체의 체적을 측량할 수 없다.

专用 zhuānyòng 동 전용하다　工具 gōngjù 명 공구, 도구
测量 cèliáng 동 측량하다　不规则 bù guīzé 불규칙적인
体积 tǐjī 명 체적, 부피

29 皮革
pígé

명 피혁, 가죽

18世纪，科技的发展为皮革工业的发展奠定了基础。

18세기, 과학 기술의 발전은 피혁 공업의 발전에 기초를 다졌다.

工业 gōngyè 명 공업　奠定 diàndìng 동 다지다, 닦다

30 裁缝
cáifeng

명 재봉사

过去，他只是个平凡的裁缝，后来成为了著名的时装设计师。

과거에, 그는 단지 평범한 재봉사였지만, 후에 저명한 패션 디자이너가 되었다.

平凡 píngfán 형 평범하다, 보통이다　时装 shízhuāng 명 패션
设计师 shèjìshī 디자이너

31 纺织 **
fǎngzhī

[동] 방직하다

纺织的起源可以追溯到原始社会。
방직의 기원은 원시 사회로 거슬러 올라갈 수 있다.

起源 qǐyuán [명] 기원　追溯 zhuīsù [동] 거슬러 올라가다
原始 yuánshǐ [형] 원시의, 최초의

32 浸泡 **
jìnpào

[동] (오랜 시간 물에) 담그다, 잠그다

制造藏纸时，需要先把木料浸泡一天。
장지를 만들 때, 먼저 목재를 하루 동안 담그는 것이 필요하다.

制造 zhìzào [동] 만들다　藏纸 Zàngzhǐ [고유] 장지[티베트에서 생산되는 종이]

33 搅拌 **
jiǎobàn

[동] 휘젓다, 반죽하다

制作发泡水泥时，先把发泡剂用搅拌方式进行充分发泡。
폼 콘크리트를 만들 때, 먼저 발포제를 휘젓는 방식으로 충분히 발포를 진행한다.

制作 zhìzuò [동] 만들다, 제작하다　发泡水泥 fāpào shuǐní 폼 콘크리트
发泡剂 fāpàojì [명] 발포제　发泡 fāpào 발포하다

34 锤
chuí

[동] 쇠망치로 치다, 단련하다　[명] 쇠망치, 해머

这块铁板十分坚硬，用铁锤锤打也不能把它敲平。
이 철판은 매우 견고해서, 쇠망치로 쳐도 그것을 두들겨 평평하게 할 수 없다.

铁匠仅用这个小小的锤子，瞬间就把金子锤薄了。
대장장이는 이 작은 쇠망치만 사용하여, 눈 깜짝할 사이에 금을 쳐서 얇게 폈다.

铁板 tiěbǎn [명] 철판　坚硬 jiānyìng [형] 견고하다　铁锤 tiěchuí [명] 쇠망치
平 píng [형] 평평하다　铁匠 tiějiang [명] 대장장이
瞬间 shùnjiān [명] 눈 깜짝할 사이, 순간　薄 báo [형] 얇다

잠깐 锤가 명사로 쓰일 경우 뒤에 子가 붙을 때가 많아요.

35 粉碎
fěnsuì

[형] 산산조각나다　[동] 분쇄하다, 가루로 만들다

这种钢化玻璃即使碎了也不会完全粉碎。
이러한 강화 유리는 깨지더라도 완전히 산산조각이 나지 않는다.

你要先把这些材料粉碎好，然后再进行加工。
당신은 먼저 이 재료들을 분쇄하고, 그 후에 가공을 진행해야 합니다.

钢化 gānghuà [동] 강화하다, 열처리하다　玻璃 bōli [명] 유리
碎 suì [동] 깨지다, 부수다　加工 jiāgōng [동] 가공하다, 다듬다

36 弱点 ★★
ruòdiǎn

[반의어]

优点 yōudiǎn 몡 장점, 우수한 점

몡 약점, 단점

→ 술어

这台手机有一个致命的弱点，就是屏幕不够坚硬。

이 휴대폰에는 치명적인 약점이 있는데, 바로 스크린이 충분히 견고하지 않다는 것이다.

致命 zhìmìng 동 치명적이다, 목숨을 잃게 할 수 있다
屏幕 píngmù 몡 스크린(screen)　坚硬 jiānyìng 혱 견고하다

37 生锈
shēngxiù

동 녹이 슬다

搽油可以防止金属表面生锈。

기름을 칠하는 것은 금속 표면이 녹이 스는 것을 방지할 수 있다.

搽 chá 동 칠하다, 바르다　防止 fángzhǐ 동 방지하다
金属 jīnshǔ 몡 금속　表面 biǎomiàn 몡 표면, 겉

38 腐烂
fǔlàn

동 부패하다, 부식하다

这种特殊容器有助于防止食物腐烂。

이러한 특수 용기는 음식물이 부패하는 것을 방지하는 데에 도움이 된다.

特殊 tèshū 혱 특수하다, 특별하다　容器 róngqì 몡 용기
防止 fángzhǐ 동 방지하다　食物 shíwù 몡 음식물

39 柔和
róuhé

[반의어]

强烈 qiángliè
혱 강렬하다, 세차고 강하다

혱 연하고 부드럽다

触感柔和的丝绸通常用于制作睡衣。

촉감이 연하고 부드러운 실크는 일반적으로 잠옷을 만드는 데 사용된다.

丝绸 sīchóu 몡 실크, 비단　通常 tōngcháng 뷔 일반적으로, 보통
制作 zhìzuò 동 만들다, 제작하다

40 纯粹 ★★
chúncuì

[반의어]

混杂 hùnzá 동 섞다, 섞이다

혱 순수하다, 깨끗하다　뷔 순전히, 완전히

经过复杂的加工过程，一枚纯粹的铂金戒指终于诞生了。

복잡한 가공 과정을 거쳐, 순수한 백금 반지 하나가 비로소 탄생했다.

他每天什么都不干，只等待幸运降临，这纯粹是浪费时间。

그는 매일 아무것도 하지 않고, 행운이 찾아 오기만을 기다리는데, 이는 순전히 시간을 낭비하는 것이다.

加工 jiāgōng 동 가공하다, 다듬다　铂金 bójīn 몡 백금　戒指 jièzhi 몡 반지
诞生 dànshēng 동 탄생하다, 태어나다　等待 děngdài 동 기다리다
幸运 xìngyùn 몡 행운　降临 jiànglín 동 찾아오다, 강림하다

41 耐用 **
nàiyòng

[형] 오래 쓸 수 있다, 질기다

我们的目标就是建造更坚固、耐用的房子。
술어

우리의 목표는 더 견고하고, 오래 쓸 수 있는 집을 짓는 것이다.

目标 mùbiāo [명] 목표 **建造** jiànzào [동] 짓다, 건설하다
坚固 jiāngù [형] 견고하다, 튼튼하다

42 精密
jīngmì

[형] 정밀하다

为了防止事故发生，要随时确认机器的部件是否
装配得精密准确。

사고가 발생하는 것을 방지하기 위해, 기계의 부품이 정밀하고 정확하게 조
립되어 있는지 수시로 확인해야 한다.

防止 fángzhǐ [동] 방지하다 **事故** shìgù [명] 사고
随时 suíshí [부] 수시로, 언제나 **确认** quèrèn [동] 확인하다
机器 jīqì [명] 기계 **部件** bùjiàn [명] 부품 **装配** zhuāngpèi [동] 조립하다

43 专利 **
zhuānlì

[명] 특허

他们为最新研发的太阳能电池板生产技术申请了
专利。

그들은 가장 최근에 연구 개발한 태양 에너지 전지판 생산 기술에 대해 특
허를 신청했다.

研发 yánfā [동] 연구 개발하다 **太阳能** tàiyángnéng [명] 태양 에너지
电池板 diànchíbǎn 전지판 **生产** shēngchǎn [동] 생산하다

44 支柱 **
zhīzhù

[명] 지주, 버팀목

有色金属产业是中国的支柱产业之一。

비철 금속 산업은 중국의 지주 산업 중 하나이다.

有色金属 yǒusè jīnshǔ 비철 금속[철 이외의 공업용 금속]
产业 chǎnyè [명] 산업, 공업

🏯 알아 두면 시험이 쉬워지는 배경 지식

> 일반상식 支柱产业(지주 산업)는 한 국가의 산업에 있어 가장 기초가 되는 산업이다. 支柱产业는 국가 경제 시스템에서 가장 중요한 위치를 차지하고 있는데, 주로 전력·철강·화학·광산·도로 교통 산업 등이 여기에 해당한다. 참고로 현재 중국의 支柱产业는 전자 기계·석유 화학·자동차 제조·건축업이다.
>
> **支柱产业** zhīzhù chǎnyè 지주 산업, 기간 산업

45 出路
chūlù

● 명 (상품의) 판로, 출로, 발전의 여지

如果你们不抛弃陈旧的观念，这个工厂是很难找到新出路的。

만약 당신들이 낡은 관념을 버리지 않는다면, 이 공장은 새로운 판로를 찾기 어려울 것입니다.

抛弃 pāoqì 통 버리다, 포기하다　陈旧 chénjiù 형 낡다, 오래 되다
观念 guānniàn 명 관념, 생각　工厂 gōngchǎng 명 공장

술어 ←

46 淡季
dànjì

반의어

旺季 wàngjì 명 성수기

● 명 비성수기

炎热的夏季是棉衣生产的淡季。

무더운 여름은 솜옷 생산의 비성수기이다.

炎热 yánrè 형 (날씨가) 무덥다　棉 mián 명 솜, 면화
生产 shēngchǎn 통 생산하다

47 振兴
zhènxīng

● 통 진흥시키다

作为农业振兴政策的一环，政府决定向农民支付一定金额的补贴。

농업 진흥 정책의 일환으로서, 정부는 농민에게 일정 금액의 보조금을 지급하기로 결정했다.

作为 zuòwéi 개 ~로서　农业 nóngyè 명 농업　政策 zhèngcè 명 정책
政府 zhèngfǔ 명 정부　农民 nóngmín 명 농민　支付 zhīfù 통 지급하다
金额 jīn'é 명 금액　补贴 bǔtiē 명 보조금

잠깐 振兴은 열심히 발전시켜 흥성하게 하는 것을 의미하고, Day13의 83번 复兴(부흥하다)은 쇠퇴했던 것을 다시 일으키는 것을 의미해요.

48 领先
lǐngxiān

반의어

落后 luòhòu
통 뒤처지다, 늦어지다
형 낙후되다, 뒤떨어지다

● 통 앞장서다 리드하다, 선두에 서다

我们厂家的生产技术以及生产量在同行业里一直遥遥领先。

우리 공장의 생산 기술과 생산량은 동종 업계에서 줄곧 크게 앞서 왔습니다.

厂家 chǎngjiā 명 공장, 제조업자　生产 shēngchǎn 통 생산하다
以及 yǐjí 접 ~과, 및　同行业 tónghángyè 동종 업계
遥遥 yáoyáo 형 (거리가) 크다, 까마득하다

⁴⁹ 要素 ★★
yàosù

명 요소

保罗·罗默认为生产的三大要素是材料、人力资本
和新思想。

述어

폴 로머는 생산의 3대 요소를 재료, 인력 자원 그리고 새로운 아이디어라
고 생각한다.

保罗·罗默 Bǎoluó Luómò 고유 폴 로머[미국의 경제학자]
生产 shēngchǎn 통 생산하다   **资本** zīběn 명 자원, 자본
思想 sīxiǎng 명 아이디어

⁵⁰ 幅度 ★★
fúdù

명 (사물의 변동) 폭

最近的异常高温现象使冰激凌产量大幅度增
加了。

최근의 이상 고온 현상은 아이스크림의 생산량을 대폭 증가하게 하였다.

异常 yìcháng 형 이상하다   **现象** xiànxiàng 명 현상
冰激凌 bīngjīlíng 명 아이스크림   **产量** chǎnliàng 명 생산량

⁵¹ 操纵
cāozòng

유의어

操作 cāozuò 통 조작하다
控制 kòngzhì 통 통제하다

동 (기계·기기 등을) 다루다, (부당한 방법으로) 조종하다

厂长不允许未受充分训练的工人单独操纵大型
机器。

공장장은 충분한 훈련을 받지 못한 노동자가 단독으로 대형 기계를 다루는
것을 허락하지 않는다.

厂长 chǎngzhǎng 공장장   **充分** chōngfèn 형 충분하다
训练 xùnliàn 통 훈련하다   **工人** gōngrén 명 노동자
单独 dāndú 부 단독으로   **大型** dàxíng 형 대형의   **机器** jīqì 명 기계

 시험에 이렇게 나온다!

유의어 操纵 : 操作(cāozuò, 조작하다) : 控制(kòngzhì, 통제하다)

操纵은 기계를 제어한다는 뜻 외에도 정당하지 못한 수단을 사용하여
사람이나 사물을 조작하거나 지배한다는 뜻도 가지고 있다.

操纵机器 cāozòng jīqì 기계를 다루다
操纵市场 cāozòng shìchǎng 시장을 조종하다

操作는 기계를 제어하여 일을 한다는 뜻을 가지고 있다.

操作机器 cāozuò jīqì 기계를 조작하다
操作方法 cāozuò fāngfǎ 조작 방법

控制은 사람의 감정이나 기분 또는 기계 등을 목적어로 가질 수 있으며,
단어 자체에 긍정적이거나 부정적인 뜻을 담고 있지 않다.

控制食欲 kòngzhì shíyù 식욕을 통제하다
控制系统 kòngzhì xìtǒng 시스템을 통제하다, 제어 시스템

⁵² **截至**
jiézhì

⬤ 동 (시간적으로) ~에 이르다, ~까지 마감이다

술어 ↙

<u>截至</u>目前，参加这次公开招标的供应商已<u>达到</u>
100家。

현재에 이르러, 이번 공개 입찰에 참가한 공급업체는 이미 100곳에 달한다.

目前 mùqián 명 현재, 지금 **公开** gōngkāi 형 공개적인
招标 zhāobiāo 동 입찰하다, 청부 입찰자를 모집하다
供应商 gōngyìngshāng 공급업체 **达到** dádào 동 달하다, 이르다

⁵³ **丙** ★★
bǐng

⬤ 명 병(丙), (순서·등급에서) 세 번째

根据厚度、填充物和锁具，防盗门可<u>分</u>为甲、乙、
丙、丁级。

두께, 충전재 및 자물쇠에 따라, 방범용 철문은 갑, 을, 병, 정급으로 나눌
수 있다.

厚度 hòudù 명 두께 **填充物** tiánchōngwù 충전재 **锁具** suǒjù 자물쇠
防盗门 fángdàomén 방범용 철문 **甲** jiǎ 명 갑, 첫 번째
乙 yǐ 명 을, 두 번째 **丁** dīng 명 정, 네 번째

⁵⁴ **器材** ★★
qìcái

유의어

器械 qìxiè 명 기계, 기구

⬤ 명 기구, 기자재

工人要求公司在每个生产设施的周围配备消防<u>器材</u>。

노동자들은 모든 생산 시설 주위에 소방 기구를 배치해 줄 것을 회사에 요
구했다.

工人 gōngrén 명 노동자 **生产** shēngchǎn 동 생산하다
设施 shèshī 명 시설 **配备** pèibèi 동 배치하다, 배분하다
消防 xiāofáng 동 소방하다

 시험에 이렇게 나온다!

유의어 **器材：器械**(qìxiè, 기계, 기구)

器材는 주로 재료를 가리킨다.
照相器材 zhàoxiàng qìcái 촬영 기자재
铁路器材 tiělù qìcái 철로 기자재

器械는 주로 완성품을 가리킨다.
医疗器械 yīliáo qìxiè 의료 기계
健美器械 jiànměi qìxiè 헬스 기구

⁵⁵ **容器** ★★
róngqì

⬤ 명 용기

这种管状<u>容器</u>是专门为保管调味汁而<u>生产</u>的。

이러한 튜브형 용기는 특별히 소스를 보관하기 위해 생산되는 것이다.

管状 guǎnzhuàng 튜브형 **保管** bǎoguǎn 동 보관하다
调味汁 tiáowèizhī 소스 **生产** shēngchǎn 동 생산하다

56 轮胎
lúntāi

명 타이어

德国产轮胎因经久耐用, 而受到全球消费者的青睐。

술어 →

독일산 타이어는 내구성이 뛰어나고 오래 쓸 수 있어, 전 세계 소비자들의
사랑을 받는다.

德国 Déguó 고유 독일　经久 jīngjiǔ 형 내구성이 뛰어나다
耐用 nàiyòng 형 오래가다　青睐 qīnglài 동 사랑하다, 흥미를 가지다

57 配备 ★★
pèibèi

명 (세트를 이루거나 이미 잘 갖추어진) 설비나 장비
동 배치하다, 배분하다

那家纺织企业不愿引进先进配备, 只想固守传统
的生产方式。

그 방직 기업은 현대화 장비를 들여오기를 원치 않고, 전통적인 생산 방식
을 고수하기만을 원한다.

这艘船的每个客舱里都为乘客们配备了救生衣。

이 배의 모든 객실에는 승객들을 위해 구명조끼를 배치했다.

纺织 fǎngzhī 동 방직하다　企业 qǐyè 명 기업　引进 yǐnjìn 동 들여오다
先进 xiānjìn 형 현대화의, 선진의　固守 gùshǒu 동 고수하다
传统 chuántǒng 형 전통적이다　生产 shēngchǎn 동 생산하다
方式 fāngshì 명 방식　艘 sōu 양 척　客舱 kècāng 명 객실
救生衣 jiùshēngyī 명 구명조끼

58 一流
yīliú

형 일류의, 일등의

使用一流材料制作高质量的产品是我们公司的
标语。

일류 원료를 사용하여 높은 품질의 제품을 만드는 것은 우리 회사의 모토
이다.

产品 chǎnpǐn 명 제품, 생산품　标语 biāoyǔ 명 모토, 표어

59 次品
cìpǐn

명 질이 낮은 물건, 등외품

为了减少次品, 老板决定叫人检查生产设施。

질이 낮은 물건을 줄이기 위해, 사장은 사람을 불러 생산 시설을 검사하기
로 결정했다.

老板 lǎobǎn 명 사장, 주인　生产 shēngchǎn 동 생산하다
设施 shèshī 명 시설

⁶⁰ **缺口**
quēkǒu

명 빈틈, 흠집

为了补上供货的缺口，这家轮胎工厂开始24小时<u>运转</u>。 _{술어}

물품 공급의 빈틈을 메우기 위해, 이 타이어 공장은 24시간 가동을 시작했다.

供货 gōnghuò 동 물품을 공급하다 **轮胎** lúntāi 명 타이어
工厂 gōngchǎng 명 공장 **运转** yùnzhuǎn 동 가동하다, 돌아가다

---

⁶¹ **空隙** ★★
kòngxì

명 틈, 간격, 기회

车间主任利用生产空隙，给工人们进行了设备培训。

현장 주임은 생산의 틈을 이용하여, 일꾼들에게 설비 교육을 실시했다.

车间 chējiān 명 현장, 작업장 **主任** zhǔrèn 명 주임
利用 lìyòng 동 이용하다 **生产** shēngchǎn 동 생산하다
工人 gōngrén 명 일꾼 **设备** shèbèi 명 설비, 시설
培训 péixùn 동 교육하다, 훈련하다

---

⁶² **供给** ★★
gōngjǐ

동 공급하다

那家工厂只管加工，而原材料由供应商供给。

그 공장에서는 가공만 담당하고, 원자재는 공급업체가 공급한다.

工厂 gōngchǎng 명 공장 **加工** jiāgōng 동 가공하다, 다듬다
供应商 gōngyìngshāng 공급업체

---

⁶³ **扩充**
kuòchōng

[반의어]
缩减 suōjiǎn
동 줄이다, 축소하다, 감축하다

동 확충하다

公司近来扩充了一套生产线，从而满足了日益增加的需求量。

회사는 최근 생산 라인 한 세트를 확충하여, 날로 증가하는 수요량을 충족시켰다.

近来 jìnlái 명 최근 **生产线** shēngchǎnxiàn 명 생산 라인
从而 cóng'ér 접 이로 인해, 그래서 **满足** mǎnzú 동 충족시키다
日益 rìyì 부 날로 **需求量** xūqiúliàng 명 수요량, 필요량

---

⁶⁴ **齐全** ★★
qíquán

[반의어]
短缺 duǎnquē
동 결핍하다, 부족하다, 모자라다

형 완전히 갖추다, 완비하다

新建的工厂设施齐全，工作环境良好。

새로 지은 공장은 시설이 완전히 갖추어져 있고, 작업 환경이 양호하다.

工厂 gōngchǎng 명 공장 **设施** shèshī 명 시설
良好 liánghǎo 형 양호하다, 만족스럽다

잠깐 齐全과 Day18의 77번 完备(완비되어 있다)는 모두 '있어야 할 것이 모두 갖추어져 있음'을 의미하지만, 齐全은 주로 물품이나 시설에 대해서만 사용돼요.

65 况且 **
 kuàngqiě

유의어

何况 hékuàng 접 하물며

접 게다가, 하물며

目前人力有限, 况且设备也不齐全, 只能延期生产。 ← 술어

현재 인력에 한계가 있고, 게다가 설비도 완비되어 있지 않아, 생산을 연기할 수밖에 없다.

目前 mùqián 명 현재, 지금　有限 yǒuxiàn 형 한계가 있다, 유한하다
设备 shèbèi 명 설비, 시설　齐全 qíquán 형 완비하다, 완벽히 갖추다
延期 yánqī 동 (기간을) 연기하다, 연장하다　生产 shēngchǎn 동 생산하다

 시험에 이렇게 나온다!

유의어 况且 : 何况(hékuàng, 하물며)

况且는 평서문에 사용된다.

这种产品质量好, 况且也不贵, 我就买一套吧。
이 제품은 품질도 좋고, 게다가 그리 비싸지도 않으니, 나는 한 세트 사야겠어.

何况은 반문할 때 사용되며, 况且보다 의미가 더 강하고 확고하다. 주로 更, 又와 같은 부사와 함께 쓸 수 있다.

连本地人都不太了解这里的地理位置, 更何况我呢?
현지인조차 이곳의 지리적 위치를 잘 모르는데, 하물며 나는 더 어떻겠니?

66 陈旧 <br> chénjiù

반의어

新鲜 xīnxiān 형 신선하다
新颖 xīnyǐng
형 참신하다, 새롭고 독특하다, 신선하다

형 낡다, 오래되다, 케케묵다

由于设备陈旧, 生产出来的产品频繁出现质量问题。

설비가 낡아서, 생산되는 제품에 품질 문제가 빈번하게 발생한다.

设备 shèbèi 명 설비, 시설　生产 shēngchǎn 동 생산하다
产品 chǎnpǐn 명 제품, 생산품　频繁 pínfán 형 빈번하다, 잦다

67 墨水儿 <br> mòshuǐr

명 잉크, 먹물

打印机缺少墨水儿, 请你快去更换一下墨盒。

프린터에 잉크가 부족하니, 빨리 잉크 카트리지를 바꿔 주세요.

更换 gēnghuàn 동 바꾸다　墨盒 mòhé 명 잉크 카트리지

🏯 알아 두면 시험이 쉬워지는 배경 지식

중국문화 중국에는 '喝墨水(儿)'라는 말이 있다. 이 말은 직역했을 때는 먹물을 마신다는 뜻이다. 하지만 실제로는 글을 배우거나 학교에 다닌다는 의미로 통용되며, 우리 말의 '가방끈이 길다'와 비슷한 말이다. 중국에서 墨水(儿)는 학문·지식을 비유하는 말로도 사용되기 때문에, 喝墨水(儿)는 학문이나 지식을 습득한다는 의미를 담고 있다.

喝墨水(儿) hē mòshuǐ(r) 먹물을 마시다 ≒ 글을 배우다, 학교에 다니다

68 渗透
shèntòu

동 (액체가) 스며들다, 삼투하다

由于雨水渗透到设备里，生产线无法正常运转。 ← 술어

빗방울이 설비에 스며들어서, 생산 라인이 정상적으로 작동할 수 없다.

设备 shèbèi 명 설비, 시설　**生产线** shēngchǎnxiàn 명 생산 라인
运转 yùnzhuǎn 동 작동하다, 돌아가다

🏯 **알아 두면 시험이 쉬워지는 배경 지식**

> [과학상식] 渗透作用(삼투 작용)은 半透膜를 경계로 浓度가 다른 두 溶液가 있을 때, 두 溶液의 浓度가 동일해질 때까지 浓度가 낮은 溶液에서 높은 溶液으로 溶剂가 이동하는 작용이다. 그리고 이 작용으로 생기는 압력을 渗透压라고 한다. 참고로, 네덜란드의 화학자인 반트호프는 묽은 溶液의 渗透压는 溶液의 浓度와 온도에 비례한다는 법칙을 발견하여 제1회 诺贝尔化学奖을 수상하였다.
>
> **渗透作用** shèntòu zuòyòng 삼투 작용
> **半透膜** bàntòumó 반투막[용액이나 기체 혼합물에 대하여 일부 성분은 통과시키지만 다른 성분은 통과시키지 않는 막]
> **浓度** nóngdù 농도
> **溶液** róngyè 용액
> **溶剂** róngjì 용매, 용제[어떤 물질을 녹여 용액으로 만들 때 사용되는 액체]
> **渗透压** shèntòuyā 삼투압
> **诺贝尔化学奖** Nuòbèi'ěr Huàxuéjiǎng 노벨 화학상

69 规格 ★★
guīgé

명 규격

这些运输船舶都是按照指定规格建造的。

이 수송 선박들은 모두 지정된 규격에 따라 지어졌다.

运输 yùnshū 동 수송하다　**船舶** chuánbó 명 선박, 배
指定 zhǐdìng 동 (사전에) 지정하다　**建造** jiànzào 동 짓다, 건조하다

 시험에 이렇게 나온다!

> [짝꿍표현] 规格를 활용한 다양한 짝꿍 표현들을 알아 둔다.
>
> **规格型号** guīgé xínghào 규격 사이즈
> **符合规格** fúhé guīgé 규격에 부합하다

70 样品
yàngpǐn

명 견본, 샘플

达成交易前，我们可以先试试对方发来的样品。

거래를 성사시키기 전에, 우리는 먼저 상대방이 보낸 견본을 시험해 볼 수 있다.

达成 dáchéng 동 성사하다, 달성하다　**交易** jiāoyì 명 거래
对方 duìfāng 명 상대방, 상대편

71 秤
chèng

명 저울

这几车矿石还没过秤，所以不知道具体的重量。

↱ 술어

이 광석 몇 수레는 저울질을 해보지 않아서, 구체적인 무게를 모른다.

矿石 kuàngshí 명 광석 过秤 guòchèng 동 저울질을 하다, 무게를 달다

具体 jùtǐ 형 구체적이다 重量 zhòngliàng 명 무게

🏛 알아 두면 시험이 쉬워지는 배경 지식

> 일반 상식 杆秤(대저울)은 나무로 만든 秤杆에 秤星을 매기고 금속으로 된 秤锤를 이리저리 움직여서 무게를 알아내는 衡器이다. 杆秤은 杠杆原理를 응용한 秤으로, 물체의 무게를 측정하기 위해서 받침점에 가까운 곳에 측정하려는 물체를 걸고, 반대쪽에는 秤锤를 건 뒤 움직여서 杠杆이 평형을 이루는 지점을 찾는 방법을 사용한다. 杆秤은 인류가 발명한 衡器 중에서 가장 역사가 오래된 것 중 하나로, 중국에서는 기원전 700년에 만들어진 杆秤이 출토된 적이 있다.
>
> 杆秤 gǎnchèng 대저울
>
> 秤杆(儿) chènggǎn(r) 저울대
>
> 秤星 chèngxīng 저울의 눈금
>
> 秤锤 chèngchuí 저울추
>
> 衡器 héngqì 형기[물건의 무게를 다는 도구]
>
> 杠杆原理 gànggǎn yuánlǐ 지렛대 원리

72 开辟 ★★
kāipì

동 (길을) 열다, 개척하다

无人机快递的发展为快递行业开辟了新的模式。

드론 택배의 발전은 택배업계에 새로운 패러다임을 열었다.

无人机 wúrénjī 드론, 무인기 快递 kuàidì 명 택배

行业 hángyè 명 업계, 업무 분야 模式 móshì 명 패러다임, 모델

잠깐 开辟와 Day10의 35번 开拓(넓히다)는 모두 '개척하다'라는 의미를 가지고 있지만, 开辟는 새로운 항로나 노선, 또는 새로운 시대나 역사를 연다는 의미로도 자주 사용돼요.

73 码头 ★★
mǎtóu

명 부두

这个港口的几个码头是专门用于装卸货物的。 ⌐술어

이 항구의 부두 몇 개는 오로지 화물을 하역하는 것에 쓰이는 것이다.

港口 gǎngkǒu 명 항구　装卸 zhuāngxiè 동 하역하다

货物 huòwù 명 화물

🏯 알아 두면 시험이 쉬워지는 배경 지식

> 중국문화 天字码头(톈즈부두)는 광저우(广州) 제1의 码头라고 불리는 곳이다. 天字码头라는 명칭은 청(清)나라 옹정제(雍正) 시기의 관리였던 왕사준(王士俊)과 관련이 있다. 당시 왕사준은 한 码头 근처에 일근정(日近亭)이라는 정자를 세운 뒤, 사직하고 광저우를 떠나는 관리들을 이 정자로 불러 연회를 베풀었다. 그리고 나서 정자 근처의 码头에서 배를 띄운 뒤, 관리들을 태워 보냈다. 당시 이 码头는 오직 관리들만이 사용할 수 있었기 때문에 특수한 신분만이 사용하는 码头라고 하여 天字码头라고 불리게 되었다. 天字码头는 원래 강을 건너거나 길을 이동할 목적으로 사용되었지만, 현재는 珠江의 야경을 감상하기 위한 유람선들이 출발하는 역할을 수행하고 있다.
>
> 天字码头 Tiānzì Mǎtóu 톈즈부두, 천자부두
>
> 珠江 Zhū Jiāng 주강, 주장[중국 광둥성(广东省)에 위치한 강]

74 航行 ★★
hángxíng

동 항해하다, 항행하다

经过一个月的航行，装运救护物资的船舶终于抵达了码头。

한 달간의 항해를 거쳐, 구호 물자를 실어 나르는 선박이 마침내 부두에 도착했다.

装运 zhuāngyùn 동 실어서 나르다　救护 jiùhù 명 구호 동 구조하다

物资 wùzī 명 물자　船舶 chuánbó 명 선박, 배

抵达 dǐdá 동 도착하다, 도달하다　码头 mǎtóu 명 부두, 선창

🏯 알아 두면 시험이 쉬워지는 배경 지식

> 중국역사 郑和(정화)는 중국 명(明)나라 시기의 航海家이자 외교관이다. 그는 영락제(永乐)의 명령에 따라 1405년에서 1433년까지 서양을 향해 총 7차례 원정을 떠났다. 郑和의 舰队는 동남아시아, 인도 등지를 거쳐 아프리카까지 航行했다. 기록에 따르면, 제1차 원정 당시 그의 舰队는 대형 선박을 포함한 舰船 62척에 총 2만 8천여 명의 선원이 탑승했다고 한다. 그는 약 30여 개 나라를 航行하며 중국과 외국의 문화·경제 교류에 큰 역할을 담당했다. 한편, 중국에서는 郑和의 대원정 600주년이었던 2005년부터 郑和가 첫 항해를 떠난 날인 7월 11일을 中国航海日로 지정하여 매년 기념하고 있다.
>
> 郑和 Zhèng Hé 정화
>
> 航海家 hánghǎijiā 항해사, 항해가
>
> 舰队 jiànduì 함대
>
> 舰船 jiànchuán 함선
>
> 中国航海日 Zhōngguó Hánghǎirì 중국 항해의 날, 바다의 날

75 装卸 ** zhuāngxiè

동 하역하다, 조립하고 해체하다

→ 술어

甲板起重机是一种大型港口机械，主要用于装卸散货。

갑판 거중기는 대형 항구 기계로, 산적 화물을 하역할 때 주로 사용된다.

甲板起重机 jiǎbǎn qǐzhòngjī 갑판 거중기　大型 dàxíng 형 대형의
港口 gǎngkǒu 명 항구　机械 jīxiè 명 기계　散货 sǎnhuò 명 산적 화물

76 托运 tuōyùn

동 (짐·화물을) 탁송하다, 운송을 위탁하다

这架飞机是专为托运旅客的行李而设计的。

이 비행기는 여행객의 짐을 탁송하기 위해 특별히 설계되었다.

架 jià 양 [받침대나 기계가 있는 물건을 세는 단위]　设计 shèjì 동 설계하다

77 停泊 tíngbó

동 (배가) 정박하다, 머물다

因突如其来的风暴，停泊在码头的轮船无法出航了。

갑자기 발생한 폭풍 때문에, 부두에 정박해 있는 증기선이 출항할 수 없게 되었다.

突如其来 tūrúqílái 성 갑자기 발생하다　风暴 fēngbào 명 폭풍, 대소동
码头 mǎtóu 명 부두, 선창　轮船 lúnchuán 명 증기선
出航 chūháng 동 출항하다

78 艘 ** sōu

양 척[선박을 헤아리는 데 쓰임]

这艘装载建筑装备的船需要20名左右的管理人员。

건축 장비를 실은 이 배는 20명 정도의 관리 인원이 필요하다.

装载 zhuāngzài 동 싣다, 적재하다　建筑 jiànzhù 명 건축
装备 zhuāngbèi 명 장비, 설비　人员 rényuán 명 인원, 요원

79 验收 yànshōu

동 검수하다

要想在交货期内交货，必须要先通过本次验收。

납품 기일 안에 납품하고 싶다면, 반드시 먼저 이번 검수를 통과해야 한다.

交货期 jiāohuòqī 납품 기일, 인도일　交货 jiāohuò 납품하다

잠깐 验收는 '검사한 후, 그것을 수락하는 것'까지 의미하지만, Day20의 82번 检验(검증하다)은 '검사하는 것'만을 의미해요.

80 出卖
chūmài

반의어

收买 shōumǎi
동 사들이다, 매수하다

동 판매하다, (국가·민족·친구 등을) 배반하다

这十年来，我祖父天天到集贸市场<u>出卖</u>自己栽培的蔬菜。 → 술어

이 10년 동안, 나의 할아버지께서는 매일 재래시장에 가서 당신이 재배한 채소를 판매하셨다.

他为了自己的利益<u>出卖</u>了朋友。

그는 자신의 이익을 위해서 친구를 배반했다.

祖父 zǔfù 명 할아버지 集贸市场 jímào shìchǎng 재래시장
栽培 zāipéi 동 재배하다 蔬菜 shūcài 명 채소 利益 lìyì 명 이익

81 共计
gòngjì

동 합계하다

那家贸易公司的全年交易额<u>共计</u>一百万美元。

그 무역 회사의 연간 교역액은 합계하면 100만 달러이다.

贸易 màoyì 명 무역 交易额 jiāoyì'é 명 교역액, 거래액

82 发行 **
fāxíng

동 (화폐·우표·출판물 등을) 발행하다, 발매하다

1878年，清朝政府在五个地区<u>设立</u>邮政机构，开始<u>发行</u>邮票。

1878년, 청나라 왕조의 정부에서는 5개 지역에 우편 행정 기구를 설립하여, 우표를 발행하기 시작했다.

清朝 Qīngcháo 고유 청나라 왕조 政府 zhèngfǔ 명 정부
地区 dìqū 명 지역 设立 shèlì 동 (기구·조직 등을) 설립하다
邮政 yóuzhèng 명 우편 행정 机构 jīgòu 명 기구

연습문제 체크체크!

제시된 뜻에 해당하는 단어를 중국어로 써 보세요.

01 도안   --------------------

02 정교하다, 섬세하다   --------------------

03 국한하다, 한정하다   --------------------

04 (사물의 변동) 폭   --------------------

05 확실히 보장하다, 확보하다   --------------------

제시된 단어로 하나의 문장을 완성하세요.

06 加工成   被   罐装食品   这些水果   将

----

07 有助于   采用真空   食物变质   防止   包装方式

----

08 运输时   玻璃容器   要   易碎的   格外注意

----

09 配套系统   逐渐   该公司   完善了   相关

----

10 我们的   比以前   产品   坚固耐用   更加

정답: 01. 图案 02. 精致 03. 局限 04. 幅度 05. 确保

06. 这些水果将被加工成罐装食品。 07. 采用真空包装方式有助于防止食物变质。 08. 玻璃容器易碎，运输时要格外注意。

09. 该公司逐渐完善了相关配套系统。 10. 我们的产品比以前更加坚固耐用。

* 06~10번 문제 해석은 해커스중국어(china.Hackers.com)에서 다운로드 받으세요.

HSK 6급 시험에 나오는 고난도 어휘

☑ 잘 외워지지 않는 단어는 ☐에 체크해 두고 다음에 반복 암기합니다.

☐ 转盘	zhuànpán	명 (석유 유정 굴착에 쓰는 회전 전공기의) 회전 테이블
☐ 反光膜	fǎnguāngmó	반사 필름
☐ 汉白玉	hànbáiyù	명 흰 대리석
☐ 仿制	fǎngzhì	동 모조하다, 복제하다
☐ 烦琐	fánsuǒ	형 번거롭다, 장황하다
☐ 克拉	kèlā	양 캐럿[보석의 질량과 중량을 재는 단위]
☐ 车载	chēzài	차량용
☐ 齿轮	chǐlún	명 기어
☐ 轴承	zhóuchéng	명 베어링
☐ 绸缎	chóuduàn	명 견직물
☐ 编结	biānjié	동 엮다, 짜다, 땋다
☐ 材质	cáizhì	명 재질
☐ 质地	zhìdì	명 재질, 인품, 자질
☐ 光泽	guāngzé	명 광택, 윤기
☐ 瑕疵	xiácī	명 하자, 흠
☐ 娴熟	xiánshú	형 익숙하다, 능숙하다, 숙련되다
☐ 电锯	diànjù	명 전기톱
☐ 刃口	rènkǒu	명 칼날
☐ 螺丝钉	luósīdīng	명 나사, 나사못
☐ 螺栓	luóshuān	명 볼트, 수나사[원통의 표면에 홈을 판 나사]

☐ 润滑剂	rùnhuájì	몡	윤활제
☐ 黏滞	niánzhì		점성
☐ 调配	tiáopèi / diàopèi	통 [tiáopèi] 고루 섞다 통 [diàopèi] 이동시켜 배치하다	
☐ 聚合物	jùhéwù	몡	중합체[분자가 기본 단위의 반복으로 이루어진 염화 비닐, 나일론 등의 화합물]
☐ 纸浆	zhǐjiāng	몡	펄프[기계적·화학적 처리에 의하여 식물체의 섬유를 추출한 것]
☐ 橡胶	xiàngjiāo	몡	고무
☐ 石墨	shímò	몡	흑연[탄소의 동소체 중 하나로 육방정계의 결정구조를 갖는 광물, 석묵이라고도 함]
☐ 伐木场	fámùchǎng		벌목장
☐ 器械	qìxiè	몡	기계, 기구, 무기
☐ 标签	biāoqiān	몡	상표, 태그, 라벨
☐ 高压	gāoyā	몡	높은 압력, 높은 전압
☐ 切割机	qiēgējī		절단기
☐ 机制	jīzhì	몡	체제, 시스템, 메커니즘
☐ 供应	gōngyìng	통	제공하다, 공급하다
☐ 废旧	fèijiù	혱	오래된, 낡은, 폐기된
☐ 报废	bàofèi	통	폐기하다, 버려지다
☐ 撤换	chèhuàn	통	다른 깃으로 대체하나
☐ 保质期	bǎozhìqī	몡	품질 보증 기간
☐ 流程	liúchéng	몡	물길, (공업 생산에서의) 작업 과정
☐ 承载	chéngzài	통	(물체를 받쳐서) 무게를 견디다

DAY 23 하이테크놀로지

IT · 기술 · 에너지

주제를 알면 HSK가 보인다!

HSK 6급에서는 최신 IT 기술, 스마트폰, 인공 지능, 친환경 에너지 등과 관련된 문제가
자주 출제돼요. 따라서 '프라이버시', '편리하다', '인식하다', '정확하다', '사용자'와 같은
IT · 기술 · 에너지 관련 단어들을 집중적으로 학습하면 이러한 문제를 쉽게 풀 수 있어요.

🎧 단어, 예문 MP3

잠금을 해제할 수 없습니다

그거 뭐야?

隐私 보호 앱이야.
얼굴을 등록해 놓은 사람만
잠금을 해제할 수 있는데,
엄청 便利하대.

얼굴 识别 능력도 精确해서
用户 수도 엄청 많다더라구.
이번에 나도 깔아봤지롱~

오~ 좋은데?

다음날 아침

어제 밤에
너무 많이 먹었나…
얼굴이 팅팅 부었네…

잠금을 해제할 수
없습니다.

나야!
나라고!

05 隐私 yǐnsī 몡 프라이버시 **20** 便利 biànlì 혱 편리하다 **13** 识别 shíbié 동 인식하다, 식별하다

03 精确 jīngquè 혱 정확하다 **01** 用户 yònghù 몡 사용자, 가입자, 아이디(ID)

01 用户 ★★★
yònghù

[명] 사용자, 가입자, 아이디(ID)

→ 술어

这款花草检测器能使用户随时监测植物的生长情况。

이 화초 검측기는 사용자들이 식물의 성장 상황을 수시로 모니터링할 수 있도록 해준다.

款 kuǎn [양] [어떤 양식이나 스타일을 셀 때 쓰는 단위]　花草 huācǎo [명] 화초
检测器 jiǎncèqì 검측기, 탐지기　随时 suíshí [부] 수시로, 언제나
监测 jiāncè [동] 모니터링하다, 감시하고 검측하다
生长 shēngzhǎng [동] 성장하다, 자라다

02 依靠 ★★★
yīkào

[동] 의지하다, 의존하다　[명] 의지가 되는 사람이나 물건

许多人主要依靠社交网络、点评网站获得餐厅的信息。

많은 사람들은 주로 소셜 네트워크, 평론 사이트에 의지하여 식당에 대한 정보를 얻는다.

就算失去依靠也不要沮丧，要坚持到底。

설령 의지가 되는 사람을 잃더라도 낙담하지 말고, 끝까지 굳건해야 한다.

社交网络 shèjiāo wǎngluò 소셜 네트워크, 사회 연결망
点评 diǎnpíng [명] 평론　失去 shīqù [동] 잃다, 잃어버리다
沮丧 jǔsàng [형] 낙담하다, 실망하다

잠깐 依靠는 특정한 목적을 달성하기 위해 다른 사람이나 사물의 힘에 기대는 것을 의미하고, Day05의 02번 依赖(의지하다)는 스스로 자립할 수 없어서 다른 사람이나 사물에 의지하는 것을 의미해요.

03 精确 ★★★
jīngquè

반의어
粗略 cūlüè [형] 대략적인, 대강의

[형] 정확하다, 정밀하고 확실하다

一些可穿戴家用医疗设备所提供的数据还不够精确。

일부 웨어러블 가정용 의료 장비가 제공하는 데이터는 아직 정확하지 못하다.

可穿戴 kěchuāndài 웨어러블(wearable, 착용할 수 있는)
设备 shèbèi [명] 장비, 설비, 시설　数据 shùjù [명] 데이터, 수치

04 意识 ★★★
yìshí

[명] 의식　[동] 깨닫다, 의식하다

在移动互联网时代，人们对网络安全的意识日益增强。

모바일 인터넷 시대에, 사이버 안전에 대한 사람들의 의식이 나날이 높아지고 있다.

他从小就意识到自己在写作方面没有很人的天赋。

그는 어려서부터 자신이 글짓기 방면에서는 큰 천부적 소질이 없다는 것을 깨달았다.

移动互联网 yídòng hùliánwǎng 모바일 인터넷　时代 shídài [명] 시대
日益 rìyì [부] 나날이, 날로　增强 zēngqiáng [동] 높아지다
天赋 tiānfù [명] 천부적인 소질

05 隐私 ★★★
yǐnsī

명 프라이버시, 사적인 비밀

有些软件在升级过程中暴露了用户的隐私。 → 술어

일부 소프트웨어는 업데이트하는 과정에서 사용자의 프라이버시를 노출했다.

软件 ruǎnjiàn **명** 소프트웨어, 애플리케이션 　**升级** shēngjí **동** 업데이트하다
暴露 bàolù **동** 노출하다, 폭로하다 　**用户** yònghù **명** 사용자, 가입자

06 层次 ★★★
céngcì

명 차원, 단계

塑料钞票把钞票的防伪性能提高到新的层次了。

폴리머 지폐는 지폐의 위조 방지 성능을 새로운 차원으로 끌어올렸다.

塑料钞票 sùliào chāopiào 폴리머 지폐[물로 씻어서 재사용 가능하고, 쉽게 찢어지지도 않고, 복제가 어려운 친환경 소재로 만들어진 지폐]
钞票 chāopiào **명** 지폐, 돈 　**防伪** fángwěi **동** 위조를 방지하다
性能 xìngnéng **명** 성능

07 前景 ★★★
qiánjǐng

명 전망, 전경

无人驾驶汽车虽然尚未被商业化，但发展前景颇为乐观。

자율주행 자동차는 비록 아직 상업화되지 않았지만, 발전 전망은 꽤 낙관적이다.

驾驶 jiàshǐ **동** 주행하다, 운전하다 　**商业化** shāngyèhuà 상업화하다
颇为 pōwéi **부** 꽤, 상당히 　**乐观** lèguān **형** 낙관적이다

08 耗费 ★★★
hàofèi

동 들이다, 낭비하다, 소비하다

他们耗费了很多时间和精力，开发了新的手机应用软件。

그들은 많은 시간가 힘을 들여, 새로운 모바일 애플리케이션을 개발하였다.

精力 jīnglì **명** 힘, 에너지 　**开发** kāifā **동** 개발하다, 개척하다
应用软件 yìngyòng ruǎnjiàn 애플리케이션

09 考验 ★★★
kǎoyàn

동 시험하다, 검증하다

这次新技术开发极大地考验了每个团队成员的耐心和毅力。

이번 신기술 개발은 팀 구성원 개개인의 인내심과 끈기를 크게 시험했다.

新技术 xīnjìshù 신기술 　**开发** kāifā **동** 개발하다 　**极大** jídà **형** 지극히 크다
团队 tuánduì **명** 팀 　**成员** chéngyuán **명** 구성원 　**毅力** yìlì **명** 끈기

10 屏幕 ***
p\`ingmù

명 화면, 영사막, 스크린(screen)

近期来，很多厂家推出了超薄**屏幕**的智能电视。

최근에, 많은 업체가 초박형 화면의 스마트 텔레비전을 출시했다.

厂家 chǎngjiā 명 업체, 공장　推出 tuīchū 동 출시하다, 내놓다
超薄 chāobáo 형 초박형인, 매우 얇다　智能 zhìnéng 형 스마트한

11 普及 ***
pǔjí

동 보급되다, 확산되다

随着智能手机的**普及**，我们周围出现了一大批"低头族"。

스마트폰의 보급에 따라, 우리 주변에는 '수그리족'이 대거 생겨나고 있다.

智能手机 zhìnéng shǒujī 스마트폰　批 pī 양 무리, 묶음, 떼
低头族 dītóuzú 수그리족[고개 숙여 자신의 스마트폰만 바라보는 사람들을 일컫는 말]

12 放大 ***
fàngdà

동 (화상·소리·기능 등을) 확대하다, 크게 하다

大部分智能手机只要用手指点击几下就可以**放大**画面。

대부분의 스마트폰은 손가락으로 몇 번 누르기만 하면 화면을 확대할 수 있다.

智能手机 zhìnéng shǒujī 스마트폰　手指 shǒuzhǐ 명 손가락
点击 diǎnjī 동 누르다, 클릭하다　画面 huàmiàn 명 화면

13 识别 ***
shíbié

동 인식하다, 식별하다

人脸**识别**、虹膜**识别**、步态**识别**都属于生物**识别**技术。

안면 인식, 홍채 인식, 걸음걸이 인식은 모두 생체 인식 기술에 속한다.

虹膜 hóngmó 명 홍채　步态 bùtài 명 걸음걸이
属于 shǔyú 동 ~에 속하다　生物 shēngwù 명 생체, 생물

🏯 알아 두면 시험이 쉬워지는 배경 지식

> **일반상식** **人脸识别系统**(안면 인식 시스템)은 1960년대부터 연구가 시작되어 최근에는 상용화되고 있는 기술이다. 특히 중국은 정부 주도하에 **人脸识别系统**의 기술 개발과 상용화에 가장 앞서고 있다. 중국은 이미 2000년대 초 전국인민대표회의 기간 동안 출입관리를 위해 **人脸识别技术**를 사용했으며, 최근에는 금융·유통·경제·공공서비스 방면 등에서 관련 기술을 다양하게 적용하고 있다. 또 최근에는 **步态识别技术**도 개발하여 뒷모습만 보고도 사람을 **识别**할 수 있는 기술을 현장에 도입하고 있다.
>
> **人脸识别系统** rénliǎn shíbié xìtǒng 안면 인식 시스템
> **人脸识别技术** rénliǎn shíbié jìshù 안면 인식 기술
> **步态识别技术** bùtài shíbié jìshù 걸음걸이 인식 기술

14 智能 ***
zhìnéng

형 스마트한, 지능이 있는   명 지혜와 능력, 지능

智能门锁种类繁多，其质量和价格都千差万别。 ← 술어

스마트 도어락은 종류가 다양하고, 그 품질과 가격은 모두 천차만별이다.

父母希望自己的孩子成长为智能双全的人。

부모는 자신의 아이가 지혜와 능력을 두루 갖춘 사람으로 성장하기 바란다.

繁多 fánduō 형 다양하다   千差万别 qiānchā wànbié 성 천차만별이다
双全 shuāngquán 동 두루 갖추다, 양쪽 다 갖추다

🏯 알아 두면 시험이 쉬워지는 배경 지식

> 일반상식 智慧城市(스마트 시티)은 최신 信息和通信技术를 이용하여 도시의 주요 시설과 공공기능을 네트워크화한 미래형 创新城市이다. 중국에서도 다양한 智慧城市을 건설 중이며, 기존 도시들의 智能化를 통해 에너지·환경·인프라 등 다양한 사회문제를 해결하는 것을 목표로 삼고 있다. 특히 항저우시(杭州市)는 중국 최고의 智慧城市 중 하나로, 支付宝를 통해 정부 업무·차량·대중교통·의료 등 약 60여 개의 방면의 도시 서비스를 이용할 수 있다. 또 세계 최초의 온라인 법원이 항저우에 설립되기도 하였다.
>
> 智慧城市 zhìhuì chéngshì 스마트 시티
> 信息和通信技术 xìnxī hé tōngxìn jìshù 정보 통신 기술(ICT)
> 创新城市 chuàngxīn chéngshì 혁신도시
> 智能化 zhìnénghuà 스마트화, 지능화
> 支付宝 Zhīfùbǎo 알리페이[알리바바 그룹에서 만든 모바일 결제 수단]

15 人工 ***
réngōng

형 인공의, 인위적인   명 수동, 인공

人工智能技术已广泛应用于医疗、家居等日常生活领域。

인공 지능 기술은 의료, 가정 등 일상생활 분야에서 이미 광범위하게 활용되고 있다.

这里的机器还不是自动的，需要靠人工操作。

이곳의 기계는 아직 자동적이지 않으므로, 수동 조작에 의지하는 것이 필요하다.

人工智能 réngōng zhìnéng 인공 지능   广泛 guǎngfàn 형 광범위하다, 폭넓다
领域 lǐngyù 명 분야   机器 jīqì 명 기계   操作 cāozuò 동 조작하다

🏯 알아 두면 시험이 쉬워지는 배경 지식

> 일반상식 人工智能(인공 지능)은 오늘날 매우 활발하게 연구되고 있는 분야로, 특히 중국에서는 정부 차원에서 人工智能을 국가 발전 전략의 주요 키워드로 정하고 있다. 특히 최근에는 中国文物保护基金会가 英特尔公司와 협정을 체결하여 사람이 접근하기 힘든 만리장성 구간에 英特尔公司의 AI 人工智能 기술과 无人机 기술을 투입하기도 하였다.
>
> 人工智能 réngōng zhìnéng 인공 지능
> 中国文物保护基金会 Zhōngguó wénwù bǎohù jījīnhuì 중국 문물 보호 기금회
> 英特尔公司 Yīngtè'ěr Gōngsī 인텔사
> 无人机 wúrénjī 무인기, 드론

16 性能 ***
xìngnéng

[명] 성능

这款笔记本电脑不仅<u>性能</u>优良，而且轻薄时尚。 → 술어

이 노트북은 성능이 우수할 뿐만 아니라, 얇고 가볍고 스타일리시하다.

优良 yōuliáng **[형]** 우수하다, 훌륭하다　薄 báo **[형]** 얇다
时尚 shíshàng **[형]** 스타일리시하다

17 灵敏 ***
língmǐn

[형] 민감하다, 반응이 빠르다

电子鼻是辨别气味的电子装置，它比人的鼻子
<u>灵敏</u>得多。

전자코는 냄새를 판별하는 전자 장치로, 그것은 사람의 코보다 훨씬 민감하다.

辨别 biànbié **[동]** 판별하다, 분별하다　气味 qìwèi **[명]** 냄새
装置 zhuāngzhì **[명]** 장치, 설비

🏯 알아 두면 시험이 쉬워지는 배경 지식

> **[일반 상식]** 电子鼻(전자코)는 냄새의 화학적 성분을 탐지하고 분석하는 전자 장치이다. **电子鼻**는 사람의 후각과 비슷한 원리로 작동되는데, 어떤 물질이나 환경에서 발산되는 냄새의 정보를 수집하고 분석한 다음 그 냄새의 종류·농도·특징 등을 식별한다. 사람의 코는 여러 냄새를 동시에 구분해 내기 어렵고, 한 가지 냄새를 오래 맡으면 그 냄새에 익숙해져서 다른 냄새를 맡기 어렵지만, **电子鼻**는 이러한 문제점이 없기 때문에 냄새를 훨씬 더 정확하고 **灵敏**하게 분석할 수 있다. 또 **电子鼻**는 사람의 코로는 느끼지 못하는 극소량의 냄새 물질까지 정확하게 탐지할 수 있어서, 식품·향수를 감별하거나, 가스 탐지·실내 대기 측정·화재 경보 등의 환경 분야, 또는 마약·생화학무기 검출 등의 군사 안보 분야와 같이 다양한 분야에서 활용이 가능하다.
>
> 电子鼻 diànzǐbí 전자코

잠깐┊ 灵敏은 반응 속도가 빠른 것을 의미하고, Day15의 06번 敏捷(민첩하다)는 동작이나 일을 처리하는 속도가 빠른 것을 의미해요.

18 携带 ***
xiédài

[동] 휴대하다, 지니다

方便<u>携带</u>的迷你无线蓝牙音箱，是户外活动的好
伴侣。

휴대하기 편리한 미니 무선 블루투스 스피커는, 야외활동의 좋은 친구이다.

迷你无线蓝牙音箱 mínǐ wúxiàn lányá yīnxiāng 미니 무선 블루투스 스피커
户外 hùwài **[명]** 야외, 실외　伴侣 bànlǚ **[명]** 친구, 배우자, 반려자

19 便于 ★★★
biànyú

동 (~하기에) 편리하다, 쉽다

这款手机操作简单，而且屏幕也大，所以便于老年人使用。 <small>술어</small>

이 휴대폰은 조작이 간단하고, 게다가 화면도 커서, 노인들이 사용하기에 편리하다.

操作 cāozuò 동 조작하다, 다루다
屏幕 píngmù 명 화면, 영사막, 스크린(screen) 使用 shǐyòng 동 사용하다

20 便利 ★★★
biànlì

반의어

不便 búbiàn 형 불편하다

형 편리하다 동 편리하게 하다

越来越多的老百姓能够享受高科技带来的便利。

점점 더 많은 국민들이 첨단 과학 기술이 가져다주는 편리함을 누릴 수 있게 되었다.

网上超市便利了那些平时没时间购物的上班族。

온라인 마트는 평상시에 쇼핑할 시간이 없는 직장인들을 편리하게 해주었다.

享受 xiǎngshòu 동 누리다 高科技 gāokējì 명 첨단 과학 기술
网上 wǎngshàng 온라인

21 隐患 ★★★
yǐnhuàn

명 드러나지 않는 폐해, 잠복해 있는 병

使用无线充电器可以避免漏电等安全隐患。

무선 충전기를 사용하는 것은 누전 등 안전상 드러나지 않는 폐해를 피할 수 있다.

无线 wúxiàn 명 무선 형 무선의 充电器 chōngdiànqì 충전기
避免 bìmiǎn 동 피하다, 모면하다 漏电 lòudiàn 동 누전되다

22 卫星 ★★★
wèixīng

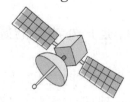

명 위성

研究员可以通过卫星观测企鹅粪便，从而推测企鹅的数量。

연구원들은 위성을 통해 펭귄 배설물을 관측하여, 펭귄의 수를 추측할 수 있다.

研究员 yánjiūyuán 명 연구원 观测 guāncè 동 관측하다, 관찰하다
企鹅 qǐé 명 펭귄 粪便 fènbiàn 명 배설물 推测 tuīcè 동 추측하다

²³航天 ★★★
hángtiān

[동] 우주 비행하다

我将继续为祖国的航天事业助一臂之力。

나는 조국의 우주 비행 사업을 위해 힘을 보태는 것을 계속할 것입니다.

继续 jìxù [동] 계속하다   祖国 zǔguó [명] 조국   事业 shìyè [명] 사업
助一臂之力 zhù yíbìzhīlì 힘을 보태다, 조금이나마 돕다

🏯 **알아 두면 시험이 쉬워지는 배경 지식**

> |일반상식| **嫦娥四号**(창어 4호)는 2019년 1월 세계 최초로 지구에서 보이지 않는 달 뒷면에 착륙한 중국의 **航天器**이다. **嫦娥**라는 명칭은 중국 신화에 나오는 달의 여신의 이름을 본떠서 쓴 것이다. **嫦娥四号**의 주요 임무는 달 뒷면의 지형과 지하구조, 지하자원의 분포 상황을 탐사하는 것이다. 중국은 이에 앞서 2013년에 **嫦娥**3호를 달 앞면에 착륙시킨 바 있는데, **嫦娥四号**의 달 뒷면 착륙 성공을 통해 미국, 러시아를 잇는 **航天强国**으로 자리매김하고 있다.
>
> **嫦娥四号** Cháng'é sì hào 창어 4호
> **航天器** hángtiānqì 우주선, 우주 비행체
> **嫦娥** Cháng'é 창어, 항아
> **航天强国** hángtiān qiángguó 우주 비행 강국

²⁴钻石 ★★★
zuànshí

[명] 다이아몬드, 금강석

钻石是一种十分坚硬的宝石，一般可以用激光打眼儿。

다이아몬드는 매우 단단한 보석으로, 보통 레이저를 사용하여 구멍을 뚫을 수 있다.

坚硬 jiānyìng [형] 단단하다, 견고하다, 굳다   宝石 bǎoshí [명] 보석
激光 jīguāng [명] 레이저   打眼儿 dǎyǎnr [동] 구멍을 뚫다

²⁵冲击 ★★★
chōngjī

[동] 충격을 입게 하다, (물이나 파도 등에) 부딪치다

动态版《清明上河图》给人们带来了强烈的视觉冲击。

움직이는 <청명상하도>는 사람들에게 강렬한 시각적 충격을 가져다 주었다.

动态 dòngtài [형] 움직이는, 동태적인 [명] 동태
清明上河图 Qīngmíngshànghétú [고유] 청명상하도[중국 북송 시대의 장택단이 북송의 수도 카이펑의 청명절 풍경을 그린 그림]
强烈 qiángliè [형] 강렬하다   视觉 shìjué [명] 시각

26 辐射 ★★★

fúshè

● 동 (중심에서 여러 방향으로) 복사하다, 방사하다

据悉，不同品牌的智能手机之间电磁<u>辐射</u>率差异 → 술어
较大。

알려진 바에 의하면, 서로 다른 브랜드의 스마트폰 간에는 전자 복사율의 차
이가 비교적 크다고 한다.

据悉 jùxī 동 알려진 바에 의하면, 아는 바에 의하면 ~라고 한다
品牌 pǐnpái 명 브랜드　智能手机 zhìnéng shǒujī 스마트폰
电磁 diàncí 명 전자　率 lǜ 율, 비율　差异 chāyì 명 차이

🏯 알아 두면 시험이 쉬워지는 배경 지식

> [과학상식] **热辐射**(열복사)는 물질을 구성하는 **原子** 집단이 열에 의해 들뜨게 되어 **电磁波**를 **辐射**하는 현상을 지칭한다. **原子** 안에는 **电荷**를 가진 입자들이 있는데, 이들이 열에너지를 받아 운동하게 되면 **电磁波**가 발생하게 된다. 이때 발생하는 **电磁波**로는 **红外线, 可见光, 紫外线** 등이 있다.
>
> **热辐射** rèfúshè 열복사
> **原子** yuánzǐ 원자
> **电磁波** diàncíbō 전자파
> **电荷** diànhè 전하
> **红外线** hóngwàixiàn 적외선
> **可见光** kějiànguāng 가시광선
> **紫外线** zǐwàixiàn 자외선

27 消耗 ★★★

xiāohào

● 동 소모하다, 소모시키다

与一般日光灯相比，LED日光灯所<u>消耗</u>的电量较小。

일반 형광등에 비해, LED 형광등이 소모하는 전력량은 비교적 적다.

日光灯 rìguāngdēng 명 형광등

 시험에 이렇게 나온다!

> [짝꿍표현] **消耗**를 활용한 다양한 짝꿍 표현들을 알아 둔다.
>
> **消耗量** xiāohàoliàng 소모량
> **消耗能源** xiāohào néngyuán 에너지를 소모하다
> **消耗热量** xiāohào rèliàng 열량을 소모하다
> **消耗时间** xiāohào shíjiān 시간을 소모하다
> **消耗精力** xiāohào jīnglì 힘을 소모하다
> **消耗物资** xiāohào wùzī 물자를 소모하다

²⁸ 能量 ★★★
néngliàng

명 에너지

地球上的物质燃烧时消耗能量，而太阳燃烧时释放能量。

지구상의 물질은 연소할 때 에너지를 소비하는 반면, 태양은 연소할 때 에너지를 방출한다.

物质 wùzhì 명 물질　**燃烧** ránshāo 동 연소하다, 타다
消耗 xiāohào 동 소비하다, 소모시키다
释放 shìfàng 동 방출하다, 석방하다

술어 ←

²⁹ 释放 ★★★
shìfàng

동 방출하다, 석방하다

原子核发生变化时释放出来的能量被称为原子能。

원자핵이 변화가 생길 때 방출해내는 에너지는 원자력이라고 불린다.

原子核 yuánzǐhé 명 원자핵　**能量** néngliàng 명 에너지
称 chēng 동 ~라고 부르다, 칭하다

³⁰ 储存 ★★★
chǔcún

동 저장하다, 저축하다

四川盆地里储存着页岩气，其存储量远远超过其他国家。

쓰촨 분지에는 셰일가스가 저장되어 있는데, 그 매장량은 다른 나라보다 훨씬 많다.

四川 Sìchuān 고유 쓰촨, 사천[중국 남서부 양쯔강 상류에 위치한 성(省)]
盆地 péndì 명 분지　**页岩气** yèyánqì 셰일가스[천연가스의 일종]
存储量 cúnchǔliàng 매장량, 축적량

잠깐 储存은 식량이나 돈, 컴퓨터 데이터 등을 보관하는 것을 의미하고, Day21의 18번 储备(비축하다)는 주로 급할 때 쓰기 위해 물자를 미리 비축해 두는 것을 의미해요.

³¹ 开采 ★★★
kāicǎi

동 (지하 자원을) 채굴하다, 발굴하다

有些人认为，通过开采海洋矿物资源，可以获得经济收益。

어떤 사람들은, 해양 광물 자원을 채굴하는 것을 통해, 경제적 이익을 얻을 수 있다고 생각한다.

矿物 kuàngwù 명 광물　**资源** zīyuán 명 자원
收益 shōuyì 명 이익, 수익

³² 引擎 ★★
yǐnqíng

명 엔진, 내연 기관

我们可以利用搜索引擎获取有用的信息。

우리는 검색 엔진을 이용하여 유용한 정보를 얻을 수 있다.

利用 lìyòng 동 이용하다　**搜索** sōusuǒ 동 (인터넷에) 검색하다, 수색하다
信息 xìnxī 명 정보, 소식

33 通讯
tōngxùn

명 통신

智能手机不仅是<u>通讯</u>工具，也是购物、理财的万能帮手。

스마트폰은 통신 기기일 뿐만 아니라, 쇼핑과 재테크도 하는 만능 조수이다.

智能手机 zhìnéng shǒujī 스마트폰
理财 lǐcái 图 재테크하다, 재정을 관리하다 **帮手** bāngshou 图 조수, 도우미

34 登录
dēnglù

동 로그인하다, 등록하다

为了方便用户使用，该网站增加了移动扫码<u>登录</u>功能。

사용자의 사용을 편리하게 하기 위하여, 이 사이트는 모바일로 QR코드를 식별해서 로그인하는 기능을 추가했다.

用户 yònghù 图 사용자, 가입자, 아이디(ID) **使用** shǐyòng 图 사용하다
移动 yídòng 모바일 **扫码** sǎomǎ QR코드를 식별하다
功能 gōngnéng 图 기능, 효능, 작용

35 捣乱
dǎoluàn

동 난동을 부리다, 소란을 피우다

由于黑客组织<u>捣乱</u>，这款网络游戏的服务器一度瘫痪。

해커 조직이 난동을 부려, 이 온라인 게임의 서버는 한동안 마비됐었다.

黑客组织 hēikè zǔzhī 해커 조직 **网络** wǎngluò 图 온라인
服务器 fúwùqì 图 서버 **一度** yídù 图 한동안, 한때
瘫痪 tānhuàn 图 마비되다, 정지되다

36 备份
bèifèn

동 백업하다 명 백업, 여분

如果养成定期<u>备份</u>数据的习惯，即使丢失了数据，也能找回。

만약 데이터를 정기적으로 백업하는 습관을 들이면, 설령 데이터를 잃어버려도, 되찾을 수 있다.

请你保管好这些<u>备份</u>文件，以备不时之需。

이 백업 파일들을 잘 보관해서, 불시의 필요에 대비해주세요.

定期 dìngqī 图 정기적인, 정기의 **数据** shùjù 图 데이터, 수치
保管 bǎoguǎn 图 보관하다 **以备** yǐbèi ~하여 ~에 대비하다

 시험에 이렇게 나온다!

짝꿍표현 备份을 활용한 다양한 짝꿍 표현들을 알아 둔다.
备份文件 bèifèn wénjiàn 문서 백업본
备份功能 bèifèn gōngnéng 백업 기능
进行备份 jìnxíng bèifèn 백업을 진행하다

37 澄清
chéngqīng

반의어

搅浑 jiǎohún
통 휘저어 혼탁하게 하다, 뒤섞어 흐리게 하다, 얼버무리다

동 (인식·문제 등을) 분명하게 밝히다, 분명히 하다
형 맑고 깨끗하다

这家软件公司澄清，网络上流传的谣言与事实不符。

↗술어

이 소프트웨어 회사는, 인터넷에서 떠도는 소문과 사실은 일치하지 않는다고 분명하게 밝혔다.

碧绿的荷叶和澄清的湖水构成了一幅美丽的图画。

청록색의 연잎과 맑고 깨끗한 호수가 한 폭의 아름다운 그림을 이루었다.

软件 ruǎnjiàn 명 소프트웨어, 애플리케이션
流传 liúchuán 동 떠돌다, 세상에 널리 퍼지다
谣言 yáoyán 명 소문, 유언비어   碧绿 bìlǜ 형 청록색   荷叶 héyè 명 연잎

38 依托 **
yītuō

동 의탁하다, 기대다

当今，人们可以依托大数据，创造出更多的商业模式。

오늘날, 사람들은 빅 데이터에 의탁하여, 더 많은 비즈니스 모델을 창출할 수 있다.

大数据 dàshùjù 명 빅 데이터   创造 chuàngzào 동 창출하다, 발명하다
商业 shāngyè 명 비즈니스, 상업   模式 móshì 명 모델, (표준) 양식

39 机密
jīmì

명 기밀, 극비   형 기밀이다, 극비이다

在IT外包过程中，企业要注意内部核心机密不被泄露。

IT 아웃소싱 과정에서, 기업은 내부의 핵심 기밀이 유출되지 않도록 주의해야 한다.

由于这份协议书是机密文件，保管时要格外留意。

이 합의서는 기밀 문서이므로, 보관할 때 각별히 유의해야 한다.

外包 wàibāo 동 아웃소싱하다, 외주하다   企业 qǐyè 명 기업
核心 héxīn 명 핵심   泄露 xièlòu 동 (비밀·기밀 등을) 유출하다
协议书 xiéyìshū 합의서   保管 bǎoguǎn 동 보관하다
格外 géwài 분 각별히   留意 liúyì 동 유의하다

⁴⁰ **泄露** ★★
xièlòu

동 (비밀·기밀 등을) 누설하다, 폭로하다

企业要<u>加强</u>对顾客隐私的保护，<u>防止</u>个人信息被
泄露。

기업은 고객의 프라이버시에 대한 보호를 강화하고, 개인 정보가 누설되는
것을 방지해야 한다.

企业 qǐyè 몡 기업   加强 jiāqiáng 동 강화하다, 보강하다
隐私 yǐnsī 몡 프라이버시, 사적인 비밀   防止 fángzhǐ 동 방지하다
个人信息 gèrén xìnxī 개인 정보

 시험에 이렇게 나온다!

듣기
독해   泄露(누설하다)는 듣기나 독해 영역에서 개인 정보나 고객 정보가 누설되는 위
험성과 관련된 지문에서 자주 출제된다. 泄露와 함께 자주 출제되는 표현들을
알아 둔다.

泄露个人信息 xièlòu gèrén xìnxī 개인 정보를 누설하다
泄露用户信息 xièlòu yònghù xìnxī 사용자 정보를 누설하다
泄露顾客隐私 xièlòu gùkè yǐnsī 고객 프라이버시를 누설하다
泄露秘密 xièlòu mìmì 비밀을 누설하다
泄露机密 xièlòu jīmì 기밀을 누설하다

잠깐 泄露의 露는 lù가 아니라 lòu로 발음된다는 점에 유의하세요.

⁴¹ **攻克** ★★
gōngkè

동 난관을 돌파하다, 정복하다, 함락시키다

开发新技术时，只有各方齐心协力，才能<u>攻克</u>难关。

신기술을 개발할 때는, 각 측에서 힘을 합쳐야만, 난관을 돌파할 수 있다.

开发 kāifā 동 개발하다, 개척하다   新技术 xīnjìshù 신기술
齐心协力 qíxīnxiélì 셍 힘을 합치다, 한마음 한뜻으로 협력하다
难关 nánguān 몡 난관, 곤란

⁴² **合并** ★★
hébìng

동 합병하다, 합치다

<u>合并</u>后，这家企业在汽车研发上有了新的突破。

합병한 후, 이 기업은 자동차 연구 개발에 있어 새로운 진전이 있었다.

企业 qǐyè 몡 기업   研发 yánfā 동 연구 개발하다
突破 tūpò 동 진전을 이루다, 돌파하다, 극복하다

⁴³ **终止**
zhōngzhǐ

반의어
继续 jìxù 동 계속하다
延续 yánxù
동 계속하다, 연장하다

동 중지하다, 끝내다

<u>根据</u>报道，该公司因财务问题，<u>决定</u>终止研发新
手机。

보도에 따르면, 이 회사는 재정 문제로 인해, 새 휴대폰의 연구 개발을 중지
하기로 결정했다.

报道 bàodào 몡 보도 동 보도하다   财务 cáiwù 몡 재정, 재무
研发 yánfā 동 연구 개발하다

44 起码 ★★
qǐmǎ

〔형〕 최소한, 최저한

研发新技术起码需要一年时间。 → 술어

신기술을 연구 개발하는 것에는 최소한 일 년의 시간이 필요하다.

研发 yánfā 〔동〕 연구 개발하다

45 先进 ★★
xiānjìn

[반의어]

落后 luòhòu
〔형〕 낙후되다, 뒤떨어지다
〔동〕 뒤처지다, 늦어지다

〔형〕 선진적이다, 남보다 앞서다   〔명〕 앞서가는 사람이나 단체

这艘设备先进的医疗船，为岛上的居民提供优质服务。

설비가 선진적인 이 병원선은, 섬의 주민들에게 양질의 서비스를 제공한다.

为了表彰先进，公司制定了一些奖励政策。

앞서가는 사람을 표창하기 위해, 회사는 장려 정책들을 제정했다.

艘 sōu 〔양〕 척[배를 세는 양사] 设备 shèbèi 〔명〕 설비, 시설
医疗船 yīliáochuán 병원선[부상자나 해난을 당한 사람들의 구호를 목적으로
의료시설과 의료에 종사할 인원을 배치한 선박] 居民 jūmín 〔명〕 주민
优质 yōuzhì 〔명〕 양질의 表彰 biǎozhāng 〔동〕 표창하다
奖励 jiǎnglì 〔동〕 장려하다 政策 zhèngcè 〔명〕 정책

 시험에 이렇게 나온다!

〔짝꿍표현〕 先进을 활용한 다양한 짝꿍 표현들을 알아 둔다.

先进技术 xiānjìn jìshù 선진 기술
先进设施 xiānjìn shèshī 선진 시설

46 尖端
jiānduān

[반의어]

基础 jīchǔ 〔명〕 토대, 기초

〔형〕 첨단의   〔명〕 정점, (어떤 물건의) 뾰족한 끝

目前这些尖端科技大多还处于基础研发阶段。

현재 이러한 첨단 과학 기술은 대부분 아직 기초 연구 개발 단계에 있다.

研究团队表示，他们有信心站在行业的尖端。

연구 단체는, 그들이 업계의 정점에 설 자신이 있다고 밝혔다.

目前 mùqián 〔명〕 현재, 지금 处于 chǔyú 〔동〕 ~에 있다, ~에 처하다
研发 yánfā 〔동〕 연구 개발하다 阶段 jiēduàn 〔명〕 단계, 계단
团队 tuánduì 〔명〕 단체, 그룹 行业 hángyè 〔명〕 업계, 직종

 시험에 이렇게 나온다!

〔짝꿍표현〕 尖端을 활용한 다양한 짝꿍 표현들을 알아 둔다.

尖端技术 jiānduān jìshù 첨단 기술
尖端设备 jiānduān shèbèi 첨단 설비
尖端水平 jiānduān shuǐpíng 첨단 수준

47 以至 **
yǐzhì

유의어

以致 yǐzhì
접 ~을 발생시키다, ~으로 되다

접 ~하여, ~에 이르기까지

他常常熬夜开发新技术，以至病倒了。

술어

그는 자주 밤을 새우며 신기술을 개발하여, 몸져누웠다.

熬夜 áoyè 통 밤을 새우다 开发 kāifā 통 개발하다, 개척하다
病倒 bìngdǎo 몸져눕다, 앓아눕다

 시험에 이렇게 나온다!

유의어 以至 : 以致(yǐzhì, ~을 발생시키다, ~으로 되다)

以至은 A라는 동작이나 상황의 정도가 심해져서 B라는 결과가 발생됨을
나타낸다.

他工作非常专心，以至连下班时间都忘了。
그는 일하는 데에 너무 열중해서, 퇴근 시간도 잊어버렸다.

以致은 A라는 원인으로 인해 B라는 결과가 발생하는 것을 나타내며, 이
때 B는 주로 나쁜 결과이다.

他没有事先和同事沟通，以致工作上犯了错误。
그는 사전에 동료와 소통을 하지 않아서, 업무상 잘못을 저질렀다.

48 遥控
yáokòng

동 원격 조종하다

通过远程遥控，IT部门解决了职员电脑上出现的
问题。

먼 거리의 원격 조정을 통해서, IT부서는 직원 컴퓨터에 나타난 문제를 해
결했다.

远程 yuǎnchéng 형 먼 거리의, 장거리의 部门 bùmén 명 부서, 부문

 시험에 이렇게 나온다!

짝꿍
표현 遥控을 활용한 다양한 짝꿍 표현들을 알아 둔다.

遥控器 yáokòngqì 원격 조종기 ≒ 리모컨
遥控设施 yáokòng shèshī 원격 조종 장치

49 辅助
fǔzhù

형 보조적인, 부차적인 동 보조하다, 거들다

在医疗领域中，人工智能技术可应用在辅助诊断
等方面。

의료 분야에서, 인공 지능 기술은 보조 진단 등의 방면에 활용될 수 있다.

我们需要再选拔几个人来辅助完成这次的大规模
试验。

우리는 몇 사람을 더 뽑아 이번 대규모 실험을 완성하는 것을 보조하도록
하는 것이 필요하다.

领域 lǐngyù 명 분야, 영역 人工智能 réngōng zhìnéng 인공 지능
应用 yìngyòng 동 활용하다, 응용하다 诊断 zhěnduàn 동 진단하다
选拔 xuǎnbá 동 (인재를) 뽑다, 선발하다 规模 guīmó 명 규모

⁵⁰ **磁带**
cídài

🔵 명 테이프[녹음·녹화용 테이프]

上世纪80年代，便携式磁带随身听一推出就风靡
全球。 ←술어

1980년대, 휴대용 테이프 워크맨은 출시되자마자 전 세계를 풍미했다.

便携式 biànxiéshì 혱 휴대용의
随身听 suíshēntīng 몡 워크맨[작은 크기의 카세트 테이프 레코더]
推出 tuīchū 통 출시하다, 내놓다   **风靡** fēngmǐ 통 풍미하다

⁵¹ **故障**
gùzhàng

🔵 명 (기계 따위의) 고장, 결함

因引擎故障，一架客机起飞后没过多久就紧急返
航了。

엔진 고장으로 인하여, 여객기 한 대가 이륙한 뒤 얼마 지나지 않아 긴급 회
항했다.

引擎 yǐnqíng 몡 엔진   **架** jià 양 대[기계나 받침대가 있는 물건을 세는 단위]
紧急 jǐnjí 혱 긴급하다   **返航** fǎnháng 통 회항하다, 귀항하다

⁵² **实惠** ★★
shíhuì

🔵 혱 실속 있다, 실용적이다   명 실리, 실제의 이익

在最新上市的数码相机中，这款最实惠，而且性
价比高。

가장 최근에 출시된 디지털 카메라 중, 이 모델이 가장 실속 있고, 가격 대
비 성능도 좋다.

电子商城大减价活动使很多消费者得到了实惠。

전자상가의 파격 할인 행사는 많은 소비자로 하여금 실리를 얻게 했다.

上市 shàngshì 통 출시되다   **数码相机** shùmǎ xiàngjī 디지털 카메라
性价比 xìngjiàbǐ 몡 가격 대비 성능
电子商城 diànzǐshāngchéng 전자상가   **减价** jiǎnjià 통 할인하다

🏯 **알아 두면 시험이 쉬워지는 배경 지식**

중국|중국에는 '白菜价'라는 말이 있다. 이 말은 직역했을 때 배추값이라는 뜻이다.
문화|하지만 실제로는 아주 **实惠**하면서 저렴한 가격을 의미하며, 우리나라의 '껌값'
과 비슷한 말이다. 중국에서 배추(白菜)는 가장 저렴하게 구할 수 있는 채소이기
때문에 중국인들은 아주 저렴한 가격을 **白菜价**라고 부른다. 또한 상점에서 할
인 행사를 할 경우, 파격적으로 할인된 가격을 강조할 때에도 **白菜价**라는 표현
을 종종 사용한다.

白菜价 báicàijià 배추값 늑 아주 저렴한 가격, 껌값

53 归还 **
guīhuán

동 (빌린 물건이나 돈을) 반환하다, 돌려주다

归还共享单车时，切记要上锁。

공유 자전거를 반환할 때, 자물쇠를 채워야 한다는 것을 꼭 기억하세요.

共享单车 gòngxiǎng dānchē 공유 자전거　**切记** qièjì 동 꼭 기억하다
上锁 shàngsuǒ 동 자물쇠를 채우다

54 使命 **
shǐmìng

명 사명, 중대한 책임

完成使命后，这颗气象卫星最终坠落到大海里。

사명을 완수한 후, 이 기상 위성은 최후에는 바닷속으로 떨어진다.

气象 qìxiàng 명 기상　**卫星** wèixīng 명 위성
坠落 zhuìluò 동 떨어지다, 추락하다

55 火箭
huǒjiàn

명 로켓, 미사일

火箭是用于发射载人飞船和人造卫星的运载工具。

로켓은 유인 우주선과 인공 위성을 발사하는 데에 사용되는 운송 도구이다.

发射 fāshè 동 (총알·미사일·전파 등을) 발사하다, 쏘다
载人飞船 zàirén fēichuán 유인 우주선
人造卫星 rénzào wèixīng 인공 위성
运载 yùnzài 동 운송하다, 실어 나르다　**工具** gōngjù 명 도구, 수단

56 装备
zhuāngbèi

명 장비, 설비　동 (무기나 기계를) 장착하다, 탑재하다

超高强度钢是在航空、航天等高端机械装备上使用的重要材料。

초강력 강철은 항공, 우주 비행 등 첨단 기계 장비에 사용되는 중요한 소재이다.

那个军队装备了最新高科技武器。

그 군대는 최신 하이테크 무기를 장착했다.

超高强度钢 chāogāoqiángdùgāng 초강력 강철
航空 hángkōng 동 항공하다　**航天** hángtiān 동 우주 비행하다
高端 gāoduān 형 첨단의, 고차원의　**机械** jīxiè 명 기계
高科技 gāokējì 명 하이테크, 첨단 기술　**武器** wǔqì 명 무기

⁵⁷ **发射** ★★
fāshè

● 图 (총알·미사일·전파 등을) 발사하다, 쏘다

自首颗卫星发射成功以来，中国的航天事业一直
在不断发展。→ 술어

첫 위성 발사가 성공한 이래로, 중국의 우주 비행 사업은 줄곧 끊임없이 발
전하고 있다.

首 shǒu 처음의 卫星 wèixīng 몡 위성 航天 hángtiān 图 우주 비행하다
事业 shìyè 몡 사업 不断 búduàn 틘 끊임없이

⁵⁸ **飞跃**
fēiyuè

● 图 비약하다, 뛰어오르다

嫦娥四号的成功发射意味着人类探月史的飞跃发展。

창어 4호의 성공적인 발사는 인류의 달 탐사 역사의 비약적인 발전을 의
미한다.

嫦娥四号 Cháng'é sìhào 창어 4호 发射 fāshè 图 발사하다, 쏘다
意味着 yìwèizhe 图 의미하다, 뜻하다 探 tàn 图 탐사하다, 정찰하다

⁵⁹ **机动**
jīdòng

● 혱 동력의, 기계로 움직이는

我市将用电子警察系统管制非机动车超过停车线
的违法行为。

우리 시는 전자 경찰 시스템을 사용하여 비동력 차량이 정지선을 넘는 위법
행위를 관제할 것이다.

电子警察 diànzǐ jǐngchá 전자 경찰(자동 촬영 감시 통제 시스템)
系统 xìtǒng 몡 시스템, 계통, 체계 管制 guǎnzhì 图 관제하다, 관리하다
非机动车 fēijīdòngchē (인력이나 가축에 의해 움직이는) 비동력 차량
违法 wéifǎ 图 위법하다, (법률을) 위반하다 行为 xíngwéi 몡 행위, 행동

⁶⁰ **误差** ★★
wùchā

● 몡 오차

在检测工作中，使用最好的仪器也难免会出现一
些误差。

측정 작업 중에는, 가장 좋은 측정기를 사용해도 약간의 오차가 생기는 것
은 불가피하다.

检测 jiǎncè 图 측정하다 仪器 yíqì 몡 측정기, 계측기
难免 nánmiǎn 혱 불가피하다, ~하기 마련이다

⁶¹ **仪器** ★★
yíqì

● 몡 계측기, 측정기

近几年，中国的电子测量仪器技术取得了突飞猛进
的发展。

근 몇 년간, 중국의 전자 측량 계측기 기술은 비약적인 발전을 얻었다.

测量 cèliáng 图 측량하다
突飞猛进 tūfēiměngjìn 젱 비약적으로 발전하다

21
22
DAY 23
24
25
26
27
28
29
30

해커스 HSK 6급 단어장

62 雷达
léidá

명 레이더(radar), 전파 탐지기

考古学家用激光雷达技术绘制出了文物的三维   ↗ 술어
图像。

고고학자들은 광선 레이더 기술을 사용하여 문물의 3D 형상을 그려 냈다.

考古学家 kǎogǔxuéjiā 고고학자
激光雷达 jīguāng léidá 광선 레이더[광선과 레이더를 합친 말]
绘制 huìzhì **동** (도표나 도안을) 그리다 文物 wénwù **명** 문물, 유물
三维 sānwéi **명** 3D, 삼차원 图像 túxiàng **명** 형상, 영상

63 渣 ★★
zhā

명 찌꺼기, 부스러기

扫地机器人能自动清理地上的垃圾，如食物残渣
或其他杂物。

청소 로봇은, 음식물 남은 찌꺼기 또는 기타 잡동사니와 같은 땅 위의 쓰레기
를 자동으로 깨끗이 청소할 수 있다.

扫地 sǎodì **동** 청소하다 机器人 jīqìrén **명** 로봇
自动 zìdòng **형** 자동이다 清理 qīnglǐ **동** 깨끗이 정리하다
食物 shíwù **명** 음식물, 음식 残渣 cánzhā **명** 남은 찌꺼기, 잔재

 시험에 이렇게 나온다!

짝꿍 표현 渣를 활용한 다양한 짝꿍 표현들을 알아 둔다.
煤渣 méizhā 석탄재
残渣 cánzhā 남은 찌꺼기, 잔재

64 冷却
lěngquè

동 냉각하다, 냉각시키다

汽车冷却系统能降低发动机温度，使汽车可以长
时间行驶。

자동차 냉각 시스템은 엔진의 온도를 낮춰, 자동차가 장시간 주행하도록 할
수 있다.

系统 xìtǒng **명** 시스템, 계통, 체계 发动机 fādòngjī **명** 엔진, 모터
行驶 xíngshǐ **동** 주행하다

65 销毁
xiāohuǐ

[반의어]
保存 bǎocún
동 보존하다, 저장하다

동 폐기하다, 소각하다

为了彻底销毁硬盘，他把那个硬盘敲成了碎片。

하드 드라이브를 완전히 폐기하기 위해, 그는 그 하드 드라이브를 쳐서 조
각을 냈다.

彻底 chèdǐ **형** 완전하다, 철저하다 硬盘 yìngpán **명** 하드 드라이브
碎片 suìpiàn **명** 조각, 부스러기

66 插座
chāzuò

● 명 콘센트, 소켓

因各国的插座形状和电压不同，旅游时要带好转
换器。 → 술어

각 나라의 콘센트의 모양과 전압이 다르므로, 여행할 때는 어댑터를 잘 가
지고 다녀야 한다.

形状 xíngzhuàng 명 모양, 형태　电压 diànyā 명 전압
转换器 zhuǎnhuànqì 명 어댑터, 전환기

67 电源
diànyuán

● 명 전원

尽量不要切断冰箱的电源，否则会缩短它的使用
寿命。

가능한 한 냉장고의 전원을 차단하지 않아야 하는데, 그렇지 않으면 그것의
사용 수명이 단축될 수 있다.

尽量 jǐnliàng 부 가능한 한, 되도록　切断 qiē duàn 차단하다, 절단하다
缩短 suōduǎn 동 단축하다, 줄이다　寿命 shòumìng 명 수명, 목숨

68 正负
zhèngfù

● 명 양전자와 음전자, 플러스마이너스

同种电荷相互排斥，而正负电荷相互吸引。

같은 종류의 전하는 서로 배타적인 반면, 양전하와 음전하는 서로 끌어당
긴다.

电荷 diànhè 명 전하　排斥 páichì 동 배타적이다, 배척하다

69 天然气 ★★
tiānránqì

● 명 천연 가스

作为清洁环保能源，液化天然气备受人们关注。

청정 친환경 에너지로서, 액화 천연 가스는 사람들의 주목을 받고 있다.

作为 zuòwéi 개 ~으로서 동 ~으로 삼다
清洁 qīngjié 형 청정하다, 청결하다　环保 huánbǎo 명 친환경
能源 néngyuán 명 에너지, 에너지원　液化 yèhuà 동 액화하다
备受 bèi shòu 받다, 실컷 받다　关注 guānzhù 동 주목하다, 관심을 가지다

🏯 **알아 두면 시험이 쉬워지는 배경 지식**

> 일반상식 页岩气(셰일 가스)는 진흙이 수평으로 퇴적하여 굳어진 암석층인 页岩에 함유된
> 天然气이다. 중국은 세계 최고의 页岩气 보유 국가로, 최근 页岩气 채굴 기술이
> 발달하면서 본격적으로 개발하고 있다. 현재 중국은 대기 환경 개선을 위해 석
> 탄을 대신해서 天然气의 소비량을 늘리고 있는데, 页岩气 개발을 통해 天然气
> 주요 생산국으로도 성장할 예정이다.
>
> 页岩气 yèyánqì 셰일 가스
> 页岩 yèyán 셰일, 혈암

70 放射
fàngshè

[동] 방출하다, 방사하다

太阳以光辐射的形式，向地球放射能量。

태양은 빛을 복사하는 형식으로, 지구를 향해 에너지를 방출한다.

辐射 fúshè [동] (중심에서 여러 방향으로) 복사하다, 방사하다
形式 xíngshì [명] 형식, 형태　能量 néngliàng [명] 에너지

71 旋转
xuánzhuǎn

[동] (빙빙) 돌다, 선회하다

有风时，风力发电机的叶片会随风旋转。

바람이 불 때, 풍력 발전기의 날개는 바람에 따라 빙빙 돈다.

叶片 yèpiàn [명] 날개

72 耀眼
yàoyǎn

[형] (광선이나 색채가 강렬하여) 눈부시다

一颗耀眼的流星从夜空中划过。

눈부신 유성 하나가 밤하늘을 가로질러 지나갔다.

颗 kē [양] 알[둥근 알맹이 모양의 물건을 세는 단위]　流星 liúxīng [명] 유성
夜空 yèkōng [명] 밤하늘　划 huá [동] 가로지르다, 긁히다, (배를) 젓다

73 比重 ★★
bǐzhòng

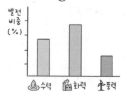

[명] 비중

科学家们发现，陨石里所含的重金属的比重比较大。

과학자들은, 운석에 포함된 중금속의 비중이 비교적 크다는 것을 발견했다.

陨石 yǔnshí [명] 운석　含 hán [동] 포함하다, 함유하다
重金属 zhòngjīnshǔ [명] 중금속

74 化石 ★★
huàshí

[명] 화석

在未来，人类也许能在宇宙开采地球上已枯竭的化石资源。

미래에, 인류는 아마 지구상에서 이미 고갈된 화석 자원을 우주에서 채굴할 수 있을지도 모른다.

未来 wèilái [명] 미래 [형] 미래의, 앞으로의　人类 rénlèi [명] 인류
宇宙 yǔzhòu [명] 우주, 세계
开采 kāicǎi [동] (지하 자원을) 채굴하다, 발굴하다
枯竭 kūjié [형] 고갈되다, 소멸되다, 없어지다　资源 zīyuán [명] 자원

75 辽阔 **
liáokuò

형 (평야·벌판·수면 등이) 광활하다, 아득히 넓다

中国土地辽阔，而且拥有丰富的自然资源。 → 술어

중국은 땅이 광활하고, 게다가 풍부한 자연 자원을 가지고 있다.

土地 tǔdì 명 땅, 토지　**拥有** yōngyǒu 동 가지다, 보유하다
资源 zīyuán 명 자원

76 矿产
kuàngchǎn

명 광산, 광산물

作为一种矿产资源，可燃冰被认为是21世纪清洁
能源。

일종의 광산 자원으로서, 가연성 얼음은 21세기 청정 에너지로 여겨진다.

作为 zuòwéi 개 ~으로서 동 ~으로 삼다　**资源** zīyuán 명 자원
可燃冰 kěránbīng 명 가연성 얼음　**清洁** qīngjié 형 청정하다, 청결하다

77 柴油
cháiyóu

명 경유, 디젤(diesel)유

有专家预测，部分国家的汽油和柴油价格将会有
所上涨。

일부 전문가는, 일부 국가의 휘발유와 경유 가격이 다소 오를 것이라고 예
측했다.

专家 zhuānjiā 명 전문가　**预测** yùcè 동 예측하다
汽油 qìyóu 명 휘발유, 가솔린
上涨 shàngzhǎng 동 (수위나 물가가) 오르다

78 石油
shíyóu

명 석유

塔里木盆地里埋藏着石油等各种丰富的资源。

타림 분지에는 석유 등 각종 풍부한 자원이 매장되어 있다.

塔里木盆地 Tǎlǐmù Péndì 고유 타림 분지[중국 신장 위구르 자치구 서쪽에
위치한 분지]　**埋藏** máicáng 동 매장되다, 묻히다　**资源** zīyuán 명 자원

79 提炼 **
tíliàn

동 추출하다, 정련하다

人们期待能从这一巨矿中提炼出大量的石油。

사람들은 이 거대한 광산에서 대량의 석유를 추출할 수 있을 것으로 기대
한다.

期待 qīdài 동 기대하다, 바라다　**巨矿** jùkuàng 거대한 광산
大量 dàliàng 형 대량의　**石油** shíyóu 명 석유

80 乌黑
wūhēi

[반의어]

雪白 xuěbái
형 새하얗다, 눈처럼 희다

형 새까맣다, 아주 검다

满脸乌黑的煤矿工人从地下走出来了。

→ 술어

온 얼굴이 새까만 탄광 노동자들이 지하에서 걸어 나왔다.

煤矿 méikuàng 탄광　工人 gōngrén 명 (육체) 노동자

81 磅
bàng

양 (중량 단위인) 파운드, (글자 크기를 나타내는) 포인트

他们正式宣布，这次发射的卫星重约900磅。

그들은, 이번에 발사할 위성의 무게가 약 900파운드 정도임을 정식으로 발표했다.

宣布 xuānbù 동 발표하다, 선포하다
发射 fāshè 동 (총알·미사일·전파 등을) 발사하다, 쏘다
卫星 wèixīng 명 위성

연습문제 체크체크!

제시된 뜻에 해당하는 단어를 중국어로 써 보세요.

01 화면, 영사막, 스크린(screen) ---------------------

02 (화상·소리·기능 등을) 확대하다, 크게 하다 ---------------------

03 전망, 전경 ---------------------

04 ~하여, ~에 이르기까지 ---------------------

05 사용자, 가입자, 아이디(ID) ---------------------

제시된 단어로 하나의 문장을 완성하세요.

06 这个电子　提供的　相当精确　测量仪器　数据

----

07 起码　一年时间　研发这项　需要　新技术

----

08 简单的　这种操作　使用　老年人　手机便于

----

09 智能电视　新上市的　所消耗的　较小　电量

----

10 学生　积极引导　学校正在　安全意识　增强网络

----

09. 新上市的智能电视所消耗的电量较小。　10. 学校正在积极引导学生增强网络安全意识。
06. 这个电子测量仪器提供的数据相当精确。　07. 研发这项新技术起码需要一年时间。　08. 这种操作简单的手机便于老年人使用。
정답: 01. 屏幕　02. 放大　03. 前景　04. 以至于　05. 用户

* 06~10번 문제 해석은 해커스중국어(china.Hackers.com)에서 다운로드 받으세요.

HSK 6급 시험에 나오는 고난도 어휘

☑ 잘 외워지지 않는 단어는 □에 체크해 두고 다음에 반복 암기합니다.

□	云计算	yún jìsuàn	몡 클라우드 컴퓨팅[유틸리티 데이터 서버에 프로그램을 두고 컴퓨터나 모바일 기기 등에 불러와서 사용하는 웹 기반 소프트웨어 서비스]
□	大数据	dàshùjù	빅 데이터
□	刷脸签到	shuāliǎn qiāndào	안면 인식 출근 체크, 안면 인식 로그인
□	语音识别	yǔyīn shíbié	몡 음성 인식
□	唇语识别	chúnyǔ shíbié	독순 인식[입술의 움직임으로 상대방의 말을 인식하는 기술]
□	二维码	èrwéimǎ	QR코드
□	刷手机	shuā shǒujī	휴대전화로 결제하다
□	无线网络	wúxiàn wǎngluò	무선 네트워크
□	在线	zàixiàn	동 온라인 상태에 있다
□	推送技术	tuīsòng jìshù	푸시 기법[사용자가 원하든 원하지 않든 방송처럼 뉴스를 제공하는 기술]
□	平台	píngtái	몡 플랫폼
□	黑客	hēikè	몡 해커
□	编程	biānchéng	동 프로그래밍하다
□	表情符号	biǎoqíng fúhào	몡 이모티콘
□	数字化	shùzìhuà	동 디지털화하다
□	人性化	rénxìnghuà	동 인성화하다, 인간 친화적으로 하다
□	个性化	gèxìnghuà	동 개성화하다
□	优化	yōuhuà	동 최적화하다
□	无人机	wúrénjī	몡 드론, 무인 비행기
□	人机交互	rénjī jiāohù	인간-기계 인터페이스

☐ 革新	géxīn	동	혁신하다
☐ 便捷	biànjié	형	편리하다, 간편하다
☐ 便携	biànxié		휴대용, 간편한
☐ 新型	xīnxíng	형	신형의, 신식의
☐ 研制	yánzhì	동	연구 제작하다
☐ 监测仪	jiāncèyí		(측정 기록 등을 위한) 모니터
☐ 仪表	yíbiǎo	명	(온도·기압·전기량·혈압 등을 측정하는) 측량 기구, (사람의) 용모, 자태
☐ 涡轮机	wōlúnjī	명	터빈[높은 압력의 유체를 날개바퀴의 날개에 부딪치게 함으로써 회전하는 힘을 얻는 원동기]
☐ 按钮	ànniǔ	명	버튼, 스위치
☐ 启动	qǐdòng	동	(기계를) 작동하다, 시동하다, (법령·계획 등을) 실시하다, 시행하다
☐ 欠缺	qiànquē	동 명	모자라다, 결핍되다, 부족하다 결함, 결점
☐ 功耗	gōnghào	명	공률손실[설비·부속품 등의 수입 공률과 수출 공률의 차액]
☐ 耗电	hàodiàn	동	전기를 소비하다
☐ 锂电池	lǐdiànchí		리튬 배터리
☐ 蓄电池	xùdiànchí	명	축전지
☐ 燃料	ránliào	명	연료
☐ 矿藏	kuàngcáng	명	지하 자원
☐ 提取	tíqǔ	동	추출하다, (맡긴 돈 혹은 물건을) 찾다, 인출하다
☐ 转换器	zhuǎnhuànqì	명	변환기, 컨버터
☐ 智能快递柜	zhìnéng kuàidìguì		스마트 택배 보관함

해커스 HSK 6급 단어장

미확인 물체

과학 · 상식

주제를 알면 HSK가 보인다!

HSK 6급에서는 천문·물리·화학 분야의 과학 지식 또는 일반 상식과 관련된 문제가 자주 출제돼요. 따라서 '원리', '출처', '정밀히 관찰하다', '우주', '폭발하다', '제거하다'와 같은 과학·상식 관련 단어들을 집중적으로 학습하면 이러한 문제를 쉽게 풀 수 있어요.

🎧 단어, 예문 MP3

지구에는 존재하지 않는 이것?!

이 이상한 물질이 만들어진 原理는 무엇이며, 来源은 어디인가…

考察해 보니, 지구는 아니고 꼭 宇宙에서 온 것만 같은 비주얼이야.

냄새도 정말 고약하군. 더 놓아두었다간 爆炸할 것만 같아. 어서 排除를…!

…… 그래도 내가 힘들게 만든 건데 그냥 먹어라.

09 原理 yuánlǐ 몡 원리

02 宇宙 yǔzhòu 몡 우주, 세계

32 来源 láiyuán 몡 출처, 근원

26 爆炸 bàozhà 동 폭발하다

23 考察 kǎochá 동 정밀히 관찰하다

11 排除 páichú 동 제거하다, 없애다

01 太空 ***
tàikōng

⟨명⟩ 우주, 높고 드넓은 하늘

严格来讲，太空并非寂静无声，而存在一些奇异的声波。

엄밀히 말하자면, 우주는 결코 소리 없이 고요한 것이 아니라, 기이한 음파들이 존재하고 있다.

并非 bìngfēi ⟨동⟩ 결코 ~이 아니다　寂静 jìjìng ⟨형⟩ 고요하다
奇异 qíyì ⟨형⟩ 기이하다, 신기하다　声波 shēngbō ⟨명⟩ 음파

🏛 알아 두면 시험이 쉬워지는 배경 지식

> ⟨일반상식⟩ 太空垃圾(우주 쓰레기)는 太空에 떠다니는 쓰레기의 총칭으로, 일반적으로는 지구 궤도를 떠도는 물질 중 현재 활용되지 않고 있는 모든 인공 물체를 지칭한다. 현재 太空에는 인공 위성 발사에 사용된 로켓 본체와 부품들, 오래되거나 고장 난 인공위성, 부식이나 충돌로 인한 파편 등 매우 다양한 太空垃圾가 떠다닌다. 이 太空垃圾의 양은 계속 증가하고 있는 추세이기 때문에 점점 국제적인 문제로 대두되고 있다.
>
> 太空垃圾 tàikōng lājī 우주 쓰레기

02 宇宙 ***
yǔzhòu

⟨명⟩ 우주, 세계

哈勃-勒梅特定律揭示宇宙在不断扩张。

허블-르메트르의 법칙은 우주가 끊임없이 확장하고 있음을 드러내 보인다.

哈勃-勒梅特定律 Hābó Lèméitè Dìnglǜ ⟨고유⟩ 허블-르메트르의 법칙
揭示 jiēshì ⟨동⟩ 드러내 보이다　不断 búduàn ⟨부⟩ 끊임없이, 부단히
扩张 kuòzhāng ⟨동⟩ 확장하다, 넓히다

잠깐 宇宙는 지구를 포함한 천체의 무한한 공간을 의미하고, 01번 太空(우주)은 지구 대기권 밖의 우주 공간을 의미해요.

03 密度 ***
mìdù

⟨명⟩ 밀도

土星是在太阳系中密度最小的行星，其密度比水的密度还小。

토성은 태양계에서 밀도가 가장 작은 행성으로, 그 밀도는 물의 밀도보다 작다.

土星 Tǔxīng ⟨고유⟩ 토성　太阳系 Tàiyángxì ⟨고유⟩ 태양계
行星 xíngxīng ⟨명⟩ 행성

04 测量 ***
cèliáng

⟨동⟩ 측량하다

天文学家是如何准确测量出数十亿光年外的天体距离的呢？

천문학자는 어떻게 수십억 광년 밖의 천체의 거리를 정확히 측량해 내는 걸까?

天文 tiānwén ⟨명⟩ 천문　如何 rúhé ⟨대⟩ 어떻다, 어떠하다
准确 zhǔnquè ⟨형⟩ 정확하다, 틀림없다　亿 yì ⟨수⟩ 억
光年 guāngnián ⟨양⟩ 광년　天体 tiāntǐ ⟨명⟩ 천체

05 探测 *** tàncè

[동] (기구로) 관측하다, 탐측하다

通过火星探测器，人类首次探测到了"火星地震"。 ← 술어

화성 탐측기를 통해, 인류는 처음으로 '화성 지진'을 관측해 냈다.

火星 Huǒxīng [고유] 화성　探测器 tàncèqì 탐측기　人类 rénlèi [명] 인류
首次 shǒucì [수] 처음, 첫 번째　地震 dìzhèn [명] 지진

06 探索 *** tànsuǒ

[동] 탐색하다, 찾다

人类在保护地球的同时，将会探索另一个适宜居住的星球。

인류는 지구를 보호하는 동시에, 거주하기 적합한 또 하나의 천체를 탐색할 것이다.

人类 rénlèi [명] 인류　适宜 shìyí [형] 적합하다, 알맞다
居住 jūzhù [동] 거주하다　星球 xīngqiú [명] 천체, 별

07 剧烈 *** jùliè

[형] 극렬하다, 격렬하다

太阳风暴是指在太阳黑子活动高峰期产生的剧烈爆发现象。

태양 폭풍은 태양 흑점 활동 절정기에 생기는 극렬한 폭발 활동 현상을 가리키는 것이다.

太阳风暴 tàiyáng fēngbào 태양 폭풍　黑子 hēizi 흑점
高峰期 gāofēngqī 절정기　产生 chǎnshēng [동] 생기다
爆发 bàofā [동] 폭발하다　现象 xiànxiàng [명] 현상

08 定义 *** dìngyì

[명] 정의

我们对光电效应的定义有些模糊，您能给我们讲解一下吗?

우리는 광전 효과의 정의에 대해 다소 모호한데, 당신이 우리에게 설명해 주실 수 있나요?

光电效应 guāngdiàn xiàoyìng 광전 효과
模糊 móhu [형] 모호하다, 뚜렷하지 않다
讲解 jiǎngjiě [동] 설명하다, 해설하다

09 原理 *** yuánlǐ

[명] 원리

相对性原理和量子力学可以说是现代物理学的两大支柱。

상대성 원리와 양자 역학은 현대 물리학의 두 기둥이라고 말할 수 있다.

相对性原理 xiāngduìxìng yuánlǐ 상대성 원리
量子力学 liàngzǐ lìxué 양자 역학　物理学 wùlǐxué [명] 물리학
支柱 zhīzhù [명] 기둥, 지주, 받침대

¹⁰ **分解** ***
fēnjiě

반의어

合成 héchéng 동 합성하다

동 분해하다

据权威科普杂志发表，科学家研制出了一种极易
分解的塑料。

술어 (→ 연결선 위 주석)

권위 있는 과학 보급 잡지의 발표에 따르면, 과학자들이 매우 쉽게 분해되는
플라스틱을 연구 제조해 냈다고 한다.

权威 quánwēi 형 권위 있는 科普杂志 kēpǔ zázhì 과학 보급 잡지
发表 fābiǎo 동 발표하다 研制 yánzhì 동 연구 제조하다
塑料 sùliào 명 플라스틱

¹¹ **排除** ***
páichú

동 제거하다, 없애다

海冰的含盐量接近淡水冰，是因为在结晶时会自
动排除盐分。

해빙의 염분 함유량이 담수빙과 비슷한 것은, 결정될 때 자동적으로 염분을
제거할 수 있기 때문이다.

海冰 hǎibīng 해빙 含盐量 hányánliàng 염분 함유량
淡水冰 dànshuǐbīng 담수빙[담수를 얼린 것]
结晶 jiéjīng 동 결정하다 명 결정체, 결정 自动 zìdòng 부 자동적으로

¹² **相应** ***
xiāngyìng

동 상응하다, 서로 맞다

狄拉克做出了惊人预测，即每个粒子都有相应的
反粒子。

디랙은 놀라운 예측을 내놓았는데, 즉 모든 입자에는 모두 상응하는 반입
자가 있다는 것이다.

狄拉克 Dílākè 고유 디랙[영국의 이론물리학자] 预测 yùcè 동 예측하다
即 jí 부 즉, 곧 粒子 lìzǐ 명 입자, 알갱이 反粒子 fǎnlìzǐ 명 반입자

¹³ **氧气** ***
yǎngqì

명 산소

在空气中，氧气的含量大约占五分之一。

공기 중에, 산소의 함량은 대략 5분의 1을 차지한다.

含量 hánliàng 명 함량

¹⁴ **膜** ***
mó

명 막, 막과 같이 얇은 물질

据报道，被称为"地球保护膜"的地磁场在迅速减弱。

보도에 따르면, '지구 보호막'이리 불리는 지구 사기장이 신속하게 약해지
고 있다고 한다.

报道 bàodào 명 보도 동 보도하다 称 chēng 동 ~라고 부르다, 칭하다
地磁场 dìcíchǎng 지구 자기장 迅速 xùnsù 형 신속하다, 재빠르다
减弱 jiǎnruò 동 (기세, 힘 등이) 약해지다

15 频率 ***
pínlǜ

명 빈도수, 주파수

술어

有些地震学家强调，地震频率可能与太阳活动周期有关。

어떤 지진학자들은, 지진의 빈도수가 아마도 태양의 활동 주기와 관련이 있을 것이라고 강조한다.

地震 dìzhèn 명 지진　强调 qiángdiào 동 강조하다　周期 zhōuqī 명 주기

🏯 알아 두면 시험이 쉬워지는 배경 지식

과학상식 特高频(극초단파)은 波长范围가 1~10分米이고, 频率가 300~3000兆赫인 无线电波를 가리킨다. 特高频은 频率의 영역대가 높아서 波长이 짧은 편으로, 텔레비전·휴대폰·무선인터넷 등에 많이 활용된다.

特高频 tègāopín 극초단파, UHF
波长范围 bōcháng fànwéi 파장 범위
分米 fēnmǐ 데시미터(dm)
兆赫 zhàohè 메가헤르츠(MHz)
无线电波 wúxiàn diànbō 무선 전파
波长 bōcháng 파장

16 损坏 ***
sǔnhuài

동 손상시키다, 훼손시키다

有人认为，火星和被严重损坏的地球类似。

어떤 이는, 화성이 심각하게 손상된 지구와 유사하다고 여긴다.

火星 Huǒxīng 고유 화성　类似 lèisì 동 유사하다, 비슷하다

잠깐 损坏는 주로 사물의 원래의 기능을 잃게 하는 것을 의미하고, Day03의 67번 败坏(손상시키다)는 주로 사회 규범을 해치는 것을 의미해요.

17 蛋白质 ***
dànbáizhì

명 단백질

蛋白质是细胞的重要组成部分，约占人体体重的20%。

단백질은 세포의 중요한 구성 요소로, 인체 체중의 약 20%를 차지한다.

细胞 xìbāo 명 세포　组成 zǔchéng 동 구성하다　占 zhàn 동 차지하다
体重 tǐzhòng 명 체중, 몸무게

18 元素 ***
yuánsù

명 화학 원소, 요소

微量元素与植物的生理过程、农业生产有着密切的关系。

미량 원소는 식물의 생리적 과정 및 농업 생산과 밀접한 관련이 있다.

微量元素 wēiliàng yuánsù 미량 원소　生理 shēnglǐ 명 생리
农业 nóngyè 명 농업　生产 shēngchǎn 동 생산하다, 만들다
密切 mìqiè 형 밀접하다, 긴밀하다 동 (관계를) 가깝게 하다

¹⁹ 生理 ★★★

shēnglǐ

명 생리, 생리학

以大数据为基础，他们正在制造具有生理功能的
虚拟人体。

→ 술어

빅 데이터를 기반으로 하여, 그들은 생리 기능을 갖춘 가상 인체를 만들고 있다.

大数据 dàshùjù 명 빅 데이터　**制造** zhìzào 동 만들다, 제조하다
功能 gōngnéng 명 기능, 효능, 작용　**虚拟** xūnǐ 형 가상의, 허구의

 시험에 이렇게 나온다!

듣기
독해　生理(생리)는 듣기나 독해 영역에서 사람이나 특정 동물의 생리 구조, 생리적 특징에 대해 설명하는 지문에서 자주 출제된다. 生理와 함께 자주 출제되는 표현들을 알아 둔다.

生理代谢 shēnglǐ dàixiè 생리적 대사, 생리학적 대사 작용
生理构造 shēnglǐ gòuzào 생리적 구조
生理机制 shēnglǐ jīzhì 생리적 메커니즘

²⁰ 基因 ★★★

jīyīn

명 유전자, 유전 인자

事实上，动植物之间的基因差异并没有我们想象
的那么大。

사실상, 동식물 간의 유전자 차이는 결코 우리가 상상하는 것만큼 그리 크지 않다.

事实 shìshí 명 사실　**差异** chāyì 명 차이　**想象** xiǎngxiàng 동 상상하다

🏯 **알아 두면 시험이 쉬워지는 배경 지식**

일반
상식　深圳国家基因库(선전 국가유전자은행)는 세계에서 네 번째로 만들어진 비영리 国家基因库이다. 이곳은 중국의 대표적인 바이오 기업 BGI가 선전(深圳)에 만든 것으로, 2016년부터 운영을 시작했다. 深圳国家基因库는 基因 데이터 생산뿐만 아니라 각종 생물 샘플 및 데이터 연구, 생물 다양성 연구, 질병 연구 등을 진행하는 종합생명과학센터의 성격을 띠고 있다. 뿐만 아니라 基因 분석 기계를 생산하는 법인도 갖추고 있어 데이터 활용까지 가능하다. 深圳国家基因库의 규모는 세계 정상급으로, 세계 基因 데이터의 5분의 1 이상을 소유하고 있어 생명·보건 분야의 중요한 데이터 센터로 자리매김하고 있다.

深圳国家基因库 Shēnzhèn Guójiā Jīyīnkù 선전 국가유전자은행

²¹ 遗传 ★★★

yíchuán

동 유전하다

经过八年的努力，孟德尔终于发现了生物遗传定律。

8년의 노력을 거쳐, 멘델은 마침내 생물 유전 법칙을 발견했다.

孟德尔 Mèngdé'ěr 고유 멘델[오스트리아 유전학자]
生物 shēngwù 명 생물　**定律** dìnglǜ 명 (과학상의) 법칙

해커스 HSK 6급 단어장

22 进化 ***
jìnhuà

반의어
退化 tuìhuà 동 퇴화하다

동 진화하다, 발전하다

水陆两栖动物，如青蛙，是由鱼类进化而来的。 ← 술어

청개구리와 같은 수륙 양서 동물은, 어류로부터 진화되어 온 것이다.

水陆 shuǐlù 명 수륙　两栖动物 liǎngqīdòngwù 양서 동물
青蛙 qīngwā 명 청개구리　鱼类 yúlèi 어류

🏯 알아 두면 시험이 쉬워지는 배경 지식

과학
상식
<物种起源(종의 기원)>은 영국의 생물학자 查尔斯·达尔文이 生物进化理论에 관한 기초를 기술한 책이다. 이 책은 '자연계에서 환경에 적응한 物种이 살아남는다'는 '自然选择'라는 원리를 토대로 物种의 进化에 대한 이론을 제시하고 있다.

物种起源 Wùzhǒng qǐyuán 종의 기원
查尔斯·达尔文 Chá'ěrsī·Dá'ěrwén 찰스 다윈
生物进化理论 shēngwù jìnhuà lǐlùn 생물 진화 이론
物种 wùzhǒng 종
自然选择 zìrán xuǎnzé 자연 선택

23 考察 ***
kǎochá

동 답사하다, 고찰하다, 정밀히 관찰하다

有位科学家在喜马拉雅山考察时，竟发现了海洋生物化石。

한 과학자는 히말라야 산맥에서 답사할 때, 놀랍게도 해양생물의 화석을 발견했다.

喜马拉雅山 Xǐmǎlāyǎ Shān 고유 히말라야 산맥　生物 shēngwù 명 생물
化石 huàshí 명 화석

24 类似 ***
lèisì

반의어
相反 xiāngfǎn
형 상반되다, 서로 반대되다
접 도리어, 반대로

동 유사하다, 비슷하다

DNA分子类似于电脑硬盘，具有保存、改写信息等功能。

DNA 분자는 컴퓨터 하드디스크와 유사해서, 정보를 저장하고, 고쳐 쓰는 등의 기능을 가지고 있다.

分子 fēnzǐ 명 분자　硬盘 yìngpán 명 하드디스크
保存 bǎocún 동 저장하다, 보존하다　改写 gǎixiě 동 고쳐 쓰다, 다시 쓰다
信息 xìnxī 명 정보, 소식　功能 gōngnéng 명 기능, 효능, 작용

25 漫长 ***
màncháng

반의어
短暂 duǎnzàn 형 (시간이) 짧다

형 (시간·공간이) 길다, 멀다, 지루하다

在漫长的岁月里，地球上的生物经历了五次大灭绝。

길고 긴 세월 속에서, 지구상의 생물들은 5번의 대멸종을 겪었다.

岁月 suìyuè 명 세월　生物 shēngwù 명 생물　灭绝 mièjué 동 멸종하다

21

22

23

DAY
24

25

26

27

28

29

30

해커스 HSK 6급 단어장

26 爆炸 ★★★
bàozhà

동 (큰 소리를 내며) 폭발하다, (수나 양이) 폭증하다

碳酸饮料若放置在0℃以下的环境中，就存在爆炸
的可能性。

탄산음료가 만약 0도 이하의 환경 속에 방치된다면, 폭발할 가능성이 존재한다.

碳酸饮料 tànsuān yǐnliào 탄산음료　放置 fàngzhì 동 방치하다, 내버려두다

27 显著 ★★★
xiǎnzhù

형 현저하다, 두드러지다

目前对这类分子的化学实验已取得了显著的成果。

현재 이러한 분자에 대한 화학 실험은 이미 현저한 성과를 얻었다.

目前 mùqián 명 현재, 지금　分子 fēnzǐ 명 분자　化学 huàxué 명 화학
实验 shíyàn 명 실험 동 실험하다　成果 chéngguǒ 명 성과

28 依据 ★★★
yījù

명 근거　동 의거하다, 근거하다　개 ~에 의하면, ~에 따르면

中科院物理研究所找到相关依据，证明了张博士
的理论具有可行性。

중국 과학원 물리 연구소는 관련된 근거를 찾아내, 장 박사의 이론이 타당성을 가졌다는 것을 증명했다.

对罪犯进行定罪量刑时，必须依据客观证据和相
关法律。

범인에게 죄를 판결하고 형벌의 정도를 정할 때는, 반드시 객관적인 증거와 관련 법률에 의거해야 한다.

依据专家鉴定，蠕虫和人类的共同祖先已具有发
达的大脑。

전문가의 감정에 의하면, 연충과 인류의 공통 조상은 이미 발달한 뇌를 가지고 있었다고 한다.

中科院 Zhōngkēyuàn 고유 중국 과학원[中国科学院의 약칭]
物理研究所 wùlǐyánjiūsuǒ 물리 연구소　相关 xiāngguān 동 관련되다
证明 zhèngmíng 동 증명하다　理论 lǐlùn 명 이론
可行性 kěxíngxìng 명 타당성, 실행 가능성　罪犯 zuìfàn 명 범인, 죄인
定罪 dìngzuì 동 죄를 판결하다　量刑 liàngxíng 동 형벌의 정도를 정하다
客观 kèguān 형 객관적이다　证据 zhèngjù 명 증거
专家 zhuānjiā 명 전문가　鉴定 jiàndìng 동 감정하다　蠕虫 rúchóng 명 연충
人类 rénlèi 명 인류　祖先 zǔxiān 명 조상, 선조　发达 fādá 형 발달하다

29 统计 ***
tǒngjì

[동] 통계하다, 합계하다

两个科学家经过统计分析得出结论: 口味偏好由
基因决定。 → 술어

두 과학자는 통계 분석을 통해 결론을 얻어냈는데, 입맛 기호는 유전자로 인해 결정된다는 것이었다.

分析 fēnxī [동] 분석하다 **结论** jiélùn [명] 결론
口味偏好 kǒuwèi piānhào 입맛 기호 **基因** jīyīn [명] 유전자

30 倘若 ***
tǎngruò

[접] 만일 ~한다면

倘若实验成功, 人造珊瑚礁能促进天然珊瑚礁的
生长。

만일 실험이 성공한다면, 인조 산호초가 천연 산호초의 성장을 촉진시킬 수 있을 것이다.

实验 shíyàn [명] 실험 [동] 실험하다 **人造** rénzào [형] 인조의, 인공의
珊瑚礁 shānhújiāo [명] 산호초 **促进** cùjìn [동] 촉진시키다, 촉진하다
天然 tiānrán [형] 천연의, 자연의 **生长** shēngzhǎng [동] 성장하다, 자라다

 시험에 이렇게 나온다!

> 짝꿍
> 표현 倘若를 활용한 다양한 짝꿍 표현들을 알아 둔다.
>
> **倘若 A, 就/便/那么 B** tǎngruò A, jiù/biàn/nàme B
> 만일 A한다면, 그렇다면 B이다

31 奥秘 ***
àomì

[명] 신비, 비밀

在他的眼中, 许多看似平凡的事物里蕴藏着无限
的奥秘。

그의 눈에는, 평범해 보이는 수많은 사물들 속에 무한한 신비가 잠재되어 있다.

平凡 píngfán [형] 평범하다, 일반적이다 **事物** shìwù [명] 사물
蕴藏 yùncáng [동] 잠재하다, 묻히다

32 来源 ***
láiyuán

[명] 근원, 출처 [동] 기원하다, 유래하다

关于地球上水的来源, 科学界一直众说纷纭。

지구상의 물의 근원에 관해, 과학계는 줄곧 의견이 분분하다.

所有的生物学研究成果都来源于对大自然的观察
和实验。

모든 생물학 연구 성과는 모두 대자연에 대한 관찰과 실험에서 기원한다.

众说纷纭 zhòngshuōfēnyún [성] (여러 사람들의) 의견이 분분하다
生物学 shēngwùxué [명] 생물학 **成果** chéngguǒ [명] 성과
观察 guānchá [동] 관찰하다, 살피다 **实验** shíyàn [명] 실험 [동] 실험하다

33 证实 ★★★
zhèngshí

[유의어]

证明 zhèngmíng
명 증명서 동 증명하다

동 실증하다, (확실함을) 증명하다

科学家们尚未<u>证实</u>火星上存在生命。 술어

과학자들은 화성에 생명이 존재하는 것을 아직 실증하지 못했다.

火星 Huǒxīng 고유 화성　存在 cúnzài 동 존재하다, 현존하다

 시험에 이렇게 나온다!

> 유의어 证实 : 证明(zhèngmíng, 증명하다, 증명서)
>
> 证实은 확실함을 증명한다는 의미의 동사이다.
>
> 这一推论还未被证实 zhè yì tuīlùn hái wèi bèi zhèngshí
> 이 추론은 아직 실증되지 않았다
>
> 通过实验证实了 tōngguò shíyàn zhèngshí le 실험을 통해 실증했다
>
> 证明은 믿을 만한 자료를 통해 진실성을 드러낸다는 의미의 동사이다. 또
> 한 단독으로 '증명서, 증명 서신'이라는 의미의 명사로도 쓰인다.
>
> 研究证明…… yánjiū zhèngmíng …… 연구는 ~임을 증명했다
>
> 开个证明 kāi ge zhèngmíng 증명서를 끊다

34 毫无 ★★★
háowú

[유의어]

毫不 háobù 조금도 ~하지 않다

조금도 ~이 없다, 전혀 ~이 없다

<u>毫无</u>疑问，霍金在物理学上的成就是继爱因斯坦
之后的又一高峰。

조금도 의문이 없이, 호킹의 물리학에서의 성취는 아인슈타인의 뒤를 잇는
또 하나의 경지이다.

疑问 yíwèn 명 의문　霍金 Huòjīn 고유 호킹[영국의 이론물리학자]
爱因斯坦 Àiyīnsītǎn 고유 아인슈타인[독일 태생의 이론물리학자]
高峰 gāofēng 명 경지, 절정기

 시험에 이렇게 나온다!

> 유의어 毫无 : 毫不(háobù, 조금도 ~하지 않다)
>
> 毫无는 주로 명사 또는 목적어로 쓸 수 있는 동사와 함께 쓰인다.
>
> 毫无疑问 háowú yíwèn 조금도 의문이 없다 ≒ 의심할 여지가 없다
>
> 毫无顾虑 háowú gùlǜ 조금도 고려하지 않다
>
> 毫不는 주로 동사 또는 형용사와 함께 쓰인다.
>
> 毫不介意 háobù jièyì 조금도 개의치 않다
>
> 毫不犹豫 háobù yóuyù 조금도 주저하지 않다

35 开阔 ★★★
kāikuò

[반의어]

狭窄 xiázhǎi
형 (폭이나 범위가) 좁다, 비좁다

형 넓다, 광활하다　동 넓히다

宇宙科学让我们的视野变得更加<u>开阔</u>。

우주 과학은 우리의 시야를 더욱 넓어지게 한다.

从小阅读科普书籍，对<u>开阔</u>眼界有很大的帮助。

어렸을 때부터 과학 서적을 읽는 것은, 시야를 넓히는 데 큰 도움이 된다.

宇宙 yǔzhòu 명 우주　视野 shìyě 명 시야　眼界 yǎnjiè 명 시야, 안목

해커스 HSK 6급 단어장

36 人为 ★★★
rénwéi

형 인위적인　동 사람이 하다

有时人为的假设和猜想反而能引导人们正确地认识世界。

때로는 인위적인 가설과 추측이 오히려 사람들이 세상을 정확하게 인식하도록 이끌 수 있다.

生活不可能一帆风顺，但事在人为，关键在于你的心态。

삶이 순조롭게 진행될 수는 없지만, 일은 사람이 하기 나름이니, 관건은 당신의 마음가짐에 있다.

假设 jiǎshè 명 가설　동 가정하다　猜想 cāixiǎng 동 추측하다
反而 fǎn'ér 부 오히려, 도리어　引导 yǐndǎo 동 이끌다, 인도하다
一帆风顺 yìfānfēngshùn 성 일이 순조롭게 진행되다, 순풍에 돛을 올리다
事在人为 shìzàirénwéi 성 일은 사람이 하기 나름이다
心态 xīntài 명 마음가짐, 심리 상태

37 课题
kètí

명 과제, 프로젝트

治理污染是21世纪化学界最重要的研究课题之一。

오염을 관리하는 것은 21세기 화학계의 가장 중요한 연구과제 중 하나이다.

治理 zhìlǐ 동 관리하다, 다스리다　化学界 huàxuéjiè 화학계

38 试验 ★★
shìyàn

유의어

实验 shíyàn
명 실험　동 실험하다

동 테스트하다, 시험하다

伦琴经过反复试验，发现了一种新的射线，他把这一射线命名为X射线。

뢴트겐은 반복된 테스트 끝에, 새로운 복사선을 발견해 냈고, 그는 이 복사선을 X선이라고 이름 지었다.

伦琴 Lúnqín 고유 뢴트겐[독일의 물리학자로 X선을 발견한 세계 최초 노벨물리학상 수상자]　反复 fǎnfù 부 반복하여　射线 shèxiàn 명 복사선, 전자기파
命名 mìngmíng 동 이름을 짓다, 명명하다

 시험에 이렇게 나온다!

유의어 试验 : 实验(shíyàn, 실험, 실험하다)

试验은 '형태를 갖춘 물건을 시험해 보다'라는 뜻으로, 주로 물건을 사용 또는 보급할 수 있는지를 증명하기 위한 것이다.
试验新药 shìyàn xīnyào 새로운 약을 테스트하다
试验新品种 shìyàn xīnpǐnzhǒng 새로운 품종을 테스트하다

实验은 '이론이나 가설을 실제로 검사하여 증명하다'라는 뜻으로, 주로 이론이나 가설이 정확하고 과학적인가를 증명하기 위한 것이다.
做科学实验 zuò kēxué shíyàn 과학 실험을 하다
实验室 shíyànshì 실험실

39 验证 **
yànzhèng

[동] 검증하다

我们研究组将会通过实验验证林博士的假设。 ↱술어

우리 연구팀은 실험을 통해 린 박사의 가설을 검증할 것입니다.

实验 shíyàn 몡 실험 동 실험하다 假设 jiǎshè 몡 가설 동 가정하다

40 化验
huàyàn

[동] 화학 실험을 하다

经化验证明，该岩石不含有放射性物质，对人体无害。

화학 실험을 거쳐, 이 암석은 방사성 물질을 함유하지 않으며, 인체에 무해하다는 것이 증명되었다.

岩石 yánshí 몡 암석 放射性 fàngshèxìng 몡 방사성

41 进展 **
jìnzhǎn

[동] 진전하다, 진행하다

目前，对黑洞的研究已经取得了突破性的进展。

현재, 블랙홀에 대한 연구는 이미 획기적인 진전을 이룩하였다.

黑洞 hēidòng 몡 블랙홀 突破性 tūpòxìng 획기적인

42 参照 **
cānzhào

[동] (방법·경험 등을) 참조하다, 참고하다

进行化验时，我们必须严格参照实验安全操作规程。

화학 실험을 진행할 때, 우리는 반드시 실험 안전 조작 규정을 엄격히 참조해야 한다.

化验 huàyàn 동 화학 실험을 하다 实验 shíyàn 몡 실험 동 실험하다
操作 cāozuò 동 조작하다, 다루다 规程 guīchéng 몡 규정

43 摸索 **
mōsuǒ

유의어
探索 tànsuǒ 동 탐색하다, 찾다

[동] (방법·경험 따위를) 찾다, 모색하다

这位物理学家摸索出了史无前例的实验方法。

이 물리학자는 역사상 전례가 없는 실험 방법을 찾아냈다.

物理 wùlǐ 몡 물리 史无前例 shǐwúqiánlì 젱 역사상 전례가 없다

 시험에 이렇게 나온다!

유의어 摸索 : 探索(tànsuǒ, 탐색하다, 찾다)

摸索는 어떤 일을 해결할 수 있는 방법을 찾는 것을 의미한다.
摸索规律 mōsuǒ guīlǜ 법칙을 찾다
摸索实验方法 mōsuǒ shíyàn fāngfǎ 실험 방법을 모색하다

探索는 드러나지 않은 것을 찾아내거나 밝혀내는 것을 의미한다.
探索真理 tànsuǒ zhēnlǐ 진리를 탐색하다
探索自然的奥秘 tànsuǒ zìrán de àomì 자연의 신비를 탐색하다

⁴⁴ 跟踪 **
gēnzōng

⬤ 동 추적하다, 바짝 뒤를 따르다, 미행하다

多年的跟踪研究证实，有些转基因农产品确实具
有毒性。 〰️술어

다년간의 추적 연구로, 어떤 유전자 변형 농산물은 확실히 독성을 가지고 있
다는 것이 증명되었다.

证实 zhèngshí 동 (확실함을) 증명하다　转基因 zhuǎnjīyīn 유전자 변형
农产品 nóngchǎnpǐn 명 농산물, 농산품　毒性 dúxìng 독성

🏯 알아 두면 시험이 쉬워지는 배경 지식

> 일반 跟踪调查(추적 조사)는 특정한 공통점을 가진 조사 대상을 구성해서 한 차례의
> 상식 조사를 진행한 후, 일정한 시간을 두고 후속 조사를 진행하는 방법이다. 跟踪调
> 查는 대상의 변화에 대한 특징을 파악하고, 일반적인 경향이나 원칙을 이해할
> 수 있기 때문에 인구 조사 방면에서 가장 자주 사용된다.
>
> 跟踪调查 gēnzōng diàochá 추적 조사

⁴⁵ 区分 **
qūfēn

⬤ 동 구분하다, 분별하다

如何区分科学和非科学，是困扰科学家一百多年
的难题。

어떻게 과학과 비과학을 구분할 것인가는, 백여 년간 과학자들을 괴롭혀
온 난제다.

困扰 kùnrǎo 동 괴롭히다, 곤혹스럽게 하다　难题 nántí 명 난제

⁴⁶ 鉴定 **
jiàndìng

⬤ 동 감정하다, 평가하다　명 평가서

根据科学家鉴定，有些陨石的年龄居然与太阳系
相当。

과학자의 감정에 따르면, 어떤 운석들의 나이는 놀랍게도 태양계와 맞먹는
다고 한다.

请大家拿起笔，对自己在这一年的表现写一份自
我鉴定。

여러분은 펜을 드시고, 올 한 해 자신의 태도에 대해 자기 평가서를 한 부 작
성해 주세요.

陨石 yǔnshí 명 운석　居然 jūrán 부 놀랍게도, 뜻밖에
太阳系 Tàiyángxì 고유 태양계　相当 xiāngdāng 동 맞먹다, 엇비슷하다
表现 biǎoxiàn 동 활약하다, 나타나다

⁴⁷ 鉴别
jiànbié

⬤ 동 감별하다, 변별하다

只要加入这个试剂，就能一次性鉴别出四种溶液。

이 시약을 넣기만 하면, 한꺼번에 4가지 용액을 감별해 낼 수 있다.

试剂 shìjì 명 시약　溶液 róngyè 명 용액

⁴⁸光芒 **

guāngmáng

🔵 **명** 빛, 광망

流星虽然出现的时间短，却能迸发出极为强烈的
光芒。

유성은 비록 나타나는 시간이 짧지만, 매우 강렬한 빛을 내뿜을 수 있다.

流星 liúxīng **명** 유성　**迸发** bèngfā **동** (밖으로) 내뿜다, 분출하다
强烈 qiángliè **형** 강렬하다

⁴⁹坠 **

zhuì

🔵 **동** 떨어지다, 매달리다, 드리우다

流星在坠向地球时，与大气发生剧烈摩擦，从而
燃烧发光。

유성은 지구를 향해 떨어질 때, 대기와 격렬한 마찰이 발생하고, 그리하여
연소하면서 빛을 낸다.

流星 liúxīng **명** 유성　**大气** dàqì **명** 대기　**剧烈** jùliè **형** 격렬하다
摩擦 mócā **동** 마찰하다　**从而** cóng'ér **접** 그리하여
燃烧 ránshāo **동** 연소하다

 시험에 이렇게 나온다!

**짝꿍
표현** 坠를 활용한 짝꿍 표현을 알아 둔다.

坠落 zhuìluò 추락하다, 떨어지다

⁵⁰天文 **

tiānwén

🔵 **명** 천문, 천문학

暗物质是天文学家根据理论及天文学观测推理出
的不可见物质。

암흑물질은 천문학자들이 이론과 천문학 관측에 근거하여 추리해 낸 보이
지 않는 물질이다.

暗物质 ànwùzhì **명** 암흑물질　**理论** lǐlùn **명** 이론
观测 guāncè **동** 관측하다　**推理** tuīlǐ **동** 추리하다

⁵¹立方

lìfāng

🔵 **명** 세제곱, 삼승

天文学家称，木星卫星二号含有28亿立方公里的
水资源。

천문학자들은, 목성 제2위성이 28억 세제곱 킬로미터의 수자원을 함유하
고 있다고 말한다.

天文 tiānwén **명** 천문　**木星** Mùxīng **고유** 목성
卫星 wèixīng **명** 위성　**含有** hányǒu **동** 함유하다　**资源** zīyuán **명** 자원

52 实质
shízhì

[명] 실질, 본질

"机遇号"探测器发现了火星上曾经存在水的<u>实质</u>证据。 →술어

'오퍼튜니티 호' 탐측기는 화성에 일찍이 물이 존재했다는 실질 증거를 발견했다.

机遇号 Jīyùhào [고유] 오퍼튜니티 호[2003년 6월에 발사한 미국의 화성탐사 로봇]
探测器 tàncèqì 탐측기 **火星** Huǒxīng [고유] 화성
曾经 céngjīng [부] 일찍이 **存在** cúnzài [동] 존재하다 **证据** zhèngjù [명] 증거

53 踪迹
zōngjì

[명] 종적, 발자취

火星探测器在探寻生命<u>踪迹</u>的过程中，拍摄到了众多珍贵照片。

화성 탐측기는 생명의 종적을 탐사하는 과정에서, 수많은 진귀한 사진들을 촬영했다.

火星 Huǒxīng [고유] 화성 **探寻** tànxún [동] 탐사하다, 탐구하다
拍摄 pāishè [동] 촬영하다 **众多** zhòngduō [형] 수많은
珍贵 zhēnguì [형] 진귀하다

<u>잠깐</u> 踪迹는 '어떤 행위·행동이 남긴 자취'를 의미하고, Day01의 13번 痕迹(흔적)는 '사물이 남긴 자취'를 의미해요.

54 相差 **
xiāngchà

[동] 서로 차이가 나다, 서로 다르다

金星的质量和体积与地球<u>相差</u>无几，环境却<u>相差</u>甚远。

금성의 질량과 부피는 지구와 서로 차이가 얼마 나지 않는데, 환경은 오히려 매우 엄청난 차이가 난다.

金星 Jīnxīng [고유] 금성 **体积** tǐjī [명] 부피, 체적
无几 wújǐ [동] 얼마 되지 않다 **甚** shèn [부] 매우, 아주

55 逆行
nìxíng

[동] 역행하다

亚里士多德的地心说无法解释行星的<u>逆行</u>现象。

아리스토텔레스의 지구 중심설은 행성의 역행 현상을 설명할 방법이 없었다.

亚里士多德 Yàlǐshìduōdé [고유] 아리스토텔레스[고대 그리스의 철학자]
地心说 dìxīnshuō [명] 지구 중심설, 천동설 **行星** xíngxīng [명] 행성

56 平行
píngxíng

[형] 평행인, 동급의

目前的研究数据还不足以证明<u>平行</u>宇宙的存在。

현재의 연구 데이터는 평행우주의 존재를 증명하기에는 아직 부족하다.

目前 mùqián [명] 현재 **数据** shùjù [명] 데이터
足以 zúyǐ [동] ~하기에 족하다, 충분히 ~할 수 있다
证明 zhèngmíng [동] 증명하다 [명] 증명서 **宇宙** yǔzhòu [명] 우주

57 相等
xiāngděng

● 동 (수량·분량·정도 등이) 같다, 대등하다
在日全食期间，太阳和月球的视觉面积几乎相等。 ← 술어

개기일식 기간에는, 태양과 달의 시각적 면적이 거의 같다.

日全食 rìquánshí 명 개기일식　**期间** qījiān 명 기간　**月球** yuèqiú 명 달
视觉 shìjué 명 시각　**面积** miànjī 명 면적

58 若干 ★★
ruògān

● 대 약간, 소량
科学家在猎户座发现了大量的自由行星和若干恒星。

과학자들이 오리온자리에서 대량의 떠돌이 행성과 약간의 항성들을 발견했다.

猎户座 lièhùzuò 명 오리온자리　**自由行星** zìyóu xíngxīng 떠돌이 행성
恒星 héngxīng 명 항성

59 液体 ★★
yètǐ

● 명 액체
蛋清富含蛋白质，因此加热后会由液体变成固体。

달걀 흰자는 단백질을 대량으로 함유하여, 이 때문에 가열 후 액체에서 고체로 변한다.

蛋清 dànqīng 명 흰자　**富含** fùhán 동 대량으로 함유하다
蛋白质 dànbáizhì 명 단백질　**加热** jiārè 동 가열하다　**固体** gùtǐ 명 고체

60 蒸发 ★★
zhēngfā

● 동 증발하다
水蒸发后变成水蒸气主要是因为分子间的间隔变大。

물이 증발한 후 수증기로 변하는 것은 주로 분자 간의 간격이 커지기 때문이다.

水蒸气 shuǐzhēngqì 명 수증기　**分子** fēnzǐ 명 분자
间隔 jiàngé 명 (시간, 공간의) 간격, 사이 동 간격을 두다, 띄우다

61 火药
huǒyào

● 명 화약
中国的黑火药在13世纪传入欧洲后，发展成为炸药。

중국의 흑색 화약은 13세기에 유럽에 전해진 뒤, 발전하여 폭약이 되었다.

黑火药 hēihuǒyào 흑색 화약　**传入** chuán rù 전해지다, 전해져 들어오다
欧洲 Ōuzhōu 고유 유럽　**炸药** zhàyào 명 폭약

62 火焰
huǒyàn

● 명 불꽃, 화염
这类化学物质燃烧时会出现蓝色火焰。

이러한 화학 물질은 연소할 때 파란색 불꽃이 나타난다.

化学 huàxué 명 화학　**物质** wùzhì 명 물질　**燃烧** ránshāo 동 연소하다

---

63 学说
xuéshuō

명 학설

光的粒子说和波动说这两个<u>学说</u>间的<u>争论</u>始于17世纪。

→ 술어

빛의 입자설과 파동설 이 두 학설 간의 논쟁은 17세기부터 시작되었다.

粒子说 lìzǐshuō 입자설 **波动说** bōdòngshuō 파동설
争论 zhēnglùn 통 논쟁하다

64 偏差
piānchā

명 편차, 오차

根据相对论，人类可以纠正全球定位系统的时间<u>偏差</u>。

상대성 이론에 근거하여, 인류는 위성 항법 시스템의 시간 편차를 바로잡을 수 있다.

相对论 xiāngduìlùn 명 상대성 이론 **纠正** jiūzhèng 통 바로잡다, 교정하다
全球定位系统 quánqiú dìngwèi xìtǒng 위성 항법 시스템

65 摩擦 **
mócā

통 마찰하다, 비비다 명 마찰, 충돌

用<u>摩擦</u>的方式使两个物体带电的现象叫做"<u>摩擦起电</u>"。

마찰하는 방식으로 두 물체가 전기를 띠게 하는 현상을 '마찰대전'이라고 부른다.

他们兄弟之间<u>发生</u>了一些<u>摩擦</u>。

그들 형제지간에 약간의 마찰이 발생했다.

物体 wùtǐ 명 물체 **带电** dàidiàn 통 전기를 띠다 **现象** xiànxiàng 명 현상
摩擦起电 mócā qǐdiàn 마찰 대전

66 宏观
hóngguān

형 (자연 과학에서) 거시적인

他希望用万物理论将<u>宏观</u>世界与微观世界统一起来。

그는 만물 이론으로 거시적 세계와 미시적 세계를 통일시키고자 하였다.

반의어
微观 wēiguān 형 미시적인

万物 wànwù 명 만물 **理论** lǐlùn 명 이론 **微观** wēiguān 형 미시적인

67 弥漫
mímàn

통 (연기·먼지·냄새 등이) 자욱하다, 가득하다

海面偶尔<u>弥漫</u>一片白色光辉，这是由海洋发光细菌引起的。

해수면에 이따금 눈부신 하얀빛이 자욱한데, 이것은 해양 발광 세균이 일으킨 것이다.

海面 hǎimiàn 명 해수면 **光辉** guānghuī 명 눈부신 빛 형 밝다
发光细菌 fāguāng xìjūn 발광 세균

68 勘探
kāntàn

[동] 탐사하다, 조사하다

据地质勘探结果，"太平洋火圈"地震活动有加剧迹象。

지질 탐사 결과에 따르면, '태평양 불의 고리'의 지진 활동은 더욱 악화된 조짐을 보인다.

地质 dìzhì [명] 지질　**太平洋火圈** Tàipíngyáng Huǒquān [고유] 태평양 불의 고리[태평양 연안지역을 둘러싼 고리 모양의 화산대]　**地震** dìzhèn [명] 지진
加剧 jiājù [동] 악화되다, 심해지다　**迹象** jìxiàng [명] 조짐, 징조

69 标本 **
biāoběn

[명] (동물·식물·광물 등의) 표본

这支深海考察队在考察过程中收集了大量珍贵生物标本。

이 심해 조사팀은 조사 과정 중에 대량의 진귀한 생물 표본을 수집했다.

考察 kǎochá [동] 조사하다, 탐사하다　**收集** shōují [동] 수집하다
珍贵 zhēnguì [형] 진귀하다, 귀중하다　**生物** shēngwù [명] 생물

70 本能
běnnéng

[명] 본능　[부] 본능적으로

为什么生物都具有繁殖后代的本能呢？

왜 생물은 모두 후대를 번식하려는 본능을 가지고 있는 것인가?

实际上，地球上还有很多动物会本能地使用工具。

실제적으로, 지구상에는 본능적으로 도구를 사용할 줄 아는 동물들이 꽤 많이 있다.

生物 shēngwù [명] 생물　**繁殖** fánzhí [동] 번식하다
后代 hòudài [명] 후대, 후세　**工具** gōngjù [명] 도구

71 饱和
bǎohé

[동] 포화 상태에 이르다, 최고조에 달하다

土壤水分处于饱和状态时，芝麻可以更好地发育生长。

토양 수분이 포화 상태에 이를 때, 참깨는 더 잘 자라고 성장할 수 있다.

土壤 tǔrǎng [명] 토양　**芝麻** zhīma [명] 참깨　**发育** fāyù [동] 자라다

🏯 **알아 두면 시험이 쉬워지는 배경 지식**

> [일반상식] 饱和脂肪酸(포화 지방산)은 碳链에 双键이나 三键을 포함하지 않는 구조의 脂肪酸을 말한다. 饱和脂肪酸은 실온에서 고체 형태이고 사람의 신체 내에서 힙싱이 가능한 지방으로, 주로 동물성 식품에 많이 있다. 饱和脂肪酸을 과다 섭취할 경우 각종 암이나 심장 질환이 발생할 확률이 높아지므로, 하루 약 15g을 초과하여 섭취하지 않도록 주의해야 한다.
>
> **饱和脂肪酸** bǎohé zhīfángsuān 포화 지방산
>
> **碳链** tànliàn 탄소사슬　　**双键** shuāngjiàn 이중 결합
> **三键** sānjiàn 삼중 결합　　**脂肪酸** zhīfángsuān 지방산

72 蔓延 **
mànyán

동 만연하다, 널리 번지다

令人担忧的是, 蜂群崩溃症候群已在蜜蜂群中悄悄蔓延开来。 ⌒술어

걱정스러운 것은, 벌집 군집 붕괴현상이 이미 꿀벌떼 가운데 소리 없이 만연해 가고 있다는 것이다.

担忧 dānyōu 동 걱정하다, 근심하다
蜂群崩溃症候群 fēngqún bēngkuì zhènghòuqún 벌집 군집 붕괴현상
蜜蜂 mìfēng 명 꿀벌 悄悄 qiāoqiāo 부 소리 없이, 조용히

73 分裂
fēnliè

반의어

联合 liánhé
동 연합하다, 단결하다
형 연합의, 공동의
统一 tǒngyī
동 통일하다
형 일치된, 전체적인, 통일적인
团结 tuánjié
동 단결하다, 결속하다
형 화목하다, 사이가 좋다

동 분열하다, 분열시키다

多细胞生物可以通过细胞分裂, 不断产生新的细胞。

다세포 생물은 세포 분열을 통해, 새로운 세포를 끊임없이 만들어 낸다.

多细胞生物 duōxìbāo shēngwù 다세포 생물 细胞 xìbāo 명 세포

🏯 알아 두면 시험이 쉬워지는 배경 지식

과학상식 细胞分裂(세포 분열)는 하나의 세포가 두 개의 세포로 分裂하는 과정을 지칭한다. 分裂 전의 세포를 母细胞라고 부르고, 분열 후의 세포를 子细胞라고 부른다. 성인의 몸은 약 60~100조 개의 세포로 구성되어 있는데, 细胞分裂를 통해서 하루에 약 10억 개 정도의 세포가 죽고 새로 만들어진다. 하지만 나이를 먹을수록 细胞分裂가 활발하게 일어나지 않기 때문에 노화가 촉진된다.

细胞分裂 xìbāo fēnliè 세포 분열
母细胞 mǔxìbāo 모세포
子细胞 zǐxìbāo 딸세포

74 解剖
jiěpōu

동 해부하다, 깊이 관찰하고 분석하다

通过解剖青蛙, 大家可以观察两栖类动物的神经系统。

청개구리를 해부하는 것을 통해, 여러분은 양서류 동물의 신경계통을 관찰할 수 있습니다.

青蛙 qīngwā 명 청개구리 观察 guānchá 동 관찰하다
两栖类 liǎngqīlèi 양서류 神经 shénjīng 명 신경 系统 xìtǒng 명 계통

75 压缩 **
yāsuō

동 압축하다, 줄이다

经压缩后压力提高的压缩空气已经广泛应用于日常生活。

압축을 거친 뒤 압력이 높아진 압축 공기는 이미 일상 생활에서 광범위하게 응용되고 있다.

广泛 guǎngfàn 형 광범위하다, 폭넓다 应用 yìngyòng 동 응용하다

잠깐 压缩는 어떤 물체에 압력을 가하여 면적을 줄인다는 의미이고, Day09의 46번 收缩(수축하다)는 물체가 스스로 줄어드는 것을 의미해요.

⁷⁶ **凝固**
nínggù

[동] 응고하다, 굳어지다

→ 술어

牛奶中的蛋白质一经受热或变质，就会<u>凝固</u>。
우유 속의 단백질은 일단 열을 받거나 변질되면, 바로 응고된다.

蛋白质 dànbáizhì [명] 단백질　**一经** yìjīng [부] 일단 ~하면
变质 biànzhì [동] (주로 나쁜 쪽으로) 변질되다

⁷⁷ **溶解**
róngjiě

[동] 용해하다, 용해되다

广泛存在于动植物体内的溶菌酶，能够<u>溶解</u>细菌的细胞壁。
동식물의 체내에 광범위하게 존재하는 리소자임은, 세균의 세포벽을 용해할 수 있다.

溶菌酶 róngjūnméi 리소자임[동물의 분비액 또는 달걀 흰자위에서 발견되는 효소]　**细菌** xìjūn [명] 세균　**细胞壁** xìbāobì [명] 세포벽

⁷⁸ **屑**
xiè

[명] 찌꺼기, 부스러기　[동] 할 만한 가치가 있다고 여기다

橡皮与纸面发生摩擦时，铅笔末自然就会粘在橡皮<u>屑</u>上。
지우개가 지면과 마찰이 발생할 때, 연필 가루는 자연스럽게 지우개 찌꺼기에 달라붙게 된다.

在科学研究中，我们不应该对反对意见不<u>屑</u>一顾。
과학 연구 중에, 우리는 반대 의견에 대해 거들떠볼 가치도 없다고 여겨서는 안 된다.

摩擦 mócā [동] 마찰하다　**铅笔末** qiānbǐmò 연필 가루
粘 zhān [동] 달라붙다　**不屑一顾** búxièyígù [성] 거들떠볼 가치도 없다

 시험에 이렇게 나온다!

[짝꿍표현] 屑를 활용한 다양한 짝꿍 표현들을 알아 둔다.
　　碎屑 suìxiè 부서진 가루 ≒ 부스러기
　　木屑 mùxiè 나무 부스러기 ≒ 톱밥
　　琐屑 suǒxiè 자질구레하고 번거롭다, 사소하고 잡다하다
　　不屑一顾 búxièyígù 거들떠볼 가치도 없다

⁷⁹ **联想** **
liánxiǎng

[동] 연상하다

一提到生命的起源，有些人自然会<u>联想</u>到神秘的深海世界。
생명의 기원을 언급할 때면, 어떤 사람들은 자연스럽게 신비로운 심해 세계를 연상하게 된다.

起源 qǐyuán [명] 기원 [동] 기원하다　**神秘** shénmì [형] 신비하다
深海 shēnhǎi [명] 심해

★★★ = 최빈출 어휘　★★ = 빈출 어휘

80 设想
shèxiǎng

[동] 상상하다, 가상하다

基因编辑就像潘多拉的盒子，一旦打开，后果不堪
设想。

술어 ←

유전자 편집은 마치 판도라의 상자와 같아서, 일단 열고 나면, 결과는 상상
조차 할 수 없다.

基因 jīyīn [명] 유전자　**编辑** biānjí [동] 편집하다 [명] 편집자
潘多拉的盒子 pānduōlā de hézi 판도라의 상자　**一旦** yídàn [부] 일단
后果 hòuguǒ [명] (주로 안 좋은) 결과, 뒷일　**不堪** bùkān [동] ~할 수 없다

81 盲目 **
mángmù

반의어

自觉 zìjué
[형] 자각적이다
[동] 자각하다, 스스로 느끼다

[형] 맹목적인, 무작정

我们要有怀疑精神，不能盲目相信未经证实的科
学假说。

우리에게는 의심하는 정신이 있어야 하며, 증명을 거치지 않은 과학 가설을
맹목적으로 믿어서는 안 된다.

精神 jīngshén [명] 정신　**证实** zhèngshí [동] (확실히) 증명하다
假说 jiǎshuō [명] 가설

연습문제 **체크체크!**

제시된 뜻에 해당하는 단어를 중국어로 써 보세요.

01 약간, 소량　　　　　　　　　--------------------

02 연상하다　　　　　　　　　--------------------

03 현저하다, 두드러지다　　　　--------------------

04 상응하다, 서로 맞다　　　　--------------------

05 조금도 ~이 없다, 전혀 ~이 없다　--------------------

제시된 단어로 하나의 문장을 완성하세요.

06 考察时　生物化石　发现了　在郊区　科学家

----

07 科学假设　证实　这一　最终得到了　她的

----

08 进行　工作内容是　对新机器　我们的　试验

----

09 很大分歧　人们对　问题存在　地球上　水的来源

----

10 事物的　他想　摸索出　运动规律　通过实验

----

09. 人们对地球上水的来源问题存在很大分歧。　10. 他想通过实验摸索出事物的运动规律。
06. 科学家在郊区考察时发现了生物化石。　07. 这一科学假设最终得到了她的证实。　08. 我们的工作内容是对新机器进行试验。
정답: 01. 若干　02. 联想　03. 显著　04. 相应　05. 毫无

* 06~10번 문제 해석은 해커스중국어(china.Hackers.com)에서 다운로드 받으세요.

HSK 6급 시험에 나오는 고난도 어휘

☑ 잘 외워지지 않는 단어는 □에 체크해 두고 다음에 반복 암기합니다.

□	宇航员	yǔhángyuán	몡 우주 비행사
□	太空站	tàikōngzhàn	몡 우주 정거장
□	公转	gōngzhuàn	동 공전하다
□	观测	guāncè	동 (지리·방향·천문·기상 등을) 관측하다
□	维度	wéidù	몡 차원[기하학이나 공간 이론의 기본 개념]
□	三维	sānwéi	몡 3D
□	等离子	děnglízǐ	플라즈마[초고온에서 음전하를 가진 전자와 양전하를 띤 이온으로 분리된 기체 상태]
□	超声波	chāoshēngbō	몡 초음파
□	磁场	cíchǎng	몡 자장, 자기장
□	波长	bōcháng	몡 파장
□	红外线	hóngwàixiàn	몡 적외선
□	紫外线	zǐwàixiàn	몡 자외선
□	牛顿	Niúdùn	고유 뉴턴 양 뉴턴[힘의 단위]
□	万有引力定律	wànyǒu yǐnlì dìnglǜ	몡 만유인력의 법칙
□	浮力	fúlì	몡 부력
□	国家地理	Guójiā Dìlǐ	고유 내셔널 지오그래픽[National Geographic]
□	微生物	wēishēngwù	몡 미생물, 세균
□	物竞天择	wùjìngtiānzé	성 적자생존, 생물이 서로 생존경쟁을 하여 자연에 적응한 것만 살아남다
□	演化	yǎnhuà	동 진화하다, 변천하다
□	克隆	kèlóng	동 복제하다, 클론화하다 몡 클론

□ 概率	gàilǜ	명 확률
□ 荧光	yíngguāng	명 형광
□ 氯化钠	lǜhuànà	명 염화나트륨
□ 碳酸	tànsuān	명 탄산
□ 碳酸钙	tànsuāngài	탄산칼슘
□ 碱性	jiǎnxìng	명 알카리성, 염기성
□ 硫酸	liúsuān	명 황산
□ 镍	niè	명 니켈
□ 铂	bó	명 백금
□ 鼓胀	gǔzhàng	동 부풀어 오르다, 팽창하다
□ 萃取	cuìqǔ	동 추출하다
□ 灭菌	mièjūn	동 멸균하다, 살균하다
□ 溶	róng	동 (고체가) 녹다, 융해되다
□ 剥离	bōlí	동 벗겨지다
□ 稀薄	xībó	형 희박하다, 엷다
□ 赫兹	Hèzī	고유 헤르츠[독일의 물리학자] 양 헤르츠[Hz]
□ 供氧	gōng yǎng	산소 공급
□ 水蒸气	shuǐzhēngqì	명 수증기
□ 静电	jìngdiàn	명 정전기
□ 避雷针	bìléizhēn	명 피뢰침

해커스 HSK 6급 단어장

DAY 25

이웃사촌

사회 현상 · 이슈

주제를 알면 HSK가 보인다!

HSK 6급에서는 중국의 전통 사회 또는 현대 사회의 다양한 현상이나 이슈를 다루는 문제가 자주 출제돼요. 따라서 '거주하다', '주민', '조화롭다', '폭로하다'와 같은 사회 현상·이슈 관련 단어들을 집중적으로 학습하면 이러한 문제를 쉽게 풀 수 있어요.

🎧 단어, 예문 MP3

새로 이사 왔어요~

07 居住 jūzhù 图 거주하다

14 和谐 héxié 圈 조화롭다, 화목하다

06 居民 jūmín 圐 주민, 거주민

11 暴露 bàolù 图 폭로하다, 드러내다

01 潮流 ★★★
cháoliú

⟮명⟯ (사회적) 풍조, 조류

我认为，人们收藏古宅的现象属于一种回归传统
的潮流。 → 술어

나는, 사람들이 고택을 소장하는 현상이 전통으로 회귀하는 풍조에 속한
다고 생각한다.

收藏 shōucáng ⟮동⟯ 소장하다, 보관하다　古宅 gǔzhái 고택, 오래된 집
现象 xiànxiàng ⟮명⟯ 현상　属于 shǔyú ⟮동⟯ ~에 속하다
回归 huíguī ⟮동⟯ 회귀하다, 돌아가다　传统 chuántǒng ⟮명⟯ 전통

02 含义 ★★★
hányì

⟮명⟯ 함의, 내포된 뜻

在中国传统文化中，杨柳具有离别的含义。

중국 전통 문화에서, 버드나무는 이별의 함의를 가지고 있다.

传统 chuántǒng ⟮명⟯ 전통　杨柳 yángliǔ ⟮명⟯ 버드나무
离别 líbié ⟮동⟯ 이별하다

03 意味着 ★★★
yìwèizhe

⟮동⟯ 의미하다, 뜻하다

在现代社会中，单身现象到底意味着什么呢？

현대 사회에서, 독신 현상은 도대체 무엇을 의미하는가?

现代 xiàndài ⟮명⟯ 현대　单身 dānshēn ⟮명⟯ 독신　现象 xiànxiàng ⟮명⟯ 현상

04 频繁 ★★★
pínfán

⟮형⟯ 빈번하다, 잦다

最近很多人为了得到更好的工作而频繁跳槽。

최근 많은 사람들은 더 좋은 직장을 찾기 위해 빈번히 직업을 바꾼다.

跳槽 tiàocáo ⟮동⟯ 직업을 바꾸다

05 丁 ★★★
dīng

⟮명⟯ 장정, 성년 남자, 천간의 넷째

在古代，"壮丁"多指达到当兵年龄的男子。

고대에, '장정'은 군대에서 복무할 연령에 도달한 남자를 주로 가리켰다.

壮丁 zhuàngdīng ⟮명⟯ 장정　达到 dádào ⟮동⟯ 도달하다, 이르다
当兵 dāngbīng ⟮동⟯ 군대에서 복무하다, 군인이 되다

 시험에 이렇게 나온다!

⟮짝꿍표현⟯ 丁을 활용한 다양한 짝꿍 표현들을 알아 둔다.
　　壮丁 zhuàngdīng 장정
　　园丁 yuándīng 정원사, 원예사

⁰⁶居民 ***
jūmín

명 거주민, 주민

弄堂的各阶层居民在生活中互相影响，形成了独^{술어}
有的文化。

롱탕의 각 계층 거주민들은 생활에서 서로 영향을 주어, 고유한 문화를 형
성했다.

弄堂 lòngtáng 몡 롱탕[상하이와 장저 지역 특유의 민가 형식]
阶层 jiēcéng 몡 (사회 문화의) 계층 **形成** xíngchéng 통 형성하다, 이루다

⁰⁷居住 ***
jūzhù

동 거주하다

在上海，随着人口的增长，居住拥挤的问题也日
益严重。

상하이에서는, 인구의 증가에 따라, 거주하기에 혼잡하다는 문제 역시 날
로 심각해지고 있다.

人口 rénkǒu 몡 인구 **拥挤** yōngjǐ 혱 혼잡하다 **日益** rìyì 뷔 날로

⁰⁸鲜明 ***
xiānmíng

형 뚜렷하다, 선명하다

这里的每个民族都具有鲜明的民族特点和思想。

이곳의 모든 민족은 모두 뚜렷한 민족적 특성과 사상을 가지고 있다.

思想 sīxiǎng 몡 사상, 생각

⁰⁹事件 ***
shìjiàn

명 사건

针对反复发生的动物虐待事件，居民们讨论了解
决方案。

반복적으로 발생하는 동물 학대 사건을 겨냥하여, 주민들은 해결 방안을
토론했다.

针对 zhēnduì 통 겨냥하다, 겨누다 **虐待** nüèdài 통 학대하다
居民 jūmín 몡 주민, 거주민 **方案** fāng'àn 몡 방안

¹⁰真相 ***
zhēnxiàng

명 진상, 실상

有封匿名来信揭露了这起政治事件背后的真相。

어떤 익명으로 온 편지가 이번 정치적 사건의 배후의 진상을 폭로했다.

匿名 nìmíng 통 익명하다, 이름을 숨기다 **揭露** jiēlù 통 폭로하다
政治 zhèngzhì 몡 정치 **事件** shìjiàn 몡 사건 **背后** bèihòu 몡 배후

11 暴露 ★★★
bàolù

유의어

揭露 jiēlù
동 폭로하다, 들추어내다

동 폭로하다, 드러내다

那个记者善于通过媒体暴露社会的阴暗面。

그 기자는 대중 매체를 통해 사회의 어두운 면을 폭로하는 데 능숙하다.

善于 shànyú 동 ~에 능숙하다   媒体 méitǐ 명 대중 매체
阴暗面 yīn'ànmiàn 명 (사회 기풍, 생활 등의) 어두운 면

 시험에 이렇게 나온다!

유의어 暴露 : 揭露(jiēlù, 폭로하다, 들추어내다)

暴露는 결함·문제·숨겨진 일 등이 뜻밖에 알려지고 드러나게 되는 것을
의미한다.
暴露弱点 bàolù ruòdiǎn 약점을 드러내다
暴露目标 bàolù mùbiāo 목표물을 드러내다

揭露는 어떤 사실을 누군가가 들추어내는 것을 의미하며, 동작의 주체는
반드시 사람이어야 한다.
A 被 B 揭露 A bèi B jiēlù B에 의해 A가 폭로되다
把 A 揭露出来 bǎ A jiēlù chūlai A를 들추어내다

12 机构 ★★★
jīgòu

명 기구[기관·단체 등의 업무 단위]

新东方学校已经成为中国最著名的私立教育机构。

신둥팡 학교는 이미 중국에서 가장 저명한 사립 교육 기구가 되었다.

新东方 Xīndōngfāng 고유 신둥팡[중국의 대규모 교육그룹]
私立 sīlì 형 사립의

13 保障 ★★★
bǎozhàng

동 (생명·재산·권리 등을) 보장하다, 보증하다   명 보장, 보증

社会保障制度的主要作用在于保障人们基本的生
活需求。

사회 보장 제도의 주 역할은 사람들의 기본적인 생활 수요를 보장하는 데
에 있다.

如果想得到消费者的信赖，产品质量一定要有保障。

만약 소비자의 신뢰를 얻고 싶다면, 제품 품질에 반드시 보장이 있어야 한다.

制度 zhìdù 명 제도   在于 zàiyú 동 ~에 있다   基本 jīběn 형 기본적인
需求 xūqiú 명 수요   消费者 xiāofèizhě 소비자   信赖 xìnlài 동 신뢰하다

해커스 HSK 6급 단어장

14 和谐 ***
héxié

형 조화롭다, 화목하다

本次活动的主要目的是提高民众健康水平，促进
社会和谐。

→술어

이번 활동의 주요 목적은 민중의 건강 수준을 높이고, 사회적 조화로움을 촉진하는 것입니다.

民众 mínzhòng 명 민중　促进 cùjìn 동 촉진하다, 촉진시키다

시험에 이렇게 나온다!

짝꿍표현 和谐를 활용한 다양한 짝꿍 표현들을 알아 둔다.

关系和谐 guānxi héxié 관계가 화목하다
社会和谐 shèhuì héxié 사회가 조화롭다
和谐共处 héxié gòngchǔ 조화롭게 공존하다
和谐相处 héxié xiāngchǔ 조화롭게 함께 지내다

15 场合 **
chǎnghé

유의어

场所 chǎngsuǒ 명 장소

명 (어떤) 장소, 시간, 상황

我最不能容忍在公共场合乱扔垃圾、随地吐痰
的人。

저는 공공장소에서 함부로 쓰레기를 버리고, 아무 데나 가래를 뱉는 사람을 가장 용인할 수 없습니다.

容忍 róngrěn 동 용인하다, 참고 견디다　随地 suídì 부 아무 데나
吐 tù 동 뱉다, 토하다　痰 tán 명 가래

시험에 이렇게 나온다!

유의어 场合 : 场所(chǎngsuǒ, 장소)

场合는 시간·장소·상황을 모두 나타낼 수 있다.
外交场合 wàijiāo chǎnghé 외교적인 자리
正式场合 zhèngshì chǎnghé 공식적인 자리

场所는 특정한 장소만을 나타낼 수 있다.
活动场所 huódòng chǎngsuǒ 행사 장소
休息场所 xiūxi chǎngsuǒ 휴식 장소

16 通用 **
tōngyòng

동 (일정 범위 안에서) 통용되다, 보편적으로 사용하다

世界通用语言主要有汉语、英语、法语、阿拉伯
语等。

세계 통용 언어는 주로 중국어, 영어, 프랑스어, 아랍어 등이 있다.

阿拉伯语 Ālābóyǔ 고유 아랍어

17 抵制
dǐzhì

[동] 저지하다, 거부하다

我们要以正义的精神，坚决抵制不正之风。 ←──── 술어

우리는 정의로운 정신으로, 비리를 단호히 저지해야 한다.

正义 zhèngyì [형] 정의롭다　精神 jīngshén [명] 정신
坚决 jiānjué [형] 단호하다　不正之风 bùzhèng zhī fēng 비리, 나쁜 기풍

잠깐 抵制는 대상이 공격하지 못하도록 가로막는 것을 뜻하고, Day09의 18번 抵抗(저항하다) 은 대상이 공격해 왔을 때 맞서 싸우는 것을 뜻해요.

18 号召
hàozhào

[동] 호소하다

学校号召同学们积极支援灾区民众，帮助他们渡过难关。

학교는 학생들에게 재해 지역의 민중을 적극적으로 지원해, 그들이 난관을 헤쳐나갈 수 있도록 도울 것을 호소했다.

支援 zhīyuán [동] 지원하다　灾区 zāiqū [명] 재해 지역
民众 mínzhòng [명] 민중　渡过 dùguò [동] 헤쳐나가다, 건너가다

19 索取
suǒqǔ

[반의어]
奉献 fèngxiàn
[동] (삼가) 바치다, 봉헌하다

[동] 요구하다, 달라고 하다

他把捡到的物品归还给主人后，理所当然地索取了酬金。

그는 주운 물건을 주인에게 돌려준 뒤, 당연하게 사례비를 요구했다.

捡 jiǎn [동] 줍다　归还 guīhuán [동] 돌려주다　主人 zhǔrén [명] 주인
理所当然 lǐsuǒdāngrán [성] 당연히 그렇다　酬金 chóujīn [명] 사례비

20 须知
xūzhī

[동] 반드시 알아야 한다　[명] 주의 사항, 숙지 사항

我们须知，和谐的社会氛围来之不易。

우리는, 조화로운 사회 분위기가 이루어지기 쉽지 않다는 것을 반드시 알아야 합니다.

开始考试前，考生必须认真阅读考试须知。

시험을 시작하기 전에, 수험생들은 반드시 시험 주의 사항을 성실하게 읽어야 합니다.

和谐 héxié [형] 조화롭다, 화목하다　氛围 fēnwéi [명] 분위기
来之不易 láizhībúyì [성] 이루어지기 쉽지 않다, 손에 넣기가 쉽지 않다

21 喧哗
xuānhuá

[반의어]
安静 ānjìng
[형] 고요하다, 평온하다

[동] 떠들어 대다　[형] 왁자지껄하다, 떠들썩하다

请勿在公共场所大声喧哗。 → 술어
공공장소에서 큰소리로 떠들지 마세요.

教室里传来了学生们喧哗的笑声。
교실에서 학생들의 왁자지껄한 웃음소리가 들려왔다.

勿 wù [부] ~하지 마라　场所 chǎngsuǒ [명] 장소

 시험에 이렇게 나온다!

[짝꿍표현] 喧哗를 활용한 짝꿍 표현을 알아 둔다.

大声喧哗 dàshēng xuānhuá 큰소리로 떠들다

22 倾向 **
qīngxiàng

[명] 경향, 추세　[동] (한쪽으로) 기울다, 쏠리다

据统计，大学生的阅读倾向与阅读方式有了很大的变化。
통계에 따르면, 대학생들의 독서 경향과 독서 방식에 큰 변화가 있었다고 한다.

很多年轻消费者倾向于"到现场体验，在网上购买"。
많은 젊은 소비자들은 '현장에서 체험해 보고, 인터넷에서 구매하는' 쪽으로 기울었다.

统计 tǒngjì [동] 통계하다　方式 fāngshì [명] 방식, 방법
消费者 xiāofèizhě 소비자　现场 xiànchǎng [명] (사건이나 사고의) 현장
体验 tǐyàn [동] 체험하다　购买 gòumǎi [동] 구매하다

23 步伐
bùfá

[명] 발걸음, (일이 진행되는) 속도

任何困难都不能阻止我们社会前进的步伐。
어떤 역경도 우리 사회가 앞으로 나아가는 발걸음을 막을 수 없다.

阻止 zǔzhǐ [동] 막다, 저지하다

24 导向
dǎoxiàng

[명] 지향점, 인도하는 방향　[동] 이끌다, 유도하다

无论做什么事，我们不应该纯粹以个人利益为导向。
무슨 일을 하든, 우리는 순전히 개인의 이익만을 지향점으로 삼아서는 안 된다.

我相信乐观的态度是导向成功的关键。
저는 낙천적인 태도가 성공으로 이끄는 관건이라고 믿습니다.

纯粹 chúncuì [부] 순전히　个人 gèrén [명] 개인　利益 lìyì [명] 이익
为 wéi [동] (~을 ~로) 삼다　乐观 lèguān [형] 낙천적이다, 낙관적이다

²⁵封建
fēngjiàn

명 봉건 제도, 봉건 사회 문화 형 봉건적인

中国的<u>封建</u>土地所有制始于春秋战国时期, 并延续了两千多年。

중국의 봉건 토지 소유 제도는 춘추 전국 시기에 시작되어, 2000여 년 동안 계속되었다.

这些人头脑<u>封建</u>, 不愿听取他人的反对意见。

이 사람들은 생각이 봉건적이어서, 다른 사람의 반대 의견을 들으려 하지 않는다.

春秋战国时期 Chūnqiū Zhànguó shíqī 춘추 전국 시기

延续 yánxù 통 계속하다, 지속하다   **听取** tīngqǔ 통 듣다, 청취하다

🏯 알아 두면 시험이 쉬워지는 배경 지식

중국문화 중국에는 '老封建'이라는 말이 있다. 이 말은 직역하자면 오래되어 썩고 봉건적이라는 뜻으로, 흔히 생각이 너무 고리타분하거나 융통성이 없는 사람, 혹은 시대의 흐름과 완전히 동떨어진 사람을 가리킬 때 사용된다. 우리말의 '조선 시대에서 온 사람'과 비슷한 의미이다.

老封建 lǎofēngjiàn 융통성이 없는 사람, 머리가 녹슬다, 융통성이 없다

²⁶风气
fēngqì

명 (사회 문화나 집단의) 풍조, 기풍

我们只有<u>抛弃</u>旧时代留下来的坏<u>风气</u>, 才能更好地发展。

우리는 옛 시대가 남긴 나쁜 풍조를 버려야만, 더 잘 발전할 수 있다.

抛弃 pāoqì 통 버리다, 포기하다   **旧时代** jiù shídài 옛 시대

²⁷衰退 **
shuāituì

동 쇠퇴하다, 쇠약해지다

有些经济学家认为, 烤豆销量的增长标志着经济的<u>衰退</u>。

몇몇 경제학자들은, 구운 콩 판매량의 증가가 경제의 쇠퇴를 상징한다고 생각한다.

销量 xiāoliàng 명 판매량   **标志** biāozhì 동 상징하다

²⁸脱离 **
tuōlí

동 벗어나다, 단절하다

任何一个文明都不能完全<u>脱离</u>其他文明而独立<u>存在</u>。

어떤 문명도 다른 문명에서 완전히 벗어나 독립적으로 존재할 수는 없다.

文明 wénmíng 명 분명   **独立** dúlì 동 독립하다   **存在** cúnzài 동 존재하다

해커스 HSK 6급 단어장

²⁹ 革命
gémìng

[동] 혁명하다

革命, <u>本义为"变革天命"</u>, <u>最早出现在《周易》</u>。

혁명은, 원래 의미가 '천명을 변혁하다'이며, <주역>에서 가장 먼저 출현하였다.

变革 biàngé **[동]** 변혁하다　　**周易** Zhōuyì **[고유]** 주역[유교의 경전 중 3경의 하나]

 시험에 이렇게 나온다!

[이합동사] 革命은 革(바꾸다, 변혁하다)+命(천명, 하늘의 뜻)이 합쳐진 이합동사로, 목적어를 취할 수 없다.

革命生活 생활을 혁명하다 (X)
生活革命 생활 혁명 (O)

🏯 **알아 두면 시험이 쉬워지는 배경 지식**

[일반상식] 第四次工业革命(제4차 산업혁명)은 정보통신기술(ICT)의 융합으로 만들어진 새로운 산업 시대를 지칭한다. 이 革命의 핵심은 인공 지능 · 친환경 에너지 · 로봇 기술 · 量子信息技术 · 核聚变 · 虚拟现实 · 生物技术 등과 같은 기술 革命이다.

第四次工业革命 Dì sì cì gōngyè gémìng 제4차 산업혁명
量子信息技术 liàngzǐ xìnxī jìshù 양자 정보 기술
核聚变 héjùbiàn 핵융합
虚拟现实 xūnǐ xiànshí 가상현실
生物技术 shēngwù jìshù 바이오 테크놀로지

³⁰ 过渡
guòdù

[동] 넘어가다, 과도하다

20世纪初, 中国社会<u>经历了</u>由文言文向白话文<u>过渡</u>的阶段。

20세기 초, 중국 사회는 문언문에서 백화문으로 넘어가는 단계를 겪었다.

文言文 wényánwén **[명]** 문언문[서면어인 문언으로 쓰인 글]
白话文 báihuàwén **[명]** 백화문[구어체를 글로 표기한 글]
阶段 jiēduàn **[명]** 단계, 계단

³¹ 挽救
wǎnjiù

[동] (위험에서) 구해 내다, 구제하다

为了<u>挽救</u>濒危动物, 小朋友们积极<u>参与</u>了捐款活动。

멸종 위기 동물을 구해 내기 위해, 어린 아이들은 적극적으로 기부 활동에 참여했다.

濒危动物 bīnwēi dòngwù 멸종 위기 동물
参与 cānyù **[동]** 참여하다, 참가하다　　**捐款** juānkuǎn **[동]** 기부하다

32 严峻 ★★
yánjùn

[형] 심각하다, 모질다

由于就业形势严峻，啃老族的增长已成了严重的社会问题。

취업 정세가 심각하여, 캥거루족의 증가는 이미 심각한 사회 문제가 되었다.

就业 jiùyè [동] 취업하다　形势 xíngshì [명] 정세, 형세
啃老族 kěnlǎozú 캥거루족[자립하지 않고 부모에게 경제적으로 의존하는 젊은 이들]

33 动荡
dòngdàng

[반의어]

安定 āndìng
[형] (생활·형세 등이) 안정하다
[동] 안정시키다

[형] (정세·상황 등이) 불안하다, 동요하다

春秋时期，连续不断的战争使社会动荡不安。

춘추 시기, 연속되고 끊이지 않는 전쟁은 사회를 불안하게 하였다.

春秋时期 Chūnqiū shíqī 춘추 시기　连续 liánxù [동] 연속하다, 계속하다
不断 búduàn [동] 끊임없다　战争 zhànzhēng [명] 전쟁
不安 bù'ān [형] 불안하다

34 混乱
hùnluàn

[형] 혼란스럽다, 어지럽다

全国人民齐心协力摆脱了所面临的混乱局面。

전 국민은 합심하여 당면한 혼란스러운 국면에서 벗어났다.

齐心协力 qíxīnxiélì [성] 합심하다　摆脱 bǎituō [동] (속박 등에서) 벗어나다
面临 miànlín [동] 당면하다, 직면하다　局面 júmiàn [명] 국면

🧑 시험에 이렇게 나온다!

[짝꿍표현] 混乱을 활용한 다양한 짝꿍 표현들을 알아 둔다.

思想混乱 sīxiǎng hùnluàn 생각이 혼란스럽다
秩序混乱 zhìxù hùnluàn 질서가 어지럽다
交通混乱 jiāotōng hùnluàn 교통이 어지럽다

35 方言 ★★
fāngyán

[명] 방언

经典的巴蜀方言在川剧中保留得非常好。

고전 파촉 방언은 쓰촨 지방의 전통극에 아주 잘 보존되어 있다.

经典 jīngdiǎn [명] 고전　巴蜀 Bāshǔ [고유] 파촉[쓰촨 지방의 옛 이름]
川剧 chuānjù [명] 쓰촨 지방의 전통극　保留 bǎoliú [동] 보존하다, 보류하다

36 阶层 ★★
jiēcéng

[명] (사회 문화의) 계층

在那个地区，各阶层居民之间交流频繁，相处融洽。

그 지역에서, 각 계층 주민 간에는 교류가 빈번하고, 서로 사이좋게 지낸다.

居民 jūmín [명] 주민　频繁 pínfán [형] 빈번하다
相处 xiāngchǔ [동] 서로 지내다　融洽 róngqià [형] 사이가 좋다

★★★ = 최빈출 어휘　★★ = 빈출 어휘

37 等级
děngjí

명 계급, 등급 → 술어

封建制度是以**等级**制和庄园制为基本形式的社会制度。

봉건 제도는 계급제와 장원제를 기본 형식으로 한 사회 제도이다.

封建 fēngjiàn 명 봉건 형 봉건적이다 制度 zhìdù 명 제도
庄园 zhuāngyuán 명 (봉건 사회의) 장원, 영지 形式 xíngshì 명 형식, 형태

38 群众 ★★
qúnzhòng

명 군중, 대중

"吃瓜**群众**"是一种网络用语，主要指不发言只围观的网民。

'수박을 먹는 군중'은 인터넷 용어로, 발언하지 않고 구경만 하는 누리꾼을 주로 가리킨다.

网络 wǎngluò 명 인터넷, 네트워크 发言 fāyán 동 발언하다 명 발언
围观 wéiguān 동 (많은 사람들이) 에워싸고 구경하다

39 社区 ★★
shèqū

명 (아파트 등의) 단지, 지역 사회, 커뮤니티

北京的一些**社区**已设置了"智能急救站"。

베이징의 일부 단지에는 이미 '스마트 응급 센터'가 설치되었다.

设置 shèzhì 동 설치하다, 설립하다
智能急救站 zhìnéng jíjiùzhàn 스마트 응급 센터[의료용품, 휠체어 등이 구비되어있는 무인 응급 센터]

🏯 알아 두면 시험이 쉬워지는 배경 지식

> 중국 문화 **天涯社区**(티엔야 커뮤니티)는 중국 최대의 **网络社区**로, BBS 게시판·블로그 등을 기반으로 한 다양한 서비스들을 제공하고 있다. **天涯社区**는 누구에게나 개방된 의사소통 공간을 제공하는데, 특히 다양한 현안들에 대한 중국 내 여론을 형성하는데 중요한 역할을 하고 있다. **天涯社区**의 주요 특징으로는 개방성·포용성·휴머니즘이 있으며, **微博·微信**과 함께 주요 마케팅 채널로도 활용되고 있다.
>
> 天涯社区 Tiānyá Shèqū 티엔야 커뮤니티
> 网络社区 wǎngluò shèqū 온라인 커뮤니티
> 微博 Wēibó 웨이보
> 微信 Wēixìn 웨이신

40 籍贯
jíguàn

명 본적, 출생지

一个人的**籍贯**是不能随便更改的。

한 사람의 본적은 마음대로 바꿀 수 있는 것이 아니다.

更改 gēnggǎi 동 바꾸다, 변경하다

41 名额
míng'é

→ 술어

명 정원, 인원수

因名额有限，市政府通过严格审查，选拔了公费留学生。

정원 제한이 있어, 시 정부는 엄격한 심사를 통해, 국비 유학생을 선발했다.

市政府 shìzhèngfǔ 시 정부　**审查** shěnchá **동** 심사하다, 검열하다
选拔 xuǎnbá **동** (인재를) 선발하다　**公费** gōngfèi **명** 국비, 공비

42 奴隶
núlì

명 노예

科技的发展使很多人沦落为智能手机的奴隶。

과학 기술의 발전은 많은 사람들을 스마트폰의 노예로 전락시켰다.

沦落 lúnluò **동** 전락하다, 타락하다　**智能手机** zhìnéng shǒujī 스마트폰

43 乞丐
qǐgài

명 거지

被称为"乞丐装"的穿着曾备受中国年轻人的追捧。

'거지 복장'이라고 불리는 옷차림이 한때 중국 젊은이들의 열광적인 사랑을 받았다.

穿着 chuānzhuó **명** 옷차림　**追捧** zhuīpěng **동** 열광적으로 사랑하다

🏯 **알아 두면 시험이 쉬워지는 배경 지식**

> **중국문화** 杭州图书馆(항저우 도서관)은 중국 네티즌들에게 '세상에서 가장 따뜻한 도서관'으로 불린다. 그 이유는 乞丐나 拾荒者도 도서관을 이용할 수 있도록 무료로 개방하고 있기 때문이다. 이 도서관의 유일한 요구 사항은 손을 깨끗이 씻은 후 책을 열람해야 한다는 것이다. 이 도서관의 관장은 杭州图书馆은 공공도서관이기 때문에 민족·신분·연령에 차별 없이 누구에게나 서비스를 제공한다는 원칙을 지켜야 하며, 乞丐이나 拾荒者들이 문화를 누릴 권리를 막아서는 안 되기 때문에 이와 같은 운영 방침을 고수하고 있다고 밝힌 바 있다.
>
> **杭州图书馆** Hángzhōu túshūguǎn 항저우 도서관
> **拾荒者** shíhuāngzhě 넝마주이[폐지를 줍는 사람]

44 华侨
huáqiáo

명 화교[외국에 거주하는 중국인]

华侨是指定居在国外的，且具有中国国籍的人。

화교는 해외에 정착하고, 중국 국적을 가진 사람을 가리킨다.

定居 dìngjū **동** 정착하다　**国籍** guójí **명** 국적

45 同胞
tóngbāo

명 동포, 친형제자매

他的这次演讲感动了全国人民和众多海外同胞。

그의 이번 연설은 전 국민과 수많은 해외 동포들을 감동시켰다.

演讲 yǎnjiǎng **동** 연설하다

46 种族
zhǒngzú

명 인종, 종족

过去，有些国家按种族和肤色划分了社会等级。

↱ 술어

과거에, 어떤 국가에서는 인종과 피부색에 따라 사회 계급을 구분했다.

划分 huàfēn 동 구분하다, 나누다　等级 děngjí 명 계급

47 递增
dìzēng

동 점차 증가하다, 점점 늘다

随着全球化时代的来临，中国的跨国家庭数量正在不断递增。

세계화 시대의 도래에 따라, 중국의 다문화 가정의 수는 끊임없이 점차 증가하고 있다.

반의어

递减 dìjiǎn 동 점차 줄다

全球化 quánqiúhuà 세계화　来临 láilín 동 도래하다
跨国家庭 kuàguó jiātíng 다문화 가정　不断 búduàn 부 끊임없이

48 团结
tuánjié

동 단결하다, 뭉치다　형 화목하다, 사이가 좋다

有些专家认为，个人主义的盛行影响人们的团结。

어떤 전문가는, 개인주의의 성행이 사람들의 단결에 영향을 준다고 생각한다.

弄堂里的邻居们很团结，大家都相处得十分融洽。

롱탕의 이웃들은 참 화목하고, 모두가 매우 사이좋게 지낸다.

반의어

分裂 fēnliè
동 분열하다, 분열시키다

专家 zhuānjiā 명 전문가　盛行 shèngxíng 동 성행하다, 널리 유행하다
弄堂 lòngtáng 명 롱탕[상하이와 장저 지역 특유의 민가 형식]
相处 xiāngchǔ 동 함께 지내다　融洽 róngqià 형 사이좋다

49 人道
réndào

명 인간애, 휴머니티(humanity)

这个非政府组织向各国难民提供了人道主义援助。

이 NGO는 각국의 난민들에게 인도주의적 원조를 제공했다.

非政府组织 fēizhèngfǔ zǔzhī NGO, 비정부 기구
难民 nànmín 명 난민, 피난민　人道主义 réndàozhǔyì 인도주의
援助 yuánzhù 동 원조하다, 지원하다

 시험에 이렇게 나온다!

짝꿍표현 人道를 활용한 짝꿍 표현을 알아 둔다.

人道主义 réndàozhǔyì 인도주의 ≒ 휴머니즘

50 宗教
zōngjiào

명 종교

这个国家通过法律形式保障公民的宗教信仰自由。

이 나라에서는 법률 형식을 통해 국민들의 종교 신앙의 자유를 보장한다.

形式 xíngshì 명 형식　保障 bǎozhàng 동 보장하다
公民 gōngmín 명 국민　信仰 xìnyǎng 명 신앙　自由 zìyóu 명 자유

51 尊严
zūnyán

명 존엄성

德国的基本法规定，人性的尊严是不可侵犯的。

독일의 기본법에서는, 인간의 존엄성은 침범할 수 없는 것이라고 규정하고 있다.

基本法 jīběnfǎ 몡 기본법　人性 rénxìng 몡 인간의 본성, 인성
侵犯 qīnfàn 통 침범하다

52 发扬 ★★
fāyáng

동 드높이다, 선양하여 발전시키다

我们要继承和发扬民族的优良传统。

우리는 민족의 우수한 전통을 계승하고 드높여야 합니다.

继承 jìchéng 통 계승하다　优良 yōuliáng 형 우수하다, 훌륭하다
传统 chuántǒng 몡 전통 형 전통적이다

53 持久 ★★
chíjiǔ

형 오래 유지되다, 지속되다

研究发现，包容他人的能力越强，越能建立持久的人际关系。

연구에서는, 타인을 포용하는 능력이 강할수록, 오래 유지되는 인간관계를 더 잘 맺는다는 것을 발견했다.

包容 bāoróng 통 포용하다　建立 jiànlì 통 맺다, 형성하다

54 弊端
bìduān

명 폐단, 폐해

鲁迅在《阿Q正传》中揭露了当时中国社会的弊端。

루쉰은 <아큐정전>에서 당시 중국 사회의 폐단을 폭로했다.

鲁迅 Lǔ Xùn 고유 루쉰[중국의 현대 문학가]
阿Q正传 Ā Q Zhèngzhuàn 고유 아큐정전[신해혁명 전후의 농촌을 배경으로 한 루쉰의 소설]　揭露 jiēlù 통 폭로하다, 까발리다

55 弊病
bìbìng

명 폐단, 결함

盲目吸收外来文化可能会带来一些社会弊病。

외래 문화를 맹목적으로 흡수하는 것은 몇몇 사회적 폐단을 가져올 수 있다.

盲目 mángmù 형 맹목적인, 무작정　吸收 xīshōu 통 흡수하다

56 歹徒
dǎitú

명 악당, 악인

人们要求司法机关依法严惩那些罪行累累的歹徒。

사람들은 그 죄행이 많은 악당들을 법에 따라 엄중히 처벌하도록 사법 기관에 요구했다.

司法 sīfǎ 몡 사법　机关 jīguān 몡 기관　依法 yīfǎ 분 법에 따라
严惩 yánchéng 통 엄중히 처벌하다　罪行累累 zuìxíng lěilěi 죄행이 많다

57 毒品
dúpǐn

[명] 마약

轰动整个社会的娱乐圈毒品丑闻暂时平息了。 →술어

사회 전체를 뒤흔든 연예계 마약 스캔들이 잠시 수그러들었다.

轰动 hōngdòng [동] 뒤흔들다 娱乐圈 yúlèquān [명] 연예계
丑闻 chǒuwén [명] 스캔들, 추문

🏯 알아 두면 시험이 쉬워지는 배경 지식

> 중국 중국에는 '精神毒品'이라는 말이 있다. 이 말은 직역하자면 정신적 마약이라는
> 문화 뜻으로, 실제로는 음란하고 폭력성이 강해서 정신적으로 해를 끼치는 서적·영
> 상물·온라인 게임 등을 지칭한다.
>
> 精神毒品 jīngshén dúpǐn 정신적 마약 ≒ 정신적 유해 요소

58 流氓
liúmáng

[명] 불량배, 건달

统治阶级的腐败和混乱的社会导致了流氓的增加。

지배 계급의 부패와 혼란스러운 사회는 불량배의 증가를 초래했다.

统治 tǒngzhì [동] 지배하다 阶级 jiējí [명] 계급 腐败 fǔbài [동] 부패하다
混乱 hùnluàn [형] 혼란스럽다 导致 dǎozhì [동] 초래하다, 야기하다

59 事态
shìtài

[명] 사태, 정황

政府认识到了事态的严重性，所以事后向大众公开了解决方案。

정부는 사태의 심각성을 인지하여, 사후 대중에게 해결 방안을 공개했다.

政府 zhèngfǔ [명] 정부 大众 dàzhòng [명] 대중
公开 gōngkāi [동] 공개하다 [형] 공개적인 方案 fāng'àn [명] 방안

60 嫌疑
xiányí

[명] 혐의, 의심

经过警察执着的审问，犯罪嫌疑人最终承认了犯罪事实。

경찰의 집요한 심문 끝에, 범죄 혐의자는 결국 범죄 사실을 인정했다.

执着 zhízhuó [형] 집요하다, 집착하다 审问 shěnwèn [동] 심문하다
犯罪 fànzuì [동] 범죄를 저지르다 承认 chéngrèn [동] 인정하다, 승인하다

61 凶手
xiōngshǒu

[명] 살인범, 흉악범

人们就是否该公开凶手的长相一事议论纷纷。

사람들은 살인범의 얼굴의 생김새를 공개해야 하는지 여부에 대한 일로 의견이 분분하다.

公开 gōngkāi [동] 공개하다 长相 zhǎngxiàng [명] 얼굴의 생김새, 용모
议论纷纷 yìlùn fēnfēn [성] 의견이 분분하다

⁶²治安
zhì'ān

🔴 명 치안

扰乱社会治安的人应受到法律制裁。 → 술어

사회 치안을 어지럽히는 사람은 법적 제재를 받아야 한다.

扰乱 rǎoluàn 동 어지럽히다, 뒤죽박죽되게 하다　制裁 zhìcái 동 제재하다

⁶³报警
bàojǐng

🔴 동 경찰에 신고하다, 긴급 신호를 보내다

报警时，报警人应保持沉着，准确地说出发生事故的地点。

경찰에 신고할 때, 신고자는 침착함을 유지하고, 사고가 발생한 지점을 정확히 얘기해야 한다.

保持 bǎochí 동 유지하다, 지키다　沉着 chénzhuó 형 침착하다, 차분하다

 시험에 이렇게 나온다!

이합동사 报警은 报(신고하다)+警(경찰)이 합쳐진 이합동사로, 목적어를 취할 수 없다.

报警小偷 도둑을 경찰에 신고하다 (X)

报警抓小偷 경찰에 신고하여 도둑을 잡다 (O)

⁶⁴搏斗
bódòu

🔴 동 (맨손·칼·몽둥이 등을 들고) 싸우다, 격투하다

经过一番搏斗，他终于制伏了银行强盗。

한 차례의 싸움 끝에, 그는 마침내 은행 강도를 제압했다.

制伏 zhìfú 동 제압하다, 굴복시키다　强盗 qiángdào 명 강도

⁶⁵剥削
bōxuē

🔴 동 착취하다

奴隶社会的产生与剥削阶级和被剥削阶级的出现有关。

노예 사회의 출현은 착취 계급과 피착취 계급의 출현과 관련이 있다.

奴隶 núlì 명 노예　阶级 jiējí 명 계급

⁶⁶逮捕
dàibǔ

반의어

释放 shìfàng 동 석방하다

🔴 동 체포하다

警方动员了大量人力，终于把歹徒逮捕了。

경찰 측에서는 많은 인력을 동원하여, 결국 악인들을 체포했다.

动员 dòngyuán 동 (군사 및 경제를) 동원하다　歹徒 dǎitú 명 악인, 악당

67 赌博
dǔbó

[동] 도박하다

由于农村赌博风气盛行，国家开始重点严查赌博
行为。

농촌 도박 풍조가 성행함으로 인해, 국가는 도박 행위를 중점적으로 엄하게
조사하기 시작했다.

农村 nóngcūn [명] 농촌　风气 fēngqì [명] (사회 문화나 집단의) 풍조, 기풍
盛行 shèngxíng [동] 성행하다, 널리 유행하다
严查 yánchá [동] 엄하게 조사하다　行为 xíngwéi [명] 행위, 행동

68 杜绝 ★★
dùjué

[동] 근절하다, 끊다

该学校近期举办了以"杜绝毒品"为题的讨论会。

이 학교는 최근 '마약 근절'을 주제로 한 토론회를 열었다.

近期 jìnqī [명] 최근, 가까운 시기　毒品 dúpǐn [명] 마약

69 遏制 ★★
èzhì

[동] 억제하다, 저지하다

为了遏制社会上的不文明行为，政府近期开展了
一系列教育活动。

사회에서의 교양 없는 행동을 억제하기 위해, 정부는 최근 일련의 교육 활
동을 벌였다.

文明 wénmíng [형] 교양이 있다 [명] 문명　行为 xíngwéi [명] 행동, 행위
政府 zhèngfǔ [명] 정부　开展 kāizhǎn [동] 벌이다
一系列 yīxìliè [형] 일련의

70 迫害
pòhài

[동] 박해하다, 학대하다

经过长时间的斗争，他们终于摆脱了暴君的迫害。

오랜 시간의 투쟁 끝에, 그들은 비로소 폭군의 박해로부터 벗어났다.

斗争 dòuzhēng [동] 투쟁하다　摆脱 bǎituō [동] (속박 등에서) 벗어나다
暴君 bàojūn [명] 폭군

71 牵扯
qiānchě

[동] 연루되다, 관련되다

据报道，这次的不正之风事件牵扯了很多业界人士。

보도에 따르면, 이번 비리 사건에는 많은 업계 인사들이 연루되었다고 한다.

报道 bàodào [명] 보도　不正之风 bùzhèng zhī fēng 비리, 나쁜 기풍
事件 shìjiàn [명] 사건　业界 yèjiè [명] 업계　人士 rénshì [명] 인사

72 散布
sànbù

[동] 퍼뜨리다, 유포하다 → 술어

网络警察正在搜寻最初散布谣言的人。

사이버 경찰은 최초로 루머를 퍼뜨린 사람을 찾고 있는 중이다.

网络警察 wǎngluò jǐngchá 사이버 경찰 搜寻 sōuxún [동] (곳곳에서) 찾다
最初 zuìchū [명] 최초, 처음 谣言 yáoyán [명] 루머, 유언비어

73 失踪
shīzōng

[동] 실종되다, 행방불명되다

那艘客轮失踪两个小时后，幸运地被渔船发现了。

그 여객선은 실종된 지 2시간 후에, 운 좋게 어선에 의해 발견되었다.

艘 sōu [양] 척[선박을 헤아리는 데 쓰임] 客轮 kèlún [명] 여객선
幸运 xìngyùn [형] 운이 좋다 [명] 행운 渔船 yúchuán [명] 어선

 시험에 이렇게 나온다!

[이합동사] 失踪은 失(찾지 못하다)+踪(종적, 흔적)이 합쳐진 이합동사로, 목적어를 취할
수 없다.

失踪三个男孩 세 남자아이를 실종되다 (X)
三个男孩失踪 세 남자아이가 실종되다 (O)

74 酗酒
xùjiǔ

[동] 무절제하게 술을 마시다, 주정하다

据统计，酗酒者的寿命比非酗酒者短20年左右。

통계에 따르면, 무절제하게 술을 마시는 사람의 수명은 그렇지 않은 사람보
다 20년 남짓 짧다고 한다.

统计 tǒngjì [동] 통계하다 寿命 shòumìng [명] 수명, 목숨

 시험에 이렇게 나온다!

[이합동사] 酗酒는 酗(주정을 부리다)+酒(술)가 합쳐진 이합동사로, 酗와 酒 사이에 방향
보어 起가 오기도 한다.

酗起酒来 주정하기 시작하다

75 糟蹋
zāotà

[반의어]
爱惜 àixī
[동] 아끼다, 소중하게 생각하다

[동] 망치다, 훼손하다, 모욕하다

请爱护公共环境，不要糟蹋公园里的花草。

공공환경을 아끼고 보호해 주시고, 공원의 화초를 망치지 말아 주세요.

爱护 àihù [동] 아끼고 보호하다

76 走漏
zǒulòu

[동] (정보를) 누설하다

产业间谍向这家企业走漏了竞争对手的内部机密。

술어

산업 스파이는 이 기업에게 경쟁사의 내부 기밀을 누설했다.

产业 chǎnyè [명] 산업, 공업　间谍 jiàndié [명] 스파이, 간첩
企业 qǐyè [명] 기업　竞争 jìngzhēng [동] 경쟁하다
对手 duìshǒu [명] 상대, 적수　机密 jīmì [명] 기밀

77 正义 ★★
zhèngyì

[형] 정의로운　[명] 정의

我始终坚信，我们正义的事业终将会取得成功。

나는, 우리의 정의로운 사업이 결국 성공을 얻을 것이라고 한결같이 굳게 믿는다.

正义和邪恶的斗争是这部电影的主要题材。

정의와 사악함의 투쟁은 이 영화의 주요 소재이다.

始终 shǐzhōng [부] 한결같이, 시종　坚信 jiānxìn [동] 굳게 믿다
事业 shìyè [명] 사업　取得 qǔdé [동] 얻다　邪恶 xié'è [형] 사악하다
斗争 dòuzhēng [동] 투쟁하다　题材 tícái [명] (문학·예술 작품의) 소재

78 福利 ★★
fúlì

[명] 복지, 복리

这个非营利机构主张，国家要为单亲家庭设立更多的福利机构。

이 비영리 기구는, 국가가 편부모 가정을 위해 더 많은 복지 기구를 설립해야 한다고 주장한다.

非营利 fēiyínglì 비영리　机构 jīgòu [명] 기구, 기관
主张 zhǔzhāng [동] 주장하다　单亲 dānqīn [형] 편부의, 편모의
家庭 jiātíng [명] 가정　设立 shèlì [동] (기구·조직 등을) 설립하다, 건립하다

79 公关
gōngguān

[명] 홍보, 공공관계

该企业利用网络公关的力量，提升了自身的社会形象。

이 기업은 인터넷 홍보의 힘을 활용하여, 본 기업의 사회적 이미지를 제고하였다.

企业 qǐyè [명] 기업　利用 lìyòng [동] 활용하다, 이용하다
网络 wǎngluò [명] 인터넷, 네트워크　力量 lìliàng [명] 힘, 역량
提升 tíshēng [동] 제고하다　形象 xíngxiàng [명] 이미지, 형상

80 救济
jiùjì

동 구제하다

我们慈善机构定期向贫困家庭实施救济。

우리 자선 기구는 정기적으로 빈곤한 가정에게 구제를 실시하고 있습니다.

慈善 císhàn 형 자선을 베풀다　机构 jīgòu 명 기구
定期 dìngqī 형 정기적인　贫困 pínkùn 형 빈곤하다　家庭 jiātíng 명 가정
实施 shíshī 동 실시하다

81 失事
shīshì

동 불행한 사고가 발생하다

一架小型飞机在降落过程中失事, 有关部门正在调查失事原因。

소형 비행기 한 대가 착륙하는 과정 중에 불행한 사고가 발생하여, 관련 부서에서는 사고 발생 원인을 조사하고 있다.

小型 xiǎoxíng 형 소형의　降落 jiàngluò 동 착륙하다, 낙하하다
部门 bùmén 명 부서

 시험에 이렇게 나온다!

이합동사 失事은 失(벗어나다, 이탈하다)+事(일)이 합쳐진 이합동사로, 목적어를 취할 수 없다.

失事飞机 비행기를 불행한 사고가 발생하다 (X)
飞机失事 비행기에 불행한 사고가 발생하다 (O)

82 消防
xiāofáng

동 소방하다

为了预防火灾, 学校每个季度都会进行消防演习。

화재를 예방하기 위해, 학교는 매 분기마다 소방 훈련을 진행한다.

预防 yùfáng 동 예방하다　火灾 huǒzāi 명 화재　季度 jìdù 명 분기
演习 yǎnxí 동 훈련하다, 연습하다

83 支援
zhīyuán

동 지원하다

社区居民们自愿发起了捐款活动, 支援了地震受灾群众。

지역 사회 주민들은 자발적으로 모금 운동을 벌여, 지진 피해를 입은 사람들을 지원했다.

社区 shèqū 명 지역 사회, 공동체　居民 jūmín 명 주민, 거주민
自愿 zìyuàn 동 자발하다, 자원하다　捐款 juānkuǎn 동 모금하다, 기부하다
地震 dìzhèn 명 지진　受灾 shòuzāi 동 피해를 입다
群众 qúnzhòng 명 사람들

84 资助
zīzhù

⟨동⟩ (경제적으로) 돕다

越来越多的大学通过"隐形资助"，帮助贫困学生
完成学业。

→ 술어

점점 많은 대학들이 '보이지 않는 경제적 도움'을 통해, 빈곤한 학생들이 학업을 마치도록 돕고 있다.

隐形 yǐnxíng ⟨동⟩ 보이지 않다 贫困 pínkùn ⟨형⟩ 빈곤하다

85 慈善
císhàn

⟨형⟩ 자선을 베풀다, 동정심이 많다

慈善是为增加人们的福利而做的努力。

자선을 베푸는 것은 사람들의 복리를 증진시키기 위해 기울이는 노력이다.

福利 fúlì ⟨형⟩ 복리, 복지

🏯 **알아 두면 시험이 쉬워지는 배경 지식**

> **일반상식** 网络公益(인터넷 공익)는 인터넷 상에서 조직된 가상의 집단이 다양한 **慈善救助**活动을 위해 자발적으로 벌이는 **公益行动**이다. 중국에서는 특히 2008년에 발생한 **汶川大地震**과 베이징 올림픽 등을 계기로 **网络公益**가 새로운 사회적 현상으로 급부상했다. **网络公益**는 원래 소수의 기업이나 단체, 혹은 개인이 주도하던 **慈善**活动을 모든 사람들이 쉽게 참여할 수 있는 방향으로 변화시켰다는 점에서 긍정적인 평가를 받고 있다.
>
> **网络公益** wǎngluò gōngyì 인터넷 공익
> **慈善救助活动** císhàn jiùzhù huódòng 자선 구조 활동
> **公益行动** gōngyì xíngdòng 공익 행동
> **汶川大地震** Wènchuān dàdìzhèn 원촨 대지진, 쓰촨 대지진
> **慈善活动** císhàn huódòng 자선 활동

연습문제 **체크체크!**

제시된 뜻에 해당하는 단어를 중국어로 써 보세요.

01 조화롭다, 화목하다   -

02 쇠퇴하다, 쇠약해지다   -

03 (아파트 등의) 단지, 지역 사회, 커뮤니티   -

04 빈번하다, 잦다   -

05 혼란스럽다, 어지럽다   -

제시된 단어로 하나의 문장을 완성하세요.

06 这起事件   真相   暴露了   背后的   有个记者

- -

07 大声   吸烟及   请勿   喧哗   在病房内

- -

08 人口老龄化   现象   劳动力   的减少   意味着

- -

09 居民的   该地区   有了   大幅提升   生活水平

- -

10 倾向于   越来越多   购物   在网上   的消费者

- -

09. 该地区居民的生活水平有了大幅提升。 10. 越来越多的消费者倾向于在网上购物。
06. 有个记者暴露了这起事件背后的真相。 07. 请勿在病房内吸烟及大声喧哗。 08. 人口老龄化现象意味着劳动力的减少。
정답: 01. 和睦 02. 衰退 03. 社区 04. 频繁 05. 混乱

* 06~10번 문제 해석은 해커스중국어(china.Hackers.com)에서 다운로드 받으세요.

HSK 6급 시험에 나오는 고난도 어휘

☑ 잘 외워지지 않는 단어는 □에 체크해 두고 다음에 반복 암기합니다.

□ 褒扬	bāoyáng	동	찬미하다, 칭찬하다
□ 扼杀	èshā	동	억눌러서 없애거나 발전하지 못하게 하다, 목 졸라 죽이다
□ 发帖	fātiě	동	(초대장·문서 등을) 보내다, 올리다
□ 跟帖	gēntiě	동	댓글을 달다
□ 关注	guānzhù	동	관심을 가지다
□ 救援	jiùyuán	동	구원하다
□ 没落	mòluò	동	몰락하다, 쇠퇴하다
□ 失传	shīchuán	동	전해 내려오지 않다
□ 产物	chǎnwù	명	산물, 결과
□ 底蕴	dǐyùn	명	내막, 상세한 경위
□ 谜底	mídǐ	명	수수께끼의 답, 사건의 진상
□ 乡村	xiāngcūn	명	농촌
□ 阻力	zǔlì	명	저항, 저지
□ 零浪费	línglàngfèi		제로 웨이스트[zero waste]
□ 大势所趋	dàshìsuǒqū	성	대세의 흐름, 전체적인 발전 추세
□ 屡见不鲜	lǚjiànbùxiān	성	자주 볼 수 있어서 신기하지 않다
□ 电子贺卡	diànzǐ hèkǎ		전자 엽서, 전자 축하 카드
□ 村寨	cūnzhài	명	촌락, 마을
□ 吃瓜群众	chīguā qúnzhòng		어떤 사건이 터진 후 내막이나 전개를 잘 모르면서 의견을 말하거나 묵묵히 구경하는 네티즌을 일컫는 말
□ 低头族	dītóuzú		수그리족[고개 숙여 자신의 스마트폰만 바라보는 사람들을 일컫는 말]

□ 90后	jiǔlíng hòu	지우링허우[90년대 출생자]
□ 拒买族	jùmǎizú	거매족[1년 동안 생활필수품을 제외하고 아무것도 사지 않는 사람들을 일컫는 말]
□ 户籍	hùjí	명 호적
□ 门卫	ménwèi	명 경비원
□ 黎族	Lízú	고유 여족[중국 소수 민족 중 하나]
□ 苗族	Miáozú	고유 묘족[중국 소수 민족 중 하나]
□ 哈萨克族	Hāsàkèzú	고유 카자흐족[중국 소수 민족 중 하나]
□ 瑶族	Yáozú	고유 요족[중국 소수 민족 중 하나]
□ 彝族	Yízú	고유 이족[중국 소수 민족 중 하나]
□ 凑够	còugòu	동 머릿수를 채우다
□ 重阳节	Chóngyáng Jié	고유 중양절[중국의 명절 중 하나, 음력 9월 9일]
□ 海派文化	hǎipài wénhuà	상하이의 근대 문화
□ 外卖	wàimài	동 (음식점에서 손님에게 음식을) 포장하여 판매하다 명 (포장하여) 판매하는 음식
□ 摇篮	yáolán	명 요람, 발상지
□ 联合国教科文组织	Liánhéguó Jiàokēwén Zǔzhī	고유 유네스코[국제 연합 교육 과학 문화 기구]
□ 传颂	chuánsòng	동 전해 내려오며 칭송되다
□ 毁损	huǐsǔn	동 훼손하다, 손상하다
□ 耳目一新	ěrmùyìxīn	성 보고 듣는 것이 다 새롭다
□ 穷游	qióngyóu	무전여행
□ 生根发芽	shēnggēn fāyá	(관념·문화 등이) 뿌리가 내리고 싹이 트다

해커스 HSK 6급 단어장

법을 지켜요

법·규칙

주제를 알면 HSK가 보인다!

HSK 6급에서는 규칙과 규율을 지켜야 하는 중요성과 관련된 문제가 자주 출제돼요. 따라서 '준칙', '따르다', '구속하다'. '강제하다'와 같은 법·규칙 관련 단어들을 집중적으로 학습하면 이러한 문제를 쉽게 풀 수 있어요.

🎧 단어, 예문 MP3

이 집의 무법자

오빠, 准则는 물론 遵循하라고 있는 것이긴 해.

하지만 때때로 어떤 규칙들은 우리를 约束하고, 强制하기도 하지.

그렇기 때문에 가끔은 그런 규칙들을 벗어나서, 좀 더 자유로워지는 것이 필요하다구.

아 진짜, 오늘 설거지 너가 하기로 했잖아, 빨리 안 하지!

02 **准则** zhǔnzé [명] 준칙

05 **约束** yuēshù [동] 구속하다, 규제하다

04 **遵循** zūnxún [동] 따르다

24 **强制** qiángzhì [동] 강제하다, 강요하다

01 规范 ★★★
guīfàn

명 규범 형 규범에 맞다 동 규범화하다, 규범에 맞게 하다

政府正在逐步完善未成年儿童安全法律规范。 → 술어

정부는 미성년 아동 안전 법률 규범을 점차 보완하는 중이다.

孩子把李白的诗句工整规范地写在了稿纸上。

아이는 이태백의 시구를 반듯하고 규범에 맞게 원고지에 적었다.

学校将进一步规范校内寄宿生管理工作。

학교는 교내 기숙사생 관리 작업을 한 걸음 더 규범화할 예정이다.

政府 zhèngfǔ 명 정부 **逐步** zhúbù 부 점차 **完善** wánshàn 동 보완하다
李白 Lǐ Bái 고유 이태백, 이백[중국 당나라 때의 낭만주의 시인]
诗句 shījù 명 시구, 시 **工整** gōngzhěng 형 반듯하다, 세밀하고 가지런하다
稿纸 gǎozhǐ 명 원고지 **进一步** jìnyībù 부 한 걸음 더
寄宿生 jìsùshēng 명 기숙사생

02 准则 ★★★
zhǔnzé

유의어

原则 yuánzé 명 원칙

명 준칙

和平共处五项原则是中国处理国际关系的基本准则。

평화공존5원칙은 중국이 국제 관계를 처리하는 기본 준칙이다.

和平共处五项原则 hépíng gòngchǔ wǔxiàng yuánzé 평화공존5원칙
[영토·주권의 상호존중, 불침략, 내정불간섭, 호혜·평등, 평화공존의 5원칙]
处理 chǔlǐ 동 처리하다 **基本** jīběn 형 기본적인

 시험에 이렇게 나온다!

유의어 **准则 : 原则**(yuánzé, 원칙)

准则는 참고할 만한 기준을 의미하며, 상황에 따라 바뀔 수 있는 것이다.
行动准则 xíngdòng zhǔnzé 행동 준칙
国际关系准则 guójì guānxi zhǔnzé 국제 관계 준칙

原则는 이론적으로 흔들리지 않는 불변의 규칙을 의미한다.
坚持原则 jiānchí yuánzé 원칙을 지키다
原则上同意 yuánzé shang tóngyì 원칙상 동의하다

03 执行 ★★★
zhíxíng

동 집행하다

企业在实行人性化管理的同时，还要严格执行规章制度。

기업은 사람 중심적인 관리를 실행하는 동시에, 규정과 제도 또한 엄격하게 집행해야 한다.

企业 qǐyè 명 기업 **实行** shíxíng 동 실행하다
人性化 rénxìnghuà 동 사람 중심으로 하다 **规章** guīzhāng 명 규정, 규칙
制度 zhìdù 명 제도

<hr />

★★★ = 최빈출 어휘 ★★ = 빈출 어휘

04 遵循 ***
zūnxún

반의어
违背 wéibèi
동 어기다, 위배하다, 위반하다

동 따르다
经营企业需要遵循市场经济规律。

← 술어

기업을 운영하려면 시장 경제 규율을 따르는 것이 필요하다.

经营 jīngyíng 동 운영하다, 경영하다 企业 qǐyè 명 기업
市场 shìchǎng 명 시장 规律 guīlǜ 명 규율, 규칙

05 约束 ***
yuēshù

반의어
放任 fàngrèn 동 방임하다

동 구속하다, 규제하다
为了良好的网络秩序, 有些网络活动需要受法律
约束。

좋은 인터넷 질서를 위해, 몇몇 인터넷 상의 활동들은 법률의 구속을 받는
것이 필요하다.

良好 liánghǎo 형 좋다, 양호하다 网络 wǎngluò 명 인터넷, 네트워크
秩序 zhìxù 명 질서, 순서 法律 fǎlǜ 명 법률

 시험에 이렇게 나온다!

짝꿍표현 约束를 활용한 다양한 짝꿍 표현들을 알아 둔다.
受约束 shòu yuēshù 구속을 받다
约束力 yuēshùlì 구속력

잠깐 约束는 긍정적이고 부정적인 의미를 모두 담고 있지만, Day03의 66번 束缚(속박하다)는
부정적인 의미만 담고 있어요.

06 根源 **
gēnyuán

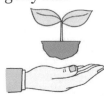

명 근원, 근본 원인 동 ~에서 비롯되다, ~에 기원하다
完善法律监督体系, 才能从根源上遏制食品安全
事故发生。

법률 감독 체계를 완비해야, 비로소 근원에서부터 식품 안전 사고 발생을
억제할 수 있다.

据专家分析, 该国家的腐败现象根源于相关制度
的缺陷。

전문가의 분석에 따르면, 이 국가의 부패 현상은 관련 제도의 결함에서 비
롯되었다.

完善 wánshàn 동 완비하다, 완벽하게 하다 监督 jiāndū 동 감독하다
体系 tǐxì 명 체계, 시스템 遏制 èzhì 동 억제하다 事故 shìgù 명 사고
专家 zhuānjiā 명 전문가 分析 fēnxī 동 분석하다 腐败 fǔbài 형 부패하다
现象 xiànxiàng 명 현상 相关 xiāngguān 동 (서로) 관련되다
制度 zhìdù 명 제도 缺陷 quēxiàn 명 결함, 결점

잠깐 根源은 사건이 발생한 원인을 의미하고, Day12의 11번 起源(기원하다)은 문화나 현상이
발생한 출처를 의미해요.

07 期限
qīxiàn

명 기한, 시한

《鲁迅全集》的著作权保护期限已届满，该著作进 ← 술어
入了公有领域。

<루쉰 전집>의 저작권 보호 기한은 이미 만기되어, 그 저서는 공유 영역으
로 들어왔다.

鲁迅 Lǔ Xùn 고유 루쉰[중국의 현대 문학가] 全集 quánjí 명 전집
著作权 zhùzuòquán 명 저작권 届满 jièmǎn 동 만기되다, 임기가 끝나다
著作 zhùzuò 명 저서 公有 gōngyǒu 동 공유하다 领域 lǐngyù 명 영역

08 物业
wùyè

명 (집·건물 등의) 부동산

政府在开征物业税时，要考虑纳税人负担税款的
能力。

정부는 부동산세를 징수하기 시작할 때, 납세자의 세금 부담 능력을 고려
해야 한다.

开征 kāizhēng 동 (세금을) 징수하기 시작하다 纳税人 nàshuìrén 명 납세자
负担 fùdān 동 부담하다 税款 shuìkuǎn 명 세금

09 惯例 **
guànlì

명 관례, 관행

加入世贸组织的国家应在各个方面遵循国际惯例。

세계무역기구에 가입한 국가는 각 방면에서 국제관례를 따라야 한다.

世贸组织 Shìmào Zǔzhī 고유 세계무역기구, WTO 遵循 zūnxún 동 따르다

10 纲领
gānglǐng

유의어
纲要 gāngyào 명 요강

명 강령, 지도 원칙

发生地震后，这些公益组织通过会议制定了联合
救灾行动纲领。

지진이 발생한 후, 이 공익 단체들은 회의를 통해 연합 구제 행동 강령을 제
정했다.

地震 dìzhèn 명 지진 公益 gōngyì 명 공익 组织 zǔzhī 명 단체, 조직
联合 liánhé 형 연합의, 공동의 救灾 jiùzāi 동 구제하다, 재해를 막다

 시험에 이렇게 나온다!

유의어 纲领：纲要(gāngyào, 요강)

纲领은 정부 또는 정당이 행동 목표를 니타낸다.
基本纲领 jīběn gānglǐng 기본 강령
政治纲领 zhèngzhì gānglǐng 정치 강령

纲要는 책 이름 또는 문서 이름으로 사용된다.
语法纲要 yǔfǎ gāngyào 어법 요강
论文纲要 lùnwén gāngyào 논문 요강

11 规章
guīzhāng

명 규칙, 규정

我发誓一定严格遵守管理委员会的各项规章制度。

저는 관리 위원회의 각 규칙과 제도를 반드시 엄격히 준수할 것을 맹세합니다.

发誓 fāshì 통 맹세하다　遵守 zūnshǒu 통 준수하다, 지키다
委员会 wěiyuánhuì 명 위원회　项 xiàng 양 조항　制度 zhìdù 명 제도

 시험에 이렇게 나온다!

짝꿍표현 规章을 활용한 짝꿍 표현을 알아 둔다.

规章制度 guīzhāng zhìdù 규칙과 제도, 규정 제도

12 条款
tiáokuǎn

명 (법규·계약 등의) 조항

签合同时，我们必须仔细阅读合同的每一项条款。

계약을 맺을 때, 우리는 반드시 계약서의 각 조항들을 자세히 읽어봐야 한다.

签合同 qiān hétóng 계약을 맺다　合同 hétong 명 계약서, 계약

13 条约
tiáoyuē

명 조약

合同一旦签订，就意味着你必须遵守合同上的条约。

계약이 일단 체결되었으면, 당신이 계약상의 조약을 반드시 준수해야 한다는 것을 의미한다.

合同 hétong 명 계약　一旦 yídàn 부 일단　签订 qiāndìng 통 체결하다
意味着 yìwèizhe 통 의미하다　遵守 zūnshǒu 통 준수하다

14 实施 **
shíshī

동 실시하다, 실행하다

公司实施新的福利制度后，整体办公效率翻了一番。

회사가 새로운 복지 제도를 실시한 후, 전체적인 업무 효율이 두 배로 올랐다.

福利 fúlì 명 복지, 복리　制度 zhìdù 명 제도　整体 zhěngtǐ 명 전체, 전부
办公 bàngōng 통 업무를 보다, 공무를 처리하다　效率 xiàolǜ 명 효율, 능률
翻 fān 통 (수량이) 배로 오르다　番 fān 양 번, 차례, 회

15 颁布
bānbù

동 반포하다, 공포하다

欧盟颁布的新法规中，调整了食品中重金属的限量标准。

유럽 연합이 반포한 새로운 법규에서, 식품 속 중금속의 한도 기준이 조정되었다.

欧盟 Ōuméng 고유 유럽 연합, EU[欧洲联盟(유럽 연맹)의 줄임말]
法规 fǎguī 명 법규　调整 tiáozhěng 통 조정하다, 조절하다
重金属 zhòngjīnshǔ 명 중금속　限量 xiànliàng 명 한도 통 한도를 정하다

16 贯彻
guànchè

동 (정책·정신·방법 등을) 관철하다

每个校内住宿生都要<u>贯彻</u>学校提倡的节约精神。 ← 술어

모든 교내 기숙생은 모두 학교가 제창하는 절약 정신을 관철해야 한다.

住宿生 zhùsùshēng 기숙생 **提倡** tíchàng 동 제창하다, 부르짖다
精神 jīngshén 명 정신

17 健全
jiànquán

동 완비하다, 건전하게 하다 형 건전하다, 완벽하다

为了预防腐败，我们公司<u>有必要</u><u>健全</u>和<u>强化</u><u>约束</u>机制。

부패를 예방하기 위해, 우리 회사는 규제 메커니즘을 완비하고 강화시킬 필요가 있다.

孩子是否优秀，<u>取决于</u>他是否具有<u>健全</u>的人格和健康的身心。

아이가 훌륭한지 아닌지는, 그에게 건전한 인격과 건강한 심신이 있는지 없는지에 달려 있다.

预防 yùfáng 동 예방하다 **腐败** fǔbài 형 부패하다, 타락하다
必要 bìyào 형 필요하다 **强化** qiánghuà 동 강화하다
约束 yuēshù 동 규제하다, 구속하다 **机制** jīzhì 메커니즘
取决 qǔjué 동 ~에 달려 있다 **人格** réngé 명 인격, 품격, 인품

18 履行
lǚxíng

동 이행하다, 실천하다

我公司将严格<u>履行</u>合同规定的所有责任和义务。

우리 회사는 계약에서 규정하는 모든 책임과 의무를 엄격히 이행할 것입니다.

合同 hétong 명 계약, 계약서 **义务** yìwù 명 의무

19 生效
shēngxiào

동 효력이 발생하다, 효과가 나타나다

法院的判决<u>一旦</u><u>生效</u>，当事人就要<u>受到</u>判决内容的<u>约束</u>。

법원의 판결에 일단 효력이 발생하게 되면, 당사자는 바로 판결 내용의 규제를 받아야 한다.

法院 fǎyuàn 명 법원 **判决** pànjué 동 판결하다 **一旦** yídàn 부 일단
当事人 dāngshìrén 명 당사자 **约束** yuēshù 동 규제하다, 구속하다

시험에 이렇게 나온다!

이합동사 生效는 生(발생하다)+效(효력)가 합쳐진 이합동사로, 목적어를 취할 수 없다.
生效法律 법률을 효력이 발생하다 (X)
法律生效 법률에 효력이 발생하다 (O)

---

²⁰ 申报
shēnbào

[동] (상급·관련 기관에) 서면으로 보고하다

술어 ←

旅客入境时如有发热等症状，应主动向海关申报。

여행객은 입국 시 만약 발열 등의 증상이 있다면, 반드시 자발적으로 세관에 서면으로 보고해야 한다.

入境 rùjìng [동] 입국하다　发热 fārè [동] 발열하다
症状 zhèngzhuàng [명] 증상　主动 zhǔdòng [형] 자발적이다
海关 hǎiguān [명] 세관

 시험에 이렇게 나온다!

> 짝꿍표현 申报를 활용한 다양한 짝꿍 표현들을 알아 둔다.
>
> 申报表 shēnbàobiǎo 신고서
>
> 向……申报 xiàng …… shēnbào ~에 서면 보고하다
>
> 申报世界文化遗产 shēnbào shìjiè wénhuà yíchǎn
> 세계 문화유산을 신청하다[줄여서 申遗라고도 함]

²¹ 投票
tóupiào

[동] 투표하다

超过一半的人投票赞成了这项新法案。

절반이 넘는 사람들이 이 새로운 법안에 투표하여 찬성했다.

赞成 zànchéng [동] 찬성하다　项 xiàng [양] 조항, 항목　法案 fǎ'àn [명] 법안

 시험에 이렇게 나온다!

> 이합동사 投票는 投(집어넣다)+票(표)가 합쳐진 이합동사로, 목적어를 취할 수 없다.
>
> 投票自己 자신을 투표하다 (X)
>
> 给自己投票 자신에게 투표하다 (O)

²² 宣誓
xuānshì

[동] 선서하다

该国家的新任总统在就职时会公开宣誓。

이 국가의 신임 대통령은 취임할 때 공개적으로 선서하게 된다.

新任 xīnrèn [형] 신임의, 새로 부임한　总统 zǒngtǒng [명] 대통령
就职 jiùzhí [동] 취임하다, 취직하다　公开 gōngkāi [형] 공개적인

²³ 许可
xǔkě

반의어

禁止 jìnzhǐ [동] 금지하다

[동] 허가하다, 승낙하다

未经许可，不得以任何形式组织大型焰火燃放活动。

허가를 거치지 않고는, 그 어떤 형식으로도 불꽃을 터뜨리는 대형 행사를 조직해서는 안 된다.

不得 bùdé [조동] ~해서는 안 된다　形式 xíngshì [명] 형식, 형태
组织 zǔzhī [동] 조직하다　大型 dàxíng [형] 대형의　焰火 yànhuǒ [명] 불꽃
燃放 ránfàng [동] (폭죽 등을) 터뜨리다, 폭발시키다

24 强制 ★★
qiángzhì

동 (정치력이나 경제력 등으로) 강제하다, 강요하다

这座城市新出台了《机动车强制报废标准规定》。 → 술어

이 도시는 <자동차 강제 폐기 기준 규정>을 새롭게 공포했다.

出台 chūtái 동 (정책 등을) 공포하다　机动车 jīdòngchē 명 자동차
报废 bàofèi 동 폐기하다

25 严禁 ★★
yánjìn

동 엄격하게 금지하다, 엄금하다

野生动物保护法严禁贩卖国家重点保护动物及相关制品。

야생 동물 보호법은 국가에서 중점적으로 보호하는 동물 및 관련 제품을 판매하는 것을 엄격하게 금지한다.

野生 yěshēng 형 야생의　贩卖 fànmài 동 (사들여) 판매하다
相关 xiāngguān 동 (서로) 관련되다　制品 zhìpǐn 명 제품

26 制止 ★★
zhìzhǐ

반의어
允许 yǔnxǔ
동 허락하다, 윤허하다

동 제지하다, 저지하다

为了加强对森林资源的保护，政府决定依法制止乱砍滥伐的行为。

삼림 자원에 대한 보호를 강화하기 위하여, 정부는 함부로 나무를 베는 행위를 법에 따라 제지하기로 결정했다.

资源 zīyuán 명 자원　依法 yīfǎ 부 법에 따라
乱砍滥伐 luàn kǎn làn fá 함부로 나무를 베다　行为 xíngwéi 명 행위, 행동

27 制裁
zhìcái

동 제재하다

从今日起，虐待动物的任何行为都会受到法律的严厉制裁。

오늘부터, 동물을 학대하는 어떤 행위든지 전부 반드시 법률의 엄한 제재를 받게 될 것이다.

虐待 nüèdài 동 학대하다　行为 xíngwéi 명 행위　严厉 yánlì 형 엄하다

28 制约
zhìyuē

동 제약하다

该公司通过制定一系列新规则，来制约和监督高层的权力。

이 회사는 일련의 새로운 규칙의 제정을 통해, 고위층의 권력을 제약하고 감독한다.

该 gāi 대 이　制定 zhìdìng 동 제정하다, 만들다　一系列 yíxìliè 형 일련의
规则 guīzé 명 규칙　监督 jiāndū 동 감독하다　权力 quánlì 명 권력

★★★ = 최빈출 어휘　★★ = 빈출 어휘

29 撤销
chèxiāo

[동] 취소하다, 철회하다

在大会上，与公司基本原则相抵触的决议被撤销了。 ← 술어

대회의에서, 회사의 기본 원칙과 서로 저촉되는 결의는 취소되었다.

基本 jīběn [형] 기본의, 근본적인   **原则** yuánzé [명] 원칙
抵触 dǐchù [동] 저촉하다   **决议** juéyì [명] 결의, 결정

 시험에 이렇게 나온다!

[짝꿍표현] 撤销를 활용한 다양한 짝꿍 표현들을 알아 둔다.
　　撤销处分 chèxiāo chǔfèn 처벌을 취소하다
　　撤销原判 chèxiāo yuánpàn 원심을 철회하다

30 废除
fèichú

[동] (법령·제도·조약 등을) 폐지하다, 취소하다

1865年，美国在全国范围内正式废除了奴隶制度。

1865년에, 미국은 전국 범위 내에서 정식으로 노예 제도를 폐지했다.

范围 fànwéi [명] 범위   **奴隶** núlì [명] 노예   **制度** zhìdù [명] 제도

31 作废
zuòfèi

[동] (효력을 잃어) 폐기하다

此券必须在有效期内使用，过期作废，遗失不补。

이 쿠폰은 반드시 유효 기간 내에 사용되어야 하며, 기한이 지나면 폐기되고, 분실해도 재발급되지 않습니다.

券 quàn [명] 쿠폰   **有效期** yǒuxiàoqī [명] 유효 기간
过期 guòqī [동] 기한이 지나다   **遗失** yíshī [동] 분실하다, 잃어버리다
补 bǔ [동] 재발급하다, 보충하다

32 案件
ànjiàn

[명] (법률상의) 사건, 안건

我本以为这是一起重大刑事案件，结果发现嫌犯只是一只小狗。

난 본래 이것이 중대한 형사 사건인 줄 알았는데, 결국 용의자는 그저 한 마리의 강아지일 뿐이라는 것을 알아차렸다.

重大 zhòngdà [형] 중대하다   **刑事** xíngshì [형] 형사(의)
嫌犯 xiánfàn [명] 용의자, 피의자

33 案例
ànlì

[명] (사건·소송 등의) 사례, 구체적인 예

林律师正在分析与这起案件相似的典型案例。

린 변호사는 이 사건과 비슷한 전형적인 사례를 분석하는 중이다.

分析 fēnxī [동] 분석하다   **案件** ànjiàn [명] (법률상의) 사건, 안건
相似 xiāngsì [형] 비슷하다   **典型** diǎnxíng [형] 전형적인

³⁴ 被告
bèigào

반의어
原告 yuángào 명 원고

명 피고, 피고인

这个狡猾的被告最终还是没能逃脱法律的严惩。

→ 술어

이 교활한 피고는 결국 그래도 법의 엄중 처벌을 벗어날 수 없었다.

狡猾 jiǎohuá 혱 교활하다　逃脱 táotuō 동 벗어나다, 도망치다
严惩 yánchéng 동 엄중히 처벌하다

³⁵ 原告
yuángào

반의어
被告 bèigào 명 피고, 피고인

명 원고[소송을 제기한 쪽]

原告撤回起诉时, 法院需要审查其撤诉是否出于自愿。

원고가 기소를 취하할 때, 법원은 그 소송 취하가 스스로 원한 것인지를 심사할 필요가 있다.

撤回 chèhuí 동 취하하다, 철회하다　起诉 qǐsù 동 기소하다, 소송을 제기하다
法院 fǎyuàn 명 법원　审查 shěnchá 동 심사하다, 검열하다
撤诉 chèsù 동 (원고가) 소송을 취하하다　自愿 zìyuàn 동 스스로 원하다

³⁶ 当事人
dāngshìrén

명 당사자

当事人不服一审判决, 便向上级法院提起上诉了。

당사자는 1심 판결에 불복하여, 곧 상급 법원에 항소를 제기했다.

不服 bùfú 동 불복하다　一审 yīshěn 명 1심[소송에서 제일 처음 받는 심리]
判决 pànjué 동 판결하다, 선고하다　便 biàn 부 곧, 바로
上级 shàngjí 명 상급, 상부　法院 fǎyuàn 명 법원
提起 tíqǐ 동 제기하다, 언급하다　上诉 shàngsù 동 항소하다, 상소하다

³⁷ 公安局
gōng'ānjú

명 공안국, 경찰서

近日, 市公安局在郊区组织开展了一项爱心捐赠活动。

최근, 시 공안국은 교외에서 사랑의 기부 행사를 조직하여 펼쳐 나갔다.

组织 zǔzhī 동 조직하다　开展 kāizhǎn 동 펼치다, 열다
爱心 àixīn 명 사랑하는 마음　捐赠 juānzèng 동 기부하다

³⁸ 司法
sīfǎ

명 사법

明清时期的大理寺相当于现代的最高司法机关。

명청 시기의 대리사는 현대의 최고 사법 기관과 비슷하다.

大理寺 dàlǐsì 대리사[재판, 형벌 등을 담당했던 명청 시대의 관명]
相当 xiāngdāng 동 비슷하다, 상당하다　机关 jīguān 명 기관

39 宪法
xiànfǎ

명 헌법

中国的宪法规定，少数民族居住地区实行民族区域自治。 [술어]

중국 헌법은, 소수 민족 거주지에 민족 구역 자치를 시행하도록 규정하고 있다.

居住 jūzhù 동 거주하다, 살다　实行 shíxíng 동 실행하다
区域 qūyù 명 구역, 지역　自治 zìzhì 동 자치하다

40 刑事
xíngshì

형 형사(의)

这个网站免费提供刑事辩护律师的咨询服务。

이 웹사이트는 형사 전문 변호사의 자문 서비스를 무료로 제공한다.

辩护律师 biànhùlǜshī 변호사　咨询 zīxún 동 자문하다, 물어보다

41 辩护
biànhù

동 변호하다, 변론하다

这位律师一直尽力为那些被冤枉的人辩护。

이 변호사는 줄곧 억울하게 누명을 쓴 사람들을 위해 힘써 변호해 왔다.

尽力 jìnlì 동 힘쓰다　冤枉 yuānwang 동 억울한 누명을 씌우다　형 억울하다

42 否决
fǒujué

동 (안건 등을) 부결하다

国会正式否决了这项侵犯人权的法案。

국회는 인권을 침해하는 이 법안을 정식으로 부결했다.

侵犯 qīnfàn 동 침해하다　人权 rénquán 명 인권　法案 fǎ'àn 명 법안

43 公证
gōngzhèng

동 공증하다

这份协议必须经过公证处公证才有法律效力。

이 협의는 반드시 공증 사무소의 공증을 거쳐야만 법적 효력이 있다.

协议 xiéyì 명 협의, 합의　公证处 gōngzhèngchù 공증 사무소
效力 xiàolì 명 효력, 효용

44 判决
pànjué

동 판결하다

根据无罪推定原则，任何人在未被判决前，应被视为无罪。

무죄 추정의 원칙에 따라, 누구든지 판결 받기 전에는, 무죄로 보아야 한다.

无罪推定 wúzuì tuīdìng 무죄의 추정　原则 yuánzé 명 원칙

⁴⁵ 审理
shěnlǐ

[동] 심리하다, 심사하여 처리하다

人们来法院打官司时，最注重的是是否公正地审理^{술어}
了案件。

사람들이 법원에 와서 소송할 때, 가장 중시하는 것은 안건을 공정하게 심리하는지 아닌지이다.

法院 fǎyuàn [명] 법원 **打官司** dǎ guānsi 소송하다, 재판을 걸다
注重 zhùzhòng [동] 중시하다, 신경을 쓰다 **公正** gōngzhèng [형] 공정하다
案件 ànjiàn [명] (법률상의) 안건, 사건

⁴⁶ 审判
shěnpàn

[동] (안건을) 재판하다, 심판하다

对于他被解雇一案，法院将于月底重新开庭审判。

그가 해고를 당한 안건에 대해서, 법원은 월말에 다시 법정을 열고 재판할 예정이다.

解雇 jiěgù [동] 해고하다 **法院** fǎyuàn [명] 법원
开庭 kāitíng [동] 법정을 열다, 재판을 시작하다

 시험에 이렇게 나온다!

> [짝꿍표현] 审判을 활용한 출제 표현을 알아 둔다.
> 审判员 shěnpànyuán 판사

⁴⁷ 诉讼
sùsòng

[동] 소송하다, 고소하다

这家公司经常以专利被侵权为由，对多家公司提
起诉讼。

이 회사는 종종 특허권이 침해당했다는 이유로, 여러 회사에 소송을 제기한다.

专利 zhuānlì [명] 특허권, 특허 **侵权** qīnquán [동] (권리를) 침해하다
提起 tíqǐ [동] 제기하다, 언급하다

---

⁴⁸ 打官司
dǎ guānsi

● 소송하다, 재판을 걸다

他已经决心委托律师打官司了，谁也劝不住。

그는 이미 변호사에게 위탁하여 소송하기로 결심했기에, 누구도 설득하지 못한다.

决心 juéxīn 통 결심하다 몡 결심　委托 wěituō 통 위탁하다, 의뢰하다
劝 quàn 통 설득하다, 권하다

🏯 **알아 두면 시험이 쉬워지는 배경 지식**

> 중국문화 打官司(소송하다)는 官과 司가 합쳐진 '官司'라는 단어에서 파생된 말이다. 옛 중국에서 官과 司는 본래 '官府, 官吏' 등을 가리키는 말로 사용되었다. 옛 중국인들은 이해관계가 충돌하는 일이 발생하면 官府나 官吏가 있는 곳으로 가서 시시비비를 가려줄 것을 청했고, 官府나 官吏는 사실관계에 따라서 판결을 내렸다. 그래서 官司는 점차 '판결을 가리는 일'을 의미하는 단어로 사용되게 되었고, 이후 '소송'이라는 뜻으로 굳어지게 되었다.
>
> 官司 guānsi 소송
> 官 guān 정부, 관청
> 司 sī 사[중앙 관청과 그 부속 기관의 단위]
> 官府 guānfǔ 관청, 관아
> 官吏 guānlì 관리

⁴⁹ 监狱
jiānyù

● 몡 감옥, 교도소

从监狱出来后，他就像变了个人似的。

감옥에서 나온 후, 그는 마치 다른 사람으로 변한 것 같다.

似的 shìde 조 ~과 같다

⁵⁰ 贼
zéi

● 몡 도둑, 도적

那三个偷车贼被路过的警察抓住了。

그 세 명의 차를 훔치던 도둑이 길을 가던 경찰에게 붙잡혔다.

偷 tōu 통 훔치다　抓 zhuā 통 붙잡다, 쥐다

 시험에 이렇게 나온다!

> 짝꿍표현 贼를 활용한 다양한 짝꿍 표현들을 알아 둔다.
>
> 窃贼 qièzéi 도둑, 좀도둑
> 贼心 zéixīn 도둑 심보, 사악한 심보
> 做贼 zuòzéi 도둑질을 하다, 도적이 되다

⁵¹ 罪犯
zuìfàn

● 몡 범인, 죄인

罪犯在最后一次开庭时承认了自己的一切罪行。

범인은 최후의 재판을 시작할 때 자신의 모든 범죄 행위를 인정했다.

开庭 kāitíng 통 재판을 시작하다, 법정을 열다　承认 chéngrèn 통 인정하다
罪行 zuìxíng 몡 범죄 행위, 범법 행위

52 绑架
bǎngjià

[동] 납치하다, 인질로 잡다

这起绑架案件不仅受到广泛关注，还被改编为电影。
ㄴ술어

이 납치 사건은 광범위한 관심을 받았을 뿐만 아니라, 영화로 각색되기까지 했다.

案件 ànjiàn [명] (법률상의) 사건 　**广泛** guǎngfàn [형] 광범위하다
关注 guānzhù [동] 관심을 가지다 　**改编** gǎibiān [동] 각색하다, 개편하다

53 包庇
bāobì

[동] (나쁜 일이나 사람을) 은닉하다, 감싸주다

故意袒护、包庇犯罪分子的行为属于重大犯罪。

범죄자를 고의로 감싸고 은닉하는 행위는 중대한 범죄를 저지르는 것에 속한다.

袒护 tǎnhù [동] 감싸다, 비호하다 　**犯罪分子** fànzuì fènzǐ 범죄자
行为 xíngwéi [명] 행위, 행동 　**属于** shǔyú [동] ~에 속하다
犯罪 fànzuì [동] 범죄를 저지르다

54 触犯
chùfàn

[동] 저촉되다, 침범하다

只要不触犯法律，不违背道德底线，我们就能享有自由的权利。

법률에 저촉되지 않고, 도덕의 최저 한도를 위배하지만 않는다면, 우리는 자유의 권리를 누릴 수 있다.

违背 wéibèi [동] 위배하다, 어기다 　**道德** dàodé [명] 도덕, 윤리
底线 dǐxiàn [명] 최저 한도, 최저 조건 　**享有** xiǎngyǒu [동] 누리다, 향유하다
自由 zìyóu [명] 자유 [형] 자유롭다 　**权利** quánlì [명] 권리

55 盗窃
dàoqiè

[동] 도둑질하다, 절도하다

李某因盗窃公司机密，被公安机关逮捕了。

리 모씨는 회사 기밀을 도둑질한 죄로, 공안 기관에 체포되었다.

某 mǒu [대] 어떤 사람, 어느, 아무 　**机密** jīmì [명] 기밀, 극비
公安机关 gōng'ān jīguān 공안 기관, 치안 기관 　**逮捕** dàibǔ [동] 체포하다

56 勾结
gōujié

[동] 결탁하다, 공모하다

审计组发现了这个员工内外勾结，挪用公款的证据。

감사팀은 이 직원이 안팎으로 결탁하여, 공금을 유용한 증거를 발견했다.

审计组 shěnjìzǔ 감사팀 　**挪用** nuóyòng [동] 유용하다, 돌려쓰다
公款 gōngkuǎn [명] 공금 　**证据** zhèngjù [명] 증거

57 贿赂
huìlù

[동] 뇌물을 주다 [명] 뇌물

那个营销部员工因贿赂上司而被匿名举报了。

술어

그 마케팅 팀 직원은 상사에게 뇌물을 주었기 때문에 익명으로 고발당했다.

清朝大臣孙嘉淦一生为官清廉，从来不接受贿赂。

청나라 왕조 대신이었던 손가감은 일생동안 청렴하게 벼슬하며, 여태껏 뇌물을 받지 않았다.

营销部 yíngxiāobù 마케팅 팀 员工 yuángōng [명] 직원, 종업원
上司 shàngsi [명] 상사, 상급자 匿名 nìmíng [명] 익명하다, 이름을 숨기다
举报 jǔbào [동] 고발하다 清朝 Qīngcháo [고유] 청나라 왕조
大臣 dàchén [명] 대신 孙嘉淦 Sūn Jiāgàn [고유] 손가감[청나라 대신]
官 guān [명] 벼슬, 관리 清廉 qīnglián [형] 청렴하다

58 恐吓
kǒnghè

[동] 협박하다, 위협하다

这位老人被邻居恐吓威胁后，直接向法院提起了诉讼。

이 노인은 이웃에게 협박과 위협을 당한 뒤, 곧장 법원에 소송을 제기했다.

威胁 wēixié [동] 위협하다 法院 fǎyuàn [명] 법원
提起 tíqǐ [동] 제기하다 诉讼 sùsòng [동] 소송하다, 고소하다

59 列举
lièjǔ

[동] 열거하다

原告在法庭上平静地列举了被告的所有罪行。

원고는 법정에서 피고의 모든 범죄 행위를 차분히 열거했다.

原告 yuángào [명] 원고[소송을 제기한 쪽] 法庭 fǎtíng [명] 법정
平静 píngjìng [형] 차분하다, 평온하다 被告 bèigào [명] 피고, 피고인
罪行 zuìxíng [명] 범죄 행위, 범법 행위

60 殴打
ōudǎ

[동] 구타하다

公安局在调查那起殴打事件时，逐渐缩小了调查范围。

공안국은 그 구타 사건을 조사할 때, 점차 조사 범위를 좁혀 나갔다.

公安局 gōng'ānjú 공안국, 경찰서 逐渐 zhújiàn [부] 점차, 점점
缩小 suōxiǎo [동] 좁히다, 축소하다 范围 fànwéi [명] 범위

61 抢劫
qiǎngjié

[동] 강도짓하다, 약탈하다

这两个强盗在大白天入室抢劫，简直无法无天。

이 두 강도는 대낮에 집에 침입하여 강도짓을 했으니, 그야말로 무법자가 따로 없다.

强盗 qiángdào [명] 강도 大白天 dàbáitiān 대낮
简直 jiǎnzhí [부] 그야말로 无法无天 wúfǎwútiān [성] 무법자가 따로 없다

⁶²贪污
tānwū

동 횡령하다, 탐오하다

这几个公务员持有来源不明的巨额财产，有贪污 ← 술어
受赂嫌疑。

이 몇 명의 공무원들은 출처가 불명한 거액의 재산을 보유하고 있어, 횡령하고 뇌물을 받은 혐의가 있다.

公务员 gōngwùyuán 명 공무원　**持有** chíyǒu 동 보유하다, 소지하다
来源 láiyuán 명 출처, 근원　동 기원하다, 유래하다　**巨额** jù'é 형 거액의
财产 cáichǎn 명 재산　**受赂** shòu lù 뇌물을 받다　**嫌疑** xiányí 명 혐의

🏯 알아 두면 시험이 쉬워지는 배경 지식

> 중국문화 贪墨(횡령하다)는 중국 역사상 최초로 贪污 때문에 징벌을 받은 羊舌鲋라는 진 (晉) 나라의 귀족에 의해 탄생한 말이다. 어느 날 雍子와 刑侯 사이의 토지 분쟁 소송을 羊舌鲋가 담당하게 되었는데, 雍子는 羊舌鲋의 환심을 사기 위해 미인이었던 자신의 딸을 羊舌鲋에게 시집보냈다. 결국 羊舌鲋는 사건을 제대로 조사하지도 않고 刑侯에게 죄가 있다고 판결을 내렸다. 이 일로 양심을 품은 刑侯은 결국 羊舌鲋를 살해했는데, 그가 죽고 나자 그동안 저지른 贪污 행위가 세상에 드러나게 되었다. 그래서 그가 墨刑에 처해진 뒤 시신이 저잣거리에 내걸리게 되었고, 이후 贪污의 贪과 墨刑의 墨가 합쳐진 贪墨는 뇌물을 받거나 횡령을 하는 행위를 가리키는 말이 되었다.
>
> **贪墨** tānmò 횡령하다
> **羊舌鲋** Yángshé Fù 양설부
> **雍子** Yōng Zǐ 옹자
> **刑侯** Xíng Hóu 형후
> **墨刑** mòxíng 묵형[죄인의 얼굴에 죄명을 새겨 넣는 중국의 고대 형벌]

⁶³伪造
wěizào

동 위조하다

유의어

捏造 niēzào 동 날조하다

这个天才骗子通过伪造的8个身份，骗取了250万 美金。

이 천재 사기꾼은 위조한 8개의 신분을 통해, 250만 달러를 편취했다.

天才 tiāncái 명 천재　**身份** shēnfèn 명 신분　**骗取** piànqǔ 동 편취하다

 시험에 이렇게 나온다!

유의어 伪造 : 捏造(niēzào, 날조하다)

伪造는 어떤 물건을 속일 목적으로 꾸며 진짜처럼 만든다는 의미이다.
伪造证件 wěizào zhèngjiàn 증명서를 위조하다
伪造签名 wěizào qiānmíng 서명을 위조하다

捏造는 사실이 아닌 것을 사실인 것처럼 거짓으로 꾸민다는 의미이다.
捏造事实 niēzào shìshí 사실을 날조하다
纯属捏造 chúnshǔ niēzào 완전히 날조하다

⁶⁴ 违背
wéibèi

동 위배하다, 위반하다

不管是在工作还是生活中，都不能轻易违背自己
定下的原则。

일에서든 생활에서든, 스스로가 정한 원칙을 쉽게 위배해선 안 된다.

轻易 qīngyì 분 쉽게, 함부로 **原则** yuánzé 명 원칙

⁶⁵ 诬陷
wūxiàn

동 무함하다, 사실을 날조하여 모함하다

根据刑法规定，在网络上诬陷他人的行为有可能
构成犯罪。

형법의 규정에 따르면, 인터넷 상에서 타인을 무함하는 행위는 범죄를 형성
할 가능성이 있다.

刑法 xíngfǎ 명 형법 **网络** wǎngluò 명 인터넷 **行为** xíngwéi 명 행위
构成 gòuchéng 동 형성하다, 구성하다 **犯罪** fànzuì 동 범죄를 저지르다

잠깐 诬陷은 없는 사실을 꾸며 모함한다는 의미이고, Day03의 83번 陷害(모함하다)는 계획적
으로 사람을 해친다는 의미예요.

⁶⁶ 诈骗
zhàpiàn

동 사기치다, 속여서 빼앗다

近日，犯罪分子冒充银行工作人员实施诈骗的案
例日益增多。

최근, 범죄자가 은행 직원을 사칭하여 사기를 실행하는 사례가 날로 늘어
나고 있다.

犯罪分子 fànzuì fènzǐ 범죄자, 범인 **冒充** màochōng 동 사칭하다
实施 shíshī 동 실행하다 **案例** ànlì (사건·소송 등의) 사례
日益 rìyì 분 날로 **增多** zēngduō 동 늘어나다, 증가하다

잠깐 诈骗과 Day05의 58번 欺骗(기만하다)은 모두 '속이다'라는 좋지 않은 행위를 의미하지만,
诈骗은 '빼앗다'라는 의미도 가지고 있으며 주로 범죄와 관련된 행위를 나타내요.

⁶⁷ 作弊
zuòbì

동 법이나 규정을 어기다, 나쁜 짓을 하다

学校仍在讨论考试作弊一律开除的规定是否合理。

학교는 시험에서 규정을 어기면 예외 없이 퇴학시키는 규정이 합리적인지
를 여전히 토론 중이다.

仍 réng 분 여전히 **一律** yílǜ 분 예외 없이
开除 kāichú 동 퇴학시키다, 해고하다, 제명하다 **合理** hélǐ 형 합리적이다

 시험에 이렇게 나온다!

이합동사 作弊는 作(하다, 실행하다)+弊(부정행위)가 합쳐진 이합동사로, 목적어를 취할
수 없다.

作弊考试 시험을 규정을 어기다 (X)

在考试中作弊 시험 중에 규정을 어기다 (O)

⁶⁸ **走私**
zǒusī

○ 동 밀수하다

→ 술어

在春节期间，海关将全力打击取缔走私犯罪活动。
춘절 기간에, 세관은 전력으로 밀수 범죄 활동을 타격하여 단속할 것이다.

春节 Chūn Jié 고유 춘절　**期间** qījiān 명 기간　**海关** hǎiguān 명 세관
打击 dǎjī 동 타격을 주다, 공격하다　**取缔** qǔdì 동 (공개적으로) 단속하다
犯罪 fànzuì 동 범죄를 저지르다

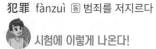 시험에 이렇게 나온다!

> 이합동사 走私는 走(통과하다)+私(비밀스러움, 비합법)가 합쳐진 이합동사이다. 이합동사는 기본적으로 목적어를 취할 수 없지만, 走私는 예외적으로 목적어를 취할 수 있다.
>
> **走私罪** 밀수죄 (목적어 없음)
> **走私畜产品** 축산품을 밀수하다 (목적어 있음)

⁶⁹ **非法**
fēifǎ

반의어

合法 héfǎ 형 합법적이다

○ 형 불법적이다, 비합법적이다

本市在一次集中销毁活动中，销毁了20多万张非法音像制品。
본 도시에서는 집중 소각 행사에서, 20여만 장의 불법 음반 제품을 소각했다.

集中 jízhōng 동 집중된　**销毁** xiāohuǐ 동 소각하다, 폐기하다
音像制品 yīnxiàng zhìpǐn 음반 제품

⁷⁰ **无辜**
wúgū

○ 형 무고하다, 죄가 없다　명 무고한 사람

作为关键证据，这段视频证明了他是无辜的。
결정적인 증거로서, 이 동영상은 그가 무고하다는 것을 증명하였다.

我们宁可放过有罪的人，也不能冤枉无辜。
우리는 차라리 죄 있는 사람을 풀어 줄지언정, 무고한 사람에게 누명을 씌워서는 안 된다.

作为 zuòwéi 개 ~로서　**证据** zhèngjù 명 증거　**视频** shìpín 명 동영상
宁可 nìngkě 부 차라리 ~할지언정　**放过** fàng guò 풀어주다, 놓아주다
冤枉 yuānwang 동 누명을 씌우다

⁷¹ **查获**
cháhuò

○ 동 수사하여 압수하다, 수사하여 체포하다

警方从嫌疑人的身上查获了大量非法产品。
경찰 측에서는 용의자에게서 대량의 불법 제품을 수사하여 압수했다.

方 fāng 명 측, 방면　**嫌疑人** xiányírén 명 용의자, 피의자
非法 fēifǎ 형 불법적이다　**产品** chǎnpǐn 명 제품, 상품

72 惩罚
chéngfá

[반의어]

奖励 jiǎnglì
⑧ 장려하다, 격려하다, 표창하다

⑧ 징벌하다

考生要遵守考场纪律，违规者将会受到严厉惩罚。

수험생은 시험장 규율을 준수해야 하며, 규정을 위반하는 자는 엄한 징벌을 받게 될 것입니다.

考生 kǎoshēng ⑨ 수험생　**遵守** zūnshǒu ⑧ 준수하다, 지키다
纪律 jìlǜ ⑨ 규율, 법도　**违规者** wéiguīzhě 규정을 위반하는 자
严厉 yánlì ⑨ 엄하다, 호되다

73 处分
chǔfèn

⑧ 처벌하다, 처분하다　⑨ 처벌, 처분

人事部正在商讨如何处分这个违反团队规章的员工。

인사팀에서는 단체 규정을 위반한 이 직원을 어떻게 처벌할지 토의하고 있다.

误会终于化解了，他的处分也自然就被撤销了。

오해는 드디어 풀렸고, 그의 처벌 역시 자연스럽게 취소되었다.

人事部 rénshìbù 인사팀　**商讨** shāngtǎo ⑧ 토의하다, 상의하다
如何 rúhé ⑭ 어떻다, 어떠하다　**违反** wéifǎn ⑧ (법률 규정 등을) 위반하다
规章 guīzhāng ⑨ 규정　**化解** huàjiě ⑧ 풀리다, 해소하다
撤销 chèxiāo ⑧ 취소하다, 없애다

74 处置
chǔzhì

⑧ 처벌하다, 처리하다

执法局宣布，将依法处置擅自破坏公共绿地的行为。

법률 집행국에서는, 제멋대로 공공 녹지를 훼손하는 행위를 법에 따라 처벌할 것이라고 선포했다.

执法局 zhífǎjú 법률 집행국　**宣布** xuānbù ⑧ 선포하다
依法 yīfǎ ⑨ 법에 따라　**擅自** shànzì ⑨ 제멋대로, 독단적으로
破坏 pòhuài ⑧ 훼손하다, 파괴하다　**绿地** lǜdì ⑨ 녹지

75 拘留
jūliú

⑧ 구류하다, 구치하다

有人被冤枉拘留后，获得了两百多万美金的赔偿。

어떤 사람이 억울한 누명으로 구류된 이후, 2백여만 달러의 배상을 받았다.

冤枉 yuānwang ⑧ 억울한 누명을 씌우다　**赔偿** péicháng ⑧ 배상하다

76 取缔
qǔdì

유의어

取消 qǔxiāo 동 취소하다

동 (공개적으로) 단속하다, 금지를 명하다

述어→

教育部明确要求取缔针对大学生的校园贷。

교육부는 대학생의 캠퍼스 내 소액 대출을 대상으로 단속할 것을 명확하게 요구했다.

明确 míngquè 형 명확하다 　**针对** zhēnduì 동 ~을 대상으로 하다
校园贷 xiàoyuándài 캠퍼스 내 소액 대출[학자금 대출 등을 포함하여 학생을 대상으로 하는 소액 대출]

 시험에 이렇게 나온다!

유의어 取缔 : 取消(qǔxiāo, 취소하다)

取缔는 정부 기관이 명령을 통해 금지시키는 것을 의미한다.

取缔非法组织 qǔdì fēifǎ zǔzhī 불법 조직을 단속하다

取缔无照商贩 qǔdì wúzhào shāngfàn 무면허 상인을 단속하다

取消는 조직 또는 개인의 제도·규정·자격 등의 효력을 없애는 것을 의미한다.

取消资格 qǔxiāo zīgé 자격을 취소하다

取消不合理的规章 qǔxiāo bùhélǐ de guīzhāng 불합리한 규정을 취소하다

77 驱逐
qūzhú

동 쫓아내다, 몰아내다

该国家采取一切措施，强制驱逐非法入境的外国人。

이 국가는 모든 조치를 취해서, 불법으로 입국한 외국인을 강제적으로 쫓아낸다.

该 gāi 대 이 　**采取** cǎiqǔ 동 취하다, 채택하다 　**措施** cuòshī 명 조치, 대책
强制 qiángzhì 동 (정치력이나 경제력 등으로) 강제하다, 강요하다
非法 fēifǎ 형 불법적이다, 비합법적이다 　**入境** rùjìng 동 입국하다

78 饶恕
ráoshù

동 용서하다, (처벌을) 면해 주다

那个法官犯下了不可饶恕的罪行，所以成了被告。

그 법관은 용서할 수 없는 범법 행위를 저질러서, 피고인이 되었다.

法官 fǎguān 명 법관 　**犯** fàn 동 저지르다, (법·규칙 등을) 범하다
罪行 zuìxíng 명 범법 행위, 범죄 행위 　**被告** bèigào 명 피고인, 피고

79 审查
shěnchá

동 심사하다, 검열하다

网络警察正在严格审查该网站上传的短视频。

사이버 경찰이 이 사이트에 업로드 된 짧은 동영상들을 엄격하게 심사하는 중이다.

网络 wǎngluò 명 사이버, 온라인 　**该** gāi 대 이
上传 shàngchuán 동 업로드하다 　**视频** shìpín 명 동영상

80 通缉
tōngjī

동 (경찰·사법 기관 등에서) 지명 수배하다

公安局公开通缉了十大电信网络诈骗在逃人员。

공안국은 통신 네트워크 사기로 도주 중인 10명의 인원을 공개적으로 지명 수배했다.

公安局 gōng'ānjú 공안국, 경찰서 **公开** gōngkāi 형 공개적인
电信 diànxìn 명 통신 **网络** wǎngluò 명 네트워크
诈骗 zhàpiàn 동 사기치다 **逃** táo 동 도주하다 **人员** rényuán 명 인원

81 制服
zhìfú

동 굴복시키다, 제압하다 명 제복

这位老警官居然用几句话就制服了犯人。

이 나이 든 경찰관은 놀랍게도 몇 마디 말로 범인을 굴복시켰다.

没想到穿上这套制服的小李显得这么挺拔帅气。

이 제복을 입은 샤오리가 이렇게 힘 있고 멋있어 보일 줄은 생각지도 못했다.

警官 jǐngguān 명 경찰관 **居然** jūrán 부 놀랍게도 **犯人** fànrén 명 범인
显得 xiǎnde 동 ~처럼 보이다 **挺拔** tǐngbá 형 힘 있다
帅气 shuàiqi 형 멋있다

82 鉴于
jiànyú

개 ~을 감안하여, ~에 비추어 보아

鉴于案情的复杂性，法庭将会延期宣判。

사건 경위의 복잡성을 감안하여, 법정은 판결 선고를 연기할 것이다.

案情 ànqíng 명 사건의 경위, 사건의 내막 **法庭** fǎtíng 명 법정
延期 yánqī 동 (기간을) 연기하다 **宣判** xuānpàn 동 판결 선고하다

연습문제 체크체크!

제시된 뜻에 해당하는 단어를 중국어로 써 보세요.

01 기한, 시한   ------------------

02 용서하다, (처벌을) 면해 주다   ------------------

03 집행하다   ------------------

04 (상급·관련 기관에) 서면으로 보고하다   ------------------

05 투표하다   ------------------

제시된 단어로 하나의 문장을 완성하세요.

06 事故的　发生　防止了　这种措施　从根源上

----

07 福利政策　从明年起　新的　实施　政府决定

----

08 网络活动　受法律的　同样需要　管理　约束和

----

09 乱砍滥伐　该部门　坚决制止　的行为　等毁林

----

10 规范　将进一步　我们公司　内部的　管理制度

정답: 01. 期限 02. 赦免 03. 执行 04. 申报 05. 投票
06. 这种措施从根源上防止了事故的发生。　07. 政府决定从明年起实施新的福利政策。　08. 网络活动同样需要受法律的约束和管理。
09. 该部门坚决制止乱砍滥伐等毁林的行为。　10. 我们公司将进一步规范内部的管理制度。

* 06~10번 문제 해석은 해커스중국어(china.Hackers.com)에서 다운로드 받으세요.

HSK 6급 시험에 나오는 고난도 어휘

☑ 잘 외워지지 않는 단어는 ☐에 체크해 두고 다음에 반복 암기합니다.

☐ 法官	fǎguān	명	법관
☐ 法庭	fǎtíng	명	법정
☐ 撤除	chèchú	동	철거하다, 제거하다
☐ 雇用	gùyòng	동	고용하다
☐ 免去	miǎnqù	동	해임하다, 그만두다
☐ 认证	rènzhèng	동	인증하다
☐ 维权	wéiquán	동	권익을 유지하다
☐ 整治	zhěngzhì	동	정돈하다, 다스리다
☐ 遵照	zūnzhào	동	따르다, ~대로 하다
☐ 抑或	yìhuò	접	혹은, 그렇지 않으면
☐ 釜底抽薪	fǔdǐchōuxīn	성	(문제를) 근본적으로 해결하다, 발본색원하다
☐ 至关	zhìguān		지극히
☐ 切勿	qièwù		절대 ~하지 마라
☐ 举止	jǔzhǐ	명	행동거지
☐ 折扣	zhékòu	명	할인, 에누리
☐ 废弃	fèiqì	동	폐기하다
☐ 废止	fèizhǐ	동	(법령·제도 등을) 폐지하다, 없애다
☐ 赞赏	zànshǎng	동	칭찬하다, 높이 평가하다
☐ 愤愤不平	fènfènbùpíng	성	불공평한 것에 매우 화를 내다
☐ 井然有序	jǐngrányǒuxù	성	질서 정연하다

☐ 捉住	zhuōzhù	잡다	
☐ 甘愿受罚	gānyuàn shòufá	기꺼이 벌을 받다	
☐ 一团糟	yìtuánzāo	혱 혼란스럽다, 어수선하다, 엉망이다	
☐ 此后	cǐhòu	몡 이후	
☐ 承袭	chéngxí	동 (작위 등을) 물려받다, 답습하다	
☐ 界定	jièdìng	동 한계를 확정하다	
☐ 确凿	quèzáo	혱 확실하다, 분명하다	
☐ 纵使	zòngshǐ	젭 설령 ~하더라도	
☐ 金科玉律	jīnkē yùlǜ	솅 반드시 지켜야 하며 변경할 수 없는 법칙이나 규정	
☐ 莫过于	mòguòyú	~보다 더한 것은 없다	
☐ 逃犯	táofàn	몡 도주범, 탈주범	
☐ 超标	chāobiāo	동 기준을 초과하다	
☐ 监控	jiānkòng	동 모니터링하다, 감독하고 제어하다	
☐ 虚构	xūgòu	동 조작하다, 날조하다	
☐ 贻害	yíhài	동 후환을 남기다	
☐ 案情	ànqíng	몡 (사건의) 경위, 내막	
☐ 届满	jièmǎn	동 기간이 만료되다	
☐ 刑法	xíngfǎ	몡 형법, 형률	
☐ 证词	zhèngcí	몡 증언	
☐ 证人	zhèngrén	몡 증인	

DAY 27

돌격, 앞으로!

군사

주제를 알면 HSK가 보인다!

HSK 6급에서는 중국 역사상 유명했던 전투나 장군의 이야기와 관련된 문제가 자주 출제돼요. 따라서 '포위하다', '무기', '동원하다', '잔혹하다'와 같은 군사 관련 단어들을 집중적으로 학습하면 이러한 문제를 쉽게 풀 수 있어요.

🎧 단어, 예문 MP3

전략적 후퇴(?)

42 **包围** bāowéi 〔동〕 포위하다, 에워싸다

01 **动员** dòngyuán 〔동〕 (군사 및 경제를) 동원하다

75 **武器** wǔqì 〔명〕 무기

63 **残酷** cánkù 〔형〕 잔혹하다, 냉혹하다

01 动员 ***
dòngyuán

[동] (군사 및 경제를) 동원하다, 전시 체제화하다

战时可动员人数在一定程度上反映一个国家的军
事实力。

→ 술어

전시에 동원 가능한 인원수는 한 나라의 군사력을 어느 정도 반영한다.

程度 chéngdù [명] 정도, 수준　反映 fǎnyìng [동] 반영하다, 되비치다
军事实力 jūnshì shílì 군사력

 시험에 이렇게 나온다!

이합
동사
动员은 动(움직이다)+员(구성원)이 합쳐진 이합동사이다. 이합동사는 기본적
으로 목적어를 취할 수 없지만, 动员은 예외적으로 목적어를 취할 수 있다.

开展动员活动　동원 활동을 펼치다 (목적어 없음)

动员士兵　병사를 동원하다 (목적어 있음)

02 调动 ***
diàodòng

[동] 동원하다, (인원·일 등을) 바꾸다

春秋时期，各国通过奖励功勋，调动了士兵的积
极性。

춘추 시기, 각국은 공훈 장려를 통해서, 병사들의 적극성을 동원했다.

春秋 Chūnqiū [고유] 춘추 시대　奖励 jiǎnglì [동] 장려하다
功勋 gōngxūn [명] 공훈　士兵 shìbīng [명] 병사, 사병

03 实力 ***
shílì

[명] (정치·경제적인) 실력, 힘

火枪的发展使明朝的军事实力提升到了一个新的
水平。

화승총의 발전은 명나라 왕조의 군사력을 새로운 수준으로 끌어올렸다.

火枪 huǒqiāng [명] 화승총　明朝 Míngcháo [고유] 명나라 왕조
军事实力 jūnshì shílì 군사력　提升 tíshēng [동] 끌어올리다, 제고하다

04 发动 ***
fādòng

[동] 일으키다, 발동하다

纵观历史，人类发动战争的根源有政治、经济等多
种因素。

역사를 통틀어 보아, 인류가 전쟁을 일으킨 근원에는 정치, 경제 등 여러 가
지 요소가 있었다.

纵观 zòngguān [동] 통틀어 보다, 종관하다　战争 zhànzhēng [명] 전쟁
根源 gēnyuán [명] 근원　政治 zhèngzhì [명] 정치　因素 yīnsù [명] 요소

 시험에 이렇게 나온다!

짝꿍
표현
发动을 활용한 짝꿍 표현을 알아 둔다.

发动战争　fādòng zhànzhēng　전쟁을 일으키다

05 队伍 **
duìwu

명 부대, 행렬

那两支队伍火速开赴前线，对敌军发起了猛烈攻击。
> 술어

그 두 부대는 번개처럼 전선으로 출동하여, 적군에게 맹렬한 공격을 개시했다.

支 zhī 양 군대를 세는 양사　火速 huǒsù 부 번개처럼, 황급히
开赴 kāifù 동 출동하다, 떠나다　敌军 díjūn 명 적군
发起 fāqǐ 동 (전투·공격 등을) 개시하다, 일으키다
猛烈 měngliè 형 맹렬하다, 세차다　攻击 gōngjī 동 공격하다, 진공하다

06 后勤
hòuqín

명 후방 근무, 병참 보급 업무

打仗时，后勤部队的作用至关重要。

전쟁할 때, 후방 부대의 역할은 대단히 중요하다.

打仗 dǎzhàng 동 전쟁하다, 전투하다　至关 zhìguān 대단히, 지극히

07 将军
jiāngjūn

명 장군, 장성

大将军周瑜在诸葛亮的帮助下，击破了曹操大军。

대장군 주유는 제갈량의 도움으로, 조조의 대군을 격파했다.

周瑜 Zhōu Yú 고유 주유[중국 삼국 시대 오나라의 군사가]
诸葛亮 Zhūgě Liàng 고유 제갈량[중국 삼국 시대 촉한의 정치가]
击破 jīpò 동 격파하다, 물리치다
曹操 Cáo Cāo 고유 조조[중국 삼국 시대 후한 말기 정치가이자 군사가]

🏯 알아 두면 시험이 쉬워지는 배경 지식

> 중국 역사
> 王翦(왕전)은 춘추 전국 시대 진(秦)나라의 **将军**으로, **秦始皇**의 중국 통일에 기여한 일등공신이다. 王翦은 뛰어난 처세술을 가진 것으로 유명하다. 王翦이 60만 명의 대군을 이끌고 초(楚)나라 정벌에 나섰을 때, 그는 **秦始皇**에게 자손들을 위하여 많은 땅을 내려줄 것을 여러 번 요청하였다. 이때 부하 중 한 명이 **王翦**의 요구가 지나치다고 하자, 그는 '**秦始皇**의 성정이 거칠고 사람을 잘 믿지 않는데, 지금 나에게 진나라의 군대를 다 맡긴 상태에서 자손의 생업을 위한 땅을 요구하지 않는다면, 내가 반란을 일으킬 것이라고 **秦始皇**이 의심하지 않겠는가?'라고 답했다. **王翦**은 자신에게는 반란을 일으킬 의사가 없다는 것을 드러내어서 **秦始皇**을 안심시키고자 했던 것이다.
>
> 王翦 Wáng Jiǎn 왕전
> 秦始皇 Qínshǐhuáng 진시황

08 军队
jūnduì

명 군대

孙武用《孙子兵法》训练军队，从而使吴国成为了
军事强国。

손무는 <손자병법>으로 군대를 훈련시켜, 그리하여 오나라로 하여금 군사 강국이 되게 했다.

孙武 Sūn Wǔ 고유 손무[중국 춘추 시기 제나라 전략가, <손자병법>의 저자]
孙子兵法 Sūnzǐbīngfǎ 고유 손자병법　吴国 Wúguó 고유 오나라
军事 jūnshì 명 군사

⁰⁹ 司令
sīlìng

명 사령관, 사령

按照司令的指令，全军发起了总攻。

→ 술어

사령관의 지령에 따라, 전군이 총공격을 개시했다.

指令 zhǐlìng 명 지령　发起 fāqǐ 동 (전투·공격 등을) 개시하다, 일으키다
总攻 zǒnggōng 동 총공격하다

¹⁰ 阵容
zhènróng

명 진용, 라인업

此次海上联合军事演习阵容空前庞大，参演国家
众多。

이번 해상 연합 군사 훈련은 진용이 전례 없이 거대하고, 참가한 국가가 많다.

联合 liánhé 형 연합의 동 연합하다　军事 jūnshì 명 군사
演习 yǎnxí 동 훈련하다, 연습하다　空前 kōngqián 형 전례 없는
庞大 pángdà 형 거대하다, 방대하다　参演 cānyǎn 동 (행사에) 참가하다

¹¹ 总和
zǒnghé

명 총계, 총수

该国的军事实力与兵力总和均遥遥领先，高居世
界第一。

이 나라의 군사력과 병력 총계는 모두 월등히 앞서, 세계 1위를 차지한다.

该 gāi 대 이　军事实力 jūnshì shílì 군사력　均 jūn 부 모두
领先 lǐngxiān 동 앞서다, 리드하다　高居 gāojū 차지하다

¹² 跟随 **
gēnsuí

동 따라가다, 뒤따르다

带兵出征的齐桓公中途迷路，最后跟随老马找到
了出路。

군대를 이끌고 출정한 제환공은 도중에 길을 잃었지만, 결국 늙은 말을 따라가 출로를 찾아냈다.

出征 chūzhēng 동 출정하다
齐桓公 Qí Huángōng 고유 제환공[중국 춘추 시대의 제나라 군주]
中途 zhōngtú 명 도중　迷路 mílù 동 길을 잃다
出路 chūlù 명 출로, (상품의) 판로

¹³ 部署
bùshǔ

동 배치하다, 안배하다

为了守卫国土，他们在那座岛上部署了更多兵力。

국토를 지키기 위해, 그들은 그 섬에 더 많은 병력을 배치했다.

守卫 shǒuwèi 동 지키다, 수비하다

잠깐 部署는 대규모 활동에 인력이나 임무를 전면적으로 배치한다는 의미이고, Day20의 42번
布置(안배하다)은 어떤 대상을 구체적으로 적절히 배치한다는 의미예요.

¹⁴ 吩咐
fēnfù

[유의어]

嘱咐 zhǔfù 图 당부하다

[동] 명령하다, 분부하다

诸葛亮吩咐士兵马上把船掉过头来。

→ 술어

제갈량은 병사들에게 즉시 배를 돌리도록 명령했다.

诸葛亮 Zhūgě Liàng [고유] 제갈량[중국 삼국 시대 촉한의 정치가]
士兵 shìbīng 圀 병사, 사병   **掉头** diàotóu 图 (방향을) 돌리다

 시험에 이렇게 나온다!

[유의어] 吩咐：嘱咐(zhǔfù, 당부하다)

吩咐는 주로 윗사람이 구두로 지시·명령을 내리는 것을 의미한다.

张总，我们接下来该干什么，请您吩咐。
장 사장님, 저희가 이어서 무엇을 해야 하는지, 분부해 주십시오.

嘱咐는 상대방에게 어떻게 해야 하고 어떻게 하면 안 되는지를 기억하게 하는 행동을 의미한다.

哥哥在电话里一再嘱咐我要努力学习。
형은 전화상에서 나에게 열심히 공부해야 한다고 거듭 당부했다.

¹⁵ 服从
fúcóng

[동] 복종하다, 따르다

他并没有服从上级命令，擅自发起了进攻。

그는 상관의 명령에 결코 복종하지 않고, 제멋대로 공격을 개시했다.

上级 shàngjí 圀 상관, 상급자   **命令** mìnglìng 圀 명령 图 명령하다
擅自 shànzì 凰 제멋대로   **进攻** jìngōng 图 공격하다

¹⁶ 敬礼
jìnglǐ

[동] 경례하다, 삼가 아뢰다

这个将领上下打量了那个向他敬礼的小士兵。

이 장교는 그에게 경례한 그 어린 병사를 위아래로 훑어보았다.

将领 jiànglǐng 圀 장교   **打量** dǎliang 图 (사람의 복장이나 외모를) 훑어보다
士兵 shìbīng 圀 병사, 사병

 시험에 이렇게 나온다!

[이합동사] 敬礼는 敬(바치다)+礼(예)가 합쳐진 이합동사로, 목적어를 취할 수 없다.

敬礼将军 장군을 경례하다 (X)

向将军敬礼 장군에게 경례하다 (O)

17 率领
shuàilǐng

동 (무리나 단체를) 이끌다, 거느리다

年轻有为的霍去病率领八百名士兵打败了敌人。 ←술어

젊고 유능한 곽거병은 팔백 명의 병사를 이끌고 적을 물리쳤다.

有为 yǒuwéi 동 유능하다, 장래성이 있다
霍去病 Huò Qùbìng 고유 곽거병[중국 한무제 때 흉노를 토벌한 명장]
士兵 shìbīng 명 병사 **打败** dǎbài 동 물리치다 **敌人** dírén 명 적

 시험에 이렇게 나온다!

짝꿍
표현 率领을 활용한 다양한 짝꿍 표현들을 알아 둔다.

率领军队 shuàilǐng jūnduì 군대를 이끌다
率领队伍 shuàilǐng duìwu 부대를 이끌다
率领代表团 shuàilǐng dàibiǎotuán 대표단을 이끌다

잠깐 率领은 군대 혹은 정치 단체를 정식적으로 인솔한다는 의미이고, Day02의 30번 带领(이끌다)은 보통 일반적인 단체를 인솔한다는 의미예요.

18 演习
yǎnxí

동 훈련하다, 연습하다

根据条约，那两国会定期进行联合军事演习。

조약에 따라, 그 두 나라는 정기적으로 연합 군사 훈련을 진행할 것이다.

条约 tiáoyuē 명 조약 **定期** dìngqī 형 정기적인 동 날짜를 잡다
联合 liánhé 형 연합의 동 연합하다 **军事** jūnshì 명 군사

 시험에 이렇게 나온다!

짝꿍
표현 演习를 활용한 다양한 짝꿍 표현들을 알아 둔다. 참고로, 演习는 주로 군사적 방면의 훈련을 의미한다.

军事演习 jūnshì yǎnxí 군사 훈련
海军演习 hǎijūn yǎnxí 해군 훈련
实弹演习 shídàn yǎnxí 실탄 훈련

19 招收
zhāoshōu

동 모집하다, 받아들이다

武装部队正在大规模招收民兵。

무장 부대가 대규모로 민병을 모집하고 있다.

武装 wǔzhuāng 명 무장 동 무장시키다 **规模** guīmó 명 규모
民兵 mínbīng 명 민병[전쟁이 났을 때 작전에 참가하는 민간 무장 조직]

20 指令
zhǐlìng

[동] 지시하다, 명령하다　[명] 지령, 지시

> 술어

大将军指令五万大军火速增援，镇守边关。

대장군은 5만 대군에게 신속하게 증원하고, 변경의 관문에 군대를 주둔시켜 지키도록 지시했다.

在千钧一发的时刻，上级下达了撤军指令。

일촉즉발의 순간에, 상관이 철군하라는 지령을 내렸다.

将军 jiāngjūn [명] 장군　火速 huǒsù [부] 신속히
增援 zēngyuán [동] 증원하다　镇守 zhènshǒu [동] 군대를 주둔시켜 지키다
边关 biānguān [명] 변경의 관문　千钧一发 qiānjūnyífà [성] 일촉즉발
时刻 shíkè [명] 순간, 시각　上级 shàngjí [명] 상관, 상급자
下达 xiàdá [동] 지령을 내리다　撤军 chèjūn [동] 철군하다

잠깐 指令은 해야 할 업무를 명령 내리는 것을 의미하고, Day18의 70번 指示(가리키다)은 방법을 가르쳐 주고 일을 시킨다는 것을 의미해요.

21 俘虏
fúlǔ

[명] 포로　[동] 포로로 잡다

按照国际公约，各国不得处死或虐待俘虏。

국제 조약에 따라, 각국은 포로를 처형하거나 학대해서는 안 된다.

明英宗亲自领军出征，却被敌军俘虏了。

명영종은 직접 군대를 이끌고 출정하였으나, 적군에게 포로로 잡혔다.

公约 gōngyuē [명] 조약, 협정　处死 chǔsǐ [동] 처형하다, 사형에 처하다
虐待 nüèdài [동] 학대하다
明英宗 Míng Yīngzōng [고유] 명영종[중국 명나라 제6대 황제]
亲自 qīnzì [부] 직접, 친히　领军 lǐngjūn [동] 군대를 이끌다
出征 chūzhēng [동] 출정하다　敌军 díjūn [명] 적군

22 人质
rénzhì

[명] 인질

有个士兵抓了对方将领作为人质，为自己的部队立了战功。

어떤 병사가 상대방 장교를 잡아서 인질로 삼아, 자신의 부대를 위해 전공을 세웠다.

士兵 shìbīng [명] 병사　抓 zhuā [동] 잡다, 쥐다　对方 duìfāng [명] 상대방
将领 jiànglǐng [명] 장교　作为 zuòwéi [동] ~으로 삼다
战功 zhàngōng [명] 전공, 전쟁 중에 세운 공로

23 尸体
shītǐ

[명] (사람이나 동물의) 시체

战后的场景惨不忍睹，地上堆满了尸体，血流成河。

전후의 광경은 참혹하여 차마 볼 수가 없었는데, 땅에는 시체가 가득 쌓였으며, 피가 흘러 강을 이루었다.

场景 chǎngjǐng [명] 광경　惨不忍睹 cǎnbùrěndǔ [성] 참혹하여 차마 볼 수가 없다
堆 duī [동] 쌓여 있다, 쌓다 [명] 더미　血 xuè [명] 피

²⁴ **埋葬**
máizàng

동 (시체를) 매장하다, 묻다

在这场战争中壮烈牺牲的烈士们被<u>埋葬</u>在山坡上。 ↗ 술어

이 전쟁에서 장렬하게 희생한 열사들은 산비탈 위에 매장되었다.

战争 zhànzhēng 몡 전쟁 壮烈 zhuàngliè 톙 장렬하다
牺牲 xīshēng 통 희생하다 烈士 lièshì 몡 열사 山坡 shānpō 산비탈

²⁵ **解除** ★★
jiěchú

동 해제하다, 없애다

该国在战争中惨遭失败，不得不<u>解除</u>武装后<u>撤</u>出。

이 나라는 전쟁에서 처참하게 패배를 당해서, 어쩔 수 없이 무장을 해제한
후 철수했다.

该 gāi 때 이 战争 zhànzhēng 몡 전쟁 惨 cǎn 톙 처참하다
武装 wǔzhuāng 몡 무장 통 무장시키다 撤 chè 통 철수하다, 퇴각하다

²⁶ **解体** ★★
jiětǐ

동 해체하다, 와해되다

军事同盟的<u>解体</u>大大削弱了这个国家的军事实力。

군사 동맹의 해체는 이 나라의 군사력을 크게 약화시켰다.

军事 jūnshì 몡 군사 同盟 tóngméng 몡 동맹 통 동맹하다
削弱 xuēruò 통 약화시키다, 약화되다 军事实力 jūnshì shílì 군사력

²⁷ **瓦解**
wǎjiě

[유의어]

崩溃 bēngkuì 통 붕괴하다

동 와해시키다, 와해되다

他想到了不动一兵一卒，而从内部<u>瓦解</u>敌人的方法。

그는 한 명의 병사도 동원하지 않고, 내부로부터 적을 와해시키는 방법을
생각해냈다.

卒 zú 병사 内部 nèibù 몡 내부 敌人 dírén 몡 적

 시험에 이렇게 나온다!

[유의어] 瓦解：崩溃(bēngkuì, 붕괴하다)

瓦解는 그릇이 깨지듯 산산이 붕괴하거나 분열하는 것 또는 상대의 힘이
그렇게 되도록 하는 것을 의미하며, 목적어를 가질 수 있는 동사이다.
瓦解敌人 wǎjiě dírén 적을 와해시키다
计划被瓦解了 jìhuà bèi wǎjiě le 계획이 와해되었다

崩溃는 내부에서부터 완전히 무너진다는 의미이며, 목적어를 가질 수 없
는 동사이다.
精神崩溃 jīngshén bēngkuì 정신이 붕괴하다
堤坝崩溃 dībà bēngkuì 제방이 붕괴하다

28 隐蔽
yǐnbì

[동] 숨기다, 은폐하다　[형] 은폐된, 가려진

几个侦察兵隐蔽在暗处，侦察敌军的动静。 →술어

정찰병 몇 명이 어두운 곳에 숨어, 적군의 동태를 정찰했다.

他认为敌人极有可能埋伏在地形隐蔽的树林里。

그는 지형이 은폐된 숲에 적이 매복할 가능성이 높다고 생각한다.

侦察兵 zhēnchábīng [명] 정찰병　**暗** àn [형] 어둡다, 캄캄하다
侦察 zhēnchá [동] 정찰하다　**敌军** díjūn [명] 적군
动静 dòngjing [명] 동태, 움직임　**敌人** dírén [명] 적
埋伏 máifú [동] 매복하다

29 沉重 ★★
chénzhòng

반의어

轻松 qīngsōng
[형] 수월하다, 편안하다

[형] (무게·기분·부담 등이) 몹시 무겁다, 우울하다

该国虽然赢得了战争的胜利，却为此付出了沉重的代价。

이 나라는 비록 전쟁의 승리를 거두었지만, 그로 인해 몹시 무거운 대가를 치렀다.

该 gāi [대] 이　**战争** zhànzhēng [명] 전쟁　**胜利** shènglì [동] 승리하다
付出 fùchū [동] (돈, 대가 등을) 치르다, 지불하다　**代价** dàijià [명] 대가, 물건값

30 严密
yánmì

[형] 빈틈없다, 치밀하다　[동] 엄밀하게 하다

该国利用军事卫星严密监视敌国的军事行动。

이 나라는 군사 위성을 이용하여 적국의 군사 행동을 빈틈없이 감시한다.

领导表示，应严密公司规章制度，认真执行相关内容。

지도자는, 회사의 규정과 제도를 엄밀하게 하여, 관련 내용을 성실히 집행해야 한다고 밝혔다.

该 gāi [대] 이　**利用** lìyòng [동] 이용하다　**军事** jūnshì [명] 군사
卫星 wèixīng [명] 위성　**监视** jiānshì [동] 감시하다　**敌国** díguó [명] 적국
行动 xíngdòng [명] 행동　**领导** lǐngdǎo [명] 지도자, 대표
规章 guīzhāng [명] 규정, 규칙　**制度** zhìdù [명] 제도
执行 zhíxíng [동] 집행하다　**相关** xiāngguān [동] 관련되다, 상관되다

잠깐 严密는 사물의 구성이나 결합이 치밀하고 빈틈없는 것을 의미하고, Day04의 81번 周密(주도면밀하다)는 계획이나 행동이 꼼꼼하고 철저함을 의미해요.

31 庄严
zhuāngyán

〔형〕 엄숙하다, 장엄하다

战士们出征前举行了庄严的宣誓仪式。 → 술어

병사들은 출정하기 전에 엄숙한 선서식을 거행했다.

战士 zhànshì 〔명〕병사, 전사　出征 chūzhēng 〔동〕출정하다
宣誓 xuānshì 〔동〕선서하다　仪式 yíshì 〔명〕의식

 시험에 이렇게 나온다!

〔짝꿍 표현〕 庄严을 활용한 다양한 짝꿍 표현들을 알아 둔다.
庄严肃穆 zhuāngyán sùmù 장엄하고 엄숙하다
庄严宏伟 zhuāngyán hóngwěi 장엄하고 웅장하다

32 功劳
gōngláo

〔명〕 공로

"汗马功劳"原指在战争中立下的大功劳。

'한마공로'는 원래 전쟁에서 세운 큰 공로를 가리켰다.

汗马功劳 hànmǎgōngláo 〔성〕전장에서 세운 공로, (어떤 분야에서의) 공헌
战争 zhànzhēng 〔명〕전쟁　立下 lìxia 세우다

33 气概
qìgài

〔명〕 기개

人们从他身上看到了一个军人不屈不挠的英雄气概。

사람들은 그에게서 한 군인의 굴복하지 않는 영웅적 기개를 보았다.

不屈不挠 bùqūbùnáo 〔성〕굴복하지 않다　英雄 yīngxióng 〔명〕영웅

〔잠깐〕 气概는 중대한 문제를 처리할 때 사람에게서 나타나는 태도를 의미하고, Day15의 18번 气势(기세)은 사람이나 사물이 가지고 있는 고유의 기세를 의미해요.

34 不惜
bùxī

〔동〕 아끼지 않다

为了保卫祖国，革命烈士们不惜牺牲了自己的生命。

조국을 지키기 위해, 혁명 열사들은 자신의 목숨을 희생하는 것을 아끼지 않았다.

保卫 bǎowèi 〔동〕지키다　祖国 zǔguó 〔명〕조국　革命 gémìng 〔동〕혁명하다
烈士 lièshì 〔명〕열사　牺牲 xīshēng 〔동〕희생하다

35 高明 ★★
gāomíng

〔반의어〕
平庸 píngyōng
〔형〕보통이다, 평범하다

〔형〕 (견해·기예 등이) 출중하다, 빼어나다

再高明的军事家也无法完全掌控整个战局的发展。

아무리 출중한 군사가도 모든 전세의 흐름을 완전히 장악하여 통제할 수는 없다.

军事家 jūnshìjiā 군사가　掌控 zhǎngkòng 〔동〕장악하여 통제하다
整个 zhěnggè 〔형〕모든, 전체의　战局 zhànjú 〔명〕전세, 전투 국면

〔잠깐〕 高明은 사람이 가진 견해나 기술만 형용하지만, Day17의 42번 高超(출중하다)는 사람의 인격도 형용할 수 있어요.

36 动态
dòngtài

반의어

静态 jìngtài
명 정태 형 정태적인

명 동태 형 동태적인

间谍卫星可以有效、准确地侦察敌军的动态。
→ 술어

스파이 위성은 효과적이고 정확하게 적군의 동태를 정찰할 수 있다.

动态分析和静态分析是研究经济现象时常用的方法。

동태 분석과 정태 분석은 경제 현상을 연구할 때 흔히 사용되는 방법이다.

间谍 jiàndié 명 스파이, 간첩 **卫星** wèixīng 명 위성
侦察 zhēnchá 통 정찰하다 **敌军** díjūn 명 적군 **分析** fēnxī 통 분석하다
静态 jìngtài 형 정태적인 명 정태 **现象** xiànxiàng 명 현상

잠깐 动态는 어떤 일이 변화하고 발전하는 상황을 의미하고, Day02의 49번 动静(인기척)은 움직이거나 말할 때 나는 소리를 의미해요.

37 局势
júshì

명 정세, 국면

此战役扭转了整个战争的局势，为最后的胜利奠定了基础。

이 전투는 전체 전쟁의 정세를 바꾸고, 마지막 승리를 위해 토대를 다졌다.

战役 zhànyì 명 전투 **扭转** niǔzhuǎn 통 바꾸다, 전환하다
整个 zhěnggè 형 전체의, 모든 **战争** zhànzhēng 명 전쟁
胜利 shènglì 통 승리하다 **奠定** diàndìng 통 다지다, 닦다

38 声势
shēngshì

명 명성과 위세, 위엄과 기세

对峙已久的两个军队展开了一场声势浩大的战争。

이미 오랫동안 대치하던 두 군대는 명성과 위세가 드높은 전쟁을 한 차례 펼쳤다.

对峙 duìzhì 통 대치하다 **军队** jūnduì 명 군대 **展开** zhǎnkāi 통 펼치다
浩大 hàodà 형 드높다, 성대하다 **战争** zhànzhēng 명 전쟁

39 战役
zhànyì

명 전투

曹操指挥的官渡之战是中国历史上以弱胜强的著名战役之一。

조조가 지휘했던 관도대전은 중국 역사상 작은 힘이 강한 힘을 이긴 유명한 전투 중 하나이다.

曹操 Cáo Cāo 고유 조조[중국 삼국 시대 후한 말기 정치가이자 군사가]
指挥 zhǐhuī 통 지휘하다
官渡之战 guāndù zhī zhàn 관도대전[중국 후한 말기에 일어난 조조와 원소의 큰 결전]

⁴⁰ 阵地
zhèndì

명 진지, 전장

敌军的阵地异常坚固，不易攻破，千万不能贸然进攻。

→ 술어

적군의 진지는 매우 견고하여, 쉽게 함락되지 않으므로, 절대로 경솔하게 공격해서는 안 된다.

敌军 díjūn 명 적군　异常 yìcháng 부 매우, 대단히
坚固 jiāngù 형 견고하다, 튼튼하다　攻破 gōngpò 동 함락하다, 무너뜨리다
贸然 màorán 부 경솔하게　进攻 jìngōng 동 공격하다, 진공하다

⁴¹ 报仇
bàochóu

유의어

报复 bàofù 동 보복하다

동 복수하다, 보복하다

他们勇敢地冲入敌阵，为死去的战友们报仇。

그들은 용감하게 적진에 뛰어들어, 죽어간 전우들을 위해 복수했다.

冲 chōng 동 뛰어들다　敌阵 dízhèn 명 적진

 시험에 이렇게 나온다!

유의어 报仇：报复(bàofù, 보복하다)

报仇는 报(보복하다)+仇(원수)가 합쳐진 이합동사로, 목적어를 취할 수 없다.

为 A 报仇 wèi A bàochóu A를 위해 복수하다
替 A 报仇 tì A bàochóu A를 대신해서 복수하다

报复는 목적어를 가질 수 있다.

报复他 bàofù tā 그에게 보복하다
受到报复 shòudào bàofù 보복을 당하다

⁴² 包围 ★★
bāowéi

동 포위하다, 에워싸다

怀着破釜沉舟的决心，士兵们英勇地突破了敌军的包围。

결사항쟁의 각오로 임하겠다는 결심을 품고, 사병들은 매우 용감하게 적군의 포위를 뚫었다.

破釜沉舟 pòfǔchénzhōu 성 결사항쟁의 각오로 임하다
士兵 shìbīng 명 사병　英勇 yīngyǒng 형 매우 용감하다
突破 tūpò 동 뚫다, 돌파하다　敌军 díjūn 명 적군

⁴³ 保卫
bǎowèi

동 지키다, 보위하다

中国古代著名的政治家晏婴用自己的智慧保卫了齐国。

중국 고대의 유명한 정치가인 안영은 자신의 지혜로 제나라를 지켰다.

晏婴 Yàn Yīng 고유 안영[춘추 전국 시대 제나라의 신하]
智慧 zhìhuì 명 지혜　齐国 Qíguó 고유 제나라

⁴⁴ 把关
bǎguān

동 관문을 지키다, 엄격히 심사하다

敌人的根据地地势险要，又有重兵把关，不好攻打。 _{술어 ←}

적의 본거지는 지세가 험준하고 중요한데, 또 막강한 군대가 관문을 지키고 있어, 공격하기가 쉽지 않다.

敌人 dírén 몡 적 地势 dìshì 몡 지세, 땅의 형세
险要 xiǎnyào 혱 험준하고 중요하다 攻打 gōngdǎ 동 공격하다

 시험에 이렇게 나온다!

이합동사 把关은 把(지키다, 감시하다)+关(관문)이 합쳐진 이합동사이다. 이합동사는 기본적으로 목적어를 취할 수 없지만, 把关은 예외적으로 목적어를 취할 수 있다.

把好质量关 품질을 엄격히 심사하다 (목적어 없음)
把关好质量 품질을 엄격히 심사하다 (목적어 있음)

🏯 알아 두면 시험이 쉬워지는 배경 지식

일반상식 把关人理论(게이트키퍼 이론)은 언론정보학에서 통용되는 개념이다. 이 개념에 따르면 기자나 편집자에 의해 뉴스가 취사 선택되는 행위를 把关이라고 부르고, 把关을 하는 사람을 把关人이라고 부른다. 참고로, 어떤 뉴스나 메시지가 把关되는 데에는 把关人의 성장 배경·교육 배경·가치관·세계관 및 把关人이 근무하는 조직의 가치·규범·전통 등이 영향을 미친다.

把关人理论 bǎguānrén lǐlùn 게이트키퍼 이론
把关 bǎguān (언론정보학에서의) 게이트키핑
把关人 bǎguānrén 게이트키퍼

⁴⁵ 防守
fángshǒu

유의어
防护 fánghù 동 방어하여 지키다

반의어
进攻 jìngōng
동 (적을) 공격하다, 진격하다

동 수비하다

在古代，山海关是防守严密、难以攻克的关口之一。

고대에, 산해관은 수비가 빈틈없고, 정복하기 힘든 관문 중 하나였다.

山海关 Shānhǎiguān 고유 산해관[중국 허베이성에 위치한 지역]
严密 yánmì 혱 빈틈없다 攻克 gōngkè 동 정복하다, 함락시키다
关口 guānkǒu 몡 관문

 시험에 이렇게 나온다!

유의어 防守 : 防护(fánghù, 방어하여 지키다)

防守는 적의 공격으로부터 경계하고 지킨다는 의미를 가지며, 군사 분야나 스포츠 분야에서 주로 사용한다.
防守大门 fángshǒu dàmén 정문을 수비하다
防守严密 fángshǒu yánmì 수비가 치밀하다

防护는 어떤 공격이나 위해로부터 막아 지켜서 보호한다는 의미를 가지며, 신체건강이나 자연환경 분야에서 주로 사용한다.
防护面具 fánghù miànjù 방호 마스크
防护林 fánghùlín 방호림

⁴⁶ 监视
jiānshì

유의어

监督 jiāndū
동 감독하다 명 감독

동 감시하다

哨兵每天都在哨所远远监视着敌军。

보초병은 매일 초소에서 멀리 적군을 감시하고 있다.

哨兵 shàobīng 명 보초병　哨所 shàosuǒ 명 초소　敌军 díjūn 명 적군

 시험에 이렇게 나온다!

유의어 监视 : 监督(jiāndū, 감독하다, 감독)

监视은 대부분 비공개적인 행위를 의미하며, 보통 범죄자나 적군과 관련된 어휘와 호응한다.

严密监视敌人 yánmì jiānshì dírén 적을 엄밀하게 감시하다

跟踪监视毒贩 gēnzōng jiānshì dúfàn 마약 판매자를 미행하며 감시하다

监督가 동사로 쓰일 경우, 대부분 공개적으로 규칙이나 규정·법률을 위반하지 못하게 하는 행위를 의미한다.

监督工作 jiāndū gōngzuò 업무를 감독하다

监督产品质量 jiāndū chǎnpǐn zhìliàng 제품의 품질을 감독하다

⁴⁷ 戒备
jièbèi

동 경비하다, 경계하다

各个城门都有士兵把守，戒备森严。

각 성문마다 병사들이 보초를 서고, 경비가 삼엄하다.

士兵 shìbīng 명 병사　把守 bǎshǒu 동 보초를 서다
森严 sēnyán 형 삼엄하다, 빈틈없다

⁴⁸ 埋伏
máifú

동 매복하다, 잠복하다

他率领的军队遭到敌人的埋伏，伤亡惨重。

그가 이끄는 군대는 적의 매복에 맞닥뜨려, 인명 피해가 막심하다.

率领 shuàilǐng 동 이끌다　军队 jūnduì 명 군대　敌人 dírén 명 적
伤亡 shāngwáng 동 인명 피해를 입다　惨重 cǎnzhòng 형 막심하다

⁴⁹ 牵制
qiānzhì

동 견제하다

分散军权的目的在于各势力之间相互牵制，以防一方掌握所有军权。

군권을 분산하는 것의 목적은 각 세력 간에 서로 견제하여, 한쪽이 모든 군권을 장악하는 것을 방지하도록 하는 데에 있다.

分散 fēnsàn 동 분산시키다 형 흩어지다　军权 jūnquán 명 군권
在于 zàiyú 동 ~에 있다　势力 shìlì 명 세력　掌握 zhǎngwò 동 장악하다

50 守护
shǒuhù

동 수호하다, 지키다

这支部队驻扎在荒无人烟的边疆，守护着祖国的领土。

이 부대는 황량하고 인적이 없는 변방에 주둔하여, 조국의 영토를 수호하고 있다.

支 zhī 양 군대를 세는 양사　驻扎 zhùzhā 동 주둔하다, 주재하다
荒无人烟 huāngwúrényān 성 황량하고 인적이 없다
边疆 biānjiāng 명 변방, 국경 지대　祖国 zǔguó 명 조국
领土 lǐngtǔ 명 영토, 국토

51 巡逻
xúnluó

동 순찰하다, 순시하다

我军侦察机在海上巡逻，以监视敌军行动。

아군의 정찰기는 적군의 움직임을 감시하기 위해, 해상에서 순찰한다.

侦察机 zhēnchájī 명 정찰기　监视 jiānshì 동 감시하다

52 掩护
yǎnhù

동 엄호하다, 몰래 보호하다

那个将领率领骑兵队，成功掩护了主力军队安全撤离。

그 장교는 기병대를 이끌고, 주력 군대가 안전하게 철수하는 것을 성공적으로 엄호했다.

将领 jiànglǐng 명 장교　率领 shuàilǐng 동 (무리나 단체를) 이끌다, 거느리다
骑兵队 qíbīngduì 기병대　军队 jūnduì 명 군대　撤离 chèlí 동 철수하다

53 进攻 **
jìngōng

반의어
防御 fángyù 동 방어하다
防守 fángshǒu 동 수비하다
退却 tuìquè
동 (군대가) 퇴각하다

동 공격하다, 진공하다

战国末期，秦国向魏国发动了猛烈的进攻，灭掉了魏国。

전국 시대 말기, 진나라는 위나라를 향해 맹렬한 공격을 개시하여, 위나라를 멸망시켰다.

战国 Zhànguó 고유 전국 시대　秦国 Qínguó 고유 진나라
魏国 Wèiguó 고유 위나라　发动 fādòng 동 개시하다, 일으키다
猛烈 měngliè 형 맹렬하다, 세차다　灭 miè 동 멸망시키다, 없애다

54 袭击 **
xíjī

동 기습하다, 타격을 입다

遭项羽的突然袭击，刘邦大军乱作一团，几乎全军覆没。

항우의 갑작스러운 기습을 받아, 유방의 대군은 난장판이 되어, 전군이 거의 전멸했다.

项羽 Xiàng Yǔ 고유 항우[중국 진나라 말기의 장수]
刘邦 Liú Bāng 고유 유방[중국 한나라 초대 황제]
乱作一团 luànzuòyìtuán 성 난장판이 되다　覆没 fùmò 동 전멸되다

55 打仗
dǎzhàng

[동] 싸우다, 전쟁하다

唐太宗李世民多次亲自带兵<u>打仗</u>，战绩辉煌。 → 술어

당태종 이세민은 여러 차례 직접 군대를 이끌고 싸웠고, 전적이 화려했다.

唐太宗 Táng Tàizōng [고유] 당태종[중국 당나라 제2대 황제]
李世民 Lǐ Shìmín [고유] 이세민 **亲自** qīnzì [부] 직접, 친히
战绩 zhànjì [명] 전적 **辉煌** huīhuáng [형] (성취·성과가) 화려하다

 시험에 이렇게 나온다!

> [이합동사] 打仗은 打(싸우다)+仗(전쟁, 전투)이 합쳐진 이합동사로, 목적어를 취할 수 없다.
>
> 打仗吴国 오나라를 싸우다 (X)
>
> 和吴国打仗 오나라와 싸우다 (O)

56 对付
duìfu

[동] 대응하다, 대처하다

那两国领导人决定联合起来<u>对付</u>共同的敌人。

그 두 나라의 지도자는 연합하여 공동의 적에게 대응하기로 결정했다.

领导人 lǐngdǎorén 지도자, 리더 **联合** liánhé [동] 연합하다 [형] 연합의

57 对抗
duìkàng

[동] 맞서다, 대항하다

赤壁之战是以少数<u>对抗</u>多数而取得胜利的著名战役。

적벽대전은 소수로 다수에 맞서서 승리를 얻은 유명한 전투다.

赤壁之战 Chìbì zhī zhàn 적벽대전[중국 삼국 시대에 적벽에서 일어난 전투]
取得 qǔdé 얻다 **胜利** shènglì [동] 승리하다 **战役** zhànyì [명] 전투

58 反抗
fǎnkàng

[동] 저항하다, 반항하다

为了<u>反抗</u>朝廷的压迫，农民们发动了一场大规模的农民起义。

조정의 억압에 저항하기 위해, 농민들은 한 차례의 대규모 농민 봉기를 일으켰다.

[반의어]
屈服 qūfú [동] 굴복하다
投降 tóuxiáng
[동] 항복하다, 투항하다

朝廷 cháotíng [명] 조정 **压迫** yāpò [동] 억압하다 **农民** nóngmín [명] 농민
发动 fādòng [동] 일으키다 **规模** guīmó [명] 규모 **起义** qǐyì [명] 봉기

59 封锁
fēngsuǒ

[동] (강제적 수단으로) 봉쇄하다, 폐쇄하다

我军成功突破了敌军的<u>封锁</u>线，顺利抵达了根据地。

아군은 적군의 봉쇄선을 성공적으로 뚫고, 본거지에 무사히 도착했다

[반의어]
开放 kāifàng [동] 개방하다

突破 tūpò [동] 뚫다, 돌파하다 **敌军** díjūn [명] 적군 **抵达** dǐdá [동] 도착하다

잠깐 封锁는 강제적인 힘으로 외부와의 관계를 봉쇄한 것을 의미하고, Day19의 15번 封闭(폐쇄하다)는 통행하거나 마음대로 열지 못하게 봉쇄한 것을 의미해요.

⁶⁰ **靠拢**
kàolǒng

동 접근하다, 가까이 다가서다

술어 ↗

对方仗着人多势众，迅速地向西北边境靠拢。

상대방은 대단한 위세를 등에 업고, 신속하게 북서쪽 국경 지대를 향해 접근했다.

对方 duìfāng 명 상대방, 상대편　**仗** zhàng 동 업다, 기대다
人多势众 rénduōshìzhòng 성 위세가 대단하다
迅速 xùnsù 형 신속하다, 재빠르다　**边境** biānjìng 명 국경 지대

⁶¹ **侵略**
qīnlüè

동 침략하다

为了掠夺资源，该国对邻国发动了全面侵略战争。

자원을 약탈하기 위해, 이 나라는 이웃 국가들에게 전면적인 침략 전쟁을 일으켰다.

掠夺 lüèduó 동 약탈하다, 수탈하다　**资源** zīyuán 명 자원
发动 fādòng 동 일으키다　**战争** zhànzhēng 명 전쟁

⁶² **战斗**
zhàndòu

동 싸우다, 전투하다　명 전투

即使敌众我寡，战士们仍然表示出了同敌人战斗到底的决心。

비록 적측은 많고 우리 측은 적더라도, 병사들은 적과 끝까지 싸우겠다는 결심을 변함없이 나타냈다.

苏德战争是第二次世界大战中规模最大、最激烈的战斗。

소련과 독일의 전쟁은 2차 세계 대전 중 규모가 가장 크고, 가장 치열한 전투였다.

敌众我寡 dízhòngwǒguǎ 성 적측은 많고 우리 측은 적다
战士 zhànshì 명 병사　**决心** juéxīn 명 결심　**苏德** Sū Dé 소련과 독일
战争 zhànzhēng 명 전쟁　**规模** guīmó 명 규모　**激烈** jīliè 형 치열하다

 시험에 이렇게 나온다!

짝꿍 표현 战斗를 활용한 다양한 짝꿍 표현들을 알아 둔다.

战斗机 zhàndòujī 전투기
战斗力 zhàndòulì 전투력
战斗精神 zhàndòu jīngshén 전투 정신

잠깐 战斗는 단순히 무력 충돌하는 행위만을 가리키지만, 39번 战役(전투)는 주로 어떤 작전 계획에 따라 전략적 목적을 실현하기 위해 진행되는 전투를 가리켜요.

⁶³**残酷** ★★

cánkù

반의어
仁慈 réncí 형 인자하다

형 잔혹하다, 냉혹하다

战争是残酷的，我们要铭记战争带来的创伤，维护和平。

전쟁은 잔혹한 것이기에, 우리는 전쟁이 가져다 준 상처를 명심하고, 평화를 유지하고 보호해야 한다.

战争 zhànzhēng 명 전쟁　铭记 míngjì 동 명심하다
创伤 chuāngshāng 명 상처　维护 wéihù 동 유지하고 보호하다
和平 hépíng 명 평화　형 평화롭다

잠깐 残酷는 사람·동물·사건·상황을 모두 형용할 수 있지만, Day05 14번 残忍(잔인하다)은 사람이나 동물만 형용할 수 있어요.

⁶⁴**猛烈** ★★

měngliè

유의어
强烈 qiángliè 형 강렬하다

형 맹렬하다, 세차다

尽管敌军的攻击十分猛烈，但名将徐达还是取得了保卫战的胜利。

적군의 공격이 매우 맹렬함에도 불구하고, 명장 서달은 방어전의 승리를 얻었다.

敌军 díjūn 명 적군　攻击 gōngjī 동 공격하다, 진공하다
名将 míngjiàng 명 명장　徐达 Xú Dá 고유 서달[중국 명나라의 건국 공신]
取得 qǔdé 동 얻다　保卫战 bǎowèizhàn 방어전
胜利 shènglì 동 승리하다

 시험에 이렇게 나온다!

유의어 猛烈 : 强烈(qiángliè, 강렬하다)

猛烈는 기세가 몹시 사납고 세찬 것을 의미한다.
猛烈的进攻 měngliè de jìngōng 맹렬한 진공
火势猛烈 huǒshì měngliè 불길이 세다

强烈는 힘이 크고 강한 것, 또는 빛이나 색감·감정 등이 매우 선명하고 뚜렷한 것을 의미한다.
强烈的光 qiángliè de guāng 강렬한 빛
强烈的感情 qiángliè de gǎnqíng 강렬한 감정

⁶⁵**壮烈**

zhuàngliè

형 장렬하다

在那场战斗中，坚守阵地的战士们最后都壮烈牺牲了。

그 전투에서, 진지를 굳게 지킨 병사들은 결국 모두 장렬하게 희생되었다.

战斗 zhàndòu 명 전투　坚守 jiānshǒu 동 굳게 지키다
阵地 zhèndì 명 진지　战士 zhànshì 명 병사　牺牲 xīshēng 동 희생하다

66 消灭 **
xiāomiè

동 멸망시키다, 소멸하다

秦始皇消灭六国后，建立了秦朝，完成了统一大业。

진시황은 여섯 나라를 멸망시킨 후에, 진나라 왕조를 세워, 통일 대업을 완성했다.

秦始皇 Qínshǐhuáng 고유 진시황　建立 jiànlì 동 세우다, 형성하다
秦朝 Qíncháo 고유 진나라 왕조　统一 tǒngyī 동 통일하다

---

67 撤退
chètuì

반의어

冲锋 chōngfēng
동 (적진을 향해) 돌격하다

동 (군대가) 철수하다

在势单力薄的情况下，司令只好命令全军撤退。

힘이 약한 상황에서, 사령관은 전군에게 철수하라고 명령할 수밖에 없었다.

势单力薄 shìdān lìbó 힘이 약하다　司令 sīlìng 명 사령관, 사령
命令 mìnglìng 동 명령하다 명 명령

---

68 屈服
qūfú

반의어

反抗 fǎnkàng
동 저항하다, 반항하다
抵抗 dǐkàng 동 저항하다

동 굴복하다

她有着坚定的信念，宁死也不愿意向侵略者屈服。

그녀는 차라리 죽을지언정 침략자에게 굴복하지 않겠다는 확고한 신념을 가지고 있다.

坚定 jiāndìng 형 확고하다 동 굳히다　信念 xìnniàn 명 신념, 믿음
宁 nìng 부 차라리　侵略者 qīnlüèzhě 침략자

잠깐 屈服는 힘이 부족하여 자신의 주장이나 뜻을 굽힌다는 의미이고, 15번 服从(복종하다)은 남의 명령이나 의사를 그대로 따르는 것을 의미해요.

---

69 投降
tóuxiáng

동 항복하다, 투항하다

战败的残兵走投无路，只好举起白旗投降了。

전쟁에서 진 패잔병은 궁지에 몰려, 백기를 들고 항복할 수밖에 없었다.

残兵 cánbīng 명 패잔병　走投无路 zǒutóuwúlù 성 궁지에 몰리다

---

70 牺牲
xīshēng

동 희생하다

交战国双方签订了停火协议，以免牺牲更多的平民百姓。

교전국 양측은 더 많은 민간인이 희생되지 않도록, 휴전 합의를 체결했다.

交战国 jiāozhànguó 교전국　双方 shuāngfāng 명 양측
签订 qiāndìng 동 체결하다　停火 tínghuǒ 동 휴전하다
协议 xiéyì 명 합의 동 합의하다　以免 yǐmiǎn 접 ~하지 않도록
平民百姓 píngmín bǎixìng 민간인

71 削弱
xuēruò

반의어
加强 jiāqiáng
동 강화하다, 보강하다

동 약화시키다, 약화되다

这种战术可把敌军打得四分五裂，从而削弱他们的力量。

→ 술어

이런 전술은 적군을 사분오열시켜, 그리하여 그들의 힘을 약화시킬 수 있다.

战术 zhànshù 명 전술　敌军 díjūn 명 적군
四分五裂 sìfēnwǔliè 성 사분오열하다, 어지럽게 흩어지다
从而 cóng'ér 접 그리하여, 따라서　力量 lìliang 명 힘, 역량

72 扩张 ★★
kuòzhāng

동 (세력·영토 따위를) 확장하다, 넓히다

有些国家发动战争的目的是为了扩张领土、掠夺资源。

어떤 나라들이 전쟁을 일으키는 목적은 영토를 확장하고, 자원을 약탈하기 위해서이다.

发动 fādòng 동 일으키다, 개시하다　战争 zhànzhēng 명 전쟁
领土 lǐngtǔ 명 영토, 국토　掠夺 lüèduó 동 약탈하다
资源 zīyuán 명 자원

73 占领
zhànlǐng

유의어
占据 zhànjù 동 차지하다

동 (토지나 진지를) 점령하다, 점유하다

掩护部队迅速占领了敌方的阵地。

엄호 부대는 적측의 진지를 신속하게 점령했다.

掩护 yǎnhù 동 엄호하다, 몰래 보호하다　迅速 xùnsù 형 신속하다, 재빠르다
敌方 dífāng 명 적측　阵地 zhèndì 명 진지, 일선

 시험에 이렇게 나온다!

유의어 占领 : 占据(zhànjù, 차지하다)

占领은 무력이나 강력한 힘을 통해 국가나 영토·산업 시장 등을 빼앗아 차지한다는 의미이다.
占领他国 zhànlǐng tāguó 다른 나라를 점령하다
占领市场 zhànlǐng shìchǎng 시장을 점령하다

占据는 특정한 지역이나 장소 등을 차지해서 자리를 잡는다는 의미이다.
占据重要的地位 zhànjù zhòngyào de dìwèi 중요한 지위를 차지하다
占据他的心灵 zhànjù tā de xīnlíng 그의 마음을 차지하다

74 驻扎
zhùzhā

동 (부대나 근무 인원이 어떤 곳에) 주둔하다, 주재하다

侦察敌情的士兵发现，大规模敌军已驻扎在城外。

적의 상황을 정찰하던 병사는, 대규모의 적군이 이미 성 밖에 주둔해 있는 것을 발견했다.

侦察 zhēnchá 동 정찰하다　士兵 shìbīng 명 병사　规模 guīmó 명 규모
敌军 díjūn 명 적군

75 武器 **
wǔqì

명 무기

各军事大国正在加紧调整军事战略，发展信息化

武器装备。

각 군사 대국은 군사 전략을 조정하는 것에 박차를 가하고, 정보화 무기 장비를 발전시키고 있다.

军事 jūnshì 명 군사 　加紧 jiājǐn 통 박차를 가하다
调整 tiáozhěng 통 조정하다, 조절하다 　战略 zhànlüè 명 전략
信息化 xìnxīhuà 정보화하다 　装备 zhuāngbèi 명 장비

76 导弹
dǎodàn

명 미사일

导弹技术水平是衡量国家军事实力的重要标准之一。

미사일 기술 수준은 국가의 군사력을 가늠하는 중요한 기준 중 하나이다.

衡量 héngliang 통 가늠하다, 비교하다 　军事实力 jūnshì shílì 군사력

77 哨
shào

명 호루라기, 보초

战士们刚入睡不久，队长突然吹哨集合了队伍。

병사들이 막 잠에 들고 얼마 되지 않아, 대장은 갑자기 호루라기를 불어 부대를 집합시켰다.

战士 zhànshì 명 병사, 전사 　集合 jíhé 통 집합시키다, 집합하다
队伍 duìwu 명 부대, 행렬

 시험에 이렇게 나온다!

짝꿍 표현 哨를 활용한 다양한 짝꿍 표현들을 알아 둔다.
监督哨 jiāndūshào 감시 초소
哨兵 shàobīng 초병, 보초병

78 舰艇
jiàntǐng

명 군함, 함정

航空母舰是可以供舰载机起飞和降落的舰艇。

항공 모함은 함재기의 이륙과 착륙을 담당할 수 있는 군함이다.

航空母舰 hángkōng mǔjiàn 항공 모함 　舰载机 jiànzǎijī 함재기
降落 jiàngluò 통 착륙하다

79 情报
qíngbào

명 (주로 기밀성을 띤) 정보

战场上，除了强大的武器装备，军事情报也起重<u>要作用</u>。

전장에서는, 강력한 무기 장비 외에도, 군사 정보 역시 중요한 역할을 한다.

战场 zhànchǎng 명 전장　**武器** wǔqì 명 무기　**装备** zhuāngbèi 명 장비
军事 jūnshì 명 군사

80 圈套
quāntào

명 계략, 올가미

他们不费吹灰之力便攻破了城门，不料中了对方的圈套。

그들은 매우 작은 힘도 들이지 않고 바로 성문을 무너뜨렸는데, 뜻밖에 상대방의 계략에 걸려들었다.

吹灰之力 chuīhuī zhī lì 매우 작은 힘　**攻破** gōngpò 동 무너뜨리다
不料 búliào 접 뜻밖에, 의외에　**对方** duìfāng 명 상대방

 시험에 이렇게 나온다!

```
짝꿍
표현
```
圈套를 활용한 다양한 짝꿍 표현들을 알아 둔다.

落入圈套 luòrù quāntào 계략에 빠지다
上圈套 shàng quāntào 계략에 걸리다

81 丸
wán

명 환[둥글고 작은 물건]　양 알, 환[환약을 세는 단위]

弹丸又称弹头，是子弹的重要组成部分。

탄환은 탄두라고도 불리며, 총알의 중요한 구성 부분이다.

这种药不宜过量服用，一天吃一丸即可。

이 약은 과량으로 복용해서는 안 되고, 하루에 한 알만 먹으면 된다.

弹丸 dànwán 명 탄환　**弹头** dàntóu 명 탄두　**子弹** zǐdàn 명 총알

82 武装
wǔzhuāng

명 군대, 무장　동 무장시키다, 무장하다

在地方武装的重重包围下，叛军只能投降了。

지방 군대의 겹겹의 포위 하에, 반란군은 항복할 수밖에 없었다.

各个国家争先恐后地用先进武器装备武装自己的军队。

각 나라는 뒤질세라 앞을 다투며 선진 무기 장비로 자신들의 군대를 무장시키고 있다.

包围 bāowéi 동 포위하다　**叛军** pànjūn 명 반란군
投降 tóuxiáng 동 항복하다
争先恐后 zhēngxiānkǒnghòu 성 뒤질세라 앞을 다투다
武器 wǔqì 명 무기　**装备** zhuāngbèi 명 장비　**军队** jūnduì 명 군대

83 子弹
zǐdàn

명 총알, 탄알

那个小兵将子弹上膛后，对准对方射出了子弹。 ← 술어

그 졸병은 총알을 장전한 후, 정확히 상대방을 겨냥해서 총알을 발사했다.

上膛 shàngtáng 통 장전하다 对方 duìfāng 명 상대방, 상대편

🏯 **알아 두면 시험이 쉬워지는 배경 지식**

> 신조어 중국에는 '弹幕'라는 말이 있다. 이 말은 원래 炸弹이나 子弹을 한꺼번에 퍼부어 적을 가로막는 것, 또는 일제 엄호 사격을 의미하는 말이었다. 하지만 최근에는 동영상을 보면서 누리꾼들이 댓글이나 글을 남기는 소통 방식을 가리키는 단어로 사용되고 있다. 왜냐하면 屏幕에 나타나는 댓글과 글들이 마치 수많은 子弹으로 형성된 幕布처럼 보이기 때문이다.
>
> 弹幕 dànmù 탄막, 일제 엄호 사격, 동영상 댓글 자막
> 炸弹 zhàdàn 폭탄
> 屏幕 píngmù 스크린
> 幕布 mùbù 막, 은막

84 战略
zhànlüè

명 전략

将军根据实际情况，及时调整了军事战略。

장군은 실제 상황에 맞게, 군사 전략을 시기적절하게 조정했다.

将军 jiāngjūn 명 장군, 장성 调整 tiáozhěng 통 조정하다, 조절하다
军事 jūnshì 명 군사

잠깐 战略는 정치·경제 따위의 사회적 활동을 하는 데 필요한 책략을 의미하고, Day07의 01번 策略(전략)는 어떤 일을 꾸미고 이루어 나가는 꾀와 방법을 의미해요.

85 战术
zhànshù

명 전술

《三十六计》中介绍了声东击西等多种军事战术和计策。

<삼십육계>에서는 성동격서 등의 다양한 군사 전술과 계책을 소개했다.

三十六计 Sānshíliùjì 고유 삼십육계[중국의 병법서]
声东击西 shēngdōngjīxī 성 성동격서[동쪽에서 소리를 내고 서쪽을 친다는 의미로, 상대를 교란시키는 전략] 计策 jìcè 명 계책

연습문제 **체크체크!**

제시된 뜻에 해당하는 단어를 중국어로 써 보세요.

01 일으키다, 발동하다   ------------------

02 (정치·경제적인) 실력, 힘   ------------------

03 잔혹하다, 냉혹하다   ------------------

04 기습하다, 타격을 입다   ------------------

05 공격하다, 진공하다   ------------------

제시된 단어로 하나의 문장을 완성하세요.

06 这场战争中   代价   双方在   沉重的   都付出了

----

07 可以调动   军队的   奖励政策   积极性   合理的

----

08 战士们   重重包围   突破了   敌人的   成功地

----

09 信息化   各国都在   研制   武器装备   加快

----

10 表现   的士兵   他被认为   是队伍里   最突出

----

09. 各国都在加快研制信息化的武器装备。 10. 他被认为是队伍里表现最突出的士兵。
06. 双方在这场战争中都付出了沉重的代价。 07. 合理的奖励政策可以调动军队的积极性。 08. 战士们成功地突破了敌人的重重包围。
정답 : 01. 发动 02. 实力 03. 残酷 04. 袭击 05. 进攻

* 06~10번 문제 해석은 해커스중국어(china.Hackers.com)에서 다운로드 받으세요.

HSK 6급 시험에 나오는 고난도 어휘

☑ 잘 외워지지 않는 단어는 ☐에 체크해 두고 다음에 반복 암기합니다.

☐ 士气	shìqì	명	사기, 군대의 전투 의지
☐ 跋涉	báshè	동	고생스럽게 먼 길을 가다, 여정이 고되다
☐ 撤军	chèjūn	동	군대를 철수시키다, 철군하다
☐ 决断	juéduàn	동	결단하다
		명	결단력
☐ 呐喊	nàhǎn	동	(응원하기 위해) 함성을 지르다
☐ 统帅	tǒngshuài	동	통솔하다
		명	최고 지휘관
☐ 退役	tuìyì	동	제대하다, 은퇴하다
☐ 屯兵	túnbīng	동	군대를 주둔시키다
☐ 武断	wǔduàn	동	독단하다
		형	(말과 행동이) 주관적이다, 독단적이다
☐ 震颤	zhènchàn	동	떨다, 떨리게 하다
☐ 纯熟	chúnshú	형	능숙하다, 능수능란하다
☐ 乏力	fálì	형	기력이 없다
		동	능력이 부족하다
☐ 旺盛	wàngshèng	형	(기운·세력 등이) 왕성하다
☐ 七擒七纵	qīqínqīzòng	성	칠종칠금, 전술이나 책략을 이용하여 상대를 진심으로 감복시키다
☐ 荒野	huāngyě	명	황량한 들판, 황야
☐ 计谋	jìmóu	명	책략, 계책
☐ 磨难	mónàn	명	고난, 시련
☐ 布阵	bùzhèn	동	진을 치다, 포진하다
☐ 察觉	chájué	동	알아차리다, 깨닫게 되다
☐ 抵挡	dǐdǎng	동	저항하다, 저지하다

☐ 提防	dīfang	동 조심하다, 대비하다
☐ 轰炸	hōngzhà	동 (비행기 따위가) 폭격하다
☐ 后退	hòutuì	동 후퇴하다, 물러나다
☐ 交战	jiāozhàn	동 교전하다, 전투를 벌이다
☐ 迫降	pòxiáng / pòjiàng	동 [pòxiáng] 강제로 투항시키다 동 [pòjiàng] (비행기가 고장 등의 원인으로 인해) 불시착하다
☐ 启航	qǐháng	동 (선박·항공기가) 출항하다, 출발하다
☐ 侵袭	qīnxí	동 침입하여 습격하다
☐ 设伏	shèfú	동 매복시키다
☐ 守卫	shǒuwèi	동 수비하다, 방어하다
☐ 突袭	tūxí	동 기습하다, 급습하다
☐ 金蝉脱壳	jīnchántuōqiào	성 매미가 허물을 벗다, 상대방이 눈치채지 못하게 도망치다
☐ 防不胜防	fángbúshèngfáng	성 막을래야 막을 수 없다
☐ 靶子	bǎzi	명 (활이나 총 등을 쏠 때) 표적, 과녁
☐ 担架	dānjià	명 (환자용) 들것
☐ 烽火	fēnghuǒ	명 봉화
☐ 弓箭	gōngjiàn	명 활과 화살
☐ 旗舰	qíjiàn	명 기함, 사령선[주로 군대의 사령관이 타는 배]
☐ 纵深	zòngshēn	명 종심[전선에 배치된 부대의 최전선에서 후방 부대까지의 세로의 선]
☐ 自主权	zìzhǔquán	명 자주권
☐ 强盛	qiángshèng	형 (국가 등의 세력이) 강성하다

DAY 28

권력의 중심
국가 · 정치

주제를 알면 HSK가 보인다!

HSK 6급에서는 중국 역사의 황제 또는 대신의 일화나, 올바른 정치와 외교의 방향 등과 관련된 문제가 자주 출제돼요. 따라서 '영수, 지도자', '세력', '황제', '대신'과 같은 국가·정치 관련 단어들을 집중적으로 학습하면 이러한 문제를 쉽게 풀 수 있어요.

🎧 단어, 예문 MP3

통촉하여 주시옵소서!

领袖님, 이번 건은 재삼 고려하여 내린 결정입니다.

이게 있어야만, 신진 势力들에게 대적할 수 있단 말입니다!

이번 일만 윤허해 주신다면, 皇帝를 모시는 大臣의 마음으로 평생 모시겠습니다.

제발⋯ 통촉하여 주시옵소서!!

안돼, 돌아가.

신상 골프채

---

03 **领袖** lǐngxiù 뗑 영수, 지도자

02 **皇帝** huángdì 뗑 황제

68 **势力** shìlì 뗑 세력

01 **大臣** dàchén 뗑 대신, 중신

01 大臣 ***
dàchén

명 대신, 중신

齐国大臣邹忌用自己的忠诚和智慧, 使齐国强大
起来了。

제나라 대신이었던 추기는 자신의 충성과 지혜로, 제나라를 강대해지게 만
들었다.

齐国 Qíguó 고유 제나라[중국 춘추 전국 시대의 국가 중 하나]
邹忌 Zōu Jì 고유 추기[제나라의 재상] **忠诚** zhōngchéng 휑 충성하다
智慧 zhìhuì 몡 지혜 **强大** qiángdà 휑 강대하다

02 皇帝 ***
huángdì

명 황제

秦始皇认为自己胜过三皇五帝, 所以使用了"皇帝"
称号。

진시황은 자신이 삼황오제보다 낫다고 여겨, '황제'라는 칭호를 사용했다.

秦始皇 Qínshǐhuáng 고유 진시황 **胜过** shèngguo 동 ~보다 낫다
三皇五帝 Sān Huáng Wǔ Dì 삼황오제[중국 고대 신화의 제왕들]
称号 chēnghào 몡 칭호, 호칭

 시험에 이렇게 나온다!

> 듣기 독해 皇帝(황제)는 듣기나 독해 영역에서 옛 중국 황제들의 일화 또는 중국 전통 문화
> 와 관련된 지문에서 자주 출제된다. 시험에서 자주 출제되는 중국 皇帝들의 명
> 칭을 함께 알아 둔다.
>
> **雍正皇帝** Yōngzhèng Huángdì 옹정제[중국 청(清)나라 제5대 황제]
> **乾隆皇帝** Qiánlóng Huángdì 건륭제[중국 청(清)나라 제6대 황제]
> **朱元璋** Zhū Yuánzhāng 주원장[중국 명(明)나라 태조]
> **李世民** Lǐ Shìmín 이세민[당태종, 중국 당(唐)나라 제2대 황제]
> **秦始皇帝** Qínshǐ Huángdì 진시황제[중국 진(秦)나라 제1대 황제]

03 领袖 ***
lǐngxiù

명 지도자, 영수

他始终相信老百姓, 依靠老百姓, 算得上真正的
领袖。

그는 언제나 백성들을 믿고, 백성들을 의지했으니, 진정한 지도자라 할 수 있다.

始终 shǐzhōng 휑 언제나, 시종일관 **老百姓** lǎobǎixìng 몡 백성, 국민
依靠 yīkào 동 의지하다, 의존하다

🏯 알아 두면 시험이 쉬워지는 배경 지식

> 중국 문화 领袖(영수)는 현재 '지도자'를 의미하지만, 원래는 옷이 领口와 袖口를 기리기는
> 말이었다. 领口와 袖口는 잘 파손되는 부분이었기 때문에, 옛 중국인들은 옷을
> 만들 때 이 두 부분에 단독으로 염료를 사용해서 테를 둘렀다. 그래서 领口와 袖
> 口는 장중하면서도 사람들의 시선을 사로잡는 부분이 되었다. 그리고 훗날 국가
> 와 대중 단체 등에서 领口와 袖口처럼 제일 눈에 띄는 지도자를 가리켜 领袖라
> 고 부르게 되었다.
>
> **领口** lǐngkǒu 목둘레, 네크라인 **袖口** xiùkǒu 소맷부리

21 22 23 24 25 26 27 DAY 28 29 30

해커스 HSK 6급 단어장

04 副 ***
fù

형 부, 보조의 양 세트, 짝, 얼굴 표정을 나타낼 때 쓰임

新任国务院<u>副</u>总理将<u>负责</u>财政、科技、环保等重要工作。
→ 술어

새로 부임한 국무원 부총리는 재정, 과학기술, 환경보호 등의 중요한 업무를 책임질 예정이다.

这<u>副</u>机械手套让人的握力瞬间提升三倍。

이 기계 장갑은 사람의 악력을 순식간에 세 배 더 높여 준다.

孩子故意装出一<u>副</u>忧心忡忡的样子，走到了妈妈面前。

아이는 일부러 근심이 가득한 모습인 체 하고, 엄마 앞으로 걸어갔다.

国务院 guówùyuàn 명 국무원[중국의 최고 행정 기관]
总理 zǒnglǐ 명 총리 **财政** cáizhèng 명 재정 **机械** jīxiè 명 기계
握力 wòlì 명 악력 **瞬间** shùnjiān 명 순식간
忧心忡忡 yōuxīnchōngchōng 성 근심이 가득하다

05 体系 ***
tǐxì

유의어
系统 xìtǒng
명 시스템 형 체계적이다

명 체계, 시스템

建立社会保障<u>体系</u>时，可以<u>吸取</u>一些发达国家的成功经验。

사회 보장 체계를 세울 때에는, 일부 선진국들의 성공 경험을 받아들일 수 있다.

保障 bǎozhàng 명 보장 동 보장하다 **发达国家** fādá guójiā 선진국

 시험에 이렇게 나온다!

유의어 **体系 : 系统**(xìtǒng, 시스템, 체계적이다)
体系는 품사가 명사이다.
思想体系 sīxiǎng tǐxì 사상 체계
管理体系 guǎnlǐ tǐxì 관리 체계

系统은 품사가 명사 뿐만 아니라 형용사로도 쓰이며, 형용사로 쓰일 경우 부사어가 될 수 있다.
灌溉系统 guàngài xìtǒng 관개 시스템
系统地研究 xìtǒng de yánjiū 체계적으로 연구하다

06 政策 ***
zhèngcè

명 정책

新<u>政策</u>出台后，国内的就业形势发生了显著的变化。

새로운 정책이 공포된 후, 국내의 취업 형세에 뚜렷한 변화가 나타났다.

出台 chūtái 동 (정책 등을) 공포하다 **就业** jiùyè 동 취업하다, 취직하다
形势 xíngshì 명 형세, 형편 **显著** xiǎnzhù 형 뚜렷하다, 두드러지다

07 试图 ***
shìtú

동 시도하다, 시험하다

崇祯帝试图挽救衰落的明朝，但未能阻挡明朝的
灭亡。

숭정제는 쇠퇴한 명나라 왕조를 구제하려고 시도했지만, 명나라 왕조의 멸
망을 저지할 수는 없었다.

崇祯帝 Chóngzhēndì 고유 숭정제[중국 명나라의 제17대 황제]
挽救 wǎnjiù 동 구제하다　衰落 shuāiluò 동 쇠퇴하다, 몰락하다
明朝 Míngcháo 고유 명나라 왕조　阻挡 zǔdǎng 동 저지하다, 가로막다
灭亡 mièwáng 동 멸망하다, 멸망시키다

08 决策 ***
juécè

명 (결정된) 정책이나 방법　동 (정책과 방법을) 결정하다

国家对地方政府的重大决策进行了全面的风险
评估。

국가는 지방 정부의 중대한 정책에 대해 전면적인 위험성 평가를 진행했다.

我认为在关键时刻果断决策是领导者最重要的资质。

저는 결정적인 순간에 과감하게 결정하는 것이 지도자의 가장 중요한 자질
이라고 생각합니다.

政府 zhèngfǔ 명 정부　重大 zhòngdà 형 중대하다
风险 fēngxiǎn 명 위험　评估 pínggū 동 평가하다
时刻 shíkè 명 순간, 때　果断 guǒduàn 형 과감하다, 결단성이 있다
领导者 lǐngdǎozhě 지도자　资质 zīzhì 명 자질

09 公民
gōngmín

명 국민, 공민

每一个公民都有权利享有应得的社会福利。

모든 국민들은 응당 받아야 할 사회 복지를 누릴 권리가 있다.

权利 quánlì 명 권리　享有 xiǎngyǒu 동 누리다　福利 fúlì 명 복지

10 公务
gōngwù

명 공무

那个年轻优秀的公务员依法处事能力极强。

그 젊고 우수한 공무원은 법에 따라 일을 처리하는 능력이 매우 강하다.

公务员 gōngwùyuán 명 공무원　依法 yīfǎ 부 법에 따라
处事 chǔshì 동 일을 처리하다

11 皇后
huánghòu

명 황후

这些开国皇帝的背后，都有支持他们的伟大的皇后。

이 개국 황제들의 배후에는, 모두 그들을 지지한 위대한 황후들이 있었다.

皇帝 huángdì 명 황제　背后 bèihòu 명 배후　伟大 wěidà 형 위대하다

12 元首
yuánshǒu

📦 군주, 임금, 국가 원수

→ 술어

在古代，一些国王只是名义上的国家元首，并无实权。

고대에, 일부 국왕들은 단지 형식상의 국가 군주였을 뿐, 결코 실권은 없었다.

名义 míngyì 📦 형식상, 명의 实权 shíquán 📦 실권

13 间谍
jiàndié

📦 간첩

据《左传》记载，夏朝女将军女艾是历史上最早的间谍。

<좌전>에 기재된 바에 따르면, 하나라 왕조의 여장군 여애는 역사상 최초의 간첩이다.

左传 Zuǒzhuàn 고유 좌전[춘추 시대 역사서인 <춘추(春秋)>에 대한 주해서]
记载 jìzǎi 📦 기재하다, 기록하다 夏朝 Xiàcháo 고유 하나라 왕조
将军 jiāngjūn 📦 장군, 장성 女艾 Nǚ Ài 고유 여애[하나라의 장군]

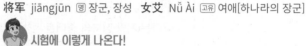 시험에 이렇게 나온다!

짝꿍표현 间谍를 활용한 다양한 짝꿍 표현들을 알아 둔다.
间谍片 jiàndiépiàn 간첩 영화 ≒ 첩보 영화
间谍卫星 jiàndié wèixīng 간첩 위성 ≒ 정찰 위성

14 书记
shūjì

📦 서기

这位开国元勋担任了北京市委书记的职务。

이 개국 공신은 베이징 시 위원회 서기의 직무를 맡았다.

开国元勋 kāiguó yuánxūn 개국 공신 委 wěi 위원회, 위원

15 同志
tóngzhì

📦 동지

每逢国庆日，总统会到烈士陵墓哀悼壮烈殉国的革命同志。

매 국경일마다, 대통령은 열사들의 묘에 가 장렬히 순국한 혁명 동지들을 애도한다.

逢 féng 📦 만나다, 마주치다 烈士 lièshì 📦 열사 陵墓 língmù 📦 묘
哀悼 āidào 📦 애도하다 壮烈 zhuàngliè 📦 장렬하다
殉国 xùnguó 📦 순국하다 革命 gémìng 📦 혁명하다

16 表决
biǎojué

📦 표결하다

按照这个国际会议采用的投票表决制度，少数必须服从多数。

이 국제 회의가 채택한 투표 표결 제도에 따라, 소수는 반드시 다수를 따라야 한다.

投票 tóupiào 📦 투표하다 服从 fúcóng 📦 따르다, 복종하다

17 当选
dāngxuǎn

반의어

落选 luòxuǎn
동 낙선하다, 떨어지다

동 당선되다

在美国建国后的第一次大选中，华盛顿当选为首任
总统。

→ 술어

미국 건국 후의 첫 번째 대선에서, 워싱턴이 초대 대통령으로 당선되었다.

建国 jiànguó 동 건국하다 大选 dàxuǎn 동 대선 투표를 하다 명 대선
华盛顿 Huáshèngdùn 고유 워싱턴[미국 초대 대통령]
首任 shǒurèn 동 초대이다, 초임하다 总统 zǒngtǒng 명 대통령

18 独裁
dúcái

동 독재하다

他登上王位后，长达50年的独裁统治终于结束了。

그가 왕위에 오른 뒤, 50년에 달하는 독재 통치가 마침내 끝이 났다.

王位 wángwèi 명 왕위 统治 tǒngzhì 동 통치하다

19 候选
hòuxuǎn

동 입후보하다

中央政府已开展选拔总理候选人的工作。

중앙 정부는 총리 입후보자를 선발하는 작업을 이미 전개하였다.

中央 zhōngyāng 명 중앙[정치 조직의 최고 기관] 政府 zhèngfǔ 명 정부
开展 kāizhǎn 동 전개되다, 확대되다 选拔 xuǎnbá 동 (인재를) 선발하다
总理 zǒnglǐ 명 총리

20 竞选
jìngxuǎn

동 경선 활동을 하다, 선거 운동을 하다

在竞选期间，这位候选人的表现尤为突出。

경선 활동 기간 중, 이 입후보자의 활약은 특히 뛰어났다.

候选人 hòuxuǎnrén 명 입후보자 表现 biǎoxiàn 명 활약
尤为 yóuwéi 부 특히 突出 tūchū 형 뛰어나다, 두드러지다

21 任命
rènmìng

동 임명하다

经审议，一名"90后"博士被任命为该市副市长。

심의를 거쳐, 한 '지우링허우' 박사가 이 시의 부시장으로 임명되었다.

审议 shěnyì 동 심의하다
90后 jiǔlínghòu 지우링허우[90년대 이후에 태어난 세대]
该 gāi 대 이 副市长 fùshìzhǎng 부시장

22 选举
xuǎnjǔ

동 선거하다, 선출하다

公民既有选举的权利，也有被选举的权利。

국민에게는 선거할 권리도 있고, 선출될 권리도 있다.

公民 gōngmín 명 국민, 공민 权利 quánlì 명 권리

23 拥护
yōnghù

반의어
反对 fǎnduì
통 반대하다, 찬성하지 않다

통 (당파·지도자·정책·노선 등을) 지지하다, 옹호하다

那些宦官故意拥护傻皇帝，没想到皇帝只是在   ↳ 술어
装傻。

그 환관들은 일부러 멍청한 황제를 지지했는데, 황제가 단지 멍청한 척을 하고 있을 뿐이었다는 것은 생각지도 못했다.

宦官 huànguān 뗑 환관, 내시   傻 shǎ 뗑 멍청하다, 어리석다
皇帝 huángdì 뗑 황제   装 zhuāng 통 ~인 척하나, ~인 체하디

24 民主
mínzhǔ

형 민주적이다

民主选举是公民参与政治生活的重要途径。

민주적 선거는 국민이 정치 생활에 참여하는 중요한 경로이다.

选举 xuǎnjǔ 통 선거하다, 선출하다   公民 gōngmín 뗑 국민, 공민
参与 cānyù 통 참여하다   政治 zhèngzhì 뗑 정치   途径 tújìng 뗑 경로

25 财政 ★★
cáizhèng

명 재정

他们采取的措施很成功，使地方财政状况重回正轨了。

그들이 취한 조치는 매우 성공적이어서, 지방 재정 상황을 정상 궤도로 다시 돌려놓았다.

采取 cǎiqǔ 통 취하다, 채택하다   措施 cuòshī 뗑 조치, 대책
状况 zhuàngkuàng 뗑 상황   正轨 zhèngguǐ 뗑 정상 궤도

🏯 알아 두면 시험이 쉬워지는 배경 지식

> 중국 역사   刘晏(유안)은 당대종(唐代宗) 시기의 정치가이자 뛰어난 财政 전문가였다. 그는 盐铁와 转运을 개혁하여, 安史之乱 이후 파탄이 났던 당 왕조의 财政을 회복시킨 것으로 유명하다.
>
> 刘晏 Liú Yàn 유안
>
> 盐铁 yántiě 제염과 제철, 소금과 철
>
> 转运 zhuǎnyùn 중계 운송하다, 다른 곳으로 운송하다
>
> 安史之乱 Ān Shǐ zhī luàn 안사의 난[당현종(唐玄宗) 때, 안록산(安禄山)과 사사명(史思明)이 일으킨 반란]

26 行政
xíngzhèng

명 행정

从隋朝起，中国古代王朝有了较为完整的中央行政机构。

수나라 왕조 때부터 시작하여, 중국 고대 왕조는 비교적 완전한 중앙 행정 기구를 갖추었다.

隋朝 Suícháo 고유 수나라 왕조   古代 gǔdài 뗑 고대
王朝 wángcháo 뗑 왕조   完整 wánzhěng 뗑 완전하다, 온전하다
中央 zhōngyāng 뗑 중앙[정치 조직의 최고 기관]   机构 jīgòu 뗑 기구

27 党
dǎng

명 정당

除了执政的共产党以外，中国还有八个民主党派。

집권 중인 공산당 이외에도, 중국에는 여덟 개의 민주 당파가 있다.

执政 zhízhèng 통 집권하다　共产党 gòngchǎndǎng 명 공산당
民主 mínzhǔ 형 민주적이다　党派 dǎngpài 명 당파

28 政权
zhèngquán

명 정권

纵观历史，曾有无数的奸臣企图用各种手段夺取国家政权。

역사를 훑어보면, 온갖 수단을 동원해 국가의 정권을 탈취하고자 도모한 무수한 간신들이 있었다.

纵观 zòngguān 통 훑어보다　无数 wúshù 형 무수하다
奸臣 jiānchén 명 간신　企图 qǐtú 통 도모하다　夺取 duóqǔ 통 탈취하다

29 中央
zhōngyāng

반의어
地方 dìfāng 명 지방

명 중앙, 정치 조직의 최고 기관

在盛唐时期，信阳是中央王朝重要的粮食、财源基地。

성당 시기에, 신양은 중앙 왕조의 중요한 양식, 재원 기지였다.

盛唐 Shèngtáng 고유 성당[중국 당나라의 전성기]　时期 shíqī 명 시기
信阳 Xìnyáng 고유 신양[중국 허난성에 위치한 지역]
王朝 wángcháo 명 왕조　粮食 liángshi 명 양식, 식량
财源 cáiyuán 명 재원　基地 jīdì 명 기지, 근거지

30 共和国
gònghéguó

명 공화국

他的房子叫库格穆格尔共和国，是全球最小的微型国家。

그의 집은 쿠겔무겔 공화국이라고 하며, 전 세계에서 가장 작은 초소형 국가이다.

库格穆格尔共和国 Kùgémùgé'ěr Gònghéguó 고유 쿠겔무겔 공화국[오스트리아 빈 프라터 공원에 위치한 초소형 국가]　微型 wēixíng 형 초소형의, 소형의

31 官方
guānfāng

반의어
民间 mínjiān 명 민간

명 공식, 정부측, 정부 당국

自从建交以来，两国之间的官方往来日益频繁。

수교를 맺은 이래부터, 양국 간의 공식 왕래는 날로 빈번해지고 있다.

自从 zìcóng 깨 ~부터　建交 jiànjiāo 통 수교를 맺다　以来 yǐlái 명 이래
往来 wǎnglái 통 왕래하다　日益 rìyì 부 날로
频繁 pínfán 형 빈번하다, 잦다

해커스 HSK 6급 단어장

32 国务院
guówùyuàn

명 국무원[중화 인민 공화국의 최고 행정 기관]

根据宪法和法律，<u>国务院</u>有权发布行政决定和行政命令。
↳ 술어

헌법과 법률에 따라, 국무원은 행정 결정과 행정 명령을 선포할 권력을 가지고 있다.

宪法 xiànfǎ **명** 헌법 **有权** yǒuquán **동** 권력을 가지다, 권력이 있다
发布 fābù **동** 선포하다, 발표하다 **行政** xíngzhèng **명** 행정

🏯 알아 두면 시험이 쉬워지는 배경 지식

> 중국문화 **中华人民共和国国务院**(중화 인민 공화국 국무원)은 중국의 중앙 행정 기관이다. 법률에 의한 행정 조치, 결의와 명령을 제정·공포·집행·감독하는 업무, 각 지방기관들을 관리하는 역할을 담당한다. **国务院**의 최고 수장은 **国务院总理**이고, 그 아래로 부총리, **国务委员**, 각 부서의 부장 등이 존재한다. 그리고 **国务院**의 산하 조직으로는 외교부·과학기술부·사법부·교육부·국방부 등이 있다.
>
> **中华人民共和国国务院** Zhōnghuá Rénmín Gònghéguó Guówùyuàn
> 중화 인민 공화국 국무원
>
> **国务院总理** Guówùyuàn zǒnglǐ 국무원 총리
>
> **国务委员** guówù wěiyuán 국무위원

33 设立 ★★
shèlì

동 (기구·조직 등을) 설립하다, 건립하다

秦始皇建立皇帝制度后，还<u>设立</u>三公九卿制，加强了统治。

진시황은 황제 제도를 세운 후, 삼공구경제를 설립하여, 통치를 강화했다.

秦始皇 Qínshǐhuáng **고유** 진시황 **皇帝** huángdì **명** 황제
三公九卿制 sān gōng jiǔ qīng zhì 삼공구경제[황제를 보좌하는 중앙 통치 제도]
加强 jiāqiáng **동** 강화하다 **统治** tǒngzhì **동** 통치하다

34 管辖
guǎnxiá

동 관할하다

大包村坐落于江苏境内，却属于安徽的<u>管辖</u>范围。

따바오 촌은 장쑤성 구역에 위치해 있지만, 안후이성의 관할 범위에 속한다.

大包村 Dàbāo Cūn **고유** 따바오 촌 **坐落** zuòluò **동** 위치하다, 자리잡다
江苏 Jiāngsū **고유** 장쑤성[중국의 지명] **境内** jìngnèi **명** 구역, 경내
安徽 Ānhuī **고유** 안후이성[중국의 지명] **范围** fànwéi **명** 범위

35 统治
tǒngzhì

동 통치하다

唐太宗<u>统治</u>期间，出现了中国历史上最辉煌的太平盛世。

당태종 통치 기간에, 중국 역사상 가장 눈부신 태평성대가 이루어졌다.

唐太宗 Táng Tàizōng **고유** 당태종[중국 당나라 제2대 황제]
期间 qījiān **명** 기간 **辉煌** huīhuáng **형** (성취·성과가) 눈부시다
太平盛世 tàipíngshèngshì **성** 태평성대

36 征收
zhēngshōu

[동] (법에 따라 세금을) 징수하다

早在春秋战国时期，各诸侯国已经开始征收商税。

술어 →

일찍이 춘추 전국 시기에, 각 제후국은 이미 상업세를 징수하기 시작했었다.

春秋战国 Chūnqiū Zhànguó 춘추 전국　**时期** shíqī [명] 시기
诸侯国 zhūhóuguó 제후국　**商税** shāngshuì 상업세

37 整顿
zhěngdùn

[동] 정비하다, 바로잡다

隋文帝对政治、经济进行了整顿，加强了中央集权。

수문제는 정치, 경제에 대해 정비를 진행하여, 중앙 집권을 강화시켰다.

隋文帝 Suí Wéndì [고유] 수문제[수나라 개국 군주]　**政治** zhèngzhì [명] 정치
加强 jiāqiáng [동] 강화하다　**集权** jíquán [동] 집권하다

38 昌盛
chāngshèng

[형] 창성하다, 흥성하다

波斯帝国曾经是世界上最繁荣昌盛的帝国之一。

페르시아 제국은 일찍이 세계에서 가장 번영하고 창성한 제국 중 하나였다.

波斯帝国 Bōsī Dìguó [고유] 페르시아 제국[기원전 약 550년 경에 현재의 이란
지역 일대에 세워진 고대 제국]　**曾经** céngjīng [부] 일찍이, 이전에
繁荣 fánróng [형] 번영하다

39 声明
shēngmíng

[명] 성명문, 성명서　[동] 성명하다, 공개적으로 선언하다

下午会谈结束后，两国首脑将发表一项联合声明。

오후 회담이 끝난 후에, 양국 정상은 공동 성명문을 발표할 것이다.

我在此郑重声明，此作品均为原创，版权归本人
所有。

저는 이 자리에서, 이 작품은 모두 최초로 창작된 것으로, 판권은 본인 소유
에 속함을 정중히 성명합니다.

会谈 huìtán [명] 회담　**首脑** shǒunǎo [명] 정상
联合 liánhé [형] 공동의, 연합의　**郑重** zhèngzhòng [형] 정중하다
均为 jūn wéi 모두 ~이다　**原创** yuánchuàng [동] 최초로 창작하다
版权 bǎnquán [명] 판권, 저작권

 시험에 이렇게 나온다!

[짝꿍표현] 声明을 활용한 다양한 짝꿍 표현들을 알아 둔다.

发表声明 fābiǎo shēngmíng 성명서를 발표하다
联合声明 liánhé shēngmíng 연합 성명문 ≒ 공동 성명문
郑重声明 zhèngzhòng shēngmíng 정중히 성명하다
严正声明 yánzhèng shēngmíng 엄정하게 성명하다

40 主权
zhǔquán

명 주권

在古代，国号就是行使国家主权的政权名称。
고대에, 국호는 국가의 주권을 행사하는 정권의 명칭이었다.

国号 guóhào 명 국호　行使 xíngshǐ 동 행사하다, 집행하다
政权 zhèngquán 명 정권　名称 míngchēng 명 명칭

41 领事馆
lǐngshìguǎn

명 영사관

经协商后，双方增设了领事馆，并简化了签证手续。
협상을 거친 후, 쌍방은 영사관을 증설하고, 비자 수속을 간소화했다.

协商 xiéshāng 동 협상하다, 협의하다　双方 shuāngfāng 명 쌍방, 양측
增设 zēngshè 동 증설하다　简化 jiǎnhuà 동 간소화하다, 간략하게 만들다
签证 qiānzhèng 명 비자　手续 shǒuxù 명 수속, 절차

42 局面
júmiàn

명 국면, 형세, 양상

中国历史上曾出现过四次大统一局面，其中就有秦朝和隋朝。
중국 역사상 일찍이 네 번의 대통일 국면이 나타났었는데, 그 중 진나라 왕조와 수나라 왕조가 있다.

统一 tǒngyī 동 통일하다　秦朝 Qíncháo 고유 진나라 왕조
隋朝 Suícháo 고유 수나라 왕조

43 备忘录
bèiwànglù

명 (일반적인 또는 외교상의) 비망록, 회의록

一些国际会议以备忘录作为会议决议的附件。
어떤 국제 회의에서는 비망록을 회의 결정의 첨부 문서로 삼는다.

作为 zuòwéi 동 ~으로 삼다, ~으로 여기다　决议 juéyì 명 결정, 결의
附件 fùjiàn 명 첨부 문서, 부품

44 访问
fǎngwèn

동 방문하다

晏子访问楚国时，楚王先后三次侮辱他，他却总能巧妙回击。
안영이 초나라를 방문했을 때, 초나라 왕은 그를 연이어 세 차례 모욕하였지만, 그는 오히려 모두 교묘하게 반격할 수 있었다.

晏子 Yànzǐ 고유 안영[춘추 전국 시대 제나라의 신하]
楚国 Chǔguó 고유 초나라　先后 xiānhòu 부 연이어, 잇달아
侮辱 wǔrǔ 동 모욕하다, 능욕하다　巧妙 qiǎomiào 형 교묘하다
回击 huíjī 동 반격하다

잠깐 Day03의 03번 拜访(방문하다)은 访问의 높임말이예요.

45 会晤
huìwù

⑧ 만나다, 회견하다

新任总统和联合国秘书长在办公室进行了简短的
会晤。

술어

신임 대통령과 유엔 사무총장은 사무실에서 짧은 만남을 진행했다.

新任 xīnrèn ⑲ 신임 ⑱ 새로 부임한　**总统** zǒngtǒng ⑲ 대통령
联合国 Liánhéguó [고유] 유엔[국제연합]　**秘书长** mìshūzhǎng 사무총장

46 交涉
jiāoshè

⑧ 교섭하다, 협상하다

皇帝多次派使者前去交涉后，两国关系才有了重
大进展。

황제가 여러 차례 사신을 보내 교섭하게 한 후, 두 나라의 관계에 비로소 중
대한 진전이 있었다.

皇帝 huángdì ⑲ 황제　**派** pài ⑧ 보내다, 파견하다　**使者** shǐzhě ⑲ 사신
进展 jìnzhǎn ⑧ 진전하다

47 派遣
pàiqiǎn

⑧ 파견하다

楚王派遣使者去请庄子做官，但是庄子想都没想就
拒绝了。

초나라 왕은 사신을 파견하여 장자에게 관직을 맡을 것을 청하도록 했는데,
장자는 생각도 해보지 않고 거절했다.

楚 Chǔ [고유] 초나라　**使者** shǐzhě ⑲ 사신
庄子 Zhuāngzǐ [고유] 장자[춘추 전국 시대의 사상가]　**做官** zuòguān 관직을 맡다

48 签署
qiānshǔ

⑧ (중요한 문서상에) 정식 서명하다

一切行政法规都由国务院签署，以国务院令的形
式发布。

모든 행정 법규는 국무원이 정식 서명하고, 국무원령의 형식으로 공포된다.

行政 xíngzhèng ⑲ 행정　**法规** fǎguī ⑲ 법규
国务院 guówùyuàn ⑲ 국무원　**发布** fābù ⑧ 공포하다

49 中立
zhōnglì

⑧ 중립하다, 중립을 지키다

很多国家已加入到激烈的贸易战中，而该国家始终
保持中立。

많은 국가들이 이미 격렬한 무역 전쟁에 합류했지만, 이 나라는 줄곧 중립
을 지켰다.

加入 jiārù ⑧ 합류하다, 참가하다　**激烈** jīliè ⑱ 격렬하다, 치열하다
贸易 màoyì ⑲ 무역　**该** gāi ⑲ 이　**始终** shǐzhōng ⑲ 줄곧, 언제나
保持 bǎochí ⑧ 지키다, 유지하다

해커스 HSK 6급 단어장

50 内幕
nèimù

[명] 내막, 속사정[주로 나쁜 것을 가리킴]

一册老账本竟揭开了清朝官员的腐败内幕。

한 권의 오래된 장부가 뜻밖에도 청나라 왕조 관원들의 부패한 내막을 드러냈다.

册 cè [양] 권   账本 zhàngběn [명] 장부   揭开 jiēkāi 드러내다, 폭로하다
清朝 Qīngcháo [고유] 청나라 왕조   官员 guānyuán [명] 관원, 관리
腐败 fǔbài [형] 부패하다, 타락하다

51 暴力
bàolì

[명] 폭력

他曾经通过暴力获得过统治权, 最后却被驱逐出境了。

그는 일찍이 폭력을 통해 통치권을 얻은 적이 있으나, 최후에는 도리어 나라 밖으로 쫓겨나고 말았다.

曾经 céngjīng [부] 일찍이, 이전에   统治权 tǒngzhìquán 통치권
驱逐 qūzhú [동] 쫓아내다   出境 chūjìng [동] 나라 밖으로 떠나다

52 冒充
màochōng

[동] 사칭하다

一个牛贩子居然冒充郑国的使者, 吓退了数万秦兵。

한 소 장사꾼이 놀랍게도 정나라의 사신을 사칭하여, 수만 명의 진나라 병사들을 놀라게 하여 후퇴시켰다.

贩子 fànzi [명] 장사꾼   居然 jūrán [부] 놀랍게도, 뜻밖에
郑国 Zhèngguó [고유] 정나라   使者 shǐzhě [명] 사신
吓 xià [동] 놀라게 하다, 놀라다   退 tuì [동] 후퇴하다
秦兵 Qín bīng 진나라 병사

53 压迫
yāpò

유의어
压制 yāzhì [동] 억제하다

[동] 억압하다, 압박하다

这个皇帝最痛恨那些压迫老百姓的贪官污吏。

이 황제는 백성을 억압하는 탐관오리들을 가장 미워했다.

皇帝 huángdì [명] 황제   痛恨 tònghèn [동] 가장 미워하다, 매우 원망하다
老百姓 lǎobǎixìng [명] 백성, 국민   贪官污吏 tānguānwūlì 탐관오리

 시험에 이렇게 나온다!

유의어 压迫 : 压制(yāzhì, 억제하다)

压迫는 권력이나 힘을 사용해서 강제적으로 사람을 복종시키는 것, 또는 사람의 신체 일부분에 압력을 가하는 것을 의미한다.

压迫农民 yāpò nóngmín 농민을 억압하다
压迫神经 yāpò shénjīng 신경을 압박하다

压制은 주로 의견·행동·욕망 등을 표현하는 것을 필사적으로 참는다는 의미이다.

压制批评 yāzhì pīpíng 비판을 억제하다
压制欲望 yāzhì yùwàng 욕망을 억제하다

⁵⁴**压榨**
yāzhà

● 동 착취하다, (기계로) 압착하다

→ 술어

这些王朝都是因压榨百姓而走向灭亡之路的。

이 왕조들은 모두 백성을 착취함으로 인해 멸망의 길을 향해 나아갔다.

王朝 wángcháo 명 왕조　**百姓** bǎixìng 명 백성
灭亡 mièwáng 동 멸망하다, 멸망시키다

⁵⁵**遭殃**
zāoyāng

● 동 불행을 당하다, 재난을 입다

只有及时处理贪污腐败的官员，才不会使群众遭殃。

탐욕스럽고 부패한 관리들을 즉시 처리해야만, 비로소 대중이 불행을 당하지 않게 할 수 있다.

处理 chǔlǐ 동 처리하다, 해결하다　**贪污** tānwū 동 탐욕하다, 횡령하다
腐败 fǔbài 형 부패하다　**官员** guānyuán 명 관리　**群众** qúnzhòng 명 대중

 시험에 이렇게 나온다!

이합동사 | **遭殃**은 **遭**(만나다, 당하다)+**殃**(재난, 재앙)이 합쳐진 이합동사로, 목적어를 취할 수 없다.

遭殃百姓 백성을 재난을 입다 (X)
使百姓遭殃 백성이 재난을 입게 하다 (O)

⁵⁶**腐败**
fǔbài

반의어

新鲜 xīnxiān 형 신선하다

● 형 부패하다, 타락하다　동 썩다, 부패하다

我们要通过完善制度，彻底解决党内存在的腐败问题。

우리는 제도를 개선하는 것을 통해, 정당 내에 존재하는 부패 문제를 철저히 해결해야 한다.

为了防止腐败，这类食品必须在低温环境中保存。

썩는 것을 방지하기 위해, 이런 식품들은 반드시 저온 환경에서 보존되어야 한다.

完善 wánshàn 동 개선하다, 보완하다　**制度** zhìdù 명 제도
彻底 chèdǐ 형 철저하다　**党** dǎng 명 정당　**存在** cúnzài 동 존재하다
防止 fángzhǐ 동 방지하다

⁵⁷**对策**
duìcè

● 명 대책, 대응책

地方政府需要遏制"上有政策，下有对策"的不良现象。

지방 정부는 '위에서 정책을 마련하면, 아래에서는 대책을 마련하는' 좋지 않은 현상을 억제할 필요가 있다.

政府 zhèngfǔ 명 정부　**遏制** èzhì 동 억제하다　**政策** zhèngcè 명 정책
不良 bùliáng 형 좋지 않다, 불량하다　**现象** xiànxiàng 명 현상

58 方针
fāngzhēn

명 방침

明太祖苦难的童年对他的治国方针造成了很大的影响。

명태조의 고난의 어린 시절은 나라를 다스리는 그의 방침에 큰 영향을 미쳤다.

明太祖 Míng Tàizǔ [고유] 명태조 **苦难** kǔnàn 명 고난
童年 tóngnián 명 어린 시절 **治国** zhìguó 동 나라를 다스리다, 치국하다
造成 zàochéng 동 미치다, 야기하다

---

59 公告
gōnggào

유의어

公布 gōngbù 동 공포하다

명 공고, 공포 동 공포하다, 공고하다

教育局发布了临时关闭官方网站的公告。

교육부는 공식 웹사이트를 잠시 폐쇄한다는 공고를 발표했다.

公司分立时，一定要在报纸上进行公告。

회사 분할 시에는, 반드시 신문에 공포하는 것을 진행해야 한다.

发布 fābù 동 발표하다 **临时** línshí 형 잠시의 **关闭** guānbì 동 폐쇄하다
官方 guānfāng 명 공식, 정부 당국 **分立** fēnlì 동 분할하다

 시험에 이렇게 나온다!

유의어 公告 : 公布(gōngbù, 공포하다)

公告는 국가 기관이나 공공 단체에서 사람들에게 일정한 정보를 알려주는 것을 의미한다.
发表公告 fābiǎo gōnggào 공고를 발표하다
公告于居民 gōnggào yú jūmín 주민들에게 공고하다

公布는 국가 기관이나 특정 단체가 이미 정해진 법률이나 규정 등을 공개적으로 발표하는 것을 의미한다.
公布法律 gōngbù fǎlǜ 법률을 공포하다
公布于众 gōngbù yú zhòng 대중에게 공포하다

---

60 章程
zhǎngchéng

명 규정, 규칙

该公司董事会通过了关于修改公司章程的议案。

이 회사의 이사회는 회사 규정을 개정하는 것에 관한 안건을 통과시켰다.

该 gāi 대 이 **董事会** dǒngshìhuì 명 이사회 **议案** yì'àn 명 안건

---

61 倡导 **
chàngdǎo

동 제창하다, 선도하다

"求同存异"是中国一贯倡导的外交思想。

'일치하는 것은 취하고 다른 점은 잠시 보류하는 것'은 중국이 한결같이 제창하는 외교 사상이다.

求同存异 qiútóngcúnyì 셩 일치하는 것은 취하고 다른 점은 잠시 보류하다
一贯 yíguàn 형 한결같다 **外交** wàijiāo 명 외교 **思想** sīxiǎng 명 사상

62 实行 ★★
shíxíng

유의어
施行 shīxíng 图 시행하다
执行 zhíxíng 图 집행하다

동 실행하다

술어

这个国家通过实行政治体制改革, 走上了强国之路。

이 국가는 정치 체제 개혁을 실행한 것을 통해, 강대국의 길로 들어섰다.

政治 zhèngzhì 图 정치 体制 tǐzhì 图 체제, 체계 改革 gǎigé 图 개혁하다

 시험에 이렇게 나온다!

유의어 实行 : 施行(shīxíng, 시행하다) : 执行(zhíxíng, 집행하다)

实行은 이론 · 정책 · 계획 · 주장 등을 현실화시키는 것을 의미한다.
实行改革 shíxíng gǎigé 개혁을 실행하다
实行开放政策 shíxíng kāifàng zhèngcè 개방 정책을 실행하다

施行은 특정한 방법에 따라 구체적인 행동을 하는 것, 또는 법령이나 규정을 공포한 뒤에 그 효력을 실제로 발생시키는 것을 의미한다.
施行急救 shīxíng jíjiù 응급 조치를 시행하다
施行新法案 shīxíng xīn fǎ'àn 새로운 법안을 시행하다

执行은 법률 · 명령 · 재판 · 처분과 같은 상급 규정에 따라 강제적으로 실행하는 것을 의미한다.
执行任务 zhíxíng rènwu 임무를 집행하다
执行命令 zhíxíng mìnglìng 명령을 집행하다

63 落实
luòshí

동 실현되다, 시행되다

自从此项新政策落实后, 网约车正在走向规范化。

이 새로운 정책이 실현된 후로부터, 인터넷 예약 택시는 규범화를 향해 나아가고 있다.

政策 zhèngcè 图 정책 网约车 wǎngyuēchē 인터넷 예약 택시
规范化 guīfànhuà 图 규범화하다, 표준화하다

 시험에 이렇게 나온다!

짝꿍 表现 落实을 활용한 다양한 짝꿍 표현들을 알아 둔다.
落实措施 luòshí cuòshī 조치가 시행되다
落实政策 luòshí zhèngcè 정책이 시행되다

64 谋求
móuqiú

동 도모하다, 모색하다

嫁给匈奴的王昭君为百姓谋求幸福, 受到匈奴人的尊敬。

흉노에게 시집간 왕소군은 백성을 위한 행복을 도모하여, 흉노 사람들의 존경을 받았다.

嫁 jià 图 시집가다 匈奴 Xiōngnú 고유 흉노[중국 고대의 민족 중 하나]
王昭君 Wáng Zhāojūn 고유 왕소군[중국 고대의 4대 미녀 중 한 사람]
百姓 bǎixìng 图 백성 尊敬 zūnjìng 图 존경하다

65 阻挠
zǔnáo

[동] 저지하다, 가로막다

这位帝王总想御驾亲征，但遭到了大臣们的极力
阻挠。

술어 →

이 군주는 늘 친히 정벌에 나서고자 했지만, 대신들의 강력한 저지를 받았다.

帝王 dìwáng [명] 군주, 제왕 　**御驾亲征** yù jià qīnzhēng 친히 정벌에 나서다
大臣 dàchén [명] 대신, 중신 　**极力** jílì [부] 강력히, 극력으로

66 稠密
chóumì

반의어

稀疏 xīshū
[형] 드물다, 성기다, 뜸하다
疏落 shūluò
[형] 드문드문하다, 듬성듬성하다

[형] 조밀하다, 촘촘하다

位于欧洲的摩纳哥是世界上人口最稠密的国家。

유럽에 위치한 모나코는 세계에서 인구가 가장 조밀한 국가이다.

位于 wèiyú [동] ~에 위치하다 　**欧洲** Ōuzhōu [고유] 유럽
摩纳哥 Mónàgē [고유] 모나코 　**人口** rénkǒu [명] 인구

 시험에 이렇게 나온다!

짝꿍
표현 　稠密를 활용한 다양한 짝꿍 표현들을 알아 둔다.

人口稠密 rénkǒu chóumì 인구가 조밀하다
人烟稠密 rényān chóumì 밥 짓는 연기가 조밀하다 ≒ 인가가 조밀하다

67 一贯 ★★
yíguàn

반의어

偶尔 ǒu'ěr
[형] 우발적인
[부] 간혹, 이따금, 때때로

[형] (사상·성격·태도·정책 등이) 한결같다, 일관되다

自建国以来，这个国家一贯实行民族区域自治政策。

건국한 이래로, 이 국가는 한결같이 민족 지역 자치 정책을 실행하고 있다.

建国 jiànguó [동] 건국하다 　**以来** yǐlái [명] 이래 　**实行** shíxíng [동] 실행하다
区域 qūyù [명] 지역, 구역 　**自治** zìzhì [동] 자치하다 　**政策** zhèngcè [명] 정책

68 势力 ★★
shìlì

[명] 세력

成吉思汗踏平了中亚和东南亚，其势力甚至延伸
到欧洲。

칭기스칸은 중앙아시아와 동남아시아를 평정하였으며, 그 세력은 심지어 유럽까지 뻗어 나갔다.

成吉思汗 Chéngjísīhán [고유] 칭기즈칸 　**踏平** tàpíng 평정하다
中亚 Zhōng Yà [고유] 중앙아시아 　**东南亚** Dōngnán Yà [고유] 동남아시아
延伸 yánshēn [동] 뻗다, 펴다 　**欧洲** Ōuzhōu [고유] 유럽

⁶⁹ 边境
biānjìng

ㅁ 국경 지대, 변경

历史上有许多帝王都用坚固的城墙来防守国家
边境。 ← 술어

역사상 많은 제왕들이 견고한 성벽으로 나라의 국경 지대를 수비했다.

帝王 dìwáng ㅁ 제왕, 군주　**坚固** jiāngù ㆍ 견고하다, 튼튼하다
城墙 chéngqiáng ㅁ 성벽　**防守** fángshǒu ㄷ 수비하다

잠깐 边境은 국경선과 가까운 지역을 의미하고, Day18의 24번 边界(경계선, 국경선)는 지역과
　　 지역 사이의 경계선을 의미해요.

⁷⁰ 国防
guófáng

ㅁ 국방

雄伟的万里长城是古代中国国防的重要象征。

웅대한 만리장성은 고대 중국 국방의 중요한 상징이었다.

雄伟 xióngwěi ㆍ 웅대하다, 웅장하다　**象征** xiàngzhēng ㅁ 상징

⁷¹ 行列
hángliè

ㅁ 대열, 행렬

在赵武灵王的带领下，赵国步入了强国行列，成
为了战国七雄之一。

조무령왕의 통솔 아래, 조나라는 강국의 대열에 들어섰으며, 전국 칠웅 중
하나가 되었다.

赵武灵王 Zhào Wǔlíngwáng 고유 조무령왕[조나라의 제15대 군주]
带领 dàilǐng ㄷ 통솔하다　**赵国** Zhàoguó 고유 조나라
战国七雄 Zhànguó Qī xióng 고유 전국 칠웅[중국 전국 시대의 7개 강대국]

⁷² 联盟
liánméng

ㅁ 연맹

在赤壁之战中，曹操被孙刘联盟打败了。

적벽대전에서, 조조는 손유 연맹에게 패배했다.

赤壁之战 Chìbì Zhī Zhàn 고유 적벽대전[중국 삼국 시대에 적벽에서 일어난 전투]
曹操 Cáo Cāo 고유 조조　**孙刘** Sūn Liú 고유 손유[손권(孙权)과 유비(刘备)]

⁷³ 领土
lǐngtǔ

ㅁ 영토, 국토

经多次谈判，我们终于收复了曾经失去的领土。

여러 번의 담판을 거쳐, 우리는 마침내 이전에 잃어버렸던 영토를 수복했다.

谈判 tánpàn ㅁ 담판, 회담　**收复** shōufù ㄷ (잃어버린 영토를) 수복하다
曾经 céngjīng ㄷ 이전에, 일찍이　**失去** shīqù ㄷ 잃어버리다, 잃다

⁷⁴ 祖国
zǔguó

명 조국

"爱国者"是对热爱祖国和民族的一类人的称呼。 → 술어

'애국자'는 조국과 민족을 사랑하는 사람들에 대한 칭호이다.

爱国者 àiguózhě 애국자　称呼 chēnghu 명 칭호

⁷⁵ 争端
zhēngduān

명 분쟁, 다툼의 실마리

大臣们认为暴力不是解决争端的好方法。

대신들은 폭력이 분쟁을 해결하는 좋은 방법이 아니라고 생각했다.

大臣 dàchén 명 대신, 중신　暴力 bàolì 명 폭력

⁷⁶ 殖民地
zhímíndì

명 식민지

《美国独立宣言》宣布，北美十三块殖民地正式独立。

<미국 독립 선언문>은, 북아메리카 13개 식민지가 공식적으로 독립할 것을 선포했다.

独立 dúlì 통 독립하다, 독자적으로 하다　宣言 xuānyán 명 선언문, 선언
宣布 xuānbù 통 선포하다, 공표하다

⁷⁷ 捍卫
hànwèi

동 지키다, 수호하다

虽然连皇帝都逃跑了，他还是坚决留下来捍卫了民族的尊严。

비록 황제마저 도망쳤지만, 그는 여전히 단호하게 남아서 민족의 존엄을 지켰다.

皇帝 huángdì 명 황제　逃跑 táopǎo 통 도망치다, 달아나다
坚决 jiānjué 형 단호하다　尊严 zūnyán 명 존엄

 시험에 이렇게 나온다!

짝꿍표현 捍卫를 활용한 다양한 짝꿍 표현들을 알아 둔다.

捍卫领土 hànwèi lǐngtǔ 영토를 지키다
捍卫和平 hànwèi hépíng 평화를 수호하다
捍卫祖国 hànwèi zǔguó 조국을 수호하다

⁷⁸ 掠夺
lüèduó

동 약탈하다, 빼앗다

各国要求欧洲国家归还殖民地时期掠夺的珍贵文物。

각 나라는 유럽 국가에게 식민지 시기에 약탈한 진귀한 문물을 반환하도록 요구했다.

欧洲 Ōuzhōu 고유 유럽　归还 guīhuán 통 반환하다, 돌려주다
殖民地 zhímíndì 명 식민지　时期 shíqī 명 시기
珍贵 zhēnguì 형 진귀하다, 귀중하다　文物 wénwù 명 문물

⁷⁹ 灭亡
mièwáng

[반의어]

产生 chǎnshēng
동 생기다, 출현하다

동 멸망하다, 멸망시키다

_{→ 술어}

关于苏美尔王国的起源和灭亡，史学界众说纷纭。

수메르 왕국의 기원과 멸망에 관하여, 역사학계에서는 의견이 분분하다.

苏美尔王国 Sūměiěr Wángguó [고유] 수메르 왕국[기원전 약 3,500년 경에
메소포타미아 지역에 세워진 왕국] 起源 qǐyuán 명 기원 동 기원하다
众说纷纭 zhòngshuōfēnyún 성 의견이 분분하다

⁸⁰ 侵犯
qīnfàn

동 (타국의 영역을) 침범하다

对于每一个国家来说，领土和主权神圣不可侵犯。

모든 나라에게 있어, 영토와 주권은 신성불가침이다.

领土 lǐngtǔ 명 영토 主权 zhǔquán 명 주권 神圣 shénshèng 형 신성하다

 시험에 이렇게 나온다!

[짝꿍 표현] 侵犯을 활용한 다양한 짝꿍 표현들을 알아 둔다.

侵犯权利 qīnfàn quánlì 권리를 침범하다
侵犯版权 qīnfàn bǎnquán 판권을 침범하다
侵犯主权 qīnfàn zhǔquán 주권을 침범하다

⁸¹ 推翻
tuīfān

동 (기존의 국면을) 뒤집어엎다, 전복시키다

李自成领导的农民起义推翻了明朝的统治。

이자성이 이끄는 농민 봉기가 명나라 왕조의 통치를 뒤집어엎었다.

李自成 Lǐ Zìchéng [고유] 이자성[중국 명나라 시기 의병을 이끌었던 사람]
领导 lǐngdǎo 동 이끌다, 지도하다 农民 nóngmín 명 농민, 농부
起义 qǐyì 명 봉기 明朝 Míngcháo [고유] 명나라 왕조
统治 tǒngzhì 동 통치하다

⁸² 征服 ^{★★}
zhēngfú

동 정복하다, 매료시키다

亚历山大大帝带领数万精兵，远跨重洋，征服了
波斯。

알렉산더 대왕은 수만 명의 정예병을 이끌고, 멀고 먼 바다를 건너, 페르시
아를 정복했다.

亚历山大大帝 Yàlìshāndà Dàdì [고유] 알렉산더 대왕
带领 dàilǐng 동 이끌다 精兵 jīngbīng 명 정예병 跨 kuà 동 건너다
重洋 chóngyáng 명 먼 바다, 큰 바다 波斯 Bōsī [고유] 페르시아

83 阻拦 **
zǔlán

[동] 막다, 저지하다

在罗马全盛时期，没有国家能够阻拦他们的领土
扩张。
↑술어

로마의 전성기에는, 그들의 영토 확장을 막을 수 있는 나라가 없었다.

罗马 Luómǎ [고유] 로마 　**全盛时期** quánshèng shíqī 전성기
领土 lǐngtǔ [명] 영토, 국토 　**扩张** kuòzhāng [동] 확장하다, 넓히다

84 霸道
bàdào / bàdao

[반의어]

王道 wángdào [명] 왕도

[명] [bàdào] 패도 　[형] [bàdao] 포악하다, 난폭하다

王道思想和霸道思想是中国古代政治哲学的重要
概念。

왕도 사상과 패도 사상은 중국 고대 정치 철학의 중요한 개념이다.

经过几百年的时间，那个横行霸道的国家最终彻
底灭亡了。

몇백 년의 시간을 거쳐, 권세를 믿고 포악을 부리던 그 나라는 결국 철저히
멸망하였다.

王道 wángdào [명] 왕도 　**思想** sīxiǎng [명] 사상 　**古代** gǔdài [명] 고대
政治 zhèngzhì [명] 정치 　**哲学** zhéxué [명] 철학 　**概念** gàiniàn [명] 개념
横行霸道 héngxíngbàdào [성] 권세를 믿고 포악을 부리다, 제멋대로 날뛰다
彻底 chèdǐ [형] 철저하다 　**灭亡** mièwáng [동] 멸망하다, 멸망시키다

🏯 알아 두면 시험이 쉬워지는 배경 지식

> [중국역사] **王道政治**(왕도 정치)과 **霸道政治**(패도 정치)은 고대 중국의 두 가지 정치 사상
> 이다. **王道政治**은 仁과 义를 통해 백성을 교화하고 천하를 다스리는 정치이고,
> **霸道政治**은 권세와 무력을 사용해서 천하를 다스리는 정치이다. **王道政治**을
> 주장한 대표적인 인물은 **孟子**이고, **霸道政治**를 주장한 대표적인 인물은 **韩非**
> **子**이다. 춘추 전국 시대에는 많은 제후들이 **霸道政治**을 더 선호했는데, **霸道政**
> **治**을 시행한 대표적인 인물로는 제환공(**齐桓公**) · 진문공(**晋文公**) · 진목공(**秦**
> **穆公**) 등이 있다.
>
> **王道政治** wángdào zhèngzhì 왕도 정치
> **霸道政治** bàdào zhèngzhì 패도 정치
> **仁** rén 인 　　　　　　　　　　　　　義 yì 의
> **孟子** Mèngzǐ 맹자 　　　　　　　　　**韩非子** Hánfēizǐ 한비자

85 利害
lìhài

[명] 이해, 이익과 손해

考虑到国家的利害得失，参与这场战争是不明智的。

나라의 이해득실을 고려했을 때, 이 전쟁에 참여하는 것은 현명하지 못한
것이다.

得失 déshī [명] 득실, 얻은 것과 잃은 것 　**参与** cānyù [동] 참여하다
战争 zhànzhēng [명] 전쟁 　**明智** míngzhì [형] 현명하다, 총명하다

연습문제 **체크체크!**

제시된 뜻에 해당하는 단어를 중국어로 써 보세요.

01 세력   ------------------------

02 막다, 저지하다   ------------------------

03 황제   ------------------------

04 사칭하다   ------------------------

05 (기구·조직 등을) 설립하다, 건립하다   ------------------------

제시된 단어로 하나의 문장을 완성하세요.

06 改革   该国正在   地实行   积极坚定   政治体制

----

07 比去年   据说   今年的   增长了25%   财政支出

----

08 基础   社会保障   社会发展的   体系是   完善的

----

09 的国家   自己微薄   挽救衰落   他试图用   的力量

----

10 发表了   联合声明   两国领导人   在首脑   会谈上

----

09. 他试图用自己微薄的力量挽救衰落的国家。   10. 两国领导人在首脑会谈上发表了联合声明。

06. 该国正在积极坚定地实行政治体制改革。   07. 据说今年的财政支出比去年增长了25%。   08. 社会保障体系是社会发展的基础完善的。

정답: 01. 势力   02. 阻挡   03. 皇帝   04. 冒充   05. 设立

* 06~10번 문제 해석은 해커스중국어(china.Hackers.com)에서 다운로드 받으세요.

HSK 6급 시험에 나오는 고난도 어휘

☑ 잘 외워지지 않는 단어는 ☐에 체크해 두고 다음에 반복 암기합니다.

☐ 浩劫	hàojié	명 대참사, 재앙
☐ 粮荒	liánghuāng	명 식량 결핍 현상, 식량 기근 현상
☐ 势头	shìtóu	명 정세, 형세, 형편
☐ 驰名	chímíng	동 명성을 떨치다
☐ 申遗	shēnyí	동 세계 문화유산에 등재 신청을 하다
☐ 扶持	fúchí	동 지원하다, 부축하다
☐ 扑灭	pūmiè	동 박멸하다, (화재를) 진압하다
☐ 繁衍	fányǎn	동 번성하다, 점점 증가하다
☐ 颠覆	diānfù	동 전복하다, 뒤집히다
☐ 衰落	shuāiluò	동 쇠락하다, 쇠퇴하다
☐ 兴衰	xīngshuāi	동 흥하고 쇠하다
☐ 雄浑	xiónghún	형 (글·글씨 등이) 웅장하고 힘차다
☐ 张灯结彩	zhāngdēngjiécǎi	성 경사스럽고 떠들썩하다
☐ 动荡不安	dòngdàngbù'ān	성 (형세·상황 등이) 불안하다, 뒤숭숭하다
☐ 岌岌可危	jíjíkěwēi	매우 위험하다, 아슬아슬하다
☐ 创举	chuàngjǔ	명 최초의 시도
☐ 羁绊	jībàn	동 구속되다, 속박되다, 얽매이다
☐ 滥用	lànyòng	동 남용하다, 함부로 쓰다
☐ 变革	biàngé	동 (주로 사회 제도를) 변혁하다, 바꾸다
☐ 奉公	fènggōng	동 공익을 위해 힘쓰다

☐ 渗入	shènrù	동 스며들다, (어떤 세력이) 침투하다
☐ 解禁	jiějìn	동 금지를 해제하다
☐ 试行	shìxíng	동 시험 삼아 해 보다, 시험적으로 실시하다
☐ 西气东输	xīqìdōngshū	서기동수[중국 서부의 천연가스를 동부로 보내는 사업]
☐ 权贵	quánguì	명 집권자, 권세 있고 지위 높은 사람
☐ 殊荣	shūróng	명 특별한 영예
☐ 荣辱	róngrǔ	명 영예와 치욕
☐ 晏子	Yànzǐ	고유 안자[춘추 전국 시대 제나라의 신하]
☐ 称霸	chēngbà	동 권세에 기대어 남을 업신여기다
☐ 归顺	guīshùn	동 귀순하다
☐ 侍奉	shìfèng	동 (윗사람을) 섬기다, 모시다
☐ 脍炙人口	kuàizhìrénkǒu	성 사람들의 입에 오르내리다, 사람들에 의해 널리 회자되다
☐ 同声传译	tóngshēng chuányì	동시통역하다
☐ 联合国大会	Liánhéguó Dàhuì	고유 유엔 총회
☐ 阿根廷	Āgēntíng	고유 아르헨티나
☐ 芬兰	Fēnlán	고유 핀란드
☐ 缅甸	Miǎndiàn	고유 미얀마
☐ 瑞典	Ruìdiǎn	고유 스웨덴
☐ 希腊	Xīlà	고유 그리스
☐ 伊朗	Yīlǎng	고유 이란

DAY 29

견물생심

상태 및 상황 묘사 (사자성어와 부사)

주제를 알면 HSK가 보인다!

HSK 6급에서는 사람·사물의 상태나 사람이 처한 상황과 관련된 지문에 사자성어와 부사가 자주 사용돼요. 따라서 家喻户晓(사람마다 모두 알다), 颇(상당히)와 같은 사자성어와 부사를 집중적으로 학습하면 이러한 지문을 쉽게 이해하고 문제를 풀 수 있어요.

🎧 단어, 예문 MP3

2% 부족한 생일 선물

05 **家喻户晓** jiāyùhùxiǎo 성 사람마다 모두 알다

03 **颇** pō 부 상당히, 꽤

04 **层出不穷** céngchūbùqióng 성 끊임없이 나타나다

02 **皆** jiē 부 모두, 전부

01 大致 ***
dàzhì

부 대체로, 대개　형 대략적인

中医认为食物大致可分为凉性和热性两类。 → 술어

중의학에서는 음식을 대체로 '냉한 성질'과 '뜨거운 성질' 두 부류로 나눌 수 있다고 여긴다.

这位语言学家研究并整理了这两个方言的大致差异。

이 언어학자는 이 두 방언의 대략적인 차이를 연구해서 정리해 냈다.

食物 shíwù 몡 음식　方言 fāngyán 몡 방언　差异 chāyì 몡 차이

02 皆 ***
jiē

부 모두, 전부

报名参加这次比赛的选手皆为年轻人。

이번 대회에 참가 신청한 선수들은 모두 젊은 사람들이다.

选手 xuǎnshǒu 몡 선수

03 颇 ***
pō

부 상당히, 꽤

美国化学家弗朗西斯·阿诺德对酶的定向演化颇有研究。

미국의 화학자 프랜시스 아널드는 효소의 유도 진화에 대해 상당히 조예가 깊다.

弗朗西斯·阿诺德 Fúlǎngxīsī Ānuòdé 고유 프랜시스 아널드[노벨 화학상을 수상한 미국의 화학자]　酶 méi 몡 효소
定向演化 dìngxiàng yǎnhuà 유도 진화

잠깐 颇는 '치우치다'라는 의미도 가지고 있어서, 偏颇(piānpō, 편파적이다, 한쪽으로 치우치다)와 같은 단어에서 쓰이기도 해요.

04 层出不穷 ***
céngchūbùqióng

성 끊임없이 나타나다, 꼬리를 물고 나타나다

随着第四次工业革命的到来，各种创新产品层出不穷。

제4차 산업혁명의 도래에 따라, 각종 창의적인 제품이 끊임없이 나타난다.

工业革命 gōngyè gémìng 산업혁명　创新 chuàngxīn 몡 창의성, 창조성

05 家喻户晓 ***
jiāyùhùxiǎo

성 사람마다 모두 알다, 집집마다 다 알다

便条贴已成为家喻户晓的世界性产品。

포스트잇은 이미 사람마다 모두 아는 세계적인 세품이 되었다.

便条贴 biàntiáotiē 포스트잇

06 络绎不绝 ★★★
luòyìbùjué

[성] (사람·수레·배 따위의) 왕래가 빈번해 끊이지 않다

每天都有络绎不绝的人到张家界欣赏壮丽的风景。

→ 술어

매일 끊이지 않는 사람들이 장가계에 가서 웅장하고 아름다운 풍경을 감상한다.

张家界 Zhāngjiājiè [고유] 장가계, 장자제[후난성에 있는 도시 이름]

欣赏 xīnshǎng [동] 감상하다 壮丽 zhuànglì [형] 웅장하고 아름답다

07 即将 ★★★
jíjiāng

[부] 곧, 머지않아

比赛即将开始，众多球迷都在为选手们加油打气。

경기가 곧 시작되어, 많은 축구팬이 모두 선수들을 위해 응원하며 격려하고 있다.

球迷 qiúmí [명] 축구팬 选手 xuǎnshǒu [명] 선수 打气 dǎqì [동] 격려하다

08 依旧 ★★★
yījiù

[부] 여전히

虽是冬日，屋后的那片竹林依旧青翠。

비록 겨울이지만, 집 뒤의 그 죽림은 여전히 푸르다.

青翠 qīngcuì [형] 푸르다, 새파랗다

09 愈 ★★★
yù

[부] ~하면 할수록 ~하다 [동] (병이) 낫다, 뛰어넘다

很多人认为茶叶愈陈愈好，但实际上并非如此。

많은 사람들은 찻잎이 오래되면 오래될수록 좋다고 생각하지만, 실제로는 결코 그렇지 않다.

发现青霉素之后，人类能够治愈细菌性疾病了。

페니실린을 발견한 후, 인류는 세균성 질병을 치유할 수 있게 되었다.

并非 bìngfēi [동] 결코 ~이 아니다 青霉素 qīngméisù [명] 페니실린
治愈 zhìyù [동] 치유하다 细菌 xìjūn [명] 세균 疾病 jíbìng [명] 질병

 시험에 이렇게 나온다!

[짝꿍 표현] 동사 愈를 활용한 다양한 짝꿍 표현들을 알아 둔다.

愈合 yùhé 유합하다, (상처가) 아물다

病愈 bìngyù 병이 낫다

10 时常 ★★
shícháng

[부] 늘, 자주

这个村子周边没有水井，时常要有人从远处运水过来。

이 마을은 주변에 우물이 없어서, 멀리서부터 물을 운반해 오는 사람이 늘 있어야 한다.

周边 zhōubiān [명] 주변 水井 shuǐjǐng [명] 우물

11 统统
tǒngtǒng

[부] 전부, 모두, 다

她把整个房间<u>统统</u>翻了一遍，但还是没有找到 술어 ←
钥匙。

그녀는 모든 방을 전부 샅샅이 뒤졌지만, 아직도 열쇠를 찾지 못했다.

整个 zhěnggè [형] 모든, 전체의   翻 fān [동] 뒤지다, 펼치다

12 滔滔不绝 ★★
tāotāobùjué

[성] 쉴 새 없이 말하다, 끊임없이 계속되다

她可是个话痨，一见到朋友，总是<u>滔滔不绝</u>地说
起话来。

그녀는 굉장한 수다쟁이여서, 친구를 만났다 하면, 항상 쉴 새 없이 말하
기 시작한다.

话痨 huàláo [명] 수다쟁이

[반의어]

哑口无言 yǎkǒuwúyán
[성] 벙어리와 같이 말을 하지 못하다,
말문이 막히다

 시험에 이렇게 나온다!

[쓰기] 쓰기 지문에서 滔滔不绝라는 어휘가 나오면 **不停**으로 쉽게 바꿔 쓸 수 있다.

13 众所周知 ★★
zhòngsuǒzhōuzhī

[성] 모든 사람이 다 알고 있다

<u>众所周知</u>，没有阳光，树木是很难生长的。

모든 사람이 다 알고 있듯이, 햇볕이 없으면, 나무는 자라기 어렵다.

生长 shēngzhǎng [동] 자라다, 성장하다

14 川流不息
chuānliúbùxī

[성] (행인·차량 등이 냇물처럼) 끊임없이 오가다

大峡谷是个举世闻名的自然奇观，前来观看的游
客<u>川流不息</u>。

그랜드 캐니언은 세계적으로 널리 이름난 자연 경관이어서, 찾아와서 구경
하는 관광객들이 끊임없이 오간다.

大峡谷 Dàxiágǔ [고유] 그랜드 캐니언

举世闻名 jǔshìwénmíng [성] 세계적으로 널리 이름나다   奇观 qíguān [명] 경관

15 无穷无尽
wúqióngwújìn

[성] 무궁무진하다

这些科学家为了探索宇宙<u>无穷无尽</u>的奥秘而奉献
了一生。

이 과학자들은 우주의 무궁무진한 비밀을 찾기 위해 일생을 바쳤다.

探索 tànsuǒ [동] 찾다, 탐색하다   宇宙 yǔzhòu [명] 우주

奥秘 àomì [명] 비밀, 신비   奉献 fèngxiàn [동] 바치다, 공헌하다

16 与日俱增
yǔrìjùzēng

[성] 날로 늘어나다, 날이 갈수록 많아지다

随着人口老龄化程度日益加剧，国家负担也<u>与日俱增</u>。 ← 술어

인구 노령화 수준이 나날이 심해짐에 따라, 국가의 부담도 날로 늘어나고 있다.

人口 rénkǒu 명 인구 老龄化 lǎolínghuà 노령화하다
程度 chéngdù 명 수준, 정도 日益 rìyì 부 나날이 加剧 jiājù 동 심해지다
负担 fùdān 명 부담, 책임

17 接连 ★★
jiēlián

[부] 연거푸, 잇달아

这台旧机器最近接连发生了停止运行的事件。

이 낡은 기계는 최근에 운행을 멈추는 일이 연거푸 발생했다.

机器 jīqì 명 기계 运行 yùnxíng 동 운행하다 事件 shìjiàn 명 일, 사건

18 恰巧 ★★
qiàqiǎo

[부] 때마침, 공교롭게도

我儿子的生日恰巧是周末，我们打算到郊外踏青。

내 아들의 생일이 때마침 주말이어서, 우리는 교외로 소풍을 가려 한다.

郊外 jiāowài 명 교외 踏青 tàqīng 동 소풍 가다, 봄놀이하다

19 时而
shí'ér

[부] 때때로, 이따금

那只猩猩时而倒挂在树枝上，时而跳到地上。

그 오랑우탄은 때때로 나뭇가지에 거꾸로 매달려 있기도 하고, 때때로 땅으로 점프하기도 한다.

猩猩 xīngxing 명 오랑우탄 树枝 shùzhī 명 나뭇가지

20 一度 ★★
yídù

[부] 한때, 한동안

我一度想放弃弹钢琴，但最终还是坚持下来了。

나는 한때 피아노 치는 것을 포기할까 생각했었는데, 하지만 결국 여전히 지속해 나갔다.

放弃 fàngqì 동 포기하다

21 一向 ★★
yíxiàng

[부] 줄곧, 내내

王晶一向强调，我们要客观地评价自己的能力。

왕징은, 우리가 객관적으로 우리의 능력을 평가해야 한다고 줄곧 강조한다.

强调 qiángdiào 동 강조하다 客观 kèguān 형 객관적이다
评价 píngjià 동 평가하다

²² 暂且
zànqiě

📢 잠시, 당분간

由于双方没有达成一致, 议长宣布对此议案暂且休会。

쌍방이 일치에 도달하지 못했기 때문에, 의장은 이 안건에 대해 잠시 휴회할 것을 선언했다.

达成 dáchéng 동 도달하다, 달성하다 一致 yízhì 형 일치하다
宣布 xuānbù 동 선언하다 议案 yì'àn 명 안건 休会 xiūhuì 휴회하다

²³ 逐年 **
zhúnián

📢 해마다, 한 해 한 해

由于人们大肆破坏自然, 水獭的数量逐年减少。

사람들이 함부로 자연을 파괴한 것으로 인해서, 수달의 수는 해마다 줄고 있다.

大肆 dàsì 부 함부로 破坏 pòhuài 동 파괴하다 水獭 shuǐtǎ 명 수달

²⁴ 迄今为止
qìjīnwéizhǐ

📢 (이전 어느 시점부터) 지금에 이르기까지

迄今为止, 已经有超过一万件的良渚文化玉器出土。

지금에 이르기까지, 이미 만 점이 넘는 양저 문화 옥기가 출토되었다.

良渚文化 liángzhǔ wénhuà 양저 문화[중국 신석기 시대 후기의 한 문화]
玉器 yùqì 명 옥기[옥을 세공한 각종 기물]

²⁵ 一如既往
yìrújìwǎng

📢 지난날과 다름없다

无论孩子多大, 父母对孩子的爱一如既往。

아이가 얼마나 크든 간에, 아이에 대한 부모의 사랑은 지난날과 다름없다.

无论 wúlùn 접 ~하든 간에

²⁶ 循序渐进 **
xúnxùjiànjìn

📢 순차적으로 진행하다, 점차적으로 발전시키다

这个故事告诉我们做事要循序渐进, 不能拔苗助长。

이 이야기는 어떤 일을 할 때 순차적으로 진행해야 하며, 자연스러운 규칙을 어기고 인위적으로 관여하여 일을 그르쳐서는 안 된다는 것을 우리에게 알려 준다.

拔苗助长 bámiáozhùzhǎng 성 자연스러운 규칙을 어기고 인위적으로 관여하여 일을 그르치다

 시험에 이렇게 나온다!

듣기 독해 循序渐进(순차적으로 진행하다)은 듣기나 독해 영역에서 적절한 교육 방법 또는 훈련 방법에 대한 의견이 담긴 지문에서 자주 출제된다. 循序渐进과 함께 자주 출제되는 표현들을 알아 둔다.

教育要循序渐进 jiàoyù yào xúnxùjiànjìn 교육은 순차적으로 진행해야 한다
体育锻炼要循序渐进 tǐyù duànliàn yào xúnxùjiànjìn
체력 단련은 순차적으로 진행해야 한다

27 日新月异
rìxīnyuèyì

[성] 나날이 새로워지다, 변화와 발전이 빠르다

随着时代的变化，人们的观念也日新月异。 ← 술어

시대의 변화에 따라, 사람들의 관념도 나날이 새로워지고 있다.

时代 shídài 圆 시대, 시절 **观念** guānniàn 圆 관념, 생각

28 不禁 ★★
bùjīn

[부] 자기도 모르게, 견디지 못하고

发现电影中的穿帮镜头后，观众们不禁感到有些疑惑。

영화 속의 옥에 티를 발견한 후, 관객들은 자기도 모르게 약간의 의혹을 느꼈다.

穿帮镜头 chuān bāng jìngtóu 옥에 티 **疑惑** yíhuò 圆 의혹, 의심

29 万分 ★★
wànfēn

[부] 대단히, 극히

老友寄来的这封信使我惊喜万分。

옛 친구가 부쳐 보내온 이 편지는 나로 하여금 대단히 놀라고 기쁘게 했다.

惊喜 jīngxǐ 圈 놀랍고 기쁘다

30 爱不释手
àibúshìshǒu

[성] 너무나 좋아하여 차마 손에서 떼어 놓지 못하다

女儿对新买的布娃娃爱不释手，走到哪儿都会带上它。

딸은 새로 산 천 인형을 너무나 좋아하여 차마 손에서 떼어 놓지 못하는데, 어디를 가더라도 항상 그것을 가지고 다닌다.

布娃娃 bùwáwa 천 인형, 헝겊 인형

31 称心如意
chènxīnrúyì

[성] 마음에 꼭 들다, 자기 마음에 완전히 부합되다

你要知道并非所有的事情都能称心如意。

너는 결코 모든 일들이 항상 마음에 꼭 들 수는 없다는 것을 알아야 한다.

并非 bìngfēi 圄 결코 ~이 아니다, 결코 ~하지 않다

32 后顾之忧
hòugùzhīyōu

[성] 뒷걱정, 가족 걱정

公司解决了我的后顾之忧，使我能全身心地投入到研究中。

회사는 나의 뒷걱정을 해결해 주어, 나로 하여금 전심전력으로 연구에 몰두할 수 있도록 했다.

投入 tóurù 圄 몰두하다, 투입하다

33 热泪盈眶
rèlèiyíngkuàng

[성] 뜨거운 눈물이 눈에 고이다, 매우 감격하다 → 술어

她看到多年未见的老母亲，不禁<u>热泪盈眶</u>。

그녀는 오래도록 만나지 못한 늙은 어머니를 보고, 자기도 모르게 뜨거운 눈물이 눈에 고였다.

不禁 bùjīn [부] 자기도 모르게, 견디지 못하고

34 深情厚谊
shēnqínghòuyì

[성] 깊고 돈독한 정(情)

管仲和鲍叔牙之间的深情厚谊，仍被人们广为传颂。

관중과 포숙아 간의 깊고 돈독한 정은, 여전히 사람들에게 널리 칭송받고 있다.

管仲 Guǎn Zhòng [고유] 관중[중국 춘추 시대 제나라의 정치가]
鲍叔牙 Bàoshūyá [고유] 포숙아[중국 춘추 시대 제나라의 대부]
广为 guǎngwéi [부] 널리, 폭넓게 **传颂** chuánsòng [동] 널리 칭송하다

35 天伦之乐
tiānlúnzhīlè

[성] 가족이 누리는 단란함

退休后，他们夫妇和家人享受着天伦之乐。

퇴직한 후, 그들 부부는 가족들과 단란함을 누리고 있다.

退休 tuìxiū [동] 퇴직하다 **夫妇** fūfù [명] 부부 **享受** xiǎngshòu [동] 누리다

 시험에 이렇게 나온다!

> [짝꿍표현] 天伦之乐를 활용한 짝꿍 표현을 알아 둔다.
> 享受天伦之乐 xiǎngshòu tiānlúnzhīlè 가족의 단란함을 누리다

36 无忧无虑
wúyōuwúlǜ

[성] 아무런 근심이 없다

这个小女孩无忧无虑地睡在母亲的怀抱里。

이 여자아이는 아무런 근심이 없이 어머니의 품 안에서 자고 있다.

怀抱 huáibào [명] 품, 가슴

37 小心翼翼
xiǎoxīnyìyì

[성] 매우 조심스럽다, 엄숙하고 경건하다

这些物品很贵重，搬运时一定要小心翼翼，不能马虎。

이 물품들은 매우 귀중해서, 운반할 때 반드시 매우 조심스러워야 하며, 부주의해서는 안 된다.

贵重 guìzhòng [형] 귀중하다, 중요하다 **搬运** bānyùn [동] 운반하다, 옮기다

38 心甘情愿
xīngānqíngyuàn

성 기꺼이 원하다, 내심 만족해하며 달가워하다

无论多苦多累，只要是为了家人，他总是心甘情愿地付出。 → 술어

아무리 고되고 힘들더라도, 가족들을 위한 것이라면, 그는 항상 기꺼이 대가를 치른다.

付出 fùchū 통 (돈, 대가 등을) 치르다, 지불하다, 바치다

39 兴高采烈
xìnggāocǎiliè

반의어
灰心丧气 huīxīnsàngqì
성 실망하다, 의기소침하다

성 매우 기쁘다, 신바람이 나다

人们兴高采烈地迎接了国庆节。

사람들은 국경절을 매우 기쁘게 맞이했다.

迎接 yíngjiē 통 맞이하다, 영접하다   国庆节 Guóqìng Jié 고유 국경절

40 兴致勃勃
xìngzhìbóbó

반의어
无精打采 wújīngdǎcǎi
성 활기가 없다, 의기소침하다

성 흥미진진하다, 흥겹다

孩子们兴致勃勃地给父母讲了旅途中发生的趣事。

아이들은 부모님에게 여행 도중 일어났던 재미있는 일을 흥미진진하게 이야기했다.

旅途 lǚtú 명 여행 도중, 여정   趣事 qùshì 명 재미있는 일, 우스운 일

잠깐 兴致勃勃는 어떤 대상에 대해 흥미나 관심이 많은 상태를 의미하고, 39번 兴高采烈(매우 기쁘다)는 기쁘고 즐거운 감정을 의미해요.

41 喜闻乐见
xǐwénlèjiàn

성 즐겨 듣고 즐겨 보다, 매우 환영을 받다

京剧是清朝的老百姓喜闻乐见的一种艺术形式。

경극은 청나라 왕조의 백성들이 즐겨 듣고 즐겨 보던 예술 형식이다.

清朝 Qīngcháo 고유 청나라 왕조   老百姓 lǎobǎixìng 명 백성, 국민

42 当场
dāngchǎng

부 그 자리에서, 즉석에서

那位诗人当场创作了一首抒情诗。

그 시인은 그 자리에서 서정시 한 수를 창작했다.

创作 chuàngzuò 통 (문예 작품을) 창작하다   抒情诗 shūqíngshī 명 서정시

43 姑且
gūqiě

부 잠시, 우선

其他案件姑且不提，我们先重点讨论该案件。

다른 안건은 잠시 언급하지 않고, 우리는 우선 이 안건을 중점적으로 토론하겠습니다.

案件 ànjiàn 명 안건, 사안

⁴⁴就近
jiùjìn

(부) 가까운 곳에, 근방에

就近打工的优点就是能节省交通费。

→ 술어

가까운 곳에서 아르바이트하는 것의 장점은 교통비를 아낄 수 있다는 것이다.

打工 dǎgōng (동) 아르바이트하다, 일하다　节省 jiéshěng (동) 아끼다, 절약하다

⁴⁵随即 ★★
suíjí

(부) 즉각, 바로

接到报警后，警察们随即赶赴了案发现场。

신고를 접수한 후, 경찰들은 즉각 사건이 발생한 현장으로 급히 달려갔다.

报警 bàojǐng (동) (경찰에) 신고하다　赶赴 gǎnfù (동) 급히 달려가다
案发 ànfā (동) 사건이 발생하다　现场 xiànchǎng (명) (사건이나 사고의) 현장

⁴⁶当务之急
dāngwùzhījí

(성) 급선무, 당장 급히 처리해야 하는 일

解决空气污染问题已成为这个国家的当务之急。

공기 오염 문제를 해결하는 것은 이미 이 국가의 급선무가 되었다.

成为 chéngwéi (동) ~으로 되다

⁴⁷刻不容缓
kèbùrónghuǎn

(성) 일각도 지체할 수 없다

我市缺水问题日趋严重，节约用水刻不容缓。

우리 시의 물 부족 문제가 날로 심해지면서, 물을 절약해서 사용하는 것은
일각도 지체할 수 없게 되었다.

日趋 rìqū (부) 날로, 더더욱

⁴⁸狼吞虎咽
lángtūnhǔyàn

(성) 게걸스럽게 먹다, 마파람에 게눈 감추듯 하다

孩子们狼吞虎咽地吃了起来，一眨眼的功夫，便吃
了个精光。

아이들은 게걸스럽게 먹기 시작했고, 눈 깜짝할 사이에, 깨끗하게 먹어 치웠다.

眨眼 zhǎyǎn (동) 눈을 깜짝이다　精光 jīngguāng (형) (남은 것 없이) 깨끗하다

🏯 **알아 두면 시험이 쉬워지는 배경 지식**

> 중국문화　狼吞虎咽은 직역하자면 이리가 삼키고 호랑이가 삼킨다는 뜻으로, 이리와 호랑
> 이가 먹이를 먹을 때 허겁지겁 삼키는 것처럼 게걸스럽게 먹거나 허겁지겁 먹는
> 모습을 비유하는 말이다. 또한 狼吞虎咽은 지나치게 탐욕을 부리는 행위를 비
> 유하는 말로도 사용되고 있다.

⁴⁹ 迫不及待
pòbùjídài

[성] 마음이 급하여 잠시도 기다릴 수 없다

술어 ←

篮球总决赛马上要开始了，哥哥迫不及待地打开了电视。

농구 결승전이 곧 시작하려고 하자, 오빠는 마음이 급하여 잠시도 기다리지 못하고 텔레비전을 틀었다.

总决赛 zǒngjuésài 결승전

---

⁵⁰ 争先恐后
zhēngxiānkǒnghòu

[성] 뒤질세라 앞을 다투다

参加答题秀的人们争先恐后地回答了主持人提出的问题。

퀴즈쇼에 참가하는 사람들은 뒤질세라 앞을 다투어 사회자가 낸 문제에 대답했다.

答题秀 dátíxiù 퀴즈쇼　**主持人** zhǔchírén [명] 사회자, 진행자

---

⁵¹ 得天独厚 ★★
détiāndúhòu

[성] 특별히 뛰어난 조건을 갖고 있다, 처한 환경이 남달리 좋다

小熙语感特别强，在学习语言上有得天独厚的天赋。

샤오시는 언어감각이 매우 뛰어나서, 언어를 배우는 데에 특별히 뛰어난 천부적 소질이 있다.

天赋 tiānfù [명] 천부적인 소질, 타고난 자질

---

⁵² 根深蒂固 ★★
gēnshēndìgù

[성] 뿌리가 깊다, 기초가 튼튼하여 쉽게 흔들리지 않다

大学期间的经历对她的职业观产生了根深蒂固的影响。

대학 기간의 경험은 그녀의 직업관에 뿌리 깊은 영향을 주었다.

期间 qījiān [명] 기간

---

⁵³ 各抒己见
gèshūjǐjiàn

[성] 각자 자기의 의견과 생각을 말하다

参加这次讨论会的人都各抒己见，进行了热烈的讨论。

이번 토론회에 참가한 사람들은 모두 각자 자기의 의견과 생각을 말하며, 열띤 토론을 진행했다.

热烈 rèliè [형] 열띠다, 뜨겁다

54 举足轻重 ★★
jǔzúqīngzhòng

[반의어]

无足轻重 wúzúqīngzhòng
성 대수롭지 않다, 보잘것없다

성 대단히 중요한 위치에 있어서 전체에 중대한 영향을 끼치다

山西作为面食之乡，对中国饮食文化产生的影响<u>举足轻重</u>。 → 술어

산시는 밀가루 음식의 고장으로서, 중국 음식 문화에 끼친 영향이 매우 중대하다.

作为 zuòwéi 께 ~로서 面食 miànshí 명 밀가루 음식 饮食 yǐnshí 명 음식

🏯 알아 두면 시험이 쉬워지는 배경 지식

중국
문화
举足轻重은 직역하자면 다리를 들어 무게를 단다는 뜻이다. 이 말의 유래는 窦融이라는 인물과 관계가 있다. 동한(东汉) 초 정권을 잡은 광무제(光武帝) 刘秀에게는 마지막까지 남은 적으로 窦融·公孙述·隗嚣가 있었다. 刘秀는 窦融을 회유하기 위해 밀서를 보내면서 '지금 公孙述와 隗嚣가 다투고 있으니 저울대는 당신이 쥐고 있소. 당신이 다리를 좌우 어느 쪽에 두는가에 따라(举足左右) 저울의 무게가 달라질 것이오(便有轻重).'라고 했다. 마침내 窦融을 자신의 편으로 끌어들인 刘秀는 公孙述와 隗嚣를 패배시키고 천하를 평정하게 되었다. 이처럼 举足轻重은 한 사람의 일거수일투족이 어떤 사안에 결정적인 영향을 미치는 것을 비유하는 의미로 사용되고 있다.

窦融 Dòu Róng 두융

刘秀 Liú Xiù 유수

公孙述 Gōngsūn Shù 공손술

隗嚣 Wěi Áo 외효

55 一目了然
yímùliǎorán

성 일목요연하다, 한눈에 환히 알다

她把分析结果整理得<u>一目了然</u>。

그녀는 분석 결과를 일목요연하게 정리했다.

分析 fēnxī 통 분석하다

56 优胜劣汰
yōushèngliètài

성 나은 자는 이기고 못한 자는 패하다, 우승열패하다

众所周知，<u>优胜劣汰</u>是大自然的法则。

모든 사람이 다 알고 있듯이, 나은 자는 이기고 못한 자는 패하는 것이 대자연의 법칙이다.

众所周知 zhòngsuǒzhōuzhī 성 모든 사람이 다 알고 있다

法则 fǎzé 명 법칙, 규율

🏯 알아 두면 시험이 쉬워지는 배경 지식

과학
상식
优胜劣汰(우승열패)는 达尔文의 진화론의 기본 논점 중 하나이다. 진화론에서는 생물의 진화과정 중에서 적응력이 강한 종은 살아남고, 적응력이 약한 종은 도태된다고 말한다. 바로 이러한 현상을 优胜劣汰라고 하며, 다른 말로는 适者生存이라고도 한다.

达尔文 Dá'ěrwén 다윈

适者生存 shìzhěshēngcún 적자생존

57 有条不紊
yǒutiáobùwěn

[성] (말·행동이) 조리 있고 질서 정연하다

我同事不仅有领袖气质，而且办事有条不紊。

↗ 술어

나의 동료는 카리스마가 있을 뿐만 아니라, 일을 하는 것도 조리 있고 질서 정연하다.

领袖气质 lǐngxiù qìzhì 카리스마

58 总而言之
zǒng'éryánzhī

[성] 결론적으로 말하자면, 요컨대

总而言之，我认为科技的发展利大于弊。

결론적으로 말하자면, 저는 과학기술의 발전은 단점보다 장점이 많다고 생각합니다.

利 lì 장점, 이익, 이로움　弊 bì 단점, 폐단, 문제점

 시험에 이렇게 나온다!

[쓰기] 쓰기 지문에서 总而言之이라는 어휘가 나오면 总之로 쉽게 바꿔 쓸 수 있다.

59 不相上下 ★★
bùxiāngshàngxià

[성] 막상막하, 우열을 가릴 수 없다

他们俩的围棋水平不相上下，一下午也没分出个胜负。

그들 둘의 바둑 수준이 막상막하여서, 오후 내내 승부를 가려내지 못했다.

围棋 wéiqí [명] 바둑　胜负 shèngfù [명] 승부

60 不言而喻 ★★
bùyán'éryù

[성] 말할 필요도 없다, 말하지 않아도 안다

自然环境对经济发展起的作用不言而喻。

자연 환경이 경제 발전에 끼치는 영향은 말할 필요도 없다.

经济 jīngjì [명] 경제

61 锦上添花 ★★
jǐnshàngtiānhuā

[성] 더없이 좋다, 금상첨화, 아름다운 비단 위에 꽃을 수놓다

听说主角由那位演员扮演，这真是为这部电影锦上添花啊！

듣자 하니 주연은 그 연기자가 맡는다고 하던데, 이는 정말 이 영화를 위해 더없이 좋은 거네!

主角 zhǔjué [명] 주연, 주인공　扮演 bànyǎn [동] ~역을 맡아 하다, 출연하다

62 礼尚往来
lǐshàngwǎnglái

[성] 예의상 오가는 것을 중시하다, 오는 정이 있으면 가는 정이 있다

他这个人很重视人际关系，一向讲究礼尚往来。

그는 인간 관계를 중시해서, 예의상 오가는 것을 줄곧 중요시한다.

一向 yíxiàng [부] 줄곧, 내내　讲究 jiǎngjiu [동] 중요시하다, 주의하다

63 名副其实 ★★
míngfùqíshí

[반의어]
有名无实 yǒumíngwúshí
[성] 이름뿐이고 실상이 없다

[성] 명실상부하다, 명성과 실상이 서로 부합되다

都说"阳朔山水甲桂林"，果真是名副其实！ ← 술어

'양숴 산수는 꾸이린에서 제일'이라고 모두 말하더니, 과연 정말이지 명실상부하구나!

阳朔 Yángshuò [고유] 양숴[구이린에 있는 현]　甲 jiǎ [형] 제일이다, 1등이다

64 物美价廉
wùměijiàlián

[성] 상품의 질이 좋고 값도 저렴하다

那家文具店的文具物美价廉、种类繁多。

그 문구점의 문구는 상품의 질이 좋고 값도 저렴하며 종류도 다양하다.

文具 wénjù [명] 문구　繁多 fánduō [형] (종류가) 다양하다, 많다

🏯 알아 두면 시험이 쉬워지는 배경 지식

> [중국문화] 物美(우메이)는 중국 베이징과 화베이(华北) 지역에 기반을 둔 대형 连锁超市 그룹이다. 物美는 대중들에게 物美价廉한 상품과 서비스를 제공하겠다는 취지로 1994년에 만들어졌으며, 최근에는 첨단 기술을 활용하여 온·오프라인 유통과 물류 분야를 융합한 新零售라는 새로운 유통 형태에서 두각을 나타내면서, 유통 업계에서의 입지를 더욱 강화하고 있다.
>
> 物美 Wùměi 우메이　　　连锁超市 liánsuǒ chāoshì 슈퍼마켓 체인
>
> 新零售 xīnlíngshòu 신소매[빅데이터나 AI 기술을 통해 오프라인 매장을 디지털화해서 고객의 취향과 구매력에 따라 제품과 물류체계를 관리하는 방법]

65 雪上加霜
xuěshàngjiāshuāng

[성] 설상가상, 눈 위에 서리가 내리다, 엎친 데 덮친 격이다

没有指南针，天也渐渐暗下来了，真是雪上加霜！

나침반도 없는데, 날까지 점점 어두워지니, 정말이지 설상가상이로구나!

指南针 zhǐnánzhēn [명] 나침반　暗 àn [형] 어둡다, 캄캄하다

66 一举两得 ★★
yìjǔliǎngdé

[성] 일거양득, 일석이조

吃黄瓜不仅能够补充水分，还有助于排毒，真是一举两得。

오이를 먹으면 수분을 보충할 수 있을 뿐만 아니라, 독소 배출에도 도움이 되니, 정말이지 일거양득이다.

补充 bǔchōng [동] 보충하다　排毒 páidú [동] (인체에서) 독소를 배출하다

67 莫名其妙
mòmíngqímiào

[성] 어리둥절하게 하다, 영문을 알 수 없다

她刚才说的一番话，让在场的人感到莫名其妙。

그녀가 방금 말한 말은, 현장에 있던 사람들에게 어리둥절함을 느끼게 하였다.

番 fān [양] 번, 차례, 회

★★★ = 최빈출 어휘　★★ = 빈출 어휘

68 岂有此理
qǐyǒucǐlǐ

[성] 어찌 이럴 수가 있단 말인가?, 언행이 도리나 이치에 어긋나다

他自己做错了事，还强词夺理，真是岂有此理！ → 술어

그 자신이 잘못을 저지르고도, 더욱 억지를 쓰다니, 정말로 어찌 이럴 수가 있단 말인가!

强词夺理 qiǎngcíduólǐ [성] 억지를 쓰다

69 大不了
dàbuliǎo

[부] 기껏해야, 고작 [형] 심각하다, 대단하다

这件事没那么严重，大不了就是挨几句骂，不用太担心。

이 일은 그렇게 심각하지 않아서, 기껏해야 꾸중 몇 마디 듣는 정도니, 크게 걱정할 필요 없어.

你别担心，这件事没什么大不了的。

걱정하지 마, 이 일은 심각할 거 없어.

挨 ái [동] ~을 듣다, ~을 당하다 **骂** mà [동] 꾸짖다, 욕하다

70 微不足道 ★★
wēibùzúdào

[성] 보잘것없다, 하찮아서 말할 가치도 없다

机舱窗户上的透气孔虽然看起来微不足道，但是能保证飞机的安全。

비행기 선실 창문의 통풍 구멍이 비록 보잘것없어 보여도, 비행기의 안전을 확보할 수 있다.

机舱 jīcāng [명] (비행기의) 선실 **透气孔** tòuqìkǒng 통풍 구멍

71 无理取闹
wúlǐqǔnào

[성] 고의로 소란을 피우다, 아무런 까닭 없이 남과 다투다

小男孩儿在商店无理取闹，父母只能带他离开了。

남자아이가 가게에서 고의로 소란을 피우자, 부모는 그를 데리고 떠날 수밖에 없었다.

只能 zhǐnéng ~할 수밖에 없다

72 无能为力
wúnéngwéilì

[성] 어쩔 수 없다, 힘을 제대로 쓰지 못하다

对于这件事，我实在是无能为力，只能把一切交给命运。

이 일에 대해서, 나는 정말로 어쩔 수 없으니, 모든 것을 운명에 넘길 수밖에 없어.

命运 mìngyùn [명] 운명

73 举世瞩目
jǔshìzhǔmù

성 전 세계 사람들이 주목하다

通过经济体制改革，该国家取得了举世瞩目的成就。 → 술어

경제 체제의 개혁으로, 이 국가는 전 세계 사람들이 주목하는 성과를 거뒀다.

体制 tǐzhì 명 체제　**改革** gǎigé 통 개혁하다　**成就** chéngjiù 명 성과, 성취

74 无精打采
wújīngdǎcǎi

성 활기가 없다, 의기소침하다

星期一综合症的主要症状就是无精打采、食欲不振。

월요병의 주요 증상은 활기가 없고, 식욕이 부진한 것이다.

星期一综合征 xīngqīyī zōnghézhēng 월요병
症状 zhèngzhuàng 명 증상　**食欲不振** shíyù búzhèn 식욕이 부진하다

75 朝气蓬勃
zhāoqìpéngbó

성 생기가 넘쳐 흐르다, 생기발랄하다

一群朝气蓬勃的学生们在游乐场玩得很起劲儿。

생기가 넘쳐 흐르는 한 무리의 학생들이 놀이터에서 신나게 놀고 있다.

群 qún 명 무리, 떼　**游乐场** yóulèchǎng 놀이터, 놀이공원

76 鸦雀无声
yāquèwúshēng

성 매우 고요하다, 까마귀와 참새 소리마저도 없다

阅览室里鸦雀无声，大家都在认真地看书学习。

열람실 안은 매우 고요한데, 모두들 열심히 책을 보며 공부하고 있다.

阅览室 yuèlǎnshì 열람실

77 欣欣向荣
xīnxīnxiàngróng

성 번영하다, (초목이) 무럭무럭 자라다

这座新兴城市到处都是欣欣向荣的景象。

이 신흥 도시는 도처가 모두 번영한 광경이다.

新兴 xīnxīng 형 신흥의, 새로 일어난　**景象** jǐngxiàng 명 광경, 경관

78 悬崖峭壁
xuányáqiàobì

성 깎아지른 듯한 절벽, 험준한 산세

长在悬崖峭壁上的那棵树不知经历过多少风风雨雨。

깎아지른 듯한 절벽 위에 자라난 그 나무가 얼마나 많은 바람과 비를 겪어
왔는지 알지 못한다.

经历 jīnglì 통 겪다, 경험하다

79 千方百计
qiānfāngbǎijì

성 갖은 방법을 다 써 보다

她暗暗下决心，一定要千方百计地完成这个任务。

그녀는 갖은 방법을 다 써서 이 임무를 꼭 끝내겠다고 몰래 결심을 내렸다.

决心 juéxīn 명 결심

21
22
23
24
25
26
27
28
DAY 29
30

해커스 HSK 6급 단어장

80 任重道远
rènzhòngdàoyuǎn

[성] 갈 길이 멀기만 하다, 맡은 바 책임이 무겁다

贫困地区的教育工作任重道远，需要更多人的关注。
> 술어

빈곤 지역의 교육 사업은 갈 길이 멀어, 더 많은 사람들의 관심이 필요하다.

贫困 pínkùn [형] 빈곤하다, 곤궁하다　地区 dìqū [명] 지역

81 想方设法
xiǎngfāngshèfǎ

반의어

无计可施 wújìkěshī
[성] 아무런 대책이 없다

[성] 온갖 방법을 다 생각하다, 갖은 방법을 다하다

他正在想方设法解开这个数学难题。

그는 온갖 방법을 다 생각해서 이 수학 난제를 푸는 중이다.

解开 jiěkāi [동] (질문이나 의문 등을) 풀다, 대답하다

잠깐 79번 千方百计(갖은 방법을 다 써 보다)는 想方设法보다 문제를 해결하기 위해 갖은 계책을 다 사용해 본다는 의미가 더 강해요.

82 不可思议 ★★
bùkěsīyì

[성] 불가사의하다, 이해할 수 없다

我在香格里拉的田野上看到了不可思议的光景。

나는 샹그릴라의 들판에서 불가사의한 광경을 보았다.

香格里拉 Xiānggélǐlā [고유] 샹그릴라[중국 윈난성 티베트 자치구에 위치한 현급시]
田野 tiányě [명] 들판, 들과 논　光景 guāngjǐng [명] 광경, 경치

83 供不应求 ★★
gōngbúyìngqiú

[성] 공급이 수요를 따르지 못하다, 공급이 딸리다

商品供不应求的话，价格就会随之上涨。

상품의 공급이 수요를 따르지 못한다면, 가격이 그에 따라 상승할 수 있다.

商品 shāngpǐn [명] 상품　上涨 shàngzhǎng [동] (수위·물가 등이) 상승하다

84 空前绝后 ★★
kōngqiánjuéhòu

[성] 전무후무하다, 이전에도 없었고 앞으로도 없을 것이다

咸阳宫是中国古代著名的宫殿之一，其规模可谓空前绝后。

함양궁은 중국 고대의 유명한 궁전 중 하나로, 그 규모는 전무후무하다고 할 수 있다.

咸阳宫 Xiányáng Gōng [고유] 함양궁[고대 진나라의 궁전]
宫殿 gōngdiàn [명] 궁전　规模 guīmó [명] 규모

85 津津有味
jīnjīnyǒuwèi

반의어

枯燥无味 kūzàowúwèi
[형] 무미건조하다

[성] 아주 맛있다, 흥미진진하다

孩子们手里拿着甘蔗，吃得津津有味。

아이들은 손에 사탕수수를 들고, 아주 맛있게 먹는다.

甘蔗 gānzhe [명] 사탕수수

연습문제 **체크체크!**

제시된 뜻에 해당하는 단어를 중국어로 써 보세요.

01 공급이 수요를 따르지 못하다, 공급이 딸리다　　　　- - - - - - - - - - - - - - - - - - - -

02 곧, 머지않아　　　　- - - - - - - - - - - - - - - - - - - -

03 쉴 새 없이 말하다, 끊임없이 계속되다　　　　- - - - - - - - - - - - - - - - - - - -

04 자기도 모르게, 견디지 못하고　　　　- - - - - - - - - - - - - - - - - - - -

05 매우 기쁘다, 신바람이 나다　　　　- - - - - - - - - - - - - - - - - - - -

제시된 단어로 하나의 문장을 완성하세요.

06 焦点　大家所　他一度　关注的　成为

- -

07 让　我们　不可思议　感到　这件事

- -

08 这部电影　的出演　为　那位演员　锦上添花

- -

09 颇　对那个　研究课题　感兴趣　几位教授

- -

10 的原则　教育　循序渐进　要遵循　孩子时

- -

09. 几位教授对那个研究课题颇感兴趣。　10. 教育孩子时要遵循循序渐进的原则。
06. 他一度成为大家所关注的焦点。　07. 这件事让我们感到不可思议。　08. 那位演员的出演为这部电影锦上添花。
정답: 01. 供不应求　02. 即将　03. 滔滔不绝　04. 不禁　05. 兴高采烈

* 06~10번 문제 해석은 해커스중국어(china.Hackers.com)에서 다운로드 받으세요.

HSK 6급 시험에 나오는 고난도 어휘

☑ 잘 외워지지 않는 단어는 ☐에 체크해 두고 다음에 반복 암기합니다.

☐	屡屡	lǚlǚ	부 여러 차례, 누차
☐	比比皆是	bǐbǐjiēshì	성 어디에나 다 있다, 매우 흔하다
☐	繁荣昌盛	fánróngchāngshèng	성 (국가가) 번창하다, 흥성하다
☐	汗牛充栋	hànniúchōngdòng	성 소장한 책이 매우 많다
☐	浩如烟海	hàorúyānhǎi	성 (문헌·자료 등이) 매우 많다, 매우 풍부하다
☐	数不胜数	shǔbúshèngshǔ	성 일일이 다 셀 수 없다
☐	唾手可得	tuòshǒukědé	성 쉽사리 손에 넣을 수 있다
☐	一望无际	yíwàngwújì	성 아득히 넓어서 끝이 없다
☐	前所未有	qiánsuǒwèiyǒu	성 역사상 유례가 없다, 전대미문의
☐	九牛一毛	jiǔniúyìmáo	성 많은 가운데 극히 적은 부분
☐	截然不同	jiéránbùtóng	성 (두 가지가) 완전히 다르다
☐	惊涛骇浪	jīngtāohàilàng	성 위험한 환경, 험악한 환경
☐	目瞪口呆	mùdèngkǒudāi	성 아연실색하다, 놀라서 멍하다
☐	如履薄冰	rúlǚbóbīng	성 마치 살얼음을 밟는 것 같다, 신중하고 조심스러운 자세로 처리하다
☐	哑口无言	yǎkǒuwúyán	성 말문이 막히다, 할 말이 없다
☐	茫茫大海	mángmáng dàhǎi	망망대해, 끝없이 크고 넓은 바다
☐	蓦地	mòdì	부 갑자기, 돌연히, 별안간
☐	迫在眉睫	pòzàiméijié	성 일이 눈앞에 닥쳐 매우 긴박하다
☐	尤为	yóuwéi	부 특히, 각별히
☐	雕梁画栋	diāoliánghuàdòng	성 화려하게 장식한 집

☐ 豆蔻年华	dòukòuniánhuá	성	소녀의 열서너 살 나이
☐ 晶莹剔透	jīngyíngtītòu	성	매우 윤기가 나고 투명하다
☐ 巧夺天工	qiǎoduótiāngōng	성	기예가 대단히 정교하다
☐ 赏心悦目	shǎngxīnyuèmù	성	(아름다운 정경에) 눈과 마음이 즐겁다
☐ 天衣无缝	tiānyīwúfèng	성	(시문이나 말이) 흠잡을 데가 없이 완전무결하다
☐ 生机勃勃	shēngjībóbó	성	활력이 넘치다, 생기발랄하다
☐ 世外桃源	shìwàitáoyuán	성	무릉도원, 별천지
☐ 罪魁祸首	zuìkuíhuòshǒu	성	범죄 집단의 우두머리, 주동자
☐ 不知不觉	bùzhībùjué		자기도 모르는 사이에, 무의식 중에
☐ 异彩纷呈	yìcǎifēnchéng		이채롭다
☐ 绚丽多姿	xuànlì duōzī		각양각색의 색채가 눈부시게 아름답고 다채롭다
☐ 别出心裁	biéchūxīncái	성	독창적이다, 기발하다
☐ 别具一格	biéjùyìgé	성	독특한 풍격을 지니다
☐ 耳熟能详	ěrshúnéngxiáng	성	귀에 익어서 자세히 말할 수 있다
☐ 匠心独运	jiàngxīndúyùn	성	독창적으로 예술적 구상을 하다
☐ 不绝于耳	bùjuéyú'ěr	성	소리가 끊임없이 귓가에 맴돌다
☐ 参差不齐	cēncībùqí		가지런하지 못하다
☐ 千篇一律	qiānpiānyílǜ	성	천편일률적이다, 모두 판에 박은 듯 똑같다
☐ 悄无声息	qiǎowúshēngxī	성	쥐 죽은 듯이 고요하다
☐ 轩然大波	xuānrándàbō	성	큰 파문, 매우 큰 분쟁

해커스 HSK 6급 단어장

이심전심

처세 및 교훈 (사자성어와 부사)

주제를 알면 HSK가 보인다!

HSK 6급에서는 처세 방법, 교훈과 관련된 지문에 사자성어와 부사가 자주 사용돼요. 따라서 **全力以赴**(최선을 다하다), **日益**(날로)와 같은 사자성어와 부사를 집중적으로 학습하면 이러한 지문을 쉽게 이해하고 문제를 풀 수 있어요.

🎧 단어, 예문 MP3

말 한 마디로 천 냥 빚 갚는다

---

04 过于 guòyú [부] 지나치게, 너무

22 全力以赴 quánlìyǐfù [성] 최선을 다하다

03 精益求精 jīngyìqiújīng [성] 더욱더 완벽을 추구하다

01 日益 rìyì [부] 날로, 나날이

01 日益 ***
rìyì

[부] 날로, 나날이

随着年龄的增长和经验的增多，人会变得日益成 →술어
熟起来。

연령의 증가와 경험의 증가에 따라, 사람은 날로 성숙하게 변할 수 있다.

成熟 chéngshú [형] (정도 등이) 성숙하다 [동] (과실, 곡식 등이) 익다

02 亦 ***
yì

[부] ~도 역시, 또한

弱肉强食、优胜劣汰是自然界的生存法则，动物
界如此，人类亦然。

약육강식, 우승열패는 자연계의 생존 법칙으로, 동물의 세계도 이러하고, 인류도 역시 그러하다.

弱肉强食 ruòròuqiángshí [성] 약육강식
优胜劣汰 yōushèngliètài [성] 우승열패하다 自然界 zìránjiè [명] 자연계
生存 shēngcún [동] 생존하다 法则 fǎzé [명] 법칙 如此 rúcǐ [대] 이러하다
人类 rénlèi [명] 인류 亦然 yìrán 역시 그러하다

03 精益求精 ***
jīngyìqiújīng

[성] (현재도 훌륭하지만) 더욱더 완벽을 추구하다

所谓"工匠精神"就是对所做的事情或产品精益求
精的精神。

소위 '장인 정신'이란 하는 일 또는 제품에 대해 더욱더 완벽을 추구하려는 정신이다.

所谓 suǒwèi [형] 소위 ~란 工匠精神 gōngjiàng jīngshén [명] 장인 정신
产品 chǎnpǐn [명] 제품, 상품

 시험에 이렇게 나온다!

[듣기] 精益求精(더욱더 완벽을 추구하다)은 듣기 2부분에서 사업가 인터뷰가 나올 경우 자주 출제되는데, 사업에 성공하기 위해서 어떤 마음가짐이나 태도를 가졌는지를 설명하는 흐름에서 주로 언급된다. 精益求精과 함께 사업가 인터뷰에 자주 출제되는 표현들을 알아 둔다.

精益求精的精神 jīngyìqiújīng de jīngshén 더욱더 완벽을 추구하려는 정신
精益求精的态度 jīngyìqiújīng de tàidu 더욱더 완벽을 추구하려는 태도

04 过于 ***
guòyú

[부] 지나치게, 너무

不要过于在乎别人的看法，要多关注自己的内心。

다른 사람의 생각을 지나치게 신경 쓰지 말고, 자신의 내면에 더 관심을 가져야 한다.

在乎 zàihu [동] 신경 쓰다, 마음에 두다 关注 guānzhù [동] 관심을 가지다
内心 nèixīn [명] 내면, 마음 속

★★★ = 최빈출 어휘 ★★ = 빈출 어휘

05 不妨 **
bùfáng

튀 (~하는 것도) 괜찮다, 무방하다

教育孩子时，不妨先批评后表扬，这样效果也许会更好。

아이들을 교육할 때, 먼저 꾸짖은 후 칭찬을 하는 것도 괜찮은데, 이렇게 하면 효과가 더 좋을 수도 있다.

效果 xiàoguǒ 명 효과

06 明明
míngmíng

튀 분명히, 명백히

明明知道对方撒谎，却不当面揭穿，也是一种对他人的尊重。

상대방이 거짓말하는 것을 분명히 알면서도, 직접 마주하여 폭로하지 않는 것 또한, 일종의 타인에 대한 존중이다.

对方 duìfāng 명 상대방　撒谎 sāhuǎng 동 거짓말을 하다
当面 dāngmiàn 튀 직접 마주하고, 면전에서　揭穿 jiēchuān 동 폭로하다

07 特意
tèyì

튀 특별히, 일부러

每次出差回来时，他都会特意为同事们带当地特产。

매번 출장을 갔다가 돌아올 때, 그는 항상 특별히 동료들을 위해 현지 특산물을 가지고 온다.

当地 dāngdì 명 현지　特产 tèchǎn 명 특산물

08 预先
yùxiān

튀 미리, 사전에

为了确保会议有条不紊地进行，她总是会预先做好准备。

회의가 질서정연하게 진행되는 것을 확실히 보장하기 위하여, 그녀는 항상 미리 준비를 다 해놓는다.

确保 quèbǎo 동 확실히 보장하다　有条不紊 yǒutiáobùwěn 성 질서정연하다

09 专程
zhuānchéng

튀 일부러 (~에 가다)

那位老人专程前来灾区，捐出了自己大半辈子的积蓄。

그 노인은 일부러 재해 지역에 와서, 자신이 반평생 모은 돈을 기부했다.

前来 qiánlái 동 오다, 나타나다　灾区 zāiqū 명 재해 지역
捐 juān 동 기부하다, 바치다　积蓄 jīxù 명 모은 돈, 저금 동 축적하다, 모으다

¹⁰ **一帆风顺** **

yìfānfēngshùn

성 일이 순조롭게 진행되다, 순풍에 돛을 올리다

→ 술어

没有谁的人生是<u>一帆风顺</u>的，每个人都会<u>遭遇</u>或多或少的挫折。

누구의 인생도 일이 순조롭게 진행될 수만은 없고, 모두가 많거나 적은 좌절을 겪기 마련이다.

人生 rénshēng 몡 인생 　**遭遇** zāoyù 동 (불행한 일 또는 적을) 겪다, 만나다
或多或少 huòduōhuòshǎo 많거나 적다 　**挫折** cuòzhé 동 좌절하다

¹¹ **饱经沧桑**

bǎojīngcāngsāng

성 온갖 풍파를 다 겪다

虽然一生<u>饱经沧桑</u>，但那位80多的老人仍决心干一番事业。

비록 한평생 온갖 풍파를 다 겪었지만, 그 80여 세의 노인은 사업을 한 번 해보기로 여전히 결심했다.

仍 réng 뮈 여전히, 변함없이 　**决心** juéxīn 동 결심하다 몡 결심
番 fān 얭 번, 차례 　**事业** shìyè 몡 사업

¹² **理所当然**

lǐsuǒdāngrán

성 당연히 그렇다, 도리로 보아 당연하다

把不劳而获当做<u>理所当然</u>是一种愚蠢的行为。

일하지 않고 이익을 얻는 것을 당연히 그러한 것으로 여기는 것은 일종의 어리석은 행위이다.

不劳而获 bùláo'érhuò 성 일하지 않고 이익을 얻다
愚蠢 yúchǔn 혱 어리석다 　**行为** xíngwéi 몡 행위

¹³ **终究** **

zhōngjiū

뮈 결국, 어쨌든

只要方向<u>正确</u>，且坚持不懈地<u>努力</u>下去，你<u>终究</u>会成功的。

방향이 정확하고, 느슨해지지 않고 끝까지 노력해 나가기만 하면, 너는 결국 성공할 것이다.

坚持不懈 jiānchíbúxiè 성 느슨해지지 않고 끝까지 해 나가다

¹⁴ **及早**

jízǎo

뮈 서둘러서, 일찌감치

你应该<u>及早</u>把自己的想法<u>付诸</u>行动，<u>免得</u>将来<u>一事无成</u>。

미래에 이뤄둔 성과가 없지 않도록, 너는 자신의 생각을 서둘러 행동으로 옮겨야 한다.

付诸 fùzhū 동 ~로 옮기다 　**免得** miǎnde 접 ~하지 않도록
一事无成 yíshìwúchéng 성 이뤄둔 성과가 없다

15 势必
shìbì

> 부 필연코, 반드시

冷漠、被动、多疑等性格特征势必会影响人际关系。

냉담하고, 수동적이고, 괜한 의심을 하는 등의 성격 특징은 대인 관계에 필연코 영향을 줄 수밖에 없다.

冷漠 lěngmò 형 냉담하다, 무관심하다
被动 bèidòng 형 수동적이다, 소극적이다　多疑 duōyí 동 괜한 의심을 하다
特征 tèzhēng 명 특징　人际关系 rénjì guānxì 대인 관계

16 索性
suǒxìng

> 부 차라리, 아예

我们既然已经开始做这个活儿了，索性今天都做完吧。

우리가 이미 이 일을 하기 시작한 이상, 차라리 오늘 다 끝내자.

既然 jìrán 접 ~된 이상　活儿 huór 명 일[일반적으로 육체 노동을 가리킴]

17 务必
wùbì

> 부 반드시, 기필코

此次商谈关系到公司未来的发展，请大家务必认真对待。

이번 상담은 회사 미래의 발전과 관계되므로, 모두들 반드시 진지하게 임해 주십시오.

商谈 shāngtán 동 (구두로) 상담하다, 의논하다　未来 wèilái 명 미래, 장래
对待 duìdài 동 임하다, 대하다

18 仍旧 **
réngjiù

> 부 여전히, 변함없이　동 예전대로 하다

虽然屡次遭受挫折和失败，但他仍旧坚持不懈。

비록 여러 번 좌절과 실패를 만났지만, 그는 여전히 느슨해지지 않고 끝까지 해나간다.

即使公司已被合并，但原先的规章制度仍旧。

설령 회사가 이미 합병되었더라도, 원래의 규정과 제도는 예전대로 한다.

屡次 lǚcì 부 여러 번, 누차　遭受 zāoshòu 동 (불행 또는 손해를) 만나다, 입다
挫折 cuòzhé 동 좌절시키다, 실패하다
坚持不懈 jiānchíbúxiè 성 느슨해지지 않고 끝까지 해나가다
合并 hébìng 동 합병하다　原先 yuánxiān 명 원래, 이전
规章 guīzhāng 명 규정　制度 zhìdù 명 제도

 시험에 이렇게 나온다!

> **이합동사** 仍旧는 仍(따르다)+旧(옛것)가 합쳐진 이합동사로, 목적어를 취할 수 없다.
>
> 仍旧规定 규정을 예전대로 하다 (X)
>
> 规定仍旧 규정은 예전대로 하다 (O)

¹⁹ **向来**
xiànglái

● 부 여태까지, 줄곧

她做事向来一丝不苟，从不敷衍了事。 ← 술어

그녀는 일을 하면서 여태까지 조금도 빈틈이 없었고, 지금까지 일을 졸속으로 처리하지 않았다.

一丝不苟 yìsībùgǒu 성 조금도 빈틈이 없다
敷衍了事 fūyǎnliǎoshì 성 일을 졸속으로 처리하다

²⁰ **难能可贵** ★★
nánnéngkěguì

● 성 (쉽지 않은 일을 해내어) 가장 소중하다, 매우 귀하다

我们难免会犯错，难能可贵的是从中发现成功的契机。

우리는 실수를 저지르기 마련이지만, 가장 소중한 것은 그 속에서 성공의 계기를 발견하는 것이다.

难免 nánmiǎn 형 ~하기 마련이다　犯 fàn 동 저지르다　契机 qìjī 명 계기

²¹ **锲而不舍** ★★
qiè'érbùshě

● 성 인내심을 갖고 일을 계속하다, 한번 마음을 먹으면 끈기 있게 끝까지 해내다

那个企业家将自己的成功归因于锲而不舍的精神，而不是运气。

그 기업가는 자신의 성공 원인을 운이 아닌, 인내심을 갖고 일을 계속하는 정신으로 돌렸다.

企业家 qǐyèjiā 기업가　归因 guīyīn 동 원인을 ~으로 돌리다
精神 jīngshén 명 정신　运气 yùnqi 명 운, 운수

²² **全力以赴** ★★
quánlìyǐfù

● 성 (어떤 일에) 최선을 다하다, 전력투구하다

虽然编剧工作又辛苦又寂寞，但她愿意为梦想全力以赴。

비록 각본 쓰는 일은 힘들고 외로웠지만, 그녀는 꿈을 위해 최선을 다하기를 원했다.

编剧 biānjù 동 각본을 쓰다 명 극작가　寂寞 jìmò 형 외롭다, 쓸쓸하다
梦想 mèngxiǎng 명 꿈, 몽상 동 갈망하다, 몽상하다

²³ **不择手段**
bùzéshǒuduàn

● 성 (목적을 달성하기 위하여) 수단과 방법을 가리지 않다

不要为了达到目的而不择手段，要做到问心无愧。

목적에 도달하기 위하여 수단과 방법을 가리지 않아서는 안 되며, 마음에 물어 부끄러움이 없도록 해내야 한다.

达到 dádào 동 도달하다, 이르다
问心无愧 wènxīnwúkuì 성 마음에 물어 부끄러움이 없다

★★★ = 최빈출 어휘　★★ = 빈출 어휘

24 废寝忘食
fèiqǐnwàngshí

[성] 먹고 자는 것을 잊다, 전심전력하다

他们每天都在实验室里废寝忘食地研究新技术。 → 술어

그들은 매일 실험실에서 먹고 자는 것을 잊고 신기술을 연구한다.

实验室 shíyànshì 실험실

25 竭尽全力
jiéjìnquánlì

[성] 전력을 다하다, 모든 힘을 다 기울이다

那个运动员虽然受了伤, 但他竭尽全力完成了比赛。

그 운동 선수는 비록 부상을 당했지만, 그는 전력을 다하여 경기를 마쳤다.

受伤 shòushāng [동] 부상을 당하다, 상처를 입다

26 精打细算
jīngdǎxìsuàn

[성] 면밀하게 계획하다, 세밀하게 계산하다

过日子虽然需要精打细算, 但是不能斤斤计较。

생활하는 것은 비록 면밀하게 계획하는 것이 필요하지만, 지나치게 따져서도 안 된다.

过日子 guò rìzi 생활하다, 날을 보내다
斤斤计较 jīnjīnjìjiào [성] (사소한 일을) 지나치게 따지다

27 兢兢业业
jīngjīngyèyè

[성] 근면하고 성실하게 임하다

小林多年来对工作兢兢业业, 尽职尽责。

샤오린은 여러 해 동안 업무에 대해 근면하고 성실하게 임했으며, 직무와 책임을 다했다.

尽职尽责 jìnzhíjìnzé 직무과 책임을 다하다

28 聚精会神
jùjīnghuìshén

[반의어]
漫不经心 mànbùjīngxīn
[성] 전혀 아랑곳하지 않다,
조금도 마음에 두지 않다

[성] 열중하다, 정신을 집중하다

上课时, 小朋友们总是聚精会神地听老师讲课。

수업을 할 때, 아이들은 항상 열중하여 선생님이 강의하시는 것을 듣는다.

讲课 jiǎngkè [동] 강의하다

29 力所能及
lìsuǒnéngjí

[성] 자기 능력으로 해낼 수 있다

要想培养孩子的独立性, 就该让他们从小做些力所能及的事。

아이의 독립성을 기르려면, 아이들이 어릴 때부터 자기 능력으로 해낼 수 있는 일을 하게 해야 한다.

培养 péiyǎng [동] 기르다, 양성하다　独立性 dúlìxìng [명] 독립성

30 齐心协力
qíxīnxiélì

[성] 한마음 한뜻으로 함께 노력하다

只要大家齐心协力，必定能克服困难，顺利完成
工作。

모두가 한마음 한뜻으로 함께 노력한다면, 반드시 어려움을 극복하고, 순조롭게 일을 완성할 수 있다.

必定 bìdìng [부] 반드시, 꼭　克服 kèfú [동] 극복하다, 이겨 내다

31 统筹兼顾
tǒngchóujiāngù

[성] 여러 방면의 일을 통일적으로 계획하고 두루 살피다

虽然被分配的任务很多，但他总是能做到统筹
兼顾。

비록 분배받은 임무가 많지만, 그는 항상 여러 방면의 일을 통일적으로 계획하고 두루 살피는 것을 해낼 수 있다.

分配 fēnpèi [동] 분배하다, 배급하다

32 无微不至
wúwēibúzhì

[성] (배려와 보살핌이) 매우 세심하다

她向来无微不至地照顾着身边的亲朋好友。

그녀는 줄곧 매우 세심하게 주변의 친지와 친구들을 돌본다.

向来 xiànglái [부] 줄곧, 여태까지　亲朋好友 qīnpéng hǎoyǒu 친지와 친구

33 相辅相成
xiāngfǔxiāngchéng

[성] 서로 보완하고 협력하다

历史经验告诉我们，经济社会发展和生态环境保
护是相辅相成的。

역사의 경험은, 경제 사회 발전과 생태 환경 보호가 서로 보완하고 협력하는 것임을 우리에게 알려 준다.

生态 shēngtài [명] 생태

34 一丝不苟
yìsībùgǒu

[성] 조금도 소홀히 하지 않다, 조금도 빈틈이 없다

他对工作尽心尽力、一丝不苟，因此受到同事们
的敬佩。

그는 업무에 최선을 다하고, 조금도 소홀히 하지 않기 때문에, 동료들의 존경과 감탄을 받는다.

尽心尽力 jìnxīnjìnlì [성] 최선을 다하다　敬佩 jìngpèi [동] 존경하고 감탄하다

35 再接再厉
zàijiēzàilì

[성] 한층 더 분발하다, 더욱더 힘쓰다

小叶取得了好成绩，但她并没有自满，而是决心再接再厉。 → 술어

샤오예는 좋은 성적을 거두었지만, 그녀는 결코 자만하지 않고, 한층 더 분발하기로 결심했다.

自满 zìmǎn [형] 자만하다   决心 juéxīn [동] 결심하다 [명] 결심

36 自力更生
zìlìgēngshēng

[성] 자력갱생하다

虽然出生在富裕的家庭，但是小陈从小就自力更生。

비록 넉넉한 가정에서 태어났지만, 샤오천은 어릴 때부터 자력갱생했다.

富裕 fùyù [형] 넉넉하다, 부유하다

37 甭
béng

[부] ~할 필요 없다

甭管他，让他好好反省一下自己的行为。

그에게 상관할 필요 없어요, 그가 스스로의 행동을 잘 반성해 보게 하세요.

反省 fǎnxǐng [동] 반성하다   行为 xíngwéi [명] 행동, 행위

38 不免
bùmiǎn

[부] (불가피하게) 피하지 못하다, 면할 수 없다

人生不免会有坎坷，与其抱怨，不如微笑着去面对。

인생에서 험난함이 있는 것을 피하지 못하므로, 원망하느니, 미소를 지으며 직면하는 것이 낫다.

坎坷 kǎnkě [형] 험난하다, (땅, 도로, 길 등이) 울퉁불퉁하다
与其 A, 不如 B yǔqí A, bùrú B A하느니, B하는 것이 낫다
抱怨 bàoyuàn [동] 원망하다   微笑 wēixiào [동] 미소를 짓다 [명] 미소
面对 miànduì [동] 직면하다, 대면하다

39 任意 **
rènyì

[부] 마음대로, 제멋대로

任意浪费粮食的行为是不可取的。

마음대로 식량을 낭비하는 행위는 바람직하지 않은 것이다.

粮食 liángshi [명] 식량, 양식   行为 xíngwéi [명] 행위, 행동

잠깐 任意는 부정적인 의미로만 쓰이지만, Day08의 16번 随意(마음대로)는 상대방의 의사를 존중할 때도 쓸 수 있어요.

40 成心
chéngxīn

[부] 고의로, 일부러

他并不是成心和你作对的，请你不要介意。

그는 결코 고의로 당신과 맞서는 것이 아니니, 개의치 마세요.

作对 zuòduì [동] 맞서다, 대립하다   介意 jièyì [동] 개의하다, 마음속에 두다

41 大肆
dàsì

21 22 23 24 25 26 27 28 29 DAY 30

[부] 함부로, 제멋대로

大肆砍伐树木会严重破坏生态环境。

→ 술어

함부로 나무를 베는 것은 생태 환경을 심각하게 파괴할 수 있다.

砍伐 kǎnfá [동] 나무를 베다　破坏 pòhuài [동] 파괴하다
生态 shēngtài [명] 생태

42 公然
gōngrán

[부] 공개적으로, 거리낌없이

面对对方的公然挑衅，他始终一言不发。

상대방의 공개적인 도발에 직면하여, 그는 시종 한마디도 하지 않았다.

面对 miànduì [동] 직면하다, 마주 보다　对方 duìfāng [명] 상대방, 상대편
挑衅 tiǎoxìn [동] 도발하다, 도전하다　始终 shǐzhōng [부] 시종, 한결같이

시험에 이렇게 나온다!

짝꿍
표현
公然을 활용한 다양한 짝꿍 표현들을 알아 둔다. 참고로, 公然은 주로 부정적인
의미를 가진 단어와 호응한다.

公然作弊 gōngrán zuòbì 거리낌없이 부정행위를 하다
公然吵架 gōngrán chǎojià 공개적으로 말다툼하다
公然贬损他人人格 gōngrán biǎnsǔn tārén réngé 공개적으로 타인의 인격
을 비난하다

43 偏偏
piānpiān

[부] 기어코, 굳이

他偏偏在教室里抽烟，结果被学校给予了警告处分。

그는 기어코 교실에서 담배를 피워, 결국 학교로부터 경고 처분을 받았다.

给予 jǐyǔ [동] 주다, 부여하다　警告 jǐnggào [동] 경고하다
处分 chǔfèn [명] 처분, 처벌 [동] 처벌하다, 처리하다

44 私自
sīzì

[부] 제멋대로, 몰래

如有类似情况发生，不要私自解决，而是要走正
规程序。

만약 유사한 상황이 발생한다면, 제멋대로 해결하지 말고, 공식 절차를 밟
아야 한다.

类似 lèisì [동] 유사하다, 비슷하다　正规程序 zhèngguī chéngxù 공식 절차

45 未免
wèimiǎn

[부] 아무래도 ~이다, 불가피하게 ~하게 되다

在关键时刻选择放弃，未免也太可惜了。

결정적인 순간에 포기를 선택하는 것은, 아무래도 실로 아깝다고 말하지 않
을 수 없다.

时刻 shíkè [명] 순간, 때 [부] 시시각각

잠깐 未免은 '실로 ~하다고 말하지 않을 수 없다'고 강조할 때도 쓰이지만, 38번 不免(피하지 못
하다)은 '불가피하게 ~하다'라는 의미로만 쓰여요.

해커스 HSK 6급 단어장

⁴⁶ 无非
wúfēi

[부] 단지 ~에 지나지 않는다

他的这种做法无非是在为自己找借口。 → 술어

그의 이러한 방법은 단지 자신을 위해 핑계를 대는 것에 지나지 않는 것이다.

做法 zuòfǎ [명] 방법 **借口** jièkǒu [명] 핑계, 구실 [동] 핑계를 대다, 구실로 삼다

⁴⁷ 急功近利 ★★
jígōngjìnlì

[성] 눈앞의 이익에만 급급하다

有些人做事时抱着急功近利的心态，最终却一事无成。

어떤 사람들은 일을 할 때 눈앞의 이익에만 급급한 마음가짐을 가지는데, 결국 어떤 일도 이루지 못한다.

心态 xīntài [명] 마음가짐, 심리 상태
一事无成 yíshìwúchéng [성] 어떤 일도 이루지 못하다, 조금의 성과도 없다

⁴⁸ 急于求成 ★★
jíyúqiúchéng

[성] 급하게 이루려고 하다

无论学习什么，都不要急于求成，而是要先练好基本功。

무엇을 배우든, 급하게 이루려 하지 말고, 먼저 기본기를 잘 익혀야 한다.

基本功 jīběngōng [명] 기본기

⁴⁹ 南辕北辙 ★★
nányuánběizhé

[성] 행동과 목적이 상반되다

他发现，最初的目标和最终的结果南辕北辙。

그는, 처음의 목표와 최후의 결과가 상반된다는 것을 알아차렸다.

最初 zuìchū [명] 처음 **目标** mùbiāo [명] 목표 **最终** zuìzhōng [명] 최후

🏯 **알아 두면 시험이 쉬워지는 배경 지식**

> [중국문화] 南辕北辙는 직역하자면 수레 끌채는 남쪽이고 바퀴 자국은 북쪽이라는 말로, 남쪽으로 가려는 사람이 북쪽으로 수레를 몬다는 의미이다. 이 성어는 다음과 같은 고사에서 유래되었다. 전국 시대 때, 季梁은 북쪽으로 수레를 몰면서 초(楚)나라로 간다고 말하는 사람을 큰 길에서 만났다. 季梁이 그에게 '왜 초나라와 반대 방향으로 향해 가냐'고 묻자, 그는 '내 말은 아주 잘 달린다'고 답했다. 季梁이 '말이 아무리 잘 달리더라도 북쪽은 초나라로 가는 길이 아니다'라고 하자, 그 사람은 '내게는 충분한 노잣돈이 있고 난 말도 잘 몬다'고 대답하고는 초나라와 반대 방향인 북쪽으로 수레를 끌고 사라졌다. 이처럼 南辕北辙는 하는 행동과 목적이 상반되는 것을 비유하는 의미로 사용되고 있다.
>
> **季梁** Jì Liáng 계량[춘추 전국 시대 위(魏)나라의 대신]

50 拔苗助长
bámiáozhùzhǎng

[성] 자연스러운 규칙을 어기고 인위적으로 관여하여 일을 그르치다

拔苗助长式的教育方式违背了孩子的天性。 → 술어

자연스러운 규칙을 어기고 인위적으로 관여하는 식의 교육 방식은 아이의 천성에 위배된다.

违背 wéibèi [동] 위배하다, 어긋나다

🏯 **알아 두면 시험이 쉬워지는 배경 지식**

> 중국 문화 | 拔苗助长은 직역하자면 모종을 뽑아서 자라는 것을 돕는다는 뜻이다. 이 성어는 다음과 같은 고사에서 유래되었다. 송(宋)나라 시기에 한 농부가 있었는데 禾苗가 높게 자라지 않자 그것들을 조금씩 잡아 뽑았다. 그리고는 자신이 禾苗가 높이 자랄 수 있게 도움을 주었다고 가족들에게 자랑스럽게 이야기했다. 그 말을 들은 아들이 놀라 급히 밭에 나가보니 苗가 모두 시들어 죽어 있었다. 농부는 禾苗를 뽑으면 더 빨리 자랄 것이라고 생각했지만, 실제로는 어리석은 행동을 한 것이었다. 이처럼 拔苗助长은 인위적으로 일을 급하게 이루려고 하다가 도리어 그르친다는 의미로 사용되고 있다.
>
> 禾苗 hémiáo 모, 모종
> 苗 miáo 모종, 새싹

51 不屑一顾
búxièyígù

[성] 거들떠보지도 않다, 생각해 볼 가치도 없다

父母随意修改家庭规矩，会使孩子对规矩不屑一顾。

부모가 집안 규칙을 마음대로 고치는 것은, 아이가 규칙에 대해 거들떠보지도 않게 할 수 있다.

随意 suíyì [형] 마음대로   修改 xiūgǎi [동] 고치다   家庭 jiātíng [명] 집안
规矩 guīju [명] 규칙, 법칙 [형] (행위가) 모범적이다

52 得不偿失
débùchángshī

[성] 얻는 것보다 잃는 것이 더 많다

为了获得金钱而忽略健康是一件得不偿失的事情。

돈을 얻기 위해 건강을 소홀히 하는 것은 얻는 것보다 잃는 것이 더 많은 일이다.

忽略 hūlüè [동] 소홀히 하다, 등한시 하다

53 丢三落四
diūsānlàsì

[성] 이것저것 빠뜨리다, 기억력이 나빠서 잘 잊어버리다

那件事让我彻底改掉了丢三落四、粗心大意的毛病。

그 일은 나로 하여금 이것저것 빠뜨리고, 꼼꼼하지 못한 결점을 철저히 고치게 하였다.

彻底 chèdǐ [형] 철저하다 **粗心大意** cūxīndàyì [성] 꼼꼼하지 못하다
毛病 máobìng [명] 결점

🏯 **알아 두면 시험이 쉬워지는 배경 지식**

> [일반상식] 智能雨伞(스마트 우산)은 **物联网** 기술과 우산을 결합한 제품으로, **远程控制, 遥控, 防盗报警** 등의 기능을 탑재하고 있다. 智能雨伞은 우산으로부터 거리가 10m 이상 멀어지면 스마트폰에 알림이 울리기 때문에 평소 **丢三落四**하여 우산을 잘 잃어버리는 사람들에게 매우 유용하다. 뿐만 아니라 智能雨伞은 날씨를 알려주는 기능도 있어서 미니 기상청의 역할도 수행할 수 있다.
>
> **智能雨伞** zhìnéng yǔsǎn 스마트 우산
> **物联网** wùliánwǎng 사물인터넷(IoT)
> **远程控制** yuǎnchéng kòngzhì 원격 제어
> **遥控** yáokòng 원격 조종, 리모트 컨트롤
> **防盗报警** fángdào bàojǐng 도난 경보, 방범 경보

54 东张西望
dōngzhāngxīwàng

[성] 여기저기 두리번거리다

别总是东张西望的，你应该要专注于自己的事情。

계속 여기저기 두리번거리지 말고, 너는 자신의 일에 전념해야 한다.

专注 zhuānzhù [형] 전념하다, 집중하다

55 画蛇添足
huàshétiānzú

[성] 사족을 달다, 쓸데없는 행동을 하다

这幅画已经很完美了，多画一笔就画蛇添足了。

이 그림은 이미 완벽해, 한 획을 더 그으면 사족을 다는 거야.

幅 fú [양] 폭[그림·천을 세는 단위] **完美** wánměi [형] 완벽하다

🏯 **알아 두면 시험이 쉬워지는 배경 지식**

> [중국문화] 画蛇添足는 직역하자면 뱀을 그리며 발을 더한다는 뜻이다. 이 성어는 다음과 같은 고사에서 유래되었다. 옛날에 초(楚)나라 사람 한 명이 제사를 지낸 후, 일을 도와 준 사람들에게 술을 나눠 마시도록 했다. 하지만 사람들이 너무 많아서 모두가 다 마실 수 없게 되자, 땅에 뱀을 먼저 그리는 사람이 술을 마시기로 했다. 그중 한 사람이 제일 빨리 뱀을 그렸는데, '내가 뱀의 다리를 그려도 그대들보다 빠를 것이오.'라고 거드름을 피우며 뱀의 다리도 그렸다. 이때, 다른 한 사람이 '본래 뱀에는 발이 없는데 무슨 발을 그린단 말이오? 그러니 내가 제일 빨리 그린 사람이오.'라며 술을 마셨다고 한다. 이처럼 画蛇添足는 쓸데없는 행동을 비유하는 의미로 사용되고 있다.

56 潜移默化
qiányímòhuà

[성] 은연중에 감화되다, 무의식중에 감화되다

学习给我们带来的改变是<u>潜移默化</u>的。 → 술어

배움이 우리에게 가져오는 변화는 은연중에 감화되는 것이다.

改变 gǎibiàn [동] 변하다, 변화시키다

57 无动于衷
wúdòngyúzhōng

[성] 마음에 전혀 와닿지 않다, 아무런 느낌이 없다

他一向<u>固执己见</u>，无论别人怎么<u>劝说</u>，他都<u>无动于衷</u>。

그는 줄곧 자신의 의견을 고집하여, 다른 사람이 어떻게 설득하든지, 그는 마음에 전혀 와닿지 않는다.

一向 yíxiàng [부] 줄곧　固执己见 gùzhíjǐjiàn [성] 자신의 의견을 고집하다
劝说 quànshuō [동] 설득하다, 권유하다

58 默默 ★★
mòmò

[부] 묵묵히, 말없이

那位老人一生都在为家人<u>默默</u>地付出。

그 노인은 일생을 가족을 위해 묵묵히 바쳤다.

一生 yìshēng [명] 일생　付出 fùchū [동] (돈·대가 등을) 바치다, 지불하다

[유의어]

悄悄 qiāoqiāo [부] 몰래

 시험에 이렇게 나온다!

[유의어] **默默**：悄悄(qiāoqiāo, 몰래)

默默는 주로 아무런 말을 하지 않는 것을 나타낸다.
默默无言 mòmò wúyán 묵묵하게 말이 없다
默默忍受 mòmò rěnshòu 묵묵히 견뎌 내다

悄悄는 주로 소리를 내지 않고 행동하는 것을 나타낸다.
悄悄离开 qiāoqiāo líkāi 몰래 떠나다
悄悄进来 qiāoqiāo jìnlai 몰래 들어오다

59 胡乱
húluàn

[부] 함부로, 대충대충

哪怕朋友之间关系再好，也不要<u>胡乱</u>讲话，要<u>掌握</u>分寸。

설령 친구 간에 관계가 아무리 좋더라도, 함부로 얘기해서는 안 되며, 분수를 파악해야 한다.

哪怕 nǎpà [접] 설령　掌握 zhǎngwò [동] 파악하다　分寸 fēncun [명] 분수, 분별

60 擅自
shànzì

〔부〕 자기 멋대로, 독단적으로

如有特殊情况，请勿擅自决定，而应及时向上级
汇报。 → 술어

만약 특별한 사정이 있는 경우에는, 자기 멋대로 결정하지 말고, 즉시 상부에 종합해서 보고해 주세요.

特殊 tèshū 〔형〕 특별하다, 특수하다   勿 wù 〔부〕 ~하지 마라
上级 shàngjí 〔명〕 상부, 상급자   汇报 huìbào 〔동〕 종합하여 보고하다

잠깐 擅自는 주로 큰 집단이나 사회의 규칙을 어기는 행위를 수식하고, 44번 私自(제멋대로)는 주로 작은 집단의 규칙을 어기는 행위를 수식해요.

61 毅然
yìrán

〔부〕 의연히, 결연히

他毅然放弃了大城市的工作机会，回到了家乡。

그는 대도시에서의 업무 기회를 의연히 포기하고, 고향으로 돌아왔다.

家乡 jiāxiāng 〔명〕 고향

 시험에 이렇게 나온다!

〔짝꿍표현〕 毅然을 활용한 짝꿍 표현을 알아 둔다.
毅然决然 yìránjuérán 의연하고 결연하다

62 见义勇为
jiànyìyǒngwéi

〔성〕 정의를 위해 용감하게 뛰어들다, 불의를 보면 참지 못하다

那个军人见义勇为的事迹至今仍在社会上广为
传颂。

그 군인의 정의를 위해 용감하게 뛰어든 사적은 지금까지도 여전히 사회에서 널리 칭송된다.

军人 jūnrén 〔명〕 군인   事迹 shìjì 〔명〕 사적   至今 zhìjīn 〔부〕 지금까지
仍 réng 〔부〕 여전히, 변함없이   广为 guǎngwéi 〔부〕 널리
传颂 chuánsòng 〔동〕 널리 칭송되다

63 侃侃而谈
kǎnkǎn'értán

〔성〕 당당하고 차분하게 말하다

与人交流时，不要只顾自己侃侃而谈，而是要懂
得倾听。

사람들과 교류할 때, 오로지 자기만 당당하고 차분하게 말해서는 안 되며, 경청하는 것을 알아야 한다.

只顾 zhǐgù 〔부〕 오로지, 단지   倾听 qīngtīng 〔동〕 경청하다

⁶⁴ 理直气壮
lǐzhíqìzhuàng

[성] 당당하다, 이유가 충분하여 하는 말에 힘이 있다

他表面上说得<u>理直气壮</u>，其实只是为了<u>掩盖内心</u>的<u>自卑</u>。

→ 술어

그는 겉으로는 당당하게 말했지만, 사실은 그저 마음속의 열등감을 감추기 위한 것이었다.

表面 biǎomiàn 圆 겉, 표면　**掩盖** yǎngài 图 감추다, 덮어 가리다
内心 nèixīn 圆 마음속　**自卑** zìbēi 휑 열등감을 가지다, 스스로 낮추다

⁶⁵ 恰到好处 ★★
qiàdàohǎochù

[성] (말·행동 등이) 아주 적절하다, 꼭 들어맞다

她<u>深知过犹不及</u>的<u>道理</u>，能把任何事情都<u>处理</u>得<u>恰到好处</u>。

그녀는 과유불급의 이치를 잘 알고 있어서, 어떤 일이라도 아주 적절하게 처리할 수 있다.

深知 shēnzhī 잘 알다, 깊이 알다　**过犹不及** guòyóubùjí 성 과유불급
道理 dàolǐ 圆 이치, 도리　**处理** chǔlǐ 图 처리하다, 해결하다

⁶⁶ 知足常乐 ★★
zhīzúchánglè

[성] 이미 가진 것에 만족하다, 만족함을 알면 항상 즐겁다

奶奶常说，<u>知足常乐</u>、<u>心怀感恩</u>的人更容易感受幸福。

할머니께서는, 이미 가진 것에 만족하고, 은혜에 감사하는 마음을 품은 사람이 더 쉽게 행복을 느낀다고 항상 말씀하셨다.

心怀 xīnhuái 图 마음에 품다　**感恩** gǎn'ēn 图 은혜에 감사하다

⁶⁷ 肆无忌惮
sìwújìdàn

[성] 거리낌없이 제멋대로 굴다

不管<u>处于</u>什么<u>年纪</u>，都不要<u>肆无忌惮</u>地<u>挥霍</u>时间。

어떤 나이에 있더라도, 거리낌없이 제멋대로 굴며 시간을 헤프게 써서는 안 된다.

处于 chǔyú 图 ~에 있다, 처하다　**年纪** niánjì 圆 나이, 연령
挥霍 huīhuò 图 헤프게 쓰다, 물 쓰듯 하다

⁶⁸ 斩钉截铁
zhǎndīngjiétiě

[성] 과단성이 있다, 언행이 단호하다

王经理<u>斩钉截铁</u>的<u>态度</u>给我留下了很深的印象。

왕 매니저의 과단성 있는 태도는 나에게 매우 깊은 인상을 남겨 주었다.

态度 tàidu 圆 태도

반의어
优柔寡断 yōuróuguǎduàn
성 주저하며 결단력이 없다,
우유부단하다

69 不时 ★★
bùshí

뷔 이따금, 종종

看到他公正地处理纠纷，围观的群众不时发出了赞叹的声音。 → 술어

그가 공정하게 분쟁을 처리하는 것을 보고, 둘러싸고 구경하던 군중들이 이따금 찬탄하는 소리를 내었다.

公正 gōngzhèng 휑 공정하다　处理 chǔlǐ 튕 처리하다
纠纷 jiūfēn 튕 분쟁, 다툼　围观 wéiguān 튕 둘러싸고 구경하다
群众 qúnzhòng 튕 군중, 대중　赞叹 zàntàn 튕 찬탄하다

70 顿时 ★★
dùnshí

뷔 즉시, 바로

他的理论并不是顿时灵感一来而想出的，而是靠刻苦钻研得出的。

그의 이론은 즉시 영감이 와서 생각해 낸 것이 결코 아니라, 고생을 참아 내는 깊은 연구에 의지해 얻어낸 것이다.

理论 lǐlùn 튕 이론　灵感 línggǎn 튕 영감　靠 kào 튕 의지하다, 기대다
刻苦 kèkǔ 휑 고생을 참아 내다　钻研 zuānyán 튕 깊이 연구하다

71 凡是 ★★
fánshì

뷔 무릇, 대체로

凡是骄傲自大、自以为是的人，都很难取得更大的进步。

무릇 오만하고 잘난 척하며, 독선적인 사람들은, 모두 더 큰 진보를 얻기 어렵다.

自大 zìdà 휑 잘난 척하다　自以为是 zìyǐwéishì 휑 독선적이다
进步 jìnbù 튕 진보하다 휑 진보적이다

 시험에 이렇게 나온다!

독해 독해 1부분에서는 부사어의 위치가 맞지 않아 틀린 문장이 자주 출제된다. 만약 부사어가 부사 凡是이라면 어법상 맞는 위치에 놓였는지 먼저 체크한다. 참고로, 凡是은 대부분 문장 제일 앞에 놓이며, 주로 就, 都, 一律, 没有不 등과 호응한다.

破坏环境的违法行为，凡是都应该受到法律制裁。(X)
환경을 파괴하는 위법 행위는 무릇 모두 법률제재를 받아야 한다.

凡是破坏环境的违法行为，都应该受到法律制裁。(O)
무릇 환경을 파괴하는 위법 행위는 모두 법률제재를 받아야 한다.

72 历来
lìlái

뷔 줄곧, 항상

爷爷历来教育我们做人做事都要光明磊落。

할아버지께서는 사람을 대할 때나 일을 처리할 때 항상 광명정대해야 한다고 우리에게 줄곧 가르치셨다.

光明磊落 guāngmínglěiluò 휑 광명정대하다, 사심 없이 솔직한 마음을 품다

73 屡次
lǚcì

21
22
23
24
25
26
27
28
29
DAY 30

[부] 여러 번, 누차

他屡次犯同样的错误，但是从来不接受教训。 ← 술어

그는 여러 번 같은 실수를 저질렀지만, 여태까지 교훈을 받아들이지 않았다.

犯 fàn [동] 저지르다　教训 jiàoxùn [명] 교훈 [동] 훈계하다

74 不由得
bùyóude

[부] 저절로, 저도 모르게　[동] ~하지 않을 수 없다

看到那张老照片时，我不由得想起了往事。

그 오래된 사진을 봤을 때, 나는 저절로 옛일을 떠올렸다.

他说得有理有据，逻辑清晰，不由得你不佩服。

그가 말한 것은 이치에 맞고 근거도 있으며, 논리가 분명해서, 네가 탄복하지 않을 수 없다.

往事 wǎngshì [명] 옛일　有理有据 yǒulǐ yǒujù 이치에 맞고 근거도 있다
逻辑 luójí [명] 논리　清晰 qīngxī [형] 분명하다, 또렷하다
佩服 pèifú [동] 탄복하다

75 宁肯
nìngkěn

[부] 차라리 ~할지언정, 설령 ~할지라도

他宁肯自己一个人承担责任，也不愿把责任推卸给别人。

그는 차라리 자기 혼자서 책임을 질지언정, 책임을 남에게 전가하기를 원하지 않는다.

承担 chéngdān [동] 지다, 부담하다　推卸 tuīxiè [동] 책임을 전가하다

 시험에 이렇게 나온다!

[짝꿍 표현] 宁肯을 활용한 다양한 짝꿍 표현들을 알아 둔다.

宁肯 A, 也 B nìngkěn A, yě B 차라리 A할지언정, B하다
宁肯 A, 也不 B nìngkěn A, yě bù B 차라리 A할지언정, B하지 않다

76 半途而废 ★★
bàntú'érfèi

[성] 일을 중도에 그만두다, 도중에 포기하다

做事要有始有终，不能半途而废。

일을 할 때는 시작과 끝이 있어야지, 일을 중도에 그만두어서는 안 된다.

有始有终 yǒushǐyǒuzhōng [성] 시작과 끝이 있다

77 归根到底
guīgēndàodǐ

[성] 근본으로 돌아가면, 결국

他发现这件事归根到底还是自己的错，所以决定承担起责任。

그는 이 일이 근본으로 돌아가면 결국은 자신의 잘못이라는 것을 발견하여, 책임을 지기로 결정했다.

承担 chéngdān [동] 지다, 부담하다

해커스 HSK 6급 단어장

78 恍然大悟
huǎngrándàwù

[성] 문득 모든 것을 깨닫다, 갑자기 모두 알게 되다

那一刻，他突然<u>恍然大悟</u>，决定重新追求自己的
梦想。
→ 술어

그 순간, 그는 갑자기 문득 모든 것을 깨닫고, 다시 자신의 꿈을 추구하기
로 결정했다.

追求 zhuīqiú [동] 추구하다　梦想 mèngxiǎng [명] 꿈

79 苦尽甘来
kǔjìngānlái

[성] 고생 끝에 낙이 온다, 고진감래

她始终相信，只要熬过艰苦的日子，终究会<u>苦尽
甘来</u>。

그녀는, 고달픈 날들을 참아 내기만 하면, 결국 고생 끝에 낙이 올 것이라고
줄곧 믿고 있다.

始终 shǐzhōng [부] 줄곧　熬 áo [동] (고통을) 참다
艰苦 jiānkǔ [형] 고달프다, 고생스럽다　日子 rìzi [명] 날, 날짜
终究 zhōngjiū [부] 결국, 어쨌든

80 唯独 **
wéidú

[부] 유독, 오직

同学们都回家了，<u>唯独</u>他一个人留在实验室刻苦
钻研。

학우들은 모두 집에 돌아갔는데, 유독 그 혼자만 실험실에 남아 열심히 연
구한다.

实验室 shíyànshì 실험실　刻苦 kèkǔ [형] 열심히 하다, 애를 쓰다
钻研 zuānyán [동] 연구하다, 탐구하다

81 博大精深 **
bódàjīngshēn

[성] (사상·학식 등이) 넓고 심오하다

<u>博大精深</u>的儒家思想至今仍在影响着中国人的为
人处世方式。

넓고 심오한 유가 사상은 현재까지 여전히 중국인의 처세 방식에 영향을
주고 있다.

儒家 Rújiā [고유] 유가　思想 sīxiǎng [명] 사상　至今 zhìjīn [부] 현재까지
仍 réng [부] 여전히, 변함없이　为人处世 wéirén chǔshì 처세하다
方式 fāngshì [명] 방식, 방법

82 见多识广 ★★

jiànduōshíguǎng

[성] 박학다식하다, 보고 들은 것이 많고 식견도 넓다

他见多识广，且为人谦逊，所以在单位声望很高。 → 술어

그는 박학다식하고, 사람 됨됨이가 겸손하여, 회사에서 명성이 높다.

为人 wéirén [명] 사람 됨됨이, 인간성　**谦逊** qiānxùn [형] 겸손하다
单位 dānwèi [명] 회사, 기관　**声望** shēngwàng [명] 명성

83 实事求是

shíshìqiúshì

[성] 실사구시, 사실에 토대로 하여 진리를 탐구하다

制作商业广告时，坚持实事求是的原则尤为重要。

상업 광고를 만들 때는, 실사구시의 원칙을 지키는 것이 특히 중요하다.

制作 zhìzuò [동] 만들다, 제작하다　**商业** shāngyè [명] 상업
原则 yuánzé [명] 원칙　**尤为** yóuwéi [부] 특히, 더욱이

🏛 **알아 두면 시험이 쉬워지는 배경 지식**

> [중국 문화] **实事求是**(실사구시)은 한 경제(**汉景帝**)의 아들인 유덕(**刘德**)으로부터 유래된 사자성어이다. 유덕은 **古籍**를 수집하여 정리하는 것을 좋아했다. 하지만 진시황제의 **焚书坑儒**로 인해 **古籍**들을 찾아보기 어려웠기 때문에, 그는 비싼 돈을 주고 책들을 사오곤 했다. 그래서 많은 사람들이 그가 학문을 좋아한다는 소문을 듣고선 진(**秦**)나라 이전의 책을 그에게 선물했다. 그리고 일부 학자들은 유덕과 함께 **古籍**들을 연구하고 정리하기도 했다. 훗날 <**汉书**>의 저자 **班固**는 그를 가리켜 '학문 탐구를 즐길 뿐만 아니라 옛날 책을 좋아하며, 항상 사실로부터 옳은 결론을 얻어냈다(**修学好古, 实事求是**)'라고 평가했다. 이후 **实事求是**은 사실을 토대로 진리를 탐구하는 것을 의미하는 말로 사용되고 있다.
>
> **古籍** gǔjí 고서
>
> **焚书坑儒** fénshūkēngrú 분서갱유[진시황제가 모든 사상서적을 불태우고 유학자를 생매장한 일]
>
> **汉书** Hànshū 한서[서한(**西汉**)의 역사서]
>
> **班固** Bān Gù 반고[동한(**东汉**)의 사학자]

84 当面

dāngmiàn

[부] 직접 마주하여, 얼굴을 맞대고

朋友的请求使我很为难，但碍于面子，我没有当面拒绝。

친구의 부탁은 나를 곤란하게 했지만, 체면 때문에, 나는 직접 마주하여 거절하지 않았다.

请求 qǐngqiú [명] 부탁, 요구　**为难** wéinán [동] 곤란하게 하다
碍于面子 ài yú miànzi 체면 때문에　**面子** miànzi [명] 체면, 낯

★★★ = 최빈출 어휘　★★ = 빈출 어휘

⁸⁵ **大体**
dàtǐ

🔲 대체로 🔲 중요한 이치, 기본 원칙 → 술어

我的解决方案和你的<u>大体</u>一致，但在细节上有所不同。

나의 해결 방안과 너의 해결 방안은 대체로 일치하지만, 세부적인 사항에 있어서는 다소 다르다.

她是个识<u>大体</u>、懂礼貌的人，很少在客人面前做出出格的举动。

그녀는 중요한 이치를 알고, 예의가 바른 사람으로, 손님 앞에서 규범을 벗어난 행동을 거의 하지 않는다.

方案 fāng'àn 🔲 방안　**一致** yízhì 🔲 일치하다
细节 xìjié 🔲 세부적인 사항, 자세한 사정　**有所** yǒusuǒ 다소 ~하다
识 shí 🔲 알다, 인식하다　**出格** chūgé 🔲 (규범을) 벗어나다, 지나치다

⁸⁶ **宁愿**
nìngyuàn

🔲 차라리 ~할지언정, 설령 ~할지라도

越来越多的消费者<u>宁愿</u>多花钱，也想购买质量更好的产品。

점점 더 많은 소비자들이 차라리 돈을 더 쓸지언정, 질이 더 좋은 제품을 구입하고 싶어한다.

消费者 xiāofèizhě 소비자　**产品** chǎnpǐn 🔲 제품

 시험에 이렇게 나온다!

 宁愿을 활용한 다양한 짝꿍 표현들을 알아 둔다.

宁愿 A, 也 B nìngyuàn A, yě B 차라리 A할지언정, B하다
宁愿 A, 也不 B nìngyuàn A, yě bù B 차라리 A할지언정, B하지 않다

연습문제 **체크체크!**

제시된 뜻에 해당하는 단어를 중국어로 써 보세요.

01 유독, 오직　　　　　　　　　　　　　　　 ------------------

02 일이 순조롭게 진행되다, 순풍에 돛을 올리다　 ------------------

03 자기 멋대로, 독단적으로　　　　　　　　　　 ------------------

04 (어떤 일에) 최선을 다하다, 전력투구하다　　　 ------------------

05 문득 모든 것을 깨닫다, 갑자기 모두 알게 되다　 ------------------

21
22
23
24
25
26
27
28
29
DAY 30
해커스 HSK 6급 단어장

제시된 단어로 하나의 문장을 완성하세요.

06 评价　她的问题　过于在乎　在于　他人的

----

07 想起了　的经历　那段难忘　小华　不由得

----

08 物理问题　废寝忘食　实验室里　地研究　他经常在

----

09 那个　在马路边　地找妈妈　小女孩　东张西望

----

10 他们　放弃了　毅然　的生活　国外优越

정답: 01. 唯独 02. 一帆风顺 03. 擅自 04. 专心致志 05. 恍然大悟
06. 她的问题在于过于在乎他人的评价。 07. 小华不由得想起了那段难忘的经历。 08. 他经常在实验室里废寝忘食地研究物理问题。
09. 那个小女孩在马路边东张西望地找妈妈。 10. 他们毅然放弃了国外优越的生活。

* 06~10번 문제 해석은 해커스중국어(china.Hackers.com)에서 다운로드 받으세요.

HSK 6급 시험에 나오는 고난도 어휘

☑ 잘 외워지지 않는 단어는 ☐에 체크해 두고 다음에 반복 암기합니다.

☐ 刻意	kèyì	부	마음을 다해서, 고심하여
☐ 顶礼膜拜	dǐnglǐmóbài	성	맹목적으로 숭배하다, (권력이나 권위 따위에) 무릎 꿇다
☐ 和盘托出	hépántuōchū	성	남김없이 전부 말하다, 모두 털어놓다
☐ 花言巧语	huāyánqiǎoyǔ	성	감언이설, 그럴 듯하게 꾸민 솔깃한 말
☐ 狐假虎威	hújiǎhǔwēi	성	호가호위, 다른 사람의 권세를 빌려 위세를 부리다
☐ 魂飞魄散	húnfēipòsàn	성	혼비백산하다, 매우 놀라 어쩔 줄 모르다
☐ 趋之若鹜	qūzhīruòwù	성	우루루 몰려가다, 떼를 지어 몰려가다 [주로 나쁜 것에 몰리는 것을 뜻함]
☐ 浑然一体	húnrányìtǐ	성	혼연일체가 되다
☐ 举步维艰	jǔbùwéijiān	성	발걸음을 내딛기가 어렵다, 일을 진척하기가 어렵다
☐ 来龙去脉	láilóngqùmài	성	일의 전후 관계, 내막
☐ 始料不及	shǐliàobùjí	성	처음 생각한 것과 다르다, 당초 예상에 이르지 못하다
☐ 熟视无睹	shúshìwúdǔ	성	본체만체하다
☐ 束手无策	shùshǒuwúcè	성	속수무책이다, 아무런 방법도 없다
☐ 司空见惯	sīkōngjiànguàn	성	자주 보아서 익숙하다, 늘 보아서 신기하지 않다
☐ 为所欲为	wéisuǒyùwéi	성	제멋대로 하다, 하고 싶은 대로 하다
☐ 因地制宜	yīndìzhìyí	성	각 지역의 구체적인 실정에 맞게 적절한 대책을 세우다
☐ 因势利导	yīnshìlìdǎo	성	일의 발전 추세에 따라 유리하게 이끌다
☐ 用武之地	yòngwǔzhīdì		자신의 재능을 보여 줄 곳임을 이르는 말
☐ 随口	suíkǒu	부	아무 생각 없이
☐ 整整	zhěngzhěng	부	꼬박, 꼭

☐ 粗制滥造	cūzhìlànzào	성 엉성하게 만들다, 경솔하게 일을 처리하다
☐ 豁然开朗	huòránkāilǎng	성 (어떤 이치를) 문득 깨닫다
☐ 了如指掌	liǎorúzhǐzhǎng	성 제 손금 보듯 훤하다, 상황을 확실하게 파악하다
☐ 宁缺毋滥	nìngquēwúlàn	성 차라리 부족할망정 질이 떨어지는 것을 덮어놓고 쓸 수는 없다, 차라리 부족할망정 요구를 낮추면 안 된다
☐ 势如破竹	shìrúpòzhú	성 파죽지세, 거침없이 이겨 나가다
☐ 推陈出新	tuīchénchūxīn	성 낡은 것을 버리고 새것을 창조하다
☐ 脱胎换骨	tuōtāihuàngǔ	성 환골탈태하다, 입장을 완전히 바꾸다
☐ 万无一失	wànwúyìshī	성 실수를 할 일이 전혀 없다
☐ 未雨绸缪	wèiyǔchóumóu	성 사전에 철저히 준비하다
☐ 足智多谋	zúzhìduōmóu	성 지혜가 풍부하고 계략이 많다
☐ 不失毫厘	bùshīháolí	한 치의 오차도 없이 완벽하다
☐ 与时俱进	yǔshíjùjìn	시대와 같이 전진하다
☐ 一气呵成	yíqìhēchéng	성 단숨에 일을 해치우다, 글이 거침없고 수미가 일관되다
☐ 不着边际	bùzhuóbiānjì	성 말이 공허하여 실제와 동떨어지다, 주제에서 한참 벗어나다
☐ 兼收并蓄	jiānshōubìngxù	성 (내용 또는 성질이 다른 것을) 전부 받아들이다, 전부 수용하다
☐ 庞然大物	pángrándàwù	성 대단히 거대한 물건, 외견상으로는 대단히 거대해 보이지만 실상 내실은 없는 사물
☐ 天壤之别	tiānrǎngzhībié	성 하늘과 땅 사이 같은 차이, 차이가 아주 크다
☐ 诗情画意	shīqínghuàyì	성 아름다운 자연 경치
☐ 岂	qǐ	부 어찌 ~하겠는가
☐ 尚未	shàngwèi	아직 ~하지 않다

한 템포 쉬어 갑시다

梅花
méi huā

- 王安石 -
Wáng Ānshí

墙	角	数	枝	梅，
qiáng	jiǎo	shù	zhī	méi

凌	寒	独	自	开。
líng	hán	dú	zì	kāi

遥	知	不	是	雪，
yáo	zhī	bú	shì	xuě

为	有	暗	香	来。
wèi	yǒu	àn	xiāng	lái

매화

- 왕안석 -

담벼락 모퉁이 매화 몇 가지,

추위를 이기고 홀로 피었네.

멀리서도 눈(雪) 아님을 아는 것은,

그윽이 풍기는 향기 때문이리.

본 교재 동영상강의·무료 학습자료 제공
china.Hackers.com

미니 실전모의고사

🎧 듣기, 독해 MP3

1-2 음성을 듣고 내용이 일치하는 보기를 선택하세요.

1. A 熬夜不容易引发疾病　　　　　　B 熬夜对身体有害
   C 熬夜让人精神焕发　　　　　　　D 熬夜是一种良好的习惯

2. A 家长对孩子的教育投入下降　　　 B 一线城市的家长需求单一
   C 舞蹈、击剑是新的热门课程　　　 D 儿童培训中心和以前一样少

3-6 인터뷰를 듣고 질문에 알맞은 보기를 선택하세요.

3. A 不用心的态度　　　　　　　　　B 冲动的行为
   C 不理智的沟通　　　　　　　　　D 关于作品的争执

4. A 为剧本添加了旁白　　　　　　　B 照搬了小说情节
   C 从全局把控了电影方向　　　　　D 邀请原作者加入了创作

5. A 中国科幻电影更成熟　　　　　　B 好莱坞科幻电影有全球市场
   C 中国科幻电影的市场更大　　　　D 好莱坞科幻电影成本不高

6. A 是一名导演　　　　　　　　　　B 拥有丰富的想象力
   C 对科幻片没兴趣　　　　　　　　D 是电影的编剧

7-9 음성을 듣고 질문에 알맞은 보기를 선택하세요.

7. A 热带海面　　　B 亚热带陆地　　　C 温带海面　　　D 热带陆地

8. A 强烈的暴雨　　　B 温和的季风　　　C 温暖的海水　　　D 冰冷的风暴潮

9. A 沿海地区秋季水汽较多　　　　　B 太阳直射点的移动
   C 海域因为太阳直射而降温　　　　D 全球气候变暖

10-11 다음 중 틀린 문장을 고르세요.

10. A 听古典乐的同时喝一杯甜甜的红酒能让人精神放松、心情愉快。

 B 妈妈很久以前就跟我说，大理的三月是一个非常美丽的城市。

 C 面对眼前富丽堂皇的大楼，紧锁眉头的老板露出了满意的微笑。

 D 我是汉语言文学专业的一名博士，去年发表了二十篇论文。

11. A 我最近发现，"父母在，不远游，游必有方"对现代社会的每个年轻人仍然有着重要的意义。

 B 小王不仅获得了乒乓球冠军，还获得了跳高亚军，为班级争得了荣誉，得到了大家的掌声。

 C 作为一名运动员，你一方面要认真训练，一方面要注意言行举止也是很重要的。

 D 3月起在高速公路上违反交通规则、不顾行车安全的司机将会受到比去年更严厉的惩罚。

12-13 빈칸에 알맞은 단어 보기를 선택하세요.

12. 据悉，国内首架大型双发长航时无人机近日成功首飞。名为CU42的这款无人机，由中国电科下属航电公司_____研发。它的最大起飞重量约为2吨，能根据用户的_____，在机头和机腹灵活加装高清相机、SAR雷达等，用来执行各种任务。为了_____燃料的安全性，研发团队从一开始就为CU42配备了两台航空煤油发动机。

 A 自立　索求　保管　　　　　　B 自发　诉求　保障
 C 自主　需求　确保　　　　　　D 自助　恳求　担保

13. 瑞士联邦主席表示，在经济全球化面临_____挑战之际，一个伟大的_____"一带一路"应运而生。这一构想不仅为世界发展_____了一个新维度，更为经济交流开拓了一条新的道路。自由的商品服务市场和良好的基础设施_____，是经济全球化不可或缺的重要条件。所以一带一路是面向未来的，是有助于推动经济全球化的。

 A 严厉　创意　建立　争先恐后　　B 严苛　提议　设立　恰到好处
 C 严肃　见解　创立　不相上下　　D 严峻　倡议　树立　相辅相成

　　苏轼可谓是北宋中期文坛中独树一帜的存在，他在词、诗、散文等方面都取得了常人难以望其项背的成就，做出了非凡的历史贡献。尤其在提高词的文学地位一事上，他的功劳远远超过了一生致力写词的柳永。词可以从音乐的附属品转变为独立的抒情诗体，

(14) _____。苏轼首先破除了诗尊词卑的观念，他认为诗词是同根同源的，即使外在形式有所不同，艺术本质和表现功能都应该是一致的。因此苏轼笔下的词，主要是供人阅读而非求人演唱。苏轼为后代词人指出了一条鲜明的发展道路，即强化词的文学性，弱化词对音乐的依附性。

　　不仅仅是词，苏轼的才华在诗歌中也体现得淋漓尽致。他善于从平常的生活和自然景物中发现深刻的哲理，并在诗歌中把自己发现的这些哲理有趣地、自然而然地表达出来。

(15) _____，又有趣味性。从《题西林壁》和《和子由渑池怀旧》两首诗中就可以看出这些特点。

　　苏轼的文学思想是文、道并重，所以他才会推崇韩愈和欧阳修对古文的贡献。但苏轼关于文道的观点在北宋十分独特，首先，他认为文章的艺术具有独立的价值。其次，他眼中的道不只是儒家之道，而是泛指事物的规律。所以苏轼提倡艺术风格的多样化和生动性，

(16) _____。

A 因此他的诗歌既有哲理性
B 反对千篇一律的统一文风
C 离不开他大刀阔斧的改革

　　众所周知，人工智能和5G技术为人们的日常生活带来了翻天覆地的变化。过去需要走很远才能做到的事情，现在靠这样的尖端技术在家里就能做到。同时，近期出现的不少案例让大众逐渐了解到，人工智能和5G技术也为医学界带来了史无前例的技术革新，医学上的多个难题和状况因此取得了历史性突破。

　　最近，全球首例"一对多"5G远程手术在北京成功实施，这打破了一个医生不可能同时指导两台手术的惯例。负责这一手术的院长表示："结合5G网络和人工智能，我顺利地指导完成了两台距离甚远的复杂手术，这是令人自豪并且具有历史意义的时刻！"同时，这也是全球首个多中心远程实时骨科机器人手术。骨科手术和人工智能以及5G技术被完美结合，一同完成了过去医疗人员想都不敢想的"一对多实时手术"。负责手术的院长同时远程交替操控两台异地机器人，为相隔千里的两个脊椎骨折病人进行了脊椎固定手术，12颗螺钉被

准确无误地打进了病人的脊椎。

　　手术过程中,该院长一直通过远程系统控制平台,实时指导两地医生进行手术。他表示,由于5G技术的发达,在控制室动一动鼠标,查看一下图像就和亲临现场一模一样,指导手术也变得更加容易。更令人兴奋的是,以前的医生即使医术精湛,也很难靠经验和技术完成一台精准的手术,但现在有了高新技术,二级医院的医生也能在接受培训和指导后,顺利完成一台堪称教科书样板的手术。这一改变对医学界有深远的意义,意味着更多的患者可以得到及时的救助。

　　5G网络的速度令手术过程中的信号传输极其流畅,上千公里的距离也没有让信号出现卡顿、处理不及时、反馈迟钝等情况,所以手术的精准度有了大幅度的提升。最重要的是,手术并没有暴露病人的肌肉和骨头,减少了病人的很多痛苦。院长介绍说,没有高速率、大连接、低时延,以及医疗手术机器人的精准定位的话,两位病人中有一位病人就不得不接受保守治疗,那么肯定会留下严重的隐患。

　　据了解,医疗手术机器人远程应用已有十多年的历史,但由于信息延时等问题,它一直得不到有效的发展和利用。在中国电信5G网络和华为通信技术的支持下,此次手术通过5G技术快速传输了高清画面,稳定传输了手术机器人远程控制信号,使远程机器人手术得以实际应用,成功完成了两台手术。在不久的将来,我们可以期待5G远程医疗和人工智能应用发挥更大的作用,让更多的基层群众感受智慧医疗带来的便利。

17. 根据上文,我们可以知道人工智能和5G技术:

　　A 对人们的生活毫无影响　　　　　　B 难以应用在日常生活中

　　C 使医学有了新的突破　　　　　　　D 被医生反对

18. 一对多实时手术中没有出现的是:

　　A 深度学习技术　　　　　　　　　　B 人工智能技术

　　C 5G技术　　　　　　　　　　　　　D 骨科手术技术

19. 人工智能和5G技术的结合为什么对医学界有深远的意义?

　　A 一流医生会有更多机会　　　　　　B 医生可以精准地完成手术

　　C 患者可以少花钱　　　　　　　　　D 机器人将会代替医生

20. 最适合做上文标题的是:

　　A 脊椎手术的奥秘　　　　　　　　　B 医疗机器人的使用方法

　　C 全球首例远程手术成功实施　　　　D 如何利用人工智能赚钱

* 추가로 <HSK 6급 미니 실전모의고사 PDF> 1회분을 china.Hackers.com에서 다운로드 받아 풀어 보세요.

본 교재 동영상강의·무료 학습자료 제공
china.Hackers.com

해커스 HSK 6급 단어장

미니 실전모의고사

정답 _____

해석 _____

해설 _____

정답 및 해석·해설

HSK 6급 미니 실전모의고사

p.742

1 B 2 C 3 D 4 C 5 B 6 D 7 A 8 C 9 B 10 B 11 C 12 C 13 D
14 C 15 A 16 B 17 C 18 A 19 B 20 C

1

众所周知，熬夜是一种危害人体的不良习惯。它不仅会让人精神不振，更会引发糖尿病、高血压等"氧化应激"类疾病。究其原因主要是，长期熬夜会妨碍人体肾上腺皮质激素和生长激素的正常分泌。	모든 사람이 다 알고 있듯이, 밤을 새우는 것은 인체를 손상시키는 일종의 좋지 않은 습관이다. 그것은 사람으로 하여금 정신이 왕성하지 않게 할 뿐만 아니라, 더 나아가 당뇨병, 고혈압 등 '산화 스트레스' 류의 질병을 일으킬 수 있다. 따지고 보면 그 주요 원인은, 장기간 밤을 새우는 것이 인체의 부신 피질 호르몬과 성장 호르몬의 정상적인 분비를 방해할 수 있기 때문이다.
A 熬夜不容易引发疾病 **B 熬夜对身体有害** C 熬夜让人精神焕发 D 熬夜是一种良好的习惯	A 밤을 새우는 것이 질병을 일으키는 것은 쉽지 않다 **B 밤을 새우는 것은 건강에 해롭다** C 밤을 새우는 것은 사람으로 하여금 정신이 맑아지게 한다 D 밤을 새우는 것은 일종의 좋은 습관이다

해설 보기에 熬夜(밤을 새우는 것)가 반복적으로 나오므로, 熬夜와 관련된 설명 단문이 나올 것을 예측한다. 음성에서 언급된 熬夜是一种危害人体的不良习惯(밤을 새우는 것은 인체를 손상시키는 일종의 좋지 않은 습관이다)과 내용이 일치하는 보기 B 熬夜对身体有害(밤을 새우는 것은 건강에 해롭다)가 정답이다.

어휘 단문 众所周知 zhòngsuǒzhōuzhī 쥉모든 사람이 다 알고 있다 不振 búzhèn 쥉왕성하지 않다
　　　糖尿病 tángniàobìng 쥉당뇨병 高血压 gāoxuèyā 쥉고혈압
　　　氧化应激 yǎnghuà yīngjī 산화 스트레스[체내 활성 산소가 많아져 생체 산화 균형이 무너진 상태를 이르는 말]
　　　疾病 jíbìng 쥉질병 究 jiū 쥉따지고 보면, 결국
　　　肾上腺皮质 shènshàngxiàn pízhì 부신 피질[콩팥 위에 위치한 내분비 기관인 부신의 겉부분]
　　　激素 jīsù 쥉호르몬 分泌 fēnmì 쥉분비하다
　　보기 焕发 huànfā 쥉맑아지다, 환하게 빛나다

2

为了让孩子进入海内外优秀院校就读，中国家长在教育方面的投入逐年上升。在北京、上海等一线城市，单一的课外辅导早已满足不了家长的多样化需求，舞蹈、围棋、击剑、骑马、高尔夫等成了新的热门课程。各式各样的儿童培训中心层出不穷，热闹不已。	자녀를 국내외 우수한 고등 교육 기관에 들여보내 공부시키기 위해서, 교육 방면에서의 중국 학부모의 참여가 해마다 높아지고 있다. 베이징, 상하이 등 1선 도시에서, 단순한 과외 지도는 이미 학부모들의 다양화된 수요를 만족시키지 못하고 있고, 무용, 바둑, 펜싱, 승마, 골프 등이 새로운 인기 과목이 되었다. 또 각양각색의 어린이 트레이닝 센터가 계속 생기고, 인기가 그치지 않는다.
A 家长对孩子的教育投入下降 B 一线城市的家长需求单一 **C 舞蹈、击剑是新的热门课程** D 儿童培训中心和以前一样少	A 학부모의 아이에 대한 교육 참여가 낮아졌다 B 1선 도시의 학부모들의 수요는 단순하다 **C 무용, 펜싱은 새로운 인기 과목이다** D 어린이 트레이닝 센터는 예전과 같이 적다

해설 보기에 家长(학부모), 教育(교육), 课程(과목), 培训(트레이닝)과 같이 비슷한 주제의 어휘가 나오므로, 교육에 대한 정보 전달 단문이 나올 것을 예측한다. 음성에서 언급된 舞蹈、围棋、击剑、骑马、高尔夫等成了新的热门课程(무용, 바둑, 펜싱, 승마, 골프 등이 새로운 인기 과목이 되었다)과 내용이 일치하는 보기 C 舞蹈、击剑是新的热门课程(무용, 펜싱은 새로운 인기 과목이다)이 정답이다.

어휘 단문 就读 jiùdú ⑧공부하다, 학교에 다니다   逐年 zhúnián ⑨해마다, 매년
　　　　　一线城市 yíxiàn chéngshì 1선 도시   需求 xūqiú ⑲수요, 요구   舞蹈 wǔdǎo ⑲무용, 춤
　　　　　围棋 wéiqí ⑲바둑   击剑 jījiàn ⑲펜싱   高尔夫 gāo'ěrfū ⑲골프
　　　　　热门 rèmén ⑲인기 있는 것, 유행하는 것   层出不穷 céngchūbùqióng ⑳계속 생기다
　　　　　不已 bùyǐ ⑧그치지 않다, 그만두지 않다
　　　　보기 下降 xiàjiàng ⑧낮아지다, 떨어지다

3-6

第3到6题是根据下面一段采访：

女：由于电影《流浪地球》大卖，很多人把今年称为"中国科幻电影元年"。今天，⁶很荣幸请到《流浪地球》的编剧兼制片人龚格尔先生来这里和我们聊一聊《流浪地球》背后的故事。首先，我想问一下，您加入《流浪地球》制作团队的理由是什么？

男：从个人角度来说，我从七八岁起就对科幻题材产生了浓厚的兴趣，这份兴趣和后来产生的热爱持续到了现在。从主创的角度来说，导演郭帆在视觉化上有着明确清晰的想法和规划。在互相了解的过程中，他拥有的一流想象力和执行力打动了我，所以我愿意信任他，跟他合作，哪怕他没有做过此类电影的经验。

女：剧本创作是怎么进行的？

男：我和导演还有另外两位编剧一起写了方向不同的4个版本，然后由导演将各个版本中的最佳内容汇总，汇总成0稿之后我们就开始了集体创作。³集体创作时，难以避免的就是关于作品的争执和由此引发的对抗。但我们的沟通进行得非常冷静和理智，这是因为所有人提意见的目的都是为了作品和观众。出品方对我们在16年1月底就完成了1稿一事感到惊讶。结束1稿后，导演准确又强烈地把握了剧本的方向和自己的需求，加快了剧本的更新速度。最终剧本写了10稿，每稿10版，共计100版，也就是说我们每个人起码写了100万字。

3-6번 문제는 다음 인터뷰에 근거한다.

여: 영화 <유랑지구>의 흥행으로 인해, 많은 사람들이 올해를 '중국 SF 영화 원년'이라고 부르고 있습니다. 오늘, ⁶너무 영광스럽게도 <유랑지구>의 각본가 겸 영화 제작자이신 궁거얼 선생님을 이곳에 모시고 저희와 <유랑지구>의 뒷 이야기를 나눠 보겠습니다. 먼저, 선생님께 여쭤보고 싶네요, 선생님께서 <유랑지구> 제작팀에 참여하신 이유가 무엇인가요?

남: 개인적인 입장에서 말하자면, 저는 7살 때부터 SF 소재에 대해 깊은 흥미가 생겼었는데요, 이러한 흥미와 나중에 생긴 애착은 지금까지도 이어지고 있습니다. 메인 프로듀서의 입장에서 말하면, 궈판 감독에게는 시각화 방면에 있어 명확하고 분명한 생각과 계획이 있었습니다. 서로 알아가는 과정에서, 그가 가지고 있는 최고의 상상력과 실행력이 저를 감동시켰고, 그래서 저는 그를 신임하기로 마음먹고, 그와 협력했죠, 비록 그가 이러한 종류의 영화를 만들어 본 경험은 없었지만요.

여: 대본 창작은 어떻게 진행하신 건가요?

남: 저와 감독 그리고 다른 두 명의 각본가가 함께 방향이 다른 4개 버전을 썼고, 후에 감독이 각 버전 중에서 제일 좋은 내용들을 한데 모으고, 한데 모은 것을 시놉시스로 만든 후에 우리는 집단 창작을 시작했습니다. ³집단 창작을 할 때, 피하기 어려운 것이 바로 작품에 관한 논쟁과 그로 인해 일어나는 대립입니다. 그러나 우리의 소통은 매우 냉정하고 이성적으로 진행되었는데, 이는 모든 사람이 낸 의견의 목적이 모두 작품과 관중을 위해서였기 때문입니다. 제작사는 우리가 16년 1월 말에 초고를 완성한 것에 굉장히 놀라워했습니다. 초고를 끝낸 후, 감독은 정확하고 또 명확하게 극본의 방향과 자신의 요구를 파악했고, 극본의 업데이트 속도를 높였죠. 마지막 원고를 10고까지 썼고, 매 원고마다 10개 버전이 있었으니, 다 합치면 총 100개 버전이네요, 이는 다시 말해 저희 각자가 최소 100만 자를 썼다고 할 수 있겠습니다.

정답 및 해석·해설

女: 很多观众表示，你们的电影完美地展现了小说原作者表达的核心精神。

男: 由于我和导演熟悉原作者刘慈欣的全部小说，⁴从全局把控电影走向对我们来说并不是一件难事。其实，我们也曾犹豫要不要邀请原作者一起参与剧本创作，但最终得出的结论是，不同领域的两个创作者，需要通过各自领域的载体带给观众同样的感受，而不是简单粗暴地在现实中合作。事实证明，根据电影的特性进行再创作而不是照搬小说的举动是非常正确的。

女: 在制作电影的过程中，你觉得最难的是什么？

男: 首先是成本。看重视效的科幻电影需要各个方面的顶尖人才，成本要求自然难以想象。⁵好莱坞能够在科幻电影上投入重金的原因是，他们有全球市场来保证全球成本。中国没有这样的条件，因此参与我们电影的视效团队实际上都在赔钱。他们都是为了实现中国科幻电影梦才选择放手一搏的。

其次，最难的是信任。中国科幻电影不像好莱坞那样拥有成熟的市场，取得投资方和团队的信任不是一件容易的事。但在我和导演下决心制作这部电影后，我们之间的信任就一直没动摇过。而这份信任，从我们两人之间扩大到整个团队，再到出品方，最终带领电影《流浪地球》取得成功。

여: 많은 대중들이, 여러분의 영화는 소설 원작자가 표현한 핵심 정신을 완벽하게 전개해 냈다고 말하고 있습니다.

남: 저와 감독이 원작자 리우츠신의 모든 소설을 잘 알고 있기 때문에, ⁴전체의 국면으로부터 영화 방향을 파악하고 조절하는 것은 저희에게 있어서는 그렇게 어려운 일은 아니었습니다. 사실, 저희도 일찍이 원작자가 함께 대본 창작에 참여하도록 초청해야 할지 말지를 주저하였으나, 결국 얻어낸 결론은, 다른 분야의 두 창작자는, 각자 영역의 매개체를 통해 관중들에게 같은 느낌을 전달해야지, 간단히 대충대충 현실 속에서 협력하는 것은 아니라는 것이었습니다. 사실이 증명하듯, 영화의 특성에 따라 재창조하는 것은 소설을 모방하는 행동이 아닌 매우 정상적인 것이니까요.

여: 영화를 제작하는 과정에서, 선생님께서 가장 어렵다고 느끼신 것은 무엇인가요?

남: 첫 번째는 자본금입니다. 시각 효과를 중시하는 SF 영화는 각 분야 최고의 인재가 필요해서, 자본금에 대한 요구는 자연히 상상하기 어려울 정도입니다. ⁵할리우드가 SF 영화에 거금을 투자할 수 있는 이유는, 그들에게는 전 세계의 자본금을 보장해 주는 글로벌 시장이 있기 때문입니다. 중국에는 이러한 조건이 없기 때문에, 우리 영화에 참여한 시각 효과 팀은 실제로 모두 손해를 보고 있습니다. 그들은 모두 중국 SF 영화의 꿈을 실현하기 위해 한번 싸워보는 것을 선택한 것이죠.

두 번째, 가장 어려운 것은 신뢰입니다. 중국 SF 영화는 할리우드처럼 그렇게 성숙한 시장을 가지고 있지 않아서, 투자하는 측과 팀의 신뢰를 얻는 것은 쉬운 일이 아닙니다. 그러나 저와 감독이 이 영화를 제작하기로 결심한 후, 우리 사이의 신뢰는 늘 흔들린 적이 없었습니다. 또 이러한 신뢰는, 우리 둘 사이에서 팀 전체로 확대되었고, 더 나아가 제작사, 최종적으로는 영화 <유랑지구>가 성공을 얻는 것까지 이끌었습니다.

어휘 流浪地球 Liúlàng Dìqiú 고유 유랑지구[2019년 4월 개봉한 중국 SF 영화] 科幻 kēhuàn 명 SF, 공상 과학
编剧 biānjù 명 각본가 兼 jiān 통 겸하다, 동시에 하다 制片人 zhìpiànrén 명 영화 제작자
龚格尔 Gōng Gé'ěr 고유 궁거얼[중국의 영화 제작자] 题材 tícái 명 소재, 제재 浓厚 nónghòu 형 깊다, 진하다
主创 zhǔchuàng 명 메인 프로듀서 郭帆 Guō Fān 고유 궈판[중국의 신예 영화 감독]
清晰 qīngxī 형 분명하다, 뚜렷하다 规划 guīhuà 명 계획, 기획 拥有 yōngyǒu 통 가지다, 소유하다
一流 yīliú 형 최고의, 일류의 执行力 zhíxínglì 실행력 剧本 jùběn 명 대본, 극본
创作 chuàngzuò 통 창작하다 版本 bǎnběn 명 버전, 판본 汇总 huìzǒng 통 한데 모으다
0稿 línggǎo 시놉시스, 트리트먼트[초고 이전 단계의 원고] 争执 zhēngzhí 통 논쟁하다
对抗 duìkàng 통 대립하다, 반항하다 理智 lǐzhì 형 이성적이다 出品方 chūpǐnfāng 제작사
1稿 yīgǎo 초고[첫 번째 원고] 惊讶 jīngyà 통 놀라다 需求 xūqiú 요구, 수요
更新 gēngxīn 통 업데이트하다 起码 qǐmǎ 형 최소의 展现 zhǎnxiàn 통 전개하다
刘慈欣 Liú Cíxīn 고유 리우츠신[중국의 소설가] 全局 quánjú 명 전체의 국면
把控 bǎkòng 파악하고 조절하다[把握+控制의 줄임말] 载体 zàitǐ 명 매개체 粗暴 cūbào 형 대충하다
照搬 zhàobān 통 모방하다, 답습하다 举动 jǔdòng 명 행동, 거동 成本 chéngběn 명 자본금, 원가
顶尖 dǐngjiān 형 최고의, 정점의 好莱坞 Hǎoláiwū 고유 할리우드 赔钱 péiqián 통 손해를 보다
放手一搏 fàngshǒu yī bó 한 번 싸워 보다 带领 dàilǐng 통 이끌다

3

男的认为集体创作中无法避免的是?	남자가 생각하기에 집단 창작 중 피할 수 없는 것은?
A 不用心的态度	A 집중하지 않는 태도
B 冲动的行为	B 충동적인 행동
C 不理智的沟通	C 이성적이지 않은 소통
D 关于作品的争执	**D 작품에 관한 논쟁**

해설 음성에서 언급된 **集体创作时，难以避免的就是关于作品的争执和由此引发的对抗。**(집단 창작을 할 때, 피하기 어려운 것이 바로 작품에 관한 논쟁과 그로 인해 일어나는 대립입니다.)을 듣고, 보기 D **关于作品的争执**(작품에 관한 논쟁)에 체크해 둔다. 질문이 남자가 생각하기에 집단 창작 중 가장 피할 수 없는 것에 대해 물었으므로, 보기 D가 정답이다.

어휘 **争执** zhēngzhí 圄 논쟁하다

4

为了制作出优秀的电影，男的做了什么?	우수한 영화를 제작해 내기 위해, 남자는 무엇을 했는가?
A 为剧本添加了旁白	A 대본에 내레이션을 추가했다
B 照搬了小说情节	B 소설 줄거리를 그대로 모방했다
C 从全局把控了电影方向	**C 전체의 국면으로부터 영화 방향을 파악하고 조절했다**
D 邀请原作者加入了创作	D 원작자가 창작에 참여하도록 초청했다

해설 음성에서 언급된 **从全局把控电影走向对我们来说并不是一件难事**(전체의 국면으로부터 영화 방향을 파악하고 조절하는 것은 저희에게 있어서는 그렇게 어려운 일은 아니었습니다)을 듣고, 보기 C **从全局把控了电影方向**(전체의 국면으로부터 영화 방향을 파악하고 조절했다)에 체크해둔다. 질문이 우수한 영화를 제작해 내기 위해 남자는 무엇을 했는지 물었으므로, 보기 C가 정답이다.

어휘 **全局** quánjú 圆 전체의 국면

5

中国和好莱坞的科幻电影有什么区别?	중국과 할리우드의 SF 영화는 어떤 차이가 있는가?
A 中国科幻电影更成熟	A 중국 SF 영화가 더 성숙하다
B 好莱坞科幻电影有全球市场	**B 할리우드 SF 영화는 글로벌 시장이 있다**
C 中国科幻电影的市场更大	C 중국 SF 영화의 시장이 더 크다
D 好莱坞科幻电影成本不高	D 할리우드 SF 영화의 자본금은 많지 않다

해설 음성에서 언급된 **好莱坞能够在科幻电影上投入重金的原因是，他们有全球市场来保证全球成本。中国没有这样的条件**(할리우드가 SF 영화에 거금을 투자할 수 있는 이유는, 그들에게는 전 세계의 자본금을 보장해 주는 글로벌 시장이 있기 때문입니다. 중국에는 이러한 조건이 없기 때문에)을 듣고, 보기 B **好莱坞科幻电影有全球市场**(할리우드 SF 영화는 글로벌 시장이 있다)에 체크해둔다. 질문이 중국과 할리우드 SF영화는 어떤 차이가 있는지 물었으므로, 보기 B가 정답이다.

어휘 **好莱坞** Hǎoláiwū 고유 할리우드

정답 및 해석·해설

6

关于男的，下列哪项正确?	남자에 관해, 아래 중 옳은 것은 무엇인가?
A 是一名导演	A 감독이다
B 拥有丰富的想象力	B 풍부한 상상력을 가지고 있다
C 对科幻片没兴趣	C SF 영화에 흥미가 없다
D 是电影的编剧	**D 영화의 각본가이다**

해설 음성에서 언급된 **很荣幸请到《流浪地球》的编剧兼制片人龚格尔先生来这里**(너무 영광스럽게도 <유랑지구>의 각본가 겸 영화 제작자이신 궁거얼 선생님을 이곳에 모시고)를 듣고, 보기 D 是电影的编剧(영화의 각본가이다)에 체크해둔다. 질문이 남자에 대해서 옳은 것을 물었으므로, 보기 D가 정답이다.

어휘 编剧 biānjù 몡 각본가

7-9

第7到9题是根据下面一段话:

⁷发生在热带、亚热带海面上的气旋性环流被称为热带气旋。热带气旋会形成狂风巨浪，同时伴随着暴雨和风暴潮。它所到之处都会产生无法挽回的灾害。⁸热带气旋的主要能量由温暖的海水提供，海面蒸发的水蒸气遇冷后会凝结成水滴，释放出大量的热，形成空气旋涡。

⁹南亚沿海国家比内陆地区更容易受到热带气旋的影响。印度、斯里兰卡、孟加拉国及缅甸等地因为每年在印度洋北部水域形成的热带气旋死伤无数。专家认为，⁹发生这一现象的原因有二，一是亚洲季风带去的水汽，⁹二是太阳直射点的移动。4-5月期间，来自印度洋西南方向的季风会为印度和周边地区带去更多水汽。而3月底至5月底期间，太阳的直射点从南半球移动到北半球。孟加拉湾和阿拉伯海附近区域的温度受太阳直射的影响，可能会快速升温，专家认为这是气旋形成或增强的先决条件。

7-9번 문제는 다음 내용에 근거한다.

⁷열대, 아열대 해수면 위에서 발생하는 사이클론 환류는 열대 사이클론이라고 불린다. 열대 사이클론은 광풍과 거대한 파도를 형성할 수 있고, 동시에 폭우와 해일도 동반한다. 그것이 가는 곳에는 모두 되돌릴 수 없는 재해가 생길 수 있다. ⁸열대 사이클론의 주요 에너지는 따뜻한 해수로부터 제공되는데, 해수면에서 증발한 수증기는 차가운 것과 만난 후에 물방울로 응결되고, 대량의 열을 방출하여 공기 소용돌이를 형성한다.

⁹남아시아 연해 국가는 내륙 지역보다 더 쉽게 열대 사이클론의 영향을 받는다. 인도, 스리랑카, 방글라데시 및 미얀마 등지에서는 매년 인도양 북부 수역에서 형성된 열대 사이클론으로 인한 사상자가 부지기수다. 전문가는, ⁹이러한 현상이 발생하는 원인은 두 가지가 있다고 생각하는데, 첫 번째는 아시아 계절풍이 가져가는 수증기이고, ⁹두 번째는 태양 직하점의 이동이다. 4-5월 기간에는, 인도양 서남 방향에서 오는 계절풍이 인도와 주변 지역에 더 많은 수증기를 가져다 준다. 또한 3월 말에서 5월 말 기간에는, 태양의 직하점이 남반구에서 북반구로 이동한다. 벵골만과 아라비아해 근처 지역의 온도는 태양 직하의 영향을 받아, 빠르게 온도가 올라갈 수 있는데, 전문가들은 이것이 사이클론이 형성되거나 강해지는 전제 조건이라고 생각한다.

어휘 热带 rèdài 몡 열대 亚热带 yàrèdài 몡 아열대 气旋性 qìxuánxìng 사이클론의 环流 huánliú 몡 환류
气旋 qìxuán 몡 사이클론, 회오리 바람 狂风 kuángfēng 몡 광풍, 미친 듯이 사납게 부는 바람
巨浪 jùlàng 몡 거대한 파도, 거대한 물결 伴随 bànsuí 동 동반하다 风暴潮 fēngbàocháo 해일
挽回 wǎnhuí 동 되돌리다, 만회하다 能量 néngliàng 몡 에너지 蒸发 zhēngfā 동 증발하다, 없어지다
水蒸气 shuǐzhēngqì 몡 수증기 凝结 níngjié 동 응결되다, 응결하다 释放 shìfàng 동 방출하다, 석방하다
旋涡 xuánwō 몡 소용돌이 南亚 Nán Yà 고유 남아시아 沿海 yánhǎi 몡 연해 内陆 nèilù 몡 내륙
印度 Yìndù 고유 인도 斯里兰卡 Sīlǐlánkǎ 고유 스리랑카 孟加拉国 Mèngjiālāguó 고유 방글라데시
缅甸 Miǎndiàn 고유 미얀마 水域 shuǐyù 몡 수역 死伤无数 sǐshāng wúshù 사상자가 부지기수다
季风 jìfēng 몡 계절풍

太阳直射点　tàiyáng zhíshèdiǎn　태양 직하점[어느 특정한 순간에 태양을 천정에서 보게 되는 지리적 위치]
南半球　nánbànqiú　명남반구　北半球　běibànqiú　명북반구
孟加拉湾　Mèngjiālā Wān　고유벵골만[인도양 북동부에 있는 만]　阿拉伯海　Ālābó Hǎi　고유아라비아해
区域　qūyù　명지역

7

热带气旋通常发生在哪里?	열대 사이클론은 보통 어디서 발생하는가?
A 热带海面　　　B 亚热带陆地 C 温带海面　　　D 热带陆地	A 열대 해수면　　　B 아열대 육지 C 온대 해수면　　　D 열대 육지

해설　음성에서 언급된 **发生在热带、亚热带海面上的气旋性环流被称为热带气旋。**(열대, 아열대 해수면 위에서 발생하는 사이클론 환류는 열대 사이클론이라고 불린다.)을 듣고, 보기 A **热带海面**(열대 해수면)에 체크해둔다. 질문이 열대 사이클론은 보통 어디서 발생하는지 물었으므로, 보기 A가 정답이다.

어휘　气旋　qìxuán　명사이클론, 회오리 바람

8

热带气旋的能量由什么提供?	열대 사이클론의 에너지는 무엇이 제공하는가?
A 强烈的暴雨　　　B 温和的季风 **C 温暖的海水**　　D 冰冷的风暴潮	A 세차고 강한 폭우　　　B 온화한 계절풍 C 따뜻한 해수　　　D 매우 차가운 해일

해설　음성에서 언급된 **热带气旋的主要能量由温暖的海水提供**(열대 사이클론의 주요 에너지는 따뜻한 해수로부터 제공되는데)을 듣고, 보기 C **温暖的海水**(따뜻한 해수)에 체크해둔다. 질문이 열대 사이클론의 에너지는 무엇이 제공하는지 물었으므로, 보기 C가 정답이다.

어휘　冰冷　bīnglěng　형매우 차가운, 냉담한

9

南亚沿海地区容易被热带气旋影响的原因是什么?	남아시아 연해 지역이 쉽게 열대 사이클론의 영향을 받는 원인은 무엇인가?
A 沿海地区秋季水汽较多 **B 太阳直射点的移动** C 海域因为太阳直射而降温 D 全球气候变暖	A 연해 지역은 가을에 수증기가 비교적 많다 B 태양 직하점의 이동 C 해역은 태양 직하점 때문에 기온이 내려간다 D 전 세계 기후가 따뜻하게 변한다

해설　음성에서 언급된 **南亚沿海国家比内陆地区更容易受到热带气旋的影响。……发生这一现象的原因有二，……二是太阳直射点的移动**(남이시아 연해 국가는 내륙 시역보다 더 쉽게 열대 사이클론의 영향을 받는다. …… 이러한 현상이 발생하는 원인은 두 가지가 있다고 생각하는데, …… 두 번째는 태양 직하점의 이동이다)을 듣고, 보기 B **太阳直射点的移动**(태양 직하점의 이동)에 체크해둔다. 질문이 남아시아 연해 지역이 쉽게 열대 사이클론의 영향을 받는 원인이 무엇인지 물었으므로, 보기 B가 정답이다.

어휘　太阳直射点　tàiyáng zhíshèdiǎn　태양 직하점[어느 특정한 순간에 태양을 천정에서 보게 되는 지리적 위치]

정답 및 해석·해설

10

A 听古典乐的同时喝一杯甜甜的红酒	//	(能)	让	//	人	//	精神放松、心情愉快。
주어1		부사어	술어1		목적어1		술어2
					주어2		

해석 클래식을 듣는 동시에 한 잔의 달콤한 와인을 마시는 것은 // (~할 수 있다) ~하게 하다 // 사람이 // 정신이 이완되고, 기분이 즐겁다

해설 사역동사 让(~하게 하다)이 사용된 겸어문으로, 주어1 听古典乐的同时喝一杯甜甜的红酒(클래식을 듣는 동시에 한 잔의 달콤한 와인을 마시는 것은), 술어1 让(~하게 하다), 목적어1 겸 주어2인 人(사람), 술어2 精神放松, 心情愉快(정신이 이완되고, 기분이 즐겁다)가 문맥상 모두 자연스럽게 어울린다. 따라서 틀린 부분이 없다. 참고로, 겸어문은 '주어+술어1+겸어(목적어1/주어2)+술어2'의 형태로, '주어1은 (겸어)가 (술어2)하는 것을 (술어1)하다'라는 의미를 갖는다.

어휘 古典乐 gǔdiǎnyuè 클래식[古典音乐의 줄임말] 红酒 hóngjiǔ 몡 와인, 포도주

B 妈妈	//	(很久以前就跟我)	说，	//	(大理的)	三月	是	/	(一个非常美丽的)	城市。
주어		부사어	술어		관형어	주어	술어		관형어	목적어
									목적어	

해석 엄마는 // (아주 오래전 나에게) 말했다, // (따리의) 3월은 / ~이다 / (정말 아름다운) 도시

해설 목적어 자리의 술어가 是(~이다)인데, 이와 연결되는 주어 三月(3월)와 목적어 城市(도시)이 동격이 아니므로 틀린 문장이다.
   ★ 옳은 문장: 妈妈很久以前就跟我说, 三月的大理是一个非常美丽的城市。
      엄마는 아주 오래전 나에게, 3월의 따리는 정말 아름다운 도시라고 말했다.

어휘 大理 Dàlǐ 고유 따리[중국 윈난성에 위치한 지역]

C 面对	//	(眼前富丽堂皇的)	大楼，	(紧锁眉头的)	老板	//	露出了	//	(满意的)	微笑。
술어1		(관형어)	목적어	(관형어)	주어		술어2		(관형어)	목적어

해석 마주하고 // (눈 앞의 웅장하고 호화로운) 고층 건물을, (미간을 찌푸린) 사장은 // 드러냈다 // (만족한) 미소를

해설 앞절의 술어1 面对(마주하다), 목적어 大楼(고층 건물을)가 문맥상 서로 자연스럽게 어울리고, 주어 老板(사장)과 연결되는 술어2 露出了(드러냈다)와 목적어 微笑(미소를) 또한 자연스럽게 어울린다. 따라서 틀린 부분이 없다.

어휘 富丽堂皇 fùlìtánghuáng 혱 집이 웅장하고 호화롭다 紧锁眉头 jǐnsuǒ méitóu 미간을 찌푸리다
   露出 lùchū 통 드러내다, 노출시키다

D 我	//	是	/	(汉语言文学专业的一名)	博士，	(去年)	发表了	//	二十篇论文。
주어		술어1		관형어	목적어	부사어	술어2		목적어

해석 나는 // ~이다 / (중국어 문학을 전공한 한 명의) 박사, (작년에) 발표했다 // 20편의 논문을

해설 앞절의 술어1이 是(~이다)인데 주어 我(나)와 목적어 博士(박사)이 동격이다. 뒷절의 술어2 发表了(발표했다)와 연결되는 주어 我(나)와 목적어 二十篇论文(20편의 논문을) 또한 자연스럽게 어울린다. 따라서 틀린 부분이 없다.

어휘 文学 wénxué 몡 문학 发表 fābiǎo 통 발표하다

A 我 // (最近) 发现, // "父母在，不远游，游必有方"对现代社会的每个年轻人仍然有着重要的意义。
　　주어　부사어　술어　　　　　　　　　　　　　　목적어

해석　나는 // (최근에) 알아차렸다, // '부모님이 생존해 계신다면, 자식으로서 먼 길을 떠나선 안 되며, 먼 길을 가더라도 반드시 행선지가 있어야 한다'는 현대 사회의 모든 청년들에게 여전히 중요한 의미가 있다는 것을

해설　주어 我(나는), 술어 发现(알아차렸다), 목적어 "父母在，不远游，游必有方"对现代社会的每个年轻人仍然有着重要的意义('부모님이 생존해 계신다면, 자식으로서 먼 길을 떠나선 안 되며, 먼 길을 가더라도 반드시 행선지가 있어야 한다'는 현대 사회의 모든 청년들에게 여전히 중요한 의미가 있다는 것을)가 문맥상 자연스럽게 어울린다. 따라서 틀린 부분이 없다.

어휘　父母在，不远游，游必有方 fùmǔ zài, bù yuǎnyóu, yóu bì yǒu fāng 부모님이 생존해 계신다면, 자식으로서 먼 길을 떠나선 안 되며, 먼 길을 가더라도 반드시 행선지가 있어야 한다[논어에 나오는 문구]

B 小王 // 不仅 获得了 // 乒乓球冠军，(还) 获得了 // 跳高亚军，(为班级) 争得了 // 荣誉，得到了 //
　　주어　접속사　술어1　　목적어　　부사어　술어2　　　목적어　　　부사어　술어3　목적어　술어4

(大家的) 掌声。
관형어　목적어

해석　샤오왕은 // ~했을 뿐 아니라 획득했다 // 탁구 우승을, (또) 획득했다 // 높이뛰기 준우승을, (학급을 위해) 얻었다 // 영예를, 받았다 // (모두의) 박수를

해설　주어 小王(샤오왕은), 술어1 获得了(획득했다)와 목적어 乒乓球冠军(탁구 우승을)이 문맥상 자연스럽게 어울린다. 주어와 연결되는 술어2 获得了(획득했다)와 목적어 跳高亚军(높이뛰기 준우승을), 술어3 争得了(얻었다)와 목적어 荣誉(영예를), 술어4 得到了(받았다)와 목적어 掌声(박수를) 또한 문맥상 자연스럽게 어울린다. 또한, 자주 짝을 이루어 쓰이는 연결어 '不仅……, 还……(~뿐만 아니라 ~도)'도 문맥상 적절하게 쓰였다. 따라서 틀린 부분이 없다.

어휘　跳高 tiàogāo 통높이뛰기를 하다　亚军 yàjūn 몡준우승, 제2위　争得 zhēngdé 통(다투어) 얻다
　　荣誉 róngyù 몡영예

C (作为一名运动员)，你 // 一方面 (要) (认真) 训练，
　　　부사어　　　　주어　접속사 부사어 부사어　술어1,
一方面 (要) 注意 // 言行举止 // (也) 是 (很) 重要 的。
접속사 부사어 술어2　목적어　부사어 是 부사어 술어 的

해석　(운동 선수로서), 너는 // 한편으로는 (~해야 한다) (열심히) 훈련하다, 한편으로는 (~해야 한다) 주의하다 // 언행과 행동거지를 // (또한) (매우) 중요하다

해설　뒷절의 一方面要注意言行举止(한편으로는 언행과 행동거지를 주의해야 한다)에는 주어 你(너는)와 연결되는 술어2 注意(주의하다)가 있는데, 술어가 될 수 있는 重要(중요하다)가 문맥상 불필요하게 1개 더 있으므로 C가 틀린 문장이다. 也是很重要的(또한 매우 중요하다)를 제외해야 옳은 문장이 된다.
　　★옳은 문장: 作为一名运动员，你一方面要认真训练，一方面要注意言行举止。
　　　　　　　운동 선수로서, 너는 한편으로는 열심히 훈련해야 하고, 한편으로는 언행과 행동거지를 주의해야 한다.

어휘　言行 yánxíng 몡언행　举止 jǔzhǐ 몡행동거지

정답 및 해석·해설

D (3月起)(在高速公路上违反交通规则、不顾行车安全的) 司机 // (将会) 受到 // (比去年更严厉的) 惩罚。
　　부사어　　　　　　　　관형어　　　　　　　　　　　　　주어　부사어 술어　　　관형어　　　목적어

해석 (3월부터) (고속 도로에서 교통 법규를 위반하고, 안전 운행을 생각하지 않는) 운전자는 // (~할 것이다) 받다 // (작년보다 더 엄한) 처벌을

해설 주어 司机(운전자), 술어 受到(받다), 목적어 惩罚(처벌을)가 문맥상 자연스럽게 어울린다. 관형어 在高速公路上违反交通规则、不顾行车安全的(고속 도로에서 교통 법규를 위반하고, 안전 운행을 생각하지 않는)와 比去年更严厉的(작년보다 더 엄한) 또한 주어와 목적어를 각각 적절히 수식하고, 부사어 将会(~할 것이다) 또한 술어를 적절히 수식한다. 따라서 틀린 부분이 없다.

어휘 不顾 búgù ⑧생각하지 않다, 살피지 않다　严厉 yánlì ⑱엄하다, 호되다
惩罚 chéngfá ⑧처벌하다, 징벌하다

12

据悉，国内首架大型双发长航时无人机近日成功首飞。名为CU42的这款无人机，由中国电科下属航电公司**自主**研发。它的最大起飞重量约为2吨，能根据用户的**需求**，在机头和机腹灵活加装高清相机、SAR雷达等，用来执行各种任务。为了**确保**燃料的安全性，研发团队从一开始就为CU42配备了两台航空煤油发动机。

아는 바로는, 국내 첫 대형 더블 엔진 장시간 무인 항공기가 최근 첫 비행에 성공했다고 한다. 이름이 CU42인 이 무인 항공기는, 중국 전자 과학 기술 그룹의 산하 기관인 항공 전자 회사가 <u>스스로</u> 연구 제작하여 개발했다. 그것의 가장 큰 이륙 중량은 약 2톤으로, 사용자의 <u>요구</u>에 따라, 비행기의 앞 부분과 동체에 고화질 카메라, SAR 레이더 등을 탄력적으로 추가 탑재하여, 각종 임무를 수행하는 데 쓸 수 있다. 연료의 안전성을 <u>확실히 보증하기</u> 위해, 연구 제작 개발팀은 맨 처음부터 CU42에 두 대의 항공 석유 엔진을 배치했다.

A 自立	索求	保管
B 自发	诉求	保障
C 自主	**需求**	**确保**
D 自助	恳求	担保

A 자립하다	요구하다	보관하다
B 자발적이다	부탁하다	보장하다
C 스스로 하다	**요구**	**확실히 보증하다**
D 스스로 돕다	간청하다	담보하다

어휘 지문 据悉 jùxī ⑧아는 바로는　架 jià ⑱받침대가 있는 물건이나 기계 장치가 되어 있는 것 따위를 세는 단위
双发 shuāngfā 더블 엔진　长航时 chángháng shí 장시간　无人机 wúrénjī 무인 항공기
中国电科 Zhōngguó Diànkē [고유]중국 전자 과학 기술 그룹[중국 국유의 대형 첨단 기술 기업]
下属 xiàshǔ ⑱산하 기관, 하급 기관　航电 hángdiàn 항공 전자[航空+电子의 줄임말]
用户 yònghù ⑱사용자, 가입자　机头 jītóu ⑱(물체의) 가장 앞 부분
机腹 jīfù 동체[물체의 중심을 이루는 부분]　高清 gāoqīng 고화질　雷达 léidá ⑱레이더
执行 zhíxíng ⑧수행하다, 집행하다　燃料 ránliào ⑱연료　配备 pèibèi ⑧배치하다
航空 hángkōng ⑧항공하다, 공중을 날다　煤油 méiyóu ⑱석유　发动机 fādòngjī ⑱엔진
보기 自立 zìlì ⑧자립하다　自发 zìfā ⑱자발적이다　自主 zìzhǔ ⑧스스로 하다
索求 suǒqiú ⑧요구하다, 강요하다　诉求 sùqiú ⑧(이유를 말하고) 부탁하다　需求 xūqiú ⑱요구, 필요
恳求 kěnqiú ⑧간청하다　保管 bǎoguǎn ⑧보관하다　保障 bǎozhàng ⑧보장하다, 보호하다
确保 quèbǎo ⑧확실히 보증하다　担保 dānbǎo ⑧담보하다, 보증하다

해설 첫째 빈칸 보기가 모두 '스스로 하다'와 관련된 의미의 유의어로, A, C, D는 동사이고, B는 형용사이다. 빈칸 뒤의 동사 研发(연구 제작하여 개발하다)와 의미적으로 호응하는 형용사 C 自主(스스로 하다)가 정답이다.
A 自立(자립하다), D 自助(스스로 돕다)는 문맥에 어울리지 않으며, B 自发(자발적이다)는 势力(세력), 组织(조직) 등의 어휘와 호응한다.

둘째 빈칸 보기가 모두 '요구하다, 부탁하다'와 관련된 의미의 유의어이다. A, B, D는 동사이고, C는 명사이다. 빈칸 앞에 **的**가 있으므로, '사용자의 ___ 에 따라'라는 문맥에 적합하면서 **的** 뒤에 쓰일 수 있는 명사 C **需求**(요구)가 정답이다.
A **诉求**(부탁하다)와 D **恳求**(간청하다)는 문맥에 어울리지 않으며, C **索求**(요구하다)는 돈이나 물건 등을 요구할 때 쓰인다.

셋째 빈칸 보기가 모두 '보증하다, 보장하다'와 관련된 의미의 동사 유의어이다. 빈칸은 술어 자리로, 목적어 **燃料的安全性**(연료의 안전성)과 의미적으로 호응하면서, 문맥에 적합한 C **确保**(확실히 보증하다)가 정답이다.
A **保管**(보관하다)와 D **担保**(담보하다)는 말하는 사람이 자신감을 드러낼 때 쓰인다.
B **保障**(보장하다)은 **生命**(생명), **财产**(재산), **权利**(권리) 등의 어휘와 호응한다.

13

瑞士联邦主席表示，在经济全球化面临严峻挑战之际，一个伟大的倡议"一带一路"应运而生。这一构想不仅为世界发展树立了一个新维度，更为经济交流开拓了一条新的道路。自由的商品服务市场和良好的基础设施相辅相成，是经济全球化不可或缺的重要条件。所以一带一路是面向未来的，是有助于推动经济全球化的。	스위스 연방 주석은, 경제 세계화가 준엄한 도전에 직면하고 있는 이때, 위대한 주장 '일대일로'는 시대의 요구에 의해서 나타난 것이라고 밝혔다. 이 구상은 세계 발전에 새로운 차원을 수립했을 뿐만 아니라, 더욱이 경제 교류를 위해 하나의 새로운 길을 개척했다. 자유로운 상품 서비스 시장과 우수한 기초 설비가 서로 보완하고 협력하는 것은, 경제 세계화에 있어 반드시 필요한 중요한 조건이다. 그래서 일대일로는 미래를 향한 것이며, 경제의 세계화를 추진하는데 도움이 되는 것이다.
A 严厉　创意　建立　争先恐后	A 엄하다　창의　건립하다　뒤질세라 앞을 다투다
B 严苛　提议　设立　恰到好处	B 가혹하다　제의　설립하다　말이나 일 처리가 적절하다
C 严肃　见解　创立　不相上下	C 엄숙하다　견해　창립하다　우열을 가릴 수 없다
D 严峻　倡议　树立　相辅相成	D 준엄하다　주장　수립하다　서로 보완하고 협력하다

어휘　지문　瑞士 Ruìshì 고유 스위스　联邦 liánbāng 몡 연방　一带一路 Yídàiyílù 고유 일대일로
应运而生 yìngyùn'érshēng 셩 시대의 요구에 의해서 나타나다　构想 gòuxiǎng 몡 구상
维度 wéidù 몡 차원　开拓 kāituò 동 개척하다, 확장하다
不可或缺 bùkěhuòquē 반드시 필요하다, 필수 불가결하다　推动 tuīdòng 동 추진하다

보기　严厉 yánlì 톙 엄하다　严苛 yánkē 톙 가혹하다　严峻 yánjùn 톙 준엄하다
创意 chuàngyì 몡 창의, 창조적인 생각　提议 tíyì 몡 제의　见解 jiànjiě 몡 견해　倡议 chàngyì 몡 주장
设立 shèlì 동 설립하다　创立 chuànglì 동 창립하다　树立 shùlì 동 수립하다, 세우다
争先恐后 zhēngxiānkǒnghòu 셩 뒤질세라 앞을 다투다　恰到好处 qiàdàohǎochù 말이나 일 처리가 적절하다
不相上下 bùxiāngshàngxià 셩 우열을 가릴 수 없다, 막상막하
相辅相成 xiāngfǔxiāngchéng 셩 서로 보완하고 협력하다

해설　첫째 빈칸 보기가 모두 공통글자 严을 포함하여 '엄하다'와 관련된 의미의 형용사 유의어이다. 빈칸은 관형어 자리로, 목적어 **挑战**(도전)과 의미적으로 호응하는 D **严峻**(준엄하다)이 정답이다.
A **严厉**(엄하다)는 사람의 태도, 언어, 수단 등으로 인해 무섭게 느껴지는 것을 묘사할 때 사용된다.
B **严苛**(가혹하다), C **严肃**(엄숙하다)는 문맥에 어울리지 않는다.

둘째 빈칸 보기가 모두 '의견, 주장'과 관련된 의미의 명사 유의어이다. 빈칸 앞의 형용사 **伟大**(위대한)와 호응하는 B **提议**(제의), D **倡议**(주장)를 정답의 후보로 고른다.
A **创意**(창의), C **见解**(견해)는 문맥에 어울리지 않는다.

셋째 빈칸 보기가 모두 공통글자 立를 포함하여 '세우다'와 관련된 의미의 동사 유의어이다. 빈칸 뒤 목적어 **新维度**(새로운 차원)와 호응하는 동사는 **树立**(수립하다)이므로, 보기 D가 정답이다.
A **建立**(건립하다), C **创立**(창립하다)는 문맥에 어울리지 않으며, B **设立**(설립하다)는 **企业**(기업), **机构**(기구) 등의 어휘와 호응한다.

넷째 빈칸 보기가 모두 사자성어이다. '상품 서비스 시장과 우수한 기초 설비가 ___'라는 문맥에 적합한 사자성어 D **相辅相成**(서로 보완하고 협력하다)이 정답이다.

정답 및 해석·해설

14-16

苏轼可谓是北宋中期文坛中独树一帜的存在，他在词、诗、散文等方面都取得了常人难以望其项背的成就，做出了非凡的历史贡献。尤其在提高词的文学地位一事上，他的功劳远远超过了一生致力写词的柳永。¹⁴词可以从音乐的附属品转变为独立的抒情诗体，(14) C 离不开他大刀阔斧的改革。¹⁴苏轼首先破除了诗尊词卑的观念，他认为诗词是同根同源的，即使外在形式有所不同，艺术本质和表现功能都应该是一致的。因此苏轼笔下的词，主要是供人阅读而非求人演唱。苏轼为后代词人指出了一条鲜明的发展道路，即强化词的文学性，弱化词对音乐的依附性。

不仅仅是词，苏轼的才华在诗歌中也体现得淋漓尽致。他善于从平常的生活和自然景物中发现深刻的哲理，并在诗歌中把自己发现的这些哲理有趣地、自然而然地表达出来。(15) A 因此他的诗歌既有哲理性，¹⁵又有趣味性。从《题西林壁》和《和子由渑池怀旧》两首诗中就可以看出这些特点。

苏轼的文学思想是文、道并重，所以他才会推崇韩愈和欧阳修对古文的贡献。但苏轼关于文道的观点在北宋十分独特，首先，他认为文章的艺术具有独立的价值。其次，他眼中的道不只是儒家之道，而是泛指事物的规律。¹⁶所以苏轼提倡艺术风格的多样化和生动性，(16) B 反对千篇一律的统一文风。

소식은 북송 중기 문학계에서 독자적으로 한 파를 형성한 존재라고 말할 수 있는데, 그는 가사, 시, 산문 등의 방면에서 모두 일반인이 따라 잡기 어려운 성과를 얻었고, 비범한 역사적 공헌을 했다. 특히 가사의 문학적 지위를 향상시키는 일에 있어서, 그의 공로는 평생 가사를 쓰는 데 힘쓴 유영을 훨씬 넘어섰다. ¹⁴가사가 음악의 부속품에서 독립적인 감정을 표현하는 시체로 바뀔 수 있었던 것은, (14) C 그의 과감한 개혁과 분리할 수 없다. ¹⁴소식은 먼저 시는 존귀하지만 가사는 비천하다는 의식을 타파하였는데, 그는 시와 가사는 같은 뿌리 같은 근원인 것으로, 비록 외재적인 형식에는 각기 다른 점이 있으나, 예술 본질과 표현 기능은 모두 마땅히 일치한다고 생각했다. 이 때문에 소식이 써내려 간 가사는, 주로 사람에게 읽도록 제공되었고 사람에게 공연되기를 요구하지는 않았다. 소식은 후대 가사인들에게 명확한 발전 노선을 가리켜 주었는데, 즉 가사의 문학성을 강화하고, 가사의 음악에 대한 종속성을 약화시키는 것이었다.

가사뿐만 아니라, 소식의 재능은 시가에서도 자세하고 빈틈없이 드러났다. 그는 일상생활과 자연 경관 속에서 깊은 철학적 이치를 발견하고, 시가 속에 자신이 발견한 이치들을 재미있고, 자연스럽게 표현해내는 것에 능숙했다. (15) A 그래서 그의 시가는 철학성이 있을 뿐만 아니라, ¹⁵또한 흥미성도 있다. <서림사 벽에 쓰다>와 <민지에서 옛 일을 회상하며 동생 자유(子由)에게 답하다> 두 시에서 이러한 특징을 발견해 낼 수 있다.

소식의 문학 사상은 문(文), 도(道)를 다 같이 중시하는 것이었기 때문에, 그는 한유와 구양수의 고문에 대한 공헌을 숭배했다. 그러나 소식의 문도(文道)에 대한 관점은 북송에서도 매우 독특했는데, 우선, 그는 글의 예술에는 독립적인 가치가 있다고 생각했다. 그 다음은, 그의 눈에 도(道)란 단지 유가의 도(道)일 뿐만인 것이 아니라, 사물의 규칙을 두루 가리키는 것이었다. ¹⁶그래서 소식은 예술 풍격의 다양화와 생동성을 제창했으며, (16) B 천편일률적인 통일된 문체를 반대했다.

A 因此他的诗歌既有哲理性

B 反对千篇一律的统一文风

C 离不开他大刀阔斧的改革

A 그래서 그의 시가는 철학성이 있을 뿐만 아니라

B 천편일률적인 통일된 문체를 반대했다

C 그의 과감한 개혁과 분리할 수 없다

어휘 지문 苏轼 Sū Shì [고유] 소식[북송 시기 유명 문학가]　北宋中期 Běi Sòng zhōngqī 북송 중기

文坛 wéntán [명] 문학계, 문단　独树一帜 dúshùyízhì [성] 독자적으로 한 파(派)를 형성하다

散文 sǎnwén [명] 산문　望其项背 wàngqíxiàngbèi [성] 따라잡을 수 있다　致力 zhìlì [동] 힘쓰다, 애쓰다

柳永 Liǔ Yǒng [고유] 유영[중국 북송의 시인]　附属品 fùshǔpǐn [명] 부속품

抒情 shūqíng [동] 감정을 표현하다　诗尊词卑 shī zūn cí bēi 시는 존귀하지만 가사는 비천하다

鲜明 xiānmíng [형] 명확하다, 선명하다　依附性 yīfùxìng 종속성

淋漓尽致 línlíjìnzhì [성] 자세하고 빈틈없다　哲理 zhélǐ [명] 철학적 이치　推崇 tuīchóng [동] 숭배하다

韩愈 Hán Yù [고유] 한유[당송 팔대가의 한 사람]　欧阳修 Ōuyáng Xiū [고유] 구양수[중국 송나라의 정치가 겸 문인]

文道 wéndào [명] 문도[문인이 닦아야 할 도리]　儒家 Rújiā [고유] 유가[공자의 학설과 학풍을 따르는 학파]

泛指 fànzhǐ [동] 두루 가리키다

보기 大刀阔斧 dàdāokuòfǔ [성] 일을 과감하게 처리하다　改革 gǎigé [동] 개혁하다

해설　(14)번 빈칸　빈칸 앞이 '가사가 음악의 부속품에서 독립적인 감정을 표현하는 시체로 바뀔 수 있었던 것은'이라는 문맥인 것과 빈칸 뒤가 '소식은 먼저 시는 존귀하지만, 가사는 비천하다는 의식을 타파하였는데'라는 문맥임을 파악한다. 보기 C 离不开他大刀阔斧的改革(그의 과감한 개혁과 분리할 수 없다)가 빈칸 앞 词可以从音乐的附属品转变为独立的抒情诗体(가사가 음악의 부속품에서 독립적인 감정을 표현하는 시체로 바뀔 수 있었던 것은)를 구체적으로 설명하는 내용이고, 빈칸 뒤 苏轼首先破除了诗尊词卑的观念(소식은 먼저 시는 존귀하지만 가사는 비천하다는 의식을 타파하였는데)의 서두가 되는 내용이므로, C를 고른다.

(15)번 빈칸　빈칸 뒤가 '또한 흥미성도 있다'라는 문맥임을 파악한다. 보기 A 因此他的诗歌既有哲理性(그래서 그의 시가 철학성이 있을 뿐만 아니라)이 빈칸 뒤 又有趣味性(또한 흥미성도 있다)과 既……又(~할 뿐만 아니라, 또한) 형태로 연결되므로, A를 고른다.

(16)번 빈칸　빈칸 앞이 '그래서 소식은 예술 풍격의 다양화와 생동성을 제창했으며'라는 문맥임을 파악한다. 보기 B 反对千篇一律的统一文风(천편일률적인 통일된 문체를 반대했다)이 빈칸 앞 所以苏轼提倡艺术风格的多样化和生动性(그래서 소식은 예술 풍격의 다양화와 생동성을 제창했으며)과 같은 상황으로 연결되므로, B를 고른다.

17-20

　　众所周知，人工智能和5G技术为人们的日常生活带来了翻天覆地的变化。过去需要走很远才能做到的事情，现在靠这样的尖端技术在家里就能做到。同时，近期出现的不少案例让大众逐渐了解到，[17]人工智能和5G技术也为医学界带来了史无前例的技术革新，医学上的多个难题和状况[17]因此取得了历史性突破。

　　最近，[20]全球首例"一对多"5G远程手术在北京成功实施，这打破了一个医生不可能同时指导两台手术的惯例。负责这一手术的院长表示："结合5G网络和人工智能，我顺利地指导完成了两台距离甚远的复杂手术，这是令人自豪并且具有历史意义的时刻！"同时，这也是全球首个多中心远程实时骨科机器人手术。[18]骨科手术和人工智能以及5G技术被完美结合，一同完成了过去医疗人员想都不敢想的"一对多实时手术"。负责手术的院长同时远程交替操控两台异地机器人，为相隔千里的两个脊椎骨折病人进行了脊椎固定手术，12颗螺钉被准确无误地打进了病人的脊椎。

　　手术过程中，该院长一直通过远程系统控制平台，实时指导两地医生进行手术。他表示，由于5G技术的发达，在控制室动一动鼠标，查看一下图像就和亲临现场一模一样，指导手术也变得更加容易。更令人兴奋的是，以前的医生即使医术精湛，也很难靠经验和技术完成一台精准的手术，但现在有了高新技术，[19]二级医院的医生也能在接受培训和指导后，顺利完成一台堪称教科书样板的手术。这一改变对医学界有深远的意义，意味着更多的患者可以得到及时的救助。

모든 사람이 다 알고 있듯이, 인공 지능과 5G 기술은 사람들의 일상생활에 하늘과 땅이 뒤집히는 변화를 몰고 왔다. 과거에는 아주 멀리 가서야 비로소 할 수 있었던 일들을, 지금은 이러한 첨단 기술에 기대어 집에서 바로 할 수 있게 되었다. 동시에, 최근 들어 나타난 적지 않은 사례들은, [17]인공 지능과 5G 기술이 의학계에도 역사상 한 번도 없었던 기술 혁신을 가져다주었으며, 의학에서의 많은 난제와 상황들이 [17]이로 인해 역사적으로 새로운 진전을 얻었음을 대중들이 점차 알게 해 준다.

최근, [20]전 세계 첫 번째 '일대다' 5G 원격 수술이 베이징에서 성공적으로 실시되었는데, 이는 한 의사가 동시에 두 가지 수술을 지도할 수 없다는 관례를 깨트렸다. 이 수술을 담당한 원장은 밝혔다. "5G 네트워크와 인공 지능의 결합으로, 저는 순조롭게 두 가지 수술실의 거리가 먼 복잡한 수술을 지도하고 마칠 수 있었는데, 이것은 자랑스럽고 또한 역사적 의의가 있는 순간입니다!" 동시에, 이는 전 세계 첫 번째의 다중심 원격 실시간 정형외과 로봇 수술이기도 했다. [18]정형외과 수술과 인공 지능 그리고 5G 기술이 완벽하게 결합되어, 과거 의료진들이 감히 상상할 수도 없었던 '일대다 실시간 수술'을 함께 완수했다. 수술을 담당한 원장은 동시에 원격으로 다른 지역에 있는 두 대의 로봇을 번갈아가며 조종하고 제어하여, 서로 멀리 떨어진 두 명의 척추 골절 환자에게 척추 고정 수술을 진행했는데, 12개 나사가 정확하고 확실하게 환자의 척추에 들어갔다.

수술 과정에서, 이 원장은 계속 원격 시스템을 통해 플랫폼을 제어하고 실시간으로 두 지역의 의사를 지도하며 수술을 진행했다. 그는, 5G 기술의 발달 덕분에, 통제실에서 마우스를 약간 움직이고, 영상을 살펴보는 것만으로 현장에 직접 온 것과 똑같아서, 수술 지도 또한 더 쉬워졌다고 밝혔다. 더 흥분되는 것은, 이전의 의사들은 설령 의술이 뛰어나더라도, 경험과 기술에 기대서 정확한 수술을 완수하기 어려웠지만, 지금은 최첨단 기술이 있어서, [19]2급 병원의 의사도 훈련과 지도를 받은 후에, 교과서 표본이라고 할 만한 수술을 순조롭게 완수할 수 있다. 이 변화는 의학계에 깊은 의의가 있으며, 더 많은 환자들이 시기적절한 구조를 받을 수 있다는 것을 의미한다.

정답 및 해석·해설

5G网络的速度令手术过程中的信号传输极其流畅，上千公里的距离也没有让信号出现卡顿、处理不及时、反馈迟钝等情况，所以手术的精准度有了大幅度的提升。最重要的是，手术并没有暴露病人的肌肉和骨头，减少了病人的很多痛苦。院长介绍说，没有高速率、大连接、低时延，以及医疗手术机器人的精准定位的话，两位病人中有一位病人就不得不接受保守治疗，那么肯定会留下严重的隐患。

据了解，医疗手术机器人远程应用已有十多年的历史，但由于信息延时等问题，它一直得不到有效的发展和利用。在中国电信5G网络和华为通信技术的支持下，此次手术通过5G技术快速传输了高清画面，稳定传输了手术机器人远程控制信号，使远程机器人手术得以实际应用，成功完成了两台手术。在不久的将来，我们可以期待5G远程医疗和人工智能应用发挥更大的作用，让更多的基层群众感受智慧医疗带来的便利。

5G 네트워크의 속도는 수술 과정 중의 신호 전송을 막힘 없게 하고, 수천 킬로미터의 거리에서도 신호가 정체되거나, 제때에 처리되지 않는다거나, 피드백이 느려지는 등의 상황을 발생시키지 않아서, 수술의 정밀도에 큰 향상이 있었다. 가장 중요한 것은, 수술이 환자의 근육과 뼈를 드러내지 않아서, 환자의 많은 고통을 줄여주었다는 것이다. 원장은, 고속율, 대연결, 저지연, 그리고 의료 수술 로봇의 정밀한 위치 추적이 없었다면, 두 명의 환자 중 한 명은 어쩔 수 없이 보존 치료를 받았을 텐데, 그렇다면 틀림없이 심각한 잠재적 위험을 남기게 되었을 것이라 설명했다.

알려진 바로는, 의료 수술 로봇의 원격 응용은 이미 10여 년의 역사가 있지만, 정보 지연 등의 문제 때문에, 그것은 계속해서 효과적인 발전과 활용을 얻지 못했다. 차이나 텔레콤 5G 네트워크와 화웨이 통신 기술의 협조 아래, 이번 수술은 5G 기술을 통해 빠르게 고화질 화면을 전송하고, 안정적으로 수술 로봇 원격 통제 신호를 전송하여, 원격 로봇 수술을 실제적으로 응용하고, 2가지 수술을 성공적으로 완수할 수 있었다. 머지않은 미래에, 우리는 5G 원격 의료와 인공 지능 응용이 더 큰 효과를 발휘할 것을 기대할 수 있으며, 더 많은 기층 서민들이 스마트 의료가 가져다주는 편리함을 느끼게 할 수 있을 것이다.

어휘 众所周知 zhòngsuǒzhōuzhī ⑱모든 사람이 다 알고 있다　翻天覆地 fāntiānfùdì ⑱하늘과 땅이 뒤집히다
尖端 jiānduān ⑱첨단의　案例 ànlì ⑲사례, 케이스　史无前例 shǐwúqiánlì ⑱역사상 한 번도 없었다
突破 tūpò ⑧새로운 진전을 이루다　远程 yuǎnchéng ⑱원격의, 원거리의　实施 shíshī ⑧실시하다
惯例 guànlì ⑲관례, 관행　实时 shíshí ⑨실시간으로　骨科 gǔkē 정형외과　机器人 jīqìrén ⑲로봇
操控 cāokòng ⑧조종하여 제어하다　相隔千里 xiānggé qiān lǐ 서로 멀리 떨어지다　脊椎 jǐzhuī ⑲척추
骨折 gǔzhé ⑧골절되다　螺钉 luódīng ⑲나사, 나사못　图像 túxiàng ⑲영상　现场 xiànchǎng ⑲현장
精湛 jīngzhàn ⑱뛰어나다, 훌륭하다　意味着 yìwèizhe ⑧의미하다, 뜻하다　患者 huànzhě ⑲환자
反馈 fǎnkuì ⑧피드백하다　迟钝 chídùn ⑱(생각·감각·행동·반응 등이) 느리다, 둔하다
暴露 bàolù ⑧드러내다, 폭로하다　保守治疗 bǎoshǒu zhìliáo 보존 치료[약물이나 주사 요법으로 하는 치료]
隐患 yǐnhuàn ⑲잠재적인 위험, 드러나지 않는 폐해　智慧医疗 zhìhuì yīliáo 스마트 의료

17

根据上文，我们可以知道人工智能和5G技术：	위 지문에 근거하여, 우리가 인공 지능과 5G 기술에 대해 알 수 있는 것은:
A 对人们的生活毫无影响	A 사람들의 생활에 조금의 영향도 없다
B 难以应用在日常生活中	B 일상생활에서 응용하기 힘들다
C 使医学有了新的突破	**C 의학에 새로운 진전이 있게 하였다**
D 被医生反对	D 의사들의 반대를 받는다

해설 질문이 인공 지능과 5G 기술에 대해 알 수 있는 것을 물었으므로, 人工智能(인공 지능)과 5G技术(5G 기술)를 핵심어구로 체크해둔다. 질문의 핵심어구와 관련하여 지문에서 人工智能和5G技术也为医学界带来了史无前例的技术革新, ……因此取得了历史性的突破(인공 지능과 5G 기술이 의학계에서도 역사상 한 번도 없었던 기술 혁신을 가져다주었으며, …… 이로 인해 역사적으로 새로운 진전을 얻었음)라고 한 부분을 정답의 단서로 찾는다. 따라서 이와 내용이 일치하는 보기 C 使医学有了新的突破(의학에 새로운 진전이 있게 하였다)를 정답으로 선택한다.

어휘 毫无 háowú 조금도 ~이 없다　突破 tūpò ⑧새로운 진전을 이루다, 돌파하다

18

一对多实时手术中没有出现的是：	일대다 실시간 수술 중 발생하지 않는 것은：
A 深度学习技术　　　B 人工智能技术 C 5G技术　　　D 骨科手术技术	A 딥 러닝 기술　　　B 인공 지능 기술 C 5G 기술　　　D 정형외과 수술 기술

해설　질문이 일대다 실시간 수술 중 발생하지 않는 것을 물었으므로, **一对多实时手术**(일대다 실시간 수술)를 핵심어구로 체크해둔다. 질문의 핵심어구와 관련하여 지문에서 **骨科手术和人工智能以及5G技术被完美结合, 一同完成了过去医疗人员想都不敢想的"一对多实时手术"**.(정형외과 수술과 인공 지능 그리고 5G 기술이 완벽하게 결합되어, 과거 의료진들이 감히 상상할 수도 없었던 '일대다 실시간 수술'을 함께 완수했다.)라고 한 부분을 정답의 단서로 찾는다. B 人工智能技术(인공 지능 기술), C 5G技术(5G 기술), D 骨科手术技术(정형외과 수술 기술)는 정답의 단서에서 언급되었으므로, 지문에서 언급하지 않은 보기 A 深度学习技术(딥 러닝 기술)를 정답으로 선택한다.

어휘　深度学习 shēndù xuéxí 딥 러닝

19

人工智能和5G技术的结合为什么对医学界有深远的意义？	이 기술은 왜 의학계에 깊은 의의를 가지는가？
A 一流医生会有更多机会 B 医生可以精准地完成手术 C 患者可以少花钱 D 机器人将会代替医生	A 일류 의사에게 더 많은 기회가 생길 것이다 B 의사들이 정확하게 수술을 완수할 수 있다 C 환자가 돈을 적게 쓸 수 있다 D 로봇이 곧 의사를 대체할 것이다

해설　질문이 이 기술이 왜 의학계에 깊은 의의를 가지는지 물었으므로, 深远的意义(깊은 의의)를 핵심어구로 체크해둔다. 질문의 핵심어구와 관련하여 지문에서 **二级医院的医生也能在接受培训和指导后, 顺利完成一台堪称教科书样板的手术。这一改变对医学界有深远的意义**(2급 병원의 의사도 훈련과 지도를 받은 후에, 교과서 표본이라고 할 만한 수술을 순조롭게 완수할 수 있다. 이 변화는 의학계에 깊은 의의가 있으며)라고 한 부분을 정답의 단서로 찾는다. 따라서 이를 통해 알 수 있는 보기 B 医生可以精准地完成手术(의사들이 정확하게 수술을 완수할 수 있다)를 정답으로 선택한다.

어휘　代替 dàitì 图대체하다, 대신하다

20

最适合做上文标题的是：	위 지문의 제목으로 가장 적합한 것은：
A 脊椎手术的奥秘 B 医疗机器人的使用方法 C 全球首例远程手术成功实施 D 如何利用人工智能赚钱	A 척추 수술의 비밀 B 의료 로봇의 사용 방법 C 전 세계 첫 번째 원격 수술의 성공적인 실시 D 어떻게 인공 지능을 사용하여 돈을 버는가

해설　지문의 제목(标题), 즉 중심 내용을 묻고 있다. 두 번째 단락에서 **全球首例"一对多"5G远程手术在北京成功实施**(전 세계 첫 번째 '일대다' 5G 원격 수술이 베이징에서 성공적으로 실시되었는데)이라고 언급한 후, 지문 전체에 걸쳐 원격 수술이 성공적으로 실시되기까지의 과정 및 요인 등을 자세히 설명하였다. 따라서 해당 문장이 주제 문장이 되므로, 이를 통해 알 수 있는 보기 C 全球首例远程手术成功实施(전 세계 첫 번째 원격 수술의 성공적인 실시)을 정답으로 선택한다.

어휘　脊椎 jǐzhuī 圐척추　奥秘 àomì 圐비밀

본 교재 동영상강의 · 무료 학습자료 제공
china.Hackers.com

HSK 6급
필수 단어 2500

인덱스

암기한 단어, 더 오래~ 기억하는!
해커스 HSK 6급 단어장 인덱스 200% 활용법

혼자서 복습할 때 3소 체크!	스터디원과 함께 서로 체크!	시험 10분 전에 마지막 체크!
수록된 모든 단어를 훑어보며 3초 안에 뜻을 기억할 수 있는지 체크!	각자 3초 체크!를 진행하고, 잘 안 외워지는 단어는 스터디원과 체크!	시험 10분 전, 빨간색으로 표시된 핵심 빈출 단어를 다시 한번 체크!

A

☐ 挨	ái	236
☐ 癌症	áizhèng	215
☐ 爱不释手	àibúshìshǒu	700
☐ 爱戴	àidài	261
☐ 暧昧	àimèi	119
☐ 安宁	ānníng	133
☐ 安详	ānxiáng	95
☐ 安置	ānzhì	464
☐ 按摩	ànmó	211
☐ 案件	ànjiàn	628
☐ 案例	ànlì	628
☐ 暗示	ànshì	168
☐ 昂贵	ángguì	522
☐ 凹凸	āotū	422
☐ 熬	áo	27
☐ 奥秘	àomì	580

B

☐ 巴不得	bābudé	134
☐ 巴结	bājie	113
☐ 扒	bā	190
☐ 疤	bā	214
☐ 拔苗助长	bámiáozhùzhǎng	725
☐ 把关	bǎguān	656
☐ 把手	bǎshou	189
☐ 罢工	bàgōng	459
☐ 霸道	bàdào/bàdao	690
☐ 掰	bāi	190
☐ 摆脱	bǎituō	70
☐ 败坏	bàihuài	74
☐ 拜访	bàifǎng	61
☐ 拜年	bàinián	289
☐ 拜托	bàituō	71

☐ 颁布	bānbù	624
☐ 颁发	bānfā	364
☐ 斑	bān	199
☐ 版本	bǎnběn	307
☐ 半途而废	bàntú'érfèi	731
☐ 扮演	bànyǎn	325
☐ 伴侣	bànlǚ	30
☐ 伴随	bànsuí	339
☐ 绑架	bǎngjià	633
☐ 榜样	bǎngyàng	255
☐ 磅	bàng	568
☐ 包庇	bāobì	633
☐ 包袱	bāofu	232
☐ 包围	bāowéi	655
☐ 包装	bāozhuāng	526
☐ 饱和	bǎohé	589
☐ 饱经沧桑	bǎojīngcāngsāng	717
☐ 保管	bǎoguǎn	39
☐ 保密	bǎomì	71
☐ 保姆	bǎomǔ	30
☐ 保守	bǎoshǒu	71
☐ 保卫	bǎowèi	655
☐ 保养	bǎoyǎng	451
☐ 保障	bǎozhàng	599
☐ 保重	bǎozhòng	211
☐ 报仇	bàochóu	655
☐ 报酬	bàochou	472
☐ 报答	bàodá	64
☐ 报复	bàofù	64
☐ 报警	bàojǐng	611
☐ 报销	bàoxiāo	488
☐ 抱负	bàofù	259
☐ 暴力	bàolì	682

☐ 暴露	bàolù	599
☐ 曝光	bàoguāng	329
☐ 爆发	bàofā	374
☐ 爆炸	bàozhà	579
☐ 卑鄙	bēibǐ	108
☐ 悲哀	bēi'āi	142
☐ 悲惨	bēicǎn	142
☐ 北极	běijí	419
☐ 贝壳	bèiké	406
☐ 备份	bèifèn	556
☐ 备忘录	bèiwànglù	680
☐ 背叛	bèipàn	75
☐ 背诵	bèisòng	314
☐ 被动	bèidòng	120
☐ 被告	bèigào	629
☐ 奔波	bēnbō	52
☐ 奔驰	bēnchí	440
☐ 本能	běnnéng	589
☐ 本钱	běnqián	511
☐ 本人	běnrén	69
☐ 本身	běnshēn	61
☐ 本事	běnshi	230
☐ 笨拙	bènzhuō	120
☐ 崩溃	bēngkuì	514
☐ 甭	béng	722
☐ 迸发	bèngfā	359
☐ 蹦	bèng	192
☐ 逼迫	bīpò	237
☐ 鼻涕	bítì	209
☐ 比方	bǐfang	241
☐ 比喻	bǐyù	297
☐ 比重	bǐzhòng	566
☐ 鄙视	bǐshì	114

A B C D E F G H J K L M N O P Q R S T W X Y Z

☐	操纵	cāozòng	533	☐	钞票	chāopiào	500	☐	橙	chéng	411
☐	操作	cāozuò	40	☐	超越	chāoyuè	347	☐	秤	chèng	539
☐	嘈杂	cáozá	41	☐	巢穴	cháoxué	402	☐	吃苦	chīkǔ	232
☐	草案	cǎo'àn	239	☐	朝代	cháodài	280	☐	吃力	chīlì	233
☐	草率	cǎoshuài	120	☐	嘲笑	cháoxiào	106	☐	迟钝	chídùn	194
☐	侧面	cèmiàn	455	☐	潮流	cháoliú	597	☐	迟缓	chíhuǎn	194
☐	测量	cèliáng	573	☐	撤退	chètuì	662	☐	迟疑	chíyí	121
☐	策划	cèhuà	335	☐	撤销	chèxiāo	628	☐	持久	chíjiǔ	609
☐	策略	cèlüè	149	☐	沉淀	chéndiàn	458	☐	赤道	chìdào	431
☐	层出不穷	céngchūbùqióng	695	☐	沉闷	chénmèn	109	☐	赤字	chìzì	512
☐	层次	céngcì	548	☐	沉思	chénsī	163	☐	冲动	chōngdòng	107
☐	差别	chābié	374	☐	沉重	chénzhòng	652	☐	冲击	chōngjī	553
☐	插座	chāzuò	565	☐	沉着	chénzhuó	94	☐	冲突	chōngtū	62
☐	查获	cháhuò	637	☐	陈旧	chénjiù	537	☐	充当	chōngdāng	340
☐	岔	chà	436	☐	陈列	chénliè	341	☐	充沛	chōngpèi	214
☐	刹那	chànà	278	☐	陈述	chénshù	157	☐	充实	chōngshí	251
☐	诧异	chàyì	167	☐	衬托	chèntuō	332	☐	充足	chōngzú	376
☐	柴油	cháiyóu	567	☐	称心如意	chènxīnrúyì	700	☐	重叠	chóngdié	227
☐	搀	chān	183	☐	称号	chēnghào	432	☐	崇拜	chóngbài	275
☐	馋	chán	120	☐	成本	chéngběn	495	☐	崇高	chónggāo	97
☐	缠绕	chánrào	182	☐	成交	chéngjiāo	508	☐	崇敬	chóngjìng	64
☐	产业	chǎnyè	524	☐	成天	chéngtiān	281	☐	稠密	chóumì	686
☐	阐述	chǎnshù	240	☐	成效	chéngxiào	215	☐	筹备	chóubèi	54
☐	颤抖	chàndǒu	193	☐	成心	chéngxīn	722	☐	丑恶	chǒu'è	336
☐	昌盛	chāngshèng	679	☐	成员	chéngyuán	471	☐	出路	chūlù	532
☐	尝试	chángshì	224	☐	呈现	chéngxiàn	327	☐	出卖	chūmài	542
☐	偿还	chánghuán	504	☐	诚挚	chéngzhì	97	☐	出身	chūshēn	69
☐	场合	chǎnghé	600	☐	承办	chéngbàn	363	☐	出神	chūshén	342
☐	场面	chǎngmiàn	332	☐	承包	chéngbāo	473	☐	出息	chūxi	255
☐	场所	chǎngsuǒ	448	☐	承诺	chéngnuò	64	☐	初步	chūbù	161
☐	敞开	chǎngkāi	464	☐	城堡	chéngbǎo	452	☐	除	chú	175
☐	畅通	chàngtōng	439	☐	乘	chéng	178	☐	处分	chǔfèn	638
☐	畅销	chàngxiāo	299	☐	盛	chéng/shèng	18	☐	处境	chǔjìng	265
☐	倡导	chàngdǎo	684	☐	惩罚	chéngfá	638	☐	处置	chǔzhì	638
☐	倡议	chàngyì	156	☐	澄清	chéngqīng	557	☐	储备	chǔbèi	501

A B C D E F G H J K L M N O P Q R S T W X Y Z

☐	感染	gǎnrǎn	204	☐	耕地	gēngdì	414	☐	股份	gǔfèn	503
☐	干劲	gànjìn	477	☐	工艺品	gōngyìpǐn	274	☐	骨干	gǔgàn	513
☐	纲领	gānglǐng	623	☐	公安局	gōng'ānjú	629	☐	鼓动	gǔdòng	117
☐	岗位	gǎngwèi	470	☐	公道	gōngdao	92	☐	固然	gùrán	161
☐	港口	gǎngkǒu	434	☐	公告	gōnggào	684	☐	固体	gùtǐ	528
☐	港湾	gǎngwān	435	☐	公关	gōngguān	614	☐	固有	gùyǒu	410
☐	杠杆	gànggǎn	264	☐	公民	gōngmín	673	☐	固执	gùzhí	107
☐	高超	gāochāo	406	☐	公然	gōngrán	723	☐	故乡	gùxiāng	20
☐	高潮	gāocháo	356	☐	公认	gōngrèn	311	☐	故障	gùzhàng	561
☐	高峰	gāofēng	50	☐	公式	gōngshì	226	☐	顾虑	gùlǜ	111
☐	高明	gāomíng	653	☐	公务	gōngwù	673	☐	顾问	gùwèn	486
☐	高尚	gāoshàng	87	☐	公正	gōngzhèng	92	☐	雇佣	gùyōng	481
☐	高涨	gāozhǎng	505	☐	公证	gōngzhèng	630	☐	拐杖	guǎizhàng	43
☐	稿件	gǎojiàn	328	☐	功劳	gōngláo	653	☐	关怀	guānhuái	64
☐	告辞	gàocí	72	☐	功效	gōngxiào	203	☐	关照	guānzhào	65
☐	告诫	gàojiè	236	☐	攻击	gōngjī	404	☐	观光	guānguāng	52
☐	疙瘩	gēda	209	☐	攻克	gōngkè	558	☐	官方	guānfāng	677
☐	鸽子	gēzi	401	☐	供不应求	gōngbúyìngqiú	710	☐	管辖	guǎnxiá	678
☐	搁	gē	180	☐	供给	gōngjǐ	536	☐	贯彻	guànchè	625
☐	割	gē	400	☐	宫殿	gōngdiàn	452	☐	惯例	guànlì	623
☐	歌颂	gēsòng	314	☐	恭敬	gōngjìng	68	☐	灌溉	guàngài	412
☐	革命	gémìng	604	☐	巩固	gǒnggù	231	☐	罐	guàn	17
☐	格局	géjú	463	☐	共和国	gònghéguó	677	☐	光彩	guāngcǎi	351
☐	格式	géshì	307	☐	共计	gòngjì	542	☐	光辉	guānghuī	380
☐	隔阂	géhé	72	☐	共鸣	gòngmíng	332	☐	光芒	guāngmáng	585
☐	隔离	gélí	216	☐	勾结	gōujié	633	☐	光荣	guāngróng	361
☐	个体	gètǐ	511	☐	钩子	gōuzi	461	☐	广阔	guǎngkuò	420
☐	各抒己见	gèshūjǐjiàn	704	☐	构思	gòusī	336	☐	归根到底	guīgēndàodǐ	731
☐	根深蒂固	gēnshēndìgù	704	☐	孤独	gūdú	141	☐	归还	guīhuán	562
☐	根源	gēnyuán	622	☐	孤立	gūlì	73	☐	规范	guīfàn	621
☐	跟前	gēnqián	42	☐	姑且	gūqiě	702	☐	规格	guīgé	538
☐	跟随	gēnsuí	647	☐	辜负	gūfù	266	☐	规划	guīhuà	448
☐	跟踪	gēnzōng	584	☐	古董	gǔdǒng	52	☐	规章	guīzhāng	624
☐	更新	gēngxīn	449	☐	古怪	gǔguài	110	☐	轨道	guǐdào	423
☐	更正	gēngzhèng	160	☐	股东	gǔdōng	502	☐	贵族	guìzú	290

☐	混乱	hùnluàn	605	☐	急于求成	jíyúqiúchéng	724	☐	监督	jiāndū	46
☐	混淆	hùnxiáo	166	☐	急躁	jízào	110	☐	监视	jiānshì	657
☐	混浊	hùnzhuó	387	☐	疾病	jíbìng	204	☐	监狱	jiānyù	632
☐	活该	huógāi	267	☐	集团	jítuán	483	☐	煎	jiān	26
☐	活力	huólì	347	☐	嫉妒	jídù	139	☐	拣	jiǎn	183
☐	火箭	huǒjiàn	562	☐	籍贯	jíguàn	606	☐	检讨	jiǎntǎo	267
☐	火焰	huǒyàn	587	☐	给予	jǐyǔ	495	☐	检验	jiǎnyàn	488
☐	火药	huǒyào	587	☐	计较	jìjiào	105	☐	剪彩	jiǎncǎi	364
☐	货币	huòbì	500	☐	记性	jìxing	230	☐	简化	jiǎnhuà	440

J

				☐	记载	jìzǎi	277	☐	简陋	jiǎnlòu	457
☐	讥笑	jīxiào	116	☐	纪要	jìyào	472	☐	简体字	jiǎntǐzì	308
☐	饥饿	jī'è	19	☐	技巧	jìqiǎo	324	☐	简要	jiǎnyào	336
☐	机动	jīdòng	563	☐	忌讳	jìhuì	267	☐	见多识广	jiànduōshíguǎng	733
☐	机构	jīgòu	599	☐	季度	jìdù	512	☐	见解	jiànjiě	152
☐	机灵	jīling	88	☐	季军	jìjūn	356	☐	见闻	jiànwén	258
☐	机密	jīmì	557	☐	迹象	jìxiàng	503	☐	见义勇为	jiànyìyǒngwéi	728
☐	机械	jīxiè	521	☐	继承	jìchéng	341	☐	间谍	jiàndié	674
☐	机遇	jīyù	249	☐	寄托	jìtuō	128	☐	间隔	jiàngé	280
☐	机智	jīzhì	84	☐	寂静	jìjìng	49	☐	间接	jiànjiē	218
☐	基地	jīdì	411	☐	加工	jiāgōng	523	☐	剑	jiàn	350
☐	基金	jījīn	502	☐	加剧	jiājù	359	☐	健全	jiànquán	625
☐	基因	jīyīn	577	☐	夹杂	jiāzá	53	☐	舰艇	jiàntǐng	664
☐	激发	jīfā	326	☐	佳肴	jiāyáo	24	☐	践踏	jiàntà	191
☐	激励	jīlì	252	☐	家常	jiācháng	44	☐	溅	jiàn	181
☐	激情	jīqíng	331	☐	家伙	jiāhuo	69	☐	鉴别	jiànbié	584
☐	及早	jízǎo	717	☐	家属	jiāshǔ	31	☐	鉴定	jiàndìng	584
☐	吉祥	jíxiáng	276	☐	家喻户晓	jiāyùhùxiǎo	695	☐	鉴于	jiànyú	640
☐	级别	jíbié	335	☐	尖端	jiānduān	559	☐	将近	jiāngjìn	277
☐	极端	jíduān	387	☐	尖锐	jiānruì	161	☐	将就	jiāngjiu	135
☐	极限	jíxiàn	351	☐	坚定	jiāndìng	84	☐	将军	jiāngjūn	646
☐	即便	jíbiàn	349	☐	坚固	jiāngù	524	☐	僵硬	jiāngyìng	213
☐	即将	jíjiāng	696	☐	坚韧	jiānrèn	92	☐	奖励	jiǎnglì	472
☐	急功近利	jígōngjìnlì	724	☐	坚实	jiānshí	317	☐	奖赏	jiǎngshǎng	358
☐	急剧	jíjù	388	☐	坚硬	jiānyìng	524	☐	桨	jiǎng	435
☐	急切	jíqiè	263	☐	艰难	jiānnán	253	☐	降临	jiànglín	284

A
B
C
D
E
F
G
H
J
K
L
M
N
O
P
Q
R
S
T
W
X
Y
Z

A B C D E F G H J K L M N O P Q R S T W X Y Z

☐	迷人	mírén	389	☐	磨合	móhé	65	☐	宁愿	nìngyuàn	734

☐ 迷人	mírén	389
☐ 迷信	míxìn	287
☐ 谜语	míyǔ	226
☐ 密度	mìdù	573
☐ 密封	mìfēng	526
☐ 棉花	miánhuā	413
☐ 免得	miǎnde	214
☐ 免疫	miǎnyì	205
☐ 勉励	miǎnlì	235
☐ 勉强	miǎnqiǎng	144
☐ 面貌	miànmào	454
☐ 面子	miànzi	90
☐ 描绘	miáohuì	304
☐ 瞄准	miáozhǔn	509
☐ 渺小	miǎoxiǎo	259
☐ 藐视	miǎoshì	114
☐ 灭亡	mièwáng	689
☐ 蔑视	mièshì	114
☐ 民间	mínjiān	274
☐ 民主	mínzhǔ	676
☐ 敏捷	mǐnjié	347
☐ 敏锐	mǐnruì	85
☐ 名次	míngcì	357
☐ 名额	míng'é	607
☐ 名副其实	míngfùqíshí	707
☐ 名誉	míngyù	261
☐ 明明	míngmíng	716
☐ 明智	míngzhì	258
☐ 命名	mìngmíng	275
☐ 摸索	mōsuǒ	583
☐ 模范	mófàn	235
☐ 模式	móshì	497
☐ 模型	móxíng	527
☐ 膜	mó	575
☐ 摩擦	mócā	588

☐ 磨合	móhé	65
☐ 魔鬼	móguǐ	290
☐ 魔术	móshù	326
☐ 抹杀	mǒshā	161
☐ 莫名其妙	mòmíngqímiào	707
☐ 墨水儿	mòshuǐr	537
☐ 默默	mòmò	727
☐ 谋求	móuqiú	685
☐ 模样	múyàng	445
☐ 母语	mǔyǔ	227
☐ 目睹	mùdǔ	47
☐ 目光	mùguāng	186
☐ 沐浴	mùyù	29

N

☐ 拿手	náshǒu	354
☐ 纳闷儿	nàmènr	135
☐ 耐用	nàiyòng	531
☐ 南辕北辙	nányuánběizhé	724
☐ 难得	nándé	249
☐ 难堪	nánkān	139
☐ 难能可贵	nánnéngkěguì	719
☐ 恼火	nǎohuǒ	143
☐ 内涵	nèihán	298
☐ 内幕	nèimù	682
☐ 内在	nèizài	306
☐ 能量	néngliàng	555
☐ 拟定	nǐdìng	474
☐ 逆行	nìxíng	586
☐ 年度	niándù	472
☐ 捏	niē	189
☐ 凝固	nínggù	591
☐ 凝聚	níngjù	165
☐ 凝视	níngshì	187
☐ 拧	nǐng	182
☐ 宁肯	nìngkěn	731

☐ 宁愿	nìngyuàn	734
☐ 扭转	niǔzhuǎn	515
☐ 纽扣儿	niǔkòur	22
☐ 农历	nónglì	281
☐ 浓厚	nónghòu	306
☐ 奴隶	núlì	607
☐ 虐待	nüèdài	405
☐ 挪	nuó	181

O

☐ 哦	ò	137
☐ 殴打	ōudǎ	634
☐ 呕吐	ǒutù	211
☐ 偶像	ǒuxiàng	333

P

☐ 趴	pā	193
☐ 排斥	páichì	158
☐ 排除	páichú	575
☐ 排放	páifàng	385
☐ 排练	páiliàn	342
☐ 徘徊	páihuái	184
☐ 派别	pàibié	238
☐ 派遣	pàiqiǎn	681
☐ 攀登	pāndēng	353
☐ 盘旋	pánxuán	184
☐ 判决	pànjué	630
☐ 畔	pàn	381
☐ 庞大	pángdà	479
☐ 抛弃	pāoqì	268
☐ 泡沫	pàomò	381
☐ 培育	péiyù	412
☐ 配备	pèibèi	535
☐ 配偶	pèi'ǒu	30
☐ 配套	pèitào	528
☐ 盆地	péndì	428
☐ 烹饪	pēngrèn	26

A B C D E F G H J K L M N O P Q R S T W X Y Z

☐ 潜移默化	qiányímòhuà	727	☐ 请教	qǐngjiào	223	☐ 惹祸	rěhuò	118

☐ 潜移默化	qiányímòhuà	727
☐ 谴责	qiǎnzé	158
☐ 强制	qiángzhì	627
☐ 抢劫	qiǎngjié	634
☐ 抢救	qiǎngjiù	217
☐ 强迫	qiǎngpò	237
☐ 桥梁	qiáoliáng	452
☐ 窍门	qiàomén	264
☐ 翘	qiào	194
☐ 切实	qièshí	469
☐ 锲而不舍	qiè'érbùshě	719
☐ 钦佩	qīnpèi	131
☐ 侵犯	qīnfàn	689
☐ 侵略	qīnlüè	660
☐ 亲密	qīnmì	67
☐ 亲热	qīnrè	87
☐ 勤俭	qínjiǎn	33
☐ 勤劳	qínláo	262
☐ 倾听	qīngtīng	63
☐ 倾向	qīngxiàng	602
☐ 倾斜	qīngxié	455
☐ 清澈	qīngchè	389
☐ 清晨	qīngchén	280
☐ 清除	qīngchú	46
☐ 清洁	qīngjié	46
☐ 清理	qīnglǐ	46
☐ 清晰	qīngxī	324
☐ 清醒	qīngxǐng	210
☐ 清真	qīngzhēn	288
☐ 情报	qíngbào	665
☐ 情节	qíngjié	325
☐ 情理	qínglǐ	168
☐ 情形	qíngxing	313
☐ 晴朗	qínglǎng	378
☐ 请柬	qǐngjiǎn	34

☐ 请教	qǐngjiào	223
☐ 请示	qǐngshì	475
☐ 请帖	qǐngtiě	34
☐ 丘陵	qiūlíng	430
☐ 区分	qūfēn	584
☐ 区域	qūyù	421
☐ 曲折	qūzhé	434
☐ 驱逐	qūzhú	639
☐ 屈服	qūfú	662
☐ 渠道	qúdào	223
☐ 曲子	qǔzi	337
☐ 取缔	qǔdì	639
☐ 趣味	qùwèi	230
☐ 圈套	quāntào	665
☐ 权衡	quánhéng	163
☐ 权威	quánwēi	312
☐ 全局	quánjú	513
☐ 全力以赴	quánlìyǐfù	719
☐ 拳头	quántóu	207
☐ 犬	quǎn	401
☐ 缺口	quēkǒu	536
☐ 缺席	quēxí	473
☐ 缺陷	quēxiàn	521
☐ 瘸	qué	212
☐ 确保	quèbǎo	525
☐ 确立	quèlì	254
☐ 确切	quèqiè	98
☐ 确信	quèxìn	94
☐ 群众	qúnzhòng	606

R

☐ 染	rǎn	305
☐ 嚷	rǎng	51
☐ 让步	ràngbù	65
☐ 饶恕	ráoshù	639
☐ 扰乱	rǎoluàn	405

☐ 惹祸	rěhuò	118
☐ 热泪盈眶	rèlèiyíngkuàng	701
☐ 热门	rèmén	456
☐ 人道	réndào	608
☐ 人格	réngé	86
☐ 人工	réngōng	550
☐ 人家	rénjia	62
☐ 人间	rénjiān	283
☐ 人士	rénshì	349
☐ 人为	rénwéi	582
☐ 人性	rénxìng	105
☐ 人质	rénzhì	650
☐ 仁慈	réncí	96
☐ 忍耐	rěnnài	262
☐ 忍受	rěnshòu	263
☐ 认定	rèndìng	254
☐ 认可	rènkě	61
☐ 任命	rènmìng	675
☐ 任性	rènxìng	110
☐ 任意	rènyì	722
☐ 任重道远	rènzhòngdàoyuǎn	710
☐ 仍旧	réngjiù	718
☐ 日新月异	rìxīnyuèyì	700
☐ 日益	rìyì	715
☐ 荣幸	róngxìng	131
☐ 荣誉	róngyù	357
☐ 容貌	róngmào	44
☐ 容纳	róngnà	463
☐ 容器	róngqì	534
☐ 容忍	róngrěn	66
☐ 溶解	róngjiě	591
☐ 融化	rónghuà	374
☐ 融洽	róngqià	67
☐ 柔和	róuhé	530
☐ 揉	róu	190

A B C D E F G H J K L M N O P Q R S T W X Y Z

☐	事迹	shìjì	335	☐	束	shù	399	☐	塑造	sùzào	298
☐	事件	shìjiàn	598	☐	束缚	shùfù	74	☐	算数	suànshù	94
☐	事态	shìtài	610	☐	树立	shùlì	249	☐	随即	suíjí	703
☐	事务	shìwù	460	☐	竖	shù	401	☐	随意	suíyì	179
☐	事项	shìxiàng	50	☐	数额	shù'é	506	☐	岁月	suìyuè	283
☐	事业	shìyè	498	☐	耍	shuǎ	339	☐	隧道	suìdào	435
☐	试图	shìtú	673	☐	衰老	shuāilǎo	213	☐	损坏	sǔnhuài	576
☐	试验	shìyàn	582	☐	衰退	shuāituì	603	☐	索取	suǒqǔ	601
☐	视力	shìlì	200	☐	率领	shuàilǐng	649	☐	索性	suǒxìng	718
☐	视频	shìpín	323	☐	涮火锅	shuàn huǒguō	24		**T**		
☐	视线	shìxiàn	407	☐	双胞胎	shuāngbāotāi	31	☐	塌	tā	461
☐	视野	shìyě	250	☐	爽快	shuǎngkuai	89	☐	踏实	tāshi	132
☐	是非	shìfēi	149	☐	水利	shuǐlì	448	☐	塔	tǎ	445
☐	适宜	shìyí	421	☐	水龙头	shuǐlóngtóu	29	☐	台风	táifēng	377
☐	逝世	shìshì	261	☐	水泥	shuǐní	449	☐	太空	tàikōng	573
☐	释放	shìfàng	555	☐	瞬间	shùnjiān	40	☐	泰斗	tàidǒu	337
☐	收藏	shōucáng	278	☐	司法	sīfǎ	629	☐	贪婪	tānlán	110
☐	收缩	shōusuō	209	☐	司令	sīlìng	647	☐	贪污	tānwū	635
☐	收益	shōuyì	495	☐	私自	sīzì	723	☐	摊	tān	496
☐	收音机	shōuyīnjī	334	☐	思念	sīniàn	133	☐	瘫痪	tānhuàn	212
☐	手法	shǒufǎ	302	☐	思索	sīsuǒ	151	☐	弹性	tánxìng	209
☐	手势	shǒushì	357	☐	思维	sīwéi	150	☐	坦白	tǎnbái	99
☐	手艺	shǒuyì	316	☐	斯文	sīwen	97	☐	叹气	tànqì	140
☐	守护	shǒuhù	658	☐	死亡	sǐwáng	408	☐	探测	tàncè	574
☐	首饰	shǒushì	22	☐	四肢	sìzhī	207	☐	探索	tànsuǒ	574
☐	首要	shǒuyào	151	☐	寺庙	sìmiào	453	☐	探讨	tàntǎo	241
☐	受罪	shòuzuì	268	☐	饲养	sìyǎng	404	☐	探望	tànwàng	66
☐	授予	shòuyǔ	229	☐	肆无忌惮	sìwújìdàn	729	☐	倘若	tǎngruò	580
☐	书法	shūfǎ	301	☐	耸	sǒng	191	☐	掏	tāo	177
☐	书籍	shūjí	299	☐	艘	sōu	541	☐	滔滔不绝	tāotāobùjué	697
☐	书记	shūjì	674	☐	苏醒	sūxǐng	211	☐	陶瓷	táocí	275
☐	书面	shūmiàn	309	☐	俗话	súhuà	285	☐	陶醉	táozuì	332
☐	舒畅	shūchàng	132	☐	诉讼	sùsòng	631	☐	淘汰	táotài	349
☐	疏忽	shūhu	115	☐	素食	sùshí	24	☐	讨好	tǎohǎo	66
☐	疏远	shūyuǎn	77	☐	素质	sùzhì	249	☐	特长	tècháng	257

A B C D E F G H J K L M N O P Q R S **T W** X Y Z

☐	往事	wǎngshì	45	☐	污蔑	wūmiè	78	☐	袭击	xíjī	658
☐	妄想	wàngxiǎng	166	☐	诬陷	wūxiàn	636	☐	媳妇	xífù	31
☐	危机	wēijī	265	☐	无比	wúbǐ	231	☐	喜闻乐见	xǐwénlèjiàn	702
☐	威风	wēifēng	91	☐	无偿	wúcháng	480	☐	喜悦	xǐyuè	132
☐	威力	wēilì	382	☐	无耻	wúchǐ	111	☐	系列	xìliè	325
☐	威望	wēiwàng	261	☐	无动于衷	wúdòngyúzhōng	727	☐	细胞	xìbāo	201
☐	威信	wēixìn	62	☐	无非	wúfēi	724	☐	细菌	xìjūn	525
☐	微不足道	wēibùzúdào	708	☐	无辜	wúgū	637	☐	细致	xìzhì	225
☐	微观	wēiguān	242	☐	无精打采	wújīngdǎcǎi	709	☐	峡谷	xiágǔ	431
☐	为难	wéinán	139	☐	无赖	wúlài	122	☐	狭隘	xiá'ài	110
☐	为期	wéiqī	285	☐	无理取闹	wúlǐqǔnào	708	☐	狭窄	xiázhǎi	420
☐	违背	wéibèi	636	☐	无能为力	wúnéngwéilì	708	☐	霞	xiá	373
☐	唯独	wéidú	732	☐	无穷无尽	wúqióngwújìn	697	☐	下属	xiàshǔ	471
☐	维持	wéichí	20	☐	无微不至	wúwēibúzhì	721	☐	先进	xiānjìn	559
☐	维护	wéihù	375	☐	无忧无虑	wúyōuwúlǜ	701	☐	先前	xiānqián	279
☐	维生素	wéishēngsù	203	☐	无知	wúzhī	167	☐	纤维	xiānwéi	525
☐	伪造	wěizào	635	☐	武器	wǔqì	664	☐	掀起	xiānqǐ	386
☐	委托	wěituō	474	☐	武侠	wǔxiá	333	☐	鲜明	xiānmíng	598
☐	委员	wěiyuán	486	☐	武装	wǔzhuāng	665	☐	闲话	xiánhuà	45
☐	卫星	wèixīng	552	☐	侮辱	wǔrǔ	118	☐	贤惠	xiánhuì	90
☐	未免	wèimiǎn	723	☐	舞蹈	wǔdǎo	327	☐	弦	xián	304
☐	畏惧	wèijù	130	☐	务必	wùbì	718	☐	衔接	xiánjiē	309
☐	喂	wèi	27	☐	物美价廉	wùměijiàlián	707	☐	嫌	xián	129
☐	蔚蓝	wèilán	378	☐	物业	wùyè	623	☐	嫌疑	xiányí	610
☐	慰问	wèiwèn	67	☐	物资	wùzī	525	☐	显著	xiǎnzhù	579
☐	温带	wēndài	377	☐	误差	wùchā	563	☐	现场	xiànchǎng	348
☐	温和	wēnhé	85	☐	误解	wùjiě	165	☐	现成	xiànchéng	22
☐	文凭	wénpíng	228	**X**				☐	现状	xiànzhuàng	495
☐	文物	wénwù	277	☐	夕阳	xīyáng	382	☐	线索	xiànsuǒ	309
☐	文献	wénxiàn	291	☐	昔日	xīrì	279	☐	宪法	xiànfǎ	630
☐	文雅	wényǎ	99	☐	牺牲	xīshēng	662	☐	陷害	xiànhài	78
☐	文艺	wényì	306	☐	溪	xī	421	☐	陷阱	xiànjǐng	266
☐	问世	wènshì	310	☐	熄灭	xīmiè	365	☐	陷入	xiànrù	358
☐	窝	wō	28	☐	膝盖	xīgài	208	☐	馅儿	xiànr	25
☐	乌黑	wūhēi	568	☐	习俗	xísú	285	☐	乡镇	xiāngzhèn	427

A B C D E F G H J K L M N O P Q R S T W X Y Z

A B C D E F G H J K L M N O P Q R S T W X Y Z

☐	战术	zhànshù	666	☐	争夺	zhēngduó	359	☐	执行	zhíxíng	621
☐	战役	zhànyì	654	☐	争气	zhēngqì	93	☐	执着	zhízhuó	516
☐	章程	zhāngchéng	684	☐	争先恐后	zhēngxiān kǒnghòu	704	☐	直播	zhíbō	331
☐	帐篷	zhàngpeng	51					☐	直径	zhíjìng	455
☐	障碍	zhàng'ài	253	☐	争议	zhēngyì	150	☐	侄子	zhízi	32
☐	招标	zhāobiāo	515	☐	征服	zhēngfú	689	☐	值班	zhíbān	478
☐	招收	zhāoshōu	649	☐	征收	zhēngshōu	679	☐	职能	zhínéng	484
☐	朝气蓬勃	zhāoqìpéngbó	709	☐	挣扎	zhēngzhá	193	☐	职位	zhíwèi	484
☐	着迷	zháomí	55	☐	蒸发	zhēngfā	587	☐	职务	zhíwù	484
☐	沼泽	zhǎozé	383	☐	整顿	zhěngdùn	679	☐	殖民地	zhímíndì	688
☐	照样	zhàoyàng	56	☐	正当	zhèngdàng/ zhèngdāng	265	☐	指标	zhǐbiāo	506
☐	照耀	zhàoyào	387					☐	指定	zhǐdìng	478
☐	折腾	zhēteng	56	☐	正负	zhèngfù	565	☐	指甲	zhǐjia	207
☐	遮挡	zhēdǎng	409	☐	正规	zhèngguī	229	☐	指令	zhǐlìng	650
☐	折	zhé	178	☐	正经	zhèngjing	98	☐	指南针	zhǐnánzhēn	435
☐	折磨	zhémó	141	☐	正气	zhèngqì	92	☐	指示	zhǐshì	437
☐	侦探	zhēntàn	314	☐	正义	zhèngyì	614	☐	指望	zhǐwàng	231
☐	珍贵	zhēnguì	376	☐	正宗	zhèngzōng	288	☐	指责	zhǐzé	158
☐	珍稀	zhēnxī	406	☐	证实	zhèngshí	581	☐	志气	zhìqì	260
☐	珍珠	zhēnzhū	383	☐	证书	zhèngshū	229	☐	制裁	zhìcái	627
☐	真理	zhēnlǐ	240	☐	郑重	zhèngzhòng	98	☐	制服	zhìfú	640
☐	真相	zhēnxiàng	598	☐	政策	zhèngcè	672	☐	制约	zhìyuē	627
☐	真挚	zhēnzhì	133	☐	政权	zhèngquán	677	☐	制止	zhìzhǐ	627
☐	斟酌	zhēnzhuó	163	☐	症状	zhèngzhuàng	204	☐	治安	zhì'ān	611
☐	枕头	zhěntou	29	☐	之际	zhījì	284	☐	治理	zhìlǐ	462
☐	阵地	zhèndì	655	☐	支撑	zhīchēng	447	☐	致辞	zhìcí	366
☐	阵容	zhènróng	647	☐	支出	zhīchū	44	☐	致力	zhìlì	262
☐	振奋	zhènfèn	99	☐	支流	zhīliú	432	☐	致使	zhìshǐ	378
☐	振兴	zhènxīng	532	☐	支配	zhīpèi	134	☐	智力	zhìlì	39
☐	震撼	zhènhàn	129	☐	支援	zhīyuán	615	☐	智能	zhìnéng	550
☐	震惊	zhènjīng	134	☐	支柱	zhīzhù	531	☐	智商	zhìshāng	229
☐	镇定	zhèndìng	95	☐	枝	zhī	398	☐	滞留	zhìliú	56
☐	镇静	zhènjìng	95	☐	知觉	zhījué	206	☐	中断	zhōngduàn	224
☐	正月	zhēngyuè	282	☐	知足常乐	zhīzúchánglè	729	☐	中立	zhōnglì	681
☐	争端	zhēngduān	688	☐	脂肪	zhīfáng	202	☐	中央	zhōngyāng	677

A
B
C
D
E
F
G
H
J
K
L
M
N
O
P
Q
R
S
T
W
X
Y
Z

* 교재에 수록된 인덱스 페이지는 해커스중국어(china.Hackers.com)에서 무료로 다운로드하실 수 있습니다.

초판 2쇄 발행 2024년 8월 12일
초판 1쇄 발행 2022년 6월 8일

지은이	해커스 HSK연구소
펴낸곳	㈜해커스
펴낸이	해커스 출판팀

주소	서울특별시 서초구 강남대로61길 23 ㈜해커스
고객센터	02-537-5000
교재 관련 문의	publishing@hackers.com
	해커스중국어 사이트(china.Hackers.com) 교재 Q&A 게시판
동영상강의	china.Hackers.com

ISBN	979-11-379-0548-1 (13720)
Serial Number	01-02-01

저작권자 © 2022, 해커스

이 책 및 음성파일의 모든 내용, 이미지, 디자인, 편집 형태에 대한 저작권은 저자에게 있습니다.
서면에 의한 저자와 출판사의 허락 없이 내용의 일부 혹은 전부를 인용, 발췌하거나 복제, 배포할 수 없습니다.

중국어인강 1위,
해커스중국어 china.Hackers.com

해커스 중국어

- HSK 6급 필수 어휘를 완전 정복할 수 있는 **10가지 버전의 교재 MP3**
- 외운 단어를 오래 기억하는 **Day별 품사별로 헤쳐모여, 연습문제 체크체크 해석**
- **HSK 6급 미니 실전모의고사·HSK 단어시험지 자동생성기** 등 다양한 학습 콘텐츠
- 해커스 **스타강사의 본 교재 인강**(교재 내 할인쿠폰 수록)

주간동아 선정 2019 한국 브랜드 만족지수 교육(중국어인강) 부문 1위

중국어도 역시
1위 해커스중국어

중국어인강
1위

소비자 만족지수
1위

강의 만족도
96.4%

[인강] 주간동아 선정 2019 한국 브랜드 만족지수 교육(중국어인강) 부문 1위
[소비자만족지수] 한경비즈니스 선정 2017 소비자가 뽑은 소비자만족지수, 교육(중국어학원)부문 1위 해커스중국어
[만족도] 해커스중국어 2020 강의 수강생 대상 설문조사 취합 결과

중국어인강 **1위** 해커스의 저력,
HSK 합격자로 증명합니다.

HSK 4급 환급 신청자
합격 점수
평균 256점

* 성적 미션 달성자

HSK 5급 환급 신청자
합격 점수
평균 240점

* 성적 미션 달성자

2주 만에 HSK 6급 277점 합격

HSK 6급 (2020.02.09) 汉语水平考试			
듣기	독해	쓰기	총점
98	90	89	**총점**
			277

해커스중국어 HSK 수강생 윤*현님 후기

이미 많은 선배들이 **해커스중국어**에서
고득점으로 HSK 졸업 했습니다.